Archie Brown
Der Gorbatschow-Faktor
Wandel einer Weltmacht

Aus dem Englischen
von Raphael Utz

Insel Verlag

Die Originalausgabe erschien 1996 unter dem Titel
The Gorbachev Factor bei der Oxford University Press, Oxford - New York
© Archie Brown 1996

Satz: TypoForum GmbH, Nassau
Druck: Pustet, Regensburg
Printed in Germany
Erste Auflage Frühjahr 2000

1 2 3 4 5 6 – 05 04 03 02 01 00

Vorbemerkung zur deutschen Ausgabe 9
Vorwort 10
Abkürzungen 20
Ein Wort zur Transliteration 21

KAPITEL 1: Einleitung 22
Das Amt des Generalsekretärs 23
Beurteilungen Gorbatschows im Wandel 27
Die Kunst des Unmöglichen 30
Dissidentenbewegung und Perestroika 32
Lernen, Macht und Druck 40
›Kommunismus läßt sich nicht reformieren‹ 43
Wandel mit Hindernissen: das Erbe 46
Voraussetzungen der Demokratisierung 48

KAPITEL 2: Werdegang eines Reformers und
Generalsekretärs 57
Familiärer Hintergrund 59
An der Moskauer Universität 64
Die Jahre in Stawropol 75
Stawropoler Kollegen 86
Gorbatschows Förderer 93

KAPITEL 3: An der Schwelle zur Macht 101
Aufstieg unter Andropow 115
Vorbereitung auf die Macht 127
Die Nachfolge 146

KAPITEL 4: Die Macht: Ideen und Personen 156
Veränderung des Einflußgleichgewichts 169
Veränderung der Machtbalance 179
Informationsquellen 191
Vom Ausland lernen 197
Prüfung der Grundlagen 201
Eine konzeptionelle Revolution 207

KAPITEL 5: Gorbatschow und die Wirtschaftsreformen 220
Neue Anreize für Reformen 226
Über Märkte und ökonomische Mischformen 232
Die Formulierung der Wirtschaftspolitik 236
Politische Innovation: Alkohol und Landwirtschaft 237
Wirtschaftsgesetzgebung 245
Die Radikalisierung der Reform 248
Das ›500-Tage-Programm‹: Offensive und Rückzug 253

KAPITEL 6: Gorbatschow und die politische Transformation . . . 259
Die Notwendigkeit einer vierfachen Transformation 262
Die Phasen der politischen Transformation 268
Die Vorbereitung 269
Radikale politische Reform 277
Der Bruch mit Jelzin 281
Die Nina-Andrejewa-Affäre 286
Die XIX. Parteikonferenz 291
Mehrkandidatenwahlen und der Demokratisierungsprozeß . . . 298
Reorganisation des Zentralkomitees 306
Transformation im Inneren und Äußeren 309
Die Wahlen 1989 und der Erste Kongreß 311
Herausforderung der Parteimacht 319
Von der Partei- zur Staatsmacht 327
Die Wahl eines Präsidenten 334
Die unterlassene Spaltung der Partei 339
Koalitionsbildung und die neuen Institutionen 341

KAPITEL 7: Gorbatschow und die Außenpolitik 349
Personalpolitische Schlüsselentscheidungen 350
Neues Denken 362
Der neue Stil und seine Ursprünge 371
Sowjetisch-amerikanische Beziehungen 378
Gorbatschow und Europa 397
Osteuropa 406

KAPITEL 8: Nationalitätenfrage, Putsch und Zusammenbruch
der Sowjetunion 413
Staatsgrenzen und demokratische Wandlungen 416
Die Nationalitätenfrage im sowjetischen Kontext 418

Nationalitätenkonflikt und politischer Druck 426
Warnsignale aus Alma-Ata 426
Nagorny-Karabach und der armenisch-aserische Streit 429
Die Tragödie von Tbilissi 434
Sezession und Verfassung 437
Gorbatschows ›Wende nach rechts‹ 441
Ruhigstellung oder Ermutigung der Hardliner? 445
Institutioneller Wandel 449
Personalveränderungen 452
Schewardnadses Rücktritt 454
Blutvergießen im Baltikum 457
Der Druck nimmt zu 464
Der Nowo-Ogarewo-Prozeß 467
Vom Putsch zum Zusammenbruch 480

KAPITEL 9: Schlußbetrachtungen 499
Die Abkehr vom Kommunismus 505
Gorbatschows Platz in der Geschichte 514

Anmerkungen 519
Personenregister 644

Vorbemerkung zur deutschen Ausgabe

Es ist mir eine große Freude, daß dieses Buch, zuerst 1996 in Großbritannien und den Vereinigten Staaten erschienen, jetzt auch auf Deutsch erhältlich sein wird. Meine Genugtuung ist um so größer, als ich weiß, daß mein ehemaliger Student Raphael Utz diese Übersetzung angefertigt hat, der die für diese Aufgabe so wichtige Kenntnis der sowjetischen und russischen Geschichte und Politik besitzt. Es ist in besonderem Maße angemessen, daß dieses Buch in Deutschland erscheint, denn in keinem anderen Land, auch nicht in Rußland, ist man sich so deutlich der historischen Rolle Michail Gorbatschows bewußt.

Ich habe die Gelegenheit der deutschen Ausgabe wahrgenommen, das Buch zu aktualisieren. Dabei habe ich die Ereignisse allerdings nicht über das Ende der Sowjetunion im Dezember 1991 hinaus weiter verfolgt, sondern neue Informationen aufgenommen, die zugänglich wurden, nachdem ich das ursprüngliche Manuskript 1995 meinem britischen Verleger übergeben hatte. Ich habe daher also noch vollständigeren Gebrauch von der umfangreichen Memoirenliteratur machen können. Darunter befinden sich auch Gorbatschows eigene *Erinnerungen*, die Mitte der neunziger Jahre veröffentlicht wurden. In dieser Hinsicht ist das Buch nun auf dem Kenntnisstand von 1998/99. In einigen (aber glücklicherweise nicht vielen) Fällen hat mich das neue Material veranlaßt, Änderungen oder Modifizierungen an meinem ursprünglichen Text vorzunehmen. Die nachstehende Arbeit ist also die vollständigste und genaueste Wiedergabe meiner Gedanken über den ›Gorbatschow-Faktor‹ und die letzten Jahre der Sowjetunion, über den Wandel dieser Weltmacht und die Folgen.

Oxford 1998   *Archie Brown*

Vorwort

Dieses Buch ist weder eine Geschichte der Ära Gorbatschow noch eine Biographie Michail Gorbatschows. Es enthält gewiß eine ganze Reihe von Informationen über Gorbatschows Leben und Werdegang, die, wie ich glaube, dem westlichen (und selbst dem russischen) Leser nicht alle vertraut sein dürften. Es berührt auch viele der wichtigsten Ereignisse in den letzten sieben Jahren des Bestehens des sowjetischen Systems. Hauptanliegen dieses Buches aber ist es, den Anteil zu verstehen und zu interpretieren, den Gorbatschow an den dramatischen Veränderungen in der Sowjetunion und ihren Beziehungen zur Außenwelt in der zweiten Hälfte der achtziger und zu Beginn der neunziger Jahre hatte, einer Zeit, in der sich die Ost-West-Beziehungen grundlegend veränderten und die kommunistische Herrschaft in Osteuropa zu Ende ging. Ein weiteres Thema des Buches sind die vergeblichen Bemühungen Gorbatschows um den Erhalt einer wie auch immer gearteten Union der Staaten der ehemaligen UdSSR angesichts des wachsenden nationalistischen Selbstbewußtseins ihrer Völker.

Die wichtigste Aufgabe dieses Buches ist jedoch, zu untersuchen, wie wichtig Gorbatschow als Initiator und Förderer des sowjetischen Übergangs vom orthodoxen Kommunismus zu einem anderen politischen System war. Dabei wird der ›Gorbatschow-Faktor‹ nicht nur im Sinne seiner Rolle in verschiedenen Politikfeldern, sondern ebenso mit Blick auf seine politische Machtstellung, seine Anschauungen und seinen politischen Stil erörtert werden. Dies bezieht eine Betrachtung der Stärke der Opposition gegen Gorbatschow und der Beschränkungen ein, die seinem politischen Handeln zu verschiedenen Zeiten auferlegt waren, und machen es auch notwendig, Urteile über Gorbatschows Weltanschauung und deren Entwicklung zu fällen.

Da es sich dabei um keine leichte Aufgabe handelt, mag es von Vorteil sein, daß ich Gorbatschows Weg schon seit langem verfolgt habe und ihm wesentlich früher Aufmerksamkeit schenkte, als es im Westen oder der Sowjetunion allgemein üblich war. Ich blickte in fragende Gesichter, als ich in einer meiner Henry-L.-Simpson-Vorlesungen an der Universität Yale am 22. Oktober 1980 sagte: »Gestern ist in Moskau etwas von potentiell größter Tragweite geschehen – die Beförderung Michail Sergejewitsch Gorbatschows zu einem Vollmitglied des Politbüros.« Ich hatte zwei Gründe, dies zu sagen: Erstens war ich zu dem Schluß gekommen, jeder zukünftige Generalsekretär würde, wie seine Vorgänger, aus den Reihen der, wie ich sie nannte, ›Spitzensekretäre‹ kommen, das heißt, aus dem kleinen Kreis von Männern, die sowohl Vollmitglieder des Politbüros als auch Sekretäre des Zentralkomitees waren. Gorbatschow hatte soeben beide Bedingungen erfüllt und war mit einem Abstand von ungefähr zwanzig Jahren der Jüngste in dieser Gruppe. Zweitens war ich überzeugt, Gorbatschow würde ein ernsthafter Reformer sein. Diese Meinung vertrat ich lange, bevor sie in Mode kam, und hielt auch an ihr fest, als sie, zumindest in Rußland, nicht mehr gefragt war. Mein Interesse an Gorbatschow stammt aus der Zeit, als er 1978 in einem für die Zeit Breschnews ungewöhnlich jungen Alter zu einem der Sekretäre des Zentralkomitees der Kommunistischen Partei der Sowjetunion (KPdSU) wurde und damit in die Parteiführung eintrat. Dieses Interesse wurde noch gesteigert durch ein langes Gespräch mit Zdenĭk Mlynář im Juni 1979 in Oxford. Mlynář, den ich schon 1965 in Prag kennengelernt hatte, war ein Kommilitone und enger Freund Gorbatschows an der Juristischen Fakultät der Moskauer Universität von 1950 bis 1955. Später wurde er zu einem der wichtigsten kommunistischen Reformer während des ›Prager Frühlings‹ von 1968, danach einer der Initiatoren der Charta 77, der tschechischen Oppositionsbewegung, die mithalf, den Weg für den Wandel zur Demokratie im Jahre 1989 zu bereiten. Er ist die verläßlichste und aufschlußreichste Quelle für Gorbatschows Studienjahre.

Scharfsicht und Urteilskraft sind beim Umgang mit dem verfügbaren Material über Gorbatschow in größerem Maße notwendig als sonst, denn einiges ist von besonders zweifelhafter Qualität. Irreführende sowjetische Hagiographie ist im Falle Gorbatschows ein geringeres Problem als bei jedem anderen Führer der UdSSR. Eine Minderheit von sowjetischen Emigranten jedoch, deren Karrieren an dem einen oder anderen Punkt den Weg Gorbatschows kreuzten – oder die, wie in einem Fall, die Moskauer Universität ein paar Monate vor der Ankunft Gorbatschows verließen –, konnte der Versuchung nicht widerstehen, ›Insider-Berichte‹ zu verfassen. Und das zu einer Zeit, als das westliche Bedürfnis, über Gorbatschow Bescheid zu wissen, über das hinausging, was sie zu liefern vermochten. Im allgemeinen begegnet der Beobachter sowjetischer und russischer Politik einem vergleichsweise neuen Problem: der immensen Breite und großen Vielfalt des aus der ehemaligen Sowjetunion selbst stammenden Quellenmaterials. Dem Reichtum an neuen Informationsquellen – in unterschiedlichem Maße objektiv und subjektiv – über Gorbatschow Rechnung zu tragen stellt jetzt eine bedeutende Herausforderung dar.

Zusätzlich zu den Forschungsreisen, die ich während des letzten Vierteljahrhunderts in die Sowjetunion unternommen habe (und die in der Ära Gorbatschow wesentlich häufiger wurden), und dem halben Dutzend Reisen nach Rußland seit dem Zusammenbruch der UdSSR, habe ich mich bemüht, wie andere westliche Wissenschaftler auch, der Masse an neuen Publikationen der spätsowjetischen und frühen postsowjetischen Zeit Aufmerksamkeit zu schenken. Oft mit großer Offenheit verfaßt, decken diese Veröffentlichungen ein sehr breites Meinungsspektrum ab. Glücklicherweise finden sich darunter auch zahlreiche politische Memoiren, die unterschiedlichste Beurteilungen über Gorbatschow zum Ausdruck bringen. (Politische Autobiographie war in der Vergangenheit eine extrem seltene sowjetologische Quelle.) Es gab immer unterschiedliche Meinungen in Moskau – ganz zu schweigen vom übrigen Rußland oder, noch offensichtlicher, den anderen Republiken –, aber noch in der ersten Hälfte der achtziger Jahre mußte man zwischen den Zeilen der sowjetischen Veröffentlichungen lesen und diese Lektüre um private Gespräche ergänzen.

Zu den anderen, völlig neuen Quellen über die letzten Jahre der sowjetischen Epoche gehören die Ergebnisse von Wahlen und die Meinungsumfragen zu aktuellen politischen Themen, darunter Informationen über das sich mit der Zeit wandelnde Ansehen sowjetischer Politiker und Institutionen. Sowjetische und russische Meinungserhebungen müssen jedoch mit größter Vorsicht verwendet werden, da viele Zeitungsumfragen auf ungenauer Datenbasis beruhen. Ich habe ausschließlich Werte benutzt, die von den professionellsten Meinungsforschungsinstituten ermittelt worden sind, vor allem vom Allunionszentrum für Meinungsforschung (heute Allrussisches Zentrum), das 1988 mit dem Akademiemitglied Tatjana Saslawskaja als der ersten Direktorin, Boris Gruschin als deren Stellvertreter und Juri Lewada (der 1992 Nachfolger Saslawskajas wurde) als einem der Leiter der Forschungsabteilung gegründet wurde. Die zuverlässigsten Umfragewerte sind ein wertvolles Korrektiv zur Rekonstruktion vergangener Empfindungen, die von den Russen auf der Grundlage ihrer heutigen Überzeugungen betrieben wird. Sie sind auch eine notwendige Ergänzung der eher impressionistischen Einschätzungen der öffentlichen Meinung durch Journalisten, die dennoch während der Perestroika-Periode häufig Licht auf das Denken politischer Aktivisten, besonders aus der Intelligenzia, warfen, mit denen sie in Kontakt standen. Aber sowohl westliche als auch russische Journalisten projizierten oft gegenwärtige Einstellungen auf die Vergangenheit, ohne wirklich zu untersuchen, was die Menschen zur fraglichen Zeit dachten. So ist in den vergangenen Jahren oft behauptet worden, die Popularität Gorbatschows sei ein rein westliches Phänomen und er sei in Rußland zutiefst unbeliebt gewesen. Eine solche Aussage ist weit von der Wahrheit entfernt und hält in Wirklichkeit einer genauen Überprüfung nicht stand. Für den größten Teil seiner Regierungszeit war Gorbatschow der populärste Politiker seines Landes. Und doch sind Bemerkungen über die sowjetische öffentliche Meinung wie die Oleg Gordiewskis, des ehemaligen KGB-Offiziers und späteren britischen Agenten, sowohl repräsentativ als auch unzutreffend: »Für den Westen wurde [Gorbatschow] zum Helden, weil er der erste Führer war, der den Mut hatte zu sagen, daß der Kommunismus tot war. Aber in der Sowjetunion war er zutiefst unpopulär und wurde weiterhin als [ein] typischer Parteiapparatschik angesehen, mit provinziellem Verstand und provinzieller Bildung ...«[1] Abgesehen von der Tatsache, daß die Mehrheit der Russen nicht in Moskau lebt und die Überlegenheit städtischen Verstands nicht ohne weiteres akzeptieren würde, widerspricht die Verallgemeinerung einer Unbeliebtheit Gorbatschows in seinem Land den Erkenntnissen über die öffentliche Meinung in der Sowjetunion, wie in den folgenden Kapiteln noch deutlicher werden soll.

In Rußland, wie andernorts auch, waren die politischen Akteure häufig bereit, unter Wahrung ihrer Anonymität mehr zu sagen als unter Nennung ihres Namens. 1990/91 allerdings wurde es zunehmend üblich, sowjetische Politiker zu finden – darunter auch Regierungsmitglieder –, die willens waren, auch über heikle Probleme mit vielleicht noch größerer Offenheit als ihre westlichen Kollegen zu sprechen. Darin wurde natürlich nicht nur das aufgeschlossenere Klima sichtbar, sondern auch der schwere politische Kampf greifbar, der in der Sowjetunion geführt wurde. Diese Auseinandersetzung fand nicht nur zwischen Regierung und Opposition statt, sondern auch innerhalb der wichtigsten Organe des Parteistaats, nicht zuletzt der Kommunistischen Partei selbst. Nach dem Zusammenbruch der Sowjetunion fühlten sich die Politiker der Perestroika-Ära noch weniger eingeengt, und die Erinnerungen der Schlüsselfiguren in diesem politischen Prozeß, sowohl mündlich als auch in Druck veröffentlicht, sind von enormer Bedeutung.

Mit der Zeit reichte das Quellenmaterial von höchst kritischen Beurteilungen über Gorbatschow durch konservative Kommunisten und russische Nationalisten bis zu solchen, die schnelleren und radikaler demokratisierenden und marktwirtschaftlichen Veränderungen den Vorzug gegeben hätten. Die positive Einschätzung Gorbatschows stammt von Menschen mit den verschiedensten politischen Hintergründen. So gab es bis zum Putsch im August 1991 und darüber hinaus unter den Spezialisten, die in den Forschungsinstituten für radikalen Wandel im Inneren des Systems arbeiteten, eine beachtliche Anzahl von Anhängern Gorbatschows. Positive Beurteilungen kamen auch von denen, die es in der Vergangenheit sehr viel schwerer hatten. Der russisch-jüdische Schriftsteller Lew Rasgon, der siebzehn Jahre in Gefängnissen und Arbeitslagern verbracht hatte, sagte im Rahmen einer informellen Begegnung in Oxford im Januar 1990, daß er jeden Tag für Gorbatschow bete. Es gibt jedoch keinen Zweifel daran, daß es zu einem steilen Abfall der Popularität Gorbatschows in der Sowjetunion während der zwei Jahre vor dem gescheiterten Putsch kam.

Sicherlich gibt es noch immer einige Lücken in unserem Wissen über Gorbatschow und Gorbatschows Sowjetunion, doch ist das Hauptproblem für den Forscher, der Russisch zu lesen imstande ist, mit der ungeheuren Menge an interessantem und möglicherweise relevantem Material zurechtzukommen, das heute zugänglich ist. Das ist ein deutlicher Gegensatz zu der früheren Situation, als es vor allem darum ging, den Subtext der absichtlich verschleierten oder verzerrten Nachrichten zu entziffern, was in der Vergangenheit die Alltagsbeschäftigung sowjetischer Bürger und Forscher auf diesem Gebiet darstellte. Unter den Materialien befinden sich heute die Veröffentlichungen ausgewählter Dokumente aus den Archiven der Perestroika-Ära, publiziert von den russischen Behörden einerseits und der Gorbatschow-Stiftung andererseits.

Was hilfreiche Gespräche anbelangt, habe ich Zdenìk Mlynář bereits erwähnt, mit dem ich eine Reihe interessanter Begegnungen an verschiedenen Punkten seiner Laufbahn hatte. Michail Gorbatschow selbst habe ich sowohl in Moskau als auch in Oxford getroffen, als er kein politisches Amt mehr bekleidete. Ebenso habe ich zahlreiche Gespräche mit den engen Mitarbeitern Gorbatschows geführt, in denen ich mich auf seine Karriere bis zu dem Augenblick konzentrierte, an dem er aufhörte, Präsident eines Landes zu sein, das dann ebenfalls nicht mehr länger existierte. In diesem Buch geht es mir nicht um die Aktivitäten Gorbatschows nach jenem 25. Dezember 1991, obwohl ich ausgiebigen Gebrauch von bedeutenden Informationen über die Ära Gorbatschow gemacht habe, die erst in den darauffolgenden drei und mehr Jahren ans Licht gekommen sind.

Zusätzlich zu den vielen Gesprächen in Rußland mit denjenigen, die in beruflichem und politischem Kontakt mit Gorbatschow standen, sprach ich auch mit vielen westlichen Politikern und hochrangigen Diplomaten, die mit ihm in Kontakt waren. Auf der russischen Seite waren darunter vier Berater des Präsidenten – Anatoli Tschernjajew, Georgi Schachnasarow, Nikolai Petrakow und Oleg Oscherelejew. Tschernjajew war hauptamtlicher Mitarbeiter Gorbatschows von 1986 bis zum Ende seiner Zeit an der Spitze der Sowjetunion 1991, Schachnasarow war es von Februar 1988 bis Dezember 1991. Beide Männer (insbesondere Tschernjajew) arbeiten auch weiterhin mit Gorbatschow in der Gorbatschow-Stiftung zusammen. Petrakow war 1990 Gorbatschows Wirtschaftsberater, trat aber noch am Ende jenes Jahres zurück. Nach dem Putsch im August 1991 kehrte er in Gorbatschows Team als Mitglied des Politischen Konsultativrates des Präsidenten zurück und wirkte dort bis zum Ende der Ära Gorbatschow (und der Sowjetunion) im Dezember. Oscherelew war der Ökonom, der Petrakows Nachfolger nach dessen Rücktritt 1990 wurde. Ich hatte auch die Möglichkeit, mit Alexander Nikolajewitsch Jakowlew zu sprechen, einem Mitglied des Sekretariats des Zentralkomitees und des Politbüros während der Perestroika-Jahre und einflußreicher Verbündeter Gorbatschows in der damaligen sowjetischen Führung. Später wurde er Vizepräsident der Gorbatschow-Stiftung und war danach, bis zu seinem Rücktritt im März 1995, Direktor des Staatsfernsehens Ostankino in Moskau. Auch mit Wadim Andrejewitsch Medwedjew hatte ich Gespräche, der, wie Jakowlew, Politbüromitglied und ZK-Sekretär war und dessen Zusammenarbeit mit Gorbatschow einige Jahre vor der Wahl Gorbatschows zum Generalsekretär begann. Auch mit Andrei Gratschow, der 1989 einer der Stellvertretenden Direktoren der Internationalen Abteilung des Zentralkomitees der sowjetischen Kommunistischen Partei wurde und später Michail Gorbatschows Präsidentensprecher war, habe ich eine Reihe ausnehmend hilfreicher Unterhaltungen geführt. Seit 1992 teilt er seine Zeit zwischen Paris und Moskau und schreibt als politischer Kommentator für die *Moscow News* und die *New Times*. Interviews mit Pawel Palaschtschenko, dem Dolmetscher Gorbatschows bei den Gipfeltreffen mit den amerikanischen Präsidenten, und mit Alexander Lichotal, dem Berater und Pressesprecher Gorbatschows in der Gorbatschow-Stiftung, waren ebenfalls äußerst wertvoll.

Zu den anderen sowjetischen und russischen Politikern und Wissenschaftlern, mit denen ich besonders häufige und hilfreiche Diskussionen geführt habe, gehören, in alphabetischer Reihenfolge: Jewgeni Ambarzumow, Fjodor Burlazki, Sergei Tschugrow, German Diligenski, Leonid Gordon, Pawel Grazjanski, Wladimir Gulijew, Artemi Karapetjanz, Grigori Karasin, Boris Kuraschwili, Alexander Lebedew, Andrei Melville, Alexander Nikitin, Alexander Obolonski, Michail Piskotin, Oleg Rumjanzew, Nikolai Schmeljow, Nodari Simonia, Rair Simonjan, William Smirnow, Leonid Smirnjagin und Ruben Jewstignejew. Zusätzlich hatte ich sehr nützliche Interviews oder informelle Begegnungen unter anderen mit: Anatoli Adamschin, Juri Afanasjew, Abel Aganbegjan, Andrei Arsenow, Wadim Bakatin, Georgi Barabaschew, Wladimir Baranowski, Leonid Batkin, Juri Baturin, Nina Beljajewa, Nikolai Birjukow, Wladimir Bykow, Anatoli Danilitski, Nikolai Dejew, Wladimir Entin, Peter Iwanzow, General Oleg Kalugin, Karen Karagesjan, Jefim Chesin, Igor Kljamkin, Jelena Koronjewskaja, Iwan Laptew, Otto Latsis, Juri Lewada, Wladimir Lukin, Andranik Migranjan, Georgi Mirski, Awgust Mischin, Wladik Nersesjanz, Alexander Nikonow, Asan Nugmanow, Boris Pankin, Wladimir Petschanow, Sergei Peregudow, Wladimir Popow, Witali Rassochin, Lew Rasgon, Anatoli Ribakow, Roald Sagdejew, Andrei Sacharow, Tatjana Saslawskaja, Alexei Schestopal, Jelena Schestopal, Lilja Schewzowa, Viktor Schejnis, Wjatscheslaw Schostakowski, Alexander Schubin, Waleri Slawinski, Sergei Stankjewitsch, Galina Starawojtowa, Wladimir Tichonow, Tatjana Tolstaja, Boris Topornin, Alexander Tsipko, Arkadi Waksberg, Wladimir Walkow, Alexander Weber, General Dmitri Wolkogonow, Leonid Wolkow, Alexander Maximowitsch Jakowlew, Jegor Jakowlew und Igor Zeweljew.

Es versteht sich von selbst, daß keiner dieser Wissenschaftler, Schriftsteller und Politiker (von denen viele in mehr als eine dieser Kategorien passen) für meine Schlußfolgerungen verantwortlich sind, denn sie selbst unterscheiden sich radikal in ihren politischen Ansichten und Meinungen über Gorbatschow. Zusätzlich zu den Interviews, die ich selbst geführt habe, machte ich von der Arbeit einiger der besten Journalisten auf diesem Gebiet Gebrauch. In diesem Zusammenhang möchte ich Brian Lapping und Norma Percy, den Autoren der exzellenten Fernsehdokumentation *The Second Russian Revolution*, meine Dankbarkeit dafür zum Ausdruck bringen, daß sie die Tonbandaufnahmen ihrer Interviews in der Bibliothek des St. Antony's College Russian Centre deponiert haben. Auch der British Library of Political and Economic Science danke ich, mir den Zugang zu den Transkripten der Interviews gewährt zu haben, die nun in einer Spezialsammlung an der LSE verwahrt werden. Die Auszüge dieser Interviews, die in den Fernsehsendungen Verwendung fanden, stellen nur einen kleinen Teil dieses reichhaltigen Fundus an Material dar. (Verweise auf diese Interviews sind in den Fußnoten mit ›*The Second Russian Revolution*-Transkripte‹ gekennzeichnet.)

Ich habe auch von vielen Gesprächen mit westlichen Kollegen profitiert, besonders in St. Antony's College in Oxford, meiner akademischen Heimat. Andere Lehrende im Russian and East European Centre und auch graduierte Studenten haben meine Betrachtungen befördert, wie auch – in allgemeinerer, aber sehr wichtiger Weise – der damalige Warden des Colleges, Ralf Dahrendorf. Für in höchstem Maße effiziente und tagtägliche Hilfe bin ich der Sekretärin und Bibliothekarin des Russian Centre, Jackie Willcox, zu außerordentlichem Dank verpflichtet. Dafür, mich auf eine Reihe wichtiger Veröffentlichungen aufmerksam gemacht zu haben (vor allem auf Artikel in russischen Zeitungen), die ich sonst vielleicht übersehen hätte, danke ich an erster Stelle Martin Dewhirst (Universität Glasgow), ferner Yitzhak Brudny (Yale), Riitta Heino und Alex Pravda in St. Antony's und den hervorragenden graduierten Studenten in Oxford, die zu unterrichten mir ein Vergnügen gewesen ist. Zu den Letztgenannten, die für mich Material gefunden oder Zitate überprüft haben, gehören Warren Hatch, Raffaela Kluge, Neil Melvin, Martha Merritt und Christian Schmidt. Ich stehe besonders in der Schuld derjenigen meiner Freunde und Berufskollegen, die sich die Mühe machten, einzelne

Kapitel dieses Buches zu lesen und sie mit mir zu besprechen. Andrei
Gratschow vom IMEMO las den vollständigen Entwurf des Buches,
Artemi Karapetjanz von der Moskauer Universität die ersten vier
Kapitel, Alexander Schubin vom Institut für Allgemeine Geschichte in
Moskau Kapitel 2 und 3, Robert E. Lane von der Yale University Kapi-
tel 4, Wlodzimierz Brus in Wolfson College, Oxford, Kapitel 5, Alex
Pravda in St. Antony's Kapitel 5 und 7 und ein weiterer Kollege in
St. Antony's, Timothy Garton Ash, Kapitel 7. Diese Wissenschaftler
sind in keiner Weise verantwortlich für verbliebene sachliche Fehler
oder solche des Urteils, aber ihr großzügiger Rat hat den Text zweifellos verbessert.

Von großem Vorteil war die Veränderung meiner intellektuellen
Umgebung, durch Gastprofessuren an der Columbia-Universität in
New York (wo ich im Wintersemester 1985 die Gelegenheit zu einem
stimulierenden Austausch mit Fakultätskollegen und graduierten Studenten noch im ersten Jahr der Regierungszeit Gorbatschows hatte),
der Universität von Texas in Austin (im akademischen Jahr 1990/91)
und im INSEAD in Fontainebleau (im Sommer 1991). Alle diese Institutionen erstellten Arbeitsbedingungen, die der politikwissenschaft-
lichen Forschung zuträglich waren, und ein bedeutender Teil der
Arbeit an den ersten Kapiteln dieses Bandes wurde in Texas und Frankreich geleistet. Ich bin daher all denen dankbar, aufgrund deren Initiative ich von diesen in höchstem Maße kongenialen intellektuellen
Heimstätten profitieren durfte – Alfred C. Stepan, Robert Legvold,
Marshall Shulman und Seweryn Bialer in Columbia; James S. Fishkin,
Robert D. King und Michael Katz an der Universität von Texas; und
Jonathan Story im INSEAD.

Die folgende Arbeit greift auf meine Forschungen und Reflexionen
über den ›Gorbatschow-Faktor‹ von mehr als einem Jahrzehnt zurück.
In seiner gegenwärtigen Form hat das Buch jedoch seinen Ursprung
in einer Einladung Alexander Dallins, die zweite Vorlesung in einer
jährlichen Reihe zu halten, die am Center for Russian and East European Studies der Universität Stanford veranstaltet werden. Als Thema
wählte ich »Der Gorbatschow-Faktor in der sowjetischen Politik«, so
daß praktisch der erste Entwurf mehrerer der folgenden Kapitel in
einer Vorlesungsreihe in Stanford im April 1988 vorgetragen wurde.
Der Wärme des kalifornischen Klimas entsprach die Herzlichkeit der
Gastfreundschaft Alexander Dallins, Gail Lapidus', David Holloways

und anderer. Ich bleibe ihnen in Dankbarkeit verbunden und bedaure sehr, sie so lange auf das Buch aus den Vorlesungen warten gelassen zu haben. Angesichts aller nachfolgenden Ereignisse in der Sowjetunion (die in ihrem Kollaps gipfelten) und des wahrlich außergewöhnlichen Tempos der Veränderungen unterscheidet sich dieses Buch in vielerlei Hinsicht ganz offensichtlich vom ursprünglichen Text.

Ich bin froh, die Gelegenheit zu haben, der British Academy und ihren tatkräftigen und hilfsbereiten Mitarbeitern (vor allem Jane Lyddon) und dem Economic and Social Research Council des Vereinigten Königreichs zu danken, die gemeinsam die meisten meiner Forschungsaufenthalte in der Sowjetunion während der Ära Gorbatschow finanzierten. Besonders die British Academy unterstützte großzügig eine Reihe von Aufenthalten im Institut für Staat und Recht der Akademie der Wissenschaften in Moskau. Vor allem Kapitel 6 und 7 dieses Buches profitierten auch von einem Stipendium des ESRC (R000231006), das mehreren Wissenschaftlern, zu denen ich gehörte, für Forschungen über »Die sowjetische Wirtschaftsreform und ihre Beziehung zu politischem Wandel« gewährt wurde. Zusätzlich zur ESRC leisteten der Hayter Fund der Universität Oxford und der Elliott Fund von St. Antony's College einen Beitrag zu Aufenthalten im Institut für Weltwirtschaft und Internationale Beziehungen in Moskau. Die Geschwindigkeit, mit der sich sowohl das politische Klima als auch die politischen Institutionen veränderten, machte Erfahrungen aus erster Hand besonders wertvoll.

Schließlich muß ich in dieser Danksagung die Geduld und die Unterstützung meiner Familie erwähnen, auch wenn sich Gorbatschow zwischen uns geschoben hat. Mein Dank gilt insbesondere meiner Frau Pat, die den Index zur englischen Ausgabe dieses Buches erstellte, und meinem Sohn Douglas, der mir immer dann zu Hilfe eilte, wenn mein Computer mir unverständliche Sachen machte.

St. Antony's College, Oxford   *Archie Brown*

ABKÜRZUNGEN

BBC SWB	British Broadcasting Corporation Summary of World Broadcasts
KPdSU	Kommunistische Partei der Sowjetunion
FBIS	Foreign Broadcast Information Service (Washington)
Gosagroprom	Russisches Akronym für Staatliches Komitee für den Agro-Industriellen Komplex (1985-89)
IMEMO	Russisches Akronym für Institut für Weltwirtschaft und Internationale Beziehungen
INF	Nukleare Mittelstreckenwaffen
KGB	Komitee für Staatssicherheit (Politische Polizei)
Komsomol	Liga der Jungen Kommunisten
MGIMO	Moskauer Staatsinstitut für Internationale Beziehungen
MWD	Innenministerium
NÖP	Neue Ökonomische Politik (von Lenin 1921 eingeführt)
NKWD	Volkskommissariat für Innere Angelegenheiten (Vorläufer des KGB)
OSZE	Organisation für Sicherheit und Zusammenarbeit in Europa
Politbüro	Politisches Büro (des Zentralkomitees der Kommunistischen Partei), das höchste politische Entscheidungsgremium in der UdSSR für die meiste Zeit der sowjetischen Ära
RSFSR	Russische Sozialistische Föderative Sowjetrepublik (heute die Russische Föderation)
SDI	Strategic Defence Initiative (›Krieg der Sterne‹)
TsEMI	Zentrales Ökonomisch-Mathematisches Institut
UdSSR	Union der Sozialistischen Sowjetrepubliken
VTsIOM	Allrussisches (ehemals Allunions-) Zentrum für Meinungsforschung

EIN WORT ZUR TRANSLITERATION

Bei der Transliteration des Russischen gibt es gewöhnlich einen Konflikt zwischen Vertrautheit und Einheitlichkeit. Die russischen Titel im Anmerkungsapparat entsprechen dem British Standard Transliterationssystem, das auch in einer Reihe der wichtigsten amerikanischen Veröffentlichungen Anwendung findet. Im Text des Buches wird der Leser jedoch die durch Presse und Memoirenliteratur vertrautere deutsche Umschrift russischer Namen vorfinden. Es heißt also Gorbatschow und nicht Gorbačev. Im Text gelegentlich auftauchende russische Begriffe sind nach dem britischen System transliteriert, sofern sie kursiv erscheinen. Eine Ausnahme von der Regel, Buch- oder Zeitschriftentitel zu transliterieren, wurde für die Monatszeitschrift *Novy mir* gemacht, die in dieser Form bekannter ist denn als *Novyy mir*. Im Anmerkungsapparat sind aus Gründen der Lesbarkeit und Einheitlichkeit alle russischen Autorennamen und Publikationstitel in der britischen Standardtransliteration aufgeführt.

KAPITEL I

Einleitung

Die Umwälzungen in den Ländern, die früher die Sowjetunion bildeten, waren so gewaltig, daß man darüber leicht die Wirklichkeit
des unreformierten sowjetischen Systems vergißt und mit welcher
Bescheidenheit man wirkliche Innovation erwartete, als Michail Gorbatschow im März 1985 die Nachfolge Konstantin Tschernenkos in der
Führung der Sowjetunion antrat. Weder sowjetische Bürger noch ausländische Beobachter dachten, daß die UdSSR dabei war, sozusagen
um ihr Bestehen reformiert zu werden. Während niemand die kommenden Ereignisse vorhersagte oder dazu imstande gewesen wäre,
waren es diejenigen, die am skeptischsten der Möglichkeit von Veränderungen gegenüberstanden, die als erste von den Ereignissen über-
rollt wurden. Einige, die in späteren Jahren mit Gorbatschows ›Halbherzigkeit‹ scharf ins Gericht gingen, hielten es für angenehmer zu
vergessen, daß die tatsächlich von Gorbatschow betriebenen oder
gebilligten Veränderungen ihre kühnsten Erwartungen noch übertrafen und Vorhersagen Lügen straften, Gorbatschow habe weder den
Willen noch die Macht, das sowjetische System einschneidend zu verändern.

   Als es aufkam, sich von der in den achtziger Jahren allgemeinen enthusiastischen Unterstützung für Gorbatschow zu distanzieren, waren
genau jene Beobachter, die Gorbatschows Absichten zu Beginn falsch
interpretiert hatten, die ersten, die sich in exzessiver Weise auf Gorbatschows Rolle konzentrierten und ihn gleichzeitig, wenn auch unlogi-
scherweise, für alle großen politischen Fehlschläge persönlich verantwortlich machten. Und Fehlschläge hat es in der Ära Gorbatschow
durchaus gegeben – besonders in der Wirtschaftspolitik und in den
Beziehungen zwischen den Teilrepubliken der Sowjetunion und dem
Zentrum.

   Wenn man die Palette der Veränderungen in der Sowjetunion während der Gorbatschow-Jahre leidenschaftslos betrachtet, dann fällt
besonders deutlich auf, in welchem Ausmaß sich diese Veränderungen
friedlich vollzogen. Alle, die vor den späten achtziger Jahren das System offen und von innen heraus angegriffen hatten, waren geschei-

tert. Vor diesem Hintergrund erscheint es zweifelhaft, ob es derart
weitreichende und von so wenig Gewalt begleitete Veränderungen
anders als durch den Aufstieg eines ernsthaften Reformers zum höchsten politischen Amt des Landes hätte geben können. Die Aussicht,
daß ein Reformer Generalsekretär würde – die Vorstellung, daß so
etwas im Prinzip überhaupt möglich sei –, war im voraus von vielen
westlichen Beobachtern und so prominenten sowjetischen Emigranten wie den Schriftstellern Alexander Solschenizyn und Alexander
Sinowjew ausgeschlossen worden. Doch es war die große Macht, die
kollektiv in den Händen der Führung der Kommunistischen Partei
und individuell in denen des Generalsekretärs konzentriert war, die es
so überaus wichtig machte, daß jemand mit reformerischen Neigungen Generalsekretär wurde. Ohne den Aufstieg eines echten Reformers und hochbegabten Politikers ins höchste Parteiamt 1985 wären
fundamentale Veränderungen erst wesentlich später begonnen worden und hätten durchaus blutiger und langsamer verlaufen können als
der relativ schnelle politische Entwicklungsprozeß, der sich entfaltete,
solange Gorbatschow an der Macht war.

Das Amt des Generalsekretärs

Im starren sowjetischen System hatte die Macht ihren Ursprung ganz
oben und pflanzte sich nach unten fort. Auf jeder Ebene lag die höchste Autorität beim Ersten Sekretär der Partei. Dies war der Fall, gleich
ob die zu regierende Einheit eine Unionsrepublik wie Litauen oder
Georgien war oder eine Provinz Rußlands wie die Region Swerdlowsk
oder das Territorium Stawropol, eine Stadt oder ein Landkreis. In der
höchsten Sphäre des Systems, der ›Allunions‹-Ebene, war der mächtigste Mann ohne Zweifel der Generalsekretär des Zentralkomitees. Der
Politiker, der dieses Amt bekleidete, war nicht nur der anerkannte
Führer der Kommunistischen Partei, sondern praktisch auch Regierungschef des Landes.

Nur zu Beginn der sowjetischen Epoche, und undeutlicher in ihrer
Endphase, war der Generalsekretär nicht die beherrschende und
mächtigste Figur in Staat und Partei. In den frühesten Jahren der sowjetischen Herrschaft war Wladimir Lenin, der den bolschewistischen
Teil der revolutionären Bewegung seit 1903 geführt hatte, der aner-

kannte Führer, obwohl sein offizieller Titel der eines Vorsitzenden des Rates der Volkskommissare war (aus dem nach dem Zweiten Weltkrieg der Ministerrat wurde). Josef Stalin war zwar 1922 Generalsekretär des Zentralkomitees geworden, konnte die volle Macht seines Amtes aber nur in den Perioden körperlicher Schwäche Lenins und nach dessen Tod im Frühjahr 1924 ausschöpfen. Das Recht, Beamte zu ernennen, und die Verantwortung für die Umsetzung politischer Entscheidungen lagen zunächst beim Sekretariat des Zentralkomitees und wurden von Stalin zu seiner persönlichen Prärogative gemacht. Die Macht des Generalsekretärs, der an der Spitze der Hierarchie der Parteisekretäre stand, breitete sich so über das ganze Land aus.

Es gab nur sechs regierende Generalsekretäre in den ganzen vierundsiebzig Jahren der sowjetischen Geschichte. Die Macht, die Stalin sich erwarb (und wie er sie ausübte), war eine andere als die seiner Nachfolger. Seine Bereitschaft, rücksichtslosen Terror gegen Rivalen innerhalb der Partei und gegen wirkliche und eingebildete Gegner in der Gesellschaft einzusetzen, entfernte die Sowjetunion von der Oligarchie der zwanziger Jahre unseres Jahrhunderts – in denen Stalin aber bereits Erster unter Gleichen war – und machte sie zu einer tyrannischen persönlichen Diktatur, die von den dreißiger Jahren bis zu Stalins Tod 1953 andauerte. Die Kommunistische Partei blieb zwar ein bedeutendes Herrschaftsinstrument, sie war aber nur eines unter mehreren, und die politische Polizei und das ministerielle Netzwerk spielten eine nicht minder bedeutende Rolle. Tatsächlich wurden die Statuten der Kommunistischen Partei, zum Beispiel in Hinblick auf Regelungen, wie oft Parteitage oder Plenarsitzungen des Zentralkomitees stattfinden sollten, so offen von Stalin mißachtet, daß unmittelbar nach seinem Tod unter seinen Nachfolgern Unklarheit darüber herrschte, inwieweit die Parteiorganisation überhaupt noch eine Macht darstellte und ob ihre Kontrolle die wichtigste aller politischen Ressourcen des sowjetischen Systems war.[1]

Mit dem Tod Stalins kehrte die Sowjetunion eine Zeitlang zur Oligarchie zurück, als es unter Stalins Nachfolgern zu einem Machtkampf kam. Zum Schluß war Stalin Vorsitzender des Ministerrates und Parteiführer gewesen, und es war sein Nachfolger in ersterem Amt, Georgi Malenkow, der dem Westen der Erbe Stalins zu sein schien. Aber innerhalb von zwei Jahren hatte Nikita Chruschtschow als Erster Sekretär des Zentralkomitees (wie der Generalsekretär zwischen 1953 und 1966 genannt wurde) seine Vormachtstellung etabliert. Trotz des Versuches einiger der alten Garde wie Malenkow, Wjatscheslaw Molotow und Lasar Kaganowitsch, ihn 1957 zu stürzen, gelang es Chruschtschow, seinen Rückhalt im Zentralkomitee zur Überwindung der von ihm als ›sogenannte rechnerische Mehrheit‹ bezeichneten Opposition des Politbüros einzusetzen. Von diesem Zeitpunkt an, und besonders seit den frühen sechziger Jahren, wurde Chruschtschow zu einer wesentlich despotischeren Führungsfigur. 1958 kam zu seinem Parteiamt noch der Vorsitz des Ministerrates, und er begann einige Programme durchzusetzen, die den Vorstellungen weiter Teile der politischen Elite zuwiderliefen. Obwohl Chruschtschow keine Reformen des sowjetischen Systems anstieß, die es an Radikalität mit den späteren Maßnahmen Gorbatschows aufnehmen könnten, und er die Grundlagen des Systems viel unkritischer akzeptierte, war er unberechenbar und stellte eine Bedrohung für die Sicherheit der Herrschaft der Parteifunktionäre und Staatsbeamten dar. Am Ende reichte dies aus, um eine Koalition hoher Funktionäre, die praktisch das gesamte Politbüro einschloß, zu bilden und ihn im Oktober 1964 aus dem Amt zu entfernen.[2]

Leonid Breschnew, Chruschtschows Nachfolger, blieb achtzehn Jahre im Amt, weil er alles tat, sich in seinem Führungsstil so deutlich wie möglich von dem Chruschtschows zu unterscheiden. Wo Chruschtschow impulsiv gewesen war, war er vorsichtig; wo Chruschtschow nicht gezögert hatte, Staats- und Parteifunktionäre abzukanzeln und zu degradieren oder ihre Ämter und Kompetenzen radikal einzuschränken – wie er es 1962 mit den Gebietssekretären der Partei gemacht hatte –, da war Breschnew eifrig um den Parteiapparat bemüht; er rühmte sich dieser Politik der ›Stabilität der Kader‹ und erklärte sie zu einer Tugend. Während Chruschtschow keine Bedenken hatte, die politische Richtung vorzugeben, legte Breschnew großen Wert darauf, niemals bei einer Frage isoliert zu werden, und suchte beständig nach Gemeinsamkeiten innerhalb der sowjetischen Führung. Im Laufe der Zeit allerdings gelang es Breschnew, ein stark übertriebenes Bild seiner Verdienste und Leistungen zu verbreiten (dem öffentlicher Respekt bezeugt wurde, obwohl dies nie das Pathos und das absurde Maß des Stalinkultes erreichte). Mit Erfolg lancierte er über die Jahre immer mehr ihm persönlich verpflichtete Persönlichkeiten in Führungspositionen, mit dem Ergebnis, daß er in den siebziger Jahren über größere Macht als zu Beginn seiner Amtszeit verfügte. Zu keinem Zeitpunkt aber stellte er die Prinzipien des sowjetischen Systems in Frage, und den besonderen Interessen der Parteifunktionäre, der Ministerialbürokratie, des Militärs und des KGB schenkte er große Aufmerksamkeit. Er wußte sich einig mit ihnen in der Verteidigung des Systems gegen jede spontane politische Aktivität oder gegen unabhängiges politisches Denken. Dieser Stil war zwar Breschnews politischer Langlebigkeit äußert dienlich und für die verschiedenen Gruppen der sowjetischen Führungsschicht keineswegs unattraktiv, aber doch ungeeignet, die tiefer liegenden Probleme des Landes zu lösen. Außerdem war die ›Stabilität der Kader‹ des einen die Beförderungssperre eines anderen. ›Ära der Stagnation‹ wurde in den Jahren der Perestroika das gebräuchlichste Wort, um die Sowjetunion unter Breschnew zu beschreiben.[3]

Als Juri Andropow Breschnew im Amt nachfolgte, war er bereits 68 Jahre alt, und sein Gesundheitszustand sollte sich schon bald rapide verschlechtern. Über Andropow wird in den nächsten zwei Kapiteln noch mehr zu sagen sein, denn er spielte eine wichtige Rolle als Förderer der Karriere Gorbatschows. Er selbst aber war kein prädestinierter Befürworter weitreichender politischer Veränderungen der Art, wie sie in der zweiten Hälfte der achtziger Jahre in der Sowjetunion vorgenommen wurden. Fünfzehn Jahre an der Spitze des KGB hatten Andropow mißtrauisch gegenüber allem werden lassen, was nach Dissidententum oder politischem Pluralismus schmeckte. Er war aber viel weniger selbstgefällig als Breschnew und eher bereit, weitergehende Reformen in Betracht zu ziehen, als sein erzkonservativer Vorgänger, die aber dennoch weit entfernt von dem waren, was Gorbatschow später in die Tat umsetzte. Allerdings setzte Andropow in seiner kurzen Amtszeit durchaus neue politische Akzente. Im Mittelpunkt standen für ihn Disziplin und Bekämpfung der Korruption. Daneben leitete er erste, vorsichtige Schritte in Richtung einer Wirtschaftsreform ein. Unter Andropow verstärkte sich auch die Propaganda gegen den Alkoholismus, obwohl diese Anstrengungen durch die Einführung einer billigeren Wodkamarke, der ersten seit Jahren, konterkariert wurden. Die dankbaren Konsumenten tauften das Getränk denn auch bald ›Andropowka‹. Andropow war nur von Breschnews Tod im November 1982 bis zu seinem eigenen Tod im Februar 1984 Generalsekretär. Trotzdem hatte er doch genug bewirkt, um zu demonstrieren, daß die

Position des Generalsekretärs immer noch das wichtigste politische Amt im Lande war, auch wenn dessen Machtfülle in der Zeit nach Stalin und durch die Entfernung Chruschtschows aus dem Amt Grenzen gesetzt worden waren.

Diese Grenzen waren deutlicher sichtbar als die Macht in der dreizehnmonatigen Amtszeit von Andropows Nachfolger, Konstantin Tschernenko. Wie in Kapitel 3 noch eingehender zu beschreiben sein wird, war Gorbatschow bereits zu diesem Zeitpunkt ein Alternativkandidat zu Tschernenko und sogar Andropows Wunschkandidat für die Nachfolge. Obwohl jede Entscheidung des Politbüros, des Hauptwahlgremiums für das Amt des Generalsekretärs, vom gesamten Zentralkomitee bestätigt werden mußte, war es Vorsicht, die eine Mehrheit des Politbüros dazu bewegte, für den 72jährigen Tschernenko zu stimmen. Von ihm war gewiß nicht zu erwarten, daß er größeren Wirbel verursachen würde, noch nicht einmal in dem Maße, wie Andropow das mit seiner Anti-Korruptionskampagne und umfangreichen Personalveränderungen getan hatte. Eine Kombination aber aus dem sich zusehends verschlechternden Gesundheitszustand Tschernenkos und dem substantiellen Rückhalt, über den Gorbatschow bereits im Sekretariat des Zentralkomitees verfügte, führte zu einer Pattsituation in der Führung während der dreizehn Monate zwischen Tschernenkos Amtsübernahme und seinem Tod im März 1985. Allen Lippenbekenntnissen zu Tschernenko als dem obersten Führer zum Trotz war das Bewußtsein weit verbreitet, daß dies nicht mehr als ein Interregnum war und die wirklichen Probleme erst in Angriff genommen werden konnten, wenn der körperlich immer mehr verfallende Tschernenko die Bühne verlassen hatte.

Beurteilungen Gorbatschows im Wandel

Bemerkenswert viel ist bereits über Michail Gorbatschow geschrieben worden, und die jeweils herrschende Meinung über ihn hatte sich schon dreimal geändert, bevor er sein Amt verlor und die Sowjetunion 1991 ihr Ende erreichte. In den ersten zwei Jahren, von 1985 bis gegen Ende 1986, war im Westen die Ansicht verbreitet, Gorbatschow habe einen neuen Stil eingeführt, und er sei, soweit er denn überhaupt ein Reformer sei, einer des technokratischen Typs. Weitreichende Verän-

derungen im politischen und ökonomischen System oder in der
Außenpolitik der Sowjetunion seien nicht zu erwarten.[4] Diese Ansicht
wurde von größeren Teilen der liberalen sowjetischen Intellektuellen
geteilt, bei der Bevölkerung aber war Gorbatschow besonders populär
in seinen ersten zwei Amtsjahren. (Tatsächlich war Gorbatschow, anders als viele westliche Kommentatoren und Gorbatschows politische
Feinde in Rußland oft behaupten, noch immer die am höchsten
geachtete und populärste Figur in der Sowjetunion, selbst fünf Jahre
nachdem er Generalsekretär geworden war. Auf diesen Punkt wird
noch einzugehen sein.) Seine relative Jugend und seine Tatkraft standen in deutlichem Kontrast zu der Gebrechlichkeit seiner drei Vorgänger, und seine vom Fernsehen übertragenen Treffen mit gewöhnlichen
Bürgern in Städten und auf dem Land erhöhten seine Popularität zu
Beginn seiner Amtszeit.

1987 wurde es für die meisten unvoreingenommenen westlichen
Beobachter erkennbar, daß sich innerhalb der Führung der Kommunistischen Partei bedeutende Entwicklungen ankündigten. (Die vor-
eingenommenen Beobachter aber blieben eine lautstarke und aggressive Minderheit).[5] Für viele war der Wendepunkt das Januar-Plenum
des Zentralkomitees, das politische Reformen klar auf die Tagesordnung setzte, für andere war es die Sitzung des Zentralkomitees im Juni
desselben Jahres, bei der die Notwendigkeit bedeutsamer ökonomischer Reformen festgestellt wurde.[6] Vor allem in intellektuellen Kreisen innerhalb der Sowjetunion war die Ansicht, Gorbatschow sei ein
großer Reformer, zwischen 1987 und dem Frühjahr 1989 verbreiteter
als vorher. Auch die sowjetischen Demokraten, die ihm zunächst mit
einem gewissen Mißtrauen gegenübergestanden hatten (und diese
Haltung später erneuerten), brachten ihm nun steigende Achtung entgegen. Noch größeres Ansehen aber genoß Gorbatschow im Ausland.

Als im Laufe des Jahres 1989 ein osteuropäisches Land nach dem
anderen die kommunistische Herrschaft abschüttelte und seine Selbständigkeit wiedererlangte, wuchs Gorbatschows Popularität im Westen. Das Hinnehmen dieser Erschütterung des sowjetischen Blocks
bewies am eindrucksvollsten die Ernsthaftigkeit des ›Neuen Denkens‹
in der Außenpolitik, das einige westliche Skeptiker noch als reine Propaganda abtaten. In der Sowjetunion aber erreichte die Popularität
Gorbatschows bereits etwas früher ihren Höhepunkt, nämlich mit den
Mehrkandidatenwahlen[7] zu einer neuen sowjetischen Volksvertretung

und der Versammlung des Ersten Kongresses der Volksdeputierten im Frühjahr 1989. Gorbatschows Sitzungsleitung stellte die konservative Mehrheit der Abgeordneten nicht zufrieden, da er den Repräsentanten der radikalen Minderheit – und besonders Andrei Sacharow – öfter das Wort erteilte, als dies durch numerische Stärke gerechtfertigt gewesen wäre. Die Liberalen wiederum nahmen Anstoß am Ausmaß der persönlichen Dominanz Gorbatschows in den Sitzungen. Diese Dominanz reflektierte zumindest teilweise die widersprüchlichen Rollen, die Gorbatschow gleichzeitig zu spielen hatte: als kommunistischer Parteiführer, Oberhaupt der staatlichen Exekutive und als De-facto-Präsident des flügge werdenden Parlaments.[8]

Im Bewußtsein vieler sowjetischer Bürger aber spielten die steigenden wirtschaftlichen und ethnischen Probleme im Lande selbst eine größere Rolle als die Ereignisse in Osteuropa. Letztere allerdings hatten zwei unangenehme Nebeneffekte für Gorbatschow. Erstens vergrößerten sie die Unzufriedenheit der Armee mit seiner Politik, und zwar nicht nur wegen des Verlustes der Früchte des Sieges im Zweiten Weltkrieg, wie es einige seiner Kritiker aus dem Militär sahen, sondern auch, weil eine große Zahl von Offizieren und Soldaten von jetzt auf nachher in eine völlig andere Wohnsituation in der Sowjetunion zurückkehren mußte. Zweitens begannen wesentlich mehr sowjetische Bürger, angefeuert vom Beispiel Osteuropas, ihre eigene, unglückliche Lage mit der Herrschaft der kommunistischen Partei in Verbindung zu bringen. Als Führer dieser Partei konnte sich Gorbatschow nur schwerlich ihrem Odium entziehen.

Vom Sommer/Herbst 1989 an änderte sich die Stimmung in der Sowjetunion und ab dem Frühjahr 1990 auch im Westen. Eine dritte Phase in der Beurteilung Gorbatschows begann. Obwohl Gorbatschows Ansehen im Westen weniger sank als in der Sowjetunion, wurde ihm doch auch im Westen weniger Anerkennung für seine Leitung eines Übergangs zuteil, der bereits weiter gegangen war, als sich dies irgend jemand 1985 hatte vorstellen können. Im Laufe des Jahres 1990 wurde er zunehmend als ein Teil des Problems gesehen – als ein Hindernis auf dem Weg zu einer erfolgreichen Umgestaltung des sowjetischen Systems.[9] Obwohl Gorbatschow zu Beginn seiner zwei letzten Jahre im Amt im Ausland populärer war als zu Hause und trotz der wachsenden Opposition von seiten der radikalen Demokraten und konservativen Kommunisten, war er doch im April 1990 die mit gro-

ßem Abstand am meisten geschätzte politische Persönlichkeit in der
Sowjetunion. Erst im Mai und Juni 1990 wurde er von Jelzin in der
Beliebtheitsskala überholt.[10] Im vorangegangenen Jahr war Gorbatschows Beliebtheit gesunken, aber weniger im Lande selbst als bei den
gesellschaftlichen Gruppen, mit denen westliche Journalisten hauptsächlich in Berührung kamen. Während der letzten zwei Jahre und
besonders in den letzten 18 Monaten von Gorbatschows Amtszeit
sank seine Popularität stark,[11] aber die meisten westlichen Politiker
– von denen keiner sein Land in dem Maße umgekrempelt hatte wie
Gorbatschow – wären zufrieden gewesen, fünf Jahre nach ihrem Amtsantritt noch wesentlich höher geachtet zu sein als ihre nächsten politischen Rivalen. Einer der führenden Wissenschaftler des professionellsten Meinungsforschungsinstitutes der Sowjetunion[12] (und dessen
postsowjetischer Direktor), Juri Lewada, bemerkte im April 1990, daß
im vorangegangenen Jahr 55 Prozent der Bevölkerung Gorbatschow
zum ›Mann des Jahres‹ erkoren hätten und sich diese Zahl im Frühjahr
1990 auf 46 Prozent verringert habe. Lewada fügte jedoch hinzu, dies
sei, angesichts des Ausmaßes der gesellschaftlichen Entfremdung und
Verzweiflung, immer noch beachtlich, »vor allem da er, zumindest in
der Wahrnehmung der öffentlichen Meinung, keine wirklichen Konkurrenten hat«. Er schreibt weiter, daß nur 16 Prozent Boris Jelzin
genannt hatten – weniger als ein Drittel derer, die für Gorbatschow
stimmten.[13] Bis zum Sommer 1990 wandelte sich die Situation dann
tatsächlich. Dies passierte aber zu einem späteren Zeitpunkt in Gorbatschows Amtszeit, als dies für gewöhnlich angenommen wird.[14] Für
den weitaus größten Teil seiner Zeit als *De-facto*-Regierungschef war
Gorbatschow der am höchsten geachtete Politiker in der Sowjetunion.

Die Kunst des Unmöglichen

Man tut also gut daran, im Gedächtnis zu behalten, daß die jeweils
modische Meinung über Gorbatschow im Westen oder in Rußland, in
guten und schlechten Zeiten, nicht immer repräsentativ für die russische oder sowjetische Gesellschaft war. Auch wurde die in den oben
genannten drei Phasen gerade vorherrschende Meinung über Gorbatschow keineswegs von allen westlichen oder sowjetischen Beobachtern akzeptiert. Sie erfuhr dennoch in jeder Phase der Ära Gorba-

tschow große Verbreitung. Verschiedene berufliche Blickwinkel führten aber zu einigen Variationen. Es ist daher nicht zufällig, daß Gorbatschow bei westlichen Politikern angesehener blieb als vor allem bei der Mehrheit der Wirtschaftswissenschaftler, die sich auf die Sowjetunion spezialisierten. Es ist allerdings auch nicht wirklich nötig, ein Ökonom zu sein, um zu erkennen, daß sich die wirtschaftliche Lage der Sowjetunion beständig verschlechterte. Die Menschen in den Straßen irgendwo zwischen Minsk und Chabarowsk sahen dies auch. Und da man weder in den Zeiten Stalins noch Breschnews lebte, sondern in einer Epoche der sowjetischen Geschichte von beispielloser Freiheit, sagten sie dies auch.

Westliche Politiker jedoch machten ihr Urteil nicht ausschließlich vom Zustand der sowjetischen Wirtschaft abhängig. Großes Gewicht maßen sie den Veränderungen in der politischen Sprache, dem Neuanfang in der sowjetischen Außenpolitik und den Veränderungen der politischen Institutionen bei. Ihr Verständnis von Politik als der Kunst des Möglichen versetzte sie immer wieder in Erstaunen darüber, wie Gorbatschow scheinbar *un*mögliche Dinge vollbrachte. In vieler Hinsicht war ihnen wohl mehr bewußt als vielen Wissenschaftlern und auch den neuen, radikalen und zwangsläufig recht unerfahrenen Politikern, die in der Sowjetunion ihre Laufbahn begannen, unter welchen Zwängen Gorbatschow agierte und was für Balanceakte ihm vor dem Putschversuch abverlangt wurden.

Gorbatschow verhielt sich innerhalb der Sowjetunion und in seinem Umgang mit amerikanischen und europäischen Staatsmännern wesentlich mehr wie ein westlicher Politiker, als dies irgendeiner seiner Vorgänger getan hatte. Dies wurde über alle Parteigrenzen hinweg im Westen gewürdigt und mit der Bereitschaft verbunden, Gorbatschow einen Großteil des Verdienstes an den dramatischen politischen Veränderungen zuzuerkennen. So erfahrene Politiker wie François Mitterrand und Helmut Kohl, Ronald Reagan und George Bush sowie Margaret Thatcher und Denis Healy erkannten früher oder später, daß Gorbatschow in der Lage war, über seine Herkunft aus dem kommunistischen Parteiapparat hinauszuwachsen. (Thatcher und Healy gehörten zu den ersten, die dies erkannten, und Kohl lernte dies zwar spät, dafür dann aber mit um so größerer Begeisterung.[15])

Dissidentenbewegung und Perestroika

Die Meinung, Gorbatschow sei fähig, die Fesseln der kommunistischen Parteidoktrin und -organisation abzuschütteln, wurde spätestens 1991 zum Gegenstand einer Kontroverse. Einerseits waren die
Erwartungen mit dem Ende der kommunistischen Herrschaft in
Osteuropa 1989/90 gestiegen, und andererseits wuchs die Kritik an
Gorbatschow im Lichte der sich verschärfenden Wirtschaftskrise, der
wachsenden Probleme zwischen Zentrale und Peripherie und der
zunehmenden inter-ethnischen Schwierigkeiten. Es wurde auch damit begonnen, die sowjetische Geschichte unter dem Eindruck der
neuesten Erkenntnisse neu zu schreiben. Sogar vor dem fehlgeschlagenen Putsch wurde darauf hingewiesen, daß sich viele der in der Sowjetunion verfolgten Ideen nicht von den Vorstellungen der unterdrückten und verfolgten Dissidenten der späten sechziger und frühen siebziger Jahre unterschieden. In der Tat haben sowohl Gegner als auch
einige der radikaleren Anhänger der Gorbatschowschen Reformen,
von ihrem jeweiligen Standpunkt aus, Aufmerksamkeit auf diese Ähnlichkeiten gelenkt. Eine sowjetische Sonderveröffentlichung von Dokumenten aus den Parteiarchiven druckte 1990 tatsächlich den Text
eines langen Briefes, der bis dahin nur in der Dissidentenliteratur
bekannt gewesen war – ein Plädoyer für Veränderung, 1970 gemeinsam von Andrei Sacharow, Valentin Turtschin und Roy Medwedjew
verfaßt und an Breschnew, den Generalsekretär der Partei, Alexei
Kossygin, den Vorsitzenden des Ministerrates, und Nikolai Podgorny,
den Vorsitzenden des Präsidiums des Obersten Sowjets, gesandt.[16]
Damals hatte die sowjetische Führung auf die Forderungen Sacharows, Turtschins und Medwedjews in keiner Weise reagiert. In der Zeit
zwischen 1985 und 1990 aber wurde beinahe jeder Punkt, der von den
Dissidenten genannt worden war, auf die politische Tagesordnung
gesetzt und zog politische Maßnahmen nach sich.

Vieles in der politischen Sprache dieses Dokumentes aus den siebziger Jahren sollte fünfzehn Jahre später ein Echo finden, sei es das Verlangen der drei Autoren nach wirtschaftlichen Reformen, Demokratisierung und Glasnost oder ihre Charakterisierung der Zeit, in der sie
lebten, als einer ›Periode der Stagnation‹ (*zastoy*). Sogar einige ihrer
spezifischen Forderungen wurden Mitte der achtziger Jahre Realität –
zum Beispiel die Einrichtung eines Instituts zur Erforschung der

öffentlichen Meinung.[17] Viele der ursprünglichen Vorschläge waren viel bescheidener als die tatsächliche politische Entwicklung in der zweiten Hälfte der achtziger Jahre (obwohl die Forderungen insbesondere von Sacharow zu diesem Zeitpunkt natürlich auch radikaler geworden waren). So ruft der zwölfte der 14 Punkte des Forderungskatalogs von Sacharow, Turtschin und Medwedjew von 1970 die sowjetische Führung zur »*schrittweisen* ... Einführung ... der Aufstellung mehrerer Kandidaten für jeden Sitz bei Wahlen zu Partei- und Sowjetorganen auf allen Ebenen, einschließlich indirekter Wahlen« auf (meine Hervorhebung).[18] Ein Vorschlag, es sollte mehr als eine Partei in der politischen Arena geben, findet sich nicht.

Es kann überhaupt keinen Zweifel daran geben, daß viele der Ideen, die in der zweiten Hälfte der achtziger Jahre offen in den sowjetischen Massenmedien diskutiert und teilweise auch in Regierungspolitik umgesetzt wurden, zuerst in den Zirkeln der Dissidenten zur Sprache kamen. Dies aber bedeutet nicht, daß es sich hier um den einfachen Fall einer Kontinuität handelte, daß die Veränderungen unter Gorbatschow nicht mehr als die Fortsetzung eines von den Dissidenten begonnenen Prozesses waren. Zum einen gab es keinerlei positive Reaktion auf die Forderungen der sowjetischen Dissidenten zwischen 1968 und 1985. Zum anderen unterschieden sich die Ansichten einer stattlichen Anzahl von Reformern, die Zurückhaltung für angebrachter als Heldentum hielten und jede offene Herausforderung der Behörden vermieden, bis Gorbatschow Dissens in der UdSSR ungefährlich gemacht hatte, kaum von den Überzeugungen der Dissidenten. Man hat diese Personen oft als ›inner-systemische Reformer‹ bezeichnet, aber da sie langfristig die politische und gesellschaftliche Ordnung untergruben, kann man das Phänomen genausogut oder vielleicht sogar treffender – wie Alexander Shtromas vor mehr als einem Jahrzehnt überzeugend dargelegt hat – ›strukturinternen Dissens‹ nennen, im Unterschied zum ›strukturexternen Dissens‹ der öffentlich in Erscheinung tretenden Oppositionellen.[19] In diesem Zusammenhang ist es wichtig festzuhalten, daß diese Dissidentenbewegung durch die Verfolgung in den eineinhalb Jahrzehnten vor dem Amtsantritt Gorbatschows offenkundig geschwächt wurde. Gegen all jene, die ihr Andersdenken in unzweideutiger Form öffentlich machten, wurden Maßnahmen ergriffen, die von erzwungenem Exil bis zur Verbringung in Arbeitslager oder psychiatrische Anstalten reichten.

Das *post hoc, ergo propter*-Argument, das die Dissidenten der Ära vor Gorbatschow als die Hauptinitiatoren der späteren Veränderungen sieht, läßt außer acht, daß in den späteren Breschnew-Jahren sowie unter Andropow und Tschernenko die Aktivitäten der sowjetischen Dissidenten auf ihren tiefsten Stand seit 20 Jahren gesunken waren und ihre Bewegung zum größten Teil zerschlagen worden war.[20]

Peter Reddaway, der führende westliche Experte auf dem Gebiet der sowjetischen Dissidenten, schreibt 1983 über die »Säuberung nach 1979«, daß »die Gruppen und Bewegungen Andersdenkender ... nur wenig oder keinen Einfluß auf die Masse der gewöhnlichen Bevölkerung im russischen Herzland gewonnen haben«.[21] Aus diesem Grunde sah sich die sowjetische Führung in der Lage, nach 1979 eine »Säuberung unter Abweichlern« vorzunehmen, und zwar in dem Wissen, sie würde »nicht zu einer internen Gegenreaktion größeren Ausmaßes führen«.[22] »Warum«, fragt Reddaway, »sind ganz normale Russen so träge gewesen?« Er gibt folgende Antwort:

Erstens dauert der von Andrei Amalrik und Alexander Sinowjew so eindrucksvoll beschriebene Zustand allgemeiner Demoralisierung und des Verlustes autonomer Werte offensichtlich noch an.[23] Zweitens sind die Polizeikontrollen von unverminderter Härte. Und drittens hat die konstante Propaganda des Regimes, die jede Abweichung mit dem schädlichen Einfluß von Ausländern (oder psychischen Erkrankungen) in Verbindung bringt, zweifellos einen gewissen Effekt, wenn auch nur über einen längeren Zeitraum hinweg.[24]

Am Vorabend der Perestroika waren die führenden Dissidenten im Gefängnis, im Exil oder bestenfalls unter ständiger Beobachtung. Keines ihrer Werke konnte in der Sowjetunion erscheinen, und zu Beginn der achtziger Jahre wurde der Strom von Protestbriefen und *samizdat*-(Do-it-yourself)-Veröffentlichungen immer geringer, wie auch die Emigration aus der UdSSR. Alexander Solschenizyn war bereits 1974 ins Exil geschickt worden, und Andrei Sacharow hatte man 1980 in die Stadt Gorki verbannt (die jetzt ihren alten Namen Nischnij Nowgorod zurückerhalten hat). In den Jahren unmittelbar bevor Gorbatschow Generalsekretär wurde, saßen selbst vor Roy Medwedjews Wohnung KGB-Polizisten, um Begegnungen mit Ausländern zu verhindern. Dies geschah ungeachtet der Tatsache, daß er zwar ein führender Dissident, seine Ablehnung des sowjetischen Systems aber wesentlich weniger umfassend war als die Solschenizyns oder Sacharows (die sich freilich auch deutlich voneinander unterschieden). Bis zum Herbst 1991 hatte sich die politische Situation so gewandelt, daß Medwedjew, der 1969 aus der Kommunistischen Partei ausgeschlossen worden war und erst 1989 wieder aufgenommen wurde, gegen das Verbot der Partei nach dem Putsch protestierte. Es war vom russischen Präsidenten Boris Jelzin ergangen, der selbst einmal Kandidat des Politbüros war. 1990 war Medwedjew Mitglied des Zentralkomitees der KPdSU geworden.

Es wurde Solschenizyn ermöglicht, im September 1990 in zwei sowjetischen Massenblättern sein politisches Programm ›Der Wiederaufbau Rußlands‹ zu veröffentlichen, obwohl er Rufen nach einer Heimkehr sogar nach dem Scheitern des Putsches im August 1991 und der Entscheidung, die alte Anklage wegen Landesverrat fallenzulassen, nicht folgte (und erst im Mai 1994 nach Rußland zurückkehrte). Seine wichtigsten Bücher, darunter eine solch fundamentale Anklage gegen das sowjetische System wie *Der Archipel GULAG*, erschienen ebenfalls während Gorbatschows Regierungszeit in Moskau.[25] Nachdem eine neue Offenheit und Toleranz Wirklichkeit geworden waren, spielten ehemalige Dissidenten bedeutende Rollen in der Weiterführung des Reformprozesses. Dies aber kam erst nach dem Durchbruch Gorbatschows in den Jahren 1987 und 1988. Den Dissidenten wurde rückblickend großer Respekt entgegengebracht, sie aber als die Hauptträger der Veränderungen in Rußland und der Sowjetunion zu betrachten ist völlig unzutreffend und wohl vor allem auf Wunschdenken zurückzuführen.[26] (Die Tatsache aber, daß Dissidenten keine entscheidende politische Rolle spielten, als Gorbatschow an die Macht kam, bedeutet nicht, ihr Handeln habe keine politischen Folgen gezeitigt: Sie hatten Anteil an der Veränderung des politischen Bewußtseins eines Teiles der Intelligenzia.)

Unter den Bürgern der Sowjetunion war in den letzten zwei Jahren der Existenz der UdSSR die Tendenz weit verbreitet, Kritik an Gorbatschow und Unterstützung für radikal freiheitliche und demokratische Reformen in die Vergangenheit zurückzuprojizieren. Andrei Sacharow ist hierfür ein gutes Beispiel. Zum Zeitpunkt seines Todes im Dezember 1989 war Sacharow nicht nur ein prominentes Mitglied des Kongresses der Volksdeputierten, sondern auch der geachtetste Hüter demokratischer und liberaler Werte im Land.[27] Nur ein Jahr vorher aber hatte eine Umfrage unter den Lesern der *Literaturnaja gazeta*

– einer hauptsächlich von Intellektuellen gelesenen Wochenzeitung –
Sacharow in der Kategorie ›Held des Jahres‹ mit 17 Prozent auf Num-
mer zwei plaziert. Gorbatschow führte das Feld mit 68 Prozent an.
Als dieselben Fragen einer Gruppe, die für das ganze Land repräsenta-
tiv war, gestellt wurden, billigten lediglich 1,5 Prozent der Befragten
Sacharow Heldenstatus zu.[28]

Die allgemeine Verehrung Sacharows hat nach seinem Tod noch
einmal stark zugenommen, obwohl sie bereits in seinem letzten Lebensjahr anwuchs.[29] Eine groß angelegte Meinungsumfrage im Dezember 1989, dem Monat, in dem Sacharow starb, bat die Befragten,
den Mann des Jahres zu nennen.[30] (Im Unterschied zur oben angeführten Untersuchung Juri Lewadas war es möglich, auch Ausländer
zu nennen.) Einige der Befragten antworteten kurz vor Sacharows
Tod, andere kurz danach. Und obwohl Ausländer in der Liste auf-
tauchten, nahmen Russen doch die vordersten Plätze ein. Sacharow
wurde von 10,7 Prozent der Befragten genannt und lag damit zwar
hinter Gorbatschow (35,3 Prozent), aber vor dem drittplazierten Jelzin
mit 5,5 Prozent. (Etwas internationaler waren die Ergebnisse in der
Rubrik ›Frau des Jahres‹, in der Margaret Thatcher mit nahezu 17 Prozent der Stimmen klar vor ihrer engsten Rivalin lag.[31])

Die starke Wirkung, die Sacharow in seinem letzten Lebensjahr
ausübte, als er zum ersten Mal für die breite Öffentlichkeit in der Sowjetunion zu einer vertrauten Figur wurde, bedeutet nicht, daß die
früheren Dissidenten die sowjetischen Bürger in vergleichbarer Weise
beeinflußt hätten. Noch im März 1991 war mehr als die Hälfte von
ihnen entweder mit dem Begriff ›Dissident‹ nicht vertraut oder außer-
stande zu sagen, für was die Dissidenten gekämpft hatten. Dies ist
natürlich ein Anzeichen für die relative Effizienz des KGB in den Jahren vor der Perestroika, als Abweichungen erfolgreich unterdrückt
wurden. Bis zu einem gewissen Grad war es gelungen, die Masse der
Bevölkerung gegen den Einfluß Andersdenkender abzuschotten und
die Dissidenten als unpatriotische Einzelgänger innerhalb ihres eigenen Landes darzustellen. In der Umfrage vom März 1991 konnten sich
71 Prozent der Bürger nicht an den Namen eines einzigen Dissidenten
erinnern. (Von denen, die dazu in der Lage waren, wurden Sacharow
und Solschenizyn weitaus am häufigsten genannt.[32]) Zur Zeit dieser
Befragung rangierte Sacharow, fünfzehn Monate nach seinem Tod, als
›moralische Autorität‹ vor Gorbatschow, wie inzwischen auch Boris

Jelzin. Nach Menschen gefragt, die »in unserer Zeit« durch ihr Beispiel und ihre moralische Autorität die öffentliche Meinung wahrnehmbar verändert hätten, wurde Sacharow (13 Prozent) Zweiter hinter Jelzin (14 Prozent), während Gorbatschow in diesem Zusammenhang mit nur 7 Prozent Dritter wurde.[33]

Lediglich vierzehn Monate vorher aber, zu einer Zeit als Gorbatschows Ansehen seinen Höhepunkt bereits überschritten hatte, war dieser die einzige lebende Person in der Sowjetunion, die von einer beachtlichen Zahl sowjetischer Bürger erwähnt wurde, als sie (wiederum für eine Meinungserhebung desselben Allunionszentrums für Meinungsforschung) gebeten wurden, die »zehn herausragendsten Persönlichkeiten aller Zeiten und aller Völker« zu nennen. Gorbatschow wurde von 22,6 Prozent der Bevölkerung angegeben und wurde Vierter hinter Lenin (68 Prozent), Marx (36,2 Prozent) und Peter dem Großen (31,9 Prozent).[34] In Polen, Ungarn oder der Tschechoslowakei wäre es undenkbar gewesen, daß Lenin und Marx die höchste Wertschätzung genossen hätten. Dies verdeutlicht nochmals die Unterschiedlichkeit der politischen Kulturen in verschiedenen kommunistischen und postkommunistischen Staaten. Im sowjetischen Kontext aber ist von Interesse, daß im Dezember 1989 ein Drittel der Bürger Lenin *nicht* in die Liste der zehn herausragendsten Persönlichkeiten aufnahm. Zwei oder drei Jahre früher wäre die Unterstützung für Lenin mit großer Wahrscheinlichkeit stärker gewesen. Und zwei oder drei Jahre später war das Ansehen Lenins weiter gesunken, wenn auch nicht zu einer vernachlässigenswerten Größe geworden wie in den postkommunistischen Ländern Mitteleuropas.[35] Ein zunehmend großer Teil der sowjetischen Bevölkerung war in der Folge des Augustputsches 1991 und unter dem Eindruck dessen, was er nach sich zog, zu dem Schluß gekommen, daß Lenin hauptverantwortlich dafür gewesen sei, sie auf den ›Weg ins Nichts‹ geschickt zu haben, den sie 70 Jahre lang gegangen waren. Aber in der Mitte der achtziger Jahre war dies die Ansicht einer nur kleinen Minderheit der Bevölkerung.

Die gesellschaftliche und politische Szenerie in Rußland und in den meisten der Republiken der ehemaligen Sowjetunion veränderte sich während der letzten sechs oder sieben Jahre des Bestehens des sowjetischen Staates mit außergewöhnlicher Geschwindigkeit. Im selben Zeitraum gibt es auch eine Vielzahl von Anhaltspunkten für Veränderungen politischer Anschauungen und des politischen Bewußtseins.

Es ist daher wichtig, die Ereignisse in den frühen Jahren der Perestroika sowie Gorbatschows Initiativen und sein politisches Vokabular innerhalb ihrer Zeit und ihres Kontexts zu verstehen und sie nicht ausschließlich von einem heutigen Blickwinkel aus zu betrachten. Vieles was in Rußland und den anderen Nachfolgestaaten der Sowjetunion in den frühen neunziger Jahren Allgemeingut war, wurde in den Mittachtzigern abgelehnt – von der öffentlichen Meinung genauso wie von der mächtigen Bürokratie, die sich von jedweder Andeutung radikaler politischer und wirtschaftlicher Reformen bedroht sah.

Es gab viele Stimuli für die Veränderungen, die Gorbatschows Amtsübernahme im März 1985 folgten. Dazu zählt auch (in den ersten zwei oder drei Jahren der Perestroika) das moralische und intellektuelle Vermächtnis der Dissidenten der sechziger und siebziger Jahre. Wie aber aus den nachfolgenden Kapiteln hervorgehen wird, war es von entscheidender Bedeutung, daß die Wahl auf Gorbatschow und nicht auf einen anderen innerhalb der Parteiführung fiel, der sich Hoffnungen auf das mächtigste Amt in Partei und (zu dieser Zeit auch) Staat machen konnte. Obwohl dieses Buch sich nicht ausschließlich auf Gorbatschow konzentriert, sondern vielmehr versucht, ihm im Kontext gerecht zu werden, liegt der Schwerpunkt, wie bereits im Titel angedeutet, auf dem *Gorbatschow-Faktor*. Dies ist durch die zentrale Bedeutung Gorbatschows für den Reformprozeß gerechtfertigt.

Eine Studie über politische Führung kann sich nicht gleichzeitig mit allem anderen auseinandersetzen, obwohl Autoren, die über Gorbatschow schreiben, oft vorgeworfen wird, die Bedeutung solch wichtiger Phänomene wie der Nationalitätenfrage oder sozio-ökonomischer Entwicklungen zu ignorieren oder herunterzuspielen. Wenn ich also den Blick vornehmlich auf Gorbatschows ureigensten und fundamental bedeutenden Beitrag zum politischen Wandel in seinem Land und der Welt richte, dann bin ich mir dabei völlig über diese weiteren Zusammenhänge im klaren. In der Tat habe ich schon vor ungefähr 25 Jahren beschrieben, wo die »Hauptursachen für Spannungen und potentielle Ursachen für Spannungen …, die im Laufe der Zeit natürlich erst grundlegende Veränderungen bewirken können«, zu suchen sind. Erstens in der Nationalitätenfrage (vor allem im Erstarken des Nationalismus in Rußland, den drei baltischen Staaten, Armenien, Georgien und der westlichen Ukraine). Zweitens in der potentiellen

Drohung entweder durch die Arbeiter oder die Intelligenzia, sollten beide jeweils ein stärkeres Gruppen- oder Klassenbewußtsein erlangen und als soziale Einheit »im Sinne einer politischen Interaktion und Artikulierung kollektiver Forderungen« handeln. Und drittens in demographischen Veränderungen, in deren Folge die Russen ihre zahlenmäßige Mehrheit in der Sowjetunion verlieren würden, sowie im Generationenwechsel, der Menschen in die Parteiführung bringen würde, deren politisches Bewußtsein sich erst nach dem Massenterror gebildet hat und die möglicherweise eher bereit sind, »die in politischen Reformen enthaltenen Risiken zu akzeptieren«.[36]

Genausowenig möchte ich den Eindruck erwecken, es gäbe keine anderen wichtigen Themen zu erforschen oder man könne nicht Bücher ganz anderen Inhalts über den Verfall des Kommunismus in der Sowjetunion schreiben außer Arbeiten, die die Rolle Michail Gorbatschows untersuchen. Im Gegenteil, es muß noch bedeutend mehr Licht auf die sozialen und politischen Voraussetzungen des Wandels in der UdSSR und Rußland nach 1985 geworfen werden.[37] Die Frage der Beziehungen zwischen den verschiedenen Nationalitäten der Sowjetunion, auf die in späteren Kapiteln (vor allem Kapitel 8) dieses Buches eingegangen wird, war ein derart zentraler Faktor für den Zusammenbruch des klassischen sowjetischen Systems und des sowjetischen Staates, daß ihr in der Zukunft gewiß noch intensive Untersuchungen gewidmet werden, und zwar über die in der letzten Zeit erschienenen Spezialstudien hinaus.[38] Das langfristige Absinken der Wachstumsrate der sowjetischen Wirtschaft und die ökonomische Stagnation am Ende der siebziger und zu Beginn der achtziger Jahre ist ebenfalls ein Faktor, der für das Verständnis der Veränderungen in den späteren Achtzigern von entscheidender Bedeutung ist. Ich werde darauf in den Kapiteln 3 und 5 zurückkommen. Darüber hinaus gibt es in der sowjetischen Politik, besonders ab 1987, einen sehr deutlichen ›Jelzin-Faktor‹, der nichts mit dem Thema von Jelzins überwältigender Bedeutung für das frühe postsowjetische Rußland zu tun hat. Obwohl die Beziehung zwischen Gorbatschow und Jelzin ein wiederkehrendes Motiv in den späteren Kapiteln dieses Buches ist (siehe vor allem Kapitel 6 und 8), verdient Jelzins eigene Rolle doch größere Aufmerksamkeit, als dies hier zu leisten möglich ist.[39]

Lernen, Macht und Druck

Es gibt eine Vielzahl von allgemeinen Darstellungen der Ära Gorbatschow[40] und einige detaillierte historische Untersuchungen der zweiten Hälfte der achtziger Jahre.[41] Daneben sind einige Populärbiogra-
phien Gorbatschows erhältlich, die aber zum größten Teil nur wenig
fundiert sind.[42] Es gibt verhältnismäßig wenige politische Analysen,
die sich um ein Verständnis der Herausbildung von Gorbatschows
Denken bemühen und seinen persönlichen Beitrag zu den Veränderungen in Theorie und Praxis sowjetischer Politik identifizieren und
bewerten. Zu ergründen, was Gorbatschow wann dachte, ist eine
schwierige Unternehmung und eine, die nicht durchgängig von unkritischer Akzeptanz aller öffentlichen Erklärungen Gorbatschows geleitet werden darf.[43]

Die Vorschläge für politische und ökonomische Veränderungen,
die Gorbatschow zwischen 1987 und 1991 (sogar noch vor dem Putsch
und seinen Folgen) machte, waren so viel umfassender und tiefgreifender als die Projekte seiner ersten zwei Jahre als Generalsekretär, daß
dieser Umstand einer Erklärung bedarf. Drei mögliche Interpretationen liegen auf der Hand. Sie können in den Begriffen *Lernen*, *Macht*
und *Druck* zusammengefaßt werden. Die erste mögliche Erklärung ist,
daß Gorbatschow im Amt mit bemerkenswerter Geschwindigkeit
dazulernte und seine gesamten Vorstellungen sich nach seiner Regierungsübernahme veränderten. Eine zweite Möglichkeit ist, daß er in
der Lage war, dem Zuwachs seiner *Macht* entsprechend, mehr von
dem zu tun, was er tun wollte, nachdem er zunächst daran gehindert
gewesen war. Die dritte Erklärung ist, er habe unwissentlich eine
Büchse der Pandora geöffnet, der lang eingeschlossene Mißstände und
neue Forderungen entwichen und unter deren *Druck* er keine andere
Wahl gehabt habe, als nachzugeben und sich dem Wandel, dem er keinen Widerstand leisten konnte, anzupassen.

Keine dieser Interpretationen vermag allerdings für sich allein
genommen die Veränderungen in der sowjetischen Politik in der zweiten Hälfte der achtziger Jahre angemessen zu erklären, obwohl die
erste und die dritte – oder beide zusammen – von ihren Befürwortern
oft für hinreichend gehalten werden. Sie wurden besonders von westlichen Forschern und politischen Kommentatoren bevorzugt, die die
ersten zwei Jahre der Amtszeit Gorbatschows damit verbrachten, der

Welt zu versichern, der neue Mann werde nur kosmetische oder höchstens technokratische Änderungen vornehmen, die Grundfesten des sowjetischen Systems aber unberührt lassen. Es war einfacher für sie zu behaupten, Gorbatschow habe sich vollkommen verändert, als zuzugeben, daß sie selbst vollkommen falsch gelegen hatten. Ersatzweise – und dies ist eine der Varianten der dritten Erklärung – konnten sie Gorbatschow als einen orthodoxen Leninisten betrachten, der lediglich einen strategischen Rückzug inszenierte und sich bereit hielt, die vertrauten kommunistischen Normen wiederherzustellen, sobald die Zeit dafür reif sein würde.[44]

Als Gorbatschow Generalsekretär wurde,[45] und sogar schon zu Lebzeiten Breschnews,[46] war ich der Auffassung, Gorbatschow sei ein ernsthafter Reformer. Diese Meinung wurde, soweit mir bekannt ist, nur von einem weiteren westlichen Wissenschaftler geteilt.[47] Obwohl es mir so schien, als würde Gorbatschow im sowjetischen System tiefere Spuren als jeder andere sowjetische Führer seit Stalin hinterlassen, wenn auch von mehr aufgeklärter Art, entfalteten sich die Ereignisse schneller und auf viel dramatischere Weise, als ich oder irgend jemand anderes dies vorhersagte. Diese Entwicklung vollzog sich aber nicht so, daß man die oben genannten ersten und dritten Interpretationen der Radikalisierung der sowjetischen Politik uneingeschränkt akzeptieren könnte.

Während ich in den nächsten zwei Kapiteln darzulegen versuche, daß Gorbatschows Neigung zu Reformen kein neues Phänomen war, sondern seinem Amt als Generalsekretär vorausging, möchte ich dennoch unter keinen Umständen leugnen, daß er einen tiefgreifenden *Lernprozeß* durchmachte, nachdem er Generalsekretär geworden war. Während seiner Amtszeit wurde seine Kenntnis der internationalen politischen Welt wesentlich größer, und seine politischen Ideen änderten sich in wesentlichen Teilen. Dies wird auch eines der Themen der folgenden Kapitel sein.[48] Hier besteht eine Verbindung zur Bedeutsamkeit der zwischen 1985 und 1989 größer werdenden *Macht* Gorbatschows, die sowjetischen Reformpläne zu radikalisieren. Einer der Hauptgründe, warum diese gesteigerte Machtfülle von Bedeutung ist, liegt genau in der für einen Politiker bemerkenswerten Offenheit Gorbatschows, der durch die Ränge der kommunistischen Parteibürokratie zur Spitze aufgestiegen war. Er war eher bereit, dem Glauben zu schenken, was er mit eigenen Augen sah, als den Dogmen des traditionellen Marxismus-Leninismus. Dementsprechend gingen – ohne seine Abwendung von der Kommunistischen Partei im August 1991 nach dem versuchten Putsch hier zu berücksichtigen – eine ganze Reihe von Positionen und ideologischen Grundsätzen, die er sich bis 1990 zu eigen gemacht hat, weit über das hinaus, was er sich noch fünf Jahre früher als akzeptabel hatte vorstellen können.

Die sich verschiebende Machtbalance innerhalb der sowjetischen Führung und des politischen Systems war von überragender Bedeutung, und zwar in erster Linie als ein Faktor, der Gorbatschow mehr Spielraum verschaffte. Zwischen 1985 und 1989 gelang es ihm, diese Verschiebungen zu seinen Gunsten auszunutzen und so 1989 radikalere Positionen einzunehmen, als er es noch 1985 gewagt hatte. Von 1989 an aber wurden die sich ändernden Machtstrukturen zu einem zweischneidigen Schwert. Auf der Ebene der Unionsexekutive nahm die Macht Gorbatschows zu, die Exekutivorgane der Union wurden aber zunehmend behindert von neuen oder erst kürzlich gestärkten institutionellen Akteuren auf anderen Ebenen des politischen Systems. Die Pluralisierung der sowjetischen Politik änderte die Spielregeln und setzte Gorbatschow neuem *Druck* und neuen Einflüssen aus. Bis 1990 veränderten sich die Spielregeln so weit, daß der oberste Führer des Landes offen angegriffen und herausgefordert werden konnte. Von 1991 an mußten auf einigen Gebieten der Politik die Initiativen des Zentrums mit den gewählten Repräsentanten der Republiken ausgehandelt werden. Der Wendepunkt war die Einführung von Mehrkandidatenwahlen 1989 und die Entwicklung hin zu noch freieren Wahlen im folgenden Jahr.[49] Mit diesem Durchbruch erlangte die sowjetische Gesellschaft – politische Organisationen und Bewegungen außerhalb der Partei (und in einigen Fällen in vehementer Opposition zu ihr) eingeschlossen – einen bis dahin nicht gekannten Grad an Autonomie. Unter anderem war es genau dies, was die Macht des obersten Führers einschränkte. Gorbatschow war es in einem bemerkenswerten Ausmaß gelungen, die traditionellen Inhaber institutioneller Macht auszumanövrieren, die der Handlungsfreiheit eines sowjetischen Führers Grenzen setzten. Gleichzeitig aber war er auch verantwortlich für die Schaffung neuer Gegenkräfte, die über eine breitere Basis als irgendwelche der alten verfügten und auch eine Reihe von Eigenschaften des politischen Pluralismus verkörperten.

Selbst der Machtzuwachs Gorbatschows innerhalb der Unionsregierung war begrenzt. Wie später erläutert werden soll, ist es richtig, daß die Einrichtung eines der Exekutive vorstehenden Präsidentenamtes die unmittelbare Macht des Politbüros und Zentralkomitees der Kommunistischen Partei bei der Führung der Staatsgeschäfte reduzierte und deren Möglichkeiten verringerte, den politischen Handlungsspielraum des Regierungschefs einzuengen. Gorbatschow aber hatte lediglich eine kleine Präsidialverwaltung zur Verfügung, so daß er bei der Umsetzung seiner Politik sowohl auf die feindselige Regierungsbürokratie als auch auf örtliche Parteibeamte angewiesen blieb. Angesichts Gorbatschows beständiger Mühen, den Einfluß dieser Institutionen zurückzudrängen, kann der Unterschied zwischen der Formulierung der Politik und ihrer Ausführung kaum überraschen. Diejenigen, die es im August 1991 für geboten hielten, Gorbatschow die Macht zu entreißen und ihn zum Auftakt der Errichtung eines neuen, höchst autoritären Regimes unter Hausarrest stellten, hätten nur schwerlich gezögert, seine Politik schon früher zu hintertreiben, wenn sich eine Gelegenheit geboten hätte.

›Kommunismus läßt sich nicht reformieren‹

Von einem *non sequitur* aller Diskussionen über die Veränderungen in der Sowjetunion sollte man sich zu diesem frühen Zeitpunkt getrost verabschieden. Dabei handelt es sich um die Ansicht, man könne Gorbatschow als Reformer nicht ernst nehmen, da es so etwas wie *Reformkommunismus* nicht gebe – ›Kommunismus läßt sich nicht reformieren‹. Es ist nun in der Tat unsinnig, von *Reformkommunismus* zu sprechen. Dies aber bedeutet nicht, daß ein kommunistisches System unter der Führung eines kommunistischen Reformers nicht zu etwas völlig anderem werden kann und wurde, zum Beispiel wenn es aufhört, dem Wortsinn nach kommunistisch zu sein. Aus dem kommunistischen Reformer wurde dann ein Transformer des Systems. Genausowenig heißt dies, daß Reformer innerhalb einer kommunistischen Regierung nicht den Anstoß zu einem Prozeß geben können, der das System durch ein anderes zu ersetzen imstande wäre. Evolutionäre Veränderung ist langfristig und in ihren Konsequenzen oft weitreichender als revolutionäre Erhebungen, und die Ära Gorbatschow war eine Zeit profunder und – im Vergleich – überraschend schneller politischer Evolution.

Die Sowjetunion befand sich zwischen Frühjahr 1989 und Sommer 1991 in den Konvulsionen einer Systemumwandlung, und Gorbatschow, als der Führer des Landes während dieser Periode historischer Veränderungen, gebrauchte ein aus alt und neu gemischtes Vokabular. In jedem der Jahre zwischen 1985 und 1991 aber wuchs der Anteil neuer Konzepte in seinem politischen Lexikon beträchtlich. Zu dieser Zeit beschrieb er sich (zumindest in der Öffentlichkeit) als Kommunist und, mit mehr Überzeugung, als Sozialist. Daran war nichts Verwunderliches. Eine explizite Absage an eine dieser Identifizierungen hätte wahrscheinlich einen Putsch zu einem früheren Zeitpunkt zur Folge gehabt. Tatsächlich wäre bis zum März 1990, als Gorbatschow Präsident wurde, ein Putsch im Sinne (oder besser, nicht im Sinne) der Verfassung gar nicht nötig gewesen. Gorbatschow hätte jederzeit auf Empfehlung des Politbüros vom Zentralkomitee der Partei aus dem Amt entfernt werden können, und dies wäre gewiß passiert, wenn er entweder Sozialismus oder Kommunismus offen kritisiert hätte. Gorbatschows Macht beruhte nämlich bis 1990 auf seinem Amt als Generalsekretär des Zentralkomitees der Partei. Nach der Einführung von Mehrkandidatenwahlen und eines neugestalteten Obersten Sowjets im Jahr 1989, dessen Vorsitzender Gorbatschow war, wäre ein solcher Prozeß möglicherweise nicht so unkompliziert gewesen wie etwa der Sturz Nikita Chruschtschows im Oktober 1964. Letztlich kann es aber über den Ausgang keine Zweifel geben, wenn Gorbatschow tatsächlich den ›Sozialismus‹ angegriffen hätte, anstatt ihn neu zu definieren.

So war der von ihm verfolgte Kurs subtiler als ein plumper und kontraproduktiver Angriff. Seine politischen Ansichten entfernten sich immer weiter vom Kommunismus, und, wie später noch dargestellt werden wird, der Sozialismus wurde schrittweise umdefiniert, so daß er schließlich der Sozialdemokratie westeuropäischen Typs näher als dem altsowjetischen Sozialismus kam. Der landläufige Einwand, Gorbatschow habe zu lange an einem überlebten Konzept festgehalten, trägt den substantiellen Veränderungen, die sich hinter der brüchigen sprachlichen Kontinuität verbargen, ebensowenig Rechnung wie dem politischen Kontext, in dem Gorbatschow agierte. Wirkungsvoller wäre es zu kritisieren, daß trotz einiger ernsthafter Schritte hin zu politischem Pluralismus die sozialdemokratische Variante des Sozialismus, für die sich Gorbatschow einsetzte, in vieler Hinsicht ein Konzept blieb und kaum in die Praxis umgesetzt wurde. Bis zum Putsch nämlich blieb die sowjetische Wirtschaft in höchstem Maße zentralisiert und beinahe ausschließliches Eigentum des Staates. Es war nicht unvernünftig und bedurfte auch keiner nachträglichen Einsicht, Gorbatschow dafür zu kritisieren, daß er zu lange an der Kommunistischen Partei als einer Institution festhielt, obwohl er vieles an kommunistischer Ideologie aufgegeben hatte. Die Partei, auf deren Vorherrschaft sich sogar Reformer bis Ende der achtziger Jahre verlassen hatten, geriet in den letzten zwei Jahren ihres Bestehens vor dem Putsch zunehmend in Mißkredit. Gorbatschows Gründe dafür, das Amt des Generalsekretärs so lange zu behalten, wie er es schließlich tat, hatten nichts mit einer fortbestehenden Bindung an ein traditionelles kommunistisches Regime zu tun, wie ihm einige seiner Kritiker zu unterstellen suchen.

Aus persönlichen, psychologischen, praktischen und politischen Gründen zog Gorbatschow es vor, den Wortsinn von Kommunismus bis zum Zerreißen zu dehnen und schrittweise zu überdenken, was mit Sozialismus gemeint war. Dieser Prozeß vollzog sich natürlich allmählich und in dem Sinne, daß es keinen Zeitpunkt gab, an dem klar wurde, wann Gorbatschow ein ›wiedergeborener‹ Demokrat wurde. Im Vergleich zu den weniger tiefgreifenden doktrinären Veränderungen der vorangegangenen 70 Jahre erscheint dieser Wandel in den Jahren 1987 bis 1991 keineswegs langsam und stetig. Als Gorbatschow dem Zentralkomitee der KPdSU im Sommer 1991 einen neuen Programmentwurf vorlegte, war sein Sozialismus etwas fundamental anderes als das Dogmengebäude, dessen Erbe er 1985 angetreten hatte.[50]

Die folgenden Kapitel sind also sowohl das Porträt einer politischen Führungsfigur als auch, im allgemeineren Sinne, eine Studie über politische Führung in einer Zeit des politischen Übergangs. Zum größten Teil sind Vergleiche zwischen dem sowjetischen Experiment und anderen Versuchen, einen Übergang zu politischer Demokratie und Marktwirtschaft zu bewerkstelligen, eher impliziert als *expressis verbis* ausgeführt. Eine ganze Reihe von Veränderungen und Hindernissen auf diesem Weg betrachte ich jedoch im Zusammenhang mit den Ergebnissen und allgemeingültigen Erkenntnissen der Literatur, die grundlegende Wandlungen autoritärer Regierungsformen behandelt.

Wandel mit Hindernissen: das Erbe

Es ist wichtig, sich an dieser Stelle der Argumentation, wenn auch nur kurz, die enormen Hindernisse zu vergegenwärtigen, die einer Umwandlung des sowjetischen Systems im Wege standen und mit denen sich jeder Führer konfrontiert sehen mußte, der beabsichtigte, dieses System radikal zu verändern. Selbst viele sowjetische Reformer, die am Ende der achtziger Jahre politischen Pluralismus für eine natürliche Gegebenheit hielten, hatten zu Beginn der Ära Gorbatschow die Aussichten, ihn auch in der Sowjetunion einzuführen, sehr pessimistisch beurteilt. Auf Jahrhunderte autoritärer Herrschaft in Rußland – oft autokratisch und gelegentlich oligarchisch organisiert – waren beinahe siebzig Jahre sowjetischer Regierung gefolgt. Obwohl sich die totalitäre Diktatur Stalins bedeutend von den nachfolgenden, in höchstem Maße autoritären Regimen Chruschtschows und Breschnews unterschied,[51] müßte man sich konzeptionell doch sehr winden, wollte man der Sowjetunion das Etikett ›pluralistisch‹ zu irgendeiner Zeit vor den achtziger Jahren geben.[52]

Politischer Pluralismus impliziert die Unabhängigkeit politischer Organisationen vom Staat (oder, im sowjetischen Fall, von Partei und Staat), und dies wurde von den Führern der Sowjetunion von Lenin bis Tschernenko mit großer Unnachgiebigkeit abgelehnt. Auch von der Existenz eines gesellschaftlichen Pluralismus, greifbar in der Idee von der ›Bürgergesellschaft‹, wird man nur schwerlich vor Gorbatschow sprechen können. Eine solche bürgerliche Gesellschaft braucht Freiraum für gesellschaftliche Gruppen und Organisationen, darunter unabhängige Zeitungen, Verlage, Universitäten, Gewerkschaften und Wirtschaftsunternehmen.[53] Dies beinhaltet auch das Recht und die Möglichkeit der Mitgliederwerbung für alle Arten von Verbänden, Kirchen und andere unabhängige Körperschaften. Vor der zweiten Hälfte der achtziger Jahre war die Bildung irgendeiner Organisation in der Sowjetunion ohne die Billigung und Überwachung durch den Staat nicht erlaubt. Dies galt auch für Organisationen, die keinen offen politischen Charakter hatten. Die Verfolgung der Religion und die genaue Kontrolle der Kirchen, die noch existierten, hatten unter Lenin begonnen und waren noch gängige Praxis, als Gorbatschow an die Macht kam. Auch Chruschtschow, der erst unter Gorbatschow grundsätzlich rehabilitiert wurde und sowohl private als auch öffentliche Anerkennung dafür erfuhr, das Schweigen über die Verbrechen Stalins gebrochen zu haben, ließ auf rücksichtslose Art Kirchen schließen in dem Versuch, die sowjetische Wirklichkeit seinen ideologischen Vorlieben anzupassen.[54]

Ohne wirkliche Erfahrungen mit der Demokratie, politischem Pluralismus oder einer Bürgergesellschaft (außer dem eingeschränkten Pluralismus und der embryonischen bürgerlichen Gesellschaft, die sich in den letzten Jahrzehnten vor der Revolution von 1917 zu entwickeln begannen[55]) schienen Rußland und die Sowjetunion 1985 nicht der fruchtbarste Boden für ein schnelles Wachstum demokratisierender Reformen zu sein. Wenn *Die russische Tradition* auch mehr ist als der beharrliche Autoritarismus, den Tibor Szamuely in seinem anregenden Buch dieses Titels darstellt, ist sein Abriß der historischen Beziehung zwischen Staat und Gesellschaft in Rußland doch in wesentlichen Teilen zutreffend.[56] Robert Conquest formuliert dies in seiner Zusammenfassung der These Szamuelys so:

> ... die Umstände der letzten sieben Jahrhunderte in Rußland hatten eine Ordnung geschaffen, in der die Gesellschaft als Ganzes völlig vom Staat abhängig geworden war und sich entsprechend den subjektiven Entscheidungen der Staatsführung verhielt. Darüber hinaus führte der beinahe völlige Mangel an autonomen gesellschaftlichen und bürgerlichen Lebensformen auch zur Abwesenheit von Konzepten politischen Kompromisses und des Gebens-und-Nehmens unter den Gegnern des Staates. Diese zentralen Eigentümlichkeiten russischer Geschichte brachten Praxis und Theorie des Absolutismus und der Herrschaft per Befehl hervor, und zwar nicht nur auf seiten der etablierten Staatsmacht, sondern auch in der ihr entgegengesetzten revolutionären Tradition.[57]

Nicht anders verhielt es sich auf dem Gebiet der Wirtschaft, wo in 70 Jahren der Markt und jede wirtschaftliche Privatinitiative unterdrückt wurden. Mit Ausnahme der Neuen Ökonomischen Politik (NÖP), die Lenin 1921 begonnen hatte und Stalin 1928 beendete, war die sowjetische Gesellschaft schlecht darauf vorbereitet, sich marktwirtschaftliche Reformen zu eigen zu machen und sich in ihnen zurechtzufinden. Außer den Bürgern der drei baltischen Republiken Lettland, Litauen und Estland, die zwischen den Kriegen unabhängig waren, besaß so gut wie niemand in der UdSSR direkte Erfahrungen mit den Mechanismen einer Marktwirtschaft oder individuellem bäuerlichen Wirtschaften. In Verbindung mit den institutionellen Hindernissen, die in einem späteren Kapitel eingehend beleuchtet werden sollen, waren diese Umstände eine ernst zu nehmende Hürde für den erfolgreichen Vollzug ökonomischer Reformen. Dies ist auch ein wichtiger Unterschied zwischen der Sowjetunion und ihren Nachfolgestaaten einerseits und den kommunistischen (jetzt hauptsächlich postkommunistischen) Regimen, die in Osteuropa und Asien nach dem Zweiten Weltkrieg errichtet worden sind.

Voraussetzungen der Demokratisierung

In einiger Hinsicht aber war die sowjetische Gesellschaft 1985 besser auf demokratischen Wandel vorbereitet, als sie dies noch eine Generation früher, bei Stalins Tod, gewesen wäre. In den dazwischen liegenden dreißig Jahren hatten die sowjetischen Bürger mehr über die Außenwelt erfahren, teilweise durch ausländische Radiosender, auch durch Auslandsreisen – obwohl solche Reisen, besonders in den Westen, nur für einen kleinen und privilegierten Teil der Bevölkerung möglich waren – und durch die eigenen, zensierten Massenmedien, die aber doch mehr Informationen über andere Länder boten als noch zu Zeiten Stalins.[58]

In der Zeit nach Stalin vollzogen sich außerdem große soziale Veränderungen. Der Urbanisierungsprozeß setzte sich fort, und die Sowjetunion wurde von einem hauptsächlich agrarischen Land zu einem vorherrschend industriell geprägten Staat. Die Industriearbeiterschaft bestand zunehmend aus Arbeitern in der zweiten oder dritten Generation und nicht aus orientierungslosen Bauern, die man in die Städte gezwungen hatte. Das Bildungsniveau stieg, und Analphabetismus gab es praktisch überhaupt nicht mehr. Die Zahl sowjetischer Bürger mit Hochschulbildung stieg von 8,3 Millionen im Jahre 1959 auf 18,4 Millionen im Jahre 1984.[59] Im Unterschied zu den unter Stalin üblichen Gemeinschaftsempfängern und Lautsprechern kamen 1979 auf 1000 Menschen in der Sowjetunion 544 Radios. Das Fernsehen war in der Zwischenzeit sogar noch wichtiger geworden. Während 1960 lediglich 5 Prozent der Bevölkerung Zugang zu einem Fernsehapparat hatten, wurde diese Zahl für 1986 auf 93 Prozent geschätzt.[60] Die gesamte Auflage aller sowjetischen Zeitungen stieg von 38,4 Millionen

Exemplaren im Jahr 1940 auf 68,6 Millionen im Jahr 1960 an, 1979 sogar um mehr als das doppelte auf 173 Millionen.[61] Obwohl die Massenmedien vor Gorbatschow wesentlich weniger informativ waren, als sie dies später werden sollten, brachte es doch eine keineswegs unbedeutende Minderheit der sowjetischen Leser zur Meisterschaft in der Kunst, zwischen den Zeilen zu lesen.

Neben einer besser, wenn auch nicht angemessen informierten Bevölkerung gab es jedoch auch sichere Anzeichen sozialen Verfalls auf vielen Gebieten: erschreckende Umweltverschmutzung, zunehmender Alkoholismus, steigende Kindersterblichkeit und eine geringere Lebenserwartung für erwachsene Männer.[62] Zu diesem Bild gehören auch die für die sowjetische Führung deprimierenden Hinweise in den achtziger Jahren auf einen langfristigen Rückgang der ökonomischen Wachstumsraten. Ein Thema, das in den Kapiteln 3 und 5 eingehender behandelt werden wird.

Vielleicht aber war die wichtigste von allen wegbereitenden Veränderungen in den Jahren zwischen 1953 und 1965 das Entstehen einer wirklichen Privatsphäre und damit die Möglichkeit zur freien Diskussion in kleinen und informellen Gruppen. Beim gemeinsamen Trinken und an Küchentischen waren die unterschiedlichsten politischen Meinungen zu hören, die kaum jemand zu Lebzeiten Stalins zu äußern gewagt hätte. Die Meinungsfreiheit im Privatleben ging der Ära der freien Meinungsäußerung in der Öffentlichkeit unter Gorbatschow um zwei oder drei Jahrzehnte voraus.[63] Der sowjetische Literaturwissenschaftler und Dissident Leonid Pinsky sagte mir 1976 in Moskau, seiner Meinung nach sei die wichtigste gesellschaftliche Veränderung eingetreten, als Millionen von Menschen die Möglichkeit erhielten, »ihre Haustür zuzumachen«. Er bezog sich auf die massiven Wohnungsbauprogramme der Chruschtschow-Jahre, die es einem großen Teil der städtischen Bevölkerung ermöglichte, von einer Mehrfamilienwohnung in ein Einfamilienappartement zu ziehen. Mit der neuen Wohnung ging einher, daß man sich traute, auch offener miteinander zu sprechen, als dies vorher möglich gewesen war. T. H. Rigby äußert sich ähnlich über die Gespräche »innerhalb vertrauenswürdiger Zirkel«, die eine Folge dieser neuen Möglichkeiten waren. Er hat gewiß recht, wenn er beobachtet: »Es war tatsächlich ein gewaltiger Satz von dieser privaten *glasnost'* zu der öffentlichen *glasnost'* der späten achtziger Jahre, aber ohne erstere als Sprungbrett wäre der Sprung überhaupt unmöglich gewesen.«[64]

Sogar unter Stalin gab es politisch bedeutsame Netzwerke und Beziehungen, nicht zuletzt die der Klientelwirtschaft. Persönliche Protektion modifizierte auch in der Zeit nach Stalin die Arbeitsweise der Formalstrukturen des sowjetischen Systems.[65] Aber unter Chruschtschow und Breschnew bildeten sich auch ›Meinungsgruppen‹ Gleichgesinnter, wie zum Beispiel die antistalinistisch eingestellten Leser von Alexander Twardowskis *Novy mir* in den sechziger Jahren und die ganz andere Leserschaft der Konkurrenzzeitschrift *Oktyabr'*, deren Weltsicht man getrost als neostalinistisch bezeichnen konnte. In der Chruschtschow- und Breschnew-Ära bildeten sich informelle Gruppierungen und Netzwerke von Menschen heraus, deren Beziehungen untereinander mindestens genauso stark auf im weitesten Sinne ähnlichen politischen Überzeugungen beruhten wie auf persönlicher Freundschaft. Verbindungen dieser Art existierten innerhalb der sowjetischen Führungsschicht und in der Gesellschaft allgemein.

Wichtige Beispiele solcher Gruppierungen, die sich in ihrer ›Mitgliedschaft‹ oft überschnitten, waren einmal die Parteiintellektuellen, die als hauptamtliche Berater Juri Andropows in der Abteilung für Sozialistische Länder des Zentralkomitees der Partei in den sechziger Jahren beschäftigt waren, dann diejenigen, die zu Zeiten Chruschtschows mit dem Politbüromitglied Otto Kuusiinen an einer Revision der ›Bibel‹ der Sowjetdoktrin, den *Grundlagen des Marxismus-Leninismus* arbeiteten, und all jenen, die einige Jahre in Prag verbrachten und für die internationale kommunistische (aber sowjetisch dominierte) Zeitschrift *World Marxist Review* tätig waren.[66] Obwohl die Veröffentlichungen dieser Gruppen – und nicht zuletzt des *World Marxist Review* – langweilig und, an normalen Standards gemessen, dogmatisch waren, gingen die Ideen einiger Mitglieder dieser Gruppen weit über das hinaus, was sie publizieren durften. Ihre Vorstellungen, die in den Jahren der Perestroika radikaler wurden, und ihr Zusammenwirken sollten eine wesentlich größere Bedeutung erlangen, als dann Gorbatschow in der zweiten Hälfte der Achtziger bereit war, ihre Vorschläge anzuhören.

Sogar innerhalb des Parteiapparates selbst gab es gewisse Meinungsunterschiede. Unter den reformwilligen und konservativen Gruppen in Moskau waren auch Angehörige der Verwaltung des Zentralkomitees zu finden. Eine überraschende Quelle frischer und unerlaubter Ideen war die Internationale Abteilung des Zentralkomitees, obwohl sie bis 1985 von Boris Ponomarjow geleitet wurde, einem grundsätzlich konservativen Kommunisten, der aber in seiner Abteilung unterschiedliche Ansichten duldete. Es lag im Wesen dieser Abteilung, daß viele ihrer Mitarbeiter westliche Sprachen beherrschten. Im allgemeinen fand sich dort ein höherer Anteil gebildeter und kompetenter Experten zusammen als in den anderen ungefähr zwanzig Abteilungen des Zentralkomitees, und zahlreiche Mitarbeiter Gorbatschows wurden hier rekrutiert. Damit wurde es vielen aus der Internationalen Abteilung möglich, Ansichten offen darzulegen, die die bisherige Führungsmannschaft der UdSSR nur in verwässerter Form erreichten – und alle Ponomarjows Unterschrift trugen. Das wichtigste Beispiel ist Anatoli Tschernjajew, der trotz aller Differenzen zwischen ihm und Ponomarjow neben diesem als einer seiner Stellvertreter während der zweiten Hälfte von Ponomarjows langer Amtszeit arbeitete. (Ponomarjow leitete die Abteilung von 1955 bis 1985, als er von Gorbatschow entlassen wurde. Tschernjajew war Stellvertretender Direktor von 1970 bis 1986 und wurde dann zu einem der hauptamtlichen Berater Gorbatschows.) Auch wenn es zweifellos Spannungen innerhalb der Abteilung zwischen den kommunistischen Ideologen einerseits und den aufgeklärteren Verfechtern pragmatischer Ansichten andererseits gab, so waren letztere doch zahlreich genug, um Einfluß auf die Frühstadien des ›Neuen Denkens‹ auszuüben. Der Fall Andrei Gratschows, der eng mit Tschernjajew zusammenarbeitete, bestätigt dies. Während der Perestroika-Jahre wurde er zum stellvertretenden Direktor der Internationalen Abteilung befördert, war zunächst informeller Berater Gorbatschows und später dann als Pressesekretär ein offizieller Mitarbeiter in den letzten Monaten der Amtszeit Gorbatschows als Präsident. Funktionäre wie Tschernjajew und Gratschow hatten zahlreiche Verbindungen zu vielen der heterodoxen Mitarbeiter in den Forschungsinstituten, die der Internationalen Abteilung unterstanden, wie auch mit Sozialdemokraten in Westeuropa. Die Einflüsse, denen *sie* ausgesetzt waren, nahmen vielerlei Gestalt an und schlossen die indirekte Wirkung der parteifernen, offenen Dissidenten nicht aus.[67] Zu den reformwilligen Meinungsgruppen gehörten sowohl Parteiintellektuelle außerhalb als auch eine Minderheit von Funktionären innerhalb des Parteiapparats.

Obwohl keine der informellen Gruppen der Breschnew-Jahre die organisatorischen Schritte hin zu einer Formalisierung und öffent-

lichen Tätigkeit (außer im verborgenen) tun konnte, halfen sie doch,
wie auch die offen vorgehenden Dissidenten, den Weg zu bereiten für
das echte und gewichtige Element des politischen Pluralismus, das in
der Sowjetunion bis 1990/91 Fuß faßte. Zu Zeiten Breschnews bewegte sich das Spektrum dieser Gruppierungen zwischen ernsthaften,
aber frustrierten Reformern und rückwärtsgewandten russischen Nationalisten. Erstere waren in unverhältnismäßig großer Zahl in mehreren Forschungsinstituten zu finden, besonders in jenen, die sich mit
Auslandsangelegenheiten beschäftigten. Viele unabhängig Denkende
(wie auch einige Opportunisten) saßen in vor allem drei Instituten – dem Wirtschaftsinstitut des Sozialistischen Weltsystems (1990
umbenannt in Institut für Internationale Politik und Wirtschaftsforschung), von 1969 bis 1998 geleitet von Oleg Bogomolow; dem Institut für die USA und Kanada, dessen Direktor von seiner Gründung bis
1995 Georgi Arbatow war; und dem Institut für Weltwirtschaft und
Internationale Beziehungen (IMEMO), dessen Direktor unter Breschnew Nikolai Inosemzew war, und dem dann im Amt Alexander Jakowlew, Jewgeni Primakow und (seit 1989) Wladien Martynow folgten.
Jakowlew und Primakow sollten später wichtige politische Führungspositionen in der Sowjetunion und dem postsowjetischen Rußland
bekleiden. Innerhalb des Instituts für Sozialwissenschaften, das der
Abteilung für Internationale Angelegenheiten unterstand und dessen
vornehmliche Aufgabe es war, ausländische Kommunisten und Studenten aus ›sozialistisch orientierten‹ Ländern der Dritten Welt auszu-
bilden, gab es auch eine gewichtige Minderheit von Wissenschaftlern
mit politischen Reformideen, darunter Fjodor Burlazki und Alexander Galkin. Beinahe in jedem Institut der Akademie der Wissenschaften waren Menschen mit abweichenden politischen Anschauungen
vertreten. Sogar eine Institution mit relativ konservativem Ruf wie das
Institut für Staat und Recht in Moskau konnte eine geringe Anzahl
von Wissenschaftlern aufnehmen, die für weitreichende politische
Reformen eintraten, neben den vielen, die sich, ihrem Beruf als Juristen entsprechend, größeren Respekt für gesetzliche Normen in der
Sowjetunion wünschten.

  Wie besonders Bogomolows Institut und, in geringerem Maße,
IMEMO und das Institut für die USA und Kanada als die Hauptzen-
tren reformerischen Gedankengutes gelten können, so verfügten auch
die russischen Nationalisten über eine gewisse organisatorische Basis.

Dazu zählten die Redaktionen der Zeitschriften *Molodaya gvardiya* und *Nash sovremennik* – die führenden Publikationen des Schriftstellerverbandes der Russischen Republik (RSFSR), sowie die Allrussische Gesellschaft für die Erhaltung Historischer und Kultureller Denkmäler. Schriftsteller mit einem gewissen Hang zum russischen Nationalismus hatten unter Breschnew mehr Erfolg als ihre liberalen Kollegen, wenn es um die Veröffentlichung von Werken ging, die mit dem Marxismus-Leninismus nichts mehr zu tun hatten. Tatsächlich bildeten die Autoren von ›Dorfprosa‹ (*derevenshchiki*) die wichtigste literarische Schule während der Ära Breschnew.[68]

Die Spaltung der russischen Intelligenzia in Westler und Russophile (oder Slawophile, um den älteren Namen zu gebrauchen), die ihre Ursprünge im 19. Jahrhundert hatte, erlangte in den sechziger und siebziger Jahren erneut wachsende Bedeutung.[69] In den achtziger Jahren sollte dieses Thema noch größere Uneinigkeit stiften, denn zu diesem Zeitpunkt hatte Gorbatschow bereits klargestellt, daß er sich mit Leib und Seele den Westlern zurechnete. Dabei aber hatten auch einige Autoren der ›ländlichen Prosa‹ russophiler Schule durchaus einen Platz in seinem Herzen. Gorbatschow versuchte, sich mit führenden Repräsentanten beider feindlicher Lager zu umgeben, und warb, ohne jeden Erfolg, für größere Toleranz im Umgang miteinander.

Schließlich ist es von Bedeutung, einen Punkt gesondert hervorzuheben, der zumindest implizit schon behandelt wurde: Die Kommunistische Partei der Sowjetunion (KPdSU) nach Stalin war keineswegs der Monolith, als den sie ihre Propagandisten gerne darstellten. (In interessanter Eintracht wurde dieses Bild auch von den primitiveren *anti*-kommunistischen Wortführern im Ausland unermüdlich beschworen.[70]) Parteimitglieder machten zur ersten Hälfte der achtziger Jahre wenig mehr als sechs Prozent der Gesamtbevölkerung der Sowjetunion aus, also etwa einer von zehn Erwachsenen. Hochschulabsolventen waren unverhältnismäßig stark vertreten. Die Mitgliedschaft in der Kommunistischen Partei brachte nicht dasselbe gesellschaftliche Stigma mit sich, wie dies oft in Osteuropa der Fall war. Die bolschewistische Revolution von 1917 war, bei allen ihren katastrophalen Konsequenzen, wenigstens eine echte Revolution (oder ein echter Putsch) gewesen, während die Mehrzahl der osteuropäischen Staaten nur kommunistisch war, weil ein solches Regime ihnen mit militärischer Macht von der Sowjetunion in der Folge des Zweiten Weltkrieges aufgezwungen wurde.[71]

Die Beweggründe für einen Parteieintritt waren sehr unterschiedlich, der häufigste aber war die Aussicht auf eine Förderung der eigenen beruflichen Laufbahn. In einigen Fällen, wie zum Beispiel einer Tätigkeit in verantwortlicher Stellung an einem mit internationalen Angelegenheiten beschäftigten Institut, war Parteimitgliedschaft praktisch Teil des Beschäftigungsverhältnisses. Dabei sagte der Besitz eines Parteibuches erstaunlich wenig über die politischen Überzeugungen des Besitzers aus. Die KPdSU war etwas völlig anderes als eine im Wettstreit mit anderen Parteien stehende Partei, sie war vielmehr in Wirklichkeit ein Teil des Staatsapparates. In der Tat waren sowohl im Zentrum als auch auf der Ebene der Republiken und Regionen die Parteistellen gleichzeitig die höchsten Instrumente staatlicher Macht. Vor der Ära Gorbatschow argumentierte eine Mehrheit sowjetischer Juristen, die Partei habe keine Macht an sich, sondern wirke nur durch ihren Einfluß und ihre Überzeugungskraft. All denjenigen aber, die sich ernsthaft mit der Sowjetunion beschäftigten, war klar, daß, wenn auch Einfluß und Überzeugungskraft ihre Rolle gespielt haben mögen, die Partei nicht nur Macht ausübte, sondern auch niemandem verantwortlich oder rechenschaftspflichtig war. Das Politbüro war die höchste politische Entscheidungsinstanz im Lande und nicht lediglich das höchste Exekutivkomitee der Partei. Dabei war der Prozeß politischer Willensbildung innerhalb des Politbüros immer von Geheimnis und Heimlichtuerei umgeben.

Ein sowjetischer Jurist, der am Ende der achtziger und zu Beginn der neunziger Jahre ein prominenter Politiker werden sollte, war Anatoli Sobtschak. Als ein radikaler Abgeordneter des Obersten Sowjets der UdSSR wurde er im Juni 1991 zum Bürgermeister von Leningrad (St. Petersburg) gewählt. Er gehörte zu der Minderheit in seinem Fach, die die Kommunistische Partei nicht als eine normale politische Partei betrachteten, sondern sie für einen Bestandteil der ›staatlichen Strukturen‹ hielten. Er stand deshalb nicht allein mit seiner Schlußfolgerung, daß ernsthafte Veränderungen in der Sowjetunion nur mit einer Reform der Kommunistischen Partei selbst beginnen könnten.[72] Das Wesen der Stellung der Partei innerhalb der sowjetischen Gesellschaft machte es tatsächlich sehr schwierig, mit weitreichenden Reformen irgendwo anders zu beginnen.

Eine Revolution wäre freilich eine ganz andere Sache gewesen. Aber die Kontrollmechanismen der Partei im unreformierten Sowjetsystem, ihre Durchdringung und Unterordnung der Machtorgane – des Militärs, der Staatssicherheit (KGB), der Sondertruppen des Innenministeriums (MWD) – machten eine Revolution äußerst unwahrscheinlich. Da diejenigen, die Mitte der achtziger Jahre die Reformversuche am sowjetischen Wirtschaftssystem und der politischen Ordnung begannen, in ihrer Mehrheit genauso wie ihre Gegner der Partei angehörten, ist es von entscheidender Bedeutung, sich des breiten Meinungsspektrums innerhalb der Partei bewußt zu sein, wenn es um ein Verständnis der politischen Entwicklungen in den ersten vier Jahren der Ära Gorbatschow geht.[73] Sobald freilich einmal ein gewisses Maß an Pluralismus möglich gemacht worden war, wurde das Zusammenhalten so vieler fundamental unterschiedlicher Auffassungen unter dem Dach einer Einheitspartei zu einem Anachronismus. Von 1990 an – wenn nicht schon früher – wurde zunehmend offenbar, daß es in den Reihen der KPdSU nicht nur unterschiedliche Gruppen und Fraktionen gab, sondern bereits die Keimzellen eines Mehrparteiensystems – ganz unabhängig von den kleinen Parteien, die im selben Jahr von Leuten gegründet wurden, die nie der Kommunistischen Partei angehört hatten.

Spätestens 1991 verloren viele Kandidaten, die von der Kommunistischen Partei unterstützt wurden, entscheidende Wahlen in Rußland, ganz zu schweigen von den baltischen oder kaukasischen Republiken. Die erfolgreichen ›Nicht-Partei‹-Kandidaten aber in den drei wichtigsten russischen Wahlen waren allesamt Parteimitglieder bis zu ihrem Austritt 1990 gewesen. Jelzin, zum Präsidenten Rußlands gewählt, war seit 1960 Parteimitglied (und einer ihrer Funktionäre von 1968 bis 1987); Gawril Popow, neugewählter Bürgermeister von Moskau, war der Partei 1959 beigetreten. Nur bei Sobtschak lagen die Dinge etwas anders. Er trat erst 1988, nach der 19. Parteikonferenz, der Partei bei, um sein Gewicht zugunsten der von Gorbatschow geführten Reformbewegung in die Waagschale zu werfen.[74]

Eine Reihe der in diesem Kapitel vorgestellten Themen werden in der folgenden Analyse von Gorbatschows Führung in größerer Detailliertheit wieder auftauchen. Zunächst aber ist es notwendig, im Rahmen der nächsten zwei Kapitel den Weg zu untersuchen, der Gorbatschow zum Gipfel der Macht innerhalb des unreformierten politischen Systems führte. Dabei soll versucht werden, seine Ideen und Absichten zu dem Zeitpunkt zu beurteilen, an dem er zum mächtigsten Mann im sowjetischen Parteistaat wurde.

KAPITEL 2
Werdegang eines Reformers und Generalsekretärs

Bevor Gorbatschow versuchen konnte, grundlegende Veränderungen in der Sowjetunion in Gang zu setzen, mußte er zunächst zur Spitze eines im wesentlichen unreformierten Systems gelangen. Viele Menschen in Rußland und im Ausland hielten es für ausgeschlossen, daß jemand, der Reformen und neuen Ideen gegenüber aufgeschlossen war, aus dem kommunistischen Parteiapparat kommen und sich dabei seine Anschauungen und Persönlichkeit bewahrt haben könne. Solche Anwandlungen würden ihm entweder auf dem Weg nach oben ausgetrieben, oder er würde sanft aus dem Parteiapparat entfernt, ohne es dort weit gebracht zu haben. Angesichts der politischen Ressourcen aber, die der Parteiführung zu alleiniger Verfügung standen, und der politischen Schwäche der Dissidenten gab es nur ein Szenario, das Wandel versprach: ein Reformer mußte die glitschige Leiter der Hierarchie bis zur Parteiführung emporklettern, wie unwahrscheinlich ein solcher Fall auch während der Jahre schien, in denen Leonid Breschnew einer kommunistischen Oligarchie vorstand, die entschlossen war, jede kleinste Bedrohung des sowjetischen *Status quo* im Keim zu ersticken. Über die Zukunftsaussichten schrieb zu dieser Zeit der führende australische Experte für die Sowjetunion eher hoffend als erwartend:

> Um die entscheidenden Schritte zu sehen, die Wandel von einem Einheitssystem hin zu einer Ordnung ermöglichen, die, in den Worten Leonard Schapiros, geprägt ist von »der Herrschaft des Rechts, bürgerlichen Freiheiten, der Würde des einzelnen und der Freiheit des menschlichen Geistes« ..., müssen wir vielleicht auf Werke herausragender Intelligenz, Phantasie und großen Mutes seitens einer zukünftigen und leider nicht erkennbaren sowjetischen Führung warten.[1]

Wie im vorausgehenden Kapitel bereits angemerkt, war der Generalsekretär zum Zeitpunkt der Amtsübernahme Gorbatschows kein allmächtiger persönlicher Diktator mehr wie noch zu Zeiten Stalins, fraglos aber mit mehr Macht ausgestattet als jede andere Person in der Sowjetunion. Was die Bevölkerung als Ganzes anging, oder auch die

Millionen von einfachen Parteimitgliedern, war dies eine Macht ohne
jede Verantwortlichkeit den Wählern oder einer Institution gegenüber. Der Generalsekretär konnte nicht gezwungen werden, seine
Handlungen oder Unterlassungen vor einem Parlament oder auch nur
einer repräsentativen Parteiversammlung zu rechtfertigen. Wahlen mit
nur einem Kandidaten waren die Regel, sowohl innerhalb der Kommunistischen Partei als auch in der Gesellschaft allgemein. Was sich in
Wirklichkeit abspielte, war, daß die amtierenden Funktionäre der
herrschenden Partei neue Mitglieder in Sitze von Sowjets oder Parteiorganen *kooptierten*. ›Wahlen‹ waren das nur dem Namen nach. Darüber hinaus war selbst die geringste Kritik am Generalsekretär (und an
der KPdSU als einer Institution) tabu. Die Leute, mit denen sich der
Generalsekretär auseinanderzusetzen hatte, waren die Mitglieder des
Politbüros (effektiv die herrschende Oligarchie) und des Zentralkomitees (die erweiterte Parteielite). Dazu kamen noch die institutionellen
Interessengruppen – das Militär, der KGB und das ministerielle Netzwerk.

Bevor Gorbatschow diesen Gipfel der Macht in der Sowjetunion
erreichte, hat er einen langen und in seinen frühen Jahren auch
schwierigen Weg gehen müssen. In diesem und dem folgenden Kapitel geht es daher um Gorbatschows prägende Erfahrungen, seinen
Aufstieg in der Parteihierarchie, die Freundschaften und Bündnisse,
die er schloß, und die Entwicklung seiner Anschauungen, bevor er der
sechste und letzte Generalsekretär des Zentralkomitees der Kommunistischen Partei der Sowjetunion wurde.

Jeder vorherige sowjetische Führer war vor der Revolution von 1917
geboren. Obwohl drei von ihnen – Breschnew (geboren 1906), Andropow (1914) und Tschernenko (1911) – noch im Kindesalter standen, als
die Revolution stattfand, waren doch die Erfahrungen ihrer Generation ganz andere als die Gorbatschows. Vor allem hatten seine drei
Vorgänger ihre politische Karriere unter Stalin begonnen und waren
für ihr ganzes Leben von der Angst, die sie damals gekannt hatten,
und von ihrer Mitschuld an der gewaltsamen Errichtung der stalinistischen Herrschaftsordnung gezeichnet. Breschnews Vorgänger Chruschtschow (geboren 1894) war am stärksten und in höherer Stellung als die
anderen an den Repressionsmaßnahmen beteiligt gewesen: als Erster
Sekretär der Moskauer Parteiorganisation in den dreißiger (und wieder von 1949 bis 1953), als Erster Sekretär in der Ukraine in den vierzi-

ger Jahren und als Mitglied des Politbüros ab 1939. Und doch war er es, der 1956 den mutigen Schritt tat, wenigstens einige der Verbrechen Stalins beim XX. Parteitag offenzulegen – ein Ereignis, das einen bleibenden und tiefen Eindruck bei Parteimitgliedern der Generation Gorbatschows hinterlassen sollte.

Familiärer Hintergrund

Im Gegensatz zu allen seinen Vorgängern war Gorbatschow ein Kind des sowjetischen Systems. Er wurde am 2. März 1931 in eine Bauernfamilie geboren, in der Region Stawropol in Südrußland, in einem kleinen Haus am Dorfrand von Priwolnoje.[2] Zwei der unglücklichen Umstände, die Gorbatschows Kindheit überschatteten, hätten sehr leicht seinen späteren Aufstieg in der Partei verhindern können. Zum einen lebte er im Haus der Familie eines ›Volksfeindes‹, zum anderen, und dies bedeutete nicht nur politische, sondern Lebensgefahr, war die Region Stawropol eine Zeitlang während des Zweiten Weltkrieges von deutschen Truppen besetzt.

Die erste Angelegenheit war für einen sowjetischen Politiker so heikel, daß Gorbatschow erst im November 1990 enthüllte, daß nicht nur einer, sondern beide seiner Großväter aufgrund fingierter politischer Anklagen während Stalins Gewaltkampagne gegen die Bauernschaft verhaftet wurden. Sein Großvater väterlicherseits, Andrei Gorbatschow, wurde zum Holzfällen in die Region Irkutsk nach Sibirien verbannt, weil er 1933 den Saatplan nicht erfüllt hatte – zu einer Zeit, als drei seiner sechs Kinder »den Hungertod gestorben waren«.[3] Der Vater seiner Mutter, Panteli Gopalko, wurde 1937 verhaftet und vierzehn Monate lang verhört. Während dieser Zeit wurde er so unter Druck gesetzt, daß er Dinge gestand, die er nicht getan hatte.[4] Die Hauptanklage gegen diesen Großvater war so gefährlich wie bizarr: er sollte an den Aktivitäten des regionalen Zentrums einer trotzkistischen Organisation teilgenommen haben.[5] Als der vorsichtige Politiker, der er war, enthüllte Gorbatschow verschiedene Aspekte seiner Biographie vor unterschiedlichem Publikum zu Zeitpunkten seiner Wahl. So sagte er im Mai 1989 einer Monatsschrift, die über die Aktivitäten des Zentralkomitees der Partei berichtete und auch Archivmaterial veröffentlichte, sowohl seine Eltern als auch deren Eltern seien

Bauern gewesen, sein Großvater mütterlicherseits, Panteli Gopalko, außerdem »lange Jahre Vorsitzender eines Kollektivs«.[6] Seit Gorbatschow Generalsekretär war, wurde diese Tatsache in seiner offiziellen Biographie erwähnt. Vor einer Versammlung Intellektueller (Schriftsteller, Künstler, Filmemacher) im November 1990 enthüllte Gorbatschow jedoch, daß ebendieser Großvater auch Opfer des staatlichen Terrors des stalinistischen Regimes gegen die eigene Bevölkerung gewesen sei.[7] Diese zweite Verhaftung innerhalb der Familie, gefolgt von Gefängnis und Folter und nicht von Verbannung, wie im Falle seines Großvaters väterlicherseits, scheint besonders traumatisierend gewesen zu sein. Gorbatschow war alt genug, um sich später daran zu erinnern, daß er in dem »von der Pest heimgesuchten Haus« eines »Volksfeindes« gewohnt hatte. Niemand traute sich, den Verhafteten zu besuchen, noch nicht einmal die Angehörigen oder Freunde der Familie, aus Angst, man könne dasselbe Schicksal erleiden.[8] 1993 schrieb Gorbatschow: »Jedesmal, wenn ich ein Formular auszufüllen hatte, mußte ich schreiben, daß mein Großvater im Gefängnis gewesen ist. Wenn ich das nicht.« getan hätte, wäre ich in Verdacht geraten.«[9]

Der zweite unglückliche Umstand in der Kindheit Gorbatschows, der sich nachteilig auf seine spätere Laufbahn hätte auswirken können, und dies in der Stalinzeit sehr wahrscheinlich auch getan hätte, wenn seine politische Karriere bereits in ihren Anfängen gewesen wäre, war die deutsche Besatzung der Region Stawropol von August 1942 bis Januar 1943.[10] Darüber hinaus lag die Region Stawropol für längere Zeit in der Nähe einer der beiden Frontlinien. In den Nachkriegsjahren unter Stalin mit ihrer Spionage-Hysterie war es entschieden von Nachteil, in besetzten Gebieten gelebt zu haben – auch wenn man, wie Gorbatschow, zur fraglichen Zeit noch ein Kind war. Es könnte sein, daß Gorbatschows beachtliche Arbeitsleistungen, (siehe unten) gemeinsam mit seinem Vater und zwei weiteren Dorfbewohnern, Teil eines bewußten Versuchs waren, jeden politischen Zweifel auszuräumen. Auf jeden Fall aber waren sie auch Ausdruck echter Bemühungen, die Kriegsschäden zu beseitigen und die schwere Nahrungsmittelknappheit zu bekämpfen, die in weiten Teilen der Sowjetunion in der umittelbaren Nachkriegszeit herrschte. Kriegs- und Nachkriegszeit waren Jahre echter patriotischer Leidenschaft in Rußland.

Gorbatschows Kindheit fiel mit den härtesten Jahren der sowjetischen Geschichte zusammen, die eine der tragischsten Epochen der gesamten russischen Geschichte bilden. Die erzwungene Kollektivierung der Landwirtschaft, der Hungersnöte und die schlimmste Phase der stalinistischen Säuberungen folgten, kostete Millionen von Bauern in den dreißiger Jahren das Leben, darunter vielen aus der Region Stawropol. Unter ihnen waren auch, wie schon angemerkt, Mitglieder von Gorbatschows eigener Familie. Während der ersten zwei oder drei Lebensjahre Gorbatschows starben bis zu einem Drittel der Einwohner seines Dorfes Priwolnoje, den Angaben der heute noch dort Lebenden zufolge.[11] Der deutsche Überfall auf die Sowjetunion 1941 brachte neue Grausamkeiten mit sich, er löste aber auch einen patriotischen Widerstandsgeist aus, der es der Gesellschaft ermöglichte, sich, zumindest eine Zeitlang, von den selbst beigebrachten Verwundungen des vorangegangenen Jahrzehnts zu erholen. Gorbatschows Vater, Sergei Andrejewitsch, diente in der Armee, kämpfte an mehreren Fronten und wurde zweimal verwundet – beim zweiten Mal in der Schlacht um die Stadt Kosice in der Tschechoslowakei –, bevor er 1946 demobilisiert wurde.[12]

Sergei Gorbatschow starb 1976.[13] Seine Witwe, Gorbatschows Mutter Marija Pantelejewna, starb im Frühjahr 1995. Als orthodoxe Christin, die, anders als ihr Mann, nie die Gelegenheit erhalten hatte, Lesen oder Schreiben zu lernen, teilte sie den Wunsch der zwei zutiefst religiösen Großmütter Gorbatschows, den Jungen heimlich taufen zu lassen. (Der Autor eines Buches über die Stawropoler Jahre Gorbatschows, der verschiedentlich unter Gorbatschow in der regionalen Parteiorganisation und als Journalist gearbeitet hat, beruft sich auf Gorbatschow, wenn er schreibt, der Priester habe ihm den Namen ›Michail‹ gegeben. Es war nicht der Name, den ihm seine Eltern geben wollten.[14]) Über seine Mutter ist Gorbatschow auch zu einem Teil ukrainischer Abstammung. Er entschied sich, dies im Dezember 1991 in einem Interview mit dem ukrainischen Fernsehen zu erwähnen, als er verzweifelt versuchte, die Ukraine in einer neuen und radikal umgestalteten Union zu halten, die an die Stelle der alten Sowjetunion treten sollte.[15] Das Russisch seiner Mutter war durchsetzt mit vielen ukrainischen Wörtern und Ausdrücken.[16]

Gorbatschows Erinnerungen an die Kriegszeit waren vor allem die einer Zeit großer Leiden für die Zivilbevölkerung – besonders für jene, die nahe am Kampfgeschehen lebten.[17] Er selbst war zehn Jahre alt, als die Sowjetunion überfallen wurde, und elf, als die deutsche Wehr-

macht die Gegend von Stawropol erreichte. Da alle gesunden erwachsenen Männer zum Militärdienst eingezogen waren, lag die Verantwortung für die Ernte bei den im Dorf zurückgebliebenen Frauen und
Kindern, die den ganzen Tag schwerste körperliche Arbeit verrichte-
ten. Unter ihnen waren auch Gorbatschow und seine Mutter.

In den ersten fünf Jahren nach dem Krieg war Gorbatschows Schulausbildung mit langen Sommern landwirtschaftlicher Tätigkeit kombiniert. Im Alter von 15 Jahren wurde er Assistent an einer Maschi-
nen-Traktor-Station, wo er an der Seite seines Vaters arbeitete.[18] Die
Chancen für einen Bauernjungen aus Südrußland, an der Moskauer
Universität studieren zu können, waren recht gering, aber eine Reihe
von Faktoren sprachen für Gorbatschow. Die wichtigste Einzelquali-
fikation war die Verleihung des Ordens des Roten Arbeitsbanners
an ihn als einen beispielhaften Arbeiter, besonders wenn man dies in
Verbindung mit seinen exzellenten schulischen Leistungen sah. Eine
notwendige, aber keineswegs hinreichende Bedingung für ein Univer-
sitätsstudium war der für Gorbatschow günstige Bericht der zuständigen Komsomol-Dienststelle.[19] Vielleicht war es auch hilfreich, daß
sein Vater während seines Militärdienstes im Zweiten Weltkrieg der
Partei beigetreten war. Da es aber zu Beginn der fünfziger Jahre ungefähr sechs Millionen Parteimitglieder in der Sowjetunion gab, wird
dies Gorbatschow kaum von seinen Altersgenossen unterschieden
haben.[20]

Die Nachkriegsjahre der Ära Stalin waren keine Zeit, in der es Programme zur Förderung von Kindern aus Bauern- und Arbeiterfamilien aufgrund ihrer sozialen Herkunft gab, die vergleichbar mit den
Maßnahmen gewesen wären, die in früheren Phasen der Herrschaft
Stalins ergriffen worden waren.[21] Es war eher die Epoche, die Vera
Dunham die Zeit des ›Big Deal‹ zwischen Stalin und einer neuen sowjetischen ›Mittelschicht‹ genannt hat – einer Gesellschaftsschicht,
die »vollkommen stalinistisch war, geschaffen durch Stalins Drang
nach Industrialisierung, Umerziehung und Bürokratisierung des Landes, Fleisch vom Fleische der stalinschen Revolutionen von oben in
den dreißiger Jahren, und bereit, das Vakuum zu füllen, das Stalins
Große Säuberung und die Liquidierung der leninschen Generation
von Aktivististen hinterlassen hatten«.[22]

Gorbatschows Eltern waren gesellschaftlich und geographisch weit
von dieser neuen ›Mittelklasse‹ entfernt, und der Erfolg ihres Sohnes,

von der Moskauer Universität als Student akzeptiert zu werden, beruhte größtenteils auf dessen eigenen Fähigkeiten und Bemühungen. Obwohl selbst in diesem Abschnitt der sowjetischen Geschichte die Obrigkeit ein gewisses Interesse daran hatte, *ein paar* Studenten aus Bauern- oder Arbeiterfamilien zu haben, waren doch die Chancen für die einzelnen Jungen und Mädchen aus dieser gesellschaftlichen Gruppe sehr gering, die Moskauer Universität zu erreichen. In der Schule hatte Gorbatschow Bestnoten in allen Fächern, außer in Deutsch, wo er mit einer Zwei abschloß,[23] und erhielt eine Silbermedaille (im Gegensatz zu seiner Frau, die aus ähnlich unterprivilegierten Kreisen stammte, in allen Fächern Bestnoten erzielte und folglich mit einer Goldmedaille ausgezeichnet wurde).[24] Wenn auch der gesellschaftliche Hintergrund in den Nachkriegsjahren der Stalin-Ära für die Zulassung zu den berühmtesten Bildungseinrichtungen der Sowjetunion relativ unwichtig war, so wurde doch sehr auf die Auszeichnung geachtet, die Gorbatschow für herausragenden Arbeitseinsatz erhalten hatte, als er noch ein Teenager war. Seine besonderen Leistungen als beispielhafter Arbeiter in Kombination mit seinem ausgezeichneten Schulzeugnis und der Unterstützung des Komsomol werden entscheidend dazu beigetragen haben, daß er die Möglichkeit bekam, sich an Rußlands ältester und angesehenster Universität zu immatrikulieren und zum ersten Mal in der sowjetischen Hauptstadt zu leben.[25]

Im Sommer 1948 hatte Gorbatschow mit folgender Geschichte seinen Ruf als außergewöhnlicher körperlicher Arbeiter begründet. Nur gemeinsam mit seinem Dorffreund und Altersgenossen Alexander Jakowenko und den Vätern der beiden Jungen, Sergei Gorbatschow und Jakow Jakowenko, fuhr Gorbatschow eine Rekorderrnte ein, die das Fünf- oder Sechsfache des Durchschnitts betrug und jedem Mitglied der Brigade eine staatliche Auszeichnung eintrug. Für das beste Ergebnis in der gesamten Region Stawropol erhielten die beiden Väter den Leninorden und die Söhne den Orden des Roten Arbeitsbanners.[26] Jakowenko sagte 1989, sie hätten »20 bis 22 Stunden am Tag gearbeitet und nur aufgehört, wenn sich der Tau auf das Gras legte«.[27] (Das war inklusive der Zeit, die die beiden jungen Männer damit verbrachten, nachts die Mähdrescher zu reinigen.) Gorbatschows Orden des Roten Arbeitsbanners war eine sehr ungewöhnliche Auszeichnung für einen Teenager (er war 17) und sollte die von ihm am höchsten geschätzte aller seiner sowjetischen Ehrungen bleiben.[28] Der Orden wurde, da er ihn gelegentlich trug, zu einem seiner Erkennungsmerkmale während seiner Studienzeit an der Moskauer Universität. (Als ich gegen Ende der siebziger Jahre, bevor Gorbatschow berühmt wurde, den russischen Juristen Pawel Grazjanski, der an der Juristischen Fakultät in den frühen fünfziger Jahren studierte, fragte, ob er sich an Gorbatschow erinnere, erwiderte er sofort »Natürlich!« und erwähnte den Orden als einen der Hauptgründe dafür. Einige aus Gorbatschows Altersgruppe hatten ähnliche Erinnerungen. Viele ältere Studenten, die im Krieg gekämpft hatten, trugen Auszeichnungen, aber ein solcher Orden war höchst ungewöhnlich für einen 19jährigen Studienanfänger.[29]) Die Landarbeit nahm die Sommerferien Gorbatschows vollständig in Anspruch, er ging aber länger zur Schule, als es das Gesetz verlangte. Die Dorfschule in Priwolnoje endete nach der siebten Klasse, und die nächste Oberschule befand sich in Krasnogwardeijsk (damals noch Molotowskoje). Gorbatschows Eltern hatten arrangiert, daß er dort während des Schuljahres wohnen konnte. Er teilte sich ein Zimmer mit zwei anderen Jungen aus dem Dorf, womit es Gorbatschow möglich war, eine zehnjährige Schulausbildung abzuschließen.[30]

An der Moskauer Universität

Gorbatschows Jahre an der Juristischen Fakultät der Moskauer Universität waren für seine intellektuelle Entwicklung von entscheidender Bedeutung. Trotz aller Unzulänglichkeiten der Fakultät und der Universität während der letzten Lebensjahre Stalins erhielt Gorbatschow doch eine bessere Ausbildung, als sie seine Kollegen in Breschnews Politbüro genossen hatten, dessen Mitglied er genau 30 Jahre nach seiner Immatrikulation wurde. Die meisten sowjetischen Führer, die unter Breschnew dienten, hatten nur eine enge Berufs- oder Parteiausbildung erhalten, und ihre Qualifikationen stammten von Technischen Instituten aus der Provinz und von Parteischulen. Meist waren es Abschlüsse eines Fernstudiums. Nicht einer von Gorbatschows Kollegen im Politbüro am Vorabend von Breschnews Tod hatte volle fünf Jahre an einer russischen Universität studiert. Diese bessere Ausbildung war für Gorbatschow sicherlich von Vorteil, sie stellte aber in gewisser Hinsicht auch eine Behinderung dar, die es zu überwinden galt. Allein die Tatsache, daß sich sein Ausbildungsgang so deutlich von dem seiner Kollegen in den Jahren unterschied, begründete das Mißtrauen, das ihm in diesem Kreis mehrheitlich entgegengebracht wurde. Jeder, der sich als ein heimlicher Intellektueller entpuppen konnte oder zumindest unabhängig politisch denken konnte, war verdächtig.

Gorbatschow selbst war bei seiner Ankunft aufgrund seiner provinziellen Schullaufbahn, die durch Krieg und Nachkriegswirren unterbrochen war, weniger gebildet als viele seiner Kommilitonen aus Moskauer Akademikerfamilien. Es gelang ihm aber im Verlauf von ein oder zwei Jahren, deren Vorsprung aufzuholen.[31] Ein normaler Studiengang dauerte in der Sowjetunion fünf Jahre, und Gorbatschow schloß 1955 sein Studium mit Auszeichnung ab. Das weitaus wichtigste Ereignis in seinem Privatleben in dieser Zeit war die Begegnung mit Raissa Maximowna Titorenko im Jahre 1951 und ihre Heirat 1953.[32] Das folgenschwerste Ereignis in seinem politischen Leben, wie dem des gesamten Landes, aber war der Tod Stalins am 5. März 1953.

Wie für viele seiner Studienkollegen war für Gorbatschow Stalin vor allem »mit dem gewonnenen Krieg verbunden«. Sehr viel später sollte er schreiben: »Wir konnten nicht wissen, welcher Preis für diesen Sieg gezahlt worden oder was ihm vorausgegangen war.«[33] Gorbatschow war unter Abertausenden von Menschen, die sich aufmachten, ihren aufgebahrten verlorenen Führer zu sehen: »... wir reihten uns in die endlose, sich langsam bewegende Schlange von Menschen ein und liefen einen Tag und eine Nacht lang. Es war Morgen, als wir die große Halle erreichten, in der Stalin lag, und ich ihn zum ersten Mal sah.«[34]

Bis zum März 1953 bedeutete Kommunist zu sein auch, Stalinist zu sein. Es gab nur wenige Ausnahmen. Gorbatschow war in den letzten Lebensjahren Stalins zweifellos weit davon entfernt, die großen Ungerechtigkeiten, die ihm persönlich bewußt wurden, mit einer Schuld Stalins in Verbindung zu bringen. (Noch weiter war er freilich davon entfernt, die fundamentalen Fehler des Systems als ganzen zu erkennen und daß die Verantwortung dafür, mehr als irgend jemand sonst, der Begründer dieses Systems, Lenin, trug.) Alexander Jakowlew, älter als Gorbatschow und später einer der wichtigsten Reformer der Perestroika-Ära, hat dies so formuliert: »Wir glaubten alle zutiefst an Stalin. Wir waren zutiefst davon überzeugt, daß wir eine neue Gesellschaft schufen.«[35] Ein weiterer zukünftiger Kollege Gorbatschows, Eduard Schewardnadse, steht für Millionen, die um die Verfolgung von Menschen und deren Unschuld gewußt haben. Und dennoch erhielt er sich seinen Glauben an Stalin, und zwar indem er sich davon überzeugte, »daß Stalin davon nichts wußte«.[36] Weniger typisch allerdings war, daß Schewardnadse, noch zu Lebzeiten Stalins, die Tochter eines ›Volksfeindes‹ heiratete, der in den dreißiger Jahren von einem Erschießungskommando hingerichtet worden war. Merkwürdigerweise ist dies ein Aspekt in Schewardnadses Biographie, den er mit einem seiner späteren politischen Opponenten, Jegor Ligatschow, gemeinsam hatte. Ligatschow heiratete in den unmittelbaren Nachkriegsjahren die Tochter eines hochrangigen Heeresoffiziers, der unter fingierten Beschuldigungen 1936 verhaftet worden war und 1937 als »Anglo-Japanisch-Deutscher Spion« erschossen wurde.[37] Als Gorbatschow 1992 gefragt wurde, wann er begonnen habe, die wirkliche Rolle des NKWD und dessen Nachfolgeorganisation, des KGB, zu verstehen, antwortete er, er habe es lange schon geahnt – von der Zeit der vierzehnmonatigen Haft seines Großvaters an. Es sei aber bis 1956 so viel unklar geblieben, und selbst sein Großvater habe von seiner eigenen Verhaftung gesagt: »Ich bin sicher, daß Stalin davon nichts weiß.«[38]

Die erste Hälfte von Gorbatschows Universitätsjahren fiel mit der Kampagne Stalins gegen die ›Kosmopoliten‹ zusammen. Für Stalin und viele seiner Anhänger war dies ein nur wenig verschleierter Antisemitismus. Gorbatschow war noch vor Stalins Tod der Partei beigetreten (1952) und spielte eine aktive Rolle im Komsomol der Juristischen Fakultät. In seinem letzten Studienjahr wurde er einer der Sekretäre des Komsomol.[39] Er beteiligte sich aber, den zuverlässigsten Berichten über seine Studentenjahre zufolge, nie an irgendwelchen ›Hexenjagden‹, obwohl er sicherlich nicht von der Parteilinie abwich. Sogar die wenigen Kritiker aus dieser Zeit, die mit ihm auch nur entfernt bekannt waren und deshalb nur wenig verläßliche Zeugen sind, haben keine überzeugenden Beweise für antisemitische Handlungen oder Reden Gorbatschows angeführt.[40] Weder damals noch später war nationaler Chauvinismus ein Charakterzug Gorbatschows. Tatsächlich sollte es später, während seiner Regierungszeit, ein Problem werden, daß er die Intensität von Nationalgefühlen unterschätzte. Zu bereitwillig sollte er annehmen, daß eine Erweiterung politischer und öko-

nomischer Freiheiten im Rahmen eines wirklich föderalen Staates eine
Lösung der nationalen Frage bringen würde.

Zu Gorbatschows engsten Freunden an der Fakultät gehörte der
erste Ausländer, den er kennenlernte, Zdenìk Mlynář.[41] Mlynář war
als naiver, aber hochintelligenter, junger tschechischer Kommunist
nach Moskau gekommen. Er war der Hauptautor des Aktionspro-
gramms der Tschechoslowakischen Kommunistischen Partei von
April 1968 und sollte einer der wichtigsten Reformer des ›Prager Frühlings‹ werden. Später dann war er einer der Begründer der ›Charta 77‹,
die zur Basis der Opposition während der letzten zwölf Regierungsjahre von Gustav Husák in der Tschechoslowakei wurde. (Husák hatte
mit Unterstützung Moskaus Alexander Dubček in der Führung der
Kommunistischen Partei der ČSSR im April 1969 abgelöst und wurde
1975 Präsident der Tschechoslowakei.)

Zu dem Kreis enger Freunde Gorbatschows zählte auch ein älterer
jüdischer Student aus einer Intelligenzia-Familie, Wladimir Libermann, der im Krieg gekämpft hatte. In mehreren Interviews hat Libermann auf das erhebliche Risiko hingewiesen, das Gorbatschow einging, als er ihn gegen Angriffe in einer Parteiversammlung Anfang 1953
verteidigte. Stalin hatte kurz zuvor die ›Ärzteverschwörung‹ aufge-
deckt – ein frei erfundenes Komplott einer Gruppe von ›Mörderärz-
ten‹ jüdischer Abstammung, die angeblich geplant hatten, die Gesundheit der sowjetischen Führung zu zerstören.[42] Die Entdeckung
dieser Verschwörung am 13. Januar 1953 sah sehr nach dem ersten
Schritt in Richtung einer weiteren massiven Säuberungswelle aus – bei
der Juden die ersten Opfer gewesen wären. Libermanns jüdische Herkunft schien der einzige Grund für die Attacken eines Kommilitonen
und Parteigenossen namens Balasjan während einer Parteiversammlung an der Universität gewesen zu sein. Wütend nahm Gorbatschow
Libermann in Schutz und nannte Balasjan »ein rückgratloses Tier« –
danach, so Libermann, »hörten alle Diskussionen über mich auf«.[43] In
diesem Zusammenhang ist der Kommentar Mlynářs von 1985 bemerkenswert, Gorbatschow habe als Student »eine informelle und spontane Autorität gewonnen« und sei sich »dieser Tatsache nicht unbewußt« gewesen, weil er klar gesehen habe, »aus eigener Kraft und dank
eigenen Talentes« dahin gelangt zu sein, wo er jetzt war – und nicht
aufgrund von Protektion oder gesellschaftlicher Herkunft.[44]

Gorbatschows intellektuelle Entwicklung an der Universität wurde

durch Gespräche sowohl mit Studienkameraden, die eine bessere
Schulbildung genossen hatten, als auch mit einigen Lehrern gefördert.
Dabei sind besonders diejenigen Dozenten zu nennen, die ihre Hochschulbildung noch vor der Revolution erhalten hatten. Einer dieser
Professoren war Serafim Wladimirowitsch Juschkow, dessen historische Vorlesungen Gorbatschow sehr gefielen und der die Anschuldigungen, ein ›wurzelloser Kosmopolit‹ zu sein, überlebte, um eines
natürlichen Todes zu sterben, wenn auch in jenem bedrohlichen Jahr
1952.[45] Einer der Lieblingsdozenten von Gorbatschow, Mlynář und
vielen der begabtesten Studenten war Stepan Fjodorowitsch Ketschekjan, der Rechtsgeschichte und Politische Ideengeschichte lehrte.[46] Ketschekjan war ein großer Gelehrter und ein Mann von sanftem Auftreten und herzlicher Freundlichkeit, wie ich selbst bestätigen kann.[47]

Mlynář lernte Gorbatschow in seinem ersten Studienjahr kennen.
Er schickte ihm eine Ansichtskarte aus Prag, die Gorbatschow wegen ihrer ausländischen Herkunft als ein ›verdächtiges Objekt‹ durch
einen Polizisten zugestellt wurde, als er im Sommer 1951 zur Feldarbeit
in seinem Heimatdorf war.[48] Mlynář schrieb, Gorbatschow habe ihm
während ihrer Studentenzeit die Augen für einige der Unterschiede
zwischen der sowjetischen Propaganda und der Realität geöffnet. Als
sie die Gesetzgebung zu den landwirtschaftlichen Kollektiven studier-
ten, sagte Gorbatschow zu ihm, wie weit diese von dem entfernt war,
was wirklich auf dem Land geschah, und welche Rolle ›allgemeine
Gewalt‹ dabei spielte, die Disziplin der Arbeiter in den Kollektiven
aufrechtzuerhalten.[49] Als Mlynář in dem Film *Die Kosaken von Kuban*
(Kuban ist ein Gebiet in Rußland, das die Regionen Stawropol und
das benachbarte Krasnodar umfaßt) gesehen hatte, daß sich die Tische
der Bauern unter der Last der Speisen bogen, war es wiederum Gorbatschow, der Mlynář erklärte, wie es tatsächlich auf den Tischen der
Bauern aussah.[50] Mlynář erinnerte sich auch an einen Lieblingsaus-
druck Gorbatschows aus dieser Zeit. Das Hegelwort »Wahrheit ist
immer greifbar« verwandte Gorbatschow nicht im Hegelschen, philosophischen Sinne, sondern immer dann, »wenn ein Dozent oder ein
Student in Allgemeinplätzen über generelle Prinzipien redete und
dabei bequemerweise vergaß, wie wenig sie mit der Realität zu tun hatten«.[51]

Mlynář erklärte jedoch 1985 gleich zu Beginn von Gorbatschows
Amtszeit als Generalsekretär, Gorbatschow sei nicht nur Pragmatiker,

sondern auch Theoretiker. Anders als viele sowjetische Studenten, für die die marxistische Theorie zu einem ›Gesetz‹ geworden war, das stur auswendig gelernt wurde, nahm Gorbatschow diese Theorie als analytische Methode ernst. Er sorgte als Parteifunktionär später in Stawropol für Aufsehen, weil er sich tatsächlich mit Lenin beschäftigte und nicht von anderen mit passenden Zitaten versorgt wurde.[52] Dieses Interesse an Marx und Lenin besaß er immer noch, als er Generalsekretär der Partei wurde, 30 Jahre nachdem er die Moskauer Universität verlassen hatte. Sich selbst sah er als einen Marxisten und Leninisten. Sein Marxismus aber war beweglich und undogmatisch. Wenn sich Theorie und eigene Erfahrung widersprachen, zog er es vor, sich an letztere zu halten. In einer wichtigen Rede drei Monate vor seinem Amtsantritt als Parteiführer kritisierte Gorbatschow sowjetische Wissenschaftler, die nicht in der Lage waren, »sich von überholten Konzepten und Stereotypen« zu trennen, die versuchten, alles in »vorgefertigte Schemata« zu pressen, und sich »in einem Kreislauf akademischer Betrachtungen« bewegten.[53] Seine Klage über Versuche, »neue Phänomene in ein Prokrustesbett moribunder Konzepte einzupassen«, wäre eine gute Grabinschrift für 99 Prozent der sowjetischen Theorieproduktion unter der Rubrik Marxismus-Leninismus.[54] Weniger als einen Monat nach Gorbatschows Amtsübernahme schrieb Mlynář: »Wir haben einen Mann vor uns, der seine eigenen, erlebten und gefühlten Erfahrungen für bedeutender hält als papierne Vorschriften.«[55]

Auf keiner Liste der politisch bedeutsamen Begegnungen Gorbatschows während seiner Universitätsjahre darf der Name eines Studenten fehlen, den Gorbatschow damals gut kannte und der eine wichtige politische Rolle spielen sollte, nachdem Gorbatschow Generalsekretär wurde – Anatoli Lukjanow. Lukjanow war zwei Studienjahre über Gorbatschow an der Fakultät und schloß 1953 sein Studium ab. Ihre Wege kreuzten sich aber oft, denn Lukjanow war eine Zeitlang Gorbatschows Vorgesetzter im Komsomol der Universität. Obwohl Gorbatschows Beziehungen zu Lukjanow gut waren, bestand doch weder zu Studienzeiten noch später eine echte Freundschaft zwischen ihnen. Lukjanows Tochter hat angemerkt, daß die Gorbatschows und Lukjanows keinen privaten Umgang miteinander pflegten und Gorbatschow die Lukjanows nie zu Hause besucht hat.[56] Dennoch betrachtete Gorbatschow Lukjanow aufgrund ihrer langen Bekanntschaft als einen Verbündeten während seiner Jahre an der Spitze der

Sowjetunion, und zwar für den größten Teil dieser Zeit, obwohl Lukjanows Loyalität in den letzten ein oder zwei Jahren vor dem Putsch
zunehmend zweifelhafter wurde. Daß Lukjanow Gorbatschow im
August 1991 nicht unterstützte, mit den Verschwörern sympathisierte
und von diesen ins Vertrauen gezogen wurde,[57] war ein besonders harter Schlag für den sowjetischen Präsidenten. Um so mehr, als Lukjanow von allen hochrangigen Führungspersonen der Ära Gorbatschow
derjenige war, den Gorbatschow am längsten gekannt und in den er
großes Vertrauen gesetzt hatte.

Die bedeutendste Begegnung während all seiner Jahre an der Moskauer Universität war für Gorbatschow die mit Raissa Maximowna
Titorenko, die er, wie bereits angesprochen, 1951 traf. Sie lernten sich
auf einer Tanzveranstaltung in einem Studentenklub kennen, Gorbatschows Freunde Wladimir Libermann und Juri Topilin hatten ihn
überredet, mitzukommen.[58] Als Tochter eines Ukrainers und einer
Russin wurde Raissa Maximowna 1932 in Rubzowsk in der Region
Altai in Südsibirien geboren. Sie war das älteste von drei Kindern.[59]
Ähnlich den Gorbatschows litt die Familie Titorenko sehr in den drei
ßiger Jahren. Zu einer Zeit, als die erfolgreicheren Bauern als Kulaken
behandelt wurden, steckte man die Familie von Raissa Gorbatschowas
Mutter in diese Kategorie ›reicher Bauern‹ und konfiszierte ihr Haus
und Land. Bis zur Revolution hatte die Familie kein Land besessen.
Später wurde ihr Großvater beschuldigt, ein ›Trotzkist‹ zu sein, und
verhaftet. Er »verschwand spurlos«, und die Familie vermutete, er sei
in einem Arbeitslager ums Leben gekommen. Raissa Gorbatschowa
schrieb 1991, ihre Großmutter sei »vor Kummer und Hunger als Frau
eines ›Volksfeindes‹ gestorben«, und ihre vier Kinder »waren dem
Schicksal überlassen«.[60] Erst 1993 erfuhren Raissa und Michail Gorbatschow mehr über das Schicksal des Großvaters: »Er wurde erschossen – aus keinem anderen Grund, als daß er ein Kulake gewesen war.«[61]

Obwohl ein Jahr jünger als ihr zukünftiger Mann, kam Raissa Titorenko – wie sie damals hieß – ein Jahr früher an die Moskauer Universität. Im Alter von 17 Jahren immatrikulierte sie sich 1949 an der Philosophischen Fakultät, an der sie 1954 ihr Studium abschloß. Ihr Vater
hatte im Eisenbahnbau gearbeitet, was bedeutet, daß die Familie während Raissas Kindheit ständig umzog. Manchmal war das Zuhause ein
Eisenbahnwaggon auf irgendeinem Abstellgleis. Als sie ihre Schulausbildung beendete, lebte die Familie in Baschkirien. Es war das zweite

Jahr, in dem Goldmedaillen für Bestnoten in allen Fächern vergeben
wurden, und Raissa gewann eine solche trotz der häufigen Schulwech-
sel. Damit erhielt sie das Recht, laut Zertifikat, »eine Hochschule in
der UdSSR ohne Eignungsprüfung zu beziehen«.[62] Sie entschied sich
für die Moskauer Universität und sah, wie ihr zukünftiger Mann, als
Studienanfängerin die sowjetische Hauptstadt und den Kreml zum
ersten Mal.

Als Raissa Gorbatschowa zu ihrem ersten Besuch in Großbritannien
im Dezember 1984 eintraf, überraschte sie ein Mitglied des Empfangs-
komitees am Flughafen, als sie sagte, wie sehr sie sich freue, im Land
von Hobbes und Locke zu sein.[63] Sie ist belesen und bereitete sich geistig auf jede Auslandsreise vor. Waleri Boldin, ein Mitarbeiter Gorbatschows, der zum Stabschef des Präsidenten wurde und ihn im August
1991 verriet, beschreibt immerhin in seinem mit Fehlern gespickten
Buch, das die Gorbatschows in das schlechtest mögliche Licht zu tau-
chen sucht, daß Raissa, nachdem sie über den Ablauf einer bevorstehenden Auslandsreise informiert worden war, »sich in Büchern über
die betreffenden Länder vergrub. Sie sah sich die Filme des Landes an,
las seine Klassiker, beschäftigte sich mit Kunst und Kultur und informierte sich über Museen und Ausstellungen.«[64]

Raissa Gorbatschowa hatte Freude am Unterrichten, was sie am
Landwirtschaftlichen Institut in Stawropol in den sechziger und siebziger Jahren auch tat.[65] Ihr Gesprächsstil, zum Beispiel in ihren vom
Tonband übertragenen Memoiren, erinnert gelegentlich an die Lehrerin und ist oft didaktischer Natur. Ihre wissenschaftliche Arbeit aber
war durchaus innovativ. Zu einer Zeit, in der die Soziologie in der
Sowjetunion noch kaum als eigenes Fach anerkannt war und die meisten soziologischen Untersuchungen unter die Rubrik Philosophie fielen, schrieb Raissa Gorbatschowa das russische Äquivalent zu einer
Doktorarbeit über das Leben der Bauern in der Region Stawropol. Sie
und ihr Mann lebten von 1955 bis 1978 in Stawropol, und sie führte
ihre Forschungsarbeit in den sechziger Jahren durch. Dies bedeutete
oft Feldstudien im wörtlichen Sinne, denn Raissa Gorbatschowa
mußte sich häufig durch den Matsch sowjetischer Bauernhöfe kämpfen, bevor sie die Häuser der Bauern erreichte, die sie interviewen
wollte. Manchmal ging sie zu Fuß, manchmal nahm sie ein Motorrad
zu Hilfe.[66] Sie beschrieb ihre Arbeit als »Soziologie mit menschlichem
Antlitz«, denn sie befragte Hunderte von Menschen auf dem Land

über eine Vielzahl von Themen und »verstand viele unserer unglücklichen Umstände und das zweifelhafte Wesen vieler unwidersproche-
ner und etablierter Konzepte«.[67]

Ihr Verhältnis zu ihrem Mann ist sowohl in intellektueller als auch
emotionaler Hinsicht sehr eng. Ihre eigene berufliche Arbeit und die
wachsende Wahrnehmung der Kluft zwischen marxistisch-leninisti-
scher Theorie und der Wirklichkeit verstärkten diese Nähe. Während
Raissa Gorbatschowa an ihrer Doktorarbeit schrieb, stieg Gorbatschow innerhalb des Parteiapparates der Stadt Stawropol auf. 1970
wurde er Erster Sekretär der Partei der gesamten Region, und da es sich
um ein vorwiegend agrarisches Gebiet handelte, war die Arbeit seiner
Frau über die sozialen Bedingungen und die öffentliche Meinung im
ländlichen Stawropol zu diesem Zeitpunkt von direkter Bedeutung
für ihn.[68]

Raissa Gorbatschowa machte aus ihrer Dissertation ein Buch, das
unter dem Titel *Das Leben der Bauern in den Kollektiven: Eine soziologische Studie* 1969 veröffentlicht wurde.[69] Die Arbeit war bereits ein Jahr
zuvor abgeschlossen worden, zu einer Zeit, in der die sowjetische Führung, in höchstem Maße durch den ›Prager Frühling‹ alarmiert, einen
Kreuzzug gegen Häretiker unternahm. Das war natürlich kein geeigneter Augenblick, um objektive soziologische Forschungsergebnisse
zu publizieren. Das Manuskript wurde am 18. November 1968 zum
Druck eingereicht, gut drei Monate nach dem Einmarsch sowjetischer
Truppen in die Tschechoslowakei.[70] Während nur wenig in diesem
Buch Schockwellen in Moskau ausgelöst hätte, so war es doch ein
Werk solider empirischer Forschungsarbeit und beschränkte sich keineswegs auf eine bloße Apologie. Der übliche Hinweis auf den Unterschied zwischen der vorrevolutionären Analphabetenrate und den
gegenwärtigen, besseren Zahlen durfte natürlich nicht fehlen. Trotzdem aber war Raissa Gorbatschowa auf Analphabetismus bei 3,2 Prozent der Familien in einem der von ihr untersuchten Dörfer gestoßen;
eine Tatsache, die sie ordungsgemäß festhielt.[71] Sie hatte viele kritische
Anmerkungen zum Fehlen von notwendigsten Einrichtungen in einigen ländlichen Orten zu machen und zu der fortbestehenden Kluft
zwischen Stadt und Land.[72] Der Sichtweise der Zeit entsprechend,
betonte sie die Wichtigkeit, neue sowjetische Traditionen und Bräu-
che zu entwickeln, während sie gleichzeitig ausführte, daß die kirch-
lichen Feiertage von vielen eingehalten würden.[73] Einige der eindrück-

lichsten Passagen des Buches sind der ungleichen Situation von Frauen und Männern gewidmet – ein umfangreicher Abschnitt trägt den Titel »Auf dem Weg zur Gleichberechtigung der Geschlechter«,[74] und sie widerspricht dem bekannten sowjetischen Soziologen Boris Gruschin (der, wie in Kapitel 1 bemerkt, heute sein eigenes Meinungsforschungsinstitut in Moskau leitet) und seinem jüngeren Kollegen Valentin Tschikin (der 20 Jahre später als Chefredakteur der Zeitung *Sovetskaya Rossiya* zu den schärfsten altkommunistischen Kritikern Gorbatschows zählen sollte). Diese hatten in einem 1962 veröffentlichten Buch geschrieben, daß Mitgiften zu »einer Seltenheit« in der Sowjetunion geworden seien. »Im Gegenteil!« schreibt Raissa Gorbatschowa, um fortzufahren, daß in den 289 von ihr untersuchten jungen Familien der Braut in 206 Fällen eine Mitgift gegeben worden ist. Gleichzeitig verweist sie darauf, daß der Sinn dieser Praxis sich verändert habe und vor allem keine Rolle mehr bei der Partnerwahl spiele.[75]

Raissa Gorbatschowa brach mit einer sowjetischen Tradition, indem sie ihren Mann auf allen seinen Reisen innerhalb der UdSSR und ins Ausland begleitete. Den Anfang machte der Besuch in England 1984, an dem sie erst aufgrund der Genehmigung durch den Generalsekretär Konstantin Tschernenko teilnehmen konnte. Während diese Neuerung im Ausland begrüßt wurde, gab es Kritik in Rußland. Für Gorbatschow ging es darum, sich »alles natürlich entwickeln« zu lassen, obwohl die Tatsache, wie er später schrieb, daß der Generalsekretär zusätzlich zur Perestroika auch noch eine »gebildete, energische Frau« an seiner Seite hatte, eine »zweite Revolution« darstellte. Welche von beiden Revolutionen die heftigeren Reaktionen auslöste, sei schwer zu sagen gewesen, so Gorbatschow.[76] Einerseits war dies ein weiterer Hinweis auf die enge Beziehung der Gorbatschows, andererseits war es auch eine frühe Manifestation eines starken westlichen Elements in Gorbatschows politischem Stil. Nach westlichen Standards war nichts Ungewöhnliches daran, wenn Politiker von ihren Frauen begleitet wurden – nur nach sowjetischen.

In einem Gespräch mit sowjetischen Zeitungsredakteuren, das im September 1991 in der *Izvestiya* erschien, beschrieb Gorbatschow seine Frau als einen Menschen, der fähig sei, Erlebtes zu analysieren. Er erzählte, daß es scheinbar »viele Menschen überrascht« habe, als seine Antwort auf die Frage, was für Angelegenheiten er mit seiner Frau bespräche, »alle« gelautet habe.[77] Gorbatschow spielte damit auf ein

Interview an, das er 1987 Tom Brokaw von der amerikanischen Fern-
sehgesellschaft NBC gegeben hatte. Seine Äußerung verblüffte das
sowjetische Establishment so sehr, daß die Austrahlung und der
Abdruck des Gesprächs in den sowjetischen Massenmedien als zu
heikel empfunden und ein Teil von Brokaws Frage und Gorbatschows
Antwort ausgelassen wurde. Sowohl das sowjetische Fernsehen als
auch die *Prawda* aber brachten die Kernaussage, was an sich bereits
ein Zeichen für das sich verändernde Klima war. Als Brokaw also
erwähnte, daß Raissa ihren Mann überallhin begleite, und ihn
fragte, welche Aspekte des öffentlichen Lebens er mit ihr bespreche,
wurde Gorbatschows Antwort: »Wir besprechen *alles*« sowohl in
Rundfunk und Fernsehen übertragen als auch in der *Prawda* gedruckt.[78] Brokaw aber fragte weiter: »Einschließlich sowjetischer Politik auf höchster Ebene?« Gorbatschow antwortete darauf: »Ich glaube,
ich habe Ihre Frage *in toto* beantwortet. Wir besprechen alles.« Dieser
Teil des Interviews wurde dem sowjetischen Publikum vorenthalten
und lediglich von Radio Moskaus Weltservice in englischer Sprache
gesendet.[79]

Gorbatschows Jahre an der Moskauer Universität waren nicht nur
wichtig wegen der Menschen, die er traf und von denen einer seine
Lebenspartnerin wurde, sondern auch wegen der Ausbildung, die er
dort erhielt. Denn nach etwas mehr als der Hälfte seiner Studienzeit
starb Stalin, und in den studentischen Kreisen der Hauptstadt begann
sich eine etwas größere Offenheit früher bemerkbar zu machen als in
den meisten anderen Gebieten der Sowjetunion. In einem 1980
erschienenen Buch (in dem Gorbatschow nicht erwähnt wird[80])
beschrieb Zdenìk Mlynář, wie sich die Atmosphäre in der Moskauer
Universität zwischen dem Tod Stalins 1953 und 1955 veränderte. Es
wurde ihm klar, daß selbst sowjetische Bürger, mit denen er gut
bekannt war, »mehr von der Wirklichkeit des stalinistischen Terrors in
ihrem Land ahnten oder wußten, als sie mir mitteilten, solange Stalin
noch am Leben war. 1954 und 1955 wurden diese Dinge mit mehr und
mehr Offenheit besprochen.«[81] Als Mlynář 1955 nach Prag zurückkehrte, stellte er fest, daß dort größere Angst herrschte als neuerdings
in Moskau, wo die Menschen begannen, freier miteinander zu sprechen, und sich das politische Klima veränderte »unter dem Einfluß
einer langsamen, aber sehr realen unterschwelligen Bewegung«.[82] Die
ersten Jahre nach Stalin sahen auch ein wiederbelebtes kulturelles

Leben. Ein Roman von Ilja Ehrenburg, *Tauwetter*, erschienen 1954, gab der Zeit ihren Namen. Gorbatschow wurde in das kulturelle Leben Moskaus vor allem von seiner Frau eingeführt, deren Kenntnisse auf diesem Gebiet die seinen übertrafen (obwohl er als Schuljunge ein begeisterter Laienschauspieler gewesen war). Es war während der Studienzeit Gorbatschows, daß die damals noch jugendlichen Dichter Jewgeni Jewtuschenko und Bella Achmadulina zuerst veröffentlicht wurden und vor allem bei jungen Menschen großen Beifall fanden.

Als Student hatte Gorbatschow keine besonders hohe Meinung vom Benehmen und dem politischen Stil des typischen sowjetischen Bürokraten. Während der Semesterferien im Sommer 1953 arbeitete er im Amt des Staatsanwaltes in seinem Heimatkreis Krasnogwardejsk in der Region Stawropol. In einem Brief an Raissa Titorenko beschrieb Gorbatschow einige Monate vor ihrer Hochzeit seine Umgebung als »widerlich«, besonders »die Lebenseinstellung der örtlichen Leiter«. Besonders mißfiel ihm »das Akzeptieren von Konventionen, die Unterordnung, daß alles vorherbestimmt ist, die offene Unverschämtheit der Beamten und ihre Arroganz«. Er fügte hinzu: »Wenn man sich einen der örtlichen Leiter anschaut, dann sieht man nichts Herausragendes, außer seinem Bauch.«[83]

Die Jahre in Stawropol

Nach Abschluß seines Studiums kehrte Gorbatschow in seine Heimatregion zurück, und dieses Mal in die Stadt Stawropol selbst, obwohl er im März 1955 als einer von zwölf Jurastudenten ausgewählt worden war, um im Amt des sowjetischen Generalstaatsanwaltes in Moskau zu arbeiten. (Die Generalstaatsanwaltschaft oder Prokuratur der UdSSR verfolgte nicht nur Verbrechen, sondern überwachte auch die Legalität des Handelns von Behörden.) Die Aufgabe, die man für die zwölf Hochschulabgänger vorgesehen hatte, war, den KGB und andere Sicherheitsorgane zu überwachen. Im Mai dieses Jahres aber verbot ein Regierungserlaß den Einsatz von jungen Spezialisten in diesem Zweig des Staatsapparates – mit der, Gorbatschow zufolge, vorgeschobenen Begründung, junge Leute seien unter den schlimmsten Übeltätern der dreißiger Jahren gewesen, die tatsächlich Unterdrückungsmaßnahmen ausgeführt hätten.[84]

Es war mit einiger Wahrscheinlichkeit ein glücklicher Umstand für Gorbatschow und seine weitere intellektuelle und politische Entwicklung, daß aus der Tätigkeit bei der Generalstaatsanwaltschaft nichts wurde. Da er Jurist war und sein oben beschriebenes Ferienpraktikum in einer Prokuratur gemacht hatte, war seine erste Stelle auch dort – in der Staatsanwaltschaft der Region Stawropol. Gorbatschow brauchte nicht lange, um zu erkennen, daß ihm diese Arbeit nicht zusagte. Er blieb nur zehn Tage und schrieb an seine Frau (die noch in Moskau war und etwas später nach Stawropol kam), daß »die Arbeit in der Staatsanwaltschaft nicht mein Ding ist«.[85] Er traf einige Bekannte aus dem örtlichen Komsomol, und aufgrund seiner Komsomolerfahrung in Schule und Universität bot man ihm die Stelle eines stellvertretenden Leiters der Agitations- und Propagandaabteilung der regionalen Komsomolorganisation an.[86] Der Wechsel ging nicht völlig reibungslos vonstatten. Bevor er genehmigt wurde, hatte Gorbatschow »ein langes und unangenehmes Gespräch mit dem Staatsanwalt«, einem Mann, mit dem er sich später gut verstehen sollte.[87] Nach weiteren Diskussionen mit der örtlichen Staatsanwaltschaft teilte Gorbatschow seiner Frau in einem Brief mit, daß »sie, nachdem sie mich auf jede mögliche Art beschimpft hatten, ihre Zustimmung zu meinem Wechsel zum Regions-Komsomol gaben«.[88]

Die politische Karriere Gorbatschows begann also im Jahre 1955. Zu Chruschtschows Zeiten bot der Komsomol nicht nur eine Einführung in die politische Verwaltung, sondern ermöglichte es einem Funktionär, der mit Ideologie und Propaganda beschäftigt war wie Gorbatschow, vor Publikum zu sprechen und das Handwerk der politischen Überzeugungsarbeit zu erlernen. Diese Lehrjahre Gorbatschows sollten ihn zu einem Politiker machen, der bei der westlichen Öffentlichkeit einen wesentlich stärkeren Eindruck hinterließ, als es deren eigenen Politikern (mit allen Vorteilen lebenslanger Erfahrung in politischem Pluralismus) gelang. Da der Komsomol aber auch in der Ära Chruschtschow eine politische Schule war, die viele farblose sowjetische Bürokraten hervorbrachte, waren die natürlichen Gaben – gestärkt und gesteigert durch die Jahre an der Moskauer Universität –, die Gorbatschow für seine politische Karriere mitbrachte, noch wichtiger als die Art der Arbeit selbst.

Viele der notwendigen politischen Fähigkeiten und Eigenschaften für eine erfolgreiche Karriere in einem vergleichsweise freien politischen System unterscheiden sich von denen, die notwendig für Erfolg in einem hoch autoritären System sind. Empfänglichkeit für öffentliche Meinung ist in sehr unterschiedlichem Maße erforderlich. Diskussionsbegabung und Talent zur öffentlichen Rede im allgemeinen sind deutlich wichtiger in einer Demokratie, als sie dies im unreformierten politischen System der Sowjetunion waren. Wäre dies anders gewesen, hätten es ein Breschnew oder Tschernenko niemals an die Spitze geschafft. Wie er später unter Beweis stellte, besaß Gorbatschow diese Fähigkeiten in ausreichendem Maße, so daß er auch in einem pluralistischen System Erfolg hätte haben können, wäre er unter solchen Bedingungen aufgewachsen. Diese Talente mußten für lange Zeit brachliegen, um erst in der zweiten Hälfte der achtziger Jahre wirklich zum Vorschein zu kommen. Einige Eigenschaften aber sind für Politiker in autoritären wie auch pluralistischen Systemen von Wert. Dazu gehören Intelligenz, die Fähigkeit, mit Menschen unterschiedlicher Meinungen und unterschiedlichen Zuschnitts umgehen zu können, und Glück.

Andrei Sacharow, einer der größten Wissenschaftler der Sowjetunion und ihr berühmtester Dissident, mag als ein strenger Richter gelten, wenn es um die erste dieser Eigenschaften geht. Sacharow, der im Januar 1980 nach Gorki verbannt worden war, befand sich noch immer dort und lag im Krankenhaus, als er 1985 einen der frühen Fernsehauftritte Gorbatschows verfolgte. Seinen Zimmergenossen sagte er: »Es scheint, als habe unser Land Glück gehabt. Wir haben einen intelligenten Führer.«[89] Als Sacharow und Gorbatschow 1988 zum ersten Mal von Angesicht zu Angesicht miteinander diskutierten, änderte Sacharow seine ursprüngliche Meinung nicht und beurteilte ihn als »intelligent, selbstbeherrscht und schlagfertig im Gespräch«.[90] Der Direktor des Instituts für die USA und Kanada, Georgi Arbatow, der Gorbatschow zuerst in der zweiten Hälfte der siebziger Jahre begegnet war, hielt ihn für »gescheit und sensibel und auf der Suche nach neuen Ideen«.[91] Nur ein Jahr bevor Arkadi Schewtschenko der ranghöchste sowjetische Diplomat wurde, der jemals in den Westen überlief, traf er Gorbatschow im Urlaub in Kislowodsk. Noch vor Gorbatschows Wahl zum Generalsekretär charakterisierte er ihn als »intelligent« und »aufgeschlossen«.[92] Ähnliches berichten sehr viele der Gesprächspartner Gorbatschows sowohl vor als auch nach seiner Regierungsübernahme, obwohl es westliche Soziologen gab, die sich bereit fanden, Gorbatschow als »ein lediglich überdurchschnittliches Produkt des Nomenklatura-Systems« zu bezeichnen.[93]

Die zweite der oben genannten Eigenschaften, die Fähigkeit, gute persönliche Verbindungen zu Menschen unterschiedlichster Persönlichkeitsstruktur und mit weit auseinandergehenden politischen Ansichten herzustellen, demonstrierte Gorbatschow während seiner Amtszeit auf der internationalen Bühne. Dabei überrascht, daß er nicht nur hervorragende Beziehungen zu so prominenten Sozialdemokraten wie Willy Brandt, François Mitterrand und Felipe González pflegte, sondern auch zu den führenden konservativen Politikern des Westens – George Bush, Helmut Kohl, Margaret Thatcher und sogar Ronald Reagan. Von daher scheint es einleuchtend, daß Gorbatschow schon in den Jahren vor 1985 fähig war, Unterstützung und Sympathie aus verschiedenen Teilen des politischen Spektrums der Kommunistischen Partei zu gewinnen – vom konservativen Parteiflügel den äußerst einflußreichen Michail Suslow, von der den Reformen zuneigenden Seite Juri Andropow und auch so vergleichsweise liberale Parteimitglieder wie Eduard Schewardnadse und Alexander Jakowlew. Über deren Beziehungen zu Gorbatschow wird noch zu sprechen sein, vor allem aber über die letzten beiden, die zu Gorbatschows Hauptverbündeten werden sollten, sobald er einmal Generalsekretär war.

Glück hatte Gorbatschow vor allem mit seiner Wirkungsstätte. Ihm war eine Stelle in der Generalstaatsanwaltschaft der UdSSR in Aussicht gestellt worden, woraus aber nichts wurde. Man bot ihm Arbeit bei Staatsanwaltschaften in mehreren Provinzstädten an, aber er lehnte alle diese Offerten zugunsten einer Rückkehr in seine Heimat Stawropol ab.[94] Sie ist eine von Rußlands wohlhabenderen landwirtschaftlichen Regionen. Dies machte es einfacher für Gorbatschow in seiner Eigenschaft als Erster Sekretär der regionalen Parteiorganisation in den siebziger Jahren, bessere Ernten zu erzielen, als dies in vielen anderen Teilen des Landes möglich gewesen wäre. Noch wichtiger war, daß sich in der Region Stawropol eine Reihe von Kurorten befand, die von Zeit zu Zeit von Mitgliedern des Politbüros aufgesucht wurden. Gorbatschow hatte sowohl die Pflicht (als örtlicher Parteichef), diese hochrangigen Besucher willkommen zu heißen, als auch die Möglichkeit, einen guten Eindruck auf sie zu machen. Stawropol war auch deshalb während des größten Teils der Breschnew-Jahre ein besserer Platz für Gorbatschow als Moskau, weil es für ihn schwieriger gewesen wäre, seine unabhängige Persönlichkeit zu bewahren, hätte er die Mühlen der Komsomol- und Parteibürokratie in der sowjetischen Hauptstadt durchlaufen. Dort wäre der tägliche Konformitätsdruck auf Gedanken und öffentliche Äußerungen gleichermaßen sehr viel stärker und Gorbatschow von der Wirklichkeit im Lande wesentlich isolierter gewesen, als dies in seiner Heimatregion möglich war.

Gorbatschows Aufstieg innerhalb des Komsomol und der Kommunistischen Partei der Region Stawropol war schnell, gemessen an den Standards der Zeit. Unter Breschnew wurde eine große Tugend aus der ›Stabilität der Kader‹ gemacht. Wenn auch Breschnews Konsolidierung des *Status quo* und das Aufschieben aller schwierigen Entscheidungen zweifellos schlecht für das Land waren, so entsprach dies doch genau den Wünschen seiner alternden Bürokratie. Nach der für sie lebensbedrohlichen Herrschaft Stalins und den Gefährdungen ihrer Arbeitsplätze durch die Umstrukturierungen unter Chruschtschow war Breschnew, der die Stellungen und Ämter der höchsten Funktionäre bestätigte und garantierte, zu dem für Partei- und Regierungsapparat angenehmsten Parteiführer geworden. Die Nostalgie der alten Apparatschiks für die Ära Breschnew wurde später mit jedem Jahr der Perestroika größer.

Wäre Gorbatschows Aufstieg unter Chruschtschow und Breschnew in den dreißiger Jahren nicht als besonders rasch aufgefallen, weil es damals viele Posten von toten Männern gab, die gefüllt werden mußten, arbeitete er sich doch ungewöhnlich schnell die Parteihierarchie hinauf. Ein Jahr nach seiner ersten Stelle im Komsomol wurde Gorbatschow 1956 (im Alter von 25 Jahren) Erster Sekretär des Stadt-Komsomol in Stawropol, ein Amt, das er bis 1958 innehaben sollte, als er Zweiter Sekretär und kurz darauf Erster Sekretär des regionalen Komsomol wurde.[95] Seine Karriere im Parteiapparat begann 1962. Als Führer des Komsomol in der gesamten Region Stawropol waren seine Kontakte mit dem Ersten Sekretär der Partei eng und häufig. Zum Glück für Gorbatschow war der Amtsinhaber, Fjodor Kulakow, immer noch auf dem Weg nach oben. Seit 1960 Parteisekretär, hatte er diese Stelle bis 1964 inne und wurde in der Folge der Absetzung Chruschtschows durch Breschnew zum Leiter der Agrarabteilung des Zentralkomitees in Moskau befördert. Später wurde Kulakow einer der Sekretäre des Zentralkomitees (1965) und ein Vollmitglied des

Politbüros (1971), was unter anderem bedeutete, daß Gorbatschow erstmals einen einflußreichen Freund besaß.

Kulakows Entscheidung, Gorbatschow in den Apparat zu holen, war der Startschuß für eine Parteikarriere, die formal erst mit seinem Rücktritt vom Amt des Generalsekretärs der KPdSU im August 1991 ihr Ende fand. Sein erster Posten war der eines regionalen Parteiorganisators für die Verwaltung der landwirtschaftlichen Kollektive und der Staatsgüter, ein Amt, das im Zuge der Chruschtschowschen Reorganisierungsmaßnahmen geschaffen worden war. Von dort wechselte er 1963 an die Spitze der Abteilung für Parteiorgane des regionalen Parteikomitees, was bedeutete, daß er für die Personalpolitik und die Auswahl niedrigerer Amtsträger der Partei zuständig war. Gorbatschows nächste Beförderung kam 1966, als er im Alter von nur 35 Jahren Erster Parteisekretär der Stadt Stawropol wurde. Genauso wie es für Gorbatschow günstig gewesen war, daß Kulakow in der Parteihierarchie aufstieg, profitierte er jetzt davon, daß Kulakows Nachfolger als Erster Parteisekretär der Region Stawropol ein Funktionär war, dessen politische Laufbahn im Abstieg begriffen war. Leonid Jefremow war unter Chruschtschow Kandidat des Politbüros, und daß er nun von Moskau nach Stawropol gesandt wurde, machte deutlich, daß die Breschnewsche Führung ihm nicht wohlgesonnen war, obwohl man ihm aber in der Region Stawropol sehr wohl Respekt entgegengebracht zu haben scheint.[96] Als Gorbatschow 1968 zum Zweiten Parteisekretär der Region Stawropol ernannt wurde, hätte es klar sein müssen, daß man ihn für die Nachfolge Jefremows vorbereitete.[97] Diese Beförderung kam dann 1970, als Gorbatschow 39 Jahre alt war. Da wichtige regionale Parteisekretäre auch einen Sitz im Zentralkomitee hatten, wurde Gorbatschow während des XXIV. Parteitages in dieses Gremium gewählt, nur einen Monat nach seinem 40. Geburtstag im Jahr 1971.

Die 15 Jahre zwischen Gorbatschows Rückkehr nach Stawropol und seiner Wahl zum mächtigsten Mann der Region waren eine ereignisreiche Zeit in der großen Politik der Sowjetunion. Von überragender Bedeutung war die von Chruschtschow begonnene Entstalinisierung. Seine ›Geheimrede‹ auf dem XX. Parteitag im Frühjahr 1956 – die bei Parteitreffen vorgelesen, aber in der UdSSR nicht veröffentlicht wurde (im Unterschied zum Westen, wohin ein Exemplar schnell seinen Weg fand), bis Gorbatschow selbst Generalsekretär

war – hinterließ einen tiefen Eindruck bei Parteimitgliedern aus
Gorbatschows Generation. Als Mitglied des regionalen Komsomol-
komitees hatte Gorbatschow besser Gelegenheit als gewöhnliche Parteimitglieder, die Rede Chruschtschows tatsächlich zu lesen. Gorbatschow:

> Das Dokument, das Chruschtschows Anschuldigungen enthielt,
> zirkulierte kurz in der Partei, bevor es unter Verschluß genommen
> wurde. Mir gelang aber, es zwischen die Finger zu kriegen. Ich war
> schockiert, verwirrt und fühlte mich verloren. Es war keine Analyse,
> sondern es waren einfach nur Fakten, tödliche Fakten. Viele von
> uns konnten einfach nicht glauben, daß solche Dinge wahr sein
> konnten. Für mich war das leichter. Meine Familie war selbst Opfer
> der Repressionen der dreißiger Jahre gewesen.[98]

Viele Kommunisten der älteren Generation konnten Chruschtschows
Kritik an Stalin nicht akzeptieren. Für die jüngeren und gebildeteren
Menschen – 1956 etwa zwischen 18 und 35 Jahre alt – war dieser Augenblick ein entscheidender Wendepunkt. Das Wort von den ›Kindern
des XX. Parteitages‹ wurde in der Sowjetunion später verwendet, um
diese politische Generation zu beschreiben, deren Anti-Stalinismus
zwischen 1956 und den frühen Sechzigern Gestalt annahm, denn 1961
erneuerte Chruschtschow auf dem XXII. Parteitag seine Angriffe auf
Stalin – und diesmal in öffentlicher Sitzung. Ein anderer Name für
diese Gruppe von Menschen ist *shestidesyatniki* (›die Leute der Sechziger‹).[99] Obwohl der XX. Parteitag von 1956 ein Anfang für das Umden-
ken bei vielen von ihnen war, waren die sechziger Jahre das Jahrzehnt,
von dem sie sich ernsthafte Reformen erhofften. Diese Hoffnungen
allerdings sollten zunichte gemacht werden. Man kann sich diese
Menschen als die Leser der *Novy Mir* vorstellen, denn in jenen Jahren
vertrat diese Monatsschrift allein einen liberaleren und humaneren
Sozialismus. Gleichzeitig gewannen konservative kommunistische
und sogar neostalinistische Ansichten in anderen Zeitschriften und
den Massenmedien an Boden. Anti-Stalinismus und ein Glaube an die
Reformfähigkeit des Kommunismus gehörten zu den verbindenden
Wertvorstellungen der *shestidesyatniki*, obwohl viele ihren Glauben an
den zweiten dieser Grundsätze bis zum Ende der achtziger Jahre teilweise oder ganz verloren hatten. Zahlreiche Autoren und Leser der
Novy Mir, die von Alexander Twardowski zehn Jahre lang glänzend
geleitet wurde, empfanden die Veränderungen in der Tschechoslowa-

kei im Jahr 1968 als eine große Ermutigung. Die sowjetische Militärintervention im August jenes Jahres, die den ›Prager Frühling‹ beendete, versetzte auch ihren Hoffnungen einen schweren Schlag. Das
Jahrzehnt endete trostlos für die *shestidesyatniki*, als Twardowski die
Herausgeberschaft seiner Zeitschrift genommen und die Redaktion
der *Novy mir* aufgelöst wurde.

Obwohl sie während der sechziger Jahre geographisch weit entfernt
von den kulturellen Aufregungen und Auseinandersetzungen in Moskau und Leningrad lebten, waren Michail und Raissa Gorbatschow
intellektuell nicht isoliert. Sie lasen in Stawropol sehr viel, darunter
Twardowskis *Novy mir*, die Werke der *shestidesyatniki* im allgemeinen
sowie die veröffentlichten Schriften von Alexander Solschenizyn.[100]
Als Gorbatschow gegen Ende des Jahres 1991 gefragt wurde, ob er sich
als ein Mann der Sechziger (*shestidesyatnik*) sähe, antwortete er mit
einem Wort: »Ja«.[101]

Der erste Parteitag der KPdSU, den Gorbatschow als Delegierter
besuchte, war der XXII. Parteitag, auf dem Chruschtschow seine erstmals 1956 geäußerte Kritik an Stalin weiter ausführte. Chruschtschow
stellte auf diesem Parteitag von 1961 ein neues Parteiprogramm vor,
das, um es milde auszudrücken, zu optimistisch war. Es entwarf ein
Bild der Sowjetunion, wie sie den Westen innerhalb weniger Jahre
ökonomisch überrundete, und erklärte, der ›Kommunismus‹ (im
Gegensatz zu ›Sozialismus‹) würde in den nächsten zwei Jahrzehnten
»im wesentlichen« verwirklicht sein – also etwa um das Jahr 1980
herum. Gorbatschow, als ein Delegierter, hörte damals diese Erklärungen und glaubte ihnen. Später beschrieb er das Programm als utopisch.
1984 sagte Gorbatschow zu Wadim Petschenew, einem Berater Konstantin Tschernenkos: »Jetzt scheint alles so klar. Nachträglich sind wir
immer schlauer … Ich selbst, wissen Sie, habe für dieses Parteiprogramm gestimmt … und wir glaubten damals daran.«[102] Auf dem Parteitag von 1961 sah Gorbatschow Chruschtschow nicht zum ersten
Mal in Aktion und war von ihm beeindruckt. Er hatte ihn auf dem
XIII. Kongreß des Komsomol 1958 in Moskau reden hören. Damals
schrieb er seiner Frau, daß er in diesem Kongreß »Befreiung von allen
meinen Sorgen, Mühen und Belastungen« gefunden habe.[103]

Die Auswirkungen von Chruschtschows Offenlegung wenigstens
einiger der Verbrechen Stalins waren unter Moskauer Intellektuellen
größer als auf dem Lande. Ein Kollege Raissa Gorbatschowas in der

Philosophischen Fakultät des Landwirtschaftlichen Instituts in Stawropol, der sich mit den Gorbatschows angefreundet hatte, beobachtete: »Was uns einander näherbrachte, waren die langen Diskussionen
mit Michail über Stalin. Sogar nach dem XX. Parteitag ... verurteilten
nur relativ wenig Leute auf dem Land Stalin. Ich war einer davon,
denn ich hatte die Konsequenzen von Stalins Politik aus erster Hand
erlebt. Meine Mutter wurde 1937 verhaftet.«[104]

Etwas anderes unterschied Gorbatschow noch von den meisten seiner Zeitgenossen in der Provinz und beeinflußte sein politisches
Bewußtsein – seine Auslandsreisen. Am wenigsten überraschend waren dabei Reisen in andere kommunistische Staaten, denn üblicherweise gehörten ein paar regionale Parteifunktionäre der sowjetischen
Delegation an. Eine dieser Reisen, die Gorbatschow ein gewisses Maß
an Selbstzensur auferlegt haben mag, war der Besuch einer Delegation
in Prag, an der er im Spätjahr 1969 teilnahm.[105] Zu jener Zeit scheint
er aber Teile der verzerrten Berichterstattung der sowjetischen Massenmedien über die Ereignisse akzeptiert zu haben. In einem Interview
vom Dezember 1992 beschrieb Gorbatschow seine Erfahrungen von
1969 als »schmerzlich«, um hinzuzufügen: »Sie gaben uns sehr wenig
Informationen über das, was passierte.«[106] Später sollte er schreiben,
daß die Delegation den Unmut des tschechoslowakischen Volkes über
den sowjetischen Eingriff in seine Angelegenheiten durchaus spürte
und daß es eine Untertreibung sei zu sagen, sie hätten sich »unbehaglich« gefühlt.[107] (Jegor Ligatschow, zu dieser Zeit Erster Sekretär des
regionalen Parteikomitees in Tomsk, war auch Mitglied der Delegation. Dies war der Ausgangspunkt der Verbindung zwischen Gorbatschow und Ligatschow.[108]) Zdeněk Mlynář traf seinen Freund Gorbatschow nicht, als dieser zum ersten Mal die Tschechoslowakei
besuchte. Zu diesem Zeitpunkt, also nach der sowjetischen Invasion,
war Mlynář aus dem Zentralkomitee der tschechoslowakischen Partei
ausgestoßen worden und hatte keinen Zugang zu den Mitgliedern
einer offiziellen sowjetischen Delegation. Am Vorabend des Prager
Frühlings war Mlynář aber in Rußland gewesen und hatte auch zwei
Tage mit den Gorbatschows in deren Haus in Stawropol verbracht.
Während dieses Treffens von 1967 erläuterte Mlynář unter anderem
auch die Veränderungen, die der Reformflügel der Tschechoslowakischen Kommunistischen Partei bald in seinem Land einzuführen
hoffte. Gorbatschow nahm diese Ideen mit Sympathie auf – Mlynář

schreibt, daß sie diese Pläne »in gegenseitigem Einvernehmen« besprachen, denn genauso wie Gorbatschow »für größere Autonomie und
Verantwortung für die Republiken und Regionen der Sowjetunion
eintrat«, unterstützte er auch, daß »verschiedene Länder die Möglichkeit haben sollen, den Weg ihrer eigenen und spezifischen Entwicklung zu verfolgen«.[109] Gorbatschows Unterdrückung solcher ketzeri-
scher Gedanken und sein äußerliches Mittragen der gegen den Prager
Frühling gerichteten Politik der Breschnew-Führung waren um so
notwendiger für sein Überleben im Parteiapparat zur Zeit seines Besuches in der Tschechoslowakei, als der KGB in der Zwischenzeit auf
Mlynářs Besuch in Stawropol von 1967 aufmerksam geworden war.
1968 waren deshalb eine Reihe von Gorbatschows und Mlynářs Studienkollegen der fünfziger Jahre an der Juristischen Fakultät der Moskauer Universität von den Sicherheitskräften über deren Beziehung
zueinander befragt worden.[110]

Die Auslandsreisen waren nicht nur von Bedeutung wegen der
Gelegenheit, die sie Gorbatschow gaben, fremde Länder zu sehen,
sondern auch, weil sie eine Möglichkeit zum Aufbauen eines ›Netzwerkes‹ darstellten. So entwickelte sich zum Beispiel die Verbindung
Gorbatschow–Ligatschow nach ihren gemeinsamen Prager Erfahrungen in freundlichen und kooperativen Bahnen und hatte lange Jahre
Bestand. Da Gorbatschow der erste von beiden war, der in der Parteihierarchie aufstieg, war die Verbindung vielleicht für Ligatschow hilfreicher als für Gorbatschow. Es gab aber eine Zeit (wie im nächsten
Kapitel dargestellt werden wird), zu der es von klarem Vorteil für
Gorbatschow war, die Unterstützung des tatkräftigen Ligatschow im
Kampf um die Parteiführung zu besitzen. Wie solche Kontakte funktionierten, bevor Ligatschow zu Gorbatschow in die Parteiführung
unter Andropow stieß, hat Ligatschow gut skizziert:

Danach [nach ihrer zufälligen Begegnung in der Delegation, die die
Tschechoslowakei besuchte] sahen wir uns bei Plenarsitzungen des
Zentralkomitees und Parteitagen, zu denen alle Parteisekretäre aus
den Provinzen in Moskau versammelt waren. Wir unterhielten uns
dann immer sehr freundlich miteinander und tauschten unsere
Meinungen über einzelne Fragen und allgemeine Angelegenheiten
aus. Als Gorbatschow Sekretär des Zentralkomitees und dann Mitglied des Politbüros wurde ... begann ich, ihn häufig zu besuchen.
Im Gegensatz zu den Angewohnheiten der höchsten Parteiführung

unter Breschnew war Gorbatschow außerdem der einzige, der bis spät in die Nacht in seinem Büro anzutreffen war.[111] Begegnungen in solchen Delegationen erweiterten das Beziehungsgeflecht ehrgeiziger Parteifunktionäre, die fernab von Moskau arbeiteten. Gorbatschow selbst sollte, sobald er in die Führungsspitze aufgestiegen und besonders als er Generalsekretär der Kommunistischen Partei war, auf die Dienste derjenigen zurückgreifen, die er zuerst bei Auslandsreisen oder deren Vorbereitung kennengelernt hatte. Neben Ligatschow (ein zweifelhaftes Vergnügen) sind dabei vor allem zwei Männer zu nennen, die 1986 beziehungsweise 1988 zu Beratern Gorbatschows wurden: Anatoli Tschernjajew und Georgi Schachnasarow. Tschernjajew begegnete Gorbatschow zum ersten Mal, als sie beide einer Delegation angehörten, die 1972 Belgien (und kurz auch Holland) besuchte.[112] Zu jener Zeit war Tschernjajew Stellvertretender Leiter der Internationalen Abteilung des Zentralkomitees, ein Amt, das er bis 1986 innehatte. Gorbatschow war seit wenigen Jahren Erster Sekretär des Parteikomitees der Region Stawropol und, Tschernjajew zufolge, voller Enthusiasmus, das Wirtschaftsleben und die sozialen Einrichtungen seiner Heimat zu verbessern. In der Tat war Gorbatschow so damit beschäftigt darzulegen, was in Stawropol getan werden müsse, daß er auf dieser Reise anscheinend kaum ein Auge für seine Umgebung hatte.[113] Tschernjajew nahm an, dies sei der erste Aufenthalt Gorbatschows im Westen, aber in Wirklichkeit hatte Gorbatschow 1971 bereits Italien besucht.[114] Auch Schachnasarow, ein Stellvertretender Direktor der Abteilung für Sozialistische Länder des Zentralkomitees von 1972 bis 1986 (und Erster Stellvertretender Direktor 1986-1988), begleitete Gorbatschow auf Reisen in Osteuropa und nahm an den vorausgehenden Beratungen teil – bevor und nachdem Gorbatschow Generalsekretär wurde.[115]

Wegen ihrer Auswirkungen auf Gorbatschows politische Philosophie waren seine Reisen in westliche Länder (mit der vielleicht überraschenden Ausnahme der ersten Reise) besonders wichtig. Was für einen regionalen Parteisekretär sicherlich ungewöhnlich war, ist die Tatsache, daß er Westeuropa zweimal während der siebziger Jahre als Tourist bereiste, zusätzlich zu seinen offiziellen Aufenthalten als Mitglied einer sowjetischen Delegation. In ihren Memoiren spricht Raissa Gorbatschowa davon, mit ihrem Mann »in einer Gruppe sowjetischer Touristen« nach Italien und Frankreich gefahren zu sein.[116] Die Gorbatschows stellten später in einem Interview, das sie *Paris Match* gaben, klar, daß sie auf ihrer Reise nach Frankreich nur von zwei weiteren Ehepaaren begleitet wurden und ausgiebig mit dem Auto durch Frankreich gefahren seien.[117] Gorbatschow selbst sprach über seinen Italienbesuch in den siebziger Jahren in einem Interview, das er 1987 gab.[118] Er (und, nach den Hinweisen in ihren Memoiren, auch seine Frau) waren in einer Gruppe von Parteiangestellten, die von der Führung der Italienischen Kommunistischen Partei zu einem Urlaub eingeladen wurden. Unter anderem besuchten sie Sizilien, Turin und Florenz.[119] Es war während solcher Reisen, wie Gorbatschow später in Gesprächen mit seinen Beratern bemerkte, daß ihm der Unterschied zwischen der sowjetischen Propaganda über kapitalistische Länder und der Wirklichkeit klarzuwerden begann.[120] Neben seinen Besuchen in Italien, Belgien, Holland und Frankreich in den siebziger Jahren fuhr Gorbatschow zum ersten Mal 1975 in die Bundesrepublik Deutschland, als er am Parteitag der DKP in Stuttgart teilnahm. Er scheint die Gelegenheit wahrgenommen zu haben, etwas mehr vom Land zu sehen, denn er sollte später immer wieder auf eine Unterhaltung mit einem Tankstellenbesitzer in der Nähe von Frankfurt zurückkommen.[121]

Stawropoler Kollegen

In den sechziger Jahren nahm Gorbatschow, wie seine Frau, ein Zweitstudium auf. Während Raissa Gorbatschowa aber das russische Äquivalent zur Doktorwürde (Kandidat der Wissenschaften) in ihrem bisherigen Fach erlangte, studierte Gorbatschow ein ganz anderes Fach als Jura. Mit dem Ziel, sein landwirtschaftliches Spezialwissen zu vertiefen, erwarb er in einem Teilzeitstudium einen Abschluß am Landwirtschaftlichen Institut in Stawropol, wo auch seine Frau unterrichtete. Er immatrikulierte sich nicht an der Agronomischen, sondern an der Wirtschaftswissenschaftlichen Fakultät, und die Abschlußarbeit behandelte ökonomische Fragen der Milchproduktion.[122] Zwischen 1963 und 1978 hatte das Institut in Alexander Nikonow einen äußerst fähigen Direktor, dessen Ideen unorthodox für die Zeit waren. Nikonow war der Sohn eines russischen Vaters und einer lettischen Mutter, der im unabhängigen Lettland der Zwischenkriegszeit zweisprachig

aufgewachsen war. Er hat als Betreuer der Diplomarbeit Gorbatschows[123] bestätigt, daß Gorbatschow im Gegensatz zu anderen Parteisekretären, die ihre akademischen Qualifikationen häufig dadurch
errangen, daß andere die Abschlußarbeiten für sie schrieben, im Verlaufe selbstständiger Forschungen alle Arbeiten für sein zweites Di-
plom selbst verrichtete.[124]

Obwohl kommunistischer Landwirtschaftsminister in Lettland von
1951 bis 1961, stand Nikonow den landwirtschaftlichen Methoden
Chruschtschows kritisch gegenüber und überwarf sich auch mit dem
Ersten Parteisekretär in Lettland, Arvid Pelsche, einem alten Bolsche-
wiken, der 1918 Mitglied der Tscheka (eines Vorläufers des KGB) gewesen war und die lettische Parteimaschinerie 1959 übernahm. In Nikonows Augen war Pelsche ein »Stalinist« und der Moskauer Parteilinie
sklavisch ergeben. Nikonow sagte, daß sein Widerstand gegen übermäßig große landwirtschaftliche Kollektive Pelsche dazu brachte, ihn
zu beschuldigen, einer »Anti-Partei-Gruppe« anzugehören, und zu
drohen, ihn vor Gericht zu bringen.[125] Stawropol war für Nikonow
Zuflucht und Degradierung zugleich, dafür aber auch eine zuträgli-
chere politische Umgebung. Er begegnete Gorbatschow zuerst 1963
und sah in danach häufig.[126] Nikonows praktisches und theoretisches
Wissen – besonders über die Arbeiten einiger der herausragenden sowjetischen Wirtschaftswissenschaftler der zwanziger Jahre, die in den
Dreißigern den Säuberungen zum Opfer fielen – waren von Wert für
Gorbatschow, der Nikonow während seiner Arbeit für den regionalen
Parteiapparat in Stawropol häufig um Rat fragte.[127]

Später, während der Jahre Gorbatschows als Generalsekretär, gelangte Nikonow in Moskau zu Einfluß und scheint Gorbatschow
dann wie auch vorher schon in der Meinung bestärkt zu haben, es sei
notwendig, der Bauernschaft größere Unabhängigkeit und Kontrolle
über das von ihnen bebaute Land zu geben. Nikonow hat darauf hingewiesen, daß auch Gorbatschow gegen Chruschtschows Politik war,
kleine landwirtschaftliche Kollektive zu größeren Einheiten zusam-
menzuschließen und die Dörfer durch Agro-Städte zu ersetzen, was,
wie Gorbatschow es sah, das Selbstbewußtsein der Bauern und deren
Interesse an ihrer Arbeit nur weiter mindern konnte.[128] Als Nikonow
Mitte der achtziger Jahre Präsident der Lenin-Allunionsakademie für
Agrarwissenschaften in Moskau war, spielte er mit der Unterstützung
Gorbatschows eine entscheidende Rolle bei der Rehabilitierung so

begabter sowjetischer Wirtschaftswissenschaftler der zwanziger Jahre
wie Alexander Tschajanow und Nikolai Kondratjew, die beide 1930
verhaftet wurden und in den späten Dreißigern in Gefangenenla-
gern starben. Nikonows erster Versuch, Tschajanow rehabilitieren zu
lassen, scheiterte an der glatten Weigerung des Generalstaatsanwaltes. Mit der Hilfe eines Rechtsanwaltes arbeitete Nikonow die Akten
der Fälle Tschajanows und dessen Kollegen durch, mit allen ihren
an den Haaren herbeigezogenen Beschuldigungen, suchte Wahrheit
und Dichtung voneinander zu trennen und trat schließlich an Gorbatschow heran. Dies war noch eine Zeit, in der nicht einmal der
Anschein einer Trennung der politischen von der rechtsprechenden
Gewalt gewahrt wurde, und Gorbatschows Wort entschied die Angelegenheit. Er schloß sich sofort der Meinung an, es sei absurd, daß
Tschajanow und Kondratjew nicht rehabilitiert werden könnten, und
gab Instruktionen, mit dem Verfahren zu beginnen. Am 16. Juli 1987
erklärte das Militärkollegium des Obersten Gerichtshofes der UdSSR
Tschajanow, Kondratjew und andere offiziell für im Sinne der Anklage
unschuldig und rehabilitierte sie vollständig.[129]

Ein weiterer Verbündeter Gorbatschows aus den Jahren in Stawropol, der in Moskau zu Bedeutung kommen sollte, sobald Gorbatschow Parteiführer war, war Wsewolod Murachowski, ein Ukrainer,
der in der sowjetischen Armee von 1944 bis 1950 gedient hatte und zwischen 1954 und 1985 eine Reihe von Komsomol- und Parteiämtern in
der Region Stawropol bekleidete. Zuerst war er Gorbatschows Vorgesetzter im Komsomol, dann sein Untergebener in der Parteiorganisation. Als Gorbatschow 1978 zum Sekretär des Zentralkomitees befördert wurde, folgte ihm Murachowski als Erster Parteisekretär der
Region Stawropol im Amt nach, und nachdem Gorbatschow Generalsekretär geworden war, wurde Murachowski zum Vorsitzenden eines
neu geschaffenen, aber letztlich enttäuschenden Staatskomitees für
den Agro-Industriellen Komplex ernannt.

Interessante Einblicke in Gorbatschows Ansichten zu einer Zeit, als
er noch Erster Parteisekretär der Stadt Stawropol (im Unterschied zur
Region Stawropol) war, vermittelt Mlynář, der 1985 über die zwei Tage
berichtete, die er 1967 mit den Gorbatschows in Stawropol verbrachte,
ihrem ersten Treffen seit dem Sturz Chruschtschows.[130] Neben Gorbatschows zustimmender Reaktion auf die Pläne der Reformer innerhalb der tschechoslowakischen Partei – wie oben beschrieben – hält

Mlynář außerdem fest, daß Gorbatschow Chruschtschows politisches
Wirken nicht verteidigte. Besonders lehnte er die administrativen
Umstrukturierungen der Agrarführung ab und beklagte die Tatsache,
daß sich – unter dem Deckmantel der Dezentralisierung – Kampagnen und willkürliche bürokratische Interventionen des Zentrums fortgesetzt hätten.[131] Mehr als ein Vierteljahrhundert später
betonte Gorbatschow die andere Seite Chruschtschows: »Ich ideali-
siere Chruschtschow nicht, aber ich habe eine sehr hohe Meinung von
Nikita Sergeijewitsch. Der Erste zu sein, der den Angriff auf den
Stalinismus beginnt, in vollem Wissen um seine Umgebung – dafür
braucht man Mut.«[132] Auf einer Konferenz, die aus Anlaß von
Chruschtschows hundertstem Geburtstag der Beurteilung seines Werkes gewidmet war, die in der Gorbatschow-Stiftung stattfand, von
Gorbatschow geleitet wurde und Mitglieder der Familie Chruschtschows zu ihren Teilnehmern zählte, sagte Gorbatschow, man müsse
Chruschtschow in seinem »gegebenen historischen Kontext« verstehen. Er habe »die ersten Schritte zur Verbesserung des Lebensstandards im Interesse der gewöhnlichen Menschen« gemacht und »den
Prozeß, den Bauern ihr Bürgerrecht zurückzugeben, eingeleitet«. Vor
allem aber habe Chruschtschow »in einem Akt großer Zivilcourage«
den ersten Schlag gegen den Stalinismus in seiner dramatischen Rede
auf dem XX. Parteitag geführt.[133]

Während seiner Jahre als Erster Parteisekretär der Region Stawropol
zwischen 1970 und 1978 war Gorbatschow ein pragmatischer Erneue-
rer nur insoweit, als dies die konservative Stimmung jener Zeit ge-
stattete. Er unterstützte das sogenannte ›Verbindungssystem‹ für die
Landwirtschaft, das unter anderem vorsah, einem Team, einer Gruppe
von Arbeitern oder ganzen Familien ein großes Maß an Autonomie zu
gewähren und ihnen ein bestimmtes Stück Land zur Bearbeitung
zuzuweisen.[134] In der engeren Umgebung Breschnews beobachtete
man dies mit Mißtrauen und hielt diese Vorstellungen für eine Verwässerung der Idee der Staatsgüter und der landwirtschaftlichen Kollektive und einen Schritt in Richtung auf den bäuerlichen Familienbe-
trieb – was es in gewisser Weise auch war. Aus diesem Grund wurde
dieses Konzept in den siebziger Jahren vergleichsweise selten in
gedruckter Form befürwortet, bis Gorbatschow selbst der für Agrarwirtschaft zuständige Sekretär des Zentralkomitees wurde.[135] Gorbatschow unterstützte auch innovative Persönlichkeiten in der Region

Stawropol, wie zum Beispiel den Unternehmer Viktor Postnikow, der wie Gorbatschow aus Priwolnoje stammte. Für ihn erreichte Gorbatschow die Erlaubnis, eine großangelegte Geflügelfarm mit einem eigenen Geschäft in Stawropol zu gründen. Postnikow war durch die Lektüre des amerikanischen Hochglanzmagazins *Amerika* auf die Idee gekommen, das für Sowjetbürger hergestellt wurde und gelegentlich in den sowjetischen Handel kam. Es gab jedoch Grenzen der Unabhängigkeit, die Gorbatschow als Regionsparteisekretär Postnikow oder jedem anderen Unternehmen gewähren konnte. Postnikow hat beschrieben, daß er später Gorbatschow häufig aufsuchte, als dieser ZK-Sekretär für Landwirtschaft war, und daß es ihm besonders von 1983 an möglich war, Autonomie von der Ministerialbürokratie zu erlangen und sich als »Herr und Eigentümer« seines Betriebes zu fühlen, als unter Andropow Gorbatschows Macht im Zentrum größer wurde.[136] Gorbatschow legte sich auch mit dem Landwirtschaftsministerium über die Angelegenheit brachliegenden Landes an. Obwohl von offizieller Seite darauf bestanden wurde, daß jeder Hektar in jedem Jahr bebaut werden müsse, argumentierte Gorbatschow, daß die Produktivität in der Region Stawropol höher sei, wenn ein Teil des Landes jedes Jahr brach läge.[137]

Auf der anderen Seite schenkte Gorbatschow den Signalen aus dem Gebäude des Zentralkomitees in der Hauptstadt durchaus gebührende Beachtung. Mit vollem Eifer warf er sich in eine eher traditionelle Erntekampagne, die Kulakow in Moskau ausrief. Kulakow wählte seine frühere Parteiregion Stawropol und dort den Kreis Ipatowski aus, der zufällig auch sein Wahlkreis für den Obersten Sowjet war, für ein medienwirksames ›Experiment‹. Seine Wahl wurde zweifellos von seinem Vertrauen in Gorbatschow beeinflußt, von dem er annahm, diese Unternehmung erfolgreich organisieren zu können und gute Ergebnisse zu erzielen, die Kulakow (und beiläufig auch Gorbatschow) zum Vorteil gereichen würden. Der Gedanke war, wie Zhores Medwedjew in der besten Darstellung dieser Episode schildert, die Ernte viel schneller als gewöhnlich einzufahren, um große Verluste an Getreide zu vermeiden, und dies zu bewerkstelligen, indem man große mechanisierte Einheiten gemeinsam mit einigen ›Parteiagitatoren‹ einsetzte.[138] Dies war ein ganz anderer Ansatz als das ›Verbindungssystem‹, das Gorbatschow bis dahin befürwortet hatte und zu dem er später zurückkehren sollte, aber er funktionierte insoweit, als die Ernte in diesem Landkreis 1977 gut war und 1978 Rekorde brach.[139] Wie die Mehrzahl aller sowjetischen ökonomischen ›Experimente‹ im Laufe der Zeit aber erbrachte die Ipatowski-Methode keine Ergebnisse, die sich sinnvoll verallgemeinern ließen, weil so viele spezielle Ressourcen in die Bemühungen mit einflossen, daß es *per definitionem* unmöglich war, allen anderen Anbaugebieten gleiche Priorität zukommen zu lassen. Außerdem ließen die klimatischen Bedingungen in vielen von ihnen das Getreide nicht zum selben Zeitpunkt reif werden, so daß die Ipatowski-Methode wirkungslos geblieben wäre. Aber in einem engeren Sinne erfüllte das Ipatowski-Experiment seinen Zweck. Es brachte einer Reihe von Landarbeitern und Parteifunktionären der Region Auszeichnungen ein, darunter den Orden der Oktoberrevolution für Gorbatschow und – zweifellos der Hauptabsicht entsprechend – die noch höhere Dekoration eines Helden der Sozialistischen Arbeit für Kulakow.[140]

Gorbatschow aber machte sich weitreichendere Gedanken über die Probleme der sowjetischen Landwirtschaft und Ökonomie. In einem längeren Memorandum, das er im Mai 1978 an das Zentralkomitee sandte und das erst 1987, zwei Jahre nach Gorbatschows Amtsantritt als Generalsekretär, veröffentlicht wurde, sprach er eine Reihe von grundsätzlichen Fragen an.[141] Dieses Dokument (das 21 Seiten in Gorbatschows gesammelten Schriften und Reden einnimmt) bedeutete ein Risiko für Gorbatschow. Es übte implizite Kritik an den verschiedenen für Landwirtschaft zuständigen Ministerien, von der man leicht hätte schließen können, daß die Parteiführung als Ganzes ihre Pflichten vernachlässigt habe. Aber es war Kulakow – zu seinem Ärger von Kossygin als dem Vorsitzenden eines Planungsausschusses für ein ZK-Plenum zu Fragen der Landwirtschaft ins Abseits gedrängt –, der Gorbatschow vorschlug, eine Denkschrift über die wechselseitigen Beziehungen zwischen der Landwirtschaft und anderen Wirtschaftsbereichen sowie über die sich verschlechternden Handelsbedingungen zwischen Stadt und Land zu verfassen. Für letzteres war in den Augen Gorbatschows Kossygin verantwortlich.[142] Einige seiner Empfehlungen waren sehr detailliert und von technischer Natur, im allgemeinen aber wiesen sie auf eine sich verschlechternde Situation und nicht auf eine ständige Verbesserung hin, wie es dem Tenor der Breschnewschen Propaganda entsprochen hätte. Gorbatschow beklagte das langsame Wachstum der Preise, die den Erzeugern gezahlt wurden,

und die sinkenden Gewinne der Kollektive und Staatsgüter, was bedeutete, daß sie sogar in der Region Stawropol ihre wirtschaftlichen
Bedürfnisse nicht mehr mit eigenen Ressourcen befriedigen konnten.[143]

Gorbatschow unterstrich die Notwendigkeit, die landwirtschaftliche Produktion nicht durch administrative Maßnahmen zu steigern,
sondern mittels eines wohlüberlegten Mechanismus materieller Anreize und technischer Hilfestellungen.[144] Er rief nach größerer lokaler
Autonomie und schrieb in einem Satz, der in Wort und Geist einer
Schlüsselpassage in einer von Andropows programmatischen Reden
viereinhalb Jahre später (kurz nachdem er der Nachfolger Breschnews
wurde) sehr ähnlich war: »Unserer Meinung nach ist es notwendig,
Unternehmen und Genossenschaften mehr Selbständigkeit bei verschiedenen Fragen der Produktion und der Finanzen zu geben.«[145]
Gorbatschow bedauerte, daß für die Lösung kleiner und völlig klarer
Fragen »gladiatorische Kräfte« vonnöten seien, um die bürokratischen
Hürden zu überwinden. Das hatte die weitere schädliche Folge, daß
die zentralen Dienststellen mit der Bearbeitung von zahllosen trivialen
Kleinigkeiten derart beschäftigt waren, daß sie Fragen von langfristi-
ger Bedeutung nicht angehen konnten.[146] Viele der Ideen der ökonomischen Seite der Perestroika sind in der Tat bereits in Gorbatschows
Memorandum von 1978 enthalten, wie die prominente Reformerin
Tatjana Saslawskaja (die dieses Dokument zum ersten Mal erst nach
dessen Veröffentlichung 1987 las) in einem Interview aus dem Jahre
1989 anmerkte.[147]

Der Preis für diese klaren Worte war linientreue Orthodoxie in anderen Bereichen. Im selben Monat bedachte Gorbatschow also, gemeinsam mit Parteisekretären überall im Land, den neuesten Band der
für Breschnew geschriebenen Memoiren, *Das kleine Land*, mit höchstem Lob. Vor einer Ideologiekonferenz in Stawropol in jenem Monat
sagte Gorbatschow, daß »durch seine ideologische Tiefgründigkeit,
die Breite seiner Generalisierungen und durch die Anschauungen des
Autors *Das kleine Land* zu einem großen Ereignis im öffentlichen
Leben geworden ist«.[148] Andere regionale Parteisekretäre äußerten sich
noch vollmundiger über die Leistungen Breschnews in den Jahren, als
von Moskau aus versucht wurde, Breschnew als die Verkörperung aller
politischen Weisheit darzustellen (auch wenn dies nur ein milder Ab-
glanz des um Stalin betriebenen Personenkultes war). Erste Parteise-

kretäre aus den südlichen Unionsrepubliken waren besonders eifrig in
ihren Preisungen Breschnews, darunter nicht nur Kommunisten alten
Stils wie Heidar Alijew in Aserbaidschan, sondern auch Gorbatschows
Nachbar und Freund, der reformerisch gesinnte Eduard Schewardnadse in Georgien. Es handelte sich um ein Ritual, an dem alle Parteisekretäre teilzunehmen hatten, wenn sie im Parteiapparat überleben wollten. Sowohl Gorbatschow als auch Schewardnadse hofften
auf eine Beförderung in die Parteispitze nach Moskau, was nur mit
Breschnews Zustimmung geschehen konnte, auch wenn er nicht der
Hauptdrahtzieher war.

Gorbatschows Förderer

Während der Jahre (1970-78), die Gorbatschow als Parteichef der
Region Stawropol arbeitete, gab es drei hochrangige Persönlichkeiten
in Moskau, die über besonders enge Verbindungen mit dieser Gegend
verfügten. Einer von ihnen war natürlich Kulakow, der als für Landwirtschaft zuständiges Politbüromitglied weiterhin großes Interesse
für die Region hegte, in der er von 1960 bis 1964 Erster Parteisekretär
gewesen war. Für Gorbatschow war besonders von Vorteil, daß Kulakow mit Breschnew auf gutem Fuße stand aufgrund seiner Verbindung mit Breschnews vertrautestem Untergebenen, Konstantin
Tschernenko. Kulakow hatte mit Tschernenko im Regionskomitee der
Partei in Pensa zwischen 1945 und 1947 zusammengearbeitet.[149] Mit
Sicherheit kann man annehmen, daß Kulakow während der siebziger
Jahre in Führungskreisen positiv über Gorbatschow sprach, obwohl er
freilich Gorbatschows Beförderung nicht mehr selbst unterstützen
konnte, als dieser tatsächlich nach Moskau kam, denn die Stelle wurde
durch seinen eigenen Tod erst frei.

Ein zweiter Förderer Gorbatschows war Juri Andropow, der Vorsitzende des KGB von 1967 bis zum Frühjahr 1982 und Vollmitglied des
Politbüros seit 1973. Er stammte aus der Region Stawropol und kehrte
oft dorthin zurück. Andropow war eine komplexe Persönlichkeit und
überraschend populär während seiner fünfzehn Monate als Generalsekretär zwischen November 1982 und seinem Tod im Februar 1984.
Obwohl er für die Zerschlagung des politischen Dissidententums
unter Breschnew verantwortlich zeichnete, hegte er doch Reformwün-

sche innerhalb gewisser Grenzen. Als er die Nachfolge Breschnews antrat, war Andropow der Mann, auf den sich die Hoffnungen vieler Menschen richteten, die später in der Ära Gorbatschow radikale Reformer werden sollten. Einige von ihnen hatten eng mit Andropow als seine hauptamtlichen Berater zusammengearbeitet, als er der Abteilung für Sozialistische Länder des Zentralkomitees von 1957 bis 1967 vorstand. Diese Gruppe von Beratern hat Georgi Arbatow als »eine der außergewöhnlichsten ›Oasen‹ für kreatives Denken zu jener Zeit (d. h. vom Zeitpunkt ihrer Einrichtung 1961 bis 1967, als Andropow vom Zentralkomitee zum KGB wechselte …)« beschrieben.[150]

Der außerhalb der Sowjetunion über das letzte Vierteljahrhundert bekannteste dieser Berater ist wahrscheinlich Arbatow selbst, der 1967 erster Direktor des Instituts für die USA und Kanada wurde.[151] Zu Hause vertrat er in den Jahren unter Breschnew eine aufrichtige pro-*détente*-Position, während er dem Ausland gegenüber orthodoxe sowjetische Positionen verteidigte. Arbatow erhielt die Verbindung mit Andropow bis zu dessen Tod aufrecht, obwohl es während Andropows Amtszeit als Generalsekretär zu einer zeitweiligen Entzweiung kam.[152] In den ersten Jahren der Perestroika war Arbatow ein starker Anhänger Gorbatschows, bis 1990 aber identifizierte er sich zunehmend mit den offenkundig radikaleren Vorstellungen Boris Jelzins.

Ein weiterer ehemaliger Mitarbeiter Andropows in der Abteilung für Sozialistische Länder des ZK, der später sein eigenes Institut leiten sollte, war Oleg Bogomolow. Er wurde 1969 als Direktor an das Institut für Wirtschaft des Sozialistischen Weltsystems berufen. Bis zum Jahre 1990 wurde es allerdings klar, daß es so etwas wie ein sozialistisches Weltsystem nicht länger gab (wenn es denn je existiert hat), und der Name wurde geändert – wie in Kapitel 1 angemerkt – in Institut für Internationale Politik und Wirtschaftsforschung. Aber sogar unter seinem alten Namen und während der Herrschaft Breschnews war das Institut Bogomolows ein Refugium für eine Reihe unabhängiger Denker, die sehr prominente Befürworter transformativen Wandels in der Ära Gorbatschow werden sollten.[153]

Der originelle Kopf des Beraterteams von Andropow im Zentralkomitee im Jahr 1961 war Fjodor Burlazki, ein »Reformer im System«, der über viele Jahre hinweg bemüht war, die Grenzen des Möglichen zu erweitern. Obwohl Burlazkis Kontakt zu Andropow praktisch aufhörte, als er 1965 den Apparat des Zentralkomitees verließ (und zur

Prawda wechselte, von der er 1967 entlassen wurde), begrüßte er Andropows Aufstieg zum höchsten Amt im Jahr 1982, und sein eigener Einfluß wurde etwas größer als in den späten Breschnew-Jahren. Er spielte eine noch auffälligere Rolle in der Ära Gorbatschow als eine Quelle für Ideen politisch-institutioneller Reform in seiner Eigenschaft als Herausgeber der Wochenzeitschrift *Literaturnaja gazeta* von März 1990 bis August 1991 sowie als aktiver Abgeordneter im Obersten Sowjet der UdSSR.[154]

Am einflußreichsten unter Gorbatschow aber wurde von allen Beratern aus der Abteilung für Sozialistische Länder Georgi Schachnasarow. Über ihn wird später mehr gesagt werden, denn er wurde 1988 zu einem hauptamtlichen Mitarbeiter Gorbatschows und war bereits vorher sein inoffizieller Berater. Schachnasarow hatte dementsprechend größere Gelegenheit, auf Gorbatschows Denken Einfluß zu nehmen, als alle übrigen Angehörigen dieses Netzwerkes von antistalinistischen Kommunisten, die ein Vierteljahrhundert zuvor mit Andropow gearbeitet hatten.

Andere aus dieser Gruppe, die später bekannt wurden, waren zum Beispiel Alexander Bowin, für viele Jahre politischer Kommentator der *Izvestiya* und von Ende 1991 an sowjetischer (und später russischer) Botschafter in Israel, nachdem die diplomatischen Beziehungen zwischen Israel und der noch bestehenden Sowjetunion wiederhergestellt worden waren. Gennadi Gerassimow wurde in der zweiten Hälfte der achtziger Jahre zu einer weltweiten Berühmtheit als Sprecher des Außenministeriums, der, des Englischen mächtig und für die Presse bei Gipfeltreffen zuständig, mehr zitierfähige ›sound-bites‹ für die westlichen Medien lieferte als seine amerikanischen Gegenüber. Genannt werden müssen hier auch Nikolai Schischlin, ein scharfsinniger politischer Analytiker, der einer der liberalsten unter dem hochrangigen Personal im Apparat des ZK unter Gorbatschow wurde, genauso wie der Akademiker Lew Deljusin, lange Jahre ein Chinaexperte am Institut für Orientalistik in Moskau.[155]

Während der fünfzehn Jahre, die Andropow an der Spitze des KGB stand, war er offensichtlich stärker von Menschen mit weit geringeren reformerischen Neigungen umgeben, als seine ehemaligen Parteiberater dies waren, obwohl der KGB, wie andere sowjetische Organisationen auch, nicht mit einer Stimme sprach, wenn es um Veränderungen im sowjetischen System ging. Einigen seiner weitgereisten und besser ausgebildeten Mitgliedern wurde zunehmend deutlicher, wie weit die Sowjetunion Breschnews hinter die westliche Welt zurückgefallen war. Als es außerdem während des Putsches im August 1991 um Fragen der wirklichen Loyalität ging, befolgte eine entscheidende Minderheit der Angestellten die Anweisungen der Putschisten nicht, obwohl ihr eigener Chef, Wladimir Kriutschkow, zu ihnen zählte. Es muß hinzugefügt werden, daß Kriutschkow engere und ältere Bande mit Andropow verknüpften als mit allen der oben genannten Parteiintellektuellen. Beide dienten in den fünfziger Jahren zusammen in der sowjetischen Botschaft in Budapest – waren also in die Unterdrückung des ungarischen Aufstandes von 1956 verwickelt –, danach in der Abteilung für Sozialistische Länder des Zentralkomitees. Von dort folgte Kriutschkow Andropow zum KGB.

Im Licht späterer Enthüllungen bedachte Andrei Sacharow den KGB unter Andropow mit größerer Anerkennung, als ihm zustand. Nachdem Sacharow den KGB wegen der Verfolgung der Dissidenten in den siebziger und der ersten Hälfte der achtziger Jahre gegeißelt hatte, fuhr er fort: »Andererseits war es ebendieser KGB, der, dank seines elitären Zuschnitts, beinahe die einzige Kraft war, die nicht von Korruption befallen wurde und daher die Mafia bekämpfte. Diese Dualität spiegelte sich im persönlichen Schicksal und der Haltung des Leiters des KGB, Ju. W. Andropow.«[156] Andropows Lebensstil war in der Tat bescheiden im Vergleich zu anderen im Führungsteam Breschnews, und seine Ablehnung der Korruption war, wie Gorbatschow offengelegt hat, wahrscheinlich echt.[157] Es ist auch richtig, daß Andropow begann, gegen Korruption vorzugehen, als er 1982 dazu politisch stark genug war. Aber Andropows Wahl von Politikern mit Verbindungen zur Mafia richtete sich hauptsächlich nach politischer Opportunität, und der KGB als Ganzes war – Arkadi Waksberg, dem Autor von *The Soviet Mafia*, zufolge – keineswegs frei von Verflechtungen mit organisierter Kriminalität.[158]

Und doch gab es, wie Sacharow vermutete, einen gewissen Dualismus in Andropows Charakter. Obwohl er sich der rücksichtslos effizienten Unterdrückung jeder organisierten Nonkonformität als KGB-Chef der Breschnew-Jahre als fähig erwiesen hatte, blieb er doch weniger selbstzufrieden mit der Arbeit des Regimes als Breschnew und dessen engste Mitarbeiter. In Andropows eigener, kurzer Amtszeit als Staats- und Parteichef sollten ökonomische Reformen zögernd auf die politische Tagesordnung gesetzt werden, zum ersten Mal, seit Alexei Kossygin 1965 die vorsichtige Einführung einiger Marktelemente versucht hatte. Dieses Projekt scheiterte schließlich 1968, weil es mit den Wirtschaftsreformen des ›Prager Frühlings‹ von Ota Šik in Zusammenhang gebracht wurde.

Andropow verbrachte regelmäßig seine Urlaube und Erholungsaufenthalte in den Bädern und Sanatorien in der Region Stawropol. Bei einem dieser Aufenthalte im April 1969 ermöglichte Jefremow es Gorbatschow, Andropow kennenzulernen.[159] Nachdem Gorbatschow im folgenden Jahr Erster Parteisekretär der Region geworden war, wurden diese Treffen zu einem festen Bestandteil von Andropows Besuchen. Obwohl das sowjetische Protokoll verlangte, daß örtliche Parteigrößen hohe Führungschargen aus Moskau begrüßten, ist es doch eindeutig, daß Andropow von Gorbatschows Intelligenz und Persönlichkeit angezogen war. Arbatow gibt eines seiner Gespräche mit Andropow im Frühjahr 1977 wieder, als Andropow ihn fragte, ob er mit dem Namen ›Gorbatschow‹ vertraut sei. Arbatow verneinte, und Andropow sagte ihm, Gorbatschow sei einer »der ganz neuen Leute, mit denen wir unsere Hoffnungen für die Zukunft verknüpfen können«.[160] Entweder in diesem oder einem anderen Gespräch mit Arbatow in den siebziger Jahren beschrieb Andropow Gorbatschow als einen »brillanten Mann, der in Stawropol arbeitet«.[161] Ende 1991 erklärte Gorbatschow, daß er Andropow »und seine ideologischen Konzepte und Rolle im Kampf gegen die Dissidenten« nicht idealisieren wolle, »– das ist alles klar«. Andropow sei aber ein Mensch von »großem Intellekt« gewesen, mit dem eine lang etablierte Verbindung bestanden habe. »Ich würde nicht sagen«, so Gorbatschow, »daß wir eine sehr enge Beziehung hatten, aber ich kannte ihn gut, und wir trafen uns regelmäßig.«[162]

Neben Kulakow und Andropow gehörte zu denjenigen in den höchsten Sphären Moskaus, die in den siebziger Jahren eine gute Meinung von Gorbatschow hatten, auch der mächtige Michail Suslow. Suslow war im Vergleich zu Andropow – von Gorbatschow ganz zu schweigen – ein orthodoxer Kommunist von geringer Vorstellungsgabe oder intellektueller Neugier. Zwar war er süchtig nach Macht, ihren materiellen Begleiterscheinungen aber weniger verfallen als Breschnew und die meisten seiner Umgebung. Er unterstützte Breschnew im allgemeinen, stand dabei etwas abseits von Breschnews Ver-

trauten und hatte, wie auch Andropow, ein Interesse daran, in den
siebziger Jahren dem Trend entgegenzuwirken, daß nach und nach
Leute in Führungspositionen nachrückten, die Breschnew persönlich
eng verbunden waren. Suslow war seit 1949 Sekretär des Zentralkomitees und seit 1955 Vollmitglied des Politbüros. Diese Mischung von
Ämtern und seine lange Zeit ganz oben verschafften ihm großen Einfluß auf den höchsten Ebenen der Partei. Anatoli Tschernjajew erinnert sich, wie Suslow den Telefonhörer abnahm und dem sowjetischen
Außenminister sagte, »Genosse Gromyko, bereiten Sie bis soundso
diese und jene Materialien vor«, und, ohne eine Antwort abzuwarten,
auflegte.[163]

Wie Andropow hatte auch Suslow Verbindungen zu Stawropol. Er
war einer der Vorgänger Gorbatschows als Erster Parteisekretär der
Region Stawropol und hatte diesen Posten von 1939 bis 1944 inne. Er
machte in Stawropol Urlaub, und Gorbatschow nannte Suslow und
Andropow im selben Atemzug als hochrangige Parteifunktionäre, die
er in seinen Jahren als regionaler Parteichef in Stawropol kennengelernt habe.[164] Es scheint, als sei er Suslow das erste Mal 1970 begegnet,
als er im Zusammenhang mit seiner Ernennung zum Ersten Parteisekretär der Region Stawropol nach Moskau reiste.[165] Für einen sowjetischen Politiker, der gute persönliche Beziehungen sogar zu westlichen
Politikern herstellte, die so weit rechts standen wie Ronald Reagan
und Margaret Thatcher, war es nicht verwunderlich, gleichzeitig mit
Andropow und Suslow gut auszukommen, deren Verhältnis zueinander problematisch war.[166] Gorbatschows Interesse, sowohl von Suslow
und Andropow zu lernen als sie auch zu beeindrucken, und seine Aufmerksamkeit gegenüber solch hochrangigen Kollegen zeichnen einen
Politiker aus, der auf dem Weg nach oben ist. Einmal, im Sommer
1979, begleitete die Familie Gorbatschow die Suslows sogar auf einem
Ausflug zu einer Datscha, die einst Stalin gehört hatte.[167] Es ist beach-
tenswert, daß Gorbatschow das einzige Mitglied des Politbüros war,
das sich beim Tode Suslows im Januar 1982 die Zeit nahm, mit jedem
Angehörigen der Familie Suslow zu sprechen, und daß er der einzige
aus der höchsten Führung war, den das sowjetische Fernsehen im
Februar 1984, als Andropow aufgebahrt lag, bei Andropows Familie
sitzend zeigte.[168]

Der relativ plötzliche Tod von Gorbatschows erstem wichtigen Förderer, Fjodor Kulakow, machte es notwendig, einen neuen Sekretär

des Zentralkomitees mit dem Zuständigkeitsbereich Landwirtschaft auszuwählen. Michail und Raissa Gorbatschow feierten noch gemeinsam mit den Kulakows deren 40. Hochzeitstag am 5. Juli, und am 17. Juli starb Kulakow nach kurzer Krankheit und einer Operation.[169] Kulakow hatte sich als Politbüromitglied und Sekretär des Zentralkomitees um die Agrarpolitik gekümmert, und es war nun nötig, diese personelle Lücke zu schließen. Gorbatschow hatte wahrscheinlich erwartet oder gehofft, Kulakow selbst würde Generalsekretär werden. Angesichts der sich verschlechternden Gesundheit Breschnews und der Tatsache, daß Kulakow mit 60 Jahren der jüngste der ranghohen Sekretäre war, wäre er durchaus ein Kandidat für die Nachfolge gewesen. Zu dieser Zeit bewegte sich Andropow noch außerhalb des Parteiapparats, und es wäre für ihn nicht einfach gewesen, direkt vom Vorsitzenden des KGB zum Generalsekretär des Zentralkomitees der Partei aufzusteigen.

Eine der ersten Auswirkungen von Kulakows Tod war, daß Gorbatschow die Möglichkeit erhielt, zum ersten Mal zu einer Versammlung auf dem Roten Platz zu sprechen. Er hielt eine der Ansprachen bei Kulakows Trauerfeier, während Andrei Kirilenko, ein hochrangiges Mitglied des Politbüros, Hauptredner war.[170] Es scheint relativ klar zu sein, daß es Meinungsverschiedenheiten innerhalb der Führung darüber gab, wer neuer Sekretär für Landwirtschaft werden solle, und daß Gorbatschow nicht Breschnews erste Wahl war. Zwar hatte der Generalsekretär mehr Möglichkeiten, seine eigenen Kandidaten zu fördern als irgend jemand sonst, doch obwohl er praktisch gegen andere Vorschläge sein Veto einlegen konnte, gelang es ihm nicht immer, seine Wunschkandidaten in Führungspositionen zu bringen. In diesem Falle deutet die lange Zeit, in der der Posten vakant blieb, auf die Meinungverschiedenheiten hin; Kulakow starb am 17. Juli, und Gorbatschow arbeitete noch im November in Stawropol. Er wurde erst am 27. November 1978 offiziell zu einem Sekretär des Zentralkomitees gewählt, und während formelle Entscheidungen des Zentralkomitees manchmal die Tatsache verbargen, daß die betreffende Person bereits ihre neuen Pflichten übernommen hatte, traf das in diesem Falle nicht zu. Die Wahl Gorbatschows, vor allem gefördert von Suslow und Andropow, mag sehr wohl Teil eines größeren Handels gewesen sein, denn zwei von Breschnews engsten Mitarbeitern, Konstantin Tschernenko und Nikolai Tichonow, wurden bei derselben Plenarsitzung des

Zentralkomitees befördert – Tschernenko zum Vollmitglied im Politbüro und Tichonow zu einem Kandidaten des Politbüros.[171]

In der Zwischenzeit war Gorbatschow von den ranghöchsten Persönlichkeiten der sowjetischen Führung genau unter die Lupe ge-
nommen worden. Zhores Medwedjew hat bemerkt, daß Suslow,
Andropow und Kossygin in Kislowodsk in der Region Stawropol im
Verlaufe des August und September 1978 Urlaub machten.[172] Am 17.
September fand auf dem Bahnhof von Mineralnyje Wodi, das auch
in Gorbatschows Gebiet lag, ein besonders interessantes Treffen statt.
Ein Sonderzug auf dem Weg weiter in den Süden, nach Baku, in
dem Breschnew und Tschernenko reisten, hielt dort und wurde von
Gorbatschow erwartet, den Andropow begleitete. Es kam zu einem
zweistündigen Gespräch, das eigentlich ein entscheidendes Bewer-
bungsgespräch Gorbatschows war. Bemerkenswerterweise waren die
Teilnehmer an dieser Diskussion die letzten vier Männer, die nacheinander das Amt des Generalsekretärs des Zentralkomitees der Kommunistischen Partei der Sowjetunion innehaben sollten.[173]

KAPITEL 3
An der Schwelle zur Macht

Als Gorbatschow, nun ein Sekretär des Zentralkomitees, im November 1978 nach Moskau zog, wurde er – mit 47 Jahren – das jüngste Mitglied der überwiegend älteren höchsten sowjetischen Führung. Sein Amt berechtigte ihn von nun an, den Sitzungen des Politbüros beizuwohnen (wenn auch nur Vollmitglieder stimmberechtigt waren), zusätzlich zu den Sitzungen des Sekretariats. Er überwachte die verschiedenen für Landwirtschaft zuständigen Ministerien wie auch die Abteilung für Agrarpolitik des Zentralkomitees.

Er begann wesentlich mehr Informationen zu erhalten, als dies früher der Fall gewesen war. Es war um diese Zeit, hat Gorbatschow gesagt, daß er »Zugang zu gesperrtem Material und Büchern ausländischer Autoren erhielt, die hochstehenden Persönlichkeiten zur Verfügung gestellt wurden, die auf den richtigen Verteilungslisten standen«. Obwohl seine Möglichkeiten, »Informationen zu erlangen, größer waren«, waren sie doch »nach wie vor begrenzt«.[1] Die Vorstellung, er hätte etwa bitten können, die Parteiarchive zu den Vorgängen in der Tschechoslowakei 1968 einzusehen, war »völlig ausgeschlossen«.[2] Genauso war es Gorbatschow unmöglich, die Hauptlinien der Tagespolitik zu kritisieren, ohne damit seinen Aufstieg in der Parteihierarchie zu einem abrupten Ende zu bringen. Selbst auf dem Gebiet, für das er zuständig war, dem der Landwirtschaft, hatte er sich innerhalb der politischen Vorgaben zu bewegen, solange Breschnew am Leben war. Sowohl unter Chruschtschow als auch unter Breschnew war die Agrarpolitik ein Bereich, dem der Generalsekretär selbst ein besonderes Interesse entgegenbrachte und in dem er Autorität ausübte. Wenn Breschnew nicht in der Lage war, seine Vorstellungen direkt durchzusetzen, verfügte er über ausreichend viele hochgestellte Helfer gleicher Meinung, die bereit waren, sich auf seinen Namen und sein Amt zu berufen, um den *Status quo* zu erhalten. Radikale politische Innovation war so gut wie unmöglich.

Breschnews Gesundheitszustand verschlechterte sich über einige Jahre hinweg, und während sein geistiger und körperlicher Niedergang fortschritt, wuchs jedoch seine Überzeugung von der eigenen

Bedeutung. Der Kardiologe (und spätere Gesundheitsminister) Jewgeni Tschasow, der die sowjetische Elite betreute, hat einen Memoirenband veröffentlicht, in dem er die Beobachtung mitteilt, Breschnews Arteriosklerose habe dessen Fähigkeit zur Selbstkritik zerstört.[3] Es gibt kaum Anhaltspunkte dafür, daß kritische Selbstbesinnung jemals eine der Stärken Breschnews war, aber gegen Ende der siebziger Jahre erreichten die Ehren, mit denen er sich schmückte, neue Gipfel der Absurdität. Nicht viel Überredungskunst war nötig, um den bereits Hochdekorierten 1978 zur Annahme der höchsten sowjetischen militärischen Auszeichnung, des Siegesordens, zu bewegen oder ihn im selben Jahr zum dritten Mal zum Helden der Sowjetunion zu machen. (Er wurde 1981 zum vierfachen ›Helden‹.) Tschasow zufolge war es der Verteidigungsminister, Dmitri Ustinow, der die Initiative ergriff und den sowjetischen Führer für die höchste militärische Ehrung vorschlug, und der treue Konstantin Tschernenko, der den dritten goldenen ›Heldenstern‹ anregte.[4] Im folgenden Jahr war der Lenin-Literaturpreis, die höchste schriftstellerische Ehrung, an der Reihe: Auch er wurde Breschnew verliehen. Dies geschah in Anerkennung seines dünnen Erinnerungsbändchens, das ein Ghostwriter für ihn geschrieben hatte. Die Anhänger Breschnews zielten bei alledem darauf ab, ihre eigene Stellung zu stärken, indem sie Breschnew von den anderen Kollegen in der Parteiführung weiter abhoben. Bis zu einem gewissen Grad hatten sie damit auch Erfolg. In den Augen der Allgemeinheit schadeten Breschnew diese Auszeichnungen allerdings eher, als daß sie ihm nutzten (wie Tschasow einräumt). Für die sowjetische Elite aber waren sie Zeichen dafür, daß mit Breschnews politischer Stärke, die im Gegensatz zu seiner körperlichen Schwäche stand, auch weiterhin zu rechnen war.

Ein Breschnew, der die meiste Zeit in Inaktivität verharrte, dessen fortdauernde Präsenz aber als Stabilitätsgarantie gesehen wurde, kam auch den höchsten Mitgliedern des Politbüros auf das angenehmste entgegen. Sie genossen ein großes Maß an *De-facto*-Autonomie in der Verwaltung ihrer Exekutivbereiche, solange sie nicht von den allgemein akzeptierten sowjetischen Normen abwichen. Suslow war länger schon als Breschnew Mitglied der Führung und der ältere von beiden, aber in der zweiten Hälfte der siebziger Jahre erfreute er sich besserer Gesundheit als der Parteiführer und war es zufrieden, die Macht eines Zweiten Sekretärs der Partei auszuüben. Sein Posten wurde weder offiziell noch in der Öffentlichkeit so genannt, aber dessen ungeachtet innerhalb des ZK-Gebäudes als solcher voll anerkannt. Das inoffizielle Amt des ›Zweiten Sekretärs‹ entfaltete seine Wirkung aufgrund lange bestehender Konventionen.[5] Suslow, dessen Macht und langjährige Zugehörigkeit zur Parteispitze im vorangegangenen Kapitel beschrieben wurden, konnte sich seiner Stellung in bemerkenswerter Weise gewiß sein. Obwohl selbst kein Mitglied der ›Breschnew-Gruppe‹, aber ranghöher als alle, die ihr zugerechnet werden könnten, unterstützte Suslow generell Breschnews Spielart eines selbstzufriedenen und konservativen Kommunismus. Solange Breschnew an der Spitze der Parteiorganisation stand, konnte Suslow sich in seiner Stellung und seinem persönlichen System sicher fühlen.

Genausowenig hatten die drei Leiter der staatlichen Institutionen, die 1973 gemeinsam ins Politbüro aufgerückt waren, Juri Andropow, Andrei Gromyko und Dmitri Ustinow, ein Interesse daran, für Unruhe zu sorgen. Andropow hegte Ambitionen, der Nachfolger Breschnews zu werden, aber solange Suslow das Sekretariat unter sich hatte, war es unwahrscheinlich, daß er dort willkommen sein würde.[6] Es wäre außerdem schwierig für ihn gewesen, direkt vom Vorsitz des KGB ins Amt des Parteiführers zu wechseln. Die Ironie an Andropows Haltung war, daß er nicht wünschte, daß Breschnews Posten vakant würde, bis er nicht selbst einer der Hauptkandidaten für die Nachfolge sein konnte, aber als es dann endlich 1982 soweit war, stand Andropow kurz vor einer tödlichen Erkrankung, die zu einem schnelleren gesundheitlichen Verfall führte, als dies bei Breschnew der Fall gewesen war. Als Andropow Mitte der siebziger Jahre über die Bedrohlichkeit von Breschnews Gesundheitszustand informiert wurde, ging es ihm vor allem darum, eine Diskussion darüber im Politbüro zu verhindern.[7] Auf den Rat von Tschasow hin, der die Meinung vertrat, daß der Zustand des Generalsekretärs so ernst sei, daß das Politbüro Bescheid wissen müsse, hatte Andropow widerstrebend die Angelegenheit bereits 1975 mit Suslow besprochen. Er war erleichtert, als Suslow ihm zustimmte, daß es wichtig sei, den politischen *Status quo* im Lande zu erhalten, und schädlich, den kleinen Kreis derjenigen zu vergrößern, die von Breschnews gesundheitlichen Problemen wußten. Andropow und Suslow fürchteten beide, daß ehrgeizige Kollegen das Wissen um die wachsende geistige und körperliche Untauglichkeit des Generalsekretärs zu politischen Zwecken ausnutzen würden.[8]

Noch zufriedener mit ihren damaligen Ämtern als Andropow, denn sie waren älter und hegten keinerlei Ambitionen, Parteiführer zu werden, waren Außenminister Gromyko und Verteidigungsminister Ustinow. Beide verfügten über gute persönliche Beziehungen zu Breschnew und zueinander. Sie besaßen immense Autorität innerhalb ihrer Ministerien und in ihren eng verknüpften Politikfeldern. Ihre tatsächliche Macht wurde noch größer, als Breschnew selbst sich nur noch in sprunghafter Weise und vereinzelt auf auswärtige Angelegenheiten, Verteidigungspolitik oder irgendein anderes Gebiet von politischem Interesse konzentrieren konnte. Breschnews politische Macht war seit seinem Amtsantritt 1964 bis zur Mitte der siebziger Jahre gewachsen. Es war ihm schrittweise gelungen, die Zusammensetzung der Parteiführung, seinen Vorstellungen entsprechend, zu verändern und seine Widersacher auszuschalten. In seinen späteren Jahren aber traf er nur noch sporadisch Entscheidungen, obwohl seine formale Autorität bis zu dem Punkt gewachsen war, daß es schwierig wurde, ohne seine persönliche Zustimmung irgendeine Art von Initiative zu ergreifen. Dies war in der Tat ein Rezept für ›Stagnation‹ – wie der größte Teil der Breschnew-Ära nach 1985 beschrieben wurde. Die sorgfältig gepflegte Verehrung Breschnews in den sowjetischen Massenmedien – und der gesamte ›Mini-Kult‹ um seine Persönlichkeit – waren Mittel seiner Anhänger und anderer, die von seiner weiteren Präsenz profitierten, den Beweisen für Breschnews körperliche und intellektuelle Gebrechlichkeit entgegenzuwirken.

Dies stellte sich jedoch insofern als eine Täuschung heraus, als die Sorgfalt, mit der Breschnew auf einem höheren Podest als alle seine Kollegen im Politbüro gehalten wurde, nicht mit der verborgenen Realität einer oligarchischen Herrschaft korrespondierte. Wenn die Vollmitglieder und Kandidaten des Politbüros und die Sekretäre des Zentralkomitees – zu jedem Zeitpunkt etwa 25 Personen – als das höchste Führungsteam der Sowjetunion gelten durften, dann genossen die Vollmitglieder des Politbüros noch höheres Ansehen und verfügten über größere Macht als die anderen innerhalb dieser Gruppe. Obwohl sie eine Oligarchie darstellten, gab es einen noch engeren Kreis von ›inneren Oligarchen‹ im Politbüro, dem keineswegs alle seine Mitglieder angehörten. Gorbatschow sagte dazu: »Ich habe erst unter Andropow einen Fuß in die Tür dieses inneren Zirkels gekriegt.«[9] Dies bildet keinen Widerspruch zu der Tatsache, daß Gorbatschow im November 1980 Vollmitglied des Politbüros wurde und gleichzeitig Sekretär des Zentralkomitees blieb – zwei Jahre bevor Andropow nach Breschnews Tod die Führung der Sowjetunion übernahm. Ein Beispiel: Die Entscheidung vom Dezember 1979, sowjetische Truppen zum Kampfeinsatz nach Afghanistan zu entsenden, wurde zwar formell vom Politbüro gutgeheißen, aber eigentlich nur von Ustinow, Gromyko und Andropow unter Absprache mit Breschnew getroffen.[10] Boris Ponomarjow, der Direktor der Internationalen Abteilung des Zentralkomitees, wurde ebenfalls konsultiert und stimmte zu. Anatoli Tschernjajew, zu dieser Zeit einer der stellvertretenden Direktoren am selben Institut, aber von anderer politischer Disposition als Ponomarjow, erfuhr von Georgi Kornienko, dem Ersten Stellvertretenden Außenminister, daß »Gromyko der Initiator der Intervention war und von Ustinow enthusiastisch unterstützt wurde«.[11] Schewardnadse hat gesagt, daß er und Gorbatschow – beide 1979 Kandidaten des Politbüros – von der Invasion erst aus den Medien erfuhren.[12] An dieser Darstellung aber entstanden aufgrund des Inhalts eines Politbüro-Dokuments aus dem Jahre 1979, das 1992 teilweise an die Öffentlichkeit drang, gewisse Zweifel.[13]

Wie dem auch sei, es ist klar, daß weder Gorbatschow und noch viel weniger sein ähnlich gesinnter Kollege Schewardnadse am Ende der siebziger Jahre entscheidenden Einfluß auf das politische Handeln in großen Fragen ausüben konnten. Ein ehemaliger Mitarbeiter Konstantin Tschernenkos, Wadim Petschenew, hat geschrieben, daß strategische Entscheidungen in der Sowjetunion während der letzten Jahre Breschnews von sechs hochrangigen Mitgliedern des Politbüros getroffen wurden – Suslow, Ustinow, Gromyko, Andropow, Tschernenko und Breschnew (wobei Breschnew aus gesundheitlichen Gründen die am wenigsten aktive Rolle spielte).[14] Dazu vertritt der Zeitzeuge Waleri Legostajew, der genau wie Petschenew Gorbatschow feindlich gesonnen ist und ein früherer Mitarbeiter Ligatschows war, die Auffassung, Gorbatschow habe 1985 über ungenügende Erfahrung für das Amt des Generalsekretärs verfügt. Er führt aus: »1979 wurde er Kandidat und dann ein Mitglied des Politbüros, aber er war nicht Teil der einflußreichen Gruppe.«[15] Selbst wenn das Politbüro formell eine Politik beschloß, waren bei vielen Angelegenheiten, darunter die Intervention in Afghanistan und außen- und verteidigungspolitische Fragen im allgemeinen, die meisten seiner Mitglieder am eigentlichen

Entscheidungsprozeß nicht beteiligt.[16] Sitzungen des Politbüros waren in den späten Breschnew-Jahren extrem kurz und förmlich geworden und boten keine Gelegenheit zu ernsthafter Diskussion, noch weniger zu Zweifeln an den bereits getroffenen Entscheidungen des inneren Zirkels. Gorbatschow konnte die Entscheidungen entweder als *faits accomplis* hinnehmen und sich damit die Möglichkeit erhalten, selbst später den Posten des Generalsekretärs – das Amt mit dem größten Machtpotential in der UdSSR – zu erlangen, oder aber die Entscheidungen des inneren Kreises kritisieren und damit einen politischen Abstieg einleiten, der um einiges schneller gewesen wäre als sein Aufstieg im Parteiapparat.

Obwohl Gorbatschow viele verwerfliche Entscheidungen des Politbüros, darunter die Intervention in Afghanistan 1979 und die Verbannung Andrei Sacharows nach Gorki 1980, rückgängig machte, nachdem er Generalsekretär wurde, spielte er doch die ihm zugedachte Rolle bei der Aufrechterhaltung der kollektiven Solidarität des Politbüros. Damit nahm er eine Position ein, die keineswegs moralisch so unangreifbar war wie die der kleinen Gruppe von sowjetischen Dissidenten, die mutig und unmittelbar gegen solche Maßnahmen protestierten. In einem Sinne aber ergänzten sich die Aktivitäten der Reformer innerhalb des Systems und die der offen agierenden Dissidenten, was auch immer sie voneinander getrennt haben mag. Tatsächlich war der Aufstieg der Reformer des inneren Systems in die höchsten Kreise der Partei nach 1985 eine der Voraussetzungen dafür, die Marginalisierung und Verfolgung der Dissidenten zu beenden. Entscheidungen wie die, Sacharow zu verbannen, folgten der Logik des sowjetischen Systems, und dieses System (wie bereits kurz in Kapitel 1 angemerkt) hatte sich als bemerkenswert unempfindlich gegenüber den Angriffen der kleinen Minderheit in der sowjetischen Gesellschaft erwiesen, die es zwischen der Mitte der sechziger und der Mitte der siebziger Jahre offen ablehnte. Kurz- oder mittelfristig war es nur möglich, dieses System von innen heraus umzugestalten oder zu untergraben – durch diejenigen, die in den höchsten Etagen der Kommunistischen Partei arbeiteten (besonders durch die Person an ihrer Spitze), und nicht durch Kreise in der weiteren Gesellschaft.

Dies galt nicht für alle kommunistischen Länder; die Stärke der systemfeindlichen gesellschaftlichen Kräfte variierte deutlich von Land zu Land. Aber die Sowjetunion war nicht Polen, und vor den

achtziger Jahren gelang es keiner Organisation in Rußland, die mit der
katholischen Kirche oder der Solidarität auch nur in Ansätzen vergleichbar gewesen wäre, eine Massenbasis mit echter Unabhängigkeit
vom Parteistaat zu verbinden. Obwohl sich Gorbatschow anfänglich
in der Rolle eines Erneuerers und Reformers des sowjetischen Systems
sah, bevor er zu der Einsicht in die Notwendigkeit einer vollständigen
Veränderung gelangte, war die Kritik der traditionelleren sowjetischen
Kommunisten nicht unberechtigt, Gorbatschow untergrabe in Wirklichkeit die Fundamente ihrer Macht. Die Verteidiger der alten Ordnung erkannten diese Gefahr relativ früh in den Perestroika-Jahren
– als Gorbatschow die Initiative ergriff und sie ins Aus manövrierte –,
und in der postsowjetischen Ära konnte dann die ›rot-braune‹ Allianz
aus unreformierten Kommunisten und russischen Nationalisten davon sprechen, Gorbatschow wegen Verbrechen gegen das Vaterland
den Prozeß zu machen.[17] Im Gegensatz dazu diente es den ›innersystemischen Reformern‹ innerhalb der Kommunistischen Partei zur
Rechtfertigung, daß sie in Gorbatschow letztendlich eine Führungsfigur gefunden hatten, die tatsächlich an die Macht gekommen war und
anschließend in bisher ungekanntem Ausmaß politischer Innovation
Raum gewährt hatte. Genauso war die letztinstanzliche Rechtfertigung für Gorbatschows relativen Konformismus während der Breschnew-Jahre, daß er schließlich ein transformatorischer Führer wurde
und das System fundamental veränderte. Und doch gab es nur einen
Weg zum Gipfel politischer Macht und zu solchen Veränderungen:
den, sich an die sowjetischen Spielregeln zu halten (die ihm größtenteils längst in Fleisch und Blut übergegangen waren), bis er selbst an
der Spitze stand.

Gorbatschows Verhalten vor 1985 kann als relativ konformistisch
bezeichnet werden, wenn man es einerseits mit den Aktivitäten der
offenkundigen Dissidenten und andererseits mit den Schriften der
mutigsten der innersystemischen Reformer vergleicht (wobei selbst
der zweite genannte Personenkreis sich in Folge dieser Arbeit bestenfalls nur am Rande der Macht bewegen konnte). Gorbatschow erscheint auch zaghaft, verglichen mit seinem Verhalten, nachdem er
Generalsekretär wurde. Der Gorbatschow aber, der zwischen 1987 und
1989 für sein mutiges Handeln bejubelt wurde, war dennoch derselbe
Mann, der vor seiner Amtsübernahme bemerkenswerte Vorsicht an
den Tag gelegt hatte.

Auf der anderen Seite erscheint Gorbatschow weniger ein Konformist zu sein, wenn man ihn nicht mit denen vergleicht, die wenig oder keine Macht zu verlieren hatten, sondern mit anderen Mitgliedern der sowjetischen Führung zwischen 1978 und 1984. Nicht lange nach seiner Ankunft in Moskau begann Gorbatschow eine größere Zahl von Experten, darunter auch Spezialisten außerhalb des Parteiapparats, zu konsultieren, als dies sonst in der sowjetischen Führung üblich war. Dieses Netz von Kontakten wurde später erweitert – besonders von dem Frühjahr 1982 an, als Gorbatschow selbst Vollmitglied des Politbüros wurde und Andropow den Platz des im Januar verstorbenen Suslow im Zentralkomitee einnahm. Nach Aussagen von vielen derjenigen, die Kontakt zur Führung hatten, las Gorbatschow mehr als seine Kollegen in den oberen Rängen der Parteiführung, so daß Georgi Schachnasarow bei seiner ersten Begegnung mit Gorbatschow überrascht feststellte, daß dieser ihn bereits aus seinen Büchern kannte, die er, untypischerweise für einen Sekretär des Zentralkomitees, tatsächlich gelesen hatte.[18] Gemeinsam mit seiner Frau nahm Gorbatschow auch am kulturellen Leben der Hauptstadt teil. Sie waren weit häufigere Besucher der lebendigsten Moskauer Theater (besonders des Sovremennik unter der Leitung von Oleg Jefremow und des Taganka, bis 1983 unter Juri Ljubimow) als alle anderen aus dem höchsten Führungszirkel.

Sogar als Breschnew noch Generalsekretär war, in den ersten vier Jahren von Gorbatschows Arbeit im Apparat des Zentralkomitees, brachte Gorbatschow neue Betrachtungsweisen und große Begeisterung für Veränderungen in das Sekretariat. Arkadi Waksberg, ein Rechtsexperte der Zeitung *Literaturnaja gazeta* und der Autor von *The Soviet Mafia*, berichtete, wie ihn ein Artikel, den er schrieb, kurz nachdem Gorbatschow als Nachfolger von Kulakow der für Landwirtschaft zuständige ZK-Sekretär geworden war, in Schwierigkeiten brachte. Er berichtete über das große Ausmaß an Viehsterben in der russischen Region Wladimir, während die Provinzfunktionäre und Leiter das Tierfutter verrotten ließen und sich selbst bereicherten. Nicht nur die örtlichen Parteisekretäre, sondern auch der für Ideologie zuständige ZK-Sekretär Michail Simjanin protestierten telefonisch bei der Zeitung gegen Waksbergs »politischen Fehler«. Der Chefredakteur der *Literaturnaja gazeta*, der opportunistische Alexander Tschakowski, bestand darauf, daß Waksberg einen Widerruf veröffentlichte, der

»eine kategorische Distanzierung von allen allgemeinen Schlußfolgerungen«, zu denen er gelangt war, enthielt. Als Waksberg am nächsten Morgen einen sorgfältig formulierten Entwurf zu Tschakowski
brachte, fand er seinen Chefredakteur in bester Laune vor. Er hatte
gerade einen Anruf vom erst kürzlich ernannten ZK-Sekretär für
Landwirtschaft, Michail Gorbatschow, erhalten, der ihm gratulierte
und der Zeitung für »ihren tapferen und kompromißlosen Artikel«
dankte. Dies, sagte er, würde »ihm bei der Aufgabe helfen, die ernsten
Mißstände auf dem Gebiet zu beheben, für das ihm Verantwortung
übertragen worden sei«.[19]

Gorbatschow aber war sich der Grenzen bewußt, innerhalb derer er
arbeitete. Er förderte die Veröffentlichung von Presseberichten, die
weiter gingen als die aktuelle, genehmigte Linie der Parteiführung und
weiter als das, was er, im Kollektiv an diese Linie gebunden, persönlich
anregen konnte. So bemühte sich Gorbatschow, die Praktiken zu
beenden, die für ihre Ineffizienz bekannt waren. Zum Beispiel wurden
Traktorfahrer in sowjetischen Agrarbetrieben nach der Anzahl der von
ihnen gepflügten Hektar bezahlt. Dies gab ihnen jeden möglichen
Anreiz, schnell und oberflächlich zu pflügen, und sie hatten so gut wie
kein materielles Interesse am Ergebnis ihrer Arbeit.[20] Wie in Kapitel 2
bemerkt, hatte Gorbatschow in seinen Stawropoler Tagen in Theorie
und Praxis das sogenannte ›Verbindungssystem‹ befördert, das einem
Team von Arbeitern (welches auch eine Familie sein konnte) die Verantwortung für die Bebauung eines bestimmten Stückes Land gab,
und zwar für den gesamten Anbauprozeß vom Pflügen bis zum
Mähen. Gorbatschow sollte dies später zu seiner Idee des »Kollektiv-
vertrags« ausbauen, die vorsah, autonome Arbeitsgruppen und Briga-
den zu ermutigen, langfristige Verträge mit ihren Mutterbetrieben
abzuschließen, ihnen betriebliche Unabhängigkeit bei der Organisation ihrer Arbeit und der Verteilung des Einkommens innerhalb der
Gruppe zu gewähren. Dabei ist die Tatsache von großer Wichtigkeit,
daß das Einkommen auf der Basis der Produktionsleistung berechnet
werden sollte (mit einer Grundsicherung für Schlechtwetterjahre).
Aber erst einige Monate nachdem Andropow die Nachfolge Breschnews als Generalsekretär angetreten hatte, konnte Gorbatschow für
diese Politik in einer Rede in Belgorod öffentlich werben und sie zur
allgemeinen Nachahmung empfehlen.[21] Bei dieser Gelegenheit sprach
er vor einer wichtigen Versammlung von Funktionären aller Regions-

und Republiksgliederungen der Partei, von Landwirtschaftsministern der Republiken und anderen hochrangigen Funktionären, die für Landwirtschaft zuständig waren. Er hatte aber bereits viel früher als 1983 damit begonnen, den Weg für diese Reform zu ebnen, die aufgrund des Widerstands der lokalen Verwaltung nie in der von ihm gewünschten Breite durchgeführt wurde. Die *Prawda*, deren agrarpolitische Berichterstattung Gorbatschow beeinflussen konnte, begann 1979, eine Reihe von Artikeln zu veröffentlichen, in denen die Aufmerksamkeit auf den Verlust des Stolzes unter den sowjetischen Bauern auf ihre Arbeit gelenkt und das ›Verbindungssystem‹ sowie die Entwicklung von Vertragsbeziehungen zwischen Mutterbetrieben und Arbeiterteams lobend herausgestellt wurden.[22]

Einer der Sozialwissenschaftler von lebendigem geistigen Zuschnitt, den Gorbatschow sehr früh in seiner Amtszeit als ZK-Sekretär für Landwirtschaft zu konsultieren begann, war Wladimir Tichonow. Das erste Mal begegneten sie sich 1978.[23] Tichonow war ein Agrarökonom, der später zu einem der entschiedensten Befürworter von unabhängigen Kooperativen und privatem Unternehmertum wurde und später zum Führer der Bewegung der Kooperativen und Unternehmer gewählt wurde. Was Tichonow 1978 auffiel, war, daß Gorbatschow – ganz ungewöhnlich für einen ZK-Sekretär – ernsthafte Bücher las, ein echtes Interesse an der Analyse landwirtschaftlicher Probleme hatte, sich bereit fand, die Idee unabhängiger Unternehmen innerhalb des Agrarsektors zu unterstützen, und vor allem ein guter Zuhörer war. Anders als andere Parteifunktionäre unterbrach er einen Redner nicht einfach, wenn er dessen Ausführungen nicht zustimmte.[24]

Dieser Hinweis auf Gorbatschows Fähigkeit zuzuhören bedarf der besonderen Hervorhebung. Denn einige Jahre später wurde er allgemein kritisiert, er würde zu viel reden und nicht genug zuhören. Es ist richtig, daß Gorbatschow weder vor noch nach seinem Amtsantritt als Generalsekretär mit der sowjetischen Tradition brach, Reden der Führer müßten (an westlichen Standards gemessen) enorm lang sein. Es ist auch zutreffend, daß er in seinen beiden letzten Jahren an der Spitze der Sowjetunion, als der Druck von allen Seiten auf ihn immer stärker wurde, weniger geduldig zuhörte als früher. Dies galt besonders für öffentliche Anlässe, bei denen er glaubte hervorragen zu müssen und bei denen er oft mehr sagte, als er hätte tun sollen. Man hätte aber

einen grundsätzlich falschen, wenn auch landläufigen Eindruck von
dem *Politiker* Gorbatschow, würde man unterschätzen, wie viel er
lernte, gerade weil er bereit war, zuzuhören und eine große Bandbreite
von Expertenurteilen und politischen Meinungen zu verarbeiten. Das
Ausmaß, in dem sich seine Ansichten im Laufe der Zeit entwickelten,
ist Beweis genug für seine Lernfähigkeit – und Lernen bedeutet immer
auch Zuhören. In meinen eigenen Gesprächen mit Experten, die
Gorbatschow zu verschiedenen Zeiten berieten, wies die große Mehrheit auf seine »außergewöhnliche Gabe des Zuhörens« hin, wie es der
Direktor des Instituts für Staat und Recht in Moskau genannt hat.[25]
Der Bürgermeister von St. Petersburg, Anatoli Sobtschak, der bereits
mehrere Zusammenstöße mit Gorbatschow hinter sich hatte, als er
einen Band mit seinen Erinnerungen veröffentlichte, schreibt dort
trotz allem:»Gorbatschow ist ein Mensch, der es versteht, zuzuhören. ... Seine Bemerkungen ziehen einen ins Gespräch, man beginnt,
die Zeit zu vergessen und wie beschäftigt er ist, und einmal von seinem
hypnotischen Charme gefesselt, hat man schon begonnen, von Din-
gen zu sprechen, die man gar nicht erwähnen wollte.«[26]

Sowohl bevor als auch nachdem Gorbatschow Generalsekretär
wurde, war es seine Praxis, Expertengruppen zu ausgedehnten Diskussionen zu versammeln, während deren oft mehrstündiger Dauer er
sich – besonders in den ersten Monaten – darauf beschränkte, Fragen
zu stellen. Während er so viele verschiedene Ansichten hörte, war er
doch zu jedem Zeitpunkt um die Grenzen des politisch Möglichen
besorgt. Außerdem gewichtete er die Argumente seiner Gesprächspartner nicht nur nach ihrer intellektuellen Überzeugungskraft, sondern auch nach den ihnen innewohnenden politischen Stärken und
Schwächen. Es war möglich, daß jemand Gorbatschow in der Überzeugung verließ, ihn intellektuell überzeugt zu haben, nur um in Gorbatschows öffentlichen Äußerungen zum Thema etwas anderes zu
hören. Dies lag nicht nur daran, daß es unter sowjetischen Bedingungen einen Unterschied zwischen Gorbatschows intellektuellem und
politischem Urteil geben konnte, sondern auch an der Tatsache, daß
die Ansichten eines einzelnen Experten höchstwahrscheinlich nicht
die einzigen waren, die er sich anhörte. Die Fülle des Beweismaterials
für die Breite und Tiefe seines Zuhörens und politischen Lernens ist
inzwischen recht eindrucksvoll.[27]

Einige der Verbindungen Gorbatschows zu Sozialwissenschaftlern, die dem *Status quo* kritisch gegenüberstanden und in den folgenden Jahren der Perestroika größeren Einfluß ausüben sollten, gehen auf das Frühjahr 1982 zurück. Zu diesem Zeitpunkt, während der Vorbereitungen zu einer wichtigen politischen Initiative, dem ›Nahrungsmittelprogramm‹, führte er eine Reihe von Konsultationen mit mehreren Wissenschaftlern – Soziologen wie Ökonomen – mit besonderem Fachwissen auf dem Gebiet der Agrarpolitik durch. Unter diesen Experten war auch das Akademiemitglied Tatjana Saslawskaja, eine Wirtschaftswissenschaftlerin an der sibirischen Zweigstelle der sowjetischen Akademie der Wissenschaften, die sich der Soziologie zugewandt hatte; ein anderer war der ständige Berater Gorbatschows Alexander Nikonow, der ehemalige Direktor des Stawropoler Instituts für Landwirtschaft, dessen Beziehung zu Gorbatschow im vorigen Kapitel erläutert wurde und der 1978, ermuntert von Gorbatschow, an die Lenin-Allunionsakademie für Landwirtschaft in Moskau gewechselt hatte. Saslawskaja war eine beherzte Reformerin, die ein Jahr später von der Partei in Nowosibirsk verwarnt wurde, als ein Exemplar ihrer höchst kritischen Analyse der sowjetischen Gesellschaft, die sie bei einer Tagung in Nowosibirsk vorgetragen hatte, seinen Weg in die westliche Presse fand. Sie vermutete, daß Gorbatschow entweder durch seine Frau von ihr gehört hatte – Raissa Gorbatschowas soziologische Forschungen in den 1960ern hatten die ländliche Gesellschaft zum Thema – oder durch Nikonow.[28] Anders als oft berichtet, gehörte Saslawskaja nicht zum engsten Beraterkreis Gorbatschows. In einem 1988 verfaßten und 1990 veröffentlichten Buch erwähnt sie »fünf oder sechs« (später »sieben oder acht«) Begegnungen mit Gorbatschow im kleinen Kreis, aber nie allein. Es besteht jedoch kein Zweifel daran, daß Gorbatschow ihren Ansichten Aufmerksamkeit schenkte und ihre Schriften las.[29] Eine wichtige Rede, die Gorbatschow im Dezember 1984 hielt (und die später in diesem Kapitel besprochen wird), bezeugt konkret den Einfluß Saslawskajas. Durch sie wurde außerdem der Direktor ihres Nowosibirsker Instituts, Abel Aganbegjan, Gorbatschow gegen Ende des Jahres 1982 vorgestellt.[30] Aganbegjan sollte in den folgenden Jahren ein engerer Mitarbeiter Gorbatschows werden – der einflußreichste Wirtschaftswissenschaftler in der ersten Phase der Perestroika.

In diesen Gruppensitzungen äußerte sich Gorbatschow explizit über die Grenzen, die seiner Handlungsfreiheit gesetzt waren. Als sich

Saslawskaja beim ersten Treffen in einer Art und Weise Luft machte, die zu jener Zeit ›unüblich‹ war, und die Schwäche des agrarpolitischen Programmentwurfs kritisierte, reagierte Gorbatschow positiv: »Tatsächlich stimmte er mir zu und sagte weiter: ›Wenn ich hier nur alles hätte schreiben können, über was ich nachdenke.‹«[31] Saslawskaja beschreibt eine dreistündige Beratung mit Gorbatschow im April 1982, bei der sie (eine Soziologin) und sechs Wirtschaftswissenschaftler den Entwurf des ›Nahrungsmittelprogramms‹ als Stückwerk bezeichneten und als halbherzig kritisierten. Aber Gorbatschow »stellte uns gegenüber klar, daß er zu jenem Zeitpunkt nicht in einer Position war, radikalere Vorstellungen zu verfolgen«[32]. Saslawskaja erinnert sich, Gorbatschow habe gesagt, er wäre schon froh, wenn der Programmentwurf von den Ministerien und dem Staatlichen Planungskomitee in einer Form zurückkäme, die »der ursprünglichen Version wenigstens entfernt ähnlich sei«. Er befürchtete nämlich (zu Recht, wie sich herausstellte), daß das Programm »sogar noch weiter verwässert würde«[33]. Einer der Diskussionspunkte war die Einrichtung eines Staatlichen Komitees für den Agro-Industriellen Komplex (Gosagroprom). Saslawskaja vertrat die Meinung, dies stelle nur dann eine positive Entwicklung dar, wenn durch dieses Komitee die bestehenden Ministerien mit agrarpolitischer Zuständigkeit ersetzt würden und nicht einfach nur eine Dachorganisation mit einer zusätzlichen Verwaltungsebene eingerichtet würde. Gorbatschow deutete die politischen Zwänge, unter denen er agierte, in einer Frage an, die er einem ihn begleitenden Funktionär der ZK-Abteilung für Landwirtschaft stellte: »Glauben Sie, ich würde noch in diesem Büro sitzen, wenn ich dies in den Programmentwurf schriebe?«[34]

Gorbatschows Aufstieg zwischen seiner Ankunft in Moskau 1978 und seiner Wahl zum Generalsekretär 1985 vollzog sich in einer für jene Jahre bemerkenswerten Geschwindigkeit. Außer ihm gelang es zwischen Breschnews Amtsantritt 1964 und seinem eigenen Aufstieg an die Parteispitze 1985 nur einem anderen, innerhalb von zwei Jahren von einem einfachen Mitglied des Zentralkomitees zu einem Vollmitglied des Politbüros und gleichzeitig zu einem Sekretär des ZK zu werden: Konstantin Tschernenko. Tschernenko war 1976 ZK-Sekretär, 1977 Kandidat des Politbüros und 1978 Vollmitglied geworden. Gorbatschow eiferte diesem Meisterstück nach, indem er 1978 ZK-Sekretär, 1979 Kandidat und 1980 Vollmitglied des Politbüros wurde. Diese

Vollmitgliedschaft bedeutete, daß er nun prinzipiell bei den Sitzungen des Politbüros stimmberechtigt war. Da aber in den letzten zwei Lebensjahren Breschnews diese Sitzungen kürzer und formeller als jemals zuvor geworden waren, war der erhöhte Status Gorbatschows innerhalb des ZK-Apparats der wichtigste Aspekt dieser Beförderungen.

Wenn Gorbatschows Aufstieg auch im Hinblick auf die ungewöhnliche dreistufige Beförderung innerhalb dreier aufeinander folgender Jahre eine Parallele zu Tschernenkos Weg darstellte, hatte Gorbatschow seinen Vorgänger in einer Hinsicht jedoch bereits weit hinter sich gelassen. Tschernenko war 64, als Breschnew sich stark genug fühlte, diesen loyalen, aber farblosen Weggefährten, dem er seit ihrer ersten Begegnung in Moldawien in den fünfziger Jahren verbunden war, zu einem der Sekretäre des Zentralkomitees zu machen. Gorbatschow hingegen war 47, als er im Oktober 1980 zu einem ›Spitzensekretär‹, also gleichzeitig ZK-Sekretär und Vollmitglied des Politbüros wurde. Neben Gorbatschow, Tschernenko und (natürlich) dem Generalsekretär Breschnew selbst hatten damals nur Michail Suslow und Andrei Kirilenko diese Doppelfunktion inne. Suslow, 1902 in der russischen Region Saratow geboren, war 29 Jahre, Kirilenko 25 Jahre älter als Gorbatschow. Kirilenko war ein alter Mitstreiter Breschnews aus der Ukraine, und obwohl dies außerhalb des kleinen Kreml-Zirkels nicht bekannt war, verlor er zunehmend sein Gedächtnis, war unfähig, sich an die Namen selbst ihm nahestehender Menschen zu erinnern, und vergaß »die elementarsten Dinge«[35].

Angesichts der Tatsache, daß Tschernenko der zweitjüngste der Spitzensekretäre und Gorbatschow volle zwanzig Jahre jünger als Tschernenko war, schien es tatsächlich so, als sei die Zeit auf seiten Gorbatschows. In der sowjetischen Politik aber gab es jede Menge Stolpersteine, und die Ära Breschnew kennt einige Beispiele von jüngeren Politikern, die beiseite geschoben wurden, um einem älteren Mann Platz zu machen.[36] Gorbatschow konnte sich seines weiteren problemlosen Aufstiegs bis zur Spitzenposition nicht sicher sein. Zunächst bedeutete der Altersunterschied lediglich, daß er von allen Spitzensekretären am wenigsten Einfluß hatte. In bescheidener Form begann sich dies ab Januar 1982 zu ändern, als Suslow starb und Andropow dessen Platz einnahm (ein Wechsel, der vom Plenum des ZK im April desselben Jahres formal bestätigt wurde). Deutlicher gerieten die Dinge in Bewegung, als Andropow nach dem Tod Breschnews im November 1982 dessen Nachfolge im Amt des Generalsekretärs antrat.

Aufstieg unter Andropow

Nachdem Andropow in die höchste Führungsposition aufgerückt war, übernahm Tschernenko die Aufgabe, den wöchentlichen Beratungen des Sekretariats des Zentralkomitees vorzusitzen. Andropow selbst präsidierte, wie für einen Generalsekretär üblich, bei den Verhandlungen des Politbüros – solange seine Gesundheit dies zuließ. Aber bereits unter Andropow war es Gorbatschow, der »gelegentlich die Sitzungen des ZK-Sekretariats leitete« – zur Regel wurde dies, als Tschernenko nach Andropow Parteiführer wurde.[37] Gorbatschow begann einen äußerst günstigen Eindruck auf die verständigeren Mitglieder im Parteiapparat zu machen, die leidenschaftlich hofften, er würde Andropows Nachfolger werden. Tschernjajew war einer dieser Leute. Nachdem er 1983 dabei war, als Gorbatschow den Landwirt und Bankier John Chrystal aus Iowa empfing, berichtete Tschernjajew seinem Vorgesetzten Ponomarjow, Gorbatschows Auftreten sei »brillant, gut informiert und außergewöhnlich« gewesen. Der 78jährige Leiter der Internationalen Abteilung (der der Kommunistischen Partei bereits 1919 beigetreten war), rügte Tschernjajew dafür, daß er sich habe so mitreißen lassen.[38] Chrystal aber, der Gorbatschow bei einer Reihe von Anlässen begegnete, war genauso von ihm beeindruckt wie Tschernjajew.[39]

Als Andropow Breschnew im Amt nachgefolgt war, vollzog sich sofort ein Wechsel im Stil und bei den Prioritäten an der Spitze der sowjetischen politischen Hierarchie. Gorbatschow sollte schon bald von diesen Veränderungen profitieren. Wie oben bereits angemerkt, setzte Andropow große Hoffnungen in Gorbatschow und hatte großen Respekt vor dessen Fähigkeiten. Gorbatschow wiederum hatte sich Andropow als Nachfolger Breschnews gewünscht. Es gibt gute Gründe, die Ansicht des früheren Kreml-Arztes, Tschasow, zu teilen, daß es seit Suslows Tod im Januar 1980 praktisch zwei gegnerische Lager in der Führung gegeben habe – eine angeführt von Andropow, die andere von Tschernenko.[40] Gorbatschow zählte in dieser Zeit eindeutig zur Gruppe um Andropow. Tschasow hatte seine Entscheidung offensichtlich getroffen, denn er sorgte dafür, daß Andropow als erster von Breschnews Tod erfuhr, da er es für Andropows Aussichten auf die Nachfolge für notwendig hielt, daß er sofort nach Breschnews Tod die Kontrolle übernehmen konnte. Dabei vermutete er durchaus, daß die Telefone in der Datscha, in der Breschnew starb, abgehört wurden. Hätte er also den Todesfall am Telefon erwähnt, wären entweder Witali Fedortschuk oder Nikolai Schtschelokow innerhalb von Minuten informiert worden. Fedortschuk war früher im Jahr 1982 Nachfolger von Andropow als Leiter des KGB geworden, ohne jedoch Andropows Wunschkandidat gewesen zu sein. Dies wurde um so klarer, als Andropow, sobald er Generalsekretär geworden war, in einer seiner ersten Personalveränderungen Fedortschuk durch seinen eigenen ehemaligen Untergebenen im KGB-Hauptquartier, Viktor Tschebrikow, ersetzte. Fedortschuk war Ukrainer und hatte bis 1970 im militärischen Geheimdienst – von 1943 bis 1947 als Offizier im *Smersh* – gearbeitet, bevor er Leiter des ukrainischen KGB wurde. Seine Ernennung zum Chef des KGB für die gesamte Sowjetunion geschah auf Veranlassung von Tschernenko und Breschnew. Gorbatschow erwähnt in seinen Memoiren, daß Andropow »nicht viel von Fedortschuk hielt«, der Breschnew »absolut ergeben« war. Angesichts dieser Verbindungen zwischen den beiden Männern wagte Andropow nicht, auf Tschebrikow als seinem Nachfolger zu bestehen.[41] Schtschelokow war der für seine Korrumpiertheit berüchtigte Innenminister und ein fester Bestandteil der Gruppe um Breschnew, der Tschernenko seit langem verbunden war, obwohl Tschernenko ihren Lebensstil nicht teilte und es, in den Worten Ligatschows, »bewerkstelligte, seinen Ruf nicht mit Korruption zu beflecken«[42]. Um diese Leute zu umgehen und Andropow einen Startvorteil im Wettlauf um die Nachfolge zu sichern, sandte Tschasow Andropow eine Aufforderung, sofort zu Breschnews Datscha zu kommen, ohne ihm übers Telefon zu sagen, daß Breschnew gestorben sei.[43]

Sobald Andropow Generalsekretär war, legte er nicht nur großen Wert auf Disziplin und begann den Kampf gegen die Korruption, sondern er suchte auch nach Wegen, die ökonomische Leistungsbilanz der Sowjetunion zu verbessern. Mit Ausnahme einiger weniger Gebiete, denen die besten Fachkräfte und größten Ressourcen zugeleitet wurden – Teile des Verteidigungsprogramms und der Raumfahrtindustrie beispielsweise – schnitt die sowjetische Wirtschaft, verglichen mit ihren westlichen Gegenspielern, im Punkt Produkt*qualität* seit langem schon schlecht ab. Seit Beginn der achtziger Jahre aber war es zunehmend deutlich geworden, daß die Wirtschaft auch gemessen an der *Quantität* des Ausstoßes schlecht lief. Seit dem Ende der siebziger Jahre gab es praktisch kein Wirtschaftswachstum mehr. Andropow war eher bereit als Breschnew, diesen unangenehmen Tatsachen ins Auge zu sehen. Obwohl es immer noch gewichtige institutionelle und ideologische Hindernisse für weitreichende ökonomische Reformen gab, brachte der Führungswechsel doch eine Anerkennung der ernsten Schwächen der sowjetischen Wirtschaft mit sich. Dies schuf wiederum innerhalb einiger Kreise in der Partei ein Meinungsklima, das Innovation zu einer nachdenkenswerten Option werden ließ.

Während den offenkundigen Dissidenten gegenüber unter Andropow keine größere Nachsicht geübt wurde, unterschied man aber schärfer zwischen innersystemischer Kritik und offenem Dissens, als dies unter Breschnew üblich gewesen war. Für reformerisch gesonnene Experten innerhalb der Kommunistischen Partei wurden die Grenzen des Möglichen erweitert, während im Kampf gegen die ohnehin sehr geschwächte Dissidentenbewegung keinerlei Milde praktiziert wurde. Andropow machte einige Andeutungen über diese nuanciertere Einstellung gegenüber der Meinungsvielfalt innerhalb des sowjetischen Systems – ohne jedoch den Versuchungen des westlichen politischen Pluralismus zu erliegen –, als er am 22. April 1982 die Leninrede hielt. Einerseits, sagte er, gebe es keine Gesellschaft, kapitalistisch oder sozialistisch, in der es nicht auch Meinungsunterschiede oder verschiedene Interessen gebe.[44] Andererseits führte er dann den im Sinne traditioneller sowjetischer Doktrin vollständig orthodoxen Punkt ins Feld, daß unterschiedliche Interessen im Kapitalismus die Form von Klassengegensätzen annähmen. In einer sozialistischen Gesellschaft dagegen gebe es weder privates Eigentum an Produktionsmitteln noch ausbeuterische Klassen, und somit würde aus den unterschiedlichen Interessen gesellschaftlicher Gruppen auch kein Antagonismus erwachsen.[45] Das sowjetische Volk, sagte er, würde Opposition gegen die Struktur seiner Gesellschaft nicht akzeptieren und sei in der Lage, sich vor »allen möglichen Arten von Abtrünnigen« zu schützen.[46]

Obwohl sich Andropow mehr als Chruschtschow oder Breschnew für die marxistische Theorie interessierte, ging es ihm aber vor allem

darum, die sowjetische Wirtschaft wieder flottzumachen. Zu den frühesten seiner wichtigen Personalentscheidungen gehörte die Ernennung Nikolai Ryschkows. Er war ein Mann, der niemals im Parteiapparat gearbeitet hatte, bevor er im November 1982 einer der Sekretäre
des Zentralkomitees wurde. Er war Ingenieur, und seine stetig voran-
schreitende Karriere in Swerdlowsk hatte ihn vom Facharbeiter zum
Fabrikdirektor aufsteigen lassen. Zuletzt leitete er den gesamten
gewaltigen Uralmasch-Komplex von Maschinenbaubetrieben. 1975
wurde er als Erster Stellvertretender Minister für Schwer- und Trans-
portmaschinenbau nach Moskau beordert. Zu der Zeit, als Andropow
ihn in den Parteiapparat brachte, war er Erster Stellvertretender Vorsitzender des Staatlichen Planungskomitees (Gosplan).

Andropow war anscheinend davon überzeugt, daß Gorbatschows
politische Fähigkeiten und Kenntnisse der Parteimaschinerie durch
Ryschkows industrielle Erfahrung und detailliertes Verständnis der
sowjetischen Wirtschaftsführung ergänzt würden. Bei einer gemeinsamen Besprechung mit Gorbatschow und Ryschkow im Dezember
1982 beauftragte er Gorbatschow, seine Zuständigkeit von der Landwirtschaft auf die gesamte Wirtschaft auszudehnen und dabei mit
Ryschkow zusammenzuarbeiten.[47] Gorbatschow hatte bereits vorher
den Wunsch zu erkennen gegeben, seine Interessen um allgemeine
Wirtschaftsfragen zu erweitern, doch war dies, wie Ryschkow schreibt,
von der alten Garde im Politbüro nicht gut aufgenommen worden.[48]
Sobald der neue Generalsekretär ihn aber mit der Überwachung der
gesamten Wirtschaft beauftragt hatte, mußten Gorbatschows Kollegen dies wohl oder übel akzeptieren. Allein die Tatsache, daß Andropow und nicht Tschernenko Nachfolger von Breschnew geworden
war, bedeutete, daß die Breschnew-Gruppe zu dieser Zeit bereits in der
Defensive war, obwohl der rasche gesundheitliche Verfall Andropows
im Jahre 1983 ihre politischen Lebenskräfte nochmals für kurze Zeit
stärkte.

Die Zusammenarbeit zwischen Gorbatschow und Ryschkow funktionierte zunächst und auch einige Jahre lang ausgezeichnet. Daran
änderte die Tatsache nichts, daß sich ihre Ansichten bis zum Ende der
achtziger Jahre auseinanderentwickelten und eine persönliche Distanz
zwischen ihnen entstand. Über die Zeit ihrer gemeinsamen Arbeit
unter Andropow schreibt Ryschkow, sie hätten sich »blendend« verstanden. Ihre Kenntnisse ergänzten sich in der Tat, obwohl Ryschkow

hinzufügt, Gorbatschow habe nicht gerne zugegeben, daß es etwas gäbe, wovon er nichts wisse oder nichts verstehe.[49] Ryschkow war sich des höheren Ranges von Gorbatschow zu jener Zeit sehr wohl bewußt.[50] Er war gerade erst ZK-Sekretär geworden, während Gorbatschow sowohl ZK-Sekretär als auch Vollmitglied des Politbüros war. Zusammen aber begutachteten sie Veränderungsvorschläge, von denen einige angefordert worden waren, während andere ihnen von den Verfassern in Eigeninitiative zugesandt wurden. Sie baten sowohl Wissenschaftler als auch Fabrikdirektoren um offene Analysen der Mißstände und Vorschläge zu deren Abhilfe.[51] Gorbatschow und Ryschkow vertieften sich in »ungefähr 110 Denkschriften« von Instituten, Ministerien und Einzelpersonen. Unter denen, die persönlich konsultiert wurden, waren einige derjenigen, die zu den wichtigsten Wirtschaftsreformern unter Gorbatschow zählen sollten. Dazu gehörten, wie Ryschkow ausführt, so prominente Persönlichkeiten wie Aganbegjan, Arbatow, Bogomolow, Schatalin, Wladimir Tichonow (nicht zu verwechseln mit dem weit konservativeren damaligen Vorsitzenden des Ministerrats, Nikolai Tichonow) und Saslawskaja wie auch Leonid Abalkin, ein ernsthafter Wirtschaftsreformer, der 1986 Direktor des Wirtschaftsinstituts der Akademie der Wissenschaften wurde, und Nikolai Petrakow, der Stellvertretende Leiter des Zentralinstituts für Wirtschaft und Mathematik und schon lange ein Befürworter marktwirtschaftlicher Reformen.[52]

Eine Sache, über die zwischen Andropow, Gorbatschow und Ryschkow Einigkeit herrschte, war die Notwendigkeit, die sowjetische Wirtschaft in irgendeiner Weise zu dezentralisieren und den Fabrikdirektoren und Leitern von Industrieverbünden größere Autonomie zu gewähren. So kam es zur Durchführung einer Reihe von ›Experimenten‹, in denen Unternehmen in ausgewählten Industriezweigen mehr Rechte gegeben und der detaillierten Überwachung ihrer ministeriellen Oberherrscher entzogen wurden. Zwar war Dezentralisierung an sich wünschenswert, aber weder Gorbatschow (damals) noch Ryschkow waren sich in ausreichendem Maße über die destruktiven Folgen einer Politik im klaren, die den Unternehmen größere Freiheit gewährte, ohne jedoch die Grundlagen des ökonomischen Systems zu verändern. Diese Konsequenzen wurden später deutlicher, als ein umfassenderes Maßnahmenpaket, nämlich das Gesetz über den Staatsbetrieb (1987) von Gorbatschow und Ryschkow mit der Absicht einge-

führt wurde, die Unabhängigkeit von Fabriken und Industrieverbünden zu vergrößern. Die Auswirkungen waren anders als beabsichtigt.
Ökonomischen ›Experimenten‹ haftete unter sowjetischen Bedingungen sowieso etwas Künstliches an. Nicht nur wurden die Betriebe
genauestens von seiten der Behörden unter die Lupe genommen, sie
genossen als Projektteilnehmer auch eine untypische Vorzugsbehand-
lung. Im August 1984, ein halbes Jahr nach dem Tod Andropows und
der Wahl Tschernenkos zum Generalsekretär, beurteilte das Politbüro
das Experiment, das von Andropow nach Vorbereitung durch Gorbatschow und Ryschkow im Juli 1983 offiziell auf den Weg gebracht worden war.[53] Da die neuen Indikatoren und Anreize des Plans erst am
1. Januar 1984 in Kraft traten, war dies eine unrealistisch kurze Zeit für
ein Experiment. Die Tatsache, daß das Experiment dann zu einem
»bedingten Erfolg« erklärt wurde, ist auf Gorbatschows Wunsch zurückzuführen, so schnell wie möglich zu weitreichenden Wirtschaftsreformen überzugehen. Als Ryschkow von seinem Ruhestand aus auf
Andropows Dekrete vom 14. Juli 1983 über die Ausweitung der Rechte
von Industrieverbünden und Unternehmen und vom 28. Juli über die
»Stärkung der sozialistischen Arbeitsdisziplin« zurückblickte, ging er
so weit, in diesen Verordnungen den Beginn der ökonomischen
Dimension der Perestroika zu sehen.[54] Vernünftige Maßnahmen aber,
fährt er fort, mußten jedoch in sinnlose Worte verpackt werden, die
»uns von der allmächtigen Ideologie diktiert wurden«. Warum, fragt er
sich im Rückblick, mußte Disziplin »unbedingt *sozialistisch* sein«?[55]

Neben der Beförderung Ryschkows, den Andropow im November
1982 ins Sekretariat des Zentralkomitees holte, nahm Andropow noch
eine Reihe weiterer Personalveränderungen vor, die nicht alle notwendigerweise für Gorbatschow von Vorteil waren. Heidar Alijew zum
Beispiel war Berufsoffizier des NKWD und KGB in seiner Heimat
Aserbaidschan, bis er 1969 zum Ersten Sekretär der Kommunistischen
Partei in Aserbaidschan ernannt wurde. Zur selben Zeit, als Ryschkow
befördert wurde, holte man Alijew nach Moskau und machte ihn zum
Vollmitglied des Politbüros und Ersten Stellvertretenden Vorsitzenden
des Ministerrates. Alijew war, obwohl intelligent und anpassungsfähig
(wie er später beweisen sollte, als er sich zum Präsidenten im postsowjetischen Aserbaidschan wählen ließ), genausowenig ein Reformer
wie Grigori Romanow, der Erste Sekretär der Leningrader Parteiorganisation, den Andropow im Juni 1983 nach Moskau rief und zu einem

der ZK-Sekretäre machte (Mitglied des Politbüros war er schon). Es gibt eine Fülle von Belegen für die Abneigung, die Romanow für Gorbatschow empfand. Daß Gorbatschow diese Gefühle erwiderte, geht auch aus der Schnelligkeit hervor, mit der Gorbatschow nach seiner Regierungsübernahme Romanow aus der Führung entfernte. Diese und andere Veränderungen wurden von Andropow in der Absicht vorgenommen, seine eigene politische Position zu stärken, indem er Leute förderte, die nicht zu Breschnews Protegés zählten. Da er 15 Jahre an der Spitze des KGB verbracht hatte und nicht im Sekretariat des Zentralkomitees, fehlten ihm nun die Gefolgsleute in der Parteimaschinerie da, wo er sie brauchte.

Die einzige Neuernennung aber, die von vergleichbarer Bedeutung für die Zukunft war wie die Ryschkows, war die Rückkehr Jegor Ligatschows nach Moskau, der zwischenzeitlich Erster Sekretär von Tomsk war. Gorbatschow spielte eine Schlüsselrolle dabei, Ligatschow aus dem Abseits zurückzuholen, wie Ligatschow selbst dann noch anerkannte, als er sich politisch und persönlich mit Gorbatschow überworfen hatte. Ligatschow hatte in den frühen sechziger Jahren im ZK-Apparat gearbeitet, war aber seit 1965 weit von Moskau in seiner Heimat Sibirien tätig. Er kehrte im April 1983 zurück, und zwar in eine Schlüsselstellung – als Leiter der Abteilung für Parteiverwaltung. Diese Abteilung beaufsichtigte Parteifunktionäre im ganzen Land, und für jeden, der nach dem Amt des Generalsekretärs strebte, war dies eine besonders wichtige Institution. Es war also gut, dort einen Verbündeten zu haben. Die endgültige Entscheidung lag bei Andropow, aber Ligatschow beschreibt seine Überraschung darüber, daß ausgerechnet Gorbatschow als erster das Thema ihm gegenüber anschnitt, zu einer Zeit, als Tschernenko, damals die Nummer Zwei nach Andropow, gerade im Urlaub war. Am selben Morgen, als Ligatschow mit Gorbatschow sprach, traf er auch Andropow, der die Unterhaltung mit den Worten beschloß: »Dann bestätigen wir sie heute um elf Uhr im Politbüro.«[56] In Wirklichkeit aber war die Entscheidung nicht so rasch gefällt worden. Zwei Monate zuvor hatte Gorbatschow an einer Diskussion mit Andropow und Gromyko (überraschenderweise, denn Gromyko war Außenminister, aber auch ein Freund und Verbündeter Andropows) über den Posten des Leiters der Organisationsabteilung teilgenommen. Bei dieser Gelegenheit hatte Gorbatschow gesagt, man bräuchte jemanden wie Ligatschow, was sofort auf die Zustimmung Gromykos stieß, obwohl andere vielleicht schwerer zu überzeugen waren. Gorbatschow erklärte Ligatschow später die Verspätung: »Nun, Sie wissen, wie es läuft; man brauchte Zeit, um die Dinge zu klären und so weiter. Sie wissen, daß Andropow sich gründlich mit den Kadern beschäftigt.«[57] Zweifelsohne las Andropow sowohl die KGB- als auch die Parteiakte Ligatschows. Daß er nie mit Korruption in Verbindung gebracht worden war, sprach wahrscheinlich sehr deutlich für ihn. Obwohl einige von Ligatschows politischen Gegnern ihm in späteren Jahren doch etwas in dieser Richtung anhängen wollten, waren dies nie sehr überzeugende Versuche, und die objektiveren unter Ligatschows Gegenspielern haben solche Anschuldigungen zurückgewiesen.

Ligatschow war so etwas wie ein Puritaner, der das sowjetische System eher neu beleben denn reformieren wollte – und schon gar nicht grundlegend zu verändern beabsichtigte. Sehr früh in der Perestroika-Ära wurde klar, daß er ein wesentlich konservativerer Kommunist als Gorbatschow war. Seine immense Energie und Entschlossenheit aber waren für Gorbatschow von größtem Nutzen während der zwei Jahre nach seiner Rückkehr in die Parteizentrale im Frühjahr 1983. Gorbatschows Vertrauen in Ligatschow zu dieser Zeit war aber von viel größerer Bedeutung für Ligatschows Aufstieg als umgekehrt. Dies hatte im Dezember 1983, als Ligatschow formell zum ZK-Sekretär gewählt wurde, noch größere Gültigkeit als im April. Einige Zeit vor der Dezember-Sitzung des Politbüros, bei der die Angelegenheit behandelt werden würde, sagte Gorbatschow zu Ligatschow, er »bestehe darauf«, daß Ligatschow gewählt würde, und »unternahm besondere Anstrengungen in dieser Frage«.[58] Andropow war zu diesem Zeitpunkt bereits so schwer krank, daß Ligatschow ihn, als er an sein Krankenbett befohlen wurde, kaum mehr erkannte. Aber der sterbende Generalsekretär unterstützte Ligatschows Beförderung in die höchste Führungsetage nicht nur, weil er ihn persönlich schätzte, sondern weil diese Beförderung die Position Gorbatschows stärken würde.

Tschernenko, der die entscheidende Sitzung des Politbüros leitete (nach der die ›Wahl‹ durch das Zentralkomitee lediglich eine Formalität war), erwähnte Andropows Meinung, Ligatschow sei geeignet, sprach aber selbst – obwohl Zweiter Sekretär – in den Tagen vor der Sitzung nicht mit Ligatschow und nahm dessen Beförderung ohne

jede Begeisterung hin.[59] Es konnte Tschernenko nur schwerlich entgangen sein, daß sich Andropow nicht ihn, sondern Gorbatschow als
Nachfolger wünschte, denn andere hatten sehr wohl verstanden, daß
Andropow vor seiner Erkrankung nur auf eine Gelegenheit gewartet
hatte, Tschernenko zu entfernen und Gorbatschow den Posten des
›Zweiten Sekretärs‹ zu geben.[60] Von außen gesehen, waren die Beziehungen zwischen Andropow und Tschernenko »beinahe freundlich«,
wie Tschasow bemerkt, der aber auch beobachtete, daß es beide große
Anstrengung kostete, »den Schein eines engen, kameradschaftlichen
Verhältnisses zu wahren«.[61] Unter den Mitgliedern der alten Garde
hatte Tschernenko mächtige Verbündete, die entschlossen waren, zu
verhindern, daß er, der ›Zweite Sekretär‹, für Gorbatschow Platz
machen sollte. Sie mußten zwar den Ansichten Andropows mit einem
gewissen Respekt begegnen, die Verschiebung des Gleichgewichts
innerhalb der Führung zugunsten Gorbatschows aber war ihnen nicht
willkommen.

Viele wichtige Entscheidungen der sowjetischen Politik dieser Zeit
hingen davon ab, welche hochrangige Führungspersönlichkeit zuerst
sterben würde. Dies war die natürliche Folge einer Personalpolitik, die
es der gesamten Führungsspitze zu Breschnews Zeiten erlaubte, gemeinsam alt zu werden. Zu Beginn des Jahres 1982, in dessen Verlauf
zuerst Suslow und dann Breschnew starben, war das Durchschnitts-
alter des Politbüros auf über 70 gestiegen. Andropow, der ›nur‹ 68
Jahre alt war, als er zum Führer der Sowjetunion wurde, mußte sich
bereits seit Februar 1983 einer Dialysebehandlung wegen Nierenver-
sagens unterziehen, nur vier Monate nach dem Tod Breschnews.[62]
Nach den Worten Ryschkows war Andropow lediglich acht von den
15 Monaten seiner Zeit als Generalsekretär in der Lage, wirklich seiner
Arbeit nachzugehen, den Rest habe er hauptsächlich im Krankenhaus
verbracht.[63] Der Zufall, der Andropows Gesundheit so rapide verfallen ließ, und zwar nur etwas über ein Jahr, bevor Tschernenko dasselbe
Schicksal ereilte, sorgte dafür, daß Gorbatschow nicht der direkte
Nachfolger Andropows wurde. Obwohl Andropow noch eine letzte
Anstrengung unternahm, um Gorbatschow die Nachfolge zu sichern,
hatte die körperliche Schwäche zu dieser Zeit bereits seine politische
Macht ausgehöhlt. Nur wenige aus der alten Garde vermuteten damals
in Gorbatschow den radikalen Reformer. Was sie befürchteten, war,
daß er da weitermachen würde, wo Andropow aufgehört hatte in sei-

nem Kampf gegen Korruption und Selbstgerechtigkeit, und den neuen Besen mit solcher Kraft schwingen würde, daß sie alle zur Seite gefegt würden. Einige von Andropows hochrangigsten Kollegen nahmen es daher auf sich, einen der letzten Wünsche ihres sterbenden Führers zu mißachten.

Das Zentralkomitee trat am 26. und 27. Dezember 1983 zu einer Plenarsitzung zusammen. Es sollte über eine Reihe von personellen Veränderungen entschieden werden, darunter auch die Wahl Ligatschows zu einem der ZK-Sekretäre stattfinden.[64] Andropow war zu krank, um anwesend zu sein, hatte aber – mit Hilfe seiner persönlichen Assistenten – eine kraftvolle Rede verfaßt, die an die Teilnehmer der Sitzung verteilt wurde. Am 24. Dezember aber, wie Angus Roxburgh in der besten Kurzdarstellung dieser Episode schildert, hatte Andropow seinen Mitarbeiter Arkadi Wolski an sein Krankenbett kommen lassen und ihm sechs zusätzliche Absätze ausgehändigt.[65] Der letzte enthielt die Feststellung, daß er, Andropow, in der nächsten Zukunft den Vorsitz bei den Beratungen des Politbüros und des Sekretariats nicht werde führen können, und fuhr folgendermaßen fort: »Ich möchte deshalb die Mitglieder des Zentralkomitees bitten, der Frage nachzugehen, die Führung von Politbüro und Sekretariat Michail Sergeijewitsch Gorbatschow anzuvertrauen.«[66] Dies war ein unmißverständlicher Versuch, Gorbatschow über Tschernenko zu stellen und letztlich deutlich zu machen, daß in der Nachfolgefrage Andropows Wahl auf Gorbatschow gefallen war.

Nachdem sich Wolski mit zwei anderen Mitarbeitern besprochen hatte, die genauso verblüfft wie er über diese sensationellen Ergänzungen zu Andropows Rede waren, gab er das Original dem Leiter der Allgemeinen Abteilung des Zentralkomitees, Klawdy Bogoljubow (einem mehr als durchschnittlich korrupten Zögling Breschnews, der sich guter Beziehungen zu Tschernenko erfreute)[67]. Vorher allerdings hatte er sich vorsichtshalber eine Photokopie angefertigt. Als er jedoch in seiner Eigenschaft als Mitglied des Zentralkomitees bei der Plenarsitzung im Kreml zwei Tage später den offiziellen Text erhielt, stellte er schockiert fest, daß der letzte Absatz fehlte. Er sei, so Wolski, von den drei Männern entfernt worden, die seiner Meinung nach zu jener Zeit das Land regierten: der ›Zweite Sekretär‹ Tschernenko, der Verteidigungsminister Dmitri Ustinow und der Vorsitzende des Ministerrates Nikolai Tichonow. Als Wolski sie auf das Fehlen des letzten Absatzes ansprach, wurde ihm in deutlichen Worten zu verstehen gegeben, er solle sich um seine eigenen Angelegenheiten kümmern. Wolski machte sich später Vorwürfe, erstens Andropow nicht an Ort und Stelle angerufen und informiert zu haben und zweitens gegenüber Ryschkow (dem zu Ohren gekommen war, daß etwas nicht stimmte) gesagt zu haben, alles sei in Ordnung. Er versuchte zwar Gorbatschow zu erreichen und mit ihm zu sprechen, aber von den Verbündeten der alten Garde »wurde [ihm] zum ersten Mal nicht erlaubt, auf ihn zuzugehen und mit ihm zu sprechen«.[68] Wolski hat verschiedentlich und in unterschiedlichen Versionen von seinem Scheitern, Andropow oder Gorbatschow telephonisch zu erreichen, berichtet. In einer der etwas farbigeren Varianten der Geschichte erzählte er dem amerikanischen Journalisten David Remnick, er habe zu Bogoljubow gesagt, er müsse Andropow anrufen und ihm von dem fehlenden Absatz berichten, worauf Bogoljubow angeblich entgegnete: »Dann wird das ihr letztes Telephongespräch sein.«[69]

Bis Wolski wieder in seinem Büro angelangt war, hatte Andropow anscheinend schon von dem Vorfall gehört und war außer sich. Wolski sagt: »Er verfluchte mich auf schneidende Art und Weise« und sagte, daß »ich ... und die anderen Genossen im Plenum hätten aufstehen müssen ... und sagen, daß er den letzten Absatz geschrieben habe und daß wir ihn sofort hätten anrufen müssen«.[70] Viele Jahre nach diesem dramatischen Vorgang räumte Gorbatschow ein, daß er »von dem Text wußte«, obwohl Andropow ihn nicht vorher mit ihm besprochen hatte. Gleichzeitig, so Gorbatschow weiter, »hatte ich eine Ahnung davon, wie seine Einstellung mir gegenüber war, er schenkte mir Aufmerksamkeit. Er gab mir Gelegenheit, meine Initiativen vorzustellen, und unterstützte mich ...«[71] Über diese Angelegenheit aber sagte Gorbatschow in einem Interview, das er zwischen dem August-Putsch und seinem Rücktritt als Präsident der Sowjetunion im Dezember 1991 gab: »Ich habe es niemandem gegenüber erwähnt.« Gorbatschow weiter: »Ich weiß, wie die Dinge in dieser alten Partei liefen. Offen gesagt, war das nicht mehr relevant ... obwohl man, um der Objektivität willen, feststellen muß, daß sie versuchten, [diesen Absatz] zu unterdrükken, und es ihnen auch gelang.«[72]

Gorbatschow war persönlich nicht an dem Versuch beteiligt, Tschernenko beiseite zu schieben, und tatsächlich fühlte er sich nicht vollständig bereit, die Führung seines Landes zu übernehmen. Um die

Zeit der Wahl Tschernenkos herum sagte Gorbatschow zu Wadim
Medwedjew (dessen Zusammenarbeit mit Gorbatschow 1980 begann,
als er Rektor der Parteiakademie für Sozialwissenschaften war, und der
von Gorbatschow und Andropow 1983 als Leiter der Abteilung für
Wissenschaft und Bildung ins ZK geholt wurde), er sei »psychologisch
nicht auf die Rolle des Ersten vorbereitet«[73]. Dementsprechend reagierte er mit viel größerer philosophischer Gelassenheit als Andropow
auf das Verhalten seiner älteren Kollegen, und er war es auch, der ins
Krankenhaus fuhr, um Andropow zu beruhigen.[74] Gorbatschow war
sich außerdem der Tatsche bewußt, daß er keine Mehrheit im Politbüro für sich finden würde.[75] Die älteren Mitglieder des Politbüros
waren, so Medwedjew, viel mehr mit ihren eigenen Interessen – persönlichen, territorialen oder bürokratischen – beschäftigt als mit dem
allgemeinen Wohlergehen.[76] So konnten sich zum Beispiel der Breschnewsche Veteran Dinmuchamed Kunajew, der seit 1964 über Kasachstan wie über ein persönliches Lehen herrschte, und der selbstgefällige
und konservative Viktor Grischin, der Erste Parteisekretär von Moskau, in ihren Sesseln sicher fühlen, wenn Tschernenko zum Generalsekretär bestimmt werden würde. Die Mitglieder des Politbüros wußten
bereits bei ihrer Wahl Tschernenkos von seinen schweren gesundheitlichen Problemen. Wie der Chefarzt des Kreml aber schildert und
damit ähnliche Ansichten vertritt wie Medwedjew, kümmerten sie
sich eher um ihre »persönlichen und Gruppeninteressen« als um medi-
zinische Diagnosen.[77]

Tatsächlich machte Gorbatschow keinen Versuch, nach Andropows
Tod dessen Nachfolge anzutreten, und Tschernenko wurde vom Politbüro »ohne jede Schwierigkeit« gewählt.[78] Die Mitglieder des Politbüros waren sich dabei jedoch völlig bewußt, daß es einen weiteren
potentiellen Kandidaten gab. Der kompromißlose alte Verteidigungsminister Ustinow, wurde (von Wolski) gehört, sagte zu dem noch älteren Nikolai Tichonow: »Kostja [Tschernenko] wird gefügiger sein als
Mischa [Gorbatschow].«[79] (Ustinow, der bereits unter Stalin der für
die Rüstungsindustrie zuständige Minister war und im Zweiten Weltkrieg eine entscheidende Rolle gespielt hatte, war »bis auf die Kno-
chen vom System geprägt«, wie sich Wladimir Dolgich[80] ausdrückte.[81]
Tichonow war seit den dreißiger Jahren mit Breschnew befreundet,
und Breschnew hatte ihn 1980 zum Vorsitzenden des Ministerrates
und Nachfolger Alexei Kossygins gemacht, obwohl Tichonow damals

bereits 75 Jahre alt war.) Gorbatschow hingegen rechnete sich sicherlich aus, daß es auf seinem Weg zum Amt des Generalsekretärs ein größeres Risiko wäre, es jetzt auf eine Herausforderung der älteren Generation ankommen zu lassen, als seine Zeit einfach abzuwarten. Immerhin konnte er erwarten, Tschernenkos ›Zweiter Sekretär‹ zu werden, vorausgesetzt, er würde die Amtsübernahme Tschernenkos ohne Widerspruch akzeptieren.

Vorbereitung auf die Macht

Der Widerstand gegen Gorbatschows Aufstieg zur Nummer Zwei war stärker, als Tschernenko vielleicht erwartet hatte. Bei den Sitzungen des Politbüros waren nicht nur dessen Vollmitglieder und Kandidaten anwesend, sondern auch die Sekretäre des Zentralkomitees und die persönlichen Mitarbeiter der Politbüromitglieder. Einige von diesen Zeugen der ersten Sitzung des Politbüros unter der Leitung des neuen Generalsekretärs haben berichtet, daß es zu dem Versuch kam, dem scheinbar unaufhaltsamen Aufstieg Gorbatschows Einhalt zu gebieten. Als vorgeschlagen wurde, Gorbatschow solle den Vorsitz bei den Beratungen des Sekretariats führen und im Falle von Tschernenkos Abwesenheit auch die Sitzungen des Politbüros leiten – was ihn zum *de facto* Zweiten Sekretär gemacht hätte –, führte Tichonow die Opposition an. Laut Gorbatschow unterstützte ihn Ustinow, während Grischin und Gromyko versuchten, »die Entscheidung hinauszuzögern, womit sie Tichonow im Grunde unterstützten«. Tschernenko überraschte einige der Anwesenden mit der Festigkeit seines Eintretens für Gorbatschow. Möglicherweise war er dankbar für Gorbatschows Einwilligung zu seinem eigenen Aufstieg zum Generalsekretär. Er mag auch die Notwendigkeit gesehen haben, einen wesentlich jüngeren und tatkräftigen zweiten Mann neben sich an der Spitze zu haben, vor allem vor dem Hintergrund seiner zunehmenden Hinfälligkeit. Die Berichte über diese Sitzung differieren in der Frage, wie viele Mitglieder Tichonow unterstützten (da einige Grischin dazu zählen und andere auch Romanow nennen), bestätigen aber übereinstimmend, daß keine formelle und endgültige Entscheidung zugunsten Gorbatschows getroffen worden sei. Es wurde einfach akzeptiert, daß er diese Funktionen zunächst einmal ausüben würde, und wie so oft in der sowjetischen Politik, wurde aus einer provisorischen Regelung ein dauerhaftes Arrangement. Gorbatschow zog in Suslows alte Räume im Gebäude des Zentralkomitees, das nacheinander von Andropow und Tschernenko genutzt worden war, als sie den Platz des Zweiten Sekretärs innegehabt hatten. In den Augen des Parteiapparats war er nun die Nummer Zwei im Politbüro und nur noch dem Generalsekretär unterstellt.[82]

Die Führungsspitze war zu dieser Zeit ungewöhnlich zusammengesetzt, denn neben dem Generalsekretär gab es nur zwei ›Spitzensekretäre‹ – also ZK-Sekretäre, die gleichzeitig auch Vollmitglieder des Politbüros waren. Unter Andropow hatte es ihrer drei gegeben: Tschernenko, Gorbatschow und Romanow; in der Vergangenheit waren es manchmal vier oder fünf. Aber Tschernenkos Platz wurde nicht besetzt, denn es wäre unmöglich gewesen, sich auf einen Nachfolger zu einigen. Sobald Gorbatschow Zweiter Sekretär geworden war, herrschte in der Führung eine Pattsituation. Gorbatschow wußte das Sekretariat hinter sich, wo er in Ligatschow und Ryschkow wichtige Verbündete besaß, von einer Mehrheit im Politbüro aber war er weit entfernt.[83] Weder die Anhänger Gorbatschows noch die Gegner seines Aufstiegs waren stark genug, die Zusammensetzung der Führungsspitze in ihrem Sinne zu verändern. Wie bereits in Kapitel 1 angemerkt, waren die ›Wahlen‹ von Politbüromitgliedern und ZK-Sekretären durch das Zentralkomitee in Wirklichkeit Kooptionen durch die Vollmitglieder des Politbüros. Deren Ausgang hing entweder von einem Konsens innerhalb des Politbüros ab *oder* von einer klar dominierenden Gruppe im Politbüro *oder* von der Präsenz eines besonders starken und entschlossenen Generalsekretärs. Daß keine dieser drei Bedingungen während der 13 Monate, die Tschernenko Generalsekretär war, erfüllt wurde, wird nicht nur von politischen Hauptfiguren jener Zeit bestätigt, sondern auch von der Tatsache bekräftigt, daß während dieser gesamten Zeit niemand zu einem Kandidaten oder Vollmitglied des Politbüros oder einem ZK-Sekretär befördert noch irgend jemand aus dem Führungsteam entfernt wurde. Die Zahl der Vollmitglieder des Politbüros verringerte sich im Dezember 1984 um einen, allerdings aufgrund von Ustinows Tod und nicht als Ergebnis einer politischen Entscheidung. Ustinows Ausscheiden war wahrscheinlich insgesamt nützlich für Gorbatschow, obwohl er glaubte, sein Verhältnis zu dem langgedienten Verteidigungsminister werde enger.[84] Die Autorität Romanows gegenüber dem Militär, für das er zuständig war, konnte allerdings als größer angesehen werden, sobald niemand mehr vom Prestige Ustinows zwischen ihm und der Armee stand.[85]

Das Unbehagen einiger hochrangiger Mitglieder des Politbüros an einer weiteren Ausdehnung der Macht Gorbatschows nach Andropows Tod im Februar 1984 änderte nichts an der Tatsache, daß er eine größere Anzahl von Politikfeldern innerhalb des Sekretariats beaufsichtigte, als sogar Suslow dies getan hatte. Zu Zeiten Suslows hatte es mehr ›Spitzensekretäre‹ gegeben, unter denen die Aufgaben verteilt werden mußten. Wie vor ihm Suslow wurde Gorbatschow nun als Spitzensekretär zuständig für Parteiorganisation und (erstmals) Ideologie und Außenpolitik, blieb aber verantwortlich für Wirtschaft (was niemals zum Aufgabengebiet von Suslow oder Tschernenko gehört hatte). Romanow sah sich vor allem verantwortlich für die Kontrolle des Militärs, des KGB, des Innenministeriums, der Staatsanwaltschaft und der Gerichte (als Sekretär mit der Abteilung für Verwaltungsorgane des ZK unter sich) sowie der Rüstungsindustrie. In dieser Rolle hätte er möglicherweise auf die Unterstützung Ustinows rechnen können, der im Politbüro über großes Gewicht verfügt hatte. Da aber Romanow erst 1983 von Andropow aus Leningrad nach Moskau gebracht worden war, hatte er noch eine Menge aufzuholen, bevor er ein ernsthafter Rivale Gorbatschows werden konnte – und der Tod Ustinows, obwohl er Romanow mehr Autorität als Herrscher über das Militär brachte, nahm ihm einen potentiellen Verbündeten.

Tatsächlich spielte das Militär keineswegs eine unabhängige politische Rolle, als es um die Nachfolge von Tschernenko ging. Ustinows Stimme hatte beim Tod von Breschnew und Andropow Bedeutung gehabt, aber dies verdankte er seinem politischen Gewicht und nicht dem Militär als institutioneller Interessengruppe, obwohl dessen Belange kraftvoll vertreten wurden, solange Ustinow am Leben war. Gorbatschow besaß eigentlich keine Verbindungen zum Militär, was für seine Beziehungen zum militärischen Establishment ungünstig war, besonders als er als Führer seines Landes später eine Politik verfolgte, die die Armee beunruhigte. Gorbatschow war zu jung, um während des Krieges in den Streitkräften gedient zu haben, und er tat dies auch später nicht – als er das entsprechende Alter erreicht hatte, war die Demobilisierung im Gange, die neue Rekrutierungen hintanstellte.

Romanow dagegen, der acht Jahre älter als Gorbatschow war, hatte von 1941 bis 1945 in der sowjetischen Armee gedient.[86]

Die Pattsituation während der 13monatigen Amtszeit Tschernenkos an der Spitze der Sowjetunion beschränkte sich nicht nur auf Personalfragen, sondern wirkte sich auch auf die Politik aus. Ryschkow schreibt, es sei bis zu Tschernenkos Tod schwierig für »unser Team« – das heißt, die Gruppe um Gorbatschow – gewesen, sich im Politbüro in irgendeiner Frage von prinzipieller Bedeutung durchzusetzen.[87] Wenn Gorbatschow und seine Mitstreiter (besonders Ryschkow) größeren Wert auf eine bestimmte Entscheidung legten, brachten sie ihren Vorschlag nicht als Resolution des Sekretariats ein (wo, wie die Politbüromitglieder wußten, Gorbatschow eine Mehrheit hatte), sondern richteten es so ein, daß er als Initiative Tschernenkos vorgestellt wurde. Gorbatschow und Ryschkow wußten, daß sich Tschernenko, wie überraschend auch immer dies klingen mag, den Ruf eines Neuerers erwerben wollte. Im Jahr 1984 war also der beste Weg, Zustimmung zu etwas relativ Neuartigem zu erlangen, Tschernenko davon zu überzeugen, es sei wichtig, daß er, der Parteiführer, als Initiator dieses oder jenes Vorschlages gesehen werde. Anschließend konnte dies dann dem Politbüro als Tschernenkos Idee präsentiert werden.[88]

Während Gorbatschow nichts unternahm, um Tschernenkos Stellung zu untergraben, gab es doch mehrere Versuche, Gorbatschow zurückzusetzen und zu verhindern, daß er Generalsekretär würde. Dazu kam es nicht zu der Zeit, als Tschernenko im Sterben lag – wie gelegentlich zu lesen ist[89] –, sondern vorher. Das erste Anzeichen – in der Manier der ›Kremlogie‹ – war, daß die *Prawda* und andere wichtige Zeitungen es unterließen, ihre Leser darüber zu informieren, daß nicht nur Tichonow, sondern auch Gorbatschow vor dem Plenum des Zentralkomitees am 13. Februar gesprochen hatte, als Tschernenko zum Generalsekretär gewählt wurde. Über Tichonows Rede, in der er Tschernenko für das Amt vorschlug, wurde berichtet; die Tatsache, daß Gorbatschow ebenfalls gesprochen hatte, blieb unerwähnt. Erst als einige Zeit später die Protokolle der Plenarsitzung als Broschüre und in Zeitschriften wie *Kommunist* und *Partiynaya zhizn'* erschienen, wurde der Text von Gorbatschows Ansprache veröffentlicht.[90]

Der Widerstand gegen Gorbatschow nahm noch andere Formen an. Ende April 1984 versuchte Tschernenko auf Drängen Tichonows und anderer die Entscheidung, Gorbatschow solle das Sekretariat leiten, rückgängig zu machen, aber wieder kam ihm Ustinow zu Hilfe.[91] Außerdem hatte man sich bereits zu Breschnews Lebzeiten im Prinzip darauf verständigt, eine Plenarsitzung des Zentralkomitees (von denen es im allgemeinen zwei oder drei pro Jahr gab) der wissenschaftlich-technischen Revolution zu widmen. Sogar in den Breschnew-Jahren wurde in der Sowjetunion zu diesem Thema eine Vielzahl von Artikeln und Büchern veröffentlicht, obwohl nur wenige der Wahrheit nahekamen – daß nämlich diese ›Revolution‹ anderswo stattfand und die Sowjetunion nicht nur hinter den entwickelten Industriestaaten herhinkte, sondern in zunehmendem Maße auch hinter die aufstrebenden asiatischen Länder zurückfiel. Während von einer Plenarsitzung des Zentralkomitees kaum die Lösung dieses Problems erwartet werden konnte, war es in jenen Tagen doch üblich, auf diese Art und Weise ein Thema ganz oben auf die politische Tagesordnung zu setzen. Die Idee wurde im Frühsommer 1984 wiederaufgenommen, und man beschloß, eine solche Plenartagung vorzubereiten, bei der Gorbatschow der Hauptreferent sein sollte. Tschernenko hatte lediglich ein paar einführende Worte zu Beginn zu sprechen. Schließlich wurde für die Plenarsitzung über Wissenschaft und Technologie ein Datum festgesetzt: der 23. April 1985. Tatsächlich wurde an diesem Tag eine Plenartagung abgehalten – das ›April-Plenum‹, das den offiziellen Startschuß für die Perestroika in der Ära Gorbatschow geben sollte – zu diesem Zeitpunkt aber hatte Tschernenko, in den Worten Ryschkows, sich bereits verabschiedet, um Stalin und Breschnew an der Kremlmauer (ihrer letzten Ruhestätte) Gesellschaft zu leisten.[92] Außerdem nahm das Plenum, als es schließlich stattfand, einen wesentlich umfassenderen Charakter an als eine nur der Wissenschaft und Technologie gewidmete Sitzung.

Während der gesamten zweiten Hälfte des Jahres 1984 aber arbeiteten Ryschkow und Gorbatschow intensiv an den Vorbereitungen für diese Plenarsitzung des ZK, die in der geplanten Form letztlich nicht stattfinden konnte. Im November 1984 wurde unter Ryschkow eine vorbereitende Arbeitsgruppe eingerichtet. Im Januar 1985 war ein Dokument fertiggestellt, das dem Politbüro vorgelegt werden sollte. Zu diesem Zeitpunkt aber war Tschernenko bereits zu krank, um die Sitzung zu leiten, und, so Ryschkow, es wäre taktlos gewesen, ohne ihn weiterzumachen.[93] Ligatschow stellt die Ereignisse dramatischer dar: das ZK-Plenum sei absichtlich verschoben worden, und zwar von denjenigen, die Gorbatschow nicht zusätzlich an Prestige gewinnen lassen wollten, was unvermeidlich geschähe, wenn er den Hauptvortrag hielte und im Mittelpunkt stünde. Er zitiert einen wütenden Gorbatschow aus dem Dezember 1984 mit den Worten: »Kann man das verstehen? Ein Thema fallenzulassen, das für das Land so wichtig ist.«[94] Dem Wirtschaftswissenschaftler Abel Aganbegjan nach, der den größten Teil des Sommers 1984 damit verbrachte, eine Studie zu erstellen, die Gorbatschow in seinem Vortrag verwenden wollte, beschloß das Politbüro endgültig bei einer Sitzung im Januar 1985, die geplante Plenartagung des ZK nicht abzuhalten, bevor nicht ein Parteitag einberufen worden sei.

Es scheint offensichtlich, daß die Idee eines solchen Plenums bis zum Januar in der Tat noch nicht begraben war, denn Aganbegjan, der damals in Nowosibirsk lebte (und dort seit 1967 Direktor des Instituts für Ökonomie und Organisation der Industrieproduktion war), erinnert sich sehr deutlich, daß er Sylvester nicht mit seiner Familie feiern konnte, denn auch am 31. Dezember 1984 wurde in Moskau intensiv für die Plenarsitzung gearbeitet, die nie stattfinden sollte. Erst Mitte Januar erklärte Gorbatschow Aganbegjan und der Expertengruppe, die an seinem Vortrag arbeitete, das Politbüro habe entschieden, die Plenarsitzung nicht abzuhalten.[95] Statt dessen kam es zu einem Versuch, den nächsten Parteitag von Februar 1986 auf den Herbst 1985 vorzuverlegen. Tschernenkos Mitarbeiter Petschenew und der Herausgeber der Zeitschrift *Kommunist*, Richard Kosolapow, den Georgi Arbatow als einen »dogmatischen (wenn auch des Lesens und Schreibens mächtigen) Stalinisten« beschrieben hat und in den Tschernenko grenzenloses Vertrauen hatte, da er ihn für einen überragenden Ideologen und Theoretiker hielt,[96] hatten dies betrieben, denn die Zusammensetzung des Zentralkomitees konnte nur von Parteitagen verändert werden. Sie befürchteten, daß Tschernenkos Kräfte nicht mehr bis zum Februar 1986 reichen würden.[97] Für ihre weitere Beförderung und eine Veränderung des Gleichgewichts der Kräfte in der Parteispitze zu Gorbatschows Ungunsten waren beide aber auf Tschernenko angewiesen.

Aganbegjan kam zu dem Schluß, daß Tschernenko und die alte Garde mit ihrem Anhang Gorbatschows wachsendes Ansehen fürchteten. Gorbatschows Rede bei einer Ideologiekonferenz im Dezember 1984 hatte großen Eindruck gemacht. Aganbegjan: »... er argumen-

tierte gut – sehr gut, gemessen an den damaligen Standards, und er
schien der neue Führer zu sein. Dann kam sein triumphaler Besuch in
Großbritannien, wo er zum ersten Mal Margaret Thatcher traf.«[98]
Diese beiden Ereignisse (die unten genauer erläutert werden) hinterließen »einen gewissen Eindruck bei den älteren Mitgliedern des Politbüros«, und sie beschlossen, Gorbatschow »ein wenig zur Seite zu
schieben«. Wenn er »zum Helden eines neuen Plenums werden sollte,
das wichtige Entscheidungen treffen könnte, würde das, so befürchteten sie, das Prestige Tschernenkos verringern ...«[99] Dies wäre allerdings nicht sonderlich schwierig gewesen, da Tschernenkos Ansehen
von Anfang an nie besonders groß gewesen war. Wichtiger ist daher
vielleicht die Tatsache, daß es immer noch Mitglieder des Politbüros
und der ›Umgebung‹ Tschernenkos gab, die hofften, Gorbatschows
Aufstieg zum Generalsekretär ließe sich verlangsamen oder abwenden.

Ligatschow zufolge befanden sich während Tschernenkos Zeit als
Generalsekretär »Andropows Protegés ... in einer unsicheren Lage«.
Er sagt weiter, daß man zu Beginn des Winters 1984/85 »eine gewisse
Frostigkeit zwischen dem Generalsekretär und Gorbatschow recht
deutlich zu fühlen begann«.[100] Mit einiger Wahrscheinlichkeit waren
diejenigen, die gegen eine Nachfolge Gorbatschows waren, damit
beschäftigt, bei Tschernenko Zweifel zu wecken und Zwietracht zu
säen. Gorbatschow wurde zunehmend übergangen, als Tschernenko
oder dessen Mitarbeiter zum Beispiel Angelegenheiten direkt mit den
Abteilungsleitern des Zentralkomitees besprachen. Obwohl Gorbatschow oft wegen der Krankheit Tschernenkos die Sitzungen des Politbüros zu leiten hatte, wurde ihm dies erst kurz vor Beginn mitgeteilt,
um ihm die Möglichkeit zur Vorbereitung zu nehmen: »Plötzlich und
ohne Vorankündigung, eine halbe Stunde vor der Sitzung, wurde Gorbatschow dann informiert, daß der *gensek* (russ. Abkürzung für den
»Generalsekretär«) nicht käme und er die Sitzung leiten solle.«[101] Später, in der Rede vor dem Zentralkomitee, mit der er Gorbatschow zum
Parteiführer nominierte, sollte Gromyko sagen, Gorbatschow habe die
Sitzungen »brillant« geleitet.[102] Dabei handelte es sich aber, so Ligatschow, um »einen sehr schweren Test für Gorbatschow«, besonders,
»wenn man in Betracht zieht, daß zu jener Zeit Leute im Politbüro
saßen, die nur darauf warteten, daß er Fehler mache«.[103]

Die von der Spitze ausgehende kühle Atmosphäre wurde so eisig,
daß Ligatschow die Initiative ergriff, Tschernenko anrief und ihn bat,

denjenigen, die »ihm alle möglichen Sachen über Gorbatschow einflü-
sterten«, keinen Glauben zu schenken.[104] Obwohl Ligatschow später
Gorbatschow als einen Verräter an der Sache des Marxismus-Leninismus und der Kommunistischen Partei betrachten sollte, eine Meinung, zu der er bereits gelangte, als er seine Memoiren veröffentlichte,
gelingt es ihm doch in diesem Buch, seine früheren Empfindungen
für Gorbatschow objektiv nachzuzeichnen. Während der Amtszeit
Tschernenkos glaubte Ligatschow, daß »nur Gorbatschow des höchsten Amtes des Generalsekretärs des Zentralkomitees der Kommunistischen Partei würdig sei«. Dementsprechend setzte er seine bemerkenswerte Energie ein, um für Gorbatschow unter den Regionsparteisekretären zu werben, die in die Zuständigkeit seiner ZK-Abteilung
für Parteiorganisation fielen.[105] Obwohl Gorbatschow immer noch
bereit war zu warten, bis seine Zeit käme, schreibt Ryschkow, verhielt er sich doch nicht völlig passiv. Denn, so Ryschkow weiter, der
»unglaublich aktive und hartnäckige« Ligatschow bewegte sich wie
»ein gewaltiger Panzer« durch den Apparat, nahm hier einen Personalwechsel vor, tat dort jemandem einen Gefallen und ebnete so den Weg
Gorbatschows für die Nachfolge.[106] Ligatschow selbst glaubte, daß
sein Telefonanruf bei Tschernenko geholfen habe, das Mißtrauen
gegen Gorbatschow abzubauen. In Anbetracht der allgemeinen Atmosphäre aber sprachen er und Gorbatschow über gewisse Dinge – vor
allem über Tschernenkos Krankheit – nicht laut in Gorbatschows
Büro miteinander, »sondern schrieben einander auf Zetteln«[107]. Sogar
der Zweite Sekretär konnte die Möglichkeit nicht ausschließen, daß
seine Räume abgehört wurden. Wahrscheinlich diskutierten aus demselben Grund Gorbatschow und seine Frau am Vorabend seiner tatsächlichen Wahl zum Generalsekretär die Nachfolgefrage nicht in
ihrer Datscha, sondern bis vier Uhr morgens im Garten der Datscha
auf und ab gehend – obwohl es spät in der Nacht in der ersten März-
hälfte in der Region Moskau für gewöhnlich unangenehm kalt ist.[108]
    Gorbatschow war natürlich im Zuge des gesundheitlichen Verfalls
Tschernenkos mit Verpflichtungen überhäuft und widmete insbesondere den Problemen der sowjetischen Wirtschaft viel Zeit. Trotzdem
begann er sich zunehmend auch für Fragen der Außenpolitik zu inter-
essieren. Als Andropow noch am Leben war, hatte er im Sommer 1983
eine Delegation auf einer Reise nach Kanada angeführt. Was er sah,
hatte ihn beeindruckt – vor allem der technische Standard der kanadi-

schen Landwirtschaft; das wichtigste Ergebnis dieses Besuchs aber war
der Beginn der engen politischen Beziehung zwischen Gorbatschow
und Alexander Jakowlew. Ehemals kommissarischer Leiter der Propa-
ganda-Abteilung des ZK, war Jakowlew in den frühen siebziger Jahren
bei der alten Garde Breschnews in Ungnade gefallen und hatte den
Zorn der russischen Nationalisten auf sich gezogen mit seiner lebhaften Opposition gegen deren oft chauvinistische Ansichten. Unter
diesen Umständen bat er um eine Botschafterstelle in einem englisch-
sprachigen Land, was zu jener Zeit einen Abstieg in den Begriffen des
sowjetischen politischen Systems bedeutete. (Als sehr junger Mann
hatte Jakowlew im Zweiten Weltkrieg gekämpft und war 1943 durch
schwere Verwundung zum Invaliden geworden, hatte aber später die
Gelegenheit, Englisch zu erlernen. Den größten Teil des Jahres 1959
verbrachte er als Student an der Columbia-Universität in New York.)
Er wurde als sowjetischer Botschafter nach Kanada entsandt, was
einem würdigen Exil gleichkam. Wenn er 1973 froh gewesen war, Moskau zu verlassen, so hatte er 1983 den dringenden Wunsch zurückzukehren und bat Gorbatschow um Hilfe, dies zu bewerkstelligen. Gorbatschow verlor keine Zeit, dieser Bitte zu entsprechen. Kurz nach
Gorbatschows Rückkehr nach Moskau wurde Jakowlew auf den einflußreichen Direktorenposten des IMEMO berufen. In dieser Eigenschaft sollte Jakowlew einer der informellen Berater Gorbatschows
werden und ihn mit wirtschafts- und außenpolitischen Ideen versehen, die von den Wissenschaftlern seines Instituts entwickelt wurden.[109] Jakowlew selbst sagte in einem Interview im Jahre 1990, daß er
seit seiner Rückkehr aus Kanada nach Moskau in ständigem Kontakt
mit Gorbatschow gestanden habe.[110]

Im Sommer 1984 führte Gorbatschow die sowjetische Abordnung
bei den Trauerfeierlichkeiten für den Führer der italienischen Kommunistischen Partei, Enrico Berlinguer, an. Seit die Sowjetunion den
›Prager Frühling‹ mit militärischer Macht beendet hatte, waren die
Beziehungen zwischen der italienischen Partei (PCI) und Moskau
kühl oder frostig. Die PCI hatte offen mit den tschechoslowakischen
Reformen von 1968 sympathisiert und die sowjetische Invasion verurteilt. In den siebziger Jahren stand sie an der Spitze des sogenannten
›Eurokommunismus‹, einer Spielart des revisionistischen Kommunismus, der für die Orthodoxen in Moskau Anathema war, da er davon
ausging, es könne mehr als ein sozialistisches ›Modell‹ geben, und die

sowjetische Hegemonie der internationalen kommunistischen Bewegung ablehnte. Zu Beginn der achtziger Jahre hatte die PCI, wie der bekannte amerikanische Experte für italienische Politik Joseph La Palombara schreibt, schon lange von Leninismus und revolutionären Zielsetzungen Abschied genommen. 1987 stellte er fest, daß die Italienische Kommunistische Partei auch »weitgehend Karl Marx zur Ruhe gebettet hat, wenn auch im Rahmen eines relativ kleinen Trauergottesdienstes, zu dem die militanten Parteiangehörigen nicht geladen waren«. Es verlangte, so La Palombara, »eine Willensanstrengung, nicht zu erkennen, daß das einzig leicht Gefährliche an der Kommunistischen Partei heute ihr Name ist«[111]. (Später sollte auch der Name noch verschwinden.) Nach seiner Rückkehr von den Trauerfeierlichkeiten für den populären PCI-Führer im Juni 1984 war Gorbatschow überzeugt von der Notwendigkeit, zu einer solchen Partei normale Beziehungen herstellen zu müssen. Die große Unterstützung, die sie im Vergleich zu anderen kommunistischen Parteien in Westeuropa genoß, hatte ihn beeindruckt, und er lehnte die Ansicht ab, daß sklavisches Befolgen der jeweils von Moskau verfolgten Linie der sowjetischen Partei Kriterium für eine Beurteilung des Wertes ausländischer kommunistischer Parteien sein solle.[112] Es war eines der wichtigsten Zeichen der sich verändernden Zeiten, daß Gorbatschow am Rande der Trauerfeierlichkeiten für Tschernenko im März 1985, an der viele ausländische Politiker teilnahmen, neben seinen Treffen mit den wichtigsten Führern des Westens nur Zeit für einen europäischen Kommunistenführer fand: den Generalsekretär der Kommunistischen Partei Italiens, Alessandro Natta.[113] Ponomarjow, der Leiter der Internationalen Abteilung des Zenralkomitees und ehemals ein hoher Funktionär der Komintern Stalins, zeigte sich davon bestürzt. Er fragte eine Gruppe von Kollegen in der Internationalen Abteilung, wie es sein könne, daß Gorbatschow, wenn Dutzende von Führern »guter« kommunistischer Parteien in Moskau waren, nur den Führer der »schlechten« Italiener empfing.[114]

Wenn Gorbatschow auch positiv beeindruckt war von seinen Reisen nach Kanada und Italien, hatte er seine wichtigste Auslandsreise, bevor er Generalsekretär wurde, erst noch vor sich: seinen einwöchigen Aufenthalt in Großbritannien im Dezember 1984. Zu dieser Zeit wurde er bereits als ein aussichtsreicher Kandidat für die Nachfolge Tschernenkos gehandelt. Und nach dem, was Ausländer von Tschernenko sehen konnten, schien dies eine realistische Möglichkeit für die nähere Zukunft zu sein. Die Aufmerksamkeit der Welt richtete sich deshalb auf ihn wie niemals zuvor. Die Massenmedien vieler westlicher Länder verfolgten seinen Besuch in Großbritannien aufmerksam, und die britische Presse sowie Rundfunk und Fernsehen berichteten sehr ausführlich und in höchstem Maße positiv über den Besuch.[115] Neu war auch die Gegenwart von Raissa Gorbatschowa, deren attraktiver Erscheinung und Lebhaftigkeit beinahe so viel Aufmerksamkeit geschenkt wurde wie ihrem Mann – und in der Boulevardpresse eher mehr. Dies löste in Moskau einige Kritik aus. Frau Gorbatschowa schrieb später: »Als ich nach Hause zurückkam, hörte ich die Leute sagen: ›Warum haben sie dich da drüben so gelobt? … Was hast du gemacht, um den Westen für dich einzunehmen?‹«[116] Die sowjetischen Journalisten übten bei ihrer Berichterstattung größere Zurückhaltung als ihre westlichen Kollegen.[117] Trotzdem schenkte das sowjetische Fernsehen Gorbatschows Aktivitäten in Großbritannien mehr Aufmerksamkeit, als einem sowjetischen Politiker außer dem Generalsekretär normalerweise zuteil wurde.

Gorbatschow hatte sich sorgfältig darauf vorbereitet, außenpolitische Fragen mit der Premierministerin Margaret Thatcher und britischen Parlamentsabgeordneten, darunter die Führer der Oppositionsparteien, zu erörtern. Da ein möglicher *faux pas* nicht nur der westlichen Welt, sondern auch denen bekannt geworden wäre, die in Moskau darauf warteten, daß Gorbatschow ein Mißgeschick passiere, ging Gorbatschow – dessen Delegation Alexander Jakowlew (damals noch Direktor des IMEMO und kein ZK-Mitglied) und den Nuklearphysiker Jewgeni Welichow einschloß – ein bewußtes Risiko ein, als er ein westliches Land besuchte, während er als Kronprinz galt. Er vermittelte seinen britischen Gesprächspartnern erfolgreich den Eindruck, er sei offener und flexibler als die sowjetischen Führer, mit denen sie es bis dahin zu tun gehabt hatten, ohne dabei jedoch wirklich von der in Moskau herrschenden politischen Linie abzuweichen. Es ist denkbar, daß dieses Auftreten Gorbatschows Gromyko beeindruckte, obwohl Gorbatschow berichtet hat, daß bei Gromyko ihm gegenüber »besonders seit meiner Reise nach Großbritannien neue, eifersüchtige Töne aufkamen«[118]. Die spätere Unterstützung des langjährigen Außenministers für Gorbatschow hatte mit großer Sicherheit eher mit Gromykos Wunsch zu tun, auf der Seite der Gewinner in der sowjetischen

Politik zu bleiben.[119] In der Rede, mit der später Gorbatschow für das Amt des Generalsekretärs des Zentralkomitees der sowjetischen Kommunistischen Partei empfohlen wurde, schlug Gromyko einen für ihn untypisch warmherzigen und enthusiastischen Ton an. Es war ganz ungewöhnlich, daß er so lebhaft zugunsten von irgend jemandem sprach, ganz zu schweigen von einem relativen Neuankömmling in der sowjetischen Führung, der erst seit weniger als sieben Jahren in Moskau war. Gromyko hingegen hatte die sowjetische Delegation bei der Gründungskonferenz der Vereinten Nationen in Dumbarton Oaks 1944 geleitet, hatte mit jedem amerikanischen Präsidenten von Roosevelt bis Reagan zu tun gehabt und war seit 1957 sowjetischer Außenminister.

Es ist bedeutsam, daß Gromyko in seiner Rede vom März 1985 Gorbatschows Flexibilität herausstrich und dabei anmerkte, daß sie sich durchaus innerhalb der festgelegten Grenzen halte. Er konnte sich nicht vorstellen, wie weit Gorbatschow in naher Zukunft diese Grenzen ausdehnen sollte. Gromyko sagte: »Sie wissen, daß es oft vorkommt, daß Probleme – innere wie äußere – schwierig zu betrachten sind, wenn man sich von der Ansicht ›Schwarz oder Weiß‹ leiten läßt. Es kann möglicherweise Zwischenfarben geben, Zwischenverbindungen und Zwischenlösungen. Und Michail Sergeijewitsch [Gorbatschow] ist stets in der Lage, solche Entscheidungen zu treffen, die mit der Parteilinie korrespondieren.«[120] Gromyko konnte natürlich nicht voraussehen, in welchem Ausmaß Gorbatschow das sowjetische Militärestablishment erschüttern würde, als er hinzufügte: »Er verteidigt immer den Standpunkt, daß unser Allerheiligstes das Ringen um den Frieden ist und unsere Verteidigungsanstrengungen deshalb auf der notwendigen Höhe gehalten werden müssen.«[121] Gromykos Unterstützung für Gorbatschow war zweifelsohne von Wert zur Zeit der Nachfolgefrage, und die Tatsache, daß Gorbatschow sogar von der ›Eisernen Lady‹ – wie die sowjetische Presse Frau Thatcher titulierte – lobend erwähnt wurde, wird wahrscheinlich für Gromyko nicht unwichtig gewesen sein (der ein Jahr zuvor mehr als Zufriedenheit über die Wahl Tschernenkos an die Führungsspitze gezeigt hatte).[122]

Gorbatschow selbst scheint sowohl von dem Ausmaß der ihm in England geschenkten Aufmerksamkeit – sein Treffen mit der Premierministerin dauerte wesentlich länger als vorgesehen – als auch von dem, was er vom Land und dessen politischen Institutionen sah, beeindruckt gewesen zu sein. Viele, die eng mit ihm zusammenarbeiteten, berichten, daß er später oft gesagt habe, dieser Besuch habe ihm die Augen geöffnet.[123] In seinen eigenen Memoiren schreibt Gorbatschow, diese Auslandsreise habe ihn dazu gebracht, »über die Rolle und den Platz Europas in der Welt gründlich nachzudenken«[124]. Er und Margaret Thatcher, so Gorbatschow, bauten im folgenden ein »gutes persönliches Verhältnis« zueinander auf, basierend auf gegenseitigem Respekt trotz der gewichtigen Meinungsunterschiede.[125] Ihre Begegnung war nicht nur für die britisch-sowjetischen Beziehungen und die Erweiterung von Gorbatschows politischem Gesichtskreis von Bedeutung, sondern auch für das Ost-West-Verhältnis im allgemeinen. Seit 1979 hatte es kein Gipfeltreffen mehr zwischen einem amerikanischen Präsidenten und einem sowjetischen Generalsekretär gegeben, und Ronald Reagan zeigte wenig Neigung, mit dem ›Reich des Bösen‹ einen Dialog aufzunehmen. Ihn verband aber ein hervorragendes politisches und persönliches Verhältnis mit Margaret Thatcher, und als Gorbatschow Generalsekretär wurde, trug sie einen bedeutenden Teil dazu bei, Reagan davon zu überzeugen, daß Gorbatschow ein ganz anderer Typ sowjetischer Führer als seine Vorgänger sei, einer, mit dem man ins Geschäft kommen könne.[126] Um Reagan darauf aufmerksam zu machen, wartete die britische Premierministerin nicht, bis der Kronprinz an die Regierung kam. Wenige Tage nach ihrem Treffen mit Gorbatschow im Dezember 1984 flog sie in die Vereinigten Staaten, um ihre Eindrücke direkt dem amerikanischen Präsidenten mitzuteilen.[127] Der Außenminister George Shultz erinnert sich: »Sie war begeistert von Gorbatschow, wie auch aus ihren öffentlichen Erklärungen hervorging.« Er sagt weiter: »Der Präsident hatte immenses Vertrauen zu ihr, und ihre Ansichten hatten großes Gewicht.«[128]

Margaret Thatchers gefeierte Bemerkung – »Ich mag Mr. Gorbachev. Wir können miteinander Geschäfte machen«[129] – war berechnend und echt zugleich, kalkulierend insofern, als die Premierministerin und das Außenministerium den Besuch als einen Erfolg darstellen *wollten* und zu der Ansicht gelangt waren, daß es wünschenswert wäre, Gorbatschow und kein anderer würde die Nachfolge Tschernenkos als Führer der Sowjetunion antreten.[130] Die Bemerkung der Premierministerin entsprang aber nicht allein einer Berechnung, sondern reflektierte auch die Tatsache, daß Frau Thatcher zum ersten Mal mit einem

sowjetischen Politiker in ein persönliches Verhältnis eingetreten und
Gorbatschow ihr sympathisch war. Belegt wird dies durch die Über-
einstimmung zwischen ihren öffentlichen Aussagen und privaten
Äußerungen darüber.[131]

Gorbatschow kehrte einen Tag früher nach Moskau zurück als
geplant. Er traf am 15. Dezember in England ein, und sein Rückflug
war für den 22. Dezember vorgesehen gewesen. Aber Dmitri Ustinow
starb am 20. Dezember, und Gorbatschow reiste in offensichtlicher
Sorge um die Nachfolgediskussion am darauffolgenden Tag ab. Er
erklärte seinen britischen Gastgebern in Regierung und Parlament,
daß Ustinows Tod seine vorzeitige Rückkehr notwendig mache, und
als er von Journalisten nach den Gründen gefragt wurde, war er es –
und nicht irgend jemand in Moskau –, der die Welt über Ustinows
Tod informierte. Britische Politiker betrachteten dies als ein Zeichen
für Gorbatschows Selbstbewußtsein, genauso wie die Tatsache, daß er
mit den anderen Mitgliedern seiner Delegation einen entspannten
Umgang pflegte, von denen jeder »frei war, seine Meinung zu sagen,
obwohl es keinen Zweifel darüber gab, wer der Chef war«[132].

Am Tag nach Gorbatschows Rückkehr nach Moskau wurde bekanntgegeben, daß der bejahrte und relativ farblose Marschall Sergei
Sokolow Verteidigungsminister werden würde. Wenn Sokolow über
Verbindungen zu einer der Führungspersönlichkeiten verfügte, so liefen sie über den für das Militär zuständigen ›Spitzensekretär‹ Grigori
Romanow, denn Sokolow war Befehlshaber des Leningrader Militär-
distrikts in den sechziger Jahren gewesen, als Romanow ein Sekretär
(später der Erste Sekretär) der Leningrader Parteiregion war. Aber
Gorbatschow nahm wahrscheinlich an, von dem 73jährigen Sokolow
nicht viel befürchten zu müssen. Später, als Generalsekretär, sollte er
die Landung des jungen Westdeutschen Matthias Rust mit einer
Sportmaschine in unmittelbarer Nähe des Roten Platzes (dessen unan-
gekündigter Flug fast bis in den Kreml die meisten Russen eher amü-
sierte als alarmierte) als eine willkommene Begründung für die Entlassung Sokolows als Verteidigungsminister und General Alexander
Koldunows als Chef der Luftabwehr benutzen.

Wenn es richtig ist, daß Gorbatschow ein politisches Risiko einging
mit seinem Besuch eines westlichen Landes und der damit einhergehenden öffentlichen Aufmerksamkeit zu einer Zeit, als es schien, daß
Tschernenko nicht mehr lange zu leben haben würde, setzte er mög-

licherweise noch mehr aufs Spiel, als er eine Woche vor seinem Abflug nach London eine wichtige Rede vor einer Ideologiekonferenz in Moskau hielt. Diese Rede vom 10. Dezember wird im folgenden Kapitel eingehend behandelt, denn niemals zuvor hatte Gorbatschow so viele neue Ideen ausgebreitet, die von der aktuellen Parteilinie abwichen und damals ein Wagnis darstellten. Tatsächlich war die Aussicht, diese Gedanken öffentlich ausgesprochen zu hören, so besorgniserregend, daß »Tschernenko buchstäblich am Abend vor der Konferenz Gorbatschow anrief und vorschlug ..., sie [die Konferenz] abzusagen«. Wadim Medwedjew, der diesen Versuch, die Rede zu verhindern, als erster enthüllte, schreibt, Gorbatschow habe Tschernenkos Ansinnen entschieden zurückgewiesen.[133] Zu denen, die halfen, diese lange Ansprache vorzubereiten, gehörten neben Medwedjew selbst auch Alexander Jakowlew und Nail Bikkenen (ein Theoretiker tatarischer Abstammung, der im Juni 1987 Chefredakteur der Zeitschrift *Kommunist* werden sollte, die er dann noch mehr zu einem Diskussionsforum machte, als sie es bereits ein Jahr zuvor war).[134] Die Rede sorgte für einiges Aufsehen in den höheren Kreisen der sowjetischen Kommunistischen Partei, blieb aber im Westen weitgehend unbeachtet. Nur die Hälfte wurde in der *Prawda* abgedruckt, und viele der interessantesten und innovativsten Passagen ließ die *Prawda* weg, die damals eine Auflage von über zehn Millionen hatte.[135] Der Text wurde aber sofort als Broschüre veröffentlicht, von der man 100.000 Exemplare druckte.[136]

Die meisten der Schlüsselkonzepte der ersten Jahre Gorbatschows als Generalsekretär wurden in dieser Rede sehr deutlich, die, obwohl erkennbar vom Marxismus geprägt, einem kritischen Marxismus verpflichtet war, der einen scharfen Bruch mit den Apologien des orthodoxen sowjetischen Marxismus-Leninismus darstellte. Es konnte freilich nicht überraschen, daß es sich dabei um eine Mischung aus Altem und Neuem handelte. Die Kommunistische Partei als Ganzes klammerte sich immer noch an die unter Breschnew akzeptierte Vorstellung, die Sowjetunion sei zu einer »entwickelten sozialistischen Gesellschaft« geworden. Erst während des XXVII. Parteitages im Jahr 1986, als Gorbatschow schon beinahe ein Jahr das Amt des Generalsekretärs innehatte, war es ihm möglich zu sagen, daß das Konzept des »entwickelten Sozialismus« ein Deckmantel für Konservatismus gewesen war. Der Name der Konferenz, vor der Gorbatschow im Dezember 1984 sprach, war denn auch »Die Perfektionierung des entwickelten Sozialismus und die ideologische Arbeit der Partei im Lichte der Beschlüsse des Juniplenums (1983) des Zentralkomitees der KPdSU«. Unter dieser langatmigen und nicht sonderlich vielversprechenden Rubrik hatte Gorbatschow einige seiner radikalen Veränderungsvorschläge innerhalb des Rahmens der »Probleme der Perfektionierung des entwickelten Sozialismus« zu formulieren, der, wie er sagte, »das grundlegende Kriterium für die Bewertung der Arbeit der Sozialwissenschaften« sei.[137] Was aber die »Perfektionierung des entwickelten Sozialismus … letztendlich« bedeute, erklärte er mit der »Erweiterung der Entwicklungsmöglichkeiten für das Individuum und für die Initiative des sowjetischen Menschen als Herrn seines Landes, als Arbeiter und Bürger«.[138] Konstantin Tschernenkos damaliger Mitarbeiter, Wadim Petschenew (der von Gorbatschow entlassen wurde, nachdem er Generalsekretär war), betont in seinen Memoiren die Tatsache, daß Gorbatschow von der »Perfektionierung des entwickelten Sozialismus« sprach.[139] Dabei ist daran überhaupt nichts Überraschendes. Gorbatschow, noch nicht Generalsekretär, war nicht in der Position, die Periodisierung der sowjetischen Entwicklung umzuschreiben, die Teil der Parteidoktrin geworden war. (Später als Generalsekretär sollte er diesen Punkt der Doktrin dramatisch verändern, indem er sagte, die Sowjetunion befände sich in der Phase »der Entwicklung des Sozialismus«, nicht in der des »entwickelten Sozialismus«.) Im Gegenteil, es war notwendig für Gorbatschow, während Tschernenko noch Parteiführer war, einiges aus der geltenden und ›politisch korrekten‹ Phraseologie zu übernehmen, wenn er – vielleicht *gerade* dann – neue Ideen in den politischen Diskurs der Sowjetunion einführen wollte.

In der Rede vom Dezember 1984 warfen tatsächlich sowohl politische als auch ökonomische Reformen ihre Schatten voraus. Gorbatschow sprach ausführlich über die Notwendigkeit von Demokratisierung (was er damit meinte, wird im nächsten Kapitel erläutert), Glasnost, Gleichheit aller vor dem Gesetz, größerer Selbstverwaltung (*samoupravlenie*) auf verschiedenen Ebenen des politischen Systems der UdSSR und von der Notwendigkeit, der Initiative einzelner mehr Raum (*prostor*) zu geben, wie auch den »gesunden Interessen«, Arbeitskollektiven und politischen Organen.[140] Die Rede war die erste, die den Begriff Perestroika extensiv benutzte, und sie stellte so beliebte Konzepte der frühen Gorbatschow-Jahre vor wie *uskorenie* (Beschleunigung) und den »Faktor Mensch«.[141]

Gorbatschow ging in dieser Rede auf »die Verlangsamung des Wirtschaftswachstums« am Ende der siebziger und zu Beginn der achtziger Jahre ein. Dabei argumentierte er im Sinne der marxistischen Terminologie der Analyse der Dynamik der Entwicklung von einem sozio-ökonomischen System zum anderen, wenn er sagt, die Schwierigkeiten seien das Ergebnis einer mangelhaften Übereinstimmung zwischen Produktionsverhältnissen und Produktivkräften. Die Notwendigkeit von Veränderungen in den Produktionsverhältnissen seien in guten Zeiten nicht bemerkt worden, und das ungerechtfertigte Festhalten an überflüssigen Elementen dieser Produktionsverhältnisse könne »zu einer Verschlechterung der ökonomischen und gesellschaftlichen Situation führen«[142]. Diese Kritik lag deutlich auf der Linie der Schriften Saslawskajas und anderer innovativer sowjetischer Gesellschaftswissenschaftler, deren Einfluß im allgemeinen recht klar erkennbar war.[143] In derselben Rede verwies Gorbatschow auf die Notwendigkeit, die sowjetische Wirtschaft um ein substantielles marktwirtschaftliches Element zu ergänzen. Dabei benutzte er den Begriff, mit dem es damals am ehesten möglich war, für Marktwirtschaft einzutreten: das »Ware-Geld-Verhältnis«.[144] Wadim Medwedjew, der an der Formulierung der Rede beteiligt war, bestätigte, daß Gorbatschow mit dem ›Ware-Geld-Verhältnis‹ »einen sozialistischen Markt« meinte (»er konnte den Begriff ›Markt‹ nicht verwenden, mit Ware-Geld-Verhältnis meinte er aber den Markt«).[145]

Es kann nicht überraschen, daß diese Rede für Wirbel unter den Eingeweihten in der Partei sorgte. Petschenew sagte, daß sie »unzweifelhaft als Erhebung des Anspruches auf die Parteiführung gesehen wurde« und daß Gorbatschows »Anhänger und Gegner sie so verstanden«. Das lag an ihrer Breite, der Vielzahl der angesprochenen Probleme und auch an dem selbstbewußten Vortrag.[146] Michail Nenaschew, der Chefredakteur der Zeitung *Sovetskaja Rossia* (damals eine der am wenigsten duckmäuserischen Zeitungen, die aber nach Nenaschews Abgang 1986 eine der konservativsten wurde), arbeitete unter dem Eindruck der Rede Gorbatschows an einem Artikel über die Notwendigkeit der »Perestroika der ideologischen Arbeit«. Andere Zeitungen aber brachten nur trockene Berichte und kommentierten die Rede nicht. Nenaschew sagte: »Das überraschte mich nicht weiter, denn ich wußte, daß vieles von dem, was Gorbatschow sagte, von Tschernenko und seinen Leuten nicht unterstützt wurde.«[147] Wadim Medwedjew

beschrieb die Rede vom Dezember 1984 als »Bestätigung von Gorbatschows Rolle als der für Ideologie zuständige Sekretär«, auch habe sie
»viele frische undogmatische Teile« gehabt, die aber der alten Form
angepaßt gewesen seien[148] (zu der auch viele Zitate Lenins und eines
von Tschernenko gehörten). Die Rede, sagte Medwedjew, wurde »von
ziemlich vielen Leuten für gefährlich gehalten, sie sei zu weit gegangen«[149].

Gorbatschow ging mit seiner Rede wiederum ein kalkuliertes
Risiko ein, denn das Gremium, das den nächsten Generalsekretär
wählen würde – die Vollmitglieder des Politbüros –, war alles andere
als eine Gruppe von Reformern. Im Gegenteil, eine Mehrheit hoffte,
daß alles im wesentlichen so weiterlaufen würde wie bisher. Gorbatschow aber war von der Notwendigkeit von Veränderungen ehrlich
überzeugt. Er mag auch gedacht haben, daß er es sich in seiner Position als Favorit leisten könne, Führungsqualitäten zu zeigen. Und falls
seine Widersacher versuchen sollten, ihn aufzuhalten, würden sie ihm
damit die Gelegenheit geben, das Zentralkomitee als Ganzes auf seine
Seite zu bringen. Eine Reihe von Mitgliedern des Zentralkomitees –
darunter Boris Jelzin[150] und Georgi Arbatow[151] – berichten, daß sie
und andere ZK-Mitglieder einen anderen Wahlvorschlag des Politbüros als Gorbatschow im März 1985, als es schließlich um die Nachfolge
ging, nicht widerspruchslos hingenommen hätten, obwohl es gängige
Praxis des Zentralkomitees war, jede Empfehlung des Politbüros zu
akzeptieren. Die Stimmung im Land war auch für einen Bruch mit der
Gerontokratie, und da es sich bei dem Mann, der begonnen hatte, sich
als eine mögliche Alternative zu Gorbatschow darzustellen, um den
70jährigen Ersten Sekretär Moskaus, Viktor Grischin, handelte, mag
die öffentliche Meinung (ungewöhnlicherweise für das unreformierte
System) in den Köpfen der sowjetischen Funktionäre sogar etwas
bewegt haben. Wenn das Politbüro versucht hätte, so Arbatow, dem
Zentralkomitee ein weiteres Mitglied der alten Garde aufzuzwingen,
»hätten sich ... sogar einige der konservativeren Mitglieder widersetzt«. Arbatow fügte hinzu, es wäre etwas völlig anderes gewesen, hätten sie gewußt, was für eine Politik Gorbatschow sowohl im Inneren
wie im Äußeren zu verfolgen plante. [152]

Gorbatschow war in der Zwischenzeit – wie den aufmerksamen
Lesern seiner Rede vom Dezember 1984 nicht entgangen sein konnte
– zu der Überzeugung gelangt, daß das sowjetische System ernsthafter

politischer und ökonomischer Reformen bedurfte. Seine Ansichten sollten sich weiterentwickeln, nachdem er Generalsekretär geworden war, und zwar so weit, daß er von der Reform des Systems zum Abbruch einiger seiner tragenden Säulen überging. Die Behauptung aber, Gorbatschow sei 1984/85 an nicht mehr als einer Ankurbelung des Wirtschaftswachstums interessiert gewesen, hält einer genaueren Prüfung nicht stand.[153] Der politische Gehalt seiner Dezember-Rede und andere seiner öffentlichen Aussagen werden im nächsten Kapitel eingehender untersucht, seine private Meinung hatte Gorbatschow aber bereits deutlich gemacht. Alexander Jakowlew berichtet von den langen Gesprächen mit Gorbatschow im Sommer 1983, als er noch sowjetischer Botschafter in Ottawa war: »... wir sprachen sehr offen über alles ... der wichtigste Punkt war, daß sich die Gesellschaft verändern, daß sie auf anderen Grundsätzen aufgebaut sein müßte.«[154] Jakowlew fügt hinzu, daß die Ideen der Perestroika nicht einfach spontan oder zufällig im März 1985 entstanden, sondern daß sie, wie er wisse, in Gorbatschow einige Zeit lang reiften.[155]

Zum selben Thema erinnern sich Gorbatschow und Schewardnadse an ein Gespräch im Kurort Pitsunda auf der Krim im Dezember 1984, bei dem sie übereinstimmend feststellten, daß die Menschen in der Sowjetunion nicht mehr so weiterleben können wie bisher. 1990 zitierte Gorbatschow zustimmend die damaligen Worte Schewardnadses, daß »alles verrottet« sei.[156] In seinen Memoiren, die ein Jahr später erschienen, schreibt Schewardnadse: »›Alles ist verrottet. Es muß verändert werden.‹ Ich sagte das wirklich zu Gorbatschow an einem Winterabend 1984 in Pitsunda, und ich werde diese Worte heute nicht zurücknehmen.«[157] Gorbatschow selbst sagte am Vorabend seiner Wahl zum Generalsekretär: »Wir können so nicht weiterleben.«[158] Obwohl Gorbatschow innerhalb weniger Jahre nach seiner Übernahme des Generalsekretariats politische Ziele verfolgen sollte, von denen er sich am Abend vor seiner Wahl nicht vorstellen konnte, sie einmal zu vertreten, waren seine politischen Pläne Ende 1984/1985 – die er teilweise verbarg, denn er sprach mit Schewardnadse offener bei ihren jährlichen Begegnungen im Winterurlaub, als dies beide Männer in der Öffentlichkeit zu tun pflegten[159] – wesentlich radikaler, als dies dem sowjetischen Establishment bewußt war.[160]

Was viele der Gegner Gorbatschows mehr beunruhigte als ein Reformismus, den viele unter ihnen gar nicht verstanden, war die Aus-

sicht auf schnelleren Personalwechsel, der Degradierung oder Amts-
verlust für sie bedeuten konnte, und die disziplinären und Anti-Kor-
ruptionsaspekte seines Programms. Diese Themen waren von Andropow während seiner kurzen Zeit als Generalsekretär sehr deutlich herausgestellt, unter Tschernenko aber mit weniger Ernst verfolgt worden. In Tschernenkos letzten Lebensmonaten aber, als seine Krankheit
größere Macht für Gorbatschow bedeutete, wurde die Erinnerung an
die Komponente ›Disziplin‹ plötzlich stark aufgefrischt. Der für seine
Korrumpiertheit berüchtigte Innenminister Nikolai Schtschelokow
führte trotz seiner Entlassung aus dem Amt durch Andropow unter
Tschernenko (den er seit über 30 Jahren kannte) ein gutes Leben. Aber
im November 1984 wurde Schtschelokow seines militärischen Ranges
entkleidet, weil er ihn entwürdigt und sein Ministeramt mißbraucht
habe, was gewiß als ein Vorspiel zur Eröffnung eines Strafverfahrens
gegen ihn gedacht war. Schtschelokow fürchtete Gorbatschows
Machtübernahme und sagte über ihn: »Dieser Mann muß vernichtet
werden.«[161] Im folgenden Monat beging Schtschelokow Selbstmord.
Die damals in Moskau kursierenden Gerüchte, Schtschelokow habe
sich das Leben genommen, wurden später in den Memoiren des
Kremlarztes Tschasow bestätigt.[162] Auf Tschasow machte es den Eindruck, als ob der Selbstmord eines so alten Freundes des Generalsekretärs wie Schtschelokow, kurz nach dem Tode Ustinows, Tschernenko
tief erschüttert habe.[163]

Die Nachfolge

Traditionelle, unfreie sowjetische Wahlen bildeten, so merkwürdig es
scheinen mag, den Hintergrund zu einem letzten und wirkungslosen
Widerstandsversuch der alten Garde gegen Gorbatschow und lieferten auch ihre eigenen nebulösen Hinweise darauf, daß Gorbatschow
immer noch in der stärksten Position war, die Nachfolge Tschernenkos
anzutreten. Die Wahlen zum Obersten Sowjet der russischen Republik fanden gegen Ende Februar 1985 statt. Viktor Grischin schob sich
so weit wie möglich in den Vordergrund – nach Ligatschows Ansicht
»in dem Versuch, die Idee zu verbreiten, er sei der Nachfolgekandidat
des Generalsekretärs«[164] (worin er zweifellos von Grigori Romanow
bestärkt wurde, der hoffen konnte, in einem Grischin-Politbüro Gor-

batschow als Zweiten Sekretär zu ersetzen und selbst Kronprinz zu werden).[165] Grischin nutzte seine Stellung als Erster Parteisekretär Moskaus aus und sorgte dafür, daß er mit dem schwerkranken Tschernenko gemeinsam photographiert wurde. Der Generalsekretär hatte sein Krankenbett verlassen müssen, um seine Stimme bei den Wahlen abzugeben und so der Welt zu demonstrieren, daß die Sowjetunion einen Führer hatte, der, wenn auch nur gerade noch, aber doch am Leben war. Dieser Schachzug aber fiel negativ auf seine Urheber zurück und machte es nur noch unwahrscheinlicher, daß irgend jemand anderes als Gorbatschow der Nachfolger Tschernenkos werden würde. Sogar viele sowjetische Funktionäre, von der Allgemeinheit ganz zu schweigen, wurden in ihrer Ansicht bestärkt, daß es einen Generationswechsel geben müsse, wenn Staatsbegräbnisse nicht zu jährlichen Veranstaltungen werden sollten. Es war nur zu offensichtlich, daß Tschernenko in Kürze sterben würde, und Grischin war nur drei Jahre jünger als er. Was Tschasow »den Versuch Grischins, seine Nähe zu Tschernenko zu betonen«, genannt hat,[166] hielt Arbatow für »einfach dumm«,[167] denn Nähe zu dem kranken Tschernenko war nicht mehr länger von Vorteil.[168] (Seit Tschernenko die Nachfolge Andropows angetreten hatte, war die Gebrechlichkeit der bejahrten sowjetischen Führung Opfer des Moskauer schwarzen Humors geworden. Eine Geschichte wurde unmittelbar nach Andropows Begräbnis erzählt: Margaret Thatcher ruft Ronald Reagan an und sagt: »Du hättest kommen sollen. Sie haben es ganz ausgezeichnet gemacht. Ich komme auf jeden Fall nächstes Jahr wieder.« Sie tat es – wegen der Beerdigung Tschernenkos –, aber Reagan kam nicht! Ein anderer Witz ahmte den Tonfall einer offiziellen Verlautbarung nach, man habe auf der letzten Plenarsitzung des Zentralkomitees beschlossen, den Genossen X zum Generalsekretär zu wählen und an der Kremlmauer beizusetzen.)

Die Wahlen zeigten tatsächlich, daß Gorbatschow immer noch der aussichtsreichste Kandidat für die Nachfolge Tschernenkos war. Es gab drei verschiedene Hinweise dafür in der ›Kremlogie‹, und diese esoterischen Zeichen durfte man nicht ignorieren, denn demjenigen, der sie zu lesen imstande war, gaben sie damals – und nicht nur in der Retrospektive – nützliche Orientierungshilfen für die Richtungsbestimmung der herrschenden politischen Winde. Der erste Hinweis kam im Januar, als die *Prawda* die Zahl aller Wahlkreise veröffentlichte, die verschiedene Mitglieder der Führung als Kandidaten nominiert hatten. Genauso wurde auch eine Liste gedruckt, aus der hervorging, welche Nominierungen diese Führungsmitglieder akzeptiert hatten. Tschernenko erhielt die meisten Nominierungen, aber den zweiten Platz teilten sich Tichonow und Gorbatschow. In der Liste der angenommenen Nominierungen stand Tschernenko an erster Stelle, gefolgt von Tichonow und Gorbatschow an zweiter und dritter Stelle.[169] Daran war nichts Zufälliges. Solche Plazierungen reflektierten die Position eines Führungsmitglieds in der Hierarchie der Partei. Als Generalsekretär mußte Tschernenko an erster Stelle stehen. Tichonow verdankte seine Zweitplazierung seinem hohen Staatsamt als Vorsitzender des Ministerrates. Da er aber 79 Jahre alt war und, was noch wichtiger ist, nie ein Parteiamt – im Gegensatz zu ministeriellen Stellungen – innegehabt hatte, kam er für die Nachfolge gar nicht erst in Frage. Das kleine Feld derjenigen, die sich Hoffnungen auf das Generalsekretariat machen konnten, wurde von Gorbatschow angeführt.

Der zweite Indikator war die Reihenfolge, in der die Wahlreden gehalten wurden. Die Ansprachen der Politbüromitglieder vor ausgewählten Wählergruppen wurden an verschiedenen Tagen gehalten, wobei diejenigen, die an der Spitze der politischen Hierarchie standen, unmittelbar vor dem Wahltag sprachen. Die letzten drei Reden waren die von Gorbatschow, Tichonow und Tschernenko (dessen Rede für ihn verlesen werden mußte, da er zu krank war, um persönlich in Erscheinung zu treten).[170] Die Rangordnung war also Ende Februar unverändert diejenige, die bereits Anfang Januar (in den Nominierungslisten) zu erkennen war und tatsächlich schon im März 1984 gegolten hatte, als kurz nach Andropows Tod die Mitglieder des Politbüros ihre Reden zu den Wahlen zum Obersten Sowjet der UdSSR gehalten hatten.[171]

Das dritte Anzeichen dafür, daß es sich bei Gorbatschow nicht um ein gewöhnliches Mitglied des Politbüros handelte, war die traditionswidrige Anwesenheit zweier Sekretäre des Zentralkomitees, Ligatschows und Ryschkows, die damals freilich Gorbatschows engste Verbündete im Sekretariat waren, bei seiner Wahlrede im Februar 1985. Da ihre Anwesenheit nicht, wie Dolgich, einer der erfahreneren Sekretäre bemerkte, dem »völlig heiligen« traditionell herausgebildeten Muster entsprach, »nahm man davon Notiz«.[172]

Im Januar und Februar rief Tschasow regelmäßig Gorbatschow an, um ihn über den Gesundheitszustand Tschernenkos auf dem laufenden zu halten. Da Tschasow von Gorbatschows »kompliziertem Verhältnis zu Tschernenko« wußte, war er »immer überrascht« von Gorbatschows persönlichen Bitten, alles in seiner Macht Stehende zu tun, Tschernenko zu retten und dessen Gesundheit zu bewahren.[173] Tschasow schreibt, daß er Gorbatschow aber keine Illusionen gemacht und ihm mitgeteilt habe, daß alle Spezialisten übereinstimmend sagten, Tschernenko habe »nur noch ein paar Monate und möglicherweise weniger zu leben«.[174] Tatsächlich starb Tschernenko am Sonntagabend, dem 10. März, nachdem er mehrere Tage im Koma gelegen hatte. Gorbatschow war der erste, der davon erfuhr. Tschasow rief ihn in seiner Datscha an, um ihm die Nachricht mitzuteilen.[175]

Obwohl Gorbatschow um Tschernenkos Gesundheit besorgt gewesen war, solange dieser gelebt hatte, verloren er und sein Partner Ligatschow jetzt keine Zeit, die Räder des Machtwechsels in Bewegung zu setzen. Wie auch in der Vergangenheit hatte sich dies in zwei Phasen zu vollziehen. Zuerst mußte das Politbüro entscheiden, wen es dem Zentralkomitee als Generalsekretär empfehlen würde, und dann hatte das Zentralkomitee als Ganzes die formelle Wahl zu treffen. Grundsätzlich durfte man die Möglichkeit von Opposition und Gegenstimmen nicht ausschließen (diesmal besonders, wenn das Politbüro jemand anderen als Gorbatschow nominiert hätte), in der Praxis aber waren solche Wahlen wirklich nur eine Formsache. Die tatsächliche Entscheidung wurde im Politbüro getroffen – oder sogar von einem noch kleineren Zirkel, der sich dann im Politbüro durchsetzte –, und die Wahl Gorbatschows machte hier keine Ausnahme. Ohne Beispiel allerdings waren die Geschwindigkeit und Effizienz, mit der die Operation ausgeführt wurde. Kein Generalsekretär in der sowjetischen Geschichte wurde so schnell gewählt wie Gorbatschow, was das wahrscheinliche Ergebnis allerdings nur noch sicherer machte. Tschernenko war um 19.20 Uhr gestorben. Der Leiter der Allgemeinen Abteilung des Zentralkomitees, Klawdy Bogoljubow – der ausnehmend eng mit Tschernenko verbunden gewesen war und, wie wir gesehen haben, nicht zu den Freunden Gorbatschows zählte[176] –, hatte keine andere Wahl, als der Anweisung Gorbatschows zu entsprechen und die Mitglieder des Politbüros und die Sekretäre des Zentralkomitees noch für den selben Abend im Kreml zusammenzurufen.

Die Berichte der Teilnehmer an den Beratungen des Politbüros in jener Nacht und am folgenden Tag unterschieden sich in Einzelheiten, sie liegen aber nun in ausreichender Zahl vor, um das Wesentliche klar hervortreten zu lassen. Die Sitzung des Politbüros am Sonntagabend behandelte offiziell gar nicht die Neuwahl des Generalsekretärs. Das Politbüro trat zusammen, um zunächst Tschasows Bericht über die Krankheit und den Tod Tschernenkos entgegenzunehmen, danach über die Zusammensetzung der Beerdigungskommission zu beraten und, vor allem, um zu entscheiden, wer dieser Kommission vorstehen solle. Seit dem Tod Stalins war jeder, der mit der Leitung der Beerdigungskommission für einen verstorbenen Führer betraut worden war, Generalsekretär geworden. Da dies der dritte Tod eines Generalsekretärs innerhalb von zweieinhalb Jahren war, waren sich die *cognoscenti* innerhalb der Sowjetunion und die ausländischen Beobachter der Präzedenzfälle sehr wohl bewußt. Es gab gewichtige Gründe dafür, daß mit dem Leiter der Beerdigungskommission eine Vorentscheidung über den nächsten Führer des Landes getroffen wurde.

Gorbatschow hatte gute Gründe, die Sitzung sofort einzuberufen. Drei Vollmitgliedern des Politbüros war eine Teilnahme unmöglich. Der Erste Sekretär der kasachischen Partei, Kunajew, konnte unmöglich rechtzeitig von Alma-Ata nach Moskau kommen. Eine noch geringere Chance hatte der ukrainische Erste Sekretär, Wladimir Schtscherbizki. Er hielt sich in San Francisco auf, als Leiter einer sowjetischen Delegation, die die Vereinigten Staaten besuchte, als ihn die Nachricht erreichte.[177] Der Dritte, dem es nicht möglich war, anwesend zu sein, war Witali Worotnikow – der Vorsitzende des Ministerrates der russischen Republik, der unter Andropow zu einem Vollmitglied des Politbüros befördert worden war –, der in Jugoslawien eingeschneit war. Von diesen dreien stand keiner Gorbatschow nahe, und zwei hatten eher dem Breschnew-Tschernenko-Lager als der Andropow-Gorbatschow-Gruppe angehört. Worotnikow war davon ausgegangen, daß Gorbatschow Tschernenkos Nachfolger werden würde,[178] aber die Breschnewschen Veteranen Kunajew und Schtscherbizki wären glücklich gewesen, einen älteren Alternativkandidaten wie Grischin zu unterstützen, wenn sie von dessen Erfolgsaussichten überzeugt gewesen wären. Es erscheint jedoch zweifelhaft, ob sie eine Spaltung der Führung riskiert hätten, wenn sie anwesend hätten sein können. Ihre Abwesenheit aber garantierte, daß die Sukzession glatt vonstatten ging.

Den meisten der Politbüromitglieder und Sekretäre des Zentralkomitees, die an jenem Sonntagabend in den Kreml beordert wurden,
hatte man am Telefon nicht den Grund für die Eile mitgeteilt, und sie
waren zu sehr Teil des Systems, um nachzufragen. Es war aber nicht
schwer für sie zu erraten, daß Tschernenko gestorben war. Gorbatschow teilte Grischin die Neuigkeit bei dessen Ankunft im Kreml mit
und nutzte sofort die Gelegenheit auf geschickte Weise, um noch vor
dem offiziellen Sitzungsbeginn Grischin nach dessen Absichten zu fragen. Gorbatschow ging nicht so plump vor und fragte Grischin etwa
direkt. Statt dessen schlug er vor, Grischin solle der Beerdigungskommission vorsitzen.[179] Grischin zeigte sich daraufhin überrascht und
führte aus, es sei üblich, daß der Leiter der Beerdigungskommission
ein Sekretär des Zentralkomitees und nicht Sekretär einer Stadtpartei-
organisation sei. Außerdem solle es derjenige sein, der dem verstorbenen Generalsekretär am nächsten gestanden habe. Er schloß mit
den an Gorbatschow gerichteten Worten: »Das sind Sie.«[180] Der letzte
Punkt war nur insofern nicht unberechtigt, als Gorbatschow Zweiter
Sekretär gewesen war. Dennoch war klar, daß Grischin seine eigenen
Chancen so gering veranschlagte, daß er seine Hoffnung auf sein weiteres politisches Überleben in der Führung darin sah, Unterstützung
für Gorbatschow zu demonstrieren.

Wie ernst Grischins Eigenwerbung zu nehmen ist, erscheint immer
noch unklar. Trotz seiner Frage an Grischin, ob dieser die Beerdigungskommission leiten wolle, hat Gorbatschow andererseits gesagt,
daß niemand ernsthaft an Grischin als einen Kandidaten für das
Generalsekretariat dachte.[181] Im strengen Sinne erscheint dies nicht
den Tatsachen zu entsprechen (obwohl zutreffend zum Zeitpunkt der
eigentlichen Entscheidung), da sowohl Ligatschow als auch Jelzin, um
nur zwei zu nennen, diese Möglichkeit ernsthaft in Betracht zogen.
Jelzin war aber damals noch ein kleiner Regionssekretär in Swerdlowsk, und die Darstellung in seinen Memoiren, eine von Grischin
angefertigte Liste gefunden zu haben, die mögliche Befürworter und
Gegner seiner Kandidatur für das Amt des Generalsekretärs aufführte,
scheint ein reines Phantasieprodukt zu sein.[182] Ligatschow, der sich
zwar darüber besorgt zeigte, daß Grischin seine Aktivitäten im Winter
1984/85 verstärkte und »begann, beinahe offen eine Führungsrolle im
Politbüro zu beanspruchen«,[183] hält Jelzins Behauptung, eine solche
Liste sei gefunden worden, für abwegig. Er sagt, es klinge »wie ein

Gerücht von der Straße«, und fragt: »Warum eine Liste zusammenstellen, wenn es ganz einfach ist, sich die Namen der Politbüromitglieder zu merken, die man an vier Fingern abzählen kann?«[184]

Obwohl auch Ligatschow erklärt, das Ergebnis der Wahl eines Leiters der Beerdigungskommission sei selbst nach der ersten Sitzung des Politbüros noch ungewiß gewesen, stößt diese Darstellung auf den Widerspruch der meisten Teilnehmer. Gorbatschow führte bei dieser Sitzung von Anfang an den Vorsitz und ging aus ihr als Leiter der Beerdigungskommission hervor. Der erste, der Gorbatschow als den geeignetsten Vorsitzenden der Beerdigungskommission ins Spiel brachte – offiziell, bei der Sitzung des Politbüros, wie auch vorher bei seiner informellen Begegnung mit Gorbatschow –, war kein anderer als Grischin, wie Gorbatschow selbst später seinem Mitarbeiter Anatoli Tschernjajew berichtete.[185] Es wurde beschlossen, daß das Politbüro um 15.00 Uhr am folgenden Tag zusammentreten solle, um einen neuen Generalsekretär zu bestimmen und festzulegen, daß die Plenarsitzung des Zentralkomitees für die formelle Wahl um 17.00 Uhr stattfinden würde. In anderen Worten also sollte ein neuer Führer innerhalb von 24 Stunden nach dem Tod des alten die Geschäfte übernehmen. Militärmaschinen brachten die Mitglieder des Zentralkomitees aus den entfernteren Teilen der Sowjetunion zu der Sitzung [186] – ein weiteres Beispiel dafür, wie die Kommunistische Partei den Ton angab und wie sehr Partei und Staat in der unreformierten Sowjetunion ineinander verschlungen waren.

Es gibt selbst unter den Teilnehmern der Sitzungen des Politbüros am Abend des 10. März und Nachmittag des 11. März keine völlige Übereinstimmung darüber, ob Gromyko bereits bei der früheren Beratung über den Vorsitzenden der Beerdigungskommission zugunsten von Gorbatschow interveniert hat. Unbestritten ist aber, daß er Gorbatschow für das Amt in der Sitzung des Politbüros am 11. März (dem Tag nach Tschernenkos Tod) vorschlug, die kurz vor der Plenartagung des Zentralkomitees stattfand, bei der Gromyko auch Hauptredner für Gorbatschow war.[187] Ligatschow zum Beispiel gibt an, der Ausgang sei bis zur Sitzung des Politbüros am 11. März – zwei Stunden bevor das Zentralkomitee zusammentreten sollte – offen gewesen, während Ryschkow erklärt, alles sei am 10. geklärt worden.[188] In einem formalen Sinne hat Ligatschow recht. Das Politbüro und anschließend auch das Zentralkomitee mußten immer noch über die eigentliche Frage der

Parteiführung abstimmen, und es war noch nicht allgemein bekannt, daß Gorbatschow zum Vorsitzenden der Beerdigungskommission bestimmt worden war. Erst am 11. März erfuhr die Außenwelt vom Tod Tschernenkos – und dann, am selben Tag etwas später, daß Gorbatschow sein Nachfolger war. Dolgich, der am 11. März gemeinsam mit Gorbatschow in einem Fahrstuhl auf dem Weg zur Sitzung des Politbüros fuhr, die im Gebäude des Zentralkomitees am Staraja Ploschtschad (Alter Platz) stattfand, fragte ihn scherzhaft, ob er schon seine Thronrede vorbereitet habe. Gorbatschow lachte und entgegnete, daß er für denjenigen, der berufen werden würde, eine Rede zu halten, auch eine in Auftrag gegeben habe.[189]

Tatsächlich saß eine Gruppe von Tschernenko nahestehenden Persönlichkeiten wegen eines Nachrufs auf Tschernenko bis spät in der Nacht beisammen, während eine andere Gruppe mit der Vorbereitung der Antrittsrede des neuen Generalsekretärs beschäftigt war. Die vier Autoren der Rede, »zu halten von demjenigen, der zum Generalsekretär gewählt wird«, waren Anatoli Lukjanow, damals Erster Stellvertretender Direktor der Allgemeinen Abteilung (die er bald selbst leiten und dadurch Bogoljubow ersetzen sollte, als Gorbatschow Generalsekretär geworden war); Wadim Medwedjew, Leiter der Abteilung für Wissenschaft und Bildung des Zentralkomitees; Wadim Sagljadin, Erster Stellvertretender Direktor der Internationalen Abteilung; und Andrei Alexandrow-Agentow, der drei aufeinanderfolgenden Generalsekretären als außenpolitischer Berater gedient hatte – Breschnew, Andropow und Tschernenko – und der von Gorbatschow bis Anfang 1986 gehalten wurde, bis er ihn durch Anatoli Tschernjajew ersetzte.[190] Die ersten beiden waren besonders eindeutig als Verbündete Gorbatschows zu identifizieren. Der Redetext legt nahe, daß er durchaus mit dem Gedanken an Gorbatschow im Hinterkopf verfaßt wurde, obwohl die Rede weniger mutig und innovativ klang als seine sorgfältig durchdachte und viel längere Ansprache bei der Ideologiekonferenz im Dezember 1984. Zwar hatte die Rede vor dem März-Plenum des Zentralkomitees ihren großzügigen Anteil an traditionellen Elementen, enthielt aber doch zwei charakteristische Gorbatschowsche Themen: die Beschreibung der Entwicklung der Demokratie als eine der Schlüsselherausforderungen der parteiinternen Politik und der Ruf nach einer Ausweitung von Glasnost in der Arbeit der Parteiorganisationen, Sowjets und staatlichen Einrichtungen.[191]

   Die Tatsache, daß gerade Gromyko Gorbatschow für das Amt des Generalsekretärs vorschlug – und zwar mit den freundlichsten Worten –, sowohl bei der Sitzung des Politbüros als auch bei der nachfolgenden Plenartagung des Zentralkomitees, machte es den Zweiflern wesentlich schwerer, ihre Bedenken auszusprechen. Gorbatschow verfügte bereits über die Unterstützung derjenigen, die einen Generationswechsel und frische Ideen erhofften. Es konnte also nur von Vorteil für ihn sein, daß der wichtigste Repräsentant der älteren Generation, der letzte Überlebende aus dem inneren Zirkel von Breschnews Politbüro, sein gesamtes Gewicht für Gorbatschow in die Waagschale warf.[192] Zu den von Gromyko in seiner Rede vor dem ZK hervorgehobenen Qualitäten Gorbatschows gehörten dessen Intelligenz, analytischer Verstand, breite Belesenheit, politisches Feingefühl (nicht alles in Schwarz oder Weiß zu sehen), tiefe Überzeugungen, Direktheit und Fähigkeit, mit anderen umzugehen und eine gemeinsame Sprache zu finden. Er betonte außerdem Gorbatschows Erfahrungen in der Parteiarbeit auf verschiedenen Ebenen, sein Talent zur Sitzungsleitung (in Politbüro und Sekretariat) und nicht zuletzt sein Verständnis für internationale Angelegenheiten.[193]
   Weder in der Sitzung des Politbüros, die der des Zentralkomitees voranging, noch im Plenum erhob sich eine Stimme gegen Gorbatschow. Von beiden Organen wurde er einstimmig gewählt.[194] Der Vorgang unterschied sich kaum von den Sukzessionen von 1982 und 1984, mit Ausnahme der größeren Informalität und Lebendigkeit der Reden Gromykos zugunsten Gorbatschows und des Gefühls der Erleichterung bei vielen im Zentralkomitee, daß die Herrschaft der alten und kranken Männer zu Ende war. (Die meisten von ihnen blickten allerdings mit Nostalgie auf die Ära Breschnew zurück, bevor die Zeit Gorbatschows im Amt abgelaufen war.) Die Regelung der Nachfolge ging auf den höchsten Ebenen der Parteihierarchie problemlos vonstatten, nicht, weil es bei etwa der Hälfte des Politbüros keine Sorgen und Zweifel an Gorbatschow gegeben hätte, sondern weil es nicht der Gewohnheit entsprach, sich offen gegen die Gewinnerseite zu stellen. Deshalb, so betont Ryschkow, gab es im März 1985 keinen Kampf um die Führung (obwohl es hinter den Kulissen in den zweieinhalb Jahren davor zu dem einen oder anderen Scharmützel gekommen war). Die Wahl Gorbatschows, wie Ryschkow treffend formuliert, war ein revolutionärer Akt, revolutionär im Wesen, nicht aber in der Form: »For-

mal verlief die Wahl des Generalsekretärs friedlich – und vorherbe-stimmt.«[195]

Damit hatten das Politbüro und das Zentralkomitee der sowjeti-schen Kommunistischen Partei einen Mann in die höchste Posi-tion ihrer Organisation gewählt, den Ryschkow selbst nach seiner Ent-fremdung von Gorbatschow als »einen Außerirdischen (*chuzhak*) in Breschnews Zentralkomitee«, als einen, den seine Jahre im Zentrum seit 1978 nicht korrumpiert hatten, beschrieb.[196] Das System, so Ryschkow, hatte Gorbatschow »geschaffen, gepflegt und geformt«, und doch »hatte Gorbatschow vor langer Zeit innerlich gegen das angestammte System rebelliert«.[197] In den Worten eines seiner späte-ren Berater, Andrei Gratschow, war Gorbatschow »ein genetischer Fehler des Systems«.[198]

KAPITEL 4

Die Macht: Ideen und Personen

Die Jahre, in denen Gorbatschow das höchste Amt der Sowjetunion bekleidete, waren eine Zeit nicht nur dramatischer institutioneller und politischer Veränderungen, sondern auch fundamental veränderten Denkens. Das sowjetische Regime scheute kaum Kosten und Anstrengungen, bedrohliche Ideen und Informationen vom Land fernzuhalten, obwohl der technologische Fortschritt dies zunehmend schwierig machte. Die symbiotische Beziehung zwischen kommunistischen Institutionen und leninistischer Ideologie war für die Erhaltung des sowjetischen Systems von entscheidender Bedeutung, und durch die Aufnahme von Gedanken, die von der akzeptierten Orthodoxie abwichen, veränderte und untergrub Gorbatschow das System in einem wesentlich größeren Ausmaß, als von ihm ursprünglich vorausgesehen.

Keine dieser Ideen war freilich *vollständig* neu. Es gab Personen und kleine Gruppen innerhalb der Gesellschaft, die schon einige Jahre lang die Ansichten vertraten, die in den frühen Perioden der Perestroika gefördert wurden (obwohl sich auch die *Überzeugungen* dieser wenigen Menschen fast ausnahmslos bis zum Ende der achtziger Jahre veränderten). Damit Ideen in einem geschlossenen und hochautoritären politischen System politisch wirksam werden konnten, brauchten sie Träger, die Zugang zur Macht oder zu Kommunikationsmitteln besaßen. Innerhalb des zentralisierten sowjetischen Staates war es von entscheidender Bedeutung, daß der neue Generalsekretär sich bereit fand, Menschen in einflußreiche Positionen oder auch Exekutivämter zu berufen, deren Anschauungen sich deutlich von den doktrinären Gewißheiten unterschieden, die unter seinen Vorgängern politisch und intellektuell verbindlich waren. Deshalb wurde die potentielle Macht der Ideen, das sowjetische System zu verändern, zur Realität, und zwar als eine Folge der Macht des Generalsekretärs, Ernennungen vorzunehmen. Zwar hatte der Generalsekretär (wie unten ausgeführt wird) keine unbegrenzte Macht, neue Leute in mächtige und einflußreiche Ämter zu holen, er hatte aber trotzdem in dieser Frage einen größeren Spielraum als irgend jemand sonst. Auch bedeutete die Beförderung neuer Persönlichkeiten nicht automatisch das Voranschreiten neuer Ideen, eröffnete aber im Prinzip diese Möglichkeit und, im Falle Gorbatschows, auch in der Praxis.

Um dem ganzen Ausmaß der ideellen Veränderung zwischen 1985 und 1991 gerecht zu werden, ist es notwendig, sich des niedrigen Ausgangsniveaus bewußt zu sein. Soweit man 1985 überhaupt von einer öffentlichen Meinung in der Sowjetunion sprechen konnte – angesichts des stark eingeschränkten Informationsflusses von der Regierung zur Bevölkerung und der rigorosen Beschneidung öffentlicher Äußerungen unabhängiger Ideen –, wird klar, daß dies kein Land war, das nur darauf wartete, dem Leninismus und der Herrschaft der Kommunistischen Partei ein Ende zu machen. Im Gegenteil: Lenin wurde besonders in Rußland noch immer von der überwältigenden Mehrheit der Bevölkerung verehrt,[1] und die Dominanz der Kommunistischen Partei wurde als selbstverständlich betrachtet. Nur eine kleine Minderheit der Bevölkerung hatte das Erwachsenenalter vor der Revolution der Bolschewiki erreicht und konnte sich an den embryonischen politischen Pluralismus der vier Dumen zwischen 1906 und 1917 erinnern. Aus der älteren Generation verglichen außerdem viele ihre besseren jetzigen Lebensumstände mit den größeren Entbehrungen früherer Perioden der *sowjetischen* Geschichte. Viele empfanden auch Stolz auf den Status einer Supermacht, den die Sowjetunion errungen hatte. Ungeachtet der grundlegenden Fehler des Regimes (die für den Westler augenfällig waren) – die Abwesenheit von Freiheit, Demokratie und das Fehlen von Verantwortlichkeit im politischen Leben sowie die Irrationalität und Ineffizienz der Wirtschaft – lehnte die Gesamtheit der Bevölkerung 1985 das sowjetische *System* (im Unterschied zu privater Unzufriedenheit mit Einzelaspekten seiner Leistungen) genausowenig ab wie ihr neuer Führer, Michail Gorbatschow. Es wäre wirklichkeitsfremd, die Veränderungen der Jahre 1985 bis 1988 als das Ergebnis massiven Drucks von unten betrachten zu wollen.

Alexander Jakowlew schreibt über die Jahre der Perestroika, in denen er eine äußerst bedeutende politische Rolle spielte, daß die sowjetische Gesellschaft 1985, obwohl »schwer krank, ihren Zustand nicht bemerken wollte« und nach außen hin sogar beinahe gesund erschien.[2] Ein prominenter außenstehender Beobachter der sowjetischen Bühne, Seweryn Bialer, schrieb Mitte der achtziger Jahre, daß, wenn die Sowjetunion sich einer Krise gegenübersähe, es sich dabei um eine »Effektivitätskrise« und weniger eine »Systemkrise« oder »Überlebenskrise« handele.[3] Bereits 1985 stand für unvoreingenommene Beobachter fest, daß das System in entscheidenden Aspekten versagte. Allerdings konnte man tatsächlich noch nicht von einer Krise sprechen, die – um in den medizinischen Bildern Jakowlews zu bleiben – entweder zu raschem Tod oder Erholung führen würde. Gorbatschow selbst hat die Situation des sowjetischen Systems im Jahre 1985 widersprüchlich beschrieben. Im Bewußtsein des hohen Preises, den die Bürger Rußlands und der anderen Nachfolgestaaten für die folgenden zehn Jahre der Unruhe und Umwälzung zu entrichten hatten, war er oft bemüht zu erklären, es habe zu seinem Weg keine Alternative gegeben. Er hat aber auch angemerkt, daß das System unverändert für weitere zehn Jahre oder länger hätte funktionieren und er die absolute Macht als Generalsekretär hätte genießen können, die er freiwillig aus den Händen gab, als er sich transformativer politischer Veränderung zuwandte.

Wenn es auch zweifellos *richtig* war, daß Gorbatschow versuchte, das System zu reformieren, und im Laufe der Zeit akzeptierte, daß es weniger um eine *Gesundung* oder *Erneuerung* des Systems als um seine *Transformation* ging, handelte er doch ohne Zwang. Die anderen Mitglieder des Politbüros zur Zeit seiner Wahl sahen keine Notwendigkeit für weitreichende Reformen, und die Sowjetunion hätte, wäre einer von ihnen anstelle Gorbatschows Generalsekretär geworden, die Auseinandersetzung mit den grundlegenden Problemen des Systems weiter aufgeschoben. Schließlich war das Regime für den größten Teil seiner sieben Jahrzehnte politisch repressiv und ökonomisch ineffizient gewesen. Und obwohl es eine Reihe von Verfallssignalen gab, standen doch alternative Problemlösungen zur Verfügung, die das System für einige Jahre am Leben gehalten hätten. Anders als Gorbatschows Reformen jedoch hätten diese die grundlegenden Schwierigkeiten nicht angegangen und hätten die Welt nicht sicherer gemacht. Wenn wir einmal annehmen, wie Schachnasarow bemerkt, daß »Grischin, Romanow oder jemand anderes aus der ›alten Garde‹« des Politbüros im März 1985 gewählt worden wäre, hätten sie eventuell im Rahmen einer ›chinesischen Variante‹ versucht, ökonomische Reformen mit extremem Autoritarismus zu verbinden. Sie hätten die Sowjetunion erhalten, aber zum hohen Preis fortdauernder Spannungen innerhalb eines bipolaren Weltsystems und des beständigen Risikos eines Nuklearkrieges.[4] Es war, wie Schachnasarow richtig sagt, zum damaligen Zeitpunkt nichts Unvermeidliches am Aufbruch der Sowjetunion auf einen Weg grundlegender Reformen, und es ist sehr problematisch, die Regierungsübernahme Gorbatschows und seine Politik als ökonomisch determiniert zu betrachten.[5]

Spätestens 1990 hatte es die Sowjetunion mit einer Überlebenskrise zu tun. Sein oder Nichtsein des sowjetischen Staates war in der Tat die Frage. Darum ging es jedoch nicht, als Gorbatschow fünf Jahre vorher die Nachfolge Tschernenkos als Generalsekretär antrat. Es waren die größtenteils unbeabsichtigten Folgen des ernsthaftesten Versuches der sowjetischen Geschichte, das System zu reformieren, die aus massiven Problemen eine wirkliche Systemkrise machten und den sowjetischen Staat auf eine Probe stellten, die er nicht bestand. Verschiedene Gruppierungen innerhalb der sowjetischen Gesellschaft hatten verschiedene Lösungswege anzubieten, und vieles hing davon ab, welche Personen und Gruppen Gorbatschow um Rat ersuchte. Wenn Bialer auch mit seiner Beobachtung recht hat, daß der Sowjetunion Mitte der achtziger Jahre keine »Überlebenskrise« bevorstand, so irrt er überraschend deutlich, wenn er in seinem 1986 veröffentlichten Buch schreibt: »Es ist eine Tragödie des heutigen Rußland, daß man keinen Beweis für die Existenz bedeutender antistalinistischer Kräfte findet, weder im Establishment selbst noch in den verschiedenen Schichten der sowjetischen Gesellschaft.«[6]

Tatsächlich verlief die wichtigste Trennungslinie innerhalb des sowjetischen Establishments zu jener Zeit zwischen denjenigen, die ernsthafte Reformen des Systems in Angriff nehmen wollten, und denen, die jeden Versuch fürchteten, der über ein Herumflicken am *Status quo* hinausging. Symbolisch wurde dies oft mit den Begriffen ›Stalinismus‹ und ›Antistalinismus‹ ausgedrückt. Diese Worte wurden nicht nur gewählt, um die Verbrechen Stalins besonders herauszustellen, wie Chruschtschow es getan hatte, sondern um über die *Ad-hominem*-Einfachheiten jener Rede hinauszugehen und die Fehler des Systems selbst zu prüfen, das es Stalin und seinen Genossen erlaubt hatte, solches Unheil anzurichten. Hinter der monolithischen Fassade, die die sowjetische Kommunistische Partei der Außenwelt zuwandte, gab es eine Unzahl von Meinungen. Die grundsätzliche Kluft aber war das, was Stephen Cohen 1985 »die Konfrontation zwischen den Kräften des Reformismus und Konservatismus« nannte.[7] Freilich wollten

letztere nicht eigentlich einen weiteren Stalin, denn das hätte sofort
ihrer physischen und beruflichen Sicherheit ein Ende bereitet, mit der
sich die sowjetischen Konservativen angefreundet hatten. Trotzdem
standen sie jedem Versuch, die dunkle Vergangenheit zu examinieren,
feindlich gegenüber. Ihr Widerstand gegen eine neue Diskussion über
Stalin und Stalinismus (ganz zu schweigen vom Leninismus, den 1985
so gut wie niemand in Frage stellte) beruhte zum einen auf der
Behauptung, Stalins hartes Vorgehen sei seiner Zeit angemessen gewesen, und zum anderen auf der Befürchtung, daß ein Prozeß der Auf-
deckung vergangener Untaten außer Kontrolle geraten und die bestehende Autorität untergraben könnte. Unter den Bedingungen bürokratischer Politik hätte dies auch bedeutet (und so sollte es innerhalb
weniger Jahre auch kommen), daß die konservativen Kommunisten in
die Defensive gedrängt würden, denn das Thema Stalin nahm eine
Bedeutung an, die es zu einem der grundlegenden Unterscheidungs-
merkmale zwischen Reformern und denen machte, die am *Status quo*
nicht rühren wollten.[8]

Sehr bald schon nach Chruschtschows Fall wurde die Art von Kritik
an Stalin tabu, die Chruschtschow an ihm geübt hatte, und statt dessen wurden verschiedene milde Euphemismen mit Hinweisen auf die
Säuberungen und den Massenterror gebräuchlich. Den Begriff ›Stalinismus‹ verdammte man und deklarierte ihn zur antikommunistischen Erfindung. Im privaten Umfeld aber benutzten viele Parteiintellektuelle – darunter einige im Apparat des Zentralkomitees – den Begriff ›Stalinismus‹ oft und in abschätzigem Sinne. Sie mögen unterschiedlicher Ansicht darüber gewesen sein, inwieweit es möglich oder
sogar wünschenswert war, die Sowjetunion zu demokratisieren. Aber
Antistalinismus und der Glaube an die Reformierbarkeit des Systems
verbanden die Reformer der sechziger Jahre – die Leser und viele der
Autoren von Twardowskis *Novy Mir* – mit den Reformern, die nach
1985 ihre zweite Chance erhielten.

In vielen Fällen handelte es sich dabei um ein und dieselben Personen. In der zweiten Hälfte der achtziger Jahre wurde von Parteiintellektuellen, die in ihren späten Fünfzigern und frühen Sechzigern
waren, unverhältnismäßig großer Einfluß auf die politische Tagesordnung ausgeübt; von Leuten also, die ungefähr 40 Jahre alt waren, als
den Schriftstellern Andrei Sinjawski und Juli Daniel Anfang 1966 der
Prozeß gemacht wurde – ein wichtiges Signal für das Ende des kultu-

rellen Tauwetters –, und die 1956 in ihren Zwanzigern oder frühen
Dreißigern standen, als Chruschtschow in seiner Rede vor dem XX.
Parteitag die Illusionen so vieler von ihnen mit seiner Enthüllung
zumindest einiger der kriminellen Aktivitäten Stalins zerstörte.

Auch wenn Gorbatschow seit langem seinen Freunden als Antistalinist bekannt war,[9] konnte er doch nicht im Alleingang die Parteilinie
Stalin gegenüber ändern. Er war sich auch darüber im klaren, wie pola-
risierend sowjetische Geschichte wirkte, und es gehörte nicht zu seinen ersten Prioritäten, eine Debatte über die sowjetische Vergangenheit anzustoßen. Als er also in einem Interview mit der französischen
kommunistischen Zeitung *L'Humanité* am 4. Februar 1986 auf die
Frage nach dem Stalinismus antwortete, daß »›Stalinismus‹ ein Konzept sei, das sich die Feinde des Kommunismus ausgedacht haben und
das gewöhnlich verwendet werde, um die Sowjetunion und den Sozialismus als Ganzes zu verleumden«,[10] war dies kein Statement, das man
für bare Münze hätte nehmen sollen. Viele westliche Autoren haben
angenommen, daß Gorbatschow genau das meinte, was er sagte, und
gingen dementsprechend davon aus, er habe seine Anschauungen zwischen 1986 und November 1987 in viel größerem Umfang verändert,
als dies tatsächlich der Fall war, als er sich später wesentlich kritischer
über Stalin äußerte. (Ganz zu schweigen von den Jahren 1989-1991, als
Gorbatschow praktisch mit dem gesamten stalinistischen und einem
Großteil von Lenins Erbe gebrochen hatte.) Natürlich veränderten
sich Gorbatschows Ansichten mit der Zeit – sogar zwischen 1986 und
1987. Bis zum Ende des Jahrzehnts hatten sie sich deutlich weiterent-
wickelt, vor allem seine Kritik an den Fundamenten des Leninismus,
unabhängig von den stalinistischen Auswüchsen. Gorbatschows Bemerkung gegenüber *L'Humanité* politische Bedeutung beizumessen
würde bedeuten, seine Auffassungen in der Mitte der achtziger Jahre
völlig mißzuverstehen. Er wiederholte nur die allgemeine Parteilinie
zum Thema Stalin, die von der Führung der Kommunistischen Partei
mehr als zwanzig Jahre lang (seit dem Sturz Chruschtschows) vertreten
und nicht geändert wurde. In seinem Gespräch mit der französischen
Zeitung sagte Gorbatschow außerdem, daß der XX. Parteitag dreißig
Jahre früher gegenüber »dem Personenkult um Stalin« Position bezogen habe, was »für unsere Partei keine leichte Entscheidung« gewesen
sei.[11] Da die Verurteilung Stalins durch den XX. Parteitag während der
gesamten Ära Breschnew heruntergespielt worden war, stellte dies

bereits einen kleineren Bruch mit der Konvention dar. Der wichtigere Punkt hier ist jedoch, daß Gorbatschow sogar als Generalsekretär den Boden für ideologische Veränderungen erst bereiten mußte und am Vorabend des XXVII. Parteitages (der später im Februar begann) nicht alleine die Haltung der Partei gegenüber Stalin und dem Stalinismus ändern konnte. In einem größeren Zusammenhang reflektierte Gorbatschow 1993 über seine Jahre als Generalsekretär und schrieb: »Ich lernte die Grenzen kennen, die dem Handeln eines politischen Führers gezogen sind – sogar wenn er mit der größtmöglichen Macht ausgestattet ist.«[12]

Zwei weitere allgemeine Punkte verdienen an dieser Stelle hervorgehoben zu werden. Der erste ist, daß man, wie der estnische Wissenschaftler Eero Loone formuliert, in »allen Studien von einheitsideologischen Systemen … zwischen wirklicher Überzeugung, der Macht der tradierten Rhetorik und der fundamentalen Kritik zu unterscheiden hat, die sich als Rückkehr zu den Grundlagen ausgibt«[13]. Bevor das System am Ende der achtziger Jahre, nicht nur als Folge der Meinungsfreiheit, sondern auch durch die Einführung von Mehrkandidatenwahlen, radikale Veränderungen erfuhr, mußten tatsächlich die meisten Vorschläge für grundlegende Systemveränderungen als eine Rückkehr zu den Grundsätzen des Leninismus präsentiert werden, wenn sie überhaupt in der Wirklichkeit sowjetischer Politik Beachtung finden sollten. Das Übersehen dieses Umstandes führte eine Reihe westlicher Autoren in ihren Analysen der Reden und öffentlichen Äußerungen Gorbatschows zu gravierenden Fehleinschätzungen.[14] Der zweite Punkt ist, daß die Suche nach vollständiger Widerspruchsfreiheit in Gorbatschows öffentlichen Statements – besonders über einen längeren Zeitraum hinweg, aber sogar in besonderen und delikaten Momenten seiner Führung – ein unangemessenes Kriterium für die Bewertung eines Reformführers eines autoritären und ideologisierten Staates ist. Alexander Jakowlew, der nicht nur Verbündeter, sondern auch Kritiker von Gorbatschows späteren taktischen Zugeständnissen an konservative kommunistische Kräfte war, bemerkte trotzdem, daß »die Transformation dazu verurteilt war, inkonsequent zu sein« – in weiten Teilen zumindest, wenn auch nicht in jeder Hinsicht. In seiner Rede 1992 im Vatikan sagte er weiter: »Ein konsequenter Radikalismus in den ersten Jahren der Perestroika hätte die Idee umfassender Reformen zerstört.«[15] Die Maschinerien von Partei und

Staat, darunter die Wirtschaftsbürokratie und (nicht zuletzt) die Repressionsorgane, hätten gemeutert und »das Land in die schlimmsten Zeiten des Stalinismus zurückgeworfen«[16]. Es ist oft und nicht ohne Grund gesagt worden, daß Gorbatschow als sowjetischer Parteichef und damit als offizieller Wächter der heiligen Schriften des Marxismus-Leninismus einerseits und andererseits als Führer einer Reformbewegung, die vieles an der Doktrin anzweifelte, in der unangenehmen Position war, gleichzeitig der Papst und Luther zu sein. Bei seinem Aufenthalt im Vatikan bemühte Jakowlew dieses Bild allerdings nicht.

Ein weiterer Aspekt des Beurteilungsproblems von Gorbatschows öffentlichen Äußerungen, besonders in seinen Anfangsjahren als sowjetischer Führer, war der Zustand des Politbüros, das ihm Tschernenko hinterließ. Er war diesem Gremium rechenschaftspflichtig, das soweit als nur irgend möglich jedwedem radikalen Reformismus abhold war. Unterstützung erfuhr dieses höchste Exekutivorgan der Kommunistischen Partei und des Landes durch die verschiedenen ›Apparate‹ des sowjetischen Systems – riesige bürokratische Strukturen mit ihren eigenen tief verwurzelten Normen, Erwartungen und Verhaltensmustern. Sogar ein solch strenger Kritiker Gorbatschows wie Boris Jelzin schreibt:

> Das Hauptproblem [Gorbatschows] bei Beginn der Perestroika war, daß er praktisch alleine stand, umgeben von den Urhebern und Managern von Breschnews ›Ära der Stagnation‹, die entschlossen waren, die Unangreifbarkeit der alten Ordnung sicherzustellen. Nach einer gewissen Zeit wurde es einfacher für ihn, und dann begann er selbst hinter den Ereignissen zurückzubleiben. Aber in dem alles entscheidenden ersten Augenblick seiner Reforminitiative ging er mit verblüffender Finesse vor. In keiner Weise ängstigte er die alte Mafia oder den Parteiapparat, der seine Macht lange Zeit behielt und der, falls notwendig, jeden Generalsekretär lebendig verspeist hätte, ohne davon auch nur Schluckauf zu bekommen.[17]

Soweit man von den Ereignissen nach dem März 1985 als einer Revolution sprechen kann – obwohl dieser Begriff zweideutig und etwas irreführend im Kontext der Zeit ist –, war es eine ›Revolution von oben‹ oder eine ›Revolution von innen‹.[18] Gorbatschow selbst hat den Prozeß als »revolutionär in seinem Wesen, aber evolutionär in seiner Geschwindigkeit« beschrieben.[19] Zur Rechtfertigung des Begriffs ›Revolution von oben‹ weist Gorbatschows Mitarbeiter Tschernjajew darauf hin, daß die Kommunistische Partei die Avantgarde von Gorbatschows Revolution sein sollte, wie sie es in der Revolution Lenins gewesen war. Sowohl in der Wirtschaft als auch im kulturellen Leben wünschte Gorbatschow die Partei an der Spitze der Erneuerung des sowjetischen Staates zu sehen.[20] Im Vergleich zu Lenin aber hatte Gorbatschow keine Wahl, denn die Kommunistische Partei hatte schon lange aufgehört, eine politische Partei im normalen Sinne zu sein, und war zu einem integralen und die höchste Macht ausübenden Bestandteil des Staates geworden. Jakowlew (wie auch Jelzin)[21] argumentiert im selben Sinn, daß es für das Verständnis jener Jahre von entscheidender Bedeutung sei anzuerkennen, daß es sich um eine ›Revolution von oben‹ gehandelt habe.[22] Jakowlew verweist auf das, was er eine »einfache Wahrheit« nennt, nämlich, daß die Initiatoren der Perestroika »ein kleiner Kreis in der Führung von Staat und Partei« waren.[23] Die Tatsache, daß es sich um eine ›Revolution von oben‹ handelte, hatte seiner Meinung nach sowohl Vor- als auch Nachteile. Einerseits ermöglichte es die Aufrechterhaltung politischer Stabilität, andererseits machte es eine radikale Kritik an allen Übeln des sowjetischen Systems unmöglich.[24] Zu einer ähnlichen Einsicht gelangt der britische Wissenschaftler John Gooding, der dabei seinen bevorzugten Terminus von der ›Revolution von innen‹ verwendet: »Gerade der ›innere Ausgang‹ der Revolution ... beeinträchtigte ihre Wirksamkeit, da sie unter den Vorzeichen der Gegebenheiten voranschreiten mußte, die sie tatsächlich untergraben sollte.«[25]

In mancher Hinsicht trifft der Begriff ›Revolution von oben‹ nicht so genau wie ›Revolution von innen‹, denn die höchsten Parteiorgane waren nicht vereint in einem Bestreben nach radikaler Veränderung. In Wirklichkeit war die Kommunistische Partei auf jeder ihrer Ebenen zutiefst gespalten, und unterschiedliche Signale gingen von den verschiedenen Teilen von Gorbatschows Politbüro aus – am offensichtlichsten von Jegor Ligatschow einerseits und von Alexander Jakowlew andererseits. Klar *ist* aber, wie Jakowlew es beschreibt, daß es Gorbatschow und ein kleiner Kreis um ihn war, der den Reformprozeß in Gang setzte, der als Perestroika bekannt wurde. In seiner Argumentation gegen das Konzept einer ›Revolution von oben‹ bemerkt Gooding treffend:

Revolutionäre von oben, angefangen bei Peter [dem Großen], hatten modernisiert, um die bestehende politische Struktur zu verteidigen, und einer Bevölkerung Veränderungen aufgezwungen, die als passives Objekt behandelt und nie ermutigt wurde, sich selbst als Subjekt zu sehen. Im Gegensatz dazu versuchte Gorbatschows Perestroika, die Massen zu aktivieren und eine wirkliche Partizipationsgesellschaft zu schaffen. Die Regeneration, auf die die Perestroika abzielte, enthielt eine deutliche politische Komponente, und als eine tatsächlich *politische* Revolution erreichte sie auch ihren größten Erfolg.[26]

Der Begriff ›Revolution‹ selbst ist problematisch, denn wie revolutionär ihrem Wesen nach auch immer die Veränderungen in der Sowjetunion in der zweiten Hälfte der achtziger Jahre waren, war doch Gorbatschow weder seiner Absicht noch seinem Naturell nach ein Revolutionär. Er war vielmehr ein ernsthafter Reformer – »ein natürlicher Reformer«[27] –, der mit der Zeit ein Transformator des Systems wurde. Aber bereits 1987 hatte Gorbatschow Zweifel an der Fähigkeit der Partei, das Land auf der Basis der Prinzipien zu reformieren, die er sich zu eigen gemacht hatte.[28] Jakowlew sagt, daß auch er im selben Jahr erkannt habe, daß das System unreformierbar sei und vollständig abgeschafft werden müsse (obwohl er es damals nicht so deutlich formulierte).[29] Gorbatschow brachte ähnliche Gefühle zum Ausdruck, als er sagte: »Wie die Reformer vor mir dachte ich, wir hätten ein System, das verbessert werden könnte. Statt dessen lernte ich, daß wir ein System hatten, das ersetzt werden mußte.«[30]

In gewisser Hinsicht war es eine Schwäche Gorbatschows, dem Ausmaß, in dem das System auf neue Grundlagen gestellt werden mußte, zum Zeitpunkt seines Amtsantritts ambivalent gegenüberzustehen. Diese Ambivalenz aber beförderte den bemerkenswert friedlichen Übergang von einem orthodox kommunistischen Regime zu einer Mischform aus Autoritarismus und Demokratie, deren wichtigstes Merkmal der politische Pluralismus war. Es ist wahrhaft beachtlich, daß dies in nur sechs Jahren geschah, in einem Land, das Diktatur gewöhnt war und in dem radikale Veränderungen im allgemeinen immer mit großem Blutvergießen einhergegangen waren – jedenfalls in weit größerem Ausmaß als während der sechs Amtsjahre Gorbatschows im Kreml, in denen er das war, was sich so beschreiben läßt: »Zugleich Insider und Außenseiter, Apparatschik und Revolutionär,

Gläubiger und Bilderstürmer, sollte er seine Ambivalenz als eine lebenswichtige und effektive politische Waffe gebrauchen.«[31]

Die Ernsthaftigkeit von Gorbatschows Wunsch, das sowjetische System von Beginn seines Generalsekretariats an zu reformieren, wurde zu jener Zeit allgemein unterschätzt. Sogar heute ist es eine weitverbreitete und irrige Annahme, Gorbatschow sei *nur* an schnellerem Wirtschaftswachstum interessiert gewesen und habe sich erst den wirklich bedeutsamen Reformen zugewandt, besonders den politischen, »nachdem der von ihm angestrebte ökonomische Aufschwung ausblieb«. Sein Beitrag zur Systemveränderung der Sowjetunion einige Jahre später, der damals von vielen Anerkennung fand, ist jedoch von den Machthabern in den Nachfolgestaaten der UdSSR heruntergespielt worden, um einen Mythos zu befördern, der ihnen selbst die Hauptrolle im Demokratisierungsprozeß eines Systems zuschreibt, das 1985 (entsprechend der begrifflichen Definition) bestenfalls hoch autoritär und schlimmstenfalls totalitär war.

Gorbatschows spezifische Rolle bei der Wirtschaftsreform einerseits und der politischen Transformation andererseits ist das Thema der zwei nächsten Kapitel, und sein Anteil an der grundlegenden Revision und Neuorientierung der sowjetischen Außenpolitik wird in Kapitel 7 behandelt. Im Augenblick geht es uns jedoch um die Verbindungen von Personalpolitik und neuen Ideen, die die folgenden institutionellen und politischen Veränderungen möglich machten.

Obwohl das sowjetische System, all seinen Problemen zum Trotz, sowohl von der überwältigenden Mehrheit der sowjetischen Bürger als auch von den meisten westlichen Beobachtern für stabil gehalten wurde, benötigte es dringend neue Gedanken und war zugleich extrem verwundbar gegenüber neuen Konzepten. Seine ›Stabilität‹ beruhte zu einem großen Teil auf dem höchst autoritären Wesen des Regimes und auf der relativen Passivität einer Bevölkerung, die keine Erfahrung mit demokratischen Alternativen hatte, sondern nur mit dem noch strengeren Totalitarismus Stalins. Es kann daher kaum überraschen, daß die Einführung neuartiger Ideen, etwa der Redefreiheit, der Versammlungsfreiheit und der Mehrkandidatenwahlen in einem multinationalen Staat mit einer großen Last aufgestauter Probleme, aus einer ›Effizienzkrise‹ – oder einer latenten politischen Krise – eine offene politische Krise machte. Beachtlicher erscheint hingegen, daß es Gorbatschow dennoch weitgehend gelang, fünf Jahre lang den Ausbruch virulenter Krisen zu verhindern. Diese brachen mit Macht in den Jahren 1990 bis 1991 aus, allerdings mit weniger blutigen Resultaten als im ehemaligen Jugoslawien.

Vor Gorbatschows Machtübernahme hatten die sowjetischen Führer der Macht der Ideen indirekt Tribut gezollt. Dies wurde in den Anstrengungen sichtbar, mit denen sie nicht nur den offiziellen Marxismus-Leninismus propagierten, also die Teile der Schriften von Marx und Lenin, die, mit etwas interpretatorischem Glanz versehen, ihren politischen Absichten entsprachen, sondern auch alle heterodoxen politischen Gedanken aus der Diskussion zu verbannen suchten. So waren die sowjetischen Massenmedien einer strengen Zensur unterworfen, und ausländische Radiosender wurden gestört. Jede bedeutendere Bibliothek hatte ihren *spetskhran* oder besondere Abteilung, in der Arbeiten lagerten, zu denen der gewöhnliche Leser keinen Zugang erhielt. Dazu gehörten die Analysen westlicher Experten über die Sowjetunion, die Kritiken des sowjetischen Systems von Leo Trotzki oder literarische Werke, die die Grundlagen des Systems in Frage stellten, von George Orwells *Farm der Tiere* und *1984* bis zu Alexander Solschenizyns *Der Archipel GULAG*. Ausländer wurden mit Mißtrauen behandelt und, besonders wenn sie über Kenntnisse über die Sowjetunion verfügten, auch überwacht. Selbst als die Lockerung dieser Restriktionen in den späten achtziger Jahren zur offiziellen sowjetischen Politik wurde, blieb der KGB ein Staat im Staate und reagierte bestenfalls partiell auf die neuen Richtlinien.[32]

Paradoxerweise war es Gorbatschows unangebrachtes Vertrauen in die Reformierbarkeit des sowjetischen Systems, das es ihm ermöglichte, neue Ideen viel mutiger zu vertreten als vorherige Generalsekretäre. Deshalb konnte er eine Auseinandersetzung mit den konservativen Gegnern im sowjetischen Establishment darüber führen, daß im sowjetischen Kontext völlig Neues akzeptiert und umgesetzt werden mußte. In einem gewissen Maße wurden diese neuen Ideen zu einer neuen Orthodoxie, die in einer Doktrin des ›Neuen Denkens‹ oder ›Neuen Politischen Denkens‹ (*Novoe politicheskoe myshlenie*) kodifiziert wurden. Der Unterschied zur Vergangenheit aber war selbst in dieser Hinsicht viel größer als die Ähnlichkeiten mit ihr. Die neue Offenheit und gedankliche Beweglichkeit waren dergestalt, daß es sich um ein sich rasch veränderndes doktrinäres Gebäude handelte, in dem zum Beispiel aus Gorbatschows »sozialistischem Pluralismus« für radi-

kalere Kommentatoren sehr schnell »politischer Pluralismus« wurde.
Ein Konzept, das sich Gorbatschow selbst zu eigen machte, gut zweieinhalb Jahre nachdem er mit dem Tabu gebrochen hatte, Pluralismus
als irgend etwas anderes zu betrachten als eine gefährliche Erfindung
der ideologischen Feinde der Sowjetunion. Tatsächlich *war* dies eine
Gefahr für das sowjetische System in seiner seit Lenin funktionieren-
den Form, und es gehörte nicht zu Gorbatschows ursprünglichem
Plan, einen umfassenden Pluralismus einzuführen, in dem aus der
Kommunistischen Partei einfach eine Partei werden würde, die mit
anderen im Wettstreit um Einfluß und Macht stünde. Dennoch
gelangte Gorbatschow, nachdem er das Konzept des Pluralismus in
abgewandelter Form eingeführt hatte, zu der Einsicht, daß das ganze
System verändert werden müsse, und dies bedeutete nichts weniger als
seine Pluralisierung.

Wie frühere sowjetische Führer übernahm Gorbatschow das Politbüro und Zentralkomitee, an deren Zusammensetzung er zunächst
nichts ändern konnte. Er mußte seine Kollegen in diesen höchsten
Organen der Partei bei der Stange halten. Ein sowjetischer Führer der
poststalinistischen Epoche verfügte nicht über die Macht, die Mitglieder des Politbüros zu ernennen, wie sie ein amerikanischer Präsident
oder britischer Premierminister bei der Zusammenstellung des Kabinetts besaß. Eine Erneuerung dieser höchsten Parteiinstanzen vollzog
sich eher in einem Prozeß kollektiver Kooptierung, bei dem die
Stimme des Generalsekretärs größeres Gewicht als die eines jeden
anderen Politbüromitglieds hatte, wobei ihn allerdings eine Mehrheit
der Vollmitglieder unterstützen mußte. (Zu den Vollmitgliedern des
Politbüros mit Stimmrecht kamen noch die Kandidaten des Politbüros und die Sekretäre des Zentralkomitees, die nicht auch Politbüromitglieder waren. Sie hatten das Recht, an Sitzungen teilzunehmen
und zu sprechen, nicht aber abzustimmen. Abstimmungen waren eher
ungewöhnlich; es wurde versucht, einen Konsens zu erreichen. Dies
war unter Breschnew bei seiner Politik der Minimalveränderungen
und der Konfliktvermeidung einfacher als unter Gorbatschow, als
radikale Veränderungen auf der politischen Tagesordnung standen
und Gruppeninteressen bedroht waren.)

Ein mutiger Parteiführer aber konnte trotzdem innerhalb weniger
Jahre die Zusammensetzung der oberen Parteigremien verändern. Als
Generalsekretär war seine Autorität dem Sekretariat des Zentralkomi-

tees gegenüber am größten – der Gruppe von Sekretären, die für die Umsetzung der im Politbüro beschlossenen Politik verantwortlich waren und selbst großen Einfluß auf die Ämtervergabe innerhalb des Parteiapparates ausübten. Personelle Veränderungen in Politbüro und Sekretariat bedurften der formellen Zustimmung des Plenums des Zentralkomitees, das bereits seit einiger Zeit vor Gorbatschows Machtübernahme gewöhnlich zweimal im Jahr zusammentrat. Veränderungen dieses größeren Gremiums (außer der Beförderung von Kandidaten zu Vollmitgliedern), also des Zentralkomitees, konnten nur von Parteitagen vorgenommen werden, die, den Regeln der Kommunistischen Partei entsprechend, alle fünf Jahre stattfinden mußten.

Gorbatschow hatte in gewisser Hinsicht Glück, daß ein Parteitag für Anfang 1986 einberufen war, etwas weniger als ein Jahr nach seiner Amtsübernahme. Dies war eine Gelegenheit zur Blutauffrischung. Da Gorbatschow aber Jegor Ligatschow auf die Position des *de facto* Zweiten Sekretärs mit Zuständigkeit für Parteiorganisation befördert hatte, war es keine große Überraschung, daß auch das neue Zentralkomitee, formell vom XXVII. Parteitag (26.2.-6.3.1986) ›gewählt‹, keineswegs von Reformern dominiert wurde, geschweige denn von radikalen Reformern.

Veränderung des Einflußgleichgewichts

Gorbatschow war aber durchaus in der Lage, das *Einflußgleichgewicht* innerhalb der Führung zu verändern, bevor er das *Machtgleichgewicht* verschieben konnte. Ein Generalsekretär hatte viel freiere Hand bei der Auswahl seiner Mitarbeiter und Berater als bei der Beförderung eines Verbündeten ins Politbüro. Während jede Berufung ins Politbüro, Zentralkomitee oder in ein Ministerium der Zustimmung des Politbüros bedurfte, war die Ernennung von Mitarbeitern allein Sache des Generalsekretärs und verlangte keine Sanktionierung durch irgendein anderes Organ. Dies galt in noch größerem Maße für die Gespräche des Generalsekretärs mit inoffiziellen, nicht angestellten Ratgebern. Jeder sowjetische Führer war bis zu einem gewissen Grad auf Spezialisten außerhalb des Apparats angewiesen, aber diese Experten waren sich in der Regel sehr darüber im klaren, was man von ihnen hören wollte. Eine dreistufige Filterung stellte sicher, daß erstens nur

›zuverlässige‹ Spezialisten konsultiert wurden, deren Ansichten kaum eine bedeutende Herausforderung der konventionellen Weisheiten der Parteihierarchie darstellten. Zweitens wurden diese Empfehlungen durch die Funktionäre der zuständigen ZK-Abteilung weitervermittelt. Drittens übten sich die Experten in Selbstzensur und forderten – von seltenen Ausnahmen abgesehen – keine radikalen Veränderungen, da das wahrscheinlichste Ergebnis solchen Handelns das Ende ihrer privilegierten Rolle gewesen wäre.

Diese drei Charakteristika des Konsultationsprozesses änderten sich unter Gorbatschow. Er war bereit, einer größeren Bandbreite von Spezialisten mit neuen Ideen zuzuhören, darunter einige – Aganbegjan, Schatalin, Saslawskaja –, die in der Vergangenheit für ihre Unvorsichtigkeit von der Partei verwarnt worden waren. Vor allem in den Anfangsjahren seiner Führung traf sich Gorbatschow direkt mit Experten aus verschiedenen wissenschaftlichen Instituten und seinem eigenen hauptamtlichen Beraterkreis und stellte klar, daß er an neuen Konzepten interessiert sei. Die Selbstzensur wurde zu einer Seltenheit, als offensichtlich wurde, daß heterodoxe Äußerungen in einem Seminar oder in Positionspapieren die Karriere eines Menschen nicht mehr beendeten, sondern sogar förderten. Diese veränderte Atmosphäre wurde in den Instituten der Akademie der Wissenschaften rasch spürbar, und Experten mit eigenen Ideen, die persönlich nicht an Seminaren oder Diskussionen mit Gorbatschow teilnahmen, konnten ihre Vorschläge durch Berater oder Alexander Jakowlew an Gorbatschow richten.

Gorbatschow verlor vergleichsweise wenig Zeit mit dem Austausch der Mitarbeiter, die ihm von seinen Vorgängern hinterlassen worden waren.[33] Der langgediente außenpolitische Berater Andrei Alexandrow-Agentow, der für Breschnew, Andropow und Tschernenko gearbeitet hatte (und Anfang 1986 Tschernjajew Platz machen mußte), beschwerte sich in seinem Ruhestand, es sei unmöglich gewesen, Gorbatschow zu beraten, er habe nicht zuhören wollen.[34] Dies bedeutete aber lediglich, daß Gorbatschow nicht besonders interessiert an den Ansichten Alexandrow-Agentows war. Mit seinem Nachfolger, Tschernjajew, verhielt es sich ganz anders.

Andrei Gratschow – selbst ein bedeutender informeller Berater Gorbatschows in außenpolitischen Fragen während der Perestroika-Jahre und als Pressesprecher des Präsidenten Gorbatschow ein offiziel-

ler Mitarbeiter auch in den letzten Monaten der Sowjetunion –
beschreibt Tschernjajew als »den treuesten und verläßlichsten« aller
Mitarbeiter Gorbatschows.[35] Er berichtet, Gorbatschow sei einmal so
weit gegangen, dem spanischen Ministerpräsidenten Felipe González
Tschernjajew als sein *alter ego* vorzustellen.[36] Tschernjajew, der zehn
Jahre älter als Gorbatschow war, hatte im Zweiten Weltkrieg gekämpft
und eine Zeitlang an der Historischen Fakultät der Moskauer Universität unterrichtet, bevor er nach dem Tode Stalins in den Parteiapparat
eintrat. Er gehörte zu der wichtigen Gruppe, die einige Zeit in Prag
verbracht hatte – beim *World Marxist Review* – und so mit kommuni-
stischem Revisionismus und sozialdemokratischem Denken in Berührung gekommen war (ungeachtet der relativen Orthodoxie der von
ihnen produzierten Zeitschrift, wie oben bereits bemerkt wurde).
Tschernjajew, der Verbindungen mit kritisch eingestellten Menschen
außerhalb des Parteiapparats aufrechterhalten hatte, arbeitete von
1986 an außergewöhnlich eng mit Gorbatschow zusammen. In den
Worten seines ehemaligen Kollegen Gratschow von der Internationalen Abteilung war Tschernjajew »schon lange ein liberaler politischer
Denker, der in Gorbatschow endlich einen Menschen fand, durch den
er viele der unerfüllten Ambitionen seiner Jugend zu realisieren versuchen konnte«.[37] Tschernjajews Ansichten waren Gorbatschow bekannt, bevor er ihn ernannte. Die beiden verband die Kritik am Kurs
der Internationalen Abteilung unter Ponomarjow, und sie hatten
einen gemeinsamen außenpolitischen Ansatz.[38] Mit seiner Erfahrung
in internationalen Angelegenheiten sollte Tschernjajew sowohl ein
wichtiges Vehikel neuer außenpolitischer Konzepte als auch ein un-
schätzbares Barometer für Gorbatschows Meinungen werden, nachdem er im Februar 1986 zum Hauptberater in Sachen Außenpolitik
geworden war. Tschernjajew verdeutlicht beispielhaft, was für einen
Unterschied Ernennungen hinsichtlich neuer Ideen ausmachen konnten, obwohl dieser Faktor natürlich davon abhängt, *wer* ernannt wird.
Er leistete einen entscheidenden Beitrag zum Neuen Denken in der
Außenpolitik, obwohl er selbst unmittelbar vor seiner Berufung keinerlei Zweifel daran hegte, wer die maßgebende Rolle spielen würde.
In seinem Tagebuch notierte er unter dem 18. Januar 1986: »Und jetzt
haben wir eine Seltenheit zum Führer: einen gescheiten Menschen,
gebildet, lebendig, ehrlich, mit Ideen, mit Phantasie. Und mutig.«[39]
   Gorbatschow ernannte kurz hintereinander zwei Berater in Ideolo-

giefragen, die zwar keineswegs bereit waren, wirklicher Demokratie eine Bahn zu brechen (genausowenig wie Gorbatschow es 1985 war), deren Berufung aber doch einen wesentlichen Fortschritt darstellte, verglichen mit denjenigen, die in der Vergangenheit diese Position im Stab des Generalsekretärs ausgefüllt hatten. Der erste war Georgi Lukitsch Smirnow, der in den frühen siebziger Jahren ein Stellvertretender Direktor der Propagandaabteilung des Zentralkomitees war, zur selben Zeit, als Alexander Jakowlew das Amt des Ersten Stellvertretenden Direktors innehatte (vor seinen zehn ›Exiljahren‹ in Kanada). Es geschah wahrscheinlich auf Empfehlung Jakowlews, daß Gorbatschow Smirnow übernahm, obwohl Gorbatschow nach seiner Ernennung zum ZK-Sekretär 1978 selbst mit Smirnow bekannt wurde. Davor hatten sie nur am Telefon miteinander gesprochen. Smirnow, der zur Zeit von Chruschtschows ›Geheimrede‹ Anfang Dreißig war, gehörte zu denen, die sich als »Kinder des XX. Parteitages« fühlten.[40] Er hielt an einer idealisierten Sicht Lenins fest, wie dies auch Gorbatschow tat, sogar nachdem er begonnen hatte, die Grundlagen des Leninismus auszuhöhlen. Es bestand aber kein Zweifel an der Ernsthaftigkeit von Smirnows antistalinistischen Überzeugungen. Er schied aus Gorbatschows Beraterkreis im Januar 1987 aus, als er zum Direktor des Instituts für Marxismus-Leninismus ernannt wurde, um diese »Zitadelle des Dogmatismus« umzubauen.[41]

Smirnows Nachfolger als Gorbatschows Berater in Ideologiefragen wurde der intellektuell wagemutigere Iwan Frolow, dessen Karriere bis dahin zwischen wissenschaftlicher und politischer Arbeit geteilt gewesen war und der sich einen guten Ruf als Wissenschaftsphilosoph erworben hatte. Als zweimaliger Abgänger der ›Prager Schule des Revisionismus‹ (er arbeitete beim *World Marxist Review* von 1962 bis 1965 und nochmals von 1977 bis 1979) war Frolow ein großer Reformer von oben, der den Ansichten der Masse des Volkes mit einem gewissen Mißtrauen begegnete. Noch 1994 war er bereit, öffentlich zu sagen: »Ich verberge es nicht: Ich bin kein Demokrat ... im Prinzip bin ich auf der Seite der Eliten und des Professionalismus.«[42] Frolow leistete aber seinen Beitrag zum Neuen Denken, während er Berater Gorbatschows war, und fungierte gleichzeitig als Mittler für die Ideen anderer. Zum Beispiel übergaben zu dieser Zeit der langjährige Wirtschaftsreformer Otto Latsis und sein jüngerer Kollege Jegor Gaidar von der Parteizeitschrift *Kommunist* (später Jelzins amtierender Mini-

sterpräsident und Advokat des schnellstmöglichen Übergangs zu einer
Marktwirtschaft im postsowjetischen Rußland) Frolow eine umfangreiche Sammlung von Aufsätzen über die finanziellen Probleme Rußlands. Frolow zeigte sich beeindruckt und leitete sie an Gorbatschow
weiter: »Michail Sergejewitsch fand die Aufsätze auch gut, und sie wurden an die Mitglieder des Politbüros gesandt.«[43] Dort allerdings wurden sie sehr kühl aufgenommen. Es herrschte, so Frolow, im Politbüro
eine feindselige Einstellung gegenüber der Wissenschaft, besonders
verächtlich wurden die Sozialwissenschaften angesehen. Ungeachtet
Gorbatschows sehr positiver Einstellung zu sozialwissenschaftlicher
Analyse im allgemeinen und zu diesen Dokumenten im besonderen
endete die Diskussion im Politbüro mit einem Rückzug Gorbatschows
– verschleiert durch den Aufruf zu »weiterem Nachdenken« –, und die
Papiere gerieten in Vergessenheit.[44]

Frolow, der das Jahr vor seiner Aufnahme in Gorbatschows persönlichen Stab als Redakteur beim *Kommunist* gearbeitet hatte, wurde im
Oktober 1989 Chefredakteur der *Prawda*. Gorbatschow hatte seit einiger Zeit den Wunsch gehegt, den relativ konservativen Viktor Afanasjew, seit 1976 Herausgeber der *Prawda*, dessen fehlender Enthusiasmus für politische Veränderungen nicht zu übersehen war, durch
einen eigenen Kandidaten zu ersetzen.[45] Indem er die Zustimmung
des Politbüros zur Ernennung Frolows einholte, versuchte Gorbatschow die Autorität des neuen Chefredakteurs zu vergrößern und
machte ihn im Dezember 1989 zu einem Sekretär des Zentralkomitees
und im Juli 1990 zum Mitglied des Politbüros. Dies bedeutete zumindest, daß Frolow – anders als seine Vorgänger – keine Anweisungen
befolgen mußte, die von einem Moskauer oder Republiksparteise-
kretär telefonisch gegeben wurden.[46] Frolow blieb bis zum August-
Putsch im Amt (obwohl er während des eigentlichen Putsches in
einem Krankenhaus in Deutschland war), doch die Zeitung bewahrte
eine höchst ambivalente Haltung gegenüber der Art von weitreichenden Reformen, die Gorbatschow zu diesem Zeitpunkt verfolgte, denn
zu den Mitarbeitern zählten viele konservative Kommunisten. Sie
hatte auch nicht mehr die führende Stellung unter den russischen Zeitungen inne. Ihr Prestigeverlust spiegelte den der Partei.

Der neben Tschernjajew wichtigste Mitarbeiter Gorbatschows war
aber nicht Frolow, sondern Georgi Schachnasarow, der Tschernjajew
ergänzte, denn beide deckten unterschiedliche Gebiete ab. Schachna-

sarows Rolle wird ein stetig wiederkehrendes Thema in diesem Buch
sein, denn was die Einführung politischer Reformideen anbelangt,
war er wichtiger als Tschernjajew und von beinahe so großer Bedeutung wie Jakowlew. Anfang 1988 wurde Schachnasarow zu einem
hauptamtlichen Berater Gorbatschows und löste Viktor Scharapow
ab, der Botschafter in Bulgarien wurde. Scharapow war ein Überbleib-
sel aus Andropows Zeit als Generalsekretär. Er hatte viele Jahre mit
Andropow zusammengearbeitet, zunächst in der Abteilung für sozialistische Länder des Zentralkomitees und später im KGB. Seine Aufgabe
als Mitarbeiter des Generalsekretärs – die Schachnasarow mit zusätzlichen Kompetenzen von ihm übernahm – war es, den Parteiführer in
Fragen der Entwicklung in anderen kommunistischen Staaten und in
deren Beziehungen zur Sowjetunion zu beraten. Als langjähriger Stellvertretender Direktor der Abteilung für sozialistische Länder hatte
Schachnasarow eine aufgeklärtere Tendenz innerhalb jener Abteilung
repräsentiert – im Vergleich etwa zu seinem Vorgänger im Amt des
Stellvertretenden Direktors Oleg Rachmanin, der selbst die ökonomischen Reformen János Kádárs in Ungarn strikt ablehnte.[47]

Schachnasarow war für Gorbatschow nicht nur wegen seines Rats in
osteuropäischen Angelegenheiten wichtig, sondern in noch größerem
Maße wegen seiner Ideen für innenpolitische Reformen. Schachnasa-
row wurde 1924 in einer armenischen Familie geboren, und er ist ein
vielseitig talentierter Mann. Nach dem Dienst in der sowjetischen
Armee während des Zweiten Weltkriegs studierte er Jura, das Fach, in
dem er sich auch promovierte, und wurde – gemeinsam mit Fjodor
Burlazki – zu einem der zwei Hauptverfechter (seit der frühen Ära
Breschnew, damals aber ohne großen Erfolg) der Einrichtung von
Politikwissenschaft als einer eigenen akademischen Disziplin in der
Sowjetunion.[48] Wie Tschernjajew und Frolow arbeitete er einige Zeit
lang für den *World Marxist Review* in Prag, bevor er in die Abteilung
für sozialistische Länder des Zentralkomitees zurückkehrte (wo er, wie
in Kapitel 2 bemerkt, ein Mitglied des Beraterstabes des Abteilungslei-
ters Juri Andropow war, bevor Andropow 1967 Direktor des KGB
wurde). Schachnasarow ist Lyriker und Verfasser mehrerer Science-
Fiction-Romane (unter dem Namen Georgi Schach) wie auch zahlreicher politischer Untersuchungen.

Wenn auch eine Reihe seiner Bücher aus der Zeit vor der Perestroika viel zuviel leninistische Maximen enthalten, um die heutigen Leser

(einschließlich Schachnasarow) zufriedenstellen zu können, enthalten seine Schriften aus jenen Jahren doch häufig Gedanken, die damals keineswegs üblich für die offizielle politische Literatur der Sowjetunion waren. So trat Schachnasarow in einem 1972 veröffentlichten Buch dafür ein, den sowjetischen Bürgern einen wesentlich freieren und umfassenderen Zugang zu Informationen zu gewähren. An gleicher Stelle schrieb er außerdem, ungewöhnlich für die Zeit, über die Existenz unterschiedlicher Interessen innerhalb der sowjetischen Gesellschaft.[49] Schachnasarow nahm auch einiges vom Neuen Denken in außenpolitischen Fragen während der Ära Gorbatschow vorweg. Im Mai 1984 veröffentlichte er einen wichtigen Aufsatz, der humanistischen Überlegungen und universellen Werten Vorrang vor dem im Marxismus-Leninismus traditionell sakrosankten ›Klassen-Ansatz‹ einräumte. Dies sollte zu einem allgemeinen Grundsatz unter Gorbatschow werden. Es war aber immer noch eine aufsehenerregende Abweichung von der offiziellen Orthodoxie, als Schachnasarow damit an die Öffentlichkeit trat. In demselben Artikel formulierte er auch den Vorschlag einer Maxime für das nukleare Zeitalter, daß »politische Ziele nicht existieren, die den Einsatz von Mitteln rechtfertigen würden, die zu einem Atomkrieg führen könnten«[50].

Obwohl dies nicht leicht mit einigen seiner Veröffentlichungen zu vereinbaren ist – darunter, zum Beispiel, eine Kritik des ›Prager Frühlings‹, mit dem er persönlich sympathisierte –, war Schachnasarow schon lange Zeit ein heimlicher Sozialdemokrat im Apparat des Zentralkomitees gewesen.[51] Entscheidend ist, daß dies eine Position war, der sich auch Gorbatschow selbst im Laufe seiner Jahre an der Macht annäherte. Es war im Dezember 1989, als Gorbatschow zum ersten Mal gegenüber Schachnasarow seine sozialdemokratischen Neigungen explizit zum Ausdruck brachte.[52] Während Gorbatschow in der Öffentlichkeit noch immer vorsichtig sein mußte, hatte er doch einen Monat vorher in der *Prawda* einen bedeutenden Artikel veröffentlicht, in dem er die Verschiedenheit der Formen des Sozialismus herausstellte und eindeutig und mit Sympathie über die Sozialdemokratie schrieb, von der »wir uns bemühen, das zu übernehmen..., was auf die Bedingungen unserer Gesellschaft übertragbar ist«[53]. Bevor Gorbatschow Generalsekretär wurde, hatten sowjetische Führer stets darauf bestanden, daß es zwar verschiedene *Wege* zum Sozialismus geben könne, aber nur *einen Sozialismus* – den nämlich, der in der Sowjetunion existierte und in den Ländern, die in Ergebenheit ihren ideologischen Schritten folgten.[54]

In seinem Zeitungsartikel von Ende 1991 betonte Schachnasarow die große Bandbreite von Ansichten, die in dieser Partei zu finden waren (»von Anarchisten bis hin zu Monarchisten«) –, nachdem er zutreffend beobachtet hatte, die Kommunistische Partei sei keine gewöhnliche politische Gruppierung gewesen, sondern »eine staatliche Organisation im vollen Sinne«[55]. Eine der zahlenmäßig stärksten Richtungen war die sozialdemokratische, die aber erst mit Gorbatschows Regierungsübernahme die Gelegenheit erhielt, politische Wirksamkeit zu entfalten. Um die Legende zu widerlegen, die 1991 zunehmend sowohl in Rußland als auch im Ausland Verbreitung fand, Gorbatschow wünsche lediglich »das System zu perfektionieren, ohne an die Grundlagen zu rühren«,[56] zitierte Schachnasarow wörtlich aus seinem Gespräch mit Gorbatschow im Dezember 1989, in dem Gorbatschow sagte:

> Glauben Sie nicht, daß mich irgend etwas aufhalten wird, daß es eine Schwelle gibt, die ich nicht überschreiten werde. Alles, was für die tiefgründigste Veränderung des Systems notwendig ist, akzeptiere ich ohne Scheu. Und wenn wir über das letztliche Ziel sprechen, insofern es heute schon möglich ist, Genaues zu sagen, dann ist dies die Integration in die Weltgemeinschaft mit friedlichen Mitteln. Meiner Überzeugung nach stehe ich der Sozialdemokratie sehr nahe.[57]

Angesichts der Tatsache, daß Gorbatschow Generalsekretär der Kommunistischen Partei der Sowjetunion war, die in der Vergangenheit in den Sozialdemokraten ihre gefährlichsten Gegenspieler gesehen hatte (Lenin und Stalin bewahrten sich ihre wüstesten Beschimpfungen für jene auf, die Sozialdemokraten oder ›demokratische Sozialisten‹ nach westeuropäischer Tradition waren), hatte er bereits eine besonders hohe Schwelle überschritten. Die Tatsache, daß Gorbatschow diesen Schritt getan hatte, wurde in zunehmendem Maße auch orthodoxen Kommunisten deutlich. Viele unter ihnen fühlten sich später betrogen und ausmanövriert. Drei Monate nach dem Zusammenbruch der Sowjetunion beklagte Ligatschow: »Gorbatschow führte einen Staatsstreich gegen den Marxismus-Leninismus und ersetzte ihn durch den Sozialdemokratismus.«[58]

Gorbatschow ermöglichte es Schachnasarow, eine der zentralen

Figuren im Entwicklungsprozeß einer grundlegenden Reform des sowjetischen politischen Systems im Geiste der Sozialdemokratie zu werden. Er hatte großen Anteil an der Vorbereitung der politischen Reformpläne, die 1988 der XIX. Parteikonferenz vorgelegt wurden (siehe Kapitel 6). Außerdem war Schachnasarow, gemeinsam mit Frolow, einer der Funktionäre, die hauptsächlich für die Arbeit an einem neuen Parteiprogramm verantwortlich waren, wie auch für das Manifest »Einem humanen und demokratischen Sozialismus entgegen«, das vom XXVIII. Parteitag 1990 verabschiedet wurde. Auf diesem Parteitag fiel auch die Entscheidung, ein neues offizielles Parteiprogramm zu erstellen, das an die Stelle des alten, 1961 vom XXII. Parteitag beschlossenen und 1986 vom XXVII. Parteitag aktualisierten Programmes treten sollte. Ein Großteil der Arbeit am Dokument von 1986, das offiziell nicht als ein neues Programm, sondern als Fortschreibung des alten, unter Chruschtschow formulierten Papiers von 1961 galt, war bereits abgeschlossen worden, bevor Gorbatschow Generalsekretär wurde. Es stellte mit Sicherheit einen wesentlich weniger deutlichen Bruch mit der Vergangenheit dar, als der Entwurf eines völlig neuen Programms, an dem, laut Frolow, von Ende 1990 bis zum Juli 1991 ständig gearbeitet wurde.[59] Sogar dieser Entwurf, endlich vom Plenum des Zentralkomitees zur Veröffentlichung freigegeben, wurde, so Frolow, »sehr stark deformiert«, als er durch die Hände der Programmkommission ging.[60] Zu diesem Zeitpunkt war die Kommunistische Partei nicht nur offen gespalten, sondern auch in bittere, interne Kämpfe verstrickt und bestimmte nicht mehr den Gang der politischen Entwicklung des Landes. Es bleibt aber eine historische Tatsache, daß der Programmentwurf – der nie angenommen wurde, da der Putsch und die nachfolgende Auflösung der unionsweiten KPdSU vor dem für Ende 1991 geplanten außerordentlichen XXIX. Parteitag stattfanden – sehr viel mehr mit westeuropäischer Sozialdemokratie als mit traditionellem sowjetischen Marxismus-Leninismus gemeinsam hatte.[61]

Es wäre falsch, am Ende der Darstellung von Gorbatschows Wahl seiner persönlichen Berater den Eindruck zu erwecken, bei allen habe es sich um weise Männer gehandelt. Im Gegenteil, eine der schlimmsten personalpolitischen Entscheidungen Gorbatschows (sogar einschließlich einiger seiner späteren Berufungen, die in Kapitel 8 erläutert werden) war die Ernennung eines Beraters. Die Stelle war bereits besetzt worden, bevor Gorbatschow Generalsekretär wurde, und im zeitlichen Kontext – 1981 – war an ihr nichts Überraschendes. Die Person, um die es ging, war Waleri Boldin, der damalige Leiter der landwirtschaftlichen Redaktion der *Prawda*. Da Gorbatschow noch der für Landwirtschaft zuständige ZK-Sekretär war, sah dies nach einer gewöhnlichen Routine-Entscheidung aus, den Spielregeln der sowjetischen Politik entsprechend. Unglücklicherweise war Boldin ein egozentrischer Karrierist, dem jedweder Machtzuwachs zu Kopf stieg. Gorbatschows unangebrachtes Vertrauen in ihn war so groß, daß er 1987 nach dem Ende seiner Beratertätigkeit für Gorbatschow auf einen Posten versetzt wurde, auf dem er noch größeren Schaden anrichten konnte. Boldin wurde Leiter der Allgemeinen Abteilung des Zentralkomitees, die den Aktenfluß hin zum Generalsekretär kontrollierte. Nachdem er 1990 vom Kongreß der Volksdeputierten zum Präsidenten der UdSSR gewählt worden war, ernannte Gorbatschow Boldin zu seinem Stabschef, so daß er erneut als Torwächter fungierte und ein großes Maß an Kontrolle über Personen und Dokumente ausübte, die Gorbatschow erreichten. Obwohl Boldin kaum an der Formulierung von Gorbatschows Reden beteiligt war, konnte er doch wesentlich größeren Schaden anrichten durch die Gewichtung, die er den Informationen gab, die an Gorbatschow weitergingen. Andere Berater und Quellen versorgten Gorbatschow immer mit einer ganzen Reihe unterschiedlicher Meinungen, von Boldin aber erhielt er die Art von Fehlinformationen, von denen das KGB wünschte, Gorbatschow solle sie hören – gefährliche Hirngespinste von Plänen radikaler Demokraten, zum Kreml zu marschieren und zum Schluß massenhaft dessen Mauern zu erstürmen, sowie von bevorstehendem Chaos im Baltikum. Gorbatschow vertraute Boldin und schenkte einigen der von ihm vorgebrachten Beweise unbesehen Glauben. Es war daher ein großer Schock für Gorbatschow, nicht aber für einige seiner wirklich reformerischen Verbündeten – wenigstens im Rückblick –, daß Boldin sich im August 1991 Kriutschkow und den anderen Putschisten anschloß. In Wirklichkeit war das Verhältnis zwischen Kriutschkow und Boldin schon lange eng gewesen, und in seinen Memoiren spricht der ehemalige KGB-Chef sehr freundlich von Boldin.[62]

Boldin tat nicht nur sein Möglichstes, die für Gorbatschow bestimmten Informationen konservativ einzufärben – was besonders gefährlich in den Angelegenheiten der baltischen Republiken war –, sondern er sorgte auch dafür, daß Entscheidungen, mit denen er nicht einverstanden war, nicht umgesetzt wurden. Den Aussagen des Direktors des Instituts für Allgemeine Geschichte der Russischen Akademie der Wissenschaften, Alexander Tschubarjan, zufolge, verhinderte Boldin die Übergabe von Dokumenten über die sowjetisch-tschechischen Beziehungen im Jahre 1968 an die postkommunistische tschechische Regierung, nachdem Schewardnadse, Schachnasarow und (bemerkenswerterweise) der KGB-Vorsitzende Kriutschkow deren Freigabe autorisiert hatten.[63] Mit zunehmender Gewißheit der eigenen Bedeutung sollte es Boldin gegen Ende der sowjetischen Ära für angebracht halten, sogar dem altgedienten Agrarexperten Nikonow Zugang zu Gorbatschow zu verweigern. Nikonows Protest, er kenne Gorbatschow schon seit mehr als 25 Jahren, war vergeblich.[64] Boldins Illoyalität gegenüber Gorbatschow während der Zeit des Putschversuchs im August 1991, als er sich den Verschwörern anschloß, erreichte einen weiteren Gipfel, als er später ein heuchlerisches Buch veröffentlichte, in dem er den Mann angriff, der ihn so viel höher hatte steigen lassen, als er es verdiente.[65]

Veränderung der Machtbalance

Gorbatschow konnte seine offiziellen und informellen Mitarbeiter völlig ohne Einflußnahme von außen ernennen. Er mußte allerdings seine natürliche Autorität und die Autorität als Generalsekretär benutzen – die einen sowjetischen Führer weit über seine Kollegen im Politbüro herausragen ließ –, um die Zusammensetzung der höchsten Gremien der Kommunistischen Partei zu seinem Vorteil zu verändern. Wechsel in den Direktoraten der Abteilungen des Zentralkomitees, bei den Ersten Sekretären auf Republiksebene und noch mehr bei den Sekretären des ZK und Beförderungen ins Politbüro verschoben die Machtbalance und nicht nur das Gleichgewicht der Einflußmöglichkeiten. Der Unterschied zwischen Macht und Einfluß ist freilich oft ein sehr feiner. Wirkliche institutionelle Macht lag zum Beispiel beim Sekretär des Zentralkomitees, zuständig für die Parteikader, und bei jedem stimmberechtigten Mitglied des Politbüros. Der ständige Umgang des Generalsekretärs mit einem von ihm besonders geschätzten Berater jedoch konnte diesem Einfluß und größeres Gewicht verlei-

hen, als es die formale Macht ermöglichte, die ein weniger vertauens-
würdiges Politbüromitglied besaß.

Von all denen, die als informelle Berater Gorbatschows anfingen
und von ihm dann in Stellungen mit größerer institutioneller Macht
und Autorität gebracht wurden, war Alexander Jakowlew zweifelsohne
der bedeutendste. Schon bevor er irgendeine offizielle Position in den
höchsten Parteiorganen innehatte und auch danach arbeitete Jakowlew mit Gorbatschow an politischen Konzepten und an dessen wichtigen Reden. Zwischen 1985 und 1988 war er wahrscheinlich der einflußreichste Mann in der Sowjetunion, wenn man von Gorbatschow als
dem wichtigsten *Adressaten* von Einflußnahme absieht. Gorbatschow
hörte sich eine so große Bandbreite von konkurrierenden Meinungen
an und war sich der Notwendigkeit, eine zu drastische Störung des
empfindlichen Gleichgewichts der Kräfte innerhalb des sowjetischen
Establishments zu vermeiden, so sehr bewußt, daß dies ausschloß,
immer den Rat Jakowlews zu befolgen. Die Sowjetunion zu reformieren war Gorbatschows Projekt, und er ermöglichte erst die Mitwirkung Jakowlews, wie groß auch immer Jakowlews Anteil daran gewesen sein mag, den Prozeß voranzutreiben. Im politischen Kontext der
Mittachtziger hätten radikale Reformen nicht in Angriff genommen
werden können ohne ständigen Druck durch den Generalsekretär
selbst. Seine bloße Zustimmung hätte nicht ausgereicht.

Als oberster Anwalt seines Projektes Perestroika hielt es Gorbatschow für gerechtfertigt, den konservativen Kräften Zugeständnisse
zu machen, wenn dies notwendig erschien, um das gesamte Unternehmen über Wasser zu halten. Es ist typisch für sein Geschick, daß er den
konservativeren Jegor Ligatschow mit der Organisation der Partei
betraute, ohne ihm jedoch die alleinige Aufsicht über Ideologiefragen
zu übertragen. Normalerweise überwachte derjenige, der als ›Zweiter
Sekretär‹ der Partei fungierte (ohne daß es dieses Amt offiziell so gegeben hätte), sowohl ideologische Angelegenheiten als auch die Parteikader innerhalb des Sekretariats. Nachdem aber Jakowlew ins Politbüro
aufgerückt war, teilte er sich die Verantwortung für Ideologie mit
Ligatschow, bevor Wadim Medwedjew die beiden in diesem Amt
ablöste. Ligatschow konnte sich selbst als ›Zweiter Sekretär‹ fühlen, da
er die Sitzungen des Sekretariats leitete, es gab aber, vorsichtig formuliert, eine gewisse Zweideutigkeit in seiner Stellung. Nachdem Gorbatschow Ligatschows Bedürfnis nach Anerkennung befriedigt hatte,

neigte er viel stärker Jakowlew zu, was konkrete politische Schritte und die in seinen Reden enthaltenen Gedanken anging.

Man muß hierzu allerdings auch anmerken, daß Gorbatschow zwar Jakowlew beispielsweise in Fragen der Kulturpolitik, der Rolle der Massenmedien und der Notwendigkeit einer radikalen Überarbeitung der sowjetischen Doktrin näherstand, er aber auch echtes Vertrauen in Ligatschow setzte. Zunächst sah er in ihm nicht nur einen zupackenden Mitstreiter, sondern auch einen Mann, der die Perestroika bejahte. Wie unten genauer ausgeführt wird, hatte die Doppeldeutigkeit dieses Begriffs große Vorteile für Gorbatschow und den Reformprozeß. Die Tatsache aber, daß diejenigen, die sich zu dieser Idee bekannten, oft sehr unterschiedliche Vorstellungen von dem hatten, was sie bedeutete, konnte in manchen Fällen von Nachteil sein. So bestand Gorbatschow Ende 1987 noch immer darauf, daß Ligatschow die Politik der Perestroika unterstütze, wenn er auch (wie Gorbatschow einräumte) gelegentlich unglückliche Formulierungen und Methoden wählte. Die ernsthaften Reformer in der Umgebung Gorbatschows dagegen hegten keinerlei Zweifel daran, daß Ligatschow etwas anderes unter Perestroika verstand, als Gorbatschow und *sie* es taten.[66] Später hatten wohl Boris Jelzin, Alexander Jakowlew und Eduard Schewardnadse gleichermaßen das Gefühl, daß ihre Unterstützung für Gorbatschow nicht in ausreichendem Maße auf Gegenseitigkeit beruhte, und die Kritik an Gorbatschow in diesem Zusammenhang ist nicht unberechtigt. Aber es war ein mindestens genauso schwerwiegender Fehler, sich nicht von denen in seinem Team zu trennen, mit denen er zwar bereits gut zusammengearbeitet hatte, bevor er Generalsekretär wurde, die aber in persönlicher Hinsicht und durch ihre Behinderung des Reformprozesses zu einer politischen Last wurden. Dies trifft vor allem auf Ligatschow und Ryschkow zu, besonders aber auf Boldin.

Ligatschow leistete zu Beginn der Amtszeit Gorbatschows als Generalsekretär bestenfalls einen halbherzigen Beitrag und wurde bald ein Bremser transformativer Veränderung. In scharfem Gegensatz dazu spielte Jakowlew eine außergewöhnlich wichtige Rolle, Gorbatschow bei der Entwicklung seines Reformprojektes zu unterstützen und dafür in den Korridoren der Macht im Zentralkomitee zu kämpfen. Seine zehn Jahre in Kanada hatten seinen Horizont erweitert, es sollte aber nicht übersehen werden, daß er ein relativ hochrangiger Funktionär im ZK-Apparat vor diesem längeren diplomatischen Zwischen-

spiel in seiner Karriere war.[67] Er kannte sich aus im Apparat des Zentralkomitees (wie auch Tschernjajew und Schachnasarow) und besaß,
teilweise dank seiner Zeit als Direktor des IMEMO, gute Kontakte zu
Parteiintellektuellen in den politischen Forschungsinstituten. Jakowlew wurde dementsprechend zu einem Vermittler innovativer Ideen an
Gorbatschow, eine Rolle, die auch von den aufgeschlossensten seiner
Berater, wiederum vor allem von Tschernjajew und Schachnasarow,
wahrgenommen wurde.

Sogar in Gorbatschows erstem Jahr als Generalsekretär finden sich
Anzeichen dafür, daß er bereit war, das Undenkbare zu denken, wenn
auch noch nicht so weit, das Undenkbare zu tun. Ende 1985 verfaßte
Jakowlew ein Memorandum für Gorbatschow, das vorschlug, die
Kommunistische Partei in zwei Parteien zu spalten, um Wettbewerb in
das politische System einzuführen.[68] Dies war ein für die damalige Zeit
außergewöhnlicher Gedanke, denn die Kommunistische Partei hatte
jegliche ›Spalter‹ in ihren Rängen immer mit besonderer Härte bestraft. Dementsprechend war der Vorschlag neun Monate nach dem
Tod Tschernenkos nicht praktikabel. Wenn Gorbatschow versucht
hätte, den Vorschlag in die Tat umzusetzen, wäre er sehr rasch aus dem
Amt des Generalsekretärs entfernt worden. Und Jakowlew wäre, statt
seinen schnellen Aufstieg ins Politbüro zu beginnen, aus den Vorzim-
mern der Macht verbannt worden. Nachdem Gorbatschow das Memorandum gelesen und verarbeitet hatte und mit den allgemeinen
politischen Ansichten Jakowlews ohnehin vertraut war, bedachte er
ihn mit beschleunigter Beförderung.[69] Allein diese Tatsache spricht
Bände über Gorbatschows Offenheit für substantielle politische Reformen. Die zwei Parteien, über die Jakowlew schrieb, wären damals
allerdings Kunstprodukte gewesen. Bis 1990 aber (als auch Jakowlew
zögerte) hatte sich die politische Landschaft dramatisch verändert.
Dann hätte Gorbatschow das Risiko eingehen können und mit großer
Sicherheit auch eingehen sollen, die Partei zu spalten, deren tiefe ideologische Risse in den vorangegangenen Jahren ans Licht getreten
waren, anstatt zu versuchen, die Unterschiede zu überdecken.

In seinem Memorandum von 1985 schlug Jakowlew vor, die eine
Partei Sozialistische Partei und die andere Demokratische Volkspartei
zu nennen. Beide sollten zu einer Art von Volksfront gehören, die
Kommunistische Union zu nennen gewesen wäre. Dies schmeckt vielleicht nicht nur nach angewandter Sozialwissenschaft von oben, son-

dern auch nach einem Pseudomehrparteiensystem, wie es in einigen der kommunistischen Staaten Osteuropas existierte. Jakowlews Vorschlag aber, wie unpraktikabel auch immer er gewesen sein mag, beinhaltete jedoch eine wesentlich ernsthaftere politische Reform: Jakowlew hatte wirklich freie Wahlen vorgesehen, die alle fünf Jahre stattfinden sollten. Wenn die Empfehlungen in die Tat umgesetzt hätten werden können, wäre ein gewichtiges Element von politischem Pluralismus in das politische System eingeführt worden, das noch immer völlig fehlte.[70]

Gorbatschows Reaktion auf den Vorschlag Jakowlews ist von erheblicher Bedeutung. Sie straft die Annahme Lügen, er sei damals (und einigen unachtsamen Beobachtern nach auch später noch) ein unverbesserlicher Kommunist gewesen, dessen einziges Interesse erhöhter ökonomischer Effizienz gegolten habe. 1994 schreibt Jakowlew, zu einer Zeit, als sein Verhältnis zu Gorbatschow längst nicht mehr so eng war[71]: »Die Reaktion M. S. Gorbatschows auf dieses Memorandum war ruhig und interessiert. Aber er hielt die vorgeschlagenen Maßnahmen für verfrüht.«[72] Zwei Jahre bevor er 1994 Auszüge aus dem Memorandum veröffentlichte, berichtete Jakowlew in informeller Runde über diese Episode und sagte, Gorbatschow habe nicht schriftlich auf sein Memorandum reagiert, sondern mündlich. Auf die Frage, was denn diese Antwort gewesen sei, verwendete Jakowlew nur ein russisches Wort, das im Deutschen mit zwei Wörtern übersetzt werden muß: »Rano« (»Zu früh!«)[73] Daß Gorbatschow überhaupt nicht schockiert auf den Vorschlag reagierte, ist in sich bereits wichtig, denn unter jedem seiner Vorgänger wäre er für revisionistisch oder etwas noch Schlimmeres gehalten worden. Daß Gorbatschow die Idee nicht für falsch, sondern für verfrüht hielt, ist ein weiterer Hinweis darauf, daß er sogar 1985 schon politische und ökonomische Reformen im Blick hatte.

Wenn Jakowlew auch besonders wichtig für Gorbatschow war, so war Gorbatschow doch absolut unentbehrlich für Jakowlew. Sein Aufstieg in der Hierarchie der Kommunistischen Partei war in den frühen siebziger Jahren plötzlich zum Stillstand gekommen; 1985 war er noch nicht einmal Kandidat des Zentralkomitees. Das Zentralkomitee (vom XXVI. Parteitag 1981 gewählt) hatte 319 Vollmitglieder und 151 Kandidaten.[74] Jakowlew gehörte also Ende 1985 nicht zu den 470 formal höchsten Parteimitgliedern, stieg aber innerhalb der nächsten

18 Monate in die Spitzengruppe der drei mächtigsten Männer in der
Partei auf. Seine Beförderung von der Nicht-Mitgliedschaft im Zentralkomitee zu einem Vollmitglied des Politbüros und zu einem Sekretär des ZK wurde von Gorbatschow in beispielloser Geschwindigkeit
durchgedrückt. Dank Gorbatschow war Jakowlew 1985 zwar Direktor eines wichtigen Moskauer Instituts geworden, verfügte aber noch
nicht über politische Macht, im Juni 1987 dagegen zählte er zu den vier
mächtigsten Politikern des Landes. Nach Gorbatschow waren Ligatschow und Jakowlew die führenden Persönlichkeiten in der Kommunistischen Partei, und Ryschkow vervollständigte das Quartett als
Vorsitzender des Ministerrates. Im März 1986 wurde Jakowlew dann
Mitglied und ein Sekretär des Zentralkomitees, im Januar 1987 Kandidat und im Juni Vollmitglied des Politbüros.

Nur ein entschlossener Generalsekretär selbst konnte den treuesten
Verbündeten so schnell befördern. Es war das sowjetische Gegenstück
zur Wahl eines Mannes in das britische Unterhaus in einem Jahr und
seiner Ernennung nicht nur zum Minister, sondern seiner Betrauung
mit einem der drei klassischen Ressorts im nächsten Jahr. Ohne solche
Förderung wäre Jakowlews Stimme immer noch vernünftig, aber
nicht so mächtig gewesen. Dank Gorbatschow fand er sich in der
Lage, die Erweiterung der Grenzen des Erlaubten in den Massenmedien und im kulturellen Leben direkt zu unterstützen, genauso wie er
am neuen politischen Denken von seiner Machtbasis als ›Doppelsekretär‹ aus teilhatte. Er spielte auch eine große Rolle beim Austausch
von Zeitungsredakteuren durch generell reformfreundlichere Journalisten – eine weitere Verbindung zwischen der Kraft frischer Gedanken
und der Macht, Ämter zu vergeben. Ligatschow zum Beispiel war
äußerst unglücklich über die Ansichten, die später in einigen dieser
Publikationen gedruckt wurden. Er beklagte auch »ungefähr 1987«,
daß »Gorbatschow allmählich von Leuten umgeben war, die Jakowlew
persönlich verpflichtet waren«.[75]

Gorbatschows Ausübung seiner Macht, Ämter zu vergeben, einschließlich der Befugnisse, die er auf diesem Gebiet an Jakowlew übertragen hatte, ging mit der Radikalisierung der politischen Tagesordnung und der Einführung von Konzepten, die bis dahin im sowjetischen politischen Diskurs tabu gewesen waren, Hand in Hand. Aber
nicht alle, die in hohe politische Ämter berufen wurden, waren auch
bereit, weitreichende Veränderungen mitzutragen. Selbst die meisten

der Mitglieder des Zentralkomitees, die die Wahl Gorbatschows zum Generalsekretär aufrichtig unterstützt hatten, wollten entweder nur auf der siegreichen Seite stehen oder waren wirklich daran interessiert, das alte System neu zu beleben. Wenn Gorbatschow also Männer aus dieser Gruppe beförderte, stellte er früher oder später fest, daß sie sich weigerten, die Veränderungen zu akzeptieren, die er vorantrieb oder billigte. Dies galt zum Beispiel für den Vorsitzenden des KGB, Viktor Tschebrikow, der einen Monat nach Gorbatschows Amtsantritt vom Kandidaten zum Vollmitglied des Politbüros befördert wurde, oder für zwei so wichtige Verbündete der Jahre 1984 bis 1985 wie Ligatschow, der im April 1985 ein ›Spitzensekretär‹ wurde, und Ryschkow, der im September 1985 Nikolai Tichonow als Vorsitzenden des Ministerrates ablöste. Sie alle und besonders Ryschkow waren zu begrenzten Reformen bereit, blieben aber weit hinter dem Punkt zurück, an dem solche Reformen das System in etwas anderes verwandelten.

Im Kontext des Jahres 1985 war an der Ernennung Ryschkows und Ligatschows nichts Unpassendes. Gorbatschow mußte die alte Garde Breschnews aus der Führung entfernen, und die Normen des Systems sahen vor, daß Politbüromitglieder sich aus Leuten rekrutierten, die bereits einen hohen Rang in Partei oder Staat innehatten – ZK-Sekretäre, Kandidaten des Politbüros, Direktoren der besonders wichtigen ZK-Abteilungen, Minister oder Vorsitzende von Staatskomitees.

Gemäß diesen Spielregeln der sowjetischen Politik konnte Gorbatschow nur aus einem vergleichsweise kleinen Kreis mögliche Kandidaten für ein hohes Amt wählen. Radikale Reformer waren dort kaum zu finden. Unabhängig von den Regelungen des Systems brauchte Gorbatschow für seine eigenen Zwecke Persönlichkeiten, die wußten, wo die Hebel der Macht lagen und wie sie zu benutzen waren. Er mußte also Politiker finden, die mit den höchsten Ebenen des politischen Systems vertraut waren, sich aber gleichzeitig von denen deutlich unterschieden, an deren Stelle sie traten. Diese Kombination war schwer zu finden. Einer der Gründe, warum Jakowlew für den neuen Generalsekretär von so großem Wert war, lag in seiner bewunderungswürdigen Erfüllung beider Kriterien. Mit einigen solcher Berufungen hatte Gorbatschow Erfolg, mit anderen nicht. Im Vergleich zu seinen Ernennungen zwischen 1985 und 1988 aber berechtigt seine ›Kaderpolitik‹ nach 1989 (siehe Kapitel 8) zu größerer Kritik, da er im Zuge der zunehmenden Politisierung der Gesellschaft und der Erweiterung der

Grenzen des politischen Systems wesentlich freiere Hand hatte. In vielen Fällen war seine Personalpolitik der frühen Jahre bemerkenswert erfolgreich, vor allem gemessen an der sowjetischen Praxis, andererseits stellte sich bei einigen Neuen heraus, daß sie sich kaum von ihren Vorgängern unterschieden.

Auf der Ebene von Sekretariat und Politbüro waren die beiden herausragenden und erfolgreichen Personalentscheidungen für Gorbatschow als Reformer und neuen Generalsekretär, der seine Machtbasis ausbauen mußte, die Beförderungen von Jakowlew und Eduard Schewardnadse. Jakowlews Beitrag ist bereits erörtert worden, und Schewardnadses viel ältere Freundschaft mit Gorbatschow wurde in einem früheren Kapitel berührt. Schewardnadses Ernennung zum sowjetischen Außenminister im Sommer 1985 aber verdient eine eingehendere Betrachtung. Sie war ein Meisterstück, das im sowjetischen Establishment völlige Überraschung auslöste – aber auch bei westlichen diplomatischen Beobachtern. Aus seiner damaligen Perspektive als Stellvertretender Direktor der Internationalen Abteilung des Zentralkomitees notierte Tschernjajew in seinem Tagebuch: »Sogar für die Apparatschiks ganz oben war dies ein Blitz aus heiterem Himmel.«[76] Tatsächlich schreibt Schewardnadse, daß es eine grobe Untertreibung wäre zu sagen, er selbst sei *überrascht* gewesen, als ihn Gorbatschow im Juni 1985 telefonisch über diesen bevorstehenden Schritt informierte.[77] Als Erster Sekretär der Partei in Georgien war er gelegentlich ins Ausland gereist und hatte ausländische Delegationen in Tbilissi empfangen, verfügte aber grundsätzlich nicht über außenpolitische Erfahrungen. Als er am Morgen nach dem Anruf nach Moskau flog und in einem Treffen mit Gorbatschow eine Vielzahl von Einwänden gegen seine Ernennung zum Außenminister vorbrachte, nicht zuletzt seinen Mangel an Erfahrung, entgegnete Gorbatschow: »Keine Erfahrung? Nun, vielleicht ist das eine gute Sache. Unsere Außenpolitik braucht einen unverbrauchten Blick, Mut, Beweglichkeit und innovative Ansätze. Ich zweifle nicht daran, daß meine Wahl richtig ist.«[78] Schewardnadse besaß nämlich die Fähigkeiten eines echten Politikers, nicht nur die eines sowjetischen Bürokraten. Dazu gehörten Flexibilität und das Talent, Kontakt zu seinem Gegenüber aufzunehmen und ihm Vertrauen einzuflößen (wie sogar amerikanische Außenminister zu ihrer Verblüffung feststellen sollten). Er war auch ein Politiker mit Ansichten, die denen des Generalsekretärs auffallend ähnlich waren.

Schewardnadse schreibt, der wichtigste Grund für ihn, das Außenministerium zu übernehmen, sei die Tatsache gewesen, daß er Gorbatschows persönlicher Wunschkandidat für das Amt war: »Ich wußte, was er wollte, und er wußte, daß ich dasselbe wollte.«[79] Gorbatschow lag richtig mit seiner Annahme, daß Schewardnadse ein fähiger Ausführer einer innovativen Außenpolitik und sein Mitstreiter in innen- und außenpolitischen Fragen im Politbüro sein würde, zu dessen Vollmitglied der bisherige Kandidat Schewardnadse nun erhoben wurde.

Man hat Gorbatschow oft Unentschlossenheit vorgeworfen. Diese Kritik entbehrt nicht völlig der Grundlage (vor allem in der Wirtschaftspolitik, die Gründe werden in den Kapiteln 5 und 8 erläutert), ist aber trotzdem eine grobe Vereinfachung. Die Art und Weise, wie Gorbatschow in den ersten paar Jahren im Amt seine Gegner aus dem Politbüro und dem Sekretariat des Zentralkomitees entfernte und sie durch Leute ersetzte, die er für verläßlich hielt, hatte nichts mit Unentschlossenheit zu tun. Kein Generalsekretär in der sowjetischen Geschichte erreichte einen so umfangreichen Personalwechsel in den höchsten Parteiorganen so früh in seiner Amtszeit. Das erste Politbüromitglied, dessen Entlassung Gorbatschow sicherstellte, war Grigori Romanow, ein ›Doppelsekretär‹ und potentieller Behinderer weitreichender Veränderungen, der – zur Zeit seines Ausscheidens im Juli 1985 – vom Alter her nicht der offensichtlichste Kandidat für die Pensionierung war, denn er war erst Anfang 60, und sein Alter lag unter dem Durchschnitt des Politbüros. Noch im ersten Regierungsjahr Gorbatschows gesellten sich zwei ältere Politbüromitglieder, die keine Reformfreunde waren – Viktor Grischin und Nikolai Tichonow – zu Romanow in den erzwungenen Ruhestand.[80] Gorbatschow mußte über ein ausreichendes Maß an Entschlußkraft verfügen, um den Betroffenen zu überzeugen, seinen Rücktritt anzubieten, oder das Politbüro als ganzes dazu zu bewegen, dies zu verlangen.[81]

Gorbatschow berief viele Personen, die zwar offener und aufgeklärter als ihre Vorgänger im Politbüro waren, aber trotzdem zögerten, so radikale Reformen zu unterstützen, wie dies Jakowlew und Schewardnadse taten. Dazu gehörten Männer wie Lew Saikow, ein ehemaliger Fabrikdirektor und Parteichef aus Leningrad, der (bereits ZK-Mitglied, als Gorbatschow Generalsekretär wurde) bis März 1986 rasch zu einem Sekretär des Zentralkomitees (zuständig für das Militär und die Rüstungsindustrie) und einem Vollmitglied des Politbüros befördert

wurde; Georgi Rasumowski, ein Verbündeter Gorbatschows aus Krasnodar, der, im März 1986 ins Sekretariat des ZK geholt, mit der Aufsicht
über die Ämtervergabe der Partei auf niedrigeren Ebenen der Hierarchie
betraut und 1988 zu einem Kandidaten des Politbüros gemacht wurde;
und Viktor Nikonow, ein ehemaliger Agronom und Minister für Landwirtschaft der russischen Unionsrepublik, der im April 1985 der für
Agrarpolitik verantwortliche Sekretär des ZK wurde und von 1987 bis
1989 dieses Amt mit der Vollmitgliedschaft im Politbüro verband.

Problematischer und in Gorbatschows Perspektive mit Vor- und
Nachteilen verbunden war die Berufung von drei anderen Männern:
Wadim Medwedjew, Boris Jelzin und Anatoli Dobrynin. Medwedjew
stand ausgesprochen loyal zu Gorbatschow (und arbeitet noch immer
mit ihm gemeinsam in der Gorbatschow-Stiftung). Außerdem war
er ein ernsthafter Wirtschaftsreformer. Er gehörte, wie bereits angemerkt, zu denen, die mit Gorbatschow an dessen bahnbrechender
Rede vom Dezember 1984 arbeiteten. In ideologischen oder kulturellen Fragen aber war Medwedjew gelegentlich eine Belastung für Gorbatschow. Er war auch in diesen Angelegenheiten ein vorsichtiger
Reformer und kein Reaktionär, konnte aber mit der sich schnell verändernden Stimmung in der Öffentlichkeit nicht mithalten, als er von
1988 bis 1990 der für Ideologiefragen zuständige ›Doppelsekretär‹
war.[82] Diese Ernennung war in vieler Hinsicht typisch für die Kompromisse, die Gorbatschow einging, um zu vermeiden, daß die Spannungen zwischen den verschiedenen Flügeln der Kommunistischen
Partei extreme Formen annahmen. Innerhalb der Parteibürokratie
waren die Konservativen in der Überzahl, die am Tauziehen über ideologische Fragen zwischen Jakowlew und Ligatschow zwischen 1986
und 1988 keinen Gefallen fanden. Um so mehr, als Gorbatschow viel
mehr in Jakowlews Richtung neigte als in die Ligatschows und so
eine marxistisch-leninistische Wahrheit nach der anderen umgestürzt
wurde. Da Medwedjews Ansichten etwa in der Mitte zwischen den
Anschauungen Jakowlews und Ligatschows angesiedelt waren (bei
leichter Tendenz zu Jakowlew), könnte man seine Ernennung als eine
taktische Meisterleistung sehen. Strategisch aber war sie ein Fehler,
denn es sollte eine Zeit kommen, da sich die Spielregeln der sowjetischen Politik infolge der Entscheidungen der XIX. Parteikonferenz
(siehe Kapitel 6) veränderten, und Jakowlew wäre geeigneter gewesen,
mit ihnen umzugehen, als Medwedjew es war.

Die Beziehung zwischen Jelzin und Gorbatschow könnte das Thema eines eigenen Buches sein und kann hier nur kurz umrissen werden (etwas ausführlicher in den Kapiteln 6 und 8). Jelzin war sehr auf seinen Status innerhalb der Parteihierarchie bis kurz vor seinem Bruch mit ihr bedacht. Als ihm der Direktorenposten der Bauabteilung des Zentralkomitees im April 1985 angeboten wurde, hielt er diese Beförderung für zu bescheiden. Er leitete die Partei in der stark industriell geprägten Region Swerdlowsk, von wo aus in der jüngeren Vergangenheit Andrei Kirilenko ein einflußreicher ZK-Sekretär und Angehöriger des Politbüros geworden war. Jakow Rjabow wurde 1976 direkt vom Ersten Sekretär in Swerdlowsk zu einem Sekretär des ZK befördert.[83] Jelzin war sich durchaus der Tatsache bewußt, daß Gorbatschow 1978 von seiner Stelle als Erster Sekretär der Region Stawropol, »einer Region, was noch wichtiger ist, deren industrielles Potential wesentlich geringer als das der Region Swerdlowsk war, … *er* in den Rang eines Sekretärs des Zentralkomitees befördert wurde« (Hervorhebung im Original).[84] Jelzin fügt hinzu: »Ich glaube, Gorbatschow wußte, daß mich dies beschäftigte, aber keiner von uns gab etwas zu erkennen.«[85] Offensichtlich war sich Gorbatschow über die Gedanken Jelzins im klaren, denn im Juli 1985, nur drei Monate nach seiner Ernennung zum Abteilungsdirektor, wurde Jelzin zu einem Sekretär des Zentralkomitees befördert.

Es entbehrt nicht einer gewissen Pikanterie, daß Jelzin nicht so sehr auf Drängen Gorbatschows nach Moskau gerufen wurde, sondern auf Betreiben Ligatschows, mit dem er sich schon bald in den Haaren liegen sollte, nachdem Jelzin später im selben Jahr Erster Sekretär der Moskauer Partei wurde. Gorbatschow bestätigte Ligatschows frühere Darstellung, als er im Sommer 1995 auf eine Frage nach Jelzin folgende Antwort gab: »Wissen Sie, ich hatte meine Zweifel, ob ich ihn nehmen sollte oder nicht.« Ligatschow aber, der gerade von einem Besuch der Region Swerdlowsk zurückgekehrt war, bestand darauf, daß Jelzin genau der Mann sei, den sie brauchten.[86] Sowohl Ligatschow als auch Jelzin waren starke Persönlichkeiten, denen es gefiel, ihre Vorstellungen durchzusetzen, und Konflikte zwischen den beiden kamen deshalb nicht überraschend. Vielleicht waren die Zusammenstöße beider mit Gorbatschow früher oder später ebenfalls unvermeidlich, obwohl Tschernjajew in einem Memorandum für Gorbatschow plausibel darlegte, daß Ligatschow der Hauptschuldige für das unglückliche Ende

der Karriere Jelzins in der Kommunistischen Partei war.[87] Nachdem Jelzin in der zweiten Hälfte des Jahres 1985 als ZK-Sekretär amtiert hatte,
trat er im Dezember des Jahres die Nachfolge Grischins als Erster Sekretär der Moskauer Partei an.[88] Im ersten seiner zwei Memoirenbände
nimmt Jelzin an, Gorbatschow sei der Hauptverantwortliche für seine
Ernennung gewesen. Wadim Medwedjew aber insistiert, daß Ligatschow die Hauptrolle bei der Berufung Jelzins von Swerdlowsk nach
Moskau spielte, genauso wie er später dafür sorgte, daß Jelzin zum
Ersten Sekretär Moskaus ernannt wurde.[89] Obwohl er bei den Mosko-
witern schnell große Beliebtheit als scharfer Kritiker der örtlichen Bürokratie erlangte, schaffte sich Jelzin einflußreiche Gegner unter den
Bürokraten, die er entließ oder die in Angst vor der Entlassung lebten.

Zu seinem Ärger wurde Jelzin nicht vom Kandidaten zum Vollmitglied des Politbüros befördert, und Gorbatschow mußte sich zahlreiche Beschwerden über ihn anhören, nicht zuletzt von Ligatschow, der
zu dieser Zeit der ›Doppelsekretär‹ mit Zuständigkeit für den Parteiapparat war. Jelzin sah sich in den Jahren 1985 bis 1987 als einer der Pio-
niere der Perestroika und meinte, er habe größere Unterstützung
durch Gorbatschow verdient, als er erhalten habe. Gemeinsam mit seinen offenen Zusammenstößen mit Ligatschow und den Konservativen in der Partei bildete dies den Hintergrund zu Jelzins nicht vorgese-
hener Rede vor dem Plenum des Zentralkomitees im November 1987.
Die Sitzung war einberufen worden, um den Entwurf der Rede Gorbatschows zu billigen, die er in feierlichem Rahmen zum 70. Jahrestag
der Revolution der Bolschewiki halten sollte.[90] Indem er bei dieser
Gelegenheit Ligatschow offen und Gorbatschow indirekt kritisierte,
setzte Jelzin einen Prozeß in Bewegung, der zum Verlust seines Moskauer Parteiamtes und seines Status als Kandidat des Politbüros führte
(obwohl er bis zu seinem Austritt aus der Kommunistischen Partei
1990 ein Mitglied des Zentralkomitees blieb) – eine Ereigniskette, die
ihn im Laufe der Zeit zu einer landesweit bekannten Figur machte und
mit seiner Wahl zum Präsidenten Rußlands im Juni 1991 endete.

Die Ernennung Dobrynins zu einem Sekretär des Zentralkomitees
im März 1986 und zum Direktor der Internationalen Abteilung war
langfristig kein Ereignis von der Größenordnung, wie es die Berufung
Jelzins nach Moskau aus der relativen Obskurität Swerdlowsks wurde.
Aber Dobrynin war bei seiner Ankunft in der russischen Hauptstadt
viel bekannter als Jelzin, da er als Botschafter der UdSSR in Washing-

ton seit 1962 ein vertrautes Gesicht für sowjetische (und amerikanische) Fernsehzuschauer war. (Kurz nach seiner Übernahme der Geschäfte in Washington erlebte er mit der Kuba-Krise seine Feuertaufe.) Seine gesamte Karriere spielte sich im Außenministerium ab und war beinahe ausschließlich auf Amerika ausgerichtet. Dobrynin interessierte sich kaum für kleine Länder und noch weniger für kleine Revolutionsbewegungen in der Dritten Welt, die zu den traditionellen Aufgabenbereichen der Internationalen Abteilung gehörten. Obwohl er aus Gründen, die in Kapitel 7 näher ausgeführt werden, nie zu einer Hauptfigur in der Moskauer Politik wurde, wie dies viele Amerikaner erwarteten, die seine Kompetenz in Washington respektierten, reflektierte seine Berufung nach Moskau doch den Wunsch Gorbatschows, der Verbesserung der zwischenstaatlichen Beziehungen zu den westlichen Ländern, und vor allem zu den USA, Priorität einzuräumen. Außerdem war er daran interessiert, daß aus der Internationalen Abteilung eine bessere Quelle für alternative außenpolitische Vorstellungen werde, als dies unter Ponomarjow der Fall war.

Informationsquellen

Wie bereits angemerkt, war die Internationale Abteilung nicht die homogene Institution, als die sie in der westlichen Fachliteratur beschrieben wurde. Dort wirkten in höchstem Maße fähige Personen neben dem üblichen Anteil von Ideologen und Nichtskönnern. In der Internationalen Abteilung war eine große Zahl von Begabungen zu finden, von denen Gorbatschow einige für sein Team gewann, und beinahe *per definitionem* waren darunter auch Leute, die Kenntnisse über die Welt außerhalb der Sowjetunion besaßen. Unter denjenigen, die in den Stab Gorbatschows wechselten, war Tschernjajew der wichtigste, obwohl Gratschow eine zunehmend bedeutendere Rolle in der Spätzeit der Ära Gorbatschow spielte, und Wadim Sagljadin, der Erste Stellvertretende Direktor der Internationalen Abteilung des Zentralkomitees von 1975 bis 1988 (und ein weiterer Ehemaliger des Prager *World Marxist Review*), wurde dann einer der Berater Gorbatschows. Sagljadin aber war zu lang und zu eng mit Breschnew verbunden gewesen, um als neuer Denker wirklich überzeugen zu können, trotz aller seiner intellektuellen Beweglichkeit.

Dasselbe kann von Georgi Arbatow gesagt werden, dem Direktor des Instituts für die USA und Kanada, obwohl er und sein Institut in der Lage waren, in der neuen Atmosphäre nach Gorbatschows Regierungsübernahme wesentlich breiter gefächerte Politikvorschläge zu machen. So erweiterten die russischen Amerikanisten ihr Blickfeld und gewannen während der ersten Regierungsjahre Gorbatschows an Einfluß.[91] Wissenschaftler vom IMEMO hatten noch leichteren Zugang zu Gorbatschow und seinem Kreis, nicht zuletzt weil Jakowlew von 1983 bis 1985 dort Direktor gewesen und Jewgeni Primakow sein Nachfolger war. Letzterer wurde ein wichtiger Mitarbeiter Gorbatschows, dessen Status formell untermauert wurde, als er im April 1989 Kandidat des Politbüros und im März 1990 Mitglied von Gorbatschows Präsidialrat wurde. Beinahe als einziger von denjenigen, die Gorbatschow nahegestanden hatten, behielt Primakow eine Machtposition in Jelzins Team in der postsowjetischen Zeit, und zwar als Leiter der Auslandsspionage der Russischen Föderation und seit Anfang 1995 als russischer Außenminister.

Von den drei internationalen Instituten, die (wie bereits kurz in Kapitel 1 angedeutet) als einflußreiche Ratgeber sowohl vor als auch nach und mit größerer Offenheit und Wirksamkeit während der Gorbatschow-Ära agierten, war das radikalste Oleg Bogomolows Institut für Wirtschaft des Sozialistischen Weltsystems (ab 1990 Institut für Internationale Politische und Ökonomische Studien). Bogomolow selbst, der etwas mehr Distanz zu den politischen Führungsteams vor 1985 gehalten hatte als die Leiter von IMEMO und des Instituts für die USA und Kanada, war auch der mutigste aller politikorientierten Institutsdirektoren in jenen Jahren. So verfaßte er beispielsweise in einer frühen Kritik ein Memorandum für Breschnew, in dem er gegen die sowjetische Militärintervention in Afghanistan Stellung nahm.[92] Darüber hinaus stand er spätestens seit 1990 seiner eigenen Tätigkeit am selbstkritischsten gegenüber und stellte sich die Frage, warum er nicht mehr gegen das System getan hatte während »der 18 Jahre, in denen die Partei von einem dumpfen Individuum geführt wurde«[93]. Und dies der Tatsache zum Trotz, daß sein Institut ein Refugium für eine größere Anzahl fähiger und unabhängig denkender Sozialwissenschaftler gewesen war als jedes andere. Daß es dort möglich war, mit den Entwicklungen in der Außenwelt (und besonders in Osteuropa) durch berufliche Tätigkeit Verbindung zu halten, bereitete viele Mit-

arbeiter für ihre Rolle als bedeutende Materiallieferanten für das Neue
Denken während der Gorbatschow-Jahre und als prominente politische Figuren in der postsowjetischen Ära vor.[94]

Die Ära Gorbatschow war die Glanzzeit der *institutchiki* – der Akademiker, die in politikorientierten Forschungsinstituten arbeiteten.[95]
Eine Reihe von Instituten (neben den drei wichtigsten der Akademie
der Wissenschaften mit Zuständigkeit für internationale Angelegenheiten) spielten wichtige beratende Rollen. Darunter waren das Institut für Staat und Recht, das Zentrale Ökonomisch-Mathematische
Institut, das Institut für die Internationale Arbeiterbewegung und das
Institut für Sozialwissenschaften, das der Internationalen Abteilung
des Zentralkomitees unterstand.[96] Einzelne Wissenschaftler von sowjetischen Universitäten (besonders aus den juristischen Fakultäten)
und einigen Instituten außerhalb Moskaus (vor allem das Wirtschafts-
wissenschaftliche Institut an der Sibirischen Akademie der Wissenschaften in Nowosibirsk, von dem der Ökonom Abel Aganbegjan und
die Wirtschaftssoziologin Tatjana Saslawskaja abgeworben wurden,
und das Juristische Institut in Swerdlowsk[97]) leisteten bedeutende Beiträge zum Neuen Politischen Denken. Trotzdem aber befanden sich
die Wissenschaftler in Moskau in einer privilegierten Position.

Einerseits war diese akademische Welt sehr klein. Zwar gehörten
einige Akademiker außerhalb Moskaus zu den reformerischen Netzwerken, die über gute Kontakte in der Hauptstadt verfügten – Aganbegjan und Saslawskaja mögen hier als Beispiele dienen –, die meisten
der Sozialwissenschaftler und Juristen in der Provinz aber waren massiv benachteiligt, wenn es um den Zugang zu den Trägern der Macht
ging. Die Moskowiter dagegen kannten einander, und viele hatten
Umgang mit den Mächtigen entweder innerhalb der ZK-Abteilungen
oder in Gorbatschows unmittelbarer Umgebung. Andererseits waren
sie Teil einer großen Welt. Die Institute waren zahlreicher und beschäftigten mehr Forscher – ohne Lehrverpflichtung –, als dies in jeder
anderen Hauptstadt der Fall war oder es sich der Staat in der postsowjetischen Ära leisten konnte. Ihre Größe unterscheidet sie zwischen 1985 und 1991 von der postsowjetischen akademischen Welt,
ihre neugefundene Freiheit in jenen Jahren von ihrer Lage vor 1985.
Vor der Ära Gorbatschow mußten die *institutchiki* Selbstzensur üben
und ihrer Kritik und ihren Vorschlägen Grenzen setzen, wenn sie
überleben wollten. Nach 1985 fanden sie sich in der Lage, diese Fesseln

abzuschütteln, und wurden geradezu aufgefordert, innovative Ideen zu entwickeln. (Nach dem Zusammenbruch der Sowjetunion im Dezember 1991 sahen sich die Institute zum einen weniger von der neuen russischen Führung in Anspruch genommen als von Gorbatschow und dessen engen Mitarbeitern und standen zum anderen dem Verlust vieler ihrer besten und vor allem jüngeren Köpfe gegenüber, die in die neuen kommerziellen Strukturen wechselten, als die Inflation stieg und der Gehaltsunterschied zwischen dem staatlichen und dem privaten Sektor drastisch zunahm.)

Die Erkenntnis, wie wichtig die Existenz vieler intelligenter und relativ gut informierter Experten in den Forschungseinrichtungen für Gorbatschow und seine politischen Innovationen war, sollte jedoch niemanden darüber hinwegtäuschen, was für einen Unterschied die Machtübernahme Gorbatschows für *sie* bedeutete. Merkwürdigerweise sieht ein Autor die Regierungsübernahme Gorbatschows und die Aktivitäten der internationalen Institute (vor allem IMEMO) als *alternative* Erklärungsmodelle für die dramatische politische Richtungsänderung in der zweiten Hälfte der achtziger Jahre und nicht als einander *ergänzende* Bestandteile einer breiteren Erklärung dessen, worum es sich offensichtlich handelt.[98] Gorbatschows Bedeutung für die »außenpolitische Revolution« mit der Begründung herunterzuspielen, es gäbe vor Ende 1985 »keinen Hinweis dafür, daß er ein umfassendes konzeptionelles oder politisches Gerüst für eine Reform der Außenpolitik entwickelt hatte«, bedeutet, daß gleich eine ganze Reihe von Punkten nicht verstanden wird.[99] Das sowjetische politische System schloß es aus, daß ein prospektiver Generalsekretär eine umfassende alternative Außenpolitik entwickeln konnte, die sich deutlich von der Linie des amtierenden Generalsekretärs und der außenpolitischen Elite unter Führung von Gromyko und Ponomarjow unterschied. Schließlich hätte ein solcher Prozeß umfangreiche Konsultationen notwendig gemacht. Dies schmälert aber nicht die Bedeutung der Anschauungen Gorbatschows oder seiner speziellen Unzufriedenheit mit der bestehenden sowjetischen Außenpolitik, verglichen zum Beispiel mit einem Breschnew, Andropow, Tschernenko, Ustinow, Gromyko, Grischin oder Romanow. Es war vielmehr nicht nur Gorbatschows Bereitschaft, Expertenmeinungen aus den Instituten anzuhören, sondern auch seine Personalpolitik im außenpolitischen Bereich, die den Weg freimachten für neue Ideen in der sowjetischen

Außenpolitik. Dies führte innerhalb weniger Jahre zur Entwicklung einer vollständig anderen als der bisherigen Sicht der Beziehungen der Sowjetunion zur Außenwelt.

Genauso wie in der Innenpolitik gab es auch in der Außenpolitik eine klare Verbindung zwischen Gorbatschows personalpolitischer Macht und der Macht unverbrauchter Ideen. Sobald es erlaubt war, diese Gedanken frei zu äußern, demonstrierten diese neuen Konzepte ihre Fähigkeit, bestehende Dogmen umzuwerfen und das politische Verhalten zu verändern. Entlassungen waren dabei nicht weniger wichtig als Ernennungen, vor allem die Entfernung von Gromyko (bemerkenswerterweise ohne ein Wort des öffentlichen Dankes – wie Tschernjajew beobachtet – für seine langen Dienste als Außenminister[100]) und von Ponomarjow, gemeinsam mit dem Berater des Generalsekretärs, Alexandrow-Agentow, und der Einsetzung von Schewardnadse, Dobrynin und Tschernjajew als Nachfolgern. Gorbatschows Beförderung von Jakowlew war für die Außen- wie für die Innenpolitik wichtig, da Jakowlew Gorbatschow auf beiden Gebieten seit seiner Rückkehr aus Ottawa 1983 gelegentlich und inoffiziell beraten hatte. Von 1988 an sollte Jakowlew als Sekretär des Zentralkomitees, zuständig für internationale Angelegenheiten, auch offiziell diese außenpolitische Rolle ausfüllen.

Zweifellos lernte Gorbatschow viel mehr als seine Vorgänger von den Spezialisten in den Forschungsinstituten, und es lohnt sich zu fragen, warum dies so war. Wahrscheinlich gibt es vier Hauptgründe dafür. Zunächst und vor allem war er sich der Mißstände in der sowjetischen Gesellschaft – nicht nur in der Wirtschaft, obwohl sie einen besonderen Platz einnahm – und in der Außenpolitik deutlicher bewußt als jeder vorherige Generalsekretär (mit der teilweisen Ausnahme von Chruschtschow). Diese Wahrnehmung von Fehlentwicklungen kann ein sehr wichtiger Stimulus dafür sein, zu lernen und sich unkonventionelle Gedanken zu machen. Zweitens war er offener als alle seine Kollegen im Politbüro, das er von Tschernenko geerbt hatte. Die Wissenschaftler, die an Besprechungen im kleinen Kreis mit ihm teilnahmen, wußten dies, obwohl Gorbatschow warten mußte, bis er an der Macht war, um das zu tun, was im wesentlichen ein Appell für größere geistige Offenheit war, nämlich die Notwendigkeit eines ›Neuen Denkens‹ hervorzuheben. Trotzdem gab es viele im Apparat, die genauso reagierten wie Boris Ponomarjow, der glaubte, daß kein

›Neues Denken‹, sondern »korrektes Denken« gebraucht werde – was heißen sollte: im Sinne des traditionellen Marxismus-Leninismus.[101] Gorbatschows neue Personalentscheidungen in der Außenpolitik aber erweiterten sowohl den Zugang zum Führungsteam als auch die Aufnahmebereitschaft der Außenpolitiker für die Gedanken der *institutchiki*.

Ein dritter Grund (oder Komplex von Gründen) dafür, daß Gorbatschow mehr lernte als seine Vorgänger, war, daß er über enorme Energie verfügte, einen unersättlichen Appetit auf Arbeit und ein großes Talent zum Lernen besaß, zu dem noch ein besonders gutes Gedächtnis kam.[102] Sogar in seiner Stawropoler Zeit gefiel es Gorbatschow, mit Wissenschaftlern und Akademikern zusammenzuarbeiten.[103] Nach seiner Ankunft in Moskau änderte sich dies nicht, und ihm stand eine größere Auswahl an Talenten zur Verfügung. Bereits in Stawropol waren örtliche Beobachter auch mehrfach Zeugen der »überschäumenden Energie« geworden, von der Boris Kutschmajew annimmt, Gorbatschow habe sie von seinem Vater geerbt.[104] Diese sollte ihm gute Dienste während seiner Jahre als Führer der Sowjetunion leisten, in denen die Belastungen so unterschiedlich und intensiv waren, daß er, seinen eigenen Worten nach, »mehrere Leben durchlebt« habe.[105] Jakowlew verwies auf Gorbatschows mentale und körperliche Energie, als er ihn als einen Mann beschrieb, »dessen Phantasie – im guten Sinne natürlich – ständig arbeitet, ständig in Bewegung ist«.[106]

Es gibt eine vierte Erklärung für die große Fähigkeit Gorbatschows, von den Spezialisten zu lernen, die er konsultierte. Wichtiger noch als die Tatsache, daß sie zu ihm freier als zu seinen Vorgängern sprechen konnten, war, daß auch ihre Ansichten sich in der zweiten Hälfte der achtziger Jahre weiterentwickelten. Bis zu einem gewissen Grad ging es einfach darum, jetzt der Öffentlichkeit (oder der Führung des Landes) das mitteilen zu können, was sie vorher aus Furcht nur engen Freunden gesagt hatten. Es gab nur wenige reformorientierte Parteiintellektuelle, deren Vorstellungen über das, was entweder machbar oder wünschenswert war, während der Ära Gorbatschow stillstanden.[107] Ihr Eintreten für immer mutigere und weitreichendere Reformen, sowohl im politischen Programm als auch im System, war nützlich für Gorbatschow angesichts seines eigenen Strebens nach Veränderung, aber die Evolution ihrer Ansichten schuf für ihn auch politische Probleme.

Von 1990 an begannen daher viele, sich von Gorbatschow abzuwenden und in das scheinbar radikalere demokratische Lager Jelzins zu wechseln.

Vom Ausland lernen

Wie wichtig auch immer die Ideen der Parteiintellektuellen jenseits der Korridore im Kreml und im Zentralkomitee für Gorbatschow waren, so waren sie doch bei weitem nicht die einzige Quelle für Gorbatschows politischen Lernprozeß. Die enorme Bedeutung reformerischer Funktionäre im Parteiapparat ist bereits erläutert worden – dafür stehen zum Beispiel Tschernjajew, Schachnasarow und besonders Jakowlew (den Gorbatschow, sobald er Generalsekretär war, zum Direktor der Propagandaabteilung des Zentralkomitees ernannte). Der Einfluß dieser Funktionäre auf Gorbatschow und auf die Politik von Partei und Staat war unmittelbarer als der von Experten von außen. Es gab aber eine weitere Quelle intellektueller und politischer Anregung für Gorbatschow, die in ihrer Direktheit vergleichbar und mindestens genauso wichtig ist. Dabei handelt es sich außerdem um eine Quelle, der in der westlichen Fachliteratur nur wenig Aufmerksamkeit geschenkt worden ist – der Beitrag nämlich, den Gorbatschows persönliche Begegnungen mit ausländischen Politikern und seine Auslandreisen zu seinem ›Neuen Politischen Denken‹ leisteten. Diese Gespräche begannen mit der Reise nach Kanada 1983 und der nach Großbritannien 1984. Nachdem er aber 1985 Generalsekretär geworden war, konnte er freier reisen. Jetzt bewegten sich seine Auslandsaufenthalte auf einem anderen Niveau als die früheren Besuche, bei denen er nicht mehr als das Augenmerk eines Touristen auf die Unterschiede zwischen Westeuropa und der Sowjetunion richtete, obwohl auch sie wichtig für die Entwicklung seines politischen Bewußtseins waren. Er sagte zu Schachnasarow einmal, daß ihn seine Reisen nach Westeuropa in den siebziger Jahren davon überzeugt hätten, daß die Geschichten über den Kapitalismus, der angeblich keine Zukunft habe, nichts mit der Wirklichkeit zu tun hätten.[108]

Es gab eine klare Diskrepanz zwischen den Idealen des Kommunismus, an die Gorbatschow einmal ehrlich geglaubt hatte,[109] und der Realität eines wachsenden Abstandes zwischen Westeuropa und der

Sowjetunion – zum Nachteil der letzteren. Außerdem war eine Spannung zwischen Gorbatschows Bedürfnis vorhanden, sich selbst weiterhin als einen Kommunisten oder ›Sozialisten‹ im damaligen sowjetischen Sinne zu sehen, und seiner wachsenden Überzeugung von der Notwendigkeit größerer politischer Freiheit, Toleranz und einer bedeutenden Rolle des freien Marktes. Die kognitive Dissonanz, die daraus entstand, führte Gorbatschow dazu, Sozialismus neu zu definieren und zu versuchen, den historischen Riß zu schließen, der Kommunisten oder Sozialisten sowjetischer Art einerseits und die Sozialisten, die der sozialdemokratischen Tradition angehörten, andererseits trennte. Aus diesem Grund waren zwei Begegnungen mit ausländischen Staatsmännern besonders wichtig: Willy Brandt, der ehemalige deutsche Bundeskanzler und ein Sozialdemokrat, dem Gorbatschow (gemeinsam mit vielen Russen) den höchsten Respekt entgegenbrachte, und der sozialistische (sozialdemokratische) Ministerpräsident Spaniens, Felipe González – den Gorbatschow von allen Premierministern und Präsidenten, die er kennenlernte, am meisten schätzte.[110]

Mit dem Gedanken an seine eigene intellektuelle Wanderung genauso wie an die Willy Brandts sagte Gorbatschow kurz nach Brandts Tod: »Sein Grundsatz war es immer, die kreative Kraft des Zweifels zu sehen. Und zu zweifeln heißt zu suchen.«[111] Gorbatschow hat das Ausmaß der Übereinstimmung zwischen ihm und Brandt betont, und das Protokoll von der Begegnung beider Männer legt davon Zeugnis ab.[112] Gorbatschow sagt explizit, daß Brandts Denken »mit wegbereitend für das Neue Denken war«, und seine große Ehrerbietung für Brandt (den er als einen persönlichen Freund betrachtete) machte es ihm leicht, sich von Brandts Ansichten beeinflussen zu lassen.[113]

González und Brandt waren der lebendige Beweis dafür, daß herausragende Politiker entscheidend dazu beitragen konnten, nach einer Periode autoritärer oder (im Falle von Hitlers Deutschland) totalitärer Herrschaft die Demokratie in ihrem Land zu konsolidieren. González und Brandt bewiesen, daß man bedingungslos die Ideale politischer Freiheit und Toleranz vertreten, über ein im wesentlichen marktwirtschaftliches System präsidieren und sich – immer noch – als Sozialist betrachten konnte. Andrei Gratschow fragte Gorbatschow einmal, welchem Politiker er sich am meisten verbunden fühle. Gorbatschow zögerte nicht mit der Antwort: González,[114] und er fügte hinzu, daß er neben der beruflichen Verbindung auch freundschaftliche Beziehungen zu George Bush, Helmut Kohl, Margaret Thatcher und François Mitterrand unterhalte. Für González aber empfand er stets besondere Sympathie.[115] Gratschow schreibt weiter über Gorbatschows Beziehung zu González: »Er mochte den spanischen Regierungschef insgesamt: sein Temperament, seine Offenheit, seine Jugendlichkeit, sein Faible für abstrakte, ›philosophische‹ Reflexionen. Vor allem aber lieferte González mit seiner Bindung an den Sozialismus ein ›Alibi‹ für die Gorbatschowsche ›sozialistische Option‹.«[116] Gorbatschows Diskussionen mit González dauerten immer lang – manchmal drei oder vier Stunden –, und es wurde auch über das Wesen des Sozialismus debattiert.[117] In einem dieser Gespräche – im Oktober 1990 in Madrid – sagte Gorbatschow, daß die Menschen den Sozialismus abschaffen würden, wenn man darunter ein totalitäres Regime verstünde, in dem Menschen nichts als Rädchen im Getriebe seien. Er führte aber weiter aus: »Für mich ist Sozialismus eine Bewegung hin zur Freiheit, zur Entwicklung der Demokratie, der Schaffung besserer Lebensbedingungen für die Menschen, der Förderung und Erhöhung der menschlichen Persönlichkeit. In diesem Sinne war ich Sozialist und bleibe es.«[118] Im Laufe dieses Gesprächs argumentierte González unter anderem, daß ein Markt das Hauptinstrument sei, um die sozialistischen Ziele besserer Sozialfürsorge, Bildung und Alterssicherung zu erreichen. Beide stimmten aber darin überein, daß es Gebiete gesellschaftlichen Lebens gebe, darunter Krankenfürsorge, die nicht den Bedingungen des Marktes unterworfen sein sollten.[119]

Gorbatschow sah in González »nicht nur einen verständnisvollen Partner, sondern auch einen ideologischen Verbündeten«, und er wurde, denen zufolge, die Zeugen seiner Gespräche mit González waren, sehr stark von ihm beeinflußt.[120] Später bestätigte Gorbatschow diesen Einfluß, den ein paar seiner engsten Berater wahrgenommen hatten. Er schreibt, daß González besser als andere verstanden habe, was in der Sowjetunion vorging, und daß ein so frühes Gespräch wie das im März 1986 in Moskau auf ihn einen großen Eindruck gemacht habe. Über ihre vielen Begegnungen entwickelten beide gegenseitiges Verständnis und eine gute menschliche Beziehung zueinander.[121] González wird von Gorbatschow als »ein hervorragender Mensch, begnadet mit vielen Talenten« und als »ein wahrer Demokrat« beschrieben.[122]

Gorbatschows Anschauungen entwickelten sich auch im Laufe seiner Diskussionen mit westlichen Führern weiter, deren Überzeugungen weit von der Sozialdemokratie entfernt waren, obwohl der Einfluß
indirekter war. Dies galt zum Beispiel für seine Begegnungen mit Margaret Thatcher, mit der er in lebhaftem Streit verbunden blieb, obwohl
beide einander respektierten.[123] Die Atmosphäre bei ihrem ersten Treffen in Großbritannien 1984 war vielversprechend, wie Gorbatschow in
seinen Memoiren schreibt. Beide legten Wert auf den Kontakt und
kamen später gut miteinander aus, ungeachtet ihrer scharfen Meinungsunterschiede in vielen zentralen Fragen. Der Besuch Thatchers
in der Sowjetunion Ende März, Anfang April 1987 zeichnete sich
besonders durch die Länge und Intensität der Diskussionen zwischen
den beiden Führern und durch die weitere Unterstützung aus, die die
britische Premierministerin Gorbatschow persönlich zusicherte. Sie
ergriff öffentlich Partei für die Perestroika und drängte Gorbatschow,
sowohl öffentlich als auch hinter verschlossenen Türen, deutlicher zu
beweisen, daß sich die Außenpolitik der Sowjetunion verändert habe.
Die Darstellungen der Treffen zwischen Thatcher und Gorbatschow
in Thatchers Memoiren *The Downing Street Years* und in den auf Tage-
bucheinträgen basierenden Erinnerungen des Gorbatschow-Beraters
Anatoli Tschernjajew decken sich in überraschendem Ausmaß, sowohl
was den Ton als auch den Inhalt der Gespräche anbelangt.[124] Ein sehr
wichtiges Ergebnis dieser Gespräche war die Entscheidung Gorbatschows (die er einer kleinen Gruppe seiner Mitarbeiter mitteilte), den
Beziehungen zu Westeuropa einen wesentlich höheren Stellenwert als
bisher einzuräumen.[125]

Tschernjajew trifft dazu die Beobachtung, daß Gorbatschow seine
eigene Anweisung auch wirklich in die Tat umsetzte, da Begegnungen
mit Politikern aus Westeuropa den größten Teil seiner Gespräche mit
ausländischen Politikern in den Jahren 1987/88 ausmachten. Tschernjajew weiter: »Ich glaube, daß [Gorbatschows] ›persönliche‹ Kenntnis Europas und sein Verständnis für die Bedeutung des Kontinents
im Zusammenhang mit seiner Politik des Neuen Denkens sowie seine
›Verbrüderung‹ in gegenseitigem Vertrauen mit vielen einflußreichen
europäischen Politikern es Gorbatschow leichter machten, später seine
historische Entscheidung zu treffen – der Vereinigung Deutschlands
zuzustimmen.«[126] Gorbatschow selbst schreibt, daß er viel durch seine
Teilnahme an der Weltpolitik gelernt habe, von der Zusammenarbeit

»mit den größten Politikern unserer Zeit« und von seinen persönlichen Begegnungen mit Menschen, die »die politische und intellektuelle Elite der Welt verkörperten«.[127] Tschernjajew äußert sich ähnlich,
wenn er schreibt, daß Gorbatschow von Anfang 1986 an regelmäßig
mit Ausländern aus einer anderen »intellektuellen und politischen
Kultur« zusammenkam. Diese Treffen, so Tschernjajew, beeinflußten
die Entwicklung von Gorbatschows ›Neuem Denken‹. Er wurde mit
einer neuen Welt bekannt und lernte, um einen seiner Lieblingsaus-
drücke zu zitieren, »mit der Realität zurechtzukommen«[128].

Prüfung der Grundlagen

Als Führer der sowjetischen Kommunistischen Partei gelang es Gorbatschow, wesentlich mehr zentrale Inhalte der leninistischen Doktrin
abzuschaffen, als man das zu Beginn seiner Amtszeit glauben oder ver-
muten konnte. In einigen Fällen war Gorbatschow der erste, der das
Tabu brach, ein bestimmtes Konzept zu verwenden, das bis dahin nur
abwertend erwähnt werden konnte. In anderen Fällen griff er Begriffe
oder Ideen auf, die von den mutigeren Wissenschaftlern oder politischen Journalisten in den sowjetischen politischen Diskurs eingeführt
worden waren. Es ist sinnlos, die Geschwindigkeit, in der sich Gorbatschows Ansichten veränderten – und besonders deren öffentliche
Bekanntmachung –, mit der irgendeines anderen Akteurs auf der politischen Bühne der Sowjetunion zu vergleichen. Er allein war der
Generalsekretär der Kommunistischen Partei der Sowjetunion, und
wäre er in den ersten vier oder wahrscheinlich fünf Jahren seiner Regierungszeit gestürzt worden, steht so gut wie fest, daß sich der Reformprozeß keineswegs beschleunigt, sondern umgekehrt hätte. Parteiintellektuelle, die in ihren Arbeitszimmern saßen, konnten über Nacht
zu Antikommunisten werden – sobald, um genau zu sein, Gorbatschow die Sowjetunion zu einem freieren und toleranteren Land
gemacht hatte. So auch der von seinem Amt entbundene Parteifunktionär Boris Jelzin, der zwar kein Intellektueller, aber zweifellos ein
mutiger Mann war. Seine Entfernung aus der Führung, die den
schmerzlichen Anlaß zum Überdenken seiner Überzeugungen lieferte,
stand am Anfang eines Prozesses, der ihn in Verbindung mit ehemaligen Dissidenten und anderen Radikalen brachte. Sie halfen, seine

eigene Kritik am sowjetischen System grundsätzlicher zu machen
(obwohl er sich selbst als Präsident des postsowjetischen Rußland mit
ehemaligen Kommunisten umgab und sich zunehmend auf Leute aus
dem alten Partei- und Staatsapparat stützte).

Im Gegensatz zu Jelzin (vor seiner Machtübernahme) und zu allen
anderen mußte Gorbatschow seine zunehmend radikale Neubewertung der sowjetischen Doktrin – und innerhalb dieser vieles, was er
vorher für selbstverständlich gehalten hatte – mit einem politischen
Balanceakt verbinden. Er mußte verhindern, daß diejenigen, die von
der Richtung alarmiert waren, in die er das Land führte, die Macht
wieder vollständig zurückgewannen, nachdem er sie ihnen Stück für
Stück aus den Händen gewunden hatte. Es gab sowjetische Intellektuelle, die vor 1985 ernsthaft und manchmal mit großem Nachdruck ihre
Unterstützung für die Sache des Sozialismus beteuerten. Einige hatten
freilich einen besseren oder anderen ›Sozialismus‹ vor Augen als den in
der Sowjetunion bis dahin praktizierten. Trotzdem äußerten sich viele
von ihnen von 1991 an verächtlich über Gorbatschow, weil er sich, in
ihrer Wahrnehmung, an »die sozialistische Idee« klammerte. Dabei
handelte es sich um ein Mißverständnis zwischen Form und Inhalt der
Veränderungen in Gorbatschows Überzeugungen, die in diesem Begriff enthalten waren. Für Ligatschow – und aus seiner relativ orthodoxen kommunistischen Sicht – war es ein großer Rückschritt, die
Sowjetunion nicht mehr als sozialistisch zu definieren und das *sozialistische System* nicht länger zu verteidigen, sondern statt dessen eine
Verpflichtung der viel ungenaueren *sozialistischen Idee* gegenüber zu
erklären.[129] Die formalen Veränderungen waren daher also keineswegs
folgenlos und die inhaltlichen Änderungen sogar noch bedeutender.

Eine stattliche Anzahl amerikanischer Kommentatoren hat sich mit
Gorbatschows russischen Kritikern zusammengetan und ihn leichthin
als bewußten politischen Transformator abgeschrieben, weil er den
›Stalinismus‹ nicht widerrief, sondern sich statt dessen zur ›sozialistischen Idee‹ bekannte. Zu einer derart befremdlichen Fehleinschätzung
von Gorbatschows intellektuellem und politischem Weg ist es in
Großbritannien, Deutschland und Skandinavien längst nicht so häufig gekommen, weil die Sozialdemokratie dort kräftige Wurzeln
besitzt. In diesen Ländern versteht man klarer, daß ›Sozialismus‹ viele
ganz verschiedene Dinge zu verschiedenen Zeiten an verschiedenen
Orten bedeutet hat. Dazu gesellt sich die eigene Erfahrung, daß die

großen sozialdemokratischen Parteien eben nicht eine mildere Form des Bolschewismus darstellen, sondern vielmehr eine politische Philosophie und Praxis an den Tag legen, die ihm vollständig entgegengesetzt sind.[130] Um es mit Alec Nove, in Abwandlung seiner brillant-ironischen Bemerkung über russische Ökonomen, die »den westeuropäischen Sozialstaat in den übelsten Begriffen des Chicago-Kapitalismus beschimpften«, zu sagen: Sozialdemokraten sind keine »gefährlichen linken Spinner, die den Weg in die Sklaverei *langsam* zurücklegen wollen«[131].

Gorbatschow tat etwas, das politisch eher machbar war, als in einem Staat, in dem die Kommunistische Partei das Machtmonopol besaß, den ›Sozialismus‹ preiszugeben, aber etwas, das nicht weniger fundamental wirkte. Er *definierte* ihn auf so radikale Weise *neu*, daß er zu etwas anderem wurde als der Sozialismus sowjetischen Stils. An seinen späteren Versionen konnte man vielleicht kritisieren, daß es sich lediglich um einige allgemeinverbindliche Aussagen handelte, die alle vernünftigen Menschen würden unterschreiben können. Aber dies ist ja bereits ein deutlicher Unterschied zur kommunistischen Lehre, deren Erbe er 1985 antrat. So sagte Gorbatschow beispielsweise 1992: »Ich bin zu dem Schluß gekommen, daß Sozialismus das Streben nach Formen gesellschaftlichen Lebens der Menschheit ist, in denen solch wichtige Elemente wie persönliche Freiheit, Privatinitiative und Gerechtigkeit vorhanden sind. Er ist eigentlich eher ein Moralkodex.«[132] Bei einem Treffen mit Schriftstellern und ›Kulturschaffenden‹ im Kreml im November 1990 sagte Gorbatschow ohne ein vorbereitetes Manuskript, daß er gerade »eine sehr lange Diskussion« über die Bedeutung des Sozialismus mit Felipe González geführt habe – »einem überzeugten Sozialisten, der seine eigene Vision hat ... er hat seine eigenen Ideen«.[133] Auf sich bezogen sagte Gorbatschow, daß er die Idee des Sozialismus weiter verteidigen würde, nicht nur weil er der Generalsekretär sei, sondern weil sie für Demokratie und Freiheit stünde.[134] In einem Artikel für die *Prawda* ein Jahr zuvor (November 1989) hatte Gorbatschow ähnlich argumentiert: »Die Idee des Sozialismus, wie wir sie heute verstehen, ist vor allem die Idee der Freiheit.«[135] Dies war ungefähr so weit wie nur irgend möglich von einer Beschreibung dessen entfernt, was der sowjetische Sozialismus in der Praxis bedeutet hatte und auf was, im präskriptiven Sinne, die orthodoxe sowjetische Ideologie Wert gelegt hatte. Es ist klar, daß Gorbatschow nicht hätte

Parteiführer bleiben können, wenn er dem ›Sozialismus‹ abgeschworen hätte. Genauso offensichtlich ist, daß er aus psychologischen und politischen Gründen auf das Konzept nicht zu verzichten wünschte. Was er in zunehmendem Maße glaubte, war, daß die westeuropäischen ›demokratischen Sozialisten‹ – und auch die Liberalen – wesentlich erfolgreicher darin gewesen waren, die Ideale des Sozialismus Wirklichkeit werden zu lassen, als dies seinen Vorgängern in der Sowjetunion gelungen war.[136]

Gorbatschow nahm Marx und Lenin ernst. Nicht nur als Student (wie Mlynář bezeugte und wie es in Kapitel 2 dargestellt wurde), sondern auch als Parteisekretär in seiner Heimatregion Stawropol (wie der Stawropoler Journalist Kutschmajew festgehalten hat).[137] Überraschender ist vielleicht, daß er sich, nach seiner Wahl zum Generalsekretär, die Zeit nahm, um die späteren Werke Lenins und die Protokolle der Parteitage zu Lebzeiten Lenins noch einmal zu lesen.[138] Gorbatschow fand Anregung in dem, was er als Lenins Bereitschaft zum Lernen und zur Weiterentwicklung sah. Vor allem betraf dies Lenins Neue Ökonomische Politik, mit der 1921 begonnen wurde.[139] Gorbatschow schien geneigt zu glauben, Lenin sei in seinen letzten Jahren vom Revolutionär zum Reformer geworden. Gorbatschow hatte immer eine idealisierte Meinung von Lenin, der in Wirklichkeit kaum weniger skrupellos als Stalin war, obwohl er – anders als Stalin – den Terror nicht als Waffe gegen Mitglieder seiner eigenen Partei einsetzte. Es war demnach psychologisch wichtig für Gorbatschow, sich besonders in seinen ersten Amtsjahren zu vergewissern, daß sein Handeln vereinbar mit dem Lenins war, bevor Stalin es verzerrt hatte. Dies war eine falsche Auffassung, die aber beinahe von allen sowjetischen Reformern geteilt wurde (im Gegensatz zu so bedeutenden Dissidenten wie Andrei Sacharow und Alexander Solschenizyn).

Gorbatschows früherer Mitarbeiter Georgi Smirnow (später Direktor des Instituts für Marxismus-Leninismus) prägte den Satz: »Nicht zurück zu Lenin, sondern vorwärts zu Lenin.«[140] Aber die Illusionen über Lenin waren breiter und tiefer. Sogar Alexander Jakowlew sagte noch 1989:[141]

Die Perestroika verlangt eine Wiederbelebung des echten Leninismus. Erst jetzt verstehen wir das ganze Ausmaß der stalinschen Abkehr und Verfälschung von Lenins Ideen, Prinzipien und Handeln … Demokratie, gesellschaftlicher Friede und ökonomische

Privatinitiative wurden durch Befehle, Unterdrückung und Bürokratie ersetzt ... Und obwohl Lenin nicht lange genug lebte, um alle
Begrifflichkeiten des Sozialismus auszuarbeiten, die wir brauchen,
kehren wir zu seinen grundlegenden Auffassungen zurück. In diesem Sinne ist Lenin ein lebender Ratgeber in unserer Analyse der
heutigen Probleme.[142]

Diese Aussage über die Verbindung zu Lenin weist auch darauf hin,
daß der Unterschied in der Entwicklung zwischen Jakowlews und
Gorbatschows politischen Auffassungen keineswegs so eindeutig ist,
wie das gelegentlich behauptet wird. Vielleicht sagte Jakowlew zu diesem Zeitpunkt etwas in der Öffentlichkeit (allerdings für eine Veröffentlichung in einem *westlichen* Buch), an das er privat nicht mehr
glaubte (wie dies gelegentlich auch bei Gorbatschow der Fall war).
Aber seine Worte illustrieren auch, wie schwierig es für einen hochrangigen Parteireformer – ganz zu schweigen vom Parteiführer – war, zu
akzeptieren, daß Lenins Projekt von Anfang an ein gigantischer Fehler
war.[143]

In Gorbatschows Fall entstand eine echte Spannung zwischen seiner wachsenden Neigung zur Sozialdemokratie nach westeuropäischem Muster und seinen Lippenbekenntnissen zu Lenin. Gorbatschow versuchte das Problem so zu lösen, indem er in Lenin das hin-
eininterpretierte, was er finden wollte, und einige seiner eigenen, sich
entwickelnden Gedanken auf ihn projizierte. Dies war in der Sowjetunion kein völlig neues Phänomen. In gewissem Sinne erschufen sich
verschiedene Leute ihren eigenen ›Lenin‹, wie dies sogar in einigen der
sehr haarspalterischen Debatten vor 1985 sichtbar wurde.[144] Unterschiedliche Versionen der leninistischen Lehre wurden von verschiedenen Spezialisten propagiert, und die Diskrepanzen wurden nach
1985 viel deutlicher und dramatischer. Die Technik, in Lenin hinein-
zulesen, was er bei ihm finden wollte, diente Gorbatschow nicht nur
als psychologisches Mittel zur Streßreduzierung, sondern erfüllte bis
1989 einen wichtigen politischen Zweck. Er mußte in der Lage sein,
sich seiner gefährlichsten Feinde zu erwehren, und in jenen Jahren
waren dies noch konservative Kommunisten, die Grund zu der
Annahme hatten, Gorbatschow verfolge einen nicht-leninistischen
Kurs. Sogar seinem Ansehen bei der Bevölkerung als ganze schadete
ein Reformer während der ersten Jahre der Perestroika nicht durch
einen Verweis auf Lenin. Lenin wurde, wie bereits angemerkt, noch

1989 von einer Mehrheit der Russen als der größte Mensch aller Zeiten gesehen.

Gorbatschow hörte auf, ein Leninist zu sein, ohne sich bewußt von Lenin abzuwenden. Seine wachsende Akzeptanz solcher politischer Überzeugungen, wie sie von einem Brandt oder González vertreten wurden, war mit dem Leninismus überhaupt nicht vereinbar. Der westeuropäische ›demokratische Sozialismus‹ sozialdemokratischer Spielart kann nicht sinnvoll in dieselbe Kategorie wie der Leninismus oder die besondere Form dieser Doktrin, die in der Sowjetunion als Marxismus-Leninismus bekannt wurde, gesteckt werden. Angesichts des historischen Konflikts zwischen Kommunismus und westeuropäischer Sozialdemokratie war dies bereits deutlich genug erkennbar. Noch offensichtlicher aber wurde es im Licht der Bildung sozialdemokratischer Parteien seit dem Zweiten Weltkrieg, die die Andersartigkeit der Sozialdemokratie im Vergleich zu anderen großen westeuropäischen Parteien verminderte und »eine fortschreitende ideologische Assimilation zwischen Sozialdemokratie und Liberalismus« herbeiführte.[145]

Genauso wie Molières *bourgeois gentilhomme* Prosa sprach, ohne es zu wissen, so bediente sich Gorbatschow der Sprache der Sozialdemokratie, bevor er sich dessen gänzlich bewußt war. Als er aber in den Jahren 1988/89 erkannte, daß er sich eher der sozialdemokratischen Variante des Sozialismus als dem Bolschewismus verbunden fühlte,[146] hatte seine ungerechtfertigte Verehrung Lenins als Person, die Gorbatschow sich bewahrte, nichts mehr mit substantiellen politischen Inhalten zu tun.[147] Zugegebenermaßen sollte dies für ihn in den Jahren 1990/91 schädlicher werden, da die Stärke der radikalen Demokraten zunahm und Lenin – ehemals eine Symbolfigur, in deren Bewunderung alle übereinstimmen konnten – zunehmend zu einem Sinnbild wurde, an dem sich die alten und neuen Strömungen in der sowjetischen Gesellschaft schieden. Für den Generalsekretär des Zentralkomitees der Kommunistischen Partei war es natürlich politisch und psychologisch schwieriger, den Gründervater auszurangieren, als für beinahe alle anderen.

Und doch löste sich Gorbatschow vom Leninismus, wenn auch nicht von seinem Bild Lenins. Dabei ging es nicht nur darum, daß er eine besondere Affinität zu westlichen Politikern gewonnen hatte, deren Ansichten nur von einem fiebernden Geist als verwandt mit den

Anschauungen des Gründers des sowjetischen Staates bezeichnet wer-
dern konnten. Mindestens genauso wichtig war, daß er von Beginn
seiner Amtszeit an die *Psychologie* des Bolschewismus zurückwies – die
Ablehnung von Kompromissen und Koalitionen, es sei denn als zeitlich begrenztem Notbehelf; die Auffassung, daß der Zweck die Mittel
heiligt; und die Einstellung gegenüber politischen Gegnern des *kto
kogo* (was frei übersetzt so etwas wie »wer frißt wen« bedeutet). Tatsächlich wurde der Begriff ›Neo-Bolschewismus‹ für Gorbatschow
und seine engsten Mitarbeiter ein Schimpfwort. Es wurde nicht nur
auf ihre konservativen kommunistischen Feinde angewandt, sondern
auch auf einige ihrer Gegner im radikal-demokratischen Lager. Deren
Auftreten all denen gegenüber, die nicht ihrer Meinung waren, schien
der bolschewistischen Psychologie ein wenig verwandt zu sein, wie
weit ihre politischen Zielvorstellungen auch von denen der Bolschewiki entfernt gewesen sein mögen. Auf die Bitte, ›Neo-Bolschewismus‹ zu definieren, entgegnete Gorbatschow, es bedeute, »nicht
verfassungsgemäß zu handeln, sondern Gewalt anzuwenden, unter
Mißachtung des Rechts und demokratischer Abläufe«[148]. Gorbatschow kritisierte auch die ursprünglichen Bolschewiki dafür, daß sie
nach der Februarrevolution von 1917 nicht versucht hatten, »das
gesamte Spektrum der demokratischen Kräfte zu vereinen«: »Statt dessen betrieben sie eine Spaltung, vor allem mit den linken Sozialrevolu-
tionären. Sie hätten mit ihnen und den Menschewiki zusammenarbeiten sollen.«[149] Anläßlich des 80. Jahrestags der Revolution der Bolschewiki schrieb Gorbatschow, daß zuerst die Bolschewiki und dann Stalin
die Unmöglichkeit bewiesen hätten, eine Demokratie auf Haß zu
gründen oder sie nach der Liquidierung eines Teils der Gesellschaft
durch einen anderen aufzubauen.[150]

Eine konzeptionelle Revolution

Da Gorbatschow mit dem Wunsch antrat, das sowjetische System zu
reformieren (und nicht zu zerstören), glaubte er, daß eine Befreiung
von ausgeleierten Dogmen ein notwendiger Teil des Reform- und Säu-
berungsprojekts sei. Dies war ein zentrales Thema seiner Rede vor der
Ideologiekonferenz im Dezember 1984, die bereits im letzten Kapitel
angesprochen wurde.[151] Viele der doktrinären Veränderungen, die

Gorbatschow in seinen ersten zwei Jahren als Generalsekretär ausführen sollte, wurden bei dieser Gelegenheit erstmals ernsthaft vorgestellt.
Tatsächlich wurde damals einiges mit größerer Radikalität zur Sprache
gebracht als in den Reden des Generalsekretärs von 1985. Wahrscheinlich fühlte sich Gorbatschow als Nummer Zwei der Partei unter dem
kranken Tschernenko weniger gehemmt, seine eigenen Ansichten auszusprechen, als in den ersten Monaten seiner Regierungszeit, in denen jede seiner Aussagen als repräsentativ für die gesamte Führung
angesehen worden wäre. Später freilich ließen Gorbatschows Überzeugungen das am Vorabend seiner Wahl zum Generalsekretär
erreichte Stadium hinter sich, und die Entfernung der alten Garde aus
dem Politbüro durch ihn befreite Gorbatschow von einigen politischen Beschränkungen, seine Ansichten zu äußern. Trotzdem zeugt
das Ausmaß, in dem Gorbatschow im Dezember 1984 ideologisches
Neuland betrat, von bedeutendem Mut, vor allem angesichts der Tatsache, daß er damit seinen konservativeren Gegnern Munition lieferte.[152] Insbesondere waren es drei Konzepte, die im politischen Diskurs der Gorbatschow-Ära einen herausragenden Platz einnehmen
sollten, die Gorbatschow in dieser Rede, mehrere Monate bevor er die
Nachfolge Tschernenkos antrat, herausstellte. Es waren Perestroika,
Beschleunigung (*uskorenie*) und Glasnost.

Zwei von ihnen blieben über die nächsten sechs Jahre hinweg Fix-
punkte, obwohl ihre Bedeutung während dieser Zeit erweitert und
radikalisiert wurde. Die Ausnahme war *uskorenie*, das nach exzessivem
Gebrauch in den ersten zwei oder drei Jahren nach Gorbatschows
Amtsantritt nicht mehr benutzt wurde. Der Begriff der ökonomischen
Akzeleration (Nikolai Ryschkow zufolge von einer Kommission erfun-
den, die sein Vorgänger Tichonow während der Amtszeit Tschernenkos leitete)[153] war zum Zeitpunkt der XIX. Parteikonferenz im Sommer 1988 fast vollständig aus der Debatte verschwunden. Ryschkow
war und blieb ein Verfechter der sozioökonomischen ›Beschleunigung‹, aber er argumentiert, daß *uskorenie* (nicht nur der Begriff, sondern alle Möglichkeiten, ihn umzusetzen) von »der unsinnigen politischen Akzeleration« unmöglich gemacht wurde, die für Gorbatschow
einen höheren Stellenwert eingenommen hatte.[154]

Auf jeden Fall wurde der Begriff von Gorbatschow 1988 fallengelas-
sen, genau zu der Zeit, als er begann, über alles, was die Sowjetunion
bisher an Reformen gesehen hatte, hinauszugehen und grundlegen-

dere Veränderungen zu bewirken, die das Wesen des politischen Systems fundamental verwandeln sollten. Zu Beginn der Ära Gorbatschow bedeutete *uskorenie* so viel wie ›das Land wieder in Schwung zu bringen‹ nach der inzwischen offen eingeräumten ›Stagnationsphase‹ der späteren Breschnew-Jahre. Drei Jahre später aber war es zu einem politisch kontraproduktiven Schlagwort geworden. Das lag nicht nur daran, daß es kaum Anzeichen für einen ökonomischen Aufschwung gab, sondern auch an dem deutlicher hervortretenden und prinzipiellen Problem, daß eine solche Beschleunigung mit dem Übergang von einer ›Kommandowirtschaft‹ zu einem ökonomischen System, in dem der Markt eine große Rolle zu spielen hat, nicht vereinbar war. Es war abzusehen, daß die ökonomischen Indikatoren in einer solchen Periode des Umbruchs zunächst schlechter wurden, bevor sie sich wieder erholen konnten. (Es sollte dennoch erwähnt werden, daß Gorbatschow während der Jahre, in denen er von ›Beschleunigung‹ sprach, gewöhnlich mit großem Nachdruck unterstrich, daß dies eine qualitative Veränderung bedeute, beispielsweise eine Verbesserung der Produktivität statt einfach nur einer Erhöhung der Produktion durch Einhaltung der Gesamtvorgaben nach altem sowjetischen Brauch. So waren denn auch die »Probleme der Beschleunigung des wissenschaftlich-technologischen Fortschritts« das ausdrückliche Thema einer Konferenz am 11. Januar 1985, bei der viele der für das abgesagte ZK-Plenum bestimmten Materialien endlich vorgestellt wurden – der politische Zusammenhang wird in Kapitel 3 erläutert.[155]) Es scheint, als habe Gorbatschow das Wort ›Beschleunigung‹ zum letzten Mal in einer seiner Reden im April 1988 verwendet.[156]

Von den drei Schlüsselworten in Gorbatschows Rede im Dezember 1984 diente eines als ein konzeptioneller Überbegriff für den im folgenden Jahr gestarteten Reformprozeß – Perestroika. Am besten wird das Wort mit Umbau oder Umstrukturierung übersetzt, es wurde aber in viele nichtrussische Sprachen als Neologismus aufgenommen. Gorbatschow hatte dieses Wort schon lange gefallen, und er benutzte es, lange bevor seine Zusammenarbeit mit Alexander Jakowlew begann. In seinen Reden und Schriften der siebziger und frühen achtziger Jahre taucht es plötzlich auf, oft im Kontext von Notwendigkeit einer »psychologischen Umstrukturierung« seitens derer, die auf allen Ebenen am Wirtschaftsleben teilnahmen.[157] Zum Zeitpunkt seiner Rede im Dezember 1984 hatte sich die Bedeutung aber verschoben. »Heute«,

erklärte Gorbatschow dann, »ist eine Perestroika der Formen und
Methoden der ökonomischen Steuerung eine der wichtigsten Aufgaben.«[158] Gorbatschow sprach nicht mehr nur von psychologischer
Anpassung, sondern über strukturellen Wandel, wenn auch immer
noch im Rahmen des ökonomischen Systems. Bis zu seiner Rede vor
der Konferenz über Wissenschaft und Technologie im Juni 1985 war
der Zuschnitt des Begriffs Perestroika noch größer geworden: »Eine
Beschleunigung des wissenschaftlichen und technologischen Fortschritts macht eine tiefgreifende Perestroika des Planungs- und Ver-
waltungssystems, des gesamten ökonomischen Mechanismus unab-
dingbar. Ohne all dies kann das, worüber wir heute sprechen, nur ein
frommer Wunsch bleiben.«[159]

In einer Rede vor Arbeitern in der russischen Industriestadt Toglj-
atti am 8. April 1986 erweiterte Gorbatschow die Bedeutung der Perestroika erheblich.[160] In der Tat schreibt Wadim Medwedjew, daß es
sich hierbei um den ersten Gebrauch des Wortes »im allumfassenden
Sinne« handelte, unter dem es in der Sowjetunion und im Ausland
dann bekannt wurde.[161] In dieser Rede sagte Gorbatschow, daß es
überall eine Perestroika geben müsse, »in jedem Arbeitskollektiv, im
Management, in den Staats- und Parteiorganen, einschließlich des
Politbüros und der Regierung«[162]. Bis zum Januarplenum des Zentralkomitees im Jahre 1987 – das den Beginn ernsthafter *politischer* Reformen beschloß – war aus der Perestroika in noch deutlicherem Maße
ein Konzept geworden, das eine tiefgreifende Reform des gesamten
sowjetischen Systems bedeutete. Gorbatschow deutete an, daß noch
viele weitere Veränderungen in Planung seien, und sagte, die Perestroika sei nur der Anfang. Den zukünftigen Erfolg der Perestroika
verknüpfte er mit dem der Demokratisierung, und zwar sowohl der
»weiteren Demokratisierung der sowjetischen Gesellschaft« als auch
größerer innerparteilicher Demokratie. Er erklärte weiterhin, daß das
Wahlsystem von der Perestroika nicht unberührt bleiben könne.[163]
Einen Monat nach dieser Plenarsitzung kehrte Gorbatschow zu der
»uns alle beschäftigenden Frage« zurück, wie man die Perestroika un-
umkehrbar machen könne. Die Antwort war, sie auf alle Gebiete auszudehnen – auf Wirtschaft, Gesellschaft, Politik, Verwaltung und das
geistige Leben – und das ganze Volk an dieser Aufgabe zu beteiligen.
Um dies zu erreichen, gab es nur einen Weg, nämlich den einer »breit
angelegten Demokratisierung der sowjetischen Gesellschaft«[164].

Der Begriff Perestroika wurde später von einigen westlichen Autoren als absurd abgetan, die den Zusammenbruch der Sowjetunion
begrüßten und zu ihren Lebzeiten nicht erwartet hatten, sowie von
vielen innerhalb der postsowjetischen Führung Rußlands, die ihre
eigenen Reformen von denen Gorbatschows abzusetzen wünschten.[165]
Aber solche nachträglichen Weisheiten verschleiern lediglich ein
unwissentliches oder absichtliches Unvermögen, den politischen Kontext des Jahres 1985 zu verstehen und die Vorteile eines Konzeptes zu
würdigen, das dem Zweck einer Umgestaltung des sowjetischen
Systems während der ersten drei bis vier Jahre der Regierungszeit Gorbatschows in erstaunlich erfolgreicher Weise gedient hat. Als Gorbatschow Generalsekretär wurde, war sogar das Wort ›Reform‹ ein
Tabu. Seit Kossygins Wirtschaftsreformen von 1965 im Kielwasser der
radikaleren politischen und ökonomischen Reformen in der Tschechoslowakei 1968 untergegangen waren, mußten sowjetische Wirtschaftsreformer solche Euphemismen wie ›die Perfektionierung des
ökonomischen Mechanismus‹ benutzen, wenn sie auch nur milde
Reformgedanken in den Medien äußern wollten. Gorbatschow selbst
brach mit diesem Tabu in seiner Rede vor dem XXVII. Parteitag im
Februar 1986. In seinen Ausführungen zur Wirtschaft benutzte er
nicht nur das Wort ›Reform‹, sondern sagte, daß »eine radikale Reform ... notwendig« sei.[166]

›Perestroika‹ war eine glückliche Wortwahl für den Beginn der
Reformen des sowjetischen Systems, weil der Begriff eben keinen ideologischen Ballast mit sich herumtrug – noch nicht einmal eine direkte
Assoziation mit dem ›Reformismus‹, gegen den sich die kommunistische revolutionäre Tradition abgegrenzt hatte. Die Mehrdeutigkeit
und Unschärfe des Begriffs – gelegentlich ein Problem für Gorbatschow *und* seine konservativen Gegenspieler – ebneten zunächst den
Weg für Reformen. Schließlich berührte jeder Versuch, das politische
und ökonomische System radikal zu verändern, die Interessen mächtiger Institutionen und Personen. Perestroika aber konnte auch von
denjenigen bereitwillig akzeptiert werden, die nur daran interessiert
waren, am ›Überbau‹ (im marxistischen Wortsinne) des sowjetischen
Staates herumzuflicken. Auf der anderen Seite des Spektrums konnte
Perestroika als ein Wiederaufbau des Systems von den Fundamenten
her gesehen werden – ein *Neuaufbau* des politischen und ökonomischen Systems sozusagen. Für Gorbatschow selbst bedeutete Pere-

stroika zunächst mehr als die erste Definition und weniger als die zweite. Bis 1987 hatte er akzeptiert, daß »Perestroika ein Wort mit vielen Bedeutungen ist«, und geschrieben, daß »es in seiner Essenz am besten durch ... Revolution ausgedrückt wird«, da die »qualitativ neuen« und radikalen Veränderungen, die in der Sowjetunion notwendig waren, »eine revolutionäre Aufgabe« darstellten.[167] Diese Worte, geschrieben im Sommer 1987 für Gorbatschows Buch *Perestroika*, bewahren sich ihre Ambiguität, und dieses Werk war auch keineswegs Gorbatschows letztes Wort zum Wesen der Veränderungen, die in seinem Land nötig waren. Ein Jahr später sprach er mit seinen engsten Verbündeten über Pläne, die einem grundlegenden Umbau des Systems näherkamen, obwohl seine öffentlichen Äußerungen dem manchmal widersprachen (besonders während seines unglücklichen taktischen Rückzugs im Winter 1990/91). Vor allem aber wurden alle Wandlungen der Ziele und Bedeutungen hinter sprachlicher Kontinuität verborgen: die Sowjetunion verfolgte noch immer die ›Perestroika‹.

Die Mehrdeutigkeit des Begriffs ermöglichte es jedem in den ersten Jahren der Regierung Gorbatschows, für die Perestroika zu sein. Dies galt für den Chefredakteur der *Prawda*, Viktor Afanasjew, den sogar noch konservativeren Herausgeber der *Sowjetskaja Rossia*, Valentin Tschikin (für diesen Posten von Alexander Jakowlew vorgeschlagen, wie dieser später reuig zugab)[168], und den ehemaligen Dissidenten und reinsten aller Liberalen, Andrei Sacharow. Bis die Mehrheit der Funktionäre im Partei- und Regierungsapparat, der größere Teil der Armee und des KGB-Offizierskorps erkannt hatten, daß die Perestroika ihren institutionellen Interessen großen Schaden zufügte, war es beinahe schon zu spät. Gorbatschow hätte immer noch gestürzt werden können, aber der Preis dafür stieg in jedem der ersten vier seiner Amtsjahre. Wie in Kapitel 1 angemerkt, waren dies Jahre, in denen Gorbatschow der populärste Politiker des Landes war und die alte Garde bis 1989 aus ihren Machtpositionen entfernt wurde, während sich die Beteiligung des Volkes an der Politik durch die Einführung von Mehrkandidatenwahlen qualitativ verbesserte.

Das dritte zentrale Konzept, das Gorbatschow im Dezember 1984 vorstellte, war Glasnost. Am besten wird es mit Offenheit oder Transparenz übersetzt, allerdings ist mehr als eine Interpretation möglich. Es konnte, wie Alec Nove zum Beispiel ausführte, auch »bedeuten, daß Partei und Regierung offener agieren sollten, mehr erklären und publizieren«, ohne zu implizieren, daß »inoffizielle Stimmen angehört werden«.[169] Eine andere Interpretationsmöglichkeit ist, daß Glasnost so etwas wie Informations- und Redefreiheit heißt. Die Dissidenten, darunter auch die berühmtesten, Sacharow und Solschenizyn, hatten in der Vergangenheit Glasnost gefordert, obwohl ein viel früherer Dissident, Nikolai Tschernyschewski, während der Herrschaft Alexanders II. schon gesagt hatte: »*Glasnost* ist ein bürokratischer Ausdruck, ein Ersatz für die Redefreiheit.«[170]

In einem restriktiveren Sinne – und ohne ernsthafte Absichten, dem auch Taten folgen zu lassen – wurde Glasnost bereits 1974 schon von Leonid Breschnew gefordert. In einer ›Wahlrede‹ in jenem Sommer sagte Breschnew, daß »die Anhebung der politischen Kultur der Arbeiter und die Erweiterung von Glasnost in der Arbeit der Partei-, Sowjet- und Wirtschaftsorgane« besonders aktuell geworden sei.[171] Es ist auch belegt, daß Gorbatschow bereits 1974 von der Notwendigkeit von Glasnost sprach.[172] Zu jener Zeit war seine Formulierung nur eine kleine Verbesserung des Breschnewschen Originals. Der Begriff tauchte sogar in Artikel 9 der sowjetischen Verfassung von 1977 auf, wurde aber im Ausland mit nur wenig Aufmerksamkeit bedacht und hatte im Inland keinerlei praktische Auswirkung.[173] Als Gorbatschow im Dezember 1984 den Gedanken der Glasnost in ernsthafterer Form wieder aufgriff und ihn zu einem breiteren Konzept entwickelte, tat er dies auch im Zusammenhang mit der Notwendigkeit der »Einheit von Wort und Tat«. Seine Formulierung von 1984 war zwar immer noch ein Stück weit von wirklicher Redefreiheit entfernt, aber doch ein Fortschritt, verglichen mit dem, was man zuvor von sowjetischen Führern gehört hatte. In dieser Formulierung spiegelte sich die Entwicklung der Ansichten Gorbatschows über das vorangegangene Jahrzehnt, in dem seine ersten wichtigen Reisen in den Westen stattgefunden hatten, wie auch die Tatsache, daß er als Nummer Zwei unter dem todkranken Tschernenko jetzt größeren Spielraum besaß als je zuvor. Am 10. Dezember sagte er: »Ein unveräußerlicher Bestandteil der sozialistischen Demokratie ist die Glasnost. Umfassende, rechtzeitige und offene Information zeugt von Vertrauen in die Bevölkerung, von Respekt ihrem Verstand und ihren Gefühlen gegenüber und für ihre Fähigkeit, in der einen oder anderen Situation selbst zu Lösungen zu kommen.«[174]

Gorbatschow wies der Glasnost einen zentralen Platz in seinem

Neuen Denken zu, zu dem er sich bereits 1984 öffentlich zu bekennen begann und das sich ab 1986 sprunghaft weiterentwickelte. Am wichtigsten war, daß es sich bei Glasnost um ein sich selbst tragendes Konzept handelte. Mit dem nötigen Maß an ernsthafter Unterstützung durch den Teil der Parteiführung, die Glasnost forderte, ermöglichte dieses Konzept Schriftstellern und Journalisten, die Grenzen von Glasnost stetig zu erweitern. (Auf der höchsten Ebene waren nur – aber entscheidend – Gorbatschow, Jakowlew und Schewardnadse die Befürworter von Glasnost, und selbst sie sahen Glasnost zunächst eher als ein Geschenk von oben denn als ein Recht an, das von unten eingeklagt werden könnte.) Was das Konzept beinhalten sollte, änderte sich im Laufe der Ära Gorbatschow. Nach der ersten Sitzung des Kongresses der Volksdeputierten im Frühjahr 1989, in deren Verlauf bis dahin verbotene Meinungen aller Art live im Fernsehen übertragen wurden, hatte Glasnost eine solche Bedeutungsevolution hinter sich, daß sie entweder zum Synonym für die Freiheit von Rede und Veröffentlichung wurde oder, noch besser, darin aufging.[175] Seit 1987 aber hatte sich eine ›Glasnost von unten‹ zu entwickeln begonnen, die in zunehmendem Maße bewirkte, daß die Berichterstattung in der Tagespresse oder in Monatsschriften nicht notwendigerweise den Vorstellungen der Parteiführung entsprach.

Im Dezember 1984 führte Gorbatschow sogar den Begriff »Demokratisierung« ein, indem er von der Notwendigkeit sprach, »der Demokratisierung unseres gesellschaftlichen und ökonomischen Lebens einen neuen Impuls« zu geben.[176] Dabei handelte es sich allerdings noch nicht um die Art von Demokratisierung des politischen Systems, die er 1987/88 zu fordern begann. Die Betonung lag eher auf größerer ›Demokratie‹ am Arbeitsplatz, der Erweiterung der Rechte der Arbeitskollektive und auf einer Aufwertung der Rolle und Bedeutung solcher ›gesellschaftlicher Organisationen‹ wie des Komsomol und der Gewerkschaften.[177] In einer anderen Passage derselben Rede rief Gorbatschow nach einer »Erweiterung und Vertiefung der sozialistischen Demokratie«[178]. ›Sozialistische Demokratie‹ aber war ein traditioneller sowjetischer Begriff, der *ihre* Art von Demokratie von der *bürgerlichen* Demokratie unterschied. Gorbatschows Formulierung war aber natürlich kein Ausdruck irgendwelcher Selbstzufriedenheit. Er dachte daran, die Sowjets zu reaktivieren, die Parteikomitees und die Basisstrukturen zu erneuern, so daß die hauptamtlichen Apparat-

schiks nicht länger die meisten Entscheidungen an sich ziehen würden. Dies allerdings war eine Reform innerhalb der Grenzen des alten
Systems.[179]

Zu argumentieren, daß die Sowjetunion »weitere Demokratisierung« benötigte, war neuartiger. Aber erst beim Januar-Plenum des
Zentralkomitees 1987 wurde die »weitere Demokratisierung der sowjetischen Gesellschaft« als die dringlichste Aufgabe für die Kommunistische Partei dargestellt. Die konkreten politischen Reformen und
Gorbatschows Kampf für ihre Durchsetzung gehören zu den Themen
in Kapitel 6. Hier geht es um etwas anderes. Nachdem Gorbatschow
»Demokratisierung« 1984 beiläufig erwähnte, eröffnete er mit seiner
Erweiterung der Bandbreite und der Bedeutung des Konzepts innerhalb von zwei Jahren nach seinem Amtsantritt den radikalen Reformern enorme Möglichkeiten. Unter der Rubrik ›Demokratisierung‹,
die jetzt den Segen des Generalsekretärs hatte, konnte man sich mit
vielen bis dahin kaum vorstellbaren politischen Veränderungsvor-
schlägen befassen.

Konzeptioneller Wandel ist eine wichtige Spielart politischer Innovation in jeder Gesellschaft. Dies gilt, verglichen mit liberalen Demokratien, in ungleich größerem Maße für ein System wie das sowjetische, in dem alles politische Handeln einer offiziell-religiösen Ideologie entsprechen mußte. Weltfremde Debatten innerhalb des Reiches
der sowjetischen Ideologie waren möglich, und verschiedene Führer
betonten zu unterschiedlichen Zeiten unterschiedliche Teile des Marxismus-Leninismus, manchmal im Dienst des Pragmatismus. Auch
wenn sowjetische Führer traditionell die Ideologie manipulierten und
ihr gleichzeitig ewige Treue schworen, setzte der Marxismus-Leninismus ihrer Handlungsfreiheit doch Grenzen, und vor allem den Kategorien, in denen sie dachten. Unter den wachsamen Blicken der Parteiführung konnte der Leninismus von seinen ideologischen Wäch-
tern in selektiver Form als Marxismus-Leninismus kodifiziert werden.
Man konnte ihn in diese oder jene Richtung biegen, aber es gab Konzepte, die mit ihm unvereinbar waren und die, bevor Gorbatschow
Generalsekretär wurde, in den herrschenden Kreisen als undenkbar
galten. Auf kommunistische Staaten, und besonders auf solche wie die
Sowjetunion, wo es viele wirklich Überzeugte gab, trifft die Beobachtung noch viel mehr zu als auf westliche Systeme, daß die Überzeugungen und Handlungen der politischen Akteure »zum Teil durch

ihre Konzepte festgelegt« und Sprache für sie »eine Arena politischen Handelns« sei.[180]

Angesichts dessen kann die Bedeutung der Tatsache schwerlich überschätzt werden, daß Gorbatschow Konzepte in den sowjetischen politischen Diskurs einführte, die die traditionellen ideologischen und institutionellen Säulen des Systems untergruben, und in der Tat waren diese Konzepte im sowjetischen Kontext viel revolutionärer als ›Perestroika‹. Neben den vielen anderen Veränderungen in jener Zeit kommt die entscheidende Bedeutung dem Konzept des *Pluralismus* zu. Denn das Maß, in dem das sowjetische politische System pluralistisch wurde, bestimmte auch den Grad, zu dem es etwas anderes wurde als das, was es siebzig Jahre lang gewesen war.

Viele sowjetische Theoretiker belegten – unter gelegentlicher Mitwirkung der Parteiführung – das Konzept des Pluralismus mit dem Bannfluch. Ein an Ideen derart interessierter Politiker wie Gorbatschow muß sich daher der Tatsache bewußt gewesen sein, ein völlig neues Feld von Möglichkeiten erschlossen zu haben, als er mit dem Tabu brach, den Begriff zu benutzen (und zwar nicht in abwertendem Sinne). Solange ›Pluralismus‹ automatisch als ein fremdartiges und für die Sowjetunion feindliches Konzept abgelehnt wurde, waren die Reformen Gorbatschows – darunter nicht zuletzt Glasnost – Angriffen besonders schutzlos ausgeliefert. Mit Bemerkungen, die für die Massenmedien bestimmt waren und von ihnen auch prompt aufgegriffen wurden, wurde Gorbatschow im Juli 1987 zum ersten sowjetischen Bürger, der den Begriff Pluralismus nicht im abwertenden Sinne verwendete. Er sprach von der Notwendigkeit eines »sozialistischen Pluralismus [*plyuralizm sotsialisticheskiy*], sozusagen« innerhalb der sowjetischen Presse, so daß sie nicht von kleinen Cliquen dominiert und eine breitere Repräsentation gewährleistet würde.[181] Sogar der Generalsekretär mußte ›Pluralismus‹ in eine Rede vor Vertretern der Massenmedien, Schriftsteller und Künstler heimlich einschmuggeln. Er wußte sehr wohl, daß viele der Anwesenden dies aufgreifen und weiterdenken würden. Gorbatschow benutzte den Begriff weiterhin, bis einschließlich Februar 1990, aber er schränkte ihn ein und sprach von »sozialistischem Pluralismus« oder »Meinungspluralismus«.[182] Logischerweise akzeptierte er *politischen Pluralismus* – der auch die Freiheit impliziert, Interessengruppen und politische Parteien zu gründen – erst in seiner Rede vor dem Zentralkomitee der

Kommunistischen Partei im Februar 1990, als er dafür eintrat, den Artikel aus der sowjetischen Verfassung zu streichen, der dieser Partei die führende Rolle im politischen System zuwies.[183]

Sobald Gorbatschow entweder neue Konzepte vorgestellt oder sich für sie ausgesprochen hatte, führten sie in zunehmendem Maße ein Eigenleben. Gorbatschows institutionelle Änderungen und seine ideologischen Innovationsleistungen hatten den sowjetischen Behörden nämlich die Möglichkeit entzogen, ihre vormalige Kontrolle über das aufrechtzuerhalten, was öffentlich gesagt oder veröffentlicht werden konnte. Dies ärgerte selbst Gorbatschow zeitweise sehr, und als er unter besonders starken Druck der noch immer tief im sowjetischen Establishment verhafteten konservativen Kräfte geriet, konnte es passieren, daß er radikale Demokraten oder Nationalisten in einer Weise abkanzelte, die im Widerspruch zu den neuen Konzepten stand, deren Aufnahme in den politischen Diskurs und die politische Auseinandersetzung er ermöglicht hatte. Nicht alle der Zick-Zack-Manöver Gorbatschows in der Personalpolitik oder politischer Linguistik waren erfolgreich, aber angesichts der vielen unterschiedlichen und sehr starken Belastungen, denen er ausgesetzt war, waren sie nicht völlig zu umgehen.

Als der Inhaber des höchsten Amtes innerhalb des Systems und als der mächtigste Kritiker des Systems, als Papst *und* Luther, suchte Gorbatschow manchmal wirklich die politische Mitte, wenn er aus unterschiedlichen Richtungen angegriffen wurde (besonders im Winter 1990/91), während er zu anderen Zeiten lediglich vorgab, ein Zentrist zu sein, und gleichzeitig seine radikalreformerischen Pläne voranbrachte. Gorbatschows öffentliche politische Sprache – und zu einem bedeutenden, aber sich verringernden Teil auch sein Denken – war eine Mischung aus alt und neu. Da aber die Gedankenwelt seiner Vorgänger aus Altem und Altem bestand, waren es die neuartigen Ideen, die Gewicht besaßen. Dies galt in besonderem Maße, da man einmal ausgesprochene Worte nicht mehr zurücknehmen (gelegentlich aber im Widerspruch zu ihnen stehen) konnte. Daher gelang es Gorbatschow in den ersten Amtsjahren, als das System noch den Worten des Generalsekretärs größeres Gewicht als den Äußerungen jedes anderen verlieh, aufs neue, den Beweis für die Macht der Ideen anzutreten.[184]

Wenn Gorbatschow über den Wandel in der Sowjetunion sprach, betonte er mehr als nur einmal die Notwendigkeit eines Prozesses, der

»revolutionär in seinem Wesen, aber evolutionär in seiner Geschwindigkeit« sei.[185] In diesem Sinne besaß das, was zwischen 1985 und 1991 auf dem Gebiet der Ideologie geschah, wirklich sowohl evolutionären als auch revolutionären Charakter. Konzepte, die für die Sowjetunion 1986 oder 1987 mutig, wenn auch in sich kaum revolutionär waren, hatten bis 1990/91 die sowjetische Doktrin auf den Kopf gestellt. So wurde aus der Befürwortung eines »sozialistischen Rechtsstaats« einfach die Forderung nach einem auf die Herrschaft des Rechts gegründeten Staat. Aus dem »sozialistischen Markt« wurde allmählich eine »Marktwirtschaft«. Und in dem bereits vorgestellten Fall, der in vieler Hinsicht der dramatischste Bruch von allen mit dem Marxismus-Leninismus war, wurde aus der propagierten Idee eines »sozialistischen Pluralismus« oder »Meinungspluralismus« die Akzeptanz des »politischen Pluralismus«.[186]

Dabei war normalerweise der Ablauf so, daß Gorbatschow ein bis dahin tabuisiertes Konzept einführte oder sich zu eigen machte, ihm aber in seinen ersten Jahren als Generalsekretär das Adjektiv ›sozialistisch‹ voranstellte. Reformerisch gesinnte Intellektuelle griffen diese Konzeptionen auf und bauten sie aus. Von 1988 an ließen die radikaleren unter ihnen die ›sozialistische‹ Einschränkung weg. Solche Beispiele illustrieren eine allgemeinere Feststellung, die der Historiker Keith Michael Baker trifft: »Sprache kann mehr sagen als jeder individuelle Akteur beabsichtigt; andere können sich Bedeutungen in ungeahnten Formen aneignen und erweitern.«[187] Diese Beobachtung gilt allerdings nicht uneingeschränkt für die Sowjetunion. Bis zur Ära Gorbatschow war die Kontrolle ›von oben‹ über die politische Sprache zwar nicht absolut, aber doch ausreichend, um den Interpretationsmöglichkeiten einer Idee innerhalb eines ideokratischen Staates enge Grenzen zu setzen. Es mag sein, daß »sich Bedeutungen (und jene, die von ihnen abhängen) implizit immer einem Risiko aussetzen«[188]. In unreformierten kommunistischen Systemen aber gelang es der Führung, diese Risiken zu minimieren. Es war die relative und wachsende politische Toleranz in der Sowjetunion nach 1985, die die normale historische Epoche so verdichtete, daß sich in ihr Bedeutungen von Konzepten radikal veränderten.

Aber selbst in seiner Begriffswahl bemühte sich Gorbatschow, die Begrenzungen von Ideen und Sprache zu umgehen, die ein Festhalten am traditionellen sowjetischen Vokabular beinhaltete. Es verdient besondere Beachtung, daß die von Gorbatschow oder seiner engeren Umgebung eingeführten neuen Schlüsselkonzepte tatsächlich nicht dem Wörterbuch des Marxismus-Leninismus entnommen waren. Dies gilt zum Beispiel ganz klar für Perestroika, Glasnost, Demokratisierung, Pluralismus, Rechtsstaat, *checks and balances*, die nicht abwertende Verwendung von Markt und sogar für Akzeleration. Tatsächlich war viel davon von Leninisten als spezifisch bürgerliche Gedanken betrachtet worden. Was so bemerkenswert an Gorbatschow ist, ist nicht nur die Tatsache, daß er viele Ideen im Konflikt zum Marxismus-Leninismus propagierte und mit einer ›sozialistischen‹ oder anderen Einschränkung versah, sondern vielmehr, daß er sie zwei Jahre später in neuer Form ohne alle Vorbehalte und Präfixe wieder aufgriff. Auch wenn er das Adjektiv ›sozialistisch‹ verwendete, hatte dies längst nicht eine so restriktive Bedeutung wie in der Vergangenheit. Wie wir ja gesehen haben, war Gorbatschows Übernahme des recht vagen Begriffs »die sozialistische Idee« gleichzeitig ein Schritt weg vom ›sozialistischen System‹ als einer spezifischen ökonomischen und politischen Ordnung, so wie sie sich über sieben Jahrzehnte in der Sowjetunion entwickelt hatte. Tatsächlich kam er spätestens 1988 (denn solch häretische Gedanken hatte er bereits 1987) zu einer Schlußfolgerung, die er in keiner Weise für inkompatibel mit der ›sozialistischen Idee‹ hielt: daß es notwendig war, *das System zu verändern*.[189]

KAPITEL 5

Gorbatschow und die Wirtschaftsreformen

Seine beiden größten Mißerfolge erlebte Gorbatschow mit den Wirtschaftsreformen und der ›Nationalitätenfrage‹ in der Sowjetunion. Diese Aussage aber muß durch die Beobachtung eingeschränkt werden, daß die Probleme so schwerwiegend waren, daß die Vorstellung, ein neuer Führer hätte auftauchen und sie ›lösen‹ können, den Gipfel der Naivität darstellt. Insofern Gorbatschow eine Wahlmöglichkeit neben den sehr deutlichen Grenzen seiner Handlungsfreiheit in diesen Bereichen besaß, stand er vor außerordentlich schwierigen Entscheidungen, wie einfach auch immer sie einigen seiner Stammtischkritiker geschienen haben mögen. Sowohl die Wirtschaftsreform einerseits als auch die Beziehungen zwischen Union und Republiken sowie den Nationalitäten untereinander andererseits waren Bereiche, in denen Gorbatschow scharf einander entgegenwirkenden Zwängen ausgesetzt war. Die widersprüchlichen Forderungen wurden von mächtigen institutionellen Interessen und gesellschaftlichen Kräften erhoben. Ob absichtlich oder nicht, waren diese in der Lage, den gesamten Reformprozeß lange vor dem gescheiterten Putsch im August 1991 zu beenden.

Obwohl Gorbatschow also in beiden Fällen bedeutende Fehler machte, vermied er ernstere Fehlentscheidungen, die zu einem früheren Konflikt hätten führen können, womit die Wahrscheinlichkeit einer Rückkehr zum sowjetischen Kommunismus des traditionellen und durchweg repressiven Typs gestiegen wäre. Zu selten, bemerkt Andrei Gratschow, wird die Frage gestellt: Wie viele mögliche Staatsstreiche hat Gorbatschow in den Jahren vor dem erfolglosen Augustputsch von 1991 wohl vermieden?[1] Für den größten Teil seiner Amtszeit hätte es der Panzer gar nicht bedurft – »eine geheime Abstimmung in den höchsten Sphären der Parteiführung wäre ausreichend gewesen«[2]. Von diesen zwei Feldern verständlicher Mißerfolge wende ich mich nun den Wechselfällen der ökonomischen Reformen zu, denn die Nationalitätenfrage wird in anderen Kapiteln (besonders in Kapitel 8) behandelt.

Die Spannung zwischen zwei sich widersprechenden Zielen – Ver-

besserung des Systems und Neuaufbau des Systems auf anderen
Grundsätzen – war besonders in der Wirtschaftspolitik greifbar. Mittels Veränderung der *politischen* Institutionen war es möglich, beinahe
unmerklich von reformerischem zu transformativem Wandel überzugehen – und dies außerdem während der ersten fünf Regierungsjahre
Gorbatschows noch mit großer öffentlicher Unterstützung. Die Leistungen des *Wirtschaftssystems* aber verschlechterten sich zusehends
unter dem Gewicht dieses Widerspruchs. Die daraus resultierenden
Engpässe und Rückschläge trugen erheblich dazu bei, daß der Rückhalt Gorbatschows in seinen letzten beiden Amtsjahren rapide abnahm.

Eine Kommandowirtschaft und eine Marktwirtschaft funktionieren nach grundlegend verschiedenen Prinzipien. Alle Versuche, einen
Mittelweg zwischen einer verwalteten Wirtschaft mit ihren zentralen
Plänen und einer von Angebot und Nachfrage regierten Marktwirtschaft zu finden, haben sich als fruchtlos erwiesen. Damit soll weder
gesagt sein, daß es ›perfekte Marktwirtschaften‹ gibt (oder geben
sollte) noch daß die Sowjetunion eine ›perfekte Kommandowirtschaft‹
besaß. Marktwirtschaften in westlichen Ländern werden reguliert,
und die Prinzipien des Markts werden nicht auf alle Bereiche des
gesellschaftlichen Lebens ausgedehnt. Genauso hing nicht das gesamte Wirtschaftsleben in der Sowjetunion von politischen Entscheidungen oder zentraler Planung ab. Es gab Gebiete, die von Privatunterricht im Haus des Lehrers bis zum Verkauf landwirtschaftlicher
Produkte aus den Küchengärten der Bauern reichten, in denen die
Kräfte des Marktes die Determinanten ökonomischer Transaktionen
waren und nicht die Präferenzen der Planer. Trotzdem zeigt die bisherige Erfahrung, daß ein ökonomisches Systems *überwiegend* das eine
oder das andere sein muß – grundsätzlich eine Kommando- oder
grundsätzlich eine Marktwirtschaft, von der sich letztere als die effi-
zientere erwiesen hat.

Zwar funktionierte die Kommandowirtschaft nie gut, sie lief aber
einigermaßen, solange das sowjetische Regime entweder totalitär oder
hoch autoritär war. Als es Angst vor Repressionen gab und die Kommunistische Partei und die Ministerien wirkliche Macht und Autorität
besaßen, wurde in ausreichendem Maße auf Instruktionen von oben
reagiert, um Güter zu produzieren und auszutauschen und um die
Wirtschaft wachsen zu lassen. Aber sobald es keine Furcht vor Repres-

salien mehr gab und die institutionellen Stützen der Kommandowirtschaft untergraben wurden, sank die Produktion, nahm das Hamstern
zu, und die Engpässe wurden größer.[3] Gorbatschow stand vor einem
Dilemma: Sobald er einmal realisiert hatte, daß er sich in Richtung auf
ein System hin bewegen mußte, in dem der Markt der hauptsächliche
Regulator des Wirtschaftslebens war, mußte er der Kommunistischen
Partei ihre ökonomischen Funktionen und ihre Kontrolle entziehen.
Und doch benötigte er die Kommunistische Partei als ein Instrument
zur Implementierung von Politik, solange es keine anderen Exekutivorgane gab als die Wirtschaftsministerien.

Zwei weitere Punkte verdienen es, von Anfang an hervorgehoben zu
werden, obwohl ihre Stichhaltigkeit erst im Laufe dieses und des nächsten Kapitels klarer werden wird. Der erste ist, daß Gorbatschow kein
Diktator war und daß seinen Reformen und Innovationen auf jedem
Zentimeter Weg Widerstand entgegengebracht wurde. Die gelegentliche Benennung ›Gorbatschows Politik‹ oder ›Gorbatschows Wirtschaftspolitik‹ trifft den Sachverhalt nicht. Weder die zu jedem belie-
bigen Zeitpunkt letztlich verfolgte Politik noch (viel weniger) deren
Ergebnisse entsprachen notwendigerweise den Wünschen Gorbatschows. Es gab Bereiche, in denen er eine Reihe von Auseinandersetzungen verlor oder ein scheinbarer Sieg an der vermeintlich letztin-
stanzlich entscheidenden Stelle (im Politbüro oder Zentralkomitee) in
eine Niederlage verwandelt wurde, da er keine Kontrolle über die Ausführung hatte.

Zweitens und noch spezifischer sind diese Punkte mit der Komple-
xität der institutionellen Netzwerke und der Stärke der bürokratischen
Stellen verknüpft, deren Unterstützung für die Politikimplementierung auf einigen Gebieten notwendig war. Es ist kein Zufall, daß es die
Außenpolitik der Sowjetunion war, die Gorbatschow am umfassend-
sten verwandeln konnte. Hier war er selbst der entscheidende Ausfüh-
rende in zahlreichen Begegnungen mit seinen Amtskollegen aus anderen Ländern, darunter neun Gipfeltreffen mit den Präsidenten der
Vereinigten Staaten. Vor allem aber gab es nur eine wichtige sowjetische Behörde, die für die Ausführung der Außenpolitik zuständig war
– das Ministerium für Auswärtige Angelegenheiten.[4] Gorbatschow
gelang es, das Ministerium zu einem relativ gefügigen Instrument seiner politischen Präferenzen zu machen, indem er Eduard Schewardnadse, seinen Weggefährten, zum Minister ernannte. Das andere Ge-

biet, auf dem Gorbatschow, ungeachtet heftigen Widerstandes (wie in den Kapiteln 6, 8 und 9 deutlich gemacht wird), großen Erfolg hatte, waren die politischen Reformen, die zu einer Veränderung des Systems führten. Dort waren die institutionellen Hürden für grundlegende Innovation wesentlicher höher als in der Außenpolitik. Aber der Einführung von Glasnost und deren Weiterentwicklung zur Redefreiheit folgte 1988 die überragend wichtige Entscheidung, Mehrkandidatenwahlen durchzuführen, wie dies auch prompt 1989 geschah. Dies waren für sich selbst genommen entscheidende Durchbrüche, die auch das Gleichgewicht der Kräfte zugunsten weiterer umfassender Reformen veränderten.

Bei dem Versuch, das ökonomische System radikal umzubauen, traf Gorbatschow auf den wirkungsvollsten Widerstand seitens der Behörden, deren Kooperation für das tägliche Management der Wirtschaft *und* für die Implementierung der Reform notwendig war. Der Widerstand kam sowohl aus dem ministeriellen Netzwerk als auch aus dem Apparat der Kommunistischen Partei. Stephen Whitefield, der Autor des wichtigen Buches über die Industrieministerien der Sowjetunion (in der Tat das einzige Werk, das ihren Platz in den Machtstrukturen ausführlich analysiert), verweist auf die gescheiterten Versuche von aufeinanderfolgenden politischen Führern, diese Ministerien auch in der Praxis der Parteiführung zu unterstellen, so wie sie es theoretisch bereits waren.[5] Alexander Jakowlew schreibt über die Zeit vor Gorbatschow und bringt das Problem auf den Punkt: »Der Parteiapparat und der Unterdrückungsapparat behielten genug in der Hand, um jeden individuellen Wirtschaftsfunktionär an die Kandare zu nehmen, nicht aber den Wirtschaftsapparat als Ganzes.«[6] Für Whitefield ist »die Fähigkeit der Ministerien, den Reformprozeß zu kontrollieren, auch wenn er von energischen und ernsthaften Reformern wie Gorbatschow und seiner Umgebung geleitet wird und nicht von kompromittierten und schwachen Politikern aus der Ära Breschnew, der letzte Beweis für ihre Schlüsselstellung innerhalb des alten Systems …«.[7] Die industrielle Macht, über die sie verfügten, »engte die Politiker stark ein, und radikaler Anti-Ministerialismus war ein schwieriges und gefährliches Unterfangen« für alle diejenigen, die ihn verfolgten.[8] Aufgrund ihrer fortbestehenden Möglichkeiten, das Implementierungsstadium des politischen Prozesses zu kontrollieren, waren die Ministerien, laut Whitefield, in der Lage, Gorbatschows ökonomischen

Reformversuch zu verhindern, wie sie schon frühere und weniger umfassendere Reformen vor ihm verhindert hatten.[9]

Der Parteiapparat reagierte kaum bereitwilliger auf das Verlangen nach wirtschaftlichen Reformen als die Ministerien. Ligatschow machte aus seiner Feindseligkeit gegenüber der Marktwirtschaft kein Geheimnis. Da er für Parteiorganisation und Ideologie (gemeinsam mit Jakowlew zwar, aber zunächst als Seniorpartner, wegen seiner längeren Zugehörigkeit zum Politbüro) zuständig war, wog seine Opposition schwer. Sie entsprach völlig den Ansichten und Interessen einer Mehrheit der unteren Parteifunktionäre, die bis zu einem gewissen Grad auch die Rolle von wirtschaftlichen Problemlösern und Maklern spielten.[10] Es war absolut typisch, daß zu den ersten – und damals kooperativen und freundlichen – Kontakten zwischen Jelzin und Gorbatschow als den Ersten Sekretären der Industrieregion Swerdlowsk und der Agrarregion Stawropol Telefonate zählten, in denen sie versuchen mußten, in Ermangelung eines Marktes die Fehlerhaftigkeit des sowjetischen Wirtschaftssystems zu kompensieren. »Ziemlich oft«, schreibt Jelzin, »mußten wir einander helfend die Hand reichen: Metalle und Holz aus dem Ural, Lebensmittel aus Stawropol.«[11] Regionale Parteiführer zögerten, diese Aufgabe abzugeben. Sie gehörte, angesichts der Ausgangsbasis eines irrationalen Wirtschaftssystems, zu ihren nützlicheren Tätigkeiten, die im Erfolgsfall auch ihr lokales Prestige erhöhen konnten. Der Unwille, von Interventionen in den ökonomischen Entscheidungsprozeß Abstand zu nehmen, war um so weniger überraschend, als sie sogar zu Zeiten der Perestroika »von den höheren Stellen weiterhin für die wirtschaftliche Leistung ihrer Region verantwortlich gemacht wurden«[12]. Genauso wurden sie von der örtlichen Bevölkerung, die sich zunehmend bereit fand, ihrer Unzufriedenheit Ausdruck zu verleihen, für Engpässe zur Rechenschaft gezogen.

Wenn man die Macht dieser etablierten Interessen betrachtet, mag der Einwand berechtigt erscheinen, daß auf wirtschaftlichem Gebiet, wie im sowjetischen System allgemein, gar keine Reform gebraucht wurde, sondern ein Systemwechsel geboten gewesen wäre. Was für Vorzüge auch immer ein solcher Vorschlag prinzipiell gehabt haben mag, war er doch irrelevant in der realen Welt der sowjetischen Politik. Erstens *glaubten* Gorbatschow und auch die fortschrittlichsten seiner Berater zunächst an die Reformierbarkeit des Systems. Eine seiner ersten Maßnahmen als Generalsekretär war deshalb, ökonomische

Reformen auf die Tagesordnung zu setzen. Dies gehört zur Realität, die man nicht hinwegwünschen kann, auch nicht durch nachträgliche Einsicht. Zweitens gab es *keine Alternative* zu einer Reform des bestehenden Systems, wenn man mit seiner Transformation überhaupt *beginnen* wollte. Nicht nur die industriellen Ministerien, sondern auch (und unmittelbar gefährlicher für einen Generalsekretär) die Führung der Kommunistischen Partei, der Parteiapparat, das Militär und der KGB standen hinter der Kommandowirtschaft in machtvoller Gegnerschaft zu allem, was nach Kapitalismus roch. Kein sowjetischer Führer konnte mit etwas anderem als mit einem schrittweisen Angriff auf die bestehenden ökonomischen Institutionen beginnen und versuchen, die generelle Einstellung gegenüber der Marktwirtschaft zu verändern. Dies gilt auch für den höchst unwahrscheinlichen Fall, daß er von Anfang an das Ziel verfolgt hätte, den Kapitalismus einzuführen und aufzubauen. Drittens ist eine Reform keine einmalige Handlung, sondern ein Prozeß,[13] und zwar ein Lernprozeß, in dem sowohl Individuen und Kollektive dazulernen als auch unterschiedliche politische Akteure unterschiedliche Lehren daraus ziehen.[14] Es wäre prinzipiell möglich gewesen, daß eine *Reform* der Wirtschaft zu einem *Ersatz* des sowjetischen Wirtschaftssystems durch ein anderes, marktorientiertes System geführt hätte, als die halbherzigen Maßnahmen nicht griffen und das System die Nachteile und nicht etwa die Vorzüge von Kommandowirtschaft und Marktwirtschaft zu vereinen begann. In Wirklichkeit gab es im Sinne einer ideellen Evolution durchaus einen solchen Lernprozeß, obwohl sich das Übertragen dieser Ideen in die Praxis als sehr viel schwieriger erwies. In den letzten zwei oder drei Jahren der sowjetischen Epoche paßten sich auch viele Staats- und Parteistellen spontan den Umständen an, indem sie angesichts der ungewissen Zukunft des Systems auf Nummer Sicher gingen, um ihre Privilegien und Ressourcen zu schützen. Mit abnehmender Kontrolle von oben begannen staatliche Funktionäre damit, neue marktorientierte Strukturen – wenn auch mit einigen Verzerrungen – zu schaffen. Vor allem wurde eine Vielzahl von Banken gegründet, die zu Instrumenten der Verteidigung und tatsächlich der Erweiterung ihrer wirtschaftlichen Interessen wurden.[15] Das Ausmaß des Wandels in der Sowjetunion bis 1990/91 war also selbst auf dem relativ erfolglosen Gebiet der Wirtschaftsreformen wesentlich größer, als zu Beginn der Perestroika vorhergesagt werden konnte.

Die meisten westlichen Beobachter hatten 1985/86 sehr bescheidene Erwartungen und glaubten nicht, daß Gorbatschow wesentlich weiter als bis zu einer technokratischen Reform gehen und gleichzeitig marktwirtschaftlich orientierte Veränderungen ablehnen würde.[16] Die Beispiele aus der Vergangenheit, so wurde wiederholt gesagt, waren nicht ermutigend. Die Geschichte ökonomischer Reformen in der Sowjetunion war eine der geplatzten Träume und allzu schnell enttäuschter Hoffnungen. (In der Tat können einige dieser Verallgemeinerungen nicht nur auf Wirtschaftsreformen, sondern auf Reformen im weiteren Sinne und auf die gesamte russische – nicht bloß sowjetische – Geschichte ausgedehnt werden.) Die sowjetischen Erfahrungen mit wirtschaftlichen Reformen lagen für jeden offen auf der Hand. Von Lenins Neuer Ökonomischer Politik der zwanziger Jahre, die dem Markt weitreichende Zugeständnisse machte, über die Versuche Chruschtschows, das erdrückende bürokratische Gewicht der Ministerien von der sowjetischen Wirtschaft zu nehmen, bis schließlich zu der ›Kossygin-Reform‹ von 1965, die der Idee des Marktes bescheidenen Tribut zollte, indem zum Beispiel das Konzept des Gewinns respektabel gemacht wurde, war das Ergebnis doch immer das gleiche: Die politischen Ansätze wurden abgebrochen oder umgekehrt, und eine zentralisierte sowjetische Wirtschaft führte ihren Versuch fort, dem Gesetz von Angebot und Nachfrage die Stirn zu bieten.

Neue Anreize für Reformen

Die Kossygin-Reform und die Erfahrungen in der Sowjetunion in den späten sechziger Jahren wurden am häufigsten als Grund dafür angeführt, daß die Wirtschaftspolitik unter Gorbatschow wahrscheinlich nicht mehr als kleinere Veränderungen am ökonomischen Mechanismus leisten würde. In vieler Hinsicht aber war die Kossygin-Gorbatschow-Analogie unzutreffend. Es gab mindestens vier wichtige Unterschiede zwischen der zweiten Hälfte der sechziger und der zweiten Hälfte der achtziger Jahre, die die Chancen dafür erhöhten, daß eine weitreichende Wirtschaftsreform in der Ära Gorbatschow in Angriff genommen würde.

Erstens waren die objektiven wirtschaftlichen Trends 1980 sehr viel schlechter als 1965. Gorbatschow wies recht früh in seiner Amtszeit auf den Anreiz hin, den diese Tatsache für eine Reform lieferte. In seinem 1987 veröffentlichten Buch *Perestroika* schreibt er: »In den letzten 15 Jahren ist die Wachstumsrate des Volkseinkommens um mehr als die Hälfte gesunken und war zu Beginn der achtziger Jahre auf einen Stand gefallen, der nahe an ökonomische Stagnation grenzte.«[17] Selbst die offiziellen sowjetischen Statistiken zeigten eine jährliche Wachstumsrate, die zwischen den fünfziger Jahren und der ersten Hälfte der Achtziger von einem Jahrzehnt zum nächsten bedeutend absank. Die durchschnittliche Wachstumsrate des Nettovolkseinkommens von 3,5 Prozent zwischen 1981 und 1985 stand 6,6 Prozent zwischen 1961 und 1965 gegenüber. Die Schätzungen des CIA deuteten sogar auf einen stärkeren Rückgang – von 5,1 Prozent durchschnittlichem Wachstum des Volkseinkommens von 1961 bis 1965 auf 1,9 Prozent von 1981 bis 1985.[18] Die offiziellen sowjetischen Zahlen (und sogar die des CIA) verschleierten die Tiefe des Problems. Abel Aganbegjan, Gorbatschows einflußreichster Wirtschaftsberater in den ersten Jahren der Perestroika, schreibt zunächst, wie sowjetische Statistiken versteckte Preiserhöhungen durch Veränderungen an der Palette der angebotenen Waren (die teurer, aber nicht entsprechend besser wurden) nur ungenügend berücksichtigten. Er stellt fest, zwischen 1981 und 1985 habe es effektiv »eine Null-Wachstumsrate« gegeben.[19]

Die eindrucksvolle Arbeit des in Lettland geborenen Wirtschaftswissenschaftlers Girsch Chanin, dessen grundsätzliche Zweifel an den amtlichen sowjetischen Statistiken ihn an die Peripherie der sowjetischen Wirtschaftswissenschaft bis hin zur Ära Gorbatschow verbannt hatten, kommt zu dem Schluß, es habe in Breschnews letzten Jahren (1979-1982) bereits *negatives* Wachstum gegeben.[20] (Dies allerdings war nicht der Stimulus für Andropows kleinere und Gorbatschows größere Reformversuche, denn die Führung selbst war sich der Ausmaße des Problems nicht bewußt und verließ sich auf offizielle Statistiken, die allerdings auch in ihren Augen einen ausgesprochen entmutigenden Trend zeigten.) Ausgerechnet in der Literaturzeitschrift *Novy Mir* und nicht etwa in einem Wirtschaftsmagazin wurde der erste umfassende Gegenentwurf zu den offiziellen sowjetischen Statistiken veröffentlicht. Gemeinsame Autoren waren Chanin und der prominente Wirtschaftsjournalist Wasili Seljunin. Sie erklärten in ihrem Artikel »Gewitzte Zahlen« im Gegensatz zu den amtlichen Angaben, die einen neunzigfachen Anstieg des sowjetischen Volkseinkommens zwischen 1928 und 1986 behaupteten, das Wachstum sei in Wirklichkeit nur sechs- bis siebenfach gewesen. Dies war sicherlich, wie Alec Nove treffend beobachtet, »die größte Korrektur von Wachstumsraten nach unten, die wir in der Geschichte kennen«[21]. Sowjetische Wachstumsdaten waren und bleiben umstritten. Es ist unwahrscheinlich, daß jemals eine zufriedenstellende Antwort auf diese Fragen gefunden wird. Das liegt zum größten Teil an falscher Datenübermittlung an verschiedenen Stellen des Systems, die in unterschiedlicher Intensität und zu unterschiedlichen Zeiten stattgefunden hat. In zunehmendem Maße aber wurden Chanins Zahlen als eine wesentlich genauere Widerspiegelung der Realität akzeptiert als die Daten des Staatskomitees für Statistik.[22]

Ein zweiter Unterschied zwischen den sechziger und den achtziger Jahren hatte genausowenig etwas mit Gorbatschow zu tun wie der objektive Rückgang der sowjetischen Wirtschaftsleistungen (gleichgültig, welchen Statistiken man Glauben schenken will). Es geht um das, was in der Zwischenzeit in anderen kommunistischen Ländern passiert war. Kossygin hatte keine alternativen Erfahrungen und Modelle, auf die er bei seinem Versuch, die Kommandowirtschaft zu reformieren, zurückgreifen konnte. Bis 1965 war es in keinem kommunistischen Land zu nennenswerten ökonomischen Reformen gekommen, obwohl in Polen, der Tschechoslowakei und in Ungarn bereits ernsthaft darüber diskutiert wurde. Wenn irgendein kommunistischer Staat zwischen 1965 und 1968 das Rennen machte, dann war das die Tschechoslowakei. Als die tschechischen Pläne zur Wirtschaftreform aber mit weitreichenderen politischen Veränderungen einhergingen, als das sowjetische Politbüro zu tolerieren bereit war, sollte dies auch der Sargnagel für Kossygins Reform sein. Der ›Prager Frühling‹ und seine Niederschlagung durch die sowjetische Militärintervention im August 1968 stärkten diejenigen, die gegen Veränderungen im Inneren der Sowjetunion waren. Die Reformer fanden sich sehr deutlich in der Defensive wieder, als konservative Kommunisten gegen sie mit den Begriffen ›Revisionismus‹ und ›Opportunismus‹ ins Feld zogen.

1985 war der internationale kommunistische Kontext jedoch ein grundlegend anderer als in den späten Sechzigern. In den sechziger Jahren war China aus der Sicht sowjetischer Reformer und der Führung allgemein ein negativer Faktor. Die Chinesen befanden sich in den Verwerfungen ihrer ›Kulturrevolution‹ und verdammten selbst die halbherzigsten Neuerungen in der Sowjetunion als ›revisionistisch‹. Mitte der achtziger Jahre aber hatte China bereits den Weg einer ökonomischen Reform eingeschlagen, die radikaler und konsequenter war als alles, was man bis dahin in Rußland gesehen hatte.[23] Dies, und besonders die beeindruckende Geschwindigkeit, mit der China seine landwirtschaftliche Produktion steigerte, stieß in Moskau auf großes Interesse. Neben dem chinesischen Beispiel konnte die Sowjetunion ab der zweiten Hälfte der achtziger Jahre auch auf die unterschiedlichen Erfahrungen zurückgreifen, die man in Osteuropa mit wirtschaftlichen Reformen gemacht hatte. Dies galt besonders für Ungarn, wo eine 1968 begonnene Reform mehrere Entwicklungsstadien durchlaufen hatte und allen ihren ernsten Beschränkungen zum Trotz, besonders in der Landwirtschaft, zu augenfälligen Verbesserungen geführt hatte – ein Ergebnis der Mischung von halbprivaten und öffentlichen Betrieben und der Zugeständnisse an den Markt.[24]

Der politische Kontext für Reformen war also in der Mitte der Achtziger ein völlig anderer als Mitte der sechziger Jahre. Zu dem objektiven Tatbestand einer deutlich abfallenden sowjetischen Wachstumsrate kam noch die subjektiv andere Wahrnehmung der Situation innerhalb der sowjetischen Führung hinzu. Gorbatschow sollte oft von einer ›Vorkrisensituation‹ sprechen, die in der Sowjetunion in den frühen Achtzigern geherrscht habe. Er und andere in der Führung hatten die sehr reale Krise zur Kenntnis genommen, in der sich die herrschende kommunistische Partei 1980/81 in Polen befand, als massiver Protest von unten und die Formierung einer unabhängigen Gewerkschafts- und Politikbewegung, der ›Solidarität‹, eine Zeitlang die Fortdauer des kommunistischen Regimes fraglich erscheinen ließen. Als ein warnendes Beispiel tauchte das Geschehen in Polen recht oft in Gesprächen und, in geringerem Maße, auch in den Schriften sowjetischer Parteiintellektueller aus der ersten Hälfte der achtziger Jahre auf.[25] Dies war ein bedeutender Unterschied in der Wahrnehmung zwischen der Zeit, in der Kossygin begrenzte ökonomische Reformen einzuführen suchte, und der Ära Gorbatschow.

Der dritte Hauptunterschied zwischen den sechziger und den achtziger Jahren hing unmittelbar mit dem Gorbatschow-Faktor zusammen und wird bereits dadurch deutlich, daß die 1965 begonnenen Reformen als ›Kossygin-Reform‹ bekannt wurden. Es war in der Tat der Vorsitzende des Ministerrates der UdSSR, Kossygin, und nicht der

Generalsekretär[26] des Zentralkomitees der Kommunistischen Partei, Breschnew, der in den Mittsechzigern ökonomische Reformen vorantrieb. Wie mächtig auch immer das sowjetische ministerielle Netzwerk als *Kollektiv* gewesen sein mag, der Vorsitzende des Ministerrates besaß als *Individuum* weniger Macht als der Generalsekretär der Partei. Die Tatsache, daß Breschnew für die Partei- und Staatsdiener ein offenes Ohr hatte, die gegen wirtschaftliche Reformen Bedenken hegten, und daß er, um es sehr sanft zu formulieren, die nur mild reformerischen Bemühungen Kossygins nicht unterstützte, reichte aus, um sicherzustellen, daß aus ihnen nichts wurde.[27] Es war daher von großer Bedeutung, daß zwanzig Jahre später der Generalsekretär, also Gorbatschow, ökonomische Reformen unterstützte, und der Vorsitzende des Ministerrates, Tichonow, dagegen war, von den altbekannten Wegen abzuweichen.[28] Dementsprechend war es keine Überraschung, daß Gorbatschow die Initiative ergriff und im September 1985 Tichonow durch Ryschkow ersetzte. Als Vorsitzender des Ministerrates war es Ryschkow möglich, in den folgenden fünf Jahren (davon besonders in den ersten vier) große Macht auf dem Gebiet der Wirtschaft auszuüben. Dies lag teilweise daran, daß er tagtäglich den großen ökonomischen Apparat steuerte, aber auch zu einem nicht geringen Teil am Vertrauen, das Gorbatschow bis 1989 in ihn setzte.[29]

Viertens lag der Perestroika Gorbatschows sogar schon 1985/86 und noch deutlicher ab 1987/88 ein wesentlich umfassenderer Reformbegriff zugrunde als dem Projekt Kossygins. Die Widerstände gegen eine ernsthafte, marktorientierte Wirtschaftsreform waren enorm. In ihrer Opposition gegen eine solche Reform konnten die Ministerien mit der Unterstützung einer Mehrheit der regionalen Parteisekretäre, des Militärs und der Manager der Rüstungsindustrie rechnen.[30] Sogar noch 1990, als sich die ökonomische Reformagenda gemeinsam mit einem großen Teil der Öffentlichkeit bereits radikalisiert hatte, stand Gorbatschow einer informellen Allianz gegenüber, in der alle organisierten Interessen vertreten waren, die von der Kommandowirtschaft im ganzen profitiert hatten.[31] Eine erwachende öffentliche Meinung, mit der die Menschen ihre Rechte als Bürger und Konsumenten wahrzunehmen begannen, war eine direkte Bedrohung dieser Interessen. Glasnost und Demokratisierung wurden von Gorbatschow durchaus als in sich wünschenswerte politische Ziele gesehen (und was er unter diesen Begriffen verstand, erweiterte sich im Laufe der Zeit, wie im vorangegangenen Kapitel erläutert). Beides aber wurde von Gorbatschow auch als ein notwendiges Mittel betrachtet, um Druck auf die Institutionen auszuüben, die gegen grundlegenden ökonomischen Wandel waren.

Das Vertrauen in das unreformierte Wirtschaftssystem wurde von den kraftvollen Angriffen zerstört, mit denen reformerische Wissenschaftler wie Nikolai Schmeljow, Gawril Popow und Wasili Seljunin hervortraten.[32] Eine Minderheit unabhängiger Juristen leistete ebenfalls bemerkenswerte Beiträge zur Kritik am bestehenden System und machte weitreichende Reformvorschläge.[33] Die Vorbereitung der öffentlichen Meinung auf radikale Wirtschaftsreformen war um so wichtiger, da sie allein eine zumindest kurzfristige Bedrohung der ›Rechte‹ darstellte, an die sich sowjetische Arbeiter gewöhnt hatten. Dazu gehörten die Erwartung eines sicheren Arbeitsplatzes (was für geraume Zeit nicht nur einen garantierten Arbeitsplatz bedeutete, sondern im allgemeinen die Möglichkeit, die angestammte Stelle zu behalten) und die Praxis der niedrigen, da subventionierten Preise für Grundnahrungsmittel und Leistungen wie Mieten, Heizung und Strom. Im Gegensatz dazu eröffneten die politischen Reformen, sei es im Bereich der Glasnost oder der Ausdehnung des Wahlprinzips (einschließlich der Einführung von Wahlen in Fabriken, in denen die Arbeiter ihre Vorarbeiter und manchmal sogar die Direktoren wählen konnten)[34], den Arbeitern genauso wie den anderen Bürgern eine Erweiterung ihrer Rechte. Eine Lektion, die Gorbatschow und seine Anhänger von den fehlgeschlagenen Innovationsversuchen Kossygins gelernt zu haben schienen, war die Tatsache, daß es nicht länger ausreichte, Wirtschaftsreformen einzuführen, ohne den Rest des politischen und gesellschaftlichen Lebens zu beachten, wenn die Kräfte des ökonomischen Konservativismus besiegt werden sollten.

Die Entwicklung von Glasnost zu Redefreiheit und die Erweiterung der Bedeutung von ›Demokratisierung‹ waren für Gorbatschow jedoch zweischneidige Schwerter. Sie führten zu einer Polarisierung der sowjetischen Politik und machten in gewisser Weise die ökonomischen Reformen schwieriger. Der Wandel des politischen Klimas eröffnete nicht nur denjenigen Möglichkeiten, die eine ›Schocktherapie‹ als Übergang zu einer Marktwirtschaft befürworteten und drastischere Maßnahmen vorschlugen, als Gorbatschow akzeptieren wollte. Es profitierten auch alle diejenigen, die grundsätzlich gegen eine

Marktwirtschaft und für die Beibehaltung des traditionellen sowjetischen Wirtschaftsmodells waren. Gorbatschows Dilemma wurde von David Dyker in seinem Buch über die ökonomische Dimension der Perestroika trocken auf den Punkt gebracht: »Es ist schwer, Gorbatschows Schlußfolgerung zu widersprechen, daß ökonomische Reformen ohne politische Reformen unmöglich sind. Weniger klar ist, ob eine Wirtschaftsreform, *verbunden* mit einer politischen Reform, möglich ist.«[35]

Über Märkte und ökonomische Mischformen

Obwohl die wirtschaftliche *Leistung* sich völlig enttäuschend entwikkelte und weit von dem entfernt war, was Gorbatschow erhofft hatte, radikalisierte sich die ökonomische *Reform* in einigen grundlegenden Dimensionen während seiner Amtsjahre. Dazu gehörten die ökonomischen Aspekte der konzeptionellen Revolution (die hauptsächlich im Zusammenhang mit politischen Konzepten im vorangegangenen Kapitel erläutert wurden), die Abschaffung der Organe der Kommunistischen Partei, die das Wirtschaftsleben überwachten, und konkrete Veränderungen der Eigentumsverhältnisse und Zugeständnisse an den Markt. Soweit es um Konzepte ging, bewegte sich Gorbatschow selbst vom Euphemismus eines Marktes der »Güter-Geld-Beziehung«[36] zum Begriff eines ›sozialistischen Marktes‹. Danach begann er in zunehmendem Maße von der Notwendigkeit einer ›regulierten Marktwirtschaft‹ und gegen Ende häufig einfach von einer ›Marktwirtschaft‹ zu sprechen. Mindestens bis 1987 aber dachte er hauptsächlich an Marktelemente, die eine untergeordnete Rolle in einer Planwirtschaft spielen sollten.[37] Erst nach der Plenarsitzung des Zentralkomitees im Juni 1987 begann Gorbatschow offen für eine Marktwirtschaft einzutreten, wenn auch zu jener Zeit noch für eine ›sozialistische‹. Er schmuggelte das Wort ›Marktwirtschaft‹ jedoch in seine wichtige Rede vor dem Juni-Plenum hinein. In einer Passage verband er eine Huldigung an die »Stärkung des Sozialismus in der Realität« mit der Empfehlung einer Reihe von marktwirtschaftlichen Instrumenten.[38]

Von November 1988 an beklagte Gorbatschow, daß ein vergröbertes Bild des sozialistischen Staates zu einer Unterbewertung der Rolle der Marktwirtschaft im Sozialismus geführt habe.[39] Vor dem Ersten Kongreß der Volksdeputierten ging Gorbatschow am 30. Mai 1989 noch einen Schritt weiter. Er sagte, daß keine bessere oder demokratischere Alternative zur Marktwirtschaft gefunden worden sei und daß die sozialistische Ökonomie darauf nicht verzichten könne.[40] In seinen Schlußworten vor eben diesem Kongreß am 9. Juni betonte er, ein großer Anhänger der Marktwirtschaft zu sein, denen aber nicht zustimme, die glaubten, der Markt könne alles regeln. Noch nicht einmal in kapitalistischen Ländern habe sich die Ansicht durchgesetzt, der Markt könne automatisch alle Probleme lösen.[41] Von 1989 an und auch später akzeptierte Gorbatschow eine vornehmlich vom Markt geleitete Wirtschaft, die aber nach westeuropäischem Vorbild reguliert und eine ›gemischte Wirtschaft‹ ihren Eigentumsverhältnissen nach sein würde. Dies entsprach der Entwicklung seiner Anschauungen in Richtung Sozialdemokratie, die bereits im vorangegangenen Kapitel behandelt wurde. Nachdem er nicht mehr Generalsekretär der Kommunistischen Partei war, konnte Gorbatschow natürlich viel offener sprechen. Auf die Interviewfrage, ob er noch ein Kommunist sei, entgegnete er im Frühjahr 1993: »Wenn sie sich meine Äußerungen ansehen, dann wird klar sein, daß meine politischen Sympathien der Sozialdemokratie gehören und der Idee eines Sozialstaats, wie man ihn in der Bundesrepublik Deutschland findet.«[42]

Daß Gorbatschow als Generalsekretär den Gedanken (und auch die sich herausbildende Wirklichkeit) einer ›gemischten Wirtschaft‹ akzeptierte, war ein weiterer, bedeutender konzeptioneller Bruch mit der Vergangenheit. Er bedeutete, kooperatives und sogar privates Eigentum neben dem des Staates anzuerkennen und nicht länger darauf zu bestehen, alles Eigentum müsse ›sozialistisch‹ sein.[43] Eine Reihe russischer Intellektueller – darunter einige, die nur wenige Jahre zuvor noch ›Erbauer des Kommunismus‹ gewesen waren – äußerten sich herablassend über Gorbatschows Forderung nach einer *regulierten* Marktwirtschaft. Ein Jahr nach dem Ende der Amtszeit Gorbatschows aber sollte Jegor Gaidar, den, wie er selbst sagte, »kaum jemand des Konservatismus oder einer Antipathie gegen die Marktwirtschaft verdächtigen konnte«, die Feststellung treffen, daß »in der ganzen Welt der Markt reguliert wird«.[44] Gorbatschows Übernahme des Gedankens einer ›gemischten Wirtschaft‹ und einer ›regulierten Marktwirtschaft‹ brachte ihn in weitaus größere Übereinstimmung mit der Praxis im Westen, als seine Kritiker zugestanden.

Obwohl der Begriff ›gemischte Wirtschaft‹ gewöhnlicherweise ein gemischtes Eigentumssystem beschreibt – das heißt sowohl private als auch öffentliche (oder staatliche) Betriebe[45] –, kann er auch wie in dem wichtigen Aufsatz von Robert A. Dahl verwandt werden, um ein bedeutendes Maß an staatlicher Intervention in der Wirtschaft zu bezeichnen.[46] Dahl argumentiert nicht nur, daß eine sozialistische Kommandowirtschaft mit Demokratie nicht zu vereinbaren sei, sondern auch, daß ein vollkommen freier Markt mit demokratischer politischer Herrschaft inkompatibel ist. Was die historische Beweislage angehe, schreibt Dahl, habe es nie ein Land mit sozialistischer Kommandowirtschaft gegeben, das auch demokratisch gewesen sei, und keine Demokratie, so Dahl, habe jemals eine Marktwirtschaft besessen, deren Mechanismen nicht in gewisser Hinsicht durch staatliche Eingriffe verändert seien.[47] Da auf die eine oder andere Weise »die Opfer freier Märkte die Regierung wahrscheinlich dahingehend beeinflussen ... eine interventionistische Politik zu verfolgen, um den Schaden zu begrenzen«, der ihnen entstanden ist, kann ein völlig freier Markt nur geschaffen oder aufrechterhalten werden mit Hilfe einer »Treuhandschaft oder Eliteherrschaft oder, um es deutlicher zu sagen, durch eine autoritäre Diktatur«.[48] Gorbatschows Ausführungen vor dem Kongreß der Sozialistischen Internationalen (dem jährlichen Treffen sozialdemokratischer Parteien westeuropäischer Prägung) im September 1992 in Berlin deckten sich mit den Überlegungen des führenden amerikanischen Demokratietheoretikers: »... die Marktwirtschaft sollte nicht als ein Ziel in sich selbst gesehen werden, sondern eher als ein Mittel, bestimmte Ziele zu erreichen. Und der Markt ist nicht identisch mit Demokratie, genausowenig wie Freiheit mit Marktwirtschaft.«[49]

Als Gorbatschow die Nachfolge Tschernenkos antrat, spielte die Frage einer Beschneidung der Auswüchse der Marktwirtschaft keine Rolle. Was er versuchte, war eine sehr begrenzte und teilweise Einführung von Marktelementen in die sowjetische Wirtschaft, und die Betonung lag auf *uskorenie*, einer Akzeleration, einer qualitativen Steigerung des Wirtschaftswachstums. Bis Ende 1989 aber, als er den bekannten ›Marktwirtschaftler‹ Nikolai Petrakow zu seinem Mitarbeiter und Wirtschaftsberater ernannte, hatten sich Gorbatschows Ansichten dahingehend entwickelt, daß er nun akzeptierte, der Markt solle der wichtigste, aber nicht alleinige ökonomische Regulator sein.

Von Beginn seiner Amtszeit an gibt es kaum Zweifel daran, daß von allen Mitgliedern des Politbüros Gorbatschow der größte Anhänger weitreichender Wirtschaftsreformen war. Seine damaligen Verbündeten, Ryschkow und besonders Ligatschow, verfolgten engere Ziele, und jedes andere Politbüromitglied – bis zur Berufung Schewardnadses im Sommer 1985 – war ein Gegner selbst der begrenztesten marktwirtschaftlichen Reformen. (Ligatschow machte seine Position sehr deutlich. Bereits im Sommer 1986 verwarf er den Gedanken, sich in Richtung Marktwirtschaft zu bewegen, mit der Begründung, daß eine »Marktwirtschaft« immer und überall zu »Ungerechtigkeit und Ungleichheit« führe.[50]) Selbst ein so scharfer westlicher Kritiker des späteren Gorbatschow wie Anders Åslund nannte seine detaillierte Studie über die ersten dreieinhalb Jahre der Perestroika treffend *Gorbachev's Struggle for Economic Reform* [*Gorbatschows Ringen um die Wirtschaftsreform*].[51] Der Titel erinnert nützlicherweise daran, daß der Anstoß zu ökonomischen Reformen von Gorbatschow selbst kam und daß es immer einen schwierigen Kampf gegen skeptische oder konservativere Kollegen und tief verwurzelte, organisierte Interessen gab, wie es Gorbatschow in einem Interview 1993 formulierte: »Die Parteibürokratie, die Ministerien und alle Lehnsherren leisteten Widerstand. Sogar die Industriebosse und die Manager hatten Angst, ihre Macht zu verlieren.«[52]

Von den ersten Tagen seiner Amtszeit als Generalsekretär an interessierte sich Gorbatschow für Schritte in Richtung eines ›marktwirtschaftlichen Sozialismus‹. Die Idee, Plan und Markt miteinander zu verbinden, der viele später desillusionierte osteuropäische Reformer anhingen, hat in der Praxis nie zufriedenstellend funktioniert. Auch Gorbatschow verlor noch vor dem Ende seiner Regierungszeit den Glauben an die staatliche Planungskomponente. Er ging allerdings nicht so weit wie einige seiner ehemaligen kommunistischen Parteigenossen, die die ideologischen Sicherheiten von Marx und Lenin mit denen Hayeks und Friedmans vertauschten. Selbst in der ersten Hälfte seiner Zeit als Generalsekretär aber war sich Gorbatschow der Tatsache schmerzlich bewußt, daß die sowjetische Wirtschaft überzentralisiert war, daß mehr Entscheidungskompetenzen an die Betriebe delegiert werden mußten, daß das Land außer in ein paar privilegierten Gebieten wie Weltraum- und Militärforschung technologisch rückständig war und daß eine Agrarreform von essentieller Bedeutung war, in der die Bauernschaft Kontrolle über das von ihr bebaute Land erhalten und von der Bevormundung durch örtliche Parteisekretäre befreit werden mußte.

Die Formulierung der Wirtschaftspolitik

Die konkreten politischen Programme, die entstanden, um die oben genannten Prinzipien umzusetzen, waren jedoch unzulänglich. Es wird gelegentlich behauptet, dies sei der Fall gewesen, weil es an einer Gesamtstrategie für ökonomische Reformen mit einem sorgfältig ausgearbeiten Phasenkonzept gefehlt habe. Dies ist eine irreführende Vereinfachung in zweifacher Hinsicht. Einerseits war die sowjetische Führung gespalten, und Gorbatschow schreibt in seinen Memoiren, daß einige Führungsmitglieder die Antwort auf die Probleme des Landes in einer Wiederherstellung von ›Ordnung‹ *à la* Andropow sahen. Andere, darunter Ryschkow, betonten die Notwendigkeit von wissenschaftlichem und technischem Fortschritt. Nur Wadim Medwedjew und Alexander Jakowlew traten für transformativen Wandel ein.[53] Damit sucht Gorbatschow den Umstand zu erklären, daß die tatsächlich 1985/86 eingeleiteten Maßnahmen bescheiden waren und sich im Rahmen des bestehenden Systems bewegten, obwohl er bereits seit 1984 von der Notwendigkeit weitergehender Reformen überzeugt war.[54] Dementsprechend hatte alles Gerede von einer ›Sequenzierung‹ der Wirtschaftsreformen mehr mit westlichen Universitätsseminaren als mit der Politik im Kreml zu tun. Es wurde viel experimentiert (und die Fehler waren hier häufiger als in der Außenpolitik, als in den politischen Reformen oder in der Kulturpolitik), und es gab Widersprüchlichkeiten, die grundlegende Meinungsverschiedenheiten innerhalb der sowjetischen Führung und die Vorherrschaft bestimmter Meinungen zu bestimmten Zeiten reflektierten.

Andererseits und ungeachtet dieser Schwierigkeiten verständigte sich die Parteiführung im Juni 1987 auf einen Katalog von Richtlinien für die Zukunft. Das Papier mit dem Namen *Grundpositionen* (*Osnovnye polozheniya*) wurde damals als ein ziemlich radikales wahrgenommen, obwohl es später von den Ereignissen überholt werden sollte. Ed Hewett, der Hauptberater für sowjetische Angelegenheiten in der Regierung Bush werden sollte, begrüßte das Dokument, weil es seine

Prinzipien »mit einer Klarheit, die nur in den ersten Reformphasen erreicht werden kann«, zum Ausdruck brachte. Hewett fügte realistischerweise hinzu, dies sei nur möglich, »bevor die eigentlichen Gesetzeswerke geschaffen werden, die die Reform ausmachen mit all ihren unvermeidlichen Kompromissen und bevor die Umsetzung der Reform zu weiteren und möglicherweise tödlichen Kompromissen zwingt«.[55] Die *Grundpositionen* behielten die zentrale Planung bei, versuchten aber, das mikroökonomische Management aus den Händen der Planer zu nehmen. Während Hewett besorgt war, die Radikalität könne in der politischen Praxis verlorengehen, sollte es Gorbatschow (wenn auch nicht Ryschkow) im Laufe der nächsten zwei Jahre klarer werden, daß die *Grundpositionen* nicht radikal genug waren. Dies galt besonders für die Preisreform, da es unmöglich war, die Effizienz eines Industriebetriebes zu beurteilen, solange künstliche Preise verhinderten, die Frage zu entscheiden, ob ein Betrieb einen realen Gewinn oder Verlust machte. Der Kompromiß, den die *Grundpositionen* vertraten, war, die Preise auf dem Wege von Verhandlungen und Verträgen zwischen den Betrieben festzulegen und das staatliche Preiskomitee in Zukunft nur noch die Regeln dieses Prozesses bestimmen und durchsetzen zu lassen.[56] Allerdings war es immer realistisch zu glauben, daß sich das staatliche Preiskomitee nicht mit der Schiedsrichterrolle zufriedengeben würde und daß die Regeln selbst von großen und mächtigen Betrieben – oft Monopolinhabern – gebeugt würden, um Preise hochzutreiben und die Inflation zu schüren.[57]

Politische Innovation: Alkohol und Landwirtschaft

Eine Reihe von neuen, unzusammenhängenden politischen Maßnahmen war bereits teilweise in Kraft, bevor die *Grundpositionen* verabschiedet wurden. Der erste konkrete Schritt wurde bereits im Mai 1985 unternommen, und seltsamerweise waren weder Gorbatschow noch Ryschkow die Hauptverantwortlichen, obwohl Gorbatschows Name stark damit assoziiert wurde und er das Prinzip im Unterschied zur Implementierung dieser Politik verteidigte.[58] Es handelte sich um den Start des Kampfes gegen den Alkohol. Dabei ging es nicht nur um eine Ächtung des Alkoholmißbrauchs (wie oft genug in der sowjetischen Vergangenheit geschehen), sondern auch um konkrete Maßnahmen zur Beschränkung der Produktion, des Verkaufs und der Verteilung von Alkohol. So wurde vielen Geschäften nicht mehr erlaubt, Alkohol zu verkaufen, zahlreiche Wodka-Brennereien wurden geschlossen und sogar viele Weinberge zerstört, zum Beispiel in Georgien, obwohl Trunkenheit dort weniger ein Problem war als in den schnapstrinkenden slawischen Gebieten der Sowjetunion. Die neuen Regeln verboten den Alkoholausschank in Restaurants vor 14.00 Uhr, und sogar offizielle sowjetische Empfänge – angefangen bei denen der Parteiführung bis zu jenen in den sowjetischen Botschaften im Ausland – wurden zu alkoholfreien Veranstaltungen oder, in einem ersten Schritt zur Lockerung der Verfügungen, zumindest wodkafrei. Ein solches Beispiel zu geben war ein Bruch mit der Vergangenheit, der allerdings nicht von allen Gastgebern geschätzt wurde, ganz zu schweigen von den Gästen.

Unter Gorbatschows Kollegen im Politbüro und seinen engen Mitarbeitern herrschte übereinstimmend die Meinung, daß die hauptsächlichen Protagonisten der Anti-Alkohol-Kampagne Jegor Ligatschow und Michail Solomenzew, ein Politbüromitglied und der Vorsitzende des Komitees für Parteikontrolle und Politbüromitglied, waren.[59] Ryschkow schreibt, die Form der Kampagne sei von Ligatschow und Solomenzew bestimmt worden, Gorbatschow aber habe sie unterstützt, denn ihm sei es um die Verbesserung der moralischen Atmosphäre gegangen.[60] Die slawischen Gebiete der Sowjetunion verzeichneten beim Alkoholkonsum mit die höchsten Raten der Welt, und die Situation hatte sich während der Breschnew-Jahre verschlechtert. Ungeachtet der periodisch wiederkehrenden propagandistischen Bemühungen, vor den Gefahren übermäßigen Trinkens zu warnen, würde man tatsächlich kaum in der Annahme zu weit gehen, daß Alkohol für Breschnew ein bequemes Schmerzmittel gegen die Übel der sowjetischen Gesellschaft war und sowohl Ersatz für Reformen als auch ein lebenswichtiger Beitrag zu den Staatseinnahmen. Da der Staat das Monopol für die Produktion von alkoholischen Getränken besaß und einen Preis festlegen konnte, der zum großen Teil praktisch eine Steuer war, profitierte der sowjetische Staatshaushalt enorm davon. Tatsächlich war das Steueraufkommen aus dieser Quelle größer als die Gesamteinnahmen des sowjetischen Staates aus der Einkommenssteuer.[61]

Gorbatschow betrachtete Alkoholismus und Trunkenheit als eines der drängendsten Probleme. Da er selbst ein sehr maßvoller Trinker war (bei Empfängen und Essen vor und nach den Maßnahmen gegen den Alkoholkonsum trank er maximal zwei Gläser Wein), konnte man ihn nicht der Scheinheiligkeit beschuldigen. In seiner Neigung, dem Alkohol den Kampf anzusagen, mag er auch von seiner Frau bestärkt worden sein. Raissa Gorbatschowas leidenschaftliche Abneigung gegen übermäßiges Trinken rührte von ihrem Kummer über den chronischen Alkoholismus ihres Bruders her, dem sie als Kind sehr nahegestanden hatte.[62] Da Gorbatschow die Anti-Alkohol-Politik unterstützte, sprach selbst Schewardnadse aus dem Weinland Georgien und Teilnehmer der entscheidenden Sitzung des Politbüros noch als Kandidat, trotz besseren Wissens, nicht gegen die Maßnahmen.[63] In der Öffentlichkeit warf Gorbatschow sein volles Gewicht in Reden und Versammlungen in die Waagschale für diese Politik, über die umfangreicher berichtet wurde als über die Veranstaltungen seiner Kollegen aus dem Politbüro. Dementsprechend wurde der Generalsekretär im Bewußtsein der Öffentlichkeit sehr deutlich mit den Auswüchsen der Anti-Trunkenheitsmaßnahmen in Verbindung gebracht. In Witzen sprach man von ihm als dem *mineral'nyy sekretar'* (Mineralwasser-Sekretär) und nicht als dem *general'nyy sekretar'* (Generalsekretär). Zunächst traf der Kampf gegen den Alkohol auf die prinzipielle Zustimmung einer Mehrheit der Russen, besonders der Frauen, sollte aber zunehmend unpopulär werden.

Man kann argumentieren, und man hat das auch getan, daß die Anti-Alkohol-Politik kein völliger Mißerfolg war.[64] Trotz der gewaltigen Zunahme heimlicher Schnapsbrennerei kann man annehmen, daß sie die Lücke nicht vollständig schloß, die durch die drastische Rückführung der staatlichen Produktion entstanden war, und daher der Alkoholkonsum als Ganzes zurückging.[65] Es wurde sogar behauptet, daß die schon lange sinkende Lebenserwartung sowjetischer Männer, die viele Analysen mit zunehmend starkem Alkoholgenuß in Verbindung gebracht hatten, zwischen 1985 und 1988 kurzfristig wieder stieg. Dies wird jedenfalls durch die offiziellen Zahlen ausgewiesen, wie auch weniger Fälle neuer stationär behandelter Alkoholpatienten und ein substantieller Rückgang bei Arbeitsunfällen und tödlichen Verkehrsunfällen.[66] Freilich wäre man nicht gut beraten, den sowjetischen Statistiken auch der Perestroika-Zeit unbesehen Glauben zu schenken. Dennoch ist es wahrscheinlich, daß es zu einigen Verbesserungen in diesem Bereich kam, und wenn es nur daran lag, daß der

Erwerb von Alkohol für den Durchschnittsbürger viel schwieriger und umständlicher wurde. Einige der härtesten Trinker aber wandten sich Substanzen zu, die wesentlich gefährlicher als Wodka waren, und das war nicht die einzige unbeabsichtigte Folge dieser Politik. Der sowjetische Wirtschaftsreformer Nikolai Schmeljow argumentiert, daß »unsere Semi-Prohibition dieselben Auswirkungen wie die amerikanische Prohibition haben wird«, womit er sowohl die großangelegte Produktion von *samogon* (schwarzgebrannter Alkohol) als auch den Stimulus für das organisierte Verbrechen meinte.[67]

Der größte Rückschlag für Gorbatschow aber war das riesige Loch im sowjetischen Staatshaushalt, das dieser Einnahmeverlust aufriß, da auf die selbstgebrauten Getränke, denen sich so viele Trinker zuwandten, keine Steuern gezahlt wurden. Nicht nur die russischen Alkoholiker, sondern auch das Finanzministerium befand sich in einer Liquiditätskrise. So stellte Schmeljow im Frühjahr 1988 fest: »Durch das Verschenken der Einnahmen an die Schwarzbrenner hat die Regierung in den letzten zwei Jahren eine wachsende Deckungslücke im Haushalt und ein Defizit geschaffen, das heute auf dem gefährlichsten und ungesündesten Wege gedeckt wird, nämlich durch die Notenpresse.«[68] Die Strenge der Anti-Alkohol-Politik ließ von 1988 an deutlich nach, hauptsächlich als Folge des am Staatshaushalt enstandenen Schadens, teilweise aber auch, weil die Zentralbehörden nicht mehr dieselbe Macht hatten, einer revitalisierten Gesellschaft Vorschriften zu machen und die Politik für die gesamte Sowjetunion festzulegen, wie dies noch 1985 der Fall gewesen war.[69]

Ein weiteres Gebiet, in dem Gorbatschow der Initiator früher politischer Innovation war, konnte kaum überraschen: die Landwirtschaft. Obwohl er keineswegs ein vollständig frei handelnder Akteur war, waren ihm doch weniger Beschränkungen auferlegt als zuvor. Gorbatschow war ein Bewunderer der ungarischen Agrarreformen, die einige der Vorteile landwirtschaftlicher Großproduktion mit der Gewährung großzügiger Autonomie an Kooperativen verband, das heißt ihre Ausrüstung selbst zu erwerben und ihre Erzeugnisse relativ frei zu verkaufen. Dabei war es einzelnen Mitgliedern der Kooperativen erlaubt, ihren Anbau in Jahreszeiten zu diversifizieren, in denen sie nicht ausgelastet waren. Im ganzen war das Ergebnis eine wesentliche Erhöhung des Lebensstandards auf dem Land und eine weit bessere Lebensmittelversorgung der Städte als in der Sowjetunion oder dem

Ungarn vor der Reform. Einige Zeit bevor er Generalsekretär wurde, hatte sich Gorbatschow – während eines ausgedehnten Aufenthalts in Ungarn als ZK-Sekretär für Landwirtschaft – mit großer Begeisterung über das geäußert, was er auf ungarischen Bauernhöfen sah. Gegen Ende seines Besuches nahm sein ungarischer Kollege all seinen Mut zusammen und fragte ihn, warum eine ähnliche Politik nicht auch in der Sowjetunion verfolgt würde, wenn er doch die ungarischen Reformen so bewundere. Gorbatschow antwortete: »Unglücklicherweise ist in den letzten 50 Jahren alle Unabhängigkeit aus dem russischen Bauern herausgeprügelt worden.«[70] Gorbatschows Äußerung bezog sich darauf, daß im Zuge der Zwangskollektivierung eine demoralisierte und zunehmend alternde ländliche Arbeiterschaft den Platz der unabhängigen Bauernschaft eingenommen hatte. Dies war allerdings nur eines der Probleme, denen Gorbatschow gegenüberstand, als er noch Sekretär des Zentralkomitees war. Wie bereits in Kapitel 3 bemerkt, wählte er deutliche Worte, um die andere Grenze seines Handelns zu beschreiben. Auf den Vorschlag Tatjana Saslawskajas von 1982, daß die Schaffung eines Staatskomitees für den Agro-Industriellen Komplex (*Gosagroprom*) nur sinnvoll sei, wenn es die Stelle der bestehenden für Landwirtschaft zuständigen Ministerien einnähme und ihnen nicht einfach nur hinzugefügt würde, stellte Gorbatschow die rhetorische Frage, ob er, wenn er dies in den Entwurf des ›Lebensmittelprogramms‹ aufnähme, »noch immer in diesem Büro säße«[71].

Als Generalsekretär tat Gorbatschow nun das, was er drei Jahre zuvor nicht einmal hatte empfehlen können. Im November 1985 stellte er die Auflösung von fünf Ministerien und eines Staatskomitees sicher und ersetzte sie durch ein Staatskomitee für den Agro-Industriellen Komplex. Außerdem berief er seinen ehemaligen Stawropoler Kollegen Wsewolod Murachowski zum Vorsitzenden. Unglücklicherweise und allen guten Absichten Murachowskis zum Trotz entwickelte sich *Gosagroprom* in Moskau und in den Regionen zu einem weiteren großen und bürokratischen Verwaltungsapparat und erreichte fast nichts von dem, was Gorbatschow und seine Berater erhofft hatten. Dies mag teilweise daran gelegen haben, daß der neue ZK-Sekretär für Landwirtschaft Viktor Nikonow (Landwirtschaftsminister der russischen Republik von 1983 bis 1985) in den Moskauer Korridoren der Macht mehr zählte als der Ukrainer Murachowski, der frisch aus Stawropol kam und dessen erster Moskauer Posten diese Stelle war. Nikonow

aber war eine von Gorbatschows unglücklichsten Personalentscheidungen. Seine Reden deuten darauf hin, daß er radikalen Agrarreformen wesentlich weniger positiv als Gorbatschow oder Murachowski
gegenüberstand.[72] Es ist ein Rätsel, warum Gorbatschow ausgerechnet
Valentin Nikonow in eine solche Schlüsselstellung berief. Gorbatschows agrarpolitischer Mentor *Alexander* Nikonow wäre etwas ganz
anderes gewesen. Er kam aber nicht in Frage, weil er – neben Gründen
des Alters – mindestens Mitglied des Zentralkomitees hätte sein müssen, bevor es möglich gewesen wäre, ihn zu einem Sekretär des ZK
zu machen.[73] Die Regeln und Konventionen sowjetischer Politik
schränkten Gorbatschow also noch immer in seiner personalpolitischen Freiheit bei der Besetzung hochrangiger Parteiämter ein. Vor
allem aber benötigten alle diese Personalentscheidungen die kollektive
Zustimmung des Politbüros und fielen nicht in seine alleinige Zuständigkeit. Trotzdem war die Berufung Nikonows ein Fehler und die Ernennung Murachowskis ein relativer Mißerfolg. *Gosagroprom* wurde
1989 aufgelöst und viele Funktionen der Allunionskompetenz entzogen und der Jurisdiktion der Republiken unterstellt.

Gorbatschows anderer Versuch, das Problem der Unterproduktivi-
tät der sowjetischen Landwirtschaft zu bekämpfen, war eine Rückkehr
zur Idee der Vertragsbindung zwischen Gruppen von Bauern (einschließlich Familiengruppen) und ihrem staatlichen Mutterbetrieb
(*sovkhoz*) oder ihrem Kollektivhof (*kolkhoz*). Er hatte zuerst (wie in
Kapitel 3 angemerkt) die Unterstützung Andropows gewonnen, diesen Gedanken im März 1983 öffentlich zu machen. Jetzt aber war er in
einer Position, ihn wiederaufzunehmen, da er viel größere Macht
besaß und die Idee in ein im damaligen Kontext so definitives Dokument wie den politischen Bericht des Zentralkomitees für den XXVII.
Parteitag der KPdSU einfügen konnte, den er am 25. Februar 1986
erstattete. In dieser bedeutenden Rede verlieh Gorbatschow seiner
Zustimmung zu einer weiten Verbreitung des »Vertrags- und Akkord-
systems auf Brigaden-, Verbindungs- und Familienebene« Ausdruck
und sagte, daß die Betroffenen für die Vertragsperiode mit Produktionsmitteln ausgestattet sein müßten, darunter auch Land.[74] In der
Praxis blieb diese Politik weiterhin im Ansatz stecken. Mangelnde
Bereitschaft der örtlichen Parteisekretäre und der Vorsitzenden der
Kollektive und Staatsgüter, unabhängigen Gruppen von Landarbeitern zu erlauben, das beste Land ohne Einmischung zu bearbeiten,

und Apathie unter den Bauern selbst spielten genauso eine Rolle wie die Tatsache, daß sich selbst diejenigen Arbeiter, die von den neuen Möglichkeiten profitieren wollten, auf den oft bezweifelbaren guten Willen der Gutsvorsitzenden verlassen mußten, wenn es um die Bereitstellung von Ausrüstung und Material ging. Der Politik des *contracting-out*, der vertraglichen Auslagerung von Produktionseinheiten, im Kollektiv- und Staatsgutsystem waren also sehr enge Grenzen gesetzt.

Es wird oft argumentiert, daß Gorbatschow mit größeren Veränderungen in der Landwirtschaft hätte anfangen sollen, so wie es die Chinesen und Ungarn zu Beginn ihrer Wirtschaftsreformen taten. Zweifellos war eine radikale Reform der sowjetischen Landwirtschaft wünschenswert, der Vergleich aber mit China und Ungarn ist fragwürdig. Der hervorstechendste Unterschied zwischen ihnen und der Sowjetunion war die Tatsache, daß die UdSSR eine ganze Generation früher zu einem kommunistischen Land geworden war. In China und Ungarn gab es auf dem Land noch Menschen, die sich daran erinnerten, wie es war, als sie eine unabhängige Bauernexistenz geführt hatten. Dies galt nicht für die Sowjetunion. Dazu kam noch, daß es in Rußland zu einer bedeutenden Landflucht unter den jüngsten und fähigsten potentiellen Landarbeitern gekommen war und die sowjetische Landwirtschaft sehr viel mehr von Investitionen in die technische Ausrüstung abhing, als dies zum Beispiel in China der Fall war. Dort konnte eine arbeitskraftintensive Agrarwirtschaft sehr schnell Ergebnisse erzielen, sobald den Bauern einmal freie Hand gegeben wurde. Und im Vergleich zu Ungarn war Rußland – von der Sowjetunion als Ganzem zu schweigen – ein riesiges Land, in dem der Transport und die Vermarktung landwirtschaftlicher Erzeugnisse eine ungleich schwierigere Aufgabe war. Tatsächlich *begann* Gorbatschow auch mit einer agrarpolitischen Verwaltungsreform, die aber längst nicht so radikal wie die ungarische Reform war, die man in einigen Teilen der Sowjetunion zu großem Nutzen hätte einführen können, zum Beispiel in den baltischen Republiken oder Georgien. Aber weder der organisatorische Wandel, verkörpert durch *Agroprom*, noch die Förderung der Vertragsbindung entsprachen auch nur annähernd Gorbatschows Erwartungen.

Einer derjenigen, die der Meinung waren, Gorbatschow hätte der Agrarpolitik mehr Zeit schenken und eine radikale Reform zu einem frühen Zeitpunkt durchsetzen sollen, war Alexander Nikonow.[75] Er räumte ein, daß dies trotzdem ein extrem schwieriges Unterfangen gewesen wäre, einmal wegen der davon berührten institutionellen Interessen und zum anderen wegen Ryschkows Lösungsansatz, der »der eines Technokraten war, der alles durch die Brille eines Fabrikmanagers sah«[76]. Nikonow aber war davon überzeugt, daß für Gorbatschow der Beginn politischer Reformen zur Schwächung seiner konservativen Gegner und der Plan,»den Kalten Krieg zu beenden«, höchste Priorität genossen. Deshalb, so Nikonow, widmete er der Landwirtschaft nicht genug Zeit, oder konnte es nicht, als er noch die Macht besaß, Veränderungen zu bewirken.[77]

In den späten achtziger Jahren nahmen die Forderungen der radikalsten Reformer nach vollständig privaten Bauernbetrieben und dem freien Verkauf von Land zu, obwohl andere Reformer dem mit der Begründung Widerstand leisteten, daß diejenigen, die es sich leisten könnten, Land zu kaufen, ›die Mafia‹, korrupte Funktionäre und Ausländer sein würden. Selbst spät in der Ära Gorbatschow befürwortete nur eine Minderheit der Bevölkerung (21 Prozent) den privaten Kauf und Verkauf von Agrarland.[78] Gorbatschow fand sich in dieser Frage eher in Übereinstimmung mit der Mehrheit als mit der radikalen Minderheit. Noch im November 1990 sprach er sich gegen Privateigentum an Land aus, obwohl er selbst Pachtverträge mit hundertjähriger Laufzeit bereitwillig akzeptierte. Gleichzeitig schlug er vor, jede Sowjetrepublik solle ihre eigene Entscheidung darüber treffen, vorzugsweise mittels eines Referendums, ob das Volk zu privatem Landeigentum zurückzukehren wünsche.[79] Die meisten Russen machten, und haben dies weiterhin getan, einen Unterschied zwischen kleinen Landeigentümern und Großgrundbesitzern. 1991 waren mehr als 80 Prozent der Bevölkerung bereit, Privateigentum von kleinen Flächen zu akzeptieren, aber weniger als 40 Prozent sprachen sich für großen Privatbesitz an Land aus. Dies allerdings war ein höherer Prozentsatz als in allen vorangegangen Jahren der Ära Gorbatschow und höher auch als alle postsowjetischen Werte. Zustimmung zu privatem Eigentum an großen Landflächen nahm von 1991 bis 1992 ab und ging 1993 nochmals zurück (wobei die Zustimmungsrate nur 24 Prozent betrug).[80]

Wirtschaftsgesetzgebung

Private wirtschaftliche Aktivität von Personen oder Kooperativen fand die Unterstützung Gorbatschows. Im Jahre 1986 bekämpften sich diejenigen, die alle Formen von privater ökonomischer Tätigkeit als ›Spekulation‹ brandmarken wollten (wie es Ligatschow, seinen Reden zufolge, anstrebte), und die, die sie zu legalisieren wünschten. Eine frühe vorläufige Maßnahme war das Gesetz zur Individuellen Erwerbstätigkeit vom November 1986, das sowohl Familienbetriebe als auch andere Privatunternehmen, die begonnen hatten, auf dem schwarzen oder grauen Markt aktiv zu werden, auf eine rechtliche Grundlage stellte. Dazu gehörten Dienstleistungen wie Auto- oder Elektroreparaturen, Privatunterricht und Taxi-Unternehmen. Dies war aber ein sehr kleiner Schritt. Die von diesem Gesetz Betroffenen sollten ihren Berufen lediglich auf Teilzeitbasis nachgehen, und obwohl dieser Passus rasch unter die Räder geriet, fielen 1989 nur 300.000 Menschen unter dieses Gesetz.[81] Eine wesentlich weitreichendere legislative Maßnahme war das im Mai 1988 verabschiedete Gesetz über die Kooperativen,[82] die damit ab sofort vollkommen unabhängig gegründet werden konnten. Notwendig war ein Minimum von drei Mitgliedern, eine Höchstzahl gab es nicht. Lohnarbeit war zwar verboten, es handelte sich dabei aber um eine lediglich formale Konzession an die traditionelle Ideologie, denn die Kooperativen, die man schon bald nicht mehr von Privatunternehmen untscheiden konnte, »konnten eine unbegrenzte Zahl von Nichtmitgliedern auf Vertragsbasis beschäftigen«[83]. Nichtstaatliche Wirtschaftstätigkeiten und Pachtbesitz wurden durch das Pachtgesetz von 1989 und das Landgesetz von 1990 weiter gefördert. Die im sowjetischen Kontext in vieler Hinsicht wichtigste neue Idee aber hatte der damalige Direktor des Instituts für Staat und Recht in Moskau Wladimir Kudrjawzew bereits im Dezember 1986 vorgebracht. Er wies zunächst auf den Bedarf an einer weiteren Entwicklung der Handels- und Konsumkooperativen und an einem allgemeinen Gesetz über »die einheitlichen Prinzipien des sozialistischen Managements« hin, um hinzuzufügen: »Von den zwei möglichen Grundsätzen ›Tue nur, was erlaubt ist‹ und ›Alles, was nicht verboten ist, ist erlaubt‹ sollte dem zweiten Priorität eingeräumt werden, da er die Initiative und die Aktivität der Bevölkerung freisetzt.«[84] Kudrjawzew stand in regelmäßigem Kontakt mit Gorbatschow, der in dieser Frage völlig mit ihm übereinstimmte. Nicht mehr lange, und Gorbatschow sollte diesen Grundsatz öffentlich aussprechen, was einem scharfen Bruch mit der sowjetischen Tradition entsprach, der aber in Übereinstimmung mit der sich entfaltenden Wirklichkeit des täglichen Lebens stand.[85] Die Maxime, alles sei erlaubt, was nicht eigens durch Gesetz verboten sei, wurde explizit in drei wichtige Werke wirtschaftspolitischer Gesetzgebung aufgenommen – das Gesetz über Individuelle Erwerbstätigkeit (1986), das Gesetz über die Staatsbetriebe (1987) und das Gesetz über die Kooperativen (1988).[86]

Gorbatschow holte sich breitgefächerten Rat von Wirtschaftswissenschaftlern wie auch von anderen Sozialwissenschaftlern und Juristen in der Zeit zwischen seiner Amtsübernahme im März 1985 und dem Juni-Plenum des Zentralkomitees 1987, bei dem er eine Radikalisierung der Wirtschaftsreformen forderte. Da er bis zur Ernennung Petrakows – fast fünf Jahre lang nach seiner Amtsübernahme – keinen hauptamtlichen Mitarbeiter mit ökonomischem Spezialwissen hatte, sprach er mit Aganbegjan, den er in der Zeit vor dem Juni-Plenum 1987 in Wirtschaftsfragen am häufigsten von allen seinen Beratern konsultierte. Innerhalb der Regierung arbeitete er besonders eng mit Ryschkow zusammen. Ryschkow war in den ersten Monaten der Ära Gorbatschow der eigens für die Wirtschaft zuständige ZK-Sekretär und ab September 1985 der Vorsitzende des Ministerrates. Angesichts der Tatsache, daß sich Gorbatschow mit jedem Politikfeld beschäftigen mußte (und die Außenpolitik nahm zunehmend größeren Raum ein), mußte Ryschkow die sowjetische Wirtschaft auf täglicher Basis managen. Gorbatschow aber hielt sich nie so fern vom wirtschaftspolitischen Entscheidungsprozeß, wie dies Jelzin als Präsident des postsowjetischen Rußland praktizieren sollte.

Eines der ersten Probleme, dem sich die neue Führung widmen mußte, war die technologische Rückständigkeit. Ryschkow berichtete, wie er und Gorbatschow in der Vorbereitungsphase der Konferenz über Wissenschaft und Technologie im Juni 1985 auf die Vorschläge vieler Autoren zurückgriffen, die sie bereits für das dann abgesagte ZK-Plenum über Wissenschaft und Technologie noch unter Tschernenko studiert hatten (die politischen Hintergründe dazu sind in Kapitel 3 erläutert). Sie stritten darüber, so Ryschkow, welche Beispiele und Argumente verwendet werden sollten und welche nicht. Sie hatten so viele Denkschriften und Papiere vor sich, daß nicht alle auf den recht großen Schreibtisch in Gorbatschows Büro paßten. Also breiteten sie alles auf dem Boden aus, legten ihre Jackets ab und prüften die Dokumente in einer, laut Ryschkow,»ziemlich kreativen Atmosphäre« auf den Knien rutschend![87]

In seiner Rede im Juni 1985 (wie in Kapitel 4 angemerkt) forderte Gorbatschow eine Perestroika des gesamten ökonomischen Mechanismus.[88] Außerdem griff er verschiedene Ministerien und Staatskomitees, darunter Gosplan und das Finanzministerium, wegen deren Eingriffe in die»ökonomischen Experimente« an, die gewissen Betrieben größere Unabhängigkeit zugestanden hatten.[89] (Aganbegjan, der an der Vorbereitung wichtiger Reden verschiedener Parteiführer – von Breschnew bis Tschernenko – beteiligt war, berichtete, wie ganz anders Gorbatschow arbeitete als seine Vorgänger, von denen sich keiner bei den wissenschaftlichen Experten, die die Detailarbeit machten, auch nur sehen ließ. Gorbatschow dagegen traf sich »ziemlich häufig« mit ihnen und »beteiligte sich an der Vorbereitung dieser Materialien«.[90]) Die Junirede von 1985 aber sprach nichts offen an, was so radikal wie auch nur eine teilweise Einführung von Marktelementen in die Wirtschaft gewesen wäre. Später sollte man sie für ihre technokratische Beschränktheit kritisieren. Fünf Jahre danach argumentierte Bogomolow, daß die ganze Richtung des Juniberichts und der Konferenz, die beinahe den Status eines ZK-Plenums hatte, falsch gewesen sei, »weil sie rein technokratisch« ausgerichtet war. Bogomolow führte dies darauf zurück, daß Gorbatschow sich in Wirtschaftsfragen zu sehr auf Ryschkow verließ.[91]

Die Illusion, daß eine Dezentralisierung des Entscheidungsprozesses hin zu den Industriebetrieben bessere Ergebnisse erzielen würde, ohne von wesentlich substantielleren marktwirtschaftlichen Elementen begleitet zu sein – vor allem Demonopolisierung und Preisfreigabe –, wurde in eines der legislativen Herzstücke der frühen Wirtschaftsreform übertragen: das Gesetz über die Staatsbetriebe, das der Oberste Sowjet weniger als eine Woche nach der Plenarsitzung des Zentralkomitees im Juni 1987 verabschiedete.[92] Dieses Gesetz gewährte den Direktoren von Betrieben und Industrieverbünden nicht nur im Prinzip wesentlich größere Eigenständigkeit, sondern auch teilweise in der Realität. So waren sie zum Beispiel in der Lage, größere Kontrolle über ihre Gehaltszahlungen auszuüben, während sie weiterhin lediglich den ›weichen Haushaltsbeschränkungen‹ unterworfen

blieben, die als erster der führende ungarische Ökonom János Kornai
als eines der Schlüsselprobleme sozialistischer Wirtschaftssysteme
identifizierte. Außerdem nahmen ›Staatsaufträge‹, die die Auftragsbü-
cher der Betriebe füllten, die Stelle ministerieller Direktiven ein. Die
wichtigste Unzulänglichkeit war vielleicht, daß bei fehlender allgemeiner Preisfreigabe und mangelndem Wettbewerb die Unternehmen
nun freier waren, höhere Preise für Erzeugnisse zu verlangen, die qualitativ aber nicht besser geworden waren. Im allgemeinen heizte das
Gesetz über die Staatsbetriebe die Inflation an, förderte die Verschul-
dung von Betrieben untereinander und das Ausbleiben von Steuerzah-
lungen an den Zentralhaushalt und richtete so mehr Schaden an, als es
Gutes bewirkte.

Die Radikalisierung der Reform

Die sowjetische Wirtschaftspolitik in den ersten Jahren unter Gorbatschow bewegte sich zwar vorsichtig in Richtung einer größeren
Akzeptanz des Marktes und nichtstaatlicher Eigentumsformen, sie
reflektierte jedoch auch die grundsätzlichen Meinungsverschiedenheiten innerhalb der Führung, in der sich Gorbatschows Ansichten nicht
notwendigerweise durchzusetzen vermochten. Als das Politbüro einen
neuen Fünfjahresplan beriet, der 1986 in Kraft treten sollte, wurde ein
erster Entwurf abgelehnt und eine überarbeitete Fassung erstellt. Den
größten Teil der Arbeit an beiden Versionen war noch unter der Ägide
des Vorsitzenden des Ministerrates, Nikolai Tichonow, und des Vorsitzenden von Gosplan, Nikolai Baibakow, geleistet worden, die beide
erst im Herbst 1985, auf Initiative Gorbatschows, aus ihren Ämtern
entfernt wurden. Gorbatschow fragte Aganbegjan nach seiner Meinung zu den überarbeiteten Dokumenten. Aganbegjan sagte ihm,
die Zahlen seien zu konservativ und reflektierten nicht die soziale
Strategie, die das ZK-Plenum im April 1985 und die Junikonferenz
über Wissenschaft und Technologie beschlossen hätten. Später erfuhr
Aganbegjan von einigen Teilnehmern der Politbürositzung im November 1985, die über den revidierten Plan diskutierte, daß Gorbatschow zugunsten der Ideen gesprochen habe, die er und andere
Gleichgesinnte für ihn entwickelt hatten. Aber das Politbüro beschloß, das überarbeitete Papier trotz dieser Einwände als Grundlage

für den Plan zu akzeptieren. Aganbegjan ergriff die erste sich bietende
Gelegenheit, Gorbatschow zu fragen, wie dies hatte passieren können.
Gorbatschow gab diese enthüllende Antwort: »Was konnte ich tun, sie
hatten mich umzingelt.«[93]

Zwischen dem Juni-Plenum 1987 und dem Sommer 1989 war Gorbatschow weniger an wirtschaftspolitischen Entscheidungen beteiligt
als zuvor und wie er es ab Mitte 1989 und besonders von 1990 an wieder sein sollte.[94] Aganbegjan sah ihn wesentlich seltener[95] während
dieser Jahre und war dann nicht länger Gorbatschows erste Wahl als
Wirtschaftsberater, als er sich entschied, wieder mehr Zeit ökonomischen Problemen zu widmen. In der Zwischenzeit hatten die Außenpolitik und die Radikalisierung der politischen Reformen den Großteil von Gorbatschows Aufmerksamkeit in Anspruch genommen.
Obwohl seine Energie und Arbeitskapazität von einer Art war, daß er
Wirtschaftsfragen niemals ganz und ausschließlich Ryschkow über-
ließ, fand sich Gorbatschow nicht nur durch anderweitige zeitliche
Beanspruchung und seinen Respekt vor Ryschkow eingeschränkt,
sondern auch durch seine wachsende Überzeugung, daß sich die
Kommunistische Partei nicht länger in das eigentliche ökonomische
Management einmischen sollte. Die eindrucksvollste Initiative, die
sein ernsthaftes Interesse daran demonstrierte, die wirtschaftliche
Rolle der Partei zu beschneiden, war im September 1988 die Abschaffung der Abteilungen des Zentralkomitees, die zuständig für die Überwachung der verschiedenen Wirtschaftsministerien und der einzelnen
Wirtschaftsbereiche waren, entsprechend einer Denkschrift Gorbatschows an das Politbüro vom 24. August.[96] Dies geschah im Zusammenhang mit der generellen Reduzierung der Zahl der ZK-Abteilungen von 20 auf 9 und einer Verringerung der Macht des Parteisekreta-
riats, die im nächsten Kapitel erörtert werden. Problematisch daran
war jedoch, daß diese Maßnahmen zwar eine Schicht hochrangiger
Bürokraten entfernten, die Ministerien aber unkontrollierter als
jemals zuvor zurückließen. Dadurch geriet Gorbatschow in größere
Abhängigkeit vom vorhandenen oder nicht vorhandenen Reformeifer
des Vorsitzenden des Ministerrates. Er mag darauf gehofft haben, daß
das neue Parlament, zu dessen Wahl im Frühjahr 1989 die XIX. Parteikonferenz kürzlich zugestimmt hatte, ein frischeres und effektiveres
Kontrollorgan der ministeriellen Macht werden würde.

Im Verlauf des Jahres 1988 wurde Aganbegjan als einflußreichster

Ökonom des Landes von Leonid Abalkin verdrängt. Abalkin, obwohl
kein Radikaler, hatte den Ruf, ein ernsthafter Reformer zu sein. Er war
seit 1986 Direktor des Wirtschaftsinstituts der Akademie der Wissenschaften, außerdem Präsident des sowjetischen Schachverbands. Während der XIX. Parteikonferenz irritierte er Gorbatschow mit der
Behauptung, die Perestroika habe bis jetzt nicht viel erreicht und zu
einem wirtschaftlichen Durchbruch sei es nicht gekommen.[97] Ryschkow dagegen gefiel die Rede, und in der anschließenden Pause – als
Abalkin alleine dastand und Kälte selbst von denen zu spüren bekam,
die er kannte – begrüßte er ihn herzlich.[98] Im folgenden bezog er ihn
weiter in die Diskussionen der Regierung ein, und im Juli 1989 wurde
eine Staatliche Kommission zur Wirtschaftsreform eingerichtet und
Abalkin von Ryschkow gebeten, den Vorsitz zu übernehmen. Er traf
sich an mehreren aufeinanderfolgenden Tagen mit Ryschkow (aber
nicht mit Gorbatschow) und willigte ein, das Amt zu übernehmen,
vorausgesetzt, er würde ohne Gehalt Direktor des Wirtschaftsinstituts
bleiben können. Ryschkow war dazu gerne bereit und fügte hinzu, dies
würde für seine neue Arbeit sogar von Nutzen sein. Ryschkow unterstrich die große Bedeutung des Amtes, indem er Abalkin gleichzeitig
den Rang eines Stellvertretenden Ministerpräsidenten verlieh.[99]

Abalkins und Ryschkows Verhältnis zueinander war ausgesprochen
harmonisch, doch entfernte Abalkins neue Position innerhalb der Regierung ihn von den radikalen Reformern außerhalb. Dies lag vor
allem daran, daß es ihnen so erschien, als sei Abalkin von der Regierung kooptiert worden und als würde er in zunehmendem Maße zum
Sprachrohr der vorsichtigen Politik, die sie mit Ryschkow in Verbindung brachten. Erst im Spätjahr 1989 kam Gorbatschow zu dem
Schluß, daß radikalere Maßnahmen vonnöten waren, als Ryschkow
sie in Betracht ziehen wollte. Gorbatschows Vertrauen in den Ministerpräsidenten begann abzunehmen.[100] Im Dezember 1989 sprach er
mit Nikolai Petrakow. Nachdem Gorbatschow ihm erklärt hatte, daß
er dringend jemanden mit Kenntnissen über die Marktwirtschaft
brauche, bot er ihm an, sein Berater und Mitarbeiter in diesen Fragen
zu werden. Petrakow fragte Gorbatschow, ob er mit seinen Überzeugungen vertraut sei, und erhielt die Antwort: »Selbstverständlich.«[101]

Petrakow, damals Anfang 50, war einer der hochrangigsten und
angesehensten ›Marktwirtschaftler‹ unter den russischen Wirtschaftswissenschaftlern. Obwohl er Stellvertretender Direktor des Zentralen

Wirtschaftsmathematischen Instituts (TsEMI) war, hatte er in der Vergangenheit seinen Teil an Konflikten mit den Behörden gehabt. 1971 war er beschuldigt worden, »bürgerliche Positionen zu vertreten«, weil er für marktwirtschaftliche Elemente eintrat und die tschechischen Wirtschaftsreformen unterstützte, die mit dem Namen Ota Šik verbunden waren. Im Nachklang des ›Prager Frühlings‹ gehörte Petrakow zu einer Gruppe von Wissenschaftlern, die in den Augen des sowjetischen Establishments jedoch hochgradig suspekt waren. Einige Jahre lang wurde ihm die Veröffentlichung seiner Artikel verweigert, sie wurden zensiert oder erschienen nur, weil er eine sehr indirekte Sprache benutzte.[102] Seit Gorbatschow an die Macht gekommen war, genoß Petrakow, wie Millionen anderer sowjetischer Bürger auch, größere Freiheit als jemals zuvor, seine heterodoxen Ansichten auszusprechen. Er nahm an mehreren Diskussionsrunden bei Gorbatschow teil, zunächst noch in der Zeit Tschernenkos, und Gorbatschow war sich über Petrakows Befürwortung des Marktes sehr wohl im klaren. Petrakow wiederum war von Gorbatschows Fähigkeit beeindruckt, die Probleme zu erfassen.[103] Für Petrakow bestand kein Zweifel daran, daß Gorbatschow den Übergang zur Marktwirtschaft befürwortete und daß gerade seine Berufung zum ersten Wirtschaftsberater (im Unterschied zu den *ad hoc* konsultierten Experten, zu denen Aganbegjan und andere gehört hatten) Gorbatschows Entschlossenheit eindrucksvoll bezeugte.[104] »Allein die Tatsache, daß er mir die Stelle anbot«, sagte Petrakow, »zeigt, daß Gorbatschow die Notwendigkeit erkannte, zu einer Marktwirtschaft überzugehen, denn alle kennen mich als einen Ökonomen, der an den Markt glaubt … Ich habe nie ein Geheimnis daraus gemacht, und natürlich war er sich dessen bewußt … Er begriff, daß es zu einer Marktwirtschaft keine Alternative gibt … die große Frage ist, wie man den Übergang bewerkstelligen soll.«[105]

Trotz seiner ausdrücklichen Befürwortung einer Marktwirtschaft auf lange Sicht war Ryschkow in der täglichen Praxis ein wirkungsvollerer Gegner radikaler ökonomischer Reformen als der konservativere Ligatschow. Im Gegensatz zu Ligatschow nämlich leitete er den für die Implementierung der Reform zuständigen Apparat. Petrakow berichtete von einem Gespräch mit Ryschkow, nachdem er Gorbatschows Berater geworden war, in dem er zu Ryschkow sagte, es gebe keinen Bedarf für ein staatliches Preiskomitee und es solle abgeschafft werden. Ryschkow entgegnete: »Sie haben recht, aber erst in ein paar Jahren.«

Petrakow darauf: »Nikolai Iwanowitsch, Sie sprechen über den Markt, wie wir früher über den Kommunismus gesprochen haben – es ist immer irgendwann später!«[106] Gorbatschow dagegen hatte sich mit der Wahl Petrakows zu seinem Wirtschaftsberater, nach Petrakows Meinung, »für den Kurs entschieden, innerhalb sehr kurzer Zeit zu einer Marktwirtschaft überzugehen«[107].

Im Verlaufe des Jahres 1990 hatte Gorbatschow ungezählte Besprechungen mit Petrakow, und sein Wissen in Wirtschaftsfragen wurde wesentlich größer. Obwohl sich seine direkte Erfahrung einer Marktwirtschaft auf seine kurzen Auslandsreisen beschränkte, teilten die Wirtschaftswissenschaftler, die eng mit ihm zusammenarbeiteten – und Petrakow allen voran – die vereinfachende Meinung einiger westlicher Kreise nicht, daß die Ursache der sowjetischen Wirtschaftsprobleme Gorbatschows mangelndes Verständnis ökonomischer Zusammenhänge war.[108] Gorbatschow stand immer vor der Aufgabe, das ökonomisch Wünschenswerte gegen das politisch Machbare abzuwägen.[109] Wadim Bakatin, einer der begabtesten Politiker an der Seite Gorbatschows, der eine Zeitlang ein außergewöhnlich liberaler Innenminister und nach dem Putschversuch von August 1991 derjenige war, der den KGB zurechtstutzen sollte, sagte dazu und über die Perestroika im allgemeinen: »Wir hatten keinen gut durchdachten Plan. Wir hätten auch keinen haben können. Manchmal waren es halbherzige Maßnahmen. Manchmal mußten Zugeständnisse an diese oder jene mächtige Gruppe gemacht werden. Gorbatschow konnte niemals die tatsächliche Existenz gewisser Kräfte in der Gesellschaft ignorieren.«[110] Trotzdem ging Gorbatschow zeitweise große Risiken ein, nicht zuletzt mit dem ›500-Tage-Programm‹ (das später in diesem Kapitel und in Kapitel 8 erläutert wird).

Die zunehmende ökonomische Zwangslage der Sowjetunion kann von 1990 an größtenteils auf die Tatsache zurückgeführt werden, daß ohne die Angst und den Druck, für die die alte Ordnung gesorgt hatte und die bereits unter Breschnew abnahmen und unter Gorbatschow so gut wie verschwanden, die traditionellen ökonomischen Machtinstrumente schlechter griffen als jemals zuvor. Das System hing sozusagen in der Luft, es war weder eine funktionierende Kommando- noch eine Marktwirtschaft. Konkrete ökonomische Ergebnisse waren das Resultat des Kampfes um Macht und Ressourcen zwischen den wichtigsten wirtschaftlichen Interessengruppen. Das gesamte Schlachtfeld wurde von einem ministeriellen System überwacht, das kein Interesse daran hatte, eine Entscheidung zugunsten der Marktwirtschaft herbeizuführen, und einem Vorsitzenden des Ministerrates, der sich dazu Zeit lassen wollte. Von 1990 an befanden sich Partei- und Regierungsapparat weitgehend in einem versteckten – und oftmals offenen – Aufstand gegen Gorbatschow. Wie Petrakow feststellte, war es in einem guten Erntejahr wie 1990 höchst ungewöhnlich, daß es zu einem Brotengpaß kam. Er führte dies auf mangelnde Kooperation der Regierung mit den örtlichen Funktionären zurück. Vor allem die lokalen *Partei*funktionäre hatten, so Petrakow, nicht das geringste Interesse daran, Gorbatschow zu helfen.[111]

Das ›500-Tage-Programm‹: Offensive und Rückzug

Zu den dramatischsten Vorgängen in der Geschichte der ökonomischen Reformversuche in der Ära Gorbatschow kam es im Spätsommer und Frühherbst 1990. Da es dabei zuerst um einen scheinbar vollständigen Bruch mit dem bestehenden System auf seiten Gorbatschows ging und dann um einen zeitweiligen Kompromiß mit den mächtigsten der organisierten Interessen des Systems, stellt dies einen entscheidenden Abschnitt der Transitions*politik* dar, der Gorbatschow letztlich großen Schaden zufügte. In diesem politischen Sinne wird dieser Abschnitt auch in den folgenden Kapiteln behandelt. Im Mai 1990 war Boris Jelzin zum Vorsitzenden des Obersten Sowjets der russischen Sowjetrepublik gewählt worden. Die Auseinandersetzungen zwischen den russischen und den zentralen Allunionsbehörden begannen, den Schwierigkeiten zwischen Zentrum und Republiken eine völlige neue Dimension hinzuzufügen, die sich bis dahin hauptsächlich auf die baltischen und kaukasischen Republiken beschränkt hatten. Das Allunionsparlament hatte die Regierung beauftragt, bis September eine Neufassung ihres Wirtschaftsprogramms zu erstellen, und das russische Parlament hatte ein ökonomisches Reformprogramm speziell für Rußland gefordert – auch bis September. Der junge Wirtschaftswissenschaftler Grigori Jawlinski, dem die Hauptverantwortung für die Ausarbeitung des russischen Programms übertragen worden war, kam zu dem Schluß, daß diese Arbeit ohne Einbeziehung der restlichen Union wegen der engen Verbindungen zwischen den Repu-

bliken sinnlos sei. Er sprach mit Petrakow, und beide stimmten über-
ein, daß es absurd sei, verschiedene Programme für den Übergang zur
Marktwirtschaft für die Sowjetunion als Ganzes, für Rußland, die
Ukraine und für jede andere der Republiken zu haben.[112]

Petrakow bat Jawlinski, ein Papier zu verfassen, das er Gorbatschow
zeigen könne. Gorbatschow geriet in »große Erregung«, als er das Dokument las, und verlangte, Jawlinski sofort zu sehen.[113] Gorbatschow
empfand nicht nur die Idee eines einheitlichen und radikalen Programms für den Übergang zu einer Marktwirtschaft als attraktiv, sondern auch die Tatsache, daß ein Repräsentant des ›russischen‹ Teams
die Notwendigkeit der Zusammenarbeit mit den Allunionsbehörden
anerkannte. Er sah darin eine Gelegenheit zur Erneuerung des kooperativen Verhältnisses zu Jelzin, der Gorbatschow im Mai 1990 als
beliebtester Politiker des Landes überrundet hatte[114], und zur Bildung
einer Koalition, die stark genug wäre, um in der Auseinandersetzung
um die Marktwirtschaft den Sieg davonzutragen. Gorbatschow rief
Jelzin an und drängte ihn, die radikalen Wirtschaftswissenschaftler
zu einem gemeinsamen Team Sowjetunion - Russische Republik zu
machen. Nachdem er mehrere Stunden darüber nachgedacht hatte,
unterschrieb Jelzin das von Jawlinski gebrachte Dokument und rief
damit die Gruppe ins Leben.[115] Die zusätzliche Unterschrift des Vorsitzenden des russischen Ministerrates, Iwan Silajew, zu erhalten, war
danach eine Formalität. Gorbatschows schwierigste Aufgabe in diesem
Zusammenhang war es, *seinen* Vorsitzenden des Ministerrates, Ryschkow, für die Einrichtung eines Konkurrenzteams zu dem der Regierung unter Abalkin zu gewinnen. Ryschkow hatte kein Bedürfnis, ein
radikaleres Programm als sein eigenes vorgelegt zu bekommen, und er
glaubte nicht an zukünftige Harmonie zwischen Jelzin, den er seit
ihrer Zeit in Swerdlowsk kannte und von dem er sich immer weiter entfernt hatte, und Gorbatschow. Ryschkow erklärte, daß er nur
äußerst widerstrebend unterschrieb und nur, weil seine Stellvertreter
ihn überzeugten, daß er sonst als derjenige gelten würde, der eine
Übereinkunft zwischen dem Führer des gesamten Landes und dem
Führer seiner größten Teilrepublik verhindert habe.[116]

Das Team wurde als die Schatalin-Jawlinski-Gruppe (oder manchmal als die ›Schatalin-Gruppe‹, nach dem Dienstälteren von den beiden) bekannt. Alle ihre Mitglieder waren überzeugte Marktwirtschaftler, obwohl Gorbatschow und Jelzin jeweils die Hälfte der Mitwirken-

den nominiert hatten. Auf der Gorbatschow-Seite waren die eindrucksvollsten Personen Petrakow und Schatalin, zu Jelzins Kandidaten gehörten Jegor Gaidar und Boris Fjodorow, die später bedeutende
Politiker in der postsowjetischen russischen Regierung werden sollten,
und Jawlinski. Da alle aber grundsätzlich gleichgesinnte Radikale
waren, zerfiel die Gruppe nicht in ein Gorbatschow- und ein Jelzin-
Lager. Während sich Jelzin mit direktem Kontakt zurückhielt, verfolgte Gorbatschow die Arbeit des Teams in einer Datscha bei Moskau
den ganzen August hindurch mit größtem Interesse. Mehrmals täglich
rief er, obwohl im Urlaub, Petrakow und Schatalin an, um detaillierte
Fragen nach dem Fortgang der Beratungen zu stellen.[117]

Nach intensiver Arbeit produzierte die Gruppe, was inoffiziell
als ›500-Tage-Programm‹ bekannt wurde (zuerst, bevor sich Jawlinski
und Petrakow zusammentaten, hatte es ›400 Tage‹ lauten sollen) und
den offiziellen Titel trug »Der Übergang zur Marktwirtschaft: Kon-
zeption und Programm«.[118] Der Hauptteil des Berichts war ein 238 Seiten starkes Dokument, das den ›Sozialismus‹ nicht einmal erwähnte
und keine Zugeständnisse an die traditionelle sowjetische Ideologie
machte. Enthalten waren die Ideen großangelegter Privatisierung,
weiter Verlagerung von Macht an die Republiken und die rasche Einrichtung von marktwirtschaftlichen Institutionen. Ein begleitender
Band enthielt Gesetzentwürfe für die rechtlichen Schritte, die nach
Auffassung der Autoren während der Übergangsperiode nötig waren.
Gorbatschow stimmte zunächst beiden Dokumenten, sowohl privat
als auch in der Öffentlichkeit, zu und brachte im Laufe der langen Diskussionen einige eigene Änderungen an.[119] Dies bedeutete das Ende
des Staatssozialismus und paßte überhaupt nicht zu der Vorstellung,
Gorbatschow sei immer noch Kommunist im Wortsinne, obwohl er
nach wie vor Generalsekretär der Kommunistischen Partei der Sowjetunion war! Tatsächlich gehört es zu den eindrucksvollsten Aspekten
dieser Episode, daß er die Partei vollständig umging. Das gemeinsame
Team der Union und Rußlands war ohne auch nur einen Blick in
Richtung Politbüro zusammengerufen worden. Im März 1990 war
Gorbatschow Präsident der Sowjetunion geworden, und er machte
das meiste aus dieser präsidialen Macht. Die politische Gegenbewegung und die Zweifel Gorbatschows sollten erst noch kommen – und
sind eines der Themen des achten Kapitels. Was im gegenwärtigen
Zusammenhang zählt, ist jedoch, daß Gorbatschow diesen radikalen

marktwirtschaftlichen und Privatisierungsvorschlägen grundsätzlich zustimmte, obwohl er später befürchtete, daß sie soviel Macht auf die Ebene der Republiken verlagerten, daß sie die Auflösung der Union beschleunigen würden. Dies war ein Argument, mit dem ihn neben vielen anderen vor allem Abalkin und Ryschkow konfrontierten.[120] Es ist aber keineswegs sicher, daß die Auflösung der Union sonst nicht eingetreten wäre. Die Vorschläge waren eine der letzten Chancen, die Union zusammenzuhalten, sei es als lockere Föderation oder als Konföderation.

Die Bedeutung dieser Dokumente war eine politische und ökonomische. Das herausragendste Merkmal des ›500-Tage-Programms‹ war, daß es einen präzisen Zeitplan enthielt, der anderen programmatischen Papieren gefehlt hatte. Die zeitlichen Zielvorstellungen waren allerdings mit größter Sicherheit unrealistisch. Eine Menge Argumente sprachen für eine Befolgung des Schatalin-Jawlinski-Programms – allen immensen Schwierigkeiten und Angriffen zum Trotz –, weil dadurch der Schwung für eine politische und ökonomische Veränderung aufrechterhalten und eine Koalition radikaler Reformkräfte hätte zusammengehalten werden können.[121] Abalkin gehörte zu denjenigen, die am unerbittlichsten auf den übergroßen Optimismus des Autorenteams von *Der Übergang zur Marktwirtschaft* hinwiesen. Er sagte, wenn es ihnen wirklich gelänge, das Land in 500 Tagen aus seiner tiefen ökonomischen Krise zu führen, würde er ihnen ein Denkmal errichten und dort regelmäßig Blumen niederlegen.[122] Wie Gorbatschow selbst schreibt, suchte er unter massivem politischen Druck, der zumindest ein weiterer Stimulus für die Zweifel gewesen sein muß, die Gorbatschow unabhängig davon zu entwickeln begann,[123] nach einem Weg, die Essenz des Schatalin-Jawlinski-Programms zu bewahren und gleichzeitig einige Zugeständnisse an seine Kritiker zu machen. Ryschkow drohte, zurückzutreten und die gesamte Regierung mitzunehmen. Das Militär und der KGB – in deren Budgets das 500-Tage-Papier explizit Kürzungen empfohlen hatte – bestanden beide hartnäckig darauf, daß das Programm nicht angenommen werde, und der Parteiapparat auf zentraler und lokaler Ebene war auch dagegen. Gorbatschow wandte sich wieder einmal an Aganbegjan und bat ihn, ein Kompromißpapier zu entwerfen, das etwas von Ryschkows Regierungsprogramm enthalten und gleichzeitig die Essenz der Vorschläge Schatalins bewahren solle. Mehr als eine

Version dieses Papiers war notwendig, bis es schließlich vom Obersten Sowjet der UdSSR im Oktober angenommen wurde. Aganbegjan bewahrte erfolgreich die Pro-Schatalin-Gewichtung im nun als ›Präsidentenprogramm‹ bekannten Papier. Gleichzeitig strich er aber die fixierten Terminvorgaben, stellte einige der Steuereinnahmequellen wieder her, die den Unionsbehörden genommen worden waren, und übernahm einige Zahlen aus Ryschkows Programm. Trotzdem war der Kompromiß unbefriedigend. Der Rückzug beleidigte Jelzin, von dessen Untergebenen einige sowieso über die erneuerte Allianz mit Gorbatschow nicht glücklich waren, und Schatalin sowie das gesamte Team brachten ihre Unzufriedenheit zum Ausdruck.[124]

Während im Winter 1990/91 den konservativen Kräften weitere Zugeständnisse gemacht wurden, trat Petrakow Ende Dezember als Wirtschaftsberater Gorbatschows zurück. Er wurde durch den weniger radikalen Oleg Oscherelew ersetzt. Gorbatschow entschloß sich schließlich, wenn auch in den Augen von Petrakow und anderen zu spät, Ryschkow zu entlassen. Als er kurz vor diesem Schritt stand, erlitt Ryschkow einen schweren, aber nicht tödlichen Herzinfarkt, was seinen Abgang aus der Politik zur Gewißheit machte. Zum Nachfolger mit dem neuen Titel eines Ministerpräsidenten bestimmte Gorbatschow nach umfangreichen Konsultationen den Finanzminister Valentin Pawlow.[125] Diese Ernennung, die alles andere als ein Fortschritt im Vergleich zu Ryschkow war, sollte sich als eine katastrophale Personalentscheidung herausstellen.

1991 versuchte Gorbatschow verschiedene ökonomische Optionen im Gespräch zu halten, während er sich vornehmlich auf die politische Aufgabe konzentrierte, mit einem neuen Unionsvertrag die Basis für das Zusammenhalten des sowjetischen Staates zu schaffen. Er ist verantwortlich für ein gewisses Hin und Her beim Versuch, drei verschiedene und einander ausschließende Strategien gleichzeitig zu verfolgen. Zunächst unterstützte er demonstrativ die Politik seines Ministerpräsidenten Pawlow, obwohl er im Februar 1991 bereits erkannte, daß diese Berufung ein Fehler gewesen war.[126] Zweitens erteilte er einer Reise Grigori Jawlinskis in die USA seinen Segen, doch Jawlinski, einer der Hauptautoren des ›500-Tage-Programms‹, verfolgte eine völlig andere Politik und versuchte, die finanzielle und politische Unterstützung der Regierung der Vereinigten Staaten für einen schnellen Übergang zur Marktwirtschaft in der Sowjetunion zu gewinnen.[127] In

einem dritten Ansatz führte Gorbatschow Beratungen mit den Führern der Unionsrepubliken (vor allem mit Jelzin und Nasarbajew) über
radikale Veränderungen in der sowjetischen Regierung, darunter auch
über die Entfernung Pawlows aus dem Amt und seine Ersetzung als
Ministerpräsident vorzugsweise durch Nasarbajew.[128]

Zwischen der Ernennung Pawlows zu Jahresanfang und dem
Augustputsch von 1991 schwankte die sowjetische Wirtschaftspolitik
unglücklich zwischen Gorbatschows Wunsch nach schnellen Schrit-
ten in Richtung Marktwirtschaft und nach Sicherstellung westlicher
Hilfe einerseits und dem Zögern der sowjetischen Regierung, weitere
Machtinstrumente aufzugeben, andererseits. Die zunehmende Stärke
Jelzins und der Institutionen Präsident und Parlament in Rußland
banden Gorbatschows Hände noch mehr. Als er im Juni 1991 zu einem
G7-Gipfel nach London kam, wurde die fehlende Schlüssigkeit der
von ihm vorgestellten Politik – in der die Unausgewogenheit zwischen
Jawlinskis Vorschlägen, die in den USA ein ermutigendes Echo gefunden hatten, und dem Programm der Regierung Pawlow deutlich zum
Ausdruck kam – denn auch von seinen westlichen Gesprächspartnern
bemerkt. Sie überschütteten Gorbatschow mit freundlichen Worten,
aber sie übersetzten sie nicht in konkrete Wirtschaftshilfe. So vollkommen verständlich dies auch war angesichts der Tatsache, daß die Regierung Pawlow noch amtierte, schwächte es doch die Autorität Gorbatschows weiter und stärkte die Entschlossenheit derjenigen auf beiden
Seiten des politischen Spektrums – besonders aber der Hardliner –, die
ihn aus dem Amt entfernen wollten.

KAPITEL 6

Gorbatschow und die politische Transformation

Eine zentrale These dieses Buches ist, daß Gorbatschow von Beginn seiner Amtszeit als Generalsekretär an ernsthaft sowohl an politischem Wandel als auch an ökonomischen Reformen interessiert war.[1] Während seines Kampfes dafür, diesen Wandel herbeizuführen, wurde ihm jedoch klar, daß Reformen nicht genug waren und das politische System umfassend transformiert werden mußte. Eine Reform innerhalb der Grenzen des kommunistischen Systems war, wie sich zunehmend deutlicher abzeichnete, ein instabiler Haltepunkt.[2] Sie provozierte so heftigen Widerstand, daß ein reformerischer Führer wahrscheinlich immer vor der Wahl stand – wie Gorbatschow –, den Versuch entweder abzubrechen oder zu akzeptieren, daß die ersten Reformschritte nur die erste Stufe zu etwas Fundamentalerem waren. Das *Maximum* dessen, was sich Gorbatschow selbst noch 1987[3] vorstellen konnte, war eine Bewegung hin zu einer sozialistischen Marktwirtschaft und eine politische Reform bis zu den Grenzen des ›Prager Frühlings‹, obwohl die Tschechoslowakei 1968 zu jener Zeit für Gorbatschow kein bewußter Bezugspunkt war.[4] Die unabhängige Übernahme solcher Ansichten aber durch den Generalsekretär der sowjetischen Kommunistischen Partei war bereits ein großer Schritt nach vorn und eine höchst bedeutende Abweichung von herkömmlicher sowjetischer Theorie und Praxis.

Unter der tschechischen Analogie versteht man in diesem Zusammenhang, daß die Kommunistische Partei mehr Diskussionen innerhalb ihrer eigenen Ränge und in der weiteren Gesellschaft zulassen, einen vollständigeren Informationsfluß und ein gewisses Maß an Aktivität von Interessengruppen gestatten, aber letztlich die institutionelle Kontrolle über die Macht behalten würde. Obwohl Gorbatschow den Begriff *demokratizatsiya* (Demokratisierung) sogar in seiner Rede im Dezember 1984 verwandte, hatte er für ihn zu jener Zeit nicht dieselbe Bedeutung wie in den späteren achtziger Jahren. Zu Beginn seiner Zeit als Generalsekretär stand der Begriff für den Wunsch, die bestehenden Institutionen zu neuem Leben zu erwecken und den Formalismus im Innenleben der Partei und der Sowjets zu beseitigen. Dies bedeutete, daß hauptamtliche Partei- oder Staatsfunktionäre nicht mehr länger einfach die Diskussions- und Entscheidungsrechte für sich in Anspruch nehmen konnten, die nominal den Parteikomitees und Sowjets auf den verschiedenen Ebenen der Hierarchie des Partei-Staats zustanden.[5]

Obwohl Gorbatschow es ›Demokratisierung‹ nannte, arbeitete er aber in Wirklichkeit zu jener Zeit an einer *Liberalisierung*.[6] Es war eine Phase der Neudefinition und Erweiterung von Rechten, die auf dem Papier bereits existierten, sei es in der sowjetischen Verfassung von 1977 oder in den *Regeln der Kommunistischen Partei der Sowjetunion*, in der Praxis aber ignoriert wurden.[7] Die Wahlen, die in der Sowjetunion als Ganzem 1989 und in den Unionsrepubliken 1990 und 1991 stattfanden, gingen über eine Liberalisierung hinaus und waren ein entscheidender Teil des Durchbruchs zu einer *Demokratisierung*. In diesen Wahlen – in der großen Mehrheit der Wahlkreise bereits 1989 – gab es eine wirkliche Kandidatenvielfalt und geheime Stimmabgabe. Lebhafte Diskussionen gingen voraus. Zumindest was Rußland betrifft, erlangten diese Wahlen größeres öffentliches Interesse und eine höhere Wahlbeteiligung als jede Wahl der postsowjetischen Zeit.

Allein die Tatsache, daß Gorbatschow die Notwendigkeit der *demokratizatsiya* hervorhob, war ein Stimulus für den Demokratisierungsprozeß. Jene, die eine Bewegung in diese Richtung wünschten, konnten den Generalsekretär zu ihrer eigenen Unterstützung zitieren, obwohl innerhalb des Systems die Initiativen von oben nach wie vor der wichtigste Motor für Veränderungen waren, vor allem in den ersten vier Jahren der Perestroika. Was Gorbatschow mit *Demokratisierung* meinte, wandelte sich im Laufe der Zeit. Von 1988/89 an stand es für eine Bewegung hin zu einer pluralistischen Demokratie – auch bevor dies explizit so gesagt wurde. Da Gorbatschow manchmal aus taktischen Gründen einen Schritt zurückging, bevor er zwei nach vorne machte – und gelegentlich auch zwei Schritte zurück, wenn er zum Beispiel wie im berüchtigten Winter 1990/91 schlecht beraten war –, ist es leicht, relativ späte Zitate aus seiner Amtszeit zu finden, die zu demonstrieren scheinen, daß sich sein Denken nicht wesentlich seit seinen Anfangsjahren verändert hatte. Außenstehende Beobachter müssen sich sorgfältig der Tatsache bewußt sein, daß einige seiner Reden seine Ziele und sich entfaltenden politischen Ansichten mehr als andere reflektieren.

Eine Rede freilich, die den traditionellen Normen der Kommunistischen Partei Tribut zollte – ohne den Mustern der Vergangenheit ent-
sprechendes Verhalten zur Folge zu haben –, konnte die Konservativen
in der Partei nur kurzfristig besänftigen. Und gelegentliche Lippenbekenntnisse zu Konzepten einer früheren Epoche, wie etwa zum ›demokratischen Zentralismus‹, schwächten Gorbatschows Autorität in den
Augen der radikalen Demokraten. Es gab also keinen Zeitpunkt, selbst
nachdem er zu der Überzeugung gelangt war, daß politische Systeme
nach westeuropäischem Vorbild bedeutende Vorteile gegenüber kommunistischen Systemen haben, zu dem es für Gorbatschow ungefährlich gewesen wäre, resolut und eindeutig für eine pluralistische Demokratie einzutreten. (Damit soll jedoch nicht gesagt werden, daß er es
hätte ablehnen sollen, das Risiko einzugehen – obwohl es ein solches
gewesen wäre –, offen mit den Hardlinern zu brechen und die Kommunistische Partei während des XXVIII. Parteitages 1990 zu spalten.
Dies gilt um so mehr, als im Rückblick klar zu erkennen ist, daß ein
zeitweiliges Arrangement mit den konservativen Kräften im Herbst
jenes Jahres nicht tragfähig war.)

Während einige seiner konservativen kommunistischen Gegner
Gorbatschows Zick-Zack-Kurs und politisches Taktieren bedauerten,
verstanden sie doch besser, was Gorbatschow tat, als seine Kritiker im
radikaldemokratischen Lager (von denen die meisten weder besonders
radikal noch nennenswert demokratisch waren, bevor Gorbatschow
öffentliche Kritik zu einem ungefährlichen Unternehmen gemacht
hatte). So bemerkt Ligatschow in seinen Memoiren:

Ich erinnere mich an eine wundervolle Rede über die Partei, die
Gorbatschow in Kiew hielt. Eine Rede, die zur Grundlage für tat-
kräftige Aktivität in der Partei hätte werden können, um sie zu erneuern und ihre Reihen zu säubern. Aber der Generalsekretär
erwähnte diese Rede nie mehr: er beendete seine Ausführungen und
vergaß sie. Als ich ihn an seine Kiewer Rede und daran erinnerte,
daß ihre Thesen umgesetzt werden sollten, wechselte Gorbatschow
das Thema. So etwas kam häufig vor. Ich bekam den Eindruck, daß
dies nicht aus Versehen geschah, sondern vielmehr ein Element
politischer Taktik war – eine These zu formulieren, um verschiedene gesellschaftliche Schichten und politische Tendenzen zu beruhigen, und dann in einer ganz anderen Richtung weiterzumachen.[8]

Im Vergleich zu allen Übergängen zu politischem Pluralismus und mehr oder minder hoch entwickelter Demokratie, die in den letzten zwei Jahrzehnten auf der Welt stattgefunden haben, stellte die Sowjetunion eine äußerst entmutigende Herausforderung dar. Selbst die Dissidenten der Jahre zwischen 1965 und 1985 hatten im allgemeinen eine Liberalisierung gefordert, keine Demokratisierung. Ihre Ziele waren, gemessen an den späteren achtziger Jahren, eher bescheiden – zum Beispiel die Forderung, daß die politischen Behörden ihre eigenen sowjetischen Gesetze und die Verfassung beachten sollten. Außerdem hatte man, wie in einem früheren Kapitel bereits angemerkt, die Dissidenten*bewegung*, im Unterschied zu kleinen und isolierten Gruppen, bereits zerschlagen, bevor Gorbatschow an die Macht kam. Die Dissidenten waren keine Gefahr für die Macht des Parteistaates, obwohl sie die Rolle des Gewissens und des moralisch reflektierenden Teils der Bevölkerung spielten. Alle diejenigen, die versucht waren, öffentlich gegen spezifische politische Hauptprogramme anzutreten, ganz zu schweigen von etwaigen Versuchen, die Grundlagen des Systems von unten umzugestalten, wurden keineswegs im Zweifel darüber gelassen, daß Verfolgung die Konsequenz sein würde. Selbst in der Zeit nach Stalin starben noch eine Reihe Andersdenkender in sowjetischen Arbeitslagern, wenn auch ungleich weniger. Nur den berühmtesten unter ihnen gelang es, einer Gefängnisstrafe zu entgehen, aber selbst sie vermochten nicht, die Mauern des Systems einzureißen. Dies wurde am ehesten von Solschenizyn mit seinen machtvollen Schriften erreicht (einige davon offiziell in der ersten Hälfte der Sechziger gedruckt, danach nur in *samizdat* und *tamizdat*), doch er wurde im Februar 1974 aus Rußland ausgewiesen und kehrte erst im Mai 1994 zurück. Sacharow war von 1980 bis 1986 aus Moskau in die Stadt Gorki verbannt, die Ausländern nicht zugänglich war, wodurch jeder direkte Kontakt mit ausländischen Journalisten unterbunden wurde.

Die Notwendigkeit einer vierfachen Transformation

Das Problem eines jeden russischen Reformers war, daß die Sowjetunion eine *vierfache Transformation* benötigte. Kein anderes Land der Welt, das den Weg eines Übergangs zur Demokratie eingeschlagen hat, stand vor einer derart komplizierten, vierfachen Aufgabe. Gorbatschow hatte zunächst, wie betont werden muß, keine solche fundamentale Umgestaltung im Auge. Zwar sollte er mit der Zeit zu einem Bewunderer des spanischen Übergangs zur Demokratie werden, dies war aber nicht sein Bezugspunkt, als er zum Generalsekretär gewählt wurde. Sein Reformprojekt veränderte sich schrittweise, und nicht alle zu erläuternden Elemente gehörten von Beginn an dazu. Er war sich aber am Anfang seiner Amtszeit bereits über die Notwendigkeit bedeutender – wenn auch zunächst nicht systemverändernder – Reformen auf dreien der vier Gebiete im klaren, die weiter unten skizziert werden. Die scheinbare Ausnahme war der dritte Bereich. Wie auch dem Rest der Parteiführung und den meisten russischen Reformern der Mittachtziger schien es Gorbatschow nur ungenügend bewußt zu sein, welche potentiell explosive Kraft dem Nationalgefühl innewohnt. Ihm war die Notwendigkeit der Entwicklung besonderer institutioneller Arrangements nicht deutlich genug, wenn es darum ging, die ganze Sowjetunion oder deren größten Teil zusammenzuhalten – auf der Grundlage freiwilliger Zustimmung und nicht mehr des Zwangs. Während Gorbatschows Projekt sich wandelte und qualitativ von dem wegbewegte, was er im März 1985 im Sinn gehabt hatte, sah er sich der beinahe unüberwindlichen Aufgabe gegenüber, vier Transformationen mehr oder minder gleichzeitig zu bewerkstelligen. Das Dilemma komplizierte sich noch, insofern drei dieser grundlegenden Veränderungen durch die Abwesenheit einer vierten wahrscheinlich untergraben wurden und jede bei ihrer Implementierung Probleme in den anderen Bereichen auslöste.

Die *erste* Transformation der Wichtigkeit nach, und die, der Gorbatschow spätestens seit Anfang 1987 Vorrang einräumte, war die des politischen Systems. Dieses Element unterschied den sowjetischen Fall nicht grundlegend von dem, was autoritären und rechtsgerichteten Regimen abverlangt wurde. Auch dort war grundsätzlicher Wandel in der politischen Ordnung vonnöten, in der Regel aber *nur* dies, denn marktwirtschaftliche Institutionen bestanden bereits. Selbst wenn man aber den Begriff ›totalitär‹ auf eine Beschreibung der Sowjetunion auf die atomisierte Gesellschaft und die massive Unterdrückung in der Stalinzeit beschränkt, gab es doch einen Unterschied zwischen dem ›posttotalitären Autoritarismus‹ eines *kommunistischen* Staates und einem autoritären Regime, in dem Partei und politische Polizei niemals alle Lebensbereiche so gründlich durchdrungen hatten wie in der Sowjetunion.[9] Wenn aber das politische System zu einer pluralistischen Demokratie umgestaltet werden sollte, würde dies freie Wahlen, Organisationsfreiheit, die Einrichtung von Repräsentativversammlungen, in denen kritische Stimmen zu Wort kommen könnten, die Unterordnung der mächtigsten Behörden unter die Herrschaft des Rechts und wirkliche Vielfalt in den Massenmedien bedeuten. Dies waren Voraussetzungen, die selbst den beherztesten Reformern in der Sowjetunion im Jahre 1985 als unrealistische Ziele erschienen.

Die *zweite* notwendige Transformation war der Schritt von einer Kommandowirtschaft mit beinahe 100 Prozent staatlichem Eigentum an den Produktionsmitteln zu einer Marktwirtschaft mit einem großen privaten Sektor. Diese Komponente allein unterschied die Sowjetunion nicht grundsätzlich von anderen kommunistischen Systemen im Übergangsprozeß, obwohl man anderenorts – wie im vorangegangen Kapitel erwähnt – bereits weiter gegangen war in der Reform der Kommandowirtschaft, als dies der sowjetische Staat bis zum Zeitpunkt des Regierungsantritts Gorbatschows getan hatte. Die Notwendigkeit marktwirtschaftlicher Reformen aber *war* ein Merkmal, das die UdSSR von all den Staaten in Lateinamerika oder Südeuropa, die mehr oder minder erfolgreiche Übergänge vom Autoritarismus zur Demokratie bis zu den Mittachtzigern hinter sich brachten, unterschied.

Es war jedoch die Kombination aus den ersten beiden Erfordernissen mit der Notwendigkeit einer *dritten* Transformation – und deren Verbindung mit einer vierten –, die die sowjetische Wandlung von jeder anderen unterschied. Dabei ging es um das Problem, die interethnischen und die Beziehungen zwischen Zentrum und Peripherie in einem Land umzugestalten, in dem gut über hundert verschiedene ethnische Gruppen zum größten Teil in ihrer angestammten Heimat lebten, obwohl einige von Stalin in weit davon entfernte Gebiete umgesiedelt worden waren. Im einzelnen bedeutete dies, daß das politische System nicht erfolgreich demokratisiert werden konnte, wenn nicht auch eine Lösung für die ›Nationalitätenfrage‹ gefunden wurde, da während der gesamten sowjetischen Periode und vorher im kaiserlichen Rußland die politischen Wünsche der sich einer eigenen nationalen Identität bewußteren Völker innerhalb der sowjetischen und früher der zaristischen Grenzen unnachgiebig unterdrückt wurden. Es mußten Alternativen gefunden werden zu einem repressiven Einheitsstaat, der vorgab, eine Föderation zu sein, in Wirklichkeit aber den

Ansprüchen des Föderalismus nicht im entferntesten gerecht wurde. Im Prinzip waren die zwei Hauptoptionen entweder die einer echten föderalen Union oder die einer lockereren Konföderation.[10]

Allerdings war noch eine *vierte* Transformation notwendig, die von essentieller Bedeutung war, wenn die drei anderen funktionieren sollten, die aber, wie die anderen Transformationen auch, die Wandlung potentiell komplizieren konnte. Dies war die Notwendigkeit, die sowjetische Außenpolitik umzugestalten. Es ist bekannt, daß es effektiv zwei sowjetische Wirtschaftsbereiche gab: den einen – privilegiert und gehätschelt und in vielen Gebieten auf Weltniveau – der Rüstungsproduktion und verwandter Industrien; und den anderen – mangelhaft mit Kapital, neuen Technologien und Wertschätzung versehen – des zivilen industriellen Sektors, der angeblich die Bedürfnisse des sowjetischen Konsumenten befriedigte, der dennoch schlecht versorgt blieb. Um eine innenpolitische Veränderung durchzuführen, mußte es einen Wandel in den internationalen Beziehungen geben, der eine Neuordnung der sowjetischen Wirtschaftsprioritäten zu Hause ermöglichte. Das Problem für die Führung der Sowjetunion war, daß jedes Herumdoktern an der Rechtfertigung ihrer enormen Militärausgaben die einzig bisher gefundene und sichere Ebene gefährdete, auf der die westliche Welt sie mit widerwilligem Respekt behandelte. Für viele ausländische und sowjetische Beobachter war klar, daß der Supermachtstatus der UdSSR, abgesehen von der Größe und den natürlichen Ressourcen des Landes, einzig und allein von ihrer militärischen Stärke abhing – und sicherlich nicht von der Effizienz der sowjetischen Wirtschaft oder der Attraktivität des kommunistischen politischen Modells für Ausländer – mit Ausnahme einiger Revolutionäre in der Dritten Welt, die den Leninismus als ein Mittel betrachteten, Macht zu erlangen und zu behalten. Paul Kennedy findet in seinem Buch *The Rise and Fall of the Great Powers* treffende Worte für die Zwickmühle, in der sich die Sowjetunion befand: »Ohne ihre massive militärische Macht zählt sie wenig in der Welt; *mit* ihrer massiven Militärmacht aber bewirkt sie Unsicherheit bei anderen und schadet ihren ökonomischen Perspektiven. Es ist ein übles Dilemma.«[11]

Am Anfang der Ära Gorbatschow erwartete der scharfsichtige Kennedy nicht, daß irgendein sowjetischer Führer versuchen würde, das ideologische Fundament des Wirtschaftssystems zu verändern oder

die privilegierte Position der sowjetischen Militär- und Rüstungsindustrie grundsätzlich in Frage zu stellen. Kennedy schreibt, daß »es sehr
unwahrscheinlich ist, daß selbst ein tatkräftiges Regime in Moskau
sich vom ›wissenschaftlichen Sozialismus‹ lossagen würde, um die
Wirtschaft anzukurbeln, oder die Belastungen durch Verteidigungsausgaben drastisch reduzieren und somit den militärischen Kern des
sowjetischen Staates antasten würde«.[12] Aber Gorbatschows Neue-
rungselan sollte schon bald die westlichen Erwartungen übertreffen.
Wenn die innenpolitische und ökonomische Wandlung zu etwas, was
einer Demokratie und einer Marktwirtschaft nahekam, jemals stattfinden sollte, bedurfte es einer Beendigung der Feindseligkeit, die die
Ost-West-Beziehungen gekennzeichnet hatte, und einer massiven
Reduzierung des Anteils der Verteidigungsausgaben am Haushalt. In
seiner Entschlossenheit, das Problem der Militarisierung der sowjetischen Wirtschaft anzugehen, »wurde Gorbatschow«, wie Tschernjajew
gesagt hat, »nicht nur von moralischen und humanitären Überlegungen angetrieben; er war zu dem Schluß gekommen, daß eine gesellschaftliche und ökonomische Reform unmöglich sei, ohne die Rolle
des militärisch-industriellen Komplexes radikal einzuschränken«.[13]
Schachnasarow sagt das mit etwas anderem Akzent: »... es war unmöglich, ohne politische Reformen den enormen Ballast des Militaris-
mus abzuwerfen.«[14] Dies war ein Hauptgrund dafür, daß politische
Reformen für Gorbatschow zur Priorität wurden. Den Militärhaushalt unter Kontrolle zu bringen war unentbehrlich, wenn die marktwirtschaftlichen Reformen und die Demokratisierung von einer beginnenden Verbesserung des Lebensstandards der sowjetischen Bürger
unterstützt werden sollten. Materieller Fortschritt stellte sich jedoch
nur in unzureichendem Maße ein. Und das, obwohl er besonders
wünschenswert wurde, sobald Gorbatschow politische Reformen
durchgeführt hatte und die Menschen neuen politischen Einfluß
durch ihre Stimmabgabe bei Wahlen erhielten, deren Ergebnisse,
anders als im unreformierten sowjetischen System, nicht vorherbestimmt waren. Es war auch wichtig – sicherlich für Gorbatschow
selbst und die radikale reformerische Minderheit in der sowjetischen
Führung –, daß die Sowjetunion als Partner in die internationale
Gemeinschaft Aufnahme fand und in die internationalen Wirtschaftsbeziehungen einbezogen wurde, um die Wahrscheinlichkeit einer
Rückkehr zu der unreformierten kommunistischen Vergangenheit

mit ihrer Kombination aus politischer Oligarchie und ökonomischer Autarkie zu verringern.

Da die erste dieser Komponenten im vorigen Kapitel behandelt wurde und die Außenpolitik das Thema des folgenden ist, wird sich der Rest dieses Kapitels hauptsächlich mit dem politischen System im Innern beschäftigen, wie auch mit dem Ausmaß, in dem die Vorbedingungen für eine Pluralisierung und Demokratisierung des Gemeinwesens erfüllt wurden. Die damit eng verbundene Nationalitätenfrage wird ausführlicher in Kapitel 8 thematisiert, obwohl sie hier kurz angesprochen wird. Die beste Illustration dafür, wie sehr *alle vier* Elemente einer umfassenden Transformation des sowjetischen Systems in Wirklichkeit miteinander verknüpft waren, ist der Wandel in der Außenpolitik, der zu der Hinnahme der Unabhängigkeit der osteuropäischen Staaten und der fundamentalen Veränderungen in *deren* politischen und ökonomischen Systemen und Beziehungen zum Westen und zur Sowjetunion führte. Dies hatte unmittelbare Auswirkungen auf die Sowjetunion selbst. Und dies stärkte nicht nur die konservative Gegenbewegung zu Gorbatschows Politik, sondern es erhöhte auch die Erwartungen der Völker, die am meisten an der Erlangung souveräner Staatlichkeit interessiert waren. So war die Reaktion in den baltischen Republiken weitverbreitet, daß das, was für Polen, Ungarn und (damals) die Tschechoslowakei möglich war, nicht weniger für Estland, Lettland und Litauen gelten dürfe. Selbst wenn es sich bei der Sowjetunion um eine ethnisch homogenere Gesellschaft gehandelt hätte, wären die Probleme ihrer Demokratisierung nach einer so langen Periode totalitärer und autoritärer Herrschaft immens gewesen. Sie wurden aber noch zusätzlich kompliziert durch die Bestrebungen einer Reihe von Völkern innerhalb des multinationalen sowjetischen Staates, sich vollständig von der UdSSR loszusagen. Die Spannungen, die dies sowohl im Zentrum als auch in einzelnen Republiken auslöste, nötigte die Reformer innerhalb der Führung – und im besonderen Gorbatschow –, wenigstens versuchsweise mit den widersprüchlichsten und intensivsten Zwangslagen zurechtzukommen.

Die Phasen der politischen Transformation

Obwohl es mir in diesem Kapitel mehr darum geht, eine Interpretation der politischen Veränderungen und der Rolle Gorbatschows dabei anzubieten, als eine detaillierte Chronologie des Wandels zu liefern,[15] müssen doch einige Schlüsselmomente in der Evolution der Reform zur Transformation hervorgehoben werden. Es ist möglich, die Ära Gorbatschow in sechs verschiedene Phasen zu unterteilen. Die ersten drei, die den größten Teil der Amtszeit Gorbatschows ausmachen, sind Gegenstand dieses Kapitels. Sie umfassen die Periode, in der die Pluralisierung des Systems stattfand, zusammen mit einem großen Maß an Demokratisierung, so daß am Ende der dritten Phase die politische Ordnung, die Gorbatschow 1985 ererbt hatte, verändert worden war. Eine Erörterung der letzten drei Phasen findet sich in Kapitel 8. Dort geht es neben einer Analyse der komplexen Nationalitätenfrage um den politischen Widerstand gegen die früheren Veränderungen, die Ereignisse im Vorfeld des Putschversuchs und dessen Auswirkungen. Die sechs mehr oder weniger klar abgegrenzten Phasen sind *erstens*: die Vorbereitung der Reformen (1985-86); *zweitens*: die radikale politische Reform (1987-88); *drittens*: die Transformation nach innen und außen (Frühjahr 1989 bis Herbst 1990); *viertens*: Gorbatschows ›Wende nach rechts‹ (Winter 1990-91); *fünftens*: der Nowo-Ogarewo-Prozeß (der Versuch, einen neuen Unionsvertrag auf freiwilliger Basis zu verwirklichen, April-August 1991); *sechstens*: vom Putsch zum Zusammenbruch (die Desintegration der Union, August-Dezember 1991).

Diese Einteilung ergibt sich natürlich aus der Retrospektive. Zunächst bereitete Gorbatschow zwar durchaus den Boden für Reformen vor, beispielsweise mittels personalpolitischer Schlüsselentscheidungen, er trachtete aber nicht nach der Art von Transformation, die er später verfolgen sollte – und noch weniger nach dem Zerfall der Union. Gorbatschows eigene Sicht seines Projekts veränderte sich im Laufe der Zeit. Mit seinen frühen Maßnahmen der Liberalisierung und den ersten Schritten der Demokratisierung bewirkte er eine Radikalisierung nicht nur seiner eigenen Vorstellungen, sondern auch der seiner Umgebung. Gleichzeitig schuf der Prozeß neue gesellschaftliche Kräfte, die in der Lage waren, die politische Tagesordnung des Landes zu beeinflussen. Noch 1988 wurde sie größtenteils auf der Basis partei-

interner Auseinandersetzungen festgelegt, 1989 galt dies aber nur noch
mit Einschränkungen und war 1990 ganz verschwunden.[16] Während
dieser Prozeß von Gorbatschow ständige Anpassung verlangte, war
dies jedoch keinesfalls schlecht durchdachtes Improvisieren. Mit der
Zeit sollte Gorbatschow grundlegende Bestandteile des Kommunismus ablehnen und sich der Sozialdemokratie zuwenden. Solange er
aber das Amt des Generalsekretärs der sowjetischen Kommunistischen
Partei innehatte (eine Notwendigkeit in Gorbatschows Augen, wenn
die Kontrolle des Parteiapparats denen vorenthalten werden sollte, die
sie genutzt hätten, um die politische Uhr zurückzudrehen), konnte er
dies nicht öffentlich sagen. Aber sowohl auf intellektueller Ebene – wie
er nicht nur privat, sondern auch durch seine öffentliche Zustimmung
zu Konzepten deutlich machte, die im Widerspruch zum Marxismus-
Leninismus standen[17]– als auch in der politischen Praxis kehrte sich
Gorbatschow vom *Kommunismus* ab, und zwar im Unterschied zur
Kommunistischen Partei, die er während der zweiten Hälfte seiner
Amtszeit zu einer demokratischen sozialistischen Partei zu machen
hoffte.

Die Vorbereitung

Die erste Phase, den *Boden für die Reform zu bereiten*, nahm die
gesamten zwei Jahre 1985 und 1986 in Anspruch. Gorbatschow begann
mit dem Versuch, die sowjetische Wirtschaft wiederzubeleben, einer
Absicht, der alle Mitglieder des Führungsteams, das er übernommen
hatte, zustimmen konnten. Von 1986 an bewegte er sich jedoch in eine
andere Richtung: Er begann, den politischen Reformen Vorrang über
die ökonomischen einzuräumen, nicht nur weil er davon überzeugt
war, daß politischer Wandel eine Vorbedingung wirtschaftlicher Reformen war, sondern auch weil er glaubte, daß eine Liberalisierung
und Erweiterung der politischen Aktivitäten der teilweise moribun-
den Organisationen wie der Sowjets und Parteikomitees (im Unterschied zum professionellen Apparat, der viele von deren Kompetenzen
usurpierte) in sich erstrebenswerte Ziele waren.

Wie ich bereits in Kapitel 4 versucht habe zu zeigen, gingen personalpolitische Veränderung und politische Innovation Hand in Hand,
wobei erstere eine notwendige, aber nicht hinreichende Voraussetzung

für letztere war. Nur ein Jahr nachdem Gorbatschow Generalsekretär
geworden war, das heißt unmittelbar nach dem XXVII. Parteitag Ende
Februar/Anfang März 1986, gab es zwölf neue Gesichter unter den 27
des höchsten sowjetischen Führungsteams, also bei Vollmitgliedern
und Kandidaten des Politbüros und den Sekretären des Zentralkomitees. Zum ersten Mal seit einem Vierteljahrhundert war darunter
auch eine Frau, nämlich Alexandra Birjukowa.[18] In der erweiterten
Parteielite – das heißt bei den Mitgliedern des Zentralkomitees –
waren 44 Prozent der 1986 gewählten neu im Amt, im Vergleich zu
ungefähr 28 Prozent Neulingen in Breschnews letztem Zentralkomitee, das während des XXVI. Parteitags 1981 gewählt worden war.[19] Bei
seinen Beförderungen wählte Gorbatschow freilich (insofern er den
größten Einfluß auf Beförderungen ins Politbüro und die Sekretariate
besaß)[20] aus einem Reservoir an Talenten aus, auf dessen Zusammensetzung er keinen Einfluß nehmen konnte. Die Normen des sowjetischen Systems machten es unmöglich, daß ein einzelner mehrere
Sprossen der Leiter auf einmal überspringen konnte. Es kann daher
kaum überraschen, daß die neuen Gesichter nicht automatisch auch
für frische Ideen standen. Nur eine radikale Minderheit innerhalb der
Führung brachte neues Gedankengut ein. Dieser Minderheit gehörte
natürlich auch Gorbatschow an, er mußte aber gleichzeitig die Rolle
des unparteiischen Schiedsrichters bei Auseinandersetzungen im Politbüro spielen.

Trotz all dieser Schwierigkeiten wurden einige der wichtigsten
Grundlagen für Reformen tatsächlich von Gorbatschow in den Jahren
1985/86 aufgrund seiner Personalpolitik gelegt. Auf der Ebene des
Politbüros und des Sekretariats waren, neben der Kooptierung einer
Reihe von bedingten Verbündeten, die Schlüsselberufungen die von
Jakowlew und Schewardnadse. Beide unterstützten Gorbatschow mit
ganzem Herzen und waren offen für Reformen, so radikal wie Gorbatschow ihnen zustimmen konnte. Die Ernennung Jelzins zum Ersten
Sekretär Moskaus im Dezember 1985 und seine Aufnahme in die
Ränge der Kandidaten des Politbüros zwei Monate später war zwei-
deutiger und keine so offensichtliche Stärkung der radikalen Reform-
richtung, wie dies fünf Jahre später den Anschein gehabt haben mag.
Mit seinem Kampf gegen die Korruption in Moskau, der Entlassung
vieler örtlicher Funktionäre und der Erlaubnis für Obst- und Gemüse-
händler, auf den Straßen der Stadt Stände aufzustellen, verpaßte Jelzin

dem Moskauer Establishment einige kräftige Schläge. Dies machte ihn bei den Moskauern entsprechend populär, aber er nahm das fundamentale institutionelle Rahmenwerk als gegeben hin. Es war Gorbatschow, der *das System* viel stärker verändern sollte.

Jelzin war damals zwar ein Anhänger Gorbatschows, seine politische Entwicklung befand sich aber erst in einem frühen Stadium. Er hatte bei weitem keine so weitreichenden Reformvorstellungen, wie vor allem Jakowlew und Schewardnadse sie besaßen. Außerdem war er weniger bedeutend als Verbündeter Gorbatschows im Politbüro, denn er war in diesem Gremium außergewöhnlich schweigsam.[21] Dies mag etwas damit zu tun gehabt haben, daß Jelzin noch 1987 bloßer Kandidat des Politbüros war und es ihm mißfiel, immer noch nicht zum Vollmitglied gemacht worden zu sein.[22] Es gibt aber eine Fülle von Beweisen dafür, daß Jelzin weniger zu sagen hatte als gleichrangige Parteifunktionäre und keinen Beitrag zur Ausarbeitung des Neuen Denkens in der Innen- oder Außenpolitik leistete.[23]

Abgesehen von den personellen Neuerungen, die Gorbatschow in der höchsten Führung vornahm, und neben seinen erfolgreichen Veränderungen, wie Grischin, Romanow und Tichonow zu entlassen (wie in Kapitel 4 bemerkt), kam es zu wichtigen Entwicklungen in den Massenmedien und im kulturellen Leben. Zwar stellte sich Gorbatschow zunächst unter Glasnost eher vor, den Informationsfluß hin zur Gesellschaft zu vergößern und zu diversifizieren, als etwas zu schaffen, das vollständiger Rede- und Publikationsfreiheit ähnlich war. Außerdem betrachtete Gorbatschow Glasnost auch als ein *Instrument* in seinem Kampf gegen die konservativen Kräfte in der Parteistaatsbürokratie. Als ein solches Instrument war Glasnost ein Mittel, mit der Gesellschaft in Kontakt zu treten und deren Unterstützung für seine Auseinandersetzung mit den Parteikonservativen zu gewinnen. Später erlangte das Konzept eine breitere Bedeutung für Gorbatschow wie für viele andere in der Gesellschaft, und er anerkannte es als eines der besonders wertvollen Ziele des Prozesses, den er begonnen hatte, und nicht mehr lediglich als ein Mittel.

Auf paradoxe Weise war der katastrophale Unfall im Atomkraftwerk Tschernobyl im April 1986 ein weiterer Anreiz für die Fortentwicklung von Glasnost. Das Paradox besteht darin, daß die anfängliche sowjetische Reaktion eine völlige Verneinung von Glasnost und eine scheinbare Rückkehr zum schlechten alten Stil der Informationsunterdrückung war. Die Führung selbst erkannte zunächst nicht, *wie* ernst die Katastrophe war,[24] denn sowohl auf der Ebene der Kraftwerksleitung als auch auf der Ebene der örtlichen Behörden gab es den Versuch, die Ausmaße des Unglücks herunterzuspielen. Gorbatschow beklagt die bruchstückhaften Informationen, die der Führung zugeleitet wurden, und schreibt, sollte sie zu spät gehandelt haben, sei dies aus Unwissenheit und nicht aus Verantwortungslosigkeit geschehen.[25] Es entstand allerdings auch der Anschein, daß der Regierung, sobald sie mehr erfuhr, sehr daran gelegen war, wie Jakowlew sagte, eine Massenpanik zu vermeiden.[26] Auch die Behörden in westlichen Staaten neigten dazu, das Ausmaß nuklearer Unfälle als geringfügig zu beschreiben, doch mit relativ freien Massenmedien ist ihnen das immer weniger gelungen.[27]

Die Tatsache, daß Nachrichten über Tschernobyl zuerst aus dem Westen und nicht aus der Sowjetunion kamen, ließ das Gerede von Glasnost als leere Hülse erscheinen. Am 26. April ereignete sich der bis dahin schwerste Atomunfall der Welt, und erst am Abend des 28. April wurde dies von Moskau in einer Fernseherklärung von minimalem Informationswert öffentlich bestätigt. Und noch zwei Tage später, am 30. April, berichteten die Moskauer Zeitungen zum ersten Mal in zwei offiziellen Sätzen davon, daß sich in Tschernobyl ein Unfall ereignet hatte.[28] Es sollte jedoch nicht mehr lange dauern, bis die sowjetische Presse – oder, um genau zu sein, ein erheblicher Teil von ihr – beweglicher wurde. Die mutigeren sowjetischen Journalisten und Akademiker zogen ihre Lehren aus dem Katalog der Verantwortungslosigkeit, der zur Tschernobyl-Katastrophe geführt hatte. Sie begannen bei der nachlässigen Arbeit im Reaktor selbst, kritisierten das Unvermögen, adäquat und rechtzeitig über Wesen und Ausmaß des Unglücks zu informieren, und verbanden in ihren Darstellungen die Notwendigkeit größerer Glasnost mit dem Bedürfnis nach mehr Verantwortlichkeit der Öffentlichkeit gegenüber.[29] Als er 1991 zu Tschernobyl befragt wurde, bemerkte Gorbatschow, daß »dieses Ereignis uns unglaublich erschütterte« und daß »es tatsächlich ein Wendepunkt« für die Entwicklung größerer Offenheit war.[30]

Im Sommer 1986 kam es sicherlich zu einem wesentlich umfassenderen Informationsfluß und zu mehr öffentlichen Debatten. In dieser ersten Phase der Perestroika aber war noch immer ein starkes Element von gelenkter Glasnost vorhanden, bis eine Reihe von Umbesetzungen in den Redaktionen auf Veranlassung der Propagandaabteilung des Zentralkomitees, geleitet von Alexander Jakowlew, vorgenommen wurden. Die wichtigsten Beispiele sind die Ernennungen von Witali Korotitsch zum Herausgeber von *Ogonek* und Jegor Jakowlew von *Moscow News*. Danach nahmen beide Wochenschriften einen völlig anderen Charakter an und wurden für viele Jahre zu den beiden Publikationen, die dem unreformierten System und dem Konservatismus in der Kommunistischen Partei am kritischsten gegenüberstanden. Auswirkungen hatte auch die Entlassung des orthodoxen Marxisten-Leninisten Richard Kosolapow vom Posten des Chefredakteurs des *Kommunist* und die Ernennung des liberaleren Iwan Frolow an seiner Stelle. Dieser sollte später (wie bereits angemerkt) ein Berater Gorbatschows und dann Herausgeber der *Prawda* werden. In der ersten Ausgabe des *Kommunist* unter der Leitung Frolows erschien eine offizielle Kritik des Zentralkomitees an den bisherigen Leistungen der Zeitschrift, und in der zweiten Nummer wurden Beiträge von so ernsthaften Reformern wie Tatjana Saslawskaja und Otto Latsis gedruckt – ganz als wollte man die Aufmerksamkeit auf den Kurswechsel lenken.[31]

Zu wichtigen Änderungen kam es 1986 auch in der Herausgeberschaft von zwei der bedeutendsten ›dicken Journale‹, *Novy mir*, an dessen Spitze der liberale russische Nationalist und Umweltaktivist Sergei Saligin berufen wurde, und *Znamya*, dessen Herausgeber ab der Oktoberausgabe 1986 der liberale Georgi Baklanow wurde.[32] (Im letzten Fall war es nicht weniger wichtig, daß Wladimir Lakschin zu Baklanows Stellvertreter ernannt wurde. Lakschin war ein zu Recht respektierter *shestidesyatnik* – ›Mann der Sechziger‹ –, der Twardowskis Stellvertreter bei *Novy mir* zwischen 1962 und 1970 gewesen war, als alleine diese Zeitschrift insgesamt den Mut aufbrachte, einige Aspekte des *Status quo* und vor allem der stalinistischen Vergangenheit zu kritisieren). Diese angesehenen literarischen Monatsschriften brachten regelmäßig einen oder zwei lange Beiträge zu aktuellen politischen Fragen, und im Laufe der nächsten Jahre sollten einige mit ihren Artikeln vollkommen neuen Boden betreten. Neben diesen Reportagen wurden den russischen Lesern in den der Belletristik gewidmeten Heften in großem Umfang die politisch heikelsten Themen und verbotene Werke vorgestellt. Dazu gehörten zum Beispiel Orwell, von dessen Werken keines vorher in der Sowjetunion veröffentlicht worden war, und Solschenizyn, dessen Schriften nur zu einem kleinen Teil bis dahin in sowjetischen Ausgaben zu finden gewesen waren.

Ein entsprechender Wandel wurde auch von den Kulturgewerk-schaften ermutigt, in denen die Bewegung von unten die heimliche Unterstützung von Alexander Jakowlew, dessen Macht von März 1986 an mit seiner Ernennung zu einem der Sekretäre des ZK weiter wuchs, und vom neuen Direktor der Kulturabteilung Juri Woronow erfuhr, der von Gorbatschow in dieses Amt berufen wurde, nachdem er für einige Zeit in den Breschnew-Jahren in Ungnade gefallen war.[33] Zu einem wichtigen Durchbruch kam es im Mai 1986, als sich weitrei-chende Veränderungen beim Kongreß der Kinogewerkschaft ereigne-ten. Der Regisseur Elem Klimow, dessen Filme schwer unter der Zen-sur gelitten hatten und nur mit Verzögerung in den Verleih gelangten, wurde Erster Sekretär. Laut Klimow war Gorbatschow einen halben Tag lang selbst anwesend, und Alexander Jakowlew nahm an den gesamten Beratungen des Kongresses teil.[34] Ihre Gegenwart war ein deutlicher Hinweis auf die politische und moralische Unterstützung der Befürworter von Veränderungen in der Filmindustrie durch den Reformflügel der Parteiführung. Bis die Konferenz des Schriftsteller-verbandes im Juni 1986 stattfand, hatten die konservativen Kräfte ihre Verteidigung besser organisiert, und die Veränderungen an der Spitze konnten nicht so radikal ausfallen. Trotzdem wurde der lediglich seine Zeit absitzende Georgi Markow als Erster Sekretär von Wladimir Kar-pow abgelöst, der zwar kein Radikaler war, aber doch größere Integri-tät für sich in Anspruch nehmen konnte.[35] Später im Jahre 1986 folg-ten die Vertreter liberaler Anschauungen in der Theaterwelt dem Bei-spiel der Filmemacher und bekräftigten ihre kulturelle Freiheit und organisatorische Autonomie. In einem Akt der Rebellion gegen die konservative Allrussische Theatergesellschaft wurde auf Initiative des prominenten Schauspielers Michail Uljanow, des Theaterregisseurs Oleg Jefremow und des Dramatikers Michail Schatrow eine vollkom-men neue Russische Gewerkschaft der Theaterschaffenden gegründet. Uljanow, der später seine Stimme machtvoll für Redefreiheit und De-mokratisierung erhob, wurde der erste Vorsitzende der neuen Gewerk-schaft.

Ein bedeutendes Signal dafür, daß eine neue Linie gegenüber Gewissensfreiheit und der politischen Aktivität von Dissidenten im Entstehen begriffen war, erreichte sowohl die sowjetische Intelligenzia als auch die Außenwelt mit der Entscheidung im Dezember 1986, die Verbannung Andrei Sacharows aufzuheben. Laut Tschernjajew war Gorbatschow »schon seit langem« von Sacharows Zwangsexil fern von Moskau peinlich berührt.[36] Mit der Hilfe Alexander Jakowlews ging er nun daran, das Politbüro darauf vorzubereiten, diese Willkürentscheidung der Breschnew-Führung von 1980 rückgängig zu machen. Nikolai Schischlin und Andrei Gratschow, beide damals in der Internationalen Abteilung des ZK tätig, wurden von Jakowlew mit der Aufgabe betraut, Argumente zu finden, die das Politbüro überzeugen könnten, die Verbannung Sacharows zu beenden.[37] Gorbatschow konnte es sich nicht erlauben, die konservativeren Mitglieder des Politbüros zu sehr zu beunruhigen in einer Zeit, als er versuchte, ihre Zustimmung zu einem Bericht zu erlangen, den er beim bevorstehenden ZK-Plenum im Januar 1987 vorstellen wollte und der die politische Reformagenda radikalisieren sollte. Deshalb mußte der Boden für die Entscheidung über Sacharow sorgfältig und vorsichtig vorbereitet werden.[38]

Gorbatschow und Jakowlew wußten, so Gratschow, daß weder die Demokratisierung des Landes noch normale Beziehungen mit der Außenwelt möglich sein würden, solange Sacharow in der Verbannung lebte.[39] Aber »wie delikat das Problem war, wurde auch durch den konspirativen Ton Jakowlews angedeutet, als er unsere Aufgabe formulierte«.[40] Unter anderem mußten Schischlin und Gratschow sicherstellen, daß der KGB nichts von der Sache mitbekam. Deshalb konnten sie nicht das Archiv des KGB benutzen, um Sacharows im Westen veröffentlichte Schriften zu erhalten, da es besonders unglücklich gewesen wäre, »Tschebrikow [KGB-Vorsitzender] etwas zu Ohren kommen zu lassen, in dessen Händen nach wie vor das Schicksal des Verbannten lag«.[41] Die Normen des sowjetischen Systems und das Gremium, das es zu überzeugen galt, machten es nötig, daß Jakowlews Emissäre nicht demonstrierten, daß Sacharows Zwangsexil unmoralisch oder illegal sei, denn dies hätte im Politbüro keinerlei Eindruck hinterlassen. Es ging vielmehr darum zu beweisen, daß die Verbannung Sacharows dem sowjetischen Staat ›nicht zweckdienlich‹ sei. Daher betonten die Verfasser des Memorandums den politischen und moralischen Schaden, der dem Land durch Sacharows andauernde Isolation entstand. Und nachdem sie eine ausreichende Zahl der Bücher Sacharows aufgetrieben hatten (eines befand sich in der Wohnung Gratschows, der es im Ausland gekauft hatte), gingen sie mittels ausgewählter Zitate daran zu zeigen, daß es durchaus einige Gemeinsamkeiten zwischen den Ideen und Argumenten Sacharows und dem sowjetischen ›Neuen Politischen Denken‹ gab.[42]

Bis zum 1. Dezember 1986, als Gorbatschow die Angelegenheit im Politbüro zur Sprache brachte, hatte er die prinzipielle Zustimmung der herrschenden Gruppierung erhalten, die Verbannung Sacharows zu beenden.[43] Am 16. Dezember rief Gorbatschow bei Sacharow an, nachdem zunächst eine Telefonleitung in dessen Wohnung in Gorki gelegt worden war, damit er den Anruf entgegennehmen konnte. Gorbatschow informierte Sacharow, er und seine Frau Jelena Bonner, die genauso wie Sacharow in der Dissidentenbewegung aktiv gewesen war, seien frei, nach Moskau zurückzukommen und »zu seiner patriotischen Arbeit zurückzukehren«, worunter Gorbatschow zweifellos das große Ansehen, das Sacharow als Physiker genoß, und das Prestige der sowjetischen Wissenschaft verstand.[44] In den Jahren, die Sacharow noch blieben, verwandte er aber bedeutend mehr Zeit auf Arbeit, die *im eigentlichen Sinne* patriotisch genannt werden kann, nämlich die Achtung der Menschenrechte in der Sowjetunion auf einen akzeptablen Standard zu heben, denn als Wissenschaftler gehörte er sowieso zur internationalen Gemeinschaft der Forscher.

Es muß Gorbatschow klar gewesen sein, daß Sacharow sich weiterhin zu diesen Themen zu Wort melden würde. Nachdem er nämlich dem Führer der Sowjetunion für die Aufhebung seiner Verbannung gedankt hatte, brachte Sacharow sofort den Fall des Dissidenten Anatoli Martschenko zur Sprache, der im selben Monat im Gefängnis gestorben war. Er erwähnte auch die anderen Häftlinge, die wegen ihrer Überzeugungen verfolgt wurden und als deren Fürsprecher er am 23. Oktober 1986 an Gorbatschow geschrieben hatte. In diesem Brief führte er auch Beschwerde gegen seine ungesetzliche Verbannung und bat, nach Moskau zurückkehren zu dürfen.[45] Aus Gorbatschows Äußerungen in dem Telefongespräch mit Sacharow vom 16. 12. 1986 ging hervor, daß er den Brief gelesen hatte, der wahrscheinlich den letzten Anstoß zum Handeln gab, um Sacharows Isolierung zu beenden. Am selben Tag seines kurzen Gesprächs mit Sacharow, das letzterer beendete, nicht der Generalsekretär,[46] hielt Gorbatschow eine Besprechung aller Abteilungsleiter des Zentralkomitees ab. Er berichtete ihnen von seinem Anruf bei Sacharow und daß er ihn eingeladen habe, nach Moskau zurückzukehren. Tschernjajew, der anwesend war, schreibt,

daß die meisten der hochrangigen Parteifunktionäre die Nachricht
mit einem »sarkastischen Grinsen« aufnahmen.[47]

Radikale politische Reform

Die zweite Phase war eine der *radikalen politischen Reformen*. Sie begann im Januar 1987 mit der Plenarsitzung des Zentralkomitees und
dauerte bis Ende 1988. In diesem zweiten Jahr radikalisierte ein Ereignis von äußerster Bedeutung – die XIX. Parteikonferenz – die politische Tagesordnung auf dramatische Weise und machte den Weg frei
für die weiterreichenden Veränderungen der folgendenen zwei Jahre.
Während der Vorbereitung zu dieser Parteikonferenz traf Gorbatschow, in Abstimmung mit seinem engsten Beraterkreis, die feste
Entscheidung, freiere Wahlen anzusteuern. Gleichzeitig sollte auch
ein neues Parlament geschaffen werden, das den bestehenden und rein
dekorativen Obersten Sowjet ersetzen sollte. All diese Entscheidungen
wurden von der Konferenz abgesegnet, zum größten Teil dank Gorbatschows geschickter politischer Regie.

Auch das Januar-Plenum des Zentralkomitees 1987 blieb nicht ohne
Folgen im Hinblick auf erste größere Schritte in Richtung Demokratisierung. Daß es innerhalb der Führung umstritten war, geht daraus
hervor, daß es dreimal verschoben wurde, bevor man sich auf den Termin im Januar einigen konnte.[48] Gorbatschows Rede war viel radikaler
als sein Bericht an den XXVII. Parteitag ein knappes Jahr vorher. Diese
Ansprache war die bedeutendste eines sowjetischen Führers seit den
Reden Chruschtschows, mit denen er Stalin 1956 vor dem XX. Parteitag und 1961 vor dem XXII. Parteitag angeprangert hatte. Gorbatschow sprach seine bis zu diesem Zeitpunkt offenste Kritik an sowjetischer Theorie und Praxis aus. Das politische Denken, sagte er, sei
immer noch »auf dem Niveau der dreißiger und vierziger Jahre«, als
»lebhafte Debatten und kreative Ideen verschwanden ... während
autoritäre Maßstäbe und Meinungen zu unantastbaren Wahrheiten
wurden«.[49] Deutlicher als jemals zuvor betonte er die Notwendigkeit
der Demokratisierung und gebrauchte dabei eine Sprache, die – gemessen an sowjetischen Konventionen – in höchstem Maße revisionistisch war. Nachdem er festgestellt hatte, daß sich Gesellschaft und
System erst am Anfang der Perestroika befänden, rief er aus: »Die Pere-

stroika selbst ist nur durch Demokratie möglich, und sie ist ihr verpflichtet. Nur auf diesem Wege kann den mächtigen Kreativkräften
des Sozialismus Raum geschaffen werden – freie Arbeit und freies
Denken im einem freien Land.«[50] Gorbatschow schlug außerdem konkrete politische Reformmaßnahmen vor. Zum Beispiel sollten in Zukunft mehrere Kandidaten zu den Wahlen der Parteisekretäre auf allen
Ebenen antreten – vom Landkreis bis zur Unionsrepublik – und sich
außerdem einer geheimen Abstimmung im Parteikomitee stellen.

Er gab auch bekannt, es sei »die Meinung des Politbüros«, daß es
eine »weitere Demokratisierung« in der »Formierung der zentralen
Führungsgremien der Partei« geben sollte. Und dies, sagte Gorbatschow, sei »völlig logisch«.[51] Die größere Verschwommenheit der Vorschläge für einen Wahlmodus der höchsten Parteiorgane war verständlich. Wenn das Zentralkomitee bei der Wahl des Politbüros sich selbst
überlassen blieb, anstatt die Empfehlungen des Politbüros zu dessen
eigener Zusammensetzung abzusegnen, in dem die Stimme des Generalsekretärs traditionell das größte Gewicht hatte – dann hätte Gorbatschow noch mehr konservativen Kräften zusätzliche Macht übertragen, und zwar zu einer Zeit, in der er deren Stellung zu schwächen
suchte. Seine Idealvorstellung war, zunächst ein überwältigend reformfreundliches Zentralkomitee zu haben, bevor es ernstlich mit
der Wahl der Mitglieder des Politbüros und des Sekretariats betraut
würde, einer Aufgabe, die das Zentralkomitee theoretisch bereits erfüllte. Eine vorzeitige ›Demokratisierung‹ des Zentralkomitees hätte
die breitere Demokratisierung des politischen Systems verlangsamt
oder gar unmöglich gemacht. Nur durch den Gebrauch der traditionellen Autorität, die im Amt des Generalsekretärs angelegt war, und
durch die damit verbundene reale Macht war es Gorbatschow möglich, während seiner ersten vier Regierungsjahre (und besonders im
dritten und vierten) Veränderungen durchzusetzen, die den Interessen
des Parteiapparats zuwiderliefen. Und das, obwohl Parteifunktionäre
die überwältigende Mehrheit der Mitglieder des Zentralkomitees stellten.

Da Gorbatschow unzufrieden mit den Ergebnissen des XXVII. Parteitages war, überzeugte er seine Kollegen im Politbüro, daß eine
besondere Allunions-Parteikonferenz für den Sommer 1988 einberufen werden müsse, und er gab diese Entscheidung 1987 vor dem Januar-Plenum des Zentralkomitees bekannt. Zweck dieser Konferenz,

so Gorbatschow, würde sein, den Verlauf der Wirtschaftsreform zu überwachen und »Maßnahmen zur weiteren Demokratisierung des Parteilebens und der Gesellschaft allgemein zu diskutieren«.[52] Gorbatschow begann also bereits Anfang 1987 über die Notwendigkeit von liberalisierenden oder demokratisierenden Maßnahmen nachzudenken, die über eine bloße innerparteiliche Demokratie hinausgingen. Dabei war er sich allerdings auch der Unerläßlichkeit zusätzlicher Veränderungen innerhalb der Partei selbst bewußt. Um diesen Prozeß in Gang zu setzen, hoffte er, die Zusammensetzung des Zentralkomitees bei der Konferenz im folgenden Jahr zu verändern. Ein neuerlicher Parteitag (der offiziell alle fünf Jahre stattfand) konnte nicht so kurz nach dem letzten einberufen werden, und Allunions-Parteikonferenzen blieben nur dann hinter Parteitagen zurück, wenn es um die Rangfolge der Autorität für die Partei ging. Die letzte Parteikonferenz war 1941 zusammengetreten, nachdem es sie in der frühen sowjetischen Periode häufiger gegeben hatte, und manchmal waren Veränderungen an der Zusammensetzung des Zentralkomitees vorgenommen worden.

Nach der Plenarsitzung des Zentralkomitees im Januar waren die wichtigsten innenpolitischen Ereignisse des Jahres 1987 das Juni-Plenum (siehe Kapitel 5), das die ökonomischen Reformen radikalisierte, allerdings in einer Art und Weise, die ungewollte und schädliche Konsequenzen hatte, und die Entscheidungen der Zeit vor dem 70. Jahrestag der Revolution der Bolschwiki, in der es im Oktober und November 1987 zu einer Neubewertung von sieben Jahrzehnten sowjetischer Geschichte und der ersten offenen Kritik an der Parteiführung durch Boris Jelzin kam. Letzteres verschlimmerte nicht nur die bereits schlechten Beziehungen zwischen Jelzin und Ligatschow, sondern hatte Jelzins Entfernung aus seinem Moskauer Parteiamt und den Verlust seiner Kandidaten-Mitgliedschaft im Politbüro zur Folge. Außerdem begann zu dieser Zeit die Entfremdung zwischen Jelzin und Gorbatschow, die sich zu einer Rivalität entwickeln sollte, die für das Schicksal der Sowjetunion von zunehmender Bedeutung wurde. Keiner der beiden Männer verhielt sich von da an besonders rational, wenn es um den jeweils anderen ging. Zwar wäre – angesichts der konservativen Bewegung gegen die Reformen Gorbatschows – eine politische Allianz zwischen beiden später sinnvoll gewesen, aber es war ihnen nur wenige Monate lang möglich, dies in zwei getrennten Pha-

sen der Kooperation im Spätsommer 1990 und in Frühling und Frühsommer 1991 durchzuhalten.

Gorbatschow verwandte viel Zeit und Anstrengung auf den Bericht, den er zum 70. Jahrestag der bolschewistischen Revolution
geben wollte. Die endgültige Fassung aber bedurfte zunächst der Zustimmung des Politbüros und dann (mehr als Formalität) der des Zentralkomitees, bevor sie bei der geplanten Feierstunde im November
1987 vorgetragen werden konnte. Das Politbüro diskutierte Gorbatschows Entwurf mehrmals und nahm eine Reihe von »Korrekturen«
vor.[53] Während Gorbatschow im privaten Gespräch mit Tschernjajew
Stalin von ganzem Herzen verurteilte, und zwar »nicht bloß wegen
1937«, sondern »das ganze System«, das es noch zu überwinden gelte,
mußte er im Politbüro doch nach Einwänden von Ligatschow, Gromyko, Solomenzow und Worotnikow eine Verwässerung seiner Kritik
an der Vergangenheit und besonders am Stalinismus akzeptieren.[54] Im
Politbüro gab es noch immer eine starke Gruppierung, die sehr empfindlich auf Angriffe reagierte, die die sowjetische Geschichte betrafen.
Knapp ein halbes Jahr später sollte sie dies während der ›Nina-Andrejewa-Affäre‹ (siehe unten) erneut unter Beweis stellen. Gromyko, der
bereits unter Stalin zu hohen Ämtern und Würden gelangt war, mag
hier als hervorragendes Beispiel dienen. Bereits im Sommer 1986 hatte
Ligatschow seiner Beunruhigung über eine in seinen Augen äußerst
respektlose Einstellung gegenüber den historischen Leistungen der
Sowjetunion, auch unter Stalin, Ausdruck verliehen.[55] Gorbatschow
hielt seine Rede im Kongreßpalast des Kreml im Rahmen einer feierlichen gemeinsamen Sitzung des Zentralkomitees der KPdSU und der
Obersten Sowjets der UdSSR und der russischen Unionsrepublik. Sie
trug den Titel: »Oktober und Perestroika: Die Revolution geht weiter«.[56] Den Umständen entsprechend war diese Ansprache ein Kompromiß, der weder diejenigen ganz zufriedenstellte, die einen scharfen
Bruch mit der Vergangenheit wünschten, noch die, die weiterhin gut
von Stalin denken wollten. Gorbatschow beschloß seine Rede mit großen Worten, die sich ironisch ausnehmen im Licht seiner weiteren
Abkehr von kommunistischer Orthodoxie, wie er sie schon bald vollziehen sollte: »Wir sind auf unserem Weg zu einer neuen Welt – der
Welt des Kommunismus. Diesen Pfad werden wir niemals verlassen!«[57]

Dieses Finale brachte Gorbatschow ›stürmischen und anhaltenden

Beifall‹, eine Reaktion, wie sie für gewöhnlich bei Reden vorheriger Generalsekretäre üblich war, für Gorbatschow aber zunehmend zu einem Ding der Vergangenheit werden sollte, wenn er vor Parteigremien sprach. In einer vorangegangenen Passage seiner Rede betrat Gorbatschow erfolgreich Neuland. Er unternahm einen ersten Schritt zur Rehabilitierung Nikolai Bucharins, des Alt-Bolschewiken,[58] den Lenin als »den Liebling der ganzen Partei« beschrieben hatte und der auf Anweisung Stalins 1938 nach einem berüchtigten Schauprozeß hingerichtet wurde,[59] sowie von Nikita Chruschtschow. Gorbatschow erklärte, die Schuld Stalins an den massiven Unterdrückungsmaßnahmen und der Ungesetzlichkeit sei »immens und unverzeihlich« gewesen und sie solle »allen Generationen« eine Lehre sein.[60] Er stellte außerdem fest, daß die Rehabilitierung der Opfer Stalins seit Mitte der sechziger Jahre so gut wie aufgehört habe, und kündigte die Einrichtung einer neuen Kommission an (die von Alexander Jakowlew geleitet werden sollte, was Gorbatschow in seiner Rede allerdings nicht erwähnte), die unerledigte Fälle von Opfern der Repression untersuchen sollte.[61]

Der Bruch mit Jelzin

Diese Rede Gorbatschows am 2. November wurde beinahe überschattet von der Plenarsitzung des Zentralkomitees, die ihr vorangegangen war, als er am 21. Oktober seinen Entwurf dem Zentralkomitee vorlegte. Die Mitglieder des Zentralkomitees stimmten dieser Version zu, so wie es von ihnen erwartet wurde. Die Sitzung, die nur für die Ratifikation dieses wichtigen Parteidokuments einberufen worden war, wollte sich auflösen, als Jelzin bedeutete, sprechen zu wollen. Ligatschow, der den Tagungsvorsitz führte, versuchte zu verhindern, daß Jelzin das Wort ergriff, aber Gorbatschow – ohne zu wissen, was kommen sollte – intervenierte zugunsten Jelzins.[62]

Jelzins völlig außerplanmäßige Rede (kurz behandelt in Kapitel 4) sollte sich als der Anfang vom Ende seiner Karriere in der Kommunistischen Partei herausstellen. Ein Prozeß, der ihm 1989, als es die ersten Mehrkandidatenwahlen auf nationaler Ebene in der Sowjetunion gab, zum Vorteil gereichte, kurzfristig aber in die Hände seiner konservativen Gegner spielte. Jelzin brach mit der Form bisheriger ZK-Sitzungen, obwohl die Substanz seiner vorgebrachten Kritik mild war, gemessen an seinen späteren Äußerungen und im Vergleich zu Reden der konservativen Kritiker Gorbatschows im Zentralkomitee drei Jahre später. Aber Jelzin beklagte die mangelhafte Umsetzung der in den ersten zwei Jahren der Perestroika getroffenen Entscheidungen, bedauerte das Ausbleiben von Unterstützung für ihn durch das ZK-Sekretariat (und den Widerstand von seiten Ligatschows im besonderen, der tatsächlich mehr ein »Schikanieren« war laut einem reformerisch eingestellten ZK-Funktionär aus der Umgebung Gorbatschows, nicht Jelzins)[63] und das, was in seinen Augen eine wachsende Tendenz zur Glorifizierung des Generalsekretärs durch einige Vollmitglieder des Politbüros darstellte.[64]

Eine ganze Reihe von Rednern ergriff nach ihm das Wort und kritisierte die Ausführungen Jelzins. Den Anfang machte Ligatschow, der berichtete, wie er es im folgenden Jahr wieder tun sollte, nur dann öffentlich, vor der XIX. Parteikonferenz, er sei einer derjenigen gewesen, die vorgeschlagen hätten, Jelzin von Swerdlowsk auf einen hochrangigeren Posten nach Moskau zu holen.[65] Ein Regionssekretär aus der Ukraine, Fjodor Morgun, sagte, wenn man Ligatschow irgend etwas zum Vorwurf machen könne, dann genau das.[66] Unter den Kritikern waren die führenden Reformer Jakowlew, Schewardnadse und Gorbatschow selbst, der als letzter sprach. Jakowlew sagte in einem Interview drei Jahre danach: »Ich war nicht davon überzeugt, daß Jelzin damals zu den Demokraten gehörte. Mir erschien es, als vertrete er einen konservativen Standpunkt. Die Geschichte wird entscheiden, ob ich recht habe oder nicht.«[67] Einer derjenigen, die am schärfsten mit Jelzin ins Gericht gingen, war der Vorsitzende des Ministerrats, Ryschkow. Wie er klarstellte, kannte er Jelzin seit langem, und zwar seit sie beide zur selben Zeit Persönlichkeiten des öffentlichen Lebens in der Stadt Swerdlowsk gewesen waren.[68] Ryschkow beschuldigte Jelzin des »politischen Nihilismus«, warf ihm vor, er lasse es sich zu Kopf steigen, wenn er in ausländischen Radiosendern zitiert wurde, hielt ihm vor, er wolle sich von der politischen Führung distanzieren und habe maßlosen persönlichen Ehrgeiz entwickelt.[69]

Sofern der letzte Punkt zutreffend war – Jahre später sollte Jelzin sagen, daß »es vielleicht immer Teil meines Wesens war, der Erste zu sein«[70] –, war es zu jener Zeit jedoch alles andere als offensichtlich, für welchen Weg sich Jelzin entschieden hatte, um diesen Ehrgeiz zu

befriedigen. Tatsächlich bat er im folgenden Jahr um »politische Rehabilitierung« und bat die XIX. Parteikonferenz, seine Ehre »in den
Augen der Kommunisten« und »im Geiste der Perestroika« wiederherzustellen.[71] Dies hatte den Anschein einer Bitte um Beförderung ins
Politbüro, da er ja trotz allem Mitglied des Zentralkomitees geblieben
war, wenn auch als Außenseiter.[72] Mit anderen Worten: Noch 1988
hatte es für Jelzin und dessen Kritiker den Anschein, daß man keine
ernsthafte politische Karriere außerhalb der höchsten Ränge der Kommunistischen Partei machen konnte. Bei der Plenarsitzung im Oktober 1987 hatte Gorbatschow Jelzin die Gelegenheit gegeben, seinen
zahlreichen Kritikern zu antworten, bevor er selbst abschließend das
Wort ergriff. Jelzin sagte, er habe »keine Zweifel an der strategischen
und politischen Linie der Partei«, kam aber auf einige seiner spezifischen Kritikpunkte zurück, darunter auch den der Verherrlichung des
Generalsekretärs. Dies, so sagte er, sei eine Kritik nicht an der Gesamtheit des Politbüros, sondern an »einem oder zwei Genossen«, obwohl
er glaube, sie meinten es »von ganzem Herzen«.[73]

In seiner Antwort enthüllte Gorbatschow, daß Jelzin ihm, während
er im Süden Urlaub machte, vor einiger Zeit geschrieben habe. Jelzin
habe gedroht zurückzutreten und ein Treffen mit ihm verlangt. In
einem Telefongespräch hatte Gorbatschow Jelzin beschworen, ganz
normal weiterzuarbeiten, bis die Jubiläumsfeierlichkeiten zum 70.
Jahrestag der Revolution der Bolschewiki im November vorüber sein
würden. Gorbatschow sagte, sie hätten verabredet, sich danach zu treffen. Jelzin hatte ihn gewarnt, daß er, wenn Gorbatschow einem Treffen nicht zustimmen sollte, die Angelegenheit vor das Zentralkomitee
bringen würde. Was aber Gorbatschow anging, so hatten sie verein-
bart, im folgenden Monat miteinander zu sprechen. Gorbatschow
sagte, er habe dementsprechend nicht damit gerechnet, daß Jelzin diesen unpassenden Moment für eine Rede wählen und damit einen
Mangel an Respekt ihm und ihrer Verabredung gegenüber zeigen
würde.[74] Anatoli Tschernjajew schreibt in seinen Memoiren, daß er bei
Gorbatschow auf der Krim war, als Jelzins Brief ankam, und daß er
in Gorbatschows Zimmer während des folgenden Telefonats anwesend war. Er berichtet, daß Gorbatschow ihm sagte, Jelzin habe zugestimmt, bis zum allgemeinen Feiertag »keinen Aufstand zu machen«.[75]
Einige Jahre später verneinte Jelzin im Gespräch mit Alexander Jakowlew, Gorbatschow jemals eine solche Zusage gegeben zu haben.[76]

Wahrscheinlich erinnerte sich entweder Jelzin nicht richtig, oder aber Gorbatschow und Jelzin beendeten ihr Telefonat mit selbst damals schon unterschiedlichen Auffassungen über das, was sie gerade abgesprochen hatten. Diese Erklärung gibt ein anderes Politbüromitglied, Wadim Medwedjew, der sagt, die von Gorbatschow benutzten Worte über das vorgeschlagene Treffen mit Jelzin seien »*posle prazdnika*« oder »nach dem Feiertag« gewesen. Jelzin, so Medwedjew, habe dies auf seine Weise interpretiert, nämlich dahingehend, als sei der 7. Oktober gemeint, der damals Verfassungstag war und die Verfassung Stalins von 1936 feierte. Medwedjew fügt allerdings hinzu, daß niemand sonst dieses Datum in einem solch feierlichen Licht sah.[77]

Wenn dies ein Mißverständnis war, dann ein äußerst folgenschweres. Jelzin aber war besonders aufgebracht über seine Behandlung durch Ligatschow, der immer dann besonders selbstbewußt auftrat, wenn Gorbatschow im Urlaub war und er die Parteiorganisation führte. Es war nur eine Frage der Zeit, wann Jelzins Geduldsfaden riß. Die Ursachen der Oktober-Episode waren, laut Alexander Jakowlew, in Ligatschows dauernden Versuchen zu finden, die von Jelzin geleitete Moskauer Parteiorganisation unter seine Kontrolle zu bekommen, und in einer besonders heftigen Auseinandersetzung im Politbüro im August, als Ligatschow, in Abwesenheit Gorbatschows, den Vorsitz führte.[78] Wadim Medwedjew nimmt an, daß das Problem wesentlich tiefer lag. Er bestätigt die Aussage Ligatschows, dieser sei hauptverantwortlich für die Berufung Jelzins von Swerdlowsk ins Zentralkomitee gewesen, vermutet aber, daß Ligatschow damit gerechnet habe, Jelzin würde »sein Mann« in Moskau sein. Jelzin dagegen mißfiel es, wie er in seinen Memoiren deutlich macht, zunächst nur Direktor einer Abteilung des Zentralkomitees zu sein. Genauso ärgerte er sich darüber, daß Ligatschow erwartete, Jelzin würde sich ihm wie auch Gorbatschow unterordnen.[79] Medwedjew nimmt mit gutem Grund an, das Problem sei gewesen, daß Jelzin und Ligatschow einander in Temperament und Persönlichkeit sehr ähnlich waren.[80] Sie seien beide kategorisch in ihrem Urteil, autoritär in ihren Führungsmethoden und unbeweglich in ihrem praktischen Handeln.[81]

Gorbatschow, dessen Verhältnis zu Jelzin aus der Sicht Medwedjews von Anfang an reserviert war – »da es zu große Unterschiede in ihrem Arbeitsstil und Verhalten gab« –, ärgerte sich besonders über eine Passage in Jelzins Rede vom Oktober. Der Erste Sekretär der Moskauer

Partei hatte gesagt, für die Menschen hätte sich in den vergangenen zwei Jahren nichts verbessert. Dies, gab Gorbatschow zurück, sei eine verantwortungslose Aussage. Eine »vollkommen neue Atmosphäre in der Partei und im Land« sei geschaffen worden, und man komme gerade aus einer langen Periode des Stillstands heraus. Wie könne es sein, daß ein Kandidat des Politbüros dies nicht bemerkt hatte?[82]

Es war zu jener Zeit nicht üblich, Wortprotokolle von den Verhandlungen der Plenarsitzungen des Zentralkomitees zu veröffentlichen. Erst eineinhalb Jahre später erschien die vollständige stenographische Mitschrift in einer Parteizeitschrift. In der Zwischenzeit aber, und besonders in den Wochen unmittelbar nach dem Oktober-Plenum, überschlugen sich die Gerüchte über das, was Jelzin gesagt hatte. Die meisten waren unzutreffend und übertrieben das Ausmaß seiner Kritik, schadeten aber Gorbatschow. Nachträglich muß Gorbatschow bedauert haben, die Zeit für ein Treffen mit Jelzin vor der Plenarsitzung nicht gefunden oder wenigstens sofort die Niederschrift der Tagung veröffentlicht zu haben.[83] Vor Jelzins Wortmeldung während dieser Plenarsitzung hatte Gorbatschow zunächst über die wichtigsten Punkte referiert, die in seiner Gedenkrede zum 70. Jahrestag der bolschewistischen Revolution vorkamen. Dann aber griff er die konservativen Kräfte innerhalb der Partei scharf an, sie gäben nur Lippenbekenntnisse zur Perestroika ab, versuchten aber tatsächlich, den Wandel aufzuhalten. Wie Angus Roxburgh feststellt, hätte es kaum »einen klareren Beleg für Gorbatschows Radikalismus« geben können, »innerhalb einer Stunde aber sah er sich gezwungen, ein Zentrist zu werden«.[84] Kurzfristig stärkte Jelzins unerwartete Intervention die konservativen Kräfte in der Partei. Während nämlich Gorbatschow vor Jelzins Rede *ausschließlich* die Konservativen angegriffen hatte, befanden sich er und sein wichtigster Verbündeter im Kampf für politische Reformen im Inneren, Jakowlew, nun in der Defensive. In den Worten Roxburghs »hatte Jelzin der Rechten einen Sieg verschafft, indem er Gorbatschow zwang, eine zentristische Position einzunehmen, zumindest in der Öffentlichkeit«.[85]

Eine Woche nachdem Gorbatschow die Jubiläumsrede am 2. November gehalten hatte, erkrankte Jelzin und mußte ins Krankenhaus eingeliefert werden. Trotzdem bestand Gorbatschow zwei Tage später darauf, daß er an einer Sitzung des Moskauer Parteikomitees teilnahm. Obwohl Ligatschow die Meute der Ankläger Jelzins bei dieser Sitzung anführte – die mit der Entlassung Jelzins als Erstem Sekretär der Moskauer Partei endete –, war die Tatsache, daß Jelzin gegen den Rat seiner Ärzte zur Teilnahme unter Medikamenten gezwungen wurde, eine der am wenigsten ehrenvollen Episoden in der Karriere Gorbatschows. Die Denunzierung Jelzins durch örtliche Parteifunktionäre, die er entlassen oder verletzt hatte, war schärfer als die Kritik, der er im Zentralkomitee ausgesetzt war, und erinnerten nur zu deutlich an vergangene Zeiten.[86] Als der Parteiapparat Rache nahm, war Gorbatschow von der Erbarmungslosigkeit der verbalen Angriffe auf Jelzin schließlich doch peinlich berührt und bewies wenigstens den Anstand, Jelzin am Arm aus dem Saal zu helfen, nachdem Ligatschow und alle Ankläger Jelzins ihn im Triumph verlassen hatten.[87]

Die Nina-Andrejewa-Affäre

Der Nachfolger Jelzins als Erster Sekretär der Moskauer Partei war Lew Saikow, ein ehemaliger Erster Sekretär der regionalen Parteiorganisation in Leningrad, der seine erste Laufbahn in der Rüstungsindustrie gemacht hatte. Seine Ernennung, durchaus in Übereinstimmung mit den allgemeinen Folgen der *démarche* Jelzins, festigte die Stellung der konservativeren Kräfte in der Parteiführung.[88] Genauso aber wie Jelzin zu seinem eigenen kurzfristigen Nachteil überstürzt gehandelt hatte, überspannten Ligatschow und seine Verbündeten sechs Monate später den Bogen. Die Episode wurde als die ›Nina-Andrejewa-Affäre‹ bekannt, und Gorbatschow nutzte sie schlau und entschlossen, nicht nur um Boden zurückzugewinnen, den er mit dem Rücktritt Jelzins verloren hatte, sondern auch um die Konservativen in der Partei aufs neue in die Defensive zu drängen.

Ein langer Brief von einer bis dahin unbekannten Dozentin in einem Chemischen Institut in Leningrad, Nina Andrejewa, erschien in der Zeitung *Sowjetskaja Rossija* am 13. März 1988. Einen neo-stalinistischen Standpunkt einnehmend, kritisierte sie die wachsende Neigung, die ›weißen Flecken‹ der sowjetischen Geschichte mit dem zu füllen, was für einen distanzierten Beobachter objektive Tatsachen waren, die sie aber als eine Herabwürdigung der vornehmlich heldenhaften sowjetischen Vergangenheit interpretierte. Sie wandte sich gegen die liberalen ›Verwestlicher‹ in der sowjetischen Gesellschaft und machte implizit die Juden für den Großteil der Probleme Rußlands verantwortlich. Von den vielen Persönlichkeiten jüdischer Abstammung, die sie in ihrem Artikel erwähnte, entging ihrer Kritik als einziger lediglich Karl Marx.[89] Im wesentlichen war ihr Brief – den ein Journalist der *Sowjetskaja Rossija* in Abstimmung mit ZK-Funktionären professionell umgeschrieben hatte – ein Angriff auf die Stoßrichtung der Reformen Gorbatschows und ein Appell, die Uhr zurückzudrehen zur politischen Praxis und den ideologischen Überzeugungen, die das unreformierte System kennzeichneten. Seine Bedeutung lag darin, daß er sofort von denen, die den Brief begrüßten, und denen, für die er ein Schock war, als ein wesentlich gewichtigeres Dokument angesehen wurde, als die Autorenschaft einer unbekannten Leningrader Lehrerin nahelegen würde. (Als der Brief zum ersten Mal im Politbüro besprochen wurde, wurden Wadim Medwedjew und Lew Saikow – beide aus Leningrad – gefragt, wer Nina Andrejewa sei, und beide mußten zugeben, nicht die geringste Ahnung zu haben, und nährten damit den unbegründeten Verdacht, der Name sei ein Pseudonym.[90])

Russische Intellektuelle vermuteten, daß der Brief Unterstützung innerhalb der Führung genoß, und damit hatten sie recht. Viele von ihnen glaubten auch, daß er eine bedeutende Verschiebung des Kräfteverhältnisses in den höchsten Kreisen der Partei reflektierte. Dies war, zurückhaltend gesagt, voreilig. Der Andrejewa-Brief spiegelte nicht eine Veränderung an der Spitze wider, sondern war als Anreiz zu einer solchen Veränderung gedacht. Diejenigen, die den Brief unterstützten, versuchten der Art von Perestroika ein Ende zu machen, die radikale Reformen und eine Infragestellung der sowjetischen Geschichte verkörperte. Die Frucht ihrer Mühen wurde dementsprechend von Gorbatschow und Jakowlew als ein ›Anti-Perestroika-Manifest‹ charakterisiert.

Das Datum der Veröffentlichung war von Funktionären innerhalb des Apparats des Zentralkomitees mit Bedacht gewählt worden. Sie hatten mit Valentin Tschikin, dem Herausgeber der *Sowjetskaja Rossija* ausgemacht, die Redigierung des Briefes zu überwachen und sicherzustellen, daß die Veröffentlichung den größtmöglichen Effekt hatte. Er erschien an einem Sonntag, einen Tag vor der Abreise Gorbatschows zu einem Besuch in Jugoslawien und der Jakowlews in die Mongolei. Ligatschow war also allein verantwortlich für den Parteiapparat und ideologische Fragen. Obwohl er später leugnen sollte, irgend etwas mit dem Andrejewa-Brief vor dessen Veröffentlichung zu tun gehabt zu haben, legt das Beweismaterial die Annahme doch nahe, daß er sowohl vorher als auch nachher involviert war. Außer Zweifel steht aber in jedem Falle die Tatsache, daß er sich schnell bereit fand, den Brief zu loben. Er beschrieb ihn als »eine Bezugsgröße für das, was wir in unserer Arbeit heute brauchen«, und drängte Journalisten, »sich von dem Artikel inspirieren zu lassen«.[91] Als Leiter einer Sitzung im ZK-Gebäude am Montag, dem ersten Arbeitstag nach der Veröffentlichung, beschrieb Ligatschow den Artikel als ein gutes Beispiel von Parteijournalismus und verlangte seinen Nachdruck in Lokalzeitungen.[92] Es waren in der Tat nicht nur Lokalblätter, die den Artikel rasch übernahmen, sondern auch die ostdeutsche Parteizeitung *Neues Deutschland*, offensichtlich ermutigt von dieser Wiederholung alter Dogmen und Warnungen vor neuen Abweichungen von ihnen. Allein die Tatsache, daß dem Artikel in der Sowjetunion nicht sofort entgegengetreten wurde – eine Folge der Abwesenheit Gorbatschows und Jakowlews zur entscheidenden Zeit –, bestärkte die Reformintellektuellen in ihrer pessimistischen Annahme, es habe einen Kurswechsel gegeben und der ›Moskauer Frühling‹ sei zu Ende.[93]

Sehr wenige von denjenigen, die sich zwei Jahre später zu Demokraten ernennen und Gorbatschow für seine ›Halbherzigkeit‹ geißeln sollten, wagten es während der drei Wochen nach der Veröffentlichung des Andrejewa-Briefes, ihren Kopf aus dem Fenster zu lehnen.[94] Alte Gewohnheiten der Abwägung stellten sich schnell wieder ein, angesichts eines vermeintlichen Signals für die Veränderung des Kräftegleichgewichts an der Spitze der Parteihierarchie und der Rückkehr zu einer Zeit, in der abweichende Intellektuelle nicht mehr tolerant behandelt würden.[95] Eine der wenigen Organisationen, die protestierten, war die Gewerkschaft der Filmschaffenden, die einer Initiative des Dramatikers Alexander Gelman folgte.[96] Gorbatschow erkannte, daß ihm ein Fehdehandschuh hingeworfen worden war, den er aufnehmen mußte, als er entdeckte, daß eine bedeutende Anzahl der Politbüromitglieder dem Artikel vollkommen zustimmte.[97]

Nach seiner Rückkehr nach Moskau am 18. März besprach Gorbatschow den Andrejewa-Brief zuerst mit den meisten Politbüromitgliedern in der Pause während des Kongresses der Arbeiter der landwirtschaftlichen Kollektive, der im Kreml stattfand und vor dem er am

23. März sprach.[98] Es wurde sofort klar, daß der Artikel den Gedanken einer beängstigend großen Zahl seiner Kollegen entsprach, darunter Worotnikow, Ligatschow, Gromyko, Solomenzew und Nikonow.[99] Gorbatschow setzte die Angelegenheit auf die Tagesordnung einer formalen Sitzung des Politbüros am 24. März, und die Debatte über die Veröffentlichung in der *Sowjetskaja Rossija* dauerte über zwei Tage hinweg an.[100] Bei den Beratungen des Politbüros stand der KGB-Vorsitzende Tschebrikow, der über die Intrigen »unserer ideologischen Gegner« räsonierte, grundsätzlich auf seiten Andrejewas,[101] und Lukjanow zählte zu ihren Anhängern – eine besonders unangenehme Überraschung für Gorbatschow.[102] (Dies hätte ihm eine Warnung sein sollen, Lukjanow nicht mehr zu vertrauen, obwohl sie sich schon so lange kannten, er schenkte dem aber keine Beachtung. Alle anderen Mitglieder des Politbüros, die den Andrejewa-Brief befürworteten, wurden vor 1991 aus den Machtstellungen entfernt, aber Lukjanow hielt sich dort bis zum Augustputsch, während dem er Verrat an Gorbatschow beging. Man sollte hinzufügen, daß er in der letzten Zeit über eine eigene Machtbasis als Vorsitzender des Obersten Sowjets der UdSSR verfügte.)

Im März und April 1988, der Zeit der Nina-Andrejewa-Affäre, war die traditionelle Amtsautorität des Generalsekretärs noch immer ein bedeutender Faktor in der sowjetischen Politik. Zusammen mit seinem hohen persönlichen Ansehen ermöglichte sie es Gorbatschow, die zahlenmäßig starke Opposition im höchsten politischen Entscheidungsgremium der Kommunistischen Partei zu überwinden. Die Mitglieder des Politbüros schreckten davor zurück, dem Parteiführer in einer Sache die Stirn zu bieten, die ihm offensichtlich wichtig war.

Gorbatschow bestand darauf, daß jedes Politbüromitglied seine Haltung zu diesem Artikel darlegte. Jakowlew, in einer detaillierten und zwanzigminütigen Widerlegung der Veröffentlichung der *Sovjetskaja Rossija*, Ryschkow, dem Ligatschows Einmischungen vom Parteisekretariat aus in die Angelegenheiten des Ministerrats mißfielen, Schewardnadse, »lebhaft und wie immer emotional«, laut Wadim Medwedjew,[103] und Medwedjew kritisierten den Artikel besonders scharf, und Gorbatschow gelang es, dessen Befürworter, einschließlich Ligatschow, in die Defensive zu drängen.[104] Gorbatschow und Jakowlew waren bereits übereingekommen, daß der Andrejewa-Brief eine formale Entgegnung nötig machte, und das Politbüro stimmte denn auch der Veröffentlichung einer offiziellen Erklärung zu, die in der *Prawda* abgedruckt werden sollte.[105] Ohne Andrejewa namentlich zu nennen – in Kenntnis der Tatsache, daß der Artikel viel mehr als der Ausdruck einer individuellen politischen Meinung gewesen war –, widerlegte der *Prawda*-Artikel den ›Brief‹ in der *Sowjetskaja Rossija* Punkt für Punkt. Hauptsächlich von Jakowlew entworfen, aber unter Mitwirkung Gorbatschows ausgearbeitet, erschien er am 5. April. Danach fand der radikale Flügel der Intelligenzia auch seine Sprache wieder. Die Andrejewa-Affäre war ein wichtiges Beispiel dafür, in welchem Maße das Engagement für radikalen politischen Wandel noch drei Jahre nach seinem Regierungsantritt von Gorbatschow abhing. Sie erinnerte auch daran, wie wenig man sich zu jener Zeit auf demokratischen Druck von unten verlassen konnte, um Versuchen der Parteikonservativen entgegenzutreten, eine Konterreformation zu starten.[106]

Während der Sitzung des Politbüros hatte Gorbatschow betont, daß es ihm nicht um die persönlichen Ansichten Nina Andrejewas ging, sondern um die Art und Weise, in der ihre Meinung als ein Beispiel hingestellt worden war, dem andere folgen sollten. In einer Anspielung auf die Zustimmung, die der Brief im ZK-Apparat und seinem Sekretariat gefunden hatte, sagte Gorbatschow, ihm habe dies die Lehre erteilt, daß er keinen ausreichend engen Kontakt zu diesen Gremien gehabt habe. Niemals, sagte er, habe er an einer Sitzung des Sekretariats teilgenommen, seit er Generalsekretär geworden sei, obwohl Breschnew dies gelegentlich getan hatte.[107] (Zu Breschnews Zeiten wurden die wöchentlichen Sitzungen des ZK-Sekretariats normalerweise von Suslow geleitet, während der ersten drei Jahre von Gorbatschows Amtszeit war es Ligatschow, der den Vorsitz führte.) Gorbatschow hatte immer sorgfältig die Tagesordnung der Sekretariatssitzungen studiert und darin enthaltene prinzipielle Fragen erläutert, aber offensichtlich war das nicht genug. Daher habe er, so Gorbatschow, seine Pflichten als Generalsekretär nicht angemessen erfüllt und müsse deshalb Selbstkritik üben.[108] Diese Übung in vermeintlicher Bescheidenheit war aber ein anderer Weg zu sagen, daß dem Sekretariat zu viel Leine gelassen worden war. Die nächste Sitzung wurde von Gorbatschow geleitet.[109] Noch dramatischere Veränderungen sollten folgen. Innerhalb weniger Monate wurde der Apparat des Zentralkomitees drastisch verkleinert, und die Zusammenkünfte des Sekretariats als Entscheidungsgremium hörten ganz auf.

Die XIX. Parteikonferenz

Eine unmittelbare Folge der Andrejewa-Affäre war, daß Ligatschow zwar für die Parteiorganisation verantwortlich blieb und immer noch, gemeinsam mit Jakowlew, für Ideologie zuständig war, er aber seinen Teil an der Aufsicht über die Presse an Jakowlew verlor, der nun innerhalb des Zentralkomitees die Hauptverantwortung für die Massenmedien trug.[110] Viele Schriftsteller und Journalisten schämten sich ihrer Ängstlichkeit während der kurzen Zeit, in der es geschienen hatte, als würde man einen Preis für die Veröffentlichung kritischer Ansichten zahlen müssen. Jetzt schöpften sie aber den Vorteil dieser Änderung voll aus, um die Grenzen von Glasnost im Vorfeld der Parteikonferenz, die vom 28. Juni bis zum 1. Juli stattfand, zu erweitern. In der Zwischenzeit hatten außenpolitische Erfolge (siehe Kapitel 7) die Popularität Gorbatschows weiter ansteigen lassen. Die Genfer Übereinkünfte über die Beendigung der sowjetischen Intervention in Afghanistan waren am 14. April unterzeichnet worden, und der schrittweise Rückzug der sowjetischen Truppen hatte im Mai begonnen. Ende dieses Monats wurde das Ausmaß, in dem sich die Ost-West-Beziehungen dramatisch verbessert hatten, mit der Ankunft Ronald Reagans in Moskau zu einem vierten Gipfeltreffen mit Gorbatschow besonders augenfällig.

In den ersten Monaten des Jahres 1988 manifestierte sich in Gorbatschows politischer Wortwahl altes und neues Denken. (Dies galt in gewissem Maße auch noch nach der XIX. Parteikonferenz, das Neue überwog dann aber deutlich.) In einer Rede Gorbatschows vor dem Februar-Plenum des Zentralkomitees 1988 hätte jeder dritte Satz, wie es Schachnasarow in seinem Buch mit politischen Reflexionen und Erinnerungen formuliert, von denen ins Feld geführt werden können, die annahmen, Gorbatschow wolle nicht mehr tun, als den Sozialismus »aufzupolieren«, aber er schränkte solche Aussagen durch Bemerkungen ein, die »von einem hohen Parteitribun viele Jahrzehnte lang« nicht zu hören gewesen waren.[111] So sprach Gorbatschow beispielsweise von der »leitenden und führenden Rolle der Partei« als einer »unverzichtbaren Bedingung für das Funktionieren und die Entwicklung der sozialistischen Gesellschaft«. Er fügte aber hinzu, die Partei müsse diese Führungsrolle einsetzen, um »tiefgreifende Umgestaltungen« zu bewirken und dabei »nur demokratische Arbeitsmethoden benutzen«. Während er genauso den Marxismus-Leninismus noch immer als »die wissenschaftliche Basis des Ansatzes der Partei für ein Verständnis der gesellschaftlichen Entwicklung und der Praxis der kommunistischen Aufbauarbeit« beschrieb, sagte Gorbatschow aber auch: »... es kann und darf keine Grenzen für wissenschaftliche Forschung geben. Fragen der Theorie können und dürfen nicht mittels irgendwelcher Erlasse beantwortet werden. Der freie Wettstreit der Intellektuellen ist entscheidend.«[112]

Die Vorbereitung der Papiere, die der XIX. Parteikonferenz vorgelegt werden sollten, lieferte eine der wichtigsten Gelegenheiten für solche ernsthaften Diskussionen und die Radikalisierung der politischen Reformen. Tatsächlich brachten die bei der Parteikonferenz auf Betreiben Gorbatschows angenommenen Resolutionen und Entscheidungen die Sowjetunion von einem reformativen auf einen Übergangskurs transformativer Veränderungen des politischen Systems. Außerdem radikalisierten sich während der intensiven Diskussionen mit seinen reformerischen Verbündeten in den Monaten vor der Konferenz Gorbatschows eigene Positionen. Zwar enthielten nicht nur Gorbatschows Gedanken, sondern auch die seiner radikalsten Berater noch immer einige traditionelle Elemente. Aber jetzt fanden Vorstellungen, die der westlichen Demokratietheorie und -praxis verpflichtet waren, Eingang in den sowjetischen politischen Diskurs. Alexander Jakowlew und Georgi Schachnasarow übten einen besonders starken Einfluß bei der Erarbeitung von Reformvorschlägen für das politische System aus. Zu den anderen, die eine wichtige Rolle in der Diskussion und Vorbereitung von Dokumenten vor und während der Konferenz spielten, gehörten zum Beispiel Wadim Medwedjew, Anatoli Lukjanow, Iwan Frolow, Anatoli Tschernjajew und der Herausgeber des *Kommunist*, Nail Bikkenen.[113]

Die Nostalgie, mit der führende Persönlichkeiten der Partei der Vergangenheit anhingen, was sie durch ihre Sympathie für den Andrejewa-Brief zum Ausdruck brachten, spielte auch eine Rolle bei der Zuspitzung von Gorbatschows radikalreformerischer Haltung. Als Teil der Vorbereitungen der XIX. Parteikonferenz und um die Unterstützung des Andrejewa-Artikels, die sich in einigen Parteizirkeln gezeigt hatte, zu bekämpfen, hielt Gorbatschow zwischen dem 11. und dem 18. April drei Besprechungen mit regionalen Ersten Parteisekretären ab (ungefähr 150 Funktionäre insgesamt, jeweils 50 Teilnehmer an

jeder einzelnen Sitzung).[114] Er lenkte die Aufmerksamkeit auf die
Bedeutsamkeit der Bewegung hin zu einem Staat, der sich auf die
Herrschaft des Rechts gründete, und führte aus, daß dies zur Folge
habe, daß jeder einzelne und jede Institution dem Recht unterstehen
müsse, auch das Politbüro.[115] Der Einfluß demokratischer Praktiken in
nicht-kommunistischen Ländern und seiner Gespräche mit westlichen Politikern war offensichtlich, als Gorbatschow seinem Publikum von Parteifunktionären in einer dieser vertraulichen Besprechungen sagte, »... die ganze Welt kritisiert uns dafür, daß die Partei das
Land ungeachtet der Gesetze beherrscht«, und dafür, daß nur ein
Bruchteil der Gesellschaft an der wirklichen Macht teilhat (das heißt,
die Mitglieder der Kommunistischen Partei).[116] Laut Tschernjajew
stellte Gorbatschow bereits während dieser Aprilsitzungen eine Idee
vor, die auf der XIX. Parteikonferenz zum politischen Programm
wurde: Parteisekretäre auf allen Ebenen der Hierarchie sollten auch
den Vorsitz im entsprechenden Sowjet führen, aber wenn sie vom
Sowjet *nicht* gewählt würden, mußten sie auch von ihrem Parteiamt
zurücktreten.[117] Dadurch wurde der nicht der Partei angehörenden
Mehrheit der Bevölkerung effektiv ein Vetorecht über die Träger von
Parteiämtern verliehen, wie auch über die Zusammensetzung der örtlichen Räte und höheren gesetzgebenden Körperschaften. In einem
System des Parteienwettbewerbs wäre dies eine Anomalie gewesen, für
einen Einparteienstaat aber war es ein Fortschritt.

Bevor die XIX. Parteikonferenz begann, wurden ›Thesen‹ veröffentlicht, die ihr im Namen des Zentralkomitees vorgelegt werden sollten.[118] Obwohl sie einen weiteren bescheidenen Schritt zur Radikalisierung der Reformen darstellten, enthielten sie nicht die besonders
dramatischen Veränderungen, die während der Konferenz von Gorbatschow selbst verkündet werden sollten. Den Hauptteil der detaillierten Vorbereitungsarbeit am Entwurf der Thesen hatten Gorbatschows Mitarbeiter Georgi Schachnasarow und Iwan Frolow geleistet,
die in der Datscha in Nowo-Ogarewo außerhalb von Moskau arbeiteten und in enger Verbindung mit dem Generalsekretär standen.[119] Das
Politbüro billigte im ganzen ihre Arbeit am 19. Mai, obwohl es einige
spezifische Einwände gab. So sagte zum Beispiel Ligatschow, daß
man den im Dokument erwähnten »allgemein menschlichen Interessen« noch »Klasseninteressen« hinzufügen müsse.[120] In der endgültigen Version der Thesen scheint der gesamte Satz gestrichen worden zu

sein. Das Dokument erwähnt Klasseninteressen oder -werte nicht, weist aber – im Kontext der internationalen Beziehungen – auf »den Primat des Rechts und der gemeinsamen menschlichen Moral« hin.[121] Der vielleicht schwerwiegendste Rückschlag kam, als sich mehrere Politbüromitglieder »gegen die Kooptierung neuer Mitglieder ins Zentralkomitee« aussprachen und Gorbatschow nicht darauf bestand.[122] In den Augen Schachnasarows spielte dies »später eine verhängnisvolle Rolle und behinderte die Reform der Partei«[123].

Dagegen steht allerdings die Tatsache, daß die späteren Veränderungen in der Zusammensetzung des Zentralkomitees und des Politbüros während des XXVIII. Parteitages 1990 Gorbatschow noch immer nicht mit einer Mehrheit wirklicher Anhänger in diesen beiden Gremien ausstattete. Seine eigenen Ansichten hatten sich zunehmend in Richtung Sozialdemokratie fortentwickelt, die Mehrheit im Parteiapparat war aber vor allem über den Machtverlust besorgt, der für sie mit den drastischen Reformen einherging. Sie beklagten die Art und Weise, in der Gorbatschow die Änderungen durchdrückte, ohne ihren Ansichten Rechnung zu tragen, und vertraten die Meinung, dies stelle ein Demokratiedefizit in der Partei dar. Wenn der Parteiapparat aber ›demokratische Kontrolle‹ über Gorbatschow hätte ausüben können, wäre dies, wie bereits angemerkt, in Verteidigung ihrer organisierten Interessen und im Widerspruch zu einer gesellschaftlichen Demokratisierung geschehen.[124]

Wenn Gorbatschow auf einer personellen Auffrischung des Zentralkomitees bei der XIX. Parteikonferenz bestanden *hätte*, wäre dies für ihn nur hilfreich gewesen, wenn die neuen Mitglieder aus den Reihen der radikalen Minderheit der Delegierten gekommen wären. Auch ist es unwahrscheinlich, daß er letztlich einen offenen Konflikt zwischen den Kräften, die fundamentale Veränderungen befürworteten, und denen, deren Nostalgie für den *Status quo ante* täglich größer wurde, hätte verhindern können. Wenn die Veränderungen für ihn positiv hätten sein sollen, wäre es notwendig gewesen, daß Gorbatschow persönlich die Auswahl neuer Mitglieder überwachte und sich dabei von Verbündeten wie Jakowlew, Schachnasarow und Tschernjajew beraten ließ. Dies hätte einen frühzeitigen Bruch mit Ligatschow bedeutet, was von Jakowlew und anderen gleichgesinnten Kollegen begrüßt worden wäre, die Gorbatschows Geduld mit Ligatschow ärgerlich und ungewöhnlich fanden, da er noch immer die Parteiorganisation unter sich hatte und jede Umgehung seiner Person in einer Schlüsselfrage der ›Kaderpolitik‹ bitter übelgenommen hätte. Aber 1988 arbeitete die traditionelle Autorität eines Generalsekretärs noch viel stärker zugunsten Gorbatschows als 1990, und in den Augen Schachnasarows stellte die XIX. Parteikonferenz eine »einmalige Chance« dar, die Parteiführung zu erneuern, da Gorbatschow noch immer über genügend Einfluß verfügte, die Konferenz dazu zu bewegen, für die von ihm vorgeschlagenen Namen zu stimmen.[125]

Die Konferenz selbst erweiterte die Möglichkeiten der Debatte in der sowjetischen Politik. Mitglieder des Politbüros – darunter Gromyko, Solomenzew und Ligatschow – wurden namentlich in einigen Reden kritisiert, über die ausführlich im Fernsehen berichtet wurde. Jelzin machte in seiner Rede seinen Konflikt mit Ligatschow publik, und Ligatschow erwiderte mit heftigen Angriffen auf Jelzin.[126] Gorbatschow war noch keiner direkten Kritik ausgesetzt, aber viele Redner (vor allem der konservative Schriftsteller Juri Bondarew) äußerten sich implizit sehr kritisch über ihn. Doch die XIX. Parteikonferenz und die ihr folgenden Monate – bis zum Zusammentritt des Ersten Kongresses der Volksdeputierten im Mai – können als der Höhepunkt der Macht Gorbatschows innerhalb des Systems gesehen werden. Er dominierte die Konferenz viel stärker als den Parteitag von 1986, beteiligte sich häufig an der Debatte und trat oft in einen Dialog mit einzelnen Rednern, um Positionen festzuklopfen, die er herausstellen wollte.[127] Die Tatsache, daß Gorbatschow zwischen Sommer 1988 und Frühjahr 1989 eine so große Macht ausübte (im Gegensatz zu 1985/86, als er vorsichtiger vorgehen mußte), bestätigt die allgemeine Erkenntnis, daß die Macht eines Generalsekretärs mit der Zeit zunahm. Nicht von einem Amtsinhaber zum nächsten, wohlgemerkt, denn Stalin besaß Macht, auch über Leben oder Tod seiner ›Kollegen‹, die unvergleichlich größer als die aller seiner Nachfolger war, sondern im Verlaufe jeder Amtszeit.[128] Dies lag nicht zuletzt daran, daß jeder Generalsekretär ein paar Jahre benötigte – im Falle Gorbatschows aber weniger als üblich –, um fußlahme Kollegen zu entfernen, die er ›geerbt‹ hatte, und seine *de facto* personalpolitische Macht zu nutzen, um eigene Anhänger zu befördern.[129]

Dagegen läßt sich freilich sagen, daß Gorbatschow in den Jahren 1990/91 wesentlich weniger Kontrolle ausübte als noch zwei Jahre zuvor und daß im Amt des Generalsekretärs weniger Machtmittel

konzentriert waren. Das aber war – wie ich weiter unten ausführen
werde – ein unmittelbares Ergebnis weitreichender Veränderungen,
die Gorbatschow selbst bewirkte und in deren Folge sich das sowjetische System in seinem Wesen veränderte. Allgemeine Feststellungen
über eine politische Einheit, die sich auf die ihm innewohnenden operativen Regeln eines geschlossenen Systems der Kooptierung und
Berufung von oben stützten, konnten nicht für ein System gelten, in
dem Mehrkandidatenwahlen zusammen mit der Meinungsfreiheit die
politischen Spielregeln radikal verändert hatten. Sobald einer breiteren sowjetischen Öffentlichkeit erstmals die Gelegenheit gegeben war,
ein echter Teilnehmer am politischen Prozeß zu sein, und die Führer
der Republiken von ihren eigenen Wählerschaften und nicht mehr
von Generalsekretär und Politbüro in ihre Ämter gebracht wurden,
war es logisch, daß der Allunionsparteiführer in einem gewandelten
System agierte, in dem ihm einige der wichtigsten seiner früheren Prärogativen nicht mehr zur Verfügung standen.

Später, als Präsident der UdSSR, wurde Gorbatschow häufig vorgeworfen, zu viel Macht in seinen Händen zu konzentrieren. Zu Recht
konnte er entgegnen und tat dies auch oft, daß er, wenn er nur an
Macht interessiert gewesen wäre, das unreformierte sowjetische System nicht hätte zu verändern brauchen, da es den Generalsekretär mit
einer Machtfülle ausstattete, die die kühnsten Träume der meisten
Staatschefs überstieg. Selbst dieser Ansicht sollte allerdings einschrän-
kend hinzugefügt werden, daß der Generalsekretär diese enorme
Macht und Autorität nur solange genoß, wie er die Grundlagen des
Systems nicht antastete. Angesichts des Ausmaßes, in dem Gorbatschow genau dies bis zum Ende der XIX. Parteikonferenz getan hatte,
ist es seinen politischen Fähigkeiten zu verdanken, daß er dabei bis
dahin so stark geblieben war. Als es an die Umsetzung der 1988 projek-
tierten Reformen ging, fand er sich den Angriffen nicht nur der radikalen Demokraten ausgesetzt, denen zum ersten Mal eine öffentliche
Plattform und legitime Stimme eingeräumt worden war, sondern auch
seitens der traditionellen Machtbasis eines Generalsekretärs – des Parteiapparats.

Die XIX. Parteikonferenz verabschiedete eine ganze Reihe von
Resolutionen, von denen jede in Konferenzausschüssen unter der Leitung von hochrangigen Mitgliedern des Politbüros beraten worden
war. Die am weitesten gehenden Resolutionen kamen aus dem von

Gorbatschow geleiteten Ausschuß. Es entsprach der Logik der Parteimacht, daß es des gesamten politischen Gewichts des Generalsekretärs
bedurfte, wenn etwas radikal Neues durchgesetzt werden sollte. Die
zwei Resolutionen, die Gorbatschow vorlegte und besonders unterstützte, handelten von der »Vertiefung der Perestroika«, die nicht nur
die Wirtschaftsreformen, sondern auch die Außenpolitik umfaßte,
und »der Demokratisierung der sowjetischen Gesellschaft und des
politischen Systems«. Die anderen angenommenen Resolutionen hatten den »Kampf gegen den Bürokratismus« (das Produkt eines Ausschusses unter Vorsitz Ligatschows), die Beziehungen zwischen den
Nationalitäten (Vorsitz: Ryschkow), Glasnost (Jakowlew) und eine
Justizreform zum Thema. Letzterer Ausschuß wurde unpassender-
weise von Gromyko geleitet, der noch immer, wenn auch nicht mehr
lange, Vorsitzender des Präsidiums des Obersten Sowjets war.[130] Zusammengenommen enthielten diese Resolutionen viele der Ideen für
weitreichende Reformen, die im Verlauf der vorangegangenen Monate
diskutiert worden, aber bis dahin noch nicht politisches Programm
geworden waren, und stellten viele Ideen vor, die viel weiter gingen als
alles, was man bis dahin von einem offiziellen sowjetischen Forum
gehört hatte.

Als der nächste Parteitag (prinzipiell ein noch gewichtigeres Gremium als eine Allunions-Parteikonferenz) 1990 zusammentrat, hatten
seine Entscheidungen keine so wichtigen Konsequenzen für die sowjetischen Bürger mehr, und seine Beschlüsse waren für den außenstehenden Beobachter längst nicht so interessant, denn die Kommunistische Partei hatte ihr gesellschaftliches Machtmonopol verloren. Mitte
1988 aber waren die Geschehnisse in den höchsten Parteigremien von
enormer Bedeutung für das ganze Land und, wie sich herausstellte, für
die Außenwelt. Die Führung der Kommunistischen Partei bestimmte
noch immer die politische Tagesordnung, entschied, welche der Ideen,
die in den Massenmedien verbreitet oder von Expertengruppen in
›politischen Netzwerken‹ im besonderen entwickelt wurden, sie aufgriff und zur gültigen politischen Linie erhob.[131] Innerhalb der Führung jedoch waren Gorbatschow und eine Gruppe ähnlich orientierter
Mitarbeiter, deren Einfluß ausschließlich von ihrem Zugang zu Gorbatschow und dessen politischen Sympathien abhing, als politische
Innovatoren viel wichtiger als der Rest der Parteispitze zusammen.
Daher übte ein Mitglied des persönlichen Stabes Gorbatschows,

Schachnasarow, der speziell als Ratgeber zur Reform des politischen Systems ernannt worden war, größeren Einfluß aus als eine Mehrheit seiner ihm nominell politisch Übergeordneten, die Vollmitglieder des Politbüros waren. Es sollte jedoch nicht übersehen werden, daß das Politbüro noch immer die kollektive Macht besaß, den Generalsekretär und damit selbstverständlich auch seine Berater aus dem Amt abzuberufen. Das war eine realistische Möglichkeit, wenn alle Mitglieder des Politbüros an einem Strang gezogen hätten und wenn sie nicht von Gorbatschow überredet und angetrieben worden wären, Teil einer Koalition für weitreichende Veränderungen zu werden, an die nur wenige von ihnen glaubten. Wie das Protokoll der Sitzung des Politbüros, in der man den Nina-Andrejewa-Brief diskutierte, zeigte, machte Gorbatschow auf das wirkungsvollste Gebrauch von seiner Autorität als Generalsekretär und leistete gleichzeitig echte Überzeugungsarbeit, um zu erreichen, daß es zu etwas wie einem Konsens im Politbüro kam, auch wenn einige seiner Mitglieder am Ende einer langen Debatte lediglich ihre Zweifel unterdrückten.[132]

Mehrkandidatenwahlen und der Demokratisierungsprozeß

Der entschiedenste Bruch mit der Vergangenheit war der Entschluß, Mehrkandidatenwahlen[133] zu einem neuen Parlament einzuführen, das den bestehenden Obersten Sowjet ersetzen sollte, eine Versammlung, die unregelmäßig zusammentrat und Gesetze den Anweisungen der Exekutive entsprechend absegnete. Die Resolution »Über die Demokratisierung der sowjetischen Gesellschaft und die Reform des politischen Systems« forderte *inter alia* die »uneingeschränkte Kandidatenaufstellung, ihre allgemeine und freie Diskussion, das Verzeichnen von mehr Kandidaten als Sitzen auf den Wahlzetteln und die strikte Einhaltung demokratischer Wahlprozeduren«[134]. Diese Wahlen sollten über die Zusammensetzung einer neuen ›äußeren‹ gesetzgebenden Volksvertretung entscheiden, des Kongresses der Volksdeputierten der UdSSR. Dieser wiederum würde eine kleinere, ›innere‹ Körperschaft wählen, einen Obersten Sowjet aus zwei Kammern, der die ständige Legislative sein würde, und zwar mit einer Sitzungszeit von über acht Monaten des Jahres im Gegensatz zum alten Obersten Sowjet vor der Reform, der für weniger als acht Tage pro Jahr zusammentrat. Der

Kongreß der Volksdeputierten sollte sich aus Abgeordneten zusammensetzen, die sowohl direkt von politischen und gesellschaftlichen Organisationen – einschließlich der Kommunistischen Partei, des Komsomol und der Gewerkschaften – nominiert wurden, als auch denjenigen, die von der Bevölkerung gewählt wurden. Da eine der anderen hervorgehobenen Aussagen der Resolution sich auf die Notwendigkeit bezog, einen »sozialistischen Rechtsstaat« (*sotsialisticheskoe pravovoe gosudarstvo*) zu schaffen,[135] hatten die Beschlüsse der Parteikonferenz logischerweise keine Gesetzeskraft, bevor das Parlament nicht ensprechende Gesetze verabschiedet hatte. Da es sich allerdings noch um den unreformierten Obersten Sowjet handelte, war es nicht schwierig, das gewünschte Ergebnis zu erzielen. Im Dezember wurden eine Reihe von Verfassungsänderungen verabschiedet und der Anteil der in Wahlkreisen zu bestimmenden Abgeordneten auf zwei Drittel festgelegt, während das letzte Drittel von öffentlichen Organisationen entsandt werden sollte.[136] Von den 2500 Deputierten sollten 750 aus verschiedenen Landesteilen wegen unterschiedlicher Bevölkerungsdichte auf der Basis wahlrechtlich gleich großer Wahlkreise gewählt werden. Weitere 750 Abgeordnete sollten die national-territorialen Einheiten repräsentieren – von den Unionsrepubliken bis zu den sogenannten ›Autonomen Republiken‹. Dies bedeutete, daß auf dieser Kandidatenliste die kleine estnische Republik genauso viele Deputierte entsandte wie die gewaltige russische Republik. Die umstrittenste Gruppe in diesem Gesetz aber waren die 750 Abgeordneten, die von gesellschaftlichen Organisationen ausgewählt werden würden und von denen der Kommunistischen Partei hundert Sitze zugeteilt wurden. Aber die Einbeziehung der Akademie der Wissenschaften und verschiedener kultureller Organisationen, zum Beispiel die Verbände der Schriftsteller, Theaterschaffenden und Filmemacher, in die Körperschaften, die berechtigt waren, Deputierte zu wählen, half dabei, die neue Legislative mit einigen ihrer angesehensten und nonkonformistischsten Mitglieder zu versehen.[137]

Die eigentliche Arbeit dieses neuen Parlaments wird kurz im nächsten Abschnitt dargestellt, der von dem Stadium handelt, in dem die Veränderungen nicht mehr nur konzeptionelle Innovationen, sondern institutionelle Transformationen waren. Aber das Wesen des ›historischen Kompromisses‹, für den die neue Legislative steht, verdient im weiteren Kontext der Transition vom Autoritarismus zur Demokratie betrachtet zu werden. Die Reservierung von Sitzen für Deputierte, die von ›gesellschaftlichen Organisationen‹ bestimmt wurden, sowie die lediglich indirekte Wahl des Obersten Sowjets durch den Kongreß der Volksdeputierten löste Kritik aus – schon damals, und in noch größerem Maße in retrospektiven Bewertungen im postsowjetischen Rußland. Spätestens 1990 hegte außerdem auch Gorbatschow keine Zweifel mehr daran, daß es *zukünftig* direkte Wahlen zum Obersten Sowjet und keine reservierten Mandate für die Kommunistische Partei mehr geben solle.[138] Die Entscheidungen der Parteikonferenz im Sommer 1988 und das neue Wahlgesetz vom Dezember jenes Jahres schufen etwas, das nur ein Wahlreglement und ein Parlament für eine Übergangsperiode sein konnte. Die Vorzüge der Form aber, die sie unter den konkreten sowjetischen Bedingungen nur etwas über drei Jahre nach der Machtübernahme Gorbatschows annahmen, bedürfen der Hervorhebung. Es war beinahe, als hätten die Protagonisten radikalen Wandels in einigen wichtigen Bereichen ihre eigenen Schlußfolgerungen aus den Maximen der allgemeinen Literatur zur Transition von Autoritarismus zur Demokratie gezogen. Das heißt selbstverständlich nicht, daß Gorbatschow von den Schriften komparativer Politikwissenschaftler angeleitet wurde und nicht etwa von seinem eigenen politischen Urteil und Instinkt. Das Wesentliche ist vielmehr, daß viele westliche und russische Kommentatoren größere Rücksicht auf das Rahmenwerk politischer Zwänge, in dem Gorbatschow agierte, hätten nehmen sollen, als sie es zu tun schienen. Im allgemeinen kam die Kritik später, damals lösten die Beschlüsse der XIX. Parteikonferenz eher Überraschung als Enttäuschung aus. Als die Entscheidung bekanntgegeben wurde, Wahlen mit wirklicher Wahlmöglichkeit zu einer neuen Legislative durchzuführen, teilten sich die Beobachter in diejenigen, die dies als eine bemerkenswert radikale Veränderung sahen, und jene, die nicht glaubten, daß die sowjetische Führung ernsthaft daran dachte, Parteifunktionäre tatsächlich dem Risiko einer Wahlniederlage auszusetzen. Entscheidend aber ist, daß es Gorbatschow gelang, einen echten institutionellen Durchbruch mit der Beruhigung organisierter Interessen innerhalb der sowjetischen Elite zu verbinden. Dies ermöglichte es ihm, Zustimmung zu den weitreichenden Veränderungen und deren Umsetzung zu erreichen.

Es ist schwer nachzuvollziehen, warum irgend jemand hätte erwarten können, daß Rußland den Schritt von extremem Autoritarismus und Pseudowahlen zu voll ausgeprägter Demokratie und vollständig freien Wahlen auf einmal machen würde.[139] Die Kritik in Rußland ein paar Jahre später, daß die Wahlen von 1989 diesem Ideal nicht entsprochen hatten, kam hauptsächlich von Intellektuellen, die von Anhängern Gorbatschows zu Sympathisanten Jelzins geworden waren. Dies muß entweder mit ihrem sehr kurzen Gedächtnis zusammenhängen oder einem Unverständnis des politischen Kontextes, in dem Gorbatschow 1988 handelte – genau dem Jahr, in welchem die meisten seiner Kritiker durch einen einzigen Artikel in der *Sowjetskaja Rossija*[140] zum Schweigen gebracht wurden und ihre Stimmen erst wiederfanden, nachdem Gorbatschow bewiesen hatte, daß es sich dabei nicht um eine offizielle Kursänderung handelte und er Dissens in der Sowjetunion tatsächlich zu einem ungefährlichen Vorgang gemacht hatte.

Die Einführung von Wahlen, die im wesentlichen wirklich eine Wahlmöglichkeit boten, war der entscheidende Wendepunkt in der Transformation des sowjetischen Systems. Damit wurden Säulen des kommunistischen Systems untergraben, wie etwa der ›demokratische Zentralismus‹ oder das Nomenklatursystem der parteiinternen Ämtervergabe. Eingeführt dagegen wurden substantielle Elemente von Pluralismus und Demokratie in ein bis dahin weitgehend autoritäres Regime. Zwar gibt es gewaltige Unterschiede zwischen der sowjetischen Transition und den Transitionen vom Autoritarismus in Südeuropa und Lateinamerika (von denen einige in diesem Kapitel bereits erwähnt wurden), es existieren aber auch einige Gemeinsamkeiten. Die in der Transitionsliteratur oft getroffene Unterscheidung zwischen dem wirklichen Drang nach Veränderungen, der aus der Gesellschaft kam, sowie den ›Hardlinern‹ und ›Softlinern‹ innerhalb der alten Elite war von nur geringer Relevanz für die Sowjetunion in den ersten drei Jahren unter Gorbatschow. Gorbatschow und seine engsten Mitarbeiter waren keine ›Softliner‹, die auf Druck von unten reagierten. Sie waren die eigentliche und wesentliche Kraft, die Veränderungen von oben her bewirkten und einführten. Trotzdem war nichts offensichtlicher als die Tatsache, daß die sowjetische Elite zutiefst gespalten war und nur eine Minderheit in Politbüro und Zentralkomitee und dessen Abteilungen, ganz zu schweigen von KGB und Armee, für Veränderungen eintrat, die so weitreichend waren wie die von Gorbatschow in Erwägung gezogenen.[141] Mit jedem radikalisierenden Schritt der Perestroika wurden diese Risse offensichtlicher und öffentlich. Im Blick auf Transitionen von rechtsgerichteten autoritären Regimes stellen Guillermo O'Donnell und Philippe C. Schmitter fest: »Sobald die Entscheidung für eine Liberalisierung einmal gefallen ist – gleichgültig, aus welchen Gründen und unter wieviel Kontrolle der Regierenden auch immer –, wird ein Faktor wirkungsmächtig, der wie ein Damoklesschwert über dem möglichen Ausgang hängt. Dies ist die Angst vor einem Staatsstreich, der nicht nur die Transition abbrechen, sondern auch eine Rückkehr zu einem noch restriktiveren und repressiveren Herrschaftsstil erzwingen würde.«[142]

Ein solcher Putsch wurde schließlich in der Sowjetunion im August 1991 versucht. Der einzige Weg, der es den Anführern ermöglicht hätte, mehrere Jahre lang am Ruder zu bleiben und nicht nur die paar Tage, die sie tatsächlich als selbsternanntes Regierungskomitee aushielten, wäre die Errichtung eines härteren Regimes als das Breschnewsche gewesen. Doch zu viele sowjetische Bürger hatten in den Jahren 1988 bis 1991 die Gewohnheiten des Gehorsams und der Konformität abgelegt. Außerdem war sich Gorbatschow bereits vorher der Möglichkeit eines Staatsstreiches bewußt, obwohl er mit einer anderen Art von Putsch rechnete als dem schließlich versuchten. Er konnte es sich zu keinem Zeitpunkt leisten, das Schicksal Chruschtschows im Oktober 1964 zu vergessen. Es war eine Erinnerung daran, daß es in der Post-Stalin-Ära selbst für die Macht eines Generalsekretärs Grenzen gab. Der Sturz Chruschtschows war genaugenommen gar kein Putsch gewesen. Vielmehr war dies ein Beispiel dafür, daß die Elite der Kommunistischen Partei (die innere Elite des Politbüros und die erweiterte Elite des Zentralkomitees) nicht nur ihre tatsächliche Macht, sondern auch das ihr im Parteireglement zustehende Recht ausübte, einen Generalsekretär abzusetzen und einen neuen zu wählen.[143]

Demokratisierung ist nicht das gleiche wie Demokratie, sondern ein Prozeß, der zur Demokratie führt. In Großbritannien, dem klassischen Beispiel gradueller Demokratisierung, dauerte dieser Prozeß ungefähr ein ganzes Jahrhundert, vom *First Reform Act* von 1832 bis zum *Representation of the People Act* von 1928, der den Frauen das Wahlrecht im gleichen Alter wie den Männern gab.[144] (Das Frauenwahlrecht wurde 1918 eingeführt, aber erst ab 30 Jahren, im Unterschied zu Männern, die schon mit 21 wählen durften.) Demokratisierung »auf Raten« ist, wie O'Donnell und Schmitter beobachten, ein Weg, bei Übergängen von autoritärer Herrschaft »die Hardliner ruhig-

zustellen«[145]. Aber Raten in solch langen zeitlichen Abständen wie in
Großbritannien waren eine zunehmend unrealistische Option für die
Sowjetunion, sobald die Liberalisierung einmal die Erwartungen hatte
größer werden lassen und besonders nachdem die kommunistische
Herrschaft in den »Bruderländern« Osteuropas ab 1989 noch unzweideutiger abgeschüttelt wurde. Für die letzten zwei Jahrzehnte des
20. Jahrhunderts ist es wohl angebracht zu sagen, daß »eine Liberalisierung die Assoziation von Demokratisierung weckt, und Demokratisierung wird mittels Wahlen angezeigt«[146]. Darüber hinaus »vergrößert
Liberalisierung ohne Demokratisierung nur die Erwartungen und löst
Ungeduld aus«.[147]

Während Gorbatschow die allgemeinen Erwartungen mit seiner
Einführung von Mehrkandidatenwahlen steigerte, mußte er zur selben Zeit den Ängsten der alten Elite entgegenwirken, unter anderem
auch mit ›Beruhigungspillen‹ für die ›Hardliner‹. Jeder seiner Schritte
vollzog sich unter den wachsamen Augen der Parteiführung, die er
umschmeicheln und überzeugen mußte, sich aber nicht entfremden
durfte, bevor er eine alternative Machtbasis schaffen konnte. Als Gorbatschow im März 1990 vom Kongreß der Volksdeputierten zum Präsidenten der UdSSR gewählt wurde, verringerte er seine Abhängigkeit
von der Kommunistischen Partei für eine weitere Ausübung des Amtes
erheblich, ohne sie jedoch völlig zu beenden. Danach umging er häufiger die höchsten Parteigremien und unternahm nicht mehr so oft
außerordentliche Anstrengungen, um sie von der Richtigkeit seiner
getroffenen oder geplanten Entscheidungen zu überzeugen, da die
Macht in vielen wichtigen Bereichen von der Partei auf die Institutionen des Staates übergegangen war. Bevor jedoch die neuen Organe
geschaffen waren und in Abwesenheit selbst einer rudimentären und
zerbrechlichen Bürgergesellschaft, mußte Gorbatschow im Jahre 1988
sein Streben nach wirklichen Wahlen als für die Parteielite ungefährlich erscheinen lassen, obwohl genau dieser Schritt, mehr als jeder
andere, ihre Macht untergraben sollte.

Dementsprechend wurde auf lokaler Ebene die Idee wirklicher
Wahlen zu den Sowjets mit dem Vorschlag verbunden, daß der örtliche Parteisekretär normalerweise den Vorsitz des Sowjets führen
sollte, obwohl dies (wie bereits angemerkt) bedeutete, daß er Gefahr
lief, auch sein Parteiamt zu verlieren, sollte er nicht in den Sowjet
gewählt werden. Zur Zeit der XIX. Parteikonferenz gehörte Schachna-

sarow zu denjenigen, die gegen die Idee waren, daß der Regions-, Stadt-, oder Bezirkssekretär der Vorsitzende der auf diesen Ebenen zu wählenden Sowjets würde. Gorbatschow entgegnete darauf, daß die Situation sich genau den Wünschen Schachnasarows entsprechend entwickeln, das heißt, zur Ablehnung vieler Parteisekretäre durch die Wähler führen würde, aber »wenn wir die Zustimmung zu diesen Beschlüssen erreichen wollen, ist dies der Weg, den wir nehmen müssen«[148]. Sonst würden diejenigen starken Widerstand leisten, die aus den Machtpositionen entfernt werden sollten. Gorbatschow glaubte, daß »fortschrittlich gesonnene und nach vorne schauende Leute … sowieso gewählt werden« und daß diese unter dem neuen System überleben würden, hingegen viele Konservative unter den Parteifunktionären nicht.[149] Im Falle der Allunionslegislative bedeutete die Reservierung von 100 Sitzen für wichtige Parteimitglieder, daß die große Mehrheit der Mitglieder des Politbüros und des Sekretariats des Zentralkomitees eine sichere Fahrkarte in den Kongreß der Volksdeputierten besaß. Es war allerdings ein Akt übermäßiger Vorsicht, daß dem Wahlkollegium des Zentralkomitees eine Liste mit nur hundert Kandidaten für hundert Sitze vorgelegt wurde, auch wenn unter dem geltenden Wahlmodus zwei weitere Kandidaten den Verlust Ligatschows und Jakowlews bedeutet hätten. Beide erzielten die größte Anzahl negativer Stimmen, obwohl jeder über substantielle Unterstützung in der Partei verfügte und daher zu Recht den Anspruch auf einen Sitz im neuen Parlament erheben konnte.[150]

Da die 2250 Deputierten des Kongresses das Wahlkollegium für den Obersten Sowjet bildeten, waren die höheren Parteispitzen zuversichtlich, daß dieser indirekte Wahlmodus unbequeme Radikale vom kleineren und permanent arbeitenden Teil der Legislative fernhalten würde, selbst wenn einige in den Kongreß der Volksdeputierten gewählt würden. Was auch immer die Nachteile dieser Arrangements im Vergleich zu Wahlen und Parlamenten in blühenden Demokratien waren, verbanden sie doch eine Beruhigung der organisierten Interessen innerhalb der alten Elite mit einer echten Dosis Demokratisierung. Zum ersten Mal nämlich wurde der gesamten Öffentlichkeit das Recht eingeräumt, die Wahl des Wunschkandidaten der Kommunistischen Partei zu verhindern und in vielen Fällen statt dessen jemanden zu wählen, der nicht auf Zustimmung im Parteiapparat stieß. Und schließlich waren dies Wahlen zu einem Parlament, das wirkliche

Macht ausübte, und nicht zu einer Fassade wie dem Obersten Sowjet vor der Reform.[151]

Es war eine Sache für die XIX. Parteikonferenz, prinzipiell der Idee zuzustimmen, Wahlen mit mehr als nur einem Kandidaten für einen Sitz zu einem neuen Parlament abzuhalten und den Umfang des ZK-Apparats radikal zu reduzieren, eine andere aber, diese Beschlüsse in die Praxis umzusetzen. Laut Iwan Laptew in einem Interview von 1990, kurz bevor er seine Stelle als Chefredakteur der *Iswestija* aufgab und Vorsitzender einer der Kammern des Obersten Sowjets wurde, hatten die Parteifunktionäre »keine Probleme« mit den von ihnen ver-abschiedeten Resolutionen, weil sie annahmen, daß »die Aufgaben so enorm sind, daß wir zehn Jahre brauchen werden, um sie zu bewälti-gen«.[152] Sie glaubten also, für ungefähr ein weiteres Jahrzehnt in ihren Stellungen sicher zu sein. Gegen Ende seiner Abschlußrede vor der Konferenz jedoch nahm Gorbatschow einen Zettel aus seiner Jacken-tasche und brachte eine weitere Resolution ein, was, so Laptew, »alle überraschte«.[153] Die Entschließung sah vor, die für eine wirksame Umsetzung der politischen Veränderungen notwendigen Verfassungs-änderungen bei der nächsten Sitzung des Obersten Sowjets vorzuneh-men. Sie schrieb fest, daß die neue Legislative bis April 1989 ihre Arbeit aufnehmen solle und daß die Verkleinerung des Parteiapparats vor Ende 1988 abgeschlossen sein müsse.[154] Nachdem Gorbatschow diese schlichte Resolution vorgestellt hatte (von der er zugab, sie sei »auf die Schnelle formuliert« worden),[155] sagte er: »Ich glaube, es ist einfach le-bensnotwendig, diese Resolution anzunehmen. Es ist doch so, Genos-sen?« Sein Publikum stimmte zu, worauf er die Abstimmung einlei-tete.[156] Mit listigem Wissen um den geschicktesten Zeitpunkt hatte Gorbatschow die Delegierten überrumpelt, einstimmig für kolossalen politischen Wandel zu votieren, nachdem alle Debatten schon vorüber zu sein schienen und alle dabei waren, sich für das Singen der ›Interna-tionale‹ zu erheben.[157] Einige, die ihre Hand für den Anfang vom Ende des Machtmonopols der Partei gehoben hatten, entwickelten über ihre Tat innerhalb von Minuten düstere Vorahnungen. Gorbatschow wußte, daß eine Entscheidung von fundamentaler Bedeutung getrof-fen worden war.[158] Genauso war dies vielen der Delegierten klar – al-lerdings erst, als es für Widerstand zu spät war. Laptew hat berichtet, daß er beim Verlassen des Sitzungssaals »wichtige Parteifunktionäre«, besonders aus der Provinz, habe sagen hören: »Was haben wir getan?«[159]

Reorganisation des Zentralkomitees

Gorbatschow verlor keine Zeit, bevor er daran ging, die radikale Umstrukturierung des ZK-Apparats und den Abbau hauptamtlicher Parteifunktionäre auf allen Ebenen der Hierarchie, angefangen beim Zentralkomitee, in die Tat umzusetzen. In einer Denkschrift für das Politbüro vom 24. August 1988[160] empfahl Gorbatschow die Abschaffung der einzelnen Wirtschaftsabteilungen des Zentralkomitees, wie zum Beispiel der Abteilung für Schwerindustrie und Energie, von denen jede einzelne die Arbeit von Ministerien überwacht hatte. Die Reorganisation fand im Oktober 1988 statt, und die Zahl der Abteilungen des Zentralkomitees ging von zwanzig auf neun zurück.[161] Abgesehen von der neuen Sozio-ökonomischen Abteilung war nun nur noch eine Abteilung für Wirtschaftsfragen zuständig: die Landwirtschaftliche Abteilung. Gorbatschow wurde nicht nur von einem allgemeinen Wunsch getrieben, den Umfang des Parteiapparats zu verringern, sondern er wollte auch einen großen Teil der Aufgabe, die Ministerien politisch zu kontrollieren, an das neue Parlament übergeben, das zu schaffen die XIX. Parteikonferenz beschlossen hatte. Die Beziehungen zwischen den Ministerien und ihren entsprechenden ZK-Abteilungen waren meistens ausgesprochen ›kuschelig‹ gewesen, und man konnte nur in sehr eingeschränktem Sinne von einer Kontrolle sprechen.[162]

Die neue Legislative sollte in der Tat den Wirtschaftsministerien gegenüber wesentlich kritischer auftreten als der Parteiapparat. Durch seine Bemühungen um eine neue Grundlage politischer Autorität in der Sowjetunion wollte Gorbatschow es außerdem »für den industriellen Apparat nicht mehr länger zulassen, den Deckmantel der Parteimacht zu benutzen, um sich Reformen zu verweigern«.[163] Die Abschaffung der meisten der Wirtschaftabteilungen des Zentralkomitees und ihrer Gegenstücke auf niedrigeren Ebenen des Parteiapparats sollte darüber hinaus – ganz im Sinne der Grundsätze der ökonomischen Reformen – auch verhindern, daß die Partei die Arbeit der staatlichen Institutionen duplizierte, und es der Wirtschaft ermöglichen, sich selbst zu regulieren. Das erste dieser Ziele wurde im ganzen erreicht, letzteres nicht. Die Ministerien und ihre industriellen Bestandteile nämlich waren äußerst gewandt, ihre Macht und Privilegien zu erhalten, während sie die notwendigen Zugeständnisse an neue Anreize und Bedürfnisse machten.[164]

Ein weiterer wichtiger Teil der Reorganisation des ZK-Apparats war die Auflösung der Abteilung für Beziehungen mit Kommunistischen und Arbeiterparteien Sozialistischer Länder (normalerweise bekannt als die Abteilung für Sozialistische Länder) und deren Inkorporierung in die Internationale Abteilung. Dies gehörte zu der zunehmenden Tendenz, andere kommunistische Staaten als souveräne Einheiten zu behandeln und nicht als Teile eines sowjetischen Imperiums, die strikter politischer Kontrolle und eigener administrativer Arrangements bedurften. Valentin Falin übernahm die Leitung der neustrukturierten und vergrößerten Internationalen Abteilung von Anatoli Dobrynin.[165]

Die wahrscheinlich weitreichendste der im Herbst 1988 begonnenen Parteireformen war, zumindest für die sowjetische Innenpolitik, die Abstufung des Sekretariats des Zentralkomitees, an dessen Stelle sechs neue Kommissionen des Zentralkomitees traten. Im Prinzip, und bis zu einem gewissen Maße auch in der Praxis, gaben diese Kommissionen den Parteimitgliedern außerhalb des Apparats größere Möglichkeiten, die Politik zu beeinflussen. Da die Autorität der Partei in der Gesellschaft aber in nicht allzu ferner Zukunft in Frage gestellt werden sollte, ist es kaum eine Überraschung, daß die Macht der Kommissionen niemals an die des alten Sekretariats heranreichte. Angesichts von Gorbatschows ernsthaftem Interesse an einem Rechtsstaat ist es wahrscheinlich, daß ihre Macht, anders als die des Sekretariats, nie eine Konkurrenz für die staatlichen Institutionen darstellen sollte. Ligatschow, der die Veränderungen bedauerte, schreibt später: »Die Schlauheit, beabsichtigt oder nicht, lag darin, daß niemand jemals erwähnte, daß Sitzungen des Sekretariats abgeschafft werden sollten oder daß sich irgend jemand jemals gegen sie ausgesprochen hätte. Die Kommissionen wurden eingerichtet, und die Sitzungen des Sekretariats endeten einfach von selbst. Der Partei war ein Operationsstab für ihre Führer genommen worden.«[166] Das Sekretariat, das sich traditionell einmal pro Woche unter der Leitung des *de facto* Zweiten Sekretärs versammelt hatte, war dafür verantwortlich gewesen, die Arbeit des ZK-Apparats zu überwachen und die Implementierung der Politik der Partei im Lande sicherzustellen. Für das folgende Jahr und länger trat es, wie Ligatschow bemerkt, nicht mehr regulär zusammen, und seine Funktionen wurden von den Kommissionen des Zentralkomitees übernommen.

Der Vorsitzende einer jeden Kommission wurde in gewissem Sinne zum Herrscher über dieses Politikfeld innerhalb des ZK-Apparats. Was dies allerdings real bedeutete, war von Zuständigkeit zu Zuständigkeit verschieden. Eine der interessantesten Personalentscheidungen war die Berufung Wadim Medwedjews zum Vorsitzenden der Kommission für Ideologie, da sich bis dahin Ligatschow und Jakowlew die Verantwortung für diesen Bereich geteilt hatten. Die »doppelte Vormundschaft von Ligatschow und Jakowlew über Ideologie«, bemerkt Medwedjew, hatte nicht funktioniert. Dies lag nicht nur an ihren unterschiedlichen Einstellungen, sondern auch an ihren persönlichen Charaktereigenschaften, darunter ihrem Stolz und mangelndem Willen zum Kompromiß.[167] An ihre Stelle trat nun ein Reformer, der vorsichtiger als Jakowlew war, aber dennoch wesentlich bereitwilliger weitreichende Veränderungen in Betracht zog als Ligatschow. Die Zeiten allerdings, in denen selbst eine schlüssige ideologische Linie der Parteiführung ›funktionieren‹ konnte, waren vorbei. Ein bedeutender Teil der Gesellschaft hatte seine Stimme gefunden und war nicht willens, sich automatisch den von oben ausgegebenen Richtlinien anzupassen. Die Spannung zwischen Jakowlew und Ligatschow war zwar aus der Sicht der Parteibürokratie verwirrend gewesen, sie mag aber durchaus einen Beitrag zur Pluralisierung des sowjetischen Systems geleistet haben. Allein die Tatsache, daß Politbüro und ZK-Sekretariat sich dissonant äußerten, räumte den Medien Möglichkeiten der Auswahl ein, auf die sie in unterschiedlichster Form reagierten. Unter den Bedingungen eines Einparteienstaats war dies unbedingt einer abgestimmten und von weit oben nach unten durchgereichten Linie vorzuziehen.

Im Zuge dieser Änderungen wurde Jakowlew – was er selbst begrüßte[168] – interessanterweise Vorsitzender der Kommission für Internationale Angelegenheiten und somit nach Gorbatschow der Parteiaufseher für die Außenpolitik. Ligatschow wurde dagegen auf das Abstellgleis der Leitung der Kommission für Landwirtschaft geschoben. Ein Verbündeter Gorbatschows, wenn auch kein besonders effektiver, Rasumowski, der bereits die Personalpolitik der Partei überwacht hatte, führte nun den Vorsitz der Kommission für Parteiaufbau und Kaderpolitik. Sljunkow, ein entschlossenerer Reformer als Ryschkow, wurde Leiter der Kommission für Wirtschafts- und Sozialpolitik. Die schlimmste Berufung war die Tschebrikows. Er war als Vorsitzender des KGB unter dem Vorwand abgelöst worden, ihn zu einem Sekretär des ZK zu machen, und er wurde nun Vorsitzender der Rechtskommission. Zwar machte Tschebrikows KGB-Hintergrund ihn ausgesprochen unmöglich als Betreuer des Übergangs zu einem Rechtsstaat, seine Ernennung kann aber auch als ein Teil eines zwei-stufigen Prozesses gesehen werden, ihn aus Positionen zu verdrängen, in denen er politischen Schaden würde anrichten können. Genau ein Jahr später, im September 1989, wurde er aus dem Politbüro und dem Sekretariat entfernt, und er verlor den Vorsitz der Rechtskom-mission.[169]

Transformation im Inneren und Äußeren

Die dritte Phase, die *Transformation im Inneren und Äußeren*, begann Anfang 1989 mit dem Wahlkampf zu den ersten unionsweiten Mehr-kandidatenwahlen seit der Gründung der UdSSR, und sie schloß die Wahl selbst im März und die gewaltige Wirkung des so gewählten Parlaments mit ein, und zwar besonders dessen erste Sitzung. Diese politische Phase sah auch den Aufschwung, den der politische Pluralis-mus durch die nachfolgenden Sitzungen des Kongresses und des neu-artigen Obersten Sowjets und die Wahlen zu den Parlamenten der Republiken 1990 nahm. Sie umfaßte auch den Zusammenbruch des Kommunismus in Osteuropa, und dies hatte wiederum einen tiefgrei-fenden Einfluß auf die öffentliche Meinung in der Sowjetunion. Die-ser bemerkenswerte Zeitabschnitt, entscheidend für die Pluralisierung der sowjetischen Politik, endete im Oktober/November 1990, als Gor-batschow das unternahm, was als seine ›Wende nach rechts‹ bekannt wurde.[170]

Da er sein ursprüngliches Ziel, mittels der XIX. Parteikonferenz eine Veränderung der Zusammensetzung des Zentralkomitees vorzu-nehmen, nicht erreicht hatte, stand Gorbatschow vor dem Problem, daß eine wachsende Zahl der Mitglieder dieses Gremiums, das nach wie vor die Macht hatte – wenn sie kollektiv mobilisiert werden konnte –, ihn aus dem Amt zu entfernen, die Positionen verloren hat-ten, derentwegen sie überhaupt zu Mitgliedern des ZK geworden waren. Diese alternde Gruppe ›toter Seelen‹ war also ein wahrschein-licher Nährboden für Unzufriedenheit und eine mögliche Quelle für

die Unterstützung eines Rivalen Gorbatschows, sollte es jemals zu
einem Versuch kommen, ihn als Generalsekretär zu stürzen. Stalins
Antwort auf die Anwesenheit potentieller Gegner im Zentralkomitee
war, sie verhaften und erschießen zu lassen, Chruschtschow ließ sie bei
Parteitagen austauschen. Gorbatschow war der erste sowjetische Führer, der eine große Anzahl von ZK-Mitgliedern dazu *überredete*, auch
zwischen Parteitagen *in den Ruhestand zu wechseln*. Bei der Plenarsitzung am 25. April 1989 wurde einer Bitte, unterzeichnet von 74 Vollmitgliedern und 24 Kandidaten des Zentralkomitees, sie von ihren
Pflichten als Angehörige des ZK zu entbinden, vom Plenum entsprochen.[171] Unter denen, die sich auf diese Weise endgültig von der politischen Bühne verabschiedeten, waren Andrei Gromyko, Wladimir
Dolgich, Nikolai Tichonow, Boris Ponomarjow und der konservative
Ideologe Pjotr Fedosejew, der als Vizepräsident der Akademie der Wissenschaften geholfen hatte, die Sozialwissenschaften in den Jahren vor
der Machtübernahme Gorbatschows in einem besonders traurigen
Zustand zu halten.[172] Während derselben Plenartagung wurden 24
Kandidaten zu Vollmitgliedern des Zentralkomitees befördert, darun-
ter der Leiter der Internationalen Abteilung, Valentin Falin, und der
Wissenschaftler Jewgeni Welichow.

Diese wichtige Plenarsitzung des Zentralkomitees fiel zwischen die
ersten unionsweiten Mehrkandidatenwahlen in der Sowjetunion und
die konstituierende Sitzung des durch sie gewählten Kongresses der
Volksdeputierten der UdSSR, die vom 25. Mai bis zum 9. Juni dauerte.
Die Zeit vor den Wahlen am 26. März war geprägt von noch offenerer
politischer Auseinandersetzung, als es sie selbst 1988 gegeben hatte, als
nun radikale Kandidaten versuchten, ausreichende Unterstützung zu
gewinnen, um ihren Namen auf den Wahlzettel zu bekommen, und
konservative Parteifunktionäre sich dem widersetzten. In einigen Fällen gelang es Reformern, von der einen oder anderen gesellschaftlichen
Organisation nominiert zu werden, wenn es mit der Kandidatur
in einem territorialen Wahlkreis nicht geklappt hatte. Moskau war
der Schauplatz besonders heftiger politischer Kämpfe. Boris Jelzin
kämpfte um einen Sitz für die ganze Stadt gegen einen Kandidaten,
der klar vom Parteiapparat vorgezogen wurde, Jewgeni Brakow, den
Direktor der großen Autofabrik Sil. Da die kommunistische Parteibürokratie alles in ihrer Macht Stehende tat, Brakow zu helfen und Jelzin zu diskreditieren, legte das Ergebnis nahe, daß ihre Bemühungen

kontraproduktiv waren. Jelzin wurde gewählt, und zwar mit beinahe 90 Prozent der Stimmen der 83,5 Prozent der Moskauer, die zur Wahl gingen.[173] An dieser Stelle sei auf eine wichtige Beobachtung verwiesen, die der Botschafter der Vereinigten Staaten in der Sowjetunion Jack Matlock im Rückblick anstellte: »Jelzins Sieg überraschte mich nicht so sehr wie die Tatsache, daß *die Stimmzettel korrekt ausgezählt wurden*« (Hervorhebung Matlocks).[174]

Die Wahlen 1989 und der Erste Kongreß

In der vergleichenden Literatur über Transitionen von autoritären Regierungen nimmt das Konzept der *Gründungswahl* (*founding election*) breiten Raum ein.[175] Der Begriff wird in der Regel nur auf die erste Mehr*parteien*wahl angewandt. Von den drei Mehrkandidatenwahlen in Rußland in den Jahren 1989, 1990 und 1991 erfüllte allerdings keine dieses Kriterium. (Selbst 1989, und noch mehr 1990, waren Kandidaten der Volksfront in einer Minderheit der nicht-russischen Republiken besonders erfolgreich – vornehmlich in den baltischen Staaten –, und die lockere Dachorganisation ›Demokratisches Rußland‹ war für die Wahl Boris Jelzins zum russischen Präsidenten 1991 hilfreich. Dabei handelte es sich aber nicht um Mehrparteienwahlen.) Die ersten Mehrparteienwahlen, immer noch unter den Bedingungen eines »quasi-Mehrparteiensystems«[176], in Rußland kamen zwei Jahre nach dem Ende der Sowjetunion im Dezember 1993. Sie waren geprägt von Apathie, einer niedrigen Wahlbeteiligung und dem Erfolg der Nationalisten und Kommunisten.[177]

Die massenhafte Begeisterung, die den Allunionswahlen 1989 vorausging, kann man nicht mit der Desillusionierung von Ende 1993 vergleichen. Dies legt die Vermutung nahe, daß der Begriff *Gründungswahl* ein Konzept von zweifelhaftem Wert im sowjetischen und russischen Kontext ist. Wenn man ihn denn überhaupt verwenden möchte, dann ist er am sinnvollsten auf die *erstmaligen unionsweiten Mehrkandidatenwahlen* von März 1989 anzuwenden.[178] In gewisser Hinsicht waren die russischen Wahlen 1990 demokratischer, galten aber – zumindest was die russische Republik betraf, die dabei eine Ausnahmestellung unter den Sowjetrepubliken einnahm – der Bestimmung einer zweistufigen Legislative, in der ein russischer Kongreß der

Volksdeputierten einen Obersten Sowjet der russischen Unionsrepublik wählte. 1990 wurden keine Sitze mehr für institutionelle Interessen, die ›gesellschaftlichen Organisationen‹, reserviert, was, aus Sicht der Demokratie, als ein Schritt nach vorn betrachten werden konnte. Allerdings kamen aus diesem Drittel der Deputierten des Allunionskongresses einige der herausragenden Figuren (vor allem aus der Intelligenzia), die ihren Weg ins Parlament fanden. Tatsächlich wurden zweifellos mehr wirkliche Persönlichkeiten in den Kongreß der Volksdeputierten der UdSSR gewählt als ein Jahr später in sein russisches Gegenstück.[179] Sowohl 1989 als auch 1990 war die große Mehrheit der Abgeordneten Mitglied der Kommunistischen Partei, was freilich nicht bedeutete, daß sie alle der gleichen Meinung waren. Im Ersten Kongreß der Volksdeputierten der UdSSR hatten sich 1989 Gruppen sehr unterschiedlicher politischer Orientierung gebildet, etwa die radikale Inter-Regionale Deputiertengruppe, zu deren Führungsfiguren Sacharow, Jelzin und der Historiker Juri Afanasjew gehörten. In allen diesen Gruppierungen stellten Mitglieder der Kommunistischen Partei die Mehrheit. Wenn es noch eines weiteren Beweises dafür bedurft hätte, daß die monolithische Einheit der Kommunistischen Partei eine Legende war – auf jeden Fall in ideeller Hinsicht, denn bis 1988/89 hatte man sich zumindest auf einheitliches Handeln verständigen können –, dann zeigten diese neuen und offenen Spaltungen mit erneuter Deutlichkeit, wie unbegründet die Vorstellung war, die Partei sei ein Korpus von Menschen gleicher politischer Ausrichtung.[180]

Die Wahlbeteiligung war 1989 wesentlich höher als 1990 – 89,3 Prozent in der Sowjetunion insgesamt und 87 Prozent in Rußland gegenüber 77 Prozent bei den Wahlen zum Kongreß der Volksdeputierten der russischen Republik 1990.[181] Dies lag nicht nur daran, daß Parteifunktionäre in ländlichen Gebieten 1989 eher in der Lage waren, ihre traditionelle Autorität auszuüben, als 1990. Die Beteiligung ging auch in Moskau und Leningrad zurück (im Falle der Hauptstadt von 83,5 auf 70 Prozent). Obwohl das politische Leben pluralistisch und teilweise demokratisiert worden war, deutete dies auf eine wachsende politische Desillusionierung hin, die in der ersten Hälfte der neunziger Jahre noch zunehmen sollte. Ebenso geht aus diesen Zahlen hervor, daß der Höhepunkt des Wahlfiebers, nicht vollkommen überraschend, 1989 erreicht wurde, als Wahlen mit wirklichem Kandidaten-

wettbewerb noch die Anziehungskraft von etwas vollständig Neuem
besaßen und einen radikalen Bruch mit der bisherigen sowjetischen
Praxis darstellten.

Während einige Organisationen ihr Recht, Deputierte für den
Kongreß zu wählen, mit einem Minimum an interner Auseinandersetzung wahrnahmen, wurden andere in der neuen und hoch politisier-
ten Atmosphäre zu Foren intensiver Debatten. Im Rahmen einer Plenarsitzung, zu der Gorbatschow auch Nichtmitglieder einlud, wurde
dem Zentralkomitee, wie bereits geschildert, eine Kandidatenliste zur
Abstimmung vorgelegt, die 100 Namen enthielt – genauso viele, wie
dem Zentralkomitee als einer Organisation Sitze im Kongreß zuge-
wiesen waren. Dies war eine sicherlich mehr an die alte Elite gerichtete
Geste der Beruhigung als eine Manifestation der neuen Demokratie.
Aber selbst hier wurde, in einem Bruch mit der Tradition, die Zahl der
auf die einzelnen Kandidaten entfallenen Stimmen veröffentlicht.
Jeder mußte mehr als 50 Prozent Zustimmung erzielen, um gewählt zu
werden. Alle Kandidaten wurden bestätigt, mehr als die Hälfte von
ihnen einstimmig. Je unumstrittener als Figur des öffentlichen Lebens
ein Kandidat war, desto wahrscheinlicher war das Ausbleiben von
Gegenstimmen. Aber zwölf Nein-Stimmen wurden gegen Gorbatschow abgegeben, und die Bekanntmachung dieser Tatsache war ein
weiterer Schritt in der Säkularisierung der sowjetischen Politik, sowie
59 gegen Alexander Jakowlew. Aber die höchste Zahl an Gegenstimmen von seinen Kollegen im Zentralkomitee zog Ligatschow auf sich:
78. Dies lieferte Jelzin eine seiner Lieblingsspitzen: Was wäre geschehen, wenn die Partei nicht 100, sondern 101 Kandidaten für die 100
vorhandenen Sitze nominiert hätte?[182]

Zu den am heftigsten geführten politischen Schlachten innerhalb
einer der Organisationen mit Wahlrecht zur Legislative gehörte die
Auseinandersetzung in der Akademie der Wissenschaften. Obwohl
Andrei Sacharow von mehr als 60 Instituten nominiert worden war,
nahm das Präsidium der Akademie ihn nicht in die Liste der 23 Kandidaten auf, die um 20 Sitze kämpften. Die Liste wurde ohne Sacharows
Namen an die wahlberechtigten Wissenschaftler und Akademiker
gesandt. Als Antwort strichen die wahlberechtigten Angehörigen der
Akademie 15 der vorgeschlagenen Kandidaten und erteilten lediglich
acht von ihnen die vorgeschriebene Zustimmung von mindestens 50
Prozent der abgegebenen Stimmen. Dieses Ergebnis machte einen

zweiten Wahlgang notwendig, und dieses Mal fanden sich die Namen einiger der bekanntesten Reformer der Sowjetunion auf der Liste. Zu den Gewählten, die die meisten Stimmen erhielten, gehörten Sacharow, der Leiter der sowjetischen Weltraumforschung Roald Sagdejew und der radikale Wirtschaftsreformer und Schriftsteller Nikolai Schmeljow.[183] Praktisch alle, die über die Liste der Akademie gewählt wurden, waren im liberalen oder radikal-reformerischen Teil des politischen Spektrums beheimatet.

In den territorialen Wahlkreisen variierte der Wahlvorgang in unterschiedlichen Teilen des Landes erheblich. Der kommunistische Parteiapparat hatte wesentlich mehr Erfolg in Zentralasien als in den großen westlichen Städten, die Wahl seiner Kandidaten zu erreichen. Im europäischen Teil Rußlands erwiesen sich die Bemühungen der Parteifunktionäre, einen bestimmten Kandidaten zu unterstützen, häufig als kontraproduktiv. Zu dem neben Jelzins Sieg in Moskau spektakulärsten Mißerfolg des Apparats kam es in Leningrad, wo der Erste Sekretär der regionalen Parteiorganisation und Kandidat des Politbüros, Juri Solowjew, unterlag. In den Großstädten Moskau, Leningrad und Kiew war der Trend, gegen den Apparat zu stimmen, klar zu erkennen. Während derselben Plenartagung des Zentralkomitees am 25. April, bei der eine erhebliche Anzahl älterer Mitglieder zurücktrat, wurde auch der Zorn einer Parteibürokratie spürbar, die begann, sich als eine vom Aussterben bedrohte Spezies zu fühlen.

Viele regionale Parteisekretäre machten wirtschaftliche Engpässe, die zentrale Parteiführung, mangelnde Geschlossenheit der Partei und die Presse für die von ihnen erlittenen Rückschläge verantwortlich. Ein reaktionärer Regionssekretär und ehemaliger Leiter einer ZK-Abteilung, Alexander Melnikow, beschwerte sich besonders lautstark darüber, wie gewöhnliche Durchschnittsbürger von »einer massiven Attacke durch die Massenmedien« in die Irre geführt worden seien.[184] Der unterlegene Leningrader Parteichef, Solowjew, bemerkte, daß »nicht einer der sechs Führer von Partei und Sowjet in Leningrad und seiner Region die notwendige Stimmenzahl auf sich vereinigte«[185]. Dies, so stellte er fest, hatte nicht nur in Leningrad so stattgefunden, und das einzige Muster, das er in solchen Ergebnissen gegen das örtliche Parteiestablishment zu erkennen vermochte, war deren Vorkommen in »großen industriellen, wissenschaftlichen und kulturellen Zentren«[186]. Das war kaum ein gutes Vorzeichen für die Zukunft der

Kommunistischen Partei, selbst wenn die Parteiführung bei Abstimmungen noch immer auf große Mehrheiten im neuen Parlament rechnen konnte. Gorbatschow trat in der Öffentlichkeit weiterhin für die Beibehaltung der ›führenden Rolle‹ der Kommunistischen Partei ein. In seiner Abschlußrede vor dem Ersten Kongreß der Volksdeputierten am 9. Juni stellte er aber fest, daß sich die Partei, wenn sie denn eine Vorhut sein wolle, »schneller als die Gesellschaft erneuern« müsse.[187]

Gorbatschow begrüßte die Ergebnisse der Wahlen von 1989. Selbst in den Niederlagen kommunistischer Parteifunktionäre sah er sowohl eine Rechtfertigung als auch den konkreten Beweis für den Erfolg seiner Wahlrechtsreform.[188] Obwohl die Mehrkandidatenwahlen sich als besonders gefährlich erwiesen für Parteibürokraten, die den Wandel ablehnten, waren sie doch auch für Gorbatschow ein zweischneidiges Schwert. Dieser Durchbruch in der sowjetischen Politik, der klarmachte, daß es möglich war, sich über die Wünsche des Apparats hinwegzusetzen, verlieh einerseits der Perestroika demokratische Substanz und erhöhte Gorbatschows Glaubwürdigkeit als ernsthafter Reformer im In- und Ausland. Andererseits war es ab diesem Zeitpunkt mit der von Gorbatschow genossenen Machtstellung für immer vorbei. Dies lag nicht nur an der Existenz einer neuen Legislative, die viel weniger gefügig als ihre Vorgängerin war, sondern auch daran, daß der Parteiapparat die einzige Maschinerie war, die Gorbatschow als Mittel zur Umsetzung seiner Politik zur Verfügung stand. Die Unterminierung dieses Apparats durch Mehrkandidatenwahlen war daher auf einer Ebene ein Triumph für Gorbatschow, auf einer anderen aber der Beginn der Verminderung seiner eigenen Macht.

Wenn die Wahl der Abgeordneten in den Moskauer Kongreßpalast als ein entscheidender Schritt im Demokratisierungsprozeß galt, so war der Erste Kongreß selbst bahnbrechend für die freie und öffentliche Meinungsäußerung. Der ständige und wiederholte Tabubruch durch beißende und bisher verbotene Kritik an den Parteiführern, dem KGB, der Nationalitätenpolitik und dem Verhalten des sowjetischen Militärs hatte enorme politische Konsequenzen, weil die Debatten live in Rundfunk und Fernsehen übertragen wurden. Dies war Gorbatschows Entscheidung und in ihrer Bedeutung nur vergleichbar mit seiner Erklärung am Vorabend des Ersten Kongresses vor den 87,6 Prozent der Deputierten, die Mitglied der Kommunistischen Partei waren: Es werde von ihnen nicht erwartet, so Gorbatschow, einer Parteilinie entsprechend zu sprechen und abzustimmen, vielmehr stehe es ihnen frei, ihre eigenen Meinungen zu äußern. Die Debattenbeiträge wurden von schätzungsweise zwischen neunzig und hundert Millionen Menschen verfolgt.[189]

Der Kongreß der Volksdeputierten fand seinen eigenen Tonfall am ersten Sitzungstag, kurz nachdem Gorbatschow zum Vorsitzenden des Obersten Sowjets vorgeschlagen worden war. Einer der ersten Redner, der von Gorbatschow ans Pult gerufen wurde, war Sacharow, der dagegen protestierte, daß nur der Generalsekretär für diese Position nominiert worden war, und statt dessen für eine wirkliche Auswahl plädierte. Sacharow sagte, er sehe »niemanden sonst, der unser Land führen könnte«, fügte allerdings hinzu, seine Unterstützung Gorbatschows sei »nicht bedingungslos«.[190] Obwohl viele konservative und auch liberale Stimmen im Kongreß der Volksdeputierten Gehör fanden, wurde den Radikalen aus Moskau und den baltischen Republiken mehr Redezeit eingeräumt, als es ihre zahlenmäßige Stärke im Volkskongreß streng genommen gerechtfertigt hätte. Dies war zum Teil eine Anerkennung ihrer Entschlossenheit und Redegewandtheit, hätte aber nicht passieren können ohne Gorbatschows Führung und Unterstützung als Sitzungsleiter und sein ständiges Ringen um einen Geist der Toleranz in einer Versammlung, deren Atmosphäre oft äußerst gespannt war.[191]

Schließlich bekam Gorbatschow doch einen Gegenkandidaten für das neue Amt des Vorsitzenden des Obersten Sowjets, des Parlamentspräsidenten. Alexander Obolonski, ein Designtechniker aus Leningrad, bewarb sich um die Position. Selbst kein Parteimitglied (er sollte später im Zuge der Neubildung von Parteien den Sozialdemokraten beitreten), griff Obolonski die Privilegien der *Nomenklatura* an, die ihr, wie er sagte, ein Interesse an der Aufrechterhaltung des bestehenden Systems und ein bequemes Mittel an die Hand gaben, die Vergabe dieser Privilegien zu überwachen. Wie Sacharow ging es auch Obolonski darum, einen Präzedenzfall für den Wettbewerb um alle hohen politischen Ämter zu schaffen. Ihm wurde Gelegenheit gegeben, sein Anliegen ausführlich vorzustellen. Als es aber zur Abstimmung darüber kam, ob sein Name auf dem Stimmzettel aufgeführt werden sollte, entschied sich eine Mehrheit der Deputierten – 1.415 Stimmen – dagegen, obwohl eine starke Minderheit – 689 (bei 33 Enthaltungen) – dafür gestimmt hatte. In der folgenden geheimen Abstimmung, mit einem einfachen ›Ja‹ oder ›Nein‹ für den einzigen Kandidaten, wurde Gorbatschow mit einer Mehrheit von 95,6 Prozent bei 87 Gegenstimmen gewählt.[192]

Eine der wichtigsten und umstrittensten Aufgaben des Ersten Kongresses der Volksdeputierten war die Wahl des Obersten Sowjets – des kleineren und regelmäßig tagenden Teils der Legislative. Ein radikaler Deputierter, Juri Afanasjew, der nach einem harten Wahlkampf nun einen Bezirk in der Region Moskau vertrat, hielt eine kämpferische Rede, in der er sagte, die Deputierten hätten ein inneres Gremium gewählt, das nicht besser sei als der Oberste Sowjet zu Zeiten Stalins und Breschnews. Das war eine ziemlich starke Übertreibung. Viele Republiken und Regionen schlugen nur so viele Kandidaten vor, wie ihnen Sitze im Unions- und Nationalitätensowjet zustanden, womit der konservativen Mehrheit im Kongreß der Volksdeputierten nichts anderes übrigblieb, als sie zu wählen. Dies gewährleistete, daß eine bedeutende Minderheit von unverblümten Kritikern – zum Beispiel aus Estland, Lettland, Litauen, Georgien und Armenien – ihren Weg in den Obersten Sowjet fanden. Der Hauptgrund für die Unzufriedenheit Afanasjews und anderer Radikaler war das Schicksal der Moskauer Kandidatenliste. Dem Grundsatz einer wirklichen Auswahlmöglichkeit folgend, hatte die Moskauer Deputiertengruppe 55 Kandidaten für die 29 ihr zustehenden Sitze im Unionssowjet und zwölf für ihre elf Sitze im Nationalitätensowjet aufgestellt. Dies bot den Regionsparteisekretären und deren ähnlich eingestellten Kollegen die Gelegenheit, an den freimütigsten Moskauer Intellektuellen wie etwa Gawril Popow, Tatjana Saslawskaja und einem wortgewandten Neuling, Sergei Stankjewitsch, der breiteren russischen Öffentlichkeit bis zu seiner Wahl in den Kongreß unbekannt, Rache zu nehmen. Trotzdem waren zum Beispiel der ehemalige Dissident Roy Medwedjew und der energische Förderer reformerischer Ideen Fjodor Burlazki unter den 29 aus Moskau, die in den Unionssowjet gelangten.

Bei weitem die größte Empörung löste die Tatsache aus, daß Boris Jelzin bei den Wahlen zum Nationalitätensowjet auf den zwölften Platz kam und somit der *einzige* Moskauer Kandidat für dieses Gremium war, der nicht gewählt wurde, obwohl er von der Moskauer Bevölkerung mit überwältigender Mehrheit in den Kongreß der Volksdeputierten gewählt worden war. Ungeachtet der Entfremdung zwischen ihm und Jelzin war sich Gorbatschow bewußt, daß dies ein

politisch schädliches Ergebnis war und die Legitimität der neuen
Legislative ernsthaft gefährdete. Als einer der Deputierten, der auf der
russischen Liste gewählt worden war, der sibirische Rechtsanwalt
Alexei Kasannik, zurücktrat, um Jelzin Platz zu machen, griff Gorbatschow diese unerwartete Initiative mit Erleichterung auf und verlor
keine Zeit, den Kongreß zur Zustimmung zum Ersatz Kasanniks
durch Jelzin zu bewegen.[193]

Aller Probleme zum Trotz, mit denen der Erste Kongreß der Volksdeputierten Gorbatschow konfrontierte, war er, laut seinem Berater
Schachnasarow, sehr zufrieden mit ihm und glaubte, daß »das neue
System, das er errichtet hatte ... zu arbeiten begonnen habe«[194]. Gorbatschow sagte damals: »Endlich haben wir eine normale politische
Struktur, ein normales politisches Umfeld, in dem die Leute miteinander streiten können, und sie gehen nicht mit dem Messer aufeinander
los, sie arbeiten weiterhin zusammen.«[195] Während in der Vergangenheit ein sowjetischer Führer die rasche Unterdrückung kritischer Stimmen sichergestellt hätte, war Gorbatschow bereit, mit denjenigen zu
diskutieren, deren Meinung er nicht teilte. In den Worten Schachnasarows: »Es war ein echter politischer Kampf, ein Kampf mit Worten,
ein Konflikt zwischen Ideen, und das machte die Situation so vollkommen neuartig.«[196] Für Gorbatschow, fügte Schachnasarow hinzu,
war diese Leistung »ein Augenblick des politischen Triumphs«[197].

Anatoli Lukjanow, dessen Bekanntschaft mit Gorbatschow (wie in
Kapitel 2 beschrieben) bis in die gemeinsamen Tage an der Juristischen
Fakultät der Moskauer Universität in den frühen fünfziger Jahren
zurückreichte, wurde zum Ersten Stellvertretenden Vorsitzenden des
Obersten Sowjets gewählt. Während der letzten Monate der Existenz
des Obersten Sowjets vor der Reform (September 1988-Mai 1989) war
er Erster Stellvertreter Gorbatschows in dessen Eigenschaft als Vorsitzender des alten Präsidiums des Obersten Sowjets gewesen. Mit der
Zeit delegierte Gorbatschow in zunehmenden Maße die Sitzungsleitung des neuen Obersten Sowjets und auch des weniger häufig zusam-
mentretenden Kongresses der Volksdeputierten an Lukjanow. Die
Belastung, Staatsoberhaupt, Regierungschef des Landes, Generalsekretär der herrschenden Partei, Oberbefehlshaber der Streitkräfte (ein
Amt, das bis März 1990 mit dem des Generalsekretärs verbunden war,
danach hatte es Gorbatschow in seiner Eigenschaft als Präsident inne)
und praktisch auch Parlamentspräsident zu sein, war zu groß.

Herausforderung der Parteimacht

Nur Gorbatschow verfügte in den ersten Phasen der Arbeit des Kongresses und des neuen Obersten Sowjets über ausreichend Autorität, die Sitzungen zu leiten und sicherzustellen, daß alle wichtigen und scharf kontrastierenden Ansichten zu Wort kamen. Dies war in vieler Hinsicht eine undankbare Aufgabe und trug zu einer Abnahme der Popularität Gorbatschows bei, die 1989 begann und sich 1990 zunehmend fortsetzte. Die besondere Autorität, die der oberste Führer in der Sowjetunion genoß – der sowohl Staatsoberhaupt als auch Regierungschef war –, mag für einen Teil der vielen Millionen Fernsehzuschauer Kratzer abbekommen haben, als sie ihn von bis dato unbekannten Deputierten attackiert sahen. Gorbatschow dagegen reagierte zurückhaltend und in der Regel mit sachlichen Argumenten, was kaum zu dem traditionellen russischen Bild eines starken Führers paßte, was für einen außenstehenden Beobachter deshalb keineswegs schlechter war.[198] Und sicherlich konnte Gorbatschow als Teilnehmer und Schiedsrichter der Debatten nicht verhindern, einen Teil der Deputierten in beinahe jeder von ihm geleiteten Sitzung vor den Kopf zu stoßen. Die konservative Mehrheit der Abgeordneten nahm Anstoß daran, daß Gorbatschow Sacharow und anderen Radikalen so viel Redezeit einräumte, obwohl sie nur in relativ geringer Stärke im Kongreß der Volksdeputierten vertreten waren. Die Radikalen wiederum empfanden, daß Gorbatschow ihre Anliegen zu oft vom Tisch wischte. Dies war deutlich der Fall, als Gorbatschow Sacharow, kurz vor dessen Tod im Dezember 1989, eine schroffe Abfuhr erteilte. Sacharow versuchte, ihm eine Petition zu überreichen, die die Streichung des Artikels 6 der sowjetischen Verfassung forderte, der die ›führende und lenkende Rolle‹ der Kommunistischen Partei innerhalb des politischen Systems festschrieb.

Gorbatschows Ärger war um so größer, als er vollkommen akzeptierte, daß die führende Rolle der Partei aus der Verfassung entfernt werden mußte. Er wollte dies aber zu einem von ihm gewählten Zeitpunkt tun, wenn es nämlich möglich sein würde, die Exekutivmacht von der Kommunistischen Partei auf gewählte Regierungsorgane des Staates zu übertragen.[199] Effektiv war die Parteimacht 1990 im Übergang an die Sowjets begriffen, die auf der Allunionsebene zu etwas wurden, das einem Parlament ähnlicher war als jemals zuvor in der

Sowjetunion. Sie konnten jedoch nicht gleichzeitig die Aufgaben einer Exekutive wahrnehmen. Angesichts der Tatsache, daß die Änderung oder Streichung des Artikels 6 von den radikalen Deputierten der sowjetischen Legislative zu einem Lackmustest für den Willen zur Demokratisierung gemacht wurde, ließ Gorbatschow es zu, daß deren Druck den Zeitplan für die Änderung bestimmte.[200]

Gorbatschows Erkenntnis, daß das Machtmonopol der Partei einmal abgeschafft werden mußte, ging der Rede Sacharows im Kongreß der Volksdeputierten zu dieser Sache um einige Zeit voraus. Allein die Tatsache aber, daß die Kommunistische Partei *nach wie vor* im politischen System eine führende Rolle *spielte*, bedeutete, daß er einer Forderung von den Abgeordnetenbänken im Parlament mit der Unterstützung von nur einer Minderheit der Deputierten nicht entsprechen konnte. Zuvor mußte er das Zentralkomitee der Partei davon überzeugen, daß die besondere Stellung der Kommunisten in Verfassung und Gesellschaft nicht mehr länger garantiert werden sollte. Gorbatschow erlangte schließlich im Februar 1990 die Einwilligung des Zentralkomitees zu dieser Änderung, und im darauffolgenden Monat wurde der Paragraph des Artikels 6, der die Kommunistische Partei über alle anderen potentiellen Parteien oder Gruppen stellte, vom Kongreß der Volksdeputierten gestrichen.

Gorbatschow selbst erkannte spätestens 1988, daß der Artikel 6 in seiner alten Form verschwinden mußte. Allerdings stellte er sich auch vor, diese Streichung nur als einen Teil der Annahme einer vollständig neuen Verfassung vorzunehmen. Wie in einem früheren Kapitel angemerkt, hatte er bereits 1985 den Vorschlag Alexander Jakowlews, die Kommunistische Partei zu spalten, nicht prinzipiell, sondern nur als ›verfrüht‹ abgelehnt. Später hat Gorbatschow geschrieben, daß die Entscheidung, das Machtmonopol der Kommunistischen Partei aufzugeben, zur Zeit der XIX. Parteikonferenz (im Sommer 1988) fiel, daß es aber notwendig gewesen sei, den Machttransfer vorzubereiten, und daß alles auf den richtigen Zeitpunkt ankam.[201]

Daß dies nicht nur eine nachträgliche Rechtfertigung des Unterbleibens entschiedener Schritte gegen die ›führende Rolle‹ der Partei war, wird von den Teilnehmern an der Vorbereitung der XIX. Parteikonferenz bestätigt. Anatoli Tschernjajew und Iwan Laptew zum Beispiel hegten keine Zweifel daran, daß Gorbatschow spätestens im Jahre 1988 akzeptiert hatte, daß der Artikel 6, als ein Teil der Logik der

Veränderungen, die Gorbatschow initiierte, letztendlich würde abgeschafft werden müssen. Laut Tschernjajew war sich Gorbatschow ab jener Konferenz darüber im klaren, daß es ein Mehrparteiensystem und freie Wahlen geben müsse, obwohl er über ersteres noch nicht öffentlich sprechen konnte: »Er wollte den richtigen Zeitpunkt wählen.« [202] Ähnlich hat sich auch Laptew über die Einsicht Gorbatschows geäußert, Artikel 6 zu streichen: als ein »sehr gewiefter Politiker wußte er, daß wir es nicht vorschlagen sollten, bevor die Zeit nicht reif dafür war« [203]. Das Problem war jedoch, daß für das Establishment der Kommunistischen Partei Anfang 1990 die Zeit dafür noch nicht gekommen zu sein schien, während sie für eine Gesellschaft wiederum überreif war, die 1989 in Osteuropa gesehen hatte, wie kommunistische Parteien nicht nur um ihre konstitutionell verordnete ›führende Rolle‹, sondern auch um ihre tatsächliche Macht gebracht wurden.

Die entscheidende Verbindung zwischen der Transformation innerhalb der Sowjetunion und in Osteuropa war von zweierlei Gestalt. Einerseits war der Wandel der sowjetischen Außenpolitik eine *conditio sine qua non* des friedlichen Endes der kommunistischen Regime in den Staaten des Warschauer Pakts, mit Ausnahme Rumäniens. Andererseits stellten die Bilder vom Sturz der Kommunisten in Osteuropa im sowjetischen Fernsehen für viele Russen einen Zusammenhang zwischen ihrem eigenen Unglück und der kommunistischen Herrschaft her. Die Balten benötigten keinen Nachhilfeunterricht in Antikommunismus, aber sie faßten Mut angesichts der Tatsache, daß sowjetische Truppen nicht intervenierten, um zu verhindern, daß ein osteuropäisches Land nach dem anderen seine Unabhängigkeit wiedererlangte. Dies stärkte ihren Glauben daran, daß Unabhängigkeit für Litauen, Lettland und Estland eine zunehmend realistischere Möglichkeit wurde, was sich in der Bereitschaft großer Teile ihrer Völker äußerte, für dieses Ziel zu kämpfen.

Die Änderung des Artikels 6 im März 1990 war Teil eines allgemeineren Prozesses, mit dem Gorbatschow das Fundament der Macht im Lande von der Partei auf den Staat übertrug – und zwar schrittweise. Im unreformierten politischen System der Sowjetunion waren Partei und Staat *de facto* verschmolzen, da das Politbüro in Wirklichkeit das höchste Organ staatlicher Macht war, was immer auch in der sowjetischen Verfassung stand. (Der Ministerrat und sein Präsidium besaßen große Autorität, solange es um wirtschaftspolitische Entscheidungen ging, aber Außenpolitik zum Beispiel wurde dort nur sehr selten behandelt, und dann lediglich als eine Formalität.[204]) Mit der Schaffung des Kongresses der Volksdeputierten als einer wichtigen Komponente des sich entwickelnden politischen Pluralismus wurde die Position der Kommunistischen Partei zunehmend anomal und zwiespältig.

Der Prozeß des graduellen Machttransfers von der Partei an den Staat kam einen großen Schritt voran, als Gorbatschow im März 1990 Präsident der Sowjetunion wurde. Dieses Amt, auf das unten eingegangen wird, hatte Vorrang vor dem des Generalsekretärs der Partei, obwohl der Unterschied etwas undeutlich blieb, weil Gorbatschow die Parteiführung neben seinem neuen Präsidentenamt weiter innehatte. Das neue, 1989 gewählte Parlament aber war an sich bereits ein weit ernsthafteres politisches Organ als seine sowjetischen Vorgänger. Selbst hochrangige Staats- und Parteifunktionäre konnten sich nicht mehr völlig auf seine Willfährigkeit verlassen. Nikolai Ryschkow, führendes Politbüromitglied und Vorsitzender des Ministerrats, sollte dies schon bald erleben, als neun seiner Personalvorschläge für Ministerämter im Juni 1989 von den neu geschaffenen Ausschüssen und Kommissionen des Kongresses der Volksdeputierten und des Obersten Sowjets abgelehnt wurden.[205] Tatsächlich hatten sich die Verhältnisse so sehr geändert, daß Ryschkow in seinen Memoiren mit Befriedigung vermerkt, daß *nur* neun (oder 13 Prozent) seiner 69 Kandidaten für die Leitung von Ministerien oder Staatskomitees vom Parlament »abgeschossen« wurden.[206] Im Vergleich mit den Bestätigungsprozessen in westlichen Parlamenten hatte die neue sowjetische Legislative auf bemerkenswerte Weise ihre Macht zur Schau gestellt. Ryschkow akzeptierte das Recht des Parlaments, diese Macht auszuüben, und unterbreitete neue Personalvorschläge. Ein weiterer Aspekt des Schritts von Partei- zu Staatsherrschaft war es, wie Ryschkow betont, daß er nunmehr »einer *unabhängigen* Regierung« vorstand, die er in den nächsten eineinhalb Jahren führen sollte (Hervorhebung im Original).[207] Die Abschaffung der meisten ZK-Abteilungen mit Überwachungskompetenzen für die Wirtschaftsministerien im vorangegangenen Herbst durch Gorbatschow sowie die neue Rechenschaftspflicht des Ministerrats gegenüber einer gewählten Legislative bedeuteten nicht nur, daß die Regierung mehr offener Kritik als vorher ausgesetzt war, sondern auch, daß die Verantwortlichkeiten klarer geregelt waren als in vergangenen sowjetischen Zeiten.

Für Gorbatschow war das Amt als Generalsekretär der Partei eine entscheidende Quelle seiner Macht gewesen, das es ihm ermöglichte, die Reformen während der ersten vier Jahre der Perestroika durchzuführen. Das Dilemma aber, das aus seinem Verhältnis zu einem Parteiapparat entstand, der radikale Reformen nur zögernd akzeptiert hatte und zunehmende Entschlossenheit an den Tag legte zu verhindern, daß daraus eine Systemtransformation wurde, wurde 1990 immer mehr zu einem akuten Problem. Als die Kommunistische Partei immer mehr zur Zielscheibe der anwachsenden Kritik wurde, litt auch das Ansehen Gorbatschows, da er nach wie vor an der Spitze der Partei stand. Eine Reihe seiner Mitarbeiter und ihm zugetane ernsthafte Reformer[208] rieten Gorbatschow, das Amt des Generalsekretärs von der Präsidentschaft zu trennen. Gorbatschow war dazu nicht bereit, teilweise, weil er die Partei noch immer als seine Machtbasis sah, noch mehr aber, weil er besorgt war, was aus ihr in anderen Händen werden könnte. Falls er das Generalsekretariat abgeben würde, so glaubte Gorbatschow, könnte das Amt zu einer Macht gegen ihn und damit gegen die Präsidentschaft als einer Institution und den politischen Transformationsprozeß werden. Im Gespräch mit Schachnasarow im April 1990 räumte Gorbatschow ein, daß seine *Autorität* größer wäre, behielte er nur die Präsidentschaft und gäbe das Generalsekretariat auf. Er fürchtete aber die Konsequenzen für seine *Macht* und den Veränderungsprozeß, wäre er nicht auch Parteiführer. Er meinte, etwas anderes zu tun, als an beiden Ämtern festzuhalten, könne zu »Doppelherrschaft und, noch schlimmer, Blutvergießen« führen.[209] Einen Monat später sagte Gorbatschow zu Tschernjajew, daß »70 Prozent des ZK-Apparats und des Zentralkomitees selbst gegen mich sind und mich hassen«. Im Juli 1990 gebrauchte er wieder gegenüber Tschernjajew noch deutlichere Worte: »Man darf einen räudigen und verrückten Hund nicht von der Leine lassen!« Sollte er dies tun, so Gorbatschow weiter, würde sich die gesamte Parteimaschinerie gegen ihn wenden.[210]

Gorbatschow war sich sicher, daß bei seinem Rücktritt als Generalsekretär sein Nachfolger kein Reformer sein würde. Während er selbst den Parteiapparat neutralisieren konnte, indem er Parteiführer blieb, würde die Partei zu einer bedrohlichen reaktionären Kraft werden können, wenn die Macht in die Hände eines Nachfolgers von anderer politischer Disposition fiele. Das Amt des Generalsekretärs aufzugeben, sagte er im Sommer 1990 einer tschechischen Journalistin, »würde denen in die Hände spielen, die die Perestroika liquidieren wollen«[211]. Oder, wie er es mehr als ein Jahr nach seinem Sturz (in dem Artikel ›Ich kenne keinen glücklichen Reformer‹) formulierte: »Ich versuchte alles zu tun, um zu verhindern, daß die KPdSU in die Hände zerstörerischer Kräfte fiel.«[212] Er sei sich völlig darüber im klaren, fügte er hinzu, daß er mit der Beibehaltung des Amtes des Generalsekretärs Kritik auf sich gezogen hatte.

Die sowjetische Kommunistische Partei hatte größere Machtreserven zu ihrer Verfügung als die kommunistischen Parteien Osteuropas. Im Vergleich zu ihnen besaß die KPdSU sogar eine gewisse und geringe Form der Legitimation, die sich in dem Umstand begründete, daß die überwältigende Mehrheit der sowjetischen Bürger nie ein anderes System kennengelernt hatte und daß die Machtübernahme der Bolschewiki 1917 eine eigene Revolution gewesen war und nicht etwas vom Ausland Aufgezwungenes, um was es sich bei der kommunistischen Herrschaft in Osteuropa meist durchweg handelte. (Die osteuropäischen Führer waren tatsächlich in hohem Maße von der sowjetischen Partei und ihrer Führung abhängig, die sie, notfalls auch mit Waffengewalt, an der Macht hielten.) Gorbatschow hatte gute Gründe, sich mit der Niederlegung der Parteiführung Zeit zu lassen. Beim Dritten Kongreß der Volksdeputierten im März 1990 wurde nicht nur die führende Rolle der Kommunistischen Partei im politischen System aus dem Artikel 6 der Verfassung gestrichen und das neue Amt des Präsidenten eingeführt. Eine Mehrheit der Deputierten stimmte auch für eine Änderung der Verfassung, die vorsah, daß »derjenige, der in das Amt des Präsidenten der UdSSR gewählt ist, keine anderen politischen oder Staatsämter innehaben darf«. 1.303 Stimmen wurden für den Vorschlag abgegeben und nur 607 dagegen. Aber dieses Ergebnis erreichte nicht die für eine Verfassungsänderung notwendigen 1.497 Stimmen.[213] Daran ist interessant, daß eine Mehrheit derjenigen, die für die Trennung von Generalsekretariat und Präsidentschaft stimmten, konservative Kommunisten waren, die offensichtlich glaubten, eine solche Regelung würde ihnen zum Vorteil gereichen. Es war eine Allianz zwischen ihnen und den radikalen Demokraten, die ein Ergebnis schuf, das nahe an die Lösung des Problems kam, die Gorbatschow befürchtete.

An der sowjetischen Transition von der autoritären Herrschaft einer

kommunistischen Oligarchie ist bemerkenswert, daß die entscheidende Bewegung in Richtung Liberalisierung und die ersten wichtigen Schritte im Demokratisierungsprozeß von Gorbatschow unternommen wurden, *bevor* es gesellschaftlichen Druck auf breiter Basis in
dieser Sache gab. Angenommen, er hätte *keine* ernsthafte Liberalisierung oder Demokratisierung des sowjetischen Systems versucht, hätte
er seine Position innerhalb der Strukturen des Parteistaats mittels der
traditionellen Prärogativen des Generalsekretärs stärken und Gegner
oder schwankende Anhänger einen nach dem anderen entfernen können. Der Gedanke, daß Gorbatschow einen Kurs der Liberalisierung
einschlug, um seine persönliche Macht zu vergrößern, ist kaum überzeugend. Allerdings mußte er seine Machtbasis vom Parteiapparat auf
neue Staatsorgane in dem Maße verlagern, in dem er mit der Demokratisierung Ernst machte.[214] Tatsächlich war Gorbatschow in seinen
frühen Jahren als Generalsekretär (nicht zuletzt 1987) damit beschäftigt, eine damals noch größtenteils träge Gesellschaft dahingehend zu
erziehen und zu provozieren, von unten Veränderungen zu verlangen.
Die neuen institutionellen Arrangements, die von der Parteiführung
zwischen Mai und Dezember 1988 im Prinzip beschlossen wurden,
waren denn auch die letzten solcher großen Entscheidungen, die in
der sowjetischen Epoche ohne deutliche Forderungen seitens der
Bevölkerung getroffen wurden.

Der Wahlkampf für den Kongreß der Volksdeputierten und die
Übertragung der lebhaften Sitzungen des Ersten Kongresses in Rundfunk und Fernsehen trugen erheblich zur Politisierung der sowjetischen Bürger und zur Radikalisierung eines bedeutenden Teils der
Bevölkerung bei. Nach dem Bruch jedes Tabus durch die radikale
Minderheit unter den Deputierten verlor auch die breitere Öffentlichkeit ihre verbliebenen Hemmungen, ihren Klagen Ausdruck zu verleihen. Abgesehen von dem Unrecht, das einige ethnische Gruppen stark
empfanden (siehe Kapitel 8), rief die Kluft zwischen den Erwartungen ökonomischer Verbesserungen und den fortdauernden Engpäs-
sen in einer Wirtschaft, die unglücklich zwischen Plan und Markt
schwankte, die größte Unzufriedenheit hervor. Selbst einige der wirtschaftlichen Entwicklungen, die auf lange Sicht als positiv bewertet
werden konnten, wie etwa die Legalisierung der Kooperativen, waren
schnell unpopulär geworden, als die Zahl der Kooperativen zunahm.
In den meisten Fällen handelte es sich dabei um private Handels- oder

Dienstleistungsbetriebe, denen es gelegen kam, unter der Flagge der Kooperativen zu segeln, solange nur das allerkleinste private Unternehmertum rechtlich zulässig war. Zu Recht oder Unrecht glaubten viele Bürger, daß die Kooperativen die Engpässe verschlimmerten und ein neues Element der Ausbeutung einführten, wenn sie knappe Ware zu subventionierten Preisen in den staatlichen Läden erwarben und sie wesentlich teurer weiterverkauften.

Vor der Preisliberalisierung durch Jegor Gaidar unmittelbar nach dem Zusammenbruch der Sowjetunion waren die Engpässe eine schwerwiegendere Manifestation der wirtschaftlichen Krise als rasch ansteigende Preise, die zwar kletterten, aber längst nicht so schnell wie im postsowjetischen Rußland. Der Tropfen, der für die Bergarbeiter in einem Kohlebergwerk in West-Sibirien am 10. Juli 1989 das Faß zum Überlaufen brachte, war, daß sie nach dem Ende ihrer Schicht keine Seife vorfanden.[215] Ihr Ausstand war der Auftakt zu einer Reihe von Bergarbeiterstreiks auch in anderen Minen im sibirischen Kusbass, in Workuta im Norden und im Donbass in der Ukraine. Die Bergarbeiter forderten bessere Lebens- und Arbeitsbedingungen, bessere Versorgung, größere Kontrolle über ihre Arbeitsstelle und Einschränkungen der Kooperativen-Bewegung.

Die Streiks stellten eine ernste politische Herausforderung für die Regierung Ryschkow, Gorbatschow und den neuen Obersten Sowjet dar. Die Reaktion der Regierung war größtenteils einlenkend, und die meisten der kurzfristigen Forderungen der Bergarbeiter wurden im Prinzip erfüllt, obwohl keineswegs alle der gegebenen Versprechen auch eingehalten wurden. Fünf Jahre später, schon in der postsowjetischen Ära, waren die Arbeitsbedingungen der Bergarbeiter noch immer entsetzlich. Zwar »blieben die meisten der Streiks während der Perestroika vollkommen unpolitisch«, aber es war doch ein bedeutender gesellschaftlicher Vorgang, wenn Bergarbeiter eigene autonome Organisationen schufen, um ihre Forderungen wirksam zu vertreten und ihre gemeinsamen Interessen zu wahren.[216] Solche Taten reflektierten nicht nur ihre Empörung, sondern auch das Verschwinden von Angst, was zu den wichtigsten Entwicklungen der Ära Gorbatschow zählte. Schachnasarow, dessen Karriere im ZK-Apparat unter Chruschtschow begonnen hatte und unter Breschnew voranschritt, ging noch weiter: Es sei Gorbatschow »niemals auch nur in den Sinn gekommen«, Gewalt gegen die streikenden Bergarbeiter anzuwenden, während »Breschnew und Chruschtschow keine Minute gezögert hätten«.[217] Es war außerdem eine weitreichende Entscheidung des Obersten Sowjets, der am 9. Oktober 1989 das Streikrecht anerkannte. Dies war ein Bruch mit der herkömmlichen sowjetischen Spitzfindigkeit, daß ein solches Recht nicht notwendig sei, da Arbeiter in einem Arbeiterstaat nicht gegen sich selbst streiken konnten.

Von der Partei- zur Staatsmacht

Mit der wachsenden Verdrossenheit in der Gesellschaft und der neuen Toleranz gegenüber Kritik und Dissens, die zu vermehrter politischer Artikulation dieser Unzufriedenheit führte, wurden sich Gorbatschow und die am stärksten reformorientierten seiner Berater der Notwendigkeit bewußt, den Machttransfer von der Partei an den Staat weiter voranzutreiben. Auf legislativer Ebene war dies in einem beachtlichen Ausmaß bereits geschehen, nicht aber auf der Ebene der Exekutive. Als Vorsitzender des Obersten Sowjets nahm Gorbatschow eine Zwitterstellung ein. Er war als Generalsekretär der herrschenden Partei *de facto* Regierungschef, gleichzeitig aber leitete er die Sitzungen des Parlaments und reagierte nicht selten auf dessen Kritik an den Entscheidungen der Parteihierarchie. Den Ausweg glaubte man in der Schaffung eines exekutiven Präsidentenamts zu sehen, womit sogar ein neues Wort in den russischen politischen Diskurs eingeführt wurde: *Prezident.* Der russische Begriff *Predsedatel'* hatte eine ähnliche Bedeutung, war aber Gorbatschows Titel als Vorsitzender oder Präsident des Obersten Sowjets, und es wurde ein neuer Name gesucht, um das Ausmaß der institutionellen Innovation zu vermitteln.

Schwieriger war es, sich auf den Zuschnitt der Präsidentschaft und der mit ihr zusammenhängenden Präsidialinstitutionen zu einigen. Die zwei wichtigsten Modelle, die im Kreis der engsten Berater und Politbürokollegen Gorbatschows diskutiert wurden, waren das System der V. Republik in Frankreich und das der Vereinigten Staaten von Amerika. Gorbatschow gab zunächst dem amerikanischen Modell den Vorzug, teilweise, wie er sagte, weil die Regierung der Autorität des Präsidenten an ihrer Spitze bedurfte, um schwierige Entscheidungen umzusetzen, und weil die Vereinigten Staaten ein föderales System aufwiesen, wie es auch die Sowjetunion hatte oder haben wollte. (Bis

1990 war substantielle Macht an die Republiken abgegeben worden, oder diese hatten sich einfach Kompetenzen angeeignet.) Unter denen, die Gorbatschow berieten, trat Georgi Schachnasarow für das französische Modell ein, während eine Mehrheit seiner Kollegen für eine Präsidentschaft amerikanischen Stils waren.[218] Der Vorteil des französischen Systems war, nach Ansicht Schachnasarows, daß die Existenz einer Regierung unter einem Ministerpräsidenten und nicht dem Präsidenten Gorbatschow davor bewahren würde, in Einzelfragen zu versinken und zu viele Entscheidungen selbst treffen zu müssen. Das amerikanische Modell mit dem Präsidenten als *de facto*-Regierungschef und Staatsoberhaupt zugleich, war, so Schachnasarow, eher für ein Land geeignet, das die politische und ökonomische Stabilität der Vereinigten Staaten genoß, als für einen Staat im Übergang, mit akuten wirtschaftlichen Problemen und Herausforderungen an seine Staatlichkeit, wie es die Sowjetunion war. Die Wahl fiel schließlich auf eine Kreuzung, die dem französischen Modell etwas näherkam als dem amerikanischen, insofern es einen Ministerpräsidenten geben sollte und unter ihm einen Ministerrat (später Ministerkabinett).[219] Aber der Kongreß der Volksdeputierten und der Oberste Sowjet verfügten weiterhin grundsätzlich über Kompetenzen, die sich mit denen des Präsidenten überschnitten, und es gab kein Verfassungsgericht, das über die Abgrenzung der Zuständigkeiten hätte entscheiden können. (Einem Verfassungsgericht am nächsten, und in sich ein bedeutendes Zugeständnis an die Notwendigkeit von *checks and balances* innerhalb des politischen Systems, war die Einrichtung eines Ausschusses für die Überwachung der Verfassung der UdSSR unter dem Vorsitz des Rechtstheoretikers Sergei Alexejew, lange Jahre der prominente Leiter einer Gruppe von Juristen am Juristischen Institut in Swerdlowsk.) Das Ergebnis war im ganzen unbefriedigend, insofern Gorbatschow als Präsident nach wie vor für alle politischen Entscheidungen verantwortlich gemacht wurde, gleichgültig, ob er an ihnen beteiligt war oder nicht, obwohl viele Deputierte die Aufgabe, die Regierung dem Parlament gegenüber rechenschaftspflichtig zu machen, ebenfalls sehr ernst nahmen.

Die Idee einer Präsidentschaft war von Gorbatschow und seinen Beratern bereits 1988 während der Vorbereitungen für die XIX. Parteikonferenz diskutiert worden. Damals hatte Gorbatschow aber dem Gedanken den Vorzug gegeben, den Kongreß der Volksdeputierten zu schaffen und dessen Vorsitz mit dem Amt des Generalsekretärs zu verbinden, wobei er ersteren Posten zu jener Zeit als eine *Alternative* zur Schaffung eines Präsidentenamtes sah. In dieser Haltung wurde er von Lukjanow bestätigt, der romantischen Illusionen über die frühe sowjetische Periode anhing, und ein Teil der Attraktivität dieser Institutionen für Gorbatschow 1988 (im Unterschied zu 1990) bestand eben darin, daß sie *keine* Kopien westlicher Staatsorgane waren.[220] Er war damals auch gegen die Schaffung eines Präsidentenamts, weil er befürchtete, man würde sagen, er habe den gesamten Umgestaltungsprozeß einfach nur begonnen, um der erste Präsident der Sowjetunion zu werden.[221]

Zu jener Zeit gehörten Jakowlew und Schachnasarow zu den stärksten Befürwortern der Errichtung eines Präsidialsystems, während Lukjanow einer »Räterepublik« den Vorzug gab, und Boldin, später Stabschef des Präsidenten Gorbatschow und damals Direktor der Allgemeinen Abteilung des Zentralkomitees, »hüllte sich, wie immer, in mysteriöse Unentschlossenheit«[222]. Gorbatschow und seinen Verbündeten wurde zunehmend klarer, daß dem Machttransfer von Partei zu Staat auf legislativer Ebene ein gleichartiger Transfer im Bereich der Exekutive zur Seite gestellt werden mußte. Außerdem mußte Gorbatschows Machtposition gegenüber der Kommunistischen Partei und dem Kongreß der Volksdeputierten gestärkt werden. Der generellen Bereitschaft entsprechend, Rat von Experten einzuholen, was die gesamte Ära Gorbatschow auszeichnete, wurden das Institut für Staat und Recht bei der Akademie der Wissenschaften und das Präsidium des Obersten Sowjets beauftragt, gemeinsam einen Vergleich zwischen dem amerikanischen und dem französischen Präsidialsystem zu erstellen.[223]

Bis zu dem Moment, wo Gorbatschow das Amt des Präsidenten der UdSSR übernahm, bestand die Gefahr, als Generalsekretär des Zentralkomitees der KPdSU gestürzt zu werden. Das Generalsekretariat war die einzige Quelle seiner Macht,[224] bis er 1989 vom Ersten Kongreß der Volksdeputierten zum Vorsitzenden des Obersten Sowjets gewählt wurde, obwohl ihn dieser Posten kaum mit ausreichender politischer Munition versorgt hätte, um ein zu seiner Ablösung entschlossenes Politbüro und Zentralkomitee in Schach zu halten. Nachdem Gorbatschow im März 1990 Präsident geworden war, hielt er weniger Sitzungen des Politbüros ab als zuvor (einmal im Monat anstatt wöchentlich), während die Beratungen des Sekretariats häufiger wurden. In der Folge der Neuorganisation des Parteiapparats im Herbst 1988 hatte es, wie Ligatschow beklagte, eine Zeit von etwa einem Jahr gegeben, in der das Sekretariat nicht ein einziges Mal zusammengetreten war.[225] Danach hatte Wadim Medwedjew, als der für Ideologie zuständige ›Spitzensekretär‹ die inoffizielle Nummer Zwei der Partei, in unregelmäßigen Abständen Sitzungen einberufen. *Wöchentliche* Beratungen des Sekretariats wurden erst nach dem XXVIII. Parteitag im Sommer 1990 wiederaufgenommen. Sie wurden geleitet von Wladimir Iwaschko, der mit Unterstützung Gorbatschows vom Parteitag zum Stellvertretenden Generalsekretär der Partei gewählt worden war und sich deutlich gegen Ligatschow hatte durchsetzen können, der gegen ihn angetreten war. Ziel war es, einen Funktionär zu haben, der Gorbatschow organisatorisch unter die Arme greifen konnte, ohne dabei zu einer Bedrohung oder einem Rivalen zu werden. (Iwaschko, ein Ukrainer, hatte im Dezember 1989 die Nachfolge Schtscherbizkis als Erster Parteisekretär der Ukraine angetreten.) Die Wiederaufnahme der Aktivitäten des Sekretariats hatte zweifellos etwas mit der wachsenden Einsicht zu tun, daß sich die Kommunistische Partei als Institution in einer Krise befand, daß der Parteiapparat allgemeiner Lähmung verfallen war,[226] daß Ligatschow nicht mehr berechtigt war, an den Sitzungen teilzunehmen, geschweige denn, sie zu leiten (1990 endete seine Mitgliedschaft im Zentralkomitee), und daß Gorbatschow, wie oben bereits angemerkt, immer weniger willens war, Sitzungen des Politbüros abzuhalten, was eine Lücke in der kollektiven Entscheidungsfindung an der Spitze der Parteihierarchie auftat, die das Sekretariat zu stopfen versuchte.

Die Beschlüsse der XIX. Parteikonferenz von 1988 markierten den Anfang vom Ende des Machtmonopols der Kommunistischen Partei und leiteten einen Prozeß ein, der seinen logischen politischen Schlußpunkt im März 1990 in der Streichung der führenden Rolle der Partei aus dem Artikel 6 der sowjetischen Verfassung fand. Paradoxerweise war es in den ersten fünf Jahren der Perestroika zu einer Wiederbelebung des internen Parteilebens gekommen. Dies setzte sich auch dann noch fort, als die Parteibürokratie zu Recht beginnen sollte zu glauben, daß ihr Besitz der Macht ernsthaft bedroht war. Während in den Breschnew-Jahren und den kurzen Amtszeiten Andropows und Tschernenkos nur zwei und manchmal drei Plenartagungen des Zen-

tralkomitees die Regel gewesen waren, nahm deren Zahl unter Gorbatschow dramatisch zu. Sie boten Gorbatschow Gelegenheit, die politische Tagesordnung zu radikalisieren. Später jedoch, als die Partei keine
Kontrolle mehr über die politische Debatte hatte, wurden sie zu
Foren, in denen Gorbatschow scharfer Kritik seitens alarmierter und
häufig zorniger Mitglieder des Zentralkomitees ausgesetzt war. Während es 1985 vier Plenarsitzungen gegeben hatte (eine davon durch den
Tod Tschernenkos notwendig geworden), 1986 zwei und 1987 drei,[227]
nahm deren Zahl zu, als die Fragen, die die Parteimitglieder spalteten,
akuter wurden. 1988 wurden fünf, 1989 acht und 1990 fünf Plenartagungen des Zentralkomitees abgehalten.[228] Während der weniger als
acht Monate, in denen die Kommunistische Partei der Sowjetunion
1991 am Leben war, gab es drei Plenarsitzungen des Zentralkomitees –
im Januar, April und Juli.[229]

Auch wenn 1988 die Entscheidungen getroffen wurden, die zum
Ende der niemandem verantwortlichen Hegemonie der Kommunistischen Partei führen sollten, war das Politbüro – noch mehr als das
Zentralkomitee – unter Gorbatschow ein wesentlich lebendigeres politisches Gremium als jemals zuvor. Seine Bedeutung wurde erst nach
der Übernahme der Präsidentschaft der UdSSR durch Gorbatschow
im März 1990 verringert, als zwei neue Staatsorgane, der Präsidialrat
und der Föderationsrat (damals als funktionaler Ersatz für das Politbüro gesehen), geschaffen wurden. Es verdient festgehalten zu werden,
daß Gorbatschow in den ersten fünf Jahren seiner Regierungszeit
starke Persönlichkeiten oftmals unterschiedlicher Ansichten im Politbüro behielt. Dies lag teilweise sicherlich daran, daß er glaubte, anders
nicht handeln zu können, aber noch mehr an seiner Entscheidung,
einen breiten Querschnitt an Meinungen dort zu versammeln und
sich auf sein Überzeugungstalent zu verlassen, um beide Flügel der
Partei in den Prozeß fundamentaler und schrittweiser Veränderung
einbinden zu können. Alexander Jakowlew, Eduard Schewardnadse,
Jegor Ligatschow und Nikolai Ryschkow, um nur die bekanntesten zu
nennen, waren unabhängige Geister und ausreichend starke Persönlichkeiten, um in vielen Fragen klar Stellung beziehen zu können.

Jakowlew verweist auf die positiven und negativen Aspekte dabei,
wenn er schreibt: »Unter Gorbatschow herrschte eine hinreichend
demokratische Atmosphäre im Politbüro. Dies half den Reformen,
›erschwerte‹ sie aber gleichzeitig auch in gewissem Sinne, machte sie

halbherzig, ungenügend präzise und hielt sie auf.« [230] Die Kritik ist
verständlich, besonders vom Standpunkt des radikalsten der von
Gorbatschow ernannten Mitglieder des Politbüros. Die Suche nach
Konsens in einem Politbüro, dem neben relativ konservativen Kommunisten auch leidenschaftliche Reformer angehörten, mußte viele
Maßnahmen verwässern oder verzögern. Die verschiedenen Meinungen anzuhören und ihnen bis zu einem gewissen Grad auch Rechnung
zu tragen war aber ein notwendiger Teil der Bildung einer Koalition
für Veränderungen, und ohne diese Koalitionsbildungen hätte man
solche Wendepunkte wie die XIX. Parteikonferenz von 1988 und die
unionsweiten Mehrkandidatenwahlen von 1989 nicht erreichen können. Das schwerwiegendere Problem war, daß Gorbatschow ab dem
Frühjahr 1990 (oder sogar von 1989 an) eine *andere* und breitere Allianz schmieden mußte, eine, die auch die neuen politischen Kräfte
mit einbezog, deren Entstehen in der sowjetischen Gesellschaft die
Reformen Gorbatschows ermöglicht hatten. Brücken zu ihnen zu
schlagen hätte dem Transformationsprozeß größere Dynamik verliehen als der Versuch, das Vertrauen der höchsten Partei- und Staatsfunktionäre zu behalten – eine vergebliche Hoffnung, angesichts all
dessen, was bereits geschehen war.

Die Tatsache, daß Gorbatschow Persönlichkeiten von verschiedenen Enden des politischen Spektrums zusammenbringen *wollte*,
wurde deutlich, als er in seinen – diesmal völlig freien – Personalentscheidungen für den Präsidialrat auf eine größere Meinungsvielfalt
zurückgriff, auch wenn dessen Zusammensetzung (wie unten ausgeführt wird) keineswegs optimal war. Aber bis zum März 1990, also für
die ersten fünf Jahre der Regierungszeit Gorbatschows, war das Politbüro das höchste Organ kollektiver politischer Willensbildung des
Landes. Es trat zwischen dem XXVII. Parteitag im Februar/März 1986
und dem XXVIII. Parteitag im Juni 1990 187 Mal zusammen. In dem
längeren Zeitabschnitt (1981-86) zwischen dem XXVI. und dem
XXVII. Parteitag dagegen hatte es 238 Sitzungen gegeben. [231] Vier Jahre
vor der Machtübernahme Gorbatschows war es nicht ungewöhnlich, wenn Sitzungen des Politbüros nur etwa eine Stunde dauerten.
Manchmal dauerten sie auch nur eine halbe Stunde, wenn die Mitglieder nur noch Entscheidungen absegneten, die von einem inneren
Kreis der Angehörigen des Politbüros (siehe Kapitel 3) oder im Apparat des Zentralkomitees bereits gefällt waren. Im Gegensatz dazu nah-

men Sitzungen des Politbüros unter Gorbatschow, bei denen es um zentrale Fragen ging, häufig zehn bis zwölf Stunden in Anspruch – und im Fall des Nina-Andrejewa-Briefes dauerten die Beratungen zwei Tage.[232]

Sowohl vor als auch nach Gorbatschows Wahl zum Präsidenten hatte er jedoch ein ›Küchenkabinett‹, eine kleine Gruppe vertrauter Kollegen, auf die er sich besonders stützte. Dies sollte nicht mit einem ›inneren Kabinett‹ des Politbüros verwechselt werden, denn es war in seiner Zusammensetzung breiter angelegt als das Politbüro und diente eher als ein Experimentierfeld für Ideen denn als politisches Entscheidungsgremium. Es versammelte sich informell, oft spät am Abend, und bestand aus Mitarbeitern (aber nicht allen) und einigen Mitgliedern des Politbüros. Seine ständigen Mitglieder waren Alexander Jakowlew und Wadim Medwedjew aus dem Politbüro, Anatoli Tschernjajew, Georgi Schachnasarow und zeitweise Iwan Frolow von seinen Beratern, Waleri Boldin (der hintereinander Berater Gorbatschows, Direktor der Allgemeinen Abteilung des ZK, Stabschef des Präsidenten und Verräter an Gorbatschow war, als er sich im August 1991 den Putschisten anschloß) und Jewgeni Primakow (Jakowlews Nachfolger als Direktor des IMEMO, Vorsitzender des Unionssowjets und Kandidat des Politbüros 1989-90, im postsowjetischen Rußland Jelzins Leiter der Auslandsspionage und später Außenminister). Diese Kerngruppe hatte ihre Schwachstellen, vor allem in der Gestalt Boldins, wie auch große Stärken. Als Ganzes gesehen aber war es sicher viel stärker reformorientiert als das Politbüro oder das 1989 gewählte Parlament, obwohl in letzterem eine kleine Zahl von Abgeordneten saß, die radikaler waren als irgend jemand in Gorbatschows »engstem Kreis«.[233]

Als politischer Führer hörte Gorbatschow gerne eine ganze Reihe von Vorschlägen und Ideen an, und in seinen frühen Jahren als Generalsekretär waren darunter (wie in den vorangegangenen Kapiteln ausgeführt) auch häufig die Ansichten von Sozialwissenschaftlern aus verschiedenen Forschungsinstituten. Diese Begegnungen wurden seltener, als immer drängendere Probleme die politische Tagesordnung überfluteten, obwohl Gorbatschow 1990 sein Interesse an den Vorstellungen von Wirtschaftswissenschaftlern erneuerte. Die herausragenden Beispiele dafür waren Nikolai Petrakow, der in diesen zwölf Monaten Berater Gorbatschows war, und Stanislaw Schatalin, den Gorbatschow zum Leiter der Arbeitsgruppe machte, die er gemeinsam mit Jelzin ins Leben rief (deren Ergebnisse in ihren verschiedenen Aspekten in Kapitel 5 und 8 dargestellt sind). Gorbatschow vereinbarte auch von Zeit zu Zeit etwas formellere Begegnungen mit Repräsentanten der Intelligenzia, bei denen sich an eine manchmal äußerst lange Vorrede Gorbatschows Fragen und Stellungnahmen des Publikums anschlossen.

Die Wahl eines Präsidenten

Die Wahl Gorbatschows zum Präsidenten spaltete sowohl die Intelligenzia als auch die demokratischeren Mitglieder des Kongresses der Volksdeputierten. Zwar schien eine Mehrheit der Intellektuellen für eine Präsidenschaft als Institution zu sein, einige traten aber dafür ein, das Amt erst nach der Errichtung eines Mehrparteiensystems einzuführen. Andere betonten, daß es mehrere Bewerber geben solle und vorzugsweise eine Wahl durch die gesamte Bevölkerung. Gorbatschow machte in den ersten fünf Jahren seiner Amtszeit überraschend wenige bedeutsame politische Fehler, also zu der Zeit, während der er von einem Moment zum anderen vom Oberkommando der Partei hätte gestürzt werden können und somit die Grenzen deren Toleranz wie auch die Erforderlichkeit radikalen Wandels in Betracht ziehen mußte. Man kann allerdings mit einigem Recht sagen, daß er 1990 in dieser Hinsicht einiges nachholte und sich in mehreren grundlegenden Fragen verrechnete. Sein größter Fehler war das von ihm im Winter 1990/91 mit den konservativen Elementen innerhalb der Staats- und Parteiführung geschlossene taktische Bündnis (das in Kapitel 8 erörtert wird, wie auch die Nationalitätenfrage, in der man Gorbatschow, trotz beinahe unüberwindlicher Schwierigkeiten, ebenfalls Fehler vorwerfen kann).

Aber noch vor diesen Ereignissen entschied sich Gorbatschow dreimal für den vorsichtigeren Weg, auch wenn mehr Mut den demokratischen Institutionalisierungsprozeß genauso gefördert hätte wie seine Chancen, eine politische Schlüsselfigur zu bleiben. Damit soll aber keineswegs der Eindruck erweckt werden, es habe sich um einfache Entscheidungen gehandelt. Genausowenig soll verneint werden, daß Gorbatschow mit einer Entscheidung für eine der mutigeren Optionen in einem oder allen dieser Fälle kein ernsthaftes Risiko eingegangen wäre. Die Wahl eines wagemutigeren Kurses hätte zu einem rascheren Verlust seines Amtes oder sogar zu einem früheren Putschversuch führen können. Dennoch erschienen die beherzteren Alternativen einigen der radikaleren Berater Gorbatschow der bessere Weg zu sein. Dies gilt noch mehr in der Rückschau, da es in der Zwischenzeit deutlich geworden ist, daß seine Vorsicht im Jahre 1990 ganz andere Folgen zeitigte, als er beabsichtigte. Einer der Hauptgründe für die größere Behutsamkeit Gorbatschows im Jahre 1990 als 1988, als er mit großem Mut gehandelt hatte, war, daß 1988 die Intelligenzia und alle reformfreudigen Kräfte klar hinter ihm standen, sie ihn aber 1990 eilig verließen, um sich dem Lager Jelzins anzuschließen. Mit Gegnern von ›links‹ und ›rechts‹ begann Gorbatschow einen zentristischeren Kurs zu steuern.

Der erste dieser Kreuzwege führte zu der Entscheidung Gorbatschows, sich vom Kongreß der Volksdeputierten und nicht von der gesamten Bevölkerung zum Präsidenten wählen zu lassen. Ein wichtiger Grund für die rasche Errichtung des Präsidentenamts war die weitverbreitete Annahme, daß sich die Sowjetunion angesichts der baltischen Unabhängigkeitsbestrebungen und der zunehmenden wirtschaftlichen Schwierigkeiten auf eine akute Krise zubewegte. Es gab, wie plausibel argumentiert wurde, keine Zeit mehr zu verlieren bei der Bildung einer exekutiven Autorität über der zunehmend diskreditierten Kommunistischen Partei, deren Apparat, von einer kleinen, fortschrittlichen Minderheit abgesehen, so verzweifelt die Erosion seiner Macht aufzuhalten suchte. Auch wenn Gorbatschow dies damals nicht einmal sich selbst einzugestehen wünschte, obwohl es gewiß auf irgendeiner gedanklichen Ebene für ihn eine Rolle spielte, war der zweite Grund für eine Wahl durch die Deputierten und nicht durch das Volk seine sinkende und Jelzins ansteigende Popularität. Die Möglichkeit, daß Gorbatschow eine solche Wahl tatsächlich verlieren würde, war also nicht auszuschließen. Man sollte gegen dieses zweite Argument noch einmal die Tatsache ins Feld führen, daß laut der zuverlässigsten Umfragewerte Jelzin erst im Mai 1990 Gorbatschow an Beliebtheit überrundete.[234] Außerdem hätte der Generalsekretär wahrscheinlich eine Welle der Zustimmung und Unterstützung erfahren, wenn er das Risiko eingegangen wäre, der erste russische Führer zu werden, der dem Volk die Möglichkeit gegeben hätte, ihn friedlich und demokratisch aus seinem Amt zu entfernen. Wenn er verloren *hätte,* wäre sein Ruf als der größte Demokratisierer Rußlands sogar noch größer geworden. Und wenn Jelzin sich außerdem an die demokratischen Spielregeln gehalten hätte – zugegeben eine ungewisse Annahme im Licht seines späteren Verhaltens –, wäre es möglich gewesen, daß Gorbatschows Niederlage nur eine kurzfristige gewesen wäre. Jelzin, als *sowjetischer* Präsident, hätte den gleichen hartnäckigen Problemen gegenübergestanden, mit denen Gorbatschow noch für weitere eineinhalb Jahre rang. Nach diesem weiteren Schritt für die Demokratisierung des von ihm ererbten hochautoritären politischen Systems wären Gorbatschows Chancen auf eine Rückkehr ins Amt größer gewesen als nach seinem erzwungenen Rücktritt im Dezember 1991.

Wenn allerdings Gorbatschow die Wahlen gewonnen hätte, was als ein wahrscheinlicherer Ausgang erscheint, wäre er in einer stärkeren politischen Position gewesen, als er dies nach seiner Wahl durch die Legislative mit einem nicht überwältigenden Ergebnis war.[235] Es ist ebenfalls zutreffend, daß Gorbatschow noch weniger unter der Kontrolle des Politbüros und des Zentralkomitees der Kommunistischen Partei gestanden hätte, als er es später ohnehin tun sollte. Das war ein Grund dafür, daß (von einer Minderheit radikaler Reformer abgesehen) die höheren Ränge der Partei alles taten, um Gorbatschow davon abzuhalten, allgemeine Wahlen anzusetzen. Aber auch die Verbündeten Gorbatschows waren im ganzen für seine rasche Wahl durch den Kongreß der Volksdeputierten – »mehr aus pragmatischen denn prinzipiellen Motiven«, wie es Wadim Medwedjew formuliert, da sie davon überzeugt waren, auf diese Weise sei Gorbatschows Exekutivmacht am schnellsten zu stärken. Medwedjew gehört zu denen, die in der Rückschau und mit aller nachträglichen Weisheit erkannten, daß dies ein Fehler war.[236] Eine Grundsatzentscheidung wurde gefällt, daß in Zukunft alle Präsidentenwahlen allgemeine Volkswahlen sein würden. Aber Argumente, die der akuten und drängenden Natur der Probleme, denen sich das Land gegenübersah, Rechnung trugen, setzten sich als Gründe dafür durch, daß die Wahl des ersten Präsidenten so eilig durchgeführt wurde. Während die radikalsten Elemente der demokratischen Opposition in Rußland die Wahl des Präsidenten durch das Volk befürworteten, waren ironischerweise radikale Demokraten in einigen anderen kommunistischen Ländern in der Übergangsphase – vor allem Ungarn – gegen die Direktwahl des Präsidenten durch die gesamte Bevölkerung. Sie befürchteten, daß dies zu einem übermäßig starken Präsidenten gegenüber dem Parlament führen würde und, vor allem, daß ein radikaler, ›kommunistischer‹ Reformer solche Wahlen wahrscheinlich eher gewinnen würde als ein offen nichtkommunistischer Politiker.[237]

Auch in Rußland gab es wichtige Stimmen selbst unter den Deputierten, die entschlossene Parteigänger der Entwicklung des politischen Pluralismus waren, die aus verschiedenen Gründen die Wahl Gorbatschows zum Präsidenten durch den Kongreß der Volksdeputierten bevorzugten. Dies entsprach allerdings nicht der vorherrschenden Meinung in der Interregionalen Deputiertengruppe, einer Formierung der etwa zehn wichtigsten demokratischen Kräfte im sowjetischen Parlament, obwohl eine Mehrheit ihrer Mitglieder, darunter auch Jelzin, noch im März 1990 der Kommunistischen Partei angehörte. Diese Gruppe war im ganzen für eine direkte Volkswahl des sowjetischen Präsidenten. Zu den bedeutenden Vertretern abweichender Meinungen zählten der Leningrader Jurist (und spätere Bürgermeister von St. Petersburg) Anatoli Sobtschak, der Wirtschaftswissenschaftler Nikolai Schmeljow, der zukünftige Vorsitzende der Demokratischen Partei Rußlands Nikolai Trawkin, der prominente Physiker und Akademiemitglied Witali Goldanski sowie eine der angesehensten Autoritäten in russischer Literatur und Kultur, das Akademiemitglied Dmitri Lichatschow.

Lichatschow, seit 1987 Präsident der Kulturstiftung, einer der Organisationen mit dem Recht, Deputierte zu benennen, war wahrscheinlich der einflußreichste all derjenigen, die zugunsten einer unverzüglichen Wahl Gorbatschows zum Präsidenten intervenierten. Alt genug, um sich an die zwei russischen Revolutionen des Jahres 1917 erinnern zu können, verglich Lichatschow die gegenwärtige Lage Rußlands mit der im Februar jenes Jahres und warnte vor einem Bürgerkrieg, sollte Gorbatschow nicht gewählt werden. Und obwohl Lichatschow niemals Parteimitglied gewesen war und außerdem in den späten zwanziger Jahren für seine Teilnahme an einer studentischen Diskussionsgruppe im Gefängnis gesessen hatte, hielt er es für besonders wichtig, daß Gorbatschow gleichzeitig Parteiführer und Präsident wurde, um eine gefährliche Zweiteilung der Exekutivmacht zu vermeiden. Sobtschak hätte es vorgezogen, Gorbatschow zeitlich begrenzte präsidiale Vollmachten zu übertragen, ohne ihm jedoch den Präsidententitel zu

verleihen, bevor eine neue Verfassung verabschiedet worden war. Sobtschak glaubte, daß dies ein Anreiz für Gorbatschow wäre, die Arbeit
der Verfassungskommission zu beschleunigen, der er, Sobtschak, angehörte. Da sich für diese Idee allerdings nur wenig Unterstützung
fand, trat er statt dessen für die rasche Wahl Gorbatschows durch den
Kongreß ein, um die »unzweifelhafte Lähmung der staatlichen Exeku-
tivgewalt« zu überwinden.[238] Schließlich wurde Gorbatschow ohne
einen Gegenkandidaten zum Präsidenten gewählt, aber nur von 59
Prozent der Deputierten und mit lediglich 206 Stimmen mehr, als
erforderlich waren.[239] Warnungen vor einem Bürgerkrieg, wie auch
immer ernst gemeint von Lichatschow, waren übertrieben. Sie reflektierten aber das mangelnde Vertrauen eines Teils der demokratischen
Kräfte in ihre Fähigkeit, einem Gegenschlag seitens des Partei- und
Staatsapparats standhalten zu können, wenn sie nicht die Gorbatschow zur Verfügung stehenden staatlichen Machtinstrumente stärkten und damit in gewissem Maße seine Abhängigkeit von der unsicheren Unterstützung des Zentralkomitees verringerten.

Gorbatschow selbst unternahm keine Versuche, hinter den Kulissen
durch Verhandlungen mit verschiedenen Gruppen oder mittels in
Aussicht gestellter Gegenleistungen Stimmen zu gewinnen, wie sowohl sein Verbündeter Schachnasarow als auch sein Kritiker Sobtschak festhalten.[240] Wie Sobtschak später enthüllte, war Gorbatschow
zur Zeit seiner Wahl zum Präsidenten krank, aus Gründen persönlichen Stolzes und politischer Opportunität jedoch verbarg er seine
Beschwerden vor beinahe allen und nahm keine fachärztliche Hilfe in
Anspruch. In den Augen Sobtschaks hätten die Kreml-Ärzte Gorbatschow, der sich normalerweise guter Gesundheit erfreute, gern ins
Krankenhaus eingeliefert, und so konsultierte er nicht sie, sondern
einen Mediziner unter den Deputierten.[241] Unter den vielen Argumenten, die gegen Gorbatschows Übernahme des neuen Amtes des
Exekutivpräsidenten vorgebracht wurden, verärgerte und kränkte ihn
die Anschuldigung am meisten, er versuche diktatorische Vollmachten in seinen Händen zu vereinigen. Eine halbe Stunde nach seiner
Vereidigung als erster und, wie sich herausstellen sollte, letzter sowjetischer Präsident am 15. März 1990 kam Gorbatschow in einem
Gespräch mit seiner Frau Raissa und seinen Beratern Tschernjajew,
Schachnasarow und Frolow darauf zurück. Er habe, so sagte er, die
wahrhaft diktatorische Machtfülle ausgehöhlt, die er als Führer der

Kommunistischen Partei geerbt hatte, und sie parlamentarischer Kontrolle unterworfen. Und »sogar jetzt noch ... glauben ein paar Dummköpfe, daß ich die Präsidentschaft brauche, um die Leute herumkommandieren zu können«. Gorbatschow weiter: »Wenn es das gewesen wäre, was ich wollte, wäre ich einfach Generalsekretär geblieben, und ich hätte Leute noch zehn oder fünfzehn Jahre lang herumkommandieren können!«[242] Sobtschak macht sich in seinen Memoiren diese Sicht vollständig zu eigen: »... für einen Diktator ist es nicht notwendig, tiefe gesellschaftliche Umgestaltungsprozesse in Angriff zu nehmen, und nicht notwendig, die Gesellschaft aus ihrer kommunistischen Lethargie zu wecken. Wenn Diktatoren an die Macht gelangen, beginnen sie ihre Arbeit nicht mit demokratischen Reformen und Versuchen, gesetzliche Beschränkungen ihrer eigenen absoluten Macht durchzuführen.«[243]

Die unterlassene Spaltung der Partei

Wie verständlich auch Gorbatschows Entscheidung war, den schnelleren Weg zur präsidialen Macht zu nehmen, besonders da er zunehmend aus der Kommunistischen Partei heraus angegriffen wurde, war es letztlich doch ein Fehler, das Risiko einer unionsweiten Wahl nicht eingegangen zu sein. Die zweite, genauso schwierige Entscheidung, bei der Gorbatschow 1990 wahrscheinlich eine falsche Wahl traf, war seine Präferenz für eine Politik, die eine formale Spaltung der Kommunistischen Partei aufzuschieben oder zu vermeiden suchte. Statt dessen bevorzugte er den Versuch, die Partei für ein mehr und mehr sozialdemokratisches Programm zu gewinnen. Obwohl in der Partei noch wesentlich mehr Überzeugungen vertreten waren, hatten sich doch bis 1989/90 eine sozialdemokratische und eine traditionell kommunistische Hauptrichtung herausgebildet. Letzterer ging es hauptsächlich um die Verteidigung der Machtstrukturen, die ihren Nutznießern in der Nomenklatura so gute Dienste geleistet hatten. Dabei war eine reinere sozialistische Lehre nur insoweit wichtig, als sie Sozialismus im Sinne der Machtverteilung interpretierten, die existiert hatte, bevor Gorbatschow seine Reformen begann. Mit den ironischen Worten Alexander Jakowlews unmittelbar nach dem Putsch im August 1991, auf die Partei- und Staatsfunktionäre gemünzt, die an dem fehlgeschlagenen Putsch beteiligt waren: »Ich bin sozusagen gegen die sozialistische Option, sozusagen gegen den Marxismus, aber ich glaube mehr daran als die, die ihn verteidigen.« [244]

Wie bereits angemerkt, versuchte eine Mehrheit dieser orthodoxeren Kommunisten beim Dritten Kongreß der Volksdeputierten im März 1990 das Amt des Generalsekretärs von der Präsidentschaft zu trennen, in der Annahme, ihre Position damit stärken und die Gorbatschows schwächen zu können. Die Annahme ist also nicht unbegründet, daß Gorbatschow mit seinem Festhalten an der Parteiführung (wie er damals selbst glaubte) den Transformationsprozeß sicherte, auch wenn er dafür mit seiner Popularität bezahlen mußte. Seine Gegner waren sich ebenfalls nicht sicher, ob es ihnen ohne Gorbatschow besser ergehen würde oder nicht. Unter dem Eindruck schwerster Angriffe bei Plenarsitzungen des Politbüros drohte Gorbatschow mehr als einmal mit seinem Rücktritt, und jedesmal fehlte es seinen Gegnern an Entschlossenheit und Selbstvertrauen, ihn beim Wort zu nehmen. Wahrscheinlich wäre der ideale Zeitpunkt für eine von Gorbatschow erzwungene Spaltung der Partei der XXVIII. Parteitag im Juli 1990 gewesen. Er hielt eine Rede, in der er den laufenden Transformationsprozeß zusammenfaßte, der für einen großen Teil seines Publikums zu einem wahren Greuel geworden war. Die Reaktion war kühl auf Sätze wie »Eine Bürgergesellschaft freier Menschen tritt an die Stelle des stalinistischen Modells des Sozialismus« und »Das politische System wird radikal umgestaltet, wirkliche Demokratie wird errichtet, mit freien Wahlen, einem Mehrparteiensystem und Menschenrechten, die wahre Volksmacht erlebt ihre Wiedergeburt«.[245]

In einer Unterredung mit einer großen Gruppe von Stadt- und Kreissekretären während einer Sitzungspause wurde Gorbatschow heftig attackiert. Er stellte ihnen die vermeintlich rhetorische Frage: »Was sagen Sie denn also? Daß unser gesamter Kurs falsch ist?« Die Antwort war »Ja! Ja! Ja!«[246] Diesmal stand Gorbatschow kurz davor, mit denjenigen in der Kommunistischen Partei zu brechen, die gegen die politische Transformation waren, und autorisierte Schachnasarow, mit führenden Liberalen Gespräche über eine neue Koalition aufzunehmen, darunter auch mit solchen, die gemeinsam mit Jelzin gerade die Kommunistische Partei verlassen hatten.[247] Nachdem Gorbatschow aber den Parteitag überzeugt hatte, für eine Politik zu stimmen, der eine Mehrheit offensichtlich nichts abgewinnen konnte, glaubte er verständlicherweise, daß er die Partei auf seine zunehmend sozialdemokratische Linie hinüberziehen würde. Aber es war ein hohler Triumph. Kurzfristig schuf Gorbatschow eine informelle ›Mitte-Links-Koalition‹, indem er die Parteiorganisation umging, als er gemeinsam mit Jelzin die Schatalin-Jawlinski-Gruppe ins Leben rief, die ihren Plan für den schnellen Übergang zu einer Marktwirtschaft erarbeiten sollte. Als sich die politische Gegenbewegung zum ›500-Tage-Programm‹ jedoch verstärkte, trat er den Rückzug an und wurde schon bald in die Bildung einer ›Mitte-Rechts-Koalition‹ hineingezogen. Somit machte er, ohne die Konservativen wirklich zufriedenstellen zu können, gefährliche Zugeständnisse an die herrschende Meinung im Partei- und Staatsapparat, der in dem ›500-Tage-Programm‹ eine neue Zielscheibe seines Widerstandes gefunden hatte. Die Zeiten waren vorbei, in denen es von Weisheit gezeugt hatte, die tiefen Risse innerhalb der Kommunistischen Partei zu übermalen. Wenn Gorbatschow eine Spaltung beim XXVIII. Parteitag herbeigeführt hätte, wäre er freilich ein Risiko eingegangen, denn üblicherweise vergab die sowjetische Kommmunistische Partei Spaltern nicht. Der Machtkampf zwischen der alten Garde und den neuen Köpfen wäre in jedem Falle heftig gewesen. Gorbatschow hätte aber als der Führer einer demokratischen sozialistischen Partei daraus hervorgehen können, einer Partei, die sich von den meisten rückwärtsgewandten Elementen der KPdSU freigemacht hätte. Ob eine Mehrheit der Parteimitglieder Gorbatschow gefolgt wäre, ist alles andere als sicher, er hätte aber damit rechnen können, eine mehrere Millionen starke Partei hinter sich zu haben – möglicherweise eine Mehrheit der gewöhnlichen Parteimitglieder, wenn auch nur eine Minderheit der hauptamtlichen Parteifunktionäre. Eine Spaltung der Kommunistischen Partei hätte gleichzeitig einen großen Anreiz für die Bildung eines kompetitiven Parteiensystems geliefert und Gorbatschows politischer Position, die im Inland schwächer wurde, neue Kraft verliehen.

Koalitionsbildung und die neuen Institutionen

Die dritte Entscheidung noch vor dem Winter der Unzufriedenheit 1990/91 – in einiger Hinsicht aber dessen Vorspiel –, bei der Gorbatschow die mutigere Option ausschlug, war seine Distanzierung vom

›500-Tage-Programm‹, nachdem er es zunächst gutgeheißen hatte. Wieder ist Gorbatschows Entscheidung verständlich. Zwar hätte das Programm für die Praxis verändert werden müssen (siehe Kapitel 5), da es zweifellos viel zu optimistisch war, trotzdem aber wäre es für Gorbatschow wahrscheinlich besser gewesen, dies »dem Leben selbst« zu überlassen (um einen Ausdruck zu gebrauchen, für den Gorbatschow, wie vor ihm auch Chruschtschow, eine Schwäche hatte), als persönlich zum Rückzug auf einen Kompromiß zu blasen, der weder die ökonomische noch die politische Lähmung aufhob. Abgesehen von seinen eigenen Bedenken über die Durchführbarkeit des ›500-Tage-Programms‹, wurde Gorbatschow vom Parteistaatsapparat massiv unter Druck gesetzt, ihm nicht zuzustimmen.

Gorbatschow war ständig gezwungen, an zwei oder mehr Fronten zu kämpfen. Es war ihm unmöglich, die Forderungen der radikalsten Kritiker auf seiten der liberalen oder demokratischen ›Linken‹ zu erfüllen. Im Gegensatz zu Gorbatschow stand es ihnen frei, die erheblichen institutionellen Hindernisse zu ignorieren, die friedlichem revolutionären Wandel, im Unterschied zu schnellen evolutionären Veränderungen, im Weg standen. Dementsprechend glaubte er, der konservativen Mehrheit im Parteiapparat nicht gestatten zu können, sich jenseits seiner Kontrolle organisatorisch zu konsolidieren. Als sich Gorbatschow aus diesen Gründen weigerte, das Amt des Generalsekretärs abzugeben, nahm der Druck für die Schaffung einer eigenständigen Parteiorganisation für die russische Republik zu. Gorbatschow befürchtete, daß daraus ein zweites Zentrum innerhalb der Partei und ein Gegengewicht zu seiner Führung der unionsweiten Kommunistischen Partei werden könnte, und versuchte, diesen Prozeß aufzuhalten. Dies war kein einfaches Unterfangen, denn die RSFSR war die einzige Sowjetrepublik, die keine eigene Parteiorganisation besaß. Dies war vor den Perestroika-Jahren kaum von Bedeutung gewesen, als die Parteifunktionäre in Rußland ihre Interessen vollständig von der Allunions-Führung wahrgenommen sahen. Aufgrund der Verbindung aus ihrer Unzufriedenheit mit Gorbatschow und der wachsenden Unabhängigkeit der Kommunistischen Partei in anderen Republiken wurde es unmöglich, der Forderung nach einer Russischen Kommunistischen Partei nicht nachzukommen.

Bereits 1989 nahm der Druck zu, eine solche Parteiorganisation einzurichten, aber Gorbatschow kam dem erfolgreich zuvor, indem er ein

Russisches Büro des Zentralkomitees der KPdSU schuf, mit niemand anderem als ihm selbst an der Spitze.[248] Aber im April 1990 veranstaltete die Leningrader Parteiorganisation eine Konferenz mit Blick auf die Gründung einer russischen Partei. Gorbatschow erkannte, daß dies eine Schlacht war, die er nicht gewinnen konnte, und stellte sich diesem Ziel nicht mehr entgegen, durchaus in der Hoffnung, dadurch ein gewisses Maß an Kontrolle behalten zu können. Eine Tagung der russischen Kommunisten in Moskau im Juni rief eine Russische Kommunistische Partei ins Leben, benannte schon bald diese Tagung in den I. Parteitag der RKP um und wählte den Konservativen Iwan Polozkow zu ihrem Ersten Sekretär.[249] Russische Reformer innerhalb der Kommunistischen Partei, die nichts mit dieser neuen, angeblich in ihrem Namen sprechenden Parteiorganisation zu tun haben wollten, hatten bereits ihre eigene ›Demokratische Plattform‹ innerhalb der Allunions-Partei gegründet. Im selben Monat, in dem auch der I. Parteitag der RKP stattfand, hielten sie die II. Allunions-Konferenz der ›Demokratischen Plattform in der KPdSU‹ ab.[250] Die monolithische Einheit der Kommunistischen Partei, schon so lange ein Mythos aus dem Reich der Ideologie, gehörte nun klar und deutlich auch auf organisatorischer Ebene der Vergangenheit an.

Zusätzlich zu seinen Bemühungen, sich nicht von beiden Flügeln der Kommunistischen Partei zu isolieren, während er den politischen Transformationsprozeß vorantrieb, versuchte Gorbatschow, die zur selben Zeit wie die Exekutivpräsidentschaft geschaffenen neuen Staatsorgane für die Bildung von Koalitionen einzusetzen. In den Präsidialrat, der ein den Präsidenten beratendes Gremium war, nahm er verschiedene Amtsträger und Persönlichkeiten auf, die keinerlei politische Stellung innehatten. Dazu gehörte von seiten der Legislative Anatoli Lukjanow, der zunächst Erster Stellvertretender Vorsitzender des Obersten Sowjets war, als Gorbatschow dessen Vorsitzender war, und danach Vorsitzender wurde, wodurch er Gorbatschow von der Last der Leitung der Parlamentssitzungen befreite und seinen eigenen Einfluß auf den Gesetzgebungsprozeß erheblich vergrößerte. Ebenfalls ein Repräsentant des Parlaments war Jewgeni Primakow, der Vorsitzende des Unionssowjets, der außerdem auch dem informellen Beraterkreis Gorbatschows angehörte. Aus dem ministeriellen Netzwerk kamen Ryschkow, der Vorsitzende des Ministerrats, der Außenminister Schewardnadse, der fähige und liberale Innenminister Bakatin, der Verteidigungsminister Jasow, der Leiter des KGB Kriutschkow und der Vorsitzende der Staatlichen Planungskommission Masljukow. Den Parteiapparat vertraten (wenn auch nicht *ex officio*, sondern als persönliche Vertraute Gorbatschows) Alexander Jakowlew, ein ›Spitzensekretär‹ des Zentralkomitees (zu dem sich später Wadim Medwedjew hinzugesellte), und Waleri Boldin, der zur Zeit seiner Berufung dabei war, von der Leitung der Allgemeinen Abteilung des ZK in das Amt des Stabschefs des Präsidenten zu wechseln.

Andere Personalentscheidungen wiesen zwei gegensätzliche Paarungen auf. Aus der literarischen Intelligenzia zog Gorbatschow nicht nur den nationalistischen russischen Schriftsteller und tief religiösen Valentin Rasputin heran, sondern auch den kirgisischen Romancier und Internationalisten Tschingis Aitmatow, der seine dichterische Freiheit in einer Rede vor dem Ersten Kongreß der Volksdeputierten 1989 voll ausschöpfte, als er unter anderen Norwegen, Spanien, Kanada und sogar die Schweiz als großartige Beispiele für den Sozialismus beschrieb.[251] Er hatte diesen unorthodoxen Ansatz mit folgenden Worten gerechtfertigt: »Der soziale Schutz und das Ausmaß der Sozialpolitik in diesen Gesellschaften sind Dinge, von denen wir nur träumen können. Das ist echter und, wenn Sie so wollen, Arbeiter-Gewerkschaftssozialismus. Obwohl sich diese Länder nicht als sozialistisch verstehen, sind sie deswegen aber nicht schlechter.«[252] Ein ähnlicher Kontrast herrschte zwischen der Berufung des marktwirtschaftlich orientierten Ökonomen Stanislaw Schatalin, zu dieser Zeit ein bekennender Sozialdemokrat, und einem Sprecher der Arbeiter, die den marktwirtschaftlichen Veränderungen der Volkswirtschaft mit Mißtrauen begegneten, Wenjamin Jarin. Gorbatschow glaubte offensichtlich, daß er, wenn es ihm gelänge, diese disparate Versammlung von Persönlichkeiten zu überzeugen, ausreichend weite Teile der Bevölkerung hinter seine Politik des tiefgreifenden Wandels würde bringen können.[253]

Unglücklicherweise aber funktionierte diese Mischung nicht. Auch wenn Gorbatschow einzelne Mitglieder des Präsidialrates überzeugen oder umgarnen konnte, besaß das Gremium als ganzes doch keine kollektive Macht. Wenn sie sich in der Erwünschtheit einer Linie einig waren, verfügten sie über keine strukturellen Möglichkeiten, politische Programmatik in die Praxis umzusetzen.[254] Das andere Staatsorgan, das zu jener Zeit als beratende Körperschaft des Präsidenten eingerichtet wurde, war der Föderationsrat. Er bestand aus den Präsidenten oder den Vorsitzenden der Obersten Sowjets der Unionsrepubliken. Seine Bedeutung (wie in Kapitel 8 zu sehen sein wird) wuchs später, und er überlebte die Existenz des Präsidialrats. Während Gorbatschow persönlich über die personelle Besetzung des Präsidialrats entschied, wobei der Vorsitzende des Ministerrats ihm von Amts wegen angehörte, wurde die Zusammensetzung des Föderationsrats von unten bestimmt – von den fünfzehn Unionsrepubliken. Der offenkundige Verlierer in diesem Prozeß war die Kommunistische Partei, denn das Politbüro war als Kollektiv von der bestehenden Parteiführung kooptiert worden, auch wenn die Stimme des Generalsekretärs mehr als jede andere zählte. Nun aber hatte das Parteihauptquartier bei der personellen Ausstattung beider Gremien nichts mehr zu sagen, die, so sah es zumindest aus, an die Stelle des Politbüros traten.

Der Gewinner aber war nicht Gorbatschow. Da beinahe alle Wirtschaftsabteilungen des Zentralkomitees 1988 aufgelöst worden waren und dem Politbüro nun auch Macht genommen war, wuchs in Wirklichkeit die Macht der Ministerien innerhalb der Exekutive, obwohl sie sowohl in der Kritik der Legislative als auch in der der Massenmedien standen.[255] Es war von immer größerer Bedeutung für Gorbatschow geworden, eine Regierung zu haben, die sowohl auf ihn reagierte als auch der sich schnell verändernden Gesellschaft gegenüber aufgeschlossen war. Auch wenn es einen Präsidenten *und* einen Premierminister geben sollte wie in der V. Republik in Frankreich, wäre es, um mit der neuen allgemeinen Stimmung Schritt zu halten und seine Kontrolle über politische Vorgänge zu vergrößern, für Gorbatschow am besten gewesen, einen Ministerpräsidenten und eine Regierung zu ernennen, die hinter dem Transformationsprozeß standen. Die Einrichtung der Präsidentschaft war tatsächlich der beste Zeitpunkt für die Bildung einer Koalitionsregierung, in der erst seit kurzem prominente Politiker wie Sobtschak und vielleicht in wirtschaftlichen Schlüsselstellungen Petrakow und Schatalin in wirkliche Machtpositionen eingerückt wären. Da die politischen Differenzen (im Gegensatz zu den persönlichen) zwischen Gorbatschow und Jelzin zu jener Zeit nicht besonders groß waren, hätte Gorbatschow im besten Falle auch Jelzin in die Regierung aufgenommen. Ob Jelzin allerdings im März 1990 bereit gewesen wäre, eines der wichtigsten

Ressorts in einer Unionsregierung zu übernehmen, muß zweifelhaft bleiben. Bereits im Sommer 1989, bevor weder das Amt des Präsidenten noch des Vizepräsidenten tatsächlich geschaffen worden waren, hatte Schachnasarow Gorbatschow vorgeschlagen, daß es vielleicht der geeignete Zeitpunkt sei, Jelzins Ehrgeiz mit der Ernennung zum Vizepräsidenten zu befriedigen. Gorbatschow entgegnete nicht nur, daß Jelzin nicht willens sei, diese Rolle zu spielen, sondern sagte auch, Schachnasarow kenne Jelzin nicht: »Er hat einen unbändigen Stolz. Er braucht die ganze Macht, und dafür ist er zu allem bereit.«[256] Zur Zeit der Errichtung der Präsidentschaft und des Präsidialrats im Jahre 1990 war es aber auf jeden Fall höchste Zeit, mehrere *populäre* Politiker in führende Stellungen zu bringen,[257] denn dies war eine Zeit zwischen kommunistischer Orthodoxie und postsowjetischer Desillusionierung, in der es in Rußland noch populäre Politiker *gab*.

Der Präsidialrat wäre nützlicher gewesen, wenn er ein wirkliches Präsidialkabinett der hochrangigsten Minister gewesen wäre – in etwa nach dem Vorbild der Unterscheidung zwischen dem Kabinett und der Regierung als Ganzem in Großbritannien.[258] Obwohl Gorbatschow nämlich inzwischen unabhängiger vom Parteiapparat war, befand er sich doch in einer schwächeren Position, wenn es um die Implementierung von Politik ging, als in den Tagen des Politbüros, das das funktionale Gegenstück zum britischen Kabinett war, und als es Funktionäre auf allen Ebenen gab, die, in ausreichendem Maße von der Parteidisziplin durchdrungen, um die Beschlüsse zu implementieren, diese in der Hierarchie nach unten weitergaben. Die Alternative zu einem solchen Kabinett wäre gewesen, ein mächtiges Präsidialamt nach amerikanischem Vorbild aufzubauen. Aber selbst dieser Apparat wäre auf die Ministerien und die örtlichen Sowjets angewiesen gewesen, zumindest in dem Maße, wie die alleinige Machtstellung der Kommunistischen Partei in den Kommunen zu Ende ging, wenn man nicht eine vollkommen parallele, vertikale Befehlsstruktur hätte errichten wollen. Gorbatschow erkannte nicht klar genug den Umstand, daß er mit der Abschaffung der *de facto* Exekutivmacht der Kommunistischen Partei in größere und nicht geringere Abhängigkeit vom ministeriellen Netzwerk geriet. Es war daher von herausragender Bedeutung, umfassende Veränderungen an der Spitze der ministeriellen Hierarchie vorzunehmen und deren führende Persönlichkeiten in den Präsidialrat oder das Kabinett zu integrieren, ohne dabei ein möglicherweise ernst zu nehmendes Exekutivorgan mit freischwebenden Intellektuellen zu verwässern, die niemandem Anweisungen erteilen konnten.

Freilich war es, um es milde auszudrücken, nicht ganz einfach, neue politische Institutionen aufzubauen, während von allen Seiten Druck ausgeübt wurde. Boldin, der auf ausdrücklichen Wunsch Gorbatschows dem Präsidialrat angehörte, war als Stabschef des Präsidenten auch für die Organisation der Präsidialverwaltung zuständig. Dieser Pflicht kam er im Interesse der Vergrößerung seiner eigenen Macht nach, wobei es ihm hauptsächlich darum ging sicherzustellen, daß alle Dokumente durch seine Hände gingen. Dies versetzte ihn in die Lage, darüber zu entscheiden, welche Informationen – manchmal so einseitig, daß man von Desinformation sprechen kann – ihren Weg zu Gorbatschow fanden. Dank Schachnasarow, Tschernjajew und Petrakow, die jetzt Berater des Präsidenten und nicht mehr des Generalsekretärs waren und regelmäßigen Zugang zum Inhaber dieser zwei Ämter hatten, war Gorbatschow nicht völlig auf Boldin angewiesen.[259]

Die Mangelhaftigkeit der neuen präsidialen Institutionen war nicht das einzige Problem für Gorbatschows tatsächliche politische Kontrolle. Da das politische System zunehmend pluralistisch geworden war, konnte Gorbatschow nur noch in eingeschränktem Umfang die politische Tagesordnung festlegen. Häufig reagierte er lediglich sowohl auf die Initiativen anderer als auch auf verschiedene Krisen. Während er Schritt für Schritt die Macht der Kommunistischen Partei abbaute, war auf den Straßen Moskaus das neue Phänomen oppositioneller Demonstrationen zu beobachten, die sich zum Teil gegen Gorbatschow selbst richteten und deren erste in größerem Rahmen am 25. Februar 1990 stattfand. Dies trug dazu bei, daß er nicht willens war, sich der Umarmung durch die Partei vollständig zu entziehen, da es so schien, als würden ihn die radikalen Demokraten zurückweisen.[260] Mit dem Anwachsen der Opposition nahm auch die Spannung zwischen Gorbatschow, dem Parteichef und Produkt des Parteiapparats einerseits, und Gorbatschow, dem belesenen und gut informierten Vertreter des Neuen Denkens andererseits, zu.[261] Aber das Ausmaß, in dem Gorbatschow während dieses gesamten Zeitabschnitts über seinen Hintergrund im Parteiapparat hinauswuchs, machte ihn zu dem transformativen Führer, der er war.[262] Trotz aller Fehler, die Gorbatschow im Laufe seines Ausgreifens in politisch unbekanntes Terrain unterliefen, spielte er doch eine entscheidende Rolle bei der Bewegung des Systems von Partei- zu Staatsherrschaft und von Monismus zu Pluralismus. Sein auf Konsens ausgerichteter politischer Stil und sein Talent, vorzeitige Revolten derjenigen zu verhindern, deren institutionelle Interessen er untergrub, konnten zeitweise und nicht zuletzt 1990 ein ernsthafter Nachteil sein. Dennoch waren sie für den größeren Teil seiner Regierungsjahre ein unabdingbarer Bestandteil der bemerkenswert friedlichen politischen Transformation der Sowjetunion.

KAPITEL 7

Gorbatschow und die Außenpolitik

Zwei Ansichten wurden oft geäußert, als Gorbatschow Generalsekretär der sowjetischen Kommunistischen Partei wurde: Einmal, Gorbatschow würde angesichts der schwerwiegenden inneren Probleme alle seine Energie auf die Heimatfront konzentrieren und eine Art von Außenpolitik verfolgen, die von Kontinuität geprägt sein werde; zum anderen, daß die Sowjetunion wegen ihrer ernsthaften inneren Schwierigkeiten eine deutlich abenteuerreichere und sogar expansionistischere auswärtige Politik betreiben werde. Diese Vorhersagen schlossen einander natürlich aus. Alles, was sie gemeinsam hatten, war, daß sich beide als falsch erwiesen.

Tatsächlich sah Gorbatschow genauer als irgendeiner seiner Vorgänger die Verbindungslinien zwischen Innen- und Außenpolitik. Obwohl er bis dahin niemals in irgendeinem Parteigremium an der konventionellen sowjetischen Einstellung zu politischer Opposition und Dissens Kritik geübt hatte (hätte er es getan, wäre er nicht Generalsekretär geworden), war er dennoch innerlich bereit, diese Politik zu verändern. Es war ihm bewußt, daß, solange die Sowjetunion Dissidenten verfolgte – das schlagendste Beispiel war die interne Verbannung Andrei Sacharows (siehe oben) –, die Beziehungen zu den westlichen Demokratien von Spannungen und Mißtrauen geprägt sein würden. Genauso wußte Gorbatschow, daß dies nicht nur eine Fortsetzung der internationalen Spannungen bedeuten würde, sondern auch die Vereitelung innerer Reformen, gerade weil die Sowjetunion einen überproportional hohen Anteil ihres Volkseinkommens auf die Armee, die Rüstungsindustrie und die Sicherheitskräfte verwandte.[1] Einerseits verzerrte dies die sowjetische Wirtschaft und machte aus der zivilen Industrie den armen Verwandten des Verteidigungssektors, während sich dennoch die Kluft zwischen der Sowjetunion und dem Westen auf dem Gebiet technologischer Innovationen zugunsten des Westens vergrößerte. Andererseits bedeutete dies auch, daß der militärisch-industrielle Komplex zu großes Gewicht in Gesellschaft und Politik besaß.[2] Die Reduzierung internationaler Spannungen war also eng mit der Regenerierung der sowjetischen Wirtschaft und der Ver-

schiebung des Gleichgewichts innerhalb des politischen Systems verbunden.

Personalpolitische Schlüsselentscheidungen

Der Zusammenhang zwischen den neuen politischen Akteuren und
dem Neuem Denken – der Macht der Personalpolitik und der Macht
der Ideen – war nirgendwo deutlicher zu sehen als in der Außenpolitik. Gorbatschow war in der Lage, durch ein halbes Dutzend personalpolitischer Schlüsselentscheidungen erheblichen Einfluß auf die Entwicklung von Konzepten für die Beziehungen der Sowjetunion mit
der restlichen Welt und die tatsächliche Gestaltung der sowjetischen
Außenpolitik zu nehmen. Eduard Schewardnadse wurde im Sommer
1985 Nachfolger Andrei Gromykos im Amt des Außenministers,[3]
Boris Ponormarjow wurde als Leiter der Internationalen Abteilung
von Anatoli Dobrynin 1986 abgelöst, Alexander Jakowlew ins Politbüro und Sekretariat befördert (mit der Aufsicht über die internationalen Angelegenheiten von Herbst 1988 an, obwohl er bereits davor an
außenpolitischen Beratungen und innenpolitischer Willensbildung
teilgenommen hatte), Wadim Medwedjew trat 1986 – mit Georgi
Schachnasarow zum Stellvertreter – als neuer Direktor der ZK-Abteilung für Sozialistische Länder an die Stelle Konstantin Rusakows, und
Anatoli Tschernjajew wurde 1986 zu Gorbatschows außenpolitischem
Berater, wie zwei Jahre später auch Schachnasarow.
    Von dieser Gruppe waren Schewardnadse und Jakowlew von beson-
derer Bedeutung, und Tschernjajews Rolle angesichts seiner persönlichen Nähe zu Gorbatschow und seiner Erfahrungen in internationalen Angelegenheiten hatte ähnliches Gewicht. Obwohl Schachnasarow
auch als Berater für Osteuropa fungierte, war er – wie in den Kapiteln
4 und 6 angemerkt – noch wichtiger für seine Arbeit an den Reformen
im Inneren, nachdem er zu Gorbatschows persönlichem Stab gestoßen
war. Dies gilt, wenn auch in geringerem Maße, ebenso für Wadim
Medwedjew. Obwohl ihm die Abteilung für Sozialistische Länder des
Zentralkomitees von Anfang 1986 bis zum Herbst 1988 (als er ZK-
Sekretär für Ideologie wurde) unterstand, gehörte er auch zu Gorbatschows innerem Kreis, der sich mit innenpolitischen Problemen
befaßte. Dazu gehörte zum Beispiel – wie wir in Kapitel 6 gesehen

haben – die Gruppe, die an den Dokumenten arbeitete, die der entscheidenden XIX. Parteikonferenz vorgelegt wurden. Alle sechs Männer waren, in unterschiedlichem Maße, wichtige Spieler in Gorbatschows außenpolitischem Team. Durch sie konnte Gorbatschow die von ihm gewünschte Außenpolitik in die Tat umsetzen, und zwar in einer Art und Weise, wie es in vielen bedeutenden Feldern der Innenpolitik nicht möglich war, vor allem nicht in der Wirtschaftspolitik.[4]

Wie bereits in Kapitel 5 angedeutet, mußte jeder radikale Umgestaltungsversuch des sowjetischen Wirtschaftssystems auf Tausende von Widerständen stoßen – den Vorsitzenden des Ministerrats, die vielen Ministerien mit ihren eigenen Interessen, die Parteisekretariate auf allen Ebenen der Verwaltungshierarchie mit einem starken Interesse am *Status quo* und die Industriemanager, von denen viele die dominierenden Figuren in ›Fabrikstädten‹ sowjetischen Typs waren. Selbst wenn ein fortschrittliches politisches Programm die Phase seiner Umsetzung erreichte (an sich schon keine einfache Angelegenheit), gab es doch unendlich viele Gelegenheiten, es während der Implementierungsphase des politischen Prozesses zu verwässern oder zu verzerren. Dagegen war das einzige Organ, das für die eigentliche Gestaltung der Außenpolitik verantwortlich war, das Ministerium für Auswärtige Angelegenheiten – zumindest, soweit es um Ost-West Beziehungen ging, denn die Abteilung für Sozialistische Länder war, wegen der unentwirrbaren Verknüpfungen von Partei und Staat, auch an zwischenstaatlichen Beziehungen zu anderen kommunistischen Ländern beteiligt.

Die Rolle der Internationalen Abteilung des Zentralkomitees auf diesem Gebiet wird manchmal überbewertet. Tschernjajew, der sechzehn Jahre als Stellvertretender Direktor in dieser Abteilung verbrachte (1970-86), betonte, daß seine Abteilung »alles wußte«, denn sie hatte freien Zugang zu »verschlossenen Informationen«, einschließlich der Berichte des KGB und der Militärspionage, aber sie »leitete die Außenpolitik nicht«.[5] Das war die Aufgabe Gromykos, nicht Ponormarjows.[6] Im Gegensatz dazu ist es wichtig festzustellen, daß die Internationale Abteilung eine größere Rolle in den Beziehungen zur Dritten Welt als zu entwickelten westlichen Ländern spielte und daß dies das einzige Gebiet war, in dem diese Abteilung unmittelbar an zwischenstaatlichen Beziehungen beteiligt war. Ihre Hauptaufgabe aber bestand darin, die Verbindungen zu politischen Bewegun-

gen und Parteien im Ausland aufrechtzuerhalten. Wadim Medwedjew
schreibt, daß vor der Ernennung Dobrynins zum Direktor Anfang
1986 »die Internationale Abteilung sich fast ausschließlich mit Parteien
und Bewegungen beschäftigte«, Gorbatschow aber entschied, »die
Abteilung auf die allgemeinen Probleme internationaler Politik hin
neu auszurichten«.[7] Darauf jedoch sei die Internationale Abteilung
»absolut unvorbereitet« gewesen, und in der Entwicklung und noch
mehr der Implementierung der Außenpolitik genoß das Außenministerium weiterhin absoluten Vorrang.[8]

Abgesehen von den Kontakten zu nichtregierenden Parteien hatte
die Internationale Abteilung ihre Rolle in den Ost-West-Beziehungen
hauptsächlich dadurch ausgefüllt, daß ihr Direktor und seine Stellvertreter an den Reden für den Generalsekretär mitformulierten, vor
allem in der Ära Breschnew. Nachdem aber Gromyko 1973 Vollmitglied des Politbüros geworden war, nahm das politische Gewicht des
Außenministeriums zu. Gromyko nahm nicht nur parteioffiziell einen
höheren Rang ein als Ponormarjow, sondern zählte auch informell bei
Breschnew, Andropow und Tschernenko mehr und verfügte über
wesentlich größeren Einfluß auf Formulierung und Ausführung der
Außenpolitik.[9]

Die Entlassung Gromykos und die Ernennung Schewardnadses
zum Außenminister waren daher also von größerer Bedeutung als Dobrynins Übernahme der Leitung der Internationalen Abteilung von
Ponormarjow. Unbedeutend aber war dieser Personalwechsel nicht.
Dobrynin hatte das Amt von Anfang 1986 bis Ende 1988 inne, als er in
den Ruhestand versetzt und ein Berater Gorbatschows wurde, um für
den Deutschland-Experten Valentin Falin Platz zu machen, der zuvor
sowohl im Außenministerium als auch im Zentralkomitee gearbeitet
hatte und zwischen 1971 und 1978 ein erfolgreicher sowjetischer Botschafter in der Bundesrepublik Deutschland gewesen war. Falin
wurde, anders als Dobrynin 1986, nicht zum Sekretär des Zentralkomitees befördert. Dies bedeutete, daß die Internationale Abteilung
von Herbst 1988 an an Bedeutung und Rang verlor, was zeitlich mit
der Auflösung beinahe aller ZK-Abteilungen für die Überwachung der
Wirtschaftministerien zusammenfiel. Aber selbst davor war Dobrynin
keine dominante Figur im außenpolitischen Willensbildungsprozeß
gewesen. Dobrynins wichtigster Beitrag war, daß er nicht wie Ponormarjow ein Ideologe, sondern eher ein Pragmatiker war.

Der Umstand also, daß das Außenministerium die Ost-West-Beziehungen handhabe, machte es Gorbatschow leichter, zur entscheidenden Figur in der Formulierung sowjetischer Außenpolitik zu werden – im Gegensatz zu seinen Schwierigkeiten mit dem komplexen Institutionengeflecht in der Wirtschaftspolitik. Obwohl neben der Internationalen Abteilung und der für Sozialistische Länder des Zentralkomitees auch das Verteidigungsministerium und der KGB nicht nur Meinungen zu außenpolitischen Fragen hatten, sondern gelegentlich auch eine Politik verfolgten, die die Glaubwürdigkeit Gorbatschows und des Außenministers untergrub, war das Außenministerium die wichtigste Behörde, über die der Generalsekretär Kontrolle ausüben mußte, wenn er denn entscheidend die Außenpolitik bestimmen wollte. In den frühen Jahren der Amtszeit Gromykos als Außenminister war Chruschtschow die eindeutig dominierende Figur in der Lenkung der sowjetischen Außenpolitik gewesen, auch wenn einige seiner Außenminister ihren Teil zu seinem Sturz im Jahre 1964 beitrugen.[10] 1973, als Gromyko ein Mitglied des Politbüros wurde, hatte er bereits sechzehn Jahre Erfahrung als Außenminister hinter sich, und es ist daher kaum überraschend, daß er in seinem Bereich zu einer zunehmend Ehrfurcht gebietenden Figur wurde. Daher war es von zentraler Bedeutung, daß es sich Gorbatschow vorrangig zum Ziel setzte, Gromyko aus dem Politikfeld zu entfernen, in dem er 1985 beinahe ein halbes Jahrhundert lang gewirkt hatte.[11] Durch die Ernennung Schewardnadses erreichte Gorbatschow nicht nur, daß ihm ein gleichgesinnter Verbündeter zur Seite stand, auf dessen Kooperation er sich verlassen konnte, sondern er stellte auch sicher, daß sein Minister, bis er sich in sein äußerst komplexes Tätigkeitsfeld eingearbeitet hatte, über weniger außenpolitische Erfahrung als er selbst verfügte.

Ein weiterer Faktor war jedoch ebenfalls sehr wichtig für Gorbatschow. Er war »absolut gegen die Ernennung eines Diplomaten; er wollte einen Politiker«.[12] Eine Unterscheidung zwischen einem Politiker und einem Beamten zu machen war unter sowjetischen Bedingungen nicht einfach. Jemand aber, der Erster Parteisekretär einer der weniger konformistischen Sowjetrepubliken – in diesem Fall Georgien – gewesen war und wie Gorbatschow selbst ein natürliches politisches Talent besaß, würde ein ganz anderer Außenminister sein als Schewardnadses Vorgänger Gromyko und auch als sein Nachfolger, der relativ liberale, aber übermäßig vorsichtige Alexander Bessmertnich.

Bessmertnich, ein Lückenbüßer nach dem unerwarteten Rücktritt Schewardnadses im Dezember 1990, war ein Karrierediplomat, der sich, wie Dobrynin, auf die USA spezialisiert hatte. Als er mit dem Augustputsch 1991 auf den Prüfstein gestellt wurde, zeichnete er sich durch vornehme Zurückhaltung in Gestalt einer diplomatischen Krankheit aus, obwohl er nicht mit den Putschisten sympathisierte. Dies beendete seine kurzlebige politische Laufbahn.[13]

Bei der Wahl Schewardnadses hatte Gorbatschow eine Reihe von Kriterien im Blick, so daß dessen Berufung mehr war als die einfache Beförderung eines Freundes und Parteigängers. Er wollte einen Politiker, denn ihn konnte man sofort zum Vollmitglied des Politbüros machen, was Gorbatschow einen wertvollen Verbündeten verschaffte und das Gewicht des neuen Ministers vergrößerte. Außerdem hatte ein Politiker das notwendige politische Gespür und Verständnis für seine Gespräche mit den Führern und Außenministern des Westens. Das Ergebnis entsprach exakt den Hoffnungen Gorbatschows. Der damalige britische Außenminister Sir Geoffrey Howe sagte einmal, daß er bei Schewardnadse das Gefühl habe, mit einem politischen Kollegen und nicht mit einem Bürokraten zu sprechen.[14] In seinen Memoiren verweist Gorbatschow auf sein langjähriges Vertrauensverhältnis zu Schewardnadse und auf den Wunsch Gromykos, sein Nachfolger möge aus den oberen Rängen des Außenministeriums kommen. Gorbatschow berichtet: »Als ich Andrei Andrejewitsch [Gromyko] fragte: ›Und was sagen Sie zu Eduard Schewardnadse?‹, wirkte er zunächst nahezu schockiert.«[15] Gorbatschows enger Berater Tschernjajew hat zwar zu Recht jede Vermutung zurückgewiesen, Gorbatschow habe Schewardnadses Außenpolitik verfolgt und nicht umgekehrt, zugleich aber auch bestätigt, daß Schewardnadse als Persönlichkeit »einen gewaltigen Beitrag zur Verwirklichung dieser Politik geleistet hat«.[16] Tschernjajew beurteilte Schewardnadse als intelligenten und aufrichtigen Menschen »mit einem völlig anderen Stil als die ›Gromykoesken‹ Kader«.[17]

Der andere Grund für Gorbatschows Dominanz in der Außenpolitik – abgesehen von der Rolle des Außenministeriums und dessen Empfänglichkeit für Gorbatschows Ansichten, sobald Schewardnadse einmal an der Spitze stand – war die zunehmende Geschwindigkeit der internationalen Diplomatie. Schnellere Flugzeuge und eigene Telekommunikationsverbindungen zu anderen Staatsmännern zum Beispiel hatten seit geraumer Zeit die Rolle der Regierungschefs in der Leitung der Außenpolitik auf Kosten ihrer Außenminister ausgedehnt. Die Altersschwäche Breschnews von den späteren siebziger Jahren an und seiner Nachfolger Andropow und Tschernenko hatte diesen allgemeinen Trend nicht wirklich sichtbar werden lassen. Mit einem gesunden sowjetischen Führer im Kreml aber wurde rasch klar, daß Gespräche mit der UdSSR auf höchster Ebene Gespräche mit Gorbatschow waren, und schon bald war er bei ausländischen Gesprächspartnern sehr beliebt, die um Termine vorstellig wurden. Angesichts Gorbatschows früh in seiner Amtszeit gewonnener Popularität im Ausland waren westliche Politiker nicht abgeneigt, eigene sinkende Beliebtheitswerte mit einem Besuch Gorbatschows in ihren Ländern oder mit einer Reise nach Moskau und einem Fototermin und Gesprächen im Kreml zu verbessern. Das Ergebnis dieser Beanspruchung seiner Zeit, seines eigenen Interesses und eigenen Willens war eine außerordentliche außenpolitische Aktivität Gorbatschows – nicht nur in der Kleinarbeit hinter den Kulissen, sondern auch in ihrer praktischen Umsetzung in Begegnungen mit Präsidenten und Premierministern –, selbst verglichen mit Chruschtschow oder mit Breschnew, als er noch im Vollbesitz seiner Kräfte war.

So ließ Gorbatschow beispielsweise kein einziges Jahr seiner Regierungszeit verstreichen, ohne ein Gipfeltreffen mit dem amerikanischen Präsidenten zu arrangieren. Es gab neun dieser Begegnungen, fünf mit Ronald Reagan und vier mit George Bush, während der kaum sieben Jahre, in denen Gorbatschow die Sowjetunion führte.[18] Der letzte sowjetisch-amerikanische Gipfel vor Gorbatschows Amtsantritt hatte zwischen Carter und Breschnew 1979 in Wien stattgefunden, und die *einzigen* Gipfeltreffen, derentwegen sowjetische Führer in die Vereinigten Staaten gereist waren, waren die Chruschtschows mit Eisenhower 1959 und Breschnews mit Nixon 1973 gewesen – im Gegensatz zu Gorbatschows drei Treffen mit US-Präsidenten auf amerikanischem Boden. Neben seinen Gesprächen mit amerikanischen Präsidenten hatte Gorbatschow ein volles Programm an Begegnungen mit europäischen und asiatischen Staatsmännern, darunter auch – ungewöhnlich angesichts der jüngsten sowjetischen Geschichte – mit Chinesen und Japanern. Gorbatschow stellte die höflichen Beziehungen zur chinesischen Führung wieder her, obwohl China der Liberalisierungs- und Demokratisierungsprozeß in der Sowjetunion und dessen Konse-

quenz, nämlich der Untergang des Kommunismus in Osteuropa, alarmierte. Gegenüber den Japanern war Gorbatschow zu Kompromissen
in der Frage der Kurilen bereit. Die Japaner allerdings machten diese
Frage beharrlich zum Stolperstein für bessere Beziehungen zur Sowjetunion, und als Gorbatschow 1991 nach Tokio reiste, war er politisch
wegen des wachsenden Willens Rußlands zur Eigenständigkeit gegenüber der Union schon zu schwach, um ernsthaft verhandeln zu können.[19] Zwar veränderten sich die sowjetisch-asiatischen Beziehungen
unter Gorbatschow nicht so dramatisch wie das Verhältnis zu West-
und Osteuropa oder den Vereinigten Staaten, eine wirkliche Neuerung aber war die Errichtung von diplomatischen und von in zunehmendem Maß bedeutenden Wirtschaftsbeziehungen zu Südkorea.[20]
    Angesichts der außergewöhnlich aktiven Außenpolitik der Sowjet-
union unter Gorbatschow hatte auch sein neuer Außenminister eine
schwierige und bedeutende Rolle zu spielen, die Schewardnadse mit
Können und Integrität ausfüllte und sich dabei den Respekt und sogar
die Zuneigung seiner ausländischen Gesprächspartner erwarb.[21] Schewardnadses relative Offenheit und Unverblümtheit stand in verblüf-
fendem Gegensatz zu Gromykos politischem Stil. Gromyko – der den
Spitznamen »Mr. Njet« von Stalins Außenminister Wjatscheslaw
Molotow geerbt hatte[22] – war derartig verschlossen, daß er einmal
sorgfältig nachdachte, bevor er einem westlichen Diplomaten auf dessen Frage, ob er gut gefrühstückt habe, antwortete: »Vielleicht.«[23]
    Westliche Staatsmänner, Außenminister und hochrangige Beamte
reagierten mit unterschiedlichen und gemischten Gefühlen auf den
neuen Stil der sowjetischen Außenpolitik, denn die Änderung in der
Form trat sofort ein, während substantielle Neuerungen nicht gleich
sichtbar wurden. Zwar begrüßten sie im allgemeinen alle, es mit einem
sowjetischen Gegenüber zu tun zu haben, mit dem wirkliche und nicht
dogmatisch überfrachtete Gespräche möglich waren. Aber sie erkannten auch, daß sie nicht mehr damit rechnen konnten, daß die Unbe-
holfenheit der sowjetischen Propaganda ihnen einen klaren Sieg im
Kampf um die öffentliche Meinung bescheren würde. Anfang 1986 war
der amerikanische Außenminister George Shultz zu einigen wichtigen
Schlußfolgerungen gekommen, zum Beispiel, daß »die Sowjets ihre
Außenpolitik in vollkommen neuer Art und Weise managten«, daß
Gorbatschow über »große Fähigkeiten, Agilität und Härte« verfüge,
daß er sich als »ein geschickter und gewandter politischer Taktiker im

Politbüro« erwies, der »seine Leute schnell in Schlüsselpositionen gebracht hatte«, und daß Gorbatschow durchaus »*keinen* Minderwertigkeitskomplex« habe, entgegen der Auffassungen der Rußlandexperten in der US-Regierung, die »Präsident Reagan ständig weismachen wollten, daß die Sowjets einen Minderwertigkeitskomplex hatten«.[24] Noch mehr als in Westeuropa gingen die Meinungen in den Vereinigten Staaten darüber auseinander, ob dieser neue Typ eines sowjetischen Führers willkommen sei oder als höchst gefährlich angesehen werden müsse.[25]

Neben einem starken außenpolitischen Team verfügte der neue und selbstbewußte sowjetische Führer noch über einen weiteren Vorteil in internationalen Angelegenheiten, während für die Innenpolitik auch nicht annähernd etwas Vergleichbares vorhanden war – schon gar nicht in der Wirtschaftspolitik. Dies war die Tatsache, daß die Sowjetunion bestens ausgestattet war mit hochqualifizierten Experten für internationale Beziehungen und andere Länder, und zwar sowohl innerhalb der Regierung als auch in den verschiedenen politikorientierten Instituten, die in den vorangegangenen Kapiteln erwähnt wurden.[26] Vor allem waren diese Spezialisten natürlich im Außenministerium selbst anzutreffen, wo es keinen Mangel an relativ aufgeschlossenen und fähigen Menschen gab, die unter Gromykos Herrschaft keine Gelegenheit gehabt hatten, ihre Talente oder ihr politisches Urteilsvermögen erschöpfend einzubringen. Einen Teil des Wandels in der sowjetischen Außenpolitik und ihrer erfolgreichen Umsetzung machten die Beförderungen einiger dieser Beamten aus – zum Beispiel die Anatoli Adamischins und Wladimir Petrowskis zu Stellvertretenden Außenministern im Jahre 1986.[27] (Der persönliche Stil Gorbatschows und Schewardnadses – so anders als der ihrer Vorgänger – war freilich noch wichtiger, um ausländische Regierungen den frühzeitig angestimmten neuen Ton der sowjetischen Außenpolitik erkennen zu lassen.) Der in der poststalinistischen Sowjetunion gestiegene Bildungsstandard fand seinen deutlichen Niederschlag in der Ausbildung der Angestellten des Außenministeriums und der Internationalen Abteilung des Zentralkomitees. Viele der Beamten waren Abgänger von hochkarätigen Bildungseinrichtungen, vor allem des MGIMO (Moskauer Staatliches Institut für Internationale Beziehungen), unter dessen Abgängern auch der KGB Mitarbeiter rekrutierte. Spätestens seit der Mitte der achtziger Jahre war das sowjetische diplomatische Establishment auf einer professionellen Ebene genauso kompetent wie seine westlichen Gegenüber. Freilich hatte es Anhänger des alten wie des neuen Denkens in seinen Reihen, und vor der Ära Gorbatschow mußten selbst letztere oft das Unhaltbare zu rechtfertigen suchen.

Die Internationale Abteilung, obwohl sie bei einigen sowjetischen Diplomaten im Verdacht stand, eine größere Zahl konservativer Kommunisten zu beherbergen als das Ministerium unter Gromyko, hatte ebenfalls begabtes und hochqualifiziertes Personal aufzuweisen.[28] Die meisten der jüngeren Angehörigen dieser angeblichen Hochburg kommunistischer Orthodoxie sollten später im postsowjetischen Rußland problemlos in das heutige russische Ministerium für Auswärtige Angelegenheiten hinüberwechseln.[29] Es ist bedeutsam, daß eine Reihe der Mitarbeiter und Berater Gorbatschows während der Perestroika-Jahre aus den Reihen der Internationalen Abteilung stammte. Neben Tschernjajew – dem einflußreichsten von ihnen – und Gratschow war darunter zum Beispiel der langjährige Erste Stellvertretende Direktor der Internationalen Abteilung, Wadim Sagljadin, der 1988 diese Position für eine Beraterstelle bei Gorbatschow aufgab. (Wie Tschernjajew arbeitet er noch immer mit Gorbatschow in der Gorbatschow-Stiftung zusammen.) Obwohl Sagljadins erfolgreiche Karriere unter Breschnew ihn in zunehmendem Maße als Opportunisten erscheinen ließ, war er zu Zeiten Chruschtschows begeisterter Befürworter von Veränderungen gewesen, und es ist möglich, daß er etwas von diesem Enthusiasmus unter Gorbatschow wiederentdeckte.[30]

Es ist bemerkenswert, daß Gorbatschow zwar in großem Umfang auf Experten in auf internationale Beziehungen ausgerichteten wissenschaftlichen Instituten zurückgriff, es aber vorzog, Parteifunktionäre aus dem Apparat in seinen Stab zu berufen. Zumindest zu Beginn der Regierungszeit Gorbatschows waren die Normen des Systems noch tief genug eingegraben, um ihm ein anderes Vorgehen sehr zu erschweren. Später, vor allem nachdem er Präsident der UdSSR geworden war, hatte er in der Personalpolitik eine viel freiere Hand. Gorbatschows Aufforderung (s. Kapitel 5) Ende 1989 an den Wirtschaftswissenschaftler Nikolai Petrakow, sein wirtschaftspolitischer Berater zu werden, war eines der relativ seltenen Beispiele für die Ernennung eines hauptamtlichen Mitarbeiters, der nicht aus der Funktionärsriege stammte.[31] Während seiner Innenpolitik etwas mehr Mut in dieser Hinsicht vielleicht gut bekommen wäre, schadete es doch seiner Außenpolitik kaum, daß Gorbatschow auf Insider für entsprechende Positionen in seinem Stab zurückgriff. Tatsächlich gelang es ihm, ein tatkräftiges und aufgeschlossenes außenpolitisches Team zusammenzustellen, dessen Mitglieder alle, darunter nicht zuletzt Schewardnadse und Jakowlew, über langjährige Erfahrung als Parteifunktionäre verfügten. Genauso wie Gorbatschow aber zogen sie Spezialisten aus den Forschungsinstituten in größerem Umfange als jemals zuvor zu politischen Beratungen hinzu.

Das beste Beispiel dafür ist der wichtigste außenpolitische Berater Gorbatschows, Tschernjajew. Er versammelte am Vorabend der Erklärung Gorbatschows, die Sowjetunion unterstütze die Politik der Vereinigten Staaten nach der irakischen Invasion Kuwaits 1990, verschiedene wissenschaftliche Experten in internationalen Angelegenheiten. Obwohl deren Meinungen auseinandergingen, unterstützte er diejenigen, die für eine harte Linie gegenüber Saddam Hussein waren, und befürwortete die Anwendung von Gewalt als letztes Mittel.[32] Dies geschah zu einer Zeit, als die Fachleute für den Mittleren Osten im Außenministerium noch gegen eine Politik waren, von der sie annahmen, sie würde die Beziehungen untergraben, die sie über viele Jahre mit radikalen Regimes der Region aufgebaut hatten. Schewardnadse war ebenfalls bereit, diese Beamten zu überstimmen, und unterstützte die amerikanische Haltung. Tatsächlich zeigte er noch unzweideutiger als Gorbatschow den Willen, die Anwendung von Gewalt gutzuheißen.[33] Der sowjetische Führer entsprach der Bitte Jewgeni Primakows (ehemaliger Direktor des Instituts für Orientwissenschaften der sowjetischen Akadamie der Wissenschaften und danach Nachfolger Jakowlews als Direktor von IMEMO), seine Überzeugungsgabe und seine Verbindungen im Mittleren Osten einzusetzen, um Saddam von der Notwendigkeit eines Rückzugs seiner Truppen aus Kuwait zu überzeugen, um so dem drohenden Militärschlag zu entgehen. Die Intervention Primakows – damals Mitglied des Präsidialrats Gorbatschows und später Leiter von Jelzins Auslandsgeheimdienst und von 1995 an russischer Außenminister – verärgerte Schewardnadse zwar, sollte sich aber als zwecklos herausstellen.[34] Nachdem Gorbatschow während seiner Regierungszeit klar gegen *sowjetische* Militärinterventionen in anderen Ländern Position bezogen hatte, bevorzugte er sehr deutlich eine politische Lösung für diese und andere Krisen, vor allem da sie Ende 1990 auftrat, als er bereits unter starkem Druck seitens konserva-

tiver Kräfte in der Sowjetunion einschließlich des Militärs stand. Die
grundsätzliche Unterstützung Gorbatschows und Schewardnadses für
die amerikanische Haltung gegenüber dem Irak blieb dessenungeachtet aber stabil, obwohl sie zu der wachsenden Ablehnung beitrug, die
beiden in Kreisen russischer Nationalisten und orthodoxer Kommunisten entgegengebracht wurde.[35]

Eine der Ideen Gorbatschows im Zusammenhang mit der außenpolitischen Willensbildung war, daß die Internationale Abteilung
mehr zu einem Think-Tank für die sowjetische Führung werden
sollte, als sie es bis dahin gewesen war. Dies bedeutete, revolutionären
Bewegungen in der Dritten Welt weniger Beachtung zu schenken und
sich verstärkt und mit frischen, handlungsorientierten Gedanken um
Fragen von zentraler Bedeutung für die sowjetische Führung zu kümmern, darunter auch Ost-West-Beziehungen. Gorbatschow wollte
eine Beziehung dieser Abteilung zum Außenministerium, wobei es
eher um Ergänzung als um Konkurrenz gehen sollte, erwartete aber
trotzdem von ihr, alternative Ideen anzubieten.[36] Sein Wunsch, den
Schwerpunkt weiter auf Ost-West-Beziehungen zu verlagern und die
Harmonie mit dem Außenministerium aufrechtzuerhalten, spiegelte
sich in der Ernennung Dobrynins zum neuen Leiter der Internationalen Abteilung im Range eines ZK-Sekretärs und Georgi Kornienkos,
der, wie Dobrynin, seine gesamte Karriere im diplomatischen Dienst
verbracht hatte, zum Ersten Stellvertretenden Direktor der Internationalen Abteilung. Von 1977 bis 1986 war er Erster Stellvertretender
Außenminister gewesen. Kornienko aber war, wie seine späteren Ein-
lassungen illustrieren sollten, eher bei den Halbwahrheiten und Täu-
schungsmanövern der Ära Gromyko als bei Gorbatschows Neuem
Denken zu Hause.[37] Dobrynin stand im Ruf, ein relativ liberaler und
höchst befähigter Diplomat zu sein. Die guten Beziehungen, die er zu
seinem nächsten Nachbarn Jakowlew während dessen Jahrzehnt als
sowjetischer Botschafter in Kanada aufgebaut hatte, mögen ebenfalls –
angesichts der Bereitschaft Gorbatschows, dem Rat Jakowlews Gehör
zu schenken – eine Rolle bei seiner Betrauung mit einer hochrangigen Position im Apparat des Zentralkomitees gespielt haben. Laut
Tschernjajew »wählte Gorbatschow Dobrynin nicht nur, weil er Ponormarjow nicht mochte – und dessen Ansichten und Komintern-
Einstellungen nicht ausstehen konnte und statt dessen gleiche Rechte
in der internationalen kommunistischen Bewegung durchsetzen woll-

te –, sondern auch, weil er einen erfahrenen Diplomaten wollte, der aus der Internationalen Abteilung eine Organisation machen konnte, die sich allgemein mit Außenpolitik beschäftigen können würde.«[38]

Die Berufung Dobrynins zeitigte zwar die erwünschten Folgen, was ein geringeres Interesse an revolutionären Bewegungen anbelangte, erfüllte aber in anderer Hinsicht weder die Erwartungen Gorbatschows noch die der Bewunderer Dobrynins in Washington, die im Laufe dessen vieler Jahre als sowjetischer Botschafter dort große Achtung vor seiner diplomatischen Finesse entwickelt hatten. Dobrynin war so lange in den Vereinigten Staaten gewesen, daß er mit den Korridoren der Macht in Washington besser vertraut war als mit denen in Moskau. Seine fehlenden persönlichen Kontakte und Verbindungen innerhalb des ZK-Apparats hatten zur Folge, daß er in Wirklichkeit niemals über so großes Gewicht verfügte, wie sein formaler Rang dies nahegelegt hätte. Auch lag seine eigentliche Stärke nicht so sehr darin, Ideen und Konzepte zu entwickeln, sondern in der geschickten Ausführung einer Politik. Außerdem behielten die Vereinigten Staaten ihre Faszination für ihn, und obwohl er nun im Prinzip innerhalb der Kommunistischen Partei für die ganze Welt zuständig war – einschließlich Europas, dem Gorbatschow zunehmend größere Aufmerksamkeit zu schenken wünschte –, genoß Dobrynin nichts mehr, als amerikanische Delegationen zu empfangen.[39] Er »war mit der Wirklichkeit der Vereinigten Staaten viel vertrauter als mit den Realitäten seines eigenen Landes«.[40] Nun aber gehörte es zu den Aufgaben der Internationalen Abteilung, Beziehungen zu westeuropäischen Sozialdemokraten[41] und kommunistischen Parteien und revolutionären Bewegungen in der Dritten Welt herzustellen, doch diese blieben so etwas wie ein Buch mit sieben Siegeln für Dobrynin, da es sich bei ihnen um politische Kräfte handelte, die im politischen Leben Amerikas keine Rolle spielten.[42]

Es war aber nicht nur die Ernennung Dobrynins, die verhinderte, daß aus der Internationalen Abteilung eine wichtige und unabhängige Quelle von Informationen und Ideen für das Außenministerium wurde. Dies, so Tschernjajew, hätte der Fall sein können, wäre Gromyko noch Außenminister gewesen. Sobald aber Gorbatschow einmal Schewardnadse ernannt hatte, war es der Internationalen Abteilung bestimmt, eine untergeordnete Rolle zu spielen angesichts der langjährigen Freundschaft Schewardnadses mit Gorbatschow und ihren übereinstimmenden Ideen und allgemeinen Auffassungen.[43] Tschernjajew beschreibt Dobrynin als »sehr loyal und gutmütig« und seine Beziehungen zu Schewardnadse und dem Außenministerium als »kooperativ«.[44] Wie aus den 1995 erschienenen Memoiren Dobrynins jedoch hervorgeht, unterdrückte er seine Verärgerung darüber, daß Gorbatschow und Schewardnadse die außenpolitische Willensbildung monopolisierten, und er beklagte die Tatsache, daß die Internationale Abteilung »auf täglicher Basis nichts mehr mit der Außenpolitik zu tun hatte«[45]. Dobrynins Nachfolger Valentin Falin war weniger willens, seine Unzufriedenheit mit diesem Zustand zu verbergen, und das Klima veränderte sich völlig, als er im Jahre 1988 Direktor der Internationalen Abteilung wurde. Er versuchte aus ihr die Art von Abteilung zu machen, die Alternativvorschläge ausarbeitete, so wie es Gorbatschow ursprünglich vorgeschwebt hatte. Aber »Schewardnadse ignorierte Falin einfach«, und ihr Verhältnis zueinander war von Anfang an schlecht.[46] In der Tat nahm es Falin sehr übel, daß der sowjetische Führer und sein Außenminister die Abteilung bei vielen wichtigen Fragen außen vor ließen. Abgesehen davon war die Essenz der allgemeinen Kritik Falins (und Kornienkos) an der Außenpolitik Gorbatschows und deren Ausführung durch Gorbatschow und Schewardnadse, daß sie es über ihrem Eintreten für universale Werte und allgemein-menschliche Interessen versäumten, tatkräftig genug *sowjetische* ›nationale Interessen‹ zu verteidigen, und nicht hart genug verhandelten, sei es über ein geeintes Deutschland oder über die Rüstungskontrolle.[47]

Neues Denken

Das Auftreten neuer Ideen in der sowjetischen Politik während der Ära Gorbatschow ist bereits in Kapitel 4 hervorgehoben worden, allerdings vor allem mit Blick auf den Zusammenhang zwischen neuen Konzepten und dem politischen System. Dabei war das Neue Denken in der Außenpolitik gewiß nicht weniger wichtig und führte rasch zu ersten Ergebnissen. Mit Gorbatschow an der Macht und einem neuen außenpolitischen Team in den Startlöchern entwickelte und ermutigte die Führung innovative Ideen. Sie war ebenso für die im Außenministerium, im Apparat des Zentralkomitees und von der breiteren

Gruppe der *mezhdunarodniki* (Auslandsexperten) ausgearbeiteten frischen Konzepte dankbar. Der Prozeß des Überdenkens machte vor dem Grundsätzlichen nicht halt und erstellte einen konzeptionellen Rahmen für verändertes politisches Agieren der Sowjetunion.

Zwar stellte Gorbatschows Hauptrede vor dem XXVII. Parteitag Anfang 1986 noch keine in sich geschlossene neue Außenpolitik dar, sie enthält aber doch einige bedeutende neue Elemente, wie zum Beispiel die Bezeichnung Afghanistans als »blutende Wunde«, was der erste öffentliche Hinweis auf seine Entschlossenheit war, die sowjetische Militärintervention dort zu beenden. In seinen Ausführungen zu den Beziehungen mit den Vereinigten Staaten betonte er, daß Sicherheit, die diesem Begriff würdig sei, nur gegenseitig sein könne, und unterstrich gleichzeitig, daß (im Gegensatz zu Gleichheit mit dem Gegner in allen Einzelaspekten) ab sofort das Kriterium für die Beurteilung der sowjetischen Militärausgaben ihre »Angemessenheit« sein würde.[48] Diese Doktrin verstimmte damals viele Militärs und wurde später von den Konservativeren unter ihnen scharf kritisiert. General Albert Makaschow zufolge wurde der schwerste Schlag gegen die Streitkräfte der Sowjetunion von niemand anderem als ihrem Oberbefehlshaber Gorbatschow geführt. Als »Initiator der Doktrin der ›Angemessenheit‹ begann er letztlich mit einer geplanten Verminderung des militärischen Potentials des Landes und später sogar mit dessen Zerstörung«.[49] Gorbatschow lieferte auch einen frühen Hinweis auf die eher multipolare sowjetische Außenpolitik, die er zu verfolgen gedachte. Er sagte, daß »man sich in der Weltpolitik nicht ausschließlich auf die Beziehungen zu einem einzigen Land konzentrieren darf, auch wenn es ein wichtiges ist«. Dies würde, »*wie die Erfahrung zeigt*, nur zu einer Arroganz der Stärke führen« (meine Hervorhebung).[50] Dies war nicht nur eine Kritik an den Vereinigten Staaten, sondern indirekt auch an Gromykos Außenpolitik, so wie sie auch in Gorbatschows Bemerkung zum Ausdruck kommt, daß »außenpolitische Kontinuität nichts mit der bloßen Wiederholung des Vorangegangenen zu tun hat, besonders nicht im Herangehen an *Probleme, die sich aufgestaut haben*« (meine Hervorhebung).[51]

Das wichtigste Element im sowjetischen Neuen Denken über die Außenpolitik war ein humanistischer Universalismus. Relativ früh fand dies Ausdruck in Gorbatschows Rede vor einer Gruppe internationaler Würdenträger, die sich im Februar 1987 in Moskau im Rahmen eines Forums »Für eine atomwaffenfreie Welt, für das Überleben der Menschheit« versammelten.[52] Dieser Gedanke wurde bei der XIX. Parteikonferenz[53] im Sommer und in Gorbatschows Rede vor den Vereinten Nationen im Dezember 1988 maßgeblich erweitert.[54] Hier war etwas ganz anderes entstanden als der alte sowjetische Pseudo-Internationalismus, bei dem Lippenbekenntnisse zu einem ›Klassenansatz‹ bei internationalen Beziehungen und Verweise auf einen ›proletarischen Internationalismus‹ und ›sozialistischen Internationalismus‹ Codewörter dafür waren, die Interessen der Sowjetunion allen anderen Überlegungen voranzustellen. In diesen Euphemismen manifestierte sich eine ideologisierte Sicht nationaler Interessen, in der es praktisch keine Gegensätze zwischen Marxismus-Leninismus und den Großmachtinteressen der Sowjetunion gab. Daran war nichts Überraschendes, da die Führung der sowjetischen Kommunistischen Partei der kollektive Deuter und Ausleger der marxistisch-leninistischen Ideologie war, zuständig sowohl für deren Bewahrung als auch ihre ›kreative Entwicklung‹. Sowjetische Institutionen und sowjetische Doktrin waren so sehr eins geworden, daß der Marxismus-Leninismus den ideologischen Zement lieferte, der die Machtstrukturen zusammenhielt, während die Kommunistische Partei der Ideologie den strukturellen Rahmen lieferte.

Das Konzept eines ›Klassenansatzes‹ hatte selbstverständlich nichts damit zu tun, den Forderungen wirklicher Arbeiter Gehör zu schenken, obwohl dies auf den ersten Blick gemeint zu sein scheint. Noch 1980/81 hatte die sowjetische Führung dies um ein weiteres Mal unter Beweis gestellt mit ihrer nervösen und feindseligen Reaktion auf den Aufstieg der ›Solidarität‹ in Polen, einer Bewegung, die sich damals der Unterstützung der großen Mehrheit der polnischen Arbeiter erfreute.[55] Wie unehrlich die Konzepte eines ›Klassenansatzes‹ und ›proletarischen Internationalismus‹ auch waren, so stand hinter dieser Rhetorik doch die Sicht einer auf immer in zwei feindliche Lager gespaltenen Welt, die Ost-West-Beziehungen in den Begrifflichkeiten des *kto-kogo* oder eines Nullsummenspiels betrachtete.[56] Wie Robert Legvold schreibt, war das, was Gorbatschow tat, »das geheiligtste sowjetische außenpolitische Konzept beiseite zu schieben, nämlich die Vorstellung, daß die elementarste Dynamik internationaler Politik in der Spannung zwischen zwei historischen Gesellschaftsordnungen liegt – zwischen Sozialismus und Kapitalismus«.[57]

Von dem Gedanken, zwischen diesen zwei unterschiedlichen Systemen sei Krieg unvermeidlich, war man bereits unter Chruschtschow abgekommen, und seitdem wurde die Idee einer ›friedlichen Koexistenz‹ propagiert. Dieses Konzept war allerdings stets – und besonders in für die sowjetische Öffentlichkeit bestimmten Dokumenten – mit dem Hinweis versehen, daß dies eher eine Verschärfung denn ein Nachlassen des Klassenkampfes bedeute. (Eingeräumt wurde damit allerdings auch die Notwendigkeit der Vermeidung eines wirklichen Krieges mit den NATO-Staaten, im Unterschied zu ideologischer Auseinandersetzung.) Bereits 1985, als die neue Version des Parteiprogramms der Kommunisten für die Annahme durch den XXVII. Parteitag Anfang 1986 vorbereitet wurde, traf Gorbatschow die bewußte Entscheidung, friedliche Koexistenz zwischen Staaten unterschiedlicher Gesellschaftsordnungen nicht mehr länger als eine »besondere Form des Klassenkampfes zu definieren«[58]. Gorbatschows Betonung von Interdependenz, universalen Werten und ›allgemein-menschlichen‹ Interessen unterschied sich deutlich von der alten Formulierung und war wirklich neu, zumindest für die Parteispitze.[59]

Gerade weil die Unterordnung von Klasseninteressen und -werten unter universale Werte dem klassischen Marxismus-Leninismus so sehr widersprach, war Gorbatschow bemüht zu behaupten, Lenin habe ähnliche Bewertungen angestellt, wie auch immer uncharakteristisch dies für das Denken Lenins gewesen sein mag. Anläßlich einer Begegnung mit Schriftstellern im Oktober 1986 sprach Gorbatschow davon, daß Lenin einen »Gedanken von kolossaler Tiefe« entwickelt habe, und zwar hinsichtlich »der Priorität des Interesses an gesellschaftlicher Entwicklung und der allgemein-menschlichen Werte über die Interessen der einen oder anderen Klasse«.[60] Die Passage aber, auf die sich Gorbatschow und eine Reihe sowjetischer Kommentatoren bezogen, postulierte, wie Stephen Shenfield anmerkte, keinen Konflikt zwischen den Interessen der ›Arbeiterklasse‹ und der ›Gesellschaft allgemein‹, und sie enthielt noch nicht einmal die Worte »allgemein-menschliche Werte«[61]. Selbst zu diesem frühen Zeitpunkt der Regierung Gorbatschows konnte Shenfield also zutreffend schreiben: »... Gorbatschows ›Neues Denken‹ hat es dem moralischen Absolutismus ermöglicht, einen unsicheren Brückenkopf in der Festung der offiziellen Ideologie zu errichten.«[62] In seinem 1987 veröffentlichten Buch *Perestroika* führt Gorbatschow das Thema universaler Interessen und Werte weiter aus. Er spricht davon, Lenin »neu zu lesen« und sich von ihm und seiner Fähigkeit, »an die Wurzeln der Dinge zu gelangen«, inspirieren zu lassen. Gorbatschow schreibt weiter zu diesem Punkt:

> Als Führer der Partei des Proletariats, der dessen revolutionäre Aufgaben theoretische und politische Wirklichkeit werden ließ, konnte Lenin weiter blicken, konnte er über deren klassenbedingte Grenzen hinausgehen. Mehr als einmal sprach er von dem Vorrang der allgemeinen Interessen über Klasseninteressen. Erst jetzt sind wir in der Lage, die ganze Tiefe und Bedeutung dieser Ideen zu erfassen.[63]

Wie ich bereits in einem früheren Kapitel bemerkt habe, behielt Gorbatschow eine idealisierte Sicht Lenins, während er sich mehr und mehr von den Grundsätzen des Leninismus entfernte. Die zitierte Passage ist ein Beispiel für die *Instrumentalisierung* Lenins, wie sie unter sowjetischen Politikern üblich war, zumindest bis zu den letzten ein oder zwei Jahren vor dem Zusammenbruch der UdSSR. Lenin mußte für die Legitimierung aller doktrinären Verlautbarungen oder wichtiger Unternehmungen herhalten, die in der Innen- wie Außenpolitik in Angriff genommen werden sollten. Wenn Gorbatschow außenpolitische Erklärungen mit Auswirkung auf die Ideologie abgab, war er sich der Tatsache bewußt, zwei völlig verschiedene Gruppen von Zuhörern anzusprechen. Einerseits war da sein sowjetisches Publikum, in dem die größte Gefahr zumindest in den ersten fünf Jahren seiner Amtszeit von konservativen Kommunisten ausging, die mit Besorgnis beobachteten, wie Gorbatschow die marxistisch-leninistische Orthodoxie hinter sich ließ und die Grundfesten des kommunistischen Systems erschütterte. Andererseits hatte Gorbatschow aufmerksame Zuhörer im Ausland, die wahrscheinlich die Verweise auf Lenin ziemlich kalt ließen und mehr an der Tiefe und den Ausmaßen der Veränderungen der sowjetischen Doktrin und deren Auswirkungen auf das Agieren der Sowjetunion interessiert waren.

Der Gedanke universaler Werte und Interessen und deren besondere Bedeutung im Nuklearzeitalter war Gorbatschow wahrscheinlich nicht erst als Ergebnis seiner nochmaligen Lektüre Lenins gekommen, auch wenn er *tatsächlich*, nach seiner Wahl zum Generalsekretär, eine Reihe der Schriften Lenins aus der NÖP-Periode wieder las. Diese Ideen waren bereits von sowjetischen Intellektuellen formuliert worden – vor allem von Andrei Sacharow, aber auch und mit größerem direkten Einfluß auf Gorbatschow und dessen engste Mitarbeiter von Persönlichkeiten des liberalen Flügels der Parteiintelligenzia, wie zum Beispiel Fjodor Burlazki und Georgi Schachnasarow.[64] Aber erst als Gorbatschow sie akzeptierte, wurden sie zu geltender, wenn auch, im traditionell marxistisch-leninistischen Sinne, höchst revisionistischer Doktrin.[65] Vielen sowjetischen Funktionären, vor allem im militärischen Establishment, fiel es schwer, sich mit der Preisgabe vergangener sowjetischer Gewißheiten durch Gorbatschow abzufinden. Selbst General Dmitri Wolkogonow, später ein enger Verbündeter Boris Jelzins und der Autor einer höchst kritischen Biographie Lenins, legte 1987 in einem Brief an Gorbatschow »scharfen Protest gegen den Pazifismus im Konzept des Neuen Denkens« ein.[66] (In seiner 1994 veröffentlichten zweibändigen Lenin-Biographie beklagt Wolkogonow – auf der Basis ausgewählten Beweismaterials und in Verkennung des Wesens von Gorbatschows Denken –, daß Gorbatschow weiter dem Leninismus anhänge, wobei doch seine, Wolkogonows, frühere Attestierung Gorbatschows mit quasi pazifistischen Attributen klargestellt haben müßte, daß sich Gorbatschows Denkweise stark von der Lenins unterschied, obwohl er Lenin weiterhin ungerechtfertigte Achtung entgegenbrachte.[67])

In vielen Fällen lieferten diejenigen, die zum Neuen Denken in der Außenpolitik beitrugen, auch innovative Ideen für innenpolitische Reformen. Die Akzeptanz der möglichen Errichtung interdependenter und harmonischer Beziehungen zwischen ›kapitalistischen‹ und ›sozialistischen‹ Systemen ging natürlicherweise mit einer neuen Definierung dieser Begriffe einher. Sowohl ›Kapitalismus‹ als auch ›Sozialismus‹ waren Konzepte, die für die Beschreibung einer Reihe verschiedener politischer und ökonomischer Realitäten verwandt worden waren, darunter auch ›sozialistischer‹ und ›kapitalistischer‹ *Diktaturen*. In ihren sozialdemokratischen und liberal-demokratischen Spielarten unterschieden sich ›demokratischer Sozialismus‹ und ›demokratischer Kapitalismus‹ nur noch recht geringfügig voneinander. Gorbatschow, mit seiner neuen Betonung globaler Fragen und universaler Werte, gab praktisch die Idee eines endgültigen Sieges des Kommunismus auf. Statt dessen legitimierte er sowohl politische als auch ökonomische Verschiedenartigkeit und internationale Zusammenarbeit, die die ideologischen Gräben hinter sich ließen. In gewissem Sinne machte er sich den Gedanken der *Annäherung der Gesellschaftssysteme*

zu eigen, der voreilig und meistens zu Unrecht von einer Reihe westlicher Kommentatoren während der Breschnew-Jahre festgestellt und
ebenfalls aus den falschen Gründen von den sowjetischen Ideologen
rundweg abgelehnt wurde. Darüber hinaus aber wurde diese Annäherung in der Ära Gorbatschow zunehmend zur politischen Realität,
nicht aber in der Art und Weise, wie es die Konvergenztheorie mit
ihrer Annahme einer Bewegung aus beiden Richtungen hin zu einer
Mitte zwischen den idealtypischen kapitalistischen und kommunistischen Systemen vorausgesagt hatte. Bewegt hat sich ganz im Gegenteil
beinahe ausschließlich die sowjetische Seite. Dort wurden die westlichen liberalen und demokratischen Normen schrittweise als den traditionellen sowjetischen Maximen überlegen anerkannt. Tatsächlich
begann man, wie T. H. Rigby bemerkt, die Worte ›normal‹ und ›zivili-
siert‹ »auf Praktiken und Umstände anzuwenden, wie sie in der UdSSR
nicht zu finden waren, und am vielsagendsten in der Formulierung: ›in
den zivilisierten Ländern‹«[68].

Gorbatschow selbst gebrauchte die Begriffe ›Zivilisation‹ und ›zivi-
lisiert‹ häufig – zum Beispiel kam das Wort ›Zivilisation‹ oder eine entsprechende Abwandlung in einem wichtigen Artikel, den er in der
Prawda im November 1989 veröffentlichte, mehr als zehnmal unabhängig voneinander vor.[69] Er betont zunächst, daß die Sowjetunion
Teil der menschlichen Zivilisation sei und verpflichtet, sie zu erhalten,
um hinzuzufügen, daß man in der Vergangenheit die Bedeutungen vieler
Leistungen der Menschheit im Verlaufe der Jahrhunderte unterschätzt
habe. Gorbatschow weiter: »Zu diesen Errungenschaften der Zivilisation gehören nicht nur die einfachen Normen von Moral und Gerechtigkeit, sondern auch die Prinzipien der Rechtsetzung, das heißt, die
Gleichheit aller vor dem Gesetz, individuelle Rechte und Freiheiten,
genauso wie das Prinzip der Güterproduktion und ihres Austausches
enstprechend dem operativen Wertgesetz.«[70] Hier haben wir Verweise
auf die Herrschaft des Rechts und den Markt als Bestandteile der ›Zivilisation‹. Ersteres wird unzweideutig gefordert, das zweite in etwas
umständlicherer Form. Anders als einige sowjetische Autoren und
Sozialwissenschaftler – die sich zu dieser Zeit vom Konzept des Sozialismus abwandten – verknüpft Gorbatschow die Entwicklung des
Sozialismus mit zivilisatorischem Fortschritt,[71] indem er argumentiert: »Demokratie und Freiheit – das sind die großen Werte menschlicher Zivilisation, deren Erben wir sind und die wir mit sozialisti-

schem Inhalt füllen.«[72] Er räumt allerdings ein, daß »wir uns im allgemeinen zivilisatorischen Sinne noch immer in einer vergangenen technologischen Epoche in einigen Gebieten befinden«, während »die
Länder des Westens zu einer neuen übergegangen sind – zur Ära der
Hochtechnologie, grundsätzlich veränderter Beziehungen zwischen
Wissenschaft und Produktion, neuer Wege der Sozialfürsorge und
sogar neuer Lebensformen«.[73]

Zu der Neubewertung der Leistungen westlicher Länder und der
Weltzivilisation als Ganzem trat eine neue Einstellung gegenüber dem
Recht einzelner Länder, über ihre Regierungsform selbst zu entschei-
den. Dies war ganz offensichtlich ein äußerst wichtiger Aspekt des
Neuen Denkens in der Außenpolitik, der für die internationalen
Beziehungen von größter Bedeutung war. Die meisten ausländischen
Beobachter jedoch hatten ihre Schwierigkeiten zu akzeptieren, daß
dies auf irgendeine Bereitschaft der Sowjetunion hindeutete, ihre
Kontrolle über die Länder Osteuropas zu lockern, geschweige denn
den Staaten des Warschauer Pakts eine echte Wahlfreiheit einzuräu-
men. Dabei sagte Gorbatschow in seiner großen Rede vor der XIX.
Parteikonferenz im Juni 1988 unmittelbar nach der Erwähnung des
»Weltsozialismus« und dessen gegenwärtigen Schwierigkeiten auf der
einen Seite und der beginnenden Befreiung der Beziehungen zwischen
der Sowjetunion und der »sozialistischen Gemeinschaft« von den
»Gesteinsschichten der Vergangenheit« auf der anderen Seite: »Eine
Schlüsselstellung im Neuen Denken nimmt das Konzept der Wahlfreiheit ein. Wir sind überzeugt von der Universalität dieses Prinzips in
den internationalen Beziehungen, da das wichtigste und allgemeinste
globale Problem das Überleben der Zivilisation überhaupt geworden
ist.«[74]

In seiner Rede vor den Vereinten Nationen im Dezember desselben
Jahres kehrte Gorbatschow zu dem Thema der Wahlfreiheit zurück,
und seine Worte erregten in New York noch mehr Aufmerksamkeit,
als ähnliche Äußerungen in Moskau dies getan hatten. Er sagte:

Für uns ist die Notwendigkeit des Prinzips der Wahlfreiheit klar.
Völkern dieses Recht zu verweigern, unter welchen Vorwänden
auch immer, mit welchen verschleiernden Worten auch immer,
bedeutet, die instabile Balance zu gefährden, die zu erreichen möglich gewesen ist. Die Freiheit der Wahl ist ein universales Prinzip,
von dem es keine Ausnahmen geben sollte.[75]

Es kann kaum verwundern, daß diese Worte Gorbatschows von den Völkern Ost- und Mitteleuropas als Aufforderung verstanden wurden, wirkliche Unabhängigkeit anzustreben. Das einzige, was die Bevölkerung ruhig gehalten hatte – zumindest die meiste Zeit über –, war die scheinbare Gewißheit, daß jeder Versuch, an die Grundlagen des Systems zu rühren, sowohl zu einer sowjetischen Militärintervention als auch zur Errichtung eines noch repressiveren Regimes führen würde. Dies schien jedenfalls die Lektion der Niederschlagung des ›Prager Frühlings‹ zu sein, obwohl die tschechischen Reformen ein friedlicher Veränderungsprozeß waren, der seinen Ausgang innerhalb der Kommunistischen Partei nahm. (Die ungarische Revolution von 1956 dagegen führte innerhalb weniger Jahre zu einer Verbesserung des Systems, gegen das sich die Ungarn erhoben hatten. Die Opfer der blutigen Unterdrückung der Revolution und die Härte der Repressalien bis zum Ende der fünfziger Jahre waren jedoch ein zu hoher Preis, als daß man weitere großangelegte Versuche unternommen hätte, größere Selbstständigkeit zu erreichen, bis es die Tschechen zwölf Jahre später auf andere Art und Weise probierten.) Gorbatschows Worte von 1988 zogen sehr wohl unbeabsichtigte Konsequenzen nach sich, denn zu diesem Zeitpunkt hoffte er noch, daß sich ihm ähnliche reformerische Kommunisten in Osteuropa durchsetzen würden. 1988 war jedoch nicht das Jahr, in dem er die Kontrolle über die Ereignisse verlor, sondern ganz im Gegenteil eines, in dem er Bewegung in die Dinge brachte.[76] Seine Schritte im Jahre 1988, sowohl in der Innen- als auch in der Außenpolitik, waren von entscheidender Bedeutung und ein wichtiger Anstoß für weiteren Wandel, während er ein oder zwei Jahre später tatsächlich in zunehmendem Maße auf Ereignisse reagieren mußte. Seine oben zitierten Ausführungen vor der XIX. Parteikonferenz und seine Rede vor den Vereinten Nationen waren so ganz anders als alle früheren Erklärungen eines sowjetischen Führers und offensichtlich so unzweideutig, daß eine ausreichende Zahl von Osteuropäern zu überlegen begann, die Übereinstimmung zwischen Gorbatschows Worten und Taten – oder, genauer, seiner Tatenlosigkeit – auf die Probe zu stellen.

Der neue Stil und seine Ursprünge

Bevor wir uns kurz den Veränderungen zuwenden, die das Neue Denken in der Außenpolitik der Sowjetunion herbeiführte, gilt es zunächst einer Frage nachzugehen: Was steht am Anfang des gewandelten sowjetischen Denkens und Verhaltens? In den vorangegangenen Kapiteln haben wir gesehen, wie sich Gorbatschows Gedanken – und die einiger seiner wichtigsten Berater – über die Außenwelt im Zuge von Auslandsreisen, besonders nach Westeuropa, und als Ergebnis von Begegnungen mit ausländischen Politikern, wiederum vor allem mit Europäern, veränderte. Das erweiterte Wissen über den Westen, das sich sowjetische Funktionäre und die Akademiker in den politischen Forschungsinstituten bereits erworben hatten, als Gorbatschow an die Macht kam, ist ebenfalls schon erwähnt worden. Es hatte durchaus Auswirkungen auf Gorbatschow, Jakowlew und Schewardnadse, die offen für neue Ideen waren und willens, Experten von außerhalb wie innerhalb des ministeriellen oder ZK-Apparats Gehör zu schenken. Wir haben auch die Neubewertung früherer sowjetischer Mißerfolge durch Gorbatschow und seine engsten Ratgeber gesehen und das Ausmaß, in dem die Sowjetunion wirtschaftlich, technologisch und im Lebensstandard der Bevölkerung hinter den Westen und, was die Industrie anbelangt, sogar hinter die erst seit kurzem industrialisierten Länder Asiens zurückgefallen war. Die Einschätzung der so ernsten inneren Probleme der Sowjetunion führte zu einer Betonung notwendiger und radikaler innenpolitischer Veränderungen, die in den Augen Gorbatschows wiederum eines völlig anderen internationalen Klimas bedurften, als er es zu Beginn seiner Amtszeit vorfand.

Doch es gibt noch eine andere Erklärung für alles, was neu im sowjetischen Denken und Verhalten war, die von vielen amerikanischen Politikern und Kommentatoren sowie von einem kleineren Teil ihrer westeuropäischen Kollegen und selbst von einigen Russen akzeptiert wird. Es handelt sich um die Ansicht, der Wandel in der Sowjetunion sei durch die Verschärfung des Wettrüstens ausgelöst worden, die Ronald Reagan begann, nachdem er 1980 ins Weiße Haus eingezogen war, und insbesondere durch seine 1983 bekannt gemachte Strategische Verteidigungsinitiative SDI, oder volkstümlicher: ›Star Wars‹, ›Krieg der Sterne‹. Die Möglichkeit, das Wettrüsten könne in eine weitere, hochautomatisierte, gefährliche und kostenintensive Phase eintreten, lieferte Gorbatschow in der Tat ein weiteres Argument für die Art von politischer Innovation, die den Stillstand beenden und den Teufelskreis durchbrechen würde. Die sowjetische Führung als Ganzes glaubte nicht, daß es den Vereinigten Staaten gelingen würde, Reagans Traum eines undurchlässigen Schutzschildes gegen alle Atomraketen Wirklichkeit werden zu lassen. Einige aber waren sehr besorgt, daß die technologischen Nebeneffekte der Forschungs- und Entwicklungsarbeit ausreichen würden, um der Sowjetunion zu militärischem Nachteil zu gereichen. Roald Sagdejew war damals Leiter der sowjetischen Weltraumforschung. Als herausragender Physiker repräsentierte er eher die Wissenschaftler als den militärisch-industriellen Komplex, obwohl ihn seine Arbeit ständig mit letzterem in Berührung brachte. Sagdejew gehörte zu denjenigen, die glaubten, SDI könne nicht funktionieren, es sei für die Sowjetunion eine gigantische Geldverschwendung zu versuchen, es den USA gleichzutun. Er vertrat die Ansicht, daß »Amerikaner sehr gute Verkäufer von SDI« und »die Russen sehr gute Kunden« waren in dem Sinne, daß sie die von SDI ausgehende Bedrohung übertrieben. Als er einen führenden Funktionär der sowjetischen Weltraumindustrie vor Gorbatschow klagen hörte, daß »wir Zeit verlieren und nichts unternehmen, um unser Gegenstück zum amerikanischen SDI-Programm zu bauen«, sei er beim Versuch, sein Lachen zu unterdrücken, »beinahe gestorben«.[77] (Seit 1990 lebt Sagdejew in den Vereinigten Staaten. Er verließ die Sowjetunion *nicht* als Teil der wissenschaftlichen Auszehrung des Landes, sondern wegen »der Auszehrung seines Herzens«: Er hatte Susan Eisenhower geheiratet, die Enkelin des amerikanischen Präsidenten, der in seiner Abschiedsrede den Begriff ›militärisch-industrieller Komplex‹ geprägt hatte. Für Sagdejew war dieser Komplex in der Sowjetunion von größerer Realität als in den Vereinigten Staaten.[78])

Obwohl Gorbatschow nicht der einzige in der sowjetischen Führung war, den die Politik der Reagan-Administration beunruhigte, stand er doch allein im Politbüro (bis er selbst Generalsekretär wurde und einige Monate später Schewardnadse zu einem Vollmitglied des Politbüros befördern konnte) mit seiner Schlußfolgerung, daß sich sowohl die sowjetische als auch die amerikanische Politik ändern müßten. Andere russische Führer hatten auf steigende amerikanische Militärausgaben in herkömmlicher Form reagiert, und zwischen der Tatsache, daß und wann Gorbatschow an die Macht kam, und der Politik der Regierung Reagan im allgemeinen und SDI im besonderen bestand nicht der geringste Zusammenhang. Für Gorbatschow waren die wahrscheinlichen Nebeneffekte von SDI und die daraus entstehenden zusätzlichen Belastungen der sowjetischen Wirtschaft tatsächlich weitere Gründe, nicht nur Rüstungskontrollabkommen, sondern auch eine dramatische Verbesserung der sowjetisch-amerikanischen Beziehungen anzustreben. Der Gorbatschow-Faktor aber war hier von ungleich größerer Bedeutung als der Reagan-Faktor. Reagans Politik hatte während seiner ersten Amtszeit nichts dazu beigetragen, die sowjetische Politik zum Besseren zu wandeln. Wäre nicht die Gesundheit zweier aufeinanderfolgenden Generalsekretäre, die beide in Reagans erster Amtszeit an die Macht kamen, so rapide verfallen und hätte sie nicht in beiden Fällen zum Tod geführt, dann wäre Gorbatschow überhaupt nicht an die Regierung gekommen, solange Reagan noch im Weißen Haus war.

Tatsächlich förderte die Rede Reagans von März 1983, in der eine »vollständige, einem Manhattan-Projekt ähnliche Kraftanstrengung zur Entwicklung einer umfassenden, weltraumgestützten, antiballistischen« Verteidigung der Vereinigten Staaten vorgestellt wurde,[79] nicht eben eine konziliante Stimmung in der sowjetischen Führung. Im Gegenteil, die Rede führte keineswegs dazu, daß die Sowjetunion nach einem nachgiebigeren Führer suchte, sondern vielmehr zu erhöhter internationaler Spannung. Einige hochrangige sowjetische Funktionäre begannen zu glauben, der Westen plane einen Präventivschlag gegen die Sowjetunion. Dieser Verdacht wurde paradoxerweise noch größer, als eine sowjetische Militärmaschine das koreanische Passagierflugzeug KAL 007 am 1. September 1983 abschoß, nachdem es sich in den sowjetischen Luftraum verirrt hatte. Nicht nur damals, sondern auch noch viele Jahre später glaubte das sowjetische Militär, das Flugzeug sei zu militärischen Spionagezwecken eingesetzt worden.[80] Die britische Premierministerin und ihr Außenminister wurden von ihrem Informanten im KGB, Oleg Gordiewski, darüber unterrichtet, daß das, was Geoffrey Howe in seinen Erinnerungen als »schlichtweg eine Überreaktion« in den Vereinigten Staaten beschreibt, »sehr nahe daran war, Moskau einschließlich Andropow davon zu überzeugen, daß die ganze Angelegenheit von der CIA als geschickte Falle ausgelegt worden war«.[81] Der Autor einer sorgfältigen Studie der Ursachen und Folgen der KAL 007-Krise, Alexander Dallin, stellt fest, daß sie das sowjetisch-amerikanische Mißtrauen steigerte und daß »die Empörung, sowohl die echte als auch die geheuchelte«, mit der die jeweils andere Seite bedacht wurde, »zur Folge hatte, sie noch weiter voneinander zu entfernen«.[82]

Howe schreibt, daß Gordiewski ein paar Wochen später dem britischen Geheimdienst mitteilte, es gebe sowjetische Befürchtungen, ein für den 2.-11. November geplantes NATO-Manöver, welches eine Krise simulieren sollte, die zu einem nuklearen Konflikt führte, sei die Vorbereitung für einen »wirklichen Atomschlag«[83]. Als Ergebnis der Warnungen Gordiewskis änderte die NATO einige Teile der Übung, »um die Sowjets in keinem Zweifel darüber zu lassen, daß es sich nur um ein Manöver handele«, und Gordiewskis eigene Berichte an seine nominellen Herren in Moskau verstärkten diese Botschaft – die Krise ging vorüber.[84] Diese Darstellung wird durch Gordiewskis Memoiren bestätigt.[85] Der gefährliche Grad an Nervosität in Moskau – der im Prinzip die Möglichkeit eines sowjetischen Präventivschlages beinhaltete – wurde von der britischen Premierministerin und ihrem Außenminister ihren amerikanischen Kollegen und anderen Führern zur Kenntnis gebracht.[86] Im Frühjahr 1984 war die Situation noch immer angespannt. Im Januar erklärte Wladimir Kriutschkow, damals Leiter der Auslandsspionage des KGB (später, von 1988 bis 1991 dessen Direktor), bei einer KGB-Konferenz in Moskau, das Weiße Haus sei damit beschäftigt, »die Bevölkerung psychologisch auf einen Atomkrieg vorzubereiten«[87]. Wie ein führender Analytiker der sowjetischen und amerikanischen Sicherheitspolitik in Washington feststellt, wurde während der ersten Amtsperiode der Reagan-Administration angenommen, daß »es zu einem Krieg nur kommen würde aufgrund einer sowjetischen Aktion, die die USA nicht verhindern könnte ... die Möglichkeit eines unbeabsichtigten Krieges wurde nicht in Betracht gezogen. Konfrontationspolitik und große Spannungen wurden als hilfreich zur Vergrößerung der Abschreckung angesehen und nicht als Momente, die den Krieg wahrscheinlicher machten.«[88] Nur wenig Aufmerksamkeit wurde der Frage geschenkt, wie die amerikanische Politik in Moskau *wahrgenommen* wurde, und ebensowenig Beachtung fand die Möglichkeit eines unbeabsichtigten Weltkrieges.[89]

Die von der Reagan-Administration verfolgte Politik des hohen Risikos schadete in der Tat der sowjetischen Wirtschaft mehr als der amerikanischen. Schließlich waren die USA technologisch überlegen, und die Aufrechterhaltung militärischer Parität mit der Sowjetunion beanspruchte einen wesentlich geringeren Anteil des amerikanischen Nationaleinkommens, als dies in der Sowjetunion der Fall war. Trotzdem erschien es der Moskauer Führung, als sei die ökonomische Gefahr, soweit sie sie erkannte, ein Problem für die Zukunft, während die militärische und politische Bedrohung sofortige Aufmerksamkeit verlangte. Für Gromyko und Ustinow diente die Politik Washingtons als Rechtfertigung der Fortsetzung ihrer eigenen, uneinsichtigen Politik und des weiteren Ausbaus der sowjetischen Militärmaschinerie. Als einziger im Politbüro zog Gorbatschow andere Schlußfolgerungen, teilte seine Einsichten allerdings nicht seinen dortigen Kollegen und schon gar nicht einer breiteren Öffentlichkeit mit, bevor er selbst nicht Generalsekretär geworden war. Auch dann noch benötigte Gorbatschow »Mut«, wie ein ehemaliger hoher Funktionär der Internationalen Abteilung bemerkte, »um die herrschende Stimmung auf der höchsten politischen Ebene der sowjetischen Führung umzukehren«.[90]

Entgegen der entsprechenden Legendenbildung im Westen spielte weder die Politik Reagans noch die gestiegene Spannung eine Rolle dabei, Gorbatschow an die Macht zu bringen. Das Amt des Generalsekretärs wurde erstmals nach dem Beginn von SDI mit dem Tode Andropows im Februar 1984 frei. Sein Nachfolger war nicht Gorbatschow, sondern Tschernenko, der von der alten Garde genau deshalb ausgewählt wurde, weil er für Kontinuität stand – vor allem für Kontinuität mit der Ära Breschnew –, und er genoß die wärmste Unterstützung seitens Gromykos und des kompromißlosen Verteidigungsministers Ustinow. Diese beiden politischen Veterane, deren Karriere als wichtige Funktionäre bis in die Zeit Stalins zurückreichte, wußten, daß sie die sowjetische Außen- und Verteidigungspolitik weiterhin entsprechend traditioneller Vorgaben führen konnten, solange Tschernenko im Amt war.

Vielmehr war es eine Laune des Schicksals, daß Tschernenkos Gesundheit sich verschlechterte und dies zu seinem Tod lediglich 13 Monate nach seinem Amtsantritt führte, so daß Gorbatschow im März 1985 an die Macht gelangte. Es ist nicht sicher, daß Gorbatschow die Nachfolge Tschernenkos auch dann hätte antreten können, wenn es nicht zu einem weiteren wichtigen Todesfall innerhalb der alternden sowjetischen Oligarchie gekommen wäre – dem Tod Ustinows im

Dezember 1984. Wenn Ustinow und Gromyko auch nur für einen Moment geahnt hätten, daß Gorbatschow die sowjetische Verteidigungs- und Außenpolitik in dem Maße verändern würde, wie er es schließlich tat, hätten sie gewiß ihr bedeutendes politisches Gewicht eingesetzt, um seinen Aufstieg aufzuhalten, noch bevor er der Thronfolger Tschernenkos geworden war. Als Gorbatschow die Führung der Sowjetunion übernahm, war Ustinows Nachfolger im Amt des Verteidigungsministers, Marschall Sokolow, noch nicht einmal Kandidat des Politbüros, da es seit dem Tod Ustinows keine ZK-Sitzung gegeben hatte, die eine solche Position hätte vergeben können.

Die Wahl Gorbatschows zum Nachfolger Tschernenkos geschah nicht, weil die Elite des sowjetischen Parteistaats auf Reagans Außen- und Verteidigungspolitik reagiert hätte, sondern aufgrund interner Abläufe, wie in Kapitel 3 beschrieben. Als erstes ergriffen Gorbatschow und dessen Anhänger die Initiative und setzten die Ernennung Gorbatschows zum Vorsitzenden der Beerdigungskommission und damit zum mutmaßlichen Nachfolger durch, bevor alle Mitglieder des Politbüros die Möglichkeit gehabt hatten, nach Moskau zurückzukehren. Zweitens hatte Gorbatschow keinem Angehörigen des obersten Führungsteams gegenüber zu erkennen gegeben, und zwar weder um die Zeit seiner Wahl herum noch vorher, daß er von der bestehenden sowjetischen Rüstungspolitik abweichen würde, die vorsah, um jeden Preis mit den USA gleichzuziehen.[91] Zweifellos mit Blick auf die Stimmen, die er zu einem Zeitpunkt in der Zukunft von diesem Wahlgremium brauchen würde, und zwar zu einer Zeit, als Ustinow noch lebte, sprach er sich im Politbüro dafür aus, daß die Sowjetunion eine »offensive Haltung« im Propagandakrieg nach dem Abschuß des südkoreanischen Passagierflugzeugs im Spätsommer 1983 einnehmen sollte.[92] Gorbatschow sprach also nach seiner Nominierung zum Generalsekretär durch das Politbüro und der Empfehlung an das Zentralkomitee am 11. März 1985 davon, »die wirtschaftliche *und militärische Macht* des Vaterlandes« zu erhöhen (meine Hervorhebung).[93]

Drittens: Insofern die Mitglieder des Politbüros eine Wahl hatten und insofern über die Meinungen im Zentralkomitee Klarheit besteht, wurde Gorbatschow als ein Modernisierer gewählt, der der sowjetischen Politik neue Dynamik verleihen, sie aber nicht radikal umgestalten würde. Wie in den vorangegangenen Kapiteln bereits dargelegt, waren seine eigenen Absichten eher reformerischer denn transformativer Natur, und während der Sitzung des Politbüros, die ihn zum Nachfolger bestimmte, spielte er seinen Reformismus sogar noch herunter. Eine Passage seiner Ansprache, die sich im Licht der schon bald von Gorbatschow betriebenen radikalen Veränderungen heute etwas merkwürdig liest, lautete: »Wir brauchen unsere Politik nicht zu ändern. Es ist eine echte und richtige, vollständig leninistische Politik. Wir müssen das Tempo erhöhen, voranschreiten, unsere Defizite aufdecken und überwinden, um unsere leuchtende Zukunft klar erkennen zu können.«[94] Auch die konservativsten Kommunisten im Politbüro konnten in solchen aufs angenehmste beruhigenden Worten nicht den geringsten Grund für Besorgnis oder gar Hinweise auf eine Kursänderung finden. (Gorbatschow war ein facettenreicher Politiker, der in einem komlizierten politischen Umfeld agierte. Diese besänftigenden Sätze trugen seiner damaligen Gedankenwelt wesentlich weniger Rechnung als die kritischere und tiefgreifendere Analyse des ökonomischen und gesellschaftlichen Entwicklungsstands der Sowjetunion in seiner bedeutenden Rede – in einem vorangegangen Kapitel bereits behandelt – vor einer Ideologiekonferenz im Dezember 1984 in Moskau.) Viertens: Zwar hatte Gorbatschows diplomatischer Erfolg in Großbritannien im Dezember 1984, kurz nach der Moskauer Konferenz, seine Qualifikation für das Amt des Generalsekretärs erhöht, aber Außen- und Verteidigungspolitik spielten bei seiner Wahl keine Rolle.[95] Die traditionellen Fragen nach Rang und Protektion, nach den Verlierern und Gewinnern des Machtkampfes in der Sowjetunion standen statt dessen deutlich im Vordergrund, außerdem das Gefühl, daß es mit der Herrschaft der alten Männer und dem Ritual jährlicher Begräbnisse des obersten Führers nicht weitergehen könne, wenn die Sowjetunion sich nicht der Lächerlichkeit preisgeben wolle. Zumindest einem Teil der Führung war darüber hinaus bewußt, daß die Verlangsamung des sowjetischen Wirtschaftswachstums die Ausmaße eines gewaltigen Problems annahm.

Für Präsident Reagan und den Westen im allgemeinen war es ein glücklicher Umstand, daß Gorbatschow 1985 an die Macht kam,[96] aber es gibt absolut keinen Anhaltspunkt dafür, dies als eine Konsequenz der Politik Reagans in seiner ersten Amtsperiode zu sehen.[97] Gorbatschow war schließlich der vierte sowjetische Generalsekretär, wenn auch der einzige im Vollbesitz seiner Kräfte, dessen Amtszeit mit der Reagans zusammenfiel. Allerdings war er der erste Generalsekretär,

der die Verschärfung des Wettrüstens nicht zum Anlaß nahm, die
Rüstungsanstrengungen der Sowjetunion zu verstärken, sondern vielmehr als einen weiteren Grund dafür sah, nach einer neuen Vertrau-
ensbasis in den Ost-West-Beziehungen zu suchen. Ganz von der Hand
zu weisen ist das Argument nicht – solange man es nicht auf die Spitze
treibt –, daß die amerikanische Bereitschaft, die Sowjetunion bei der
Entwicklung neuer Waffensysteme finanziell zu überrunden, *einer* der
vielen Anreize für *Gorbatschows* politischen Innovationskurs war.[98] Es
gibt aber keinen Grund zu der Annahme, daß Andropow oder Tsche-
nenko genauso gehandelt hätten, wären sie länger am Leben geblieben, oder daß irgendein politisch denkbarer Alternativkandidat für
das Amt des Generalsekretärs in der Mitte der achtziger Jahre so
gehandelt hätte wie Gorbatschow. Gorbatschows andere Weltsicht
und seine Ermutigung zu einem neuen Denken schufen die innovative
sowjetische Außenpolitik. Dies gilt insbesondere für die ersten vier
Regierungsjahre Gorbatschows – bevor der Druck der Ereignisse in
Osteuropa seinen Handlungsspielraum einschränkte und ihn vor un-
vorhergesehene Entscheidungen stellte, die er jedoch und entschei-
denderweise im Geiste des Neuen Denkens fällte.

Sowjetisch-amerikanische Beziehungen

Letztlich beendeten die Entwicklungen in Europa und vor allem Gorbatschows Zustimmung zur Unabhängigkeit, die die Staaten Osteuropas 1989/90 zurückerlangten, sowie die Wiedervereinigung Deutschlands den Kalten Krieg. Der Durchbruch zu einer neuen Ebene von
Vertrauen und Zusammenarbeit mit dem Westen kam allerdings
schon vor 1988. Während der ersten Phase der Amtszeit Gorbatschows
war die Sowjetunion mehr mit ihren Beziehungen zu den Vereinigten
Staaten als zu Westeuropa beschäftigt. Gorbatschow standen auch größere Ressourcen an Fachwissen und Sachkunde für erstere zur Verfügung, und es kam schneller zu Verbesserungen in den sowjetisch-amerikanischen Beziehungen als im Verhältnis der Sowjetunion zu den
meisten Staaten Westeuropas.[99] Dies galt vor allem für die Beziehungen zu den Vereinigten Staaten, solange Ronald Reagan noch im Weißen Haus war. Allerdings hatte zu den verschiedenen an Gorbatschow
gerichteten Empfehlungen in den ersten Tagen seiner Amtszeit auch

der Vorschlag gehört, den Rest der Präsidentschaft Reagans mit gutem Recht auszusitzen, ohne sich unnötig mit dem auseinanderzusetzen, was in Moskau als Reagans Verstocktheit angesehen wurde.[100] Aber Gorbatschow lehnte diesen Rat ab und vertrat die Ansicht, daß es besonders wichtig sei, mit dem konservativen Reagan zu einer Verständigung zu kommen, wenn wirkliche Veränderungen erreicht werden sollten. Seine Informationen über die politische Bühne Amerikas ermöglichten es ihm zu erkennen, wie vorteilhaft es war, das Vertrauen einer konservativen republikanischen Regierung zu gewinnen. Später konnte er sich ausmalen, welche Empörung einem demokratischen Präsidenten entgegengeschlagen wäre, der so freundschaftlichen Umgang mit einem Generalsekretär der Kommunistischen Partei der Sowjetunion pflegte, wie dies Ronald Reagan und später George Bush taten. (Nach seinem Gipfeltreffen mit Gorbatschow im Sommer 1988 in Moskau sandte Reagan einen Brief an Gorbatschow, »An Michail von Ron«, auf den Gorbatschow in ähnlich vertrautem Ton antwortete.[101])

Gorbatschow und Reagan teilten darüber hinaus eine umstrittene Auffassung – den Wunsch, die vollständige Abschaffung und Vernichtung aller Atomwaffen zu erreichen. Innerhalb ihrer jeweiligen Regierungen sahen viele dieses Ziel als unrealistisch und sogar utopisch an. Auch von einigen der europäischen Verbündeten Reagans – vor allem von Margaret Thatcher in Großbritannien und François Mitterrand in Frankreich – wurde der Gedanke mit Schrecken aufgenommen. Dieser Aspekt von SDI, also Reagans Überzeugung, es könne zur Abschaffung aller Atomwaffen führen, stieß auf den besonders heftigen Widerstand Frau Thatchers. Sie vertrat die Ansicht, man könne die Erfindung nuklearer Waffen nicht rückgängig machen, und sie unterstrich die sowjetische Überlegenheit bei konventionellen und chemischen Waffen. Außerdem war sie genausowenig bereit wie die Franzosen, ein Ende des kleinen und exklusiven ›Atomklubs‹ in Betracht zu ziehen, dem Großbritannien und Frankreich angehörten und der sie über andere Weltmächte der Mittelklasse hinauszuheben schien.[102] Gorbatschows atomare Ängste hatten durch die Katastrophe von Tschernobyl im Jahre 1986 neue Nahrung erhalten. George Shultz schreibt rückblickend von Gorbatschows »scheinbar aufrichtigem Entsetzen« über die »Verwüstungen, zu denen es kommen würde, sollten Atomkraftwerke zu Zielobjekten in einem konventionellen Krieg werden, geschweige denn in einem nuklearen Schlagabtausch«. In einer Denkschrift für Präsident Reagan stellt Shultz fest, »wie tief berührt« Gorbatschow von Tschernobyl gewesen sei und daß dieser Unfall »eine starke antinukleare Tendenz in Gorbatschows Denken« hinterlassen habe.[103] Tschernobyl hinterließ bei Gorbatschow wirkliche Spuren, aber er stellte schon frühzeitig eine Verbindung zwischen dieser Katastrophe und den noch größeren Gefahren eines Nuklearkrieges her, wie er dies auch bei zahlreichen Anlässen öffentlich tat. Außerdem sprach Gorbatschow in einer Rede vor den Mitarbeitern des Außenministeriums, die bis auf Ausschnitte im Fachjournal des Ministeriums bis 1993 unveröffentlicht blieb, einen Monat nach dem Unfall von Tschernobyl nicht nur von einer Tragödie, sondern auch von einer Gelegenheit, antimilitaristische Meinungen zu mobilisieren. Er fügte hinzu: »... wenn das friedliche Atom mit solchen Risiken verbunden ist, was sagt das erst über die atomare Waffe!«[104]

Nach dem Genfer Gipfeltreffen im November 1985, bei dem sich Gorbatschow und Reagan persönlich gut verstanden, aber kaum mehr erreichten, kam es zu dem wesentlich dramatischeren Gipfel in Reykjavik im Oktober 1986. Die Idee, ein solches Treffen nur zu Abrüstungsfragen entweder in London oder Reykjavik abzuhalten, stammte von Gorbatschow und wurde von ihm erstmals im Sommerurlaub 1986 auf der Krim gegenüber seinem Mitarbeiter Tschernjajew ausgesprochen.[105] (Gorbatschow arbeitete während seiner Ferien beinahe genausoviel wie in Moskau, nahm aber die Gelegenheit zu Lektüre, Reflexion und Vorausdenken wahr. Dies war nur schwerlich in Moskau möglich, wenn er zwischen dem Kreml und dem Gebäude des Zentralkomitees hin und her pendelte und so viele Termine und Dokumente seine Aufmerksamkeit – und Raum auf seinen zwei Schreibtischen – beanspruchten.) Schewardnadse machte zu jener Zeit ebenfalls Urlaub, aber an einem anderen Ort, und so ergriff Gorbatschow selbst die Initiative, und er infomierte den Ersten Stellvertretenden Außenminister, Anatoli Kowaljow, der während der Abwesenheit Schewardnadses die Geschäfte des Außenministeriums führte.[106]

Einer der geschicktesten Züge Gorbatschows in seinem Bemühen, eine Koalition für außen- und verteidigungspolitischen Wandel zu bilden, war, dem allgemein respektierten Generalstabschef Marschall Achromejew dabei eine prominente Rolle zuzuweisen.[107] Später sollte Gorbatschow die Unterstützung eines großen Teils des Militärs und auch die Achromejews verlieren. In den frühen Tagen seiner Regierung aber kam ihm die Kooptierung Achromejews, der in den Streitkräften große Hochachtung genoß und die Art von Wissen und Erfahrung in militärischen Fragen besaß, die Gorbatschow benötigte, sehr zugute. Der Vereinbarungsentwurf, den die sowjetische Seite nach Reykjavik mitbrachte, war zunächst von Achromejew gemeinsam mit Juli Woronzow (wie Kowaljow ein Erster Stellvertretender Außenminister) und Georgi Kornienko, der erst kurz zuvor vom Außenministerium als Erster Stellvertretender Direktor in die Internationale Abteilung des ZK gewechselt war, erarbeitet und dem Politbüro über Dobrynin vorgestellt worden. Später – wie bereits angemerkt – sollte sich Kornienko von Gorbatschows konzessionsbereiter Außenpolitik abwenden.[108]

In den tatsächlichen Gesprächen zwischen der sowjetischen und der amerikanischen Arbeitsgruppe in Reykjavik, die die Nacht hindurch verhandelten und die strittigen Fragen auf die Punkte konzentrierten, die in den Sitzungen mit Gorbatschow und Reagan besprochen werden sollten, verfügte Achromejew auf der sowjetischen Seite über die größte Autorität. Bei einem Abendessen mit George Shultz 1987 sagte er dem amerikanischen Außenminister, daß neben seiner Teilnahme an der Verteidigung Leningrads im Zweiten Weltkrieg die Tage seiner Zusammenarbeit mit Gorbatschow zu den stolzesten seines Lebens zählten.[109] Ein Jahr später zeigte sich Achromejew jedoch beunruhigt vom Ausmaß der einseitigen Reduzierung der sowjetischen konventionellen Waffen, zu denen Gorbatschow bereit war, und er trat als Generalstabschef zurück, als Gorbatschow diese Maßnahmen in seiner Rede vor den Vereinten Nationen im Dezember 1988 bekanntgab. (Schewardnadse hielt Achromejew für einen schwierigen Kollegen und sagte, daß »er derjenige war, der [Rüstungskontrolle] so schwer machte«[110], aber Gorbatschow mußte das Militär in den Entscheidungsprozeß einbinden. Jeder Repräsentant des Militärs hätte das Ausmaß der Kürzungen, an die Gorbatschow und Schewardnadse dachten, mit Skepsis oder gar Feindseligkeit betrachtet. Solange Gorbatschow Achromejew an Bord halten und ihn mit seiner Abrüstungspolitik in Verbindung bringen konnte, genoß er einen gewissen Schutz vor seinen Kritikern aus den Reihen der Streitkräfte. Außerdem war Achromejew – im Gegensatz zu einem großen Teil des militärisch-industriellen Komplexes – ein führender Vertreter der Ansicht wie

auch so gewichtige Wissenschaftler wie Sagdejew, daß sich für die
Sowjetunion keine Notwendigkeit ergab, ihr eigenes SDI-Programm
aufzulegen, und daß alle dahingehenden Anstrengungen eine gewaltige Geldverschwendung wären.[111]) Auch nach seinem Rücktritt als
Generalstabschef diente Achromejew weiterhin als Berater Gorbatschows, obwohl ihn ab 1990/91 die Wahrscheinlichkeit eines Auseinanderbrechens der Sowjetunion sehr beschäftigte. Seine zunehmende
Überzeugung, alles, wofür er seit dem Zweiten Weltkrieg gekämpft
hatte, werde zerstört, ließ ihn den Augustputsch 1991 unterstützen und
führte zu seinem Selbstmord, als der Staatsstreich scheiterte.

Der Gipfel von Reykjavik kam dem Abschluß einer Vereinbarung
über die Vernichtung einer Reihe von Waffensystemen sehr nahe.
Gorbatschow beherrschte die technischen Einzelheiten mit viel größerer Sicherheit als Reagan, für den aber am Ende sein Lieblingsprojekt
SDI – das mehrere Jahre später von den Vereinigten Staaten aufgegeben wurde – das einzige war, was zwischen den beiden Staatsmännern
und einer Übereinkunft stand. Dieses Abkommen wäre allerdings so
weitreichend und so überraschend gewesen, daß es auf eine äußerst
feindselige Reaktion bei den Regierungen einiger europäischer Verbündeter Amerikas gestoßen wäre, obwohl es gewiß bei deren Wählern eher Unterstützung erfahren hätte. An einem Punkt während der
Verhandlungen bot Reagan nicht nur die Vernichtung der ballisti-
schen Waffensysteme an, sondern die Abschaffung aller Atomwaffen,
was auf die bereitwillige Zustimmung Gorbatschows stieß.[112] Der sowjetische Führer aber machte jedes Element dieses Pakets von der
strengen Auslegung des antiballistischen Raketenvertrags von 1972
abhängig, und er bestand darauf, daß die Arbeit an SDI sich ausschließlich innerhalb von Laborräumen abspielen solle.[113] Reagan wies
dies zurück, und der Gipfel endete – im Unterschied zu allen anderen
Begegnungen zwischen Gorbatschow und einem amerikanischen Präsidenten – damit, daß beide Politiker Schwierigkeiten hatten, ihren
Zorn zu verbergen.[114]

Gorbatschow stellte sich trotzdem sofort einer Pressekonferenz, in
der selbst erfahrene Journalisten ihre Erschütterung über den scheinbar vollkommenen Fehlschlag eines Gipfeltreffens der Supermächte
kaum verbergen konnten, nachdem Erwartungen auf einen großen
Durchbruch geweckt worden waren. Gorbatschow lieferte eine virtu-
ose Vorstellung. Anstatt den internationalen Massenmedien zu sagen,

daß »man mit dieser US-Regierung nicht verhandeln kann«, wie es Schewardnadse erwartete,[115] erläuterte er die sowjetische Position und die amerikanischen Entgegnungen in ihren Einzelheiten und schaffte es, viel Positives zu finden. Schewardnadse gegenüber erklärte er später, daß er erst, als er die sorgenvollen Gesichter vor sich sah, beschloß, »konstruktiv zu sein«[116]. Es war ein gutes Beispiel für Gorbatschows Gespür für die Stimmung eines Treffens und für seinen politischen Instinkt, denn er präsentierte erfolgreich die sowjetische Seite der Geschichte. Noch wichtiger aber war, daß die meisten der Vorschläge von Reykjavik – die wesentlich weiter gingen als die Rüstungskontrollvereinbarungen der Ära Breschnew – innerhalb der nächsten Jahre zu entsprechenden Abkommen führen sollten.

Ein weiteres überraschendes Ergebnis war, daß Reykjavik die Beziehung zwischen Reagan und Gorbatschow nicht dauerhaft belastete. Tatsächlich vertraute Gorbatschow Reagan seit dieser Zeit mehr, und er sprach privat oder gegenüber engen Mitarbeitern nach Reykjavik mit größerem Respekt von ihm als davor.[117] Tschernjajew berichtet, daß ein prominenter westlicher Politiker vor dem Gipfel in Reykjavik Reagan gegenüber Gorbatschow als »einen Narren und Clown« beschrieb, worauf Gorbatschow entgegnete, es sei bedauerlich, einen solchen Menschen an der Spitze einer Supermacht zu sehen.[118] Nach Reykjavik vernahm Tschernjajew niemals, auch nicht im privaten Kreis, eine dahin gehende Äußerung Gorbatschows über Reagan oder auch nur eine Zustimmung zu einer solchen Meinung.[119] Reagans Einstellung zu Gorbatschow wurde auch zunehmend positiver, ungeachtet seiner kurzzeitigen Verärgerung über Gorbatschow, der SDI in Reykjavik zum Stolperstein gemacht hatte. Nach seinem Ausscheiden aus dem Amt schrieb Reagan: »Im Rückblick ist es heute klar, daß die Chemie zwischen Gorbatschow und mir etwas hervorbrachte, das einer Freundschaft sehr nahe kam. Er war ein harter Verhandlungspartner. Er war ein russischer Patriot, der sein Land liebte. Wir konnten – und taten dies auch – von entgegengesetzten Enden des ideologischen Spektrums miteinander debattieren. Es gab jedoch diese Chemie, die unsere Gespräche auf einer persönlichen Ebene hielten, ohne Haß oder Feindschaft. Ich mochte Gorbatschow, obwohl er ein überzeugter Kommunist war und ich ein gefestigter Kapitalist.« [120] In einer Mischung aus Wahrheit und Übertreibung fährt Reagan fort, Gorbatschow als »anders als die Kommunisten« zu beschreiben, »die

vor ihm an die Spitze der Kremlhierarchie gelangt waren«, denn er sei
»der erste, der die sowjetischen Expansionsbestrebungen nicht vorangetrieben hat, der erste, der zustimmte, Nuklearwaffen zu zerstören,
der erste, der für einen freien Markt eintrat und offene Wahlen und
Meinungsfreiheit unterstützte«,[121] ohne einen Widerspruch zwischen
dieser Beschreibung und seiner Bezeichnung Gorbatschows als eines
»überzeugten Kommunisten« zu erkennen.

Einen wichtigen Beitrag zur Verbesserung der sowjetisch-amerikanischen Beziehungen leistete Gorbatschows Entschlossenheit, das
militärische Engagement der Sowjetunion in Afghanistan zu beenden.
Die sowjetische Intervention im Dezember 1979 hatte die sich damals
ohnehin verschlechternden Beziehungen zwischen den beiden Supermächten noch zusätzlich belastet. Da es sich dabei um einen Schritt
über die Grenzen der seit dem Zweiten Weltkrieg anerkannten sowjetischen Einflußsphäre hinaus handelte – von Stalin mit totaler Kontrolle gleichgesetzt –, löste die Intervention größere Besorgnis und
deutlichere Verurteilung in Washington aus, als dies die Niederschlagung des ›Prager Frühlings‹ 1968 getan hatte.[122] Als Georgi Arbatow,
der Direktor des Instituts für die USA und Kanada, Gorbatschow in
einem Treffen unmittelbar nach dessen Wahl zum Generalsekretär im
März 1985 und vor dem April-Plenum, das den offiziellen Beginn der
Perestroika markiert, sagte, die Sowjetunion solle ihr militärisches
Engagement in Afghanistan beenden, entgegnete Gorbatschow, er
denke bereits darüber nach.[123]

Die eigentliche Frage für Gorbatschow nach seiner Regierungsübernahme war nicht die Beendigung des sowjetischen Militäreinsatzes in
Afghanistan an sich, sondern wie dies bewerkstelligt werden könnte.
Bereits am 17. Oktober unterbreitete er dem Politbüro den Vorschlag,
die sowjetischen Truppen zurückzuziehen, der auch auf grundsätzliche Zustimmung traf.[124] In seinen Erinnerungen bedauert Tschernjajew, daß Gorbatschow diese Entscheidung nicht öffentlich bekanntgab. Es ist offensichtlich, daß Gorbatschow von den Vereinigten
Staaten eine Gegenleistung für einen sowjetischen Rückzug erlangen
wollte – vor allem eine Einstellung der amerikanischen Waffenlieferungen an die regierungsfeindlichen Kräfte in Afghanistan. Im Juli
1986 verkündete die Sowjetunion den Rückzug von 8000 Soldaten
und unterstützte von Beginn des Jahres 1987 an öffentlich einen Aus-
söhnungsprozeß zwischen den Kriegsparteien. Im April 1987 erklärte

Gorbatschow George Shultz, daß die Sowjetunion sich aus Afghanistan zurückzuziehen wünsche, »aber die Vereinigten Staaten ›würden nicht aufhören, [der UdSSR] Knüppel zwischen die Beine zu
werfen‹«[125]. Im Juli jenes Jahres verkündete Gorbatschow gegenüber
einer indonesischen Zeitung, daß »der sowjetische Truppenabzug aus
Afghanistan im Prinzip beschlossene Sache sei«.[126] Aber dem sowjetischen Militär widerstrebte ein Rückzug aus Afghanistan, der den
Eindruck einer Niederlage erwecken mußte, und so bestanden Unterschiede zwischen der grundsätzlichen Entscheidung und dem tatsächlichen sowjetischen Verhalten vor Ort, denn tatsächlich intensi-
vierten sich die sowjetischen Militäraktionen in Afghanistan in den
Jahren 1985 und 1986. Als sich jedoch Gorbatschows Position innerhalb der Führung 1987 festigte, zum Beispiel mit der Vollmitgliedschaft Jakowlews im Politbüro und als Sekretär des Zentralkomitees ab
Juni des Jahres, war Gorbatschow nicht bereit, weitere Verzögerungen
hinzunehmen.

Jakowlew bestätigte, daß Gorbatschow von Beginn seiner Amtszeit
an »der Meinung war, daß ein friedlicher Rückzug herbeigeführt werden sollte«. Denjenigen, denen es schwerfiel, dies zu akzeptieren,
widersprachen ihm nicht in prinzipieller Hinsicht, sondern fanden
eine Vielzahl praktischer Gründe dafür, den Prozeß zu verlangsamen.
Im Politbüro-Ausschuß für Afghanistan, dem Jakowlew angehörte
und der »wöchentlich oder alle zehn Tage« zusammentrat, brachten
Achromejew und Warennikow aus der Sicht des Militärs und Tschebrikow und Kriutschkow seitens des KGB »scheinbar objektive und
vernünftige Argumente« vor.[127] Aber »wenn man alle nebeneinander-
stellte, ... wurde erkennbar, daß sie absichtlich Entscheidungen auf-
hielten und in die Länge zogen, um den Augenblick hinauszuzögern,
an dem man sagen müßte: Das war's, wir gehen raus.«[128] Im Gegensatz
zu Jakowlew argumentiert Kornienko, der auch diesem Politbüroaus-
schuß angehörte, daß Schewardnadse mit Kriutschkow den Wunsch
teilte, die Stellung des afghanischen Regierungschefs, Mohammad
Nadschibullah, zu sichern, während er und Achromejew bereit waren,
eine Koalition auf breiterer Basis zu akzeptieren, möglicherweise auch
ohne Nadschibullah. Laut Kornienko war Schewardnadse verantwortlich für die Verzögerung des Rückzugs aus Afghanistan, und Tschernjajew merkt auch an, daß Schewardnadse gemeinsam mit dem Verteidigungsminister Jasow und dem Vorsitzenden des KGB Kriutschkow

Nadschibullah weiterhin Unterstützung zusicherte, obwohl Schewardnadses westliche Gesprächspartner keinen solchen Eindruck gewannen.[129] Außer Zweifel steht jedenfalls die entscheidende Rolle Gorbatschows bei der Beendigung der sowjetischen Militärintervention in Afghanistan. Danach gefragt, wer denn das letzte Wort gehabt habe, antwortete Jakowlew: »Michail Sergeijewitsch [Gorbatschow] – natürlich hatte er das letzte Wort. Es ist lange genug gezögert worden, sagte er, die Truppen müssen abgezogen werden – nichts mehr und nichts weniger. Sie müssen abgezogen werden.«[130]

Auf dem Weg zu einer Sitzung in größerem Kreis zog Schewardnadse George Shultz am 16. September 1987 in Washington beiseite, um ihm zu sagen: »Wir werden Afghanistan verlassen.«[131] Schewardnadse bat um amerikanische Hilfe für die Bemühungen, sicherzustellen, daß es zu »einem neutralen, blockfreien Afghanistan« und nicht zu »einem reaktionären, fundamentalistischen islamischem Regime« kommen würde, stellte aber auch klar, daß eine feste Entscheidung ohnehin getroffen worden sei. Shultz formuliert dies in seinen Memoiren so: »Gorbatschow und Schewardnadse hatten beide öffentlich bereits erklärt, daß die Sowjets aus Afghanistan abziehen würden, wir sahen aber keinen Beweis vor Ort, der ihren Äußerungen Glaubwürdigkeit verliehen hätte. Diese private Zusicherung war etwas anderes. Ich hatte zu diesem Zeitpunkt bereits genug Zutrauen in meine Beziehung zu Schewardnadse, um zu wissen, daß er mich nicht willentlich in die Irre führen würde.«[132] Im April des folgenden Jahres wurden in Genf Abkommen zwischen Afghanistan, Pakistan, den Vereinigten Staaten und der Sowjetunion unterzeichnet, die den vollständigen Abzug der sowjetischen Truppen regelten und eine Verpflichtung zu allseitiger Zurückhaltung bei Waffenlieferungen an die Kriegführenden enthielten. Die sowjetischen Streitkräfte begannen mit einem zahlenmäßig gewichtigen Rückzug im darauffolgenden Monat, den sie zum festgelegten Termin am 15. Februar 1989 abschlossen.

Die Entscheidung, von der Schewardnadse Shultz im September 1987 in Kenntnis gesetzt hatte, ebnete den Weg für die verbleibenden zwei Gipfeltreffen zwischen Gorbatschow und Reagan – im Dezember 1987 in Washington und Ende Mai 1988 in Moskau. Es kam dann noch zu einer Begegnung – ihrer fünften insgesamt – am 7. Dezember 1988, dem Tag vor Gorbatschows Rede vor den Vereinten Nationen, die oben in diesem Kapitel erwähnt ist. In seinem Verlangen, atomare

Mittelstreckenraketen aus Europa zu entfernen, machte Gorbatschow ein großes Zugeständnis an die Politik der Reagan-Administration, indem er nämlich nicht länger auf seinem Junktim zwischen dieser Frage und SDI bestand. Erstens war es Gorbatschow klar, daß er mit Reagan bei der Rüstungskontrolle nur begrenzt vorankommen würde, solange er SDI zum Stolperstein machte. Zweitens war er mit den Argumenten Sagdejews und anderer wissenschaftlicher Experten bekannt geworden, die der Meinung waren, die sowjetische Seite hätte mehr Aufregung über SDI an den Tag gelegt, als es die Sache wert sei. Drittens mag er durchaus der Auffassung gewesen sein, daß die öffentliche Meinung in den USA im Zuge einer wirklichen Verbesserung der sowjetisch-amerikanischen Beziehungen die steigenden Kosten von SDI nicht mehr akzeptieren würde. Diese Kurskorrektur ermöglichte den erfolgreichen Abschluß der Verhandlungen über den INF-Vertrag, der Mittel- und Kurzstreckenraketen aus Europa verbannte und auf dem Gipfel von Washington im Dezember 1987 unterzeichnet wurde.

Der Wert der Gipfeltreffen war zweifach. Einerseits boten sie den Spitzenpolitikern eine Gelegenheit, einen Eindruck voneinander zu gewinnen und, wie dies bei Gorbatschow und zwei aufeinanderfolgenden amerikanischen Präsidenten der Fall war, persönliche Beziehungen zueinander herzustellen. Andererseits – und mindestens genauso wichtig – gaben die Gipfeltreffen einen Zeitplan vor, innerhalb dessen Fortschritte erzielt werden mußten, und zwar von den Außenministern und anderen Beamten in einer Reihe von vorangehenden Begegnungen, sei es bei Rüstungskontrollmaßnahmen oder in der Entwicklung einer gemeinsamen Haltung zu umstrittenen Fragen. Eine erste Gipfelbegegnung ließ sich ganz einfach dadurch rechtfertigen, daß sie die erste dieser Voraussetzungen erfüllte. Danach aber wurden Gipfeltreffen, die keine konkreten Ergebnisse brachten, oft als Fehlschläge interpretiert. Reykjavik war eine Ausnahme, insofern dieser Gipfel damals für einen Fehlschlag gehalten, später allerdings eher als ein Durchbruch angesehen wurde; denn es zeigte sich, daß eine Übereinstimmung zwischen den Vereinigten Staaten und der Sowjetunion in Fragen der Abrüstung weit über den begrenzten Horizont der Rüstungskontrollgespräche in Genf, Wien oder sonstwo hinausgehen konnte.[133] Der amerikanische Außenminister George Shultz sollte Reykjavik später »das bemerkenswerteste Gipfeltreffen zwischen den Supermächten überhaupt«[134] nennen, und sein sowjetischer Kollege

Eduard Schewardnadse sollte von der »enormen Bedeutung« des Treffens von Reykjavik schreiben, das »unsere Wahrnehmung dessen, was
in den sowjetisch-amerikanischen Beziehungen und der Weltpolitik
möglich war, stark beeinflußte«.[135]

Der Washingtoner Gipfel im Dezember 1987 verwirklichte dann
ein Ziel, das von Ronald Reagan 1981 formuliert und sowohl in
Westeuropa als auch der Sowjetunion für unrealistisch gehalten wurde
– die Abschaffung einer gesamten Kategorie nuklearer Waffen, die
Entfernung der sowjetischen SS-20 und der westlichen Marschflug-
körper und Pershing-Raketen, die als Entgegnung auf erstere stationiert worden waren. Hier wie auch andernorts waren die Einschnitte
asymmetrisch und bedeuteten die Zerstörung von viermal so vielen
Sprengköpfen auf sowjetischer Seite als bei den Amerikanern, da die
Sowjetunion auch mehr stationiert hatte.[136] Obwohl dies verständlicherweise von Reagan als Bestätigung seiner sechs Jahre zuvor bezoge-
nen Position interpretiert wurde, mußte er erfahren, daß er, wie Gorbatschow auch, Gegner ›von rechts‹ hatte, selbst wenn diese wesentlich
ungefährlicher als Gorbatschows Feinde waren. Für viele dieser Kritiker Reagans war der Sinn seiner Null-Option gewesen, daß sie niemals
aufgegriffen würde: Kein sowjetischer Führer würde es jemals wagen
zuzugeben, daß die Stationierung der sowjetischen SS-20 von vornherein ein Fehler war, und so die dauerhafte Stationierung amerikanischer Mittelstreckenraketen in Westeuropa legitimieren. Während
Gorbatschow die größeren Zugeständnisse in einer Vereinbarung
machte, die im Interesse beider Seiten lag, wurden Reagan und noch
mehr sein Außenminister George Shultz unter anderem von den Se-
natoren Robert Dole, Dan Quayle und – selbstverständlich – Jesse
Helms für ihre Zustimmung zum INF-Vertrag kritisiert. Der Vorsitzende einer rechten Lobby, des Conservative Caucus, veröffentlichte
in der *New York Times* einen Artikel, in dem er den Gedanken lächerlich machte, Gorbatschow sei »ein neuer Typ sowjetischer Führer«, der
»nicht länger nach weltweiten Eroberungen strebt«, und beschrieb die
Gipfeltreffen und Rüstungskontrollvereinbarungen als »verräterische«
Aktivitäten.[137]

Die dramatische Wende zum Besseren, die sich in der Sowjetunion,
Osteuropa und den Ost-West-Beziehungen vollzog, nahm mit Gorbatschow ihren Anfang, hing aber davon ab, ob er westliche Partner
fand, die relativ frei von ideologischen Festlegungen die Veränderun-

gen in der Sowjetunion wahrnehmen konnten oder die sich nicht so
starrköpfig verhielten, als daß sie ein ›Ja‹ als Antwort nicht akzeptieren
konnten. Im Gegensatz zu seinen rechten Kritikern war Reagan, laut
Shultz, »bereit, eine Gelegenheit für eine gute Vereinbarung und eine
veränderte Situation anzuerkennen, wenn er eine solche sah«, während Gorbatschow »scharfsinnig genug« war, die Probleme zu sehen,
und »mutig genug, entscheidend in den Umgang mit den kritischen
außenpolitischen Fragen einzugreifen, denen wir gegenüberstanden«.[138]
Die konservativen amerikanischen Gegner der Außenpolitik Reagans
und Shultz' – und die des Erzfeindes Gorbatschow – sollten später
noch den Nerv haben, Verdienste am Gewinn des Kalten Krieges zu
beanspruchen. Wären Reagan und Shultz jedoch so unklug gewesen,
ihnen Gehör zu schenken, wäre sicherlich die Gelegenheit verstrichen,
das Wesen der Ost-West-Beziehungen zu verändern, die sich mit Gorbatschows Regierungsübernahme auftat.

Die Ereignisse der nächsten Jahre in Osteuropa und der Sowjetunion sollten die unheilverkündenden Warnungen der konservativen
Ideologen Amerikas während der Zeit des Gipfels von Washington im
Rückblick noch absurder erscheinen lassen, als sie es damals schon
waren. Mit einer Ausnahme befand sich die Vernunft auf seiten der
sowjetischen und amerikanischen Verhandlungsteams. Die Ausnahme
war das Insistieren des Weißen Hauses auf der Unterzeichnung des
INF-Vertrages am 8. Dezember 1987 um 13.45 Uhr, dem ersten Tag des
Gipfeltreffens. Warum die Unterschriften genau zu dieser Zeit geleistet werden mußten, war Shultz und seinem Team genauso ein Rätsel
wie ihren sowjetischen Kollegen, die den Vorschlag aber trotzdem
akzeptierten. Später stellte sich heraus, daß dies die Entscheidung
Nancy Reagans war, die sich nach den Empfehlungen ihrer Astrologin
in Kalifornien richtete.[139]

Zu den Fragen, die Gorbatschow – in scharfem Gegensatz zu seinen
Vorgängern – im Verlaufe seiner Begegnungen mit Reagan und Shultz
und später Bush und Baker ansprach, gehörten die sowjetische Überlegenheit bei konventionellen Waffen, die Notwendigkeit der Vernichtung chemischer Waffen, die Zustimmung zu strikten Kontrollen
von Abrüstungsmaßnahmen, einschließlich strenger Inspektionen vor
Ort, und die Anerkennung der Menschenrechte als ein legitimes
Thema der internationalen Diplomatie. In seinen Gesprächen mit
Shultz akzeptierte Schewardnadse, daß Fragen der Menschenrechte

regelmäßig auf der Tagesordnung standen, ganz im Gegensatz zu der
früheren, defensiven sowjetischen Haltung, die ihre Schwäche bereits
dadurch implizierte, daß sie angab, es handle sich dabei ausschließlich
um ›innere Angelegenheiten‹ der Sowjetunion. Gorbatschow ergriff
nicht nur die Gelegenheit, einige Aspekte der amerikanischen Bilanz
im Inneren und Äußeren anzugreifen, sondern – und das war noch
bedeutender – harmonisierte seine innen- und außenpolitischen Zielsetzungen. Liberalisierung und größere Toleranz – besonders die
Schritte hin zu einem Rechtsstaat und die Gewährung der Religions-,
Reise- und Emigrationsfreiheit – wurden im Inneren unterstützt
durch die Notwendigkeit, Gorbatschow und Schewardnadse in die
Lage zu versetzen, die Menschenrechtssituation in der Sowjetunion in
ihren Begegnungen mit ausländischen Gesprächspartnern zu verteidigen, seien diese Europäer oder Amerikaner.

Ein weiterer Aspekt der Außenpolitik kam Gorbatschow innenpoli-
tisch zu Hilfe: der Abbau von internationalen Spannungen und die
Verminderung der Kriegsgefahr war in Rußland und der gesamten
Sowjetunion unglaublich populär. Die Gefahr war immer greifbarer
für sowjetische als für amerikanische Bürger erschienen, da viele der
entsetzlichsten Schlachten des Zweiten Weltkrieges auf sowjetischem
Territorium geschlagen worden waren. Außerdem hatten die jahrelan-
gen Warnungen der sowjetischen Propagandisten vor der imperialisti-
schen Bedrohung durch den ›Zweiten Kalten Krieg‹, wie die Periode
von Ende der siebziger Jahre bis zum Regierungsantritt Gorbatschows
genannt werden sollte, an Schärfe gewonnen.[140] Neben den häufig
zynischen offiziellen Lippenbekenntnissen zum Frieden, die von der
Parteistaatsmaschine im allgemeinen und vom KGB im besonderen
oft zu eigenen Zwecken manipuliert wurden, gab es unter der großen
Mehrheit der Russen eine wirkliche Sehnsucht nach einem sicheren
Frieden. Der Besuch Reagans in Moskau im Sommer 1988 symboli-
sierte für die sowjetischen Bürger den qualitativen Wandel zum Besseren, zu dem es in den Ost-West-Beziehungen gekommen war.

Gorbatschows Außenpolitik trug deutlich zu seiner Beliebtheit in
der Sowjetunion und im Ausland während der ersten vier oder fünf
Jahre seiner Regierung bei. Erst von 1989 an wurde jedoch eine ernsthafte Meinungsforschung zum Vergleich der Popularität sowjetischer
Politiker, einschließlich Gorbatschows, betrieben, und zwar vom professionellsten sowjetischen Meinungsforschungsinstitut – dem All-

unionszentrum für Meinungsforschung. Noch im Dezember 1989 begrüßten 81 Prozent der russischen Bürger vollkommen oder teilweise die Aktivitäten Gorbatschows, bei 84 Prozent Zustimmung in der ganzen Sowjetunion.[141] Und als die Russen gebeten wurden – in einer ergebnisoffenen Umfrage im selben Monat –, den ›Menschen des Jahres‹ zu bestimmen, erhielt Gorbatschow, wie bereits in Kapitel 1 angemerkt, mehr als dreimal soviel Stimmen wie sein nächster Rivale, Andrei Sacharow.[142] Es ist so gut wie sicher, daß Gorbatschows Ansehen 1988 hoch oder höher war als 1989, obwohl es für 1989 keine vergleichbar zuverlässigen Umfragewerte gibt. Zum steilen Abfall seiner Beliebtheit in der Sowjetunion kam es, wie in einem vorangegangen Kapitel bereits erwähnt, während seiner letzten zwei Amtsjahre. Den Eindruck aber, den er in der öffentlichen Meinung der USA hinterließ, ist über einen längeren Zeitraum hinweg dokumentiert. Harris-Erhebungen wiesen Mitte 1986 aus, daß 51 Prozent der amerikanischen Befragten einen »positiven Eindruck« von Gorbatschow hatten. Bis zum Vorabend von Reagans Besuch in Moskau im Mai 1988 stieg diese Zahl auf 72 und erreichte danach 83 Prozent.[143] Die Auswirkung der Veränderungen in Innen- und Außenpolitik durch Gorbatschow auf die amerikanische öffentliche Meinung spiegelte sich in der Tatsache wider, daß zu Beginn der achtziger Jahre eine überwältigende Mehrheit der Amerikaner dafür eintrat, der Sowjetunion gegenüber »unnachgiebiger« aufzutreten, 1987 jedoch eine ähnliche Mehrheit meinte, die Vereinigten Staaten sollten »sich stärker um einen Abbau von Spannungen« im Verhältnis zu der anderen Supermacht bemühen.[144]

Bereits 1990 hielten es die sowjetischen Bürger für selbstverständlich, daß es nicht zu einem Atomkrieg kommen würde, und die inneren Probleme erweckten in zunehmendem Maße größere Aufmerksamkeit als die internationale Lage. Die Verleihung des Friedensnobelpreises an Gorbatschow im Oktober 1990 war gewiß gerechtfertigt, nützte ihm aber in seiner Heimat nichts mehr oder nur noch sehr wenig. Dies bildete einen scharfen Gegensatz zu 1988, als Gorbatschows Popularität in der Sowjetunion noch dadurch gesteigert wurde, daß er den Erzfeind der Sowjetunion, Ronald Reagan, im Geiste von Frieden und Freundschaft nach Moskau gebracht hatte. Als ihm ein Reporter in den Gärten des Kreml die Frage stellte, ob er noch immer glaube, die Sowjetunion sei das »Reich des Bösen«, wie er sich

noch 1983 ausgedrückt hatte, entgegnete der amerikanische Präsident:
»Nein, ich sprach von einer anderen Zeit, einer anderen Ära.«[145] Der
Moskauer Gipfel war weniger bemerkenswert für konkrete Ergebnisse
als für die symbolische Wirkung, die von ihm in Bild und Wort ausging. Die Kameralinsen der Welt folgten Gorbatschow und Reagan
bei ihrem gemeinsamen Spaziergang über den Roten Platz, sie zeigten
Reagan vor einer Leninbüste bei einer Rede vor einer großen Versammlung der Studenten der Moskauer Universität. Der amerikanische Präsident sagte ihnen nicht nur, daß es Zeit sei, die Berliner
Mauer einzureißen, sondern auch, daß sie »in einer der aufregendsten
und hoffnungsvollsten Zeiten sowjetischer Geschichte leben«[146].

George Bush und sein Außenminister James Baker aber begannen
ihre Amtszeit, weil sie einerseits zweifellos verwundbarer als Reagan
gegenüber Angriffen konservativer Republikaner waren und weil sie
andererseits verständlicherweise eine politische Bestandsaufnahme
durchführen wollten, mit offenem Mißtrauen gegenüber den herz-
lichen Beziehungen, die ihre Vorgänger zu Gorbatschow und Schewardnadse aufgebaut hatten.[147] So hält Shultz in seinen Memoiren
fest: »George Bush und Jim Baker schienen besorgt und beunruhigt
darüber, daß Ronald Reagan und ich uns zu sehr von sowjetischen Persönlichkeiten – Gorbatschow und Schewardnadse – beeindrucken ließen, zu bereitwillig glaubten, daß sich in der Sowjetunion wirklicher
Wandel vollzog ... Ich befürchtete, daß das ›neue Team‹ nicht verstand
oder akzeptierte, daß der Kalte Krieg vorbei war.« [148] Es kam tatsächlich in den ersten Monaten des Jahres 1989 zu einer Flaute in den
sowjetisch-amerikanischen Beziehungen, was Gorbatschow sehr in
Sorge versetzte, der von seinen westeuropäischen Partnern – allen
voran Margaret Thatcher und Helmut Kohl – beruhigt werden
mußte, es werde nicht lange dauern und Bush werde mindestens
genauso entgegenkommend sein, wie Reagan es gewesen war.[149] Angesichts der erkennbaren Umstände war Bushs Vorsicht übertrieben,
auch daß er, wie Michael Beschloss und Strobe Talbott bemerken, »als
er verspätet mit Gorbatschow in jenem Mai [1989] Kontakt aufnahm,
dies unter dem Druck der öffentlichen Meinung, des Kongresses und
seiner NATO-Verbündeten zu tun schien«.[150]

Am Ende sollten Gorbatschows Verhältnis zu Bush und Schewardnadses Beziehungen zu Baker nicht weniger freundschaftlich sein als
die zu Reagan und Shultz.[151] Tatsächlich hatten Gorbatschows Diskus-

sionen mit Bush größere Substanz als seine Gespräche mit Reagan, da
Bush die Problematik beinahe genausogut beherrschte wie Gorba-
tschow – und viel besser, wenn es um die Einzelheiten der Marktwirtschaft ging. Als erste trafen sich jedoch Baker und Schewardnadse und
schlossen eine herzliche Verbindung. Spätestens seit September 1989
brachte der amerikanische Außenminister Schewardnadse großen
Respekt dafür entgegen, daß dieser bereit war, sich von einem guten
Argument überzeugen zu lassen und diese Position dann später auch in
Moskau zu verteidigen. Außerdem beeindruckte ihn Schewardnadses
Offenheit, wenn über sowjetische Fehler oder Probleme gesprochen
wurde.[152] Allerdings dauerte es bis zum ersten Gorbatschow-Bush-
Gipfeltreffen im Dezember 1989 vor der Küste Maltas, bis es zu einem
Vertrauensverhältnis zwischen dem amerikanischen und sowjetischen
Regierungschef kam. Der Fall der Berliner Mauer einen Monat zuvor
und das Akzeptieren dieses Ereignisses durch die Sowjetunion hatte
Gorbatschows Ansehen im Westen vergrößert, ihm aber zu Hause
nichts geholfen. Im Gegenteil, Gorbatschows Stellung war nun in vieler Hinsicht schwächer als während der Reagan-Jahre, denn er wurde
in der Sowjetunion ständig von den Hardlinern auf der einen und den
radikaleren Reformern auf der anderen Seite kritisiert, jedoch noch
nicht so massiv wie im darauffolgenden Winter. Die Wirtschaft, weder
den Regeln des Plans noch des Marktes gehorchend, war in schlechte-
rer Verfassung als zur Zeit seiner Amtsübernahme. Im Kaukasus und
in Zentralasien war es zu interethnischer Gewalt gekommen, in Rußland und in der Ukraine gab es großangelegte Streiks der Bergarbeiter,
und der Sturz der kommunistischen Regierungen in Ostmitteleuropa
setzte ein.

Obwohl Gorbatschow in den verschiedenen Verhandlungen nur
über ein schwaches Blatt verfügte, spielte er es doch mit großer Kunstfertigkeit aus. Dabei half ihm der Wunsch Bushs, die innenpolitische
Position Gorbatschows keinesfalls zu untergraben: Bush hegte keinerlei Absichten, »auf der [Berliner] Mauer zu tanzen«[153]. Im Verlaufe der
vorangegangenen Monate – als die sowjetische Führung deutlich
machte, daß sie in Osteuropa nicht militärisch eingreifen würde, um
die dortigen Regimewechsel zu verhindern – war nun auch Bush zu
der Überzeugung gelangt, daß dem Neuen Denken völlig neue Verhal-
tensmuster zur Seite standen. Die sogenannte ›Breschnew-Doktrin‹,
entstanden nach der militärischen Niederschlagung des ›Prager Früh-

lings‹, sagte aus, daß die Sowjetunion und andere Staaten des Warschauer Pakts das Recht und die Pflicht hätten einzugreifen, um ›den
Sozialismus zu verteidigen‹, und zwar in jedem Teil der ›sozialistischen
Gemeinschaft‹, wo dieser bedroht war. Von diesem Grundsatz hatte
man sich vollständig abgewandt. An seine Stelle war das getreten, was
der Sprecher des sowjetischen Außenministeriums Gennadi Gerassimow mit dem geflügelten Wort der »Sinatra-Doktrin« beschrieb – die
Osteuropäer *their way* gehen zu lassen.[154] Am Ende des Gipfels von
Malta, in dessen Verlauf schlechtes Wetter und hoher Seegang Präsident Bush einen halben Tag lang auf seinem Schiff festhielt, war Gerassimow, der eher Englisch als seine Muttersprache Russisch sprach und
fast unbewußt mit einer eingängigeren Formulierung aufwartete als
sein amerikanischer Kollege Marlin Fitzwater, in der Lage bekanntzu-
geben: »Wir haben den Kalten Krieg auf dem Grund des Mittelmeers
begraben.«[155] Dieses erste Gipfeltreffen vor Malta zwischen Gorbatschow und Bush, die sich zwar schon früher begegnet waren, als Bush
Vizepräsident und *President-elect* war, führte zu einer engeren persönlichen Beziehung zwischen ihnen. Gorbatschow zeigte sich beeindruckt von dem Wissen über die ökonomischen Schwierigkeiten der
Sowjetunion, das Bush und – noch mehr – Baker besaßen, wie auch
von der Tatsache, daß beide dazu entschlossen schienen, die Perestroika
und deren führende Vertreter zu unterstützen.[156] In der Öffentlichkeit
fand dies seinen Ausdruck in der ersten gemeinsamen Pressekonferenz
eines sowjetischen Führers und eines amerikanischen Präsidenten.[157]
Bush, der »mehr als die meisten Staatsmänner von persönlichen Beziehungen beeinflußt wurde«, fand, daß »er den sowjetischen Führer …
wirklich mochte und … mit ihm zusammenarbeiten konnte«.[158]

Diese Übereinstimmung und Bushs Anteilnahme an Gorbatschows
zunehmend schwierigerer innenpolitischen Stellung führte zu einigen
Zugeständnissen von amerikanischer wie sowjetischer Seite, als sich
die beiden Präsidenten (Gorbatschow wurde im März 1990 sowjetischer Präsident) das nächste Mal Ende Mai und Anfang Juni 1990 in
Washington und Camp David trafen. Der Zusammenbruch weiterer
kommunistischer Regime in Osteuropa und besonders das deutsche
Streben nach Wiedervereinigung hatten im sowjetischen Militär, dem
KGB und dem Parteiapparat zu neuerlicher Unzufriedenheit geführt,
die durch den sie bedrohenden Pluralismus in der Sowjetunion ohnehin ausgelöst worden war. Und doch verlor Gorbatschow auch weiter-

hin bei seinen demokratisch gesonnenen ehemaligen Anhängern an Boden. Die Wahl Jelzins zum Vorsitzenden des Obersten Sowjets der russischen Republik am Vorabend von Gorbatschows Abreise nach Kanada und den Vereinigten Staaten trug nicht zur Besserung seiner Stimmung bei.

Deutschland (siehe nächsten Abschnitt) nahm großen Raum während der Gipfelgespräche in Washington ein. Das Problem war vor allem die Aussicht auf ein vereintes Deutschland in der NATO, wie es die Vereinigten Staaten anstrebten, das für Gorbatschow mit Hinblick auf seine innenpolitischen Kämpfe besonders heikel war. Seine schwindende Unterstützung in der Heimat vor Augen, bemühte sich Gorbatschow außerdem sehr, der Sowjetunion in ihren Handelsbeziehungen mit den USA den Status der Meistbegünstigung zu erwerben. Eingedenk *seiner* innenpolitischen Kritiker wies Bush zunächst den Gedanken der Meistbegünstigung zurück, bevor die Sowjetunion nicht ein Emigrationsgesetz verabschiedet und die Wirtschaftsblockade gegen Litauen aufgehoben habe, die nach der Souveränitätserklärung Litauens verhängt worden war. Sowohl Schewardnadse in seinen Gesprächen mit Baker als auch Gorbatschow gegenüber Bush verbargen ihre Schwäche keineswegs, sondern setzten sie zu ihrem Vorteil ein. Der amerikanische Präsident und sein Außenminister zogen es selbstverständlich vor, sich mit Gorbatschow und Schewardnadse auseinanderzusetzen als mit irgendeinem kompromißlosen sowjetischen Alternativführer oder auch der relativ unbekannten Größe, die Jelzin darstellte. Jelzin verfügte noch nicht über die Autorität und das Format, die er nach seiner Wahl zum Präsidenten Rußlands durch das ganze Volk ein Jahr später erwerben sollte. Also gab Bush in der Frage der Meistbegünstigungsklausel nach, sagte aber zu Gorbatschow, er wünsche dies in seiner öffentlichen Erklärung mit der Ankündigung des Endes der litauischen Blockade und dem Inkrafttreten eines Emigrationsgesetzes zu verbinden. Gorbatschow wandte ein, dies würde seine Position daheim schwächen, und Bush gab nochmals nach. Er erwähnte nur eine der beiden Fragen in der Öffentlichkeit mit genügend Takt, um den Schaden für Gorbatschow zu minimieren.[159] Auf dem Gipfel kam es außerdem zur Unterzeichung von Abkommen über chemische Waffen und Atomtests wie auch zu einer Kompromißerklärung zum Vertrag über strategische Waffen, der noch nicht geschlossen worden war.[160]

Als Bush etwas über ein Jahr später – Ende Juli 1991 – nach Moskau kam, war Jelzin zum russischen Präsidenten gewählt worden und Gorbatschows Stellung in Gefahr, und zwar weniger als einen Monat vor dem Putsch in größerer Gefahr, als er selbst wußte. Trotzdem führte Bush die wirklich wichtigen Gespräche mit Gorbatschow und nicht mit dem russischen Präsidenten. Die sowjetischen und amerikanischen Unterhändler in Genf hatten Übereinkunft in der Frage strategischer Waffensysteme erzielt, und Bush und Gorbatschow waren in der Lage, endlich den START-Vertrag zu unterzeichnen. Jelzin versuchte so viel wie möglich von der Aufmerksamkeit Bushs auf sich zu ziehen und verärgerte damit nicht nur Gorbatschow, was vorauszusehen gewesen war, sondern auch Bush, der sich darüber beklagte, »überfallen« worden zu sein.[161]

Die Regierung Bush wurde damals und auch später noch von wichtigen Meinungsgruppen in den Vereinigten Staaten – nicht nur der extremen Rechten – kritisiert, sich zu lange auf Gorbatschow und die Sowjetunion fixiert und Jelzin und den neuen russischen Behörden nicht genug Aufmerksamkeit geschenkt zu haben. Im Gegensatz aber zu den Vermutungen dieser Kritiker, damit seien irgendwelche nicht näher spezifizierten Gelegenheiten verpaßt worden, war dem nicht so, sondern es wurde eine Menge gewonnen. Unermeßlicher Schaden für die Ost-West-Beziehungen – und vor allem das russisch-amerikanische Verhältnis – in der postsowjetischen Ära wäre entstanden, hätte man zeigen können, daß die Vereinigten Staaten eine aktive und befördernde Rolle beim Zusammenbruch der Sowjetunion spielten. Während einige der Nachfolgestaaten der UdSSR, besonders Estland, Lettland, Litauen und in geringerem Maße auch die Ukraine, auf ihre neue Unabhängigkeit stolz sein konnten, war ›Unabhängigkeit‹ für Rußland ein wesentlich zweifelhafteres Ergebnis der politischen Auseinandersetzungen. Insofern Rußland die Union dominierte, stellte das Auseinanderfallen der UdSSR für die Russen einen Verlust an Territorium und Staatlichkeit sowie den Verlust des Status einer Supermacht dar.

Da die russischen Nationalisten in jedem Falle den Westen im allgemeinen und die Vereinigten Staaten im besonderen, neben Gorbatschow und Jelzin natürlich, für die Zerstörung der Sowjetunion verantwortlich machen würden, zeugte es von großer Umsicht, daß die Regierung Bush bemüht war, den Nationalisten dafür nur wenig wirklichen Anlaß zu bieten. Dennoch wurde dies innerhalb weniger Jahre zu einem bedeutenden Problem, als eine Mehrheit russischer Bürger sehr offen den Zerfall der Sowjetunion bedauerte und keinen Stolz auf ihre ›Unabhängigkeit‹ innerhalb engerer und durchlässiger Grenzen empfand.[162] Tatsächlich gab es nur einen Moment, an dem man den amerikanischen Präsidenten ernsthaft beschuldigen könnte, dem Auflösungsprozeß Vorschub geleistet zu haben: Wenige Tage vor dem Referendum über die Unabhängigkeit der Ukraine am 1. Dezember 1991 ließ Bush wissen, daß im Falle eines ›Ja‹ die Vereinigten Staaten die Unabhängigkeit der Ukraine »sofort« anerkennen würden, ohne auf irgendeine Reaktion aus Moskau zu warten.[163] Bush war zu jener Zeit bereits zunehmend damit beschäftigt, sich seiner Kritiker in der Heimat zu erwehren, die ihn beschuldigten, nicht genug für die verschiedenen Unabhängigkeitsbewegungen getan zu haben. Gleichzeitig bemühte er sich, den Eindruck seiner Rede in Kiew im Sommer 1991 kurz nach dem Moskauer Gipfel vergessen zu machen, in der er in außergewöhnlich deutlicher Weise versucht hatte, einem skeptischen ukrainischen Publikum die Leistungen Gorbatschows näherzubringen. Er verärgerte einige seiner Zuhörer, als er hinzufügte: »Freiheit ist nicht dasselbe wie Unabhängigkeit. Die Amerikaner werden diejenigen nicht unterstützen, die nach Unabhängigkeit streben, um eine weit entfernte Tyrannei durch örtlichen Despotismus zu ersetzen. Sie werden denjenigen nicht helfen, die einen selbstmörderischen Nationalismus propagieren, der auf ethnischem Haß beruht.«[164]

Gorbatschow und Europa

Obwohl es keinen Zweifel an der Bedeutung der sowjetisch-amerikanischen Beziehungen gibt, vor allem für die Rüstungskontrolle, vollzogen sich die tiefgreifendsten Veränderungen der Ära Gorbatschow doch innerhalb Europas und in den Beziehungen der Sowjetunion zu den europäischen Staaten im Westen und im Osten. Zunächst kam es zu einer außergewöhnlichen Verbesserung mit den Ländern Westeuropas, die durch eine sich wandelnde Haltung des Kreml gegenüber Osteuropa ergänzt wurde. Dieses neue Maß an Vertrauen zwischen Gorbatschow und seinen westeuropäischen Kollegen machte es ihm leichter, die eindeutige Ablehnung des Kommunismus (von dem er

sich in kleinen Schritten – und angesichts seiner Position an der Spitze
der sowjetischen Kommunistischen Partei notwendigerweise mit einer
gewissen Inkonsequenz – selbst abwandte) in den Staaten des Warschauer Pakts zu akzeptieren und das Auseinanderbrechen dieses Mili-
tärbündnisses und dessen ökonomischen Gegenstücks, des Comecon,
hinzunehmen. Genauso diente die Tatsache, daß die sowjetischen
Truppen in ihren Kasernen blieben, während die Osteuropäer ihre
Staatsordnungen änderten, als der letzte Beweis selbst den Zweiflern in
Westeuropa gegenüber – von denen es zu jener Zeit außer in Frankreich nur noch vergleichsweise wenige gab – für die Echtheit des Gorbatschowschen Neuen Denkens. Nun war es verbunden mit der
Ablehnung von Gewalt als einem Mittel, die sowjetische Hegemonie
in dem Teil der Welt aufrechtzuerhalten, wo sie seit dem Ende des
Zweiten Weltkrieges unangefochten gewesen war.

In einer vertraulichen Rede vor den Mitarbeitern des Außenmini-
steriums am 23. Mai 1986[165] kritisierte Gorbatschow die gedankliche
Trägheit, die in der Vergangenheit die sowjetische Politik gegenüber
Europa gekennzeichnet habe, und sagte, die Sowjetunion dürfe
Europa »nicht durch das Prisma ihrer Beziehungen zu den Vereinigten
Staaten von Amerika« sehen.[166] Ganz allgemein argumentierte er, es sei
»unentschuldbar zu denken, daß der [Verhandlungs-]Partner dümmer
ist, als wir es sind«, und daß es notwendig sei, sich von der »sinnlosen
Starrköpfigkeit« zu verabschieden, die dazu geführt habe, daß die
sowjetischen Repräsentanten »Mr. *Njet*« genannt würden.[167] Gorbatschow räumte in seiner Rede der Notwendigkeit großen Raum ein,
die Beziehungen zu den Ländern Osteuropas zu verändern. Er sagte,
das Verhältnis zu diesen Staaten müsse auf Respekt für »deren Erfahrungen und Leistungen« basieren und mit weniger Selbstgerechtigkeit
auf sowjetischer Seite einhergehen: »Es ist unzulässig zu glauben, wir
könnten alle belehren. Niemand gab uns dieses Recht.«[168]

Der gute persönliche Kontakt, den Gorbatschow zum Beispiel mit
Felipe González, Margaret Thatcher, François Mitterrand und – nach
einem peinlichen Start – Helmut Kohl herstellte, ist in einem früheren
Kapitel bereits behandelt worden. Der Dialog zwischen Gorbatschow
und Kohl war die wichtigste Beziehung in der späteren Ära Gorbatschow, und die sich entwickelnde Freundschaft zwischen beiden
Männern hatte bedeutenden Anteil an der friedlichen Wiedervereinigung Deutschlands. Gorbatschows wichtigster Gesprächspartner in

den ersten Jahren war aber Margaret Thatcher, besonders wenn es um
Ost-West-Beziehungen ging. Wie bereits in einem vorangegangenen
Kapitel angemerkt, beeinflußten Gorbatschows Gespräche mit Felipe
González die Entwicklung seines Denkens in Richtung Sozialdemo-
kratie zwar mehr, Margaret Thatcher jedoch wurde eine bedeutendere
Partnerin der Sowjetunion einerseits und der Vereinigten Staaten
andererseits als jeder britische Premierminister seit Churchill. Dies
war die wichtigste und konstruktivste Leistung ihres Wirkens als Pre-
mierministerin. Es ist nicht ohne eine gewisse Ironie, daß solch be-
merkenswerte Vorgänger wie Harold Macmillan, der Autor von *The
Middle Way*, und der gemäßigte Harold Wilson beide wünschten, die
Rolle des ehrlichen Maklers zwischen den Supermächten zu spielen,
Macmillan[169] darin aber nur bescheidener Erfolg vergönnt war und
Wilson[170] noch viel weniger. Dagegen hatte die weiter rechts stehende
Margaret Thatcher Einfluß auf das Denken Gorbatschows *und* die
Einstellung Ronald Reagans gegenüber Gorbatschow und der Ernsthaftigkeit seiner reformerischen Absichten.[171] Ihre deutliche Sprache
schärfte Gorbatschows Wahrnehmung dafür, wie die sowjetische Politik in der Vergangenheit aus westeuropäischer Perspektive ausgesehen
hatte, und ihre persönliche Unterstützung für Gorbatschow in der
Öffentlichkeit und im privaten Bereich war wegen ihrer lupenreinen
antisowjetischen Haltung sowie Reagans Wertschätzung ihres Urteils
von besonderer Bedeutung gegenüber der Reagan-Administration in
der Anfangszeit der Regierung Gorbatschows.[172] Im Rückblick und
auch zur Zeit des Geschehens legte Gorbatschow besonderen Wert auf
Thatchers öffentliche Unterstützung für die Veränderungen in der
sowjetischen Innen- und Außenpolitik, die er herbeigeführt hatte,
und er schreibt, daß sie sich ungeachtet ihres militanten Antikommunismus und Engagements für den Westen in der ideologischen Auseinandersetzung »aufrichtig bemühte, uns zu helfen, indem sie den
Westen zur Unterstützung der Perestroika mobilisierte«[173]. Wie bereits
in Kapitel 4 angedeutet, beschloß er nach ihrem Besuch in Moskau im
Jahre 1987, Westeuropa noch mehr Aufmerksamkeit als zuvor zu widmen.[174]

Zwei Tage nach der Abreise der britischen Premierministerin aus
Moskau im Frühjahr 1987 sprach Gorbatschow vor einer kleinen
Gruppe seiner Berater und Mitarbeiter über Europa. Laut Anatoli
Tschernjajew war Gorbatschows »starke Hinwendung zu Westeuropa«

eine »bedeutende Konsequenz« dieser Gespräche mit Thatcher.[175] Gorbatschow beschrieb Westeuropa als »unseren grundsätzlichen Partner« und sagte: »Vielleicht habe ich unrecht, aber mir scheint, als würden wir Europa schlecht studieren und schlecht kennen.«[176] Im Verlauf dieser Ausführungen regte Gorbatschow die Einrichtung eines Forschungszentrums mit Schwerpunkt Europa an. (Im folgenden Jahr wurde tatsächlich ein neues Institut für Europa in Moskau gegründet. Als Beweis für Gorbatschows Ansicht, daß es weniger hochqualifizierte Experten für Europa als für die Vereinigten Staaten gab, wurde einer der stellvertretenden Leiter von Arbatows Institut für die USA und Kanada, Witali Schurkin, erster Direktor des Instituts für Europa. Schurkin war eine angemessene Wahl, da er wenigstens ernsthafte Beiträge zum Neuen Außenpolitischen Denken geleistet hatte.) Keine einzige Frage könne gelöst werden, sagte Gorbatschow, ohne Europa mit einzubeziehen. Es gebe große Möglichkeiten für schrittweise Verbesserungen der Beziehungen zwischen der Sowjetunion und Westeuropa. Tatsächlich »werden wir ohne einen solchen Partner wie Westeuropa [die Sowjetunion] nicht umkrempeln«[177]. Gorbatschows europäische Politik entsprach seinen Worten. Die meisten seiner Gespräche in den Jahren 1987/88 fanden mit westeuropäischen Politikern statt.[178]

Was Westeuropa anbelangt, war die Vereinigung Deutschlands – obwohl eine *indirekte* und keine beabsichtigte Folge der gewandelten Außenpolitik Gorbatschows – die gewichtigste Konsequenz des neuen sowjetischen Denkens und Handelns, zu der es nicht ohne seine Einwilligung hätte kommen können. Chronologisch und auch innerhalb der politischen Logik, denn dies war das heikelste aller europäischen Probleme für die sowjetische Führung, kam die deutsche Vereinigung, nachdem den meisten Staaten Osteuropas der Durchbruch zur Unabhängigkeit gelungen war. Aber obwohl die Geschwindigkeit, in der sie vonstatten ging, alle überraschte, den sowjetischen Führer eingeschlossen, hatte Gorbatschow doch seinen Teil dazu beigetragen, Hoffnungen auf eine Wiedervereinigung zu wecken – und zwar nicht nur mit seinen zwei Reden über die ›Freiheit der Wahl‹ von 1988, sondern auch bei zwei Gelegenheiten im Jahre 1987.

Im Rahmen einer Begegnung mit Bundespräsident Richard von Weizsäcker im Juli 1987 deutete Gorbatschow als erster sowjetischer Führer seit dem Krieg an, daß die Teilung Deutschlands alles andere als dauerhaft sein könne. Als nämlich Weizsäcker – »beinahe nur der

Form halber«, wie er später Timothy Garton Ash sagte – die Frage der deutschen Einheit ansprach, entgegnete Gorbatschow, daß »die Geschichte entscheiden werde, was in hundert Jahren sei«[179]. In seinem Buch *Perestroika*, das später im selben Jahr herauskam, scheint Gorbatschow weit davon entfernt zu sein, den Prozeß der deutschen Einigung beschleunigen zu wollen. Über die beiden deutschen Staaten schreibt er, daß »man von den bestehenden Realitäten ausgehen und sich nicht in aufwieglerischen Spekulationen ergehen sollte«. Trotzdem wiederholte er fast wortwörtlich, was er Weizsäcker gesagt hatte: » Beide [deutsche Staaten] haben aus der Geschichte gelernt, und jeder kann seinen Beitrag zu den Angelegenheiten Europas und der Welt leisten. Und was in hundert Jahren ist, wird die Geschichte entscheiden.«[180]

Allein schon die Tatsache, daß Gorbatschow von der sowjetischen Position der strikten Verfolgung des Gedankens zweier dauerhaft geteilter deutscher Staaten abrückte, war von Bedeutung. Und obwohl er eine hypothetische deutsche Wiedervereinigung in der fernen Zukunft ansiedelte, stützten seine Äußerungen im Jahre 1987 die umstrittene Behauptung Tschernjajews, der an vielen privaten Gesprächen mit Gorbatschow über Außenpolitik teilgenommen hatte, daß Gorbatschows an Weizsäcker gerichtete Worte ein »Zeichen« darstellten, das »verstanden wurde«. Tschernjajew weiter: »Da ich ihn [Gorbatschow] gut kenne, kann ich bestätigen, daß er innerlich bereits damals und schon früher davon überzeugt war, daß es ohne eine Lösung der deutschen Frage und ohne eine Wiederherstellung der historisch gewachsenen, normalen Beziehungen zwischen den zwei großen Nationen Europas nicht zu einer gesunden internationalen Situation kommen würde.«[181] Es ist freilich nicht besonders schwer, Meinungen in die Vergangenheit zu projizieren, die man erst später angenommen hat, und selbst für den einzelnen nicht leicht, sich an den Zeitpunkt zu erinnern, an dem man eine bestimmte intellektuelle Ansicht entwickelte. Trotzdem aber sagte Alexander Jakowlew im Frühjahr 1992 – in einer Bemerkung, die vollständig mit Tschernjajew übereinstimmt –, Gorbatschow habe von Beginn seiner Amtszeit als Generalsekretär, also von 1985 an, akzeptiert, daß Deutschland wiedervereinigt würde.[182] Wenn dies wirklich der Fall war, scheint es aber dennoch wahrscheinlich zu sein, daß Gorbatschow eine Wiedervereinigung Deutschlands erst nach dem Ende der Teilung Europas vorschwebte.[183] Dem ist jedoch hinzuzufügen, daß Gorbatschow nie behauptet hat, in der Frage der deutschen Einigung über besondere Sehergaben verfügt zu haben. In seinen Memoiren schreibt er: »Als ich in die große Politik eintrat, war die Existenz zweier deutscher Staaten eine Tatsache, die Wiedervereinigung stand nicht zur Debatte.« [184]

Ein früher Befürworter einer radikal neuen Sicht der deutschen Frage war Wjatscheslaw Daschitschew, einem an innovativer Politik interessierten Wissenschaftler in Bogomolows Institut in Moskau. Bereits 1987 verfaßte er eine Denkschrift, in der er argumentierte, daß »die fortdauernde Existenz zweier deutscher Staaten für die Sowjetunion sehr negativ« und es nunmehr Zeit sei, »die Möglichkeit der Wiedervereinigung in Betracht zu ziehen und zu diskutieren«.[185] Die Internationale Abteilung wischte dies damals und auch später noch kurzerhand vom Tisch. Was Gorbatschows Haltung betrifft, ist die Meinung Daschitschews bis zu einem gewissen Grad widersprüchlich. Einerseits stellt er fest, daß es Schewardnadse und Gorbatschow »trotz der Versuche Falins, Ligatschows[186] und anderer, sie zu hindern, Schritt für Schritt gelang, eine realistische Außenpolitik zu gestalten, die frei von Dogmen und den Bürden der stalinistischen Epoche war« – andererseits schreibt er (nach einem Hinweis auf Ligatschow und Falin), daß »auch Gorbatschow in den traditionellen Stereotypen des außenpolitischen Denkens zur deutschen Frage verhaftet blieb«.[187] Diese Interpretation wird von Tschernjajew in einem Beitrag für denselben Band, an dem auch Daschitschew mitwirkte, nachdrücklich zurückgewiesen. Tschernjajew schreibt, daß das deutsch-sowjetische Verhältnis hinter der Entwicklung von verbesserten Beziehungen zwischen der Sowjetunion und anderen westeuropäischen Ländern zwischen 1986 und 1988 herhinkte. Er bemerkt, dies habe am Wunsch Gorbatschows gelegen, Kohl und den Deutschen eine Lektion zu erteilen, nachdem der deutsche Kanzler 1986 seinen unklugen Vergleich zwischen Gorbatschow und Goebbels als Propagandisten angestellt hatte – was Gorbatschow verständlicherweise als beleidigend empfand.[188] Deshalb war es Kohl auch erst im Oktober 1988 möglich, nach Moskau zu reisen. Die von ihm dort geführten Gespräche waren ein gutes Beispiel für Gorbatschows Unfähigkeit, wirklich nachtragend zu sein – möglicherweise mit der verständlichen Ausnahme seiner Beziehungen zu Boris Jelzin –, besonders wenn persönliche Gefühle ernsthafte Politik hätten behindern können. Zur Überraschung

Tschernjajews schufen die Gespräche zwischen Gorbatschow und Kohl im Oktober 1988 »ein gegenseitiges Vertrauen, das sich schnell zu einer echten Freundschaft entwickelte«, wie sie auch Gorbatschows »Mut demonstrierten, wirklich mit dem Marxismus-Leninismus zugunsten von Pragmatismus und Menschenverstand zu brechen«.[189]

Es kann keinen Zweifel daran geben, daß es aufgrund der Ereignisse in Mitteleuropa zu einer schnelleren Wiedervereinigung Deutschlands kam, als sich Gorbatschow oder auch Margaret Thatcher und François Mitterrand dies wünschten: Dem Regimewechsel in Ungarn und Polen und der Öffnung der ungarischen Grenze, die es den Ostdeutschen ermöglichte, in den Westen zu reisen, folgte schließlich der Fall der Berliner Mauer im November 1989. Selbst Daschitschew räumt trotz seiner kritischen Haltung Gorbatschow gegenüber ein, daß Gorbatschow den entscheidenen Schritt machte, als er Helmut Kohl im Februar 1990 sagte, die Entscheidung darüber, unter welcher Staatsform die Deutschen leben wollten und wie rasch sie dieses Ziel erreichen würden, bleibe ihnen selbst überlassen. Er weist auch darauf hin, daß Gorbatschow und Schewardnadse ständig »die politische und militärische *nomenklatura*« im Auge behalten mußten, die sich in Drohgebärden über einen Ausverkauf an einen angeblichen Feind erging.[190] In der Internationalen Abteilung des Zentralkomitees und in Militärkreisen war das Gefühl weit verbreitet, Gorbatschow und Schewardnadse seien nicht »professionell« genug vorgegangen, da größere Gegenleistungen der Deutschen für einen solchen Preis wie die Wiedervereinigung, die noch wenige Jahre zuvor nur im Reich der Träume existiert hatte, hätten erhandelt werden können.[191] Auf längere historische Sicht jedoch wird man Gorbatschow wohl das Verdienst zuerkennen, nicht nur die sowjetischen Truppen in ihren Kasernen belassen und den Wiedervereinigungsprozeß nicht behindert zu haben, als er einmal begonnen hatte, sondern auch dafür, daß er die Bedingungen nicht so hoch schraubte, um der Geschichte der russisch-deutschen Beziehungen im zwanzigsten Jahrhundert ein letztes, trauriges Kapitel hinzuzufügen. Statt dessen befreite er die Sowjetunion aus einer besorgniserregend schwierigen Situation, die sich so rasch veränderte, daß die Teilung Deutschlands nur durch eine überzeugende Drohung, der Art etwa eines militärischen Eingreifens der Sowjetunion, hätte aufrechterhalten werden können. Solch eine Handlungsweise zu vermeiden und – angesichts Gorbatschows Entschlossenheit, nur friedliche Mittel einzusetzen – aus der Not eine Tugend zu machen, mag man mit dem Etikett belegen, nicht mehr als eine Diplomatie des Niedergangs zu vertreten. Dabei handelte es sich um keine geringe Leistung, denn von Großbritannien zu einem gewissen Grad abgesehen, akzeptierte keine *west*europäische Kolonialmacht nach dem Zweiten Weltkrieg das Ende der Imperialreiche mit so viel politischer Umsicht oder so wenig Blutvergießen, wie es Gorbatschows Diplomatie tat. Tatsächlich wurde, was das ›äußere Imperium‹ betraf, nur in Rumänien Blut vergossen, und zwar von Rumänen.[192] Im Falle Deutschlands hinterließ Gorbatschows Handhabung der Beziehungen ein Reservoir an deutschem Wohlwollen – ihm und Rußland gegenüber.[193]

Die Vereinigten Staaten spielten zweifellos eine bedeutende Rolle während der Verhandlungen, vor allem, indem sie Kohl für seine Forderung den Rücken stärkten, daß ein vereinigtes Deutschland Mitglied der NATO sein sollte – eine besonders bittere Pille für die sowjetische Führung. Die entscheidenden Verhandlungen jedoch führten Gorbatschow und Kohl.[194] In den Gipfelgesprächen mit Präsident Bush Ende Mai 1990 hatte Gorbatschow, zur sichtbaren Konsternierung des auch anwesenden Falin, zugestanden, daß es »den Deutschen überlassen werden sollte«, sich nach der Wiedervereinigung »ihr Bündnis auszusuchen«.[195] Gorbatschow schränkte jedoch später diese Zusage wieder ein. Er suchte eine Formel, die ihn das Gesicht bewahren ließ, als er vor dem Obersten Sowjet am 12. Juni in Moskau erklärte, ein vereinigtes Deutschland in der NATO sei akzeptabel, wenn die Streitkräfte in Ostdeutschland für eine Übergangsperiode »assoziierte Mitglieder« des Warschauer Paktes bleiben würden.[196] Gorbatschow hatte jedoch in seinen Gesprächen mit Kohl im Februar 1990 praktisch zugestanden, daß ›Freiheit der Wahl‹ bedeute, daß ein vereinigtes Deutschland beschließen könne, Mitglied der NATO zu sein.[197] Diese Schritte aber wurden nicht nur vom außenpolitischen und militärischen Establishment in der Sowjetunion, sondern auch innerhalb des kommunistischen Parteiapparats scharf angegriffen. So beklagte Ligatschow eindrücklich vor dem März-Plenum des Zentralkomitees 1990, daß der NATO-Block gestärkt würde, während »die sozialistische Gemeinschaft« auseinanderfiele. Er machte seine altbekannten Differenzen mit dem Neuen Denken in der Außenpolitik wieder deutlich, als er hinzufügte, daß es für den Fall des Beitritts eines

vereinigten Deutschlands zur NATO unmöglich sein würde, »danach
zu behaupten, die internationalen Beziehungen in unserer Zeit be-
säßen keinen Klassencharakter«.[198] Ungeachtet des innenpolitischen
Widerstandes wurde die Möglichkeit, daß ein vereintes Deutschland
der NATO angehören könne, zum endgültigen – und öffentlich vertretenen – Grundsatz sowjetischer Politik nach Kohls Reise in die Sowjetunion Mitte Juli 1990, während Gorbatschow und der deutsche
Kanzler fruchtbare und bemerkenswert freundliche Gespräche in
Moskau und Gorbatschows Heimatregion Stawropol führten.[199]

Das war aber noch nicht das Ende der Verhandlungen. Möglicherweise, wie Garton Ash vermutet, von der Kritik Falins und anderer
getroffen, daß ein echter Profi mehr herausgeholt hätte, »feilschte
Gorbatschow per Telefon mit Kohl Anfang September und erreichte
so rund 12 Milliarden DM und einen weiteren 3-Milliarden-Kredit,
um den Unterhalt der sowjetischen Truppen auf dem ... Territorium
der ehemaligen DDR zu decken und deren Rückverlegung in die Sowjetunion zu finanzieren«[200]. Hannes Adomeit nennt in beabsichtig-
ter Zurückhaltung diese beiden Telefonate vom 7. und 10. September
»zwei der teuersten Telefongespräche in der jüngeren deutsch-russi-
schen Geschichte«. Kohl und Gorbatschow einigten sich hierbei auf
eine Summe, die wesentlich höher ausfiel, als die Deutschen einige
Monate früher erwartet hatten, wenn auch bedeutend geringer als die
Rechnung, die (als Eröffnungszug der Verhandlungen) vom sowjetischen Botschafter in Bonn, Wladislaw Terechow, am 5. September
präsentiert worden war.[201] Dies war von geringerem Nutzen für Gorbatschow und die leidgeprüfte sowjetische Bevölkerung, als die deutsche Regierung beabsichtigt hatte. Korrupte sowjetische Funktionäre
waren bereits dabei, ihren persönlichen Übergang zum Kapitalismus
mit staatlichen Geldern zu polstern. Gorbatschow erklärte dem amerikanischen Außenminister James Baker: »Dinge verschwinden hier einfach. Wir haben für die deutsche Wiedervereinigung viel Geld erhalten, aber wenn ich unsere Leute danach fragte, wurde mir gesagt, sie
wüßten nicht, wo es sei.« Später sagte Jakowlew zu Baker: »Es ist
schlicht und ergreifend weg.«[202] Trotzdem betrachtete Kohl Finanz-
hilfe für die Sowjetunion und ökonomische Kooperation als einen
unverzichtbaren Bestandteil des Gesamtpakets, auf das er sich mit
Gorbatschow geeinigt hatte. Kohl sollte sowohl seine Dankbarkeit als
auch sein Vertrauen unter Beweis stellen, indem er 1991 »der deutlich-

ste Befürworter der Hilfe der G-7 für die sowjetischen Wirtschaftsreformen« war und sicherstellte, daß Deutschland das Partnerland
blieb, das Rußland ökonomisch am meisten in der postsowjetischen
Periode unterstützte.[203]

Osteuropa

Wenn man die Beendigung der sowjetischen Einschränkungen der
Souveränität der Staaten Osteuropas als Ganzes betrachtet, war der
Gorbatschow-Faktor natürlich entscheidend. Es wurden und werden
viele Bücher und Artikel über den Zusammenbruch des Kommunismus im ehemaligen sowjetischen Block geschrieben, über die Variationen des endgültigen Sturzes der kommunistischen Herrschaft in den
einzelnen Ländern und über die postkommunistischen Übergänge zu
einem mehr oder weniger ausgeformten System der Demokratie.[204]
Diese Transformationsprozesse der politischen und ökonomischen
Systeme bieten Raum für interessante Vergleiche. Es ist aber nicht
nötig, sehr lange nach den hauptsächlichen Auslösern für Veränderung zu suchen. Dies waren der relative Mißerfolg der Regime sowohl
in der Wirtschaft als auch in der politischen Sozialisation der Bevölkerung im Sinne einer Akzeptanz kommunistischer Werte.[205] Westeuropa präsentierte wesentlich attraktivere und erfolgreichere Wirt-
schafts- und Politikmodelle als alles, was die Sowjetunion anzubieten
hatte. Es ist richtig, daß der Erfolg Westeuropas in den siebziger und
achtziger Jahren stärker wahrgenommen wurde als in den späten vierziger oder fünfziger Jahren. Am dramatischsten jedoch hatten sich das
sowjetische politische System und die Prioritäten der sowjetischen
Außenpolitik bis zu den späten achtziger Jahren gewandelt. Der
grundlegende Aspekt ist, daß die kommunistischen Regime in Osteuropa bestanden, weil die Sowjetunion sie – mit Waffengewalt oder
durch Gewaltandrohung – errichtet hatte und zur Intervention bereit
gewesen war, um sie an der Macht zu halten. Der plötzliche Zusammenbruch der Systeme bedarf demnach keiner komplizierten Erklärung, obwohl sich die innenpolitischen Situationen in den einzelnen
Ländern stark voneinander unterschieden – dies hier auszuführen
würde allerdings den Rahmen des Buches sprengen. Der Stimulus der
radikalen Reform in der Sowjetunion, die neue Moskauer Doktrin der

›Freiheit der Wahl‹ und *vor allem* die zunehmende und zutreffende Annahme, die Sowjetunion werde nicht mehr eingreifen, um die Herrschaft der Kommunistischen Partei aufrechtzuerhalten, waren die wichtigsten Faktoren bei der Erklärung des *Zeitpunkts* des Sturzes der kommunistischen Systeme in ganz Ost- und Mitteleuropa in den Jahren 1989 und 1990.

Von Ungarn und Polen abgesehen, die in vielen wichtigen Aspekten bereits vor der Regierungsübernahme Gorbatschows deutlich vom Kommunismus sowjetischen Stils abwichen, waren die Veränderungen in den osteuropäischen Ländern am Ende der achtziger Jahre eine ziemlich direkte Folge des Kurswechsels der sowjetischen Politik. Ich erinnere mich daran, wie mir ehemals aktive Teilnehmer an der tschechoslowakischen Reformbewegung der sechziger Jahre Mitte der Siebziger sagten, daß sich »hier nichts verändern wird, bevor sich nicht die Dinge in der Sowjetunion verändern«. Dies mag durchaus fatalistisch gewesen sein, dennoch handelte es sich um eine grundsätzlich korrekte Einschätzung. Ohne Gorbatschow wäre der erste postkommunistische Ministerpräsident der Tschechischen Republik, Václav Klaus, mit größter Wahrscheinlichkeit noch immer ein relativ unbekannter Wirtschaftswissenschaftler an der Akademie der Wissenschaften in einer kommunistischen Tschechoslowakei.[206] Es ist eine Sache zu erkennen, daß die kommunistischen Systeme der Sowjetunion und Osteuropas über keine langfristige Lebensfähigkeit verfügten, aber etwas ganz anderes sich vorzustellen, wenn Gorbatschow nicht 1985 an die Macht gekommen wäre, daß »irgendein anderer sowjetischer Reformer mit großer Wahrscheinlichkeit in der Mitte der achtziger Jahre als Führer in Erscheinung getreten wäre«[207]. Die Korrelation der Kräfte innerhalb der Führung der Kommunistischen Partei der Sowjetunion zu der Zeit, als Gorbatschow Generalsekretär wurde (in vorangegangenen Kapiteln bereits erläutert), deutet darauf hin, daß das Gegenteil der Fall war.

Selbst für Gorbatschow war die Annäherung an die Vorstellung, die osteuropäischen Staaten könnten von der Sowjetunion völlig unabhängig sein, ein schrittweiser Prozeß. Er mag, wie Tschernjajew bemerkt, der Bevormundung kritisch gegenübergestanden haben, die die Sowjetunion über die internationale kommunistische Bewegung als Ganzes und über die herrschenden Parteien in Osteuropa aufrechtzuerhalten suchte.[208] Ursprünglich jedoch bevorzugte er den Gedan-

ken, daß gleichgesinnte Führer der kommunistischen Parteien in
Osteuropa an die Macht gelangen sollten, und keinesfalls den Sturz
der kommunistischen Regime und die Bildung neuer Regierungen,
die sich (im Licht der Nachkriegsgeschichte ihrer Länder) verständlicherweise eher darum bemühten, mit der Sowjetunion zu brechen als
die beiderseitigen Beziehungen zu reformieren. Tatsächlich kritisierte
Gorbatschow in seinen ersten Jahren als Generalsekretär gelegentlich
kommunistische Führer in Osteuropa für die Verfolgung einer Politik,
die eine größere Gefahr für die endgültige Kontrolle der Kommunistischen Partei zu sein schien als die Linie, die er damals bereit war in der
Sowjetunion zu verfolgen. So fiel zum Beispiel Todor Schiwkow, der
bulgarische Parteiführer, gemeinsam mit der kommunistischen Führung in der Tschechoslowakei in die Kategorie derjenigen, die »hypo-
kritische Zustimmung« zur sowjetischen Perestroika geäußert hatten.[209] Während einer Begegnung im Kreml am 16. Oktober 1987 fand
sich Schiwkow von Gorbatschow milde getadelt für die Billigung einer
Politik, die – zumindest theoretisch – der Kommunistischen Partei
Bulgariens absprach, »das hauptsächliche Subjekt der Macht« zu sein,
und eine Gewaltenteilung im Unterschied zu einer Differenzierung
der Funktionen von Partei und Staat befürwortete.[210] Gorbatschow
warnte – zweifellos auf der Grundlage von Informationen entweder
vom KGB oder der Abteilung für Sozialistische Länder des ZK –
Schiwkow außerdem, daß sich in seiner Umgebung Menschen einer
»prowestlichen Orientierung« befänden.[211] Ein paar Jahre später
beschuldigten Gorbatschows eigene konservative innenpolitische Kritiker ihn nicht nur einer ›prowestlichen Orientierung‹, sondern des
Verrats an sowjetischen Interessen zugunsten des Westens.[212] Dessenungeachtet spielte Gorbatschow viele verschiedene Rollen in der
Führung der Außenpolitik, und seine Ansichten, die er in privaten
Begegnungen mit osteuropäischen Führern in seiner Eigenschaft als
hochrangigster Parteiführer des kommunistischen Europa äußerte,
veränderten sich nur schrittweise. Hier, wie auch in anderen Bereichen, kann das Jahr 1988 und vor allem die XIX. Parteikonferenz als
Wendepunkt angesehen werden.

Dennoch hatte Gorbatschow überzeugende politische Gründe für
seinen Wunsch, die politische Entwicklung nach 1988 würde zu einem
neuen Typ wirklich kooperativer Beziehungen mit der Sowjetunion
führen und nicht zu einem vollständigen Bruch, der von seinen Fein-

den nur als ›der Verlust‹ Osteuropas interpretiert werden konnte. Wie im vorangegangenen Kapitel angemerkt, glaubte Breschnew 1968 nicht, sich als Generalsekretär halten zu können, wenn der ›Prager Frühling‹ nicht bereits in seinen Anfängen beendet würde,[213] und doch war dies nichts im Vergleich mit den Veränderungen im Jahr 1989. Welche langfristige Bedeutung die Entwicklungen in der Tschechoslowakei im Jahre 1968 auch gehabt haben mögen, handelte es sich doch um radikale Reformen in *einem* Staat des Warschauer Pakts, in dem die Kommunistische Partei noch immer ihre, wenn auch neu definierte, ›führende Rolle‹ behielt und noch nicht einmal plante, den Warschauer Pakt zu verlassen. Es kann daher nicht sonderlich überraschen, daß sich Gorbatschow Sorgen um sein politisches Überleben machen mußte, wenn *alle* osteuropäischen Länder ihre Unabhängigkeit durchsetzten und nichtkommunistische und antisowjetische Regierungen an die Macht kamen. Dies erklärt den Umstand, daß Gorbatschow einerseits die ›Freiheit der Wahl‹ bekräftigte und andererseits versuchte, den Veränderungsprozeß zu steuern, und nach osteuropäischen Führern Ausschau hielt, die die Fähigkeiten besaßen, über evolutionären und nicht über revolutionären Wandel zu präsidieren. Zum Teil schätzte Gorbatschow Polens General Wojciech Jaruzelski aus diesem Grund höher als die meisten anderen osteuropäischen Parteichefs.[214] Früher hatte er Kádár bewundert, als dieser die reformfreudigste herrschende Partei im Ostblock führte; seine Unterstützung für ihn nahm aber ab, als sich herausstellte, daß Kádár mit den Forderungen nach weitreichender Liberalisierung in Ungarn nicht Schritt halten konnte, was schließlich zu seinem Sturz und der Nachfolge durch Károly Grósz im Mai 1988 führte.[215] Grósz aber ahnte schon bald, daß Gorbatschow nicht mehr hinter der sowjetischen Vorherrschaft in Ostmitteleuropa stand. 1992 sagte er in einem Interview über Gorbatschow: »Jedesmal, wenn ich ihn um etwas bat, von dem ich wußte, daß es aus der Sicht der sowjetischen Interessen in Ungarn schwierig und kompliziert war, sagte er ja. Schließlich wurde mir klar, daß er und Schewardnadse bereits einen Plan hatten, die Sowjetunion völlig aus Osteuropa zurückzuziehen.«[216] Dennoch schenkte Gorbatschow damals dem Ansehen eines Führers innerhalb der herrschenden Elite seines Landes noch zu große Aufmerksamkeit und zu wenig den Beziehungen zwischen Regime und Gesellschaft.[217]

Für Ceauceşcu hatte Gorbatschow nichts übrig, und er ärgerte sich

über Honecker. In der Anfangsphase seiner Regierung aber – im Mai
1985 – brachte der neue Generalsekretär in einem privaten Gespräch
mit Honecker tatsächlich traditionelle sowjetische Ansichten, von
denen er sich bald öffentlich verabschieden sollte, zum Ausdruck, als
er sagte: »Es gibt nur ein Modell, den marxistisch-leninistischen Sozialismus.«[218] Nachdem er jedoch akzeptiert hatte, daß die anderen
herrschenden Parteien letztlich ihre eigenen Entscheidungen ohne
sowjetische Einmischung treffen mußten, war Gorbatschow dennoch
irritiert von Honeckers wachsender Ablehnung der sowjetischen Reformen, die dieser je schlechter verbarg, desto weiter sie voranschrit-
ten. Gorbatschow griff Honecker nicht offen an, legte aber indirekt
seine Anschauung dar, Honecker würde der Geschichte hinterherhin-
ken, als er seine berühmte Bemerkung anläßlich der 40-Jahr-Feiern
der Gründung der DDR machte: »Wer zu spät kommt, den bestraft
das Leben.«[219] Gorbatschow selbst war es nicht bewußt, wie nahe das
Ende des kommunistischen Regimes in Ostdeutschland herangekom-
men war – er erwartete noch immer dessen Liberalisierung.[220]
    Der Schlüssel zu den Veränderungen in Osteuropa waren demnach
Gorbatschows grundsätzliche Entscheidung, auf sowjetische Militärinterventionen im Ausland zu verzichten, und seine Weigerung, deren
Wiederaufnahme in Erwägung zu ziehen, selbst als die Sowjetunion
mit vollkommen veränderten Beziehungen zu dem Gebiet konfrontiert war, das sie seit Ende des Zweiten Weltkrieges kontrolliert hatte.
Bereits bei ihren ersten Treffen mit Gorbatschow im Jahre 1985 wurden
einige osteuropäische Führer dahingehend informiert, daß sie nicht
mehr mit der Vorstellung rechnen können würden, die Sowjetunion
werde zu ihrer Rettung Panzer schicken, wenn es ihnen nicht gelingen
sollte, einen *modus vivendi* mit ihren eigenen Bevölkerungen herzustellen.[221] In offiziellerer Form wurde diese Mitteilung, daß es keinen
Rückgriff auf sowjetische Militäreinsätze in Osteuropa geben würde,
den Führern der Comecon-Staaten während ihres Treffens in Moskau
im November 1986 gemacht.[222] Dies waren natürlich keine Neuigkei-
ten, die in den kommunistischen Führern Osteuropas den Wunsch
auslösten, sie so schnell wie möglich ihren Völkern mitzuteilen, denn
genau die Annahme, hinter ihnen stehe die Macht der sowjetischen
Armee, hielt sie an der Macht. Als sich einmal die Erkenntnis durchgesetzt hatte – was spätestens 1989 der Fall war –, daß selbst die in Ostmitteleuropa und besonders in Ostdeutschland zahlreich stationierten

sowjetischen Soldaten Anweisung erhalten würden, in ihren Kasernen zu bleiben und sich nicht an der Unterdrückung von Demonstrationen für ein Ende der kommunistischen Herrschaft zu beteiligen, entwickelten sich die weiteren Ereignisse. Wieder einmal hatte Gorbatschow den Leninismus – die Sicht, das (kommunistische) Ziel rechtfertige die (wie auch immer gewalttätigen) Mittel – auf den Kopf gestellt. Nun rechtfertigten die Mittel nicht nur das Ziel,[223] sondern bestimmten es. Indem er »gewaltsame Interventionen ablehnte«, brach Gorbatschow »mit der traditionellen Vorstellung von Osteuropa als einer Region, die es um jeden Preis zu halten gelte«, und »Gorbatschows politische Revolution öffnete den Weg für einen friedlichen Übergang von einem aufgepfropften Kommunismus zu Unabhängigkeit und politischer Wahlfreiheit«.[224]

Obwohl Gorbatschow und die sowjetische Führung Schritt für Schritt auf Veränderungen reagieren mußten, die 1989-90 zweifellos größer waren und sich schneller vollzogen als von ihnen beabsichtigt, ergänzten das Neue Denken und die neuen Beziehungen, die in den vorangegangenen vier Jahren aufgebaut worden waren, einander dahingehend, daß sich am Ende die Klugheit durchsetzte. Das antimilitaristische Element des Neuen Denkens, zusammem mit der Akzeptanz des Rechts souveräner Staaten, ihre eigene Regierungsform zu wählen, waren deshalb so wichtig, weil sie Werte waren, die Gorbatschow aufgegriffen hatte und ernst nahm. Nach seiner Rede vor den Vereinten Nationen im Dezember 1988 hätte eine sowjetische Militärintervention in Osteuropa eine solche Diskrepanz zwischen Wort und Tat bedeutet, daß die gesamte Glaubwürdigkeit, die sich Gorbatschow in der Welt erworben hatte, zerstört worden wäre. Als es zur Entscheidung kam, wurde die militärische Option nicht einmal in Betracht gezogen – so weit hatte sich das Denken der Führungsspitze von der ›Breschnew-Doktrin‹ entfernt. Daß dies so werden konnte, verdankte die Welt vor allem den vertrauensvollen Beziehungen, die Gorbatschow zu westeuropäischen und amerikanischen Staatsmännern aufgebaut hatte. Das Feindbild war nicht nur aus der sowjetischen Propaganda verschwunden, sondern aus dem Denken Gorbatschows und der kleinen Gruppe von Politikern, die auf die neue Außenpolitik entscheidenden Einfluß nahmen. Und genauso, wie es engste Zusammenhänge zwischen den innenpolitischen Reformen und der Außenpolitik gab, paßten die politischen Linien gegenüber den zwei Hälften Europas zusammen.

Ein von Helmut Kohl regiertes Deutschland, das Gorbatschow 1989 einen triumphalen Empfang bereitete, erschien mehr als Freund denn als Bedrohung. Deshalb war die *De-facto*-Angliederung der ehemaligen DDR durch die Wiedervereinigung nicht länger undenkbar. Die sowjetische Kontrolle sowie die Führung des übrigen Osteuropa aufzugeben war freilich ein riesiger Fehlschlag der sowjetischen Politik der vorangegangenen rund vierzig Jahre. Es handelte sich jedoch nicht um ein Scheitern Gorbatschows, obwohl es in diesem Sinne von seinen konservativen Feinden in der Sowjetunion interpretiert wurde. Der ›Verlust‹ Osteuropas war vorbestimmt durch die Art und Weise, wie es gewonnen und regiert worden war. Aber wer war eigentlich der Verlierer? Wadim Medwedjew weist darauf hin, daß der Westen zu den Gewinnern zählte, weil ihm nicht mehr ein feindlicher Warschauer Pakt in Osteuropa gegenüberstand, die Staaten Osteuropas, weil sie nun unabhängig waren, und – so Medwedjew – auch Rußland, denn es wurde vor massiven Militärausgaben bewahrt und war nicht länger verantwortlich für alles, was in Osteuropa geschah, oder wurde dafür verantwortlich gemacht.[225] Und gab es Verlierer? Ja, antwortet Medwedjew. Die Verlierer waren die ideologischen, politischen und militärischen Kräfte mit einem Interesse an Konfrontation und an der Erhaltung autoritärer Regime.[226] Davon gab es so viele, daß Gorbatschows Machterhalt noch zwei Jahre, nachdem der größte Teil von Ostmitteleuropa die Trennung von der Sowjetunion vollzogen hatte, zu einer bemerkenswerten politischen Leistung wurde. Eine noch größere Leistung waren die von ihm an den Grundlagen der sowjetischen Außenpolitik vorgenommenen Veränderungen, die die Umgestaltung der politischen Landschaft Osteuropas möglich machten. Überragende Bedeutung nimmt dabei seine Weigerung ein, den Versuch zu machen, die demokratische Welle zu brechen, die von Berlin nach Prag reichte – auch als sie drohte, über ihm zusammenzuschlagen.

KAPITEL 8
Nationalitätenfrage, Putsch
und Zusammenbruch der Sowjetunion

Ich habe bereits in Kapitel 6 angedeutet, daß für eine Abschaffung des kommunistischen Systems in der Sowjetunion und dessen Ersetzung durch ein relativ demokratisches Gemeinwesen und eine Art Marktwirtschaft eine vierfache Veränderung notwendig war. Drei dieser Veränderungen – die des Wirtschaftssystems (unter Gorbatschow nur bedingt erfolgreich), des politischen Systems und der Außenpolitik (wo es zu fundamentalen Veränderungen kam) – sind in den Kapiteln 5, 6 und 7 behandelt worden. Das vierte Element der Wandlung, die Notwendigkeit, die Beziehungen zwischen den Nationalitäten und zwischen Zentrum und Peripherie in der Sowjetunion neu zu gestalten, ist an verschiedenen Punkten dieses Buches angeklungen und wird in diesem Kapitel zum Hauptgegenstand der Betrachtung.

In vieler Hinsicht war die Nationalitätenfrage das schwierigste und komplizierteste Problem überhaupt. Es gibt gewichtige Gründe für die Annahme, daß sie allein beinahe ausreichte, um aus der Perestroika *keinen* demokratischen und intakten sowjetischen Staat hervorgehen zu lassen – so schwer wog die Hinterlassenschaft der historischen Leiden verschiedener Nationalitäten. In Übereinstimmung hiermit schreibt Robert Conquest, daß für jeden »mit auch nur bescheidenen Kenntnissen über die sowjetischen Nationalitätenprobleme« lange schon feststand, daß »eine ›demokratische Sowjetunion‹ ein Widerspruch in sich wäre«.[1] Obwohl Gorbatschow nicht beabsichtigte, ein Auseinanderbrechen der Sowjetunion herbeizuführen, und da er trotzdem deren Demokratisierung ernsthaft verfolgte, kann es kaum überraschen, daß er daran scheiterte, diese zwei Ziele zu vereinen, ganz zu schweigen, sie mit den anderen Schlüsselelementen der Umformung des sowjetischen Systems in Einklang zu bringen. Für diejenigen, die dem Erhalt sowjetischer Staatlichkeit – in den ungefähren Grenzen des alten Russischen Reiches – Vorrang vor allen anderen Werten einräumten, folgte, daß Gorbatschow niemals mit der Perestroika hätte beginnen dürfen – oder zumindest nicht ernsthaft die Demokratisierung hätte verfolgen dürfen, die 1988 eingeleitet wurde. Es gab viele,

414 Nationalitätenfrage, Putsch und Zusammenbruch der Sowjetunion

die an diesem Standpunkt in den letzten Jahren der Sowjetunion festhielten und diese Ansicht in Rußland auch heute noch vertreten.
Überraschender ist es, im Westen auf die Meinung zu stoßen, daß
Gorbatschows »Entscheidung, eine Form von Demokratie in der
UdSSR einzuführen, sich als katastrophal erwies«, da sie zum Zusammenbruch der Union führte, und »was immer deren Fehler gewesen
sein mögen, stellte das Überleben der UdSSR doch sicher, daß sich
interethnische und interkommunale Gewalt auf gelegentliche Stra-
ßenschlägereien begrenzten oder durch politische oder sportliche
Rivalitäten sublimiert werden konnten«.[2]

Auch wenn dieses Urteil in hohem Maße fragwürdig ist, unterscheidet es sich doch zumindest von der oft vertretenen Simplifizierung,
daß es einfache Antworten auf die Nationalitätenfrage gegeben hätte
und daß es nur Gorbatschows Kurzsichtigkeit war, die ihn davon
abhielt, sie auch zu sehen. Gewiß machte Gorbatschow bei diesem
Problem Fehler, aber sein Handeln muß in einem politischen Kontext
betrachtet werden, in dem er massiver Kritik ausgesetzt war und *de
facto* zweimal gestürzt wurde (im August und Dezember 1991) – und
zwar von zwei sich bekämpfenden Gruppen mit einander ausschlie-
ßenden Ansichten. Eine Gruppe bestand darauf, er solle die Union
gegen das Versickern der politischen Macht und Autorität vom Zentrum hin zu den Republiken verteidigen, und die andere verlangte
Selbstverwaltung oder völlige Unabhängigkeit von der Union.

Eine weit verbreitete Fehleinschätzung bestand darin, zu glauben,
das Nationalitätenproblem könne überwunden und imperiale Herrschaft durch demokratische Regierung ersetzt werden, und zwar durch
die Anerkennung des uneingeschränkten Rechts auf nationale Selbstbestimmung.[3] Dieses Argument war in dreierlei Hinsicht nicht schlüssig. Erstens wurde generell der Umstand übersehen, daß viele der
nationalen Territorien innerhalb der *russischen* Republik kaum mehr
Teil des russischen *Imperiums* waren als die vierzehn nichtrussischen
Unionsrepubliken. Tatsächlich hatten einige der letzteren eine längere
und harmonischere Verbindung mit Rußland als die ersteren und
waren nicht der Gegenstand einer erst kurz zurückliegenden imperia-
len Eroberung gewesen.[4] Zweitens und daraus folgend schuf das
uneingeschränkte Recht auf nationale Selbstbestimmung die Möglichkeit einer beinahe unendlichen Rückwärtsbewegung. Nicht nur
die Sowjetunion, sondern auch Rußland selbst war die Heimat von

mehr als hundert verschiedenen Nationalitäten, und in jedem nach
einer bestimmten Nationalität benannten Territorium – das ein Recht
auf unabhängige Staatlichkeit beinhalten konnte – gab es ethnische
Minderheiten, die im Prinzip eigene Ansprüche auf Souveränität erheben konnten.[5] So durchmischt waren die Nationalitäten in beinahe
jeder territorialen Verwaltungseinheit, die den Namen eines Volkes
trug, daß auf Nationalität basierende Selbstbestimmung leicht zu
einem Rezept für eine Reihe von Bürgerkriegen werden konnte, wie
dies bereits in gewissem Maße in der ehemaligen UdSSR und in Jugoslawien geschehen ist. Drittens stimmte die Erlangung ›nationaler‹
Selbstbestimmung‹ nicht notwendigerweise mit der Errichtung einer
demokratischen und verantwortlichen Regierung überein. Politische
Führer in Zentralasien, die über viele Jahre hinweg ihre Loyalität zum
Marxismus-Leninismus bekundet hatten und nur widerstrebend dem
Reformkurs Gorbatschows gefolgt waren, errichteten im allgemeinen
in den frühen postsowjetischen Jahren Regime, die autoritärer als die
Herrschaft zwischen 1989 und 1991 waren, sobald die Beschränkungen
wegfielen, die ihnen die reformerischen und später teilweise demokratischen sowjetischen Behörden in Moskau auferlegten. Zu diesem
Zeitpunkt verspürten jene Führer möglicherweise ein größeres Bedürfnis, jede Art von Opposition zu zerschlagen, und hatten dabei
außerdem auch freiere Hand, dies ungestraft zu tun. Sie legten keinen
Enthusiasmus für unabhängige Staatlichkeit an den Tag – bis sie ihnen
1991 vor die Füße fiel –, aus Angst, ihre Biographien als kommunistische Platzhalter würde es ihnen unmöglich machen, ihre jeweilige
Stellung in Nachfolgestaaten zu halten, die eindeutig islamisch geprägt wären.[6]

    Nichts von alledem deutet darauf hin, daß die Antwort auf die
›Nationalitätenfrage‹ im Erhalt der Union um jeden Preis zu finden
war. Ebensowenig war es nötig, jede Proklamation nationaler Unabhängigkeit zu begrüßen – bis hin zum Punkt der Desintegration der
fünfzehn Unionsrepubliken, die zu Nachfolgestaaten der Sowjetunion
wurden, und der daraus folgenden Errichtung von Dutzenden oder
noch mehr angeblich unabhängigen Staaten. Das politische Kunst-
stück lag in der Bewahrung von Ebenen der Integration und Kooperation in dem Maße, wie dies auf die Zustimmung der Regierten stieß,
und in einer Verständigung darüber, wo die Entscheidungsbefugnis in
bestimmten Politikfeldern am besten angesiedelt sein sollte. Dies

setzte die Bereitschaft zu Auseinandersetzungen und Verhandlungen voraus und nicht etwa eine Rückkehr zu offener Gewalt. Gorbatschow zumindest versuchte, zu argumentieren, zu schmeicheln und schließlich zu verhandeln. Und obwohl er für einige der Republiken, die sich am stärksten der völligen Unabhängigkeit verpflichtet fühlten, nicht weit genug ging, war dies doch zu viel für die Repräsentanten mächtiger organisierter Interessen, die entschlossen waren, die Integrität des sowjetischen Staates zu erhalten, wie hoch auch immer der Preis an Gewalt und Blutvergießen sein würde. Somit provozierte er selbst den Putsch gegen sich im August 1991. Ironischerweise griff Boris Jelzin, der in den letzten Jahren der UdSSR nicht ganz zu Unrecht als Vorkämpfer unterdrückter Völker angesehen wurde, und nicht Michail Gorbatschow auf Gewalt in barbarischem Ausmaß zurück, die an frühere Epochen sowjetischer und russischer Geschichte erinnerte: Ende 1994 verlor Jelzin die Geduld mit der *De-facto*-Unabhängigkeit, die die Herrscher Tschetscheniens während der gesamten postsowjetischen Periode für sich in Anspruch genommen hatten, genehmigte den Beschuß und die Bombardierung der Zivilbevölkerung, von der Tausende ums Leben kamen, und hinterließ die tschetschenische Hauptstadt Grosny so, wie Stalingrad nach dem deutschen Bombardement im Zweiten Weltkrieg ausgesehen hatte.[7]

Staatsgrenzen und demokratische Wandlungen

Bevor der Dringlichkeit und den Einzelheiten des sowjetischen Nationalitätenproblems jedoch weitere Aufmerksamkeit gewidmet werden kann, gilt es, eine allgemeinere Überlegung in Betracht zu ziehen, die den meisten Kritikern Gorbatschows zwar entgangen, unter den hellsichtigeren Spezialisten für Übergänge zur Demokratie aber allgemein akzeptiert ist. Sie besagt, daß ein autoritärer Staat oder ein autoritäres Imperium, in dem es keine Übereinstimmung in der überwältigenden Mehrheit der Bürger über die Grenzen ihres Staates oder ihrer politischen Einheit gibt, im besten Fall enorm benachteiligt und schlimmstenfalls bei einem Übergang zur Demokratie zum Scheitern verurteilt ist. Dunkwart Rustow entwickelte dieses Argument vor beinahe dreißig Jahren, als – nicht lange nach der Niederschlagung des ›Prager Frühlings‹ – die Demokratisierung kommunistischer Systeme nicht sein Hauptbezugspunkt war. Er behauptete, das, was von ihm »Nationaleinheit« genannt wurde, sei die »einzige Vorbedingung« für einen Übergang zur Demokratie. Er machte auch deutlich, daß dies eine Übereinstimmung der politischen Ziele nicht voraussetzt, und fährt fort:

> Es bedeutet einfach, daß die große Mehrheit der Bürger in einer werdenden Demokratie keine Zweifel oder geistige Vorbehalte darüber hegen darf, welcher politischen Gemeinschaft sie angehören. Dies schließt latente Sezessionssituationen aus wie in den späten Habsburger und Ottomanischen Reichen oder in vielen heutigen afrikanischen Staaten und im Gegenzug genauso Situationen ernsthafter Vereinigungsaspirationen wie in vielen arabischen Staaten. Demokratie ist ein System der Herrschaft durch befristete Mehrheiten. Um zu gewährleisten, daß Herrschende und politische Programme frei wechseln können, müssen die Grenzen dauerhaft und die Zusammensetzung der Bürgerschaft stabil sein.[8]

Während eine gefestigte Demokratie mit einer gewissen Unsicherheit über die zukünftigen Grenzen des Staates leben kann – wie in jüngerer Vergangenheit die Beispiele Großbritannien,[9] Belgien und Kanada beweisen –, kann eine solche Unsicherheit tödlich für eine beginnende Demokratiebewegung und gefährlich auch noch für eine lediglich ungefestigte Demokratie sein. Im Falle Spaniens wurden die Staatsgrenzen in den Anfangsjahren der spanischen Demokratie und eine Zeitlang danach von der baskischen Nationalbewegung angefochten, wobei Terrorakte an der Tagesordnung waren.[10] Wahrscheinlich war für die Konsolidierung der demokratischen Herrschaft das verantwortungsbewußte Verhalten ernsthafter Politiker entscheidend. Keine national agierende politische Partei nutzte den Anstieg der Gewalt, um die Legitimität des demokratischen Regimes in Abrede zu stellen oder zu behaupten, das Problem sei besser durch eine Rückkehr zum Autoritarismus zu lösen.[11]

Ein genereller Aspekt dieses Problems ist, wie Dahl und Tufte formulieren, daß »demokratische Zielsetzungen miteinander kollidieren können und keine Einheit oder Art von Einheit als einzige diesen Zielsetzungen am besten dienen kann«[12]. Wie auch immer sorgfältig die politischen Einheiten eines demokratischen Gemeinwesens konstruiert sein mögen, »werden sie doch niemals den Interessen eines jeden Bürgers exakt entsprechen«[13]. Die Demokratietheorie geht von einem politischen Prozeß aus, der innerhalb einer gegebenen politischen Einheit stattfindet. Sie hat noch immer relativ wenig dazu zu sagen, wie diese Einheiten geschaffen werden sollen.[14] Das Problem ist nicht, daß man keine vernünftigen Urteile darüber treffen kann, welche Alternativeinheiten besser als andere sind, sondern daß diese Bewertungen »höchstwahrscheinlich uneindeutig und in hohem Maße umstritten sind«[15]. Grenzen können in erheblichem Ausmaß bedeutende politische Ergebnisse bestimmen, und doch sind selbst in den demokratischsten Staaten diese Grenzen normalerweise zunächst keineswegs mit demokratischen Mitteln gezogen worden.[16] Sir Ivor Jennings formuliert diesen Gedanken so: »Das Volk kann nicht entscheiden, bevor nicht jemand entschieden hat, wer das Volk ist.«[17] Und der Umstand, »daß demokratische Methoden bei der Festlegung der Grenzen nicht angewandt werden können, obwohl es sich dabei gewöhnlich um eine bedeutende politische Entscheidung handelt …, hat zur Folge, daß Auseinandersetzungen über Grenzen am schwierigsten zu lösen und die bittersten aller politischen Konflikte sind«[18].

Die Nationalitätenfrage im sowjetischen Kontext

Die Nationalitätenfrage zu ›beantworten‹ und die Grenzen des Gemeinwesens zu bestimmen waren im besonderen Kontext der Sowjetunion außergewöhnlich schwierige Aufgaben. Sie wurden noch komplizierter dadurch, daß der Versuch einer Problemlösung gleichzeitig mit den Prozessen der Demokratisierung, der Einführung der Marktwirtschaft und nicht zuletzt der Umgestaltung der Außenpolitik unternommen werden mußte. Letztere Veränderung in der sowjetischen Politik führte zu einer Vorreiterrolle Osteuropas für die Völker innerhalb der Sowjetunion, die nach unabhängiger Staatlichkeit strebten. Sie widersetzten sich dem eher schrittweisen Herangehen an eine mögliche Sezession, das Gorbatschow ihnen aufnötigen wollte. Zur selben Zeit wurden durch das Hinwegfegen der kommunistischen Regime im Augenblick der Erlangung der vollen politischen Unabhängigkeit der ehemaligen Warschauer-Pakt-Staaten Warnsignale an die Staats- und Parteistellen in Moskau und an die der Republiken gesandt, die von der Hegemonie Moskaus abhängig waren.

1990 vertrat Zbigniew Brzezinski die Ansicht, der sowjetische Staat müsse »in eine wirklich freiwillige Konföderation oder Gemeinschaft« umgewandelt werden.[19] Brzezinski schreibt dazu: »Die rauhe Wirklichkeit ist, daß die Sowjetunion entweder ein großrussisches Reich bleiben oder sich in Richtung einer multinationalen Demokratie bewegen wird. Aber beides geht nicht.«[20] Obwohl diese Aussage offensichtlich zutreffend war, folgte aus ihr nicht, daß ein so lockeres Arrangement wie eine Konföderation der Wunsch einer Mehrheit der Bevölkerung war – auch nicht einer Mehrheit innerhalb der meisten sowjetischen Republiken. Genausowenig war es notwendigerweise der Fall, daß die Desintegration, zu der es kam, mehr im Interesse einer Mehrheit der sowjetischen Bürger lag als der Erhalt der Union in irgendeiner Form. Um mit der Demokratie kompatibel zu sein und die Zustimmung der Regierten zu gewinnen, hätte die Union allerdings sowohl *kleiner* als auch *anders* sein müssen als die bis dahin bestehende.

Unbestritten bleibt, daß entscheidende Dissonanzen in der Frage der Staatlichkeit Realität waren. Die Sowjetunion illustrierte auf spektakuläre Weise Rustows allgemeine Aussage über das Problem mangelnder Akzeptanz der Legitimität der Staatsgrenzen bei starken Minderheiten[21] und Dahls verwandten Punkt über die Unmöglichkeit der Festlegung der Grenzen des Gemeinwesens zu jedermanns Vorteil.[22] Der Konflikt kam deutlich zum Vorschein, als auf Veranlassung Gorbatschows im März 1991 ein Referendum über die folgende Frage angesetzt wurde: »Glauben Sie, daß es von grundlegender Bedeutung ist, die UdSSR als erneuerte Föderation gleichermaßen souveräner Republiken zu erhalten, in der die Rechte und Freiheiten des einzelnen, gleich welcher Nationalität, vollständig garantiert sind?« Sechs von fünfzehn Republiken verweigerten ihre Teilnahme. Dabei handelte es sich um Estland, Lettland, Litauen, Armenien, Georgien und Moldowa. Trotzdem machten die Ja-Stimmen in keiner der neun Republiken, in denen die Frage zur Abstimmung gestellt wurde, unter 70 Prozent aus, auch nicht in der Ukraine, und ingesamt hatten 76,4 Prozent der Bevölkerung mit »Ja« gestimmt.[23] Außerdem beteiligten sich 80 Prozent der erwachsenen Bevölkerung der Sowjetunion (über 148,5 Millionen Menschen) an der Abstimmung.[24] Unabhängige Staatlichkeit in Verbindung mit einer Konföderation war nicht der Wunsch einer Mehrheit der Bürger der Sowjetunion und entsprach auch nicht dem Willen einer Mehrheit in den nichtrussischen Republiken – noch zu einem so späten Zeitpunkt wie dem März 1991.

Gorbatschows Anstrengungen, eine Union auf der Grundlage einer umgestalteten Föderation zu erhalten, waren also keineswegs von vornherein fehlgeleitet. Das Handeln bestimmter Politiker – darunter nicht zuletzt das der Putschisten von August 1991 und das der drei Führer Rußlands, Belarus' und der Ukraine, also Jelzin, Schuschkjewitsch und Krawtschuk, die sich im Dezember desselben Jahres auf eigene Initiative trafen, um der Union den Totenschein auszustellen – spielte eine überragende Rolle, gemeinsam mit dem bitteren Erbe der sowjetischen Geschichte, die diese Bemühungen zum Scheitern verurteilten. Ebenso kann argumentiert werden, Gorbatschow habe erst zu spät damit begonnen, einen neuen Unionsvertrag anzustreben, der die Mitgliedschaft in einem wirklich föderalen (oder in einigen Fällen bundestaatlichen oder quasi konföderalen) Staat auf einer neu ausgehandelten Übereinkunft gründete. Sein anderer Fehler – im politischen Kontext allerdings verständlicher als im abstrakten Sinne – war, Estland, Lettland und Litauen nicht als Sonderfälle zu behandeln, oder wenigstens früher damit zu beginnen, also bevor es zu spät war.[25] Der Westen seinerseits hatte die gewaltsame Eingliederung der baltischen Staaten in die Sowjetunion im Jahre 1940 nie anerkannt, und es war unwahrscheinlich, daß diese auf freiwilliger Basis in der UdSSR verbleiben würden.

Aufgrund dieser Tatsachen kann mit großer Sicherheit davon ausgegangen werden, daß die Sowjetunion in ihrer *Gesamtheit* während der aufeinanderfolgenden Liberalisierungs- und Demokratisierungsprozesse nicht zusammengehalten werden konnte, auch wenn die Führung im allgemeinen und Gorbatschow im besonderen besser auf die Entwicklung separatistischer Bestrebungen vorbereitet gewesen wären. Völlig unstrittig ist demnach auch, daß, während politischer Umbau und ökonomische Reform von oben, also von Gorbatschow und seinen Verbündeten, auf die Tagesordnung gesetzt wurden, die Nationalitätenfrage von unten in diese Tagesordnung einbrach. Gorbatschow war sich bewußt, daß es sich dabei um ein heikles Thema in der Sowjetunion handelte. In seiner Heimatregion Stawropol lebten viele verschiedene Nationalitäten, und die Spannungen zwischen ihnen wurden gelegentlich sichtbar. Und doch war ihm, wie auch seinen engsten Mitarbeitern, zum Zeitpunkt des Beginns ihrer Systemreform nicht klar, daß der Nationalismus sich zu einer kolossalen Belastung für die Union *und* den Demokratisierungsprozeß entwickeln würde. Selbst Schewardnadse, der als Georgier und ehemaliger Erster Sekretär der Georgischen Partei um das starke Gefühl nationaler Identität der Georgier wie auch der ethnischen Minderheiten innerhalb Georgiens wußte, sagte 1985, er glaube, daß die Nationalitätenfrage gelöst worden sei. Von Anfang an, so sagte Schewardnadse, verfolgten Gorbatschow und seine engsten Mitstreiter weitreichende Ideen für Veränderungen, aber sie »erwarteten niemals einen Ausbruch von Emotionen und einen Bedeutungszuwachs des ethnischen Faktors«[26].

Als Gorbatschow erkannte, daß ein ernstes Nationalitätenproblem vorhanden war, woran er spätestens seit 1988 keine Zweifel mehr hatte, sah sein Lösungsvorschlag zwei Aspekte vor. Erstens mußte der nationalistische Chauvinismus bekämpft werden und ein echter Internationalismus an seine Stelle treten, so daß sich Menschen unterschiedlicher Nationalität in jedem Teil der Sowjetunion wohlfühlen konnten. Zweitens argumentierte er, die Sowjetunion sei bis dahin ein Einheitsstaat gewesen, der lediglich vorgegeben habe, ein Bundesstaat zu sein, und man müsse nun den Schritt von der Pseudo-Föderation zum wirklichen Föderalismus gehen. Später – von April 1991 an – zeigte er noch größere Flexibilität in seiner Bereitschaft, eine asymmetrische Beziehung zwischen den Republiken und den Bundesbehörden in Erwägung zu ziehen, in der einige Teilgebiete der Sowjetunion, die selbst umbenannt werden sollte, die Rechte einer Einheit der Föderation haben würden und andere in einem eher konföderalen Verhältnis mit Moskau verbunden wären.[27]

In der Zeit nach Stalin wurde die Sowjetunion zusammengehalten durch eine Kombination aus Zugeständnissen an das jeweilige Nationalbewußtsein und der Bereitschaft des KGB – der auf die volle Unterstützung der Parteiführung zählen konnte –, jeden Ausdruck von politischem Nationalismus mit aller Härte zu unterbinden. Die Unionsrepubliken besaßen eine Reihe von Rechten in der poststalinistischen Periode – viele davon auf dem Papier, aber nicht alle nur bedeutungslos. Darunter befand sich das Recht auf ihre eigene Parteiorganisation (geführt von einem Ersten Sekretär, der beinahe immer seit Stalins Tod der Titularnation der jeweiligen Republik angehörte), eigene Ministerien (freilich mit begrenzten Kompetenzen), einen Obersten Sowjet, eine Akademie der Wissenschaften und einen gewissen Schutz für ihre nationalen Sprachen. Von diesen Vorzügen profitierten in erster Linie die politischen Eliten der Republiken. Die Förderung des Bildungswesens, einschließlich eines umfangreichen Sektors höherer Bildung, unterstützte die Formierung von lokalen Intelligenzias da, wo sie vor 1917 kaum in Erscheinung getreten waren, während die Industrialisierung aus Bauern Fabrikarbeiter machte, sie urbanisierte und auf diesem Wege die Titularnation der Republiken in den großen Städten zahlenmäßig stärkte. Ronald Spuny beschreibt das Problem so: »Zwischen dem Zentrum und der Peripherie war das Machtverhältnis immer ungleich und mit Einschränkungen verbunden. In den 74 Jahren der Sowjetmacht gewannen die Untertan-Nationalitäten ihre eigenen subventionierten Intelligenzias, die sich in den Universitäten und Akademien der Wissenschaften der Republiken institutionalisierten und auch eine neue demographische Präsenz in ihren eigenen Hauptstädten darstellten.«[28]

Allein die Tatsache, daß sich die administrativ-territoriale Aufteilung der Sowjetunion auf der Basis nationaler Heimatregionen aufbaute, seien dies die fünfzehn Unionsrepubliken oder sogenannte Autonome Republiken oder Autonome Regionen innerhalb dieser Republiken (besonders in der riesigen russischen Republik), verlieh dem Nationalbewußtsein strukturelle Unterstützung. In einigen Fällen, vor allem in Zentralasien, half dies bei der Entwicklung eines Nationalgefühls, das es vor der Revolution der Bolschewiki kaum gegeben hatte. Der Umstand, daß man an das Nationalbewußtsein in der Zeit vor Gorbatschow einige Zugeständnisse machte, war mitverantwortlich dafür, daß öffentliche Manifestationen nationalistischer Unzufriedenheit relativ selten vorkamen. Noch wichtiger für die Verhinderung von Massenprotesten aber war die offene oder latente Drohung mit Unterdrückungsmaßnahmen auf der Seite der Behörden des Parteistaats. Sowohl Gorbatschow als auch seine Anhänger in der Unionsführung unterschätzten die Rolle, die die Gewalt dabei gespielt hatte, die Nationalitätenfrage unter Kontrolle zu behalten. Es gab Regionen in der Sowjetunion – nicht zuletzt die baltischen Staaten und die westliche Ukraine –, in denen die scheinbare Ruhe der Bevölkerungsmehrheit sehr von der realistischen Einschätzung dessen abhing, was politisch vor Gorbatschow machbar war, und von dem sicheren Wissen geleitet wurde, die Verfolgung separatistischer Ziele werde zu Haft oder Schlimmerem führen. Sobald die Erwartungen infolge von Glasnost, politischen Reformen im Inland und dem schrittweisen Abbau der sowjetischen Hegemonie über die Staaten

Osteuropas einmal geweckt waren, konnte in den sowjetischen Republiken neu über die möglichen Kosten und Vorteile einer Befürwortung nationaler Unabhängigkeit nachgedacht werden.

Einige der besten Elemente in Gorbatschows Reformprogramm hatten also den paradoxen Effekt, nationale Spannungen an die Oberfläche des politischen Lebens zu bringen und in diesem Sinne das Nationalitätenproblem zu verschärfen. Die Liberalisierung nahm den Menschen die Furcht vor Vergeltung, wenn sie auf die an ihrem Volk verübten Ungerechtigkeiten in der Geschichte hinwiesen. Glasnost in den Massenmedien brachte vergangene Verfolgungen ganzer Völker oder deren vorrangiger Repräsentanten unter den Politikern und Angehörigen der Intelligenzia ans Licht und verbreitete Wissen über die Geschehnisse. Gleichzeitig eröffnete die Demokratisierung bisher unvorstellbare Möglichkeiten, tatsächlich diejenigen zu wählen, die sich die nationale Sache zu eigen machten.

Weil die Sowjetunion 1991 relativ plötzlich zusammenbrach, haben viele Autoren den Schluß gezogen, es habe nie eine eigene ›sowjetische‹ Identität neben den spezifischen russischen, ukrainischen, armenischen und anderen Nationalidentitäten gegeben. Dies ist mit allergrößter Wahrscheinlichkeit falsch. Ernsthafte Meinungsforschung, die diesen Streit vielleicht hätte beilegen können, wurde erst in den letzten Jahren der Sowjetunion möglich, und deshalb ist man bei der Behandlung früherer Jahre bis zu einem gewissen Grad auf Mutmaßungen angewiesen.[29] Im allgemeinen jedoch ist es für den einzelnen nicht nur möglich, sondern eher üblich, *mehrere* Identifikationspunkte zu haben, einschließlich eines Zugehörigkeitsgefühls zu kleineren *und* größeren territorialen Einheiten, seien dies Wales und Großbritannien, Kalifornien und die Vereinigten Staaten oder Armenien und die UdSSR. Die Ansichten der Bürger der Sowjetunion gegen Ende 1991 kann man nicht einfach auf die Vergangenheit übertragen, um die Annahme zu untermauern, daß eine sowjetische Identität niemals existiert habe. Es wäre töricht, sich einerseits der Vorstellung hinzugeben, ›das sowjetische Volk‹ habe die glückliche Völkerfamilie gebildet, die in der sowjetischen Propaganda dargestellt wurde, und andererseits die Rolle der Gewalt bei der Schaffung und Erhaltung der UdSSR leugnen zu wollen. Und doch stand für die meisten Einwohner der Sowjetunion eine subjektive Akzeptanz der sowjetischen Identität neben einem spezifischen Nationalbewußtsein als Russen, Ukrainer, Georgier und so weiter und begleitete die objektive Realität ihres Lebens im sowjetischen Staat. Obwohl jede Zurückweisung der sowjetischen Identität bis hin zur Ära Gorbatschow schwere Strafen nach sich zog, bedeutete die Tatsache, daß mehr als siebzig Jahre lang die überwältigende Mehrheit der Bevölkerung nirgendwo anders als in der UdSSR lebte, daß die Identifikation mit der Sowjetunion als gegeben betrachtet werden konnte. Sie beruhte genausosehr auf Gewohnheit wie auf dem Mangel an realistischen Alternativen und der Androhung von Gewalt. Es gab freilich gewichtige Unterschiede zwischen den einzelnen Nationalitäten, und es gibt sicherlich keinen Grund, anzunehmen, die meisten Esten, Letten oder Litauer hätten jemals bereitwillig akzeptiert, sowjetische Bürger zu sein.

Für die Russen war es besonders einfach, sich mit der Sowjetunion zu identifizieren. Sie deckte mehr oder weniger das gleiche Territorium ab wie das ihr vorangegangene Russische Reich. Und in der Sowjetunion besetzten Russen die meisten Spitzenpositionen, wenn auch weniger als im kaiserlichen Rußland.[30] Die Identifizierung ging jedoch noch viel weiter. Schachnasarow, ein russifizierter Armenier, geboren in der aserischen Hauptstadt Baku, als Soldat während des Zweiten Weltkrieges Teilnehmer an der Befreiung von Teilen der Ukraine, Belarus' und Litauens von der deutschen Besatzung, schreibt, daß er und seine Kameraden diese Orte nicht weniger als Baku oder Moskau, wo Schachnasarow den größten Teil seines Lebens verbracht hat, als einen Teil ihres »Heimatlandes« empfanden.[31] Was für eine Mehrheit der Bürger der Sowjetunion in Kriegszeiten galt, scheint auch für den größten Teil der Nachkriegszeit zuzutreffen. Menschen der verschiedensten Nationalitäten blickten nach kaum ermeßlichem Leid mit großem Stolz auf diesen über die deutschen Invasoren errungenen Sieg zurück. Genauso verhielt es sich mit dem Wiederaufbau ihres Landes, dem Sieg im Wettlauf um den ersten Menschen im Weltraum,[32] den Leistungen sowjetischer Sportler und Sportlerinnen, bei denen die jeweilige Nationalität eines olympischen Goldmedaillengewinners keine herausragende Rolle spielte, und auch mit dem Status einer Supermacht in der Zeit nach Stalin sowie der militärischen Macht der Sowjetunion, bis die negative Seite dieser letzten Errungenschaft während der Ära Gorbatschow offenbar wurde.

Der Stolz auf sowjetische Erfolge und die Akzeptanz einer sowjetischen neben einer spezifischen nationalen Identität wurden aber auch durch Unwissenheit über die Außenwelt untermauert, die im Lauf der Zeit und von einem Teil der UdSSR zum anderen variierte. Der sowjetischen Bevölkerung wurde in der Ära Gorbatschow klarer als jemals zuvor in der sowjetischen Geschichte, wie weit die UdSSR hinter dem Westen im Lebensstandard und der persönlichen Freiheit zurückblieb. Die Einstellung zur Union allerdings hing in bedeutendem Maße von den Bezugspunkten der jeweiligen sowjetischen Nationalität zur Union ab. Einen besonderen Fall von Abneigung gegen den sowjetischen Staat stellten die baltischen Völker dar. Nicht nur (wenn auch vornehmlich) weil sie in der Zwischenkriegszeit die Erfahrung unabhängiger Staatlichkeit gemacht hatten und 1940 gewaltsam der Sowjetunion angeschlossen wurden, sondern auch weil sie ihre Lebensumstände mit denen ihrer skandinavischen Nachbarn vergleichen konnten. Bei einem solchen Vergleich mit dem Lebensstil, einschließlich den weit überlegenen *öffentlichen* Dienstleistungen, und der politischen Freiheit in den kleinen Demokratien Nordeuropas konnte die Sowjetunion nur verlieren. Die zentralasiatischen Republiken der Sowjetunion dagegen hatten, allen ihrer berechtigten Klagen zum Trotz, keinen Grund, ihre unmittelbaren Nachbarn in Asien zu beneiden, gleichgültig ob in Afghanistan oder China. (Im Falle Chinas mag man einwenden, daß sich dies am Ende der sowjetischen Ära änderte, was wiederum bedeuten würde, die Augen vor der Diktatur zu verschließen und das Massaker auf dem Platz des Himmlischen Friedens von 1989 zu übersehen.)

Das größere Wissen um die sowjetischen Mißerfolge, das sich in der Ära Gorbatschow verbreitete, zusammen mit der Entlarvung des Marxismus-Leninismus, produzierte so etwas wie ein ideologisches Vakuum, für dessen Füllung der Nationalismus der offensichtlichste Anwärter war. Nationalistische Emotionen wurden außerdem von ehrgeizigen Politikern gefördert und manipuliert. Dazu gehörten auch Kommunisten, die alles andere als Reformer gewesen waren – das beste Beispiel ist der erste postkommunistische Präsident der Ukraine Leonid Krawtschuk –, jetzt aber eine neue Legitimationsgrundlage suchten, die ihnen den Verbleib an der Macht ermöglichen würde. ›Nomenklatura-Nationalismus‹ instrumentalisierte das Nationalgefühl, um die Position lokaler politischer Eliten zu stärken, die inzwischen größere Angst vor ihren eigenen Bevölkerungen als vor Moskau hatten.

Nationalitätenkonflikt und politischer Druck

Die letzten drei Phasen, in die man die Ära Gorbatschow unterteilen kann (die ersten drei sind in Kapitel 6 behandelt und enthalten die Geschichte bis zum Sommer 1990), werden unten erörtert, und die Nationalitätenfrage spielte in allen dreien eine herausragende Rolle. Vor der Untersuchung der letzten fünfzehn Monate der Existenz der Sowjetunion ist es allerdings nötig, einen kurzen Blick auf die Entwicklung nationaler Konflikte zu werfen, besonders in dem Zeitabschnitt vor Gorbatschows sogenannter ›Wende nach rechts‹ im Herbst 1990. Besondere Beachtung soll dabei Konflikten geschenkt werden, die mit einem mehr oder weniger hohen Grad an Gewalt einhergingen. Gorbatschow wird oft wegen des Einsatzes von Gewalt durch die Armee oder die Truppen des Innenministeriums angegriffen, obwohl er kaum direkte Verantwortung für das Blutvergießen trug. Es gibt allerdings Gründe für eine Debatte über das Ausmaß seiner *indirekten* Verantwortung für die gewaltsamen Vergeltungsmaßnahmen an den Aseri in Baku im Januar 1990 nach einem Pogrom an den Armeniern und für die Toten in Vilnius ein Jahr später, als sowjetische Truppen die Fernsehstation stürmten. Diese Fragen werden unten besprochen.[33] Eine Gruppe von Kritikern jedoch macht ihn persönlich verantwortlich für die Toten in Baku, Tbilissi, Vilnius und Riga, während eine zweite ihn beschuldigt, quasi pazifistische Zurückhaltung beim Einsatz gerechtfertigter Zwangsmaßnahmen zur Erhaltung des von ihm geführten Staates geübt zu haben. Wie in Debatten über Gorbatschow nicht unüblich, sind diese Angriffe miteinander nicht nur nicht vereinbar, sondern beruhen auch auf Vereinfachungen und unzureichendem Wissen.

Warnsignale aus Alma-Ata

Zum ersten ernsten Konflikt mit nationalistischen Obertönen während der Ära Gorbatschow kam es im Dezember 1986 in der kasachischen Hauptstadt Alma-Ata, heute Almaty. Gorbatschow hatte die Entfernung Dinmuchamed Kunajews, eines besonderen Freundes Breschnews im Politbüro, aus dem Amt des Ersten Sekretärs Kasachstans erreicht. Dem Politbüro gegenüber wurde dies nicht als Entlassung dargestellt, sondern als eine von Kunajew gewünschte Pensionierung, da er schon 73 Jahre alt war.[34] Ungewöhnlicherweise jedoch war Kunajews Nachfolger kein Kasache, sondern ein Russe, Gennadi Kolbin. Von 1975 bis 1983 war er Zweiter Parteisekretär Georgiens gewesen, während Eduard Schewardnadses Zeit als Erster Sekretär. Kolbin hatte sich ausgezeichnet mit Schewardnadse verstanden, von dem er, wie er sagte, »viel gelernt« habe.[35] Die Anerkennung des sowjetischen Außenministers für Kolbin wiederum war wichtig angesichts der Nähe Schewardnadses zu Gorbatschow. Kolbins Jahre in Georgien bedeuteten auch, daß er ein Russe war, der Erfahrung mit der ›Nationalitätenfrage‹ gesammelt hatte, obwohl dies selbst in Kasachstan, einer Republik, in der fast genauso viele Russen wie Angehörige der Titularnation lebten, nur schwerlich das Manko seiner fehlenden Kasachischkenntnisse ausgleichen konnte.

Seine Erfahrungen konnten auch nicht verhindern, daß seine Ernennung in Alma-Ata Krawalle auslöste, in denen viele Menschen verletzt wurden und einige ums Leben kamen – und zwar sowohl unter den Demonstranten als auch auf seiten der Polizei. Die Zahl der Toten wird in verschiedenen Darstellungen widersprüchlich angegeben. Eine Untersuchungskommission in Kasachstan berichtete 1990, daß die Demonstration zunächst friedlich war und übermäßige Gewalt zu ihrer Niederschlagung eingesetzt wurde.[36] Laut Kolbin bemühte sich Gorbatschow, genau das zu verhindern. Während der Demonstration telefonierte er mehrmals mit dem neu ernannten Ersten Sekretär und bestand darauf, daß gegen die Demonstranten keine Gewalt angewandt werden dürfe.[37] Kolbin berichtete, daß Gorbatschow ihn »mit deutlichen Worten« selbst »für den Einsatz von Wasserwerfern« kritisiert habe, denn jede Anwendung von Gewalt müsse ausgeschlossen werden. Diese leicht rosa eingefärbte Version kann jedoch nicht ohne weiteres akzeptiert werden, denn Gorbatschow selbst sagte, daß er 1986 in Alma-Ata »im allgemeinen den alten Regeln entsprechend handelte«, und: »... im Morgengrauen der Perestroika waren wir noch weit von dem entfernt, was wir werden sollten«.[38] Kolbin überlebte diesen unglücklichen Start und verbesserte später einigermaßen erfolgreich seine Beziehungen zur örtlichen Bevölkerung. Er wurde bis zum Sommer 1989 in Alma-Ata belassen, bevor er nach Moskau gerufen wurde, obwohl Gorbatschow einsah, daß seine ursprüngliche Berufung an die Spitze der kasachischen Parteiführung ein großer Fehler gewesen sei.[39]

Die Wahl eines Nicht-Kasachen machte es zwar möglich, Massenproteste zu mobilisieren, die Demonstrationen hatten allerdings auch viel mit der Sorge derjenigen zu tun, die dem großen und korrupten Netzwerk innerhalb von Kunajews Clan angehörten, daß die von ihnen genossenen Privilegien und profitablen Verbindungen sich ihrem Ende zuneigten. Die Proteste wurden indirekt von Kunajew selbst provoziert, der Gorbatschow explizit empfahl, einen Nicht-Kasachen zu ernennen, da sich die Kasachen über einen Nachfolger uneins waren.[40] Kunajew bestand wiederholt darauf, daß Nursultan Nasarbajew, damals Vorsitzender des kasachischen Ministerrats und letztlich Nachfolger Kolbins im Juni 1989, nicht der neue Erste Sekretär werden sollte, und tat alles in seiner Macht Stehende, die Moskauer Führung davon zu überzeugen, daß der Aufstieg Nasarbajews gestoppt werden müsse.[41] Später sollte Nasarbajew sowohl ein bedeutender politischer Akteur auf Unionsebene als auch die dominierende Figur in seiner Heimat Kasachstan und insgesamt ein Politiker werden, für den Gorbatschow durchaus Respekt hatte. Aber 1986 gelang es Kunajew nicht nur, die Nachfolge Nasarbajews im Amt hinauszuzögern, sondern er tat auch nichts, um den folgenden Protesten gegen die Wahl eines Nicht-Kasachen die Spitze zu nehmen.[42] Die sowjetische Führung aber lernte nicht in dem Ausmaße von den Äußerungen verletzten Nationalstolzes, wie sie es hätte tun können. Gorbatschow schreibt, daß das Politbüro im Nachklang der Unruhen von Alma-Ata bei seiner Sitzung am 25. Dezember nichts unternahm, den wirklichen Gründen dieser Ereignisse nachzugehen, sondern sich wie in der Vergangenheit mit Maßnahmen gegen die Gefahr eines sich »spontan entladenden Nationalismus« beschäftigte.[43]

Gorbatschows Absicht, von der traditionell rauhen sowjetischen Art abzurücken, in der auch mit friedlichen Protesten umgegangen wurde, trat im folgenden Sommer erfolgreicher in Erscheinung, als Moskau nun selbst seine erste nationalistisch motivierte Demonstration der Perestroika-Jahre erlebte. Um ihrer seit langen Jahren erhobenen Forderung nach Rückkehr auf die Krim Nachdruck zu verleihen, demonstrierten Krimtataren im Juli 1987 auf dem Roten Platz. Die sowjetische Polizei agierte mit beispielloser Zurückhaltung, obwohl die Korrespondentin der *Times* festhielt: »Die gestern auf dem Roten Platz zu hörenden Kommentare lassen den Schluß zu, daß die Polizei für eine Auflösung der Demonstration mit allen Mitteln, die sie für notwendig befunden hätte, die Unterstützung der Öffentlichkeit gehabt hätte.«[44] Eine neunköpfige Kommission unter der Leitung Gromykos (damals Vorsitzender des Präsidiums des Obersten Sowjets und das dienstälteste Mitglied des Politbüros) wurde zur Untersuchung der Klagen der Tataren eingerichtet. Soweit es die Forderungen der Tataren betraf, waren die Ergebnisse unbefriedigend, obwohl ihnen größere Unterstützung für den Erhalt ihrer Sprache und Kultur in den zentralasiatischen Republiken ihrer Verbannung versprochen wurde und weiterhin eine zwar recht langsame und schrittweise Rückkehr von Tataren auf die Krim stattfand.[45] Während Gromyko im ganzen seinem Ruf als ›Mr. Njet‹ gerecht wurde, berücksichtigte die sowjetische Führung auch den Widerstand auf der Krim gegen eine massenhafte Rückkehr der Tataren. Es gab darüber hinaus Befürchtungen, daß es »unerwünschte Auswirkungen in anderen ethnisch umstrittenen Gebieten zeitigen könnte, wenn diesen Forderungen der Tataren letztlich nachgegeben würde«, und es außerdem zu Problemen mit den Menschen führen könnte, die inzwischen in den Teilen der Krim eine Heimat besaßen, in denen die Tataren früher gelebt hatten.[46]

Nagorny-Karabach und der armenisch-aserische Streit

Wenn schon die Tatarenfrage Probleme zwischen verschiedenen Sowjetrepubliken aufwarf und Moskau keine einfache Antwort dafür hatte, galt dies um so mehr für den Konflikt zwischen Armeniern und den Aseri über Nagorny-Karabach. Daß die mehrheitlich armenische Enklave Nagorny-Karabach innerhalb Aserbaidschans unter die Jurisdiktion der aserbaidschanischen Behörden in Baku fiel, war für die Armenier seit langem schon ein Stein des Anstoßes gewesen, und armenischer Zorn äußerte sich keineswegs nur in der Ära Gorbatschow. Wie Arkadi Wolski bemerkte – der 1988 Moskaus Bevollmächtigter für Nagorny-Karabach werden sollte –, war dies ein Problem, das schon lange schmorte und »einmal alle zehn oder zwölf Jahre explodierte«. Der Unterschied zur Ära Gorbatschow war, daß die Behörden in der Vergangenheit »kurzen Prozeß« gemacht hatten, um »die Ordnung wiederherzustellen«.[47] Einige Leute wurden für gewöhnlich verhaftet, andere aus der Partei ausgeschlossen und »jede Menge zuckersüße Reden über die große Freundschaft der Völker«

gehalten, obwohl »es alles überhaupt nicht stimmte«.[48] Gewiß gab es Ursachen für Spannungen lange vor der Perestroika, es kann aber kein Zweifel daran herrschen, daß von 1988 an das neue politische Klima in der Sowjetunion und die unter Gorbatschow stattfindende Liberalisierung die Armenier ermutigte, mit Entschlossenheit den Versuch zu wagen, Genugtuung für ein in ihren Augen historisches Unrecht zu erhalten.

Die Armenier in Nagorny-Karabach hatten gute Gründe für ihre Unzufriedenheit. Die Region war wirtschaftlich verarmt und wurde von den Behörden in Baku ausgebeutet, und außerdem wurde die armenische Kultur unterdrückt. Trotz ihrer Nähe zur armenischen Grenze konnten die Menschen in Nagorny-Karabach keine Fernsehsendungen aus Jerewan empfangen, und in den Schulen durfte armenische Geschichte nicht unterrichtet werden. Das Land selbst wurde von Aseri und Armeniern beansprucht, und zwar in der jeweiligen unerschütterlichen Gewißheit, historisch gesehen würde das Land ihnen gehören. Es war und ist ein Konflikt, der mit dem zwischen Israelis und Palästinensern verglichen werden kann, wenn es um die leidenschaftliche Überzeugung beider Parteien geht, Geschichte und Moral auf ihrer Seite zu wissen – und daher auch nicht einfach zu lösen.[49] Eine tiefe religiöse Kluft verlieh den Ansprüchen beider Seiten emotionale Wucht: die Armenier gehören zu den Völkern, die sich sehr früh zum Christentum bekannten, während die Aseri vornehmlich schiitische Muslime sind.

Im Februar 1988 wurde Nagorny-Karabach zu einem der beherrschenden Themen der sowjetischen Politik, und die aserbaidschanisch-armenischen Beziehungen erreichten ihren Siedepunkt. Zuerst verlangte der Regionssowjet von Nagorny-Karabach, das Gebiet, das zu 80 Prozent von Armeniern bewohnt wird, solle der Jurisdiktion der armenischen Unionsrepublik unterstellt werden. In der armenischen Hauptstadt Jerewan wurden riesige Demonstrationen zur Unterstützung dieser Forderung abgehalten, und die Spannung zwischen den Aseri und der starken armenischen Minderheit in anderen Gebieten Aserbaidschans verschärfte sich und eskalierte schließlich in interethnischen Gewaltausbrüchen. In der Industriestadt Sumgait in der Nähe von Baku kamen mindestens 32 Menschen ums Leben, 26 von ihnen Armenier, und viele Armenier wurden verletzt oder mußten die Zerstörung oder Plünderung ihrer Häuser erleben.[50] Dies führte zu armenischen Übergriffen auf Aseri in Nagorny-Karabach und in Armenien selbst und zu Migrationsbewegungen von Armeniern *und* Aseri aus Furcht vor mehr Gewalt. Die Präsenz einer großen Anzahl von aserbaidschanischen Flüchtlingen in Baku heizte die nationalistischen Leidenschaften dort noch zusätzlich an.[51]

Als sich das Verhältnis zwischen Aseri und Armeniern weiter verschlechterte, entschied das sowjetische Politbüro auf Vorschlag Gorbatschows, Ligatschow zu Gesprächen mit dem Zentralkomitee der Kommunistischen Partei Aserbaidschans nach Baku zu entsenden und gleichzeitig Jakowlew nach Jerewan, um vor dem ZK Armeniens zu sprechen. Die grundsätzlich eingenommene Haltung war – die später in teilweisem Widerspruch zum Sezessionsgesetz von April 1990 stand[52] –, daß es keine Neuziehung von nationalen oder territorialen Grenzen geben solle, da, so Ligatschow, »eine Verletzung dieses Prinzips den Weg für eine Vielzahl blutiger Konflikte eröffnen würde«[53]. Statt dessen sollte eine politische Lösung gefunden werden, in der alle legitimen Klagen bestimmter nationaler Gruppierungen Berücksichtigung finden sollten, solange sie nicht nationale Exklusivität propagierten.[54] Gorbatschows instinktive Neigung zugunsten einer Konsensfindung im Politbüro veranlaßte ihn, dem Gedanken zuzustimmen, Jakowlew von dem konservativeren Dolgich nach Jerewan begleiten zu lassen und Ligatschow in Baku den reformerischeren Rasumowski zur Seite zu stellen. Das Ergebnis entsprach nicht genau den Wünschen Gorbatschows. Ligatschow mit seiner Betonung der Unverletzlichkeit bestehender territorialer Grenzen – und ungeachtet seiner Bemerkungen über die Notwendigkeit, »den gesetzlichen Forderungen aller nationalen und ethnischen Gruppen der Bevölkerung«[55] Aufmerksamkeit zu schenken – wurde in Aserbaidschan dahingehend verstanden, als würde er im wesentlichen Partei für Aserbaidschan ergreifen, und von Jakowlew, der in seiner Rede in Jerewan die Gefahren hervorhob, die der Perestroika seitens des Konservatismus drohten, nahm man in Armenien an, er würde eher ihrer nationalen Sache Verständnis entgegenbringen.

Nach dem Scheitern von Diplomatie und Überzeugungsversuchen bei der Lösung des Konflikts suchte Gorbatschow Zuflucht in einer Direktverwaltung Nagorny-Karabachs durch Moskau. Obwohl dies nur ein befristeter Ausweg sein konnte, führte er doch zu verbesserten Bedingungen für die Bewohner der Enklave. Der ehemalige Mitarbei-

ter Andropows und Tschernenkos, Arkadi Wolski, dessen Erfahrungsbereich die industrielle Administration war und der die Abteilung des
Zentralkomitees für die Maschinenbauindustrie von 1985 bis 1988 leitete, besuchte Nagorny-Karabach in dieser Eigenschaft zum ersten
Mal im März 1988, da die dortigen Fabriken ihre Arbeit eingestellt
hatten.[56] Für ihn hatte das Gespräch mit Gorbatschow jedoch eine
große Überraschung bedeutet, besonders als Gorbatschow ihm erklärte, seine Hilfe werde in Nagorny-Karabach benötigt. Er verbrachte
zwischen Juli 1988 und November 1989 beinahe eineinhalb Jahre dort
und wurde 1989 zum Leiter einer besonderen Verwaltungskommission, deren Aufgabe es war, die Direktregierung des Territoriums
durch Moskau auszuführen. Zu den Verbesserungen, die er mit Zustimmung der Allunionsbehörden herbeiführte, gehörte die Anschaffung von armenischen Schulbüchern, der Zugang zu armenischem
Fernsehen, armenischer Geschichtsunterricht an den Schulen und die
Eröffnung eines Theaters, das Stücke in armenischer Sprache aufführte. Ende November 1989 wurde die spezielle Verwaltungsbehörde
von Moskau aufgelöst, und Aserbaidschan war wieder für die Verwaltung des Gebiets verantwortlich.[57]

Nichts von alledem beendete jedoch die Spannungen allgemein in
Aserbaidschan oder in Armenien. Die Aseri glaubten, Gorbatschow
begünstige die Armenier, und die Armenier, die Gorbatschow zunächst unterstützt hatten, nahmen an, er sei für Aserbaidschan. Überparteilichkeit kombiniert mit einigem Ärger und gelegentlicher Taktlosigkeit in seinem Umgang mit den Protagonisten führte dazu, daß
Gorbatschow von beiden Seiten angegriffen wurde. Seine Hauptsorge
aber galt der Bewahrung einer elementaren öffentlichen Ordnung und
der Vermeidung von Blutvergießen – eine beinahe unlösbare Aufgabe,
nachdem die erste Welle von Morden einmal geschehen war und Leidenschaften geweckt worden waren, aber genausowenig zu lösen
durch eine einfache und eindeutige Parteinahme zugunsten *einer*
Nation. Als eine Reihe von russischen Generälen aus dem Innenministerium von aserbaidschanischen Extremisten als Geiseln genommen
wurden, die bereit waren, die Generäle zu töten, wenn nicht fünf
inhaftierte Aseri im Austausch freigelassen würden, erteilten unterschiedliche Stellen der Moskauer Führung Wolski sich widersprechenden Rat: »Stürmen lassen. Oder verhandeln.«[58] Gorbatschow hielt an
der Position fest, Blutvergießen zu vermeiden, die sich dann auch

durchsetzte, und er sagte zu Wolski: »Halt' durch, versuche, Blutvergießen zu umgehen, bitte, versuch' es« – obwohl es, wie Wolski später
meinte, »für eine Großmacht ... ein Gesichtsverlust ist, Generäle
gegen Randalierer auszutauschen«[59].

Eine der schlimmsten Greueltaten in Baku war ein Pogrom gegen
die Armenier im Januar 1990, bei dem mindestens sechzig Menschen
getötet wurde. Das führte einige Tage später zu einer unverhältnismä-
ßigen Reaktion, die außerdem für die Armenier zu spät kam. Sie richtete sich gegen die Anhänger der Volksfront in Aserbaidschan, die
einerseits für den Tod der Armenier moralisch verantwortlich gemacht
und andererseits als eine besondere Gefahr für die Integrität des sowjetischen Staates gesehen wurden. Es gibt allerdings keinen Grund zur
Annahme, daß diejenigen, die durch das verantwortungslose Handeln
sowjetischer Truppen in Baku zu Tode kamen, für das Massaker an
den Armeniern einige Tage zuvor persönliche Verantwortung trugen. Die offizielle Bilanz dieser Vergeltungsmaßnahme waren 83 Tote,
aber aserbaidschanische Nationalisten behaupteten, mehrere hundert
Menschen seien umgekommen.[60] Die Notwendigkeit, hart gegen die
Volksfront in Aserbaidschan vorzugehen, war Gorbatschow von Jewgeni Primakow nahegelegt worden, der in der aserbaidschanischen
Hauptstadt am 14. Januar eintraf, am Tag nach dem Pogrom an den
Armeniern. Für die Brutalität des Angriffs aber waren die sowjetischen
Befehlshaber vor Ort verantwortlich.[61] Gorbatschow bedauerte zwar
die zahlreichen Todesfälle, verteidigte aber weiterhin die Verhängung
des Ausnahmezustandes über Baku als begleitende Maßnahme und
die gleichzeitige Verlegung von Truppen in die aserbaidschanische
Hauptstadt. Er vertrat die Auffassung, die Zahl der Opfer wäre noch
viel höher gewesen, wenn den Greueltaten nicht Einhalt geboten worden wäre.[62] Es gibt Umstände, erklärte er im Januar 1995, unter denen
es »notwendig ist, Truppen einzusetzen«[63]. Da diese harten Maßnahmen selbst von liberalen Intellektuellen in Rußland als eine Entgegnung auf die Verfolgung der Armenier betrachtet wurden, lösten sie
nicht dieselbe Empörung aus wie die von den sowjetischen Truppen
begangenen Morde in Tbilissi ein Jahr zuvor oder in Vilnius ein Jahr
später.

Die Tragödie von Tbilissi

Im postsowjetischen Rußland wurde Gorbatschow in zunehmendem Maße vorgeworfen, nicht *genug* Gewalt angewandt zu haben, um die Sowjetunion zusammenzuhalten. Das gewaltsame Vorgehen sowjetischer Truppen in Tbilissi im April 1989 war jedoch ein spektakuläres Beispiel dafür, wie kontraproduktiv gewaltsame Unterdrückungsmaßnahmen sein konnten. Viele junge Menschen in Georgien fühlten sich zu einer nationalistischen Bewegung hingezogen, die einerseits entschlossen war, für Georgien Autonomie von der Sowjetunion zu erlangen, andererseits aber Abchasien die Unabhängigkeit von Georgien verweigerte, die die Abchasen beanspruchten. Tausende nahmen an friedlichen Demonstrationen über mehrere Tage teil, aber in der Nacht vom 8. auf den 9. April unternahmen die sowjetischen Truppen einen brutalen Angriff auf die Protestierenden. Neunzehn Demonstranten wurden getötet und mehrere hundert verletzt.[64] Die meisten Toten waren junge Frauen, und die häufigste Todesursache war Ersticken durch Einatmen von Chemikalien, die aus Gaskanistern abgefeuert worden waren.[65] Während die örtlichen politischen und militärischen Stellen sich darauf verständigt zu haben schienen, daß keine Schußwaffen eingesetzt würden, waren die tatsächlich benutzten Waffen – Giftgas und geschärfte Spaten[66] – vielleicht noch grausamer. Das Massaker an den jungen Demonstranten löste einen Aufschrei der Empörung in der öffentlichen Meinung in Georgien aus. Der Bewegung für vollständige Unabhängigkeit Georgiens von der Sowjetunion verlieh dies enormen Auftrieb, und der Weg wurde frei für die Wahl von Swiad Gamsachurdia, einem ehemaligen Dissidenten und fanatischen Nationalisten, an die Spitze einer antikommunistischen georgischen Regierung im Jahre 1990 (von Mai 1991 an war er Präsident Georgiens). Obwohl von einer überwältigenden Mehrheit demokratisch gewählt, wurde Gamsachurdia rasch zu einem die Gesellschaft spaltenden Herrscher, der diktatorische Neigungen, »ein Gefühl von Paranoia, eine konspirative Denkweise, wütenden Antikommunismus und einen Hang zur Selbstverherrlichung« an den Tag legte.[67] Er wurde 1992 gestürzt und durch den ehemaligen sowjetischen Außenminister und früheren Ersten Sekretär der Kommunistischen Partei Georgiens Eduard Schewardnadse ersetzt.

Die Ereignisse in Tbilissi im April 1989 zeigten also, daß der Einsatz von Gewalt im neuen Klima gesteigerter Erwartungen und erhöhter Zivilcourage das Gegenteil von dem bewirken konnte, was die sowjetischen Behörden beabsichtigten. Dieses Massaker war auch Wasser auf die Mühlen der Feinde Gorbatschows im In- und Ausland, die ihn absichtlich oder aus Unwissenheit für das Massaker in der georgischen Hauptstadt verantwortlich machten. In Wirklichkeit hatte Gorbatschow »kategorisch festgelegt, daß die Situation in Tbilissi mit politischen Mitteln und durch Dialog geklärt werden müsse«[68]. Daß er diese Haltung einnahm, war lange schon offensichtlich und ist heute noch deutlicher zu erkennen. Es gibt nicht nur zahlreiches Beweismaterial in der Form von Memoiren und Interviews – darunter die Aussagen Schewardnadses und Sobtschaks[69] –, auch der Bericht des vom Kongreß der Volksdeputierten der UdSSR eingesetzten Ausschusses unter dem Vorsitz Sobtschaks und dem Sekretariat Stankjewitschs, beide Mitglieder der Interregionalen Deputiertengruppe und damit politisch enger mit Jelzin als mit Gorbatschow verbunden, richtete keine Vorwürfe gegen Gorbatschow.[70]

Gorbatschow und Schewardnadse waren spät am 7. April 1989 nach Moskau zurückgeflogen, wo sie kurz vor Mitternacht ankamen. Die letzte Etappe ihrer Reise war die von London nach Moskau gewesen, aber ihrem Besuch in Großbritannien war ein Aufenthalt in Kuba unmittelbar vorausgegangen. Am Flughafen wurden sie von einer Delegation des Politbüros empfangen, darunter Ligatschow und Tschebrikow. Obwohl Ligatschow eine *ad hoc*-Sitzung von ausgewählten Mitgliedern des Politbüros und des Sekretariats zu den Ereignissen in Georgien an jenem Tag geleitet hatte, war es Tschebrikow, der den Generalsekretär und den Außenminister über die Demonstrationen und Spannungen informierte, zu denen es während ihrer Abwesenheit in Tbilissi gekommen war.[71] Gorbatschow erklärte, wie Schewardnadse in seinen Memoiren festhält: »Was auch immer passiert, die Situation muß mit politischen Mitteln geklärt werden.«[72] Er schlug sofort vor, daß Schewardnadse und Rasumowski nach Tbilissi fliegen sollten, um sicherzustellen, daß dies auch so geschehen würde.[73] Obwohl die örtliche Führung der Kommunistischen Partei in Georgien zunehmend unpopulär wurde, besaß Schewardnadse noch immer immense Autorität, da die Georgier stolz auf seine Rolle in der Welt waren. Er war zu dieser Zeit die am besten geeignete Persönlichkeit, den toten Punkt mit friedlichen Mitteln zu überwinden. Rasumowski wurde nicht nur deshalb beauftragt, weil er ein Verbündeter Gorbatschows war, sondern auch, weil er innerhalb des ZK-Sekretariats unionsweit für Parteikader zuständig war und daher größere Autorität hatte als der georgische Erste Parteisekretär Dschumber Patiaschwili.

Unglücklicherweise sagte Patiaschwili Schewardnadse am Telefon, alles sei unter Kontrolle und es gebe absolut keinen Grund, überstürzt nach Tbilissi aufzubrechen. Da Schewardnadse gerade von einer langen Auslandsreise zurückgekehrt war und am 10. April in Berlin zu einem Treffen mit den Außenministern der Warschauer-Pakt-Staaten erwartet wurde, nahm er diese Neuigkeit zweifellos mit einiger Erleichterung auf. Am Ende reiste er nicht nach Berlin, denn nach den Ereignissen in Tbilissi in den frühen Morgenstunden des 9. April flog er schließlich doch nach Georgien – aber erst nach der Tragödie, die zu verhindern er zu spät kam. Anatoli Sobtschak vermutet, daß Schewardnadse – nicht nur, weil er Georgier war – zutiefst erschüttert und entsetzt war über die Geschehnisse und das, was hätte sein *können*. »Wenn Schewardnadse«, schreibt Sobtschak, »am 7. April in Moskau und nicht in London gewesen und in der Nacht zum 8. nach Georgien geflogen wäre, wie Gorbatschow es gesagt hatte, hätte die Schlächterei vor dem Regierungsgebäude offensichtlich vermieden werden können.«[74]

Wenn Schewardnadse am 7. April in Moskau gewesen wäre, hätte Gorbatschow ihn zweifellos an der Formulierung der Antwort auf ein Telegramm Patiaschwilis beteiligt, in dem der georgische Parteichef außergewöhnliche Maßnahmen gegen extremistische Elemente forderte und erklärte, die Ereignisse gerieten außer Kontrolle. Patiaschwili erbat explizit die Verlegung von regulären Armee-Einheiten und Truppen des Innenministeriums nach Tbilissi und die Verhängung einer Ausgangssperre.[75] In der Abwesenheit Gorbatschows und Schewardnadses jedoch stimmte die von Ligatschow geleitete Versammlung diesen Bitten zu. Ligatschow ging am 8. April in Urlaub, Gorbatschow verbrachte den Tag auf seiner Datscha, und so war es Tschebrikow, der mit Patiaschwili verhandelte. Sowohl Ligatschow als auch Tschebrikow trugen ein gewisses Maß an Verantwortung für die folgenden Ereignisse, mehr jedoch Verteidigungsminister Jasow, der entschied, General Igor Rodionow, dem besonders unerbittlichen Befehlshaber des transkaukasischen Militärbezirks, das Einsatzkommando zu übertragen.[76]

Die unmittelbare Schuld – oder die »*persönliche* Verantwortung«, wie es im Bericht des Sobtschak-Ausschusses heißt – an den brutalen Maßnahmen zur Auflösung der Demonstration und den daraus folgenden Todesfällen lag bei Rodionow und zwei weiteren Generälen, K. A. Kotschetow und Ju.T. Jefimow, die gemeinsam die Truppen vor Ort befehligten.[77] Die *politische* Hauptverantwortung, so entschied der Ausschuß, für »die tragischen Folgen der Ereignisse vom 9. April 1989 in Tbilissi tragen die ehemaligen Sekretäre der Kommunistischen Partei Georgiens, D. I. Patiaschwili und B. V. Nikolski«[78]. Als der Ausschuß Ende 1989 seinen Bericht vorlegte, waren Patiaschwili als Erster und Nikolski als Zweiter Sekretär der georgischen Partei bereits entlassen und Tschebrikow aus dem Politbüro entfernt worden. General Rodionow wurde versetzt, aber dennoch vom Verteidigungsministerium milde behandelt. Er verlor sein Kommando über die Truppen des transkaukasischen Bezirks, wurde aber zum Leiter der Militärakademie des Generalstabs der sowjetischen Streitkräfte berufen.

Sezession und Verfassung

Gorbatschow stand jedoch seiner größten Herausforderung in den baltischen Republiken gegenüber, als es um deren Forderungen nach unabhängiger Staatlichkeit ging. Die sowjetische Verfassung sah auf dem Papier für die Unionsrepubliken das Recht zur Sezession vor, was völlig ungewöhnlich für einen Bundesstaat anmutet und absolut nicht den Tatsachen und der Realität eines hochzentralisierten Einheitsstaats entsprach. Jeder Versuch, dieses Recht in Anspruch zu nehmen, wäre vor der zweiten Hälfte der achtziger Jahre gar nicht in Frage gekommen. Es gab keinen legalen Weg, einen Sezessionsprozeß in Gang zu setzen, und Forderungen danach wären als ›antisowjetische Propaganda‹ – für sich genommen bereits eine Straftat vor der Ära Gorbatschow – gebrandmarkt worden. Wenn mit dem Sezessions*recht* ernst gemacht werden sollte, dann war ein Sezessions*gesetz* vonnöten, das die Schritte regelte, die von der Führung einer Republik eingeschlagen werden mußten, die dieses Ziel anstrebte.

Ein Hinweis darauf, daß die Führung der Kommunistischen Partei die Nationalitätenfrage mit der ihr zustehenden Ernsthaftigkeit zu behandeln begann, war das verspätete Plenum des Zentralkomitees zu diesem Thema im September 1989, obwohl Gorbatschows damalige Haltung, die sowjetischen Bürger hätten »noch nicht in einer wirklichen Föderation gelebt«, nicht weit genug ging, um vor allem die Balten zufriedenzustellen.[79] Ein bedeutenderer Versuch, sich den zunehmenden Forderungen nach Unabhängigkeit, besonders seitens der Balten, zu stellen und gleichzeitig diesen Prozeß zu verlangsamen, war schließlich die Verabschiedung des Sezessionsgesetzes im April 1990. Dies löste ein Versprechen Gorbatschows ein, das er während eines dreitägigen Besuches in Litauen im Januar desselben Jahres gegeben hatte. Sein Aufenthalt trug allerdings nur unwesentlich zu einem besseren gegenseitigen Verständnis bei.[80] Zu den Bestimmungen des Gesetzes gehörte die vorgeschriebene Zustimmung von zwei Dritteln der Wähler einer Republik zu einer Sezession in einem Referendum, eine fünfjährige Übergangsperiode und schließlich die Billigung durch den sowjetischen Gesetzgeber.[81] Die Tatsache, daß nationale Untereinheiten (sogenannte autonome Republiken oder Regionen innerhalb einer Unionsrepublik), wie zum Beispiel Abchasien oder Süd-Ossetien in Georgien und Nagorny-Karabach in Aserbaidschan, das Recht erhalten sollten, die Sezession nicht mitzuvollziehen und bei entsprechenden Abstimmungsergebnissen in der UdSSR zu verbleiben, schuf die Möglichkeit eines Verlustes an Territorium einer Republik, die unabhängig werden wollte. Dies traf auch auf eine Bestimmung des Gesetzes zu, die vorsah, daß »der Status von Gebieten, die nicht [zur Republik] gehörten, als sie Teil der UdSSR wurde«, zwischen den beteiligten Parteien geregelt werden mußte. Das Präsidium des Obersten Sowjets von Belarus erklärte prompt, daß es die Rückgabe von Gebieten verlangen würde, die ehemals zu Belarus gehörten, sollte Litauen die Sowjetunion verlassen.[82] Ein Jahr später erreichten die Republiken tatsächlich ihre Unabhängigkeit nach dem enormen Stimulus des fehlgeschlagenen Putsches, ohne auch nur einen Blick auf das Sezessionsgesetz zu werfen – oder, dementsprechend, einen Verlust an Territorium in Kauf nehmen zu müssen. Für Gorbatschow aber bedeutete das Sezessionsgesetz einerseits die Anstrengung, ein in der sowjetischen Verfassung lange enthaltenes papiernes Recht mit rechtlichen Regelungen auszufüllen, und andererseits den vergeblichen Versuch, mehr Zeit dafür zu gewinnen, »die Art Sowjetunion zu schaffen, die niemand würde verlassen wollen«[83].

Das letzte, was Gorbatschow wollte, war, nach dem Verlust Ost-

europas – wie es seine innenpolitischen Feinde von ›rechts‹ sicherlich
sahen – auch noch irgendeinen Teil der Sowjetunion zu verlieren.
Seine Weigerung, Gewalt einzusetzen, um die Warschauer-Pakt-Staaten unter sowjetischer Hegemonie zu halten, hatte eine nichtkommunistische Regierung nach der anderen in Osteuropa hervorgebracht,
und der sowjetische Führer war noch immer im Amt, trotz der zunehmend schärferen Angriffe auf ihn aus Teilen der Armee und anderer
konservativer Kräfte. Und doch war er davon überzeugt, seine Zeitgenossen und zukünftige Generationen in Rußland würden ihm niemals
verzeihen, sähe er untätig zu, wie einzelne Teile der Sowjetunion
wegbrachen.[84] Soweit es die Zeitgenossen betraf, waren diese Befürchtungen nicht unangebracht. Innerhalb einer kurzen Zeit nach der Auflösung der Sowjetunion wurde Gorbatschow vor allem für die Desintegration des sowjetischen Staates kritisiert, und keineswegs immer
fair. Zum zehnten Jahrestag der Regierungsübernahme Gorbatschows
erklärte Alexander Jakowlew, obwohl dessen Verhältnis zu Gorbatschow zu diesem Zeitpunkt angespannt war: »Heute wird Michail
Sergejewitsch [Gorbatschow] für den Zerfall der Union verantwortlich gemacht. Das ist ungerecht. Er tat alles, was möglich war, um das
Land in erneuerter Form zusammenzuhalten.«[85] Gorbatschow hatte
sich darum bemüht, eine Form der Union zu erhalten, und hatte
gleichzeitig versucht, die Anwendung von Gewalt (oder deren Eskalation bei den wenigen Malen, als Truppen zum Einsatz kamen) zu vermeiden. Da er jedoch den Versuch machte, die Union intakt zu halten,
und nicht bereit war, die in der Vergangenheit angewandten brutalen
Repressionsmethoden anzuwenden, enttäuschte seine Politik unweigerlich alle diejenigen, die entweder ein absolutes Recht auf unabhängige Staatlichkeit beanspruchten oder der Überzeugung waren, alle
Mittel seien gerechtfertigt, solange sie die Einheit und Integrität des
sowjetischen Staates bewahrten. Obwohl Gorbatschow, auch nachdem er sein Amt verloren hatte, weiterhin seiner tiefen Überzeugung
Ausdruck verlieh, ein Erhalt der Union sei wünschenswert gewesen,
war er sich dennoch der sehr realen Gefahr bewußt gewesen, gestürzt
zu werden, wenn er die Staatsgrenzen, die er ererbt hatte, nicht weiterhin erhielt.

Während Gorbatschow selbst und seine Kritiker dahingehend
übereinstimmen, daß die Beschäftigung mit dem Nationalitätenproblem zu langsam einsetzte, glaubt ein Teil der Kritiker, er hätte zu

einem früheren Zeitpunkt in seiner Amtszeit einen neuen und freiwilligen Unionsvertrag anstreben sollen, und ein anderer Teil sieht das Problem darin, daß er nicht früh genug den Äußerungen des Nationalismus Einhalt gebot. In seinem Bemühen, Sezessionen zu verhindern, reagierte Gorbatschow eher auf Ereignisse, als daß er ihnen handelnd zuvorkam. Er reagierte trotzdem innerhalb der Bestimmungen der sowjetischen Verfassung, die er – anders als seine Vorgänger – ernst nahm, und er reagierte eher mit politischen Mitteln als mit gewaltsamer Repression. So stimmte zum Beispiel das Politbüro (darunter Gorbatschow, Schewardnadse und Jakowlew, aber ohne Ligatschow und Sljunkow, die nicht anwesend waren) für eine Reihe von Maßnahmen gegen die angestrebte Sezession Litauens von der Union.[86] Dazu gehörten die Sicherung des sowjetischen Besitzes auf litauischem Gebiet und Vorschläge, die Massenmedien (ein Rückfall in etwas traditionellere kommunistische Praktiken) einzusetzen, um »die wirtschaftlichen und anderen negativen Konsequenzen für die Bevölkerung Litauens« hervorzuheben, die ihrem Austritt aus der Sowjetunion folgen würden.[87]

Die Beschuldigungen im nachhinein, Gorbatschow habe die Union nicht erhalten, konzentrierten sich nur selten auf die gelegentliche Anwendung von Gewalt durch sowjetische Truppen während seiner Amtszeit – im Gegenteil: Im Mittelpunkt stand immer, er habe nicht ausreichend Gewalt angewandt, um Sezessionen zu verhindern. So veröffentlichte zum Beispiel die Zeitschrift des russischen Parlaments im Frühjahr 1995 eine Artikelserie zum zehnjährigen Jubiläum des offiziellen Starts der Perestroika während des ZK-Plenums im April 1985. Den größten Raum nahm ein Beitrag ein, der beklagte, daß Gorbatschow angesichts der Souveränitätserklärung Estlands Ende 1988 lediglich verkündete, dies widerspreche der sowjetischen Verfassung, und seinen Worten keine Gegenmaßnahmen folgen ließ.[88] Selbst Autoren, die sich dem demokratischen Lager im postsowjetischen Rußland zugehörig fühlten und so im allgemeinen auch gesehen werden, werfen Gorbatschow in zunehmendem Maße vor, nur unzureichend Zwangsmittel verwendet zu haben, um die Sowjetunion zusammenzuhalten. So griff zum Beispiel der prominente politische Beobachter Andranik Migranjan Gorbatschow während einer Veranstaltung der Gorbatschow-Stiftung anläßlich des zehnten Jahrestages des April-Plenums von 1985 direkt an. Er sagte: »Warum versuchten Sie nicht, die Auflösung aufzuhalten? Sie waren der Generalsekretär der sowjetischen Kommunistischen Partei – warum haben Sie keine Gewalt angewandt, wenn es sein mußte? Warum haben Sie nicht gesehen, daß es dazu kommen würde – Kriege überall, Flüchtlinge, Menschen ohne Heimat. Ich als Armenier kenne dies alles sehr gut.«[89] Gorbatschow reagierte darauf lediglich mit dem Satz: »Nun, Gott sei Dank, war Andranik Migranjan nicht der Generalsekretär der sowjetischen Kommunistischen Partei.«[90]

Gorbatschows ›Wende nach rechts‹

Was als Gorbatschows ›Wende nach rechts‹ bekannt geworden ist, beschreibt den Zeitraum von Oktober 1990 bis März 1991, den Winter, in dem er die Balance in seinem Führungsteam zugunsten einer konservativeren Richtung verschob – mittels Personalveränderungen und erschwerten Zugangsmöglichkeiten für diejenigen seiner Mitstreiter, die die politische und ökonomische Veränderung am stärksten befürwortet hatten. Gorbatschows eigene Darstellungen dieser Richtungsänderung haben sich in gewissem Umfang voneinander unterschieden und so das politische Klima zur Zeit seiner Erläuterungen reflektiert. Zum Beispiel sagte er in einem Interview im Herbst 1991, nach dem Augustputsch, als er noch immer das Amt des sowjetischen Präsidenten innehatte, über die politischen Ereignisse des Winters 1990/91: »... auf beiden Seiten war das Benehmen sicherlich nicht untadelig, lassen Sie es mich so formulieren« und »die demokratischen Kräfte, diejenigen, die wirklich Veränderungen wollten, fanden sich manchmal bedauerlicherweise auf verschiedenen Seiten der Barrikaden«.[91] Er habe »versucht, einen Kurs in der Mitte zu steuern«, aber seine Chance verpaßt, als er sich eindeutig für eine Seite hätte entscheiden sollen. Im Gegensatz dazu sagte er über die Zeit von April 1991 an: »Natürlich tat ich dies später, aber so ist das Leben. Man kann es sich nachher nicht mehr zurechtflicken.«[92] Später wies er die Verantwortung für die Gewaltakte der sowjetischen Truppen in Vilnius und Riga von sich, akzeptierte, daß er mehrere falsche Personalentscheidungen getroffen hatte, verteidigte aber dennoch seine Haltung, die Gesetze anzuwenden, und seinen Versuch, die Sowjetunion in diesem Winter zusammenzuhalten. Zum Zeitpunkt der Veröffentlichung seiner Memoiren im Jahre 1995 reagierte Gorbatschow zum Teil auf die nostalgischen Gefühle in Rußland für die Sowjetunion und für Ordnung, indem er sich kritisch zu vielem äußerte, was er während der Wintermonate 1990/91 getan hatte, kritischer als noch Ende 1991 in der ganz anderen politischen Atmosphäre nach dem gescheiterten Putsch der Hardliner.[93]

Für den außenstehenden Beobachter scheint es gerechtfertigt, von Gorbatschows ›Wende nach rechts‹ als einem taktischen Rückzug zu sprechen, der, angesichts des auf ihm lastenden Drucks, zwar verständlich, aber doch ein Fehler war, da er ihm weniger politische Verbündete ließ, als er zuvor gehabt hatte. Das bereits behandelte ›500-Tage-Programm‹ war von dessen Gegnern in der Regierung, der Armee, dem KGB und dem Parteiapparat – und letztlich auch von Gorbatschow selbst – als eine Bedrohung für das Weiterbestehen jeder Art von Union gesehen worden, nicht zuletzt, weil es die Allunionsbehörden um den größten Teil ihrer Steuererhebungsmacht gebracht hätte. Da Gorbatschow zu dieser Zeit die ›Linke‹ – die radikalen Demokraten und die baltischen Nationalisten – als eine unmittelbare Gefahr von gleicher Größe wie die konservative und Pro-Unions-›Rechte‹ empfand, sah er die Notwendigkeit, letzterer Zugeständnisse zu machen. Dies fiel ihm um so leichter, als er wirklich an den Erhalt der Sowjetunion, einschließlich der baltischen Staaten, glaubte, wenn auch nicht um jeden Preis. Gorbatschows fehlende Bereitschaft, die Uhr zurückzudrehen zugunsten einer Bewahrung der Union durch den Einsatz des vollständigen Repressionsapparats – gleichbedeutend mit der Zerstörung des Demokratisierungsprozesses und jedes Wandels zum Besseren in der internationalen Arena, die er mit auf den Weg gebracht hatte –, unterschied ihn von seinen Pro-Unions-Verbündeten von Ende 1990 und Anfang 1991.

Mit seiner Annäherung an konservativere Kräfte geriet Gorbatschow jedoch in Gefahr, zu deren Gefangenen zu werden, vor allem da dieser Kurswechsel zu einer weiteren Verschlechterung seiner Beziehung zu den Demokraten führte. Er glaubte nicht, daß er ein Risiko einginge, von *irgendeiner* Gruppe vereinnahmt zu werden, und in der Tat ist der von ihm im Frühjahr 1991 angestoßene ›Nowo-Ogarewo-Prozeß‹ (siehe nächster Abschnitt) ein Beispiel für seine bemerkenswerte Fähigkeit, die Fesseln zu sprengen, die ihm eine Mehrheit innerhalb der Führungsspitze des Parteistaats anzulegen suchte. In der

Zwischenzeit jedoch hatte Gorbatschow den Preis mit dem Vertrau-
ensverlust der Demokraten in seine Führung bezahlt und – von entscheidender Bedeutung – die Position als Demokrat Nr. 1 an seinen
gefährlichsten Rivalen Boris Jelzin verloren.[94]

Freilich machte der aufgestaute und intensive Druck innerhalb
einer zunehmend polarisierten Gesellschaft alle politischen Entscheidungen schwer. Bei einem Treffen mit Managern der Rüstungsindustrie und Armeeoffizieren wurde Gorbatschow heftig angegriffen. Ihre
Forderungen liefen natürlich auf eine Rückkehr zu traditionelleren
sowjetischen Normen und nicht auf mehr Demokratie hinaus. Außerdem hatte sich das Volk insgesamt bis 1990 an die Errungenschaften
der Gorbatschow-Jahre gewöhnt und betrachtete unter anderem die
Meinungs-, Versammlungs- und Pressefreiheit, die Mehrkandidatenwahlen und das Ende des Kalten Krieges als selbstverständlich. Jetzt
ging es ihnen um andere Dinge. Im Verlauf des Jahres 1990 war die
Nationalitätenfrage drängender geworden, und die wirtschaftlichen
Probleme hatten sich verschärft, als die Instrumentarien der Kommandowirtschaft ihre Wirkungskraft verloren, die der Marktwirtschaft aber noch kaum begonnen hatten, in Erscheinung zu treten.

Die vielfältige Verknüpfung zwischen den verschiedenen Aspekten
der Wandlung von der traditionellen kommunistischen Ordnung war
so komplex, daß selbst die Demokratisierung die ökonomischen
Schwierigkeiten noch verschlimmerte. Da das politische Überleben
der Provinzbeamten mehr von ihren lokalen Wählern als vom Zentrum abhing, reagierten sie zunehmend weniger auf die wirtschaftlichen Anweisungen der politischen Behörden in Moskau und horte-
ten Waren eher vor Ort, als andere Regionen oder die großen Städte zu
versorgen. Während unter der Kommandowirtschaft Moskau immer
besser versorgt wurde als die russische Provinz, waren ab 1990/91 Lebensmittel und andere Produkte in einigen Provinzstädten oft einfacher zu haben als in der Hauptstadt. Während dieser Zeit fiel Gorbatschows Beliebtheitskurve steil ab. Auch wenn Gorbatschow während
seiner Amtszeit (selbst sechseinhalb Jahre nach seiner Regierungsübernahme) niemals einen so geringen Grad an öffentlicher Unterstützung
erfuhr wie Jelzin Anfang 1995 – etwas mehr als dreieinhalb Jahre nach
dessen Wahl zum Präsidenten und etwas über drei Jahre nach dem
Zusammenbruch der Sowjetunion –, überholte Jelzin zwischen Mai
1990 und Dezember 1991 Gorbatschow in der Popularität und ließ ihn

weit hinter sich. Während im Dezember 1989 49 Prozent der Befragten in Rußland (52 Prozent in der Sowjetunion) vollkommen mit Gorbatschow einverstanden und weitere 32 Prozent (in Rußland und der
UdSSR) teilweise einverstanden waren, ging dieser Zustimmungswert
über den Sommer 1990 stark zurück und stand im Dezember 1990 bei
14 Prozent voller Unterstützung in Rußland (17 Prozent in der Union
als Ganzem) und 38 Prozent teilweiser Billigung in Rußland (39 Prozent in der UdSSR).[95] Nach dem fehlgeschlagenen Putsch führte das
bedeutendste russische Meinungsforschungsinstitut Umfragen nur in
Rußland durch, da die UdSSR bereits im Zerfall begriffen war, und die
Septemberumfrage, die letzte in der Amtszeit Gorbatschows, deutete
eine gewisse Erholung der Werte Gorbatschows an, obwohl seine
Popularität zu diesem Zeitpunkt wesentlich geringer als die Jelzins
war. Nach dem Scheitern des Augustputsches zeigte die im September
1991 durchgeführte Umfrage 18 Prozent vollständige Zustimmung zu
Gorbatschows Aktivitäten und 45 Prozent teilweises Einverständnis.[96]

Diejenigen, die sich selbst als Demokraten verstanden und in den
ersten vier oder fünf Amtsjahren Gorbatschows in seiner Führung die
wichtigste Garantie für Bewegung in Richtung Demokratie gesehen
hatten, wandten sich zunehmend von Gorbatschow ab und Jelzin zu.
Jelzins Ansichten wurden in der Zwischenzeit von seinen neuen
Freunden vom liberalen und demokratischen Flügel der Intelligenzia
beeinflußt, mit denen er vor seiner Wahl in den Kongreß der Volksdeputierten 1989 nur wenig zu tun gehabt hatte. Dementsprechend war
einer der Gründe für Gorbatschows ›Wende nach rechts‹ sein Eindruck, die ›Linke‹ habe ihn im Stich gelassen. Freilich verschärfte er
das Problem in dem Maße, wie er an die konservativeren Kräfte Zugeständnisse machen mußte und so die Entfremdung zwischen ihm und
seinen ehemaligen Anhängern größer wurde. Der taktische Rückzug
in jenem Winter der Unzufriedenheit erwies sich also als ein strategischer Fehler. Keine der beiden Seiten wurde zufriedengestellt. Gorbatschow war niemals bereit, so rücksichtslos und engstirnig in seinen
Bemühungen um den Erhalt der Union vorzugehen, wie dies eine
Mehrheit der Machtinhaber in Moskau wünschte. Viele von ihnen
waren bereits von Gorbatschow enttäuscht, bevor er im April 1991 in
das Hauptlager der Reformer zurückkehrte und seine konservativen
Kollegen noch stärker im Abseits ließ, als es die radikalen Reformer in
den vorangegangenen sechs Monaten erlebt hatten.

Ruhigstellung oder Ermutigung der Hardliner?

Dieser Zick-Zack-Kurs mag bis zu einem gewissen Grad notwendig gewesen sein, wenn man die grundsätzlichen Meinungsverschiedenheiten zwischen den Inhabern und Konkurrenten um die Macht über die ungefähren Grenzen des sowjetischen Staates und die Art von politischem und ökonomischem System, das entstehen sollte, in Betracht zieht. Genausowenig war die Ungewißheit unberechtigt, ob die Demokraten stark genug seien, sich gegen den Apparat der Sowjetmacht durchzusetzen, wenn dieser in zunehmendem Maße unabhängig von Gorbatschow agieren sollte. Indem er zu verschiedenen Zeitpunkten die Zugeständnisse an mächtige organisierte Interessen machte, die er für politisch notwendig hielt, mag Gorbatschow die Hardliner lange genug ruhiggestellt haben, um sie beinahe machtlos dastehen zu lassen, als sie sich zum Losschlagen entschlossen. Es ist also möglich zu argumentieren, daß selbst Gorbatschows ›Wende nach rechts‹ – insofern sie sowohl taktisch als auch befristet war – im Interesse einer sowjetischen Abkehr vom Kommunismus ohne gewalttätige Konfrontation zwischen den Bastionen der alten Ordnung und den Kräften des Wandels in Rußland war. Die personellen Veränderungen und politischen Kompromisse des Winters 1990/91 waren für die Hardliner jedoch eine gewisse Ermutigung, da sie zum ersten Mal bedeutende Konzessionen Gorbatschows angesichts des von ihnen ausgeübten Drucks erlebten. Der taktische Rückzug half Gorbatschow persönlich nichts, denn seine Abwendung von den Konservativen zwischen Winter und Frühling bedeutete, daß sie ihm niemals vergeben würden. Und zu diesem Zeitpunkt hatte nur noch eine Minderheit der Demokraten das warme Gefühl der Dankbarkeit für Gorbatschow, das sie während der größten Zeit seiner Regierung für ihn empfunden hatten.

Eine riskante, aber sicherlich bessere Alternative wäre gewesen, die Kommunistische Partei auf ihrem XXVIII. Parteitag im Sommer 1990 zu spalten. Tatsächlich nahm Gorbatschow an, daß es beim XXIX. Parteitag, der um einige Jahre vorgezogen worden war und im November 1991 zusammentreten sollte, zu einer Spaltung kommen würde.[97] Infolge des Putsches und des zeitweisen Verbots der Kommunistischen Partei danach fand dieser jedoch nie statt. Gorbatschow vertrat die Ansicht, daß der im wesentlichen sozialdemokratische Programmentwurf, der mit seinem vollen Einverständnis bis zum Sommer 1991 erarbeitet worden war, eine fundamentale Kluft aufgetan hätte. Eine Gruppe (von mehreren Millionen Mitgliedern, wie er glaubte) wäre bereit gewesen, dem Programm zuzustimmen, während eine andere Gruppierung ein anderes Programm verabschiedet hätte, »und dann hätte es natürlich zwei Parteien gegeben«[98]. Da die Kommunistische Partei der Sowjetunion im November 1991 nicht mehr existierte, ist es im Rückblick offensichtlich, daß Gorbatschow zu lange damit gewartet hatte, die Mitglieder der Partei dazu zu bringen, sich eindeutig zwischen einer sozialistischen Partei demokratischen Typs und einer an traditionellen kommunistischen Normen festhaltenden zu entscheiden. 1990 wäre der Zeitpunkt gewesen, eine solche Entscheidung zu erzwingen. Wenn auch Gorbatschow zwischen 1985 und 1989 im allgemeinen an der Spitze politischen Wandels stand – und bis 1988 vor allem dessen entscheidender Initiator und Wegbereiter war –, fiel er doch 1990/91 hinter das Tempo der Ereignisse zurück. Die Verschiebung der Parteispaltung – einer Trennung, die ein vielsprechender Weg gewesen wäre, ein Mehrparteiensystem einzuführen – bis Ende 1991 und bis zu einem Parteitag, der, wie sich herausstellte, nicht mehr stattfinden konnte, war eines von mehreren Beispielen für übermäßige Vorsicht in jener Phase seiner Regierungszeit, in der größerer Mut gefordert gewesen wäre.

Neben den sehr realen politischen Zwangslagen, die allerdings *jeden* Reformführer davon abgehalten hätten, politisch vollkommen konsequent zu handeln, gab es persönliche Anlagen Gorbatschows, die ihren Teil dazu beitrugen, seine Schwierigkeiten zu vergrößern. Auch wenn er zeitweise übervorsichtig war, gehörte dennoch großes Selbstvertrauen zu seinen Charaktereigenschaften. Er war davon überzeugt, sowohl alle seine Gegner ausmanövrieren als auch jede inhaltliche Auseinandersetzung für sich entscheiden zu können. Schachnasarow, ein ihm nahestehender und enger Mitarbeiter, spielte auf Gorbatschows festen Glauben an, »alle von allem überzeugen zu können«[99]. Daß er so vieles erreichte – was von den Demokraten bereits als Selbstverständlichkeit betrachtet wurde und selbst für Dissidenten bloße fünf Jahre zuvor doch nur eine ferne utopische Hoffnungen gewesen war –, machte sein übergroßes Selbstvertrauen verständlich, aber Optimismus und der Glaube an sich waren (und sind) wichtige Elemente der Persönlichkeit Gorbatschows. Wenn man die Jahre von 1985 bis 1991 insgesamt betrachtet, erwies sich dies durchaus als positiv. Ein

Führer, dem es an Selbstvertrauen oder Mut mangelte oder der eher pessimistisch war, hätte niemals die Reform des sowjetischen Systems in Angriff genommen oder es gewagt, darüber hinauszugehen und wahrhaft transformative Veränderungen vorzunehmen, als er an die Grenzen des Systems stieß.

Gorbatschow glaubte außerdem, daß die von ihm ernannten Personen ihm loyal dienen würden. Auf einige traf dies zu, auf andere nicht, wie der August 1991 in dramatischer Weise vor Augen führte. Seine Personalpolitik ist bereits in Kapitel 4 erörtert worden, wobei besondere Betonung auf seinen frühen Amtsjahren lag. In jener Zeit wurden solche Schlüsselfiguren der Reformen wie Jakowlew, Schewardnadse, Tschernjajew und Schachnasarow in Stellungen gebracht, die es ihnen ermöglichten, großen Einfluß auszuüben. Obwohl auch Persönlichkeiten mit konservativerer Grundhaltung zwischen 1985 und 1988 befördert wurden, waren dies doch personalpolitisch die besten Jahre Gorbatschows.[100] Einige seiner schlechtesten personalpolitischen Entscheidungen fielen in den Winter 1990/91. Dieses halbe Jahr war vielleicht die einzige Periode der Regierungszeit Gorbatschows, in der er ein ›Zentrist‹ in dem Sinne war, daß er eine Position einnahm, die gleich weit von den radikalen Demokraten, den Nationalisten und den Kräften innerhalb des Parteiapparats entfernt war, die eine traditionellere Ordnung wiederherstellen wollten. Davor, in seinen ersten Jahren als Generalsekretär, war er nicht nur die Hauptantriebskraft für radikale Reformen und die Figur gewesen, die 1988 entscheidende Schritte zur Abkehr von der traditionellen kommunistischen Ordnung einleitete, sondern er stand auch im Jahr 1989 und den größten Teil von 1990 ›links von der Mitte‹. Seine Position im politischen Spektrum war reformerischer als die des Parteiapparats und der Regierung insgesamt, wenn auch nicht so reformerisch wie die der neuen Radikalen, die Einlaß ins System gefunden und eine Stimme in der sowjetischen Politik erworben hatten infolge der Wahlen zu Allunions- und Republikparlamenten. Bereits vor 1990 wurde Gorbatschow häufig als ›Zentrist‹ dargestellt, obwohl dies auf einer falschen Wahrnehmung seiner Stellung innerhalb der Führung beruhte. Allerdings war ihm eine gewisse Unklarheit über seine Position nicht unrecht, da er ehrlich versuchte, einen Konsens herzustellen, sei es im Politbüro oder im Präsidialrat, und auch aus taktischen Gründen, da es ihm zum Vorteil gereichte, unparteiisch und willens zu erscheinen, sowohl den Ansichten des liberalen als auch des konservativen Flügels der Führung Gehör zu schenken.

Im Winter 1990/91 jedoch besetzte Gorbatschow wirklich die politische Mitte. Es gab Zeiten, in denen es den Anschein hatte, er stünde ›rechts von der Mitte‹, aber dieser Abschnitt seiner Führung war geprägt von einem Schlingerkurs zwischen zunehmend polarisierten politischen Kraftzentren. Abgesehen von den Monaten zwischen dem Augustputsch und dem Zusammenbruch der Sowjetunion im Dezember 1991 war dies wahrscheinlich die anstrengendste und schwierigste Zeit seiner Jahre im Kreml. Er war intensivem Druck von ›links‹ und ›rechts‹ ausgesetzt – einerseits von den radikalen Demokraten und nationalistischen Separatisten und andererseits von der Regierung, dem Parteiapparat, der Armee, dem KGB, einer konservativen Mehrheit im Obersten Sowjet und all jenen, denen die Pluralisierung der sowjetischen Politik zu weit ging und die der Meinung waren, der Gefahr der Disintegration der Union müsse entgegengewirkt werden, bevor sie alle mit ihr zugrunde gingen.

Die relativ kurzlebige Phase der Zusammenarbeit mit Jelzin, die im August begann, als Gorbatschow der Arbeit der Schatalin-Jawlinski-Gruppe am ›500-Tage-Programm‹ für einen schnellen Übergang zu einer Marktwirtschaft zustimmte, endete mit dem Rückzug Gorbatschows angesichts der erschreckenden Implikationen dieser Strategie radikalen Wandels. Nach der Kritik der Marktwirtschaftler am Regierungsprogramm Ryschkows und Abalkins und der Regierungsseite am ›500-Tage‹-Ansatz änderte Gorbatschow seine Haltung, und zwar nicht nur aus Gründen politischer Opportunität – angesichts des Widerstands der gesamten Regierung, einschließlich des Vorsitzenden des Ministerrats, der Wirtschaftsministerien, der Armee, des KGB und des größten Teils des Parteiapparats gegen den schnellen ›Übergang zur Marktwirtschaft‹ –, sondern auch, weil er sowohl von den Schwächen der Regierungsvorschläge als auch von denen des Plans der radikalen Ökonomen wirklich überzeugt war. Im Rückblick halten selbst eine Reihe von marktwirtschaftlichen Wirtschaftswissenschaftlern das ›500-Tage-Programm‹ für unrealistisch. Pawel Bunitsch, ein solcher Wissenschaftler und keineswegs gut auf Gorbatschow zu sprechen, beschrieb es 1995 als »kein Programm, sondern eine Einführungsvorlesung«. Er fügte hinzu, daß die Ergebnisse im Falle einer Verwirklichung »wahrscheinlich schlimmer als die heutige Situation« gewesen wären. Es handelte sich laut Bunitsch um eine Art marktwirtschaftliches Gegenstück zu den stalinistischen Kampagnen, »den Fünfjahresplan in drei Jahren zu erfüllen«[101]. Gorbatschow schwankte zweifellos zwischen dem Für und Wider des Programms und dem relativen politischen Gewicht der auf beiden Seiten versammelten Kräfte. Möglicherweise hat das scheinbare Übergewicht an Macht auf seiten des Staates den Ausschlag gegen das Schatalin-Jawlinski-Team gegeben. Heftiger Widerstand kam nicht nur aus der Exekutive, sondern auch aus dem Parlament, das nunmehr ein Organ war, das man nicht ohne weiteres übersehen konnte. Gorbatschow glaubte, daß das ›500-Tage-Programm‹ vom Obersten Sowjet der UdSSR nicht angenommen werden würde.[102]

Institutioneller Wandel

In der Zwischenzeit hatte der kommunistische Parteiapparat das formale Ende der führenden Rolle der Partei, das im März 1990 beschlossen wurde, nicht gerade mit Begeisterung aufgenommen. Die Zusammensetzung des Politbüros war auf dem XXVIII. Parteitag im Sommer des Jahres radikal verändert worden. Ihm gehörten nun die Ersten Sekretäre aller Parteiorganisationen der Unionsrepubliken und der neue Stellvertretende Generalsekretär Wladimir Iwaschko an, aber – anders als zuvor – nicht mehr der Vorsitzende des Ministerrats, der Außenminister, der Verteidigungsminister oder der Vorsitzende des KGB. Die Abwesenheit von Ryschkow, Schewardnadse, Jasow, Kriutschkow und auch Jakowlew, die aber alle Mitglieder des Präsidialrats waren, führte zu dem nicht unbegründeten Verdacht auf der Seite des Politbüros, das zunehmend seltener einberufen wurde, es sei bestenfalls auf den Rang einer Ersatzmannschaft zurückgestuft worden. Die Politbüromitglieder nahmen an, Gorbatschow sei eher an den Ansichten des Präsidialrats als an ihrer Meinung interessiert, obwohl der Präsidialrat nicht über die Macht und die Mittel zur Implementierung von Politik verfügte, wie das Politbüro sie noch bis vor kurzem besessen hatte. Als Nationalisten und Demokraten immer selbstbewußter auftraten und die Parteiorthodoxie sowie die Parteibürokraten zunehmend von den Medien lächerlich gemacht wurden, sah sich Gorbatschow massiven Widerständen gegenüber. Sowohl das

Militär als auch das neue Politbüro drängten ihn, ein zentralistisches Präsidialregime zu errichten und besondere Vollmachten an sich zu ziehen, die, wie deren Befürworter wußten, Gorbatschow seinen demokratischen Verbündeten noch weiter entfremden würden. Alexander Jakowlew berichtet von einer Versammlung einflußreicher regionaler Parteisekretäre in Moskau vor dem XXVIII. Parteitag, die es für besonders wichtig hielten, Gorbatschow, Jakowlew und Schewardnadse auseinanderzubringen.[103] Dies gelang ihnen zwar nicht im Sommer 1990, im folgenden Winter jedoch wurde ihr Wunsch teilweise Wirklichkeit.

Nach einer Rede vor dem Obersten Sowjet am 16. November 1990, die keinen Eindruck machte, unterbreitete Gorbatschow am folgenden Tag eine Reihe von neuen Vorschlägen, die sehr gut aufgenommen wurden. Zu ihnen gehörten die Abschaffung des Präsidialrats und die Übertragung wirklicher Macht an den Föderationsrat, in dem die Spitzen der Unionsrepubliken vertreten waren und der zu einem früheren Zeitpunkt des Jahres 1990, zur selben Zeit wie der Präsidialrat, geschaffen worden war. Mit der Zuweisung einer größeren Rolle an den Föderationsrat bei der politischen Willensbildung erhöhte Gorbatschow den Einfluß eines Gremiums, dessen Zusammensetzung nicht von ihm bestimmt wurde. Wenn auch das Politbüro ein Organ war, auf dessen Zusammensetzung er erheblichen Einfluß, über das er aber keine absolute Kontrolle hatte, so war der Präsidialrat ausschließlich seinen Wünschen entsprechend gebildet worden. Nun aber sollte er mit einem kollektiven Organ arbeiten, dessen Angehörige in den Republiken ausgewählt wurden, und in diesem Sinne wurde die Macht Gorbatschows deutlich beschnitten. Der Vorteil aber einer Arbeit durch den Föderationsrat war, daß seine Mitglieder die Macht besaßen, Politik in ihren jeweiligen Republiken umzusetzen, und dies sah nach einem gangbaren Weg aus, die Union zusammenzuhalten.

Andere wichtige Veränderungen wurden von Gorbatschow zu dieser Zeit bekanntgegeben. Darunter waren die Bildung einer neuen Regierung – ein Ministerkabinett trat an die Stelle des Ministerrats –, die Schaffung eines Sicherheitsrats, in dem die meisten der politischen Hauptpersonen, die dem Präsidialrat angehört hatten, vertreten waren – aber keine unabhängigen Intellektuellen mehr[104] –, und die Schaffung des neuen Amtes eines Vizepräsidenten. Obwohl Gorbatschow die Notwendigkeit, neue Vorschläge zu machen, nicht nur angesichts der schlechten Aufnahme seiner Rede vom 16. November im Obersten Sowjet klar wurde, sondern auch durch die offene und massive Feindseligkeit, die ihm in einer Sitzung des Politbüros am selben Tag und bei einem Treffen mit Vertretern des Militärs am 13. November entgegenschlug, besteht Gorbatschow darauf, seinen Kurs damals nicht wegen des Drucks seitens der Kommunistischen Partei geändert zu haben.[105] Diese gehäufte Kritik von verschiedenen Seiten hatte jedoch zweifellos ihre Auswirkung, aber Gorbatschow ging es vor allem darum, die Unterstützung des Obersten Sowjets nicht zu verlieren, denn er nahm die Bestimmungen der Verfassung ernst, und das Parlament war nicht mehr ein Organ, das in der Art und Weise umgangen werden konnte, wie dies nun mit der Partei möglich war – wie unangenehm auch immer dies sein mochte, solange er ihr Generalsekretär blieb.

Außerdem waren eine Reihe von Gorbatschows Vorschlägen für weitere institutionelle Veränderungen, einschließlich der möglichen Abschaffung des Präsidialrats, mit einigen seiner Berater bereits besprochen worden, und Gorbatschow hatte geplant, sie dem Kongreß der Volksdeputierten im folgenden Monat vorzulegen.[106] Tatsächlich hatte Schachnasarow Gorbatschow gedrängt, diese Vorschläge bereits in seine Rede vom 16. November aufzunehmen, aber »andere sagten, es gäbe keinen Grund zur Eile«[107]. Als Gorbatschow »fühlte, daß seine Rede schlecht aufgenommen wurde«, entschloß er sich, etwas zeitlich vorzuziehen, das »wir bereits kannten«.[108] Es war eine kurzfristige Entscheidung in dem Sinne, daß Gorbatschow den Zeitpunkt seiner Ankündigung nach einer Neueinschätzung der politischen Stimmung veränderte, die Ideen jedoch waren nicht so plötzlich entstanden.[109] Schachnasarow selbst gehörte zu den Befürwortern einer Abschaffung des Präsidialrats, denn dieser sei »ein zwitterartiges Konstrukt«, dessen Zusammensetzung »eher eklektisch« sei und der »von Anfang an nicht funktionierte«.[110]

Alexander Jakowlew hingegen wurde von der plötzlichen Abschaffung des Präsidialrates, dem er angehörte, überrascht; dessen Ende ließ ihn ohne eine offizielle Stellung, abgesehen von seiner eher amorphen Position als Berater des Präsidenten. In dieser Eigenschaft behielt er jedoch sein Büro im Kreml. Jakowlew sagte, er habe die Abschaffung des Präsidialrats für einen Fehler gehalten, da er »bereits wirklich zu funktionieren« begonnen und das Land nahe an die Einführung einer

Marktwirtschaft gebracht habe.[111] Ein Grund dafür, daß Jakowlew von der Abschaffung des Präsidialrats überrascht wurde, war allerdings die zunehmende politische Meinungsverschiedenheit zwischen ihm und Gorbatschow, vor allem in der Frage des ›500-Tage-Programms‹, zu dessen begeisterten Anhängern Jakowlew weiterhin gehörte. Dies hatte zur Folge, daß er von Gorbatschow im Winter 1990/91 seltener konsultiert wurde als zuvor. Als sich Gorbatschow von den Schatalin-Jawlinski-Vorschlägen zurückzog, distanzierte er sich auch ein Stück weit von Jakowlew.[112] Sie sollten politisch nie mehr so eng verbunden sein wie in den ersten Regierungsjahren Gorbatschows, obwohl Jakowlew einiges an Gewicht zurückgewann, nachdem Gorbatschow seinen kaum überzeugenden Flirt mit den konservativen Kräften am Ende des Winters beendete.

Personalveränderungen

In der Zwischenzeit jedoch hatte Gorbatschow wichtige Verbündete verloren und äußerst zweifelhafte neue gewonnen. Er gab dem Druck nach, den liberalen Innenminister Wadim Bakatin zu entlassen, trotz seiner Bewunderung für ihn als Politiker. Seine Wertschätzung Bakatins spiegelte sich in dessen Berufung in den neu geschaffenen Sicherheitsrat, auch wenn er nicht länger ein Ministeramt innehatte. Nachfolger Bakatins wurde Boris Pugo, ein relativer Hardliner aus Lettland, der zu verschiedenen Zeiten an der Spitze des lettischen Komsomol, des KGB und der Kommunistischen Partei gestanden hatte. Der genauso traditionalistische ehemalige Befehlshaber der sowjetischen Truppen in Afghanistan, General Boris Gromow (der jedoch, anders als Pugo, wenigstens so vernünftig war, sich nicht völlig den Putschisten vom August 1991 anzuschließen), wurde Erster Stellvertretender Innenminister. Dies war eine Reaktion auf die weithin erhobenen Forderungen nach entschiedenen Maßnahmen gegen die Kriminalität und die Wiederherstellung der öffentlichen Ordnung.

Das neue Amt des Vizepräsidenten ging an Gennadi Janajew, der aus dem Komsomol und der offiziellen sowjetischen Gewerkschaftsbewegung stammte. Gorbatschow kannte ihn nicht gut, unterstützte ihn aber aus dem Grund, weil er in ihm einen verläßlichen Untergebenen sah. Er glaubte auch, daß Janajew, weil er eben keinen reformerischen Ruf genoß, bei der Neutralisierung von Gorbatschows Gegnern von ›rechts‹ hilfreich sein würde. Dies sollte sich als eine schwerwiegende Fehleinschätzung erweisen, wie auch die am 3. Januar 1991 nach einer Sitzung des Föderationsrates verkündete Entscheidung, Janajew den Vorsitz einer Gruppe zu übertragen, die für die Nominierung der Mitglieder des neuen Ministerkabinetts zuständig war.[113] Kurz darauf wurde Valentin Pawlow, der als Finanzminister alles getan hatte, um die Arbeit der Schatalin-Jawlinski-Gruppe zu sabotieren, indem er ihnen grundlegende Informationen über die Ausgaben der Regierung vorenthielt[114], zum Nachfolger Nikolai Ryschkows als Ministerpräsident ernannt. Möglicherweise schenkte Gorbatschow Janajews Ansichten wohl doch Gehör, er konsultierte allerdings sehr viele Persönlichkeiten, ohne deren Rat dann notwendigerweise anzunehmen. Zu denjenigen, mit denen Gorbatschow das Gespräch suchte, gehörte Ryschkow, der dabei war, sich von seiner Entlassung als Chef der vorherigen Regierung und von einem Herzinfarkt zu erholen. Ryschkow vertrat die herkömmliche Ansicht, Pawlow sei ein guter Finanzexperte. Aber obwohl er sich nicht ganz so negativ über ihn äußerte wie über Oleg Baklanow, einen weiteren möglichen Kandidaten für das Amt des Ministerpräsidenten (und Vertreter des militärisch-industriellen Komplexes, der, wie auch Pawlow, später zu den Putschisten vom August 1991 gehören sollte), zeigte sich Ryschkow doch alles andere als begeistert und verwies auf Pawlows mangelndes Wissen über die Industrie und auf die Tatsache, daß er ein starker Trinker war.[115]

Ein Politiker, dessen Stimme größeres Gewicht gehabt haben könnte, denn sein Einfluß bei Gorbatschow erreichte seinen Höhepunkt in diesen Wintermonaten, als der sowjetische Präsident sich im Zentrum des sowjetischen politischen Spektrums neu etablierte und sich darüber zum Teil seinem reformerischen Team entfremdete, war sein früherer Kollege im Komsomol der Moskauer Universität, Anatoli Lukjanow.[116] Als Vorsitzender des Obersten Sowjets verfügte Lukjanow nun über eine eigene Hausmacht und nutzte sie in Kombination mit dem Vorteil, Gorbatschow seit ihren gemeinsamen Studentenjahren gekannt zu haben, um seine Ansichten durchzusetzen. Dazu gehörte sein entschlossenes Streben, die bestehenden Grenzen der Sowjetunion zu erhalten. Im Obersten Sowjet war Lukjanow der Sojus-Gruppe (Unionsgruppe) immer wieder gefällig gewesen – der 600 Köpfe zählenden Fraktion, die zusammengefunden hatte, um die territoriale Integrität der Sowjetunion, häufig mit extremistischen Formulierungen, zu verteidigen. In einem Gespräch im kleinen Kreis im November 1990 wischte Gorbatschow die implizite Kritik seines Mitarbeiters Nikolai Petrakow an Lukjanow mit der Bemerkung vom Tisch »Ich brauche keine Berater, die mich einseitig informieren« und fügte hinzu, Lukjanow »berichtet immer nur die Wahrheit«.[117] (Am Ende des Jahres trat Petrakow aus eigenem Entschluß zurück – Gorbatschow versuchte ihn zu halten –, kehrte aber in beratender Tätigkeit nach dem Zusammenbruch des Augustputsches in Gorbatschows Team zurück.)

Lukjanows Beteiligung geht aus der Erklärung Gorbatschows hervor, die Frage des neuen Ministerpräsidenten sei »lange im Föderationsrat *und im Präsidium des Obersten Sowjets der UdSSR*« (meine Hervorhebung) diskutiert worden, und danach sei beschlossen worden, die Kandidatur Pawlows dem Plenum des Obersten Sowjets zu unterbreiten.[118] In seinem Bemühen, so viele Republiken wie möglich hinter seine Entscheidung für einen Ministerpräsidenten zu bringen, hatte Gorbatschow sich auch mit dem Föderationsrat über die Hauptkandidaten beraten. Zu diesem Kreis gehörte, wie Gorbatschow dem Obersten Sowjet am 14. Januar mitteilte, neben Pawlow und Baklanow auch Juri Masljukow, dessen Erfahrungsgebiet, wie auch das Baklanows, in der Rüstungsindustrie lag.[119] Obwohl in den Beratungen des Föderationsrats auch »kritische Bewertungen« zur Sprache kamen, war Pawlow dennoch ihre Wahl »auf der Grundlage eines großen Zustimmungsgrades«.[120]

Schewardnadses Rücktritt

Die Beförderungen und Degradierungen des Winters 1990/91 verringerten zweifellos das Gewicht der engagierten ›Neuen Denker‹ in Gorbatschows Team. Der dramatischste und die Öffentlichkeit am meisten beeindruckende Verlust eines Reformers war der Rücktritt Eduard Schewardnadses vom Amt des Außenministers am 20. Dezember 1990. Wie Schewardnadse in seinen Memoiren deutlich macht, hatte er über viele Jahre hinweg ein hervorragendes Verhältnis zu Gorbatschow, und sie sprachen – mit für Parteifunktionäre vor 1985 ungewöhnlicher Offenheit – über viele der Absurditäten des sowjetischen

Lebens.[121] Von 1985 an war Schewardnadse ein erfolgreicher Ausfüh-
render der im wesentlichen von Gorbatschow bestimmten Außenpolitik gewesen. Daß er mit Gorbatschow einer Meinung war, war
genauso bedeutend wie seine Gabe, Vertrauensbeziehungen zu seinen
westlichen Kollegen herzustellen. In der Zeit unmittelbar vor seinem
Rücktritt hatte Schewardnadse jedoch (wie in Kapitel 7 angemerkt)
deutlicher als Gorbatschow die amerikanische Bereitschaft unterstützt, Gewalt gegen den Irak anzuwenden, nachdem dessen Truppen
in Kuwait einmarschiert waren. Im allgemeinen war er der Ansicht,
Gorbatschow habe ihn vom Sommer 1990 an zu zögerlich gegen die
Angriffe der Hardliner in der Sowjetunion verteidigt, obwohl Gorbatschow selbst zu diesem Zeitpunkt mit zunehmender Häufigkeit
namentlich kritisiert wurde. In seiner Rede vor dem Vierten Kongreß
der Volksdeputierten der UdSSR, in der er seinen Rücktritt als Außenminister bekanntgab, beschuldigte Schewardnadse, ohne Namen zu
nennen, zwei Deputierte aus Militärkreisen (er dachte an die Obersten
Viktor Alksnis und Nikolai Petruschenko), mit der erfolgreichen Entfernung des Innenministers Bakatin geprahlt und hinzugefügt zu
haben: »... und die Zeit ist gekommen, die Rechnung mit dem
Außenminister zu begleichen.«[122] Schewardnadses Beziehungen zum
sowjetischen Militär waren noch schlechter als die Gorbatschows. Es
verärgerte ihn, daß das Verteidigungsministerium in einer Art und
Weise agierte, die manchmal dem Geist der Übereinkünfte zuwiderliefen, die er mit seinen westlichen Partnern erreicht hatte, und vor
allem, daß er davon erst aus westlichen Quellen erfuhr.[123]

Schewardnadses Rede war eine Geste allgemeinen Protestes gegen
das Erstarken der konservativen Kräfte und deren Bemühungen gegen
die Außen- und Innenpolitik Gorbatschows. Er bezog sich dabei nicht
nur auf die massive Kritik an seiner Person, sondern auch auf die
zunehmenden Angriffe auf die »Gorbatschow-Clique«. Er warf den
Demokraten vor, sich »zerstreut« und damit den Weg für eine kom-
mende Diktatur freigemacht zu haben. Schewardnadse sagte, niemand wisse, welche Form diese Diktatur annehmen oder wer der Diktator sein würde, und verkündete seinen Rücktritt mit den Worten:
»... lassen Sie dies meinen Beitrag sein, wenn Sie wollen, meinen Protest gegen den Beginn der Diktatur.«[124] Die Rede war eine Sensation
in der Sowjetunion wie auch im Ausland und schärfte weltweit das
Bewußtsein für die Möglichkeit einer Rücknahme der tiefgreifenden

Veränderungen, zu denen es im Verlaufe der vorangegangenen Jahre gekommen war. Für Gorbatschow kam Schewardnadses Rücktrittsankündigung vollkommen unerwartet, und es schmerzte ihn zutiefst, daß Schewardnadse zuvor nicht mit ihm gesprochen hatte.[125] Obwohl von diesem überraschenden Schlag getroffen, ergriff er doch die frühestmögliche Gelegenheit zu einem Gespräch mit Schewardnadse und überzeugte ihn tatsächlich davon, die Geschäfte des Außenministers einen Monat lang weiterzuführen bis zur Ernennung seines Nachfolgers, des Karrierediplomaten Bessmertnich. Als Gorbatschow am 26. Januar 1991 zur Amtseinführung des neuen Ministers ins Außenministerium kam, würdigte er die Verdienste des anwesenden Schewardnadse mit großer Wärme. Der Satz, der Schewardnadse am meisten bedeutete, lautete: »Er war immer an meiner Seite, mein engster Kamerad in all den schwierigen Situationen und vor allem im Moment der Entscheidung.«[126] *Die Entscheidung* beider, eine neue Richtung einzuschlagen, war ihnen am wichtigsten, selbst zu einem Zeitpunkt, als Gorbatschow versuchte, (in den treffenden Worten Jelzins) ›das Unversöhnliche zu versöhnen‹, und zwischen einander entgegengesetzten politischen Kräften manövrierte.

Zusätzlich zu den von Schewardnadse angegeben Gründen für seinen Rücktritt mag er auch gefürchtet haben, Gorbatschow würde – ungeachtet seiner hohen Wertschätzung für ihn – die Initiative ergreifen und ihn vom Außenministerium auf einen anderen Posten versetzen. Schewardnadse wurde in einigen von Gorbatschow geführten Gesprächen im Jahre 1990 als ein möglicher Ministerpräsident oder Vizepräsident der Sowjetunion genannt. Seine diplomatischen Fähigkeiten sowie seine georgische Nationalität eröffneten die Aussicht auf eine Förderung der Harmonie zwischen Völkern *innerhalb* der Sowjetunion, wie er sie so erfolgreich außerhalb betrieben hatte. Im Winter 1990/91 war ein Angebot an Schewardnadse, Ministerpräsident zu werden, im Unterschied zur Vizepräsidentschaft – einem in der tagtäglichen Routine weniger mächtigen Amt –, unwahrscheinlich geworden. Er wäre auf den erbitterten Widerstand des sowjetischen Establishments gestoßen. Ihn allerdings vom Außenministerium auf einen weniger einflußreichen Posten zu versetzen hätte auf den ersten Blick den Vorteil gehabt, die sowjetischen Konservativen etwas zu besänftigen. Schewardnadse mag daher, neben den wirklichen Gründen, die er für seinen Rücktritt nannte, auch vom Wunsch beeinflußt gewesen sein, selbst den ersten Schritt zu tun. Er protestierte nicht nur gegen die wachsende Stärke und das zunehmende Selbstbewußtsein der Hardliner, sondern auch implizit gegen Gorbatschows Versuch, ihnen entgegenzukommen, wie in verschiedentlichen Personalveränderungen und ganz allgemein in der Einnahme einer zentristischen Position Gorbatschows zwischen ihnen und den Demokraten deutlich wurde.

Bald nachdem Schewardnadse aus dem Amt geschieden war, verglich er den früheren Gorbatschow mit dem des Winters 1990/91. Er brachte sein Verständnis dafür zum Ausdruck, daß Gorbatschow nicht wie früher »seine Meinung sagte« – »ein Politiker muß die tatsächliche Situation und das Kräftegleichgewicht einschätzen«. Schewardnadse stellte dennoch fest, daß Gorbatschow »damals in den frühen Tagen der Perestroika zwar die Existenz einer Opposition wahrnahm, aber keine Angst hatte, gegen den Strom zu schwimmen. Er wandte sich an das Volk und fand dessen Unterstützung. Um so mutiger zimmerte er das Glaubensbekenntnis des Neuen Denkens und setzte es in die Tat um.« [127] Nun aber, so Schewardnadse, »blieb der erfahrene Debattierer, der die Partei und das Land davon überzeugt hatte, daß Demokratie und Innovation lebenswichtig waren, stumm«, obwohl, wie Schewardnadse an anderer Stelle bemerkt, »ich nicht für einen Moment vergaß, wie kompliziert [Gorbatschows] Position war und wie widersprüchlich und vielschichtig der Druck, unter dem er stand«. [128]

Blutvergießen im Baltikum

Der Versuch der konservativen Kräfte im sowjetischen System, die seit 1988 in Gang gekommenen Veränderungen rückgängig zu machen und Gorbatschow zu einer allgemeinen Unterdrückung aller Formen des Nationalismus zu zwingen, nahmen 1991 eine bedrohlichere Gestalt an und verliehen den Warnungen Schewardnadses vor einer heraufziehenden Diktatur größere Glaubwürdigkeit. Vielfach setzten örtliche Kommandeure mit Unterstützung einiger ihrer Moskauer Vorgesetzten übermäßige Gewalt ein, und zwar genau in der Absicht, den Konflikt zu verschärfen, Gorbatschow in den Augen der Demokraten und seiner Anhänger im Westen zu diskreditieren und ihn dazu zu bringen, die baltischen Staaten der präsidialen Direktregierung zu

unterstellen. Eine solche Direktverwaltung gehörte zu den Möglichkeiten, die Gorbatschow in Betracht gezogen hatte – und in seiner
Rede am 10. Januar den Litauern warnend in Aussicht stellte –, aber
tatsächlich niemals verwirklichte. Boldin hatte sein Möglichstes getan,
mit seiner einseitigen Informationspolitik dies herbeizuführen. Er veranlaßte, daß stapelweise Telegramme und Briefe von in Lettland, Litauen und Estland lebenden Russen, wie auch von Arbeitskollektiven
und Organisationen in ganz Rußland, mit Berichten von Repressalien
gegen Russen im Baltikum und Warnungen vor einem Bürgerkrieg,
falls die Ordnung nicht rasch wiederhergestellt würde, tagtäglich auf
Gorbatschows Schreibtisch landeten.[129] In einer Rede vor dem Obersten Sowjet am 14. Januar, die ausschließlich Litauen gewidmet und
getrennt war von seiner Nominierung Pawlows zum Ministerpräsidenten, sprach Gorbatschow von der nicht abreißenden Telegramm-
flut, besonders »in den letzten Tagen«, mit der Klage darüber, daß er
die Präsidialregierung nicht errichtet habe.[130] Lukjanow, der die Sitzung leitete, unterbrach Gorbatschow mit der Mitteilung, auch der
Oberste Sowjet habe »Tausende von Telegrammen« erhalten.[131]

Von den vielen gewaltsamen Maßnahmen gegen die Balten lösten
die Ereignisse der Nacht vom 12. auf den 13. Januar 1991, in der vierzehn Menschen getötet und weit mehr verwundet wurden, als sowjetische Truppen die Fersehstation in Vilnius stürmten, den größten Aufschrei aus. Ein bedeutender Teil der sowjetischen Medien kritisierte
das Vorgehen aus einer liberalen Perspektive, und zu einer Großdemonstration in Moskau am 20. Januar gegen die Unterdrückung der
baltischen Republiken versammelten sich schätzungsweise 100.000
Menschen. Gorbatschow hatte mit Warnungen und verbaler Ein-
schüchterung versucht, die Litauer und andere baltische Nationalisten in den legalen Sezessionsprozeß einzubinden, dessen gesetzliche
Grundlage ein Jahr zuvor verabschiedet worden war. Die Reaktion der
Balten darauf war ihr Hinweis, sie seien gegen ihren Willen in die
UdSSR eingegliedert worden und daher nicht verpflichtet, um Erlaubnis nachzusuchen, bevor sie die Sowjetunion verließen. Die Litauer
hatten freilich für den größten Teil von fünf Jahrzehnten die sowjetischen Gesetze befolgt, bis es nach einigen Jahren der Regierungszeit
Gorbatschows so schien, als würden die Sanktionen bei einer Mißachtung dieser Gesetze viel weniger schwer sein als noch in jüngster Vergangenheit.

Gorbatschows eigene Rhetorik während dieser Zeit war allerdings häufig ein Rückfall in frühere Zeiten. So sprach er am 10. Januar von einem Versuch in Litauen, »die Ordnung der Bourgeoisie wiederherzustellen«, was im Zusammenhang mit der von ihm geleiteten Pluralisierung der Politik keinen Sinn ergab[132] und eine Geste an die konservativen Kräfte war, die er in einer zunehmend zerbrechlichen und unbeherrschbaren Koalition zu halten suchte. All die großen Regimenter (im wörtlichen Sinne) drängten ihn, dem Erhalt der Union Priorität einzuräumen. Für ihn hatte diese Aufgabe ebenfalls einen äußerst hohen Stellenwert, allerdings mit dem Unterschied, daß er sie *ohne* den Rückgriff auf Gewalt und *mit* der Achtung der Gesetze erfüllen wollte. Schachnasarow berichtet von einem Gespräch mit Gorbatschow am 5. Oktober 1990, in dem Gorbatschow von einem nicht lange zurückliegenden Treffen mit »einem Führer unserer *afgantsy*« (sowjetische Veteranen des Afghanistankrieges) erzählte. Von ihm sei Gorbatschow mitgeteilt worden, er müsse alle nötigen Mittel einsetzen, um Ordnung zu schaffen, dann könne er auf die Unterstützung der Armee rechnen. Gorbatschow entgegnete: »Das ist nicht meine Absicht. Wir werden einen anderen Weg gehen.«[133]

Die Morde in Vilnius – bei denen sowohl General Valentin Warennikow, der einer der Führer des Putschversuchs im August 1991 werden sollte, und General Viktor Atschalow, ebenfalls später aktiver Putschist gegen Gorbatschow und gegen Jelzin im Oktober 1993, eine bedeutende Rolle gespielt zu haben scheinen[134] – geschahen nicht nur gegen den Willen Gorbatschows, sondern waren, wie auch ein späteres Massaker in Riga, gedacht als der Anfang eines generellen ›Aufräumens‹ in der Sowjetunion.[135] Diejenigen, die bereit waren, bei der Amtsenthebung Gorbatschows nicht verfassungskonform vorzugehen, waren durchaus auch fähig, unautorisierte Gewalt gegen nationalistische Separatisten einige Monate vorher anzuwenden. Die unaufhörlichen Bemühungen konservativer Kräfte um Einfluß auf Gorbatschow und die Versuche, ihn von den liberal gesonnenen Mitgliedern seiner Umgebung zu isolieren, gingen weiter. Es wurden Anstrengungen unternommen, Gorbatschow zu überzeugen, seinen Pressesprecher, Witali Ignatenko (der später herausfand, daß sein Telefon während dieser Monate abgehört wurde), zu entlassen – aber Gorbatschow nahm ihn in Schutz und hielt ihn im Amt.[136]

Der Tag, an dem die Spannungen in Vilnius ihren Höhepunkt

erreichten, war der 13. Januar, ein Sonntag. Als der litauische Präsident, Witautas Landsbergis, versuchte, Gorbatschow telefonisch zu erreichen, um mit ihm über die Morde der vergangenen Nacht zu sprechen, wurde er nicht nur zu Gorbatschows Datscha nicht durchgestellt, sondern Gorbatschow noch nicht einmal informiert, daß er angerufen hatte.[137] Tatsächlich gab man an Gorbatschow an jenem Tag die irreführende Information weiter, es sei in Vilnius zu »einigen Unruhen« gekommen, die von den »Nationalisten als Provokation organisiert« worden seien.[138] Die Morde in Vilnius schadeten – wie beabsichtigt[139] – Gorbatschow sofort bei seinen verbliebenen demokratischen Anhängern, und viele Liberale in seiner Umgebung, darunter Tschernjajew und Ignatenko, zogen ihren Rücktritt in Betracht.[140]

Tschernjajew, der Gorbatschow fünf Jahre lang gute Dienste als Mitarbeiter und außenpolitischer Berater geleistet hatte, ging so weit, dem sowjetischen Präsidenten einen Brief zu schreiben, in dem er die jüngsten Ereignisse verurteilte und von seinem Posten zurücktrat. Er schloß mit den Worten, daß er – im Gegensatz zu seinem Wirken in der Internationalen Abteilung des Zentralkomitees unter Breschnew und Tschernenko – niemals seit dem Beginn seiner Arbeit mit Gorbatschow »unerträgliche Scham angesichts der Politik der sowjetischen Führung« gefühlt habe, und fügte hinzu: »Aber ach! Dies ist nun geschehen.«[141] Obwohl es Tschernjajew schwerfiel, diesen Bruch mit Gorbatschow zu vollziehen, scheint es, als wäre es dazu gekommen, wenn seine Sekretärin und Assistentin Tamara Alexandrowa sich dem nicht widersetzt hätte. Sie verlangte zu erfahren, welchen Nutzen Tschernjajew in seinem Rücktritt zu sehen glaubte, wie er überhaupt daran denken könne, Gorbatschow in einem solchen Augenblick zu verlassen und zu beleidigen, »und so weiter in diesem Sinne«[142]. Sie weigerte sich, den langen Brief zu tippen, an dem Tschernjajew arbeitete (und der dreieinhalb kleingedruckte Seiten in seinen Memoiren einnimmt).[143] Als Tschernjajew begann, den Brief mit der Hand zu schreiben, gab Tamara Alexandrowa scheinbar nach. Sie tippte den Brief, aber verschloß ihn danach in ihrem Safe. Am nächsten Tag erschien sie nicht zur Arbeit, und Tschernjajew fand sich damit ab, noch etwas zu warten, bevor er seinen Protest und Rücktritt Gorbatschow zustellen konnte. Tamara Alexandrowa jedoch blieb eine ganze Woche der Arbeit fern, und danach war Tschernjajew zu der Überzeugung gelangt, daß sie recht hatte![144]

Die Kritik an Gorbatschows härterer Linie und überspannter Rhetorik gegenüber den Litauern in den Tagen vor dem Massaker und an seiner verspäteten öffentlichen Verurteilung der Morde, als sie denn einmal geschehen waren, ist nicht unberechtigt. Allerdings gibt es einige Hinweise darauf, daß die Ereignisse Gorbatschow schockierten und erbitterten.[145] Und doch vermied er es in seiner Rede vor dem Obersten Sowjet, über die Geschehnisse von Vilnius offen zu sprechen und die Gewalt seitens der Staatsorgane direkt zu verurteilen, was unter den Liberalen in seinem Team wie in der Gesellschaft allgemein große Enttäuschung auslöste. Alexander Jakowlew, der nach den Morden von Vilnius aus dem Urlaub in sein Büro im Kreml zurückkehrte, gehörte zu denjenigen, die sagten, dies sei nicht der Moment, um Gorbatschow zu verlassen.[146] Jakowlew, Bakatin, Primakow, Tschernjajew, Schachnasarow und Ignatenko hielten eine Reihe von Besprechungen ab, in denen sie zu dem Schluß kamen, die optimale Lösung dieser politischen Krise für Gorbatschow sei es, nach Litauen zu fliegen, Landsbergis zu treffen und sich ausdrücklich von der Gewalt zu distanzieren.[147] Sie unterbreiteten ihren Vorschlag Gorbatschow persönlich, der ihrer Idee zustimmte und sie bat, die entsprechenden Vorbereitungen zu treffen. Ignatenko und Jakowlew waren überzeugt, sie würden am folgenden Tag nach Vilnius fliegen.

Dazu kam es nicht. Diejenigen, die die Konfrontation mit den Litauern gesucht hatten, besaßen einen Verbündeten und Zuarbeiter in Juri Plechanow, dem Leiter des Neunten Direktorats des KGB, das für die persönliche Sicherheit der sowjetischen Führung verantwortlich war, und in Plechanows Chef Kriutschkow. An dem Tag, an dem die progressivsten Mitglieder seiner Umgebung erwarteten, daß Gorbatschow nach Vilnius flog, teilte Gorbatschow Ignatenko mit, daß er die Reise zum gegenwärtigen Zeitpunkt nicht antreten werde, und erklärte: »Eine Reihe von Genossen ist dagegen, weil es unmöglich ist, die Sicherheit des Präsidenten zu garantieren.«[148] Ignatenko glaubte, Gorbatschow sei verpflichtet gewesen, auf die Meinung derjenigen zu hören, denen seine persönliche Sicherheit anvertraut war, aber das war möglicherweise nicht der einzige Grund für seinen Sinneswandel. In diesem Augenblick nach Vilnius zu reisen hätte bedeutet, erneut Partei zu ergreifen, während Gorbatschow versuchte, einen Kurs der Mitte zu steuern. Es wäre einer Zurückweisung der Sichtweise der Armee, des KGB, des Innenministeriums, der Regierung und natürlich der meisten führenden Persönlichkeiten der KPdSU gleichgekommen. Zwar beklagte Gorbatschow die Todesfälle, wich aber davor zurück, die sowjetische Armee oder die Truppen des Innenministeriums *öffentlich* als die Verantwortlichen zu benennen – aus Angst, genau die Vertreter der Machtstrukturen noch weiter zu verärgern, die er zu besänftigen versucht hatte. Über diese Woche in der sowjetischen Politik reflektierte Ignatenko etwas über ein Jahr später und sagt, Gorbatschow sei zweifellos nicht an der Entscheidung beteiligt gewesen, Panzer und Streitkräfte in Vilnius einzusetzen, habe aber nicht entschieden genug nach den Morden gehandelt und die Verantwortlichen nicht entlassen.[149]

Diejenigen, die entschlossen waren, Gorbatschow auf die Seite einer gewaltsamen Unterdrückung aller Formen des Nationalismus zu ziehen oder, noch besser, ihn so zu diskreditieren und seine Präsidentschaft derart zu destabilisieren, daß er gezwungen sein würde, denen Platz zu machen, die zur Anwednung von Gewalt bereit waren, schlugen erneut in der Nacht vom 20. auf den 21. Januar zu – diesmal in Lettland. In Riga töteten OMON-Verbände (die Sondertruppen des Innenministeriums) vier Menschen.[150] In einer Pressekonferenz am 22. Januar sagte Gorbatschow einiges, was besser eine Woche zuvor schon gesagt worden wäre, darunter auch Beileidsbezeugungen an die von »der tragischen Wendung der Konfrontation in Litauen und in den letzten Tagen in Riga« betroffenen Familien. Gorbatschow weiter: »Die Entwicklungen in Vilnius und Riga sind ganz sicherlich kein Ausdruck des von der Präsidialmacht eingeschlagenen Kurses, noch wurde sie zu diesem Zweck eingerichtet. Deshalb weise ich entschieden alle Spekulationen, Verdächtigungen und üble Nachrede in dieser Angelegenheit zurück.«[151] Gleichzeitig bestätigte Gorbatschow »das verfassungsmäßige Recht einer Republik auf Sezession von der Union«, fügte jedoch hinzu, daß »wir weder Unmäßigkeit noch Eigenmächtigkeit in dieser Sache erlauben können, auch nicht von gewählten Körperschaften«. Zu einer Sezession könne es nur in Übereinstimmung mit der sowjetischen Verfassung und auf der Grundlage eines Referendums und des in der sowjetischen Gesetzgebung vorgesehenen Prozesses kommen.[152]

Der Umstand, daß jede dieser Tragödien nur einen Tag lang andauerte und Gorbatschow die Gewalt beendete, sobald er ihrer gewahr wurde, unterscheidet sein Verhalten deutlich von der unmittelbaren

Verantwortung Jelzins im postsowjetischen Rußland, als dieser mona-
telang einen rücksichtslosen inneren Krieg gegen die am selbstbewuß-
testen nach Unabhängigkeit strebende Republik der Russischen Föderation führte: Tschetschenien. Seit Kriegsbeginn im Dezember 1994
mußte in Tschetschenien eine Anzahl von Opfern beklagt werden,
die weit über die Gesamtzahl aller Opfer der sowjetischen Armee
und der Truppen des Innenministeriums in allen Sowjetrepubliken
während der gesamten Ära Gorbatschow hinausgeht.[153] Und doch
schwebte Gorbatschow in größerer Gefahr, gestürzt zu werden, falls er
die unilaterale Sezession sowjetischer Republiken nicht verhinderte,
als Jelzin drei oder vier Jahre später. Obwohl Gorbatschow dies nicht
öffentlich sagen konnte, äußerte Schachnasarow in einem in Deutschland am 21. Januar 1991 veröffentlichten Interview auch die Sorge Gorbatschows, als er erklärte, wenn »ausgerechnet derselbe Mann«, der
die zwei großen Ziele der Demokratisierung und der Integration in
die Weltgemeinschaft vorangetrieben habe, »jetzt einen Zerfall der
UdSSR« zuließe, »dann würde Gorbatschow stürzen«.[154] Schachnasarow glaubte, daß ein »brüsker, unkontrollierter Zerfall der UdSSR
katastrophal« und zu einer »Militärdiktatur – ohne Parlamente, ohne
demokratische Garantien und ohne das Recht publizistischer Kritik
am Präsidenten« führen würde.[155] Wenn der Augustputsch 1991 erfolgreich gewesen wäre, hätte die Logik im Handeln der Putschisten sie
tatsächlich in diese Richtung gedrängt. Deren Inkompetenz bedeutete
glücklicherweise, daß Schachnasarows Prognose – zumindest kurzfristig – zu pessimistisch, wenn auch im Kontext des Frühjahrs 1991 vollkommen plausibel war. Spätestens im Januar 1991 aber war Schachnasarow das klar, was sich Gorbatschow nur zögerlich eingestand und
vielleicht erst im Frühling 1991 akzeptierte, daß nämlich die baltischen
Staaten früher oder später von der Sowjetunion unabhängige Wege
gehen würden. Schachnasarow erklärte: »Die baltischen Länder können nach meiner festen Überzeugung auf verfassungsmäßigem Weg
ohne weiteres austreten.«[156] Gorbatschow bestätigte später grundsätzlich diese Haltung. Allerdings legte er den Schwerpunkt auf etwas
anderes – sein Ziel sei es, so sagte er, eine Sezession Litauens von der
Union mit allen politischen Mitteln zu verhindern. Wenn dies jedoch
scheitern sollte und das Volk sich anders entschied, bedürfe es einer
den Gesetzen entsprechenden Trennung auf der Basis von Verhandlungen.[157]

Der Druck nimmt zu

Da er sich im Winter 1990/91 immer deutlicher belagert fühlte, ernannte Gorbatschow den gefügigen Leonid Krawtschenko (so gefügig, daß er später auch denjenigen diente, die Gorbatschow im August
vorübergehend stürzten) zum Leiter des zentralen sowjetischen Fernsehens und Rundfunks, um die Welle der immer deutlicher werdenden Kritik an ihm und den Allunionsbehörden einzudämmen.[158]
Krawtschenko zeigte sich ergeben und verkündete, »das staatliche
Fernsehen hat nicht das Recht, sich an der Kritik an der Führung des
Landes zu beteiligen«, und setzte die populärste Nachrichtensendung
Vzglyad (Standpunkt) ab.[159] Im Januar 1991 schlug Gorbatschow in der
Hitze des Gefechts und nach heftigen Angriffen einiger Zeitungen
gegen ihn wegen der Morde in Vilnius vor, die Pressegesetze auszusetzen.[160] Wichtiger ist allerdings, daß er dies nicht tat, sondern den Vorschlag »beinahe im selben Atemzug« wieder zurücknahm[161] und daß er
dieses liberale Gesetz, das die Zensur beendete und die Pressefreiheit
verankerte, überhaupt hatte zustande kommen lassen.

In der Tat war es Gorbatschows Entscheidung gewesen, ein Presse-
gesetz durchzusetzen, das 1989 angefangen und im Juni 1990 verabschiedet wurde und das die Publikationsfreiheit verteidigen, aber auch
gewisse Sicherungen enthalten würde. Bei den letzteren handelte es
sich vornehmlich um Beschränkungen, wie sie auch in den Gesetzen
einer Reihe westlicher Länder zu finden sind, wie zum Beispiel das
Verbot der Propagierung eines gewaltsamen staatlichen Umsturzes
und der Verbreitung rassistischer, nationaler oder religiöser Intole-
ranz.[162] Obwohl das Politbüro massiven Druck auf ihn ausübte, die
Kontrolle der Kommunistischen Partei über die Massenmedien nicht
aufzugeben, erlaubte Gorbatschow seinem Berater Schachnasarow in
dessen Eigenschaft als Vorsitzendem eines parlamentarischen Unter-
ausschusses für Verfassungsgesetzgebung, die Zuständigkeit für den
Entwurf des Gesetzes zu übernehmen. Dieses Gesetz sollte sich als
bahnbrechend herausstellen, da es »praktisch die Äußerung antikom-
munistischer Meinungen legalisierte«[163] und »in seinen Auswirkungen
auf die Printmedien … eines der effektivsten Gesetzeswerke der Pere-
stroikaperiode war«[164].

Die Situation blieb im Februar und März 1991 gespannt, aber es
kam zu keiner Wiederholung der Gewalt in den baltischen Staaten wie

im Januar. Trotzdem wurde wegen der Ereignisse des Vormonats ein Gipfeltreffen zwischen George Bush und Gorbatschow verschoben, das im Februar hätte stattfinden sollen. Pawlow hielt eine törichte Rede im selben Monat, in der er westliche Finanzkreise beschuldigte, die sowjetische Wirtschaft zu destabilisieren, und Jelzin ergriff die Gelegenheit eines live gesendeten Fernsehinterviews am 19. Februar, um Gorbatschow zum Rücktritt aufzufordern. Statt dessen beeilte sich Gorbatschow, seinen Plan für ein Referendum zur Unterstützung der Union in die Tat umzusetzen. Die Abstimmung wurde am 17. März abgehalten, und wie bereits in diesem Kapitel angemerkt, ging sie aus Gorbatschows Sicht in den neun Republiken positiv aus, die zugestimmt hatten, das Referendum durchzuführen. Einige Republiken jedoch fügten eigene Zusatzfragen hinzu, darunter eine besonders bedeutende in Rußland. Dort wurden die Wähler gefragt, ob sie Direktwahlen für das Amt eines russischen Präsidenten im Juni wünschten. Jelzin war seit dem vorangegangenen Sommer Vorsitzender des Obersten Sowjets Rußlands, aber er und seine politischen Berater waren sich der Tatsache bewußt, daß seine politische Stellung noch weiter gestärkt würde, wenn er vom ganzen Volk gewählt werden könnte.[165] Von denjenigen, die am Referendum teilnahmen, votierten 70 Prozent für eine durch Volkswahl vergebene Präsidentschaft.

Während sich die ökonomische Situation weiter verschlechterte, kam es zu einer neuen Runde der Bergarbeiterstreiks, die – anders als die hauptsächlich wirtschaftlichen Forderungen im Jahre 1989 – auch den Rücktritt Gorbatschows und die Entfernung von Organisationen der Kommunistischen Partei vom Arbeitsplatz verlangten.[166] Angesichts solchen Drucks schien Gorbatschow viel zu bereitwillig, den Informationen Glauben zu schenken, die ihm Kriutschkow, Pugo und Boldin lieferten. Als sie ihm sagten, die Radikalen planten einen Marsch, der mit der Erstürmung des Kreml enden solle, hielt er die Geschichte für glaubwürdiger, als es nötig gewesen wäre, trotz der Versuche Alexander Jakowlews, seinen Irrtum aufzuklären.[167] Das Ministerkabinett rief, mit offensichtlicher Zustimmung Gorbatschows, ein Demonstrationsverbot für Moskau vom 26. März bis zum 15. April aus, und Jelzin wiederum forderte postwendend die Konfrontation heraus, indem er eine Demonstration für den 28. März ankündigte.[168] Mindestens eine Viertelmillion Menschen nahmen schätzungsweise an dieser Versammlung teil, beobachtet von mehr als fünfzigtausend

Polizisten und Sondertruppen des Innenministeriums.[169] Zur Erleichterung Gorbatschows und der größeren sowjetischen Öffentlichkeit verlief die Demonstration friedlich. Nach den Worten David Remnicks war sie »völlig langweilig« und endete mit einem »politischen Unentschieden«.[170]

Genauso wie an Gorbatschow gerichtete Briefe und Telegramme wurden von Boldins Büro auch statistische Daten, Presseausschnitte und Material »aus anderen Quellen« (offensichtlich einschließlich nachrichtendienstlicher Quellen) gefiltert.[171] Erst im März 1991 entdeckten Tschernjajew und der Leiter des präsidialen Pressedienstes, Ignatenko, daß Boldin eine eigene Informationsabteilung in seinem Sekretariat geschaffen hatte, das die Weiterleitung dieser Papiere kontrollierte und damit einen fatalen Einfluß auf Gorbatschows Sichtweise einer Reihe von Problemen ausüben konnte.[172] Gorbatschows Vertrauen in Boldin, schreibt Schachnasarow, gab dem Stabschef »praktisch unbegrenzte Macht, und er schöpfte sie voll aus«[173]. Zweifellos gingen einige der schlimmsten Entscheidungen Gorbatschows zu einem großen Teil auf das Konto seines ungerechtfertigten Vertrauens in Menschen, die er überhaupt nie in verantwortliche Stellungen hätte berufen sollen, und seiner ungenügenden Aufmerksamkeit für die Regierungsmaschinerie, auf die er angewiesen war.

Trotz aller seiner Wertschätzung für Gorbatschow sagt Schachnasarow, daß Gorbatschow als sowjetischer Präsident »ein gleichgültiger Organisator« war.[174] Natürlich hatte er es verstanden, innerhalb des Apparats der Kommunistischen Partei zu arbeiten, der, im Vergleich zu den meisten sowjetischen Behörden, relativ effizient in der Bearbeitung von Papieren und der Implementierung von Entscheidungen war. Als er jedoch sowjetischer Präsident wurde, verfügte er über keine Erfahrung und kein Wissen darüber, wie die strukturelle Basis auszusehen hat, die seinem Amt wirkliche Exekutivmacht verleihen würde. Dem muß allerdings hinzugefügt werden, daß Gorbatschow eine beinahe übermenschliche Arbeitslast bewältigte. Wenn er nicht im Ausland international diplomatisch tätig war, saß er von morgens bis mindestens zehn Uhr abends in seinem Büro, und danach arbeitete er manchmal zu Hause bis ein oder zwei Uhr nachts an Dokumenten, die ihm Assistenten dorthin brachten.[175] Er hätte dringend einen Stabschef benötigt, der Organisationstalent mit echter Unterstützung für die Art von aufgeklärtem Wandel verband, der, ungeachtet aller taktischen Rückzüge und mancher strategischer Fehler, Gorbatschows Führung ihren Sinn und ihre tiefe Bedeutung gab.

Der Nowo-Ogarewo-Prozeß

Auch die größte Regierungsmaschinerie der Welt hätte freilich die fundamentalen politischen Konflikte innerhalb der sowjetischen Gesellschaft nicht lösen können. Zu irgendeinem Zeitpunkt der Umformung eines so lange etablierten kommunistischen Systems in ein nichtkommunistisches System (daß dies grundsätzlich geschehen war, ist ein Punkt, auf den ich im Schlußkapitel zurückkommen werde), zusammen mit der Gefahr des Auseinanderbrechens des multinationalen Staates, selbst wiederum eine unbeabsichtigte Folge der Demokratisierung eines hochautoritären Regimes, mußte dies alles zur offenen Konfrontation führen. Wie sehr man Gorbatschow auch für die enttäuschendsten sechs Monate seiner Regierungszeit – von Oktober 1990 bis März 1991 – kritisieren mag, so wird diese Kritik doch durch die Verwunderung darüber relativiert, daß er in der Lage war, die Verteidiger der alten Ordnung so lange – und wie widerstrebend auch immer – bei der Stange zu halten. Es kann schwerlich überraschen, daß es zu einer Entscheidung kam, als es um das Bestehen des sowjetischen Staates an sich ging. Spätestens 1991 wurden selbst die Auseinandersetzungen über mögliche politische oder wirtschaftliche Systeme der Frage untergeordnet, was für eine Union, wenn überhaupt, erhalten werden konnte.

Während Gorbatschow Zugeständnisse an Konservative und Hardliner machte, wandte er sich dennoch konstruktiveren Wegen zu, mit dieser Krise umzugehen. Bereits in den ersten Monaten des Jahres 1991, als er noch immer dem schlechten Rat der Konservativen Gehör schenkte und ihnen manchmal folgte, erkannte Gorbatschow, daß einige derjenigen, die Druck auf ihn ausübten, »mich als Präsident in die Ecke treiben wollten«[176]. Dementsprechend wandte er sich zunehmend an Persönlichkeiten, die seine besten Berater und Mitarbeiter waren und die aufs neue in einer informellen Diskussionsgruppe zusammenfanden, in der sich jeder frei fühlte, genau das zu sagen, was er von der außergewöhnlich schwierigen Situation hielt, der sie sich gegenübersahen. Die regelmäßigsten Mitglieder dieser Gruppe waren

Alexander Jakowlew, Wadim Medwedjew, Schachnasarow, Tschernjajew, Primakow, Ignatenko und »natürlich«, wie Tschernjajew an-
merkt, »Boldin« (der einzige von ihnen, der den Augustputsch unterstützte).[177] Das wesentliche Ergebnis war Gorbatschows Beschluß,
erneut die Initiative zu ergreifen und das einzuleiten, was er den
»Nowo-Ogarewo-Prozeß« nannte.[178]

Den Namen lieferte ein Landsitz nicht weit von Moskau, der unter
Chruschtschow im Stil eines russischen Landhauses des neunzehnten
Jahrhunderts gebaut worden war.[179] Dort startete Gorbatschow die
Diskussionen und Verhandlungen mit den politischen Führern aller
Unionsrepubliken und ›autonomen Republiken‹ der UdSSR, die teilzunehmen wünschten. Von fünfzehn Unionsrepubliken waren neun
vertreten, die drei baltischen Staaten, Armenien, Georgien und Moldowa blieben der Runde fern. Der Nowo-Ogarewo-Prozeß nahm seinen Anfang am 23. April mit der ersten dieser ›9+1‹-Sitzungen. Gorbatschow war selbstverständlich die ›1‹, obwohl Lukjanow als Vorsitzender des Obersten Sowjets der UdSSR bei allen formellen Beratungen
anwesend war. Entscheidend war, daß Gorbatschow sowohl Jelzin als
auch Krawtschuk zur Teilnahme bewogen hatte, denn ohne Rußland
und die Ukraine hätte nichts erreicht werden können. Der Plan sah
vor, innerhalb weniger Monate einen neuen Unionsvertrag zu erstellen
und eine freiwillige Übereinkunft zu den jeweiligen Machtbefugnissen
und Kompetenzen des Zentrums und der Republiken auszuarbeiten.

Gorbatschow hatte den Nowo-Ogarewo-Prozeß am Vorabend einer
Plenarsitzung des Zentralkomitees der KPdSU begonnen, in der er
unter heftigem Beschuß der Konservativen geriet. Eine Mehrheit der
Redner bei diesem Plenum vom 24. bis 25. April 1991 äußerte sich in
höchstem Maße kritisch über seine Führung der Kommunistischen
Partei. Dieser Angriff schien ein im voraus geplanter und orchestrier-
ter Versuch zu sein, ihm endgültig den Boden unter den Füßen zu entziehen. Gorbatschow beschloß, eine Entscheidung darüber zu erzwingen, ob er seine Autorität als Generalsekretär aufrechterhalten könne
oder nicht. Er drohte in aller Ernsthaftigkeit mit Rücktritt, und
obwohl eine Mehrheit der ZK-Mitglieder sicherlich einen anderen
Generalsekretär bevorzugt hätte, fehlte ihnen doch die Entschlossenheit, die ihnen gebotene Gelegenheit zu ergreifen. In hektischer Aktivität hinter den Kulissen unterschrieben mehr als siebzig Anhänger
Gorbatschows eine Resolution zu seinen Gunsten. Angesichts dieses

Drucks und der unmittelbaren Aussicht auf einen Riß in der Parteiführung tagte das Politbüro in einer Krisensitzung während einer
Pause und unterbreitete dem Plenum schließlich den Vorschlag, »im
Interesse des Landes, des Volkes und der Partei« den Punkt des Rück-
tritts Gorbatschows vom Amt des Generalsekretärs von der Tagesordnung zu streichen. Zu Gorbatschows kurzfristigem Vorteil und mittel-
fristigem Schaden wurde dieser Antrag mit überwältigender Mehrheit
angenommen.[180]

Dieses Abstimmungsergebnis bedeutete, daß sich Gorbatschow
nun auf den Nowo-Ogarewo-Prozeß konzentrieren konnte. Der Hintergrund dieser Verhandlungen – die eine Art von Union und einen
›gemeinsamen Wirtschaftsraum‹ bewahren wollten, von dem die sechs
nicht teilnehmenden Republiken ausgeschlossen sein würden, falls sie
nicht später entschieden, Teil der Union zu sein – basierte noch mehr
auf dem ›Krieg der Gesetze‹ zwischen Rußland und der UdSSR als auf
dem Konflikt mit den baltischen Staaten. Auf der anderen Seite wurde
ein großer Schritt hin zum endgültigen Zerfall der Sowjetunion vom
Obersten Sowjet der Russischen Föderation im Juni 1990 getan, etwa
zwei Wochen nachdem Jelzin dessen Vorsitzender geworden war, als
er nämlich die politische Souveränität und den Vorrang russischer
Gesetze über die der Union proklamierte. Im Verlaufe der folgenden
Monate folgten andere Republiken dem russischen Beispiel. Zwischen
Juni und Oktober erklärten Usbekistan, Moldowa, Belarus, Turkme-
nistan, Tadschikistan und Kasachstan ihre Souveränität, während
Armenien, das dies bereits getan hatte, sich nun für gänzlich unabhängig erklärte. Im Fall der zentralasiatischen Republiken gab es keine
Anzeichen dafür, daß sie dies als eine Etappe auf dem Weg zu vollständiger Unabhängigkeit zu sehen wünschten. Im Gegenteil: ihre Führer
konnten nur schwerlich weniger interessiert als Rußland erscheinen,
Souveränitätsrechte zu beanspruchen, da die Beziehung zwischen der
russischen Unionsrepublik und der UdSSR bis dahin symbiotisch
gewirkt hatte. Aber im Winter 1990/91, als Jelzin politischen Mut mit
seinem Eintreten für das Verlangen der baltischen Staaten nach Unabhängigkeit gezeigt hatte, erreichten die Beziehungen zwischen den
russischen und den Allunionsorganen einen neuen Tiefpunkt, der seinen Ausdruck in der Forderung Jelzins nach Gorbatschows Rücktritt
nur zwei Monate vor dem Beginn des Nowo-Ogarewo-Prozesses fand.
Jelzins zunehmende Ablehnung der Union gründete sich nicht nur

auf die radikalere Politik, die er zu verwirklichen bereit war. Noch bedeutender war, daß die Allunionsbehörden und besonders Gorbatschow zwischen ihm und der ganzen Macht in Rußland standen, einschließlich der symbolisch wichtigen Residenz im Kreml. Und doch schien es einer Reihe von Gorbatschows engsten reformerischen Verbündeten, daß eine politische Allianz zwischen Gorbatschow und Jelzin im Jahre 1990 oder früher, die über die halbherzige und sehr kurzlebige Zusammenarbeit im Monat August hinausging (als von beiden benannte Experten am ›500-Tage-Programm‹ arbeiteten), die beste Verteidigung gegen den Gegenangriff der Konservativen gewesen wäre. Aber wie bereits in Kapitel 6 angedeutet, hatte Gorbatschow den Vorschlag Schachnasarows als unrealistisch verworfen, das Amt des Vizepräsidenten der UdSSR speziell für Jelzin einzurichten.[181]

Trotz des gegenseitigen Mißtrauens zwischen Gorbatschow und Jelzin war Gorbatschow doch Pragmatiker genug, um spätestens am Ende des Winters 1990/91 zu erkennen, daß es keine Hoffnung auf eine ›erneuerte Föderation‹, für die sich eine Mehrheit der sowjetischen Bürger im Referendum vom 17. März ausgesprochen hatte, ohne die Kooperation mit Jelzin geben konnte. Als darüber hinaus die Großdemonstration vom 28. März in Moskau die Hauptstadt in den Augen Gorbatschows an den Rand bürgerkriegsähnlicher Zustände brachte, schloß er daraus, daß eine neue politische Initiative notwendig war. Jelzin selbst wollte nicht als der Schuldige für das Zerbrechen der Union dastehen. Und obwohl er tatsächlich in viel *direkterer* Weise dafür Verantwortung trug als Gorbatschow, sollte es ihm gelingen, einen großen Teil des Hasses in der postsowjetischen Reaktion auf das Ende der UdSSR auf Gorbatschow abzulenken. Deshalb nahm er Gorbatschows Einladung an, am Nowo-Ogarewo-Prozeß teilzunehmen. Dies war nicht der erste Versuch, einen neuen Unionsvertrag aufzusetzen. Vier Entwürfe wurden veröffentlicht – im November 1990, im März, Juni und August 1991 –, aber nur die letzten zwei waren das Ergebnis von Verhandlungen, in denen die Republiken vollständig an den inhaltlichen Festlegungen des Dokuments durch den Nowo-Ogarewo-Prozeß beteiligt waren. Jede Version gab den Republiken mehr Macht als das Vorgängerdokument, und es war die letzte Fassung – veröffentlicht am 14. August – und deren unmittelbar bevorstehende Unterzeichnung am 20. August, die den Zeitpunkt des Staatsstreichversuchs »bestimmten«.[182]

Die Feinarbeit an den Dokumenten und die Vorbereitung der Sitzungen gestalteten sich äußerst schwierig und wurden von einer überraschend kleinen, von Gorbatschow ausgewählten Gruppe geleistet. Die vier führenden Persönlichkeiten waren Schachnasarow, der nicht nur ein erfahrener Politiker und politischer Analytiker war, sondern auch über juristische Erfahrung verfügte, Grigori Rewenko, ein Ukrainer mit dem gewöhnlicheren Hintergrund eines Parteifunktionärs und Ingenieurs, der durch den Komsomol und den Parteiapparat der Ukraine aufgestiegen und ein effizienter Organisator war, auf den sich Gorbatschow in zunehmendem Maß stützte und der Boldin als Stabschef des Präsidenten nach dem Putsch ersetzte und dem ehemaligen sowjetischen Präsidenten 1992 zur Gorbatschow-Stiftung folgte. Außerdem Wladimir Kudrjawzew, ein prominenter Jurist, der Vizepräsident der Akademie der Wissenschaften und ein ehemaliger Direktor des Instituts für Staat und Recht in Moskau war, und der damalige Direktor des Instituts für Staat und Recht Boris Topornin.[183]

Einer der wichtigsten Aspekte dieses Prozesses ist, daß er von Gorbatschow ohne vorherige Rücksprache mit der Kommunistischen Partei eingeleitet wurde. Die eigentlichen Verhandlungen umgingen nicht nur die KPdSU – und die Russische Kommunistische Partei unter Iwan Poloskow –, sondern auch zum größten Teil die Parlamente der Unionsrepubliken.[184] Nun war die Reihe an den Hardlinern, vor allem in der Allunionsexekutive, aber auch im Parlament, sich außen vor gelassen zu fühlen. Der KGB-Vorsitzende Kriutschkow sagte Fjodor Burlazki (den er kannte, seit sie beide für Andropow in der ZK-Abteilung für Sozialistische Länder gearbeitet hatten), daß er zunehmend Schwierigkeiten habe, Gorbatschow zu sprechen und ihm seine Ansicht zu vermitteln, das Überleben der Union sei in Gefahr.[185] Einer der vielen Vorwürfe, die Gorbatschow seitens der Konservativen nach dem Zusammenbruch der Sowjetunion gemacht werden sollten, war, den Nowo-Ogarewo-Prozeß eingeleitet zu haben, in dem – obwohl im Verlauf der Verhandlungen beide Seiten Zugeständnisse machten – viele der ehemaligen Prärogativrechte der Allunionsorgane von Gorbatschow an die Republiken abgegeben wurden.

Es gab durchaus Grund zur Besorgnis für diejenigen, die einen Einheitsstaat erhalten wollten, daß das Zentrum bei seinen Einnahmen zu tief in die Abhängigkeit vom guten Willen der Republiken geraten war, denen das Eigentumsrecht an allen natürlichen Ressourcen auf ihrem Territorium, einschließlich der Bodenschätze, zugesprochen wurde. Und doch war dieser Vertrag die letzte realistische Hoffnung auf eine freiwillige Übereinkunft, die eine Mehrheit der Republiken und Völker auf dem Territorium der UdSSR zusammenführen konnte. Diese Buchstaben, UdSSR, die seit 1922 für die Union der Sozialistischen Sowjetrepubliken gestanden hatten, wurden im Vertragsentwurf das Kürzel für die Union der *Souveränen* Sowjetrepubliken.[186] Auch wenn das Amt des Präsidenten der UdSSR mehr an die Präsidentschaft der Europäischen Union erinnert hätte als an die im März 1990 für Gorbatschow geschaffene Exekutivpräsidentschaft, wäre dies noch immer ein bedeutendes Amt gewesen mit einer, wie das Beispiel der Europäischen Union illustriert, äußerst wichtigen diplomatischen und koordinierenden Rolle für den Inhaber. Außerdem hätte die Direktwahl des sowjetischen Präsidenten dem Träger des Amtes einen politischen Vorteil verliehen, den der Präsident der Europäischen Union nicht für sich in Anspruch nehmen kann, eben weil die Mitgliedstaaten der EU eine solche Volkswahl wegen der für den Sieger damit einhergehenden größeren Unabhängigkeit ablehnen. Daß der Präsident der UdSSR, laut den Bestimmungen des Entwurfes des Unionsvertrages von August 1991, von der gesamten Bevölkerung der Union gewählt werden sollte, hätte dem Amtsinhaber im gesamten Territorium der Union eine Autorität verliehen, der jeder einzelne Republikpräsident – selbst der russische – nur schwerlich etwas Gleichwertiges außerhalb der Grenzen seiner eigenen Republik hätte entgegensetzen können.

In Nowo-Ogarewo selbst war die Bereitschaft zum Kompromiß um einer Übereinkunft zum Erhalt wenigstens einer Art von Union willen eine ermutigende Abwechslung zu der auf Konfrontation ausgerichteten Politik des vorangegangenen Winters. Auch der Umgangston zwischen Gorbatschow und Jelzin nahm eine neue Höflichkeit an. Von den an den Gesprächen teilnehmenden Präsidenten spielte Nursultan Nasarbajew aus Kasachstan eine besonders konstruktive Rolle. Oft, schreibt Schachnasarow, verdankte man eine Übereinstimmung zu bestimmten Fragen ihm, denn sowohl Jelzin als auch Krawtschuk waren bereit, seinen Äußerungen Beachtung zu schenken.[187] Trotz ihrer lange währenden Rivalität war es für Gorbatschow und Jelzin leichter, in jenen Sommermonaten 1991 eine Einigung zu erzielen, als für viele Persönlichkeiten, die hinter ihnen standen.[188] Gorbatschow und seine Umgebung wurden von den führenden Persönlichkeiten in der Parteistaatsmaschine, die ein paar Monate zuvor mit den Zähnen gefletscht hatten, nun gedrängt, größere Unnachgiebigkeit zu zeigen. »Was habt ihr getan, Jungs?« sagte ein Politbüromitglied zu Schachnasarow. »Ihr habt die Macht zum Fenster rausgeworfen und die Union gleich dazu.«[189] Mittlerweile wurde Jelzin von *seinen* Extremisten und ehrgeizigsten Anhängern dahingehend beraten, eine aggressive Linie zu verfolgen und keine Kompromisse zu machen.[190] Dies war ein Kampf um Macht und Ämter nicht nur zwischen rivalisierenden Führungspersonen, sondern zwischen gegnerischen Mannschaften. Dabei bestand Jelzins Team sowohl aus denjenigen, die mit der alten politischen Elite gebrochen hatten, und denen, die erst in den Perestroikajahren politisiert worden waren (obwohl letztere beinahe komplett von den ersteren in den beiden ersten Jahren Rußlands als dem Nachfolgestaat der UdSSR verdrängt werden sollten). Sie waren nicht weniger ungeduldig, die Ämter derer einzunehmen, die um Gorbatschow herum Macht und Einfluß ausübten, als es Jelzin war, an die Stelle des sowjetischen Präsidenten zu treten. Sie betrachteten es als in ihrem Interesse liegend, keinen Zweifel daran zu lassen, daß Jelzin der Politiker Nummer Eins in Rußland geworden war.

Abseits vom Nowo-Ogarewo-Prozeß gelang es Jelzin, dem Ziel, dies zu beweisen, einen großen Schritt näherzukommen. In den russischen Präsidentenwahlen – autorisiert durch das Referendum vom März 1991 und durchgeführt am 12. Juni – besiegte er seine fünf Rivalen um Längen und wurde so der erste russische Führer in der Geschichte, der eine Wahl durch das Volk zur Grundlage seiner Legitimität machte. Im Rückblick ist um so klarer, daß Gorbatschow und viele seiner Berater im März 1990 einen Fehler machten, als sie beschlossen, den sowjetischen Präsidenten zunächst vom Kongreß der Volksdeputierten und erst beim nächsten Mal vom ganzen Volk wählen zu lassen. Es sollte, wie sich herausstellte, kein zweites Mal geben.

Jelzin sicherte sich einen entscheidenden Vorteil über Gorbatschow durch seine Direktwahl zum russischen Präsidenten. Bei einer Wahlbeteiligung von 74,66 Prozent erhielt er 57,3 Prozent der Stimmen und umging damit einen zweiten Wahlgang. Auf dem zweiten Platz landete der ehemalige Vorsitzende des Ministerrats, Nikolai Ryschkow, und Drittplazierter war der unberechenbare Wladimir Schirinowski, der damit sein Debüt auf der politischen Bühne Rußlands gab. Von

Bedeutung ist der Umstand, daß der Hauptrepräsentant der Meinungen derjenigen, die den Augustputsch unternahmen, der extreme Hardliner General Albert Makaschow, nur 3,74 Prozent der Stimmen auf sich vereinigte. Ebenso aufschlußreich ist, daß der von Gorbatschow mit Sicherheit (obwohl der sowjetische Präsident über sein Wahlverhalten schwieg) favorisierte Kandidat, Wadim Bakatin, mit 3,24 Prozent die wenigsten Stimmen erhielt.[191] Daß Bakatin in der Kommunistischen Partei blieb, obwohl er eine gewinnende Persönlichkeit und ein liberaler Reformer war, war zu diesem Zeitpunkt ein ernstlicher Nachteil nicht nur für ihn, sondern für alle, die sich an den Teil der Wählerschaft wandten, der die alte Ordnung ablehnte. Jelzin, der wesentlich bekannter war und die KPdSU ein Jahr zuvor verlassen hatte, befand sich auf dem Höhepunkt seiner Popularität und sicherte sich den größten Teil der Anti-Establishment-Stimmen. Daß er mutigerweise die Gewaltakte der sowjetischen Truppen im vorangegangenen Winter im Baltikum verurteilt hatte, schien ihm bei den russischen Wählern nicht geschadet zu haben. Außerdem sprach er nicht nur die reformerischen Wähler an. Seinen Erfolg verdankte er auch teilweise seiner Verkörperung des Bildes eines starken Führers, dem die Russen traditionell den Vorzug gaben, und seiner Wahl von Oberst (später General) Alexander Ruzkoi als Vizepräsidentschaftskandidat, der ein Veteran des Afghanistankrieges war und im russischen Parlament die Gruppe ›Kommunisten für Demokratie‹ gebildet hatte.[192] Ruzkoi sorgte in gewissem Sinne für einen Ausgleich im Team, denn obwohl er noch nicht ein so offensichtlicher Nationalist war, als der er sich später entpuppen sollte, stellte er doch für die Wähler eine gewisse Beruhigung dar, die über Jelzins scheinbaren Radikalismus hätten besorgt sein können.

Fünf Tage nach der russischen Präsidentschaftswahl kam es zu einem bemerkenswerten Versuch, Gorbatschows Macht zu beschneiden, und zwar aus einer ganz anderen Richtung als der Jelzins – nämlich aus Gorbatschows eigener Regierung heraus, sozusagen als Vorgeschmack auf die kommenden Ereignisse im August. Ohne den sowjetischen Präsidenten vorher zu konsultieren, überzeugte der Ministerpräsident Valentin Pawlow den Obersten Sowjet, die Kompetenzen des Ministerkabinetts zu erweitern. Vor allem erhielten er und seine Ministerkollegen das Recht der Gesetzesinitiative.[193] Pawlow führte an, daß die einzige Möglichkeit, mit der sich verschlechternden ökonomischen Situation umzugehen, ein Machtzuwachs der Regierung und nicht des Präsidenten wäre, da Gorbatschows Arbeitstag bereits vierzehn Stunden dauerte und es vieles gab, worum er sich schlicht aus Zeitgründen nicht kümmern konnte. Das Argument war an sich nicht abwegig, obwohl es nur wenig Grund zu der Annahme gibt, daß mehr Macht für Pawlow und nicht etwa eine neue Regierung und ein anderer Ministerpräsident irgend etwas dazu beigetragen hätte, dem Niedergang der sowjetischen Wirtschaft Einhalt zu gebieten. Nicht ohne Berechtigung wurde Pawlows Rede im Ausland als ein ›versuchter Verfassungsputsch‹ aufgenommen, denn er wurde fünf Tage später von Gorbatschow rückgängig gemacht. In seiner Rede vor dem Obersten Sowjet gelang es dem sowjetischen Präsidenten mühelos, die Abgeordneten davon zu überzeugen, ihm die Kompetenzen zurückzugeben, die sie gerade erst Pawlow eingeräumt hatten. Gorbatschow äußerte nur ausnehmend milde Kritik an Pawlow, als er sagte, der Ministerpräsident sei weiter gegangen, als er es hätte tun sollen, da er nicht durchdacht habe, was er sagte. Gorbatschow fügte hinzu, es gebe keine Krise in ihrem Verhältnis zueinander.[194] Letztlich aber blieben Gorbatschows verfassungsmäßige Rechte unangetastet, und die Pawlows wurden nicht erweitert. Obwohl Gorbatschow schon bald nach der Berufung Pawlows erkannt hatte, daß dessen Amtszeit als Ministerpräsident nur kurz sein dürfe,[195] war er nicht bereit, einen neuen Personalvorschlag noch vor der Unterzeichnung des Unionsvertrags zu machen. Für die Zeit danach aber wünschte er sich eine Persönlichkeit, die in der Lage sein würde, die Verbindungen zwischen der Union und den Republiken zu konsolidieren – vorzugsweise Nasarbajew.[196]

Die politische Konfrontation verschärfte sich im folgenden Monat, zum Teil weil die Nowo-Ogarewo-Verhandlungen sich auf eine Übereinkunft zubewegten und die konservativen Kräfte die Aussicht auf eine weitere Reduzierung der Macht der Allunionsbehörden mit wachsender Verzweiflung beobachteten. Jelzin verstärkte noch ihre Unzufriedenheit, als er am 20. Juli per Dekret die Anwesenheit von Organisationseinheiten politischer Parteien am Arbeitsplatz verbot. Dies richtete sich natürlich gegen die Kommunistische Partei, deren unterste Organisationseinheiten sich nach dem Beschäftigungs- und nicht nach dem Wohnort richteten. Das Dekret war als solches eine logische Konsequenz der Streichung der ›führenden Rolle‹ der Kommunistischen Partei aus der sowjetischen Verfassung von vor einem Jahr.[197] Alexander Jakowlew beschrieb Jelzins Maßnahme als eine »normale Sache«, und Gorbatschow – obwohl freilich noch immer Generalsekretär der Kommunistischen Partei – reagierte gelassen und sagte, er würde Jelzins Anordnung nur dann außer Kraft setzen, wenn der Verfassungsausschuß sie für illegal erklärte.[198] Der Ausschuß beriet die Angelegenheit noch, als der Putsch bereits begann, und dessen Scheitern entschied die Sache.

In zunehmendem Maße betonten diejenigen, die sich der Transformation des Systems und besonders dem Machtabfluß in Richtung der Republiken entgegenzustellen versuchten, die Bedeutung von Staat und Patriotismus – und nicht mehr die des Marxismus-Leninismus. Dies war der Hauptgedanke eines offenen Briefes, der am 23. Juli in der konservativen Zeitung *Sowjetskaja Rossija* erschien. Mit dem Titel »Ein Wort an das Volk« und unterzeichnet nicht nur von nationalistischen russischen Schriftstellern – darunter Juri Bondarew, Alexander Prochanow und Valentin Rasputin (der ein Jahr zuvor dem Präsidialrat Gorbatschows angehört hatte) –, sondern auch von zwei Regierungsmitgliedern, dem Ersten Stellvertretenden Innenminister, General Boris Gromow, und einem Stellvertretenden Verteidigungsminister, General Valentin Warennikow, war dieser Brief beinahe ein Ruf zu den Waffen gegen diejenigen, die das Land in »Sklaverei und Untertänigkeit« führten. Angegriffen wurden ungenannte Führer der Kommunistischen Partei, die ihre eigene Partei zerstörten und die Macht an »leichtfertige und ungeschickte Parlamentarier« übergaben. In einer noch durchsichtigeren Anspielung auf Gorbatschow fragten die Verfasser des Briefes, wie das Land diejenigen an die Macht hatte kommen lassen können, »die Rat und Segen jenseits der Meere suchen«. (Dies erschien genau eine Woche, nachdem Gorbatschow in London zu einem Treffen mit den Führern der G7-Staaten eingetroffen war, dessen Ergebnis das Versprechen war, der Sowjetunion bei der Eingliederung in die Weltwirtschaft behilflich zu sein. Zur Enttäuschung Gorbatschows wurden allerdings keine konkreten Hilfeleistungen beschlossen). Am besorgniserregendsten war, daß der Brief die Überzeugung zum Ausdruck brachte, die Armee würde die Zerstörung des Vaterlandes nicht zulassen, sondern »als ein verläßlicher Sicherheitsgarant und als Hauptstütze aller gesunden gesellschaftlichen Kräfte handeln«[199].

Im Falle von Gromow und Warennikow, wie auch bei Pawlow, wollte Gorbatschow möglicherweise die Unterzeichnung des Unionsvertrages abwarten, bevor er sie aus ihren Ämtern entfernte. Ihre Unterschriften unter einem solchen Brief hätten jedoch ihre sofortige Entlassung gerechtfertigt, und es sah nach Schwäche aus, daß Gorbatschow ihnen erlaubte, auf ihren Posten zu verbleiben. Daß die Worte der russischen Schriftsteller und ihrer Verbündeter innerhalb und außerhalb der Regierung auf ein großes Echo in den höchsten Kreisen der Kommunistischen Partei stießen, war keine Überraschung und wurde in aller Deutlichkeit bei der Plenartagung des Zentralkomitees am 25. und 26. Juli klar. Zwei reformerische ZK-Mitglieder, Andrei Gratschow und Otto Latsis, die »Ein Wort an das Volk« direkt in ihren Redebeiträgen vor dem Plenum angriffen, wurden ständig unterbrochen und hatten Schwierigkeiten, sich Gehör zu verschaffen.[200] Die Sitzungsteilnehmer waren ebenfalls erbost über Jelzins Verbot der organisatorischen Basiseinheiten der Partei, und die Verurteilung dieses Schrittes genoß Vorrang selbst vor Angriffen auf den sozialdemokratischen Charakter des Programmentwurfs der Partei, den Gorbatschow dem Plenum vorlegte, obwohl auch dieser kritisiert wurde.

Gorbatschow erreichte die Zustimmung für die Einberufung eines Außerordentlichen Parteitags für November oder Dezember, um ein neues Programm zu beschließen. Dabei handelte es sich um den Parteitag, an dem (wie bereits geschildert) Gorbatschow eine Spaltung der Partei erwartete, und zwar in einen Teil, der eine grundsätzlich sozialdemokratische Ausrichtung akzeptierte, und einen anderen, der dazu nicht in der Lage war. Ein Grund dafür, daß ein früher Parteitag Zustimmung fand, war die Hoffnung vieler ZK-Mitglieder, dann einen neuen Generalsekretär wählen und den Programmentwurf unter neuer Führung ablehnen zu können.[201] In seiner Rede vor dem Plenum des Zentralkomitees machte Gorbatschow nur wenig Zugeständnisse an die zweifellos in diesem Gremium vorherrschende Meinung. Er verteidigte den Nowo-Ogarewo-Prozeß und stellte sich der Vergangenheit, als er sagte, daß »unsere Partei unbestritten Verantwortung dafür trägt, nicht in der Lage gewesen zu sein, dem Despotismus etwas entgegenzustellen, und sich als ein Instrument des Totalitarismus benutzen ließ«[202]. Gorbatschow beschuldigte außerdem diejenigen, die sich gegen die »Sozialdemokratisierung« der Partei sperrten, des »kommunistischen Fundamentalismus«.[203] Er führte aus, daß die

alte Idee der Kommunistischen Partei als politischer Avantgarde ihre
Bedeutung verloren habe und es ihr nur mittels politischer Überzeugungsarbeit gelingen könne, ihre Mitglieder in Machtpositionen wählen zu lassen. Es sei Zeit zu akzeptieren, daß die Epoche, in der die
Massen keine anderen Möglichkeiten zur Verbesserung ihrer Lebensumstände hatten, als die Bastille oder den Winterpalast zu stürmen,
lange schon der Vergangenheit angehöre.[204]

Mutigerweise lenkte er die Aufmerksamkeit des Zentralkomitees
auf die Tatsache, daß in dem von ihm vorgeschlagenen Programmentwurf das Ziel des Kommunismus effektiv als unrealistisch aufgegeben
werde. Er argumentierte, daß der Marxismus-Leninismus, aus dem
»eine Sammlung kanonischer Texte« gemacht worden sei, durch den
Reichtum »des sozialistischen und demokratischen Denkens der
Welt« ersetzt werden müsse. Die Verwirklichung der »sozialistischen
Idee« müsse sich im Kontext der »gemeinsamen Entwicklung der Zivilisation« vollziehen. Der Begriff ›Kommunismus‹ wurde, wie er zugab,
nur beiläufig im Programmentwurf erwähnt. Dies sei der Fall, weil
»unsere Erfahrung, und nicht nur unsere, keinen Anhaltspunkt für die
Annahme liefert, dieses Ziel sei realistischerweise in der vorherseh-
baren Zukunft zu erreichen«[205]. Um eine Verbindung zwischen den
Gründervätern und seinem aktuellen Denken herzustellen, bezog sich
Gorbatschow auf einen eindrucksvollen Satz aus unanfechtbarer
Quelle, nämlich aus dem *Kommunistischen Manifest* von Marx und
Engels, der seiner eigenen Hervorhebung eines untrennbar mit Freiheit und Demokratie verbundenen Sozialismus nicht widersprach.
Was er die »kommunistische Idee« nannte, war die Maxime: »… die
freie Entfaltung eines jeden ist die Voraussetzung der freien Entfaltung
aller«. Dies, so sagte er, bleibe eine erstrebenswerte Hoffnung für die
ganze Menschheit.[206] Er gab sich aber nicht damit zufrieden, sondern
warf, mit Ausnahme der bekannten Marxschen Worte, die selbst die
freiheitlichsten Geister nicht ablehnen könnten, alles über Bord. Er
wagte es nämlich, den Mitgliedern des Zentralkomitees vor Augen zu
halten, daß die Kommunistische Partei der Macht verlustig gehen
könne. Er sagte, daß sie im Falle einer Wahlniederlage »eine konstruktive Opposition« sein und die Entscheidungen der Behörden mittragen müsse, wo diese vernünftig seien, und ihnen Widerstand zu leisten
hätte, wenn dies »für die Verteidigung der Interessen der arbeitenden
Menschen« notwendig sei.[207] Viele Intellektuelle in der Sowjetunion

kamen 1990 und 1991 zu solchen Schlußfolgerungen. Für den Generalsekretär der Kommunistischen Partei der Sowjetunion war es aber nicht nur wesentlich schwieriger, diesen Schritt ebenfalls zu tun, sondern diese Ergebnisse denen öffentlich zu präsentieren, deren Herrschaftsanspruch auf dem Glauben beruht hatte, die Geschichte sei ganz und gar auf ihrer Seite und der Sieg des Kommunismus unausweichlich.

Praktischer waren die Vorbereitungen für die nahe Zukunft, die Gorbatschow im Rahmen eines bedeutenden Treffens mit Jelzin und Nasarbajew Ende Juli in Nowo-Ogarewo traf. Sie besprachen die Veränderungen in der Regierung, die nach der Unterzeichnung des Unionsvertrages vorgenommen werden sollten. Zu den Inhabern von Führungspositionen, die man für die Hauptanwärter auf eine Auswechslung hielt, gehörten Ministerpräsident Pawlow, der Vorsitzende des KGB Kriutschkow und Verteidigungsminister Jasow. Der Gedanke einer Übernahme des Amtes des Ministerpräsidenten durch Nasarbajew wurde von Jelzin vorgebracht, was auf die Zustimmung Gorbatschows stieß, obwohl Nasarbajew selbst sich nicht festlegen wollte. Man einigte sich darauf, daß weitere Gespräche dazu und über die Zusammensetzung der gesamten Unionsregierung nach der Unterzeichnung des Unionsvertrages stattfinden sollten.[208] Jelzin hegte den berechtigten Verdacht, daß diese Unterhaltung vom KGB abgehört wurde. Gorbatschow und Nasarbajew lachten damals über diese Vorstellung, akzeptierten aber später, daß Jelzin richtig gelegen hatte.[209] Der Mitschnitt dieses Gesprächs wurde später neben vielen anderen Bändern in einem der Safes von Boldin im Kreml gefunden.[210] Die Informationen aus diesem vertraulichen Treffen mag sehr wohl für Kriutschkow ein Anreiz gewesen sein, in der Organisation des Putsches eine führende Rolle zu übernehmen.[211]

Gorbatschow brach am 4. August in den Urlaub auf und reiste in seine Ferienvilla in Foros an der Küste der Krim.[212] Er plante, am 19. August nach Moskau zur Zeremonie der Unterzeichnung des Unionsvertrages, die am folgenden Tag stattfinden sollte, zurückzukehren.[213] Die Stimmung unter den Reformern war gemischt. Bei einem Treffen einer erst kürzlich geformten Lobbygruppe, der Bewegung für Demokratische Reformen, am 17. August, waren sich Schewardnadse, Jakowlew und andere einig, daß »ein Putsch von rechts eine unmittelbar drohende Gefahr« sei,[214] obwohl ihnen keine konkreten Beweise für das vorlagen, was in Vorbereitung war – außer zum Beispiel der jüngste Schritt der Zentralen Kontrollkommission der KPdSU, Jakowlew aus der Kommunistischen Partei auszuschließen, oder solche offenen Herausforderungen, wie sie in »Ein Wort an das Volk« enthalten waren.[215] Im Gegensatz dazu blickte der demokratisch gewählte Bürgermeister von Leningrad (bald wieder St. Petersburg) Anatoli Sobtschak mit Optimismus in die Zukunft, als er am 14. August über die bevorstehende Unterzeichnung des Unionsvertrages sprach, die er als ein »historisches Ereignis« bezeichnete. Er sagte: »Ich wünsche mir für unseren Vertrag eine genauso lange Lebensdauer wie die der amerikanischen Unabhängigkeitserklärung und daß er als gleichermaßen verläßliche politische und gesetzliche Grundlage der erneuerten Union dient.«[216] Genau um sicherzustellen, daß aus diesem ›historischen Ereignis‹ nichts werde, wurde der Staatsstreich unternommen.

Vom Putsch zum Zusammenbruch

Hier ist nicht der Ort für eine detaillierte Geschichte des Staatsstreichs, zu dem es bereits eine umfangreiche Literatur gibt, der es nicht immer gelingt, den Wald vor lauter Bäumen noch zu erkennen.[217] Außerdem gilt unser Hauptaugenmerk Gorbatschow, obwohl er in der Ferienresidenz des Präsidenten an der Küste der Krim von der Außenwelt abgeschnitten war. Ungewöhnlich für seine Jahre an der Spitze der Sowjetunion befand sich Gorbatschow hinter der Bühne, während Jelzin im Scheinwerferlicht seine Rolle als Führer des Widerstands gegen die Putschisten in Moskau spielte. Es ist dennoch bedeutsam, daß eine Isolierung oder Gewinnung Gorbatschows für ihre Sache von den Verschwörern als ihre erste Aufgabe gesehen wurde. Hauptsächlich sein enormes Ansehen im Ausland hielt sie davon ab, ihn ohne weiteres zu stürzen. Deshalb begann der Putsch für Gorbatschow und seine Familie am 18. und für Jelzin und den Rest des Landes am 19. August. Die Putschisten versuchten, Gorbatschow so einzuschüchtern, daß er den Ausnahmezustand verhängte. Nachdem dies fehlgeschlagen war, hielten sie ihn in Isolation und übermittelten der Welt die Lüge, er sei zu krank, um seine Amtspflichten erfüllen zu können.

Die Idee eines Notstandes war nicht neu. Gorbatschow hatte sich früher an zahlreichen Diskussionen mit den Hardlinern in seiner Regierung beteiligt, die ihn drängten, eine ›Präsidialregierung‹ oder den Ausnahmezustand auszurufen, wobei beides den Rückgriff auf Repressivmaßnahmen implizieren sollte, um ›die Ordnung‹ wiederherzustellen. Zum Erschrecken Kriutschkows und der anderen aber hatte Gorbatschow ein solches Vorgehen stets abgelehnt. Während er sich bereit fand, in Litauen öffentlich über eine solche Möglichkeit zu sprechen, um die Bewegung hin zu vollständiger Unabhängigkeit zu verlangsamen, war Gorbatschow doch grundsätzlich gegen die Errichtung einer Notstandsregierung. Nur wenige Tage vor dem Putsch stellte Gorbatschow mit Hilfe Tschernjajews, der mit ihm in Foros war, einen langen Artikel fertig, den er kurz nach der Unterzeichnung des Unionsvertrages veröffentlichen wollte. Unter anderem war dort zu lesen: »Die Verhängung des Ausnahmezustandes, in der selbst einige Anhänger der Perestroika, ganz zu schweigen von den Predigern der Ideologie der Diktatur, einen Ausweg aus der Krise sehen, wäre ein fataler Schritt und würde zum Bürgerkrieg führen. Offen gesagt, ist es nicht schwierig, hinter den Rufen nach dem Ausnahmezustand manchmal das Streben nach einer Rückkehr zu dem politischen System auszumachen, das vor der Perestroika-Periode bestand.«[218]

Eine erste Ahnung der widrigen Geschehnisse bekam Gorbatschow, als der Chef seiner Leibwache, der KGB-General Wladimir Medwedjew, der nicht Teil der Verschwörung und genauso überrascht wie Gorbatschow von der Ankunft der ungebetenen Gäste war, ihm zehn Minuten vor fünf Uhr am Nachmittag des 18. August mitteilte, eine Personengruppe sei in Foros eingetroffen, die verlange, ihn zu sehen.[219] Auf Gorbatschows Frage, warum er sie durch die Tore hatte passieren lassen, antwortete man ihm, Plechanow (der, wie bereits angemerkt, der KGB-Abteilung vorstand, die für die persönliche Sicherheit der Führung zuständig war) gehöre zu der Gruppe.[220] Gorbatschow arbeitete zu diesem Zeitpunkt in seinem Arbeitszimmer. Kurz zuvor hatte er Schachnasarow angerufen, der nur wenige Kilometer entfernt Urlaub machte, um die Rede zu besprechen, die er für die Feierlichkeiten aus Anlaß der Unterzeichnung des Unionsvertrags am 20. August vorbereitete, und zu fragen, ob Schachnasarow mit ihm gemeinsam am nächsten Tag nach Moskau fliegen würde.[221] Als Gorbatschow nun herausfinden wollte, wer die Besucher geschickt hatte, die er nicht erwartete, griff er zu den Telefonen in seinem Büro, die Zugang zu

einer besonderen Regierungsverbindung, einem Anschluß für strate-
gische und Satellitenkommunikation, einer normalen Leitung für
Anrufe von außerhalb und zum internen System des Ferienkomplexes
Foros hatten. Alle Leitungen waren tot.[222]

Gorbatschow informierte zuerst seine Frau und dann seine Tochter
und seinen Schwiegersohn über die Lage und darüber, daß sie offensichtlich sehr ernst sei. Obwohl diese Ereignisse, als sie eintraten, für
Gorbatschow aus heiterem Himmel kamen, hatte er sich doch oft
Gedanken über das Schicksal Chruschtschows gemacht. Er war sich
der Möglichkeit eines Versuchs, ihn zu stürzen, sehr wohl bewußt
gewesen, vor allem zu einem früheren Zeitpunkt seiner Regierung, als
eine breite Öffentlichkeit noch nicht politisiert war. Er teilte seiner
Familie mit, daß er sich »keiner Art von Erpressung, keinen Drohun-
gen und keinem Druck« fügen würde.[223] Daß er dies tatsächlich nicht
tat, bedeutete, wie Tschernjajew später bemerkte, daß der Putsch
bereits an seinem ersten Tag scheiterte. Die Verschwörer waren zwar in
der Lage, Panzer in den Straßen Moskaus auffahren zu lassen, wußten
aber nicht, was sie als nächstes tun sollten.[224] Ihr bevorzugtes Szenario
war gewesen, Gorbatschow die Zustimmung zum Ausnahmezustand
abzunötigen, was ihnen die Freiheit gegeben hätte, die »schmutzige
Arbeit« für eine gewisse Zeit zu verrichten, nach deren Ablauf, wie sie
ihm sagten, er nach Moskau hätte zurückkehren können.[225]

Die Person, die diese Bemerkung machte, war Oleg Baklanow, Gorbatschows Stellvertretender Vorsitzender des Sicherheitsrates und
wichtigster Repräsentant des militärisch-industriellen Komplexes in
der Führung, der sich gebärdete, als sei er das hochrangigste Mitglied
der Delegation.[226] Die anderen Mitglieder der Gruppe waren das
Politbüromitglied Oleg Schenin, Gorbatschows Stabschef Waleri Boldin, der Stellvertretende Verteidigungsminister Valentin Warennikow
und Plechanow. Da Gorbatschow keine Anweisung gegeben hatte, die
Gruppe zu ihm vorzulassen, mußten sie eine Zeitlang warten. Gorbatschow nutzte dies für den erfolglosen Versuch zu telefonieren, um
dann mit seiner Familie zu sprechen. Schließlich begab sich die
Gruppe auf eigene Faust auf den Weg zu Gorbatschows Arbeitszimmer und stand ungebeten vor seiner Tür – »eine beispiellose Respekt-
losigkeit«, wie Gorbatschow später formulierte.[227]

Gorbatschow begann damit, Plechanow aus dem Raum zu weisen
und die anderen zu fragen, in wessen Auftrag sie gekommen seien.

Ihm wurde gesagt, sie seien vom Staatskomitee für den Notstand geschickt. Gorbatschow wandte ein, daß weder er noch der Oberste Sowjet ein solches Komitee eingerichtet hätten, worauf ihm mitgeteilt wurde, er solle entweder ein Dekret zur Verhängung des Ausnahmezustandes erlassen oder seine Kompetenzen an den Vizepräsidenten übergeben. Im späteren Verlauf des Gesprächs verlangte Warennikow Gorbatschows Rücktritt. Gorbatschow entgegnete:»Ihr werdet weder das eine noch das andere von mir erreichen – sagt das den Leuten, die euch hierhergeschickt haben.« Am Ende der Unterhaltung, schreibt Gorbatschow, »sagte ich ihnen unter Verwendung der stärksten Ausdrücke, die die Russen unter solchen Umständen immer benutzen, wohin sie sich scheren sollten. Und das war das Ende.«[228] Warennikow hielt es später für angemessen, sich bei dem in seinem Fall ermittelnden Beamten darüber zu beschweren, daß Gorbatschow ihm und der Delegation gegenüber »unparlamentarische Ausdrucksweisen« verwendet hatte.[229] Gorbatschows eigene Darstellung seines Verhaltens während der Begegnung mit Baklanow und den anderen wurde durch die Einzelbefragungen der Verschwörer durch die russische Staatsanwaltschaft bestätigt, auch wenn die spätere, vorhersehbare – obwohl absurde – Verteidigungstaktik der Putschisten die war, zu behaupten, Gorbatschow sei ein williger Teilnehmer am Staatsstreich gegen ihn selbst gewesen![230]

Sowohl im Verlaufe der juristischen Untersuchung des Putsches wie auch im Gespräch der Delegation mit Gorbatschow in Foros wurde völlig klar, daß der Zeitpunkt der unautorisierten Ausrufung der Notstandsregierung gewählt wurde, um die Unterzeichnung des Unionsvertrages am 20. August zu verhindern. Eine Reihe konkreter Maßnahmen, darunter auch Veränderungen in der Regierung, hätte rasch folgen sollen. Gorbatschow hatte bereits eine Sitzung des Föderationsrates für den Tag nach den Feierlichkeiten zum Unionsvertrag einberufen. Wenn aber die unmittelbar bevorstehende Unterzeichnung des Vertrags, zusammen mit Gorbatschows Abwesenheit von Moskau, den Zeitpunkt des Putsches bestimmte, so war dies doch keineswegs seine alleinige Ursache. Jedes Mitglied des Staatlichen Notstandskomitees hatte ein ureigenes Interesse an einem Ende der Präsidentschaft Gorbatschows oder daran, ihn unter die Kontrolle ihrer selbsternannten Gruppe zu bringen, was angesichts ihrer Auffassung, er habe das sowjetische System und den sowjetischen Staat zerstört, nur ein befristeter und zeitlicher Aufschub für Gorbatschow auf dem Weg zum endgültigen Sturz, seiner beinahe sicheren Inhaftierung oder noch Schlimmerem gewesen wäre.[231] Aus der Gruppe, die Gorbatschow aufsuchte, gehörte nur Baklanow zu den insgesamt acht Mitgliedern des Staatlichen Notstandskomitees. Die anderen Angehörigen dieses zeitweise regierenden Komitees waren: Kriutschkow, der Hauptinitiator der Verschwörung, der Verteidigungsminister Jasow, der Ministerpräsident Pawlow, der Innenminister Pugo, der Vizepräsident Janajew, Wasili Starodubzew, der Führer der ›Bauernunion‹, die in Wirklichkeit eine Lobby zur Verteidigung der kollektiven Landwirtschaft und gegen privatwirtschaftliches Bauerntum war, und Alexander Tisjakow, ein führender Repräsentant der staatlichen Industrie und Direktor einer Gruppe von Rüstungsbetrieben. Sowohl Starodubzew als auch Tisjakow hatten »Ein Wort an das Volk« mitunterzeichnet, wie auch ein Mitglied der Delegation, die zu Gorbatschow reiste, General Warennikow.

Gorbatschow war besonders über die Mitwirkung Kriutschkows, Jasows und natürlich Boldins schockiert, denen er unklugerweise vertraut hatte.[232] Gorbatschows Schuld im Zusammenhang mit dem Staatsstreich bestand tatsächlich in einer Reihe schlechter personalpolitischer Entscheidungen und fehlgeleitetem Vertrauen. Die Ernennungen Pawlows, Pugos und Janajews waren schwerwiegende Fehler, während die früheren Beförderungen Jasows und Kriutschkows verständlicher erscheinen. Die Fehlleistung in den beiden letzteren dieser Fälle lag darin, ihnen – Kriutschkow, vor allem – *weiterhin* Vertrauen geschenkt zu haben, als es für eine große Zahl ernsthafter Reformer offensichtlich wurde, daß sie der Art von transformativem politischen Wandel feindselig gegenüberstanden, den die Sowjetunion ab 1989 betrieben hatte. Es ist allerdings wahrscheinlich, daß jeder plausible Kandidat für das Amt des Verteidigungsministers im Jahre 1987 (als Jasow ernannt wurde) oder für den Vorsitz des KGB 1988 (als Kriutschkow Tschebrikow nachfolgte) seine institutionellen Interessen verteidigt hätte. In vieler Hinsicht ist es bemerkenswert, daß es Gorbatschow so lange Zeit gelang, ihre Forderungen und Proteste in verfassungsmäßigen Bahnen zu halten. Der militärisch-industrielle Komplex mußte die Bemühungen Gorbatschows mit Sorge beobachten, ihn auf eine wirtschaftlichere Größe zurückzustutzen, ganz zu schweigen vom Rückzug sowjetischer Truppen aus ganz Osteuropa, der in einem wiedervereinigten Deutschland in der NATO gipfelte. Der KGB konnte nicht anders, als alarmiert zu sein über den Verlust seiner Partnerdienste in Osteuropa, den Demokratisierungs- und Pluralisierungsprozeß in der Sowjetunion, der dem Großteil seiner politischen Überwachung und Kontrollmaßnahmen im Inneren die Legitimation entzog, und den Machtverlust des Zentrums, einschließlich und in zunehmendem Maße der KGB-Zentrale, an die Unionsrepubliken, von denen einige drohten, unabhängige Staaten zu werden.

Wenn eine der vorrangigen Gesetzmäßigkeiten bürokratischer Politik besagt, daß,»wo du stehst, davon abhängt, wo du sitzt«,[233] also das institutionelle Interesse individuelles Handeln bestimmt, liegt es nahe, daß die Teilnahme der Leiter dieser Organisationen eher strukturell als rein persönlich oder charakterlich begründet ist. Außerdem hatte Gorbatschow bei der Ernennung eines Verteidigungsministers oder eines KGB-Chefs keineswegs freie Hand, vor allem, als er noch nicht sowjetischer Präsident war, wie in diesen beiden Fällen. Mit seiner späteren Wahl in dieses Amt durch den Kongreß der Volksdeputierten im März 1990 erlangte er eine Autorität, die unabhängig von der war, die ihm Zentralkomitee und Politbüro verliehen, denen er in den achtziger Jahren in größerem Umfange verantwortlich war. Das sowjetische Establishment war noch nicht bereit für einen Zivilisten an der Spitze der Armee, und obwohl die Vorsitzenden des KGB in der Vergangenheit häufig nicht aus dem Parteiapparat stammten, hatten sie sich doch rasch ihrer Umgebung angepaßt und waren zu Sprechern der Interessen des KGB geworden.

Zur Zeit der Ernennung Kriutschkows sah es für Gorbatschow so aus, als könne er mit dieser Wahl am ehesten sicherstellen, daß der KGB auf seiner Seite blieb. Niemand hatte sich so sehr beim Generalsekretär eingeschmeichelt wie Kriutschkow, der, im Unterschied zu Tschebrikow, *vorgab*, ein entschiedener Parteigänger der Perestroika zu sein. Gorbatschow hatte es damals ebenfalls als vorteilhaft angesehen, daß Kriutschkow intelligent war, daß Andropow ihn geschätzt hatte und daß er seine Erfahrungen eher in der Auslandsspionage als in innenpolitischer Repression gesammelt hatte. Jasow war geistig deutlich weniger bemittelt als Kriutschkow – »kein Spinoza«, wie Jakowlew ironisch formulierte[234] –, aber Gorbatschow glaubte an seine Zuverlässigkeit und Loyalität. Als Kriutschkow jedoch auf Jasow zukam, fand dieser sich zerrissen zwischen seinen, wie er es sah, grundsätzlich konservativen Überzeugungen sowie den institutionellen Interessen des Militärs einerseits und seiner Verpflichtung gegenüber Gorbatschow sowie der auf die Verfassung gegründeten Autorität andererseits. Die erstgenannten Loyalitäten trugen den Sieg davon.

Während des Zeitraums der Isolierung Gorbatschows fanden seine Leibwächter »einige alte Radioempfänger in den Wirtschaftsräumen, improvisierten Antennen und begannen, ausländische Sendungen zu empfangen«, während es seinem Schwiegersohn, Anatoli, »gelang, einen westlichen Sender auf seinem Taschen-Sony zu hören«.[235] Von der BBC und Radio Liberty vor allem, aber auch von der ›Stimme Amerikas‹ erfuhr Gorbatschow mehr über die Entwicklungen als aus dem sowjetischen Radio und Fernsehen, das seit den Morgenstunden des 19. August von Krawtschenko den Anweisungen ›des Komitees‹ entsprechend streng zensiert wurde. Plechanow hatte seinem Stellvertreter, General Generalow, das Kommando über die neuen KGB-Einheiten in Foros übertragen. Obwohl Generalow ein alter Bekannter Tschernjajews war, stellte er ihm gegenüber klar, daß der Unionsvertrag nicht unterzeichnet werden würde und niemand Foros verlassen dürfe. Tschernjajews Entgegnung, er sei als Parlamentsabgeordneter im Kongreß der Volksdeputierten der UdSSR – neben seinem Amt als Mitarbeiter Gorbatschows – besonders berechtigt, den Komplex zu verlassen, führte zu nichts.[236] Eine am 19. August an Generalow überbrachte Forderung Gorbatschows, die Telefonverbindungen sofort wiederherzustellen und ein Flugzeug für seine Rückkehr nach Moskau bereitzustellen, wurde nicht beantwortet.[237]

Gorbatschows Dienstwagen, ausgestattet mit exzellenten Fernmeldeeinrichtungen, blieb in seiner Garage, vor der General Generalow verantwortliche bewaffnete Wachposten stationiert waren.[238] Nicht nur Tschernjajew, der im selben Gebäudekomplex wie Schachnasarow ein paar Kilometer entfernt wohnte, aber in Foros war, als der Putsch begann, sondern auch dem gesamten Hauspersonal aus den umliegenden Ortschaften wurde 48 Stunden lang nicht gestattet, den Foros-Komplex zu verlassen.[239] Nachdem er von der Behauptung der Verschwörer gehört hatte, er sei zu krank, um seinen Pflichten nachzukommen, und Janajew dementsprechend die Kompetenzen des Präsidenten wahrnehme, zeichnete Gorbatschow mit Hilfe seines Schwiegersohnes, der eine Videokamera besaß, eine Erklärung auf. Er wies die Unwahrheiten über seinen Gesundheitszustand zurück und sagte, was geschehen sei, könne man »nicht anders als einen Staatsstreich« nennen. Alle daraus folgenden Maßnahmen seien daher ungesetzlich, da weder der Präsident noch der Kongreß der Volksdeputierten Janajew die von ihm beanspruchte Autorität übertragen hätten. Gorbatschow rief Lukjanow auf, eine Dringlichkeitssitzung des Obersten Sowjets und des Kongresses der Volksdeputierten der UdSSR einzuberufen, um über die entstandene Lage zu beraten, und er verlangte in der Zwischenzeit die sofortige Einstellung aller Aktivitäten des Staatlichen Notstandskomitees.[240] Vier Aufzeichungen dieser Botschaft wurden angefertigt und der Film dann in vier Teile zerschnitten, so daß verschiedene Personen versuchen konnten, eine Kopie nach draußen zu bringen.[241] Tatsächlich kam der Film der Außenwelt erst nach der Verhaftung der Verschwörer zu Gesicht, so schnell brach der Putsch zusammen.

Später behaupteten die Mitglieder des Notstandskomitees, Gorbatschow sei in Wirklichkeit frei gewesen, Foros jederzeit zu verlassen, und bei seiner Isolation habe es sich um eine selbst auferlegte gehandelt. Mit dem Ziel, Gorbatschow schnell zugunsten Jelzins aus dem Amt zu entfernen – und nicht etwa einer Zusammenarbeit der beiden –, griff eine Reihe radikaler Demokraten dieses Thema auf, das in sich absurd war, obwohl einige ausländische Beobachter entweder naiv genug oder Gorbatschow gegenüber so feindselig gesonnen waren, um dem Glauben zu schenken. Es gibt reichhaltiges Beweismaterial dafür, daß weder Gorbatschow noch irgend jemand, der loyal zu ihm stand, Foros während des Putsches verlassen durfte. Allein der Gedanke, daß die selbsternannte neue Führung nichts dagegen gehabt hätte, wenn Gorbatschow in Moskau aufgetaucht wäre und alles, was sie der Welt mitgeteilt hatten – besonders die Krankheit Gorbatschows betreffend –, Lügen gestraft hätte, ist eine Beleidigung selbst durchschnittlicher Intelligenz. Selbst Jelzin, der in seinen zwei Erinnerungsbänden nur wenige Gelegenheiten zur Ausschmückung der Wahrheit ausgelassen hat, um seine eigene Rolle zu betonen und die Gorbatschows zu mindern,[242] akzeptiert ohne Einschränkungen, daß Gorbatschow, wenn auch verantwortlich für schlechte Personalpolitik und vorherige Unentschlossenheit, Opfer einer Verschwörung war.[243] Jelzins Stellungnahme ist um so wichtiger, als er Zugang zu allen relevanten Informationen hatte: Gorbatschows Präsidialarchiv wurde von ihm im Dezember 1991 übernommen, und bereits im August 1991, nach dem

Putsch, war das Bezirksarchiv der Partei in Stawropol eines der ersten, das beschlagnahmt wurde.[244]

In Wirklichkeit war der Putsch ein schwerer Schock für Gorbatschow und seine Familie. Als besonders schwerwiegend sollte sich das Trauma für Raissa Maximowna Gorbatschowa herausstellen. Nur wenige Menschen vermuteten am 19. August, daß der Staatsstreich innerhalb weniger Tage beendet sein würde, und es wäre voreilig für die Familie des sowjetischen Präsidenten gewesen, dies zu tun, obwohl Gorbatschow selbst immer gesagt hat, er sei zuversichtlich gewesen, daß die Verschwörer scheitern würden. Verzweifelte aber hätten durchaus zu Verzweiflungstätern werden können, und Gorbatschow und seine Frau hatten allen Grund zur Annahme, daß langfristig ihre Freiheit und möglicherweise ihr Leben in Gefahr waren. Die Belastung erreichte ihren Höhepunkt, als der Putsch am 21. August gerade im Zusammenbruch begriffen war. An diesem letzten Tag, als die Panzer von den Straßen Moskaus zurückgezogen wurden und der Druck auf das russische Weiße Haus nachließ, wo Jelzin für Rußland und die Welt zum Symbol des Widerstandes geworden war, machten sich eine Delegation des russischen Parlaments – geführt vom Vizepräsidenten Alexander Ruzkoi sowie mit zwei prominenten Verbündeten Gorbatschows, Wadim Bakatin und Jewgeni Primakow – und eine Gruppe der führenden Verschwörer auf den Weg nach Foros. Beide Seiten hofften, Gorbatschow als erste zu erreichen. Gorbatschow schreibt: »In dem Augenblick, als die BBC meldete, daß eine Gruppe der Verschwörer sich aufgemacht hatte, scheinbar um der russischen Delegation, dem sowjetischen Volk und der Weltöffentlichkeit zu zeigen, in welcher Verfassung Gorbatschow war, glaubten wir alle, daß irgendeine Niederträchtigkeit geplant war. In diesem Moment erlitt Raissa Maximowna einen heftigen Schmerzanfall, von dem sich zu erholen sie einige Zeit benötigte.«[245] Raissa Gorbatschowa war eine Zeitlang teilweise gelähmt. Sie hatte angenommen, daß die Anreise der Verschwörer auf deren Absicht hindeutete, die Gesundheit ihres Mannes in den von ihnen behaupteten Zustand zu versetzen. (Bis solche Praktiken während der Gorbatschow-Ära beendet wurden, war es keineswegs ungewöhnlich, politische Gefangene in psychiatrischen Anstalten zu verwahren und ihnen Injektionen zu verabreichen, die sie zeitweise in die Verfassung eines Zombies brachten und ihre Gesundheit oft dauerhaft untergruben.)[246] Raissa, so Gorbatschow in seinen Memoiren, »war zwei Jahre lang krank«, und Irina erlitt »einen schweren Nervenzusammenbruch«.[247]

Gorbatschow überstand mit gewohnter Zähigkeit den Putsch psychologisch und körperlich unversehrt, aber er brauchte einige Zeit, um zu erkennen, was für ein schwerer politischer Schlag ihm damit versetzt worden war. Jelzin war nicht nur derjenige, der mit den Staatsmännern der Welt während der Isolierung Gorbatschows in Kontakt gestanden hatte, sondern er hatte sein Ansehen beim russischen Volk noch weiter erhöht. Selbst Abgeordnete des russischen Parlaments, die ihm in Gegnerschaft verbunden waren und 1990 bei der Wahl zum Vorsitzenden des Obersten Sowjets nicht für Jelzin votiert hatten und 1993 offen gegen ihn revoltieren sollten, erkannten ihn als den Sieger an, dem sie in den Wochen nach dem 21. August Tribut zollten. Noch wichtiger freilich war, daß Jelzin und seine engsten Verbündeten bereit standen, den Vorteil auszunutzen, den dieser große politische Sieg ihnen gegeben hatte. Selbst wenn Gorbatschow sich nach seiner Rückkehr aus Foros schneller in die gewandelte Atmosphäre in Moskau eingefunden hätte, als es tatsächlich der Fall war, so bleibt es zweifelhaft, ob ein Machtkampf – den Jelzin unter den neuen Bedingungen wahrscheinlich gewonnen hätte – zu vermeiden gewesen wäre.

Wie schon früher, war es noch immer der Fall in diesen letzten Monaten der Sowjetunion, daß Zusammenarbeit und Kompromißbereitschaft zwischen Gorbatschow und Jelzin für den Erhalt des Maximums an ökonomischer und politischer Einheit, das freiwillig zu erreichen war, im Interesse einer Mehrheit der sowjetischen Bürger gewesen wäre. Gorbatschow fand sich in der Tat zu einer solchen Kooperation in größerem Umfange bereit als Jelzin. Jelzin wiederum war nach der Niederlage der Putschisten und dem politischen Kapital, das er daraus schlagen konnte, daß es sich bei diesen Leuten um von Gorbatschow ernannte Persönlichkeiten handelte,[248] zunehmend unwilliger, Gorbatschow auch nur eine Teilhabe an der Macht zuzugestehen. Die Geschichte ihres persönlichen Verhältnisses allerdings machte es beiden schwer, die Vergangenheit hinter sich zu lassen. Darüber hinaus war, wie Schachnasarow scharfsinnig bemerkt, »Großzügigkeit keine Charaktereigenschaft Jelzins und Bescheidenheit keine Gorbatschows«[249].

Der Putsch selbst war aus einer Reihe von Gründen fehlgeschlagen. Dazu gehörte zweifelsohne die Tatsache, daß Jelzin, mit der Legitimi-

tät einer kurz zurückliegenden Wahl durch das Volk zum russischen
Präsidenten im Rücken, ein Sammelpunkt für den Widerstand gegen
diejenigen wurde, die bereitwillig auf repressive Methoden zurückgriffen, um die Macht wiederherzustellen, die so rasch zwischen ihren
Fingern zerronnen war. Ebenso zählte dazu die Bereitschaft mehrerer
hunderttausend Menschen, das Risiko einzugehen und sich auf den
Straßen und Plätzen Moskaus und Leningrads zu versammeln und
damit die Befehle des Notstandskomitees zu mißachten sowie den
politischen Preis eines Militäreinsatzes zu erhöhen. Mehreres war von
großer Bedeutung: das Fehlen einer plausiblen, geschweige denn einer
populären Führungsfigur unter den Putschisten sowie ihre Unentschlossenheit (was nicht der Ironie entbehrt, da genau dies zu ihren
Vorwürfen an Gorbatschow gehörte), die Tatsache, daß die Störung
ausländischer Rundfunksendungen unter Gorbatschow beendet worden war und so die Verbreitung objektiver Informationen über den
Putsch unter der sowjetischen Bevölkerung möglich war, schließlich
die internationale Unterstützung für Gorbatschow und Jelzin. Die
Früchte einiger Jahre der Freiheit und der Demokratisierung ermutig-
ten die sowjetischen Journalisten, Untergrundzeitungen herzustellen,
und führte dazu, daß eine ausreichend große Zahl von Bürgern nicht
akzeptierte, daß ihr politisches Schicksal erneut von einer kleinen
Gruppe ›dort oben‹ entschieden werden sollte. Für das Scheitern des
Putsches aber kommt nichts an Bedeutung der Weigerung Gorbatschows nahe, die Führer des Staatsstreichs mit einem noch so geringen Hauch von Legitimität zu versehen. Dies wiederum führte zu tie-
feren und größeren Spaltungen in Armee und KGB, als dies sonst der
Fall gewesen wäre. Gorbatschows ›Tragödie‹ lag, wie Tschernjajew feststellt, darin, daß er am 18. August »dem Putsch grundsätzlich den entscheidenden Schlag versetzt hatte«, er aber nach seiner Ablehnung der
»Dienste« der Verräter bis zum Abend des 21. August »verlor, was von
seiner eigenen Macht übriggeblieben war«.[250]

Gorbatschow beging zwei politische Fehler nach seiner Rückkehr
nach Moskau, obwohl seine Isolierung in Foros als mildernder
Umstand geltend gemacht werden kann, da selbst ausländische Rundfunksendungen kein Ersatz für die unmittelbare Erfahrung der veränderten Stimmung in der Hauptstadt waren. Der erste Fehler nach seinem Rückflug nach Moskau in der Nacht vom 21. auf den 22. August
war der, nicht sofort zum russischen Weißen Haus zu fahren. Als Gor-

batschow am 23. August dort erschien, fand er Jelzin entschlossen, den größtmöglichen politischen Vorteil aus Gorbatschows Besuch zu ziehen und bei den Abgeordneten des russischen Parlaments eine teilweise enthusiastische und teilweise katzbuckelnde Reaktion auszulösen. Gorbatschow hätte sicherlich eine freundlichere Aufnahme erfahren, wenn er das Weiße Haus zu seinem ersten Halt nach seiner Landung in Moskau gemacht hätte, da dieses Gebäude das wirkliche und symbolische Zentrum des Widerstandes gegen den Putsch gewesen war. Es scheint jedoch angebracht hinzuzufügen, daß niemand in der russischen Delegation, die an der Befreiung von Foros teilgehabt hatte – und in deren Flugzeug Gorbatschow zurückflog, nicht etwa in seiner Präsidentenmaschine, die ihm ja wieder zu Verfügung stand –, dies vorgeschlagen oder erwähnt hatte, daß er möglicherweise im Weißen Haus erwartet würde.[251] (Die Verschwörergruppe, die in einem eigenen Flugzeug auf die Krim gereist war, erreichte Foros tatsächlich vor der russischen Delegation. Zu diesem Zeitpunkt allerdings hatten sie den Willen zu weiteren, verzweifelten Maßnahmen verloren, und es scheint, als sei es ihnen lediglich darum gegangen, ihre Entschuldigungen und Erklärungen als erste vorbringen zu können – bevor Gorbatschow die Ansichten derer anhörte, die ihrer Machtübernahme Widerstand geleistet hatten. Aber Gorbatschow weigerte sich, sie zu empfangen, und mit Ausnahme derjenigen, die parlamentarische Immunität genossen – die später rechtmäßig aufgehoben wurde –, kehrten sie unter Arrest nach Moskau zurück.)

Gorbatschows zweiter und bedeutenderer Fehler lag darin, in seiner ersten Pressekonferenz nach der Rückkehr nach Moskau auf ein altbekanntes Thema zurückzukommen: die Notwendigkeit der »Erneuerung« der Kommunistischen Partei.[252] Gorbatschow war schon seit längerer Zeit der Auffassung gewesen, die Kommunistische Partei solle keine im alten Sinne regierende Partei mehr sein, und tatsächlich hatte er sie in zunehmendem Maße umgangen. Statt dessen hoffte er, eine reformierte, grundsätzlich sozialdemokratische Partei – mit mehreren Millionen Mitgliedern – aus der alten KPdSU hervorgehen zu sehen. Es war ihm bewußt, daß ihm die notwendige starke Parteibasis fehlte, und er glaubte zunächst, daß er es nach dem gescheiterten Staatsstreich leichter haben würde, die Mehrheit der Partei für sich zu gewinnen, da die Hardliner so schwer diskreditiert waren.[253]

Gorbatschow erkannte nicht, daß die Kommunistische Partei als solche in der unmittelbaren Zeit nach dem Putsch auch die Reste der ihr verbliebenen Glaubwürdigkeit verloren hatte. Beinahe alle ihrer führenden Funktionäre hatten entweder den Putsch unterstützt oder es versäumt, ihm Widerstand zu leisten. Die Partei war daher in den Augen einer Mehrheit der Bevölkerung und der politisch Aktiven (darunter viele, wie Alexander Jakowlew, die selbst hochrangige Parteifunktionäre gewesen waren) nicht mehr zu retten. Gorbatschows Äußerungen über die Partei wurden von einigen dahingehend interpretiert, als sei er »im Herzen noch immer ein Kommunist«, obgleich er mehr als jeder andere für das Niederreißen des eindeutig kommunistischen Systems getan hatte. Auf einer Reform der Partei aber zu einer Zeit zu bestehen, als die meisten Menschen sie nur hinweggefegt sehen wollten, fügte ihm zweifellos weiteren politischen Schaden zu. Im privaten Gespräch erklärte Jakowlew Gorbatschow, von der ›Erneuerung‹ der Partei zu sprechen sei, als würde man »einer Leiche erste Hilfe leisten wollen«[254].

Die verbleibenden Monate des Jahres 1991 sahen eine fortdauernde Aushöhlung der Macht Gorbatschows und der Reste der Zentralbehörden der Sowjetunion. Vor dem russischen Parlament bestand Gorbatschow am 23. August zu Recht darauf, daß die Kommunistische Partei kein undifferenzierter Korpus von Menschen sei und ihre Mitglieder nicht kollektiv für die Vergehen ihrer Führung verantwortlich gemacht werden sollten, deren er sich zu diesem Zeitpunkt sehr wohl bewußt war. Dessenungeachtet fertigte Jelzin noch an Ort und Stelle Dekrete aus, die die Aktivitäten der Russischen Kommunistischen Partei suspendierten und das Vermögen der KPdSU beschlagnahmten. Einen Tag später trat Gorbatschow, nach der Überzeugungsarbeit von Kollegen wie Jakowlew und unter Druck von Jelzin, als Generalsekretär zurück und forderte das Zentralkomitee der KPdSU auf, sich selbst aufzulösen. Während der Sitzung des russischen Parlaments am 23. August, bei der auch Gorbatschow sprach, bestand Jelzin darauf, daß Gorbatschow das Protokoll einer Sitzung des Ministerrats vom 19. August verlas. Aus ihm ging hervor, daß so gut wie alle – sei es aus Überzeugung, Feigheit oder, wie einige später behaupteten, aus Informationsmangel – den Putsch akzeptiert hatten. Jelzins wiederholte Feststellung, daß Gorbatschow alle diese Personen selbst ernannt hatte, leugnete der sowjetische Präsident nicht, obwohl sie nur in einem formellen Sinne den Tatsachen entsprach. Die meisten Minister, mehrheitlich zuständig für verschiedene Wirtschaftszweige, waren von Ryschkow ausgewählt und erst kürzlich neben einigen Neuernennungen im Amt bestätigt worden – gemeinsam von Gorbatschow und dem Föderationsrat, in dem auch Jelzin saß.

Es gab mehrere Selbstmorde von führenden Anhängern des Staatsstreiches, etwa von Pugo und von Marschall Achromejew. Achromejew schrieb einen würdevollen Brief an Gorbatschow, in dem er die Gründe für seine Überzeugung erläuterte, daß alles, wofür er sein Leben lang gearbeitet habe, zerstört werde. Seit 1990 sei er zutiefst über die Entwicklung besorgt gewesen, und nun sei alles verloren, dementsprechend sehe er keine ehrenhafte Alternative zu dem äußersten von ihm geplanten Schritt.[255] Viele andere verloren einfach ihr Amt, und die Putschisten verbrachten unterschiedlich lange Zeit im Gefängnis, obwohl schließlich alle entlassen wurden, ohne jemals von einem Gericht für schuldig befunden worden zu sein. Zu den wegen Komplizenschaft mit dem Notstandskomitee Inhaftierten gehörte Anatoli Lukjanow, der tatsächlich an den Diskussionen mit Kriutschkow und anderen am Vorabend des Putsches teilgenommen und sich diesen Zeitpunkt für seine Angriffe gegen den Unionsvertrag ausgesucht hatte, der kurz vor der Unterzeichnung hätte stehen sollen und an dessen Aushandlung er mitgewirkt hatte. (In der Mitte der neunziger Jahre wurden die Teilnehmer der Verschwörung vom August 1991 in den konservativen Kreisen des postsowjetischen Rußlands bereits wieder als Helden gefeiert.)

Es gab jedoch auch eine Reihe willkommener Rückkehrer in hohe Ämter unter denjenigen, die Gorbatschow bis zum Winter 1990/91 nahegestanden hatten. Alexander Jakowlew fand sich sofort wieder als Hauptberater an der Seite Gorbatschows ein. Bemerkenswerterweise wurde Wadim Bakatin, dessen Berufung in ein solches Amt vor dem Staatsstreich auf heftigen Widerstand gestoßen wäre, zum Vorsitzenden des KGB ernannt. Dies war ein Teil der Bemühungen, den Geheimdienst unter demokratische politische Kontrolle zu bringen, die aktivsten Befürworter des Putsches zu entfernen und die Aufgaben des KGB auf mehrere Organisationen aufzuteilen, um dessen Macht in Schranken zu weisen. Bakatin besaß keine Erfahrungen im Umgang mit dem KGB und ernannte Oleg Kalugin zu seinem Berater, einen KGB-General, der Ende der achtziger Jahre ins demokratische Lager gewechselt war, aus dem Amt entfernt und seitdem überwacht wurde.

Er schloß sich am 19. August der Widerstandsbewegung im Moskauer Weißen Haus an, und er war es, der um 6.20 Uhr Alexander Jakowlew mit der Nachricht weckte, ein Staatsstreich habe stattgefunden. Kalugin und Jakowlew hatten beide von 1958-59 einer Gruppe sowjetischer Austauschstudenten an der Columbia-Universität in New York angehört, Jakowlew als wirklicher Student, wenn auch reiferen Semesters, und Kalugin als junger KGB-Agent.[256] Bessmertnich wurde für seine unterbliebene Verurteilung des Putsches als Außenminister entlassen und zunächst durch Boris Pankin ersetzt. Als Botschafter in Prag war Pankin praktisch der einzige aller sowjetischen Vertreter im Ausland gewesen, der sich gegen die Verschwörer gestellt hatte. Als eine relativ farblose Figur wurde er im November von niemand anderem als Eduard Schewardnadse abgelöst, der in sein altes Amt als sowjetischer Außenminister zurückkehrte, offensichtlich ohne sich vorzustellen, daß der von ihm aufs neue repräsentierte Staat am Ende des darauffolgenden Monats aufhören würde zu existieren.

Gorbatschow wurde in seiner Wahl der Minister und Ratgeber nicht mehr von den Hardlinern eingeengt. Es mutet ironisch an, daß er in der Lage war, sein stärkstes und überzeugendstes Team zusammenzustellen, das den ehemaligen russischen Ministerpräsidenten Iwan Silajew als neuen sowjetischen Ministerpräsidenten aufwies, als seine Macht nur noch einen Schatten dessen darstellte, was sie selbst noch in den Monaten vor dem Putsch gewesen war – ganz zu schweigen von einem Jahr oder zweien zuvor. Der Wandel im Kräfteverhältnis zwischen der Union und Rußland und dem sowjetischen und dem russischen Präsidenten fand darin seinen Niederschlag, daß wichtige Personalentscheidungen – etwa über den KGB-Vorsitz oder den Außenminister – die Zustimmung Jelzins und Gorbatschows benötigten. Jelzin konnte angesichts von dessen Leistungen nicht wirklich etwas gegen die Rückkehr Schewardnadses einwenden, aber im Jelzin-Team herrschte tatsächlich eine gewisse Besorgnis darüber, daß es Gorbatschow – allen Widrigkeiten zum Trotz – möglicherweise gelingen könnte, die Glaubwürdigkeit der Unionsbehörden wiederherzustellen.[257]

Das Verlangen Jelzins und der russischen Regierung, an die Stelle der Regierung Gorbatschow zu treten und nicht die Macht mit ihr zu teilen, wurde allerdings durch die an Kraft und Geschwindigkeit zunehmende Neigung anderer sowjetischer Republiken zur Unabhängigkeit gestärkt. Der Putsch diente in zwei entscheidenden Aspekten als Stimulus für den Zerfall der Sowjetunion. Einerseits hatte er gezeigt, daß es noch immer Versuche geben konnte, die alte, repressive Herrschaft Moskaus wieder zu errichten, so daß der Grad an *de facto*-Unabhängigkeit, den die Republiken bereits genossen, ihnen erneut würde verweigert werden können. Andererseits hatte Jelzin in seiner Eigenschaft als russischer Präsident eine Reihe von Entscheidungen getroffen, die für die gesamte Union von Bedeutung waren, was die empfindlichen und auf ihre Souveränität bedachten Führungen der Republiken ebenfalls mit Sorge erfüllte.

Die Unabhängigkeit der baltischen Staaten wurde nach dem Putsch als erste offiziell von der Sowjetunion anerkannt, und zwar am 6. September. Vier Tage später erklärte Armenien seine Unabhängigkeit. Moldowa und Georgien betrachteten sich bereits als unabhängige Staaten. Gorbatschow war es tatsächlich gelungen, den Nowo-Ogarewo-Prozeß wieder in Gang zu bringen, obwohl das Pendel nun stärker als jemals zuvor gegen ihn ausschlug. Die zentralasiatischen Republiken und Kasachstan waren nun die wichtigsten Befürworter des Erhalts einer Union, und Nasarbajew tat sich dabei erneut besonders hervor. Auch Jelzin akzeptierte scheinbar die Idee einer Konföderation und eines gemeinsamen Marktes – eher einer Union Souveräner Staaten denn der Union Souveräner Sowjetrepubliken, wie die Formulierung im Entwurf des Unionsvertrags hieß, der am 20. August hätte unterzeichnet werden sollen. In den Monaten zwischen dem Putsch und dem Zusammenbruch der Union teilten sich Gorbatschow und Jelzin den Kreml, obwohl dieser deutlich die Absicht verfolgte, dies nur übergangsweise zu akzeptieren. Während Jelzin zum Schein am Nowo-Ogarewo-Prozeß teilnahm, bereiteten er und seine engsten Mitarbeiter im Hintergrund die volle Machtübernahme in Rußland und nicht etwa ein Arrangement selbst mit den stark geschwächten Unionsbehörden vor.[258]

Obwohl die Aussichten für den Erhalt eines sowjetischen Staates durch die Aktivitäten der Putschisten wesentlich schlechter geworden waren – dabei war es das Hauptziel der Verschwörer gewesen, einen solchen Staat zu bewahren –, war Gorbatschow bereit, als letzte Möglichkeit ein politisches Gebilde nach dem Vorbild der Europäischen Union zu akzeptieren. Die jüngere und ältere Vergangenheit stand dem allerdings unübersehbar im Weg. Einer der Todesstöße für den

Erhalt einer Union war eine Volksabstimmung und Präsidentenwahl in der Ukraine am 1. Dezember 1991. Während eine große Mehrheit der Bürger der Ukraine, die sich am Referendum im März beteiligt hatten, für eine »erneuerte Union« gestimmt hatten, optierten nun ungefähr 90 Prozent für die Unabhängigkeit. Es herrschte noch eine gewisse Unsicherheit, ob alle, die so abgestimmt hatten, wirklich eine völlige Trennung von Rußland und der Union wollten, aber es gibt Beweise dafür, daß die ukrainische Führung von der Umgebung Jelzins ermuntert wurde, ausdrücklich zu erklären, dieses Ergebnis entspreche genau ihren Wünschen.[259] Tatsächlich war es zu einem großen Meinungsumschwung zugunsten der Unabhängigkeit gekommen – ein Ergebnis der politischen Ereignisse der zurückliegenden Monate, besonders im August.

Gorbatschow und Jelzin hatten darin übereingestimmt, daß die Union ohne die Ukraine undenkbar sei, dies aber aus unterschiedlichen Beweggründen gesagt. Gorbatschow wollte nicht nur die Ukraine in der Union halten (und in einem vom Fernsehen übertragenen Aufruf an die Ukrainer erwähnte er eigens das ukrainische Blut in seiner Familie[260]), sondern er konnte sich auch nicht zu der Einsicht durchringen, daß die Ukraine schließlich doch ihre historische Verbindung zu Rußland kappen würde. Selbst vor dem Kreis seiner engsten Mitstreiter vertrat er die Ansicht, die Grenzen der Ukraine seien nur sicher in einer Union mit Rußland, und überzeugte sich selbst mit der Kraft seiner Argumente – was, den Worten Andrei Gratschows nach, der Nachfolger Ignatenkos als Pressesprecher des Präsidenten geworden war, nicht selten geschah –, auch wenn sich dies nicht auf alle seine Gesprächspartner übertrug.[261] Jelzin war der realistischeren Auffassung, daß die Ukraine tatsächlich für die Unabhängigkeit votieren würde. Eine Einigung darüber, daß die Union ohne die Ukraine nicht vorstellbar wäre, machte es demnach möglich, die Reste der Union zu beseitigen, einschließlich ihres Präsidenten.

Der letzte Schlag gegen die Bewahrung einer Union kam, als die Präsidenten Rußlands, der Ukraine und Weißrußlands – Jelzin, Krawtschuk und Schuschkjewitsch – am 8. Dezember ein Treffen in der Nähe von Brest in Weißrußland (oder Belarus, wie es heute heißt) abhielten. Sie erklärten, daß die Sowjetunion aufhören würde zu bestehen und sie an ihrer Stelle eine ›Gemeinschaft Unabhängiger Staaten‹ zu errichten beabsichtigten. Gorbatschow war empört darüber, daß eine solche Entscheidung außerhalb der Verfassung und einseitig getroffen wurde – ohne ihn oder die Führer der anderen Republiken innerhalb der Union zu konsultieren. Nasarbajew war ebenfalls verstimmt angesichts der Tatsache, daß man ihn von der Entscheidung ausgeschlossen hatte, obwohl er Präsident Kasachstans bleiben würde, was immer geschah. Nun wurde ersichtlich, daß es schon bald keinen Staat mehr geben würde, den Gorbatschow führen konnte. In den verbleibenden Wochen seiner Amtszeit fand sich Gorbatschow langsam damit ab, daß seine Präsidentschaft zu Ende ging, und er trat für die Schaffung institutioneller Rahmenbedingungen in der neuen ›Gemeinschaft‹ ein, die ihr Sinn und Ziel verleihen könnten. Tatsächlich sollten sie, auf kurze Sicht wenigstens, äußerst schwach bleiben.

Gorbatschow gab am 18. Dezember bekannt, er werde als sowjetischer Präsident zurücktreten, sobald der Übergang von der Union zur Gemeinschaft Unabhängiger Staaten abgeschlossen sei. Bei einem Treffen in Alma-Ata am 21. Dezember, zu dem er nicht eingeladen war, erreichte die Zahl der beitrittswilligen Staaten schließlich elf – alle ehemaligen Sowjetrepubliken, mit Ausnahme der baltischen Staaten und Georgiens. Gorbatschow schied am 25. Dezember aus dem Amt, als er ein Dekret unterzeichnete, mit dem er sich selbst der Befugnisse des Präsidenten der UdSSR enthob und seine oberste Kommandogewalt über die Streitkräfte Jelzin übertrug, einschließlich der Kontrolle über die Nuklearwaffen, die Rußland zufielen. Rußland war also nicht nur als größter Nachfolgestaat der Sowjetunion und wegen seines Sitzes im Sicherheitsrat der Vereinten Nationen der ›Fortführerstaat‹ der Sowjetunion.

In einer Fernsehansprache am Abend des 25. Dezember sagte Gorbatschow seinen Mitbürgern, daß er versucht habe, die Unabhängigkeit der Völker und die Souveränität der Republiken mit dem Erhalt der Union zu verbinden. Deren Verstümmelung könne er jedoch nicht hinnehmen. Er bedauerte den Umstand, daß das alte System zerbrochen war, bevor ein neues System funktionstüchtig gemacht werden konnte, und beklagte den Augustputsch, der die vorhandene Krise verschärft und – die größte Gefahr – den »Zusammenbruch der Staatlichkeit« herbeigeführt habe. Gorbatschow räumte ein, daß Fehler gemacht worden seien und viele Dinge besser hätten bewerkstelligt werden können. Aber er führte ebenso die Leistungen der »Übergangsperiode« auf. Dazu gehörten die Beendigung des Kalten Krieges, die Abschaffung des »totalitären Systems«, der Durchbruch zu demokratischen Reformen, die Anerkennung der überragenden Bedeutung der Menschenrechte und die Schritte in Richtung Marktwirtschaft.

Die sowjetische Flagge über dem Kreml wurde am selben Tag eingeholt und durch die russische Trikolore ersetzt. Am 27. Dezember, als Gorbatschow in den Kreml zurückkehrte, um seinen Schreibtisch aufzuräumen, fand er sein Arbeitszimmer bereits von Boris Jelzin belegt. Gorbatschow war der Annahme gewesen, es stehe ihm noch bis zum 30. Dezember zur Verfügung. Aber dies waren die Randerscheinungen einer politischen Rivalität, aus der Jelzin als Sieger hervorgegangen war. Größere Dinge waren geschehen. In weniger als sieben Jahren hatten sich ein riesiges Land und ein großer Teil der Welt über alle Maßen verändert. Inwieweit dies auf Gorbatschow zurückging, war das zentrale Thema dieser Studie. Wie seine Jahre an der Macht zu bewerten sind, ist Gegenstand des nächsten, dieses Buch beschließenden Kapitels.

KAPITEL 9

Schlußbetrachtungen

Es ist im heutigen Rußland und auch in einigen Kreisen im Westen
weithin üblich, Gorbatschows Werk als einen politischen Fehlschlag
zu betrachten.[1] Oberflächlich betrachtet scheint eine solche Sicht vollkommen einleuchtend zu sein. Nichts war weiter von den Vorstellungen Gorbatschows im Jahre 1985 entfernt als das Ende der staatlichen
Existenz der Sowjetunion. Im Gegenteil, er wollte sie »als eine prospe-
rierende Großmacht« auf dem Schritt ins nächste Jahrtausend sehen.[2]
Er wollte das sowjetische System reformieren, nicht zerstören und
hegte den besonderen Wunsch, qualitative Verbesserungen seiner
Wirtschaftsleistungen zu erreichen. In all diesen sehr wichtigen Aspekten waren die Ergebnisse sehr weit von Gorbatschows Absichten entfernt.

Die Argumentation, Gorbatschows Politik als einen Mißerfolg zu
sehen, beruht also vor allem auf einem Vergleich seiner Ziele zum Zeitpunkt seiner Regierungsübernahme mit den tatsächlichen Ereignissen
während seiner Jahre an der Spitze des politischen Systems der Sowjetunion. Aber selbst an diesen Kriterien gemessen, liegen die Dinge
nicht ganz so einfach. Wie ich in den vorangegangenen Kapiteln dargelegt habe, war Gorbatschow bereits 1984/85 ein viel ernsthafterer
Reformer, als dies damals in der Sowjetunion oder im Westen wahrgenommen wurde. Außerdem war er nicht nur an ökonomischen Reformen interessiert, sondern auch an Glasnost (wenn auch damals mehr
als Reforminstrument denn als in sich selbst wünschenswertes Ziel),
an einer Liberalisierung des politischen Systems (für die er den Begriff
›Demokratisierung‹ benutzte, obwohl dies vollständig erst ab 1988
zutraf), an einer Ablösung der sowjetischen Hegemonie über andere
kommunistische Parteien und Systeme durch Zusammenarbeit, an
einer Verringerung des Umfangs und des Gewichts des militärisch-
industriellen Komplexes, an einer Rückführung der sowjetischen
Truppen aus Afghanistan und an der Beendigung des Kalten Krieges
zwischen Ost und West. Diese Ziele zu verwirklichen war alles andere
als leicht, aber Gorbatschow gelang es.[3]

Grundsätzlicher noch bietet sich die Frage an, warum Gorbatschows Erfolg oder Mißerfolg an den Grenzen seines politischen Horizonts zu einem bestimmten Zeitpunkt gemessen werden sollte, selbst dem Zeitpunkt seiner Wahl zum Generalsekretär. Warum 1985 und nicht 1988? Spätestens bis zum Sommer 1988 hatte Gorbatschow die Notwendigkeit von Mehrkandidatenwahlen akzeptiert und, wie in den Kapiteln 4 und 6 dargestellt, die Grundlagen für die Entwicklung des politischen Pluralismus in der Sowjetunion gelegt. Er hatte vieles von der Ideologie des Marxismus-Leninismus hinter sich gelassen und näherte sich einer sozialdemokratischen Vision des Sozialismus. Er erkannte, daß die Kommunistische Partei letztlich mit anderen politischen Parteien in Rußland in Wettstreit treten mußte. Er bewunderte in zunehmendem Maße, was er von westeuropäischen politischen und ökonomischen Systemen zu Gesicht bekam, und wurde dementsprechend kritischer gegenüber dem sowjetischen kommunistischen Erbe. Er hatte das Wesen der Beziehungen der Sowjetunion zur Welt umfassend neu durchdacht und Präsident Ronald Reagan in Moskau empfangen. Reagan hatte darauf mit der Bemerkung reagiert, er betrachte die UdSSR nicht mehr als ein ›Reich des Bösen‹, und bis zum Ende des Jahres 1988 hatte der amerikanische Außenminister George Shultz die Überzeugung gewonnen, der Kalte Krieg sei vorüber.[4] Daß sich dies auch wirklich so verhielt, wurde im Verlauf des folgenden Jahres noch klarer, an dessen Ende sich die meisten Länder Osteuropas, eines nach dem anderen, vom Kommunismus und der Verbindung mit der Sowjetunion abgewandt hatten und Gorbatschow dem Verschwinden des ›sowjetischen Blocks‹ den Vorzug vor einer Rückkehr zu militärischem Eingreifen und zur Politik der Unterdrückung gab. Gorbatschow hatte bereits im Jahre 1988 den Weg zur Unabhängigkeit der osteuropäischen Staaten geebnet, und zwar in seinen Reden vor der XIX. Parteikonferenz und den Vereinten Nationen, in denen er das Recht souveräner Staaten anerkannte, ihr politisches und ökonomisches System frei zu wählen.

Wenn wir die vier Veränderungen nehmen – betrachtet in den Kapiteln 5, 6, 7 und 8 –, die notwendig waren, wenn die Sowjetunion den Übergang von einem höchst repressiven kommunistischen System zu einer Form von Demokratie und Marktwirtschaft bewältigen sollte, dann waren zwei von ihnen bis zum Ende der achtziger Jahre erfolgreicher, als sich dies die sowjetischen Dissidenten oder die optimistischsten westlichen Beobachter zu der Zeit hätten träumen lassen, als Gorbatschow an die Macht kam. Das heißt, das politische System war greifbar pluralistisch geworden und teilweise demokratisiert worden, während sich die internationalen Beziehungen noch tiefgreifender gewandelt hatten. In beiden Fällen ging die Initiative dazu von Gorbatschow aus, obwohl die westlichen Führer im ganzen wohlwollend und mit Anteilnahme auf das dramatische Ausmaß der Veränderungen in der sowjetischen Innen- und Außenpolitik reagierten. Wenn die Einstellung der zweiten Regierungszeit Reagans sich so deutlich von der der ersten unterschied, so geschah dies in Antwort auf die grundsätzlich neuen Herausforderungen und Möglichkeiten, die Moskau ins Spiel brachte. Die anfängliche Skepsis der Regierung Bush machte schon bald der Einsicht Platz, daß Gorbatschow die sowjetische Außenpolitik fundamental verändert hatte. Lange hatte man es in den westlichen Hauptstädten als gegeben hingenommen, daß sich zwar die kommunistischen Regime in Osteuropa bessern könnten, die Sowjetunion aber über die Früchte ihres Sieges im Zweiten Weltkrieg in Gestalt der kommunistischen Herrschaft über Osteuropa, die mehr oder weniger von Moskau abhängig war, nicht verhandeln würde. Aber auch dies hatte sich geändert.

Die Wirtschaftsreformen und die Nationalitätenpolitik – zusammen mit einigen sehr schlechten personalpolitischen Entscheidungen – waren dagegen Felder relativen Mißerfolgs für Gorbatschow. Und doch veränderte sich auch das Wirtschaftssystem in einigen bedeutenden Aspekten (wie in Kapitel 5 angemerkt und weiter unter hervorgehoben), und Gorbatschow fügte sich in eine umfangreiche Machtverlagerung von den zentralen Allunionsorganen an die Teilrepubliken der Sowjetunion, bevor der Prozeß, in seinen Augen, aus dem Ruder lief und im Zerfall der UdSSR endete. Wie im vorangegangenen Kapitel dargestellt, ist es jedoch möglich, daß eine kleinere und andere Union hätte erhalten werden können, wenn Jelzin und seine Anhänger nicht vor und nach dem Augustputsch 1991 dagegen gearbeitet und Kriutschkow und seine Mitverschwörer mit ihrem Staatsstreich nicht das genaue Gegenteil ihrer Absicht bewirkt hätten. Wenn die Liberalisierung und teilweise Demokratisierung der Sowjetunion den Erhalt einer Union auf dem gesamten, von Gorbatschow bei Amtsantritt vorgefundenen Territorium auch sehr unwahrscheinlich machte, waren für den totalen Zusammenbruch der Union eher Jelzin und natürlich die Putschisten als Gorbatschow verantwortlich.[5]

Jelzin war in den von Gorbatschow geschaffenen politischen Freiraum eingedrungen und wäre ohne Gorbatschows Reformen ein
wenig bekannter Parteifunktionär im Ural geblieben. Aber er verstand
es, die ihm sich bietenden Gelegenheiten erfolgreich zu nutzen, und
leistete zeitweise einen höchst positiven Beitrag zur friedlichen Umwandlung der Sowjetunion und vor allem Rußlands. Für Jelzin jedoch
genoß das Streben nach persönlicher Macht Vorrang vor der Errichtung einer neuen Föderation oder Konföderation. Wenn es auch viele
Faktoren waren, die zum Zusammenbruch des sowjetischen Staates
führten, ist es doch angemessen, wie Alexander Dallin bemerkt, Jelzin
als »den schließlichen Katalysator des Zusammenbruchs« zu bezeichnen.[6] Die tieferliegenden Gründe für den Zerfall der Sowjetunion
waren freilich die beinahe unüberwindlichen Schwierigkeiten des Versuchs, gleichzeitig eine vierfache Veränderung des Systems in Angriff
zu nehmen, obwohl die Verknüpfungen dergestalt waren, daß eine
planvolle Abfolge dieser Veränderungen keine realistische Alternative
darstellte.

Gorbatschows Erfolg oder Mißerfolg als Politiker sollte demnach
nicht einfach nur danach beurteilt werden, daß die Sowjetunion, trotz
seiner entgegengesetzten Wünsche und ungeachtet seiner unermüd-
lichen Anstrengungen, schließlich fünfzehn Nachfolgestaaten weichen mußte. In Wirklichkeit spricht nämlich seine Weigerung, die
einzigen Mittel einzusetzen, die 1990/91 die gesamte UdSSR wirksam
hätten zusammenhalten können – nämlich allgemeine und anhal-
tende Repressionen –, ganz und gar für ihn. Außerdem entwickelten
sich seine Ansichten auch zur Nationalitätenfrage weiter, wie wir im
vorangegangenen Kapitel gesehen haben. Vor allem wegen der Verhandlungen über den Unionsvertrag im Rahmen des Nowo-Ogarewo-
Prozesses, die sehr weitreichende Kompetenzen auf die Republiken
verlagerten, rebellierten so viele Allunionsbeamte im August 1991
gegen ihn und versuchten, seine Versöhnungspolitik rückgängig zu
machen.

Gorbatschows Erfolgsbilanz anhand seines Denkens zu bestimmten
Zeitpunkten zu errechnen eröffnet ebenfalls die Möglichkeit grundsätzlicher Einwände. Er war eher Anhänger einer Entwicklung als ein
überzeugter Revolutionär, jemand, der großartige utopische Entwürfe
prinzipiell ablehnte, ein Pragmatiker, kein Ideologe, und ein Politiker,
der das Temperament eines Reformers mit einer außerordentlichen

Lern- und Anpassungsfähigkeit verband. Er wurde von einem russischen Schriftsteller einmal als »eine sehr seltene Erscheinung in unserer Geschichte« bezeichnet, als »ein Evolutionär mit Grundsätzen«.[7] Derselbe Autor unterstreicht denn auch die Tatsache, daß Gorbatschow »die Hauptkraft war, die über eine lange Zeit mögliche Putschisten in Schach hielt«[8]. Beinahe fünf Jahre seiner Regierungszeit war Gorbatschow sowohl der Motor der Reformen als auch Garant ihrer Fortsetzung. Für weite Teile der Jahre 1990/91 dagegen befand er sich in der Defensive, während eine politische Polarisierung, die er zu vermeiden versucht hatte, ihn überrollte. Aber selbst dann bediente er sich nicht der traditionellen kommunistischen Methoden, um seine Kontrolle über die Ereignisse wiederherzustellen. Die Vorstellung, Gorbatschow hätte der Diktator in der »heraufziehenden Diktatur« sein können, vor der Schewardnadse im Dezember 1990 warnte, war in sich absurd, denn diktatorische Mittel waren seiner Persönlichkeit und seinen intellektuellen Überzeugungen fremd.[9]

Tatsächlich war es Gorbatschows Erkenntnis der Bedeutung der Mittel wie der Ziele in der Politik, die ihn von allen seinen kommunistischen Vorgängern unterschied wie auch von seinem ›Nachfolger‹ Boris Jelzin. Gorbatschows Einstellung war weit von der bolschewistischen Psychologie des *kto kogo* (»wer vernichtet wen«) entfernt. Er betrachtete die Politik nicht als Nullsummenspiel. Sowohl in der Innen- wie der Außenpolitik verknüpfte er die Suche nach Konsens mit dem Vorantreiben zunehmend fundamentaler Veränderungen. Wie in den vorangegangenen Kapiteln dargelegt wurde, wuchs er von einem Reformator des sowjetischen Systems zu einem systemischen Transformator und ging dazu über, wie ich unten betone, die Grundfesten des Kommunismus einzureißen – in der zweiten Hälfte seiner Amtszeit als Generalsekretär ganz bewußt.

Als relativ junger Generalsekretär der Kommunistischen Partei war Gorbatschow 1985 besser gerüstet als andere Inhaber institutioneller Macht, einen Überblick über die tiefgreifenden Probleme zu gewinnen, denen sich die Sowjetunion gegenübersah. Rangniedrigere Parteifunktionäre, die Wirtschaftsministerien, der KGB und der militärisch-industrielle Komplex hatten alle ihre eigenen Interessen, während der Parteiführer und eigentliche Regierungschef der Sowjetunion eher das allgemeine Ziel verfolgte, die Situation des Staates (wie auch immer definiert) zu verbessern, in dem er die mächtigste und verantwortungsvollste Stellung innehatte. Chruschtschow und Andropow hatten eine solche allgemeine Verantwortlichkeit akzeptiert, obwohl die von ihnen in Erwägung gezogenen Veränderungen wesentlich weniger grundsätzliche waren als die, die sich Gorbatschow bereitwillig zu eigen machte. Es war freilich ebenso möglich, die Nebeneffekte der Macht und des Amtes zu genießen, wie es Breschnew tat, und gleichzeitig über einen langsamen inneren Verfall zu präsidieren. Und doch war es ein langsamer Abstieg und keine tödliche Krise, womit Gorbatschow konfrontiert war, als er die Nachfolge Tschernenkos in der Führung der sowjetischen Kommunistischen Partei antrat. Es gibt absolut keinen Anhaltspunkt für die Annahme, daß eine denkbare personelle Alternative zu Gorbatschow Mitte der achtziger Jahre den Marxismus-Leninismus auf den Kopf gestellt und sein Land und das internationale System fundamental verändert hätte in dem Versuch, einen Niedergang aufzuhalten, der weder für ihn noch das System eine unmittelbare Bedrohung darstellte. Wie Rajan Menon schreibt: »Selbst ein kurzer Blick auf die politische Geographie der Welt zeigt, daß alle Arten repressiver und ineffizienter Systeme über bemerkenswerte Beharrungskräfte verfügen und daß Verfall eine Sache, Zusammenbruch aber etwas ganz anderes ist.« [10]

Von keinem Generalsekretär der sowjetischen Kommunistischen Partei konnte erwartet werden, daß er so weitreichende Reformen anstoßen würde, daß sie das System zu etwas qualitativ Neuem machten. Nachdem Gorbatschow erfahren mußte, daß Reformen zu Widerstand seitens aller durch sie bedrohten organisierten Interessen führten, stand er vor der Wahl, zum *status quo ante* zurückzukehren oder weiterzugehen und das Risiko systemverändernden Wandels in Kauf zu nehmen. Es ist sein bleibendes Verdienst, daß er sich für den zweiten Weg entschied. Denn der Entschluß, zu Mehrkandidatenwahlen überzugehen und eine Legislative mit wirklicher Macht zu schaffen, wurde von Gorbatschow 1988 getroffen. (Also bevor es irgendwelchen Druck seitens der Bevölkerung für solch grundlegende Veränderungen gab und zu einer Zeit, als Jelzin noch immer auf dem Abstellgleis des Staatlichen Baukomitees stand.) Es war *der* entscheidende Schritt auf dem Weg, das sowjetische System in seinem Wesen zu verändern.

Die Abkehr vom Kommunismus

An der Tatsache, daß sich das sowjetische politische System unter Gorbatschow fundamental veränderte, wenigstens von Sommer 1988 an, gibt es keinen Zweifel. Gorbatschow verfolgte *bewußt* das Ziel, das System zu *transformieren*, auch wenn er dies nicht immer in dem von ihm gewünschten Tempo tun konnte, das manchmal schneller als das ihm aufgezwungene und manchmal langsamer gewesen wäre. Statt dessen mußte er vor allem in seinen letzten zwei Amtsjahren auf Zwänge und Ereignisse reagieren, die jenseits seiner Einflußmöglichkeiten lagen, aber dennoch größtenteils eine Folge der neuen, von ihm eröffneten Freiheiten waren.

Zwei Augenblicke im Jahr 1991 gelten gewöhnlich als Zeitpunkte, mit denen der Kommunismus in der Sowjetunion endete. Der erste ist die Suspendierung der Aktivitäten der Kommunistischen Partei auf russischem Boden am 23. August 1991 durch Jelzin, nach dem gescheiterten Putsch. Der andere ist die Einholung der sowjetischen Flagge über dem Kreml am 25. Dezember 1991, als Gorbatschow zurücktrat und die Macht offiziell an Jelzin übergab – und an Rußland als dem Hauptnachfolgestaat der Sowjetunion (oder ›Fortführerstaat‹, wie russische Beamte formulierten, um Rußland von den anderen vierzehn Nachfolgestaaten abzuheben).

Obwohl es bis zum August 1991 eine Kommunistische Partei in der Sowjetunion gab und obwohl deren Generalsekretär auch Präsident des Landes war, hatte sie doch bereits aufgehört, eine herrschende Partei im Sinne ihrer bisherigen Rolle in der sowjetischen Geschichte zu sein. Dies galt ganz gewiß für das Zentrum. Gerade weil die Partei die Kontrolle über den Generalsekretär verloren hatte und damit ihren entscheidenden Einfluß auf das Schicksal der UdSSR, unternahmen einige ihrer führenden Persönlichkeiten den Putschversuch. Allerdings gab es viele ländliche Gegenden, in denen der örtliche Parteichef noch immer unumschränkter Herrscher war. Dennoch ist es ab dem Frühjahr 1989 kaum noch sinnvoll, die Sowjetunion als ein *kommunistisches System* zu bezeichnen. Zu jenem Zeitpunkt war nicht nur der größte Teil der marxistisch-leninistischen Dogmatik zu den Akten gelegt – und zwar vom Parteiführer persönlich –, sondern auch die wichtigsten Definitionsmerkmale eines kommunistischen Systems, waren sie nun struktureller oder ideologischer Natur, hatten ihre Gültigkeit verloren als Folge der radikalen Reformpolitik, die 1987 wirksam auf den Weg gebracht wurde und sich 1988 noch vertiefte.

Dies wirft freilich die Frage auf: Was ist oder war ein kommunistisches System? Soweit ich sehe, gibt es fünf bezeichnende Charakteristika. Zusammengenommen machten sie aus kommunistischen Systemen eine eigene Untergruppe der politischen Systeme der Welt und unterschieden sie von anderen autoritären oder totalitären Systemen, ganz zu schweigen von pluralistischen Systemen, in denen sozialistische Parteien sozialdemokratischen Typs jederzeit an der Regierung sein können. Diese Merkmale sind: (1) Die oberste und unverrückbare Hegemonie der Kommunistischen Partei (die mit dem offiziellen Euphemismus ›die führende Rolle der Partei‹ belegt wurde). (2) Eine höchst zentralisierte, streng disziplinierte Partei mit sehr eng umschriebenen Rechten auf innerparteiliche Debatten (was der Begriff ›demokratischer Zentralismus‹ praktisch bedeutete). (3) Staatseigentum oder jedenfalls kein Privatbesitz von Produktionsmitteln (mit gelegentlichen Ausnahmen für die landwirtschaftliche, nicht aber die industrielle Produktion). (4) Die erklärte Absicht, den Kommunismus als ultimatives (und legitimierendes) Ziel zu verwirklichen. (5) Ein Zugehörigkeitsgefühl zu einer internationalen kommunistischen Bewegung (oder, im sowjetischen Falle, deren Führung).

Am Ende der ersten Sitzungsperiode des Kongresses der Volksdeputierten der UdSSR im Juni 1989 war davon nicht mehr viel übrig. Die monopolistische oder ›führende‹ Rolle der Partei wurde von neuen Bewegungen herausgefordert, wie etwa den Volksfronten in den baltischen Staaten. Gorbatschow begrüßte sie zunächst als Kräfte, die an der Spitze der Perestroika standen und politischen Raum einnehmen würden, den er geschaffen hatte. Sie setzten ihre Tätigkeiten auch fort, nachdem sie begonnen hatten, sich separatistischen Gedanken zu öffnen, die für den Generalsekretär wesentlich weniger akzeptabel waren und für dessen Kollegen im Politbüro noch viel weniger. Die ›führende Rolle‹ oder das Machtmonopol der Partei war auch nicht zu vereinbaren mit der kulturellen Freiheit, die sich bis zum Jahre 1989 entfaltet hatte und die Veröffentlichung vieler Artikel und Bücher in hohen Auflagen sah, die einen deutlich antikommunistischen Standpunkt vertraten – zum Beispiel Orwells *Farm der Tiere* und *1984*. Obwohl die Kommunistische Partei viel größer blieb als all die neuen Parteien zusammen, war es doch ein historischer Durchbruch, daß andere politische Parteien gegründet wurden und nach der Streichung der ›führenden Rolle‹ der KPdSU aus dem Artikel 6 der sowjetischen Verfassung im März 1990 eine legale Existenz führen konnten. Bedeutender als die neuen Parteien für sich genommen war die breit angelegte Bewegung ›Demokratisches Rußland‹, deren Gründungskongreß im Oktober 1990 stattfand und die 1991 eine bedeutende Rolle im erfolgreichen Wahlkampf Boris Jelzins um die russische Präsidentschaft spielte. Diese Vereinigung stand Gorbatschow im ganzen zwar kritisch gegenüber, aber allein ihr Bestehen deutete darauf hin, daß die Verfassungsänderungen, die der Kommunistischen Partei ihr einzigartiges Herrschaftsrecht nahmen, eine Entsprechung in der Wirklichkeit fanden.

Das zweite Definitionsmerkmal eines kommunistischen Systems, der ›demokratische Zentralismus‹, wurde vielleicht noch vollständiger untergraben. Strikte Parteidisziplin wurde effektiv abgeschafft, als man 1989 den kommunistischen Abgeordneten erlaubte, im neuen Parlament ihrem Gewissen entsprechend zu reden und abzustimmen. Der Zentralismus verschwand, als die Parteiorganisationen der Republiken ab 1989 ihre eigenen Programme entwarfen. Gleichzeitig machte die frühere Unmöglichkeit offener politischer Auseinandersetzung (im Gegensatz zu wirklichkeitsfremden Debatten), die so charakteristisch für das Parteileben gewesen war, einem derartigen Zusammenprall gegensätzlicher Meinungen von Mitgliedern derselben Partei in Grundsatzfragen Platz, daß sich konservative Kommunisten und gelegentlich auch Gorbatschow beschwerten, die Partei habe sich in einen Debattierklub verwandelt.

Als Konzept wurde der demokratische Zentralismus vom Reformflügel der Kommunistischen Partei spätestens Ende der achtziger Jahre verworfen. Er war zu einem Wahlspruch hauptsächlich derer geworden, die zur alten Ordnung vor Gorbatschow zurückkehren wollten. Praktisch war der Begriff des demokratischen Zentralismus ein Blankoscheck für Parteifunktionäre, Widerspruch und freie Diskussionen innerhalb der Partei zu unterdrücken. Diese Repressalien fanden 1988 ihr Ende, als die Parteimitglieder radikal andere Meinungen in den Medien und Parteigremien zum Ausdruck brachten – vor allem während der XIX. Parteikonferenz in jenem Sommer. Im folgenden Jahr zeigte sich, daß in der Kommunistischen Partei das komplette politische Meinungsspektrum vertreten war, in den Reden vor dem Ersten

Kongreß der Volksdeputierten und den darauffolgenden Sitzungen des neuen sowjetischen Parlaments. Im Parteiapparat verschwanden alte Traditionen aber nur langsam. Erst 1990 griffen Parteifunktionäre Gorbatschow direkt an und gaben ihre äußerste Beunruhigung über die Richtung kund, in die er die Partei und das Land führte.[11]

Gorbatschow ermunterte zu Debatten sowohl innerhalb der Partei als auch in der Gesellschaft, und der »Meinungspluralismus«, für den er zuerst 1987 eingetreten war, führte bald ein Eigenleben. Die KPdSU hörte selbst in den Augen von Nichtmitgliedern auf, eine monolithische Partei zu sein, und war kurz darauf auch keine monopolistische Partei mehr. Gerade wegen ihres gesellschaftlichen Machtmonopols war in der Partei eine potentiell explosive Mischung unterschiedlicher politischer Richtungen versammelt. Diese konnten in der Vergangenheit nur auf der Basis leninistischer Disziplin und unnachgiebigen Vorgehens gegen Fraktionsbildung und Spaltungen kontrolliert werden, was die gesamte Partei zusammenhielt. Der Verfall des demokratischen Zentralismus hatte Konsequenzen nicht nur für die Kommunistische Partei, sondern für das politische System und die Gesellschaft insgesamt. Die wirkliche Diversität der Partei wurde 1987 offenbar und ab 1988 noch offensichtlicher, als einfache Mitglieder, besonders aus der Intelligenzia, öffentlich andere Ansichten zu Fragen von grundsätzlicher Bedeutung vertraten. Die Einführung von Mehrkandidatenwahlen im Jahr 1989 beschnitt die Möglichkeiten, Parteifunktionäre und Aktivisten durch die Macht der Protektion zu kontrollieren. Ein Parteisekretär, der in einer Wahl unterlag, wurde sofort zu einer Belastung, die es abzuwerfen galt. Er[12] wurde damit von der Mehrheit der Wähler, die nicht der Partei angehörten, aus seinem Parteiamt entfernt als Folge ihrer Entscheidung gegen ihn als Abgeordneten, gleich ob es sich dabei um Wahlen zum nationalen Parlament oder zu einem regionalen oder kommunalen Sowjet handelte.

Verschiedene sowjetische Zeitungen und Zeitschriften, beinahe alle von Parteimitgliedern herausgegeben und geschrieben, vertraten radikal gegensätzliche Positionen zu den wichtigsten Ereignissen des Tages – Positionen, die von russisch-national über sozialdemokratisch bis zu neoliberal reichten. Alles dies hatte mit ›demokratischem Zentralismus‹ nichts mehr zu tun. In den ersten Jahren der Perestroika versuchten einige Autoren, dieses Konzept neu zu definieren, um dessen demokratische Komponente zu betonen, aber seine Bedeutung im kom-

munistischen politischen Diskurs war zu sehr etabliert, als daß es mehr
hätte sein können als ein eilig hinter sich gelassener Meilenstein auf
dem Weg der Demokratisierung.[13] Gorbatschow selbst belebte Freiheit und Demokratie und versetzte dem demokratischen Zentralismus den Todesstoß, als er der großen Mehrheit der in den Kongreß
der Volksdeputierten gewählten kommunistischen Abgeordneten erklärte, sie seien frei, ihren Ansichten gemäß zu sprechen und abzustimmen und unterlägen nicht der Parteidisziplin. Da die meisten
dieser Abgeordneten ihr Mandat gegen die Konkurrenz anderer Mitglieder der Kommunistischen Partei, oft mit radikal anderen Anschauungen, errungen hatten, ist es unwahrscheinlich, daß ein traditionelles
Beharren auf der Einheit der Partei allgemeine Beachtung gefunden
hätte. Trotzdem waren Gorbatschows Worte für alle, abgesehen vielleicht von den Mutigsten, von Gewicht. Sie verwiesen auf seine Bereitschaft, die neue Legislative zu einem wirklichen Parlament und ganz
anders als der alte, unreformierte Oberste Sowjet werden zu lassen
(der nur wenig mehr als eine dekorative Absegnungsinstanz gewesen
war), und verliehen der Demokratisierung großen Antrieb, nicht dem
demokratischen Zentralismus.

Das dritte Hauptmerkmal eines wie oben skizzierten kommunistischen Systems – staatliches Eigentum an den Produktionsmitteln –
war das bis 1989 oder selbst beim Ende der Sowjetunion 1991 am
wenigsten erschütterte. Und doch war es zu klaren Schritten hin zu
einer ›gemischten Wirtschaft‹ durch die Schaffung der Kooperativen
gekommen, die in vielen Fällen eher Privatunternehmen waren als
echte Kooperativen. Jedenfalls waren sie nicht mehr Sache des Staates.
Die meisten waren im Dienstleistungsbereich angesiedelt – Restaurants, Geschäfte, Friseure, Autowerkstätten – oder im Kleinhandel
und nicht im verarbeitenden Gewerbe, das hauptsächlich in Staatsbe-
sitz verblieb. Dies war ein rückständiger Bereich der Transition vom
Kommunismus, trotzdem ist es von Bedeutung, daß die alleinige Kontrolle des Parteistaats über das Wirtschaftsleben durchbrochen wurde.
Man kann freilich argumentieren, daß dieses Monopol bereits vor der
Zeit Gorbatschows ausgehöhlt war, und zwar infolge der Aktivitäten
der ›zweiten Wirtschaft‹ mit ihren verschiedenen schwarzen und
grauen Märkten. Der Unterschied aber war, daß ab 1989 nichtstaatliche Wirtschaftstätigkeiten als ein Ergebnis des Gesetzes über die
Kooperativen über eine gesetzliche Grundlage verfügten. Der Grund-

satz einer Wirtschaft mit gemischten Eigentumsformen, einschließlich eines privaten Sektors, wurde spätestens 1990 akzeptiert und,
wenn auch in bescheidenem Ausmaß, in die Praxis umgesetzt. Weit
davon entfernt, mit Entsetzen und der Anrufung traditioneller Ideologie zu reagieren, akzeptierte Gorbatschow außerdem zunächst das
›500-Tage-Programm‹ und dessen vollständige Ablehnung der herkömmlichen kommunistischen Wirtschaftsordnung, unter Vermeidung selbst einer einzigen Erwähnung des Wortes ›Sozialismus‹ und
der Befürwortung eines raschen Übergangs zur Marktwirtschaft. Obwohl es zutrifft, daß er später ein Kompromißpapier in Auftrag gab,
das einige der härtesten Entscheidungen aufschob, die von der Schatalin-Jawlinski-Gruppe gefordert wurden, tat er dies (ob zu Recht oder
Unrecht) doch mehr aus pragmatischen als ideologischen Erwägun-
gen heraus.

Das vierte zentrale Merkmal eines kommunistischen Systems – das
erklärte Ziel, den Kommunismus zu verwirklichen im Sinne einer
selbstregierten kommunistischen Gesellschaft, die keine Verwendung
mehr für staatliche Institutionen haben würde – mag bereits in den
siebziger Jahren für die kommunistischen Führer nur noch von rituel-
lem Wert gewesen sein. (Chruschtschow glaubte vielleicht als letzter
an das Verschwinden des Staates, obwohl selbst er ein zu praktischer
Mensch war, um Marx' utopische Vision einer Gesellschaft ganz
schlucken zu können, in der professionelle Regierungsarbeit und Ver-
waltungsbeamte nicht mehr nötig sein würden. Chruschtschow versuchte den Prozeß zu beschleunigen, indem er ›staatliche‹ Organe auf-
löste und deren Funktionen auf Gremien der ›Partei‹ übertrug, ohne
dabei vollständig zu erkennen, daß die Einrichtungen der Partei in
einem breiteren und aussagekräftigeren Verständnis *des Staates* selbst
Teil der staatlichen Strukturen waren. Insofern enthielten Chruschtschows Vorstöße ein Element des Selbstbetrugs, da die Umbenen-
nung des Staates in *Partei* und eine Neuverteilung von Kompetenzen
nicht dasselbe wie das *Verschwinden* des Staates waren.) Wie bereits in
Kapitel 4 ausgeführt, veränderte sich der Charakter des sowjetischen
Diskurses unter Gorbatschow. Einflußreiche Reformer sprachen zunehmend von einem besseren und anderen ›Sozialismus‹ und nicht
mehr vom ›Kommunismus‹, und bis 1990 wandten sich viele auch
vom Sozialismus ab. In der Zwischenzeit definierte Gorbatschow
Sozialismus so radikal um, daß es sich dabei nicht mehr um den Sozia-

lismus alten sowjetischen Stils handelte, den er, was von ihm erwartet wurde, zu verteidigen hatte, als seine Kollegen im Politbüro ihn im März 1985 zum Generalsekretär wählten.

Die Zielvorstellung des verwirklichten Kommunismus war von keiner auch nur entfernt vergleichbaren Bedeutung im Alltag der Sowjetunion wie die drei strukturellen Eigenschaften kommunistischer Systeme, die ich bereits angeführt habe. Und doch war dies ein Element des Marxismus-Leninismus, dem theoretisches Gewicht beigemessen wurde. Es war darüber hinaus hilfreich, um ein kommunistisches System, nicht zuletzt das sowjetische, von Gesellschaften zu unterscheiden, in denen sozialdemokratische Parteien Regierungen bildeten, die danach strebten, eine Form des Sozialismus einzuführen – oder üblicherweise nichts mehr (oder weniger) als eine gerechtere Gesellschaft mit weniger extremen Fällen von Ungleichheit. Die Aussicht auf den Kommunismus war auch die letztendliche Legitimation der ›führenden Rolle‹ der Kommunistischen Partei. Wenn man politisches Handeln mit den Worten Michael Oakeshotts als eine Unternehmung betrachtet, in der »Männer eine uferlose und bodenlose See besegeln«, die »weder schutzbietende Häfen noch Ankerplätze, weder einen Ausgangspunkt noch einen Zielort bietet«,[14] konnte eine Partei kein Recht auf Herrschaft für sich beanspruchen, nur weil sie einen Kompaß oder eine Route hatte. Dies war aber der Fall, weil kommunistische Theoretiker daran festhielten, daß es einen Zielort *gab* – das Ziel des Kommunismus –, um die permanente Ausfüllung der ›führenden Rolle‹ durch die Partei rechtfertigen zu können, da es allein diese Partei war, die über das Wissen und die Erfahrung verfügte, intellektuell weniger bemittelte Bürger zu diesem Ziel zu führen.

In seinen ersten Jahren an der Spitze der Sowjetunion bezog sich Gorbatschow gelegentlich auf den Kommunismus im Sinne einer Gesellschaft, auf die alle angeblich hinarbeiteten, auch wenn er sie in einer noch weiter entfernten Zukunft ansiedelte als dies seine Vorgänger getan hatten. Chruschtschow hatte noch behauptet, die Sowjetunion habe die Epoche der »vollständigen Errichtung des Kommunismus« erreicht. Vorsichtiger formulierte es Breschnew, als er sagte, man befinde sich in der Phase des »entwickelten Sozialismus«. Wie bereits in Kapitel 4 erwähnt, erhob Gorbatschow noch bescheidenere Ansprüche und sprach, vor allem in seinen Anfangsjahren als Generalsekretär, davon, das Land stehe in der Periode der »*Entwicklung* des

Sozialismus«. 1985 verwandte Gorbatschow manchmal den Begriff
Kommunismus selbst vor engsten Parteizirkeln – so zum Beispiel, als
er dem Politbüro am 6. April 1985 erklärte, daß man, wenn man das
größte gesellschaftliche Problem des Tages, den Alkoholismus, nicht
lösen würde, den Kommunismus vergessen könne.[15] Er griff jedoch
immer weniger auf dieses Konzept zurück und verwendete es in der
Öffentlichkeit hauptsächlich als rhetorisches Mittel. Das letzte Mal,
als er den Begriff in seinem äußeren Sinn einsetzte – denn wie schon
im letzten Kapitel beschrieben, benutzte er das Wort in einer Rede im
Juli 1991, aber nur um dem Zentralkomitee auseinanderzusetzen, daß
der Kommunismus eben *kein* realistisches Ziel darstellte –, war, als
ihm während der XIX. Parteikonferenz am 28. Juni 1988 eine sprach-
liche Quadratur des Kreises gelang. Nach seinen nicht-traditionellen
Ausführungen über sein Verständnis von Sozialismus (das allerdings
noch nicht so sozialdemokratisch war, wie es bis zum XXVIII. Parteitag
im Sommer 1990 werden sollte) sagte Gorbatschow: »Genau eine solche, demokratische und humanistische Art des Sozialismus haben wir
im Blick, wenn wir von den qualitativ neuen Lebensumständen unserer Gesellschaft als einem wichtigen Schritt zum Voranschreiten des
Kommunismus sprechen.« [16] Diese Bemerkung ergab tatsächlich nur
wenig Sinn, außer zur Beruhigung der Parteitagsdelegierten – viele
von ihnen waren von der Radikalität der Reformvorschläge Gorbatschows erschüttert –, daß der alte Glaube nicht vollständig verloren-
gegangen war.[17]

In Wirklichkeit war 1988 ein Wendepunkt für Gorbatschow. Er
fühlte sich zunehmend zur sozialdemokratischen Variante des Sozialismus hingezogen, was den Normen einer kommunistischen politischen Organisation und dem illusorischen Ziel einer kommunistischen Gesellschaft vollkommen widersprach. Bis 1989/90 war dieser
Wandel im Denken Gorbatschows noch weiter fortgeschritten. Einer
seiner Lieblingsschriftsteller war Tschingis Aitmatow, der (wie in Kapitel 6 erwähnt) sich vor dem Ersten Kongreß der Volksdeputierten
damit hervorgetan hatte, mehrere westliche Staaten als bessere Beispiele für sozialistische Praxis anzuführen. Aitmatow sagte, der große
Dienst, den die Sowjetunion der übrigen Welt erwiesen habe, sei der,
gezeigt zu haben, wie man den Sozialismus *nicht* errichten könne.[18]
Eine solche Rede hätte dem Redner in der Vergangenheit mindestens
zehn Jahre Arbeitslager eingebracht. Aitmatow wurde auf andere

Weise belohnt. Als Gorbatschow neun Monate später Präsident der UdSSR wurde, berief er ihn in den kleinen Kreis seines Präsidialrates. Wenn das fünfte Definitionsmerkmal eines kommunistischen Systems ein gewisses Gefühl der Zugehörigkeit zu einer internationalen Bewegung, und im sowjetischen Falle der Führung einer solchen Bewegung, war, dann stürzte dieser Aspekt des Kommunismus mit den ›sanften Revolutionen‹ in sich zusammen, die 1989/90 den schnellen Übergang von kommunistischen zu deutlich nichtkommunistischen Regierungsformen in Osteuropa herbeiführten. Dies war ein direktes Resultat des Wandels in der sowjetischen Außenpolitik, durch den zuerst die herrschenden Politiker der osteuropäischen Länder und dann die Bevölkerungen erkannten, daß die Sowjetunion nicht mehr die Absicht hatte, zugunsten unpopulärer Regime militärisch zu intervenieren. Die meisten dieser kommunistischen Systeme wären schon früher verschwunden, wenn die osteuropäischen Völker nicht von der vor Gorbatschow völlig realistischen Annahme ausgegangen wären, daß die Sowjetunion jederzeit bereitstand, Gewalt zur Verteidigung »der Gewinne des Großen Vaterländischen Krieges« einzusetzen.

Gorbatschow hingegen ließ bereits Ende 1988 den ›Zwei-Lager-Ansatz‹ in den internationalen Beziehungen für jedermann erkennbar hinter sich. Seine bedeutende Rede vor den Vereinten Nationen im Dezember jenes Jahres ist mehr als einmal erwähnt worden. In dieser Ansprache, die für Osteuropa von besonderer Wichtigkeit war, betonte er nicht nur das Recht eines jeden Landes, sein eigenes politisches System zu wählen, sondern schloß Gewaltanwendung als ein Mittel der Außenpolitik aus. Gorbatschow fügte hinzu, die Sowjetunion behaupte nicht (das heißt, nicht *mehr*), im Besitz der »unangreifbaren Wahrheit« zu sein, sondern wünsche vielmehr, gemeinsam mit anderen Staaten die allgemeinen Ideen der Menschheit zu bekräftigen und die Überlebensfähigkeit der Zivilisation auf universaler Grundlage zu bewahren.[19] Der Gedanke einer gemeinsamen Zivilisation, der die Sowjetunion angehören sollte, und eines internationalen Wirtschaftssystems, dem sie sich anzuschließen wünschte, nahm in Gorbatschows Denken und seinen Reden während der zweiten Hälfte seiner Amtszeit breiten Raum ein. Diese Ideen gingen dem Zusammenbruch des Kommunismus in Osteuropa voraus und führten ihn teilweise tatsächlich mit herbei. Die Ereignisse im ehemaligen ›sowjetischen Block‹ bestätigten lediglich, daß es keine internationale kommunistische Bewegung mehr gab, die diese Bezeichnung verdiente und an der die Sowjetunion hätte teilhaben oder die sie gar hätte dominieren können. Schließlich beobachtete das wichtigste der übriggebliebenen kommunistischen Länder, China, die Entwicklungen in der Sowjetunion mit Besorgnis und Widerwillen.

Die dramatischen Veränderungen, die Gorbatschow bewirkte und die freilich sowohl unbeabsichtigte als auch beabsichtigte Folgen zeitigten, verwandelten das sowjetische politische System bereits bis zum Frühjahr 1989 – und noch deutlicher bis zum Ende des folgenden Jahres – in eine andere Art von Gemeinwesen, als es das 1985 bei Gorbatschows Amtsübernahme gewesen war. Obwohl keineswegs vollständig demokratisch, wurde es doch *pluralistisch* aufgrund der Einführung von Mehrkandidatenwahlen und der Existenz relativ autonomer politischer Organisationen, deren Aktivitäten von den Staatsorganen nicht verhindert werden konnten – außer zu einem höheren Preis, als sie unter Gorbatschows Führung bereit waren zu zahlen.[20] Die Sowjetunion erreichte einen Grad an politischer (und auch religiöser) Freiheit und Toleranz, der in der früheren Periode der sowjetischen Geschichte unbekannt war. Lange bevor Jelzin die Arbeitsräume Gorbatschows im Kreml und im alten Gebäude des Zentralkomitees übernahm, war das System schon kein kommunistisches mehr.

Gorbatschows Platz in der Geschichte

Was auf das System zutrifft, gilt in noch größerem Maße für Gorbatschow selbst. Nichts könnte weiter an einem Verständnis Gorbatschows vorbeigehen als die Beschreibung, die Richard Pipes Anfang 1995 von ihm lieferte: »... ein typisches Produkt der sowjetischen Nomenklatura, ein Mann, der bis auf den heutigen Tag seinen Glauben an die Ideale des Kommunismus bezeugt«[21]. Der ehemalige Vorsitzende des sowjetischen Ministerrates Nikolai Ryschkow – der Gorbatschow für dessen mangelnde Bereitschaft, seine volle Macht auszuüben, und seine maßlose Vorliebe dafür, vor einer Entscheidung eine Vielfalt an Meinungen und Argumenten anzuhören, kritisierte[22] – bemerkt scharfsichtig: »Gorbatschow war – lange bevor unsere eigenen parlamentarischen Spielchen begannen – ein Führer parlamentarischen Zuschnitts. Weiß Gott, wie es zu dieser Prägung in einem parteibürokratischen Staat kommen konnte. Aber so war er, obwohl er seit seiner nachstudentischen Jugend die Karriereleitern des Komsomol und der Partei emporkletterte.«[23] Im Gegensatz zu Pipes' Auffassung war Gorbatschow ein höchst untypisches Produkt der sowjetischen *nomenklatura* und der einzige Führer der sowjetischen kommunistischen Partei, der sich von den Hauptmerkmalen des Kommunismus während seiner Amtszeit abwenden sollte. Gorbatschow hat sich zutreffend als »ein Produkt genau dieser *nomenklatura* und gleichzeitig ihr Antiprodukt« beschrieben, als »ihren ›Totengräber‹ sozusagen«.[24]

Gorbatschow hätte freilich kaum etwas zuwege bringen können, wenn es innerhalb des sowjetischen Systems nicht Menschen gegeben hätte, die mit diesem zutiefst unzufrieden waren, ob dies nun Experten an Forschungsinstituten oder einige wenige hochrangige Funktionäre (unter letzteren so bedeutende politische Akteure wie Jakowlew, Schewardnadse, Tschernjajew und Schachnasarow) im Parteiapparat waren.[25] Außerdem war es bereits zuvor zu entscheidenden gesellschaftlichen Veränderungen gekommen, die (siehe Kapitel 1) die Sowjetunion bis zum Zeitpunkt der Machtübernahme Gorbatschows zu einem anderen Land machten, als sie es unmittelbar nach dem Tod Stalins gewesen war, wenn auch noch 1985 weit entfernt von einer Bürgergesellschaft. Während der politische Wandel in Polen größtenteils ein Ergebnis des Kampfes autonomer gesellschaftlicher Kräfte gegen die Macht des Parteistaats war, so wurden die Veränderungen in der Sowjetunion nicht auf diesem Wege eingeleitet.[26]

Ungeachtet des gesellschaftlichen Wandels und der Verfügbarkeit aufgeschlossener (wie auch noch zahlreicherer nicht aufgeschlossener) Parteifunktionäre, blieb das Verlangen einzelner nach radikalen Reformen doch stark abhängig von einem Wechsel an der Spitze der Parteihierarchie. Die politische Macht konzentrierte sich in einem bemerkenswerten Ausmaß im Gebäude des Zentralkomitees, und der politische Ton wurde überraschend deutlich vom Generalsekretär vorgegeben. Dies bedeutete, daß die potentiellen Reformer, vor allem während der zwanzig Jahre zwischen dem Sturz Chruschtschows und dem Tod Tschernenkos, sich von den engen Grenzen des offiziellen politischen Diskurses und möglicher politischer Aktivität in der Sowjetunion frustriert sahen. Sie brauchten einen Gorbatschow noch mehr als er sie. So hätte etwa Alexander Jakowlew, der heute zu Recht als ein wichtiger Reformer gesehen wird, kaum Spuren in der russi-

schen Geschichte hinterlassen, wenn Gorbatschow ihn nicht in den
inneren Kreis der Macht geholt und ihm große politische Einflußmöglichkeiten eröffnet hätte. Im März 1995, zu einem Zeitpunkt, als
er und Gorbatschow sich, teilweise aufgrund unterschiedlicher Bewertungen einzelner Handlungen Jelzins, entfremdet hatten, sagte
Jakowlew selbst: »Ich halte Gorbatschow für den größten Reformer
des Jahrhunderts, und dies um so mehr, als er versuchte, in Rußland zu
wirken, wo das Schicksal von Reformern seit jeher kein beneidenswer-
tes ist.«[27]

In einem politischen System, in dem große Macht in den Händen
des politischen Führers konzentriert ist, sind Charakter, Intelligenz,
Mut und Aufgeschlossenheit der Person an der Spitze von entscheidender Bedeutung. Dennoch wurde einem sowjetischen Führer, wie
in dieser Studie immer wieder hervorgehoben worden ist, diese Macht
nur unter der Bedingung übertragen, daß er nichts tat, was eine
Gefahr für das System darstellen konnte. Da Gorbatschow eine solche
Bedrohung war, befand er sich immer in der Gefahr, gestürzt zu wer-
den. Daß er beinahe sieben Jahre lang überlebte, während er das
System transformierte, spricht für sein außergewöhnliches politisches
Fingerspitzengefühl. Vor ungefähr dreißig Jahren schrieb Samuel
Huntington:

> Der Revolutionär muß in der Lage sein, gesellschaftliche Kräfte zu
> spalten, der Reformer muß sie manipulieren können. Der Reformer
> benötigt daher wesentlich größere *politische Fähigkeiten* als der
> Revolutionär. Reformen sind selten, und sei es auch nur, weil es die
> politischen Talente, die es braucht, um sie Wirklichkeit werden zu
> lassen, nur selten gibt. Ein erfolgreicher Revolutionär muß kein
> meisterhafter Politiker sein; ein Reformer ist das immer.[28]

Diesen Worten kommt im sowjetischen und russischen Kontext
besondere Gültigkeit zu. Den Sozialwissenschaftlern mag eine Betonung des Zufallselements und des Besonderen an der Machtübernahme eines Reformers im Jahre 1985 mißfallen. Es ist verlockend,
Gorbatschow als den Handlanger der Geschichte oder die Verkörperung gesellschaftlicher Kräfte zu sehen, die, falls Gorbatschow und
nicht Dmitri Ustinow im Dezember 1984 gestorben wäre, Mitte der
achtziger Jahre eine alternative Führungsfigur hervorgebracht hätten,
deren Politik in etwa der Gorbatschows entsprochen und zu ähnlichen
Ergebnissen geführt hätte. Dieser Versuchung allerdings sollte man

widerstehen, denn für sie spricht kaum mehr als ein »retrospektiver Determinismus«[29].

Kein Wissenschaftler sagte 1985 die tatsächliche Abfolge der Ereignisse voraus, die das sowjetische System erst refomierten, dann transformierten und schließlich zum Zusammenbruch des sowjetischen Staates selbst führten. Gewiß lieferte dies weitere Beweise für die Auffassung, *Reformkommunismus* sei ein unsicherer und befristeter Notbehelf. Das heißt aber nicht etwa, es sei zwecklos gewesen, radikale Reformen in der Sowjetunion zu beginnen (wie auch immer unwahrscheinlich ein solcher Versuch den meisten Beobachtern erschienen sein mag, bevor Gorbatschow ihn unternahm). Im Gegenteil war ein Prozeß sich ständig radikalisierender Reformen der *einzige* Weg, ein kommunistisches System friedlich in einem Land zu verändern, wo – in scharfem Gegensatz zu Ostmitteleuropa – kommunistische Institutionen und Normen tief verwurzelt waren. Eine Reform des sowjetischen Systems hätte jedoch entweder ein Schritt in Richtung durchgreifenderen Wandels (nicht notwendigerweise zu einer Demokratie, möglicherweise zu einem nichtkommunistischen, autoritären Regime) oder eine kurzfristige Liberalisierung sein können, bevor die orthodoxeren kommunistischen Normen wiederhergestellt worden wären. Es war nichts Unvermeidliches am Zeitpunkt des Endes des sowjetischen Staates oder an der Art und Weise, in der unter Gorbatschows Führung das System umgeformt wurde.

Auch wenn man alle seine Fehler und einige unzweifelhafte Mißerfolge in Rechnung stellt – freilich zusammen mit den beinahe unüberwindlichen Hindernissen, die er zu nehmen hatte –, dann kann Gorbatschow nicht ohne Grund beanspruchen, als einer der größten Reformer in der Geschichte Rußlands und als die Einzelperson zu gelten, die die Weltgeschichte in der zweiten Hälfte des zwanzigsten Jahrhunderts am tiefgreifendsten beeinflußt hat. Er spielte die entscheidende Rolle dabei, den Ländern Osteuropas zu ermöglichen, frei und unabhängig zu werden. Er tat mehr als jeder andere, um den Kalten Krieg zwischen Ost und West zu beenden. Er war offen für eine grundsätzliche Neuorientierung des politischen Denkens, das er ermutigte und in vielerlei Hinsicht initiierte – im sowjetischen Kontext radikal neues Denken über das von ihm geerbte politische und ökonomische System und bessere Alternativen. Er ermöglichte die Einführung von Redefreiheit, Pressefreiheit, Vereinigungsfreiheit, Religionsfrei-

heit und der Freizügigkeit. Er hinterließ ein Rußland, das *freier* war als
jemals zuvor in seiner langen Geschichte.

Einige derjenigen, die diese fundamentalen Veränderungen nicht
nur erlebten, sondern auch deren wahre Bedeutung erkannten, haben
Gorbatschows Rolle ausdrücklich gewürdigt. Für die russische Schriftstellerin Olga Tschaikowskaja ist Gorbatschow »*der* große russische
Reformer«. Sie konzentriert sich vor allem auf seinen Beitrag zur Freiheit Rußlands und läßt ihren Vergleich mit Peter dem Großen, Katharina der Großen und selbst Alexander II. (obwohl letztgenannter
»einen großen Schritt auf dem Weg zur Freiheit machte«) zugunsten
Gorbatschows ausfallen. Denn Gorbatschow, so schreibt sie, war *erfolgreich*: er übernahm »ein moribundes, sklavisches Land und machte
es lebendig und frei«.[30] Dem nicht unähnlich betont der politische
Kommentator Alexander Tsipko aus Moskau als die vielleicht größte
Leistung Gorbatschows, daß er »uns von der Angst befreite – der
Angst vor dem Denken und Sprechen« und den Menschen zum ersten
Mal seit siebzig Jahren die Möglichkeit gab, ihre Überzeugungen laut
und vernehmlich zum Ausdruck zu bringen.[31]

Es gibt russische Intellektuelle, die Gorbatschow nicht verzeihen
können, daß er ihnen die Freiheit gab, während doch ihr Selbstbewußtsein geboten hätte, sie selbst erkämpft zu haben. Ähnlich wenig
Gefallen fanden eine Reihe westlicher Beobachter an der Geschichte,
daß ein Generalsekretär der Kommunistischen Partei der Sowjetunion
die entscheidende Rolle bei der Demontage des kommunistischen
Systems spielte. Sie haben ihr Bestes getan, um sie umzuschreiben.
Und doch *war* der Gorbatschow-Faktor der wichtigste von allen. Gorbatschow muß in seinem politischen Kontext beurteilt werden – nicht
mit den rein intellektuellen Kriterien vollständiger Übereinstimmung
von Wort und Tat, sondern als der Erbe des mächtigsten Amtes eines
Unterdrückungsregimes, der sich sowohl von den Mitteln als auch
dem Zweck des Kommunismus abwandte. In seinen eigenen Worten
war er »ein Mann, der eine kolossale Militärmacht führte, einen tödlichen Polizei- und Überwachungsapparat und einen Staat, der der
alleinige Herr und Meister aller war«. Aber »ich begann alles das einzureißen, mich von dieser Macht zu befreien, und jetzt ist Rußland ein
anderes Land«[32] – wenn auch eines, das große Umwälzungen erlebt
hat und in dem es zukünftigen Generationen überlassen bleibt, Gorbatschows historische Rolle in vollem Umfang zu würdigen.

ANMERKUNGEN

Vorwort

1 Oleg Gordievsky, Next Stop Execution, (Macmillan) London 1995, S. 312.

Kapitel 1: Einleitung

1 Die in vieler Hinsicht noch immer beste Darstellung dieser Entwicklungen ist Leonard Schapiros, The Communist Party of the Soviet Union, 2. Aufl., (Eyre & Spottiswoode) London 1970.

2 Für eine kenntnisreiche Darstellung des Sturzes von Chruschtschow, die auch auf neues Material (einschließlich von Memoiren) zurückgreift, das seit den späten achtziger Jahren in der Sowjetunion und Rußland zugänglich wurde, vgl. William J. Tompson, ›The Fall of Nikita Khrushchev‹, in: Soviet Studies, 43/6 (1991), 1101-21; und Tompson, Khrushchev: A Political Life, (Macmillan) London 1995.

3 Obwohl die relative Stabilität und Verläßlichkeit der Breschnew-Jahre für viele Bürger des postsowjetischen Rußland an Attraktivität gewonnen haben, besteht für ausländische Beobachter keine Notwendigkeit, sich diese Sicht zu eigen zu machen. Eine Reihe russischer Memoirenautoren, darunter Breschnews Arzt, Jewgeni Tschasow, und der Direktor des Instituts für die USA und Kanada, Georgi Arbatow, unterscheiden zwischen dem frühen, tatkräftigeren Breschnew und dem späteren, hinfälligen Führer und bekunden ersterem relativ hohen Respekt. Aber weder der frühe noch der späte Breschnew löste die grundlegenden Probleme der sowjetischen Wirtschaft oder wagte es, das politische System der UdSSR zu liberalisieren, zu pluralisieren und zu demokratisieren. Während die Sowjetunion ihre militärische Machtstellung ausbaute, setzte sie ihre Überlegenheit zur Unterdrückung ihrer Nachbarn ein. Der ›frühe Breschnew‹ marschierte in die Tschechoslowakei ein, der ›späte‹ in Afghanistan. Vgl. Yevgeny Chazov, Zdorov'e i vlast', (Novosti) Moskau 1992; G. A. Arbatov, Zatyanuvsheesya vyzdorovlenie (1953-1985 gg.): svidetel'stvo sovremennika, (Mezhdunarodnye otnosheniya) Moskau 1991.

4 Auf die Unzulänglichkeit der Literatur weist Ronald Amann in seinem Artikel ›Soviet Politics in the Gorbachev Era: The End of Hesitant Modernization‹, British Journal of Political Science, 20/3 (Juli 1990), S. 289-310, hin. Vgl. insbesondere S. 291-93. Selbst ein so erfahrener Beobachter wie Seweryn Bialer schrieb in seinem Buch The Soviet Paradox: External Expansion, Internal Decline, (Taurus) London 1986, dem wir viele Einsichten verdanken, daß »eine Abnahme der Spannungen in den sowjetisch-amerikanischen Beziehungen in der näheren Zukunft nicht erwartet wird« (S. 343). Zu ökonomischen Reformen bemerkte er: »Es ist denkbar, daß die neue Führung wirtschaftliche Reformen initiieren wird, die zu einer sozialistischen Marktwirtschaft führen werden, wie etwa dem unga-

rischen Neuen Ökonomischen Mechanismus. Dies ist aber äußerst unwahrscheinlich« (S. 128).

5 Einige der Reaktionen auf meinen Artikel ›Change and Challenge‹, Times Literary Supplement, 27. März 1987, S. 313 f., fallen in diese Kategorie. Vgl. die
Reihe von Briefen, die im TLS zwischen dem 15. Mai und dem 24. Juli 1987 veröffentlicht wurden.

6 Wieder waren die Auffassungen Seweryn Bialers repräsentativ. Im Herbst 1987
war er der Meinung, die Sowjetunion sei »das interessanteste Land der Welt«
geworden, und erklärte, daß »Gorbatschows persönliche Bedeutung für den
Kreislauf der Reformen nicht genug betont werden kann«. Vgl. Seweryn Bialer
und Michael Mandelbaum (Hgg.), Gorbachev's Russia and American Foreign
Policy, (Westview Press) Boulder, Col. 1988, S. 231, 269. Nicht alle Kommentatoren sahen sich in der Lage anzuerkennen, daß ein sowjetischer Führer mit
einer Reform des politischen Systems der Sowjetunion tatsächlich Ernst
machen würde. Ein Symposium, das im Sommer 1987 in The National Interest
veröffentlicht wurde, stellte die verschiedensten Meinungen vor, darunter auch
ein extremes Beispiel mit dem gemeinschaftlichen Beitrag von Alain Besançon
und Françoise Thom (S. 27-30), die a priori jeden Beweis einer Veränderung im
sowjetischen System zurückwiesen.

7 Im englischen Original verwendet Archie Brown den Begriff contested elections, der sich so nicht ins Deutsche übertragen läßt. Da die Wahlen keine im
westlichen Sinne freien Wahlen waren, sondern ein Element des Wettbewerbs
(contest) zwischen Kandidaten beinhalteten, was den Wählern die Möglichkeit
einer Auswahl zwischen Kandidaten, nicht aber zwischen Parteien gab, wird in
der deutschen Übersetzung der etwas umständliche Begriff Mehrkandidatenwahlen verwandt. Eine alternative Übersetzungsmöglichkeit wäre der Terminus halbfreie Wahlen, der aber den positiven Charakter dieser Veränderung
durch seine etwas abwertenden Obertöne nicht trifft. – Anm. d. Ü.

8 Der emigrierte russische Soziologe Wladimir Schlapentoch gehört zu denen,
die den Ersten Kongreß als einen Wendepunkt in Gorbatschows Beziehungen
besonders zum liberalen Teil der Intelligenzia ansehen. Vgl. Vladimir Shlapentokh, Soviet Intellectuals and Political Power: The Post-Stalin Era, (Princeton
University Press) Princeton 1990, S. 268.

9 Dieser Punkt wurde wiederum explizit von Bialer gemacht, als er im Oktober
1990 schrieb: »Gorbatschow ist mehr ein Problem als eine Lösung.« Vgl. Bialer,
›The Last Soviet Communist‹, U.S. News and World Report, 8. Oktober 1990,
S. 53 f. Vgl. auch Robert G. Kaiser, Why Gorbachev Happened: His Triumphs
and his Failures, (Simon & Schuster) New York 1991, S. 414.

10 Reytingi Borisa Yel'tsina i Mikhaila Gorbacheva po 10-bal'noy shkale (Allrussisches Zentrum für Meinungsforschung, Moskau 1993).

11 Das Kapitel 8 für weitere Einzelheiten.

12 Das Allunionszentrum für Meinungsforschung wurde, seit seiner Gründung
1988, vom Akademiemitglied Tatjana Saslawskaja und ab 1992 von Professor
Juri Lewada geleitet. Nach der Auflösung der Union wurde es zum Allrussischen Zentrum für Meinungsforschung (VTsIOM).

13 Yury Levada, ›Chto zhe dal'she? Razmyshleniya o politicheskoy situatsii v strane‹, Izvestiya, 10. April 1990, S. 3.

14 Reytingi Borisa Yel'tsina.

15 Margaret Thatchers frühe Erkenntnis, daß Gorbatschow ein anderer Typ von sowjetischem Führer als seine Vorgänger war, ist gut dokumentiert. Eine ihrer ersten Darstellungen dessen findet sich in dem Interview, das sie ihrer Tochter gab: Carol Thatcher, ›Thatcher on Gorbachev‹, Life (Oktober 1987), S. 32-34. Vgl. auch: Margaret Thatcher, The Downing Street Years, (HarperCollins) London 1993, bes. S. 450-53. Für Denis Healys frühe Eindrücke von Gorbatschow, die auf ihrem Zusammentreffen während Gorbatschows Londonbesuch im Dezember 1984 basieren, siehe Healy, ›Gorbachev Face to Face‹, Newsweek, 25. März 1985, S. 15. In einem Interview, das von einem deutschen Autor ›vorschnell‹ genannt wird, beschrieb Helmut Kohl im Herbst 1986 Gorbatschow als einen »Propagandisten vom Schlage eines Goebbels« (Gerd Ruge, Gorbachev: A Biography, ⟨Chatto & Windus⟩ London 1991), aber Kohl nahm später eine Beziehung zu Gorbatschow auf, die von Wärme und Vertrauen geprägt war. Eine Erörterung der Goebbels-Episode und der nachfolgenden Verbindung zwischen Gorbatschow und Kohl findet sich in dem wichtigen Buch von Timothy Garton Ash, In Europe's Name: Germany and the Divided Continent, (Jonathan Cape) London 1993, bes. S. 107, 118.

16 Izvestiya TsK KPSS, 11 (1990), S. 150-59

17 Ebenda, S. 155.

18 Ebenda, S. 156.

19 Vgl. Alexander Shtromas, Political Change and Social Development: The Case of the Soviet Union, (Peter Lang) Frankfurt a. M. 1981, bes. S. 67-82.

20 Vgl. Peter Reddaway, ›Dissent in the Soviet Union‹, Problems of Communism, 32/6 (November-Dezember 1983), S. 1-15.

21 Ebenda, S. 14.

22 Ebenda.

23 Amalrik (1938-1980) war ein sowjetischer Dissident, der im spanischen Exil bei einem Autounfall ums Leben kam. Sinowjew (geb. 1922) ist Dissident, russischer Philosoph und satirischer Romancier, der seit 1977 in Deutschland lebt.

24 Reddaway, ›Dissent in the Soviet Union‹.

25 Vgl. Alexander Solshenitsyn, ›Kak nam obustroit' Rossiyu?‹, Literaturnaya gazeta, 18. September 1990, S. 3-6, und Komsomol'skaya pravda, 18. September 1990, S. 3-6. Dieses Werk Solschenizyns wurde später ins Englische übersetzt und unter dem Titel Rebuilding Russia: Reflections and Tentative Proposals, (Harvill) London 1991, veröffentlicht. Die Herausgeber russischer Literaturzeitschriften rangelten miteinander um die Veröffentlichung von Solschenizyns früheren Werken. Der Archipel GULAG erschien 1989 in Novy Mir, Nr. 8, S. 7-95, Nr. 9, S. 68-165, Nr. 10, S. 25-149 und Nr. 11, S. 63-175.

26 Im Rahmen einer Umfrage des Allunionszentrums für Meinungsforschung antworteten 1991 nur 21 Prozent der Befragten auf die Frage, ob sie etwas über die Menschrechtsbewegung in der UdSSR gehört hätten, mit ›ja‹. Vgl. Levada, Chelovek i legenda: obraz A. D. Sakharova v obshchestvennom mnenii, Mos-

kau 1991, S. 13-14. Weitverbreitete Unterstützung ehemaliger Dissidenten und sogar Sacharows ist, wie diese Studie bestätigte, ein relativ neues Phänomen.

27 Vgl. ebenda; außerdem Sakharov, Moscow and Beyond, (Knopf) New York 1991.

28 Shlapentokh, Soviet Intellectuals and Political Power, S. 81. Vgl. auch den Bericht über die Umfrage in der Literaturnaya gazeta, 29. März 1989, S. 12. Die Umfragen wurden unter der Leitung zweier der angesehensten Soziologen der Sowjetunion durchgeführt. An der Spitze des Teams, das die Leserbefragung der Literaturnaja gazeta verwirklichte, stand Juri Lewada. Die Befragung hatte den Nachteil, daß sie auf einer Selbstauswahl der Befragten basierte, da die Zeitung den Fragebogen der Soziologen veröffentlichte und die Leser einlud, ihn auszufüllen. Nicht weniger als 200.000 machten sich die Mühe! Die landesweite Umfrage wurde von Boris Gruschin durchgeführt. Zu dieser Zeit arbeiteten Lewada und Gruschin, die beide bahnbrechende soziologische Untersuchungen in den 1960er Jahren angestellt hatten, an Saslawskajas Allunionszentrum für Meinungsforschung. Lewada ist, wie oben bereits angemerkt, jetzt Direktor des Zentrums, und Gruschin hat inzwischen sein eigenes Institut, Vox Populi, gegründet.

29 Der damalige Bürgermeister von St. Petersburg, Anatoli Sobtschak, ein Verbündeter Sacharows im Kongreß der Volksdeputierten der UdSSR, hat auch beobachtet, daß Sacharow erst nach seinem Tode eine große Anhängerschaft besaß. Vgl. Sobchak, Khozhdenie vo vlast', (Novosti) Moskau 1991, S. 258. Daß Sacharows Popularität jedoch im Jahre 1989 anwuchs, wird auch durch das Ergebnis einer Umfrage nahegelegt, die die Popularität von Mitgliedern des Kongresses der Volksdeputierten auf der Grundlage von Briefen ermittelte, die die Redaktion einer Wochenzeitung erreichten. (Die Resultate widersprechen aber der geringeren Einstufung der Popularität Sacharows in den Studien des Allunionszentrums für Meinungsforschung, die weniger laienhaft bei der Auswahl ihrer Befragungsgruppen vorgingen.) Sacharow stand an erster Stelle der Beliebtheitstabelle, die auf Briefen an die Wochenzeitung Argumenty i fakty (Nr. 40) im Oktober 1989 basierte. Die Art und Weise, in der die Umfrage durchgeführt worden war, und deren Veröffentlichung waren Anlaß für Spannungen zwischen Gorbatschow und dem Herausgeber der Zeitung, Wladislaw Starkow.

30 Obshchestvennoe mnenie v tsifrakh, 6/13 (Februar 1990), Allunionszentrum für Meinungsforschung, Moskau 1990, S. 14.

31 Margaret Thatcher, von 16,8 Prozent genannt, erhielt genau viermal so viel Stimmen wie ihre stärkste Konkurrentin, die estländische Politikerin Marju Lauristin.

32 Levada u. a., Chelovek i legenda, S. 13 f.

33 Ebenda, S. 24.

34 V. V. Dubin u. a., Obshchestvennoe mnenie v tsifrakh, 2/9 (Februar 1990), Allunionszentrum für Meinungsforschung, Moskau 1990, S. 6. Mehr als 500 Namen wurden von den 2696 aus jeder Unionsrepublik ausgewählten Befragten genannt. Nur die ersten 29 Namen sind in der oben angegebenen Broschüre

veröffentlicht, nur diese erzielten mehr als 3,5 Prozent. Der einzige sowjetische
Politiker neben Lenin und Gorbatschow, der auch in dieses Pantheon gewählt
wurde, war Stalin (14,9 Prozent).

35 Dafür gibt es einige Anhaltspunkte, obwohl die Erhebung nicht direkt mit der
im Text zitierten Umfrage vergleichbar ist, für die in allen (damaligen 15)
Unionsrepubliken Stichproben gemacht wurden. Eine ähnliche Frage aber
wurde den Bürgern Moskaus, Leningrads (das erst ab dem 1. Oktober 1991 wieder offiziell St. Petersburg hieß) und Kiew am 2. September 1991 gestellt. Die
Befragten sollten die ihrer Meinung nach drei »herausragendsten Persönlichkeiten aller Zeiten und aller Völker« nennen. Peter der Große nahm mit 13 Prozent
den ersten Platz ein, gefolgt von Jesus Christus (11 Prozent). Lenin teilte sich
den dritten Platz mit Einstein (jeweils 8 Prozent). Ihnen folgten Sacharow mit
6 Prozent und drei historische Figuren mit jeweils 5 Prozent: Alexander Newski,
Pjotr Stolypin und Napoleon Bonaparte. Vgl. Argumenty i fakty, 39 (Oktober
1991), S. 1. Eine andere Umfrage des Meinungsforschungsinstituts Vox Populi
von Boris Gruschin bat im Juni und Juli 1992 Befragte aus allen Teilen der Russischen Föderation, den größten russischen Politiker aller Zeiten zu nennen.
Peter der Große war mit Abstand die beliebteste Antwort und wurde von
44 Prozent der Befragten genannt. Lenin aber belegte Platz zwei (abgeschlagen
mit 15 Prozent), und Stalin wurde (mit 6 Prozent) Dritter. Vgl. Mark Rhodes,
›Russians say Peter was Greater than Lenin‹, in: RFE/RL Research Report, 2/7
(12. Februar 1993), S. 54 f.

36 Archie Brown, ›Political Developments‹, in: Archie Brown und Michael Kaser
(Hgg.), The Soviet Union since the Fall of Khrushchev, (Macmillan) London
1975, S. 218-75, bes. S. 255-62.

37 Die Literatur zu diesem Thema hat bereits einige beachtenswerte Beiträge zu
verzeichnen. Vgl. z. B. Timothy J. Colton, The Dilemma of Reform in the
Soviet Union, durchgesehene u. erweiterte Ausgabe, (Council on Foreign Relations) New York 1986; Moshe Lewin, The Gorbachev Phenomenon: A Histori-
cal Interpretation, (Hutchinson) London 1988; Geoffrey Hosking, The Awakening of the Soviet Union, (Heinemann) London 1990; Vladimir Shlapentokh, Public and Private Life of the Soviet People: Changing Values in Post-Stalin Russia, (Oxford University Press) New York 1989; Mary Buckley, Redefining
Russian Society and Polity, (Westview) Boulder, Col. 1993; Leslie Holmes, The
End of Communist Power: Anti-Corruption Campaigns and Legitimation
Crisis, (Polity Press) Oxford 1993; Philip G. Roeder, Red Sunset: The Failure of
Soviet Politics, (Princeton University Press) Princeton 1993. Vgl. auch Shlapen-
tokh, Soviet Intellectuals and Political Power.

38 Anregende Darstellungen der Nationalitätenfrage in der UdSSR finden sich bei
Alexander J. Motyl, Sovietology, Rationality, Nationality: Coming to Grips
with Nationalism in the USSR, (Columbia University Press) New York 1990;
Motyl (Hg.), Thinking Theoretically about Soviet Nationalities, (Columbia
Disunion: A History of the Nationalities Problem in the USSR, (Hamish
Hamilton) London 1990; Graham Smith, (Hg.), The Nationalities Question in
the Soviet Union, (Longman) London 1990; Michael Mandelbaum, (Hg.), The

Rise of Nations in the Soviet Union: American Foreign Policy and the Disinte-
gration of the USSR, (Council on Foreign Relations) New York 1991; Gail W.
Lapidus und Victor Zaslavsky (Hg.), From Union to Commonwealth: Nation-
alism and Separatism in the Soviet Republics, (Cambridge University Press)
Cambridge 1992; Ronald Grigor Suny, The Revenge of the Past: Nationalism,
Revolution and the Collapse of the Soviet Union, (Stanford University Press)
Stanford, Calif. 1993; und Ian Bremner und Ray Taras (Hgg.), Nations and
Politics in the Soviet Successor States, (Cambridge University Press) Cambridge
1993.

39 Bis vor kurzem ist dem Jelzin-Faktor kaum gerecht geworden (oder dem Phänomen Jelzin, obwohl es mindestens drei Bücher mit dem Titel The Gorbachev
Phenomenon gibt), bis auf zwei frühe Darstellungen von Jelzins Bruch mit dem
kommunistischen Parteiestablishment 1987. Vgl. Timothy J. Colton, ›Moscow
Politics and the El'tsin Affair‹, The Harriman Institute Forum, 1/6 (June 1988),
S. 1-8; Seweryn Bialer, ›The Yeltsin Affair: The Dilemma of the Left in Gorbachev's Revolution‹, in Bialer (Hg.), Politics, Society and Nationality Inside Gor-
bachev's Russia, (Westview) Boulder, Col. 1989, S. 91-119. Die beste Biographie
Boris Jelzins ist bis jetzt die von John Morrison, Boris Yeltsin, (Penguin) Lon-
don 1991. Vgl. auch zwei journalistische Darstellungen, erstere unkritisch pro
Jelzin, letztere etwas skeptischer: Vladimir Solovyov und Elena Klepikova,
Boris Yeltsin: A Political Biography, (Weidenfeld & Nicolson) London 1992;
und Jonathan Steele, Eternal Russia: Yeltsin, Gorbachev and the Mirage of
Democracy, (Faber & Faber) London 1994.

40 Wegen des darin enthaltenen Interview-Materials besonders wertvoll sind
Angus Roxburgh, The Second Russian Revolution, (BBC Books) London 1991;
Hedrick Smith, The New Russians, (Random House) New York 1990; Robert
G. Kaiser, Why Gorbachev Happened: His Triumphs and his Failures, (Simon
& Schuster) New York 1991; und David Remnick, Lenin's Tomb: The Last
Days of the Soviet Empire, (Viking) London 1993.

41 Vgl. vor allem Stephen White, Gorbachev and After, 3. Auflage, (Cambridge
University Press) Cambridge 1992; Richard Sakwa, Gorbachev and his Reforms
1985-1990, (Philip Allan) London 1990; Harley D. Balzer, (Hg.), Five Years that
Shook the World: Gorbachev's Unfinished Revolution, (Westview) Boulder,
Col. 1991. Das erste solche Buch, das nach dem Ende von Gorbatschows Amts-
zeit veröffentlicht wurde und einige interessante Interpretationsansätze enthält,
ist John Miller, Mikhail Gorbachev and the End of Soviet Power, (Macmillan)
London 1993.

42 Eine Ausnahme ist Dusko Doder und Louise Branson, Gorbachev: Heretic in
the Kremlin, (Viking) New York 1990. Gerd Ruges Gorbachev, (Chatto &
Windus) London 1991, ist ebenfalls hilfreich, vor allem wegen der Interviews,
die der Autor führte. Ruge verfügte über gute Kontakte zu Gorbatschows
Freunden und Bekannten in Moskau und Stawropol. Unglücklicherweise ent-
hält das Buch neben gutem Material auch eine Reihe von sachlichen Fehlern.
Ersteres gilt, a fortiori, für Gail Sheehy, The Man Who Changed the World:
The Lives of Mikhail S. Gorbachev, (HarperCollins) New York 1990.

43 Dies ist eine Falle, in die sogar eines der besten neueren Bücher über Gorbatschow manchmal fällt, siehe Miller, Gorbachev and the End of Soviet Power.

44 Letztere Meinung vertritt mit Eloquenz Françoise Thom, The Gorbachev Phenomenon: A History of Perestroika, (Pinter) London 1989; sowie Brian Crozier, The Gorbachev Phenomenon: ›Peace‹ and the Secret War, (Claridge Press) London 1990.

45 Vgl. Archie Brown, ›Gorbachev: New Man in the Kremlin‹, Problems of Communism, 34/3 (Mai/Juni 1985), S. 1-23; Brown, ›Can Gorbachev make a Difference?‹, Detente, 3 (Mai 1985), S. 4-7.

46 Meine Stimson-Vorlesung von 1980 ist im Vorwort genannt. Für die ersten veröffentlichten Hinweise auf Gorbatschow als zukünftigen Generalsekretär, siehe Archie Brown und Michael Kaser, (Hgg.), Soviet Policy for the 1980s, (Macmillan) London 1982, S. 240-42, 244-45, 269-70.

47 1982 schrieb auch Jerry F. Hough: »Gorbatschow wäre mit an Sicherheit grenzender Wahrscheinlichkeit ein Reform-Führer«. Vgl. Hough, ›Changes in Soviet Elite Composition‹, in Seweryn Bialer und Thane Gustafson, (Hgg.), Russia at the Crossroads: The 26th Congress of the CPSU, (Allen & Unwin) London 1982, bes. S. 43 f. In vielen anderen Aspekten gingen unsere Ansichten jedoch auseinander. Hough schrieb sehr umfangreich über Gorbatschow und betonte dabei dessen Einsatz für wirtschaftliche Reformen. Ich glaube aber, daß Hough Gorbatschows Interesse an politischer Demokratisierung ernsthaft unterschätzte – zeitweise porträtierte er ihn als Diktator. 1990 spielte Hough die Gefahren herunter, die Gorbatschow von ›links‹ und ›rechts‹ sowie den nationalistischen Unabhängigkeitsbestrebungen her drohten. Unter Houghs sehr umstrittenen Beiträgen zur Debatte über Gorbatschow gehören Russia and the West: Gorbachev and the Politics of Reform, 2. Auflage, (Touchstone) New York 1990; ›Gorbachev's Strategy‹, Foreign Affairs, 64/1 (1985), S. 33-55; ›The Politics of Successful Economic Reform‹, Soviet Economy, 5/1 (Januar-März 1989), S. 3-46; ›Gorbachev's Endgame‹, World Policy Journal, 7/4 (Herbst 1990), S. 639-72; ›Understanding Gorbachev‹, Soviet Economy, 7/2 (April-Juni 1991), S. 89-109. In seinem neuesten Buch, das Gorbatschow zu großen politischen und ökonomischen Radikalismus zum Vorwurf macht, revidiert Hough eine Reihe seiner früheren Urteile. Siehe Jerry F. Hough, Democratization and Revolution in the USSR 1985-1991, (Brookings Institution Press) Washington, D. C. 1997.

48 Zu Gorbatschows Lernprozeß während seiner Amtszeit vgl. George Breslauer, ›Soviet Economic Reforms Since Stalin: Ideology, Politics and Learning‹, Soviet Economy, 6/3 (Juli-September 1990), S. 252-80; George Breslauer und Philip E. Tetlock (Hgg.), Learning in U.S. and Soviet Foreign Policy, (Westview) Boulder, Col. 1991.

49 Die detaillierteste wissenschaftliche Darstellung der Wahlen 1989 (ein 384 Seiten langes Buch) ist von russischen Wissenschaftlern vorgelegt worden. In der Welt der Politikwissenschaft war dieses Buch genauso ein Bruch mit der sowjetischen Vergangenheit wie es die Wahlen 1989 mit der ›realen Welt‹ der sowjetischen Politik waren. Vgl. V. A. Kolosov, N. V. Petrov und L. V. Smirnyagin,

(Hgg.), Vesna 89: Geografiya i anatomiya parlamentskikh vyborow, (Progress) Moskau 1990.

50 Vgl. die Reihe der Programmentwürfe, die Gorbatschow in einem widerstrebenden Zentralkomitee zur Annahme durchsetzte, Pravda, 26. Juli 1991, S. 1 f.; 8. August 1991, S. 3 f.

51 Der Begriff ›totalitär‹ wird jetzt freizügig und allgemein auf das Sowjetsystem in allen seinen historischen Entwicklungsphasen angewandt. Stalins Sowjetunion war sicherlich nahe genug am ideal-typischen Totalitarismus (im Weberschen Sinne von ›ideal-typisch‹), um den Begriff zu rechtfertigen. Der ›Spätkommunismus‹ oder ›real existierende Sozialismus‹ der Breschnew-Jahre ist ein weniger eindeutiger Fall. Im allgemeinen scheinen mir die Unterschiede zwischen den Jahren des ›Hochstalinismus‹ (von den frühen dreißiger Jahren bis zu Stalins Tod 1953) einerseits und der Ära nach Stalin von Chruschtschow zu Tschernenko andererseits gewichtig genug zu sein, um eine konzeptionelle Unterscheidung zu machen. So wie ich die Begriffe ›Totalitarismus‹ und ›Autoritarismus‹ verstehe (andere Definitionen resultieren dabei natürlich in anderen Ordnungsmodellen), war das sowjetische System nach Stalin und vor Gorbatschow höchst autoritär – eine besondere Kategorie des posttotalitären Autoritarismus – und nicht totalitär. Ausführlicheres dazu findet sich in meinem Buch Soviet Politics and Political Science, (Macmillan) London 1974, S. 30-41, und in meinem Beitrag ›Political Power and the Soviet State: Western and Soviet Perspectives‹ in Neil Harding, (Hg.), The State in Socialist Society, (Macmillan) London 1984, S. 51-103, bes. 55-57. Die Anwendung des Begriffes ›totalitär‹ auf das sowjetische System sogar unter Gorbatschow von einigen liberalen sowjetischen Autoren dehnt die Bedeutung des Wortes zu weit. Der Gebrauch solcher Rhetorik in den Massenmedien war jedoch zu begrüßen, lieferte dies doch den Beweis dafür, daß das System inzwischen nicht mehr ein totalitäres war. Eine sarkastische Bemerkung über viele seiner Landsleute machte der Direktor des Zentrums für Politische Forschung am Institut für Staat und Recht in Moskau, William Smirnov, in den späten Jahren der Gorbatschow-Ära mir gegenüber: »Als wir echten Totalitarismus hatten, taten wir so, als wäre es Demokratie. Und sobald daraus Pluralismus geworden war, schrie jeder, es sei totalitär.« Für eine Darstellung totalitärer und autoritärer Regime, die das poststalinistische Rußland auch als ein ›posttotalitäres‹ sieht: Ralf Dahrendorf, The Modern Social Conflict: An Essay on the Politics of Liberty, (Weidenfeld & Nicolson) London 1988, S. 72-92, bes. 85, 91.

52 Ich habe das Argument gegen ein Verständnis der Sowjetunion als pluralistisch in jedem wirklichen Sinn ausführlicher dargelegt in ›Political Power and the Soviet State: Western and Soviet Perspectives‹, in: Neil Harding (Hg.), The State in Socialist Society, S. 51-103, bes. 57-66.

53 Ein scharfsichtiger Artikel neueren Datums zu diesem Thema ist Michael Ignatieff, ›On Civil Society: Why Eastern Europe's Revolutions Could Succeed‹, Foreign Affairs, 74/2 (März-April 1995), S. 128-36.

54 Vgl. Michael Bourdeaux, Gorbachev, Glasnost and the Gospel, (Hodder & Stoughton) London 1990, bes. S. 1-21; sowie sein Kapitel über Religion in

Archie Brown und Michael Kaser (Hgg.), The Soviet Union since the Fall of Khrushchev (2. Auflage), (Macmillan) London 1978, S. 157-180.

55 Vgl. z.B. Hugh Seton-Watson, The Decline of Imperial Russia, (Methuen) London 1952; Jacob Walkin, The Rise of Democracy in Pre-Revolutionary Russia: Political and Social Institutions under the Last Three Czars, (Thames & Hudson) London 1963; und Geoffrey Hosking, The Russian Constitutional Experiment: Government and Duma 1907-1914, (Cambridge University Press) Cambridge 1973.

56 Tibor Szamuely, The Russian Tradition, hrsg. und mit einem Vorwort v. Robert Conquest, (Secker & Warburg) London 1974.

57 Ebenda, S. ix.

58 Es gibt eine große Anzahl von Belegen dafür, daß sowjetische Bürger mehr an Berichten in Zeitungen und Zeitschriften über das Ausland als das Inland interessiert waren. Eine gute Zusammenfassung der entsprechenden Umfrageergebnisse findet sich bei: Shlapentokh, Public and Private Life, bes. S. 139-52.

59 Für eine ausführlichere Darstellung einiger der gesellschaftlichen Vorbedingungen für Perestroika vgl. David Lane, Soviet Society under Perestroyka, (Unwin Hyman) London 1990, bes. Kapitel 5, ›The Changing Social Structure‹, S. 123-60; Gail W. Lapidus, ›State and Society: Toward the Emergence of Civil Society in the Soviet Union‹, in Bialer (Hg.), Politics, Society and Nationality, S. 121-47; Tatyana Zaslavskaya, The Second Socialist Revolution: An Alternative Strategy, (Tauris) London 1990, bes. Kapitel 1, S. 1-20; und Zaslavskaya, ›Perestroika i sotsializm‹, in: F. M. Borodkin, L. Ya. Kosals und R. V. Ryvkina, (Hgg.), Postizhenie, (Progress) Moskau 1989, S. 217-40, bes. 224-26.

60 Ellen Mickiewicz, Split Signals: Television and Politics in the Soviet Union, (Oxford University Press) New York 1988, S. 3, 17.

61 Archie Brown, John Fennell, Michael Kaser und H. T. Willetts (Hgg.), The Cambridge Encyclopedia of Russia and the Soviet Union, (Cambridge University Press) Cambridge 1982, S. 407.

62 Die ausführlichste Darstellung des ökologischen Katastrophengebiets, zu dem die UdSSR wurde, ist Murray Feschbach und Abert Friendly, Ecocide in the USSR, (Basic Books) New York 1992.

63 Die Kluft zwischen privatem und öffentlichem Diskurs war das Phänomen, das mich am meisten überraschte, als ich meine erste Studienreise nach Moskau Mitte der sechziger Jahre machte. Es paßte gar nicht zu dem totalitären Bild, das ich mir von der Sowjetunion gemacht hatte und das wahrscheinlich eher auf George Orwells 1984 zurückging, als es den sozialen Realitäten des poststalinistischen Rußland verpflichtet war. Für eine kurze aber treffende Beschreibung des Unterschiedes zwischen privater und öffentlicher Welt vor der Perestroika, vgl. Hosking, The Awakening of the Soviet Union, bes. S. 12 f.

64 T. H. Rigby, The Changing Soviet System: Mono-Organisational Socialism from ist Origins to Gorbachev's Restructuring, (Edward Elgar) Aldershot 1990, S. 215.

65 Wichtige Erörterungen dieses Themas bei T. H. Rigby und Bohdan Harasymiw (Hgg.), Leadership Selection and Patron-Client Relations in the USSR and

Yugoslavia, (Allen & Unwin) London 1983; John H. Miller, ›Putting Clients in Place: The Role of Patronage in Cooption into the Soviet Leadership‹, in: Archie Brown (Hg.), Political Leadership in the Soviet Union, London 1989, S. 54-95; T. H. Rigby, Political Elites in the USSR: Central Leaders and Local Cadres from Lenin to Gorbachev, (Edward Elgar) Aldershot 1990.

66 Die Erinnerungen zweier prominenter ehemaliger Assistenten Andropows und Kuusiinens, Fjodor Burlazki und Georgi Arbatow (dessen Lebenslauf auch Prag enthält), werfen ein interessantes Licht auf diese Netzwerke. Vgl. Arbatov, Zatyanuvsheesya vyzdorovlenie; und Fedor Burlatsky, Vozhdi i sovetniki: o Khrushcheve, Andropove i ne tol'ko o nikh, (Politizdat) Moskau 1990. Vgl. auch Stephen F. Cohen und Katrina vanden Heuvel, Voices of Glasnost: Interview with Gorbachev's Reformers, (Norton) New York 1989; Archie Brown, ›Andropov: Discipline and Reform?‹, Problems of Communism, 32/1 (Januar-Februar 1983), S. 18-31.

67 Durch meine Gespräche mit Parteifunktionären, die sich eindeutig der Reformpartei in den Gorbatschow-Jahren anschlossen, ist mir völlig bewußt, daß sich das Ausmaß der Lektüre von Dissidentenschriften nicht verallgemeinern läßt. Einige lasen Teile der Literatur der Dissidenten, andere gar nichts. Andrei Gratschow hat gesagt, er habe während der Ära Breschnew Auslandsreisen dazu genutzt, die Hauptwerke sowjetischer Dissidenten zu lesen (Interview mit Gratschow, Oxford, 16. Januar 1993).

68 Vgl. Geoffrey Hosking, Beyond Socialist Realism: Soviet Fiction since Ivan Denisovich, (Granada) London 1980, bes. S. 50-83.

69 Vgl. zwei faktenreiche Darstellungen mit unterschiedlichen Blickwinkeln: Alexander Yanov, The Russian New Right: Right-Wing Ideologies in the Contemporary USSR, (Institute of International Studies, University of California) Berkeley 1978; und John B. Dunlop, The Faces of Contemporary Russian Nationalism, (Princeton University Press) Princeton 1983.

70 Vgl. z. B. Crozier, The Gorbachev Phenomenon; und sein neueres Buch Free Agent: The Unseen War 1941-1991, (HarperCollins) London 1993.

71 Die Ausnahmen in Osteuropa bildeten Albanien und Jugoslawien, die Tschechoslowakei war ein Grenzfall. Vgl. Joseph Rothschild, Return to Diversity: A Political History of East Central Europe since World War II, (Oxford University Press) New York 1989; und Archie Brown und Jack Gray (Hgg.), Political Culture and Political Change in Communist States, (Macmillan) London 1977, bes. die Einleitung, S. 15 f.

72 Anatoly Sobchak, Khozhdenie vo vlast'. Rasskaz o rozhdenii parlamenta, (Novosti) Moskau 1991, S. 9.

73 Es gibt eine Reihe von Darstellungen, die sich der radikalen Meinungsunterschiede innerhalb der KPdSU in den Jahren annehmen, bevor diese Differenzen offensichtlich und öffentliches Diskussionsthema wurden. Z. B. Stephen F. Cohen, ›The Friends and Foes of Change‹, in Stephen F. Cohen, Alexander Rabinowitch und Robert Sharlet (Hgg.), The Soviet Union since Stalin, (Indiana University Press) Bloomington, Ind. 1980, S. 11-31; Cohen und Heuvel, Voices of Glasnost; Jeffry F. Hough, The Struggle for the Third World: Soviet

Debates and American Options, (Brookings) Washington 1986. Vgl. außerdem Archie Brown (Hg.), New Thinking in Soviet Politics, (Macmillan) London 1992; und Brown, ›Political Science in the USSR‹, International Political Science Review, 7/4, 1986, S. 443-81.

74 Vgl. Sobchak, Khozhdenie vo vlast', S. 9.

Kapitel 2: Werdegang eines Reformers und Generalsekretärs

1 T. H. Rigby, Concluding Observations, in: T. H. Rigby, Archie Brown und Peter Reddaway (Hgg.), Authority, Power and Policy in the USSR: Essays Dedicated to Leonard Schapiro, (Macmillan) London 1980, S. 197.

2 Das Haus in Priwolnoje, in dem Gorbatschows Mutter über dreißig Jahre lebte, bevor man sie (ohne Wissen Gorbatschows) überredete, es 1993 zu verkaufen, kannte Gorbatschow nur als Besucher. Obwohl es im Gespräch war, sein Geburtshaus in ein Museum zu Ehren des ersten und letzten Präsidenten der Sowjetunion zu verwandeln, war es, wie die Journalistin Irina Mastikana bemerkte, dafür schon zu spät: sein tatsächliches Geburtshaus war bereits Jahre vorher abgerissen worden. Vgl. Komsomol'skaya pravda, 11. August 1993, S. 3.

3 Izvestiya, 1. Dezember 1990, S. 1-4; Gorbatschows Interview mit Juri Schtschkotchichin, Literaturnaya gazeta, 4. Dezember 1991, S. 4.

4 Ebenda, Izvestiya und Literaturnaya gazeta.

5 Interview mit Gorbatschow, Komsomol'skaya pravda, 7. November 1992, S. 1.

6 Izvestiya TsK KPSS, 5 (Mai 1989), S. 58.

7 Izvestiya, 1. Dezember 1990, S. 1-4, auf S. 4.

8 Ebenda.

9 Mikhail Gorbachev, ›The Legacy of a Monster that Refuses to Die‹, The Guardian, (London u. Manchester) 27. Februar 1993, S. 21 (Nachdruck von La Stampa).

10 Bol'shaya Sovetskaya Entsiklopedia, 3. Auflage, Band XXIV, Moskau 1976.

11 Hedrick Smith, The New Russians, (Random House) New York 1990, S. 35.

12 Izvestiya TsK KPSS, 5 (Mai 1989), S. 58.

13 Stavropol'skaya pravda, 24. Februar 1976, S. 3.

14 Boris Kuchmaev, Kommunist s bozh'ey otmetinoy: dokumental'no-publitsisticheskiy ocherk, (Yuzhno-Russkoe kommerchesko-izdatelskoe tovarishchestvo) Stavropol 1992, S. 16.

15 Über Gorbatschows Interview mit dem ukrainischen Fernsehen, in dem er seine und die ethnischen Verbindungen seiner Frau mit der Ukraine erwähnte, berichtete The Times (London) am 9. Dezember 1991, S. 10. Zu Gorbatschows ukrainischer Abstammung s. a. sein Interview in Moskovskiy komsomolets, 28. Juni 1995, S. 2.

16 Meine Quelle dafür ist Jelena Koronjewskaja, die Maria Pantelejewna kannte.

17 Zdenìk Mlynář, ›Il mio compagno di studi Mikhail Gorbaciov‹, L'Unità, (Rom), 9. April 1985, S. 9.

18 Innerhalb der KPdSU war es so erwünscht, eine Geschichte als Arbeiter zu

haben, daß Gorbatschows offizielle Biographien bis zum Zeitpunkt seiner Amtsübernahme als Generalsekretär und darüber hinaus nicht erwähnten, daß er seine Ausbildung in der zweiten Hälfte der vierziger Jahre fortgesetzt hatte. Während die Kurzbiographien in Zeitungen und enzyklopädischen Jahrbüchern seine Jahre an der Moskauer Universität in der ersten Hälfte der Fünfziger anführten, werden die Jahre 1946-50 lediglich durch den Eintrag »Assistent eines Mähdrescherfahrers« abgedeckt. Vgl. z.B. Yezhegodnik Bol'shoy Sovetskoy Entsiklopedii 1981, Moskau 1981, S. 573; und Pravda, 12. März 1985, S. 1.

19 Gerd Ruge, Gorbachev, (Chatto & Windus) London 1991, S. 31.

20 Izvestiya TsK KPSS, 5 (Mai 1989), S. 58; und Kuchmaev, Kommunist s bozh'ey otmetinoy, S. 28. Sergej Gorbatschow war zum Zeitpunkt seiner Aufnahme in die Partei während des Zweiten Weltkrieges 36 Jahre alt.

21 Vgl. Sheila Fitzpatrick, Education and Social Mobility in the Soviet Union 1921-1934, (Cambridge University Press) Cambridge 1979.

22 Vera S. Dunham, In Stalin's Time: Middleclass Values in Soviet Fiction, (Cambridge University Press) Cambridge 1976, S. 13.

23 In Rußland ist die beste Note eine 5. Gorbatschow hatte also in Deutsch eine 4. – Anm. d. Ü.

24 Gorbatschow hat immer größeren Stolz auf die akademischen Leistungen seiner Frau gezeigt als auf seine eigenen. Bei seinem ersten Besuch in Großbritannien 1984, als er noch nicht Generalsekretär der KPdSU war, erzählte er seinen Gastgebern unter anderem, daß er nur eine Silber-, seine Frau aber eine Goldmedaille erhalten hatte, wie mir kurz danach von einem anwesenden britischen Minister berichtet wurde.

25 Mlynář ist der Ansicht, daß Gorbatschow aufgrund dieser Arbeit von den örtlichen Behörden für die Moskauer Universität vorgeschlagen wurde (Mlynář, L'Unità, 9. April 1985, S. 9).

26 Kuchmaev, Kommunist bozh'ey otmetinoy, S. 30 f.

27 Smith, The New Russians, S. 39. Vgl. auch Ruge, Gorbachev, S. 26 f.

28 Michail Gorbatschow [Gorbachev], Erinnerungen, (Siedler) Berlin 1995, S. 64.

29 Ruge, Gorbachev, S. 37.

30 Ebenda, S. 26.

31 Dusko Doder und Louise Branson, Gorbachev: Heretic in the Kremlin, (Viking) New York 1990, S. 13-16; Ruge, Gorbachev, S. 40.

32 Unerklärlicherweise nennen sowohl Hedrick Smith (The New Russians, S. 47) als auch Robert Kaiser (Why Gorbachev Happened, S. 31) 1954 als das Jahr von Gorbatschows Hochzeit. Gorbatschow selbst lieferte die Information, er habe seine Frau 1951 kennengelernt und 1953 geheiratet. Vgl. Izvestiya TsK KPSS, 5 (Mai 1989), S. 58.

33 Gorbachev, ›The Legacy of a Monster that Refuses to Die‹, The Guardian (London), 27. Februar 1993.

34 Ebenda.

35 Doder und Branson, Gorbachev: Heretic in the Kremlin, S. 11. In einem anderen Interview sagte Jakowlew: »Im allgemeinen zogen wir junge Burschen in den Krieg mit einem absoluten, hundertprozentigen Glauben an Stalin. ... es

gab wirkliche und allgemeine Begeisterung während der Stalin-Jahre. Das sowjetische Volk unternahm enorme Anstrengungen. Ja, alle möglichen entsetz-
lichen Dinge sind passiert. Ja, die humanen Ziele des Sozialismus wurden nicht
verwirklicht. Aber wir glaubten sehr aufrichtig an all das«, in: Stephen F. Cohen
und Katrina vanden Heuvel, (Hgg.), Voices of Glasnost: Interviews with Gorbachev's Reformers, (Norton) New York 1989, S. 36-37.

36 Eduard Shevardnadze, The Future Belongs to Freedom, (Sinclair-Stevenson)
    London 1991, S. 19.

37 Ebenda; Yegor Ligachev, Inside Gorbachev's Kremlin, (Pantheon) New York
    1993, S. 256-58.

38 Interview mit Gorbatschow, Komsomol'skaya pravda, 7. November 1992, S. 1.

39 Ebenda; Gorbatschow, Erinnerungen, S. 81.

40 Ruges Buch, Gorbachev, liefert eine gute Zusammenfassung der Beweislage in
    diesem Zusammenhang (S. 41-43). Andere Autoren haben fälschlicherweise Lew
    Judowitsch als einen ›Klassenkameraden‹ Gorbatschows beschrieben, einen der
    emigrierten Kritiker Gorbatschows. Seine Behauptungen, Gorbatschows studen-
    tische Laufbahn zu kennen, haben ihm viel Aufmerksamkeit eingebracht. Dem
    Soviet Analyst zufolge, der Judowitschs negatives Portrait Gorbatschows am
    19. Dezember 1984 veröffentlichte, schloß Judowitsch sein Studium an der Juri-
    stischen Fakultät 1950 ab, d.h., bevor Gorbatschow dort eintraf. Die dünne
    Grundlage seiner Behauptung, Gorbatschow gekannt zu haben, ist Judowitschs
    Versicherung, die Fakultät auch nach 1950 »ziemlich oft« besucht zu haben.

41 Raissa Gorbatschowa erwähnt die Freundschaft mit Mlynář in ihrem Memoi-
    renband: I Hope, (HarperCollins) London 1991, S. 49 f., genauso wie Gorba-
    tschow, Erinnerungen, S. 75.

42 Vgl. Adam Ulam, Stalin: The Man and his Era, (Allen Lane) London 1974,
    S. 736 f.

43 Smith, The New Russians, S. 49; Ruge, Gorbachev, S. 41.

44 Mlynář, L'Unità, 9. April 1985, S. 9.

45 Gorbatschow, Erinnerungen, S. 70 f.

46 Diese Information verdanke ich meinen eigenen Gesprächen mit Zdeňk Mly-
    nář. Gorbatschow interessierte sich besonders für politische Geschichte und
    Rechtsgeschichte.

47 Als ich meine erste Studienreise nach Moskau von Januar bis April 1966 unter-
    nahm, wurde mir niemand anders als Professor S. F. Ketschekjan als wissen-
    schaftlicher Betreuer zugewiesen. Ich arbeitete damals über russische politische
    und soziale Theorien des 18. Jahrhunderts. Ich freute mich auf weitere Zusam-
    menarbeit, aber als ich im September 1967 nach Moskau zurückkehrte, war er
    bereits verstorben.

48 Mlynář, L'Unità, 9. April 1985, S. 9.

49 Ebenda.

50 Ebenda.

51 Ebenda.

52 Kuchmaev, Kommunist s bozh'ey otmetinoy, S. 61.

53 M. S. Gorbachev, Zhivoe tvorchestvo naroda, (Politizdat) Moskau 1984, S. 11.

54 Ebenda, S. 41.
55 Mlynář, L'Unità, 9. April 1985, S. 9.
56 Yelena Lukyanova, ›On ne narushal zakon‹, Literaturnaya gazeta, 11. Oktober 1991, S. 2.
57 Siehe z. B. die Memoiren des ehemaligen KGB-Chefs und führenden Verschwörers gegen Gorbatschow, Vladimir Kryuchkov, Lichnoe delo, (Olimp) Moskau 1996, Bd. II, S. 175-77.
58 Raisa Gorbachev, I Hope, S. 61-2; Gorbatschow, Erinnerungen, S. 75.
59 Izvestiya TsK KPSS, 5 (Mai 1989), S. 58; Raisa Gorbachev, I Hope, S. 14.
60 Ebenda, S. 16 f.
61 Gorbachev, ›Legacy of a Monster‹, The Guardian, 27. Februar 1993. In diesem Artikel, geschrieben kurz vor Stalins 40. Todestag, stellte Gorbatschow der im Text zitierten Bemerkung voran, daß »der Schrecken beständig wiederkehrt« und daß er und seine Frau erst »vor ein paar Tagen vom Schicksal von Raissa Maximownas Großvater erfuhren«.
62 Raisa Gorbachev, I Hope, S. 19, 22.
63 Meine Quelle hier ist einer ihrer britischen Gastgeber bei diesem Anlaß.
64 Valery Boldin, Ten Years that Shook the World: The Gorbachev Era as Witnessed by his Chief of Staff, (Basic Books) New York 1994, S. 132. Boldin weiter: »Über die Vorzüge ihrer Methode kann man streiten, sie ist aber sicherlich besser, als zum ersten Mal auf ein Kulturdenkmal zu starren, von dem man noch nie etwas gehört hat.«
65 Raisa Gorbachev, I Hope, S. 78-80.
66 Meine Quelle ist Andrei Gratschow (Interview in Oxford, 13. Januar 1993), der sich auf eines seiner Gespräche mit Raissa Gorbatschowa berief.
67 Raisa Gorbachev, I Hope, S. 96.
68 Mlynář räumt ihr einen Teil des Verdienstes an der innovativen Agrarpolitik (innerhalb des relativ engen Spielraumes in der Breschnew-Zeit) ein, die Gorbatschow in der Region Stawropol in den 1970er Jahren verfolgte.
69 Raisa Maksimovna Gorbacheva, Byt kolkhoznogo krest'yabstva: sotsiologichesky ocherk, (Knizhnoe izdatelstvo) Stawropol 1969.
70 Ebenda, S. 136.
71 Ebenda, S. 50.
72 Vgl. z. B. ebenda, S. 33-45.
73 Ebenda, S. 71 f., 131 f., 134.
74 Ebenda, S. 95-107.
75 Ebenda, S. 88.
76 Raisa Gorbachev, I Hope, S. 7.; Interview mit Gorbatschow, Moskovskiy komsomolets, 28. Juni 1995, S. 2.
77 Izvestiya, 20. September 1991, S. 3.
78 Pravda, 2. Dezember 1987, S. 1 f., auf S. 2. Für den Text, der im sowjetischen Rundfunk und Fernsehen gesendet wurde, vgl. BBC Summary of World Broadcasts, SU/0016 C/6, 3. Dezember 1987. Der Prawda-Artikel ist auch nachgedruckt in: M. S. Gorbachev, Izbrannye rechi i stat'i, (Politizdat) Moskau 1988, V, S. 486.

79 BBC SWB, SU/0016 C/6, 3. Dezember 1987.

80 Mlynář war sich darüber im klaren, daß es Gorbatschow schaden könnte, wenn man Aufmerksamkeit auf ihre Freundschaft lenkte, war Mlynář doch eine prominente Persönlichkeit des ›Prager Frühlings‹, Dissident in Husáks Tschechoslowakei und politischer Emigrant. Seine Entscheidung, nichts über Gorbatschow zu schreiben, bis er (und falls er) Generalsekretär würde, war daher ein vorsätzlicher Entschluß. 1985 erkannte Gorbatschow die potentielle Gefahr offen an. Als der damalige italienische Ministerpräsident Bettino Craxi Gorbatschow sagte, er habe einen sehr interessanten Artikel über ihn von seinem alten Freund Mlynář gelesen (L' Unità, 9. April 1985), entgegnete Gorbatschow: »Oh, Zdenìk? Und, hat er mich freundlich behandelt?« Als Craxi antwortete: »Sehr sogar«, stellte Gorbatschow fest, daß ein »positives Urteil über mich von einem Intellektuellen des ›Prager Frühlings‹ zu Hause zu einigem Gerede führen könnte«. Vgl. Foreign Broadcast Information Service (Washington, DC – nachfolgend FBIS), Daily Report: Soviet Union, 2. Juli 1985, S. 87.

81 Zdenìk Mlynář, Night Frost in Prague: The End of Humane Socialism, (Hurst) London 1980, S. 27.

82 Ebenda, S. 28.

83 Raisa Gorbachev, I Hope, S. 66.

84 Interview mit Gorbatschow, Komsomol'skaya pravda, 7. November 1992, S. 1.

85 Raisa Gorbachev, I Hope, S. 81.

86 Ebenda, S. 81 f.

87 B. N. Petuchow, der, wie Raissa Gorbatschowa festhält, Gorbatschow signierte Kopien seiner Bücher von 1971 und 1981 schenkte. Ebenda, S. 82.

88 Ebenda.

89 Andrei Sakharov, Moscow and Beyond: 1986 to 1989, (Knopf) New York 1991, S. 10. (Wenn ein russischer Name, als Autorenname in englischer Sprache, anders transliteriert wurde als in dem von mir benutzten Schema, habe ich mir diese bibliographische Konvention zu eigen gemacht. Hier und in zukünftigen Fußnoten also ›Andrei‹ und nicht ›Andrey‹.)

90 Ebenda, S. 45.

91 Arbatov, in: Cohen und Heuvel (Hgg.), Voices of Glasnost, S. 307-27, auf S. 312.

92 Arkady Shevchenko, Breaking with Moscow, (Knopf) New York 1985, S. 184 f.

93 Dieses Zitat stammt von einem gewöhnlich scharfsichtigen westlichen Akademiker aus einem Aufsatz, der einige vernünftige Gedanken enthält – neben solchem Unsinn, wie gerade angegeben. Vgl. Peter Rutland, ›Sovietology: Notes for a Post-Mortem‹, The National Interest, 31 (Frühjahr 1993), S. 109-22, auf S. 109.

94 Gorbatschow, Erinnerungen, S. 81 f.

95 Yezhegodnik Bol'shoy Sovetskoy Entsiklopedii 1981, Moskau 1981, S. 573.

96 Kuchmaev, Kommunist s bozh'ey otmetinoy, S. 63 f.

97 Dem Stawropoler Journalisten Kutschmajew zufolge war die Beförderung Gorbatschows in das höchste Amt der Region eine Überraschung für die Bevölkerung; vielleicht ein Hinweis darauf, daß sie weniger an den Mechanismen des Systems interessiert war als außenstehende Beobachter. Die Entscheidung aber,

so Kutschmajew, wurde im Gebäude des Zentralkomitees getroffen, wo Gorbatschow die Unterstützung Kulakows hatte und Jefremow ihm ebenfalls sehr freundlich gesonnen war. Vgl. Kuchmaev, Kommunist s bozh'ey otmetinoy, S. 87 f.

98 Gorbachev, ›Legacy of a Monster‹, The Guardian, 27. Februar 1993.

99 Dieser Begriff wurde zuerst als kollektives Nomen auf die Gruppe von russischen kritischen Denkern angewandt, die sich mit gesellschaftlichen Problemen beschäftigten und in den sechziger Jahren des 19. Jahrhunderts Bekanntheit erlangten. Hundert Jahre später wurde er für die Kritiker und verhinderten Reformer der sechziger Jahre des 20. Jahrhunderts wiederentdeckt.

100 Meine Quelle ist Georgi Schachnasarow, der Mitarbeiter und Kollege Gorbatschows, den ich am 16. Dezember 1991 im Kreml interviewte. Vgl. auch Ruge, Gorbachev, S. 60 f.

101 Literaturnaya gazeta, 4. Dezember 1991, S. 3.

102 Vadim Pechenev, Gorbachev: K vershinam vlasti, (Gospodin Narod) Moskau 1991, S. 24.

103 Raisa Gorbachev, I Hope, S. 107.

104 Ruge, Gorbachev, S. 55.

105 Mlynář, L' Unità, 9. April 1985, S. 9.

106 Gorbachev, Interview von Jonathan Steele, The Guardian, 24. Dezember 1992, S. 19.

107 Gorbatschow, Erinnerungen, S. 159.

108 The Second Russian Revolution-Transkripte: Interview mit Wladimir Dolgich (aufbewahrt in Special Collections der Bibliothek der London School of Economics). Daß sich Gorbatschow und Ligatschow zu dieser Gelegenheit kennenlernten, wird von Ligatschow in seinen Memoiren bestätigt, obwohl er im Text des Buches (Yegor Ligachev, Inside Gorbachev's Kremlin, ⟨Pantheon⟩ New York 1993, S. 7) die Reise fälschlicherweise auf die »frühen Siebziger« datiert. Die Bildunterschrift aber zu einer der Photographien in jenem Buch, die Gorbatschow und Ligatschow gemeinsam in Prag zeigt, gibt mit November 1969 das korrekte Datum an.

109 Ebenda.

110 Ruge, Gorbachev, S. 74.

111 Ligachev, Inside Gorbachev's Kremlin, S. 7.

112 Anatoli Tschernjajew, Interview mit dem Autor in der Gorbatschow-Stiftung, Moskau, 30. März 1992. In der Zwischenzeit hat Tschernjajew Memoiren veröffentlicht, in denen er sein erstes Zusammentreffen mit Gorbatschow erwähnt. Vgl. A. S. Chernyaev, Shest' let s Gorbachevym: po dnevnikovym zapisyam, (Kultura) Moskau 1993, S. 3.

113 Interview des Autors mit Tschernjajew, 30. März 1992.

114 Gorbatschow, Erinnerungen, S. 161; Chernyaev, Shest' let s Gorbachevym, S. 8.

115 Schachnasarow, Interview mit dem Autor, 16. Dezember 1991.

116 Raisa Gorbachev, I Hope, S. 116.

117 Paris Match, 19. März 1992, S. 48-53, auf S. 52. Michel Tatu hat die Auffassung vertreten, Gorbatschow sei 1966, 1975 und 1976 nach Frankreich gereist. Gor-

batschow habe ihm die Reise nach Frankreich im Jahre 1966 in einem Interview 1987 bestätigt. Tatu impliziert, daß es 1966 war, als Gorbatschow »5000 km in einem Renault durch Frankreich fuhr« (Michel Tatu, Mikhail Gorbachev: The origins of Perestroika, ⟨Westview⟩ Boulder, Col. 1991, S. 42). In dem Interview, das Gorbatschow gemeinsam mit seiner Frau Paris Match gab, spricht er von »drei Ehepaaren in drei Renaults«, die durch Frankreich in dem Jahr fuhren, das seine Frau als 1978 angab. Es ist plausibler, daß er als ein etablierter regionaler Parteisekretär, der das Vertrauen Andropows genoß, diese Reise in der zweiten Hälfte der siebziger Jahre unternahm, als 1966. Tschernjajew (Shest' let s Gorbachevym,S. 8) hält Gorbatschows Reise mit der Delegation nach Belgien 1972 für seine erste Reise in den Westen.

118 Interview mit L'Unità, 18. Mai 1987. Veröffentlicht in M. S. Gorbachev, Izbrannye rechi i stat'i, V (1988), S. 53-82.

119 Ebenda, S. 53.

120 Dies erwähnten sowohl Tschernjajew als auch Schachnasarow in meinen (bereits angeführten) Gesprächen mit ihnen. Wadim Medwedjew bestätigte dies in meinem Interview mit ihm in der Gorbatschow-Stiftung am 22. März 1993.

121 Ruge, Gorbachev, S. 204. Ruge irrt sich aber, wenn er Gorbatschows Aufenthalt 1975 in Stuttgart als »seinen ersten Besuch im Westen« beschreibt. Gorbatschow war, wie oben ausgeführt, bereits in Italien, Belgien und Holland gewesen.

122 Kuchmaev, Kommunist s bozh'ey otmetinoy, S. 59.

123 Ebenda.

124 Alexander Nikonow in einem Interview mit dem Autor, Moskau, 20. April 1994.

125 Ebenda.

126 Ebenda.

127 Ruge, Gorbachev, S. 126-28. Auf einer Konferenz (an der ich teilnahm), die Nikita Chruschtschow im Jahr seines hundertsten Geburtstages gewidmet war und in der Gorbatschow-Stiftung am 18. April 1994 unter dem Vorsitz Michail Gorbatschows stattfand, begegnete Gorbatschow dem 75jährigen Nikonow mit großem Respekt. Nikonow referierte über Chruschtschows Agrarpolitik.

128 Ruge, Gorbachev, S. 127.

129 Diese Darstellung beruht auf meinem Interview mit Nikonow am 20. April 1994 und auf Nikonows Einleitung zu den Gesammelten Werken Tschajanows, die 1993 veröffentlicht wurden. In der zweiten, formelleren Darstellung erwähnt Nikonow die Rolle Gorbatschows nicht. Vgl. A. V. Chayanov, Izbrannye trudy, (Kolos) Moskau 1993, dabei besonders die Einleitung, ›Nasledie A. V. Chayanova‹, von A. A. Nikonov, S. 6-17, bes. 13-15.

130 Mlynář, L' Unità, 9. April 1985, S. 9.

131 Ebenda.

132 Gorbachev, Interview mit Anna Pugatsch, Komsomol'skaya pravda, 19. August 1994, S. 1f., auf S. 2.

536 Anmerkungen

133 Diese Zitate entstammen meinen eigenen Notizen von Gorbatschows Eröff-
nungsrede der Konferenz über Chruschtschow am 18. April 1994.
134 Zwei Aufsätze Gorbatschows aus seiner Zeit als regionaler Parteisekretär in
Stawropol befürworten diesen Ansatz, den er auch in die Praxis übernahm.
Vgl. M. S. Gorbachev, ›Sel'skiy trudovoy kollektiv: puti sotsial'nogo razvitiya‹,
Kommunist, 2 (1976) und ›Perdovoy opyt – vazhnyy rezerv‹, Kommunist, 14
(1978). Beide Aufsätze sind wiedergegeben in M. S. Gorbachev, Izbrannye
rechi i stat'i, I, (Politizdat) Moskau 1987, S. 123-33, 201-12.
135 Vgl. dazu V. P. Gagnon, Jr., ›Gorbachev and the Collective Contract Brigade‹,
Soviet Studies, 39/1 (Januar 1987), S. 1-23.
136 Ruge, Gorbachev, S. 78 f.
137 Smith, The New Russians, S. 63 f.
138 Zhores Medvedev, Gorbachev, (Blackwell) Oxford 1986, S. 81-87. Vgl. auch
Kuchmaev, Kommunist s bozh'ey otmetinoy, S. 139-42.
139 Medvedev, Gorbachev, S. 84-86.
140 Ebenda, S. 85 f.
141 ›O nekotorykh merakh posledovatel'nogo osushchestvleniya agrarnoy politiki
KPSS na sovremennom etape‹, aus den Verhandlungen des Zentralkomitees
der KPdSU, Mai 1978, in Gorbachev, Izbrannye rechi i stat'i, Band I, Moskau
1987, S. 180-200.
142 Gorbatschow, Erinnerungen, S. 27 f.
143 Ebenda, S. 181.
144 Ebenda, S. 199.
145 Ebenda, S. 200. Siehe auch Andropows Rede vor dem Zentralkomitee der
KPdSU vom 22. November 1982, zitiert in Archie Brown, ›Andropov: Discipline and Reform‹, Problems of Communism, 32/1 (Januar/Februar 1983),
S. 18-31, auf S. 30.
146 Gorbachev, Izbrannye rechi i stat'i, I, S. 200.
147 Cohen und Heuvel (Hgg.), Voices of Glasnost, S. 118 f.
148 Donald Morrison (Hg.), Mikhail S. Gorbachev: An Intimate Biography,
(Time Books) New York 1988, S. 103.
149 Vgl. Bol'shaya Sovetskaya Entsiklopediya, XIII, (Sovetskaya Entsiklopediya)
Moskau 1973, S. 581; und Bol'shaya Sovetskaya Entsiklopediya, XXIX, (Sovetskaya Entsiklopedia) Moskau 1978, S. 84.
150 G. A. Arbatov, Zatyanuvsheesya vyzdorovlenie (1953-1985 gg.): Svidel'stvo sovremennika, (Mezhdunarodnye otnosheniya) Moskau 1991, S. 80.
151 Zuerst hieß es nur das Institut für die USA (der Akademie der Wissenschaften
der UdSSR). 1975 wurde es zum Institut für die USA und Kanada. Vgl. ebenda,
S. 381.
152 Ebenda, S. 297-333. Siehe auch Roy Medvedev, Gensek s Lubyanki: Yu. V.
Andropov. Politicheskiy portret, (Leta) Nizhny Novgorod 1993, S. 157 f.
153 Auf sie wird in Kapitel 4 näher eingegangen.
154 Burlazki hat ausführlich über Andropows Beraterteam und seine (nicht immer
einfachen) Beziehungen zu den anderen Mitgliedern dieser Gruppe in seinem
Erinnerungsbuch geschrieben: Vozhdi i sovetniki, (Politizdat) Moskau 1990.

Dieses Buch erschien später in englischer Sprache, übersetzt von Daphne Skillen, unter einem anderen Titel. Vgl. Fedor Burlatsky, Khrushchev and the First Russian Spring, (Weidenfeld & Nicolson) London 1991.

155 Vgl. hierzu Burlatsky, Vozhdi i sovetniki, S. 249-58; und Arbatov, Zatyanuvsheesya vyzdorovlenie (1953-1985), S. 81.

156 A. D. Sakharov, ›Neizbezhnost' perestroyki‹, in: Yury Afanasev (Hg.), Inogo ne dano, (Progress) Moskau 1988, S. 122-34, auf S. 125.

157 Literaturnaya gazeta, 4. Dezember 1991, S. 3.

158 Arkady Vaksberg, The Soviet Mafia, (Weidenfeld & Nicolson) London 1991.

159 Gorbatschow, Erinnerungen, S. 150.

160 Arbatov, Zatyanuvsheesya vyzdorovlenie (1953-1985), S. 303.

161 Interview mit Arbatow in: Cohen und Heuvel (Hg.), Voices of Glasnost, S. 307-27, auf S. 312.

162 Literaturnaya gazeta, 4. Dezember 1991, S. 3. Sowohl Raissa Gorbatschowa in ihren Memoiren (I Hope) als auch Michail Gorbatschow in der deutschen Ausgabe seiner Memoiren veröffentlichten Fotos von sich mit Andropow auf dem Land in der Region Stawropol.

163 Chernyaev, Shest' let s Gorbachevym, S. 28.

164 In einem Interview mit S. P. K. Gupta, dem Korrespondenten des Press Trust of India in Moskau, am 17. Mai 1985. Zitiert bei Dev Murarka, Gorbachev: The Limits of Power, (Hutchinson) London 1988, S. 76.

165 Gorbachev, Erinnerungen, S. 127.

166 Andropow wurde auf Veranlassung Suslows 1967 aus dem Zentralkomitee ausgeschlossen, als er Vorsitzender des KGB wurde. In meinem Aufsatz ›Andropov: Discipline and Reform?‹ (Problems of Communism, Januar-Februar 1983) habe ich die Beobachtung angestellt, daß »die Entfernung Andropows aus dem Sekretariat des Zentralkomitees Suslow nicht unwillkommen war« und daß Andropows Rückkehr ins Sekeretariat nicht zufällig, nach 15 Jahren an der Spitze des KGB, »auf der ersten Plenarsitzung des Zentralkomitees nach Suslows Tod 1982 vollzogen wurde – und nicht vorher« (S. 24). Für Bestätigungen dieses Sachverhalts durch damals Andropow nahestehende Personen siehe Kapitel 3, Endnote 6.

167 Gorbatschow, Erinnerungen, S. 127.

168 Vgl. hierzu Jerry F. Hough, ›Soviet Successions: Issues and Personalities‹, Problems of Communism, 31/5 (September-Oktober 1982), S. 20-40, auf S. 37; und Marc D. Zlotnik, ›Chernenko Succeeds‹, Problems of Communism, 33/2 (März-April 1982), S. 17-31, auf S. 20.

169 Gorbatschow, Erinnerungen, S. 155. Der etwas tautologische Bericht über Kulakows Tod in der Prawda hatte zu Spekulationen unter den Moskauern geführt, ob es sich nicht um Selbstmord handelte. Der Bericht teilte zunächst Kulakows plötzlichen Tod im Alter von 60 Jahren mit, den vorausgegangenen schlechten Gesundheitszustand, um fortzufahren: »Die unmittelbare Todesursache war eine akute Herzinsuffienz und ein plötzlicher Herzstillstand« (Pravda, 18. Juli 1978). Es wurde auch als merkwürdig empfunden, daß Kulakows Trauerfeier am Roten Platz ohne Breschnew, Kossygin oder Sus-

low stattfand, obwohl viele andere führende Persönlichkeiten der Partei anwesend waren, darunter Kirilenko, Andropow, Gromyko, Ustinow, Romanow und Mazurow. Laut Waleri Boldin starb Kulakow »an einer Überdosis Alkohol, während er sich von einer Magenoperation erholte« (Boldin, Ten Years That Shook The World, S. 175). Gorbatschow bestätigt dies nicht direkt, sondern deutet taktvoll an, daß Kulakows Lebensstil zu seinem Tod beitrug, für dessen Ursache er eine Herzattacke hält (Erinnerungen, S. 155). Gorbatschow hielt es für pietätlos, daß Breschnew seinen Urlaub nicht unterbach, um an der Beerdigung teilzunehmen (ebenda).

170 Pravda, 20. Juli 1978, S. 1 f.

171 Vgl. hierzu Medvedev, Gorbachev, S. 92 f.

172 Ebenda. S. 90.

173 Vgl. ebenda, S. 91 f.; Doder und Branson, Gorbachev: Heretic in the Kremlin, S. 39 f.; und Arbatov, Zatyanuvsheesya vyzdorovlenie (1953-1985), S. 303.

Kapitel 3: An der Schwelle zur Macht

1 Gorbatschow-Interview mit Jonathan Steele, Guardian, 24. Dezember 1992, S. 19.

2 Ebenda.

3 Yevgeny Chazov, Zdorov'e i vlast': Vospominaniya ›Kremlevskogo vracha‹ (Novosti) Moskau 1992, S. 86 f.

4 Ebenda, S. 86.

5 Vgl. Nikolay Ryzhkov, Perestroyka: Istoriya predatel'stv, (Novosti) Moskau 1992, S. 36.

6 Georgi Arbatow und Fjodor Burlazki, beide ehemalige Leiter von Andropows Beraterstab im Apparat des Zentralkomitees während der Sechziger, gehören zu denen, die Suslows Mißtrauen gegenüber Andropow bemerkten und dessen Absicht, Andropow vom Sekretariat des ZK fernzuhalten. Vgl. Arbatov, Zatyanuvsheesya vyzdorovlenie (1953-1985 gg.): Svidetel'stvo sovremennka, Moskau 1991, S. 307; und Burlatsky in Stephen F. Cohen und Katrina vanden Heuvel, Voices of Glasnost: Interviews with Gorbachev's Reformers, (Norton) New York 1989, S. 183. Zum Verhältnis zwischen Andropow und Suslow in den Sechzigern merkte Burlazki in einem eigenen Buch neueren Datums an: »Suslow mochte Andropow nicht, hatte Angst vor ihm und verdächtigte ihn, einen Posten im Politbüro anzustreben« (Burlatsky, Khrushchev and the First Russian Spring, (Weidenfeld & Nicolson) London 1991, S. 136, vgl. auch S. 215). Tschasow, ein gut plazierter Insider, merkt an, daß Suslow und Andropow entgegengesetzte Ansichten vertraten und daß es für Andropow sehr schwierig gewesen wäre, zu Lebzeiten Suslows Parteiführer zu werden (Chazov, Zdorov'e i vlast', S. 146, 176).

7 Ebenda, S. 119-22.

8 Ebenda, S. 132 f.

9 The Second Russian Revolution-Transkripte, Interview mit Gorbatschow.

10 Vgl. Arbatov, Zatyanuvsheesya vyzdorovlenie (1953-1985), S. 229; Eduard She-
    vardnadze, The Future Belongs to Freedom, (Sinclair-Stevenson) London 1991,
    S. 26; A. S. Chernyaev, Shest' let s Gorbachevym: po dnevnikom zapi-
    syam, (Kultura) Moskau 1993; und Interview mit dem ehemaligen KGB-Gene-
    ral Oleg Kalugin, Moscow News, 25 (1990), S. 13.

11 Chernyaev, Shest' let s Gorbachevym, S. 38.

12 Shevardnadze, The Future Belongs to Freedom, S. 26.

13 Sergey Parkhomenko, ›Afganskiy sled‹, Nezavisimaya gazeta, 10. Oktober 1992,
    S. 2. Vgl. auch David Remnick, Lenin's Tomb: The Last Days of the Soviet
    Empire, (Random House) New York 1993, S. 510.

14 Vadim Pechenev, Gorbachev: k vershinam vlasti, (Gospodin Narod) Moskau
    1991.

15 Valery Legostaev, ›Demokrat s radikal'nym vzglyadami‹, Den', 14 (Juli 1991),
    S. 4.

16 Dieses Muster der politischen Willensbildung wurde von Andrei Gratschow, zu
    jener Zeit ein hochrangiger Funktionär in der Internationalen Abteilung des
    Zentralkomitees, in einem Interview mit dem Autor am 16. Januar 1993 bestä-
    tigt.

17 Für eine frühe Klage, die Fundamente des sowjetischen Systems würden durch
    Michail Gorbatschows Reformen unterminiert, vgl. Vyacheslav Gorbachev,
    ›Perestroyka i podstroyka‹, Molodaya gvardiya, 7 (1987), S. 220-47. Die rus-
    sisch-nationalistische Zeitung Den' – die gemeinsame Sache mit den unrefor-
    mierten Kommunisten unter Gorbatschows Gegnern machte – veröffentlichte
    eine Reihe von anklagenden Artikeln unter dem Titel ›Der Fall Gorba-
    tschow‹, von Nr. 8 (23.-9. Februar 1992) bis Nr. 23 (7.-13. Juni 1992). Die letzte
    Ausgabe rief den russischen Generalstaatsanwalt Walentin Stepankow dazu auf,
    ein Verfahren gegen Gorbatschow einzuleiten, das sich dessen »volks- und
    staatsfeindlichen Aktivitäten« widmen solle, welche ausführlich von den Auto-
    ren der Zeitung Den' dargestellt worden seien. Das Wesentliche ihrer Anklage
    war, daß Gorbatschow das sowjetische System und die Sowjetunion zerstört
    habe. In seinen Memoiren schreibt der ehemalige Leiter des KGB über Gorba-
    tschow: »Sein geheimes Streben, die KPdSU zu zerschlagen, wurde von Erfolg
    gekrönt, weil ein Verräter an der Spitze der Partei stand und neben ihm eine
    Reihe seiner Weggefährten, die sich dieser verräterischen Sache verschrieben
    hatten.« Siehe Vladimir Kryuchkov, Lichnoe delo, (Olimp) Moskau 1996, II,
    S. 360.

18 Schachnasarow erwähnte dies in meinem Interview mit ihm im Kreml am 16.
    Dezember 1991.

19 Arkady Vaksberg, The Soviet Mafia, (Weidenfeld & Nicolson) London 1991,
    S. 210 f.

20 Vgl. Alec Nove, ›Agriculture‹, in Archie Brown und Michael Kaser (Hgg.),
    Soviet Policy for the 1980s, (Macmillan) London 1982, S. 170-85, bes. 173-5; und
    V. P. Gagnon Jr., ›Gorbachev and the Collective Contract Brigade‹, Soviet Stu-
    dies 39/1 (Januar 1987), S. 1-23, auf S. 2.

21 Rede in Belgorod am 18. März 1983, Pravda, 20. März 1983, S. 2, und in M. S.

Gorbachev, Izbrannye rechi i stat'i, I, (Politizdat) Moskau 1987, S.352-64, bes. 356-57.

22 Vgl. Nove, ›Agriculture‹, in: Brown und Kaser (Hgg.), Soviet Policy for the 1980s, bes. S. 173-77; und Gagnon, ›Gorbachev and the Collective Contract Brigade‹, bes. S. 3-5.

23 Tichonow-Interview, The Second Russian Revolution-Transkripte.

24 Ebenda.

25 Akademiemitglied Boris Topornin, in einem Gespräch mit dem Autor.

26 Anatoly Sobchak, Khozhdenie vo vlast': Rasskaz o rozhdenii parlamenta, (Novosti) Moskau 1991, S.198.

27 Zu denen, die wie Topornin und Sobtschak Gorbatschows Fähigkeit zum Zuhören betont haben (in Interviews oder Gesprächen mit mir), gehören Anatoli Tschernjajew, Georgi Schachnasarow, Nikolai Petrakow, Andrei Gratschow, Michail Piskotin, Wladimir Tichonow und Tatjana Saslawskaja. Zu Gorbatschow als gutem Zuhörer und einfachem Gesprächspartner, vgl. die Interviews mit Stanislaw Schatalin, Anatoli Sobtschak, Wladimir Tichonow und Tatjana Saslawskaja in: The Second Russian Revolution-Transkripte. Im Gegensatz dazu berichtete mir Roald Sagdejew (im März 1992), daß er Gorbatschow nicht für einen guten Zuhörer halte. Diese Beurteilung ist insofern subjektiv, als es natürlich darauf ankommt, in welchem Ausmaß Gorbatschow die Ideen und Vorschläge seines Gesprächspartners akzeptierte. In einer Reihe von Interviews, die Alexander Nikolajewitsch Jakowlew 1995 über Gorbatschow und Perestroika gab, äußerte er sich enthusiastisch über Gorbatschow als Zuhörer während seiner ersten zwei Jahre als Generalsekretär. Er führt dies allerdings darauf zurück, daß Gorbatschow sich damals noch als Provinzler fühlte und daher einen»Minderwertigkeitskomplex« gehabt habe (Argumenty i fakti, 11 (März 1995), S. 3). Jakowlew sagte, er habe zunächst Gorbatschows Arbeitsstil sehr begrüßt, später aber sei alles anders geworden. Der Hinweis auf den ›Provinzialismus‹ (ein wenig überraschend hier von Jakowlew kommend, der auch nur durch ›Adoption‹ Moskauer war und wie Gorbatschow einer Bauernfamilie entstammte) war unter Moskauer Intellektuellen nicht ungewöhnlich. Nachdem sie sich politisch gegen Gorbatschow gewandt hatten, gaben sich viele einem metropolitanen Snobismus hin und machten sich über Gorbatschows provinzielle Herkunft und seinen südrussischen Dialekt lustig. Jakowlew aber ist eine Ausnahme, wenn er Minderwertigkeitsgefühle bei Gorbatschow diagnostiziert. Menschen, die mit ihm mindestens so eng wie Jakowlew zusammenarbeiteten, vertraten eine andere Ansicht und hielten ihn für wirklich selbstbewußt. Obwohl einige seiner Mitarbeiter, die ich interviewte, zustimmten, Gorbatschow habe mit den Jahren mehr geredet und weniger zugehört, und so also zu einem gewissen Grad mit Jakowlew übereinstimmen, stammen doch viele der Aussagen über Gorbatschows außergewöhnliche Fähigkeiten des Zuhörens aus dem Jahre 1990 (darunter auch Sobtschaks Beobachtungen sowohl aus seinem oben angeführten Buch als auch aus seinem Interview in den The Second Russian Revolution-Transkripten). Vor diesem Hintergrund erscheint Jakowlews Bemerkung als eine beträchtliche Übertreibung, die eher

sein politisches und persönliches Verhältnis zu Gorbatschow widerspiegelt, das im Laufe eines Jahrzehnts merklich kühl geworden war. Interessanterweise wurde die Entwicklung, die von einigen Gorbatschow-Mitarbeitern für seine Zeit als Generalsekretär geschildert wird, auch von einem Beobachter seiner Aktivitäten als Erster Sekretär der Region Stawropol von 1970 bis 1978 gemacht. Boris Kutschmajew schreibt, Gorbatschow habe zunächst die Region ausgiebig bereist, mit den Bauern gesprochen, viel zugehört und wenig gesagt. Später »redete er mehr und hörte weniger zu« (Kuchhmaev, Kommunist s bozh'ey otmetinoy: dokumental'no-publitsisticheskiy ocherk, ⟨Yuzhno-Russkoe kommercheskoe-izdatelskoe tovarishchestvo⟩ Stavropol 1992, S. 96). Da sich diese Veränderung in Gorbatschows Stil, je länger er ein Amt innehatte, auch in ›der Provinz‹ und nicht nur in Moskau vollzog, stellt sie vielleicht Jakowlews spezifische psychologische Erklärung dieses Verhaltensmusters weiter in Frage.

28 Interview mit Saslawskaja, in Stephen F. Cohen und Katrina vanden Heuvel, Voices of Glasnost, (Norton) New York 1989, bes. S. 117 f. Vgl. auch Saslawskajas Interview in den The Second Russian Revolution-Transkripten.

29 Vgl. Tatyana Zaslavskaya, The Second Socialist Revolution: An Alternative Soviet Strategy, (Tauris) London 1990, S. 2 f., und Cohen und vanden Heuvel, Voices of Glasnost, S. 118, wo Saslawskaja berichtet, Gorbatschow »nicht mehr als sieben oder acht Mal« getroffen zu haben. Sie erwähnte »sieben oder acht« Begegnungen in einem Gespräch mit mir im November 1988.

30 Daß Saslawskaja den Kontakt zwischen ihm und Gorbatschow herstellte, erwähnte Aganbegjan, als ich ihn im November 1987 traf.

31 Interview mit Saslawskaja, in: Cohen und Heuvel, Voices of Glasnost, S. 118.

32 Saslawskaja-Interview in den The Second Russian Revolution-Transkripten.

33 Ebenda. Alexander Nikonow hat mir gegenüber bestätigt (Interview, Moskau, 20. April 1994), daß die radikaleren Punkte, die er und seine Akademikerkollegen einzufügen versucht hatten, aus der Endfassung entfernt wurden, obwohl sie die vollständige Zustimmung Gorbatschows gefunden hatten.

34 The Second Russian Revolution-Transkripte. Gorbatschows rhetorische Frage wird auch zitiert in Angus Roxburgh, The Second Russian Revolution, (BBC Books) London 1991, S. 11.

35 Vadim Medvedev, V kommande Gorbacheva, (Bylina) Moskau 1994, S. 24. Wie Medwedjew ausführt, liegt eine besondere Ironie darin, daß es ausgerechnet Kirilenko war, der in einer Rede zu Breschnews 70. Geburtstag sagte, dieses Alter sei in der Sowjetunion das beste. Wie Breschnew Jahrgang 1906, verfielen seine geistigen Kräfte nach seinem 70. Geburtstag noch schneller als die des Generalsekretärs.

36 Nicht lang zurückliegende Fälle mögen Gorbatschow daran erinnert haben. 1977 wurde Konstantin Katuschew (geb. 1927) als ZK-Sekretär und Leiter der Abteilung für Sozialistische Länder von Konstantin Rusakow (geb. 1909) abgelöst. Im folgenden Jahr wurde Kirill Masurow (geb. 1914) aus dem Politbüro entfernt, um durch Nikolai Tichonow (geb. 1905) ersetzt zu werden, der zunächst Kandidat und 1979 Vollmitglied des Politbüros wurde.

37 Chernyaev, Shest' let s Gorbachevym, S. 9.

38 Ebenda, S. 10.

39 John Chrystal zog auch einen günstigen Vergleich zwischen Gorbatschow und allen anderen hochrangigen Persönlichkeiten der sowjetischen Führung, die er über einen langjährigen Zeitraum hinweg kennengelernt hatte – seit er durch seinen Onkel Roswell Garst zuerst mit Chruschtschow bekannt gemacht wurde. Ich sprach mit Chrystal, als wir beide an einer Konferenz zu Gorbatschows Reformen in Minneapolis am 24. Februar 1988 teilnahmen und Vorträge hielten.

40 Chazov, Zdorov'e i vlast', S. 159 (vgl. auch S. 164).

41 Gorbatschow, Erinnerungen, S. 201.

42 Yegor Ligachev, Inside Gorbachev's Kremlin, (Pantheon) New York 1993, S. 35.

43 Chazov, Zdorov'e i vlast', S. 166-69. Zu Tschebrikow, Fedortschuk und Schtschelokow siehe Archie Brown (Hg.), The Soviet Union: A Biographical Dictionary, (Weidenfeld & Nicolson) London 1990 und (Macmillan) New York 1991, S. 66, 92, 335-6.

44 Yu. V. Andropov, Izbrannye rechi i stat'i, 2. Auflage, (Politizdat) Moskau 1983, S. 194.

45 Ebenda.

46 Ebenda, S. 195.

47 Nikolay Ryzhkov, Perestroyka: istoria predatel'stv, (Novosti) Moskau 1992, S. 41.

48 Ebenda.

49 Ebenda, S. 41.

50 Ryschkow-Interview, The Second Russian Revolution-Transkripte.

51 Ebenda.

52 Diese Namen sind unter denen, die Ryschkow in seinen Memoiren (Perestroyka: istoriya predatel'stv, S. 46) und (nicht ganz so ausführlich) in den The Second Russian Revolution-Transkripten nennt.

53 Ed. A. Hewett, Reforming the Soviet Economy: Equality versus Efficiency, (Brookings Institution) Washington 1988, S. 266.

54 Ryzhkov, Perestroyka: istoriya predatel'stv, S. 47.

55 Ebenda.

56 Ligachev, Inside Gorbachev's Kremlin, S. 17.

57 Ebenda, S. 20.

58 Ebenda, S. 26.

59 Ebenda, S. 28 f.

60 Siehe hierzu z. B. Ryzhkov, Perestroyka: istoriya predatel'stv, S. 42; Chazov, Zdorove i vlast', S. 180; und Arbatov, Zatyanuvsheesya vyzdorovlenie (1953-1985), S. 334.

61 Chazov, Zdorove i vlast', S. 184; Wolski-Interview, The Second Russian Revolution-Transkripte; und Kira Wladenas Interview mit Wolski, Nezavisimaya gazeta, 18. Juni 1993, S. 5.

62 Dies wurde im medizinischen Bulletin erwähnt, das nach Andropows Tod veröffentlicht wurde. Siehe Pravda, 11. Februar 1984, S. 1.

63 Ryzhkov, Perestroyka: istoriya predatel'stv, S. 51.

64 Neben der Wahl Ligatschows zum ZK-Sekretär wurden Witali Worotnikow

und Michail Solomenzow von Kandidaten zu Vollmitgliedern des Politbüros befördert, und der Vorsitzende des KGB wurde Kandidat des Politbüros.

65 Roxburgh, The Second Russian Revolution, S. 17.

66 Ebenda.

67 Zu Bogoljubow siehe Ligachev, Inside Gorbachev's Kremlin, S. 39 f. Er wurde in der Gorbatschow-Ära in Unehren aus dem Zentralkomitee entfernt und aus der Kommunistischen Partei ausgeschlossen.

68 Diese Darstellung basiert sowohl auf Roxburgh, The Second Russian Revolution als auch auf dem vollständigen Text des Interviews mit Wolski in den The Second Russian Revolution-Transkripten.

69 David Remnick, Lenin's Tomb: The Last Days of the Soviet Empire, (Random House) New York 1993, S. 192.

70 Wolski-Interview, The Second Russian Revolution-Transkripte.

71 Gorbatschow-Interview, Herbst 1991, The Second Russian Revolution-Transkripte.

72 Ebenda.

73 Meine Quelle ist Wadim Medwedjew selbst (Interview in der Gorbatschow-Stiftung, 22. März 1993).

74 Roxburgh, The Second Russian Revolution, S. 17.

75 Diese Beobachtung, basierend auf einem Gespräch mit Gorbatschow, trifft auch Wadim Medwedjew in meinem Interview mit ihm am 22. März 1993.

76 Ebenda.

77 Chazov, Zdorove i vlast', S. 185; s. a. S. 123.

78 Ligachev, Inside Gorbachev's Kremlin, S. 30.

79 Roxburgh, The Second Russian Revolution, S. 18. Wolski hat noch eine etwas andere Version dessen wiedergeben, was er hörte, die Ustinow noch negativer gegenüber Gorbatschow eingestellt erscheinen läßt. In einem Interview mit der Literaturnaya gazeta vom 4. Juli 1990, das auch von Georgi Arbatow in seinen Memoiren zitiert wird, gibt Wolski Ustinow mit den Worten wieder: »Kostja wird gefügiger sein als dieses ...«. Wie Arbatow feststellt, handelt es sich bei Kostja um Tschernenko, und »dieses ...« bezieht sich auf Gorbatschow (Arbatov, Zatyanuvsheesya vyzdorovlenie (1953-1985), S. 334.

80 Dolgich war von 1972 bis zu seiner Zwangspensionierung 1988 ZK-Sekretär und Kandidat des Politbüros von Mai 1982 bis 1988. Die beiden wichtigsten Beförderungen seiner Karriere fanden also unter Breschnew statt; unter Gorbatschow kam seine Laufbahn nicht weiter voran.

81 Dolgich-Interview, The Second Russian Revolution-Transkripte.

82 Vgl. die Vielzahl der Darstellungen dieser Sitzung, z. B. die Interviews mit Alijew, Ligatschow, Petschenew, Ryschkow und Worotnikow in den The Second Russian Revolution-Transkripten; außerdem Gorbatschow, Erinnerungen, S. 243; Ligachev, Inside Gorbachev's Kremlin, S. 30 f.; und Ryzhkov, Perestroyka: istoriya predatel'stv, S. 57-60. Auch Wadim Medwedjew berichtete mir von dieser Sitzung, an der er teilnahm (Interview, 22. März 1993). Legostajew, zu jener Zeit Assistent Ligatschows, bekräftigt, daß drei Mitglieder des Politbüros – Grischin, Romanow und Tichonow – sich tatsächlich gegen Gorbatschows

Beförderung auf den zweithöchsten Posten der Partei aussprachen und daß zwei weitere, der Erste Sekretär der Ukraine Schtscherbizki und der Erste Sekretär Kasachstans Kunajew nicht auf Gorbatschows Seite waren (Den', 14 (Juli 1991), S. 4). Tschernenkos Mitarbeiter Petschenew, der ebenfalls zugegen war, sagt auch, daß Tichonow, Grischin und Romanow ihren Widerstand gegen Gorbatschows Übernahme des Sitzungsvorstandes zum Ausdruck brachten. Er fügt hinzu, daß Ustinow Tschernenkos Vorschlag unterstützte, »obwohl ich wußte, daß er nie ein besonderer Anhänger Gorbatschows gewesen war« (Petschenew, The Second Russian Revolution-Transkripte).

83 Ryzhkov, Perestroyka: istoriya predatel'stv, S. 60.

84 Gorbatschow, Erinnerungen, S. 243 f.

85 Daß Ustinows Tod in dieser Hinsicht Romanow stärkte, wird von Ligatschows früherem Mitarbeiter Legostajew bestätigt. Er stellt aber gleichzeitig fest, daß die Gruppe der älteren Mitglieder des Politbüros geschwächt wurde, und sagt, daß dies »Gorbatschow größere Perspektiven eröffnete« (Den', 14 (Juli 1991), S. 4). Ligatschow selbst (Inside Gorbachev's Kremlin, S. 77) ist praktisch der einzige aus den Korridoren des Kreml, der mit Bestimmtheit schreibt, Ustinow hätte, wenn er im März 1985 noch am Leben gewesen wäre, Gorbatschow im Kampf um die Führung unterstützt.

86 Siehe Deputaty Verkhovnogo Soveta SSSR: Desyatyy sozyv, S. 379.

87 Ryzhkov, Perestroyka: istoriya predatel'stv, S. 60 f.

88 Ebenda, S. 60-63

89 Vgl. z. B. Mikhail Shatrov, ›Neobratimost' peremen‹, Ogonek, 4 (1987), S. 4 f., auf S. 5; und Shatrov, Suomen Kuvalehti (Finnland), 11 (13. März 1987), S. 2-7, auf S. 2; und auch die Hinweise, die Jegor Ligatschow in seiner Rede vor der XIX. Parteikonferenz 1988 machte (Pravda, 2. Juli 1988, S. 11).

90 Kommunist, 3 (Februar 1984), S. 14; und Partiynaya zhizn', 5 (März 1984), S. 12.

91 Gorbatschow, Erinnerungen, S. 244-45.

92 Ryzhkov, Perestroyka: istoriya predatel'stv, S. 73.

93 Ebenda.

94 Ligachev, Inside Gorbachev's Kremlin, S. 47.

95 Aganbegjan-Interview, The Second Russian Revolution-Transkripte.

96 Arbatov, Zatyanuvsheesya vyzdorovlenie (1953-1985), S. 336 f.

97 Aganbegjan- und Arbatow-Interviews, The Second Russian Revolution-Transkripte; und Arbatov, Zatyanuvsheesya vyzdorovlenie (1953-1985), S. 336.

98 Ebenda.

99 Ebenda.

100 Ligachev, Inside Gorbachev's Kremlin, S. 53.

101 Ebenda, S. 53 f.

102 Materialy vneocherednogo plenuma tsentral'nogo komitete KPSS 11 Marta 1985 goda, (Politizdat) Moskau 1985, S. 6.

103 Ligachev, Inside Gorbachev's Kremlin, S. 54.

104 Ebenda, S. 54 f.

105 Ebenda, S. 56 f., 61 f.; und Ryzhkov, Perestroyka: istoriya predatel'stv, S. 77.

106 Ebenda.

107 Ligachev, Inside Gorbachev's Kremlin, S. 56 f.

108 Gorbatschow-Interview, Moskovskiy komsomolets, 28. Juni 1995, S. 2; und Raisa Gorbachev, I Hope, S. 4 f.

109 Diese kurze Darstellung basiert hauptsächlich auf meinen eigenen Interviews und Gesprächen, darunter auch das mit Alexander Nikolajewitsch Jakowlew selbst. Vgl. auch Smith, The New Russians, S. 73 f.

110 Jakowlew-Interview, The Second Russian Revolution-Transkripte.

111 Joseph La Palombara, Democracy, Italian Style, (Yale University Press) New Haven 1987, S. 237 f.

112 Chernyaev, Shest' let s Gorbachevym, S. 15 f.

113 Ebenda, S. 33.

114 Ebenda.

115 Für zwei interessantere Beispiele, siehe die Einschätzungen von Laurence Marks im Observer, 23. Dezember 1984, S. 4; und David Buchanan in der Financial Times, 22. Dezember 1984, S. 26.

116 Raisa Gorbachev, I Hope, S. 125. Auf derselben Seite erwähnt sie, daß sie ihren Mann »mit Genehmigung Konstantin Tschernenkos begleitete« und daß »der Aufenthalt der Delegation sich als sehr interessant, gewichtig und ergebnisreich herausstellte«.

117 Raissa Gorbatschowa selbst merkt an: »Es wurde in unserer Presse darüber berichtet, aber vollständiger in britischen und amerikanischen Publikationen« (ebenda).

118 Gorbatschow, Erinnerungen, S. 256.

119 Sowohl Anatoli Tschernjaew als auch Andrei Gratschow haben in Gesprächen mit mir darauf hingewiesen, daß Gromyko ihrer Überzeugung nach sogar in seinem hohen Alter immer noch hauptsächlich im Rahmen seiner eigenen Karriere dachte, als er wenige Monate nach dem Tod Tschernenkos in der Nachfolgefrage auf der Seite Gorbatschows stand.

120 Materialy vneocherednogo plenuma tsentral'nogo komitete KPSS 11 marta 1985 goda, S. 7.

121 Ebenda, S. 8.

122 Gromyko schreibt interessant und positiv über Gorbatschow in seinen Memoiren, obwohl das Werk einige glatte Lügen über die sowjetische Außenpolitik wiederholt, die durch die Glasnost der Gorbatschow-Ära bereits als solche entlarvt worden waren. Zum Zeitpunkt seines Todes im Juli 1989 hatte Gromyko, der im April jenen Jahres aus dem ZK entfernt worden war, möglicherweise seine Haltung im Jahre 1985 wieder bereut. Für die Anmerkungen zu Gorbatschow in den Memoiren Gromykos – der sich als einen »Kommunisten bis ins Mark« beschreibt – siehe Andrei Gromyko, Memories, (Hutchinson) London 1989, S. 340-44.

123 Gorbatschows Berater Anatoli Tschernjaew und Georgi Schachnasarow und das ehemalige Politbüromitglied Wadim Medwedjew gehören zu denjenigen, die mir von diesem Sachverhalt berichteten.

124 Gorbatschow, Erinnerungen, S. 631.

125 Ebenda, S. 641; siehe auch 249, 639.

126 Unmittelbar nach Frau Thatchers erzwungenem Rücktritt gegen Ende 1990
    schrieb Reagan: »Sie sagte mir, daß Gorbatschow anders als alle anderen
    Kreml-Führer sei. Sie glaubte an die Chance einer großen Öffnung. Natürlich
    haben die Ereignisse ihr recht gegeben« (Newsweek, 3. Dezember 1990, S. 37).
127 Ronald Reagan, An American Life, (Simon & Schuster) New York 1990,
    S. 609; und George P. Shultz, Turmoil and Triumph: My Years as Secretary of
    State, (Charles Scribner) New York 1993, S. 508 f.
128 Ebenda, S. 509.
129 Financial Times, 22. Dezember 1984, S. 26.
130 Zu einem gewissen Grad war ich an dieser Entwicklung beteiligt. Am 14.
    Dezember 1984, dem Abend vor Gorbatschows Ankunft in Großbritannien,
    hatte man mich gebeten, in Downing Street Nr. 10 speziell über Gorbatschow
    vor der Premierministerin und dem Außenminister Sir Geoffrey Howe zu
    sprechen (die anderen Geladenen waren zwei Wirtschaftswissenschaftler, je-
    weils ein Experte für Außen- und Verteidigungspolitik und ein Geschäfts-
    mann). Dieser Einladung war ein längeres Seminar in Chequers am 8. Septem-
    ber 1983 vorausgegangen, für das acht britische Wissenschaftler Vorträge über
    die Sowjetunion und Osteuropa vorbereitet hatten – die vorher schon von der
    Premierministerin gelesen und annotiert wurden. Diese Wissenschaftler er-
    hielten fast einen Tag zur Verfügung gestellt, der Premierministerin auf ihrem
    Landsitz ihre Ansichten zu erläutern. Auf seiten der Regierung nahmen an die-
    ser Tagung unter anderen der Außenminister (Howe), der Verteidigungsmini-
    ster (Michael Heseltine) und der Staatsminister im Außenministerium (Mal-
    colm Rifkind) teil. In meinem eigenen Vortrag über das politische System und
    die Machtstrukturen in der Sowjetunion identifizierte ich Gorbatschow nicht
    nur als den wahrscheinlich zukünftigen Generalsekretär, sondern ich bezeich-
    nete ihn auch als »das gebildetste und wahrscheinlich offenste Mitglied des
    Politbüros« und seine mögliche Amtsübernahme als »die hoffnungsvollste
    Wahl aus der Sicht der Bürger der Sowjetunion und der Außenwelt«. Die
    Bedeutung des Seminars vom 8. September 1983 (das um neun Uhr morgens
    begann, bei einem Arbeitsessen fortgesetzt wurde und erst um halb vier Uhr
    nachmittags endete) wird von Margaret Thatcher in ihren Memoiren aner-
    kannt: The Downing Street Years, London 1993, S. 450-53. Ausführlicher als
    hier habe ich über diese Tagungen in den Jahren 1983 und 1984 in meinem
    Rezensionsartikel ›The Leader of the Prologue‹ berichtet, Times Literary Sup-
    plement, 30. August 1991, S. 5 f. (nachgedruckt in Ferdinand Mount, (Hg.),
    Communism, London 1992, S. 293-300).
131 Während eines Mittagessens in Chequers nach einem weiteren Seminar am
    27. Februar 1987, an dem ich teilgenommen hatte, beschrieb die Premiermini-
    sterin Gorbatschow als den einzigen sowjetischen Politiker, mit dem sie gut
    streiten könne. Die Memoiren von Reagan und Shultz (s. Anm. 122) sind nur
    zwei der vielen Quellen, die Thatchers positive Äußerungen über Gorba-
    tschow dokumentieren, auch wenn sie jenseits der Hörweite der Massenme-
    dien getan wurden.
132 Ich zitiere aus einem Gespräch mit Malcom Rifkind (damals Staatsminister im

britischen Außenministerium) im Februar 1985, nur zwei Monate nach Gorbatschows Besuch in Großbritannien. Rifkind sprach darüber, daß Gorbatschow nicht ideologisch argumentiert oder sich an ein Skript gehalten habe und daß er bereit gewesen sei, auf jedes Gegenargument einzugehen. Als Religionsfragen Gesprächsthema wurdem, erwähnte Gorbatschow, daß er als Kind getauft worden sei. Unter den englischen Büchern, die er gelesen habe, seien, wie sich herausstellte, Parkinsons Law und C. P. Snows Corridors of Power (die beide in der Breschnew-Ära ins Russische übersetzt wurden) gewesen.

133 Medvedev, V komande Gorbacheva, S. 22.

134 Jakowlew und Medwedjew haben mir gegenüber persönlich ihre Mitarbeit bestätigt. Zur Mitwirkung Bikkenens siehe Vadim Pechenev, Gorbachev: k vershinam vlasti, S. 92. Im allgemeinen gehören zu den nützlicheren Aspekten der Memoiren des früheren Tschernenko-Beraters Petschenew die Informationen darüber, wer an der Erstellung welcher Dokumente beteiligt war. Sein Bericht über den Inhalt der Rede vom Dezember 1984 selbst aber ist oberflächlich und irreführend. Nach Aussagen von Waleri Boldin nahmen auch der Wirtschaftswissenschaftler Stepan Sitarjan und Georgi Smirnow von der Propagandaabteilung des ZK an den Vorbereitungen der Rede teil. (Vgl. Valery Boldin, Ten Years that Shook the World: The Gorbachev Era as Witnessed by his Chief of Staff, ⟨Basic Books⟩ New York 1994, S. 49.)

135 Nach den Worten des Parteireformers Otto Latsis versuchten einige, die Tschernenko nahestanden, die Bedeutung der Rede herunterzuspielen, und die Prawda nahm Kürzungen vor, ohne um die Genehmigung Gorbatschows zu ersuchen (Latsis-Interview, The Second Russian Revolution-Transkripte).

136 M. S. Gorbachev, Zhivoe tvorchestvo naroda, (Politizdat) Moskau 1984. In einem Aufsatz, der kurz nach Gorbatschows Übernahme des Generalsekretariats erschien, zitiere ich ausführlich und exklusiv aus den Teilen der Rede, die die Prawda nicht gedruckt hatte. Siehe Archie Brown, ›Gorbachev: New Man in the Kremlin‹, Problems of Communism, 34/3 (Mai-Juni 1985), bes. S. 18-21. Eine nützliche Zusammenfassung der Rede findet sich in Robert Kaiser, Why Gorbachev Happened: His Triumphs and his Failures, (Simon & Schuster) New York 1991, S. 75-80, obwohl es überrascht zu lesen, daß es für Kaisers Mitarbeiter »der größte Triumph war, den vollen Text der Gorbatschow-Rede vom Dezember 1984 in den Katakomben der Kongreßbibliothek zu finden, nachdem der normale Suchvorgang ohne Ergebnis geblieben war« (ebenda, S. 458). Eine Schrift, die in einer Auflage von 100.000 Exemplaren veröffentlicht wurde, war keine außergewöhnliche bibliographische Rarität, und die Rede wurde nur mit den geringfügigsten Änderung in Gorbatschows gesammelten Reden und Aufsätzen nachgedruckt. Siehe M. S. Gorbachev, Izbrannye rechi i stat'i, II, (Politizdat) Moskau 1987, S. 75-108.

137 Gorbachev, Zhivoe tvorchestvo naroda, S. 11.

138 Ebenda, S. 8.

139 Pechenev, Gorbachev: k vershinam vlasti, S. 93.

140 Gorbachev, Zhivoe tvorchestvo naroda, S. 15-17, 27, 30.

141 Ebenda, S. 8, 10, 26.

142 Ebenda, S. 12 f.
143 Siehe bes. Tatyana Zaslavskaya, ›The Nowosibirsk Report‹, Survey, 28/1 (Frühjahr 1984), S. 88-108; dies ist die Übersetzung eines Vortrages von ihr bei einem
nichtöffentlichen Seminar in Nowosibirsk im Jahre 1983, dessen Durchsickern
in den Westen (obwohl nicht von Saslawskaja betrieben) ihr und dem Institutsdirektor, Abel Aganbegjan, eine Parteiverwarnung eintrug. Zu den innovativen Schriften anderer sowjetischer Wissenschaftler in der ersten Hälfte der
1980er, die in Gorbatschows Rede im Dezember 1984 Spuren hinterließen,
zählen die Arbeiten von Aganbegjan, Michail Piskotin und Boris Kuraschwili.
144 Gorbachev, Zhivoe tvorchestvo naroda, S. 14.
145 Interview des Autors mit Wadim Medwedjew, 22. März 1993. Diesen Sachverhalt bestätigten mir auch, unter anderen, Nikolai Petrakow und Oleg Oscherelew, Gorbatschows ehemalige wirtschaftspolitische Berater.
146 Petschenew-Interview, The Second Russian Revolution-Transkripte.
147 Nentschew-Interview, The Second Russian Revolution-Transkripte.
148 Interview des Autors mit Wadim Medwedjew, 22. März 1993.
149 Ebenda.
150 Boris Yeltsin, Against the Grain: An Autobiography, (Jonathan Cape) London
1990, S. 112.
151 Arbatow-Interview, The Second Russian Revolution-Transkripte.
152 Ebenda.
153 Damit soll nicht geleugnet werden, daß politische Reformen von Januar 1987
an für Gorbatschow einen höheren Stellenwert einnahmen als zu Beginn seiner Amtszeit – als die Zusammensetzung des Politbüros solche Reformen
unmöglich gemacht hätte. Auch soll nicht behauptet werden, Gorbatschows
Reformvorstellungen hätten bereits 1985 den grundlegenden Charakter
gehabt, den sie 1988 hatten. Aber als sich Gorbatschows Ansichten – durch
Auslandsreisen und Gespräche mit Kollegen – in den Jahren unmittelbar vor
seiner Übernahme des höchsten Amtes entwickelten, waren es nicht nur die
ökonomischen Verhältnisse in der Sowjetunion, mit denen er zunehmend
unzufrieden wurde. Anatoli Lukjanow, den die Prawda 1995 interviewte,
wurde gefragt, ob Gorbatschow bereits 1985 ein vorbereitetes Programm »zur
Zerstörung des sozialistischen Systems« gehabt habe. Lukjanow antwortete,
daß, zumindest was Gorbatschows Aussagen anginge, seine drei Ziele bei der
Regierungsübernahme die Beschleunigung der Entwicklung des Sozialismus,
die Stärkung des wissenschaftlich-technologischen Fortschritts und die Vertiefung der Demokratie gewesen seien. Darüber hinaus hätte das Politbüro ihm
nicht gestattet, »den Sozialismus zum Entgleisen zu bringen«. Dafür mußte er
die Zusammensetzung des Politbüros verändern, womit er wenig später
begann, indem er Jakowlew, Schewardnadse, Wadim Medwedjew, Primakow
und andere ins Politbüro holte. Siehe Prawda, 20. März 1995, S. 4. Vieles hängt
natürlich von den unterschiedlichen Vorstellungen ab, die Gorbatschow und
Lukjanow mit den Begriffen ›Sozialismus‹ und ›Demokratie‹ verbanden.
154 Alexander Yakovlev, Muki prochteniya bytiya. Perestroika: nadezhdy i
real'nosti, (Novosti) Moskau 1991, S. 32.

155 Ebenda.
156 Rede Gorbatschows vor Kulturschaffenden am 28. November 1990, veröffentlicht in Izvestiya, 1. Dezember 1990, S. 1, 2, 4 (auf S. 4).
157 Shevardnadze, The Future Belongs to Freedom, S. 37.
158 Die genauen Worte, nach Raissa Gorbatschowa, waren: »tak dal'she zhit'
nel'zya« (Ya Nadeyus', Moskau 1991, S. 13). David Floyd gibt in seiner Übersetzung dieser Memoiren (Gorbachev, Raisa, I Hope, S. 5) Gorbatschows Bemerkung als »We just can't go on like this« wieder [»Wir können so nicht weitermachen« – A. d. Ü.]. Angus Roxburgh zitiert Gorbatschow direkt aus einer
improvisierten Rede anläßlich eines Klassentreffens mit ehemaligen Kommilitonen von der Juristischen Fakultät der Moskauer Universität vom 16. Juni
1990 (an dem Roxburgh teilnahm): »We cannot go on living like this, we must
change« [»Wir können so nicht weiterleben, wir müssen uns ändern« – A. d.
Ü.] (The Second Russian Revolution, S. 9). [In der deutschen Version der
Memoiren Gorbatschows heißt es: »So kann man nicht weiterleben.« Erinnerungen, S. 256. – A. d. Ü.]
159 Shevardnadze, The Future Belongs to Freedom, S. 23-26. Lukjanow sagte 1995,
die Pitsunda-Gespräche zwischen Gorbatschow und Schewardnadse seien ein
möglicher Beweis für die heimlichen Pläne Gorbatschows (Pravda, 22. März
1995, S. 4).
160 Wladimir Dolgich, der zum Zeitpunkt von Gorbatschows Machtübernahme
ZK-Sekretär und Kandidat des Politbüros war, räumte später ein, er habe
»keine Ahnung« davon gehabt, daß Gorbatschow drastische Reformen am
sowjetischen System vornehmen würde. Siehe Roxburgh, The Second Russian
Revolution, S. 9.
161 Zu Schtschelokows Ausspruch über Gorbatschow, siehe Gorbatschow-Interview, Moskovskiy komsomolets, 28. Juni 1995, S. 2. Für die Ankündigung der
Entkleidung Schtschelokows von seinem militärischen Rang siehe Vedemosti
verkhnogo soveta SSSR (Moskau), 46 (14. November 1984), S. 860.
162 Chazov, Zdorov'e i vlast', S. 206 f.
163 Ebenda, S. 207.
164 Ligachev, Inside Gorbachev's Kremlin, S. 62. Auch ebenda, S. 32-34, 80; und
Yeltsin, Against the Grain, S. 112.
165 Diese Beobachtung macht Ligatschows früherer Mitarbeiter Legostajew. Er
merkt an, daß es trotz Grischins Beteuerungen, er strebe das höchste Amt nicht
an, möglicherweise Mitglieder des Politbüros gegeben habe, die ihn als eine
»Figur des Übergangs von Tschernenko zu Romanow« sahen (Den', 14 ⟨Juli
1991⟩, S. 4).
166 Chazov, Zdorov'e i vlast', S. 210.
167 Arbatow-Interview, The Second Russian Revolution-Transkripte.
168 Zu Grischins Aktivitäten zu dieser Zeit siehe auch Ryzhkov, Perestroyka: istoriya predatel'stv, S. 74; und Ligachev, Inside Gorbachev's Kremlin, S. 57, 62.
169 Pravda, 4. Januar 1985, S. 1 f.
170 Pravda, 21. Februar 1985, S. 2; Pravda, 22. Februar 1985, S. 2; und Pravda, 23.
Februar 1985, S. 1 f.

171 Pravda, 1. März 1984, S. 2; Pravda, 2. März 1984, S. 2; und Pravda, 3. März 1984, S. 1 f.
172 Dolgich-Interview, The Second Russian Revolution-Transkripte.
173 Chazov, Zdorov'e i vlast', S. 210.
174 Ebenda.
175 Ebenda, S. 211.
176 Zusätzlich zu der oben in diesem Kapitel behandelten Unterdrückung des Andropowschen Vorschlages, Gorbatschow möge in seiner Abwesenheit das Politbüro kommissarisch leiten, vgl. auch Ligachev, Inside Gorbachev's Kremlin, S. 39-41, 67 f.
177 Gorbatschows ehemaliger Mitarbeiter hat unrecht, wenn er behauptet, Schtscherbizky habe »sich entschlossen, für Tschernenkos Beerdigung nicht aus den USA zurückzufliegen, und so der Sache Gorbatschows hilfreich war« (Boldin, Ten Years that Shook the World, S. 60).
178 Worotnikow-Interview, The Second Russian Revolution-Transkripte.
179 Grischin, zitiert von Legostaev, Den', 14 (Juli 1991), S. 4.
180 Ebenda.
181 Zitiert bei Chernyaev, Shest' let s Gorbachevym, S. 29. Tschernjajew hält auch nichts von der Idee, Grischin sei ein Kandidat für das Generalsekretariat gewesen.
182 Siehe Yeltsin, Against the Grain, S. 89, 112, 121.
183 Ligachev, Inside Gorbachev's Kremlin, S. 57.
184 Ebenda, S. 34. »Natürlich«, fügt Ligatschow ironisch hinzu, »ist es möglich, daß man in Swerdlowsk, wo Boris Jelzin damals arbeitete, mehr über die Ereignisse im Kreml wußte als wir.«
185 Chernyaev, Shest' let s Gorbachevym, S. 31.
186 Petschenew-Interview, The Second Russian Revolution-Transkripte.
187 Das vollständige Protokoll der Sitzung des Politbüros, bei der Gorbatschow am 11. März 1985 zum Generalsekretär bestimmt wurde, ist veröffentlicht in: Istochnik, 0/1 (1993), S. 68-75.
188 Vgl. Ligachev, Inside Gorbachev's Kremlin, S. 66-82; und Ryzhkov, Perestroyka: istoriya predatel'stv, S. 78-82, bes. 79. Siehe auch Interviews mit Dolgich und Worotnikow, The Second Russian Revolution-Transkripte.
189 Dolgich-Interview, The Second Russian Revolution-Transkripte.
190 Chernyaev, Shest' let s Gorbachevym, S. 29. Dieselben vier Namen erwähnt auch Petschenew (Interview, The Second Russian Revolution-Transkripte).
191 Gorbachev, Izbrannye rechi i stat'i, II, S. 129-33, bes. S. 130 f.
192 Siehe Ligachev, Inside Gorbachev's Kremlin, S. 72-79; und Chernyaev, Shest' let s Gorbachevym, S. 30 f.
193 Rede von A. A. Gromyko, Materialy vneocherednogo plenuma tsentral'nogo komitete KPSS 11 Marta 1985 goda, S. 6-8.
194 Siehe auch Istochnik, 0/1 (1993), S. 68-75; und Kommunist, 5 (März 1985), S. 3-11.
195 Ryzhkov, Perestroyka: istoriya predatel'stv, S. 79.
196 Ebenda, S. 50.

197 Ebenda, S. 361.

198 Gratschow beschrieb Gorbatschow so mir gegenüber in einem Gespräch in Oxford, 16. Januar 1993.

Kapitel 4: Die Macht: Ideen und Personen

1 Zusätzlich zu den in Kapitel 1 angeführten Daten, die zeigen, daß noch 1989 (als niemand mehr Angst hatte, bei Umfragen ehrlich zu antworten) Lenin von einer Mehrheit der Russen als der größte Mensch, der jemals gelebt hat, angesehen wurde, nannten bemerkenswerte 72 Prozent der Sowjetbürger noch im Dezember 1989 Lenin den herausragendsten Wissenschaftler aller Zeiten. Die Liste von 18 Namen enthielt die von Darwin, Newton, Einstein, Marx und Mendelejew. Die Befragten konnten mehr als einen Namen nennen, aber Lenin führte das Feld klar an. Seine größten Konkurrenten waren Mendelejew (53,5 Prozent) und Marx (51,4 Prozent). Siehe Obshchestvennoe mnenie v tsifrakh (Allunionszentrum für Meinungsforschung), 3/10 (Januar 1990), S. 7.

2 Alexander Yakovlev, Predislovie, Obval, Posleslovie, (Novosti) Moskau 1992, S. 125.

3 Seweryn Bialer, The Soviet Paradox: External Expansion, Internal Decline, (Tauris) London 1986, S. 169 f.

4 Georgy Shakhnazarov, Tsena svobody, (Rossika Zevs) Moskau 1993, S. 579.

5 Ebenda.

6 Bialer, The Soviet Paradox, S. 16. Bialer weiter: »Vielleicht gibt es solche Kräfte, die im verborgenen ruhen, und kein Außenstehender ist in der Lage, tief genug in das System einzudringen, um deren Existenz festzustellen und ihr Ausmaß zu beurteilen. Dies ist aber unwahrscheinlich.«

7 Stephen F. Cohen, Rethinking the Soviet Experience: Politics and History since 1917, (Oxford University Press) New York 1985, S. 129.

8 Der Weg des Themas Stalin in den öffentlichen politischen Diskurs zwischen 1985 und 1988 ist hilfreich nachgezeichnet in: R. W. Davies, Soviet History in the Gorbachev Revolution, (Macmillan) London 1989.

9 Daß Gorbatschow ein »Antistalinist« war, war einer der Punkte, die Zdenìk Mlynář in meinem ersten Gespräch mit ihm über Gorbatschow im Juni 1979 betonte – zu einer Zeit, als die Begriffe ›Stalinismus‹ und ›Antistalinismus‹ aus dem politischen Diskurs in der Sowjetunion verbannt waren (wie natürlich auch in Mlynářs Heimat, der Tschechoslowakei). Gorbatschows Antistalinismus während der Breschnew-Jahre war auch für Alexander Nikonow offensichtlich, der in Stawropol gut mit Gorbatschow bekannt war (Interview, 20. April 1994).

10 Siehe M. S. Gorbachev, Izbrannye rechi i stat'i, III, (Politizdat) Moskau 1987, S. 154-70, auf S. 162.

11 Ebenda.

12 M. S. Gorbachev, Gody trudnykh resheniy, (Alfa-Print) Moskau 1993, S. 24.

13 Loone, Besprechung von Raymond Taras, (Hg.), The Road to Disillusion:

From Critical Marxism to Postcommunism in Eastern Europe, Soviet Studies, 45/4 (1993), S. 741f., auf S. 742.

14 Um nur ein Beispiel zu geben: Eine politische Schrift von einer französischen Sowjetologin und einem britischen Politikwissenschaftler (erschienen in genau dem Jahr, als Gorbatschow entscheidende Schritte zur Untergrabung der leninistischen politischen Organisation unternahm) enthält den Satz: »Als gute Marxisten-Leninisten müssen sowjetische Führer die Doktrin Lenins sowohl in die Tat umsetzen als sie auch verbreiten. Lenin zu verstehen bedeutet daher, sowjetische Führer heute zu verstehen, nicht zuletzt Michail Gorbatschow und seine Politik.« Siehe Françoise Thom und David Regan, Glasnost, Gorbachev and Lenin: Behind the New Thinking, (Policy Research Publications) London 1988, S. 41.

15 Yakovlev, Predislovie, Obval, Posleslovie, S. 267.

16 Ebenda.

17 Boris Yeltsin, Against the Grain: An Autobiography, (Jonathan Cape) London 1990, S. 113f.

18 Ausführlicher über letzteren Begriff und seine Vorzüge gegenüber der ›Revolution von oben‹, siehe John Gooding, ›Perestroika as Revolution from Within: An Interpretation‹, Russian Review, 51/1 (Januar 1992), S. 36-57.

19 Gorbatschow in einem Interview mit Jonathan Steele, The Guardian, 24. Dezember 1992, S. 19.

20 A. S. Chernyaev, Shest' let s Gorbachevym: po dnevnikom zapisyam, (Kultura) Moskau 1993, S. 89.

21 Bezugnehmend auf das April-Plenum 1985 schreibt Jelzin in der früheren Fassung seiner zwei Autobiographien: »Ein großer Schritt in die richtige Richtung wurde gemacht, obwohl es natürlich eine Revolution von oben war« (Yeltsin, Against the Grain, S. 114).

22 Yakovlev, Predislovie, Obval, Posleslovie, S. 268.

23 Ebenda.

24 Ebenda, S. 268f.

25 Gooding, ›Perestroyka as Revolution from Within‹, S. 56.

26 Ebenda, S. 36f.

27 Gorbatschows Selbstbeschreibung in Gody trudnykh resheniy, S. 25.

28 Chernayaev, Shest' let s Gorbachevym, S. 89.

29 Yakovlev, Predislovie, Obval, Posleslovie, S. 266.

30 Interview Michail Gorbatschow mit Colin Greer, Austin-American Statesman (Parade Magazine), 23. Januar 1994, S. 4-6, auf S. 4. Gorbatschow weiter: »Die Entwicklung der Ideen, auf denen ich meine Führung gründete, war kein einfacher Prozeß. Es passierte nicht über Nacht.«

31 Gooding, ›Perestroyka as Revolution from Within‹, S. 38.

32 In einem Vortrag im St. Antony's College in Oxford am 19. November 1993 berichtete Bridget Kendall – die BBC-Korrespondentin in Moskau von 1989 bis 1993 –, daß sie noch im Juli 1989, als sie ihre Stelle antrat, einen Kollegen ersetzte, der aus der Sowjetunion ausgewiesen und der Spionage beschuldigt worden war. ›Inoffizielle‹ russische Freunde wurden immer noch daran gehin-

dert, das Ausländerviertel zu betreten, in dem sie lebte. Man sollte hinzufügen, daß es für akademische Spezialisten auf Besuch in der Sowjetunion zu jener Zeit und schon früher sehr einfach war, Kontakt mit sowjetischen Bürgern zu unterhalten. Es war leichter für sie als für die Journalisten, obwohl auch ihre Telefone regelmäßig abgehört wurden.

33 Vgl. hierzu auch Alexander Rahr, ›Gorbachev's Personal Staff‹, Radio Liberty Research (RL 216/88), 30. Mai 1988.

34 Interview mit Alexandrow-Agentow, Argumenty i fakty, 20 (Mai 1993), S. 6.

35 Andrei S. Gratchev [Grachev], L'Histoire vraie de la fin de l'URSS: Le Naufrage de Gorbatchev, (Editions du Rocher) Paris 1992, S. 292.

36 Ebenda.

37 Interview mit Andrei Gratschow, 14. Januar 1993.

38 Interview mit Anatoli Tschernjajew, 30. März 1992.

39 Chernyaev, Shest' let s Gorbachevym, S. 63.

40 Interview mit Smirnow, in: Stephen F. Cohen und Katrina vanden Heuvel, Voices of Glasnost: Interviews with Gorbachev's Reformers, (Norton) New York 1989, S. 76-96, auf S. 77.

41 Ebenda, S. 76.

42 Interview mit Iwan Frolow, Zhurnalist, 5 (Mai 1994), S. 43-47, auf S. 44.

43 Ebenda, S. 45.

44 Ebenda.

45 Bereits im November verfaßte Tschernjajew ein Memorandum für Gorbatschow, in dem er unter anderem ausführte, es sei eine Schande, daß die Prawda in einer Zeit revolutionärer Veränderungen die konservativste aller sowjetischen Zeitungen sein solle. Er verband diese Bemerkung mit einer Kritik an Ligatschow und implizierte, daß Viktor Afanasjew als Chefredakteur aufgrund von Unterstützung aus dem Politbüro (vor allem von Ligatschow) so zögerlich war. Siehe Chernyaev, Shest' let s Gorbachevym, S. 201f. S. a. die Memoiren Viktor Afanasevs, Chetvertaya vlast' i chetyre genseka ((Kedr) Moskau 1994), in denen er mit Kritik an Gorbatschows Kader- und Außenpolitik antwortet sowie seine »Unentschlossenheit« kritisiert (S. 100), ihn aber trotzdem als »lebhaft, energisch, kenntnisreich« beschreibt, mit der Fähigkeit »mit jedem Gegenüber lebhaft ins Gespräch zu kommen, gleich ob Arbeiter oder Akademiemitglied, Gefreiter oder Marschall, gewöhnlicher Beamter oder Präsident eines anderen Staates« (ebenda).

46 Frolow, Zhurnalist, 5 (Mai 1994), S. 43 f.

47 Rachmanins Einfluß in der sowjetischen Führung überdauerte Gorbatschows Machtübernahme nicht lange. Als er am 21. Juli 1985 einen Artikel in der Prawda unter seinem angestammten Pseudonym »Wladimirov« veröffentlichte und die Wirtschaftsreformen in Ungarn und der DDR kritisierte, ging Gorbatschow wütend mit dem Artikel ins Gericht. In der nächsten Sitzung des Politbüros kritisierte Gorbatschow nicht nur Rachmanin, sondern auch drei weitere Anwesende: Konstantin Rusakow, ZK-Sekretär und Leiter der Abteilung für sozialistische Länder; Michail Zimjanin, den für Propaganda verantwortlichen Sekretär; und Viktor Afanasjew, den Chefredakteur der Prawda, der in dieser

Stellung das Recht hatte, an Politbürositzungen teilzunehmen (s. Chernyaev, Shest' let s Gorbachevym, S. 49-51).

48 Mehr dazu in Archie Brown, ›Political Science in the Soviet Union‹, International Political Science Review, 7/4 (1986), S. 443-81.

49 G. Kh. Shakhnazarov, Sotsialisticheskaya demokratiya: nekotorye voprosy teorii, (Politizdat) Moskau 1972.

50 G. Kh. Shakhnazarov, ›Logika politicheskogo myshleniya v yadernuyu eru‹, Voprosy filosofii, 5 (1984), S. 62-74, bes. 72f.

51 In einem Gespräch, das ich mit Schachnasarow im Institut für Staat und Recht zu Beginn der Perestroika-Ära führte, räumte er ein, daß die sowjetische Intervention in der Tschechoslowakei 1968 falsch gewesen sei. Als ich ihn am 16. Dezember 1991 im Kreml interviewte, ging er so weit zu sagen, daß seine Ansichten seit den frühen Sechzigern die eines Sozialdemokraten gewesen seien. Dazu muß bemerkt werden, daß diese Haltung oft sehr gut verborgen war; allerdings mußte dies so sein, wenn Schachnasarow nicht bereit war, seinen Arbeitsplatz im Zentralkomitee mit der Verfolgung als Dissident zu vertauschen. Genauso wie sich Gorbatschows Ansichten teilweise als Folge seiner Auslandsreisen veränderten, sagte Schachnasarow, daß seine früheren Reisen ins Ausland seine Sichtweise beeinflußt hätten.

52 Schachnasarow erwähnte dies in meinem Interview mit ihm am 16. Dezember 1991, aber einen Monat zuvor hatte er diese Feststellung bereits in gedruckter Form gemacht. Siehe Izvestiya, 18. November 1991, S. 4.

53 M. S. Gorbachev, ›Sotsialisticheskaya ideya i revolutsionnaya perestroyka‹, Pravda, 26. November 1989, S. 1-3.

54 Siehe hierzu Archie Brown und George Schöpflin, ›The Challenge to Soviet Leadership: Effects in Eastern Europe‹, in: Paulo Filo della Torre, Edward Mortimer und Jonathan Story (Hgg.), Eurocommunism: Myth or Reality?, (Penguin) Harmondsworth 1979, S. 249-76.

55 Izvestiya, 18. November 1991, S. 4.

56 Die Beschreibung Gorbatschows in The Economist (›Gorbachev or Yeltsin? The Lords of Misrule‹, 6.-12. April 1991, S. 17) ist so typisch für eine Art des Schreibens, die Vereinfachungen bis zum Punkt der Verfälschung treibt, und verdient deswegen, zitiert zu werden: »Vor allem ist er, anders als Mr. Yeltsin, immer noch ein überzeugter Kommunist in einem Land, das sich weitgehend von dieser Religion abgewandt hat.« Im selben Artikel: »Nach allem, was er getan hat, befindet sich die Sowjetunion 1991 in einem schlechteren Zustand als 1985.« So viel zu Meinungsfreiheit, Versammlungsfreiheit, Mehrkandidatenwahlen, dem Ende der Verfolgung der Dissidenten, den Möglichkeiten, ins Ausland zu reisen (oder zu emigrieren), dem Beginn der Rechtsstaatlichkeit und vielem mehr!

57 Izvestiya, 18. November 1991, S. 4.

58 Ligatschow machte diese Bemerkung in der Fernsehsendung ›600 Sekunden‹ des St. Petersburger Fernsehkanals, die ich zufällig am 31. März 1991 in Moskau sah. Ich werde auf das Thema Gorbatschow und Sozialdemokratie später in diesem Kapitel noch einmal zurückkommen, im Zusammenhang mit dem intellektuellen Einfluß, den seine Gespräche mit westlichen Politikern auf ihn hatten.

59 Frolow-Interview, Zhurnalist, 5 (Mai 1994), S. 46.

60 Ebenda.

61 Siehe den veröffentlichten Entwurf in Nezavisimaya gazeta, 23. Juli 1991, S. 2. Der Erste Sekretär der Leningrader Bezirkspartei, Boris Gidaspow, beklagte im Moskauer Fernsehen am 25. Juli, daß »es sich nicht nur als ein sozialdemokratisches, sondern ein wirklich liberales Programm entpuppt« habe (FBIS-SOV-91-144, 26. Juli 1991).

62 Vladimir Kryuchkov, Lichnoe delo, (Olimp) Moskau 1996, I, S. 296-298; II, S. 177-179.

63 Gespräch mit Alexander Tschubarjan in St. Antony's College, Oxford, 16. Mai 1994.

64 Interview mit Alexander Nikonow, 20. April 1994.

65 Valery Boldin, Ten Years that Shook the World, (Basic Books) New York 1994. Meine Besprechung des Buches, ›The Traitor's Tale‹ erschien in The Times Literary Supplement, 20. Mai 1994, S. 6.

66 Siehe Chernyaev, Shest' let s Gorbachevym, S. 201 f.

67 Für ein ausgezeichnetes und sehr wohlwollendes Porträt Jakowlews siehe David Remnick, Lenin's Tomb: The Last Days of the Soviet Empire, (Random House) New York 1993, S. 290-305. Für eine weniger wohlmeinende Sicht eines gut informierten Kollegen, der derselben politischen Richtung innerhalb der Kommunistischen Partei angehörte, vgl. Chernyaev, Shest' let s Gorbachevym.

68 Chernyaev, Shest' let s Gorbachevym, S. 201 f.

69 Bis zu diesem Zeitpunkt waren Jakowlews heterodoxe Ansichten nur in privaten Unterhaltungen mit Gorbatschow geäußert worden oder fanden sich lediglich in vertraulichen Dokumenten und nicht in seinen veröffentlichten Arbeiten. Nachdem er (1986) einer der Sekretäre des ZK geworden war, brachte Jakowlew seine zunehmend radikalere Kritik am sowjetischen System auch mehr und mehr öffentlich vor.

70 Wenn auch ein Zweiparteiensystem und freie Wahlen die dramatischsten neuen Elemente in Jakowlews Memorandum waren, so waren sie nur ein Teil einer ganzen Reihe von politischen Reformvorschlägen. Siehe Obshchaya gazeta, 28. Januar-3. Februar 1994, S. 9.

71 Gelinde gesagt, stand Jakowlew der Regierung Jelzin wesentlich positiver gegenüber, als Gorbatschow dies tat. Vor allem billigte Jakowlew Jelzins Auflösung des Obersten Sowjets und des Kongresses der Volksdeputierten der Russischen Föderation im September 1993, während Gorbatschow sowohl den russischen Präsidenten als auch die Führung der Legislative für die politische Unfähigkeit kritisierte, die zu der Pattsituation geführt hatte. Ende 1993 nahm Jakowlew ein Angebot Jelzins an, Direktor des Fernsehsenders Ostankino zu werden, und verließ die Gorbatschow-Stiftung, wo er seit dem Zusammenbruch der Sowjetunion Vizepräsident gewesen war.

72 Obshchaya gazeta, 28. Januar-3. Februar 1994, S. 9.

73 Dieses Gespräch, an dem ich teilnahm, fand während eines Mittagessens zu Ehren Jakowlews im St. Antony's College, Oxford am 29. Januar 1992 statt (im

Anschluß an seinen Vortrag, der das letzte Kapitel von Predislovie, Obval, Posleslovie bildet).

74 Yezhegodnik Bo'lshoy Sovetskoy Entsiklopedii 1981, (Sovetskaya Entsiklopedia)
    Moskau 1981, S. 9 f.

75 Ligachev, Inside Gorbachev's Kremlin, New York 1993, S. 95-97. Jakowlew wie-
    derum beschwerte sich über Ligatschows exzessiven Einfluß, darunter auch sei-
    nen Einfluß auf die Vergabe von Parteiämtern.

76 Chernyayev, Shest' let s Gorbachevym, S. 49.

77 Shevardnadze, Eduard, The Future Belongs to Freedom, London 1991, S. 38.

78 Ebenda, S. 39.

79 Ebenda.

80 Die personellen Veränderungen in den ersten drei Jahren Gorbatschows als
    Generalsekretär sind detaillierter in meinen beiden Schlußkapiteln in: Archie
    Brown (Hg.), Political Leadership in the Soviet Union, (Macmillan) London
    1989, S. 162-231, dargestellt. Im selben Band macht T. H. Rigby (Kapitel 2, S. 48)
    die Beobachtung, daß Gorbatschow innerhalb seines ersten Amtsjahres eine
    Situation herbeigeführt hatte, »in der es keine Überlebenden vom Regime sei-
    nes Vorgängers gab, die seiner Führungsstellung hätten gefährlich werden kön-
    nen«. Rigby weiter: »Nach dem Tode Lenins brauchte Stalin sechs Jahre, um
    eine solche Position zu erreichen, Chruschtschow vier Jahre nach Stalins Tod
    und Breschnew zehn oder zwölf Jahre nach der Absetzung Chruschtschows.«

81 Außer Romanow waren folgende Sekretäre betroffen: der technokratische Wla-
    dimir Dolgich; der (selbst für sowjetische Verhältnisse) außergewöhnlich alte
    außenpolitische Experte Wasili Kusnezow; der altgediente Ideologe Boris Pono-
    marjow, der früh in der Gorbatschow-Ära als Direktor der Internationalen
    Abteilung des ZK entlassen wurde; der reaktionäre ehemalige Chefredakteur
    der Prawda und Sekretär für Propaganda Michail Zimjanin; und der konserva-
    tive Direktor der Abteilung für Sozialistische Länder des ZK (gesundheitlich
    zur Zeit seiner Entfernung Anfang 1986 bereits angeschlagen) Konstantin Rusa-
    kow. Für die Daten dieser Personalwechsel siehe die jeweiligen Ausgaben des
    Yezhegodnik Bol'shoy Sovetskoy Entsiklopedii (Sovetskaya Entsiklopediya),
    Moskau 1984-90; und für Biographien der beteiligten Politiker Archie Brown
    (Hg.), The Soviet Union: A Biographical Dictionary, (Weidenfeld & Nicolson)
    London 1990 und (Macmillan) New York 1991.

82 Wadim Medwedew wurde einer der Sekretäre des Zentralkomitees unmittel-
    bar nach dem XXVII. Parteitag von 1986 und war bis 1988 zuständig für die ZK-
    Abteilung, die ein Auge auf andere kommunistische Länder hielt. Nach der
    XIX. Parteikonferenz 1988 wurde Medwedew ein Vollmitglied des Politbüros
    und behielt sein Sekretariat.

83 Yeltsin, Against the Grain, S. 72.

84 Ebenda, S. 83.

85 Ebenda.

86 Gorbatschow-Interview, Moskovskiy komsomolets, 28. Juni 1995, S. 2; siehe
    auch Pravda, 2. Juli 1988, S. 11; und Vadim Medvedev, V kommande Gorba-
    cheva, (Bylina) Moskau 1994, S. 66.

87 Chernyaev, Shest' let s Gorbachevym, S. 202.

88 Yeltsin, Against the Grain, S. 90.

89 Ebenda, S. 88-90; und Medvedev, V kommande Gorbacheva, S. 66.

90 Für den vollständigen Text von Jelzins Rede siehe Izvestiya TsK KPSS, 2 (1989),
   S. 239-41, 279-81.

91 Siehe z. B. Robert Legvold, ›Soviet Learning in the 1980s‹, in: George W. Breslauer und Philip E. Tetlock (Hgg.), Learning in U.S. and Soviet Foreign Policy,
   (Westview) Boulder, Col. 1991, S. 684-732, bes. 694-97, 704-07.

92 Am 20. Januar 1980 sandte Bogomolows Institut ein Memorandum an »die zuständigen Autoritäten«, in der die sowjetische Militärintervention in Afghanistan als »hoffnungslos und schädlich« bezeichnet wurde. Bogomolow lenkte
   erstmals die öffentliche Aufmerksamkeit auf das Memorandum in einem Artikel für die Literaturnaya gazeta, 16. März 1988, der von Andrei Melville und
   Gail W. Lapidus in The Glasnost Papers: Voices on Reform from Moscow,
   (Westview) Boulder, Col. 1990, S. 295 f. zitiert wird.

93 O. Bogomolov, ›Ne mogut snyat' s sebya vinu‹, Ogonek, 35 (1990), S. 2 f.

94 Zu denjenigen aus Bogomolows Institut, die nach 1985 wichtige Beiträge zum
   Reservoir von Ideen und Analysen leisteten, gehörten der außenpolitische
   Experte (später Vorsitzender des Auswärtigen Ausschusses des russischen Ober-
   sten Sowjets und jetzt russischer Botschafter in Mexiko) Jewgeni Ambarzu-
   mow; die Politikwissenschaftler Igor Kljamkin, Andranik Migranjan, Lilja
   Tschewzowa und Alexander Tsipko; der junge Verfassungstheoretiker und
   Gründer der Sozialdemokratischen Partei Oleg Rumjanzew; die Wirtschafts-
   wissenschaftler Otto Latsis, Gennadi Lisitschkin und Ruben Jewstignejew.
   Viele der prominentesten Reformer aus Bogomolows Institut gehörten zu dem
   Netzwerk aus Politikern und Akademikern, die einige Jahre in Prag beim World
   Marxist Review verbracht hatten, darunter Ambarzumow und Latsis. Ein radikaler Wirtschaftsreformer, dessen außergewöhnlich gut geschriebenen Aufsätze
   die politische Tagesordnung ab 1987 mitbestimmen halfen, Nikolai Schmeljow,
   verbrachte auch den größten Teil seiner Karriere in Bogomolows Institut, obwohl er 1982 in Arbatows Institut wechselte.

95 Sogar ein recht kritischer Beobachter Gorbatschows wie Viktor Afanasjew, ein
   Wissenschaftler und Journalist der konservativen kommunistischen Richtung
   und Chefredakteur der Prawda von 1976 bis 1989, stellt fest, daß Gorbatschow
   »Wissenschaftlern, Schriftstellern und Journalisten Achtung entgegenbrachte«
   (Afanasev, Chetvertaya vlast' i chetyre genseka, S. 100).

96 Neben dem einflußreichen politischen Analytiker Fjodor Burlazki gab es am
   Institut für Sozialwissenschaften noch eine Reihe anderer Wissenschaftler,
   deren Ideen sich in der offiziellen Politik auswirkten, darunter Alexander Galkin und der Institutsdirektor Juri Krasnin.

97 Dessen führende Persönlichkeit, Sergei Alexejew, sollte im Laufe der Perestroika-Jahre zunehmend an Einfluß gewinnen.

98 Jeff Checkel, ›Ideas, Institutions, and the Gorbachev Foreign Policy Revolution‹, World Politics, 45/1 (Januar 1993), S. 271-300. Zu der generellen Problematik von Analysen dieser Art, siehe Legvold, ›Soviet Learning in the 1980s‹,
   besonders den Abschnitt ›The Perils of Parsimony‹, S. 270-76.

99 Checkel, ›Ideas, Institutions, and the Gorbachev Foreign Policy Revolution‹, S. 294.

100 In seinen Tagebuchnotizen über die Plenarsitzung des Zentralkomitees am 1. Juli 1985, bei der Gorbatschow bekanntgab, daß Gromyko das Außenministerium verlassen würde, um Vorsitzender des Präsidiums des Obersten Sowjets zu werden (ein dramatisches Ende der 28 Jahre Gromykos an der Spitze des Außenministeriums, das der Außenwelt erst am 2. Juli während einer Sitzung des Obersten Sowjets bekanntgegeben wurde), schreibt Tschernjajew: »Und kein Wort über die ›Verdienste‹ Gromykos für die Außenpolitik. Alle machten einander flüsternd darauf aufmerksam« (Shest' let s Gorbachevym, S. 48 f.).

101 Ponomarjows genaue Entgegnung war: »Was für ein ›Neues Denken‹? Wir haben das korrekte Denken! Laß die Amerikaner ihr Denken verändern« (zit. in Chernyayev, Shest' let s Gorbachevym, S. 61).

102 Auf diese Eigenschaften wurde von vielen, die mit Gorbatschow gearbeitet hatten, in ihren Interviews mit mir hingewiesen (wie auch in einer Reihe von Interviews in den The Second Russian Revolution-Transkripten). Mehr als einer von Gorbatschows Mitarbeitern nannte ihn einen ›Workaholic‹.

103 Zu Gorbatschows Respekt für wissenschaftliche Experten in Stawropol siehe Boris Kuchmaev, Kommunist s bozh'ey otmetinoy, (Yuzhno-Russkoe kommerchesko-izdatelskoe tovarishchestvo) Stavropol 1992, S. 68.

104 Ebenda, S. 88.

105 Gorbatschow-Interview mit Jonathan Steele, Guardian, 24. Dezember 1992. »Es war«, so Gorbatschow, »als sei man an der Front in einem Krieg. Ich habe mehrere Leben durchlebt, und ich weiß nicht, wie ich es geschafft habe, zu überleben.«

106 Interview mit Jakowlew, Literaturnaya gazeta, 25. Dezember 1991, S. 3.

107 Sogar langjährige Reformer konnten die Veränderungen von 1990/91 als dramatisch empfinden. So erklärte mir Ruben Jewstignejew in einem Gespräch im Bogomolow-Institut im Juni 1991, daß er, wenn er sehe, was er vor einem Jahr geschrieben habe, kaum glauben könne, wie sehr sich seine Ansichten in der Zwischenzeit geändert hatten.

108 Interview des Autors mit Schachnasarow, 16. Dezember 1991.

109 Als er während des XXII. Parteitages 1961 für Chruschtschows maßlos optimistisches und recht utopisches Parteiprogramm stimmte, hatte er (so sagte er Jahre später) daran geglaubt. Siehe Vadim Pechenev, Gorbachev: k vershinam vlasti, (Gospodin Narod) Moskau 1991, S. 24.

110 Andrey Grachev, Kremlevskaya khronika, (EKSMO) Moskau 1994, S. 247.

111 Mikhail Gorbachev, ›Delaet li chelovek politiku? Delaet li chelovek istoriyu? Razmyshleniya o nasledii Villi Brandta‹, Svobodnaya mysl', 17 (1992), S. 17-21, auf S. 21.

112 Ebenda; und ›M. S. Gorbacheva – V. Brandt: Iz arkhiva Gorbacheva‹, Svobodnaya mysl', 17 (1992), S. 22-29.

113 Gorbachev, ›Delaet li chelovek politiku? Delaet li chelovek istoriyu?‹, S. 17. Die Verbindung zwischen Affekt und Überzeugung ist in der sozialpsychologischen Literatur ausgiebig erforscht worden. Siehe R. P. Abelson, D. R. Kinder,

M. D. Peters und S. T. Fiske, ›Affective and Semantic Components in Political Person Perception‹, Journal of Personality and Social Psychology, 42/4 (1982), S. 619-30, bes. 619, 624.

114 Grachev, Kremlevskaya khronika, S. 247.

115 Ebenda. Gratschow fügt hinzu, daß Gorbatschow»›Felipe‹ nicht nur schätzte, er liebte ihn«.

116 Ebenda.

117 Umfangreiche Teile dieser Gespräche (in Madrid am 26. Oktober 1990) wurden zwei Jahre nach Gorbatschows Sturz veröffentlicht. S. Gorbachev, Gody trudnykh resheniy, S. 234-53.

118 Ebenda, S. 239.

119 Ebenda, S. 246 f.; und Gorbatschow, Erinnerungen, S. 761.

120 Interview mit Andrei Gratschow, 11. März 1992.

121 Gorbatschow, Erinnerungen, S. 760.

122 Ebenda.

123 Ebenda, S. 639.

124 S. Chernyaev, Shest' let s Gorbachevym, S. 134-41; und Margaret Thatcher, The Downing Street Years, (HarperCollins) London 1993, S. 478-85, bes. 481-83.

125 Chernyaev, Shest' let s Gorbachevym, S 138, 140 f.

126 Ebenda, S. 241.

127 Gorbachev, Gody trudnykh resheniy, S. 24.

128 Chernyaev, Shest' let s Gorbachevym, S. 75 f.

129 Vgl. die Einleitung Stephen F. Cohens zu Ligachev, Inside Gorbachev's Kremlin, S. VII-XXXIX, auf S. XXIX-XXX.

130 In einem Buch, das auch viele vernünftige Beobachtungen enthält, beginnt Martin Malia mit der Feststellung, daß ›Sozialismus‹ verschiedene Dinge für verschiedene Menschen bedeute. Er geht dann aber dazu über, mit einem gewissen Maß an Obsessivität, diesen zentralen Punkt zu verwischen. Siehe Malia, The Soviet Tragedy: A History of Russia, 1917-1991, (The Free Press) New York 1994.

131 Alec Nove, ›New Thinking on the Soviet Economy‹, in: Archie Brown (Hg.), New Thinking in Soviet Politics, (Macmillan) London 1992, S. 29-38, auf S. 35 f.

132 Interview mit Gorbatschow, Kuranty, 13. Oktober 1992, S. 4 f. Es ist interessant, dies mit der Meinung des ehemaligen Warden von Wadham College in Oxford, Sir Stuart Hampshire – einem Philosophen und demokratischen Sozialisten in der britischen Tradition –, zu vergleichen. Er schreibt in einem gemeinsam mit Leszek Kolakowski herausgegebenen Buch mit dem Titel The Socialist Idea: »Für mich ist Sozialismus nicht so sehr eine Theorie, sondern ein Satz moralischer Verbindlichkeiten, die mir als offensichtlich richtig und rational zu rechtfertigen erscheinen: Erstens, daß die Ausrottung der Armut die höchste Pflicht jeder Regierung nach der Landesverteidigung sein sollte. Zweitens, da große materielle Ungleichheiten zwischen verschiedenen sozialen Gruppen zu Ungleichheiten in Macht und Handlungsfreiheit führen, sind sie

im allgemeinen ungerecht und müssen durch Regierungshandeln beseitigt werden. Drittens sollten demokratisch gewählte Regierungen sicherstellen, daß primäre und grundlegende menschliche Bedürfnisse Priorität im wirtschaftlichen System genießen, auch wenn dies zu Einbußen in der Gesamtheit der Waren und Dienstleistungen führt, die sonst erhältlich gewesen wären ... Zum jetzigen Zeitpunkt braucht der Sozialismus unterschiedliche Beweisführungen, offene Geister mit moralischen Überzeugungen und Mißtrauen gegenüber allen unitarischen Theorien.« Siehe Hampshires ›Epilog‹ in: Kolakowski und Hampshire (Hg.), The Socialist Idea: A Reappraisal, (Weidenfeld & Nicolson) London 1974, S. 249.

133 Transkript der Ausstrahlung von Gorbatschows Rede in FBIS-SOV-90-231, 30. November 1990, S. 43-48, auf S. 44.

134 Ebenda.

135 ›Sotsialisticheskaya ideya i revolutsionnaya perestroyka‹, Pravda, 26. November 1989, S. 1-3.

136 Nachdem er die Entstehung der »sozialistischen Idee« mit »dem menschlichen Traum von Freiheit, Gerechtigkeit, Frieden und Demokratie, was eine wirklich menschliche Gesellschaft wäre«, verknüpft hatte, fügte Gorbatschow hinzu: »Andererseits hat auch die liberale Strömung in Theorie und Praxis der Menschheit viel gegeben«, zum Teil, weil sie Ideen von den Sozialisten übernahm und zeitweise besser umsetzte »als die Sozialisten selbst« (Svobodnaya mysl', 17, ⟨1992⟩, S. 21).

137 Kuchmaev, Kommunist s bozhey' otmetinoy, S. 61.

138 Gorbatschow-Interview mit Jonathan Steele, Guardian, 24. Dezember 1992, S. 19.

139 Ebenda.

140 Smirnow-Interview in: Cohen und vanden Heuvel, Voices of Glasnost, S. 39 f.

141 Eine der Fragen in dem Interview bezog sich im Imperfekt auf die Wahlen zum Kongreß der Volksdeputierten der UdSSR, die im Frühjahr 1989 stattgefunden hatten.

142 Jakowlew-Interview in: Cohen und vanden Heuvel, Voices of Glasnost, S. 39 f.

143 Für eine exzellente Darstellung des fundamental undemokratischen Charakters von Lenins Denken, siehe A. J. Polan, Lenin and the End of Politics, (Methuen) London 1984.

144 Vgl. z. B. Archie Brown, ›Political Power and the Soviet State‹, in Neil Harding (Hg.), The State in Socialist Society, (Macmillan) London 1984, S. 51-103; und Jerry F. Hough, The Struggle for the Third World: Soviet Debates and American Options, (Brookings Institution) Washington 1986.

145 Stephen Padgett und William E. Paterson, A History of Social Democracy in Postwar Europe, (Longman) London 1991, S. 263. Gorbatschow scheint das Ausmaß der Übereinstimmung zwischen Sozialdemokratie und Liberalismus bemerkt zu haben, wenn er zustimmend schreibt, daß Willy Brandt erfolgreich »Loyalität zu den Ideen der sozialen Gerechtigkeit, Demokratie und Freiheit mit Respekt für die Potentiale des Liberalismus« verband (Svobodnaya mysl', 17 ⟨1992⟩, S. 21).

146 Siehe Gorbatschow, Erinnerungen, S. 391f., 401-03, 412, 419, 423.

147 Seine Achtung für Lenin bedeutet gewiß nicht (pace Martin Malia), daß Gorbatschow ein »durch und durch kommunistisches Konzept für seine Rolle als Führer« hatte. Siehe Malia, The Soviet Tragedy, S. 431.

148 Gorbatschow-Interview mit Jonathan Steele, Guardian, 24. Dezember 1992, S. 19.

149 Ebenda.

150 M. S. Gorbachev, Razmyshleniya o Oktyabr'skoy Revolyutsii, (Aprel'-85) Moskau 1997, S. 91f.

151 Gorbachev, Zhivoe tvorchestvo naroda, (Politizdat) Moskau 1984, bes. S. 6, 10-12, 14, 18, 20, 30, 40, 41f.

152 Daß die Rede für Aufsehen sorgte und zu Kritik in konservativen Zirkeln führte, ist in Kapitel 3 bereits angemerkt worden.

153 Nikolay Ryzhkov, Perestroika: istoriya predatel'stv, (Novosti) Moskau 1992, S. 70f.

154 Ebenda, S. 72.

155 Gorbachev, Izbrannye rechi i stat'i, II (1987), S. 251.

156 In den sieben Bänden der Reden und Schriften Gorbatschows, die von seinen Jahren in Stawropol bis Juni 1989 reichen und in Moskau in den Jahren 1987 bis 1990 veröffentlicht wurden, enthalten lediglich die Register zu den Bänden I und VII keine Einträge zu uskorenie. Der Index zu Band VI legt nahe, daß Gorbatschow den Begriff zum letzten Mal in einer Rede vor der XIX. Parteikonferenz im Juni 1988 gebrauchte, tatsächlich aber taucht das Wort auf keiner der drei angegebenen Seiten (395-97) auf. Es scheint, als habe er in Wirklichkeit zum letzten Mal von ›Beschleunigung‹ am 13. April 1988 gesprochen. Siehe Gorbachev, Izbrannye rechi i stat'i, VI (1989), S. 195. Das Register zu Band II enthält auch die falsche Information, Gorbatschow habe den Begriff der Akzeleration zum ersten Mal in der Rede nach seiner Wahl zum Generalsekretär vor dem Plenum des Zentralkomitees am 11. März 1985 erwähnt. Tatsächlich sprach Gorbatschow in seiner Rede vor der Ideologiekonferenz im Dezember 1984 von »den enormen Möglichkeiten für die Akzeleration [uskorenie] der sozio-ökonomischen Entwicklung«, abhängig von der »Zusammenführung der Initiative und der eigenständigen Aktivität der Massen auf einer wissenschaftlichen Grundlage und mit einem kreativen Ansatz für die Lösung der drängenden Probleme«. Siehe Gorbachev, Zhivoe tvorchestvo naroda, S. 10.

157 Siehe z. B. seinen Aufsatz ›Novomu metody – shirokuyu dorogu‹, Ekonomicheskaya gazeta, 9 (1978), nachgedr. in Gorbachev, Izbrannye rechi i stat'i, I, S. 154-59, in dem zweimal die Notwendigkeit einer »psychologischen Perestroika« betont wird; und seinen Aufsatz ›Prodovo'stvennaya programma i zadachi ee realitsatsii‹, Kommunist, 10 (1982), nachgedr. in Izbrannye rechi i stat'i, I, S. 302-20 (auf S. 315).

158 Gorbachev, Zhivoe tvorchestvo naroda, S. 26.

159 Gorbachev, Izbrannye rechi i stat'i, II, S. 269.

160 Ebenda, III, S. 326-58, bes. S. 330f.

161 Medvedev, V komande Gorbacheva, S. 35-6.

162 Gorbachev, Izbrannye rechi i stat'i, III, S. 330.

163 Gorbatschows Rede vor dem Januar-Plenum des Zentralkomitees (Ebda., IV, S. 299-354).

164 Gorbatschows Rede vor der XVII. Gewerkschaftskonferenz, 25. Februar 1987 (Ebda., S. 424-43, auf S. 428).

165 In den späteren Regierungsjahren Gorbatschows und besonders nach dem Zusammenbruch der Sowjetunion wurde der Begriff im russischen Volk allgemein unbeliebt. Eine Umfrage des VTsIOM im November 1994 zeigte, daß zweimal soviel Befragte die Rolle Gorbatschows in der Geschichte positiv bewerteten als die Perestroika als historischen Zeitabschnitt. Der scheinbare Widerspruch geht offensichtlich auf die Tatsache zurück, daß sich viele Menschen bei der Bewertung Gorbatschows daran erinnerten, daß er Glasnost, politische Freiheit und freie Wahlen eingeführt hatte. Perestroika dagegen bedeutete einen fehlgeschlagenen Umbau der Wirtschaft und Instabilität, darunter auch das unpopuläre Auseinanderbrechen des sowjetischen Staates. Die beliebteste Periode der sowjetischen Geschichte war dieser Umfrage in der Russischen Föderation zufolge die Ära Breschnew, die von 36 Prozent der Befragten positiv beurteilt wurde (vielleicht nicht zuletzt wegen ihrer Stabilität und Vorhersagbarkeit), während die Perestroika nur von 16 Prozent als eher positiv eingestuft wurde. Sogar die Ära Stalin brachte es auf größere Zustimmung (18 Prozent) als die Perestroika, obwohl die Stalin-Zeit auch höhere Ablehnungswerte hatte (57 Prozent sahen sie eher negativ als positiv, im Vergleich zu 47 Prozent, die dasselbe über die Perestroika dachten); weniger Befragte äußerten sich unentschieden über die Stalin-Jahre als über die Perestroika. In derselben Umfrage von November 1994 beurteilten 33 Prozent die historische Rolle Gorbatschows als positiv (die Vergleichswerte für andere russische Führer des 20. Jahrhunderts sind: Nikolaus II. 36 Prozent; Lenin 44 Prozent, Stalin 25 Prozent, Chruschtschow 39 Prozent, Breschnew 29 Prozent und Jelzin 30 Prozent). Siehe Yu. A. Levada, ›»Chelovek sovetskiy« pyat' let spustya: 1989-1994 (predvaritel'nye itogi sravnitel'nogo issledovaniya)‹, Ekonomicheskie i sotsial'nye peremeny: monitoring obshchestvennogo mneniya, 1 (Januar-Februar 1995), S. 9-14, auf S. 10.

166 Pravda, 26. Februar 1986, S. 5.

167 Mikhail Gorbachev, Perestroika: New Thinking for Our Country and the World, (Collins) London 1987, S. 49 f.

168 Jakowlew-Interview mit Kira Wladina, Nezavisimaya gazeta, 10. August 1994, S. 5.

169 Nove, in seinem Beitrag zu dem Symposion »What's Happening in Moscow?«, The National Interest, 8 (Sommer 1987), S. 15.

170 Zitiert in Nove, ebenda.

171 Rede Breschnews am 14. Juni 1974, wieder veröffentlicht in: L. I. Breshnev, Voprosy razvitiya politicheskoy sistemy sovetskogo obshchestva, (Politizdat) Moskau 1977, S. 315. Ich erinnere mich, daß mir Fjodor Burlazki in den frühen Achtzigern sagte, der Redenschreiber, der dafür verantwortlich gewesen war,

Breschnew diese Worte in den Mund zu legen, sei Alexander Bowin gewesen, damals politischer Korrespondent bei der Izwestija, heute der russische Botschafter in Israel. Alexander Jakowlew dagegen gab (während eines informellen Gesprächs in Oxford im Januar 1992) zu, in den Jahren vor 1973, als er amtierender Direktor der Propagandaabteilung des ZK war, vergeblich versucht zu haben, das Wort ›Glasnost‹ in eine der Reden Breschnews zu schreiben. Entsprechend ihren politischen Vorlieben spielten die Insider der Partei das Spiel, die Reden des Führers entweder orthodoxer oder liberaler zu machen. Im Gegensatz zur Ära Gorbatschow aber machte es auffallend wenig Unterschied, was die Praxis des politischen Systems anbelangte.

172 Gorbachev, Izbrannye rechi i stat'i, I, S. 88.

173 Wie David Wedgwood Benn in From Glasnost to Freedom of Speech: Russian Openness and International Relations, (Pinter für das Royal Institute of International Affairs) London 1992, S. 12, ausführt.

174 Gorbachev, Zhivoe tvorchestvo naroda, S. 30.

175 Wedgwood Benn, From Glasnost to Freedom of Speech, S. 12 f. Siehe auch Vladimir Lakshin, ›From Glasnost to Freedom of Speech‹, Moscow News, 15 (1989), S. 4.

176 Gorbachev, Zhivoe tvorchestvo naroda, S. 30.

177 Ebenda, S. 30. Betonung von »self-management« und mehr Demokratie am Arbeitsplatz nahm auch in den ersten Amtsjahren Gorbatschows eine wichtige Stellung ein, wurde aber später der radikalen Reform der politischen Institutionen und den Forderungen der marktorientierten Wirtschaftsreformer untergeordnet. Zum »falschen Versprechen der betrieblichen Demokratisierung« siehe Donald Filtzer, Soviet Workers and the Collapse of Perestroyka: The Soviet Labour Process and Gorbachev's Reforms 1985-1991, (Cambridge University Press) Cambridge 1994, S. 82-88.

178 Gorbachev, Zhivoe tvorchestvo naroda, S. 16.

179 Ich habe diesen Aspekt der Rede Gorbatschows von Dezember 1984 unter anderen mit Wadim Medwedjew besprochen, der an der Formulierung der Rede beteiligt war.

180 Siehe Terence Ball, James Farr und Hanson L. Russell (Hgg.), Political Innovation and Conceptual Change, (Cambridge University Press) Cambridge 1989, bes. S. 2, 30.

181 Pravda, 15. Juli 1987, S. 1 f., auf S. 2.

182 Für weitere frühe Verwendungen des Begriffs durch Gorbatschow siehe z. B. Pravda, 30. September 1987, S. 1; und Gorbachev, Perestroyka, S. 77.

183 Pravda, 6. Februar 1990, S. 1-2, auf S. 1.

184 Vieles hier steht in Übereinstimmung mit der Ansicht Joseph Schulls, ›The Self-Destruction of Soviet Ideology‹, in: Susan Gross Solomon (Hg.), Beyond Sovietology: Essays in Politics and History, (M. E. Sharpe) New York 1993, S. 8-22. Unsere Wege trennen sich aber bei Schulls offensichtlicher Überzeugung, daß die Widersprüchlichkeiten in Gorbatschows öffentlichen Äußerungen in gewisser Weise seine entscheidende Rolle als ein Initiator des Wandels entwerten. Wenn sich Gorbatschow, um das Argument aufzugreifen, 1985 oder

1986 öffentlich zum Prinzip des politischen Pluralismus bekannt hätte, wäre ihm keine Gelegenheit gegeben worden zu zeigen, wie widerspruchsfrei er es befolgte. Innerhalb von 24 Stunden hätte man ihn aus dem Amt entfernt. Da es keine Massenbewegung für eine Veränderung des Systems gab, bevor Gorbatschow die freiheitlichen Bedingungen schuf, unter denen eine solche entstehen konnte, gäbe es ohne ihn mit größter Wahrscheinlichkeit heute noch ein sowjetisches System. Nur die Dissidenten (deren Bewegung vor Gorbatschows Machtübernahme ziemlich vollständig zerschlagen worden war) oder die völlig Unpolitischen konnten unter sowjetischen Bedingungen wirklich widerspruchsfrei leben. Nach Widerspruchsfreiheit oder Kohärenz in der Sprache eines Politikers zu suchen, der eine Bewegung weg von einem extremen und höchst ideologisierten Autoritarismus führt, bei der das Timing alles bedeutet und ein Schritt zuviel im falschen Moment zu einer Rückkehr zum status quo ante führen kann, ist eine etwas fruchtlose Übung.

185 Siehe z. B. Pravda, 6. Februar 1990, S. 1.

186 Jegor Ligatschow zitiert einige solcher Beispiele in seinen Memoiren und beschuldigt die »verführerische Permissivität der radikalen Presse«, die als »die höchste Manifestation der Demokratie dargestellt« wurde. Siehe Ligachev, Inside Gorbachv's Kremlin, S. 125.

187 Keith Michael Baker, Inventing the French Revolution, (Cambridge University Press) Cambridge 1990, S. 7.

188 Ebenda., S. 6.

189 Gorbatschow, Erinnerungen, S. 391f., 402f., 412, 419, 423, 437-39, 445.

Kapitel 5: Gorbatschow und die Wirtschaftsreform

1 Andrey Grachev, Dal'she bez menya ... Ukhod Prezidenta, (Kultura) Moskau 1994, S. 136.

2 Ebenda.

3 Obwohl die Produktion nach dem vollständigen Zusammenbruch der Sowjetunion noch steiler absank, fiel sie bereits in Gorbatschows letztem Amtsjahr dramatisch. Tauschgeschäfte »wurden 1991 zunehmend zur Norm bei ökonomischen Transaktionen, als die politischen Hindernisse für den Handel zwischen Unionrepubliken, Regionen und sogar Städten anwuchsen« (Richard E. Ericson, ›The Russian Economy Since Independence‹, in: Gail W. Lapidus (Hg.), The New Russia: Troubled Transformation, (Westview Press) Boulder, Col. 1995, S. 37-77, auf S. 37). Ericson führt aus, daß 1991 der Ausstoß von Öl um 11 Prozent abnahm, der von chemischen Erzeugnissen um 10-15 Prozent, Kohle um 11 Prozent, der Leichtindustrie und Lebensmittelhersteller um 11-12 Prozent. Staatliche Aufkäufe von Fleisch sanken um 18 Prozent, von Milch um 14 Prozent, und der Ernteertrag von Getreide fiel um 24 Prozent (ebenda).

4 Dies heißt nicht, die Internationale Abteilung des Zentralkomitees zu übersehen, die in den Kapiteln 4 und 7 behandelt wird. Aber diese Abteilung hatte nichts mit der Ausführung der sowjetischen Außenpolitik zu tun, vor allem

nicht, wenn es um zwischenstaatliche Beziehungen ging. In gewisser Hinsicht war die für die Zusammenarbeit mit regierenden kommunistischen Parteien zuständige ZK-Abteilung (allgemein bekannt als ›Abteilung für Sozialistische Länder‹) mehr mit Politikimplementierung beschäftigt als die Internationale Abteilung, besonders wenn es um Osteuropa ging. Das Verteidigungsministerium und der KGB übten ebenfalls Einfluß auf die Außenpolitik aus oder bemühten sich darum. Ihre Rolle aber bei der Umsetzung während der Ära Gorbatschow war nebensächlich im Vergleich zum Außenministerium.

5 Dies ist ein zentrales Thema von Stephen Whitefields Arbeit: Industrial Power and the Soviet State, (Clarendon Press) Oxford 1993. S. a. Julian Cooper, The Soviet Defence Industry: Conversion and Reform, (Pinter, für das Royal Institute of International Affairs) London 1991, bes. S. 6-11.

6 Alexander Yakovlev, Predislovie, obval, posleslovie, (Novosti) Moskau 1992, S. 138.

7 Whitefield, Industrial Power and the Soviet State, S. 180.

8 Ebenda.

9 Ebenda.

10 S. Jerry F. Hough, The Soviet Prefects: The Local Party Organs in Industrial Decision-Making, (Harvard University Press) Cambridge, Mass. 1969; und Peter Rutland, The Politics of Economic Stagnation in the Soviet Union: The Role of Local Party Organs in Economic Management, (Cambridge University Press) Cambridge 1993.

11 Boris Yeltsin, Against the Grain: An Autobiography, (Jonathan Cape) London 1990, S. 58.

12 Rutland, The Politics of Economic Stagnation in the Soviet Union, S. 212.

13 Siehe hierzu Ed A. Hewett, Reforming the Soviet Economy: Equality versus Efficiency, (Brookings Institution) Washington 1988, S. 20; und Gorbachev, ›O zadachakh partii po korennoy perestroyke upravleniya ekonomikoy‹, Izbrannye rechi i stat'i, (Politizdat) Moskau 1988, V, S. 129-85, auf S. 182.

14 Siehe George W. Breslauer, ›Soviet Economic Reforms Since Stalin: Ideology, Politics, and Learning‹, Soviet Economy, 6/3 (1990), S. 252-80. Ein weiterer Aufsatz, der das Lernen im Kontext ökonomischer Reform beleuchtet (James Clay Moltz, ›Divergent Learning and the Failed Politics of Soviet Economic Reform‹, World Politics, 45/1 (Januar 1993), S. 301-25), ist weniger überzeugend, teilweise, weil er die Beweise für Gorbatschows Interesse an marktwirtschaftlicher Reform nicht erforscht, und teilweise, weil er keine Typen oder Stadien ökonomischer Reform zwischen einer uskorenie (Akzeleration) des alten Wirtschaftssystems einerseits und der Übernahme der einen oder anderen Variante eines »ausländischen Kapitalismus« andererseits identifiziert.

15 Für eine faszinierende Fallstudie des Enstehens des spätsowjetischen und postsowjetischen Bankensystems s. Joel S. Hellman, ›Bureaucrats vs. Markets? Rethinking the Bureaucratic Response to Market Reform in Centrally Planned Economies‹, in: Susan Gross Solomon (Hg.), Beyond Sovietology: Essays in Politics and History, (M. E. Sharpe) Armonk, New York 1993, S. 53-93.

16 Siehe z. B. Seweryn Bialer und Joan Afferica, ›The Genesis of Gorbachev's

World‹, Foreign Affairs, 64/3 (1986), S. 605-44, bes. S. 608-13; Marshall Gold-man (der 1985 nicht unrealistisch schrieb, daß »Gorbatschow vermutlich an der Vision einer grundlegenden Wirtschaftsreform festhalten wird, er sich aber aller Wahrscheinlichkeit nach mit deutlich weniger wird zufriedengeben müssen«, obwohl Gorbatschows Wirtschaftspolitik bis 1990 viel radikaler wurde, als Goldman dies erwartet hatte), ›Gorbachev and Economic Reform‹, Foreign Affairs, 64/1 (Herbst 1985), S. 56-73, bes. S. 72; und Philip Hanson (der zwei-felte, ob sich Gorbatschow »selbst unter Zwang« in die Richtung einer Wirt-schaftsreform bewegen würde, wie sie in Kádárs Ungarn unternommen wurde), ›The Economy‹, in: Martin McCauley (Hg.), The Soviet Union under Gorba-chev, (Macmillan) London 1987, S. 97-117, bes. S. 115.

17 Mikhail Gorbachev, Perestroika: New Thinking for our Country and the World, (Collins) London 1987, S. 19. Spätestens ab Februar 1988 malte Gorba-tschow ein noch trostloseres Bild der frühen 1980er und sagte, daß der Beginn des Jahrzehnts einen tatsächlichen Rückgang des Nationaleinkommens in absoluten Zahlen gesehen habe (Gorbachev, Izbrannye rechi i stat'i, VI ⟨1989⟩, S. 77).

18 Tabellen über die Verlangsamung des sowjetischen Wirtschaftswachstums, sowohl den offiziellen sowjetischen Statistiken als auch den CIA-Schätzungen zufolge, sind handlich gesammelt in David Dyker, Restructuring the Soviet Economy, (Routledge) London 1992, S. 42.

19 Abel Aganbegjan, The Challenge of Perestroika, (Hutchinson) London 1988, S. 2 f.

20 Dieser Punkt findet sich in einer sorgfältigen Studie über Chanins Arbeiten (einschließlich seines Buches Dinamika ekonomicheskogo razvitiya SSSR, erschienen 1991 in Novosibirsk) von Mark Harrison, ›Soviet Economic Growth since 1928: The Alternative Statistics of G. I. Khanin‹, Europe-Asia Studies, 45/1 (1993), S. 141-67.

21 Vasily Selyunin und Grigory [eine Russifizierung von Khanins Vornamen] Khanin, ›Lukavaya tsifra‹, Novy Mir, 2 (Februar 1987), S. 181-201; und Alec Nove, Glasnost' in Action: Cultural Renaissance in Russia, (Unwin Hyman) London 1989, S. 214.

22 Harrison z. B. stellt fest: »In der Vergangenheit war es für die Widersacher Cha-nins möglich, seine Arbeit abzulehnen, und für die eher mit ihm sympathisie-renden Skeptiker, ihre Vorbehalte aufrechtzuhalten, da seine Quellen und Methoden nicht vollständig offenlagen. Die Veröffentlichung von Dinamika 1991 hat den meisten (aber nicht allen) Vorbehalten ihre Grundlagen entzogen. Aus dem, was jetzt verfügbar ist, geht klar hervor, daß Chanins Schätzungen ehrlich sind und zum größten Teil auch schlüssig und fundiert« (›Khanin's Eco-nomic Growth Statistics‹, S. 159).

23 Für einen nützlichen Vergleich der sowjetischen und chinesischen Reformen siehe Włodzimierz Brus, ›Marketisation and Democratisation: The Sino-Soviet Divergence‹, Cambridge Journal of Economics, 17/4 (Dezember 1993), S. 423-40.

24 Eine verdienstvolle Darstellung der ungarischen Reformen von 1968 bis 1988

– bei Betonung ihrer Schwächen – geben Włodzimierz Brus und Kazimierz Laski, From Marx to the Market: Socialism in Search of an Economic System, (Clarendon Press) Oxford 1989, S. 61-86. Siehe auch János Kornai, The Road to a Free Economy. Shifting from a Socialist System: The Example of Hungary, (Norton) New York 1990.

25 Die Besorgnis wurde auch von einigen hochrangigen Funktionären im Apparat des Zentralkomitees geteilt. Dies bestätigte Andrei Gratschow, selbst ein hauptamtlicher Berater in der Internationalen Abteilung des ZK in der ersten Hälfte der 1980er, im Gespräch.

26 Ich habe den Begriff ›Generalsekretär‹ für die gesamte Amtszeit Breschnews als Parteiführer von 1964 bis 1982 benutzt, obwohl er für die ersten 18 Monate genaugenommen der Erste Sekretär des Zentralkomitees war. Dieser Terminus war unter Chruschtschow eingeführt worden und galt von 1953 bis zum XXIII. Parteitag im Frühjahr 1966, als die Kommunistische Partei zur Nomenklatur der Stalinzeit, Generalsekretär, zurückkehrte.

27 Für einige interessante Beobachtungen zu den politischen Ansichten Breschnews und Kossygins und ihrem Verhältnis zueinander, siehe Georgy Arbatov, Zatyanuvsheesya vyzdorovlenie (1953-1985 gg.): Svidetel'stvo sovremennika, (Mezhdunarodnye otnosheniya) Moskau 1991, S. 102-48, bes. S. 119-20.

28 Ich habe diesen und die anderen Unterschiede im politischen Kontext der Kossygin- und der Gorbatschow-Reformen zuerst in einem Aufsatz beschrieben, ›Soviet Political Developments and Prospects‹, World Policy Journal, 4/1 (Winter 1986/7).

29 Laut Nikolai Petrakow, Gorbatschows Wirtschaftsberater im Jahre 1990 und vorher einer seiner inoffiziellen Ratgeber (Interview mit dem Autor, 18. Juni 1991), hatte Gorbatschow in den ersten paar Jahren seiner Regierung Vertrauen in Ryschkow. Gegen Ende 1989 aber erkannte er, daß drastischere Maßnahmen vonnöten waren und Ryschkow gegen solche radikalen Reformen wäre.

30 Für den Parteiapparat und Wirtschaftsreformen s. Rutland, The Politics of Economic Stagnation in the Soviet Union, bes. S. 207, 223. Zur Rüstungsindustrie, s. Julian Cooper, The Soviet Defence Industry: Conversion and Reform, (Pinter, mit Royal Institute of International Affairs) London 1991, Kapitel über ›The Defence Industry as a Political Force‹, S. 70-88, bes. S. 77 f.

31 Ebenda.

32 Die Schriften dieser Autoren waren von besonderer Bedeutung, weil sie teilweise eine deutliche Sprache sprachen (besonders Schmeljows Artikel) und in Zeitschriften erschienen, die unter der Intelligenzia eine breite Leserschaft hatten. Sie halfen, die öffentliche Meinung mehr zu einer umfassenden Ablehnung des existierenden sowjetischen Wirtschaftssystems zu bringen, als dies bis dahin der Fall gewesen war. Zu den interessantesten Aufsätzen gehören: Shmelev, ›Avansy i dolgi‹, Novy mir, 6 (Juni 1987), S. 142-58; Shmelev, ›Novye trevogi‹, Novy mir, 4 (April 1988), S. 160-75; Popov und Shmelev, ›Anatomiya defitsita‹, Znamya, 5 (Mai 1988), S. 158-83; Popov, ›S tochki zreniya ekonomista: o romane Aleksandra Beka »Novoe naznachenie«‹, Nauka i zhizn', 4 (1987); Selyunin, ›Eksperiment‹, Novy mir, 8 (August 1985), S. 173-94; Selyunin und

Khanin, ›Lukavaya tsifra‹, Novy mir, 2 (Februar 1987), S. 181-201; und Selyunin, ›Rynok: khimera i real'nost'‹, Znamya, 6 (Juni 1990), S. 193-205. Von den Fachzeitschriften abgesehen, leistete Otto Latsis wichtige Beiträge zur Radikalisierung ökonomischen Denkens in seinen Artikeln für das Parteiblatt Kommunist.

33 Sowohl vor als auch während der Perestroika-Periode kam es zu einigen der mutigsten Brüche mit früheren Einstellungen zu ökonomischer Reform am Institut für Staat und Recht in Moskau. Die Arbeiten von drei Juristen und Politikwissenschaftlern, Piskotin, Kuraschwili und Obolonski, sind vermerkt in Archie Brown, ›Political Science in the USSR‹, International Political Science Review, 7/4 (1986), S. 443-81. Besondere Aufmerksamkeit ist den Publikationen Kuraschwilis gewidmet in Ronald Amann, ›Towards a New Economic Order: The Writings of B. P. Kurashvili‹, Detente, 8 (Winter 1987); und in Anders Åslund, Gorbachev's Struggle for Economic Reform: The Soviet Reform Process, 1985-88, (Pinter) London 1989, bes. S. 112-14. Kuraschwili, der 1998 starb, war interessant und ungewöhnlich insofern, als sich seine Ansichten von Beginn der Achtziger bis zu seinem Tod praktisch nicht veränderten. Die Anschauungen, die ihn zu einem außergewöhnlich mutigen Reformer machten, stellen ihn in das ›konservative‹ Lager der Gegner der sowjetischen und russischen Entwicklung seit 1990. Ein früherer Hauptmann des KGB – er lehrte an der KGB-Hochschule, bis er wegen seiner unakzeptablen reformerischen Meinungen entlassen wurde –, kam er in den frühen 1970ern zum Institut für Staat und Recht. Einer seiner Kollegen beschrieb ihn mir in den frühen 1980ern als »den mutigsten Mann im Institut«. Er glaubte ehrlich an eine ›sozialistische‹ Marktwirtschaft‹ und stritt für sie. Er war aber genauso für die ›sozialistische‹ Komponente (mit der deutlichen Betonung einer Reihe von Formen öffentlichen, nichtprivaten Eigentums – »Entstaatlichung ohne Privatisierung« nannte er es in einem Artikel in der Prawda 1990) wie für den Schritt zum Markt. 1993 fand er sich in der kuriosen Lage, die Kommunistische Partei in einem von der Regierung Jelzin gegen sie angestrengten Prozeß zu verteidigen und dementsprechend in der Gesellschaft unbelehrbarer Kommunisten (obwohl Kurashwili auch einer der ersten in der Sowjetunion gewesen war, der sich öffentlich für ein Mehrparteiensystem aussprach) und nicht der Radikalen, die noch fünf Jahre früher seine Verbündeten waren (oder, im Falle der mutigeren unter ihnen: zehn Jahre früher). Während es kommunistische oder nationalistische Reaktionäre gibt, deren Ansichten sich im Verlaufe des letzten Jahrzehnts kaum verändert haben mögen, ist es doch in höchstem Maße ungewöhnlich, einen echten Reformer zu finden, dessen Standpunkt über diesen turbulenten Zeitraum hinweg öffentlich und privat beinahe derselbe geblieben ist. Zu den bedeutenderen Beiträgen zur Wirtschaftsreform aus dem Institut für Staat und Recht gehören: B. P. Kurashvili, ›Gosudarstvennoe upravlenie narodnym khozyaystvom: perspektivy razvitiya‹, Sovetskoe gosudarstvo i pravo, 6 (1982), S. 38-48; Kurashvili, ›Osnovnoe zveno khozaystvennoy sistemy‹, Sovetskoe gosudarstvo i pravo, 10 (1986), S. 12-21; Kurashvili, Ocherk teorii gosudarstvennogo upravleniya‹, (Nauka) Moskau 1987; Kurashvili, ›Pra-

vye i levye, ili gde iskat' optimal'nuyu put' v ekonomike?‹, Pravda, 4. Oktober 1990, S. 3 f.; und Kurashvili, Strana na rasput'e … (Poteri i perspektivy perestroyki), (Yuridicheskaya literatura) Moskau 1990; M. I. Piskotin, Sotsializm i gosudarstvennoe upravlenie, (Nauka) Moskau 1984, überarb. u. erweit. Auflage 1988; A. V. Obolonsky, ›Mekhanizm regulirovaniya sluzhebnykh mezhlichnostnykh otnosheniy v gosudarstvom apparate‹, Sovetskoe gosudarstvo i pravo, 9 (1985), S. 58-66; Obolonsky, ›Byurokraticheskaya deformatsiya soznaniya i bor'ba s byurokratizmom‹, Sovetskoe gosudarstvo i pravo, 1 (1987), S. 52-61; Obolonsky, Chelovek i gosudarstvennoe upravlenie, (Nauka) Moskau 1987; Obolonsky, ›Mekhanizm tormozheniya: chelovecheskoe izmerenie‹, Sovetskoe gosudarstvo i pravo, 1 (1990), S. 80-87; V. P. Rassokhin, Mekhanizm vnedreniya dostizheniy nauki: politika, upravlenie, pravo, (Nauka) Moskau 1985; und Rassokhin, ›Vedomstvennost' kak istoricheskiy fenomen sovetskoy ekonomiki‹, in: F. M. Borodin, L. Ya. Kosals und R. V. Ryvkina (Hgg.), Postizhenie, (Progress) Moskau 1989.

34 Inwieweit dies kompatibel mit radikalen ökonomischen Reformen war, ist jedoch fraglich. Viele marktorientiertere Wirtschaftswissenschaftler stimmten der Einführung von Wahlen des Managements durch die Belegschaften nicht zu, und sei sie nur eine Phase der Transformation der kommunistischen Wirtschaftssysteme. Vgl. z. B. Kornai, The Road to a Free Economy, S. 99 f. Donald Filtzer bemerkt, daß eine starke Minderheit – über 20 Prozent – der Fabrikdirektoren bis Ende 1988 gewählt worden war, wie auch 5 bis 8 Prozent der Aufseher und Vorarbeiter. Aber »Ende 1989, als die Perestroika in ihre ›radikalere‹, Pro-Markt-Phase kam, schaffte die sowjetische Regierung diese Wahlen ab …« (Filtzer, Soviet Workers and the Collapse of Perestroika: The Soviet Labour Process and Gorbachev's Reforms. 1985-1991, ⟨Cambridge University Press⟩ Cambridge 1994, S. 83).

35 Dyker, Restructuring the Soviet Economy, S. 185.

36 Wie in Kapitel 3 angemerkt, verwandte Gorbatschow diesen Begriff in seiner Rede vom Dezember 1984, und seine Wirtschaftsberater, mit denen ich sprach, ließen keinen Zweifel daran, daß Gorbatschow damit ›Markt‹ meinte. Sogar der Gebrauch von ›Güter-Geld-Beziehungen‹ war ein relativ mutiger Schritt für ein Politbüromitglied zu jener Zeit. Alexander Jakowlew, damals noch Direktor von IMEMO, bemühte sich 1984, zwei Sozialwissenschaftler dazu zu bewegen, einen Aufsatz über die Rolle der ›Güter-Geld-Beziehungen‹ zu schreiben. Er hatte aber keinen Erfolg: »Beide waren Mitglieder der Akademie der Wissenschaften, sehr fortschrittliche Leute, aber sie schrieben den Artikel nicht. Sie hatten Angst, und es mußten Anstrengungen unternommen werden, die öffentliche Meinung an die Idee zu gewöhnen, Schritt für Schritt, Aufsatz für Aufsatz, Rede um Rede – sogar an den Gebrauch des Begriffes ›Güter-Geld-Beziehungen‹« (A. N. Jakowlew-Interview, The Second Russian Revolution-Transkripte).

37 Interessante Ausschnitte aus den Protokollen des Politbüros von 1987 geben einen Hinweis auf das ökonomische Denken Gorbatschows zu jener Zeit. Siehe Gorbachev, Gody trudnykh resheniy, (Alfa-Print) Moskau 1993, S. 67-86.

38 Gorbachev, Izbrannye rechi i stat'i, V (1988), S. 163. Außerdem war der einzige
    Redner während des XXVII. Parteitages im Fühjahr 1986, der den Begriff ›sozia-
    listischer Markt‹ benutzte, Gorbatschows Protegé und alter Kollege aus Stawro-
    pol, Wsewolod Murachowski (s. Pravda, 3. März 1986, S. 3). Man kann davon
    ausgehen, daß er mit dem vollen Wissen Gorbatschows handelte und eine Art
    Strohmann für ihn war. Gorbatschow konnte einen Begriff noch nicht verwen-
    den, der für das Politbüro als Ganzes nicht akzeptabel war, wenn er damit eine
    offizielle Unterstützung der sowjetischen Führung für Marktwirtschaftlichkeit
    impliziert hätte.

39 Gorbachev, Izbrannye rechi i stat'i, VII, S. 113.

40 Ebenda, S. 573.

41 Ebenda, S. 594.

42 Gorbatschow-Interview, Der Spiegel, Nr. 3, 18. Januar 1993, S. 127. Gorba-
    tschow fuhr fort (S. 127 f.): »Ich möchte Ihr Land nicht idealisieren, aber ich bin
    für einen Staat, der für soziale Sicherheit sorgt; einen Rechtsstaat mit einem
    funktionierenden Parlamentarismus, der eine Föderation von weitgehend selb-
    ständigen Bundesländern mit einem kräftigen Zentrum darstellt. Ich habe das
    in Bonn und München selbst erlebt – wie sie ihre Interessen aufeinander
    abstimmen.«

43 Siehe z. B. Gorbachev, Izbrannye rechi i stat'i, VI, S. 54, 344, 395.

44 Gaidars Rede vor dem Russischen Kongreß der Volksdeputierten, 3. Dezember
    1992, übernommen vom russischen Rundfunk in den BBC Summary of World
    Broadcasts, Part 1, Former USSR, 5. Dezember 1992, S. C1/3-C1/4, auf S. C1/4.

45 In diesem Sinne wird der Begriff von John R. Freeman in seinem Buch Democ-
    racies and Markets: The Politics of Mixed Economies, (Cornell University
    Press) Ithaka, NY 1989, gebraucht.

46 Robert A. Dahl, ›Why All Democratic Countries Have Mixed Economies‹, in:
    John W. Chapman and Ian Shapiro (Hgg.), Democratic Community, (New
    York University Press) New York 1993, S. 259-82, bes. S. 259, 280.

47 Dahl bemerkt: »Obwohl es richtig ist, daß es in allen demokratischen Ländern
    eine Marktwirtschaft gibt, ist es ebenso richtig, daß es sich dabei um Marktwirt-
    schaften handelt, die durch Regierungsinterventionen modifiziert sind. Diese
    gemischten Wirtschaftsordnungen nehmen unterschiedliche Gestalt an, von
    den korporatistischen Systemen der skandinavischen Länder, Deutschlands,
    Österreichs und der Niederlande bis zu den fragmentierteren Systemen in
    Großbritannien und den Vereinigten Staaten. Außerdem variieren Ausmaß
    und Form der Intervention nicht nur von Land zu Land, sondern auch von Zeit
    zu Zeit« (ebenda, S. 278).

48 Ebenda.

49 Gorbachev, ›K global'nomu gumanizmu‹, in: Gody trudnykh resheniy, S. 330-
    33, auf S. 333. S. a. Dahl, der zunächst feststellt, daß der Kollaps des Kommunis-
    mus und der sozialistischen Kommandowirtschaften die Anziehungskraft der
    Demokratie und des Marktes sehr gestärkt habe, um fortzufahren: »Tatsächlich
    scheint man oft anzunehmen, daß Demokratie und freie Märkte einander stär-
    ken würden. Meine Absicht hier ist es zu zeigen, daß sowohl die historische

Erfahrung als auch theoretische Überlegungen dieser Annahme widersprechen« (›Why All Democratic Countries Have Mixed Economies‹, S. 259 f.). Für
eine umfassendere Kritik an der Ansicht, der ungebremste Markt sei der optimale Träger menschlicher Entwicklung, siehe die wichtige interdisziplinäre
Studie von Robert E. Lane, The Market Experience, (Cambridge University
Press) Cambridge 1991.

50 E. K. Ligachev, ›Nam nuzhna polnaya pravda‹, Teatr, 8 (August 1986), S. 2-7,
auf S. 3.

51 Åslund, Gorbachev's Struggle for Economic Reform: The Soviet Reform Process, 1985-88. In einer zweiten Ausgabe (ohne den Untertitel) von 1991 reagiert
der Autor scharf auf Gorbatschows Rückzieher beim umstrittenen ›500-Tage-
Programm‹ (erläutert später in diesem Kapitel und in Kapitel 8) im Herbst
1990. Obwohl es Gorbatschow schwerfiel, sich zwischen den Vorzügen und den
Nachteilen des ›500-Tage-Programms‹ zu entscheiden, und er unter großem
Druck war, seine ursprüngliche Unterstützung des Dokuments wieder zurückzuziehen, war es wahrscheinlich ein Fehler, politisch wie ökonomisch, den
Rückzug anzutreten. Dies allerdings rechtfertigt kaum das strenge Urteil
Åslunds: »Nach solch einem spektakulären fehlgeschlagenen Versuch, sein Volk
zu retten, kann Gorbatschow kaum auf Gnade in seinem eigenen Land oder vor
der Geschichte rechnen« (2. Auflage ⟨1991⟩, S. 221). Dabei ist die zweite Auflage
dieses Buches teilweise nicht schlecht. Die ersten sieben Kapitel, die das Material der früheren Ausgabe von Oktober 1988 mit nur wenigen Korrekturen ein-
schließen, sind eine umsichtige und wertvolle Studie der Reformdebatten und
der Rolle Gorbatschows in ihnen, in der der Autor auf pragmatische Weise den
Realitäten der sowjetischen Politik Rechnung trägt. In den letzten zwei Kapiteln aber, die im Januar 1991 fertiggestellt und der zweiten Auflage angefügt
wurden, stellen sich ideologische Loyalitäten vor das Verständnis der Zwangslage Gorbatschows. So besteht der Autor darauf (S. 230), daß nichts weniger als
eine Proklamation des Sieges des Kapitalismus für den Wandel des Systems
nötig gewesen wäre. Da bereits eine Reihe russischer Intellektueller solche
Gedanken geäußert hatte, lag es wahrscheinlich am Generalsekretär der sowjetischen Kommunistischen Partei, der es versäumte, eine solche Maßnahme zu
ergreifen. Selbst im Januar 1991 aber wäre eine solche Proklamation Gorbatschows einer der sichereren Wege gewesen, zumindest für einige Jahre den
Übergang zur Demokratie und einer Marktwirtschaft zu beenden. Da Jelzin
noch nicht zum Präsidenten Rußlands gewählt war und die Kräfte der Opposition gegen den Wandel nach einer Entschuldigung suchten, um zur alten Ordnung zurückkehren zu können, wäre ihnen nichts gelegener gekommen als
solch eine offene Abtrünnigkeit des Führers, dem sie so bitterlich mißtrauten.

52 Gorbatschow-Interview, Der Spiegel, Nr. 3, 18. Januar 1993, S. 127.

53 Gorbatschow, Erinnerungen, S. 325 f.

54 Ebenda, S. 326.

55 Hewett, Reforming the Soviet Economy, S. 349.

56 Ebenda, S. 350-53.

57 Ebenda, S. 352.

58 Gorbatschow, Erinnerungen, S. 330.

59 Siehe z. B. die Ryschkow-, Schewardnadse- und Schachnasarow-Interviews, The Second Russian Revolution-Transkripte; und Nikolay Ryzhkov, Perestroyka: Istoriya predatel'stv, (Novosti) Moskau 1992, S. 93-95. S. a. Eduard Shevardnadze, The Future Belongs to Freedom, (Sinclair-Stevenson) London 1991, S. 3 f.

60 Ryzhkov, Perestroyka: Istoriya predatel'stv, S. 95.

61 Siehe Daniel Tarschys, ›The Success of a Failure: Gorbachev's Alcohol Policy, 1985-88‹, Europe-Asia Studies, 45/1 (1993), S. 7-25. Tarschys, ein prominenter schwedischer Experte für russische und komparative Sozialpolitik, schreibt (S. 10): »1979 wurden 23 Milliarden Rubel an Einkommenssteuer gezahlt und mehr als 65 Milliarden Rubel an Verbrauchssteuern auf Konsumgüter. Von den letzteren machten alkoholische Getränke 25,4 Milliarden Rubel aus. Indirekte Steuern auf Alkohol erbrachten also mehr als die gesamte Einkommenssteuer.« Vgl. auch Stephen White, Russia Goes Dry, (Cambridge University Press) Cambridge 1996.

62 Raissa Gorbatschowa sprach über ihren Bruder in ihren auf Band gesprochenen Erinnerungen: »Er ist ein begabter und talentierter Mensch. Aber sein Potential sollte nicht ausgeschöpft werden. Von seinen Talenten stellte sich heraus, daß sie nicht gebraucht wurden und verkümmerten. Mein Bruder trinkt und verbringt viele Monate im Krankenhaus. Sein Schicksal ist eine Tragödie für Mutter und Vater. Für mich ist es eine ständige Quelle des Schmerzes, die ich seit mehr als dreißig Jahren jetzt in meinem Herzen trage. Seine Tragödie brachte mir sehr viel Traurigkeit, um so mehr, als wir uns während unserer Kindheit sehr nahestanden ...« (I Hope, ⟨HarperCollins⟩ London 1991, S. 26).

63 Shevardnadze, The Future Belongs to Freedom, S. 3 f.

64 Tarschys, ›The Success of a Failure‹, S. 22 f.

65 Ebenda, S. 23.

66 Ebenda

67 Ich hörte zum ersten Mal, wie Schmeljow diese Beobachtungen machte, als wir beide Gastredner bei einer Konferenz über ›Politische Reformen in der Sowjetunion‹ im Dezember 1987 im El Colegio de Mexico in Mexico City waren. Schmeljow erweiterte sie ein Jahr später in einem wichtigen Aufsatz unter anderem um die Feststellung, die Bekämpfung des Alkohols würde zur Anheizung der Inflation beitragen. Siehe Shmelev, ›Novye trevogi‹, Novy mir, 4 (1988), S. 160-75.

68 Shmelev, ›Novye trevogi‹, S. 162 (zit. nach Tarschys, ›The Success of a Failure‹, S. 21).

69 Tarschys macht diese Feststellung, wenn er schreibt, daß »im Zuge der Auflösung der gesamten gesellschaftlichen Struktur der Sowjetunion ... eine Mobilisierung des alten Befehlssystems gegen eine tief verwurzelte Gewohnheit wie den kleinen Schluck Wodka kaum eine Erfolgschance hatte« (›The Success of a Failure‹, S. 23). Es scheint dabei auch bedeutende Unterschiede zwischen den einzelnen Republiken bereits vor 1988 gegeben zu haben. Als ich mich 1987 in Georgien und Armenien aufhielt, war Wein in Tbilisi in den Geschäften frei

erhältlich (und zwar ohne das Schlangestehen in Moskau, das durch reduzierte Verkaufsstellen und eingeschränkte Öffnungszeiten notwendig geworden war) und in jedem Restaurant auf dem Land und in Tbilissi zu haben. In Armenien war Alkohol auf normalem Weg nur schwer zu kriegen, schien aber unter jeder Hotelbar zu lagern. In meinem Hotel konnte er ausgeschenkt werden, wenn man keine Quittung für sein Essen benötigte.

70 Ich schulde Professor Charles Gati Dank für diese Episode, die er mir 1985 erzählte, als wir Kollegen an der Columbia-Universität waren. Er hatte sie direkt vom ungarischen ZK-Sekretär für Landwirtschaft, der Gorbatschow die Frage gestellt hatte. Gorbatschows Bewunderung für die ungarischen Agrarreformen und die Tatsache, daß er gerne etwas Ähnliches in der Sowjetunion durchgeführt hätte, bestätigt Alexander Nikonow (im Interview mit mir am 20. April 1994).

71 Saslawskaja-Interview, The Second Russian Revolution-Transkripte.

72 Vgl. Anders Åslund, Gorbachev's Struggle for Economic Reform, S. 31f., 60f.

73 Das ZK-Sekretariat mit Zuständigkeit für die Landwirtschaft wurde sofort vakant, als Gorbatschow im März 1985 Generalsekretär wurde. Ein Parteitag war nicht vor 1986 geplant, und nur auf Parteitagen konnten neue Mitglieder ins Zentralkomitee gewählt werden und sich zu den Kandidaten für ein ZK-Sekretariat gesellen. Es gibt nicht den geringsten Grund für die Annahme, daß Alexander Nikonow nach einem anderen Posten als seinem akademischen Amt strebte, der Möglichkeiten mit sich brachte, Gorbatschow zu beraten. Er charakterisierte aber Viktor Nikonow als »einen Technokraten und keinen ernsthaften Reformer« (mein Interview mit A. A. Nikonow, 20. April 1994).

74 Gorbachev, Izbrannye rechi i stat'i, III (1987), S. 211.

75 Interview mit A. A. Nikonow, 24. April 1994.

76 Nikonow fügte hinzu, daß Ryschkow häufig seinen Ansichten im Politbüro widersprach, obwohl Gorbatschow die Auffassungen beider Männer damals und auch früher schon akzeptierte.

77 Ebenda.

78 In einer Umfrage vom Januar 1990, die im Monat darauf in zusammengefaßter Form veröffentlicht wurde, stellte das Allunionszentrum für Meinungsforschung die Frage: »Welche Form des Transfers von Land an Bürger für individuelle Nutzung scheint Ihnen zur Zeit am geeignetsten?« 25,1 Prozent optierten für langfristige Pachtverträge mit dem Staat, 32,6 Prozent für lebenslangen Besitz mit dem Recht der Weitervererbung, aber ohne Verkaufsrecht, und nur 21,1 Prozent favorisierten »Privateigentum mit dem Recht der Weitervererbung und dem Verkaufrecht«. (10 Prozent waren völlig gegen den Transfer von Land für indviduelle Nutzung, und 14 Prozent fanden die Frage schwierig zu beantworten.) Siehe Obshchestvennoe mnenie v tsifrakh, 4 (11) (Februar 1990), (VTsIOM) Moskau.

79 Siehe z. B. die Reden Gorbatschows vom 17. September und 28. November 1990, wiedergegeben in Pravda, 18. September 1990, 1. Dezember 1990 und 18. Dezember 1990.

80 Informatsionny byulleten' monitoringa: Ekonomicheskie i sotsial'nye peremeny, (VTsIOM) Moskau, 3 (Mai-Juni 1994), S. 14.

81 Åslund, Gorbachev's Struggle for Economic Reform, S. 163-67.
82 Zakon Soyuza Sovetskikh Sotsialisticheskikh Respublik o kooperatsii v SSSR, (Izvestiya sovetov narodnykh deputatov SSSR) Moskau 1988. Eine gute Darstellung des Gesetzes und der Debatte darüber findet sich in Åslund, Gorbachev's Struggle for Economic Reform, S. 167-80.
83 Ebenda, S. 169 f.
84 V. Kudryavtsev, ›Pravovaya sistema: puti perestroyki‹, Pravda, 5. Dezember 1986, S. 3.
85 Gorbachev, Izbrannye rechi i stat'i, V, S. 183.
86 Siehe A. Yu. Kabalkin, ›Zakon ob individual'noy trudovoy deyatel'nosti – vazhny rychag osushchestvleniya sotsial'no-ekonomicheskoy politiki‹, Sovetskoe gosudarstvo i pravo, 3 (1987), S. 12-21, auf S. 17; V. V. Laptev, ›Zakon o predpriyatii i kodifikatsiya khozyaystvennogo zakonodatel'stva‹, Sovetskoe gosudarstvo i pravo, 12 (1987), S. 67-75, auf S. 69; und Åslund, Gorbachev's Struggle for Economic Reform, S. 170.
87 Ryschkow-Interview, The Second Russian Revolution-Transkripte.
88 Gorbachev, Izbrannye rechi i stat'i, II (1987), S. 269.
89 Ebenda, S. 272.
90 Aganbegjan-Interview, The Second Russian Revolution-Transkripte.
91 Bogomolow-Interview, The Second Russian Revolution-Transkripte.
92 Pravda, 1. Juli 1987, S. 1-4.
93 Aganbegjan-Interview, The Second Russian Revolution-Transkripte. Die Gefahr, alle wirtschaftspolitischen Entscheidungen dem Willen Gorbatschows zuzuschreiben, wird durch Wladimir Kontorowitsch illustriert. In einem Aufsatz, der viel Vernünftiges enthält, gerät er aufs falsche Gleis, wenn er annimmt, der Fünfjahresplan, den Gorbatschow tatsächlich nicht wesentlich beeinflussen konnte, habe »seine wahren Ziele gespiegelt« und »der Rest [sei] nur Gerede« gewesen. Siehe Kontorovich, ›The Economic Fallacy‹, The National Interest, 31 (Frühjahr 1993), s. 35-45, auf S. 43.
94 Nikolai Petrakow hat gesagt (The Second Russian Revolution-Transkripte), daß Gorbatschow Mitte 1989 wieder intensiv an ökonomischen Fragen arbeitete. Er rief Wirtschaftswissenschaftler zu Treffen mit ihm und nahm an Sitzungen teil, bei denen unter anderen Akademikern auch Petrakow sprach.
95 Aganbegjan-Interview, The Second Russian Revolution-Transkripte.
96 Izvestiya TsK KPSS, 1/1 (Januar 1989), S. 81-86.
97 Pravda, 30. Juni 1988, S. 3 f., auf S. 3; und Leonid Abalkin, Neispol'zovannyy shans: poltara goda v pravitel'stve, (Politizdat) Moskau 1991, S. 8-10.
98 Abalkin, Neispol'zovanny shans, S. 10 u. 19.
99 Ebenda, S. 19 f.
100 Interview des Autors (wie bereits angeführt) mit Nikolai Petrakow, 18. Juni 1991.
101 Interview mit Nikolai Petrakow, Stolitsa, 18 (24) (1991), S. 1-5, auf S. 1 f.
102 Ebenda, S. 5. Petrakow fügte hinzu: »... heute hat es sogar etwas Komisches, wenn man sich daran erinnert, daß ein Wort wie ›Selbstfinanzierung‹ für bourgeois gehalten wurde.« Es sei, sagte Petrakow, dem Akademiemitglied Nikolai

Fedorenko zu verdanken, der ihn verteidigte, daß er seine Position im Institut behalten konnte.

103 Interview des Autors mit Petrakow, 18. Juni 1991.

104 Ebenda; und Petrakow-Interview (Herbst 1990), The Second Russian Revolution-Transkripte.

105 Petrakow-Interview, The Second Russian Revolution-Transkripte.

106 Interview des Autors mit Petrakow, 18. Juni 1991.

107 Petrakow-Interview, The Second Russian Revolution-Transkripte.

108 Petrakow und Schatalin gehören zu denen, die Gorbatschows Fähigkeit, ökonomische Ideen und Analysen aufzunehmen, deutlich unterstreichen. Petrakow betonte dies ausdrücklich im Juni 1991 mir gegenüber, obwohl er das Team Gorbatschows Ende 1990 wegen dessen »Wende nach rechts« im Winter 1990/91 verlassen hatte. Siehe auch die Petrakow- und Schatalin-Interviews, The Second Russian Revolution-Transkripte.

109 Wie Stanislaw Schatalin während der Zeit gesagt hat, als Gorbatschow versuchte, einen Kompromiß zwischen seinem ›500-Tage-Programm‹ und dem Programm der Regierung Ryschkow zu finden: »Ich glaube, er versteht alles. Er hat einfach nicht das Recht, alles das zu sagen, zu dem ich das Recht habe. Trotzdem sind seine Ansichten alles andere als dogmatisch. Er mag keine festgelegten oder A-priori-Schemata, und er ist für alle möglichen Ideen offen, solange sie gut begründet sind – solange man dafür Beweise hat« (Schatalin-Interview, The Second Russian Revolution-Transkripte).

110 Bakatin-Interview, The Second Russian Revolution-Transkripte. Bakatin machte im folgenden deutlich, daß er an den Apparat der Kommunistischen Partei, die Armee und den militärisch-industriellen Komplex dachte.

111 Interview des Autors mit Petrakow, 18. Juni 1991.

112 Petrakow-Interview, The Second Russian Revolution-Transkripte.

113 Ebenda.

114 Reytingi Borisa Yel'tsina i Mikhaila Gorbacheva po 10-bal'noy shkale, (VTsIOM) Moskau 1993.

115 Petrakow-Interview, The Second Russian Revolution-Transkripte.

116 Ryzhkov, Perestroyka: Istoriya predatel'stv, S. 324 f.; und Ryzhkov-Interview, The Second Russian Revolution-Transkripte.

117 Petrakow- und Schatalin-Interviews, The Second Russian Revolution-Transkripte.

118 Perekhod k rynku: Chast' 1. Kontseptsiya i Programma, (Arkhangelskoe) Moskau 1990.

119 Petrakow-Interview, The Second Russian Revolution-Transkripte.

120 Siehe z. B. Abalkin, Neispol'zovanny shans, S. 206 f.; und Ryzhkov, Perestroyka: Istoriya predatel'stv, S. 328-31 und 339; und Ryschkow-Interview, The Second Russian Revolution-Transkripte.

121 Dies war, zum Beispiel, die Ansicht Alexander Jakowlews (Jakowlew-Interview, The Seond Russian Revolution-Transkripte). Andere Mitglieder des Stabes Gorbatschows waren skeptischer. Pawel Palschtschenko, Gorbatschows Dolmetscher für Englisch, war überzeugt, daß Jelzin einen Weg gefunden

hätte, mit Gorbatschow zu brechen, sobald die neue Politik zu greifen begonnen hätte. Jelzin hätte dann Gorbatschow für die Härten verantwortlich machen können, die das unvermeidliche Resultat einer so raschen Einführung der Marktwirtschaft gewesen wären (Interview mit dem Autor).

122 Abalkin-Interview, The Second Russian Revolution-Transkripte.

123 Gorbatschow, Erinnerungen, S. 553 f.

124 Siehe z. B. Stanislav Shatalin, »»500 dney« i drugie dni moey zhizni‹, Nezavisimaya gazeta, 2. April 1992, S. 5 und 8. Zwar kritisiert Schatalin Gorbatschow für dessen Rückzieher vom ›500-Tage-Programm‹, beschreibt Gorbatschow aber in demselben Artikel nicht nur als »intelligent«, sondern auch (und bereits aus einer postsowjetischen Perspektive) als »einen der größten Politiker der russischen Geschichte« (S. 8).

125 Gorbatschows Ernennung Pawlows ist weitergehend in Kapitel 8 dargestellt.

126 Gorbatschow, Erinnerungen, S. 565 f.

127 Siehe hierzu Interview mit Gorbatschow und Jawlinski, Russia & CIS Today: TV & Radio Monitoring, (RFE/RL Research Institute), 22. August 1991, Nr. 0592, S. 4-15.

128 Diese Entwicklungen sind weiterführend in Kapitel 8 erläutert.

Kapitel 6: Gorbatschow und die politische Transformation

1 Einiges an Beweisen wurde bereits vorgestellt, vor allem in der Erörterung der Rede Gorbatschows vor der Moskauer Ideologiekonferenz am 10. Dezember 1984, drei Monate bevor er die Nachfolge Tschernenkos in der Führung antrat. Siehe Gorbachev, Zhivoe tvorchestvo naroda, (Politizdat) Moskau 1984.

2 Im Zusammenhang einer Erörterung von Übergängen vom Autoritarismus zur Demokratie schreibt Adam Przeworski, daß »Liberalisierung inhärent instabil« sei. Sie stimuliere radikalere Forderungen von unten und die Formierung autonomer Organisationen innerhalb der Gesellschaft. Siehe Przeworski, Democracy and the Market: Political and Economic Reforms in Eastern Europe and Latin America, (Cambridge University Press) Cambridge 1991, S. 58 f.

3 Gorbatschow, Erinnerungen, S. 438 f.

4 Da eine kritische Einstellung gegenüber dem ›Prager Frühling‹ nach der sowjetischen Intervention 1968 zu einem Loyalitätstest für Parteimitglieder gemacht worden war, hatte Gorbatschow dementsprechend das tschechische Beispiel nicht im Sinn, als er, getrieben von seiner Sicht der Notwendigkeit von Veränderungen in der Sowjetunion, denselben Reformweg einschlug. Seine Anerkennung der Tatsache, daß die tschechischen kommunistischen Reformer, darunter sein alter Studienfreund von der Moskauer Universität, Zdenìk Mlynář, eine (in den ersten drei Jahren der Amtszeit Gorbatschows) ähnliche Politik verfolgt hatten, kam später. Laut Wadim Medwedjew (Interview mit dem Autor, 22. März 1993) hatten Gorbatschow und seine Verbündeten keine ausländischen Vorbilder, als sie 1985 mit der Perestroika begannen. Ab 1988 än-

derte sich dies deutlich. Sowohl der Reformflügel der Führung als auch radikale Reformintellektuelle, die Ratschläge von außerhalb der Parteistaatsmaschinerie gaben, streckten ihre Fühler weit aus auf der Suche nach ausländischen Erfahrungen, die für die Transformation des sowjetischen politischen und ökonomischen Systems nützlich hätten sein können.

5 Brendan Kiernan sieht demokratizatsiya als etwas Statisches und sagt, daß es für Gorbatschow nichts mit Demokratisierung gemeinsam hatte. Er schreibt, daß »Demokratizatsiya auf zwei einander ausschließende Arten interpretiert werden kann: ›Gorbatschow, der Revitalisierer‹ und ›Gorbatschow, der Demokratisierer‹. Beides impliziert natürlich radikalen Wandel, aber in verschiedenen Richtungen« (Kiernan, The End of Soviet Politics: Elections, Legislatures, and the Demise of the Communist Party, ⟨Westview⟩ Boulder, Col. 1993, S. 212). In den ersten zwei Jahren von Gorbatschows Amtszeit ist es nicht verkehrt, von ›Revitalisierung‹ zu sprechen, obwohl Liberalisierung angemessener ist, da einige der Institutionen, die Gorbatschow zu revitalisieren suchte, wie z. B. die Sowjets, nie besonders vital gewesen waren. Von 1988/89 an war aber ein Demokratisierungsprozeß auf dem Weg, und zu dieser Zeit bedeutete demokratizatsiya für Gorbatschow etwas, was vollkommen korrekt im Deutschen mit ›Demokratisierung‹ wiedergegeben werden kann, wenn man sich vergegenwärtigt, daß Demokratisierung ein Prozeß und nicht identisch mit einer vollkommenen Demokratie ist, insofern tatsächlich bestehende Demokratie vollkommen sein kann.

6 Für Unterschiede zwischen Liberalisierung und Demokratisierung im Transitionsprozeß siehe Guillermo O'Donnell and Philippe C. Schmitter, Transitions from Authoritarian Rule: Tentative Conclusions about Uncertain Democracies, ⟨Johns Hopkins University Press⟩ Baltimore 1986, S. 7-11. S. a. Giuseppe di Palma, To Craft Democracies: An Essay on Democratic Transitions, ⟨University of California Press⟩ Berkeley 1990, bes. S. 80-83; und Juan Linz und Alfred Stepan, Problems of Democratic Transition and Consolidation: Southern Europe, South America and Post-Communist Europe, ⟨Johns Hopkins University Press⟩ Baltimore und London 1996, bes. S. 3, 376 und 378.

7 Für die papierne Verfassung und das Parteireglement sowie Kommentare zu ihnen siehe Robert Sharlet, The New Soviet Constitution of 1977: Analysis and Text, ⟨King's Court Communications⟩, Brunswick, Oh. 1978; Aryeh L. Unger, Constitutional Development in the USSR: A Guide to the Soviet Constitutions, ⟨Methuen⟩ London 1981; und Graeme Gill, The Rules of the Communist Party of the Soviet Union, ⟨Macmillan⟩ London 1988.

8 Ligachev, Inside Gorbachev's Kremlin, S. 296.

9 Der Unterschied zwischen posttotalitären und autoritären Regimen, die nie totalitär waren, wird von Juan J. Linz und Alfred Stepan gemacht. Siehe deren Aufsatz ›Political Identities and Electoral Sequences‹, Daedalus, 121/2 (Frühjahr 1992), S. 123-39, bes. S. 132. S. a. Juan Linz, ›Transitions to Democracy‹, Washington Quarterly (Sommer 1990), S. 143-64, bes. S. 144 f.

10 In einem Artikel mit der Überschrift ›No Role Models for Soviet Transition‹, Los Angeles Times, 2. April 1991, S. B 7, schrieb ich über die ersten drei not-

wendigen Bestandteile einer sowjetischen Abwendung vom Kommunismus, die oben als das sowjetische Bedürfnis einer dreifachen Transformation dargestellt sind. Daniel Yergin und Thane Gustafson (Russia in 2010 and What it Means for the World, ⟨Nicholas Brealy Publishing⟩ London 1994, S. 4-6) treffen eine ähnliche Feststellung, wenn sie über die russische Agenda sagen, daß sie eine dreifache Transformation beinhalte. Sie verwischen jedoch den letzten Punkt, indem sie von einem Übergang von »einem vierhundertjährigen Imperium zu einem Nationalstaat« sprechen. Während Nichtrussen knapp unter 50 Prozent der sowjetischen Bevölkerung ausmachten, stellen sie nur 20 Prozent der Bevölkerung Rußlands. Trotzdem bleibt Rußland ausreichend multiethnisch mit seinen vielen Völkern, die in ihren historisch angestammten Gebieten leben, um den Gedanken eines ›Nationalstaates‹ unangemessen zu machen. Der einzige Weg, wie Rußland demokratisch regiert werden kann, ist durch eine Anerkennung seiner multinationalen Staatlichkeit, mit maßgeschneiderten Institutionen für diese politische und gesellschaftliche Realität. Auf jeden Fall brauchte die Sowjetunion (und, wenn auch in geringerem Maße, das postsowjetische Rußland) eine untereinander verknüpfte vierfache Transformation. Der Verlust der Alliteration meiner früheren Formulierung [im Englischen triple transformation – d. Ü.] muß im Interesse besseren Verständnisses hingenommen werden.

11 Paul Kennedy, The Rise and Fall of the Great Powers: Economic Change and Military Conflict from 1500 to 2000, (Unwin Hyman) London 1988, S. 513 f.

12 Ebenda, S. 513. Kennedy weiter: »... die Aussichten auf einen Ausweg aus den Widersprüchen, denen sich die UdSSR gegenübersieht, sind nicht gut.« Damit befindet er sich natürlich auf festem Boden, denn obwohl Gorbatschow die Erwartungen der meisten Menschen (darunter auch Kennedy) übertroffen hat, lieferte das Militär und die gigantische Lobby der Rüstungsindustrie große Rückzugsgefechte gegen die Veränderungen, die Gorbatschow – und seine außenpolitischen Verbündeten Schewardnadse und Jakowlew – ihnen aufzwingen wollte. Dies spielte eine Rolle beim endgültigen Sturz Gorbatschows (und ironischerweise damit auch beim Zusammenbruch der Sowjetunion, was sie ganz und gar nicht beabsichtigt hatten).

13 Anatoly Tschernjajew, Vortrag über ›Soviet Foreign Policy-Making under Gorbachev‹, St. Antony's College Oxford, 17. Oktober 1994.

14 Georgy Shakhnazarov, Tsena svobody: Reformatsiya Gorbacheva glazami ego pomoshchnika, (Rossika Zevs) Moskau 1993, S. 42.

15 Drei der besten und wissenschaftlichsten Darstellungen der politischen Reformen der Ära Gorbatschow (jede mit unterschiedlichen Stärken) sind John Miller, Mikhail Gorbachev and the End of Soviet Power, (Macmillan) London 1993; Richard Sakwa, Gorbachev and his Reforms 1985-1990, (Philip Allan) London 1990; und Stephen White, After Gorbachev, 3. Aufl., (Cambridge University Press) Cambridge 1993. Eine neuere und faktenreiche Studie, die auf den Beobachtungen des Autors basiert, ist Jack F. Matlock, Jr., Autopsy on an Empire: The American Ambassador's Account of the Collapse of the Soviet Union, (Random House) New York 1995.

16 Der Autor einer hilfreichen Studie der Entwicklung einer unabhängigen politischen Gesellschaft in der ehemaligen Sowjetunion, Steven Fish, bemerkt: »In
vieler Hinsicht ragt das Jahr 1989 als die entscheidende Startphase für autonome politische Aktivität in Rußland heraus« (Fish, Democracy from Scratch:
Opposition and Regime in the New Russian Revolution, ⟨Princeton University
Press⟩ Princeton 1995). Der Autor ist allerdings wesentlich schlechter informiert, wenn es um Gorbatschow geht, und dabei tatsächlich in höchstem Maße
irreführend.

17 Den innenpolitischen Aspekten der konzeptionellen Innovation wird in Kapitel 4 Aufmerksamkeit gewidmet, der internationalen Dimension in Kapitel 7.

18 Die letzte Frau in der Parteiführung hatte es zu Zeiten Chruschtschows gegeben. Jekaterina Furzewa war ein Vollmitglied des Politbüros (damals Präsidium
des Zentralkomitees genannt) von 1957 bis 1961.

19 Der Unterschied ist noch gravierender, wenn man diejenigen nicht mit einbe-
zieht, die vom Kandidaten zum Vollmitglied des Politbüros oder von der Zentralen Revisionskommission zu Vollmitgliedern des Zentralkomitees befördert
wurden. Es gab 1981 41 komplette Neulinge von 319, 1986 waren es 95 von 307.

20 Wie oben bereits angedeutet hatte Ligatschow – der innerhalb des ZK-Sekretariats für Parteiorganisation zuständig war – eine gewichtige Stimme bei der Vorbereitung der Namensliste, die dem Parteitag bei den Wahlen zum Zentralkomitee vorgelegt wurde.

21 Viele meiner Interviewpartner, die als Teilnehmer oder Beobachter bei den Sitzungen des Politbüros anwesend waren, haben diesen Umstand erwähnt. Anatoli Tschernjajew berichtet von Gorbatschows verblüffter Äußerung nach dem
Konflikt Jelzins mit der Führung 1987, die zu dessen Entlassung aus seinen Führungspositionen führte (abgesehen von seiner Mitgliedschaft im ZK, die er bei-
behielt), daß niemand im Politbüro weniger gesagt habe als Jelzin. Dieselbe
Beobachtung trafen Ryschkow, Ligatschow und Worotnikow mit großer Deutlichkeit in ihren Reden vor dem Oktober-Plenum 1987 nach Jelzins außerplan-
mäßiger Rede. Siehe Izvestiya TsK KPSS, 2 (1989) für das stenographische Protokoll der Plenarsitzung, bes. S. 242, 257, 259.

22 Solange er ein Parteifunktionär blieb, war Jelzin sehr empfindlich, wenn es um
seinen Platz in der Parteihierarchie ging, wie er selbst im ersten Band seiner
Memoiren ausführt. Siehe Boris Yeltsin, Against the Grain: An Autobiography,
⟨Jonathan Cape⟩ London 1990, S. 72, 76, 82.

23 Izvestiya TsK KPSS, 2 (1989), S. 242, 257, 259, 274, 286. Siehe auch A. N. Yakovlev, Gor'kaya chasha: Bolshevizm i Reformatsiya Rossii, ⟨Verkhne-Volzhskoe
knizhnoe izdatelstvo⟩ Yaroslavl 1994; und Shakhnazarov, Tsena svobody.

24 Siehe z. B. Shakhnazarov, Tsena svobody, S. 53.

25 Gorbatschow, Erinnerungen, S. 291.

26 A. N. Jakowlew-Interview, The Second Russian Revolution-Transkripte.

27 Ein frühes Beispiel der Vertuschung eines Atomunfalls, unterstützt durch den
Umstand, daß das Bewußtsein der Massenmedien und der Öffentlichkeit für
die Gefahren radioaktiver Kontamination damals wesentlich weniger ausge-
prägt war, gibt es im Großbritannien der fünfziger Jahre. Anlaß war ein großer

Brand in einem Nuklearreaktor in Windscale in Cumbria am 10. Oktober 1957.
Der damalige Premierminister Harold Macmillan unternahm außergewöhnliche Schritte, um sicherzustellen, daß der detaillierte Bericht von Sir William
Penney über Ursachen und Folgen des Unfalls nur einer kleinen Gruppe innerhalb der Regierung zur Kenntnis kam:»Tatsächlich hatte Macmillan die Atom-
energiebehörde angewiesen, kein Durchsickern des Berichts zuzulassen. Das
ging so weit, daß alle Exemplare des Berichts, die Her Majesty's Stationary
Office [die britische Regierungsdruckerei – d. Ü.] angefertigt hatte, genauso
vernichtet werden sollten wie die Druckvorlage« (Alistair Horne, Macmillan
1957-1986, Bd. II der offiziellen Biographie, ⟨Macmillan⟩ London 1989, S. 54).
Obwohl ein weniger schwerer Unfall als die Tschernobyl-Explosion, war das
Unglück in Windscale, wie Horne ausführt, »viel lebensbedrohlicher als der
Fall-out, der von der Kernschmelze im Reaktor Three Mile Island in den Verei-
nigten Staaten verursacht wurde und der 1979 die Weltöffentlichkeit so erschüt-
terte« (ebenda, S. 53 f). Macmillans Hauptgrund für die Unterdrückung der
Informationen über die große Nachlässigkeit mit den Sicherheitsstandards in
Windscale war seine Befürchtung, daß dies »die Absicht Amerikas gefährden
würde, seine atomaren Geheimnisse mit Großbritannien zu teilen« (ebenda).
S. a. Tony Hall, Nuclear Politics: The History of Nuclear Power in Britain,
(Penguin) Harmondsworth 1986; und (als Beispiel der größeren amerikani-
schen Offenheit) Peggy M. Hassler, Three Mile Island: A Reader's Guide to
Selected Government Publications and Government-Sponsored Research,
(The Scarecrow Press) Metuchen, N.J. 1988; sowie William Sweet, The Nuclear
Age: Atomic Energy, Proliferation, and the Arms Race, 2. Aufl., (Congressional
Quarterly Inc.) Washington 1988.

28 David R. Marples, The Social Impact of the Chernobyl Disaster, (Macmillan)
London 1988, S. 114. S. a. Grigori Medvedev, The Truth about Chernobyl,
(Basis Books) New York 1991.

29 Für eine eindrückliche Darstellung, siehe Grigori Medvedev, No Breathing
Room: The Aftermath of Chernobyl, (Basis Books) New York 1993.

30 Gorbatschow-Interview, The Second Russian Revolution-Transkripte. Noch
stärker bringt dies Schachnasarow zum Ausdruck, wenn er sagt, daß Tschernobyl »der manischen Geheimniskrämerei einen entscheidenden Schlag versetzte
und das Land dazu brachte, sich der Welt zu öffnen« (Tsena svobody, S. 53).

31 Siehe Kommunist, 12 (August 1986), S. 3-10; und 13 (September 1986), O. Latsis, ›Po novomu vzglyanut‹, S. 32-4; und T. Zaslavskaya, ›Chelovecheskiy faktor
razvitiya ekonomiki i sotsial'naya spravedlinost'‹, S. 61-73.

32 Für eine ausführlichere Darstellung dieser Veränderungen, siehe Riitta H. Pitt-
man, ›Perestroika and Soviet Cultural Policies: The Case of the Major Literary
Journals‹, Soviet Studies, 42/1 (Januar 1990), S. 111-32.

33 Zu einem früheren Zeitpunkt seiner Karriere war Woronow mit den Partei-
behörden in Konflikt geraten, aber unmittelbar bevor er im Sommer 1986 Leiter der Kulturabteilung des Zentralkomitees wurde, war er Chefredakteur von
Znamja. Im Dezember 1988 wechselte er vom ZK-Apparat auf den Herausge-
bersessel der Wochenzeitung des Schriftstellerverbandes, Literaturnaja gazeta.

Von diesem Posten wurde er 1990 von Fjodor Burlazki abgelöst, einem liberal angehauchten Politikwissenschaftler, dessen Karriere als Herausgeber zu der Zeit des Augustputsches 1991 endete, als er zum Opfer eines ›Miniputsches‹ seiner Feinde in der Zeitung wurde. Zu Woronow siehe das Buch seines Stellvertreters (der später einer der Berater Gorbatschows wurde), Vladimir K. Yegorov, Out of a Dead End into the Unknown: Notes on Gorbachev's Perestroika (Edition Q) Chicago 1993, bes. S. 15.

34 Klimow-Interview, The Second Russian Revolution-Transkripte.

35 Für mehr über die ›kulturelle Renaissance‹ siehe Alec Nove, Glasnost' in Action: Cultural Renaissance in Russia, (Unwin Hyman) London 1989; und Julian Graffy und Geoffrey Hosking (Hg.), Culture and the Media in the USSR Today, (Macmillan) London 1989.

36 A. S. Chernyaev, Shest' let s Gorbachevym: po dnevnikovym zapisyam, (Kultura) Moskau 1993, S. 125 f.

37 Andrei Gratschow liefert eine interessante Darstellung dieses Vorgangs in einem Abschnitt seiner Memoiren, der den Titel trägt »Tänze mit Wölfen«. Siehe Grachev, Kremlevskaya khronika, (EKSMO) Moskau 1994, S. 94-104, bes. S. 95-97.

38 Ebenda, S. 96 f.

39 Ebenda, S. 96.

40 Ebenda, S. 97.

41 Ebenda.

42 Ebenda., S. 97 f.

43 Chernyaev, Shest' let s Gorbachevym, S. 125.

44 Andrei Sacharow, Memoirs, (Knopf) New York 1990, S. 615.

45 Ebenda, S. 612, 615 f.

46 In seinen Memoiren schreibt Sacharow: »Ich sagte: ›Nochmals vielen Dank. Auf Wiedersehen.‹ (Entgegen den Erfordernissen des Protokolls brachte ich das Gespräch zu einem Ende, nicht Gorbatschow. Ich muß mich unter Druck gefühlt haben, und unbewußt fürchtete ich vielleicht, zuviel zu sagen.) Gorbatschow hatte keine Wahl, und so sagte er ›Auf Wiedersehen‹« (ebenda, S. 616).

47 Chernyaev, Shest' let s Gorbachevym, S. 126.

48 Informationen zu diesen Verschiebungen gab Gorbatschow erst in seiner Rede vor dem XVIII. Kongreß der sowjetischen Gewerkschaften im Monat darauf. Siehe Pravda, 26. Februar 1987, S. 1.

49 M. S. Gorbachev, ›O perestroyke i kadrovoy politike partii‹, in Gorbachev, Izbrannye rechi i stat'i, IV, S. 299-354, auf S. 302.

50 Ebenda, S. 317.

51 Ebenda, S. 323.

52 Ebenda, S. 354.

53 Dolgich-Interview, The Second Russian Revolution-Transkripte.

54 Chernyaev, Shest' let s Gorbachevym, S. 163-66.

55 Siehe z. B. Ligachev, ›Nam nuzhna polnaya pravda‹, Teatr, 8 (August 1986), S. 2-7.

56 ›Oktyabr' i perestroyka: revolutsiya prodolzhaetsya‹, in: Gorbachev, Izbrannye
   rechi i stat'i, (Politizdat) Moskau 1987-90, V (1988), S. 386-436.

57 Ebenda, S. 436.

58 Der Begriff ›Alt-Bolschewik‹ umfaßt diejenigen, die vor der Revolution von
   1917 Mitglieder der Partei waren und sich Lenins bolschewistischem Ableger
   der revolutionären Bewegung angeschlossen hatten, als diese in Opposition
   zum zaristischen Staat stand und von ihm verfolgt wurde. Manchmal wurde der
   Begriff von westlichen Autoren irreführenderweise auf bejahrte Parteifunktionäre ausgedehnt – aus keinem anderen Grund anscheinend, als daß sie ziemlich
   alt und Kommunisten waren – absurderweise auch auf Konstantin Tschernenko, der 1911 geboren wurde.

59 Siehe Stephen F. Cohen, Bukharin and the Bolshevik Revolution: A Political
   Biography 1888-1938, (Wildwood House) London 1974. Eine russische Übersetzung des Buches wurde Gorbatschow zur Ferienlektüre von seinem Berater
   Iwan Frolow im Sommer 1987 geschickt. Gorbatschow las es nicht nur, sondern
   es beeindruckte und beeinflußte ihn auch (siehe Angus Roxburgh, The Second
   Russian Revolution, ⟨BBC Books⟩ London 1991, S. 68). In seiner Jubiläumsan-
   sprache im November 1987 konnte Gorbatschow zwar aufgrund der ihm von
   seinen konservativeren Kollegen gemachten Auflagen nicht mehr tun, als die
   Tür für Bucharins Rehabilitierung zu öffnen – indem er ihn in einem eher positiven als negativen Licht darstellte –, brachte diesen Prozeß aber bald zu seinem
   Ende. Zu seinem 100. Geburtstag und dem 50. Jahrestag seiner Hinrichtung im
   Februar 1988 wurde Bucharin vollständig rehabilitiert, womit der lange Kampf
   der Witwe Anna Larina (die noch lebte und den Erfolg ihrer Bemühungen
   sehen konnte) um die postume Wiederherstellung seiner Ehre und die Anerkennung der Tatsache, daß die von Stalins Schergen erhobenen Vorwürfe
   Lügenwerk waren, zu Ende ging.

60 Gorbachev, Izbrannye rechi i stat'i, V, S. 402.

61 Ebenda.

62 Die vollständige stenographische Niederschrift dieser Sitzung des ZK wurde
   beinahe 18 Monate später veröffentlicht. Unter anderen hat auch Jelzin das Protokoll als zutreffend bezeichnet. Es erschien in Izvestiya TsK KPSS, 2 (Februar
   1989), S. 209-87.

63 Andrei Gratschow, Gespräch mit dem Autor, 29. März 1995.

64 Izvestiya TsK KPSS, 1 (1989), S. 239-41.

65 Ebenda, S. 242.

66 Ebenda, S. 249.

67 A. N. Jakowlew-Interview, The Second Russian Revolution-Transkripte.

68 Izvestiya TsK KPSS, 1 (1989), S. 254-7. Ryschkow hatte Gorbatschows Zweifel
   darüber verstärkt, ob es wünschenswert wäre, Jelzin von Swerdlowsk nach Moskau zu holen. Der starke Einsatz Ligatschows aber hatte den Sieg davongetra-
   gen. Siehe Moskovskiy komsomolets, 28. Juni 1995, S. 2.

69 Izvestiya TsK KPSS, 1 (1989), bes. S. 256 f.

70 Boris Yeltsin, The View from the Kremlin, (Harper Collins) London 1994,
   S. 179.

71 XIX Vsesoyuznaya konferentsiya Kommunisticheskoy Partii Sovetskogo Soyuza, 28 Iyunya-1 Iyulya 1988 goda: Stenograficheskiy otchet, (Politizdat) Moskau 1988, II, S. 61 f.
72 Ebenda.
73 Izvestiya TsK KPSS, 2 (1989), S. 280.
74 Ebenda, S. 282.
75 Chernyaev, Shest' let s Gorbachevym, S. 174 f.
76 A. N. Yakovlev, Gor'kaya chasha: Bol'shevizm i Reformatsiya Rossii, (Verkhne-
   Volzhskoe knizhnoe izdatelstvo) Yaroslavl 1994, S. 216. In einem Interview 1991
   sagte Jakowlew, daß es Jelzins Verletzung der Abmachung mit Gorbatschow
   war, die ihn veranlaßt habe, seine Jelzin gegenüber kritische Rede vor dem
   Oktober-Plenum 1987 zu halten. Er fuhr fort: »Als ich ihm [Jelzin] das sagte,
   erklärte er mir, daß es nie eine Verabredung gegeben habe. Nun, ich kann das
   nicht verifizieren und habe es auch nicht vor« (Jakowlew-Interview, The
   Second Russian Revolution-Transkripte).
77 Vadim Medvedev, V kommande Gorbacheva, (Bylina) Moskau 1994, S. 64.
78 Yakovlev, Gor'kaya chasha, S. 216; und Jakowlew-Interview, The Second Russian Revolution-Transkripte.
79 Medvedev, V kommande Gorbacheva, S. 66 f.
80 Ebenda, S. 66. Die Ähnlichkeit im Temperament zwischen Ligatschow und Jelzin wurde von einer Reihe von Menschen erwähnt, mit denen ich sprach und
   die beide kannten.
81 Ebenda.
82 Izvestiya TsK KPSS, 2 (1989), S. 238.
83 In seiner Abschlußrede vor der XIX. Parteikonferenz am 1. Juli 1988 räumte
   Gorbatschow ein, es sei ein Fehler gewesen, damals Informationen über den
   Inhalt der Rede Jelzins vor dem Oktober-Plenum 1987 zurückzuhalten. Er vermutete, daß »der Prozeß sich nicht so entwickelt hätte, wie er es tat«, wenn dies
   nicht unterlassen worden wäre. Siehe XIX Vsesoyuznaya konferentsiya Kommunisticheskoy Partii Sovetskogo Soyuza, 28 Iyunya-1 Iyulya 1988 goda: Stenograficheskiy otchet, (Politizdat) Moskau 1988, II, S. 184.
84 Roxburgh, The Second Russian Revolution, S 73 f.
85 Ebenda, S. 75 f. Roxburgh fügt hinzu (S. 76): »Daß die Konservativen einen
   wichtigen Sieg errungen und die Radikalen in die Ecke gedrängt hatten, wurde
   am 3. November klar, als Jakowlew eine Pressekonferenz gab, um die Bedeutung
   der Gedenkrede Gorbatschows am vorigen Tag zu erläutern. Nach der Jelzin-
   Affäre gefragt, kam Jakowlew aus dem Tritt und log sogar … Die westlichen
   Reporter waren entsetzt. Viele verließen kopfschüttelnd den Raum: ›Gott stehe
   ihnen bei, wenn das Mr. Glasnost sein soll.‹« Im Rückblick auf das Oktober-
   Plenum 1987 aus der Perspektive des Jahres 1994, als er Direktor des Ostankino-
   Fernsehens war (Ende 1993 von Jelzin ernannt, trat er im März 1995 zurück),
   argumentiert Jakowlew im jüngsten seiner Memoirenbände, daß Jelzin sieben
   Jahre zuvor grundsätzlich im Recht gewesen sei. Aus taktischen Gründen aber
   sei es falsch gewesen. Vor einer solchen Rede hätte Jelzin den Boden besser
   bereiten sollen. Siehe Yakovlev, Gor'kaya chasha, S. 217.

86 Siehe Pravda, 14. November 1987, S. 1-3; Yeltsin, Against the Grain, S. 153-5; Roxburgh, The Second Russian Revolution, S. 76-78; und John Morrison, Boris Yeltsin, (Penguin Books) London 1991, S. 70-73.

87 Morrison, Boris Yeltsin, S. 71 f.; und Roxburgh, The Second Russian Revolution, S. 77 f.

88 Der radikal reformerische Wirtschaftswissenschaftler Nikolai Schmeljow gehörte zu denjenigen, die auf die konservative Gegenoffensive Anfang 1988 hinwiesen. Er warnte, daß »wir eine Verstärkung des Widerstandes der konservativen Kräfte sehen«, und zeigte sich besorgt darüber, daß »die Stärke dieses Widerstandes jetzt unterschätzt wird« (Moscow News, 1 ⟨3. Januar 1988⟩, S. 3).

89 Hinweise auf Juden (beginnend mit Stalins herabsetzendem Gebrauch des Wortes ›Kosmopolitismus‹) mit Angriffen auf den politischen Liberalismus verbindend, schrieb Andrejewa auch: »Militanter Kosmopolitismus gehört heute zur Praxis des ›Refusenikismus‹ – der Ablehnung des Sozialismus – dazu« (Sovetskaya Rossiya, 13. März 1988, S. 3).

90 Worotnikow-Interview, The Second Russian Revolution-Transkripte.

91 Witali Ignatenko-Interview, The Second Russian Revolution-Transkripte.

92 Andrey Grachev, Kremlevskaya khronika, S. 122-9: Witaly Ignatenko-, Iwan Laptew-, Alexander Jakowlew- und Jegor Jakowlew-Interviews, The Second Russian Revolution-Transkripte.

93 Zur Nina-Andrejewa-Affäre, siehe Grachev, Kremlevskaya khronika; David Remnick, Lenin's Tomb: The Last Days of the Soviet Empire, (Random House) New York 1993, S. 70-85; Roxburgh, The Second Russian Revolution, S. 83-87; und William und Jane Taubman, Moscow Spring, (Summit Books) New York 1989, S. 146-60.

94 Andrei Gratschow versuchte, Iwan Laptew, der bereits einen relativ liberalen Ruf als Herausgeber der Izwestija genoß, dazu zu bewegen, eine Entgegnung auf den Andrejewa-Brief zu bringen. Da die Izwestija keine Parteizeitung sei, gebe es keinen Grund zur Zurückhaltung, argumentierte er. Laptew aber entgegnete: »Nein, wir sind machtlos gegen Ligatschow« (Grachev, Kremlevskaya khronika, S. 126.).

95 Remnick, Lenin's Tomb, S. 76 f.; Roxburgh, The Second Russian Revolution, S. 85 f.; und Andrei Melville und Gail W. Lapidus (Hgg.), The Glasnost Papers: Voices of Reform from Moscow, (Westview Press) Boulder, Col. 1990, in dem Andrei Melville – zu jener Zeit Abteilungsleiter in Arbatows Institut für die USA und Kanada – schreibt (S. 14): »Ganze drei Wochen lang gab es nur sehr wenige, die diesem konservativen Manifest offen entgegentraten ...«

96 Remnick, Lenin's Tomb, S. 76 f.

97 Chernyaev, Shest' let s Gorbachevym, S. 203 f.

98 Gorbachev, ›Potentsial kooperatsii – delu perestroyki‹, in Izbrannye rechi i stat'i, VI (1989, S. 141-73.

99 Im Gespräch mit Tschernjajew nannte Gorbatschow Worotnikow als den ersten, der den Artikel lobend erwähnt habe, gefolgt von Ligatschow, Gromyko und Solomenzew. Wadim Medwedjew fügt den Namen eines weiteren Politbüromitglieds, Nikonow, hinzu, wie auch den des zukünftigen Putschisten Bakla-

now. Siehe Chernyaev, Shest' let s Gorbachevym, S, 203 f.; und Medvedev, V komande Gorbacheva, S. 68.

100 Wesentliche Teile des Protokolls der zweitägigen Diskussionen im Politbüro wurden erstmal veröffentlicht in M. S. Gorbachev, Gody trudnykh resheniy, (Alfa-Print) Moskau 1993, S. 98-110 (›O stat'e N. Andreevoy i ne tol'ko o ney‹).

101 Medvedev, V komande Gorbacheva, S. 69.

102 Chernyaev, Shest' let s Gorbachevym, S. 206.

103 Medvedev, V komande Gorbacheva, S. 71.

104 Ebenda, S. 68-71; und Roxburgh, The Second Russian Revolution, S. 86.

105 Die Andrejewa-Episode war, laut Medwedjew, nur »die Spitze eines Eisbergs« zunehmender konservativer Opposition. Gorbatschow, so Medwedjew, machte, »seinem Wesen entsprechend«, aus der Diskussion im Politbüro keine persönliche Angelegenheit, und Ligatschow wurde nicht allein zum Schuldigen gemacht (Medvedev, V komande Gorbacheva, S. 71).

106 Selbst Jakowlew allein konnte eine politische Antwort auf den Andrejewa-Artikel nicht in die Wege leiten, weil er wußte, daß er mit dem Segen Ligatschows veröffentlicht worden war. Gefragt, warum das Politbüro erst einige Zeit nach seiner Rückkehr aus der Mongolei den Artikel diskutierte, sagte Jakowlew: »Zuerst mußte Michail Sergejewitsch [Gorbatschow] zurückkommen, das war das Wichtigste überhaupt.« Jakowlew bestätigte auch, daß die tatsächliche Debatte im Politbüro, während der eine Vielzahl von Blickwinkeln und Nuancen zum Ausdruck kam, »zwei Tage dauerte« (Jakowlew-Interview, The Second Russian Revolution-Transkripte).

107 Gorbachev, Gody trudnykh reheniy, S. 106.

108 Ebenda, S. 106 f.

109 Chernyaev, Shest' let s Gorbachevym, S. 208.

110 Obwohl Gorbatschow selbst die nächste Sitzung des Sekretariats des ZK nach der Debatte über die Andrejewa-Affäre im Politbüro leitete, nahm Ligatschow danach seinen Platz an der Spitze des Sekretariats wieder ein (das für die tägliche Ausführung der Entscheidungen des Politbüros zuständig war), bis das Sekretariat selbst als Gremium nach der XIX. Parteikonferenz heruntergestuft wurde. Siehe Chernyaev, Shest' let s Gorbachevym, S. 208.

111 Siehe Gorbachev, ›Revolyutsionnoy perestroyke – ideologiyu obnovleniya‹, Rede vor dem Plenum des Zentralkomitees, 18. Februar 1988, in Izbrannye rechi i stat'i, VI, S. 58-92; und Shakhnazarov, Tsena svobody, S. 45.

112 Gorbachev, zit. nach Shakhnazarov, ebenda.

113 Medvedev, V komande Gorbacheva, S. 72. Medwedjew erwähnt auch die Namen Boldins, Sitarjans und Moschins.

114 Chernyaev, Shest' let s Gorbachevym, S. 209.

115 Ebenda.

116 Ebenda, S. 210.

117 Ebenda.

118 Sie waren von einer Plenarsitzung des Zentralkomitees am 23. Mai verabschiedet worden. Siehe Pravda, 27. Mai 1988.

119 Shakhnazarov, Tsena svobody, S. 48.

120 Ebenda.
121 Pravda, 27. Mai 1988, S. 1-3, auf S. 3.
122 Shakhnazarov, Tsena svobody, S. 48.
123 Ebenda.
124 Vgl. Stephen White, ›Communists and their Party in the Late Soviet Period‹, Slavonic and East European Review, 72/4 (Oktober 1994), S. 644-63.
125 Shakhnazarov, Tsena svobody, S. 46.
126 XIX Vsesoyuznaya konferentsiya Kommunisticheskoy Partii Sovetskogo Soyuza, 28 Iyunya-1 Iyulya 1988 goda: Stenograficheskiy otchet, (Politizdat) Moskau 1988, I, S. 269-70; und II, S. 121-35.
127 Siehe z. B., XIX Vsesoyuznaya konferentsiya Kommunisticheskoy Partii Sovetskogo Soyuza, II, S. 121-35.
128 Diese Verallgemeinerung trifft auf Stalin, Chruschtschow, Breschnew und Gorbatschow zu (bis zur qualitativen Veränderung des sowjetischen Systems im Frühjahr 1989, als Mehrkandidatenwahlen zum neuen Parlament eingeführt wurden). Die Amtszeiten Andropows und Tschernenkos waren zu kurz und zu sehr von der Krankheit der Amtsinhaber überschattet, als daß man sie hier sinnvoll mitzählen könnte. Für eine Diskussion dieser Generalisierung (darunter auch vollständig gegenläufige Ansichten), die ich zuerst 1980 formulierte, siehe z. B. Archie Brown, ›The Power of the General Secretary of the CPSU‹, in: T. H. Rigby, Archie Brown und Peter Reddaway (Hgg.), Authority, Power and Policy in the USSR: Essays Dedicated to Leonard Schapiro, (Macmillan) London 1980, S. 135-57, bes. S. 136; Valerie Bunce, Do New Leaders Make a Difference? Executive Succession and Public Policy under Capitalism and Socialism, (Princeton University Press) Princeton 1981; Philip G. Roeder, ›Do New Soviet Leaders Really Make a Difference? Rethinking the Succession Connection‹, American Political Science Review, 79/4 (Dezember 1985), S. 958-76; Valerie Bunce and Philip G. Roeder, ›The Effects of Leadership Succession in the Soviet Union‹, American Political Science Review, 80/1 (März 1986), S. 215-224; und Thane Gustafson und Dawn Mann, ›Gorbachev's First Year‹, Problems of Communism, 35/3 (Mai-Juni 1986), S. 1-19, bes. S. 1f. Von meiner Generalisierung von 1980, daß »jeder Generalsekretär weniger individuelle Macht über die politische Willensbildung als sein Vorgänger ausübte, während seiner Amtszeit aber seine Macht vis-à-vis seinen Kollegen gewachsen ist«, kann der erste Teil nicht über das Ende der Amtszeit Breschnews hinaus gelten. Gorbatschow besaß mehr Macht in dem Sinne, daß er Entscheidungen absegnen ließ, die den Neigungen hochrangiger Kollegen oder in Interessen wichtiger Institutionen zuwiderliefen, als jeder seiner Vorgänger seit Chruschtschow.
129 Einer der innovativen und konstruktiven Vorschläge Jelzins in seiner Rede vor der XIX. Parteikonferenz war, daß die Zusammensetzung des Politbüros zur selben Zeit erneuert werden sollte, zu der auch ein neuer Generalsekretär gewählt wurde, so daß letzterer nicht gezwungen war, mit den politischen Gewährsmännern seines Vorgängers zusammenzuarbeiten. Siehe XIX Vsesoyuznaya konferentsiya Kommunisticheskoy Partii Sovetskogo Soyuza, II, S. 58.

130 Für den Text dieser Resolutionen und die Reden der Vorsitzenden der Vorbe-
reitungsausschüsse, siehe XIX Vsesoyuznaya konferentsiya Kommunisticheskoy Partii Sovetskogo Soyuza, II, S. 105-75.

131 Ich ziehe den Begriff ›Politik-Netzwerk‹ [policy networks] im sowjetischen
Kontext denen der ›Politik-Gemeinschaften‹ [policy community] oder ›Themen-Netzwerke‹ [issue networks] vor. Es wäre eine leichte Übertreibung,
Experten aus Moskau und Nowosibirsk als derselben Gemeinschaft angehörig
zu betrachten, weniger, sie als einen (in einzelnen Fällen) Teil desselben Netzwerkes zu bezeichnen. Genauso war das, was diese Netzwerke am Leben
erhielt, nicht die Beschäftung mit einzelnen Themen, sondern mit weiten Politikfeldern, über die sich Gleichgesinnte sowohl informell als auch in offiziel-
lem Rahmen auseinandersetzten. Diese Kommunikation fand in Zeitschrif-
ten- oder Zeitungsartikeln statt wie auch bei Konferenzen, Seminaren und, in
einigen Fällen, durch persönliche Freundschaften. Der Begriff der ›Politik-
Netzwerke‹ aber ist den Arbeiten John W. Kingdons über Politik-Gemeinschaften und Hugh Heclos über Themen-Netzwerke verpflichtet. Kingdon
(Agendas, Alternatives and Public Policies, ‹Harper Collins› New York 1984)
schreibt über amerikanische Politik. Im Rahmen seiner Analyse gibt es aber
einige Punkte, die auch für die politische Innovation in der Sowjetunion unter
Gorbatschow relevant sind (wie auch, natürlich, einige bedeutende Unterschiede). Zu Themen-Netzwerken – ein Konzept, das, abgesehen von der Terminologie, viel mit dem Gedanken der Politik-Gemeinschaften gemeinsam
hat und ebenfalls im Kontext des Studiums amerikanischer Politik entwickelt
wurde – siehe Hugh Heclo, ›Issue Networks and the Executive Establishment‹,
in Anthony King (Hg.), The New American Political System, (American En-
terprise Institute) Washington 1978, S. 87-124, bes. S. 102-4. »Mehr als lediglich technische Experten sind die Angehörigen eines Netzwerkes vielmehr
politische Aktivisten, die einander über ihre thematische Verbundenheit kennen«, schreibt Heclo (S. 103). Solche Netzwerke gab es auch in der Sowjetunion, und sie wurden in den Gorbatschow-Jahren zunehmend wichtiger,
obwohl sie – mindestens bis 1988 – sehr deutlich von der Parteiführung und
Gorbatschow im besonderen abhängig blieben, wenn sie einen wirklichen Einfluß auf die tatsächliche Gestaltung der Politik Einfluß nehmen wollten.

132 Siehe Gorbachev, Gody trudnykh resheniy, S. 98-110.

133 Im englischen Original verwendet Archie Brown den Begriff contested elections, der sich so nicht ins Deutsche übertragen läßt. Da die Wahlen keine im
westlichen Sinne freien Wahlen waren, sondern ein Element des Wettbewerbs
(contest) zwischen Kandidaten beinhalteten, was den Wählern die Möglichkeit einer Auswahl zwischen Kandidaten, nicht aber zwischen Parteien gab,
wird in der deutschen Übersetzung der etwas umständliche Begriff Mehrkandidatenwahlen verwandt. Eine alternative Übersetzungsmöglichkeit wäre der
Terminus halbfreie Wahlen, der aber den positiven Charakter dieser Veränderung durch seine etwas abwertenden Obertöne nicht trifft. – Anm. d. Ü.

134 XIX Vsesoyuznaya konferentsiya Kommunisticheskoy Partii Sovetskogo Soyuza, II, S. 138.

135 Ebenda, S.139-40.
136 Izvestiya, 3. Dezember 1988, S.1f.
137 Siehe hierzu auch Shakhnazarov, Tsena svobody, S.72.
138 Diese Änderungen hätten in eine neue sowjetische Verfassung aufgenommen werden müssen, an der die Arbeit begonnen worden war, aber niemals beendet wurde. Die Abschaffung des Kongresses der Volksdeputierten und der Ersatz des Nationalitätensowjets des Obersten Sowjets durch einen Sowjet der Republiken war 1991 bereits Bestandteil des Entwurfs für einen neuen Unionsvertrag. Dieses Dokument war für Gorbatschow wichtiger geworden als eine neue Verfassung, es war das Herzstück seines Ringens für die Erhaltung einer Form von Union im gesamten oder größten Teil des Territoriums der UdSSR.
139 Selbst solch scharfsinnige Komparatisten wie Juan Linz und Alfred Stepan scheinen die Tatsache zu mißbilligen, daß zwar »die ersten Wahlen tatsächlich in der gesamten Union stattfanden«, trotzdem aber »viele Fehler« hatten, die sie im Anschluß daran auflisten. Es ist jedoch von großer Bedeutung, daß Gorbatschow den großen Schritt der Ankündigung und Durchführung von halbfreien Wahlen 1988 machte – der Meinung von Öffentlichkeit und Elite weit voraus. Es hatte keine ernsthaften Forderungen solcher Wahlen seitens der Gesellschaft gegeben, bevor Gorbatschow diese Entscheidungen auf der XIX. Parteikonferenz durchsetzte. Siehe Juan J. Linz und Alfred Stepan, ›Political Identities and Electoral Sequences: Spain, the Soviet Union and Yugoslavia‹, Daedalus, 121/22 (Frühjahr 1992), S. 123-39, bes. S.131.
140 Der Artikel von Nina Andrejewa, veröffentlicht am 13. März 1988 in der Sovetskaya Rossiya (s.o.).
141 Selbst vor der XIX. Parteikonferenz konnte man unterschiedliche Meinungen zwischen den Zeilen der Reden führender sowjetischer Politiker und in der Presse ausmachen. Ab dem Frühjahr 1988 jedoch wurden die Trennlinien innerhalb der sowjetischen Elite zunehmend deutlicher, traten offen zutage und konnten in den Seiten der Massenzeitungen und in Fachzeitschriften überprüft werden. Es ist tatsächlich unvorstellbar, daß die sowjetische Elite nicht gespalten auf Reformen hätte reagieren sollen, die aus dem System etwas anderes machten als das, was es sieben Jahrzehnte lang gewesen war, in dem es Verlierer und Gewinner geben würde. Noch wichtiger aber war, daß die Elite im postsowjetischen Rußland in der Frage gespalten blieb, was denn die Spielregeln der Demokratie sein sollten. Dies war kein gutes Vorzeichen für die Konsolidierung der demokratischen Elemente in einem mittlerweile unstrukturierten gemischten Regierungssystem. Der niedrige Stellenwert, der der Suche nach Konsens, dem Errichten demokratischer Institutionen und dem Respekt vor der Herrschaft des Rechts von der postsowjetischen Führung eingeräumt wurde, bedeutete, daß es Rußland mißlang, in den ersten postkommunistischen Jahren auf den Fundamenten einer potentiellen demokratischen Konsolidierung aufzubauen, die bis 1991 gelegt worden waren. Dies war in erster Linie das Versagen des russischen Präsidenten Boris Jelzin, obwohl der Vorsitzende des Obersten Sowjets (bis zur Auflösung dieser Körperschaft durch Jelzin im Herbst 1993) Ruslan Chasbulatow auch eine Teilverantwortung für die

Ablehnung von ausgehandelten Kompromissen trägt, die ein wesentlicher Bestandteil einer demokratischen Konsolidierung sind. Zu diesem Thema im allgemeinen, siehe John Highley und Richard Gunther (Hgg.), Elites and Democratic Consolidation in Latin America and Southern Europe, (Cambridge
University Press) Cambridge 1992. Zu den frühen postsowjetischen Phasen der
russischen Transition siehe Archie Brown, ›Political Leadership in Post-Communist Russia‹, in: Amin Saikal und William Maley (Hgg.), Russia in Search
of its Future, (Cambridge University Press) Cambridge 1995, S. 28-47.

142 Guillermo O'Donnell und Ph. C. Schmitter, Transitions from Authoritarian
Rule: Tentative Conclusions about Uncertain Democracies, (Johns Hopkins
Press) Baltimore 1986, S. 23.

143 Zur Parallele Gorbatschow-Chruschtschow siehe Ligachev, Inside Gorbachev's
Kremlin, S. 123 f., 127 f.

144 Einige der Fundamente der Demokratie in Großbritannien, darunter die
Herrschaft des Rechts und die Rechte des Parlaments gegenüber dem Monar-
chen (im Unterschied zur parlamentarischen Demokratie), entwickelten sich
freilich über einen viel längeren Zeitraum hinweg.

145 O'Donnell und Schmitter, Transitions from Authoritarian Rule, S. 44. Der
Ausdruck »auf Raten« [installment plan] stammt von Dunkwart A. Rustow,
der in einem wichtigen Aufsatz, ›Transitions to Democracy: Toward a Dynamic Model‹ (Comparative Politics, 2/3 (April 1970), S. 337-63) schrieb (S. 356):
»Gleich, ob Demokratie in einem Stück gekauft wird, wie in Schweden 1907,
oder auf Raten, wie in Großbritannien, so wird sie doch in einem Prozeß
bewußter Entscheidungen erworben, zumindest seitens der politischen Führungsspitze.« Diese Generalisierung kann aber nur auf die Sowjetunion ange-
wendet werden, wenn die Formulierung »zumindest seitens« durch »zumindest seitens eines Teils der politischen Führungsspitze« ersetzt würde.

146 Giuseppe di Palma, To Craft Democracies, S. 82.

147 Ebenda.

148 Schachnasarow-Interview, The Second Russian Revolution-Transkripte.

149 Ebenda. Siehe auch Medvedev, V komande Gorbacheva, S. 74.

150 Siehe Shakhnazarov, Tsena Svobody, S. 74. Im Fall einer Niederlage Ligatschows und Jakowlews auf der Parteiliste wäre jeder von beiden (besonders
Jakowlew) mit großer Sicherheit in einem territorialen Wahlkreis gewählt worden – ein eher konservativ-ländlicher für Ligatschow und ein eher reform-
orientierter städtischer Wahlkreis für Jakowlew.

151 Wie groß dieser erste Schritt in Richtung Demokratisierung – im Unterschied
zu bloßer Liberalisierung – war, wird deutlicher im Vergleich mit den substantiellen Maßnahmen der Liberalisierung unter Gorbatschow, die ihm vorausgegangen waren. Diese Veränderungen schlossen den Aufstieg von Glasnost, größere religiöse Toleranz, die Herausbildung gesellschaftlicher Partizipation und
die Formierung von kleinen, unabhängigen Assoziationen und Gruppierungen ab 1986/87 ein. Dazu gehörte aber nicht eine Möglichkeit für entweder das
Wahlvolk oder eine repräsentative Versammlung, die Exekutive zur Rechenschaft verpflichten zu können. Zu den Früchten der Liberalisierung in den frü-

hen Jahren der Ära Gorbatschow, siehe Geoffrey Hosking, Jonathan Aves und Peter J. S. Duncan, The Road to Post-Communism: Independent Political Movements in the Soviet Union 1985-1991, (Pinter) London 1992, bes. Kapitel 1 von Hosking, ›The Beginnings of Independent Political Activity‹, S. 1-28. Was für ein gewaltiger Fortschritt die Reformen von 1988 gegenüber dem bisherigen Zustand waren, wird weiter deutlich, wenn man auf die erste Entspannungsphase in der poststalinistischen Zeit zurückblickt. In seiner Darstellung posttotalitärer autoritärer Regimes (»vollständig hegemoniales Regime«) schreibt Robert Dahl: »In einer vollständigen Hegemonie kann ein erster Schritt nicht mehr als eine Art von Übereinkunft sein, daß im Falle von Konflikten innerhalb der herrschenden Gruppierung die Verlierer nicht mehr länger mit Tod, Inhaftierung, Verbannung oder völliger Mittellosigkeit bestraft werden. In diesem Sinne war der Wandel in der UdSSR von Stalins Hegemonie zum poststalinistischen System ein bedeutender Schritt in Richtung Liberalisierung.« Siehe Robert A. Dahl, Polyarchy: Participation and Opposition, (Yale University Press) New Haven 1971, S. 218.

152 Iwan Laptew-Interview, The Second Russian Revolution-Transkripte.

153 Ebenda.

154 Siehe Roxburgh, The Second Russian Revolution, S. 101 f. Roxburgh weist darauf hin, daß im offiziellen Protokoll der Konferenz die Kunstfertigkeit Gorbatschows nicht eingefangen ist und unzutreffenderweise ausführt, Ligatschow, der Leiter der letzten Sitzung, habe die Resolution zur Abstimmung gestellt. Tatsächlich, schreibt Roxburgh: »Gorbatschow stellte abschließend fest: ›Das ist, was ich gesagt habe ... [damit bestätigend, daß er den Text geschrieben hatte] Gibt es Einwände? Dann darf ich, mit Erlaubnis, dies zur Abstimmung stellen‹.« (ebenda, S. 102).

155 Eine akkuratere Niederschrift als die damals offizielle sowjetische (siehe 153) liefert die BBC-Aufzeichnung der Rede Gorbatschows aus dem sowjetischen Fernsehen. Siehe BBC SWB SU/0194 C/44, 4. Juli 1988.

156 Ebenda.

157 Laut Laptew sah Gorbatschow nervös aus, als er von seinem Notizzettel ablas: »Man konnte sehen, daß er einige Zweifel hatte, ob ihm dies nun gelingen würde« (zit. nach Roxburgh, The Second Russian Revolution, S. 101). Zu der Geschwindigkeit, in der Gorbatschow voranschritt, siehe auch Medvedev, V komande Gorbacheva, S. 78.

158 Siehe Laptew, The Second Russian Revolution-Transkripte.

159 Ebenda.

160 Das Memorandum wurde Anfang 1989 in der ersten Nummer einer neuen Parteizeitschrift veröffentlicht, die zu einer nützlichen Quelle für Archivmaterialien werden sollte, und zwar sowohl aus der jüngeren und der weiter zurückliegenden sowjetischen Vergangenheit. Siehe Izvestiya TsK KPSS, 1/1 (Januar 1989), S. 81-86.

161 Ebenda, S. 86.

162 Siehe Whitefield, Industrial Power and the Soviet State, S. 127-29, 211-13.

163 Ebenda, S. 224.

164 Wie Whitefield schreibt (S. 226): »Die Ministerien … versuchten, alle ihnen offenstehenden Möglichkeiten zu nutzen, zu Konzernen, Korporationen, Gesellschaften, Unterstützern von Kooperativen und Aktiengesellschaften zu werden, und privatisierten. Sie taten dies allerdings mit einem Auge darauf, jedwelche Vorteile des alten Systems zu erhalten, und mit ihrem eigenen Überleben im Blick, sollte die alte Ordnung wiederhergestellt werden.«

165 Izvestiya TsK KPSS, 1/1 (1989), S. 86. Die anderen acht Abteilungen (mit den Namen der Direktoren in Klammern) nach der Reorganisation im Oktober 1988 waren: Abteilung für Parteiaufbau und Kaderarbeit (G. P. Rasumowski); Ideologie-Abteilung (A. S. Kapto); Sozio-ökonomische Abteilung (V. I. Schimko); Abteilung für Landwirtschaft (I. I. Skiba); Verteidigungsabteilung (O. S. Beljakow); Abteilung für Staat und Recht (A. S. Pawlow); Allgemeine Abteilung (V. I. Boldin); und die Abteilung für laufende Angelegenheiten (d. h. hauptsächlich Angelegenheiten finanzieller Natur, N. E. Krutschina).

166 Ligachev, Inside Gorbachev's Kremlin, S. 109-10.

167 Medvedev, V komande Gorbacheva, S. 80.

168 Jakowlew-Interview, The Second Russian Revolution-Transkripte.

169 Gorbatschow mag bei der zweistufigen Entfernung Tschebrikows allerdings übermäßig vorsichtig gewesen sein. Letzterer war, laut Wadim Medwedjew, »recht glücklich« über seine Versetzung vom Direktor des KGB ins Sekretariat des Zentralkomitees, denn er hatte »mit etwas Schlimmerem« gerechnet. Siehe Medvedev, V komande Gorbacheva, S. 80.

170 Die Begriffe ›Rechts‹ und ›Links‹ sind in diesem Buch zum größten Teil vermieden worden, vor allem aufgrund ihrer Ungenauigkeit. Aber der Gebrauch von ›Rechts‹ und ›Links‹ im öffentlichen politischen Diskurs während der letzten Jahre der Sowjetunion war ein interessantes Beispiel für die wachsende Dominanz der Sprache der sowjetischen Dissidenten im Mainstream der sowjetischen Politik. Für die Dissidenten waren diejenigen, die den Status quo ablehnten, die ›Linken‹ oder Progressiven. Jene, die ihn verteidigten, die ›Rechten‹ oder Konservativen, während alle die, die eine Rückkehr zu einem noch strengeren sowjetischen Regime wünschten, ›Rechtsextreme‹, Neostalinisten oder Reaktionäre waren. Westliche Konservative mit neoliberalen Neigungen fanden es schwierig, mit einer politischen Sprache zurechtzukommen, in der Bewunderer der Wirtschaftspolitik Margaret Thatchers als ›links‹ im politischen Spektrum beschrieben wurden und Erzkommunisten als ›Konservative‹ galten. Eine nicht unübliche Reaktion darauf war, westliche Beobachter für diese Verzerrungen der politischen Sprache verantwortlich zu machen. Diese allerdings versuchten lediglich, die noch größere Verwirrung zu vermeiden, zu der es gekommen wäre, wenn sie in ihrer Kommentierung der Äußerungen ihrer russischen Gesprächspartner die Bedeutungen der verwendeten Begriffe umgedreht hätten. Viele reformfeindliche Anhänger des Marxismus-Leninismus in der Sowjetunion nahmen ebenfalls Anstoß daran, als Konservative bezeichnet zu werden. Der nur in Ansätzen reformwillige Jegor Ligatschow jedoch machte aus der Not eine Tugend, die einigen westlichen Konservativen zum Trost gereichen möge: »Das Konzept einer

schrittweisen Beherrschung von Innovation, die mit dem sogenannten Konservatismus assoziiert wird, ist eigentlich die Abwehrreaktion einer Gesellschaft gegen politischen Extremismus. Menschen auf der ganzen Welt verstehen dies, und es ist ein Grund, warum konservative Parteien in entwickelten bürgerlichen Gesellschaften so populär sind« (Ligachev, Inside Gorbachev's Kremlin, S. 124). Ligatschow macht nachfolgend klar, daß seiner Meinung nach der ›politische Extremismus‹ 1989 in der Sowjetunion zunehmend dominant wurde. Die Tatsache, daß es eben notwendig war, von »westlichen Konservativen mit neoliberalen Neigungen« zu sprechen, deutet auf die Ambiguität des Begriffes des Konservativismus auch im Westen hin, nicht zuletzt in Großbritannien und den USA in den letzten zwei Jahrzehnten. Eine bedeutende Richtung innerhalb konservativen Denkens weist die Vorstellung zurück, daß der ökonomische Liberalismus im Manchester des 19. Jahrhunderts oder im Chicago am Ende des 20. Jahrhunderts wirklich ›konservativ‹ genannt werden sollte.

171 Izvestiya TsK KPSS, 5 (1989), S. 45 f.

172 In seiner Abschiedsrede vor dem Plenum verurteilte Fedosejew den Gedanken des »sozialistischen Pluralismus« durch schwaches Lob und forderte die ideologische Geschlossenheit der Partei. Siehe Pravda, 27. April 1989, S. 4.

173 V. A. Kolosov, N. V. Petrov und L. V. Smirnyagin (Hgg.), Vesna 89: geografiya i anatomiya parlamentskikh vyborov, (Progress) Moskau 1990, S. 109.

174 Jack F. Matlock, Jr., Autopsy of an Empire: The American Ambassador's Account of the Collapse of the Soviet Union, (Random House) New York 1995, S. 210.

175 Siehe z. B. O'Donnell und Schmitter, Transitions from Authoritarian Rule: Tentative Conclusions about Uncertain Democracies, S. 61-64; und Juan J. Linz und Alfred Stepan, ›Political Identities and Electoral Sequences: Spain, the Soviet Union, and Yugoslavia‹, Daedalus, 121/22 (Frühjahr 1992), S. 123-39.

176 Obolonsky, ›Russian Politics in the Time of Troubles‹, in: Saikal und Maley (Hgg.), Russia in Search of its Future, S. 25. Obolonski schreibt: »Trotz der beeindruckenden Anzahl von Parteien und Blöcken, die an den Wahlen 1993 teilnahmen, haben wir zur Zeit kaum mehr als ein Quasi-Mehrparteiensystem. Die meisten unserer Parteien sind Ad-hoc-Gruppierungen, die auf die Beine gestellt wurden, um mehr oder weniger populäre Führungspersonen zu unterstützen.«

177 Die offizielle Wahlbeteiligung lag bei 54 Prozent, was sehr niedrig war, angesichts der Tatsache, daß die Wähler in einem Plebiszit auch über eine neue Verfassung abzustimmen hatten. Und diese Zahlen haben die Wahlbeteiligung wahrscheinlich nach oben hin korrigiert. Selbst eine Reihe erfolgreicher Kandidaten sollten später beklagen, daß die offiziellen Angaben zur Wahlbeteiligung (mehr als 50 Prozent waren nötig, um die Verfassung in Kraft treten zu lassen) sehr wenig mit der von ihnen wahrgenommenen Wirklichkeit zu tun hatten. Die Helsinki-Kommission aber akzeptierte die amtlichen Resultate, brachte aber an einigen Punkten ihres Berichts ihre Enttäuschung über das Ergebnis zum Ausdruck. In ihren eigenen Worten: »Am 12. Dezember 1993

gaben die russischen Wähler inmitten von Berichten über weitverbreitete Apathie und Zynismus ihre Stimme ab in Wahlen zum Parlament und einem Verfassungsreferendum. Die Zentrale Wahlkommission gab später an, die Wahlbeteiligung habe bei lediglich 54 Prozent gelegen, womit das nötige Minimum von 50 Prozent überschritten worden und das Referendum damit gültig sei« (Commission on Security and Cooperation in Europe, Russia's Parliamentary Election and Constitutional Referendum, December 12, 1993, Washington 1994, S. 1). Dies stellte zwar einen substantiellen Rückgang der Wahlbeteiligung im Vergleich zu den Mehrkandidatenwahlen von 1989, 1990 und 1991 in den letzten Jahren der Sowjetunion (und besonders gegenüber 1989) dar, es gab aber doch ein wichtiges Element der Kontinuität. In beiden Fällen waren die Bestimmungen zur Regelung und Durchführung der Wahlen von denen erlassen worden, die sich in Positionen politischer Macht befanden – und nicht etwa mittels einer Übereinkunft zwischen Regierung und Opposition. Nicht daß es 1988 eine bedeutsame politische Opposition gab, als beschlossen wurde, landesweite Mehrkandidatenwahlen durchzuführen. Aber genauso wie die Regeln der Wahlen von 1989 von Gorbatschow und seinen Anhängern festgelegt wurden, so trafen 1993 Jelzin und sein Kreis die entsprechenden Entscheidungen. Sie waren nicht das Ergebnis eines Paktes oder einer Verständigung aller politischen Hauptfiguren. Siehe hierzu Michael Urban, ›December 1993 as a Replication of Late-Soviet Electoral Practices‹, Post-Soviet Affairs, 10/2 (April-Juni 1994), S. 127-58.

178 Zwar erfüllten sie nicht alle Kriterien einer ›Gründungswahl‹, wurden einigen von ihnen aber in einer Weise gerecht, wie dies bei keiner nachfolgenden Wahl in Rußland der Fall sein sollte. So schreiben zum Beispiel O'Donnell und Schmitter: »Gründungswahlen sind ... Augenblicke größter Dramatik. Die Wahlbeteiligung ist sehr hoch« (Transitions from Authoritarian Rule: Tentative Conclusions about Uncertain Democracies, S. 62).

179 Siehe hierzu Medevedev, V komande Gorbacheva, S. 75-6; und Shakhnazarov, Tsena svobody, S. 72.

180 Ebenda, S. 76.

181 Siehe Kolosov, Petrov und Smirnyagin, Vesna 89, S. 107; und Stephen White, After Gorbachev, 3. Aufl., (Cambridge University Press) Cambridge 1993, S. 50-64.

182 White, After Gorbachev, S. 50f.

183 Izvestiya, 21. April 1989, S. 3.

184 Pravda, 27. April 1989, S. 6.

185 Ebenda, S. 4.

186 Ebenda.

187 Pravda, 10. Juni 1989, S. 14.

188 Schachnasarow-Interview, The Second Russian Revolution-Transkripte.

189 Zu den Ergebnissen der Meinungsforschung nach dem Ausmaß, in dem der Kongreß Zuschauer und Zuhörer hatte, zusammen mit den Reaktionen der Befragten, siehe Izvestiya, 31. Mai 1989, S. 7; und Izvestiya, 4. Juni 1989, S. 1.

190 Izvestiya, 26. Mai 1989, S. 4.

191 Ich greife hier und in einigen anderen Absätzen dieses Abschnitts auf meinen Aufsatz ›Political Change in the Soviet Union‹, World Policy Journal, 6/3 (Sommer 1989), S. 469-501, zurück.

192 Izvestiya, 26. Mai 1989, S. 4.

193 Sowjetisches Fernsehen, 29. Mai 1989, wie protokolliert in BBC Summary of World Broadcasts, SU/0475 C/3-C/6, 6. Juni 1989.

194 Schachnasarow-Interview, The Second Russian Revolution-Transkripte.

195 Ebenda.

196 Ebenda.

197 Ebenda.

198 Schachnasarow zum Beispiel ist überzeugt, daß die Aura von Autorität um ein russisches Staatsoberhaupt durch die Auseinandersetzungen junger und unbekannter Abgeordneter mit und ihren gelegentlichen Angriffen auf Gorbatschow Schaden nahm, der dies ruhig hinnahm und seine Sicht der Lage geduldig erklärte. Siehe Shakhnazarov, Tsena Svobody, S. 77 f.

199 Gorbatschow, Erinnerungen, S. 463-65.

200 Ebenda, S. 466 f.

201 Ebenda., S. 464 f.

202 Interview des Autors mit Tschernjajew, 30. März 1992.

203 Laptew-Interview, The Second Russian Revolution-Transkripte.

204 Siehe hierzu z. B. Shakhnazarov, Tsena Svobody, S. 139.

205 Ryzhkov, Perestroyka: Istoriya predatel'stv, S. 291.

206 Ebenda.

207 Ebenda, S. 292. Diese Bemerkungen Ryschkows finden sich in einem Kapitel, das er »Alle Macht den Sowjets!« nennt, in Anlehnung an Lenins Slogan von 1917. Der Wendepunkt in der Macht der Sowjets kam tatsächlich erst 1989. Im Gegensatz zu dem weitaus größeren Teil der sowjetischen Geschichte war es nur während der letzten drei Jahre der UdSSR und der ersten zwei des postsowjetischen Rußland, daß die Sowjets wirkliche Macht ausübten.

208 Zu denen Anatoli Tschernjajew, Georgi Schachnasarow, Nikolai Petrakow, Nikolai Schmeljow und Georgi Arbatow gehörten. Siehe Chernyaev, Shest' let s Gorbachevym, S. 352, 356.

209 Shakhnazarov, Tsena Svobody, S. 118.

210 Chernyaev, Shest' let s Gorbachevym, S. 345, 356.

211 Auf die Frage von Anastázie Kudrnová, ob er es für praktikabel halte, weiterhin sowohl Präsident der UdSSR als auch Generalsekretär der KPdSU zu sein, entgegnete Gorbatschow: »Im Prinzip müssen wir eine Trennung von Staats- und Parteiämtern anstreben. Im Moment aber, in einer Periode des Übergangs, wenn die Sowjets schwach sind, wenn die Autorität und die Partei Veränderungen unterworfen sind, würde es bedeuten, einen überflüssigen Kampf aufzunehmen, der denen in die Hände spielen würde, die die Perestroika liquidieren wollen« (Lidové noviny, 5. Juli 1990). Ich danke Gordon Wightman für diesen Hinweis.

212 Gorbachev, ›Ya ne znayu schastlyvikh reformatorov ...‹, Einleitung zu: Gody trudnykh resheniy, S. 12.

213 Anatoly Sobchak, Khozhdenie vo vlast': Rasskaz o rozhdenii parlamenta, (Novosti) Moskau 1991, S. 175.

214 Siehe Christopher Young, ›The Strategy of Political Liberalization: A Comparative View of Gorbachev's Reforms‹, World Politics, 45/1 (Oktober 1992), S. 47-65. Youngs Argument, daß Gorbatschows weitreichende Reformen »absichtlich konstruiert waren, die organisatorische Machtbasis seiner Gegner zu untergraben und die Interessen seiner eigenen Fraktion zu sichern«, überzeugt nicht. Der Gedanke, daß Gorbatschow »vorschlug, die KPdSU als eine Quelle politischer und administrativer Macht auszuschalten«, weil »Ligatschow und dessen Anhänger im Parteiapparat konzentriert waren« und von der Aufgabe der Implementierung der Wirtschaftsreformen ferngehalten werden mußten, übersieht zwei Punkte: 1. Es war ausschließlich Gorbatschows Politik wirtschaftlicher und politischer Liberalisierung, die ab 1989 verhinderte, daß er die normalerweise unangefochtene Autorität des Generalsekretärs besaß. 2. Hätte sich Gorbatschow an die traditionellen Spielregeln gehalten, wäre es für ihn nicht weiter schwierig gewesen, Ligatschow aus dem Politbüro und tatsächlich dem politischen Leben in einem vorpluralistischen sowjetischen System zu entfernen. Ligatschow war kein Suslow (der im Politbüro war, bevor Breschnew dort einzog, und über viele Verbindungen im Sekretariat und Apparat des Zentralkomitees verfügte), sondern jemand, den Gorbatschow selbst ins Politbüro geholt hatte und dessen fortdauernde Anwesenheit dort vom Generalsekretär abhing.

215 Eine gute Kurzdarstellung der Bergarbeiterstreiks bei Roxburgh, The Second Russian Revolution, S. 147 f. Für eine ausführlichere Darstellung siehe Donald Filtzer, Soviet Workers and the Collapse of Perestroika: The Soviet Labour Process and Gorbachev's Reforms 1985-1991, (Cambridge University Press) Cambridge 1994, bes. S. 94-122.

216 Filtzer, Soviet Workers and the Collapse of Perestroika, S. 100 f.

217 Schachnasarow-Interview, The Second Russian Revolution-Transkripte.

218 Shakhnazarov, Tsena Svobody, S. 137 f.

219 Ab Anfang 1991 wurde der Vorsitzende des Ministerrats offiziell Ministerpräsident genannt, und der Ministerrat wurde das Ministerkabinett. Dies fiel mit dem Ausscheiden Nikolai Ryschkows und der Ernennung Valentin Pawlows zum sowjetischen Regierungschef zusammen.

220 Shakhnazarov, Tsena Svobody, S. 73.

221 Schachnasarow-Interview, The Second Russian Revolution-Transkripte.

222 Medvedev, V komande Gorbacheva, S. 74.

223 Shakhnazarov, Tsena Svobdoy, S. 137 f.

224 Freilich war dies nicht sein einziges formelles Amt. 1988 war er Vorsitzender des Präsidiums des (unreformierten) Obersten Sowjets geworden, der damals keine unabhängige Machtbasis war.

225 Ligachev, Inside Gorbachev's Kremlin, S. 110.

226 Ebenda, S. 111.

227 Siehe Yeshegodnik Bol'shoy Sovetskoy Entsiklopedii 1986, (Sovetskaya Entsiklopediya) Moskau 1986, S. 15-16; und Izvestiya TsK KPSS, 9 (1990), S. 17.

228 Ebenda; Izvestiya TsK KPSS, 11 (1990), S. 9; und Izvestiya TsK KPSS, 1 (1991), S. 9.
229 Izvestiya TsK KPSS, 2 (1991), S. 10-11; Izvestiya TsK KPSS, 6 (1991), S. 11; und Pravda, 27. Juli 1991, S. 1.
230 Yakovlev, Gor'kaya chasha, S. 417.
231 Izvestiya TsK KPSS, 9 (1990), S. 19, 21.
232 Ebenda, S. 19.
233 Zu Gorbatschows ›engem‹ Beraterkreis und Zirkel von Mitstreitern, siehe Chernyaev, Shest' let s Gorbachevym, S. 66 und 432 f.; und Shakhnazarov, Tsena svobody, S. 144.
234 Reytingi Borisa El'tsina i Mikhaila Gorbacheva po 10-bal'noy shkale, (VTsIOM) Moskau 1993.
235 Zu denen im Team Gorbatschows, die 1990 die Schaffung eines Präsidenten-amtes und entsprechende Wahlen durch das gesamte Volk für besonders wün-schenswert hielten, gehörte Andrei Gratschow. In einer dem Politbüro im Januar 1990 zugeleiteten Denkschrift (für deren Kopie ich Dr. Gratschow zu Dank verpflichtet bin) führt Gratschow die Notwendigkeit einer Konsolidie-rung der Exekutivmacht und der Autorität Gorbatschows aus (denn er hegte keine Zweifel daran, daß Gorbatschow eine solche Wahl gewinnen würde) auf der Basis eines Mandates der Bevölkerung in einer unionsweiten Wahl. Zwei weitere und interessante Dokumente aus der Hand Gratschows – ein Memo-randum für Alexander Jakowlew vom 10. Januar 1990, in dem Gratschow die Notwendigkeit betont, aus der Kommunistischen Partei eine andere Art von Partei zu machen, und ein Programmentwurf für die ersten drei Monate Gor-batschows als Präsident (geschrieben im März) – sind als Anhang zu der fran-zösischen (aber nicht der russischen) Ausgabe der zwei politischen Memoiren-bände Gratschows erschienen. Siehe Andrei Gratchev, La Chute du Kremlin: L'Empire du non-sens, (Hachette) Paris 1994, S. 225-43.
236 Medvedev, V komande Gorbacheva, S. 111.
237 Siehe Gale Stokes, The Walls Came Tumbling Down: The Collapse of Com-munism in Eastern Europe, (Oxford University Press) Oxford 1993, S. 132-36. Die radikaleren Parteien der demokratischen Opposition zu den Kommuni-sten in Ungarn waren gegen die Direktwahl des Präsidenten und bevorzugten eine Entscheidung durch ein erneuertes Parlament. Ihrer Argumentation lagen nicht ausschließlich hehre Prinzipien zugrunde. Die Behauptung, ein direkt gewählter Präsident sei wahrscheinlich zu stark, als für eine neue Demokratie gut sei, war auch taktischer Natur, insofern als 1989 – dem Jahr des demokrati-schen Durchbruchs in Ungarn – der mit Abstand populärste Politiker und aus-sichtsreichste Kandidat der radikalen Reformer innerhalb der kommunisti-schen Führung Imre Pozsgay war. Den Freien Demokraten und den Jungen Demokraten in Ungarn gelang es, ein Referendum in dieser Frage zu erzwin-gen, in dem mit extrem knapper Mehrheit entschieden wurde, daß nach den Wahlen zur Nationalversammlung das Parlament – und nicht das Volk – den Präsidenten wählen würde. Da die ehemaligen Kommunisten – die ihren Namen von Ungarischer Sozialistischer Arbeiterpartei zu Ungarischer Soziali-

stischer Partei geändert hatten – in dieser Wahl schlecht abschnitten, machte
dies Pozsgays Hoffnungen auf die Präsidentschaft zunichte.

238 Sobchak, Khozhdenie vo vlast', S. 182.

239 Für das vollständige Protokoll des Dritten Kongresses der Volksdeputierten
siehe Vneocherednoy tretiy s'ezd narodnykh deputatov SSSR, 12-15 marta
1990 g.: Stenograficheskiy otchet, (Izdanie Verkhovnogo Soveta SSSR) Moskau 1990, 3 Bde. S. a. Sobchak, Khozhdenie vo vlast', S. 159-206; und Roxburgh, The Second Russian Revolution, S. 171-75.

240 Sobchak, Khozhdenie vo vlast', S. 189. Schachnasarow (Interview, The Second
Russian Revolution-Transkripte) sagt, daß er in seiner Eigenschaft als Deputierter aus eigenem Antrieb seine Nachbarn davon zu überzeugen versuchte,
für Gorbatschow zu stimmen. In scharfem Gegensatz zu Breschnew aber, mit
dem vor jedem Plenum des Zentralkomitees alles bis ins kleinste im voraus kal-
kuliert wurde, sei Gorbatschow nicht hinter den Kulissen aktiv geworden: »Es
gab keine organisierten Anstrengungen zu seinen Gunsten.«

241 Sobchak, Khozhdenie vo vlast', S. 189.

242 Roxburgh, The Second Russian Revolution, S. 175.

243 Sobchak, Khozhdenie vo vlast', S. 199 f.

244 Interview mit A. N. Jakowlew im sowjetischen Fernsehen, 24. August 1991,
vollständig wiedergegeben in FBIS-SOV-91-166, 27. August 1991, S. 40-49
(Zitat auf Seite 49).

245 Roxburgh, The Second Russian Revolution, S. 187. Roxburgh (S. 186-92) liefert eine der lebendigsten und scharfsinnigsten Darstellungen des XXVIII. Parteitages.

246 Ebenda, S. 189.

247 Shakhnazarov, Tsena Svobody, S. 253 f. Siehe auch Roxburgh, The Second Russian Revolution, S. 193.

248 Siehe Izvestiya TsK KPSS, 1 (1990), S. 9.

249 Siehe Izvestiya TsK KPSS, 7 (1990), S. 7-9; und Roxburgh, The Second Russian Revolution, S. 182 f.

250 Siehe Izvestiya TsK KPSS, 8 (1990), S. 129-32.

251 Izvestiya, 4. Juni 1989, S. 2.

252 Ebenda.

253 Der ursprüngliche Enthusiasmus, beispielsweise Schatalins, über Mitgliedschaft im Präsidialrat, basierte, wie sich herausstellen sollte, auf dem Mißverständnis, daß er damit etwas tatsächliche Macht würde ausüben können. Siehe
das Interview mit ihm in Moscow News, Nr. 14, 8. April 1990, S. 6.

254 Als im August 1991 eine Mehrheit der Mitglieder des Präsidialrates (außer Gorbatschow gab es insgesamt damals 17 Mitglieder) interviewt wurde, stellte sich
heraus, daß jeder eine andere Vorstellung vom Wesen dieser Institution hatte.
Selbst in der Frage, ob es sich um ein rein beratendes Organ oder eines mit exekutiven Kompetenzen handelte, herrschte keine Einigkeit. Siehe Moskovskie
novosti, 33 (1990), S. 8 f.

255 Damit soll nicht gesagt werden, daß ihre Macht innerhalb der Gesellschaft von
ehemaliger Größe war. Die Zunahme spontaner ökonomischer Aktivität, ent-

weder unter dem Deckmantel der Kooperativen oder offen privater Natur, untergrub das alte System der administrativen Ressourcenzuteilung.

256 Shakhnazarov, Tsena Svobody, S. 164.

257 Ebenda, S. 142. Schachnasarow schreibt, er sei es gewesen, der Gorbatschow den Namen ›Präsidialrat‹ vorgeschlagen habe.

258 In Großbritannien umfaßt die Regierung auch Minister, die nicht dem Kabinett angehören, wie zum Beispiel den Postminister. In gewissem Maße sind Minister ohne Kabinettsrang auch von der kollektiven Verantwortung des Kabinetts und damit von der politischen Führung des Landes ausgeschlossen. (Anm. d. Ü.)

259 Boldin wird von Schachnasarow als der »unsympathische … ultimative Bürokrat« und als jemand beschrieben, der ihn an Konstantin Tschernenko erinnerte (Tsena Svobody, S. 140 f.).

260 Chernyaev, Shest' let s Gorbachevym, S 334.

261 Erschüttert von der Demonstration vom 25. Februar, redete Gorbatschow, laut Tschernjajew, eher wie ein Parteichef denn als ein Neuer Denker bei der Sitzung des Politbüros am 2. März 1990. Siehe Chernyaev, Shest' let s Gorbachevym, S. 335 f. Vgl. auch Shakhnazarov, Tsena Svobody, S. 13.

262 Für eine hellsichtige Darstellung Gorbatschows als transformativem Führer siehe George W. Breslauer, ›Evaluating Gorbachev as Leader‹, Soviet Economy, 5/4 (Oktober-Dezember 1989), S. 299-340.

Kapitel 7: Gorbatschow und die Außenpolitik

1 Damit soll keineswegs gesagt sein, daß Gorbatschow die Position der Sowjetunion als eine der zwei großen Militärmächte neben den USA aufzugeben wünschte. Obwohl seine Ausführungen zum Militär höchstwahrscheinlich auch etwas von einem Lippenbekenntnis hatten, sprach Gorbatschow in seiner Abschlußrede vor dem Politbüro, das ihn gerade zum Generalsekretär gewählt hatte, von der Notwendigkeit neuer Entscheidungen, die die ökonomische und militärische Macht der Sowjetunion vergrößern und das Leben der Menschen verbessern sollten. (Für das stenographische Protokoll dieser Sitzung des Politbüros siehe Istochnik, 0/1993, S. 66-75.) Wie stark Gorbatschows Interesse auch an der Vergrößerung der sowjetischen Militärmacht gewesen sein mag, war er doch wesentlich mehr daran interessiert, internationale Spannungen zu reduzieren und den Militärhaushalt zu kürzen. Laut Anatoli Tschernjajew (Referent bei einem Expertenseminar zur Ära Gorbatschow im St. Antony's College, Oxford, am 15. Oktober 1995) war Gorbatschow bereits zu der Ansicht gelangt, daß die Sowjetunion einen solch großen militärisch-industriellen Komplex nicht weiter aufrechterhalten könne, als er im Dezember 1984 zu seiner ersten Begegnung mit Margaret Thatcher nach Großbritannien reiste. Roald Sagdejew, der ehemalige Direktor des sowjetischen Weltraumforschungsinstituts, der früh in der Perestroika-Periode in den Beraterkreis Gorbatschows für wissenschaftliche Angelegenheiten berufen wurde,

stellt zutreffend fest: »Schon bald wandte sich Gorbatschow internationaler Sicherheit und militärischer Aufrüstung zu, wobei er versuchte, den toten Punkt in der Frage atomarer Mittelstreckenraketen zu überwinden. Ich glaube, daß Gorbatschow – von verständlichen allgemeinen strategischen Überlegungen abgesehen – die Möglichkeit haben wollte, den zukünftigen Militärhaushalt im Rahmen seines Programms zur ökonomischen Wiederbelebung des Landes zu beschneiden.« Siehe Roald Z. Sagdeev, The Making of a Soviet Scientist: My Adventures in Nuclear Fusion and Space from Stalin to Star Wars, (John Wiley) New York 1994, S. 267.

2 Für eine interessante Darstellung eines Eingeweihten der Abläufe im sowjetischen militärisch-industriellen Komplex siehe die Memoiren Sagdeevs, The Making of a Soviet Scientist, bes. S. 45, 164-66, 185-200, 240-43, 325-27.

3 Wie Tschernjajew ausgeführt hat (Seminar in St. Antony's am 15. Oktober 1994), stimmte jedes Mitglied des Zentralkomitees fraglos für Schewardnadse, als ihn Gorbatschow vorschlug, obwohl alle vollkommen überrascht waren. Weder im Westen noch selbst in den gut informierten Kreisen in der Sowjetunion war bei den Mutmaßungen über Gromykos Nachfolger der Name Schewardnadse gefallen.

4 Es ist äußerst hilfreich, daß alle sechs Memoiren geschrieben haben. Jakowlew hat drei Bände mit Erinnerungen und Reflexionen veröffentlicht: Muki prochteniya bytiya. Perestroyka: Nadezhdy i real'nosti, (Novosti) Moskau 1991; Predislovie, Obal, Posleslovie, (Novosti) Moskau 1992; und Gor'kaya chasha: Bol'shevizm i Reformatsiya Rossii, (Verkhne-Volzhskoe knizhnoe izdatelstvo) Yaroslavl 1994. Wadim Medwedjew hat zwei nützliche Memoirenbände publiziert: V komande Gorbacheva. Vzglyad iznutri, (›Bylina‹) Moskau 1994; und Raspad: Kak on nazreval v ›mirovoy sisteme sotsializma‹, (Mezhdunarodnye otnosheniya) Moskau 1994. Tschernjajew hat seinen reichhaltigen und detaillierten Bericht: Shest' let s Gorbachevym, (Kultura) Moskau 1993, veröffentlicht und Schachnasarow seine nachdenklichen und faktenreichen Memoiren von vergleichbarem Wert, Tsena Svobody, (Rossika Zevs) Moskau 1993. Die Erinnerungen Schewardnadses, veröffentlicht als The Future Belongs to Freedom, (Sinclair-Stevenson) London 1991, dagegen zeigen Spuren der Eile, in der sie geschrieben wurden, obwohl auch sie gewiß nicht ohne Wert sind. Dobrynin hat ausführliche und recht nützliche Memoiren geschrieben: In Confidence: Moscow's Ambassador to America's Six Cold War Presidents, (Random House) New York 1995.

5 Interview mit Anatoli Tschernjajew, 30. März 1992. Schachnasarow verweist darauf, daß diese Informationen nicht nur an die Internationale Abteilung, sondern auch an die Abteilung für Sozialistische Länder des Zentralkomitees gingen und daß diplomatische Telegramme genauso wie die Berichte des KGB und des militärischen Geheimdienstes dazu gehörten. Der Direktor und sein Stellvertreter sahen diese Dokumente und konnten das, was relevant erschien, den Leitern der Unterabteilungen zeigen. Siehe Shakhnazarov, Tsena Svobody, S. 52.

6 Interview mit Tschernjajew, 30. März 1992.

7 Medvedev, Raspad, S. 26.

8 Ebenda.

9 Hier würde ich Amin Saikals und William Maleys sonst wertvollem Beitrag, ›From Soviet to Russian Foreign Policy‹, in: Saikal und Maley (Hgg.), Russia in Search of its Future, (Cambridge University Press) Cambridge 1995, S. 102-22, auf S. 119, widersprechen müssen, wenn sie schreiben:»Die Internationale Abteilung war mit größter Wahrscheinlichkeit das wichtigste bürokratische Organ, das an der Formulierung der Außenpolitik in der UdSSR beteiligt war.« Diese Verallgemeinerung scheint auch die Ära Gorbatschow miteinzuschließen, während der es wegen Gorbatschows Nähe zu Schewardnadse für die Internationale Abteilung besonders schwer war, das Außenministerium in den Schatten stellen zu wollen. Es ist eine Verallgemeinerung, die sich auch auf einen Aufsatz von Leonard Schapiro bezieht, ›The International Department of the CPSU: Key to Soviet Policy‹, International Journal, 32/31 (Winter 1976/77), S. 41-55. Darin aber erkennt Schapiro (S. 44) die Zunahme an politischem Gewicht nicht, die Gromykos Beförderung zum Vollmitglied des Politbüros 1973 sowohl dem Minister als auch dem Ministerium einbrachte. Obwohl Schapiro richtigerweise betont, daß die Internationale Abteilung für den Westen und die Dritte Welt zuständig war, führt er dennoch hauptsächlich Beispiele aus den Beziehungen der Abteilung mit den wichtigsten kommunistischen Parteien Westeuropas an, die tatsächlich in ihre direkte Zuständigkeit fielen, anders als die wichtigeren zwischenstaatlichen Kontakte zu westlichen Regierungen. Siehe hierzu Medvedev, Raspad, S. 26. Noch zur Zeit Breschnews dagegen schreibt Franklyn Griffiths, daß eine wichtige Rolle bei der Formulierung des internationalen Abschnitts des Berichts des Generalsekretärs an den XXIV. Parteitag im Jahre 1971 von IMEMO gespielt wurde (IMEMO war Teil der Akademie der Wissenschaften, unterstand aber auch der Internationalen Abteilung). Die entsprechenden Textstellen des Berichts an den XXV. Parteitag 1976 aber wurden hauptsächlich von der Abteilung für Allgemeine Internationale Beziehungen des Außenministeriums formuliert. Griffiths fügt hinzu:»Eine solche Veränderung der Partizipation würde recht gut zur gestiegenen Autorität des Außenministeriums passen, besonders nach der Beförderung A. A. Gromykos ins Politbüro im Jahre 1973 und dem Scheitern des Direktors des Weltwirtschaftsinstituts [d. h. IMEMO], beim XXV. Parteitag von seinem Kandidatenstatus des Zentralkomitees aus weiter aufzusteigen.« Siehe Griffiths, ›Ideological Development and Foreign Policy‹, in Seweryn Bialer (Hg.), The Domestic Context of Soviet Foreign Policy, (Westview) Boulder, Colo. 1981, S. 19-48, auf S. 20. Für eine weitere Erörterung der Rollen des Ministers und des Ministeriums für Auswärtige Angelegenheiten vor Gorbatschow siehe Archie Brown, ›The Foreign Policy Making Process‹, in Curtis Keeble (Hg.), The Soviet State: The Domestic Roots of Soviet Foreign Policy, (Gower für das Royal Institute of International Affairs) Aldershot 1985, S. 191-216, bes. S. 206-09, 216.

10 Siehe z. B. Yu. V. Aksyutin (Hg.), Nikita Sergeevich Khrushchev: Materialy k biografi, (Politizdat) Moskau 1989; Fedor Burlatsky, Vozhdi i Sovetniki: O Khrushcheve, Andropove i ne tol'ko o nikh, (Politizdat) Moskau 1990; Roy A. Medvedev, Khrushchev, (Blackwell) Oxford 1982; William J. Thompson, ›The

Fall of Nikita Krushchev‹, Soviet Studies, 43/6 (1991), S. 1101-21; und Thompson, Khrushchev: A Political Life, (Macmillan) London 1995.

11 Gromyko trat 1939 in den sowjetischen diplomatischen Dienst ein, kurz nachdem er von Stalin gesäubert worden war. Laut Tschernjajew (St. Antony's Seminar, 15. Oktober 1994) – und diese Meinung wird von Gromykos Memoiren bestätigt – war Gromyko stets der Ansicht, daß alles, was außenpolitisch während seiner Amtszeit getan worden war, richtig gewesen sei. Dementsprechend hätte Gorbatschow nur schwerlich einen neuen Ansatz entwickeln können, solange Gromyko Außenminister blieb.

12 Interview mit Anatoli Tschernjajew, 30. März 1992.

13 Bessmertnich, wie Wadim Bakatin in seinen Memoiren schreibt, weigerte sich, einen Brief zu unterzeichnen, in dem der Augustputsch von 1991 zu einem Zeitpunkt verurteilt wurde, als Gorbatschow noch unter Hausarrest auf der Krim stand. Der Brief wurde von Bakatin, Jewgeni Primakow und Arkadi Wolski unterschrieben. Siehe Bakatin, Izbavlenie ot KGB, (Novosti) Moskau 1992, S. 14 f.

14 Dies war eine spontane Bemerkung Sir Geoffrey Howes (damals noch Sir) in einem Gespräch mit mir beim Abendessen am 27. Oktober 1988, nachdem er den jährlichen Cyril-Foster-Vortrag in der Universität Oxford gehalten hatte. Siehe auch Geoffrey Howe, Conflict of Loyalty, (Macmillan) London 1994, bes. S. 437-42, 563.

15 Gorbatschow, Erinnerungen, S. 278

16 Interview mit Tschernjajew, 30. März 1992.

17 Ebenda.

18 Die fünf Reagan-Gorbatschow-Gipfeltreffen waren in Genf (19.-21. November 1985), Reykjavik (11.-12. Oktober 1986), Washington (8.-11. Dezember 1987), Moskau (30. Mai-2. Juni 1988) und New York (7. Dezember 1988). Die vier Bush-Gorbatschow-Gipfel fanden vor der Küste Maltas (2.-3. Dezember 1989), in Washington (31. Mai-3. Juni 1990), Helsinki (9. September 1990) und Moskau (29. Juli-1. August 1991) statt. Für eine nützliche Erörterung aller dieser Begegnungen siehe Raymond L. Garthoff, The Great Transition: American-Soviet Relations and the End of the Cold War, (Brookings Institution) Washington 1994.

19 Es ist ebenfalls fraglich, ob die sehr öffentliche Kampagne der japanischen Regierung der beste Weg war. In seinen Begegnungen mit japanischen Führern empfahl Gorbatschow ihnen Deutschland als Beispiel zur Nachahmung. (Meine Quelle ist Andrei Gratschow, Interview in Moskau, 18. September 1992.) Für das erste Vierteljahrhundert nach dem Zweiten Weltkrieg wurde kein Land in der Sowjetunion mehr gefürchtet und mit größerem Mißtrauen betrachtet als Deutschland. Beginnend mit der Kanzlerschaft Willy Brandts jedoch stellten die Deutschen gute Beziehungen zur sowjetischen Führung her und bekamen in der sowjetischen Öffentlichkeit eine ungleich bessere Presse. Dieses habe letztlich, so erinnerte Gorbatschow seine japanischen Gastgeber, zur nur wenige Jahre zuvor kaum vorstellbaren Wiedervereinigung Deutschlands geführt. Die Anspielung auf die Kurilen war deutlich.

20 Für eine nützliche und kurze Darstellung der sowjetischen Asienpolitik der späteren Gorbatschow-Jahre, siehe Coit D. Blacker, Hostage to Revolution: Gorbachev and Soviet Security Policy 1985-1991, (Council on Foreign Relations) New York 1993, S. 135-39.

21 Siehe z. B. George P. Shultz, Turmoil and Triumph: My Years as Secretary of State, (Macmillan) New York 1993, S. 702, wo Shultz den Kontrast zwischen Schewardnadse und Gromyko als »atemberaubend« beschreibt und hinzufügt: »Er konnte lächeln, gewinnend sein, reden. Er hatte die Gabe, zu überzeugen und sich überzeugen zu lassen.« Siehe auch Howe, Conflict of Loyalty, S. 438 f., 548; und Don Oberdorfer, The Turn. How the Cold War Came to an End: The United States and the Soviet Union 1983-1990, (Jonathan Cape) London 1992, S. 123, für die Kommentare des französischen Außenministers Roland Dumas wie auch die Shultz' und Howes. Shultz' Nachfolger als amerikanischer Außenminister genoß eine ebenso warmherzige Beziehung zu Schewardnadse. Nach dessen Rücktritt als sowjetischer Außenminister im Dezember 1990 sagte Baker: »Ich habe nie erlebt, daß etwas, was er mir gesagt hatte, nicht stimmte« (Michael R. Beschloss und Strobe Talbott, At the Highest Levels: The Inside Story of the End of the Cold War, ⟨Little und Brown⟩ London 1993, S. 296).

22 Andrei Gratchev [Grachev], La Chute du Kremlin: L'Empire du non-sens, (Hachette) Paris 1994, S. 78.

23 Oberdorfer, The Turn, S. 123.

24 Shultz, Turmoil and Triumph, S. 702-4. Shultz sagte seinem Team im US-Außenministerium im Januar 1986 außerdem: »Wir stehen einem mutigen und agilen sowjetischen Führer gegenüber, der noch härter und eine noch größere Herausforderung an uns ist als seine Vorgänger« (Ebenda, S. 704). Der Ausdruck ›Die Sowjets‹, wenn er auf Personen und nicht auf die örtlichen Selbstverwaltungsorgane angewandt wird, wie z. B. in ›Die Sowjets hatten einen Minderwertigkeitskomplex‹, verschleiert in der Regel mehr, als er offenbart. Es ist notwendig zu wissen, ob die Generalisierung ›der Sowjets‹ alle sowjetischen Nationalitäten mit einschließt, sich nur auf die Russen bezieht, nur sowjetischen Funktionären gilt oder eine noch kleinere herrschende Gruppe gemeint ist. Viele Funktionäre hatten in der Tat einen Minderwertigkeitskomplex, die »Rußlandexperten der US-Regierung«, von Shultz angeführt, hatten also nicht ganz unrecht, auch wenn Gorbatschow, wie Shultz klarstellt, zu den eindrucksvolleren Ausnahmen von dieser Regel gehörte.

25 Bei einem meiner Aufenthalte in den Vereinigten Staaten um die Zeit, als Shultz die gerade zitierten Bemerkungen machte, sah ich einen ehemaligen US-Botschafter in Moskau im Fernsehen darlegen, Gorbatschow sei viel gefährlicher als jeder seiner Vorgänger, denn er sei »clever«, habe »Charme« und sei »flexibel«. Er sei daher eine äußerst besorgniserregende Figur, um insbesondere auf die Europäer losgelassen zu werden, die anerkanntermaßen leicht verführbar seien. Die Ereignisse der folgenden Jahre aber bestärkten in keinerlei Hinsicht das implizierte Argument, daß die Europäer oder die Amerikaner mehr von einem sowjetischen Führer profitiert hätten, der dumm, ungehobelt und inflexibel gewesen wäre.

26 Einen ähnlichen Punkt macht Jonathan Haslam, ›Soviet Policy Toward West-
ern Europe‹, in: George W. Breslauer und Philip E. Tetlock (Hgg.), Learning in
U.S. and Soviet Foreign Policy, (Westview) Boulder, Col. 1991, S. 469-503, bes.
S. 497 f.

27 Adamischin hatte diese Position bis 1990 inne, als er sowjetischer Botschafter in
Italien wurde. Im postsowjetischen Rußland wurde er zum Ersten Stellvertretenden Außenminister befördert und wechselte 1994 als russischer Botschafter
nach London. Petrowski blieb einer der Stellvertretenden Außenminister bis
August 1991, als er Erster Stellvertretender Außenminister der Sowjetunion
wurde. 1992 wurde er Stellvertretender Generalsekretär der Vereinten Nationen.

28 Arkadi Sewtschenko, der hochrangige sowjetische Diplomat, der sich 1978 in
die USA absetzte, stellt einen Gegensatz zwischen der Ideologielastigkeit der
Internationalen Abteilung und dem eher pragmatischen Ansatz des Außenministeriums her. Allerdings hält er auch fest, daß Ponomarjow sich »des Wertes
von Qualifikation sehr bewußt« war und daß er für die Internationale Abteilung »tatkräftig fähige Mitarbeiter rekrutierte«. Siehe Sevchenko, Breaking
with Moscow, (Knopf) New York 1985, S. 188-91, bes. S. 189.

29 Die Quelle für diese Aussage ist ein Vortrag Andrei Gratschows (Stellvertretender Direktor der Internationalen Abteilung 1989-91) im Rahmen eines Semi-
nars im St. Antony's College, Oxford, am 10. Oktober 1994.

30 Sewtschenko schreibt am Vorabend des Regierungsantritts Gorbatschows, daß
er Sagljadin das erste Mal »während unserer Tage am MGIMO« getroffen habe.
Später, so Sewtschenko, »beobachtete er seinen Aufstieg mit einer Mischung
aus Bewunderung und Abscheu«. Sewtschenko ist einer derjenigen, die anmerken, daß Sagljadin nach dem XX. Parteitag von 1956 »ehrliche Begeisterung
über die Möglichkeiten empfand, alles, was obsolet in der sowjetischen Gesellschaft und Regierung war, zu verändern«. Eine »Welle des Idealismus« in den
ersten Jahren nach Stalins Tod »brachte Sagljadin und andere zur Parteiarbeit«.
Aber, so fügt er hinzu, was »als so etwas wie ein Kreuzzug begann … wurde eine
Karriere« (Sevchenko, Breaking with Moscow, S. 190).

31 Petrakows Nachfolger, Oleg Oscherelew, war zeitweise Dekan der Wirtschaftswissenschaftlichen Fakultät der Leningrader Universität gewesen, hatte aber
– im Gegensatz zu Petrakow – danach (unter Wadim Medwedjew, dessen Pro-
tegé er war) im Apparat des Zentralkomitees gearbeitet. Waleri Boldin kam von
der Prawda (deren Parteistatus sie damals praktisch zu einer Nebenstelle des ZK
machte) zu Gorbatschow, hatte aber davor im ZK-Apparat unter dem reaktionären Leiter der Propagandaabteilung des Zentralkomitees zu Zeiten Chruschtschows, Leonid Ilitschew, gedient. In jenen Jahren war Boldin auch Kollege
von Alexander Nikolajewitsch Jakowlew gewesen, mit dem er per Du war.

32 Private Mitteilung eines Wissenschaftlers, der an dieser Sitzung teilnahm und
totale Unterstützung einer militärischen Entgegnung auf den irakischen Überfall forderte, sollte Saddam Hussein einem angeordneten Ultimatum für einen
Rückzug nicht nachkommen.

33 Andrei Gratschow (persönliche Mitteilung vom 6. Januar 1995) hat bestätigt,

daß die Positionen Schewardnadses und Gorbatschows nicht identisch waren. Schewardnadse war der amerikanischen Position enger verbunden und eher zu einem Militärschlag bereit als Gorbatschow, der hoffte, einen umfassenden Angriff auf den ehemaligen arabischen Verbündeten der Sowjetunion vermeiden zu können und gleichzeitig die Selbständigkeit der sowjetischen Außenpolitik zu betonen. Für eine detaillierte Darstellung des Entscheidungsprozesses während der Golfkrise 1990/91, basierend auf Interviews mit Beteiligten sowohl in Washington (vor allem) als auch in Moskau, siehe Beschloss und Talbott, At the Highest Levels, S. 244-344. Siehe auch Garthoff, The Great Transition, S. 435.

34 Beschloss und Talbott, At the Highest Levels, S. 270-80.

35 Zu denen, die später öffentlich Kritik an Gorbatschow und (noch mehr) an Schewardnadse in der Frage militärischer Maßnahmen gegen den Irak übten, gehörte auch Georgi Kornienko, der – bevor er im November 1988 von Gorbatschow in den Ruhestand versetzte wurde – Erster Stellvertretender Direktor der Internationalen Abteilung des Zentralkomitees war. Dies war ein weiterer Fall, indem diese Abteilung von Gorbatschow links liegengelassen wurde. Siehe Kornienkos umfassenden Angriff auf Gorbatschows Außenpolitik, ›Zakonchilas‹ li »kholodnaya voyna«?: Razmyshleniya ee uchastnika‹, Nezavisimaya gazeta, 16. August 1994, S. 5; und die Entgegnung Anatoli Tschernjajews, ›Dlya nego kholodnaya voyna deystvitel'no ne zakonchilas‹, Nezavisimaya gazeta, 3. September 1994, S. 4.

36 Interview mit Andrei Gratschow, 14. Januar 1993. Siehe auch Medvedev, Raspad, S. 26.

37 Siehe Nezavisimaya gazeta, 16. August 1994, S. 5; und auch Kornienkos Memoiren, Kholodnaya voyna: svidetel'stvo ee uchastnika, (Mezhdunarodnye otnosheniya) Moskau 1994, wo er argumentiert (S. 260 f.), in der Praxis sei aus dem ›Neuen Denken‹ ein »Verrat an den Staatsinteressen der Sowjetunion« geworden.

38 Interview mit Anatoli Tschernjajew, 30. März 1992.

39 Interview mit Andrei Gratschow, 14. Januar 1993.

40 Ebenda.

41 Dies war seit Anfang der siebziger Jahre und der Ostpolitik Willy Brandts der Fall. Bevor die westdeutschen Sozialdemokraten bessere Beziehungen zur Sowjetunion aufbauten, hatten die sowjetischen Führer (dem Beispiel Lenins und Stalins folgend) dahin tendiert, Sozialdemokraten als weit gefährlicher denn Konservative einzustufen. Erstere betrachteten sie als Rivalen und in freien Wahlen als unabänderlich erfolgreichere Konkurrenten für die Unterstützung der Arbeiterklasse. Genauso betrachteten die großen sozialdemokratischen Parteien die Kommunisten im allgemeinen mit Mißtrauen und Abneigung, und zwar nicht nur wegen der sowjetischen Politik in Osteuropa nach dem Zweiten Weltkrieg, sondern auch aufgrund ihrer unmittelbaren Erfahrungen des Kampfes zwischen den sozialdemokratischen und Arbeiterparteien einerseits und den Kommunisten und Trotzkisten andererseits in der westeuropäischen Gewerkschaftsbewegung. Vergleiche auch die etwas andere Sicht in Timothy Garton Ash, In Europe's Name: Germany and the Divided Continent, (Jonathan Cape) London 1993, bes. Kapitel 6.

42 Diese Beobachtung macht auch Andrei Gratschow (Interview mit dem Autor, 13. Januar 1993), wenn er feststellt, daß sich Dobrynin nicht für die Hauptaktivitäten der Internationalen Abteilung interessierte und daß er innerhalb des ZK-Apparats nicht als eine starke politische Figur betrachtet wurde. Wadim Medwedjew deutet an, daß Dobrynin für den Umgang mit einer Vielzahl kleiner Parteien nicht geeignet war, und schreibt, »die neue Internationale Abteilung fand sich selbst nicht« (Raspad, S. 26).

43 Interview mit Tschernjajew, 30. März 1992.

44 Ebenda.

45 Anatoly Dobrynin, In Confidence: Moscow's Ambassador to America's Six Cold War Presidents, (Random House) New York 1995, S. 628.

46 Ebenda.

47 Für die Ansichten Falins siehe (unter anderen) Hannes Adomeit, ›Gorbachev, German Unification and the Collapse of Empire‹, Post-Soviet Affairs, 10/3 (1994), S. 197-230; und für Kornienkos Kritik, siehe Nezavisimaya gazeta, 16. August 1994, S. 5; und Kornienko, Kholodnaya voyna, S. 234-57.

48 Siehe Gorbachev, Izbrannye rechi i stat'i, III, S. 247.

49 General Albert Makashov, ›Doktrina predatel'stva‹, Den', 7.-13. Juni 1992, S. 2.

50 Gorbatschow beeilte sich jedoch sofort hinzuzufügen: »Aber wir messen dem Zustand und dem Wesen der Beziehungen zu den Vereinigten Staaten natürlich große Bedeutung bei.«

51 Gorbachev, Izbrannye rechi i stat'i, III, S. 247.

52 Mikhail Gorbachev, ›Za bez''yadernyy mir, za gumanizm mezhdunarodnykh otnosheniy‹, in: Gorbachev, Izbrannye rechi i stat'i, IV (1987), S. 376-92.

53 Siehe XIX Vsesoyuznaya konferentsiya Kommunisticheskoy Partii Sovetskogo Soyuza, 28 Iyunya-1 Iyulya 1988 g.: Stenograficheskiy otchet, 2 Bde., (Politizdat) Moskau 1988, besonders Gorbatschows Bericht an die Konferenz, I, S. 19-92, auf S. 40-45.

54 Die Rede vor den Vereinten Nationen ist veröffentlicht in Gorbachev, Izbrannye rechi i stat'i, VII (1990), S. 184-202.

55 Es war bezeichnend für die Besorgnis der sowjetischen Führung über das Entstehen einer spontanen Arbeiterbewegung in einem ›sozialistischen Bruderland‹, daß sie im August 1980 das Stören ausländischer Radiosender (was sie mit Ausnahme von Radio Liberty und Radio Free Europe seit kurz vor dem Abkommen von Helsinki von 1975 nicht mehr getan hatte) wieder aufnahm, um sicherzustellen, daß so wenig unabhängige Informationen wie möglich über die Aktivitäten der polnischen Arbeiter deren sowjetische Kollegen erreichten.

56 Siehe Alexander Dallin, ›New Thinking in Soviet Foreign Policy‹, in: Archie Brown (Hg.), New Thinking in Soviet Politics, (Macmillan) London 1992, S. 71-85, bes. S. 72.

57 Legvold, ›Soviet Learning in the 1980s‹, in: Breslauer und Tetlock (Hgg.), Learning in U.S. and Soviet Foreign Policy, S. 684-732, auf S. 710.

58 Gorbachev, Perestroika: New Thinking for our Country and the World, (Collins) London 1987, S. 147.

59 Frühere sowjetische Führer akzeptierten von Zeit zu Zeit, daß es globale Probleme gab, versuchten aber, sie in ihr traditionelles ›Klassenraster‹ einzupassen. So sagte Tschernenko 1984: »Die Probleme von Krieg und Frieden, wie alle anderen globalen Probleme, existieren nicht aus eigenem Antrieb. Sie sind nicht zu trennen von den sozialen Widersprüchen in der Welt und der Entwicklung des Klassenkampfes« (zitiert nach Textual Analysis of General Secretary Mikhail Gorbachev's Speech to the Forum ›For a Nuclear-Free World, for the Survival of Mankind‹, Moscow, February 16, 1987, erarbeitet von den Angestellten des Amerikanischen Komitees für Sowjetisch-Amerikanische Beziehungen [Hauptautor Joel Hellman], ⟨Washington⟩ 1987).

60 Literaturnaya gazeta, 5. November 1986, S. 2.

61 Stephen Shenfield, The Nuclear Dilemma: Explorations in Soviet Ideology, (Routledge für das Royal Institute of International Affairs) London 1987, S. 45 f.

62 Ebenda, S. 47.

63 Gorbachev, Perestroika, S. 145.

64 Siehe Sakharov, Progress, Coexistence and Intellectual Freedom, (Deutsch) London 1968; Burlatsky, ›Filosofiya mira‹, Voprosy filosofii, 12 (1982), S. 57-66; und Shakhnazarov, ›Logika politicheskogo myshleniya v yadernuyu eru‹, Voprosy filosofii, 5 (1984), S. 62-74. Für weitere Kommentare zu den intellektuellen Ursprüngen des Neuen Außenpolitischen Denkens siehe auch: Textual Analysis of General Secretary Mikhail Gorbachev's Speech to the Forum ›For a Nuclear-Free World, for the Survival of Mankind‹, Moscow, February 16, 1987; Stephen Shenfield, The Nuclear Dilemma; Neil Malcolm, Soviet Foreign Policy Perspectives on Western Europe, (Routledge für das Royal Institute of International Affairs) London 1989; Dallin, ›New Thinking in Soviet Foreign Policy‹, in: Brown (Hg.), New Thinking in Soviet Politics; und Breslauer und Tetlock (Hgg.), Learning in U.S. and Soviet Foreign Policy, Kapitel 17 und 18 (von Franklyn Griffiths und Robert Legvold).

65 Auch Schewardnadse war sich 1988 des möglichen Vorwurfs bewußt, der schon bald offen und mit Nachdruck von konservativen kommunistischen Zirkeln erhoben werden sollte, die Herunterspielung des Klassenansatzes sei eine Abweichung von den Lehren Lenins. Mit einer wichtigen Rede im sowjetischen Außenministerium (hauptsächlich auf ein sowjetisches Publikum von Ministerialbeamten und mezhdunarodniki ausgerichtet) kam Schewardnadse dem zuvor, indem er die Idee, daß ›friedliche Koexistenz‹ eine ›besondere Form des Klassenkampfes‹ sei, nicht nur als »irrig«, sondern auch als »antileninistisch« bezeichnete. Der letzte Punkt wurde allerdings aus der gedruckten Fassung, einer gekürzten Version der Rede, gestrichen. Siehe Schewardnadse, Rede vom 25. Juli 1988, ›XIX vsesoyuznaya konferentsiya KPSS: vneshnaya politika i diplomatiya‹, Vestnik Ministerstva Inostrannykh Del, 15 (15. August 1988), S. 27-46, bes. S. 34.

66 Chernyaev, Shest' let s Gorbachevym, S. 152-3.

67 Siehe Dmitry Volkogonov, Lenin: Politicheskiy portret, 2 Bde., (Novosti) Moskau 1994, bes. II, S. 124, 166. Die Ansichten, deren Äußerung Gorbatschow geeignet erschien, entsprachen freilich sowohl taktischen Überlegungen als

auch seiner Entwicklung während seiner Amtszeit. So kann Wolkogonow ihn zitieren, als er 1987 im Politbüro dem Prinzip »der Liquidierung der Kulaken als Klasse« (ebenda) zustimmte, obwohl Gorbatschow die dabei angewandten Methoden bedauerte und zwei Jahre später das zugrundeliegende Prinzip ebenfalls vollständig verwarf. Wolkogonows umfangreiches Buch über Lenin (das zahlreiche Abschweifungen enthält) ist in einer gekürzten englischen Fassung erhältlich, gut übersetzt und ediert von Harold Shukman: Volkogonov, Lenin: A New Biography, (The Free Press) New York 1994.

68 Rigby, ›Some Concluding Observations‹, in: A. Brown (Hg.), New Thinking in Soviet Politics, S. 102-110, auf S. 109.

69 M. Gorbachev, ›Sotsializm i perestroyka‹, Pravda, 26. November 1989, S. 1-3.

70 Ebenda, S. 2.

71 Ebenda, S. 1.

72 Ebenda, S. 2.

73 Ebenda.

74 Gorbachev, Bericht des Zentralkomitees an die XIX. Parteikonferenz (28. Juni 1988) in XIX Vsesoyuznaya konferentsiya Kommunisticheskoy Partii Sovetskogo Soyuza, I, S. 18-92, auf S. 43.

75 Gorbachev, ›Vystuplenie v Organizatsii Ob"edinennykh Natsiy‹, Izbrannye rechi i stat'i, VII (1990), S. 184-202, auf S. 188.

76 Hier würde ich Hannes Adomeit widersprechen, der in einem grundsätzlich aufschlußreichen und gut dokumentierten Artikel schreibt, Gorbatschow habe »von 1988 an« auf Ereignisse reagiert, über die er die »Kontrolle verloren« habe. Im Verlaufe des Jahres 1989 wurde dies zur Realität, zumindest, soweit es um Osteuropa ging (obwohl Gorbatschow auch dort verschiedene Optionen offenstanden, und die Tatsache, daß er und nicht etwa Ligatschow Generalsekretär war, war von enormer Bedeutung). 1988 aber gab er noch immer zu einem großen Teil die politische Richtung vor, sowohl in der Innen- wie der Außenpolitik. Es ist etwas anderes, daß die von ihm 1988 in Gang gesetzten großen Veränderungen – vor allem die XIX. Parteikonferenz im Juni, aber auch seine Rede vor den Vereinten Nationen im Dezember – Kräfte freisetzten, die innerhalb der nächsten zwei oder drei Jahre Folgen zeitigen sollten, die weit über das hinausgingen, was er sich ursprünglich vorgestellt hatte, und sich in ganz andere Richtungen entwickelten, als von ihm beabsichtigt war. Siehe Hannes Adomeit, ›Gorbachev, German Unification and the Collapse of Empire‹, Post-Soviet Affairs, 10/3 (Juli-September 1994), S. 197-233, auf S. 225 f. Michael R. Beschloss und Strobe Talbott treffen genau den Punkt: »Während seiner ersten vier Jahre an der Macht war Gorbatschow ein Führer, der Ereignisse herbeiführte. Er kam 1985 ins Amt, entschlossen, ›echte Politik‹ an die Stelle des Terrors als Ordnungsprinzip des sowjetischen Lebens zu setzen. Bis Ende 1988 behielt er ein gewisses Maß an Kontrolle über die Kräfte des Wandels, die er so mutig in Bewegung gesetzt hatte« (Beschloss und Talbott, At the Highest Levels, S. 467).

77 Sagdeev, The Making of a Soviet Scientist, S. 273.

78 Es ist im Westen gelegentlich und noch öfter in der Sowjetunion gesagt worden,

daß der Ausdruck ›militärisch-industrieller Komplex‹ im sowjetischen Kontext unangemessen sei, weil das Militär und die Rüstungsindustrie zwei separate Einheiten seien. Als ich aber Sagdejew dazu im März 1992 befragte, betonte er, daß er aufgrund seiner persönlichen Erfahrungen nur zu gut über die enge Zusammenarbeit zwischen dem Militär einerseits und der dem Militär verbundenen Industrie und Wissenschaft andererseits Bescheid wisse und dementsprechend das Konzept für absolut zutreffend auf die sowjetischen Umstände halte. In seinen Memoiren, The Making of a Soviet Scientist, widmet Sagdejew dem militärisch-industriellen Komplex ein ganzes Kapitel. Zur Existenz der Kommission für Militärisch-Industrielle Fragen des Ministerrats, dem Geschöpf Dmitri Ustinows, merkt er an (S. 186 f.): »Bei einem solchen Namen war es mir immer unmöglich zu verstehen, wie unsere Propagandisten jemals die Existenz unseres eigenen militärisch-industriellen Komplexes hatten leugnen können.«

79 Strobe Talbott, Deadly Gambits, (Picador) London 1985, S. 317-21.

80 Oberdorfer, The Turn, S. 55. Siehe auch Alexander Dallin, Black Box: KAL 007 and the Superpowers, (University of California Press) Berkeley 1985.

81 Howe, Conflict of Loyalty, S. 350. Siehe auch Oleg Gordievsky, Next Stop Execution, (Macmillan) London 1995, S. 271-73.

82 Dallin, Black Box, S. 104 f.

83 Howe, Conflict of Loyalty, S. 350.

84 Ebenda.

85 Gordievsky, Next Stop Execution, S. 272 f.

86 In den Worten Howes: »Margaret und ich waren [von Gordiewskis alarmierenden Berichten] beeindruckt. Wir fanden beide Gelegenheiten, Verbündete und Freunde vor der Echtheit der Ängste der Sowjets zu warnen« (Howe, Conflict of Loyalty, S. 350).

87 Christopher Andrew und Oleg Gordievsky, KGB: The Inside Story of its Foreign Operations from Lenin to Gorbachev, (Hodder & Stoughton) London 1990, S. 504.

88 Michael MacGwire, Perestroika and Soviet National Security, (Brookings Institution) Washington 1991, S. 392.

89 MacGwire (ebenda) stellt fest: »Man hat gesagt, daß die größte Kriegsgefahr in der amerikanischen Politik darin liegt, Politik so zu gestalten, als gäbe es keine Kriegsgefahr. Dies war nie zutreffender als während der ersten Regierung Reagan.«

90 Interview mit Andrei Gratschow, 14. Januar 1993.

91 Er hatte allerdings, wie in einem vorangegangenen Kapitel angemerkt wurde, seinem Freund Schewardnadse (im März 1985 noch ein Kandidat oder nicht stimmberechtigtes Mitglied des Politbüros) seine Ablehnung der sowjetischen Militärintervention in Afghanistan mitgeteilt, bald nachdem die Entscheidung dafür gefallen war.

92 Volkogonov, Lenin: Politicheskiy portret, II, S. 123. Wolkogonow zitiert aus den Sitzungsprotokollen des Politbüros, zu denen er Zugang hatte.

93 Istochnik, 0/1993, S. 74.

94 Ebenda.

95 Außerdem hatte er die britische öffentliche Meinung und die Premierministerin mit seiner Persönlichkeit, Intelligenz und seinem Stil beeindruckt und nicht durch irgendeine Abweichung von der offiziellen sowjetischen Politik. So schreibt die Premierministerin denn auch in ihren Memoiren: »Wenn ich damals nur auf den Inhalt der Ausführungen Mr. Gorbatschows geachtet hätte ..., wäre ich zu dem Schluß gekommen, daß er dem gewöhnlichen kommunistischen Stereotyp entspräche. Aber seine Persönlichkeit hätte sich nicht stärker von der hölzernen Bauchrednerei des durchschnittlichen sowjetischen apparatchik unterscheiden können. Er lächelte, lachte ... führte ein Argument zu Ende und war ein scharfer Debattierer. ... Seine politische Linie entsprach meinen Erwartungen. Sein Stil nicht ... Ich merkte, daß er mir sympathisch war« (Thatcher, The Downing Street Years, ⟨HarperCollins⟩ London 1993, S. 461).

96 Nancy Reagan schreibt in ihren Memoiren über das Gipfeltreffen zwischen ihrem Mann und Michail Gorbatschow in Moskau 1988: »Nach vier Begegnungen hatten [Reagan und Gorbatschow] gegenseitigen Respekt entwickelt und Zuneigung zueinander gefaßt. ... Ich glaube auch, daß jeder zutiefst dankbar darüber ist, daß der andere während jener Jahre an der Macht war, und daß sie miteinander für die Verminderung der Gefahr eines Atomkriegs arbeiten konnten« (My Turn: The Memoirs of Nancy Reagan, ⟨Dell⟩ New York 1989, S. 370 f.).

97 Wenn also Richard Pipes die Frage stellt, »warum das Politbüro, als Reaktion auf Reagans Antikommunismus, einen Mann wählte, der sich der Perestroika und der Abrüstung verschrieben hatte«, geht er von falschen Voraussetzungen aus. Wie ich in diesem und in Kapitel 3 dargelegt habe, hatten die Mitglieder des Politbüros überhaupt keine Ahnung, daß sie einen radikalen Reformer und Abrüster wählten. Siehe den Essay von Pipes, ›Misinterpreting the Cold War: The Hard-liners Had It Right‹, Foreign Affairs, 74/1 (Januar-Februar 1995), S. 154-60, auf S. 158. Allerdings leistete Reagan in seinen letzten drei Jahren im Weißen Haus durchaus einen erkennbaren Beitrag mit seiner Art, grundsätzlichen Antikommunismus mit einer relativ entgegenkommenden und pragmatischen Haltung gegenüber Gorbatschows innen- und außenpolischen Reformen zu verbinden. Diese Reaktion war tatsächlich pragmatischer, als einige seiner Gegner erwarteten und eine Reihe seiner Anhänger wünschten, und sie spielte eine wichtige Rolle in der atmosphärischen Verbesserung der internationalen Beziehungen. Darin wurde Reagan stark von seinem Außenminister George Shultz unterstützt, im Gegensatz zu seinem Verteidigungsminister Caspar Weinberger. Mit dessen Rücktritt im November 1987 verabschiedete sich das ranghöchste Regierungsmitglied, das am längsten gebraucht hatte, das Ausmaß der Veränderungen zu erkennen, die Gorbatschow in der sowjetischen Innen- und Außenpolitik bewirkte.

98 Zu denjenigen, die die Bedeutung von SDI für den Wandel in der Sowjetunion unverhältnismäßig groß bewerten, gehört Margaret Thatcher, wie zum Beispiel in folgender Passage aus ihren Memoiren deutlich wird: »Präsident Reagans Strategische Verteidigungsinitiative, über die sich die Sowjets und Mr. Gorba-

tschow bereits solche Sorgen machten, sollte sich als entscheidend für den Sieg des Westens im Kalten Krieg herausstellen. ... Im Rückblick ist mir heute klar, daß Ronald Reagans ursprüngliche Entscheidung zugunsten von SDI die wichtigste seiner Präsidentschaft war« (The Downing Street Years, S. 463). Dies enstprach nicht der damaligen Auffassung Margaret Thatchers. In ihren öffentlichen Stellungnahmen übte sie sich in relativer Zurückhaltung, privat aber machte sie aus ihrem Mißtrauen gegenüber SDI keinen Hehl, wie ich es als Teilnehmer des Treffens in Downing Street 10 am 14. Dezember (am Vorabend der Ankunft Gorbatschows in Großbritannien) selbst deutlich in Erinnerung habe. Unmittelbar nach ihrem Treffen mit Gorbatschow flog Frau Thatcher in die Vereinigten Staaten, um Präsident Reagan zu sehen und vor allem um ihm ihre Eindrücke von dem Mann zu schildern, der sehr gut der nächste sowjetische Führer werden konnte. Zu diesem Besuch schreibt Reagan in seinen Memoiren, daß Margaret Thatcher nicht nur Gorbatschows Äußerung der »starken sowjetischen Bedenken gegen SDI« wiedergab, sondern daß die britische Premierministerin »einige seiner Einwände zu teilen schien«. Siehe Ronald Reagan, An American Life: The Autobiography, (Simon & Schuster) New York 1990, S. 609.

99 Die faktenreichste und verläßlichste Darstellung des sich wandelnden sowjetisch-amerikanischen Verhältnisses ist Raymond Garthoff, The Great Transition: American-Soviet Relations and the End of the Cold War, (Brookings Institution) Washington 1994.

100 Interview mit Tschernjajew, 30. März 1992.

101 Chernyaev, Shest' let s Gorbachevym, S. 214.

102 Siehe z. B. Thatcher, The Downing Street Years, S. 462 f., 465 f., 470-72, 482 f.

103 Die Zitate entstammen einem Memorandum, das Shultz Präsident Reagan als Zusammenfassung seiner Gedanken nach einem informellen Abend der Reagans und Shultz' mit den Gorbatschows auf einer Datscha in der Nähe von Moskau im Sommer 1988 sandte. Für den vollständigen Text, siehe Reagan, An American Life, S. 710 f.

104 M. S. Gorbachev, ›U perelomnoy cherty‹, in Gorbachev, Gody trudnykh resheniy, S. 46-55, auf S. 54. Die Rede wurde am 23. Mai 1986 gehalten. Die oben aus Gorbatschows Buch von 1993 zitierte Passage erschien nicht in der Zusammenfassung der Rede, die in Vestnik MID, 5 (August 1987), S. 4-6, erschien.

105 Chernyaev, Shest' let s Gorbachevym, S. 105.

106 Ebenda, S. 105 f.

107 Über die Konferenz in Reykjavik schreibt Außenminister George Shultz, daß das amerikanische Expertenteam für die Sowjetunion angenommen hatte, daß Achromejew, obwohl er mit nach Island gekommen war, der Arbeitsgruppe aber nicht angehören würde, die die Fragen zwischen den Gorbatschow-Reagan-Sitzungen aushämmerte. Tatsächlich: »Er endete als deren Vorsitzender und redete praktisch am meisten« (Shultz, Turmoil and Triumph, S. 763).

108 Chernyaev, Shest' let s Gorbachevym, S. 110.

109 Oberdorfer, The Turn, S. 194.

110 Beschloss und Talbott, At the Highest Levels, S. 438.

111 Sagdeev, The Making of a Soviet Scientist, S. 273.

112 Shultz, Turmoil and Triumph, S. 772. Shultz schreibt: »Nach Reykjavik wurde ich dafür kritisiert, Ronald Reagan nicht davon ›abgehalten‹ zu haben, die Vernichtung der Atomwaffen angeboten zu haben. Ich entgegnete darauf, daß Präsident Reagan diese Position öffentlich und privat oft vertreten habe: vor und nach Wahlen. Ich wußte, daß niemand ihn davon abbringen konnte, diese Haltung einzunehmen, an die er zutiefst glaubte und für die er in Wahlkämpfe gezogen war.«

113 Garthoff, The Great Transition (S. 289), erörtert den interessanten Punkt, inwieweit Gorbatschows Handlungsspielraum durch Richtlinien des Politbüros dahingehend eingeschränkt wurde, daß er nicht noch weiter ging. Es gibt auch unter denjenigen keine Übereinstimmung, die am Entscheidungsprozeß beteiligt waren, darüber, ob Gorbatschow in den Verhandlungen nicht doch größeren Bewegungsspielraum besaß. Sein Dolmetscher, Pawel Palschtschenko, glaubt das nicht und sagt, Gorbatschow »war Generalsekretär, nicht Kaiser«.

114 Oberdorfers The Turn (bes. S. 189-205) liefert eine hervorragende Darstellung des Gipfels von Reykjavik auf der Basis vieler hochrangiger amerikanischer Quellen und Interviews mit einigen sowjetischen Teilnehmern (zum Beispiel Schewardnadse). Seit der Veröffentlichung dieses Buches ist weiteres Material zur Initiation und Vorbereitung des Projekts auf sowjetischer Seite zugänglich geworden – vor allem mit den Memoiren des außenpolitischen Beraters Gorbatschows, Tschernjajew, der Mitglied der offiziellen sowjetischen Delegation in Reykjavik war. Siehe Shest' let s Gorbachevym, S. 105-20.

115 Oberdorfer, The Turn, S. 206.

116 Ebenda.

117 Chernyaev, Shest' let s Gorbachevym, S. 114 f.

118 Ebenda, S. 115.

119 Ebenda.

120 Reagan, An American Life, S. 707. Neben anderen positiven Schilderungen Gorbatschows schreibt Reagan: »Was auch immer seine Gründe waren, Gorbatschow besaß die Intelligenz zuzugeben, daß der Kommunismus nicht funktionierte, den Mut, für Veränderungen zu kämpfen, und letztlich die Weisheit, mit der Einführung von Demokratie, individueller Freiheit und freier Wirtschaft zu beginnen« (ebenda, S. 508).

121 Reagan, An American Life, S. 707.

122 Die sowjetische Militärintervention zur Beendigung der tschechischen Reformen dagegen hatte größere Auswirkungen in Westeuropa als die sowjetische Invasion Afghanistans. Das lag zum Teil daran, daß sich erstere im Herzen Europas abspielte, und auch, weil die westeuropäischen Massenmedien bereits einige Monate, bevor sowjetische Panzer nach Prag rollten, die Entwicklungen in der Tschechoslowakei mit großem Interesse verfolgt hatten. Für die Vereinigten Staaten war es umgekehrt. Der Einmarsch in Afghanistan 1979 löste eine schärfere Reaktion aus als die Invasion der Tschechoslowakei elf Jahre zuvor. 1968 war der Vietnamkrieg noch mit Abstand das herausragende außen-

politische Thema in den Vereinigten Staaten. Auch schien die Tatsache, daß die tschechischen Reformen von der Führung der Kommunistischen Partei (strenggenommen nur eines Teils) in Gang gesetzt worden waren, amerikanisches Interesse zu mindern. In gewisser Hinsicht war der ›Prager Frühling‹ ein Vorläufer in kleinerem Rahmen zu der Erweiterung der bürgerlichen und politischen Freiheiten, zu der es im ersten Teil der Perestroika kommen sollte. Zwischen Januar und August 1968 gelang es den tschechischen Reformern, die weniger ehrfurchtgebietende Hindernisse als ihre sowjetischen Gegenstücke vorfanden, in etwa die Strecke Wegs zurückzulegen, die Gorbatschow und seine reformerischen Verbündeten zwischen 1986 und Anfang 1988 hinter sich brachten.

123 Chernyaev, Shest' let s Gorbachevym, S. 41.

124 Ebenda, S. 57 f.

125 Shultz, Turmoil and Triumph, S. 895.

126 Ebenda, S. 910.

127 ›Discussion of Struggles within the Politburo on Withdrawal from Afghanistan‹, Fernsehinterview mit A. N. Jakowlew am 27. Dezember 1991, in BBC SWB, SU/1266, 31. Dezember 1991, S. A3/3. Ausschüsse des Politbüros bestanden aus Mitgliedern und Nichtmitgliedern des Politbüros. Zum Ausschuß zu Afghanistan vgl. Georgy Kornienko, Kholodnaya voyna, S. 200-08, der eine andere Darstellung der unterschiedlichen Meinungen zu einem raschen Rückzug aus Afghanistan als Jakowlew gibt.

128 Yakovlev, BBC SWB, SU/1266, 31. Dezember 1991, S. A3/3.

129 Kornienko, Kholodnaya voyna, S. 200-07; und Chernyaev, Shest' let s Gorbachevym, S. 271 f.

130 Yakovlev, BBC SWB, SU/1266, 31. Dezember 1991, S. A3/3.

131 Shultz, Turmoil and Triumph, S. 987.

132 Ebenda.

133 Siehe z. B. ebenda, S. 751-80, bes. S. 774-46.

134 Ebenda, S. 776.

135 Shevardnadze, The Future Belongs to Freedom, S. 89.

136 Shultz, Turmoil and Triumph, S. 1006.

137 Ebenda, S. 1007 f.

138 Ebenda, S. 1015.

139 Shultz, Turmoil and Triumph, S. 1005. Das Ausmaß, in dem Präsident Reagans Terminplan von Frau Reagans Astrologin in San Francisco bestimmt wurde, mit der sie in regelmäßigem Telefonkontakt stand, wurde in den Memoiren von Reagans Stabschef im Weißen Haus enthüllt. Siehe Donald T. Regan, For the Record: From Wall Street to Washington, (Hutchinson) London 1988, bes. S. 73 f., 367 f.

140 Fred Halliday, The Making of the Second Cold War, 2. Aufl., (Verso) London 1986.

141 Ich bin Professor Juri Lewada, dem Direktor des Zentrums, zu Dank verpflichtet für die Übermittlung dieser und anderer Daten im Jahre 1993 aus den Aufzeichnungen des Allrussischen Zentrums für Meinungsforschung zur Zustimmung für Gorbatschow im Laufe der Zeit.

142 Obshchestvennoe mnenie v tsifrakh, (Allunionszentrum für Meinungsforschung), 6 (13) (Februar 1990), S. 14.

143 Oberdorfer, The Turn, S. 294.

144 Ebenda.

145 Beschloss und Talbott, At the Highest Levels, S. 9.

146 Shultz, Turmoil and Triumph, S. 1103 f.

147 Siehe auch Beschloss und Talbott, At the Highest Levels, S. 9.

148 Shultz, Turmoil and Triumph, S. 1138. Shultz schreibt auch: »Brent Scowcroft
wurde schon frühzeitig zum Mitglied des Nationalen Sicherheitsrates ernannt,
und ich wußte, er würde Einfluß haben. Er hatte den INF-Vertrag abgelehnt,
große Zweifel am geplanten START-Vertrag angemeldet und stand der Wirklichkeit des Wandels in der Sowjetunion und Osteuropa mit größter Skepsis
gegenüber. ... Präsident Reagan und ich übergaben große Möglichkeiten an
unsere Nachfolger. Ich hoffte, sie würden nicht verspielt werden.«

149 Siehe hierzu Chernyaev, Shest' let s Gorbachevym, S. 288, 290 f.

150 Beschloss und Talbott, At the Highest Levels, S. 469.

151 In ihren Memoiren beschreibt Barbara Bush Gorbatschow als »einen eindrucksvollen, sehr fähigen Menschen und außerdem charmant« und fährt fort:
»Der Generalsekretär der Vereinten Nationen Pérez de Cuéllar hatte einmal
gesagt: ›Er ist entweder der größte Schauspieler der Welt, oder er meint es
ernst‹. George und ich glaubten beide, daß er es ernst meinte. Er war intelligent, schnell und hatte einen wunderbaren Sinn für Humor.« Siehe Barbara
Bush, A Memoir, (Charles Scribner's Sons) New York 1994, S. 344.

152 Beschloss und Talbott, At the Highest Levels, S. 121.

153 Ebenda, S. 135.

154 Als ich diese Formulierung unmittelbar vor Beginn eines Diskussionspro-
gramms im britischen Fernsehen Anfang 1990 zitierte, an dem Andrei Gratschow – damals Stellvertretender Direktor der Internationalen Abteilung des
Zentralkomitees – und ich teilnahmen, fragte Gratschow mit gutem Grund,
was die ›Sinatra-Doktrin‹ bedeutete. Er stimmte mit den Grundsätzen dieses
›neuen Konzepts‹ überein, als es erläutert wurde, und fügte hinzu: »Gerassimow kennt die amerikanische Kultur so gut, daß er uns manchmal verwirrt.«

155 Beschloss und Talbott, At the Highest Levels, S. 165.

156 Chernyaev, Shest' let s Gorbachevym, S. 302 f.

157 Ebenda, S. 302.

158 Beschloss und Talbott, At the Highest Levels, S. 166.

159 Ebenda, S. 223 f.

160 Ebenda, S. 222 f. Beschloss und Talbott (S. 215-28) liefern eine nützliche
Gesamtdarstellung des Gipfels.

161 Beschloss und Talbott, At the Highest Levels, S. 412-13. Siehe auch Barbara
Bush, A Memoir, S. 427 f.

162 Siehe L. A. Sedov, ›Peremeny v strane i v otnoshenii k peremenam‹, Ekonomicheskie i sotsial'nye peremeny: monitoring obshchestvennogo mneniya, 1
(Januar-Februar 1995), VTsIOM Moskau, S. 23-26.

163 Beschloss und Talbott, At the Highest Levels, S. 448 f. Gorbatschow sah in die-

ser Erklärung einen Versuch, den »Separatismus in der Ukraine zu stimulie-
ren«, und James Baker gestand in privatem Kreis ein, daß die Beschwerde Gorbatschows nicht unberechtigt und es für die USA ein Fehler gewesen war, »so
schnell zu schießen« (ebenda, S. 449).

164 Zitiert nach Beschloss und Talbott, ebenda, S. 418, die hinzufügen, daß Bush
bei seinen Bemerkungen besonders an Swiad Gamsachurdia dachte, den into-
leranten Nationalisten, der kurz zuvor zum Präsidenten Georgiens gewählt
worden war. Sie waren allerdings auch eine Warnung an die Ukrainer, sich von
nationalistischen Exzessen nicht mitreißen zu lassen.

165 Diese Rede findet sich nicht in den gesammelten Reden und Schriften Gorbatschows, obwohl der relevante Band (III) erst 1987 veröffentlicht wurde. Wie
oben bereits angemerkt, wurde allerdings eine Zusammenfassung (mehr als ein
Jahr später) in der Zeitschrift des Außenministeriums gedruckt. Siehe Vestnik
MID, 5. August 1987, S. 4-6. Die Rede selbst – und auch dann noch mit Auslas-
sungen – wurde zuerst veröffentlicht in Gorbachev, Gody trudnykh resheniy,
S. 46-55.

166 Vestnik MID, No. 1, 5. August 1987, S. 6; Gody trudnykh resheniy, S. 48.

167 Vestnik MID, No. 1, 5. August 1987, S. 6; Gody trudnykh resheniy, S. 54.

168 Vestnik MID, No. 1, 5. August 1987, S. 5. Die Passagen über Osteuropa in Gorbatschows Rede gehören zu den am radikalsten gestutzten aus dem Redetext,
der in der Sammlung seiner Reden und Protokolle seiner Begegnungen mit
ausländischen Staatsführern veröffentlicht wurde, Gody trudnykh resheniy,
zusammengestellt von Alexander Galkin und Anatoli Tschernjajew.

169 Macmillan verfügte über hervorragende Beziehungen zu Eisenhower und
Kennedy und hatte keineswegs ein schlechtes Verhältnis zu dem unberechen-
baren Chruschtschow. Die Möglichkeiten aber, die sowjetische Politik zu
beeinflussen, waren zu jener Zeit begrenzt. Am einflußreichsten in den Ost-
West-Beziehungen war Macmillan als eine Quelle vernünftiger Ratschläge für
Kennedy zur Zeit der Kubakrise 1962 und als ein lebhafter Befürworter des
Vertrags zum Verbot von Atomtests von 1963. Siehe hierzu Alistair Horne,
Macmillan 1957-1986, Bd. II der offiziellen Biographie, (Macmillan) London
1989, S. 362-85, 503-12, 518-26.

170 Harold Wilsons autorisierter Biograph Philip Ziegler trifft die Feststellung,
daß Wilson sich 1975 »noch immer als den einzigen Mann sah, der von gleich
zu gleich und mit gleichermaßen großem Einfluß mit Rußland und den Vereinigten Staaten sprechen konnte« (Philip Ziegler, Wilson: The Authorised Life
of Lord Wilson of Rievaulx, ⟨Weidenfeld & Nicolson⟩ London 1993, S. 461).
Vor der Machtübernahme Gorbatschows war es allerdings für westliche Staatsführer beinahe unmöglich, das Vertrauen eines sowjetischen Generalsekretärs
zu erwerben (Wilsons Gespräche fanden außerdem in der Regel mit Kossygin
und nicht mit dem mächtigeren Breschnew statt), und Wilson hatte, im
Gegensatz zu Thatcher, den Nachteil, daß man ihm in Washington nicht völlig vertraute. Zu Wilsons erfolglosen Bemühungen, im Vietnamkrieg zwischen Moskau und Washington zu vermitteln, siehe Ben Pimlott, Harold Wilson, (HarperCollins) London 1992, S. 382-94.

171 Obwohl der ideologischere Konservatismus von Margaret Thatcher und Ronald Reagan im Vergleich zu dem ihrer Nachfolger, George Bush und John Major, oft beschrieben worden ist – und als Verallgemeinerung nicht unberechtigt ist –, wurden die Beziehungen zur Sowjetunion unter Gorbatschow ein Bereich, in dem sowohl Thatcher als auch Reagan einen zunehmenden Pragmatismus an den Tag legten. In Margaret Thatchers Fall ließ sie die aufmerksame Beobachtung der sich wandelnden russischen Realitäten zu einer kraftvolleren Unterstützerin Gorbatschows werden, als die hartnäckigen Kalten Krieger unter ihren Anhängern in Großbritannien und den Vereinigten Staaten so ohne weiteres akzeptieren konnten. Dasselbe gilt im wesentlichen auch für Reagan – obwohl man sein verschwommeneres und eher impressionistisches Wissen um den Wandel in der Sowjetunion in Rechnung stellen muß – und für die Reaktion einiger seiner Jünger. Trotzdem war die Kritik von rechts etwas verhaltener, da selbst die paranoideren Mitglieder dieses Klubs ihre Schwierigkeiten damit hatten, Thatcher und Reagan der »Nachgiebigkeit gegenüber dem Kommunismus« zu bezichtigen.

172 Einiges an Beweismaterial für den ersten Teil dieser Aussage findet sich in Tschernjajews (teilweise wortgetreuer) Wiedergabe der Begegnungen zwischen Gorbatschow und Thatcher 1987 in Moskau in: Shest' let s Gorbachevym, S. 131-40. Zu Reagan über Thatcher siehe Reagan, An American Life, bes. S. 204, 350-52, 609, 635.

173 Gorbatschow, Erinnerungen, S. 748.

174 Chernyaev, Shest' let s Gorbachevym, S. 140.

175 Ebenda.

176 Ebenda, S. 140 f.

177 Ebenda, S. 140.

178 Ebenda, S. 141.

179 Garton Ash, In Europe's Name, S. 108. Garton Ash weiter: »Weizsäcker erinnert sich daran, an diesem Punkt ›Oder vielleicht fünfzig?‹ eingeworfen, eine angedeutete Zustimmung Gorbatschows erhalten und somit, wie Weizsäcker trocken feststellt, einen Nachlaß um die Hälfte erhandelt zu haben. Entscheidend jedoch ist, daß Gorbatschow nicht ›niemals‹ sagte.«

180 Gorbachev, Perestroika, S. 200.

181 Chernyaev, Shest' let s Gorbachevym, S. 154.

182 Vgl. hierzu auch Garton Ash, In Europe's Name, S. 109. Garton Ash zitiert Jakowlews Antwort auf eine Frage bei einem Mittagessen im St. Antony's College am 29. Januar 1992, bei dem ich ebenfalls anwesend war, so daß ich Jakowlews überraschende Aussage bezeugen kann.

183 Andrei Gratschow (im Gespräch mit dem Autor) gehört zu denjenigen, die glauben, daß sich Gorbatschow die Entfaltung zukünftiger Ereignisse in etwa so vorstellte.

184 Gorbatschow, Erinnerungen, S. 701.

185 Vyacheslav Dashichev, ›On the Road to German Reunification: The View from Moscow‹, in: Gabriel Gorodetsky (Hg.), Soviet Foreign Policy 1917-1991: A Retrospective, (Cass) London 1994, S. 170-79, auf S. 172.

186 Zweifel scheint daran angebracht zu sein, ob man Falin und Ligatschow in eine
    Schublade stecken sollte. Falin lehnte Geschwindigkeit, Methode und Preis
    der Wiedervereinigung Deutschlands ab, Ligatschow die Idee an sich.

187 Ebenda, S. 173 f.

188 Chernyaev, ›Gorbachev and the Reunification of Germany: Personal Recollec-
    tions‹, in Gorodetsky (Hg.), Soviet Foreign Policy 1917-1991, S. 158-69, auf
    S. 161.

189 Ebenda, S. 162. S. a. Chernyaev, Shest' let s Gorbachevym, S. 261 f.

190 Dashichev, ›On the Road to German Reunification‹, S. 176.

191 Siehe hierzu Kornienko, Nezavisimaya gazeta, 16. August 1994, S. 5; und Ado-
    meit, ›Gorbachev, German Unification and the Collapse of Empire‹, Post-
    Soviet Affairs, 10/3 (Juli-September 1994). Andrei Gratschow verwies in mei-
    nem Interview mit ihm am 14. Januar 1993 auf die Meinung der Führung der
    Internationalen Abteilung (und Falins, vor allem), daß Gorbatschow und
    Schewardnadse in ihrem Wunsch nach Durchbrüchen ›Übereinkünfte um
    jeden Preis‹ anstrebten, sei es bei den Verhandlungen über die deutsche Wie-
    dervereinigung oder im Abrüstungsprozeß.

192 Jugoslawien stand schon seit vielen Jahren außerhalb des sowjetischen Blocks,
    und Rumänien unter Nicolae Ceaucescu gehörte ihm als unberechenbares
    Mitglied an, gleichzeitig repressiver als die anderen und dem Einfluß Moskaus
    weniger zugänglich.

193 Eine detaillierte Analyse des deutschen Vereinigungsprozesses oder auch nur
    Gorbatschows Rolle darin kann hier, lediglich in einem Teil eines einzi-
    gen Kapitels, nicht geleistet werden. Obwohl inzwischen neues Material zu-
    gänglich geworden ist (was in diesem Kapitel auch Verwendung gefunden
    hat), finden sich ausführlichere Darstellungen noch immer bei Adomeit,
    ›Gorbachev, German Unification and the Collapse of Empire‹; und Garton
    Ash, In Europe's Name. Zur Rolle Amerikas in der Diplomatie der deut-
    schen Wiedervereinigung (wichtig, aber nicht so wichtig wie die direkten
    Gespräche zwischen Kohl und Gorbatschow) siehe Beschloss und Talbott, At
    the Highest Levels, S. 230; Philip Zelikow and Condoleeza Rice, Germany
    Unified and Europe Transformed: A Study in Statecraft, (Harvard University
    Press) Cambridge, Mass. 1995; und James A. Baker III mit Thomas M.
    DeFrank, The Politics of Diplomacy, (Putnam) New York 1995, bes. Kapitel 10
    und 14.

194 Siehe Adomeit, ›Gorbachev, German Unification and the Collapse of Empire‹;
    und Garton Ash, In Europe's Name.

195 Beschloss und Talbott, At the Highest Levels, S. 219 f.

196 Ebenda, S. 231.

197 Adomeit, ›Gorbachev, German Unification and the Collapse of Empire‹,
    S. 220.

198 Materialy plenuma Tsentral'nogo Komiteta KPSS 11, 14, 16 Marta 1990 g.,
    S. 91 f.

199 Adomeit, ›Gorbachev, German Unification and the Collaps of Empire,
    S. 220. Zuvor hatte Schewardnadse dem amerikanischen Außenminister Baker

bei einem Treffen in Kopenhagen am 5. Juni 1990 mitgeteilt, daß die Sowjet-union der deutschen Einigung (innerhalb der NATO, wenn es die Deutschen so entschieden) am Ende des Jahres zustimmen könne. Siehe Beschloss und Talbott, At the Highest Levels, S. 230.

200 Garton Ash, In Europe's Name, S. 354 f.

201 Adomeit, ›Gorbachev, German Unification and the Collapse of Empire‹, S. 224 f.

202 James A. Baker III mit Thomas M. DeFrank, The Politics of Diplomacy, (Put-nam) New York 1995, S. 529.

203 Ebenda, S. 224.

204 Für lebendige Darstellungen der damaligen Veränderungen aus ost- und mit-teleuropäischer Perspektive siehe vor allem Timothy Garton Ash, The Magic Lantern: The Revolution of '89 Witnessed in Warsaw, Budapest, Berlin and Prague, (Random House) New York 1990, und Mark Frankland, The Patriot's Revolution: How East Europe Won Its Freedom, (Sinclair-Stevenson) London 1990. Vollständigere Darstellungen der sich verändernden sowjetischen Bezie-hung zu Osteuropa unter Gorbatschow, in: Alex Pravda (Hg.), The End of the Outer Empire: Soviet-East European Relations in Transition 1985-90, (Sage) London 1992, besonders Pravdas scharfsinniges Kapitel, ›Soviet Policy towards Eastern Europe in Transition: The Means Justify the Ends‹, S. 1-34; Neil Mal-colm (Hg.), Russia and Europe: An End to Confrontation, (Pinter für das Royal Institute of International Relations) London 1994, bes. Kapitel 1, 6 und 7; und Jacques Lévesque, The Enigma of 1989: The USSR and the Liberation of Eastern Europe, (University of California Press) Berkeley und Los Angeles 1997. Vgl. auch Ralf Dahrendorf, Reflections on the Revolution in Europe, (Chatto & Windus) London 1990.

205 Siehe Zbigniew Brzezinski, The Grand Failure: The Birth and Death of Com-munism in the Twentieth Century, (Collier Books) New York 1990.

206 Einige derjenigen, die am stärksten in der zahlenmäßig nicht sehr großen tschechischen Oppositionsbewegung engagiert waren, erkannten als erste, daß Gorbatschow und die Veränderungen in der Sowjetunion entscheidend waren – eine notwendige und beinahe hinreichende Bedingung für das Ende des kommunistischen Regimes in der Tschechoslowakei. Zu denen, die sich (im Gespräch mit dem Autor) keine Illusionen über das relative Gewicht der eige-nen ›Revolution‹ einerseits und des Gorbatschow-Faktors andererseits mach-ten, gehörten Rita Klímová, die erste postkommunistische Botschafterin der Tschechoslowakei in den Vereinigten Staaten, und Petr Pithart, der erste post-kommunistische Ministerpräsident der Tschechischen Republik, die beide in der Bewegung Charta 77 und der »velvet revolution« aktiv waren ([samtene Revolution – d. Ü.] – Václav Havels Wort, das über Klímová in die englische Sprache gelangte, als sie für ihn in den Tagen dolmetschte, als der Kommunis-mus in der Tschechoslowakei gestürzt wurde).

207 Brzezinski, The Grand Failure, S. 42. Brzezinski ist im allgemeinen ein hell-sichtiger Beobachter Gorbatschows und erkennt dessen »progressive Konver-sion zum Revisionismus« bis 1988 in »fundamentalen Aspekten der etablierten

sowjetischen Doktrin« an (S. 63). Er beschreibt ebenfalls zutreffend die Veränderungen, die sich innerhalb der sowjetischen Elite und Gesellschaft bereits vollzogen hatten, bevor Gorbatschow an die Macht kam. Er untersucht allerdings nicht die tatsächliche Zusammensetzung des Politbüros zu der Zeit, als Gorbatschow Generalsekretär wurde, und umgeht so die unbequeme Tatsache, daß es nicht einen weiteren Reformer enthielt, ganz zu schweigen von einem ernsthaften reformerischen Alternativkandidaten für das Amt des Generalsekretärs. Das Verhalten dieser Kollegen (die Gorbatschow so schnell austauschte, wie es die politische Vorsicht erlaubte) nach März 1985 wie auch davor legt die Vermutung nahe, daß, wenn Gorbatschows Wahl nicht direkt ein »Ausrutscher« war (Brzezinski insistiert, dies sei nicht der Fall gewesen), radikale Reformen ohne Gorbatschow durchaus noch für ein Jahrzehnt oder länger hätten aufgeschoben werden können.

208 Chernyaev, Shest' let s Gorbachevym, S. 49-51.

209 Alex Pravda, ›Soviet Policy towards Eastern Europe in Transition: The Means Justify the Ends‹, S. 21.

210 Das Protokoll der Begegnung zwischen Gorbatschow und Schiwkow ist im Wortlaut veröffentlicht in Sovershenno Sekreto, 4 (1992), S. 19.

211 Ebenda.

212 Siehe z. B. Artikel von General Albert Makshov, ›Doktrina predatel'stva‹, Oberst Viktor Alksnis, ›Udary v spinu armii‹, und General Mikhail Titov, ›Ostalis' bez oruzhiya‹, in Den', 7.-13. Juni 1992, S. 2. Insbesondere Titow beschimpft Gorbatschow für seine einseitigen Zugeständnisse bei der Abrüstung und schließt, daß er »für solche kriminellen Handlungen ... vom Volk zur Rechenschaft gezogen« werden müsse.

213 Zdenìk Mlynář, Night Frost in Prague: The End of Humane Socialism, (Hurst) London 1980, S. 163; und G. A. Arbatov, Zatyanuvsheesya vyzdorovlenie (1953-1985 gg.): Svidetel'stvo sovremennika, (Mezhdunarodnoye otnosheniya) Moskau 1991, S. 147.

214 Siehe Gorbatschow, Erinnerungen, S. 863-78; Shakhnazarov, Tsena svobody, S. 101; und Medvedev, Raspad, S. 89.

215 Siehe Pravda, ›Soviet Policy towards Eastern Europe in Transition: the Means Justify the Ends‹, S. 19. Pravda merkt an, daß die Personalveränderung innerhalb der ungarischen Partei selbst betrieben wurde, aber die Zustimmung Moskaus genoß.

216 Jacques Lévesque, The Enigma of 1989: The USSR and the Liberation of Eastern Europe, (University of California Press) Berkeley und Los Angeles 1997, S. 87.

217 Diesen Punkt macht Pravda, ebenda.

218 Zitiert nach Hannes Adomeit, der sich auf die ostdeutschen Parteiarchive beruft, in Adomeit, ›Gorbachev, German Unification and the Collapse of Empire‹, S. 210.

219 Adomeit (ebenda, S. 212 f.) ist der Auffassung, daß es sich dabei nicht um einen Versuch Gorbatschows handelte, die SED-Führung zu beeinflussen, und zitiert deutsches Archivmaterial, aus dem hervorgeht, daß Gorbatschow später

sagte, er habe eigentlich von sich gesprochen, als er diese Bemerkung machte. Gorbatschow mag durchaus so etwas wie verstohlene Selbstkritik geübt haben, war aber doch ein ausreichend gewiefter Politiker, um zu wissen, daß seine Worte einer Exegese unterzogen werden würden. Es gibt keinen Anlaß daran zu zweifeln, daß es sich um eine taktvolle Kritik an Honecker handelte.

220 Robert Legvold, ›Observations on International Order: A Comment on Mac-Farlane and Adomeit‹, Post-Soviet Affairs, 10/3 (1994), S. 270-76, auf S. 274.

221 Tschernjajew, in seinem Vortrag vor dem Seminar über Außenpolitische Wil-lensbildung unter Gorbatschow in St. Antony's College, 15. Oktober 1994. S. a. Gorbatschow, Erinnerungen, S. 842 f., und Vadim Medvedev, Raspad, S. 15 f.

222 Pravda, ›Soviet Policy towards Eastern Europe in Transition: The Means Justify the Ends‹, S. 17 f. S. a. Alex Pravda, ›Relations with Central and South-Eastern Europe‹, in: Malcolm (Hg.), Russia and Europe, S. 123-50, auf S. 134.

223 Wie der Titel des ersten der zwei oben angeführten Kapitel Alex Pravdas, ›Soviet Policy towards Eastern Europe in Transition: The Means Justify the Ends‹ [›Die sowjetische Politik gegenüber Osteuropa im Wandel: Die Mittel rechtfertigen das Ziel‹ – Anm. d. Ü.] schon sagt.

224 Ebenda, S. 31.

225 Medvedev, Raspad, S. 393 f.

226 Ebenda, S. 395.

Kapitel 8: Nationalitätenfrage, Putsch und Zusammenbruch der Sowjetunion

1 Robert Conquest, Vorwort zu Ian Bremner und Ray Taras (Hgg.), Nations and Politics in the Soviet Successor States, (Cambridge University Press) Cambridge 1993, S. XVII. Vgl. auch Georgy Shakhnazarov, Tsena Svobody: Reformatsiya Gorbacheva glazami ego pomoshchnika, (Rossika Zevs) Moskau 1993, S. 348.

2 Mark Galeotti, The Age of Anxiety: Security and Politics in Soviet and Post-Soviet Russia, (Longman) London 1995, S. 192 f.

3 Dies war die unausgesprochene Ansicht vieler westlicher Beobachter der so-wjetischen Szenerie und kam dem Standpunkt einiger der mutigsten radikalen Liberalen in Rußland in den letzten Jahren der Sowjetunion sehr nahe, wie zum Beispiel Jelena Bonner, Gawril Popow und Galina Starawojtowa. (Vgl. Shakhnazarov, Tsena Svobody, S. 193.)

4 Wie die Autoren eines Artikels in Moscow News (einer von ihnen, Illarionow, ein ehemaliger Wirtschaftsberater des ehemaligen russischen Ministerpräsi-denten Viktor Tschernomyrdin und gegenwärtig Direktor des Instituts für Wirtschaftsforschung in Moskau) in bezug auf Tschetschenien feststellen: »Formal ›befriedet‹, verblieb Tschetschenien für 132 Jahre bei Rußland, ge-nauso lange wie Polen, das es ebenso ablehnte, sich mit dem Verlust der Unab-hängigkeit abzufinden. Dies ist viel weniger als die Dauer, in der sich viele andere Staaten auf dem Territorium der ehemaligen UdSSR in der Umarmung

Rußlands befunden haben. Deren Unabhängigkeit ist bereits international anerkannt worden« (Andrei Illarionov und Boris Lvin, ›Should Russia Recognize Chechenya's Independence?‹, Moscow News, 8 ⟨24. Februar-2. März 1995⟩, S. 4).

5 Selbst Robert Conquest, der sich in vielen wichtigen Büchern mit dem Schicksal
  einiger der kleineren Nationalitäten während der sowjetischen Epoche beschäftigt hat, scheint überraschenderweise diesen Punkt zu übersehen, wenn er
  schreibt, daß »der Zerfall der UdSSR (und Jugoslawiens) nicht mehr als ein paar
  Einträge zu der gegenwärtig langen Liste unabhängiger Staaten hinzufügen
  würde« (Vorwort zu Bremner und Taras, Nations and Politics in the Soviet Successor States, S. XVII).

6 Dementsprechend waren die zentralasiatischen Republiken noch in der späten
  sowjetischen Periode für die Union – zu einer Zeit, als die anderen Republiken
  sich die Sache der Unabhängigkeit zu eigen zu machen begannen. In dieser Hinsicht war das bekannte Buch von Hélène Carrère d'Encaussée, L'Empire éclaté:
  La révolte des nations en U.R.S.S., (Flammarion) Paris 1978, weniger scharfsichtig als sein Titel, denn die zentrale These war, das schnellere Bevölkerungswachs-
  tum in Sowjetisch-Zentralasien im Vergleich zum europäischen Rußland sei,
  zusammen mit dem Aufstieg des Islam, die größte Gefahr für das Überleben des
  sowjetischen Staates.

7 Illarionow und Lwin vergleichen den »gegenwärtigen ›Winterkrieg‹« mit dem
  von der Sowjetunion gegen Finnland im Dezember 1939 begonnenen Krieg und
  die Bombardierung von Wohnvierteln in Helsinki mit ähnlichen Angriffen auf
  Wohnbezirke in Grosny. Die Autoren weiter: »Die Vernichtung Tausender von
  absolut unschuldigen Bürgern auf dem Territorium Tschetscheniens wird
  unzweifelhaft von Völkerrecht und nationalem Recht als Völkermord beschrieben« (›Should Russia Recognize Chechenya's Independence?‹, S. 4). Zu den vielen, die den Tschetschenienkrieg in der russischen Presse verurteilten, gehörte
  auch Michail Gorbatschow, der die Frage stellte: »Was müssen das für Terrori-
  sten sein, die mit allen Waffengattungen der Streitkräfte bekämpft werden müssen, darunter Panzer, Luftwaffe, Artillerie, und vor allem noch auf dem Gebiet
  einer friedlichen Stadt?« Er argumentiert weiter, daß unter den »tragischen Konsequenzen dieser blutigen Unternehmung« auch »der Prestigeverlust Rußlands
  als Staat« sei und daß ein Teil des Problems seinen Ursprung in der im Dezember
  1993 angenommenen russischen Verfassung habe, die »den Präsidenten und die
  Regierung unkontrolliert« und im Besitz solcher Macht lasse, daß sie es nicht für
  nötig hielten, sich um die öffentliche Meinung zu kümmern. Siehe Mikhail
  Gorbachev, ›Crisis Exposes Social Ills‹, Moscow News, 1 (6.-12. Januar 1995), S. 3.

8 Dunkwart A. Rustow, ›Transitions to Democracy: Toward a Dynamic Model‹,
  Comparative Politics, 2/3 (April 1970), S. 337-63, auf S. 350 f.

9 Rustow (ebenda, S. 351) argumentiert, die »Hintergrundbedingung« nationaler
  Einheit sei am besten erfüllt, wenn sie »ohne nachzudenken akzeptiert« oder
  stillschweigend für gegeben gehalten werde. Er fügt hinzu: »... der größte Teil
  der nationalistischen Rhetorik kam Menschen über die Lippen, die sich am
  unsichersten in ihrer nationalen Identität fühlten« – die Deutschen und Italiener
  im 19. Jahrhundert »und Araber und Afrikaner heute, niemals Engländer,

Schweden oder Japaner«. Die Verwendung des Begriffs »Engländer« ist freilich fragwürdig, denn die Grenzen des britischen Staates sind nicht unangefochten geblieben, besonders (muß man fairerweise hinzufügen) in den Jahren, seitdem Rustow dies schrieb. Zusätzlich zu den Verwerfungen in Nordirland, begleitet von Terrorismus für den größeren Teil der vergangenen drei Jahrzehnte, hat es in Schottland eine friedliche nationalistische Bewegung gegeben, und eine bedeutende Minderheit der Schotten lehnt den britischen Staat ab und gibt der vollständigen Unabhängigkeit den Vorzug.

10 Wie Juan Linz und Alfred Stepan schreiben: »... nicht ein Armeeoffizier wurde während der baskischen Erhebung in der Periode von 1968 bis 1975 der Herrschaft Francos oder in der Transitionsperiode von 1975 bis 1977 getötet. Aber in der postelektoralen Periode demokratischer Herrschaft zwischen 1978 und 1983 starben 37 Armeeoffiziere.« Siehe Linz und Stepan, ›Political Crafting of Democratic Consolidation or Destruction: European and South American Comparisons‹, in Robert A. Pastor (Hg.), Democracy in the Americas, (Holmes & Meier) New York 1989, S. 41-61, auf S. 49.

11 Ebenda.

12 Robert A. Dahl und Edward R. Tufte, Size and Democracy, (Stanford University Press) Stanford, Cal. 1973, S. 138. Darüber hinaus: »Kein Typ allein oder keine alleinige Größe einer Einheit ist optimal für die Erlangung des Doppelziels von Bürgereffizienz und Systemkapazität.«

13 Robert A. Dahl, Democracy and its Critics, (Yale University Press) New Haven 1989, S. 209. Daher »wird ungeachtet des Perfektionismus demokratischer Ideen die beste erreichbare Einheit für einige Bürger die zweitbeste sein«.

14 Siehe J. Roland Pennock und John W. Chapman (Hgg.), Liberal Democracy, (New York University Press) New York 1983, bes. Frederick G. Whelan, ›Prologue: Democratic Theory and the Boundary Problem‹, S. 13-47; Robert A. Dahl, ›Federalism and the Democratic Process‹, S. 95-108; und David Baybrooke, ›Can Democracy be Combined with Federalism or with Liberalism?‹, S. 109-18.

15 Dahl, Democracy and ist Critics, S. 209.

16 Whelan, ›Democratic Theory and the Boundary Problem‹, S. 41.

17 W. Ivor Jennings, The Approach to Self-Government, (Cambridge University Press) Cambridge 1956, S. 56 (zit. n. Rustow, ›Transitions to Democracy‹, S. 351).

18 Whelan, ›Democratic Theory and the Boundary Problem‹, S. 40.

19 Zbigniew Brzezinski, The Grand Failure: The Birth and Death of Communism in the Twentieth Century, (Collier Books, Taschenbuchausgabe) New York 1990, Epilogue, S. 278.

20 Ebenda, S. 274.

21 Das heißt innerhalb der UdSSR insgesamt. Innerhalb bestimmter Republiken bildeten sie tatsächlich die Mehrheit.

22 »Jede spezifische, konkrete und machbare Alternativlösung für das Problem der besten Einheit wird mit beinahe absoluter Sicherheit im ganzen den Interessen einiger Bürger mehr nutzen als anderen« (Dahl, Democracy and its Critics, S. 209).

23 Siehe Pravda, 27. März 1991, S. 1f. In Sowjetisch-Zentralasien betrug die

Zustimmung zu einer »erneuerten Föderation« in jedem einzelnen Fall mehr als
90 Prozent. In Kasachstan aber wurde die Frage in einer Art und Weise vom
Obersten Sowjet dieser Republik verändert, die das Ergebnis möglicherweise
beeinflußte. Die Formulierung lautete dort: »Glauben Sie, daß es von grundlegender Bedeutung ist, die UdSSR als eine Union gleichermaßen souveräner
Staaten zu erhalten?« Die kasachischen Behörden verlangten, daß die Antworten auf ihre Frage den Gesamtergebnissen des sowjetischen Referendums hinzugefügt wurden, und der Präsident Kasachstans, Nursultan Nasarbajew, war in
Wirklichkeit einer der eloquentesten Gegner des völligen Auseinanderbrechens
der Sowjetunion.

24 Pravda, 27. März 1991, S. 1 f.

25 Ian Bremner und Ray Taras geben zu Bedenken, daß Gorbatschow zwar in seinen ersten Amtsjahren von den Beziehungen der Nationalitäten zueinander
   gesprochen habe, als handelte es sich um ein einheitliches Problem, jedoch ho-
   ben »spätestens ab 1991 die Äußerungen Gorbatschows die Unterschiede zwischen den Nationalitäten der Sowjetunion hervor, wobei er die Einzigartigkeit
   der Situation im Baltikum besonders betonte« (Vorbemerkung zu Nations and
   Politics in the Soviet Successor States, S. xxi).

26 Schewardnadse-Interview, 17. September 1991, The Second Russian Revolution
   Transkripte.

27 Siehe A. V. Veber, V. T. Loginov, G. S. Ostroumov und A. S. Chernyaev (Hgg.),
   Soyuz mozhno bylo sokhranit': belaya kniga dokumenty i fakty o politike M. S.
   Gorbacheva po reformirovaniyu i sokhraneniyu mnogonatsional'nogo gosu-
   darstva, (Gorbatschow-Stiftung) Moskau 1995.

28 Ronald Grigor Suny, The Revenge of the Past: Nationalism, Revolution and the
   Collapse of the Soviet Union, (Stanford University Press) Stanford, Calif. 1993,
   S. 130.

29 Vor 1988 konnten Fragen zu politisch derart sensiblen Themen kaum gestellt
   werden, und selbst wenn dies der Fall gewesen wäre, hätten die Ergebnisse solcher
   Umfragen keinen großen Wert besessen. Vor der Ära Gorbatschow hatten die
   Befragten kaum Anreize, offen zu antworten, es sei denn, ihre Ansichten stimmten zufällig mit dem überein, was die Parteistaatsbehörden hören wollten.

30 Während viele der Spielarten des russischen Nationalismus antisowjetisch
   waren und es Jelzin 1991 gelang, erfolgreich für den Gedanken zu werben, Rußland werde vom ›Zentrum‹ ausgebeutet, war dies doch für den größten Teil der
   sowjetischen Epoche keine weitverbreitete Ansicht, wie auch nicht in der Zeit
   nach dem Zusammenbruch der UdSSR. Laut einer Umfrage des Allrussischen
   Zentrums für Meinungsforschung bedauerten im September 1994 70 Prozent
   der Bevölkerung Rußlands den Zerfall der Sowjetunion (obwohl nur eine Minderheit glaubte, sie könnte wiedererrichtet werden). Nach Aussage des Projekt-
   leiters, L. A. Sedow, ist diese massive negative Einstellung zum Untergang der
   Sowjetunion der wichtigste Einzelfaktor in der Erklärung der wachsenden Verdrossenheit über die anderen Veränderungen der letzten zehn Jahre. Bis zum
   September 1994 war der Prozentsatz der Bevölkerung, die der Zeit vor 1985 den
   Vorzug vor der Gegenwart gab, auf den höchsten Wert (58 Prozent) gestiegen,

seit das Zentrum (1991) begonnen hatte, die Frage zu stellen. Siehe L. A. Sedov, ›Peremeny v strane i v otnoshenii k peremenam‹, Ekonomicheskie i sotsial'nye peremeny: monitoring obshchestvennogo mneniya, (VTsIOM Moskau), 1 (Januar-Februar 1995), S. 23-26, bes. S. 23.

31 Shakhnazarov, Tsena Svobody, S. 208.

32 In einer Nachwahl zur russischen Staatsduma in Kolomna in der Region Moskau im Mai 1995 siegte überzeugend der zweite Mann im All, der ehemalige sowjetische Kosmonaut German Titow. Er kandidierte für die Kommunistische Partei der Russischen Föderation und besiegte mit Leichtigkeit sieben Gegenkandidaten. Titow, der zweimal den Leninorden erhalten hatte und ein Held der Sowjetunion war, trat der KPdSU 1961 bei und gab sein Parteibuch nie ab. Siehe Moscow News, 19 (19.-25. Mai 1995), S. 1, 3.

33 Es scheint sinnvoll, darauf hinzuweisen, daß es in den beinahe sieben Jahren unter Gorbatschow zu wesentlich weniger Blutvergießen kam als auf dem Territorium der ehemaligen Sowjetunion in den ersten dreieinhalb Jahren nach ihrem Ende.

34 Worotnikow-Interview, The Second Russian Revolution-Transkripte.

35 Kolbin-Interview, The Second Russian Revolution-Transkripte.

36 Angus Roxburgh, The Second Russian Revolution, (BBC Books) London 1991, S. 54, 208.

37 Kolbin-Interview, The Second Russian Revolution-Transkripte.

38 Ebenda; und Gorbatschow-Interview, Moskovskiy komsomolets, 28. Juni 1995, S. 2. Kolbin widerspricht sich etwas in seinen Aussagen zu den Wasserwerfern in seinem Interview. Nachdem er Gorbatschows Kritik an ihm für den Einsatz selbst dieser Stufe von Gewalt erwähnt, sagt er: »In Wirklichkeit aber war kein Wasser in ihnen. Sie funktionierten nicht – und hätten gar nicht funktionieren können. Aber er sagte, ich hätte es nicht machen sollen.« Etwas später erklärt er: »Es wurde keine Gewalt angewandt. Mit der Ausnahme von Wasserwerfern, und ich wurde massiv dafür abgemahnt.«

39 Gorbatschow, Erinnerungen, S. 480.

40 Dies ist von der Mehrzahl derjenigen übersehen worden, die über diese Episode geschrieben haben. Eine Ausnahme ist Roxburgh, The Second Russian Revolution, S. 54. Siehe auch die Interviews mit Kolbin, Rasumowski und Worotnikow in: The Second Russian Revolution-Transkripte. Kunajew lehnte es ab, der Aufforderung Kolbins nachzukommen, zu den Demonstranten zu gehen und zu versuchen, die Masse zu beruhigen, die dazu überging, Autos anzuzünden und Gebäude zu beschädigen. Während der Unruhen stellte sich heraus, daß Kunajews Beziehungen zu einigen seiner ehemaligen Kollegen gespannt waren. Kolbin berichtet: »Wahrscheinlich war genau dies der Grund, warum er die Nominierung eines Russen erbeten hatte. Jemand, der von außerhalb Kasachstans kam. Er wollte niemandem, mit dem er Konflikte gehabt hatte – politische Konflikte.« Worotnikow, als Mitglied des Politbüros, erinnert sich an Kunajews Ansicht, niemand in Kasachstan könne sein Amt ausfüllen: »Er sagte sogar, daß in dieser Situation eine gute russische Persönlichkeit nach Kasachstan geschickt werden solle, und nicht ein Kasache.«

41 Gorbatschow, Erinnerungen, S. 480.

42 Siehe Roxburgh, The Second Russian Revolution, S. 54. Nachdem Kunajew es abgelehnt hatte, die Demonstranten zu beruhigen, sagte er zu Nasarbajew: »Das ist Ihr Werk – Sie müssen es regeln.« Zu Rasumowski, dem ZK-Sekretär für Parteikader, der aus Moskau gekommen war, um die Wahl Kolbins zu betreuen, sagte er: »Sie haben mich gerade gefeuert. Ich trage keine Verantwortung mehr.«

43 Gorbatschow, Erinnerungen, S. 481.

44 Mary Dejevsky, ›Glasnost and the Tatars‹, The Times, 27. Juli 1987, S. 10. Einen Monat später, nach Demonstrationen auch in baltischen Städten, schrieb Dejevsky: »Es sind nicht nur die Behörden, die sich mit der Notwendigkeit vertraut machen müssen, andere Meinungen zu tolerieren und Argumenten zuzuhören, wenn die sowjetische Gesellschaft demokratischer werden soll, sondern auch die russische Öffentlichkeit … Während der Proteste der Tataren mußte die Polizei nicht nur sicherstellen, die Demonstration unter Kontrolle zu behalten, sondern auch die Zuschauermenge zurückzuhalten« (Mary Dejevsky, ›When Dogma Comes Up Against Demo‹, The Times, 25. August 1987, S. 8).

45 Edward J. Lazzerini, ›Crimean Tatars‹, in Graham Smith (Hg.), The Nationalities Question in the Soviet Union, (Longman) London 1990, S. 322-38.

46 Ebenda, S. 335 f.

47 Wolski-Interview, The Second Russian Revolution-Transkripte.

48 Ebenda.

49 In der postsowjetischen Ära, als Truppen aus dem nahen Armenien Nagorny-Karabach inzwischen unter armenische Kontrolle gebracht hatten, fiel die undankbare Aufgabe der Beilegung des Konflikts der Organisation für Sicherheit und Zusammenarbeit in Europa (OSZE) zu. Als eine OSZE-Delegation am 27. April 1995 Baku besuchte, wurde sie vom Präsidenten Aserbaidschans Heidar Alijew beschimpft, Armenien nicht verurteilt zu haben. Er sagte, die Organisation habe nichts erreicht, was »Aggression und Verluste« verhindern könnte, seit sie ihre Bemühungen um eine Beilegung des Konflikts 1992 aufgenommen habe. Siehe ›Armenian-Azerbaijani Conflict‹, BBC SWB, 29. April 1995, SU/2290 F/1.

50 Nora Dudwick, ›Armenia: The Nation Awakes‹, in Bremner und Taras (Hgg.), Nations and Politics in the Soviet Successor States, S. 261-87. S. a. Suny, The Revenge of the Past, S. 132-38; und Roxburgh, The Second Russian Revolution, S. 81-83.

51 Shireen T. Hunter, ›Azerbaijan: Search for Industry and New Partners‹, in Bremner und Taras (Hgg.), Nations and Politics in the Soviet Successor States, S. 225-60, auf S. 248.

52 Diesem Gesetz ging es, trotz der Einführung eines Mechanismus für eine Sezession von der Union, noch mehr um die Verlangsamung des Prozesses wie auch darum, die Republiken davon abzuhalten, sich für eine Sezession zu entscheiden. Daher sah eine der Bestimmungen vor, daß autonome Republiken oder Regionen innerhalb von Republiken (wie z. B. Nagorny-Karabach in Aserbaidschan oder Abchasien in Georgien) das Recht hatten, in der UdSSR zu verblei-

ben, auch wenn sich der Rest der Republik für eine unabhängige Staatlichkeit entschied. Siehe Ann Sheehy, ›Supreme Soviet Adopts Law on Mechanics of Secession‹, Radio Liberty report on the USSR, 2/17 (27. April 1990), S. 2-5.

53 Yegor Ligachev, Inside Gorbachev's Kremlin, (Pantheon) New York 1993, S. 172.

54 Gorbatschow, Erinnerungen, S. 484; Ligachev, Inside Gorbachev's Kremlin, S.172.

55 Ebenda, S.173.

56 Wolski-Interview, The Second Russian Revolution-Transkripte.

57 Tamara Dragadze, ›Azerbaijanis‹, in Smith (Hg.), The Nationalities Question in the Soviet Union, S.163-79, auf S.177.

58 Wolski-Interview, The Second Russian Revolution-Transkripte.

59 Ebenda.

60 Roxburgh, The Second Russian Revolution, S.167. S. a. Suny, The Revenge of the Past, S.137.

61 Roxburgh, The Second Russian Revolution, S.167f. Vgl. A. S. Chernyaev, Shest' let s Gorbachevym: po dnevnikovym zapisyam, (Kultura) Moskau 1993, S.326.

62 Gorbatschow, Erinnerungen, S.500f.

63 Gorbatschow sagte dies in seiner Antwort auf eine Frage, die ihm bei einem Treffen des Klubs Moskauer Intellektueller ›Freies Wort‹ (Svobodnoe slovo) am 20. Januar 1995 gestellt wurde. Siehe Perestroyka – desyat' let spustya: vstrecha s M. S. Gorbachevym (Stenographisches Protokoll), (Svobodnoe Slovo) Moskau 1995, S.62.

64 Diese Zahlen entstammen dem Bericht der Untersuchungskommission unter Sobtschak. Siehe Istoricheskiy arkhiv, 3 (1993), S. 115.

65 Ebenda, S.116.

66 Siehe Roxburgh, The Second Russian Revolution, S.132.

67 Siehe Stephen Jones, ›Georgia: A Failed Democratic Transition‹, in Bremner und Taras (Hgg.), Nations and Politics in the Soviet Successor States, S. 288-310, bes. S.305.

68 Roxburgh, The Second Russian Revolution, S.132.

69 Siehe Sobtschak-Interview, The Second Russian Revolution Transkripte; Eduard Shevardnadze, The Future Belongs to Freedom, (Sinclair-Stevenson) London 1991, S.192-97; und Anatoly Sobchak, Khozhdenie vo vlast': Rasskaz o rozhdenii parlamenta, (Novosti) Moskau 1991, S.79-104.

70 Siehe Istoricheskiy arkhiv, 3 (1993), S. 102-22. Dieselbe Ausgabe dieser Zeitschrift veröffentlicht auch Telegramme des damaligen Ersten Sekretärs der georgischen Partei, D. I. Patiaschwili, an das Sekretariat des Zentralkomitees der KPdSU (S. 95-102).

71 Ligatschow war sich der Tatsache bewußt, daß man ihm seine Flügel gestutzt hatte, und mit einiger Schwierigkeit hatte er versucht, den Eindruck zu vermeiden, er mische sich noch immer in jedes Politikfeld ein. Ligatschow: »Nach dem Frühjahr 1989 bemühte ich mich, meine Nase nicht in Angelegenheiten zu stecken, die mit der Landwirtschaft nichts zu tun hatten, außer, wenn ich dazu gezwungen war, obwohl dies nicht immer möglich war ... Aber ich glaube, es ist

klar, warum Tschebrikow und ich übereinkamen, daß er die Informationen am Flughafen übermitteln sollte« (Ligachev, Inside Gorbachev's Kremlin, S. 161 f.).

72 Shevardnadze, The Future Belongs to Freedom, S. 193.

73 Gorbatschows Drängen auf eine Reise Schewardnadses und Rasumowskis nach Tbilissi wird von einer Reihe der Teilnehmer der nächtlichen Diskussionen am Flughafen am 7. April bezeugt. Siehe Nikolay Ryzhkov, Perestroyka: Istoriya predatel'stv, (Novosti) Moskau 1992, S. 215; Ligachev, Inside Gorbachev's Kremlin, S. 162, 191-5; und Shevardnadze, The Future Belongs to Freedom, S. 193 (obwohl Schewardnadse die Tatsache verschweigt, daß Gorbatschow ihn bat, am 8. April nach Tbilissi zu fliegen – dem nächsten Tag). Der Verteidigungsminister, Dmitri Jasow, sagte zu der Sitzung im Moskauer Flughafen in seiner Aussage vor dem Sobtschak-Ausschuß: »Eine Entscheidung wurde getroffen, die Genossen Rasumowski und Schewardnadse dorthin [nach Tbilissi] zu schicken, um alle Probleme vor Ort zu klären« (Sobchak, Khozhdenie vo vlast', S. 98).

74 Ebenda, S. 97.

75 Istoricheskiy arkhiv, 3 (1993), S. 95 f.

76 Roxburgh, The Second Russian Revolution, S. 132.

77 Ebenda, S. 117.

78 Ebenda, S. 116.

79 Siehe John Miller, Mikhail Gorbachev and the End of Soviet Power, (Macmillan) London 1993, S. 156 f.; und Richard Sakwa, Gorbachev and his Reforms 1985-1990, (Philip Allan) London 1990, S. 262 f.

80 Ann Sheehy, ›Supreme Soviet Adopts Law on Mechanics of Secession‹, S. 2-5. Vgl. a. Jonathan Steele, Eternal Russia: Gorbachev and the Mirage of Democracy, (Faber & Faber) London 1994, S. 206-09.

81 Sheehy, ›Supreme Soviet Adopts Law on Succession‹, S. 3 f.

82 Ebenda, auf S. 4 f.

83 Ebenda, S. 5.

84 Chernyaev, Shest' let s Gorbachevym, S. 410. S. a. Shakhnazarov, Tsena Svobody, S. 196, 348.

85 Interview mit Alexander Nikolajewitsch Jakowlew in Argumenty i fakty, 11. März 1995, S. 3.

86 Die Reihe von Vorschlägen, die den litauischen Drang nach Unabhängigkeit hemmen oder verlangsamen sollten, wurde von Andrei Girenko (ein Sekretär des ZK seit September 1989 und Ukrainer), Juri Masljukow (Direktor von Gosplan und Mitglied des Politbüros), Wadim Medwedjew (dem damals für Ideologiefragen zuständigen Politbüromitglied und ZK-Sekretär) und Georgi Rasumowski (dem ZK-Sekretär und Kandidat des Politbüros, zuständig für Parteikader) zusammengestellt. Siehe Istoricheskiy arkhiv, 1 (1992), S. 3-5.

87 Ebenda.

88 Alexander Utkin, ›Pyat' rokovykh shagov Gorbacheva‹, Rossiskaya federatsiya, 7 (1995), S. 4-8, auf S. 8. Utkin schreibt, die estnische Souveränitätserklärung sei im Oktober 1988 erfolgt, tatsächlich geschah dies jedoch im November jenes Jahres.

89 Wiedergegeben von John Lloyd in einem Artikel ›Gorbachev Shivers in his Own Shadow‹, Financial Times, 24. April 1995, S. 17.

90 Ebenda.

91 Gorbatschow-Interview, The Second Russian Revolution-Transkripte.

92 Ebenda.

93 Ebenda; und Gorbatschow, Erinnerungen, S. 561-70.

94 Für zwei nützliche Quellensammlungen, von denen sich eine ausschließlich und die andere ausführlich der Gorbatschow-Jelzin-Beziehung widmet, siehe M. K. Gorshkov, V. V. Zhuravlev und L. N. Dobrokhotov (Hgg.), Gorbachev-Yel'tsin: 1500 dney politicheskogo protivostoyaniya, (Terra) Moskau 1992; und B. I. Koval (Hg.), Rossiya segodnya: politicheskiy portret v dokumentakh 1985-1991, (Mezhdunarodnye otnosheniya) Moskau 1991, S. 393-511 (für die Periode Dezember 1990 bis April 1991, S. 487-509).

95 Ich bin Professor Juri Lewada, dem Direktor des VTsIOM, zu Dank verpflichtet für die Bereitstellung der Ergebnisse von zwölf Meinungserhebungen, die sein Institut (zwischen Dezember 1989 und Januar 1992) zu der Frage, in welchem Ausmaß die Menschen mit der Politik Gorbatschows einverstanden waren, durchführte. Für einen Vergleich Gorbatschow-Jelzin s. a. Reytingi Borisa Yel'tsina i Mikhaila Gorbacheva po 10-bal'noy shkale, (VTsIOM) Moskau 1993.

96 V kakoy mere vy odobryaete deyatel'nost' M. S. Gorbacheva, (VTsIOM-Umfrage), mit freundlicher Genehmigung von Professor Lewada.

97 Gorbatschow, Erinnerungen, S. 1089.

98 M. Gorbachev, ›Novaya politika v novoy Rossii‹, Svobodnaya mysl', 13 (1992), S. 3-19, auf S. 14. S. a. Gorbatschow, Erinnerungen, S. 1089. In einem Interview mit Angus Roxburgh für die BBC-Sendung Newsnight am 6. August 1992 traf Gorbatschow im wesentlichen dieselbe Feststellung. Ich danke der BBC für die Bereitstellung der vollständigen Videoaufzeichnung dieses Interviews.

99 Shakhnazarov, Tsena Svobody, S. 147. Andrei Gratschow schreibt, daß Gorbatschow während seiner Jahre an der Macht die Welt mit so großem Erfolg davon überzeugt habe, er sei »in der Lage, politische Wunder zu bewirken, daß er am Ende vielleicht selbst daran glaubte« (Grachev, Dal'she bez menya … Ukhod Prezidenta, ‹Kultura› Moskau 1994, S. 3). Der Wirtschaftswissenschaftler Pawel Bunitsch beschreibt Gorbatschows Selbstbewußtsein wesentlich feindseliger, wenn er Gorbatschow »geheimniskrämerisch und selbstzufrieden« nennt (Argumenty i fakty, 12 ‹März 1995›, S. 3).

100 Die einzige Ausnahme von dieser Generalisierung sind die Monate nach dem Augustputsch 1991, als Gorbatschow Befürworter weitreichenden Wandels in seinen inneren Kreis zurückholen konnte und zum ersten Mal frei war vom Druck der konservativeren Kräfte innerhalb des Parteiapparats, des Militärs, des KGB und des ministeriellen Apparats. Die Parteimaschinerie hatte aufgehört zu existieren, neue Führungen amtierten in allen anderen Organisationen, und das politische Klima war eines, in dem die Verteidiger des Status quo ante ernstlich geschwächt waren und die einzige Gefahr (allerdings von entscheidender Bedeutung) für Gorbatschow von Jelzins Team und den separati-

stischen Tendenzen in allen europäischen Republiken der Sowjetunion ausging.

101 Bunich, Argumenty i fakty, 12 (März 1995), S. 3.

102 Chernyaev, Shest' let s Gorbachevym, S. 376.

103 Alexander Yakovlev, Muki, prochteniya, bytiya. Perestroyka: nedezhdy i real'nosti, (Novosti) Moskau 1991, S. 348.

104 Wie Boldin zutreffend in seinen ansonsten tendenziösen und allgemein unzuverlässigen Memoiren schreibt, bestand der Sicherheitsrat aus Bakatin, Bessmertnich, Kriutschkow, Pawlow, Pugo, Primakow, Jasow und Janajew. Er erwähnt jedoch nicht, daß Gorbatschow noch eine weitere Person als Mitglied des Sicherheitsrates nominierte – und zwar niemand anderen als Waleri Boldin selbst, der allerdings vom Obersten Sowjet abgelehnt wurde. Siehe Boldin, Ten Years that Shook the World: The Gorbachev Era as Witnessed by his Chief of Staff, (Basic Books) New York 1994, S. 263.

105 Gorbatschow, Erinnerungen, S. 562.

106 Schachnasarow-Interview, The Second Russian Revolution-Transkripte.

107 Ebenda.

108 Ebenda.

109 Ebenda.

110 Ebenda.

111 Jakowlew-Interview, The Second Russian Revolution-Transkripte.

112 Zu den zunehmenden Meinungsverschiedenheiten zwischen Gorbatschow und Jakowlew und den Versuchen der konservativer Kräfte und der radikalen Demokraten, diese zu verschärfen, siehe Vadim Medvedev, V komande Gorbacheva. Vzglyad iznutri, (›Bylina‹) Moskau 1994, S. 173 f.

113 RFE/RL, Report on the USSR, 3/2 (11. Januar 1991), S. 31.

114 Roxburgh, The Second Russian Revolution, S. 198.

115 Ryzhkov, Perestroyka: Istoriya predatel'stv, S. 14-17, bes. S. 16. Im Verlaufe seiner Gespräche mit seinen Beratern Tschernjajew und Schachnasarow über die Frage, wer Ministerpräsident werden solle, bemerkte Gorbatschow, ›viele‹ Persönlichkeiten hätten Pawlow vorgeschlagen. Zu den Namen, die Tschernjajew und Schachnasarow vorschlugen, gehörten Leonid Abalkin, Anatoli Sobtschak (der, wie Tschernjajew sagte, der neuen Regierung den Vorteil verschaffen würde, eine Koalition des Brückenschlags zu sein) und Arkadi Wolski (den Gorbatschow rasch mit den Worten ablehnte: »Ich weiß mehr über ihn als ihr«). Siehe Chernyaev, Shest' let s Gorbachevym, S. 404 f.

116 Als ich im Januar 1991 in Moskau war, erwähnte eine Reihe von Politikern und Experten mit Verbindungen zu Gorbatschows innerem Zirkel den wachsenden Einfluß (einen schlechten und konservativen Einfluß in den Augen von einem von ihnen, Fjodor Burlazki) von Lukjanow auf den sowjetischen Präsidenten.

117 Chernyaev, Shest' let s Gorbachevym, S. 396.

118 Gorbatschows Rede vom 14. Januar 1991 vor dem Obersten Sowjet der UdSSR über die Bildung eines neuen Kabinetts ist wörtlich (nach der Aufzeichnung des Moskauer Zentralfernsehens) wiedergegeben in FBIS-SOV-91-010, 15. Ja-

nuar 1991, S. 16-19. Für den Hinweis auf die Konsultationen mit dem Präsidium des Obersten Sowjets und dem Föderationsrat siehe S. 17.

119 Ebenda, S. 18.

120 Ebenda, S. 17.

121 Shevardnadze, The Future Belongs to Freedom, bes. S. 23-26, 37-40.

122 Shevardnadzes ›Resignation Speech to Congress‹, FBIS-SOV-90-245, 20. Dezember 1990, S. 11f., auf S. 11. Die Rede ist im Wortlaut als Anhang zu den Memoiren Schewardnadses wiedergegeben, The Future Belongs to Freedom, S. 201-04. In seiner unmittelbaren Reaktion auf die Rede Schewardnadses nahm Oberst Petruschenko die Rücktrittsdrohung nicht ernst, bezeichnete sie als »Spiel mit hohem politischen Einsatz« und sagte: »Ich bin sicher, daß Schewardnadse auf Anweisung Gorbatschows handelte« (FBIS-SOV-90-245, 20. Dezember 1990, S. 14).

123 Shevardnadze, The Future Belongs to Freedom, S. XVI.

124 FBIS-SOV-90-245, 20. Dezember 1990, S. 12.

125 Shevardnadze, The Future Belongs to Freedom, S. 199; und Vitaly Ignatenko, ›Ot Vil'nysa do Forosa. Samye trudnye dni Gorbacheva‹, Novoe vremya, 12 (März 1992), S. 22-26, auf S. 23.

126 Shevardnadze, The Future Belongs to Freedom, S. 198.

127 Ebenda, S. XVIII.

128 Ebenda, S. XVIII, 192.

129 Ignatenko, ›Ot Vil'nysa do Forosa‹; und Interviews des Autors mit Andrei Gratschow. Schachnasarow (Interview, The Second Russian Revolution-Transkripte) erwähnt ebenfalls, daß Gorbatschow »unter einer Lawine von Briefen, Telegrammen und anderen Bitten nach der Präsidialregierung im Baltikum begraben wurde«. Zu Boldins allgemeiner Einstellung gegenüber den radikalen Reformern in Gorbatschows Umgebung siehe Chernyaev, Shest' let s Gorbachevym, S. 402 f.

130 FBIS-SOV-91-010, 15. Januar 1991, S. 19-23, auf S. 20. Im Gespräch mit Journalisten während einer Sitzungspause des Obersten Sowjets sagte Gorbatschow am 14. Januar, daß er in Litauen eine »Präsidialregierung mit allem, was dazugehört, ungern errichten« würde, und fügte hinzu, er habe ein paar Tage zuvor beschlossen, sich darauf zu beschränken, »nicht mehr zu tun, als den litauischen Obersten Sowjet zu warnen, wenn auch in deutlichen Worten« (ebenda, S. 23).

131 Ebenda.

132 Vgl. Miller, Mikhail Gorbachev and the End of Soviet Power, S. 172 f.

133 Shakhnazarov, Tsena svobody, S. 17 f.

134 Siehe Stephen Foye, ›Russia's Fragmented Army Drawn into the Political Fray‹, RFE/RL Research Report, 2/15 (9. April 1993), S. 1-7, auf S. 5; David Remnick, Lenin's Tomb: The Last Days of the Soviet Empire, (Random House) New York 1993, S. 307; und FBIS-SOV-91-010, 15. Januar 1991, S. 21. Ebenfalls unmittelbar verantwortlich war Generalmajor Uschoptschik, der Kommandant der Garnison in Vilnius (Miller, Gorbachev and the End of Soviet Power, S. 173).

135 Zu der Kritik an Gorbatschow aus völlig entgegengesetzten Lagern siehe Med-
     vedev, V komande Gorbacheva, S. 176 f.
136 Ignatenko, ›Ot Vil'nysa do Forosa‹, S. 25.
137 Ebenda, S. 25 f. Vgl. Chernyaev, Shest' let s Gorbachevym, S. 407. Der erste
     Bericht über die Ereignisse in Litauen, den Gorbatschow hörte, kam aus Quel-
     len, die die Handlungen der sowjetischen Truppen verteidigten und die Zahl
     der litauischen Opfer stark unterschätzten. Da allerdings Gorbatschows Bezie-
     hungen zu Landsbergis deutlich schlechter waren als sein Verhältnis zum ehe-
     maligen Ersten Sekretär der Litauischen Kommunistischen Partei, Algirdas-
     Mikolas Brazauskas (ungeachtet dessen herausragender Rolle bei den Un-
     abhängigkeitsbestrebungen Litauens), ist nicht sicher, was der Anruf von
     Landsbergis am Sonntag geändert hätte. Gorbatschow sprach per Telephon
     mit ihm am folgenden Tag – am Morgen des 14. Januar – und beschrieb das
     Gespräch als »sehr unproduktiv« (FBIS-SOV-91-010, 15. Januar 1991, S. 21).
     Landsbergis war einer der schwierigsten Verhandlungspartner, mit denen es
     Gorbatschow in den nach Sezession strebenden sowjetischen Republiken zu
     tun hatte. Nach den Worten eines ausgewiesenen Kenners der baltischen Poli-
     tik, Anatol Lieven, war es Landsbergis' Ehrgeiz, der »Vater der Nation« zu wer-
     den, der wiederum von seiner »vollständigen Selbstidentifizierung mit der
     litauischen Kultur und seiner kolossalen persönlichen Eitelkeit« genährt
     wurde. Lieven stellt auch fest: »Der Nationalismus von Landsbergis hatte
     schöne Seiten, aber auch andere, die zutiefst häßlich waren.« Siehe Lieven, The
     Baltic Revolution: Estonia, Latvia and Lithuania and the Path to Independ-
     ence, 2. Aufl., (Yale University Press) New Haven 1994, S. 259, 274.
138 Ignatenko, ›Ot Vil'nyusa do Forosa‹, S. 26. Für zwei hilfreiche Darstellungen
     der Gewalt in Vilnius im Januar 1991 und vieler anderer Repressionsmaßnah-
     men, die Todesopfer in den baltischen Staaten in jenem Jahr zur Folge hatten,
     siehe Lieven, The Baltic Revolution, S, 244-55; und Steele, Eternal Russia,
     S. 189-202.
139 Siehe Grachev, Dal'she bez menya, S. 261 f.
140 Siehe Chernyaev, Shest' let s Gorbachevym, S. 405-15; und Ignatenko, ›Ot
     Vil'nyusa do Forosa‹, S. 26. Sowohl Tschernjajew als auch Ignatenko schreiben,
     daß Andrei Gratschow, dem angeboten worden war, seine Stelle als Stellvertre-
     tender Direktor der Internationalen Abteilung zu verlassen und in Gorba-
     tschows Stab zu wechseln, um den Präsidialapparat zu verstärken, anrief und
     sagte, daß er nun nicht kommen würde. Er fügte hinzu: »1968 und 1979 sind
     genug für mich« (Chernyaev, Shest' let s Gorbachevym, S. 407 f.; Ignatenko,
     ›Ot Vil'nyusa do Forosa‹, S. 26). Gratschow bezog sich natürlich auf die sowje-
     tischen Einmärsche in die Tschechoslowakei und nach Afghanistan.
141 Chernyaev, Shest' let s Gorbachevym, S. 408-11, bes. S. 411.
142 Ebenda, S. 412.
143 Ebenda, S. 408-11.
144 Ebenda, S. 408-12. Zu dieser Episode vgl. a. Ignatenko, ›Ot Vil'nyusa do
     Forosa‹, S. 26. Tamara Alexandrowa war eine langjährige enge Mitarbeiterin
     Tschernjajews.

145 Als Ignatenko und andere Gorbatschow am 14. Januar berichteten, was am Wochenende wirklich in Vilnius passiert war (die Einzelheiten hatten sie vom ehemaligen Innenminister Bakatin erfahren), »war Gorbatschow schockiert« (Ignatenko, ›Ot Vil'nyusa do Forosa‹, S. 26). Siehe auch das Interview von Anfang 1991 mit Alexander Jakowlew (The Second Russian Revolution-Transkripte). Jakowlew berichtet, er sei zur Zeit »der tragischen Ereignisse in Vilnius diesen Januar« im Urlaub gewesen, aber Gorbatschow habe ihn am nächsten Tag angerufen, und »er hat es sich sehr zu Herzen genommen«. An einer anderen Stelle im selben Interview stellte Jakowlew fest, daß das Vermeiden von Blutvergießen eine ständige Sorge Gorbatschows war. Andrei Gratschow (Interview mit dem Autor, 14. Januar 1993) bemerkte, daß für Gorbatschow der Unwille, Blut zu vergießen, nicht nur ein Kriterium, sondern die Bedingung seiner Teilnahme am politischen Leben war. In seinen Memoiren schreibt Gorbatschow, er sei zornig über das gewesen, was in der Nacht vom 12. auf den 13. Januar geschehen war, und daß er Erklärungen verlangte von Kriutschkow, Pugo und Jasow, die alle leugneten, die Befehle gegeben zu haben. Gorbatschow fügt hinzu: »... damals vertraute ich Jasow« (Gorbatschow, Erinnerungen, S. 1021). Siehe auch Gorbatschow-Interview, Moskovskiy komsomolets, 28. Juni 1995, S. 2.

146 Ignatenko, ›Ot Vil'nyusa do Forosa‹, S. 26.

147 Ebenda; Chernyaev, Shest' let s Gorbachevym, S. 414 f.; Schachnasarow-Interview, The Second Russian Revolution-Transkripte; und Interview des Autors mit Andrei Gratschow, 14. Januar 1993.

148 Ignatenko, ›Ot Vil'nyus do Forosa‹, S. 26.

149 Ebenda.

150 Selbst im Rückblick beschuldigte Gorbatschow »radikale Separatisten«, den Angriff provoziert zu haben, den er allerdings bedauerte. Er hatte den Einsatz von Truppen eigens untersagt, und es scheint, als sei die Aktion vor Ort beschlossen worden. Siehe Gorbatschow, Erinnerungen, S. 1023-25.

151 Pressekonferenz Gorbatschows am 22. Januar, FBIS-SOV-91-015, 23. Januar 1991, S. 3 f., auf S. 3. In einem am 16. Januar veröffentlichten Zeitungsinterview sagte Wadim Bakatin, er habe mit Gorbatschow sowohl am Sonntagabend als auch am Montag (13. und 14. Januar) gesprochen, und »alles, was in Vilnius geschah, war für ihn eine völlige Überraschung«. Weiter sagte Bakatin, daß er mit Gorbatschow im Bereich des Gesetzesvollzugs zwei Jahre lang recht eng zusammengearbeitet habe und Gorbatschow immer, auch in den kompliziertesten Fällen, versuchte, »unnötige Gewalt ohne gesetzliche Grundlage zu vermeiden«. Bakatin reagierte deshalb mit Überraschung und Mißbilligung auf die Tatsache, daß Gorbatschow sich nicht deutlich von den Repressionsmaßnahmen in Vilnius in seiner ersten Stellungnahme nach den Ereignissen vor dem Obersten Sowjet der UdSSR distanziert hatte (Komsomol'skaya pravda, 16. Januar 1991, S. 1). In einem späteren Interview (The Second Russian Revolution-Transkripte) erklärte Bakatin, durch sein erstes Telefonat mit Gorbatschow am Sonntag, dem 13. Januar erfahren zu haben, daß dieser vom Einsatz von Panzern nichts wußte. Es gab noch andere ernsthafte Mängel an den Infor-

mationen, die man Gorbatschow gegeben hatte: »Er glaubte, die Extremisten und Separatisten hätten zuerst angegriffen und daß dann gewisse Gegenmaßnahmen ergriffen werden mußten. Seine Zahl der Opfer war geringer: er glaubte, nur zwei Menschen seien ums Leben gekommen. Meine Informationen sagten zwölf« (ebenda).

152 FBIS-SOV-91-015, 23. Januar 1991, S. 3.

153 Ungeachtet der Tatsache, daß Jelzin in einer früheren Phase (im August 1990) den Tataren gesagt hatte, sie sollten soviel Macht für ihre ›autonome Republik‹ an sich ziehen, wie sie bewältigen konnten (Pravda, 9. August 1990, S. 2).

154 Schachnasarow-Interview in: Der Spiegel, 21. Januar 1991, S. 131-34.

155 Ebenda.

156 Ebenda. Schachnasarow weiter: »Die kaukasischen Republiken werden es wahrscheinlich ebenso wie die asiatischen vorziehen, mit Rußland in einer engeren Verbindung zu bleiben. Wenn es uns gelingt, daß sich alle dabei frei fühlen, und wir gleichzeitig unsere wirtschaftliche Lage zu verbessern vermögen, dann wird die Anziehungskraft Rußlands als einer mächtigen und aussichtsreichen Region so groß werden, daß man sich ihr wieder nähern und sich nicht weiter von ihr absetzen wird.« Zur Reaktion Gorbatschows auf die Versuche der baltischen Staaten, schon 1990 ihre Unabhängigkeit zurückzuerlangen, schreibt Tschernjajew, daß es Gorbatschow schwerfiel, sich psychologisch auf den Abfall der baltischen Staaten von der Sowjetunion einzustellen. Er glaubte zutiefst, daß dies »ein großer Schaden vor allem für die Menschen dieser Republiken« sein würde (Shest' let s Gorbachevym, S. 339).

157 Gorbatschow, Erinnerungen, S. 1019. Die litauische Führung wies den Begriff ›Trennung‹ zurück, da sie in ihre Beziehungen zu Rußland und in die Sowjetunion hineingezwungen worden seien. Schachnasarows Entgegnung dazu in seinem Interview mit dem Spiegel, Mitte Januar 1991 war: »Nehmen wir einmal an, die Litauer hätten recht. Aber dann erlauben Sie mir folgendes Beispiel: Ein Mann zwingt eine Frau, mit ihm zu leben. Nach einem halben Jahrhundert haben sie ein Haus, haben Kinder, gemeinsame Verwandte und Kontakte zu den Nachbarn ... Daraus folgen doch bestimmte Verpflichtungen, die nur auf dem Rechtswege abgelöst werden können« (Der Spiegel, 21. Januar 1991, S. 131-34).

158 Krawtschenko wurde nach seiner Kollaboration mit den Führern des Augustputsches entlassen und durch Jegor Jakowlew, den unabhängigen Herausgeber der Moscow News, als Direktor des Staatsfernsehens und -rundfunks (Gostelradio) ersetzt.

159 Remnick, Lenin's Tomb, S. 392. Krawtschenko behauptete später, die »Unzufriedenheit Gorbatschows« mit Vzglyad habe eine Rolle bei der Absetzung des Programms gespielt. Gorbatschow, so Krawtschenko, konnte nicht direkt das Ende der Sendung verlangen, aber »von Leuten mit etwas niederen Aufgaben« habe er recht eindeutige dahingehende Anweisungen erhalten. Angesichts der sehr unterschiedlichen Persönlichkeiten und Meinungen der Mitarbeiter Gorbatschows läßt dies die Frage offen, ob es wirklich der Wunsch Gorbatschows war, diese Sendung abzusetzen. Siehe Interview mit Krawtschenko in: Novyy vzglyad, 16 (1992), S. 1.

160 David Wedgwood Benn, From Glasnost to Freedom of Speech: Russian Openness and International Relations, (Pinter, für das Royal Institute of International Affairs) London 1992, S. 23; und Stephen White, After Gorbachev, (Cambridge University Press) Cambridge 1993, S. 131.

161 Wedgwood Benn, From Glasnost to Freedom of Speech, S. 23.

162 Shakhnazarov, Tsena svobody, S. 55.

163 Wedgwood Benn, From Glasnost to Freedom of Speech, S. 18-21, auf S. 18.

164 Miller, Gorbachev and the End of Soviet Power, S. 98-100, auf S. 100. Schachnasarow beschreibt die manchmal stürmische Beratung und Annahme des Gesetzes und seine Diskussion darüber mit Gorbatschow in seinen Memoiren. Siehe Tsena svobody, S. 54-60. Bevor er ein Berater Gorbatschows wurde, hatte Schachnasarow über einige Jahre hinweg neben seiner Arbeit im ZK-Apparat eine Sektion zur Theorie politischer Systeme am Institut für Staat und Recht geleitet. Zwei der drei begabten jüngeren Wissenschaftler, die die Variante des Pressegesetzes entwarfen – die trotz Änderungen und Einwänden die Grundlage des neuen Gesetzes wurde –, holte er aus dieser Sektion. Es handelte sich um Juri Baturin (der später Mitarbeiter Schachnasarows im Kreml werden und noch später, im postsowjetischen Rußland, ein Präsidentenberater Boris Jelzins werden sollte) und Wladimir Entin. Das dritte Mitglied der Gruppe war Michail Fedotow, der 1993 Presseminister in der russischen Regierung wurde. Dieselben drei Experten waren die Autoren des Entwurfs des Gesetzes über Glasnost im vorangegangenen Jahr.

165 Siehe Remnick, Lenin's Tomb, S. 420.

166 Stephen Fish, Democracy from Scratch: Opposition and Regime in the New Russian Revolution, (Princeton University Press) Princeton 1995, S. 48.

167 Auch nachdem er aus dem Amt geschieden war, glaubte Gorbatschow weiterhin, daß die Gefahr durch außer Kontrolle geratene Demonstrationen real gewesen war. Siehe das ganzseitige Interview mit Gorbatschow in Literaturnaya gazeta, 8. Juli 1992, S. 11.

168 Remnick, Lenin's Tomb, S. 420.

169 Ebenda; und Richard Sakwa, Russian Politics and Society, (Routledge) London 1993, S. 9.

170 Remnick, Lenin's Tomb, S. 422.

171 Chernyaev, Shest' let s Gorbachevym, S. 434.

172 Ebenda.

173 Shakhnazarov, Tsena svobody, S. 55.

174 Ebenda, S. 145.

175 Siehe z. B. ebenda, S. 54 und 290. Schachnasarow schreibt (S. 290), daß Gorbatschow »wie immer von zehn Uhr morgens bis zehn oder elf am Abend arbeitete«.

176 Interview mit Gorbatschow, Literaturnaya gazeta, 8. Juli 1992, S. 11.

177 Chernyaev, Shest' let s Gorbachevym, S. 432 f.

178 Literaturnaya gazeta, 8. Juli 1992, S. 11; und Shakhnazarov, Tsena svobody, S. 221-39.

179 Ebenda, S. 225.

180 Zum April-Plenum des Zentralkomitees, siehe Izvestiya TsK KPSS, 6 (1991), S. 10-11; Medvedev, V komande Gorbacheva, S. 184-6; und FBIS-SOV-91-082-S, Ergänzung zum Tagesbericht, ›Soviet Union: CPSU Plenum‹, 29. April 1991.

181 Shakhnazarov, Tsena svobody, S. 164. S. a. S. 155 f.

182 Der Entwurf des Unionsvertrags, der am 20. August unterschrieben werden sollte, wurde in Moskovskie novosti am 14. August und in Sowjetskaja Rossija am 15. August 1991 veröffentlicht. Für eine ausführlichere Erörterung der sich wandelnden Bestimmungen des Unionsvertrages siehe Miller, Gorbachev and the End of Soviet Power, S. 183-200, bes. S. 184, 192-97.

183 Shakhnazarov, Tsena svobody, S. 225. Dieses vierköpfige Team hatte noch mehrere jüngere Berater, die ihm zur Seite standen, von denen Juri Baturin eine besonders aktive Rolle spielte.

184 Ebenda, S. 237.

185 Interview des Autors mit Fjodor Burlazki, 14. Mai 1992.

186 Sovetskaya Rossiya, 15. August 1991, S. 3.

187 Shakhnazarov, Tsena svobody, S, 233.

188 Ebenda, S. 224 f.

189 Ebenda, S. 225.

190 Ebenda.

191 Für die Wahlergebnisse und Prozentzahlen aller sechs Kandidaten, siehe FBIS-SOV-91-119, 20. Juni 1991, S. 56 f. Der im Text nicht erwähnte Kandidat war Aman-Geldy Tulejew, der mit 6,81 Prozent an vierter Stelle endete.

192 Im postsowjetischen Rußland entwickelten sich rasch Spannungen zwischen Jelzin und Ruzkoi, die im Konflikt zwischen Exekutive und Legislative um das Moskauer Weiße Haus 1993 gipfelten. Ruzkoi schlug sich völlig auf die Seite des Obersten Sowjets und wurde verhaftet, als das Weiße Haus von Jelzin ergebenen Truppen am 4. Oktober unter Feuer genommen wurde. Er wurde im Februar 1994 aus dem Gefängnis entlassen (auf Verlangen der Staatsduma, die im Dezember 1993 gewählt wurde) und wandte sich – mit einem Auge auf die nächsten russischen Präsidentenwahlen – beinahe sofort erneuter politischer Tätigkeit mit einem nationalistischen Programm zu. Seit 1997 ist Ruzkoi Gouverneur von Kursk.

193 Für eine nützliche Darstellung dieser Episode siehe Dawn Mann, ›An Abortive Constitutional Coup d'Etat?‹, RFE/RL Report on the USSR, 3/27 (5. Juli 1991), S. 1-6.

194 Der Redetext Gorbatschows vor dem Obersten Sowjet am 21. Juni 1991 ist vollständig wiedergegeben in FBIS-SOV-91-121, 24. Juni 1991, S. 36 f.

195 Gorbatschow, Erinnerungen, S. 565 f.

196 Valentin Pavlov, Avgust iznutri. Gorbachevputch, (Delovoy mir) Moskau 1993, S. 95; und Shakhnazarov, Tsena svobody, S. 233. Schachnasarow fügt hinzu, daß Gorbatschow Nasarbajew zu einem früheren Zeitpunkt einen Schlüsselposten auf der Allunionsebene hätte geben sollen.

197 Für eine gute Darstellung der politischen Zusammenhänge siehe Elizabeth Teague und Julia Wishnevsky, ›El'tsin Bans Organized Political Activity in State Sector‹, RFE/RL Report on the USSR, 3/33 (16. August 1991), S. 21-25.

198 Ebenda, S. 23, 25.

199 Sovetskaya Rossiya, 23. Juli 1991, S. 1.

200 Interview mit Andrei Gratschow, 25. Januar 1992. S. a. Pravda, 29. Juli 1991, S. 1.

201 Andrei Gratschow sagte (Interview, 25. Januar 1992), Lukjanow sei so freundlich beim ZK-Plenum im Juli 1991 empfangen worden, daß klar wurde, daß
man in ihm einen zukünftigen Führer und Generalsekretär sah. In Gratschows
Augen war der einzige Grund für die vorläufige Zustimmung des Zentralkomitees zum Programmentwurf, daß es keinerlei Absicht hatte, es umzusetzen.
Auf die allgemeine Stimmung dieser Sitzung deutet der Umstand hin, daß er
und Latsis die einzigen ZK-Mitglieder waren, die sich gegen den aufrühreri-
schen offenen Brief »Ein Wort an das Volk« wandten, wie auch die feindselige
Reaktion, die sie sich damit einhandelten.

202 Pravda, 26. Juli 1991, S. 1 f., auf S. 2.

203 Ebenda.

204 Ebenda.

205 Ebenda.

206 Ebda. Siehe auch Karl Marx, Communist Manifesto (Jubiläumsausgabe mit
einer Einführung von Harold J. Laski), (Allen & Unwin) London 1948, S. 146.

207 Pravda, 26. Juli 1991, S. 2.

208 Interview mit Nursultan Nasarbajew von Kira Vladena, Nezavisimaya gazeta,
28. Juli 1993, S. 5.

209 Ebenda.

210 Zu diesem Gespräch, siehe Boris Yeltsin, The View from the Kremlin, (HarperCollins) London 1994, S. 38 f.; Pavlov, Avgust iznutri, S. 95; Nasarbajew-
Interview, Nezavisimaya gazeta, 28. Juli 1993, S. 5; und Gorbatschow-Interview, The Second Russian Revolution-Transkripte.

211 Jelzin selbst geht so weit zu sagen, daß dieses Treffen »der Auslöser für den
Putsch im August 1991« war (The View from the Kremlin, S. 39).

212 Komsomol'skaya pravda, 6. August 1991, S. 1.

213 Siehe z. B. Shakhnazarov, Tsena svobody, S. 262-3; und Mikhail Gorbachev,
The August Coup, (Harper Collins) London 1991, S. 17.

214 Remnick, Lenin's Tomb, S. 449.

215 Als Jakowlew in einem Interview am 16. August, das erst nach dem Putsch veröffentlicht wurde, gefragt wurde, ob »Ein Wort an das Volk« nicht in Wahrheit
»einen Aufruf zum Sturz Gorbatschows« enthielt, antwortete er: »Ja, natürlich.« Siehe Literaturnaya gazeta, 34, 28. August 1991, S. 2.

216 FBIS-SOV-91-158, 15. August 1991, S. 27.

217 Das am reichsten dokumentierte Buch über den Putsch erschien 1992 in Moskau. Ausführliche, wörtliche Auszüge aus den Verhören der Ermittlungsbeam-
ten mit allen am Staatsstreich Beteiligten, den Opfern und den Verschwörern,
sind hier vom damaligen russischen Generalstaatsanwalt, Valentin Stepankow,
und seinem Stellvertreter, Jewgeni Lisow, veröffentlicht worden. Obwohl es
zumindest überraschend ist, daß die obersten Justizbeamten ein an die breite
Öffentlichkeit gerichtetes Buch über den Gegenstand ihrer Untersuchungen
erstellten, bevor der Fall vor Gericht angehört wurde, enthält es eine Vielzahl

an interessanten Informationen. Siehe Stepankov und Lisov, Kremlevskiy zagovor, (Ogonek) Moskau 1992. Die beste englischsprachige Darstellung des Putsches ist bei Remnick, Lenin's Tomb, S. 439-90.

218 Gorbachev, The August Coup, S. III. Der Artikel, den Gorbatschow und Tschernjajew wenige Tage vor dem Staatsstreich fertigstellten, ist als Appendix C in Gorbatschows kurzem Buch über den Putsch, S. 97-127, veröffentlicht.

219 Für Wladimir Medwedjews Darstellung dieser Episode siehe seinen Erinnerungsband, Chelovek za spinoy, (Russlit) Moskau 1994, bes. S. 274-87.

220 Gorbachev, The August Coup, S. 18; Stepankov und Lisov, Kremlevskiy zagovor, S. 9; und Medvedev, Chelovek za spinoy, S. 276-7. Als Direktor der Neunten Abteilung des KGB war Plechanow Medwedjews Vorgesetzter. Bevor Plechanow selbst Foros verließ, gab er Medwedjew den Befehl zur Abreise, den dieser auch befolgte. Weder damals noch zu einem späteren Zeitpunkt nahm Gorbatschow dies seinem ehemaligen Chefleibwächter übel (dessen Gesicht der Außenwelt gut bekannt war, im Gegensatz zu seinem Namen, denn in Tausenden von Photographien von Gorbatschow stand er hinter ihm, vor allem auf Auslandsreisen), da es für Medwedjew so gut wie unmöglich war, einem Befehl seines vorgesetzten Offiziers nicht Folge zu leisten. Nach dem Putsch aber schuf Gorbatschow – wie auch Jelzin für sich als russischen Präsidenten – eine Personenschutzabteilung, die letztlich ihm verantwortlich und nicht mehr Teil des KGB war. Abgesehen von Medwedjew blieben Gorbatschows Leibwächter während der gesamten Zeit seiner Isolierung in Foros bei ihm und loyal zu ihm wie auch im Besitz ihrer Waffen. Sie wurden allerdings überwacht von einem ›äußeren Ring‹ frischer KGB-Einheiten, die von Plechanow abgeordnet worden waren.

221 Gorbachev, The August Coup, S. 17-18; und Shakhnazarov, Tsena svobody, S. 262. Gorbatschow und Schachnasarow unterscheiden sich in ihren Angaben zum Zeitpunkt ihres Telephongesprächs um dreißig oder vierzig Minuten. Gorbatschow sagt, es habe »um 16.30 Uhr« stattgefunden (The August Coup, S. 17), und Schachnasarow schreibt, es sei »15.50 Uhr« gewesen. Ein paar Seiten weiter zitiert Schachnasarow jedoch aus seiner Rede vor dem Obersten Sowjet Rußlands am 21. August und nennt 16.00 Uhr als Zeitpunkt (Tsena svobody, S. 262, 266).

222 Eine Telefonvermittlerin in Foros berichtete später, wie ein KGB-Offizier hinter ihr auftauchte, als sie Gorbatschow mit Schachnasarow verband. Sobald dieses Gespräch beendet war, rief der Vorsitzende des Obersten Sowjets von Belarus, Dementei, an, der einen Anruf Gorbatschows erwiderte. Der Offizier sagte ihm, er solle auflegen und den Präsidenten nicht mehr mit Anrufen belästigen. Die Leitungen wurden dann unterbrochen. Siehe Shakhnazarov, Tsena svobody, S. 270 f.; und Gorbachev, The August Coup, S. 18.

223 Ebenda, S. 18 f.

224 Interview des Autors mit Tschernjajew, 30. März 1992.

225 Gorbachev, The August Coup, S. 28.

226 Stepankov und Lisov, Kremlevskiy zagovor, S. 13.

227 Gorbachev, The August Coup, S. 19.

228 Ebenda, S. 20-23.

229 Stepankov und Lisov, Kremlevskiy zagovor, S. 14. Selbst Boldin bestätigt, daß Gorbatschow Plechanow des Raumes verwies und zum Angriff auf Baklanow und vor allem Warennikow überging. Siehe Boldin, Ten Years that Shook the World, S. 26 f.

230 Siehe hierzu Stepankov und Lisov, Kremlevskiy zagovor; Shakhnazarov, Tsena svobody, S. 270-6; und Chernyaev, Shest' let s Gorbachevym, S. 477-88. Selbst KGB-Chef Wladimir Kriutschkow mußte zugeben, daß Gorbatschow die Verhängung des Ausnahmezustands nicht genehmigte, aber er argumentiert (der Beweislage widersprechend), Gorbatschow sei willens gewesen, in Foros auf den Ausgang der Sache zu warten und sich dann erst zu entscheiden. Siehe Kryuchkov, Lichnoe delo, (Olimp) Moskau 1996, II, S. 157-162.

231 Zahlreiche Artikel sind in der extrem konservativen Presse des postsowjetischen Rußland erschienen, vor allem in Den' und dem Nachfolgeblatt Zavtra, beide herausgegeben von Alexander Prochanow – einem der Hauptautoren von »Ein Wort an das Volk« –, die forderten, Gorbatschow solle wegen Hochverrats der Prozeß gemacht werden.

232 Stepankov und Lisov, Kremlevskiy zagovor, S. 12; und Chernyaev, Shest' let s Gorbachevym, S. 484 f. Die Ernennung Janajews zum Vizepräsidenen war, obwohl er dem sowjetischen Präsidenten nicht sonderlich nahestand, ein weiterer, schwerer Fehler Gorbatschows. Vor einer Pressekonferenz am 22. August, einen Tag nach seiner Rückkehr nach Moskau, sagte Gorbatschow: »Vor allem sehe ich, daß der Kongreß der Volksdeputierten der UdSSR recht hatte, zunächst die Wahl des Vizepräsidenten zu verweigern, aber ich bestand darauf. Das war mein Fehler, und nicht nur mein Fehler. Ich sehe das jetzt. Ich würde ebenso offen sagen, daß ich besonders Jasow und Kriutschkow vertraute« (Pravda, 23. August 1991, S. 2).

233 Harold Seidman führte das ›Milessche Gesetz‹ in die politikwissenschaftliche Literatur in seinem erstmals 1970 veröffentlichten Werk Politics, Position and Power: The Dynamics of Federal Organization ein. Er führt die Bemerkung auf Rufus Miles, einen ehemaligen Staatssekretär im Ministerium für Gesundheit, Erziehung und Soziales der Vereinigten Staaten zurück. Der genaue, von Seidman verwandte Wortlaut ist: »Where one stands depend on where one sits« (Politics, Position and Power, 3. Aufl., ⟨Oxford University Press⟩ New York 1980, S. 21).

234 Zitiert nach Remnick, Lenin's Tomb, S. 455.

235 Gorbachev, The August Coup, S. 27.

236 Chernyaev, Shest let s Gorbachevym, S. 483.

237 Ebenda.

238 Ebenda.

239 Ebenda.

240 Gorbachev, The August Coup, S. 25.

241 Ebenda, S. 24.

242 Boris Yeltsin, Against the Grain: An Autobiography, (Jonathan Cape) London

1990; und Yeltsin, The View from the Kremlin. Zum Beispiel bringt Jelzin in Against the Grain seine Überraschung und seinen Unmut darüber zum Ausdruck, daß Gorbatschow, als Jelzin 1985 Leiter der ZK-Abteilung für die Bauindustrie wurde, keine Anstalten machte, ihn zu treffen (S. 76). Aber Wladimir Dolgich, Jelzins unmittelbarer Vorgesetzter als ein ZK-Sekretär — »einer der professionellsten und effizientesten Sekretäre des Zentralkomitees«, laut Jelzin (S. 121) —, hat explizit gesagt, daß die von Jelzin in dessen Buch gemachten Angaben »nicht wahr« seien. Er stellte Jelzin persönlich Gorbatschow vor, mit dem sie ein Gespräch führten, als Jelzin in Moskau angekommen war (Dolgich-Interview, The Second Russian Revolution-Transkripte). In The View from the Kremlin erklärt Jelzin (S. 75-6), daß es der Ungewißheit über das Schicksal Gorbatschows im August 1991 während des Putsches »gelang, seine [Popularitäts-] Werte innerhalb einer Stunde mehr steigen zu lassen als alle seine Reformjahre«. Gorbatschows Beliebtheit stieg in Folge des Staatsstreiches etwas an, aber Jelzin impliziert hier (und andernorts), daß es sich dabei um ihren Höhepunkt gehandelt habe und Gorbatschow niemals vorher populär gewesen sei, was deutlich an den Tatsachen vorbeigeht. Wie Einzelwerte aus der Frühzeit und die Umfrageergebnisse des VTsIOM belegen, war Gorbatschow für den größten Teil seiner Regierungszeit sehr beliebt. Als allerdings seine Werte, wie bereits angemerkt, zu sinken begannen, erreichten sie jedoch innerhalb seiner Amtszeit niemals die Tiefen, in die Jelzins bis Anfang 1995 gefallen waren. Ein weiteres Beispiel für Jelzins Sorglosigkeit im Umgang mit Fakten mag genügen. Er schreibt (The View from the Kremlin, S. 114-15) über die Massaker in Tbilissi, Baku, Vilnius und Riga, die in diesem Kapitel bereits behandelt wurden, und sagt: »Ich bin sicher, daß Gorbatschow gar nicht anders konnte, als über alle diese Maßnahmen Bescheid zu wissen«. Im Lichte des Sobtschak-Berichts und der öffentlichen Zeugenaussagen Schewardnadses und anderer hätte Jelzin gewiß bewußt sein müssen, daß sich das Gegenteil als die Wahrheit erwiesen hatte, zumindest soweit die Todesfälle in Tbilissi (neunzehn, und nicht neun, wie Jelzin schreibt, S. 114) betroffen sind. Wie bereits erwähnt, war Schewardnadse eigens von Gorbatschow beauftragt worden, nach Tbilissi zu fliegen und den Konflikt friedlich beizulegen. Für die Maßnahmen in Baku — wenn auch nicht für den willkürlichen Schußwaffengebrauch — trägt Gorbatschow Verantwortung und hat diese auch nicht abgestritten. Die Massaker in den baltischen Staaten gehörten in eine andere Kategorie. Sie waren weniger staatliche Gewaltakte, ausgelöst oder abgesegnet von Gorbatschow, sondern teilweise dazu gedacht, ihn zu kompromittieren und in generelle Unterdrückungsmaßnahmen gegen diese Republiken hineinzuziehen.

243 Für Jelzins Darstellung des Putsches, einschließlich der Isolierung Gorbatschows, siehe The View from the Kremlin, S. 50-103.

244 Zur Beschlagnahmung des Stawropoler Parteiarchivs, siehe FBIS-SOV-91-167, 28. August 1991, S. 81.

245 Gorbachev, The August Coup, S. 29.

246 Diejenigen, die die abwegige Vermutung äußerten, Gorbatschow hätte an einem gefährlichen Zusammenspiel mit Kriutschkow, Baklanow und Co.

beteiligt sein können, hätten einen Augenblick an Gorbatschows unbedingte Verehrung seiner Frau denken müssen, mit der er, wie er in einem Fernsehinterview sagte (siehe ein vorangegangenes Kapitel), alles besprach. Zusätzlich zu der grundlegenden Tatsache, daß die Putschisten seine historischen Leistungen gefährdeten und hofften, praktisch seine gesamte seit 1988 verfolgte Politik in ihr Gegenteil zu verkehren – darunter, nicht zuletzt, der Unionsvertrag, der ihm in den vorangegangenen Monaten Hauptbeschäftigung und beinahe Obsession geworden war –, ist es undenkbar, daß Gorbatschow um eines illusorischen politischen Vorteils willen seine Frau der Ungewißheit, den Belastungen und dem Leiden ausgesetzt hätte, wie sie es zwischen dem 18. und 21. August 1991 war. Ihre Gesundheit war nach dieser Erfahrung nicht mehr so robust wie vorher.

247 Gorbatschow, Erinnerungen, S. 1086.

248 Ironischerweise sah sich Jelzin im September/Oktober 1993 mit einem Aufstand von Leuten konfrontiert, die er berufen oder befördert hatte, einschließlich seines Vizepräsidenten, des Vorsitzenden des russischen Obersten Sowjets und des Leiters des russischen Sicherheitsdienstes (des postsowjetischen Gegenstücks zum KGB). Die Rebellion endete mit der Erstürmung des russischen Weißen Hauses, zu dessen Verteidigern Jelzin zwei Jahre zuvor gezählt hatte, und mit einer wesentlich höheren Zahl an Opfern (hauptsächlich unter den Gegnern Jelzins) als im August 1991, als drei Menschen in Moskau ums Leben kamen.

249 Shakhnazarov, Tsena svobody, S. 176.

250 Chernyaev, Shest let s Gorbachvym, S. 487.

251 Ebenda, S. 489.

252 Pravda, 23. August 1991, S. 2.

253 Vgl. Gorbachev, The August Coup, S. 46-7; und Grachev, Dal'she bez menya, S. 8 f.

254 Remnick, Lenin's Tomb, S. 495.

255 Der vollständige Text des Briefes Achromejews an Gorbatschow mit der Begründung seines Selbstmordes ist wiedergegeben in Stepankov und Lisov, Kremlevskiy zagovor, S. 240-42.

256 Siehe Oleg Kalugin, Spymaster, (Smith Gryphon) London 1994.

257 Die ausführlichste Darstellung der hohen Politik (sowie ihrer Niederungen) in den letzten Monaten der Sowjetunion findet sich in Grachev, Dal'she bez menya. Siehe auch Mikhail Gorbachev, Dekabr'-91: Moya pozitsiya, (Novosti) Moskau 1992.

258 Grachev, Dal'she bez menya, S. 184.

259 Ebenda, S. 180.

260 The Times, 9. Dezember 1991, S. 10.

261 Grachev, Dal'she bez menya, S. 13.

Kapitel 9: Schlußbetrachtungen

1 Die russischen Beispiele sind zu zahlreich, um sie hier aufführen zu können. Sie reichen aber von radikalen Vertretern der freien Marktwirtschaft bis zu russischen Nationalisten und unreformierten Kommunisten. Die letzten zwei Gruppierungen teilen die Überzeugung, daß nichts von größerer Bedeutung gewesen sei als der Erhalt des sowjetischen Staates und daß alle anderen Werte, darunter die mit Demokratie und Menschenrechten zusammenhängenden, diesem Ziel untergeordnet hätten werden müssen. So verachtet zum Beispiel Oberst Viktor Alksnis, einer der schärfsten Kritiker Gorbatschows und ehemaliges Mitglied der Sojus-Gruppe im Obersten Sowjet, Gorbatschows Ablehnung von Gewaltmaßnahmen und sagt, dies sei schön und gut, wenn man Tolstoi nachfolgen wolle, aber nicht für einen Politiker (zitiert in Mark Galeotti, The Age of Anxiety: Security and Politics in Soviet and Post-Soviet Russia, ⟨Longman⟩ London 1995, S. 192). Galeotti fügt hinzu: »Führungsfiguren in der russischen und sowjetischen Vergangenheit haben selten vor dem Einsatz von Gewalt zurückgeschreckt. Es mag Gorbatschow zu einem besseren Menschen gemacht haben, ließ ihn aber auch zu einem Mißerfolg als Politiker werden« (ebenda). In einem gewichtigeren Buch vertritt der amerikanische Politikwissenschaftler Jerry F. Hough eine ähnlich kritische Ansicht zu Gorbatschows extremer Zurückhaltung bei der Anwendung von Gewalt. »Warum« fragt er, »machte die Liberalisierung der Transformation des Systems durch Gorbatschow Platz und führte so rasch zur Zerstörung des Systems? Die unmittelbare Ursache war Gorbatschows Weigerung, ein ausreichendes Maß an Gewalt anzuwenden, um das Befolgen sowjetischer Gesetze zu erzwingen und den Separatismus zu unterdrücken.« Siehe Hough, Democratization and Revolution in the USSR 1985-1991, (Brookings Institution Press) Washington, D. C. 1997, S. 498. Noch pauschaler urteilt ein amerikanischer Spezialist auf dem Gebiet der sowjetischen Gesellschaft, John Bushnell: »Nur wenige Staatsführer sind auf so spektakuläre Weise gescheitert wie Michail Gorbatschow: 1985 trat er an, die sowjetische Gesellschaft und Wirtschaft wiederzubeleben, und Ende 1991 hatte er es geschafft, den sowjetischen Staat ohne Kriegseinwirkung zu zerstören und für Rußland die territorialen Zugewinne dreier Jahrhunderte zu verlieren.« Siehe Bushnell, ⟩Making History out of Current Events: The Gorbachev Era⟨, Slavic Review, 51/3 (Herbst 1992), S. 557-63, auf S. 557.

2 Gorbatschow verwandte diese Formulierung in seiner Rede vor der Ideologie-Konferenz in Moskau im Dezember 1984. Siehe M. S. Gorbachev, Izbrannye rechi i stat'i, (Politizdat) Moskau 1987, II, S. 75-108, auf S. 86.

3 Sie umfaßten und überstiegen selbst die Hoffnungen liberaler russischer Intellektueller. So schreibt die Schriftstellerin Olga Tschaikowskaja über ihre Gedanken, als Gorbatschow der Führer der Sowjetunion wurde, mit den Worten, sie »brauchte von diesem Menschen die Befreiung Sacharows und die Beendigung des Krieges in Afghanistan, weiter nichts« (⟩Dostoinstvo vyshe politiki⟨, Literaturnaya gazeta, 21. November 1992, S. 11).

4 Diese Reaktionen Reagans und Shultz sind in Kapitel 7 zitiert und erläutert.

5 Alexander Dallin, ›Causes of the Collapse of the USSR‹, Post-Soviet Affairs, 8/4 (1992), S. 279-302, bes. S. 299.

6 Ebenda.

7 Valery Surikov, ›Soyuz, Gorbachev, Rossiya‹, Nezavisimaya gazeta, 17. Oktober 1991, S. 5.

8 Ebenda.

9 Schachnasarow, ein hellsichtiger Beobachter aus der Nähe, gehört zu denen, die bemerkt haben, daß »harte und diktatorische Methoden nicht dem Charakter Gorbatschows entsprechen« (Tsena svobody: Reformatsiya Gorbacheva glazami ego pomoshchnika, ⟨Rossika Zevs⟩ Moskau 1993, S. 147). Wladimir Jegorow – auch ein Mitarbeiter Gorbatschows, wenn auch weniger prominent – schreibt über seinen Chef: »Charakterlich war er ein Mann, der unfähig war, diktatorische Mittel einzusetzen oder auch nur harte administrative Maßnahmen zu ergreifen« (Vladimir K. Yegorov, Out of a Dead End into the Unknown: Notes on Gorbachev's Perestroika, ⟨Edition Q⟩ Chicago 1993, S. 125). Siehe auch Nikolay Ryzhkov, Perestroyka: Istoriya predatel'stv, (Novosti) Moskau 1992, S. 364.

10 Rajan Menon, ›Post-Mortem: The Causes and Consequences of the Soviet Collapse‹, Harriman Review, 7/10-12 (November 1994), S. 1-10, auf S. 8.

11 Siehe hierzu z. B. Shakhnazarov, Tsena svobody, S. 347.

12 Ich verwende »er« nicht ohne Grund: Fast alle Parteisekretäre waren Männer.

13 Solche Artikel fanden sich vor allem in der Zeitschrift Sovetskoe gosudarstvo i pravo, deren damaliger Chefredakteur, Michail Piskotin, in seinem ein Jahr vor Gorbatschows Regierungsantritt veröffentlichten Buch Sotsializm i gosudarstvennoe upravlenie, (Nauka) Moskau 1984, selbst versucht hatte, kein geringeres Gewicht auf den demokratischen als den zentralistischen Bestandteil des ›demokratischen Zentralismus‹ zu legen. Siehe bes. S. 209-32. Vgl. auch D. D. Tsabriya, ›Demokraticheskiy tsentralizm: Nekotorye voprosy teorii i praktiki‹, Sovetskoe gosudarstvo i pravo, 1 (1986), S. 30-7; D. A. Kerimov und N. G. Kobers, ›XXVII s"ezd KPSS i razvitie sotsialisticheskoy demokratii‹, Sovetskoe gosudarstvo i pravo, 4 (1986), S. 3-10; und M. P. Lebedev, ›Nekotorye tendentsii i perspektivy razvitya politicheskoy sistemy sotsializma‹, ebenda, S. 14-21 (bes. S. 15).

14 Michael Oakeshott, Political Education: An Inaugural Lecture delivered at the London School of Economics and Political Science on March 6, 1951, (Bowes & Bowes) Cambridge 1951, S. 22.

15 A. S. Chernyaev, Shest' let s Gorbachevym: po dnevnikovym zapisyam, (Kultura) Moskau 1993, S. 39.

16 Gorbachev, Izbrannye rechi i stat'i, VI, S. 397.

17 Das Ausmaß der doktrinalen Veränderungen ist jedoch darin dokumentiert, daß von den sieben Bänden der Reden und Aufsätze Gorbatschows, die in der Sowjetunion publiziert wurden, nur Band VII – der den Zeitraum vom 1. Oktober 1988 bis zum 9. Juni 1989 abdeckt – das Wort ›Kommunismus‹ nicht im Index eingetragen hat.

18 Izvestiya, 4. Juni 1989, S. 2.

19 M. S. Gorbachev, ›Vystuplenie v organisatsii ob"edinennykh natsiy‹, 7. Dezember 1988, in Gorbachev, Izbrannye rechi i stat'i, VII, S. 185-202, bes. S. 187-89.

20 Ich folge Robert Dahl in dessen Auffassung von politischem Pluralismus als einem System, in dem relativ autonome politische Organisationen bestehen. Dahl definiert relative Autonomie folgendermaßen: »Eine Organisation ist relativ autonom, wenn sie in einer Weise handelt, die (a) von einer anderen Organisation als schädlich angesehen werden, und (b) keine andere Organisation, einschließlich der Regierung des Staates, dies verhindern kann oder könnte, außer zu einem Preis, der den Gewinn des Handelnden übersteigt.« Siehe Robert Dahl, Dilemmas of Pluralist Democracy. Autonomy vs. Control, (Yale University Press) New Haven 1982, S. 26.

21 Richard Pipes, ›Misinterpreting the Cold War: The Hard-Liners Had it Right‹, Foreign Affairs, 74/1 (Januar-Februar 1995), S. 154-60, auf S. 158.

22 Ryzhkov, Perestroyka: Istoriya predatel'stv, S. 364 f.

23 Ebenda, S. 365.

24 Begegnung mit M. S. Gorbachev, ›Perestroyka – desyat' let spustya‹ (Protokoll der Versammlung im Debattierklub ›Svobodnoe Slovo‹, Moskau, 20. Januar 1995), S. 80.

25 Dieser Umstand wird von Gorbatschow klar erkannt (ebenda).

26 X. L. Ding schreibt, daß »die dichotomische Konzeptionalisierung Bürgergesellschaft gegen den Staat« dem Verständnis des politischen Veränderungsprozesses in einer Reihe kommunistischer Länder hinderlich ist (wobei sein Schwerpunkt auf China liegt). Statt dessen bietet er den Gedanken einer »institutionellen Amphibie« an, um die »gegenseitige Infiltration« des Parteistaats einerseits und der Gesellschaft andererseits zu vermitteln. Er argumentiert, daß »die Beziehungen zwischen Staat und Gesellschaft im Spätkommunismus in hohem Maße wechselseitig durchdringend und verknüpft sind«, und erklärt, daß eine Beleuchtung dieser »institutionellen Amphibie« eine bedeutende Hilfe bei der Interpretation der Dynamik von Übergangsprozessen ist. Siehe Ding, ›Institutional Amphibiousness and the Transition from Communism: The Case of China‹, British Journal of Political Science, 24/3 (Juli 1994), S. 293-318, bes. S. 315, 317 f.

27 Alexander Yakovlev, ›Eto krupneyshiy reformator‹, Ogonek, 11 (März 1995), S. 45.

28 Samuel P. Huntington, Political Order in Changing Societies, (Yale University Press) New Haven 1968, S. 345.

29 Der Ausdruck »der Trugschluß retrospektiven Determinismus« stammt von Reinhard Bendix (Nation-Building and Citizenship, ⟨John Wiley⟩ New York 1964), zitiert bei Dallin, ›Causes of the Collapse of the USSR‹, S. 297.

30 Olga Chaykovskaya, ›Dostoinstvo vyshe politiki‹, S. 11.

31 Nezavisimaya gazeta, 6. April 1995, S. 3. Für detailliertere historische Vergleiche siehe W. E. Mosse, Alexander II and the Modernization of Russia, aktualisierte Aufl., (I. B. Tauris) London 1992; W. E. Mosse, Perestroika under the Tsars, (I. B. Tauris) London 1992; und W. Bruce Lincoln, The Great Reforms: Autocracy, Bureaucracy and the Politics of Change in Imperial Russia, (Northern Illinois University Press) De Kalb, Ill. 1990.

32 Gorbatschow-Interview, La Repubblica (Rom), 14. Oktober 1992, S. 1-3; übersetzt und neuveröffentlicht in FBIS-SOV-92-204, 21. Oktober 1992, S. 18-20 (auf S. 18).

PERSONENREGISTER

Der Name Michail Gorbatschow wurde nicht
in das Register aufgenommen.

Abalkin, Leonid 119, 250, 254, 256,
448, 576, 628
Achmadulina, Bella 75
Achromejew, Sergei 380, 381, 382, 385,
493, 610, 639
Adamischin, Anatoli 16, 357, 603
Adomeit, Hannes 405, 618
Afanasjew, Juri 16, 312, 317
Afanasjew, Viktor 173, 212, 553, 557
Aganbegjan, Abel 16, 112, 119, 132, 170,
193, 227, 246, 247, 248, 249, 251, 256,
257, 541, 544, 548, 574
Aitmatow, Tschingis 344, 512
Alexander II. 213, 518
Alexandrowa, Tamara 460, 630
Alexandrow-Agentow, Andrei 153, 170,
195, 553
Alexejew, Sergei 328, 557
Alijew, Heidar 93, 120, 543, 624
Alksnis, Viktor 455, 640
Amalrik, Andrei 34, 521
Ambarzumow, Jewgeni 16, 557
Andrejewa, Nina 286, 287, 288, 289,
290, 291, 292, 298, 333, 584, 585, 588
Andropow, Juri 5, 26, 27, 34, 50, 58,
78, 84, 90, 92, 93, 94, 95, 96, 97, 98,
99, 100, 103, 104, 105, 108, 109, 114,
115, 116, 117, 118, 119, 120, 121, 122, 123,
124, 125, 126, 128, 129, 133, 134, 146,
147, 148, 150, 153, 170, 174, 194, 227,
236, 242, 330, 352, 355, 373, 375, 378,
432, 471, 485, 504, 528, 535, 536, 537,
538, 542, 550, 586
Arbatow, Georgi 52, 77, 94, 97, 119,
144, 147, 132, 144, 192, 384, 400, 519,
528, 538, 543, 544, 557, 584, 594
Arsenow, Andrei 16

Ash, Timothy Garton 18, 401, 405
Åslund, Anders 235
Atschalow, Viktor 459

Baibakow, Nikolai 248
Bakatin, Wadim 16, 252, 343, 452, 455,
461, 474, 488, 493, 575, 601, 628, 631
Baker, James 389, 392, 393, 394, 395,
405, 602, 614, 616
Baker, Jim 392
Baker, Keith Michael 218
Baklanow, Georgi 273
Baklanow, Oleg 273, 453, 454, 482,
483, 484, 637, 638
Balasjan 67
Barabaschew, Georgi 16
Baranowski, Wladimir 16
Batkin, Leonid 16
Baturin, Juri 16, 633, 634
Beljajewa, Nina 16
Beljakow, O. S. 591
Berlinguer, Enrico 135
Besançon, Alain 520
Beschloss, Michael 392
Bessmertnich, Alexander 353, 456,
494, 601, 628
Bialer, Seweryn 18, 157, 159, 519, 520,
551
Bikkenen, Nail 141, 292
Birjukow, Nikolai 16
Birjukowa, Alexandra 270
Bogoljubow, Klawdy 124, 125, 149, 153,
543
Bogomolow, Oleg 52, 94, 119, 192,
247, 402, 557, 574
Boldin, V. I. 591
Boldin, Waleri 71, 178, 179, 181, 329,

333, 344, 347, 458, 465, 466, 468, 471,
479, 482, 484, 532, 538, 547, 585, 598,
603, 628, 629, 637
Bonaparte siehe Napoléon
Bondarew, Juri 295, 476
Bonner, Jelena 276, 619
Bowin, Alexander 95, 563
Brakow, Jewgeni 310
Brandt, Willy 78, 198, 206, 560, 601,
604
Brazauskas, Algirdas-Mikolas 630
Bremner, Ian 524, 619, 620, 622, 624,
625
Breschnew, Leonid 11, 25, 26, 31, 32,
34, 41, 50, 51, 52, 53, 57, 58, 64, 77, 78,
79, 84, 85, 89, 92, 93, 94, 95, 96, 97,
98, 99, 100, 101, 102, 103, 104, 105,
106, 107, 108, 109, 113, 114, 115, 116,
117, 118, 121, 123, 124, 126, 129, 131, 135,
141, 150, 153, 154, 155, 161, 163, 168,
170, 174, 185, 191, 192, 194, 209, 213,
223, 227, 230, 238, 247, 252, 270, 274,
275, 290, 302, 317, 326, 327, 330, 352,
355, 358, 368, 375, 383, 393, 409, 411,
426, 460, 504, 511, 519, 526, 528, 532,
537, 538, 541, 543, 551, 556, 562, 563,
567, 586, 595, 597, 600, 614
Brokaw, Tom 74
Brudny, Yitzhak 17
Brus, Włodzimierz 18, 566, 567
Brzezinski, Zbigniew 418, 419
Bucharin, Nikolai 281, 582
Bunitsch, Pawel 448, 627, 449
Burlazki, Fjodor 16, 52, 94, 174, 317,
367, 471, 528, 536, 538, 557, 562, 581,
628, 634
Bush, Barbara 613
Bush, George 31, 78, 199, 236, 355, 379,
389, 392, 393, 394, 395, 396, 397, 404,
465, 501, 601, 614, 615
Bushnell, John 640
Bykow, Wladimir 16

Carter 355
Ceaucescu, Nicolae 616, 409

Chanin, Girsch 227, 227, 228, 566
Chasbulatow, Ruslan 588
Chesin, Jefim 16
Chruschtschow, Nikita 24, 25, 27, 44,
46, 49, 50, 58, 76, 79, 80, 81, 82, 87,
88, 89, 101, 117, 159, 160, 161, 172, 177,
195, 226, 277, 281, 302, 326, 327, 342,
353, 355, 358, 365, 468, 482, 504, 510,
511, 515, 519, 526, 535, 542, 556, 558,
562, 567, 579, 586, 589, 603, 614
Chrystal, John 115, 542
Churchill, Winston 399
Cohen, Stephen 159
Conquest, Robert 47, 413, 620
Craxi, Bettino 533

Dahl, Robert A. 234, 417, 419, 570,
590, 642
Dahrendorf, Ralf 17
Dallin, Alexander 18, 373, 502
Daniel, Juli 160
Danilitski, Anatoli 16
Darwin, Charles 551
Daschitschew, Wjatscheslaw 402, 403
Dejevsky, Mary 624
Dejew, Nikolai 16
Deljusin, Lew 95
Dementei, Nikolai 636
Dewhirst, Martin 17
Diligenski, German 16
Ding, X. L. 642
Dobrynin, Anatoli 188, 307, 350, 190,
191, 195, 352, 354, 360, 361, 362, 381,
599, 605
Dole, Robert 388
Dolgich, Wladimir 126, 148, 153, 310,
431, 534, 543, 549, 550, 556, 581, 638
Dubček, Alexander 67
Dumas, Roland 602
Dunham, Vera 62
Dyker, David 232

Ehrenburg, Ilja 75
Einstein, Albert 551
Eisenhower, Dwight D. 355, 614

Eisenhower, Susan 372, 614
Entin, Wladimir 16, 633
Ericson, Richard E. 564

Falin, Valentin 307, 310, 352, 352, 362,
    402, 404, 405, 605, 616
Fedortschuk, Witali 116, 542
Fedosejew, Pjotr 310, 592
Fedotow, Michail 633
Fish, Steven 579
Fishkin, James S. 18
Fitzwater, Marlin 394
Fjodorow, Boris 255
Floyd, David 549
Franco, Francisco 621
Friedman, Milton 235
Frolow, Iwan 172, 173, 174, 177, 273,
    292, 293, 333, 338, 553, 582
Furzewa, Jekaterina 579

Gaidar, Jegor 172, 233, 255, 326, 570
Galeotti, Mark 619, 640
Galkin, Alexander 52, 557, 614
Gamsachurdia, Swiad 434, 614
Garst, Roswell 542
Gati, Charles 573
Gelman, Alexander 288
Generalow, Wjatscheslaw 486
Gerassimow, Gennadi 95, 394, 613
Gidaspow, Boris 555
Girenko, Andrei 626
Goebbels, Joseph 402
Goldanski, Witali 337
Goldman, Marshall 566
González, Felipe 78, 171, 198, 199, 203,
    206, 398, 399
Gooding, John 164
Gopalko, Panteli 59, 60
Gorbatschow, Andrei 59
Gorbatschow, Sergei 61, 63, 99, 530
Gorbatschowa, Raissa Maximowna
    70, 71, 72, 73, 82, 85, 86, 112, 137, 239,
    338, 488, 531, 532, 545, 549, 572
Gordiewski, Oleg 13, 373, 374, 608
Gordon, Leonid 16

Gratschow, Andrei 15, 18, 51, 155, 170,
    171, 191, 198, 199, 220, 275, 358, 477,
    496, 528, 532, 539, 540, 545, 551, 553,
    559, 567, 581, 582, 584, 596, 601, 603,
    604, 605, 608, 613, 615, 616, 627, 629,
    630, 631, 635
Grazjanski, Pawel 16, 64
Greer, Colin 552
Griffiths, Franklyn 600, 600
Grischin, Viktor 126, 127, 144, 146,
    147, 150, 151, 152, 158, 187, 190, 194,
    271, 543, 544, 549, 550
Gromow, Boris 452, 476, 477
Gromyko, Andrei 98, 103, 310, 350,
    545, 104, 105, 121, 122, 127, 133, 137,
    138, 152, 154, 194, 195, 280, 289, 295,
    297, 351, 352, 353, 354, 356, 357, 358,
    360, 361, 363, 375, 376, 429, 538, 545,
    558, 584, 599, 600, 601, 602
Grósz, Károly 409
Gruschin, Boris 12, 73, 522, 523
Gulijew, Wladimir 16
Gustafson, Thane 525, 578, 586

Hampshire, Stuart 559
Hanson, Philip 566
Harrison, Mark 566
Hatch, Warren 17
Havel, Václav 617
Hayek, Friedrich von 235
Healy, Denis 31, 521
Heclo, Hugh 587
Heino, Riitta 17
Helms, Jesse 388
Heseltine, Michael 546
Hewett, Ed 236, 237
Hitler, Adolf 198
Hobbes, Thomas 71
Honecker, Erich 410, 619
Hough, Jerry F. 525, 640
Howe, Geoffrey 354, 373, 374, 546,
    601, 602, 608
Huntington, Samuel 516
Husák, Gustav 67
Hussein, Saddam 359, 603

Ignatenko, Witali 459, 460, 461, 462, 466, 468, 496, 584, 630, 631
Ilitschew, Leonid 603
Illarijonow, Andrei 619, 620
Inosemzew, Nikolai 52
Iwanzow, Pjotr 16
Iwaschko, Wladimir 330, 449

Jakowenko, Alexander 63
Jakowenko, Jakow 63
Jakowlew, Alexander Maximowitsch 16
Jakowlew, Alexander Nikolajewitsch 15, 52, 65, 78, 135, 137, 141, 145, 157, 158, 162, 163, 164, 165, 170, 172, 174, 180, 181, 182, 183, 184, 185, 186, 187, 188, 192, 195, 196, 197, 204, 205, 209, 212, 214, 223, 224, 236, 270, 271, 272, 273, 274, 275, 281, 282, 283, 284, 285, 289, 290, 291, 292, 294, 297, 304, 308, 329, 313, 320, 331, 333, 339, 344, 350, 359, 360, 371, 385, 386, 401, 405, 431, 439, 440, 447, 449, 450, 451, 452, 461, 465, 468, 476, 479, 480, 485, 492, 493, 494, 515, 516, 530, 540, 541, 545, 547, 548, 555, 556, 558, 560, 562, 563, 569, 575, 578, 579, 582, 583, 584, 585, 589, 591, 596, 597, 599, 603, 612, 615, 626, 628, 631, 632, 635
Jakowlew, Jegor 16
Janajew, Gennadi 452, 453, 484, 486, 487, 628, 637
Jarin, Wenjamin 344
Jaruzelski, Wojciech 409
Jasow, Dmitri 344, 385, 436, 449, 479, 484, 485, 626, 628, 631, 637
Jawlinski, Grigori 253, 254, 255, 256, 257, 258, 341, 448, 449, 452, 453, 510, 576
Jefimow, Ju. T. 437
Jefremow, Leonid 80, 97
Jefremow, Oleg 108, 274, 534
Jegorow, Wladimir 641
Jelzin, Boris 6, 30, 35, 36, 37, 39, 55, 94, 144, 151, 163, 164, 181, 188, 189, 190, 192, 197, 201, 202, 224, 246, 253, 254, 255, 257, 258, 270, 271, 279, 281, 282, 283, 284, 285, 286, 295, 301, 310, 311, 312, 313, 314, 317, 318, 333, 334, 335, 336, 337, 340, 341, 345, 346, 359, 367, 395, 396, 402, 416, 420, 435, 443, 444, 448, 456, 459, 463, 465, 468, 469, 470, 472, 473, 474, 475, 476, 477, 479, 480, 487, 488, 489, 490, 491, 492, 493, 494, 495, 496, 497, 498, 501, 502, 503, 504, 505, 507, 514, 516, 524, 552, 555, 557, 562, 568, 571, 575, 576, 579, 582, 583, 586, 588, 593, 622, 627, 632, 633, 634, 635, 636, 638, 639
Jennings, Ivor 418
Jesus Christus 523
Jewstignejew, Ruben 16, 557, 558
Jewtuschenko, Jewgeni 75
Judowitsch, Lew 531
Juschkow, Serafim 68

Kádár, János 174, 409, 566
Kaganowitsch, Lasar 25
Kaiser, Robert 530, 547
Kalugin, Oleg 16, 493, 494, 539
Kapto, A. S. 591
Karagesjan, Karen 16
Karapetjanz, Artemi 16, 18
Karasin, Grigori 16
Karpow, Wladimir 274
Kasannik, Alexei 318
Katharina die Große 518
Katuschew, Konstantin 541
Katz, Michael 18
Kendall, Bridget 552
Kennedy, John F. 614
Kennedy, Paul 265, 266, 578
Ketschekjan, Stepan Fjodorowitsch 68, 531
Kiernan, Brendan 577
King, Robert D. 18
Kingdon, John W. 587, 587
Kirilenko, Andrei 99, 114, 189, 538, 541
Klaus, Václav 407
Klímová, Rita 617

Klimow, Elem 274, 581
Kljamkin, Igor 16, 557
Kluge, Raffaela 17
Kohl, Helmut 31, 78, 199, 392, 398, 402, 403, 404, 405, 412, 521, 616
Kolakowski, Leszek 559
Kolbin, Gennadi 427, 428, 623, 624
Koldunow, Alexander 140
Kondratjew, Nikolai 88
Kontorowitsch, Wladimir 574
Kornai, János 248
Kornienko, Georgi 105, 360, 362, 381, 385, 604, 605
Koronjewskaja, Jelena 16, 529
Korotitsch, Witali 273
Kosolapow, Richard 132, 273
Kossygin, Alexei 32, 91, 97, 100, 126, 211, 226, 228, 229, 230, 231, 537, 567, 614
Kotschetow, K. A. 437
Kowaljow, Anatoli 380, 381
Krasnin, Juri 557
Krawtschenko, Leonid 464, 486, 632
Krawtschuk, Leonid 420, 425, 468, 472, 496
Kriutschkow, Wladimir 96, 178, 179, 344, 374, 385, 449, 461, 465, 471, 479, 481, 484, 485, 493, 501, 628, 631, 637, 638
Krutschina, N. E. 591
Kudrjawzew, Wladimir 245, 471
Kudrnová, Anastázie 594
Kulakow, Fjodor 79, 80, 90, 91, 93, 98, 99, 108, 534, 537, 538
Kunajew, Dinmuchamed 126, 150, 426, 427, 428, 544, 623, 624
Kuraschwili, Boris 16, 548, 568
Kusnezow, Wasili 556
Kutschmajew, Boris 196, 204, 533, 534, 541
Kuusiinen, Otto 50, 528

Lakschin, Wladimir 273
Landsbergis, Witautas 460, 461, 630
Lane, Robert E. 18

Lapidus, Gail W. 557
Lapping, Brian 17
Laptew, Iwan 16, 305, 320, 321, 584, 590, 594
Larina, Anna 582
Latsis, Otto 16, 273, 477, 547, 557, 568, 557, 635
Lauristin, Marju 522
Lebedew, Alexander 16
Legostajew, Waleri 105, 543, 544, 549
Legvold, Robert 18, 364
Lenin, Wladimir 23, 24, 37, 46, 47, 65, 69, 144, 157, 164, 167, 168, 172, 176, 204, 205, 206, 226, 235, 281, 365, 366, 367, 523, 551, 552, 556, 560, 561, 562, 582, 594, 604, 606, 607
Lewada, Juri 12, 16, 36, 520, 522, 612, 627
Libermann, Wladimir 67, 70
Lichatschow, Dmitri 337, 338
Lichotal, Alexander 16
Lieven, Anatol 630
Ligatschow, Jegor 66, 83, 84, 85, 105, 116, 121, 122, 124, 128, 131, 133, 134, 146, 148, 149, 151, 152, 164, 169, 176, 180, 181, 184, 185, 188, 189, 190, 202, 224, 235, 238, 245, 251, 261, 279, 280, 281, 282, 284, 285, 286, 287, 288, 289, 290, 291, 293, 294, 295, 297, 304, 307, 308, 313, 330, 331, 402, 404, 431, 435, 436, 440, 534, 542, 543, 544, 549, 553, 554, 556, 564, 579, 582, 583, 584, 585, 589, 590, 591, 592, 595, 607, 616, 625
Linz, Juan J. 577, 588, 621
Lisitschkin, Gennadi 557
Lisow, Jewgeni 635
Ljubimow, Juri 108
Lloyd, John 627
Locke, John 71
Loone, Eero 162
Lukin, Wladimir 16
Lukjanow, Anatoli 69, 70, 153, 289, 292, 318, 329, 343, 453, 454, 458, 468, 487, 493, 548, 628, 635
Lwin, Boris 620

MacGwire, Michael 608
Macmillan, Harold 399, 580, 614
Major, John 615
Makaschow, Albert 363, 474
Malenkow, Georgi 24, 25
Maley, William 600
Malia, Martin 559, 561
Markow, Georgi 274
Marks, Laurence 545
Martschenko, Anatoli 276
Martynow, Wladien 52
Marx, Karl 37, 69, 167, 204, 235, 287,
  510, 551
Masljukow, Juri 344, 454, 626
Mastikana, Irina 529
Masurow, Kirill 541
Matlock, Jack 311
Mazurow 538
Medwedjew, Roy 32, 33, 34, 35, 317
Medwedjew, Wadim 15, 126, 141, 143,
  144, 153, 180, 188, 190, 210, 236, 284,
  287, 289, 292, 308, 330, 333, 336, 344,
  350, 352, 412, 468, 535, 541, 543, 545,
  547, 548, 556, 563, 576, 584, 585, 591,
  599, 603, 605, 626, 636
Medwedjew, Wladimir 481, 636
Medwedjew, Zhores 90, 100
Melnikow, Alexander 314
Melville, Andrei 16, 557, 584
Melvin, Neil 17
Mendelejew, Dmitri 551
Menon, Rajan 504
Merritt, Martha 17
Migranjan, Andranik 16, 440, 441, 557
Miles, Rufus 637
Mirski, Georgi 16
Mischin, Awgust 16
Mitterrand, François 31, 78, 199, 379,
  398, 403
Mlynář, Zdeník 11, 14, 67, 68, 69, 74,
  83, 84, 88, 89, 204, 530, 531, 532, 533,
  551, 576
Molière 206
Molotow, Wjatscheslaw 25, 356
Morgun, Fjodor 282

Moschin 585
Murachowski, Wsewolod 88, 241, 242,
  570

Nadschibullah, Mohammad 385, 385
Napoléon Bonaparte 523
Nasarbajew, Nursultan 258, 428, 472,
  475, 479, 495, 497, 622, 624, 634, 635
Natta, Alessandro 136
Nenaschew, Michail 143
Nersesjanz, Wladik 16
Newski, Alexander 523
Newton, Isaac 551
Nikitin, Alexander 16
Nikolajewitsch, Alexander 540
Nikolaus II. 562
Nikolski, B. V. 437, 437
Nikonow, Alexander 16, 86, 87, 88,
  112, 242, 244, 541, 551, 555, 573
Nikonow, Valentin 242
Nikonow, Viktor 112, 179, 188, 241,
  242, 289, 535, 573, 584
Nixon, Richard 355
Nove, Alec 203, 212, 228, 581, 562
Nugmanow, Asan 16

Oakeshott, Michael 511
Obolonski, Alexander 16, 316, 568, 592
O'Donnell, Guillermo 302
Orwell, George 167, 273, 506, 527
Oscherelew, Oleg 15, 257, 548,
  603

Palaschtschenko, Pawel 16, 575, 611
Pankin, Boris 16, 494
Pantelejewna, Marija 61
Parkinson 547
Patiaschwili, Dschumber 436, 437, 625
Pawlow, A. S. 591
Pawlow, Valentin 257, 258, 453, 454,
  458, 465, 474, 475, 477, 479, 484, 576,
  595, 628
Pelsche, Arvid 87
Penney, William 580
Percy, Norma 17

Peregudow, Sergei 16
Péres de Cuéllar, Javier 613
Peter der Große 37, 165, 518, 523
Petrakow, Nikolai 15, 119, 234, 246,
    250, 251, 252, 253, 254, 255, 257, 333,
    345, 347, 358, 454, 540, 548, 567, 574,
    575, 594, 603
Petrowski, Wladimir 357, 603
Petruschenko, Nikolai 455, 629
Petschanow, Wladimir 16
Petschenew, Wadim 82, 105, 132, 142,
    143, 543, 544, 547
Petuchow, B. N. 533
Pinsky, Leonid 49
Pipes, Richard 514
Piskotin, Michail 16, 540, 548, 568,
    641
Pithart, Petr 617
Plechanow, Juri 461, 481, 482, 486,
    636, 637
Podgorny, Nikolai 32
Poloskow, Iwan 471
Polozkow, Iwan 343
Ponomarjow, Boris 51, 105, 115, 136,
    171, 191, 194, 195, 310, 350, 351, 352,
    360, 556, 558, 603
Popow, Gawril 55, 231, 317, 619
Popow, Wladimir 16
Postnikow, Viktor 90
Pozsgay, Imre 596, 597
Pravda, Alex 17, 18, 618
Primakow, Jewgeni 52, 192, 333, 343,
    359, 433, 461, 468, 488, 548, 601, 628
Prochanow, Alexander 476, 637
Przeworski, Adam 576
Pugatsch, Anna 535
Pugo, Boris 452, 465, 484, 493, 628,
    631

Quayle, Dan 388

Rachmanin, Oleg 174, 553
Rasgon, Lew 14, 16
Rasputin, Valentin 344, 476
Rassochin, Witali 16

Rasumowski, G. P. 591
Rasumowski, Georgi 188, 308, 431,
    435, 623, 624, 626
Reagan, Nancy 389, 609, 612
Reagan, Ronald 31, 78, 98, 138, 139,
    147, 291, 355, 357, 371, 372, 373, 376,
    377, 378, 379, 380, 381, 382, 383, 386,
    387, 388, 391, 389, 390, 391, 392, 393,
    399, 500, 501, 546, 601, 608, 609, 610,
    611, 612, 613, 615, 640
Reddaway, Peter 34
Remnick, David 125, 466
Rewenko, Grigori 471
Ribakow, Anatoli 16
Rifkind, Malcom 546, 547
Rigby, T. H. 49, 368, 556
Rjabow, Jakow 189
Rodionow, Igor 436, 437
Romanow, Grigori 120, 121, 127, 128,
    129, 130, 140, 146, 158, 187, 194, 271,
    538, 543, 544, 549, 556
Roosevelt, Theodore 138
Roxburgh, Angus 124, 285, 549, 595
Rumjanzew, Oleg 16, 557
Rusakow, Konstantin 350, 541, 553, 556
Rust, Matthias 140
Rustow, Dunkwart 416, 419, 620, 621
Ruzkoi, Alexander 474, 488, 634
Ryschkow, Nikolai 118, 118, 119, 120,
    121, 123, 125, 128, 130, 131, 134, 148, 152,
    154, 155, 181, 184, 185, 208, 230, 235,
    236, 237, 238, 244, 246, 247, 249, 250,
    251, 254, 256, 257, 282, 289, 297, 308,
    322, 326, 331, 343, 448, 449, 453, 473,
    493, 514, 542, 543, 567, 572, 573, 574,
    575, 579, 582, 594, 595

Sacharow, Andrei 16, 29, 32, 33, 34, 35,
    36, 77, 96, 106, 204, 212, 275, 313,
    349, 391, 106, 213, 262, 275, 276, 312,
    313, 314, 316, 319, 320, 366, 522, 523,
    581, 640
Sagdejew, Roald 16, 314, 372, 382, 387,
    540, 598, 608
Sagljadin, Wadim 153, 191, 358, 603

Saikal, Amin 600
Saikow, Lew 187, 286, 287
Saligin, Sergei 273
Saslawskaja, Tatjana 12, 16, 92, 112, 113, 119, 143, 170, 193, 241, 273, 317, 520, 522, 540, 541, 548, 573
Schach, Georgi 174
Schachnasarow, Georgi 15, 85, 95, 108, 158, 159, 173, 174, 175, 176, 177, 179, 182, 197, 266, 291, 292, 293, 294, 295, 298, 304, 318, 323, 326, 328, 329, 333, 338, 340, 346, 347, 350, 367, 424, 446, 447, 451, 459, 461, 463, 464, 466, 468, 470, 471, 472, 473, 481, 486, 489, 515, 534, 535, 539, 540, 545, 554, 558, 572, 580, 589, 593, 594, 595, 597, 598, 599, 628, 629, 631, 632, 633, 634, 636, 641
Schapiro, Leonard 600
Scharapow, Viktor 174
Schatalin, Stanislaw 119, 170, 254, 255, 256, 257, 333, 341, 344, 345, 448, 449, 452, 453, 510, 540, 575, 576, 597
Schatrow, Michail 274
Schejnis, Viktor 16
Schenin, Oleg 482
Schestopal, Alexei 16
Schestopal, Jelena 16
Schewardnadse, Eduard 7, 66, 78, 93, 105, 145, 179, 181, 186, 187, 195, 214, 222, 235, 239, 270, 271, 282, 289, 331, 343, 350, 352, 353, 354, 356, 357, 359, 360, 361, 362, 371, 372, 380, 381, 383, 385, 386, 388, 389, 390, 392, 393, 395, 402, 403, 409, 421, 427, 434, 435, 436, 440, 447, 449, 450, 454, 455, 456, 457, 479, 494, 503, 515, 548, 549, 572, 578, 599, 600, 602, 604, 606, 608, 611, 616, 622, 626, 629, 638
Schewtschenko, Arkadi 77
Schewzowa, Lilja 16
Schimko, V. I. 591
Schirinowski, Wladimir 473
Schischlin, Nikolai 95, 275
Schiwkow, Todor 408, 618
Schlapentoch, Wladimir 520

Schmeljow, Nikolai 16, 231, 240, 314, 337, 557, 567, 572, 584, 594
Schmidt, Christian 17
Schmitter, Philippe C. 302
Schostakowski, Wjatscheslaw 16
Schtschelokow, Nikolai 116, 146, 542, 549
Schtscherbizki, Wladimir 150, 330, 544, 550
Schubin, Alexander 16, 18
Schull, Joseph 563
Schurkin, Witali 400
Schuschkjewitsch, Stanislaw 420, 496
Scowcroft, Brent 613
Sedow, L. A. 622
Seidman, Harold 637
Seljunin, Wasili 227, 231
Sewtschenko, Arkadi 603
Shenfield, Stephen 365
Shtromas, Alexander 33
Shulman, Marshall 18
Shultz, George 139, 356, 379, 380, 381, 385, 386, 387, 388, 389, 392, 500, 546, 602, 609, 610, 611, 613, 640
Šik, Ota 97, 251
Silajew, Iwan 254, 494
Simjanin, Michail 108
Simonia, Nodari 16
Simonjan, Rair 16
Sinjawski, Andrei 160
Sinowjew, Alexander 23, 34, 521
Sitarjan, Stepan 547, 585
Skiba, I. I. 591
Slawinski, Waleri 16
Sljunkow 308, 440
Smirnjagin, Leonid 16
Smirnow, William 526
Smirnow, Georgi Lukitsch 172, 204, 547
Smirnow, William 16, 172, 553
Smith, Hedrick 530
Snow, C. P. 547
Sobtschak, Anatoli 54, 55, 111, 337, 338, 339, 345, 435, 436, 437, 480, 540, 625, 626, 628, 638

Sokolow, Sergei 140, 376

Solomenzow, Michail 238, 280, 289, 295, 543, 584

Solowjew, Juri 314

Solschenizyn, Alexander 23, 34, 35, 36, 82, 167, 204, 213, 262, 274, 521

Spinoza, Baruch 485

Spuny, Ronald 422

Stalin, Josef 24, 27, 31, 41, 47, 48, 49, 50, 53, 57, 58, 59, 60, 62, 64, 65, 66, 67, 74, 79, 81, 83, 92, 98, 126, 131, 136, 150, 159, 160, 161, 162, 166, 171, 176, 204, 207, 262, 264, 277, 280, 281, 284, 295, 310, 317, 356, 375, 384, 421, 424, 515, 523, 526, 530, 531, 551, 556, 562, 582, 584, 586, 590, 601, 603, 604

Stankjewitsch, Sergei 16, 317, 435

Starawojtowa, Galina 16, 619

Starodubzew, Wasili 484

Steele, Jonathan 552, 560, 561

Stepan, Alfred C. 18, 577, 588, 621

Stepankow, Valentin 635

Stolypin, Pjotr 523

Story, Jonathan 18

Suslow, Michail 78, 97, 98, 99, 100, 102, 103, 105, 108, 114, 115, 123, 128, 129, 290, 537, 538, 595

Szamuely, Tibor 47

Talbott, Strobe 392

Tarschys, Daniel 572

Tatu, Michel 534, 535

Terechow, Wladislaw 405

Thatcher, Margaret 31, 36, 78, 98, 133, 137, 138, 139, 147, 199, 200, 379, 392, 398, 399, 400, 403, 521, 522, 546, 591, 598, 608, 609, 610, 614, 615

Thom, Françoise 520

Tichonow, Nikolai 99, 119, 124, 126, 127, 148, 187, 208, 230, 248, 271, 310, 541, 543, 544

Tichonow, Wladimir 16, 100, 110, 119, 540

Tisjakow, Alexander 484

Titorenko, Raissa Maximowna 65, 70, 75

Titow, German 618, 623

Tolstaja, Tatjana 16

Tolstoi, Lew 640

Topilin, Juri 70

Topornin, Boris 16, 471, 540

Trawkin, Nikolai 337

Trotzki, Leo 167

Tschaikowskaja, Olga 518, 640

Tschajanow, Alexander 88, 535

Tschakowski, Alexander 108, 109

Tschasow, Jewgeni 102, 103, 115, 116, 123, 146, 147, 148, 149, 150, 519, 538

Tschebrikow, Viktor 116, 185, 275, 289, 308, 309, 385, 435, 436, 437, 484, 485, 542, 591, 626

Tschernenko, Konstantin 22, 27, 34, 46, 58, 73, 77, 82, 93, 100, 102, 105, 113, 114, 115, 116, 118, 120, 121, 122, 123, 124, 125, 126, 127, 128, 129, 130, 131, 132, 133, 134, 136, 138, 139, 140, 141, 142, 143, 144, 146, 147, 148, 149, 150, 151, 152, 153, 159, 163, 170, 182, 194, 195, 208, 213, 234, 246, 247, 251, 330, 331, 352, 355, 375, 376, 378, 432, 460, 504, 515, 526, 543, 544, 545, 547, 549, 576, 582, 586, 598, 606

Tschernjajew, Anatoli 15, 51, 85, 98, 105, 115, 152, 153, 164, 170, 171, 173, 174, 182, 186, 189, 191, 195, 197, 200, 201, 266, 275, 276, 280, 283, 292, 293, 294, 320, 321, 323, 333, 338, 347, 350, 351, 354, 358, 359, 360, 361, 362, 380, 383, 384, 385, 399, 401, 402, 403, 407, 447, 460, 461, 466, 468, 481, 482, 486, 490, 515, 534, 535, 540, 545, 550, 553, 558, 578, 579, 584, 594, 598, 599, 601, 604, 605, 610, 611, 614, 615, 619, 628, 630, 632, 636

Tschernomyrdin, Viktor 619

Tschernyschewski, Nikolai 213

Tschewzowa, Lilja 557

Tschikin, Valentin 73, 212, 287

Tschubarjan, Alexander 179, 555

Tschugrow, Sergei 16
Tsipko, Alexander 16, 518, 557
Tufte, Edward R. 417
Tulejew, Aman-Geldy 634
Turtschin, Valentin 32, 33
Twardowski, Alexander 50, 81, 82, 160, 273

Uljanow, Michail 274
Uschoptschik 629
Ustinow, Dmitri 102, 103, 104, 105, 124, 126, 127, 128, 129, 131, 140, 146, 194, 375, 376, 516, 538, 543, 544, 608
Utkin, Alexander 626

Waksberg, Arkadi 16, 96, 108, 109
Walkow, Wladimir 16
Warennikow, Valentin 385, 459, 476, 477, 482, 483, 484, 637
Weber, Alexander 16
Weinberger, Caspar 609
Weizsäcker, Richard von 401

Welichow, Jewgeni 137, 310
Whitefield, Stephen 223
Wightman, Gordon 594
Willcox, Jackie 17
Wilson, Harold 399, 614
Wladena, Kira 542
Wladina, Kira 562
Wolkogonow, Dmitri 16, 367, 607, 608
Wolkow, Leonid 16
Wolski, Arkadi 124, 125, 126, 429, 432, 433, 542, 543, 601, 624, 625, 628
Woronow, Juri 274, 580, 581
Woronzow, Juli 381
Worotnikow, Witali 150, 150, 280, 289, 542, 543, 550, 579, 584, 623

Young, Christopher 595

Zeweljew, Igor 16
Ziegler, Philip 614
Zimjanin, Michail 115, 117, 119, 121, 123, 125, 281, 283, 285, 455, 553, 556